스펄전 설교전집 02

출애굽기 · 레위기 · 민수기

The Treasury of the Bible

스펄전 설교전집
출애굽기·레위기·민수기

The Treasury of the Bible

역자 정충하

CH북스
크리스천
다이제스트

차례

■ 출 애 굽 기

■ 레 위 기

■ 민　수　기

출애굽기

출애굽기

제
1
장
—

이스라엘의 부르짖음과
하나님의 응답

—

"여러 해 후에 애굽 왕은 죽었고 이스라엘 자손은 고된 노동으로 말미암아 탄식하며 부르짖으니 그 고된 노동으로 말미암아 부르짖는 소리가 하나님께 상달된지라 하나님이 그들의 고통 소리를 들으시고 하나님이 아브라함과 이삭과 야곱에게 세운 그의 언약을 기억하사 하나님이 이스라엘 자손을 돌보셨고 하나님이 그들을 기억하셨더라." — 출 2:23-25

"이제 가라 이스라엘 자손의 부르짖음이 내게 달하고 애굽 사람이 그들을 괴롭히는 학대도 내가 보았으니 이제 내가 너를 바로에게 보내어 너에게 내 백성 이스라엘 자손을 애굽에서 인도하여 내게 하리라." — 출 3:9-10

　　하나님은 이스라엘 자손을 택하시고, 그들을 큰 나라와 특별한 백성으로 삼으시기로 결정하셨습니다. 그리고 그들에게 율법을 주시고, 그들로 하여금 그리스도께서 오실 때까지 하늘의 등불이 되도록 하셨습니다. 야곱과 그의 가족은 애굽으로 내려갔으며, 오랫동안 그들과 그들의 후손들은 그곳에서 행복한 삶을 살았습니다. 고센 땅은 매우 비옥했으며, 이스라엘 백성들은 애굽 왕으로부터 큰 호의를 입었습니다. 따라서 그들 대부분은 그 땅을 떠날 생각을 거의 하지 않았습니다. 그들은 그곳에 영구히 정주(定住)하기를 바랐습니다. 실제로 그들은 할 수만 있으면 애굽인이 되고자 했습니다. 그들은 애굽의 일부였으며, 자신들의 독특한 기원을 잊기 시작했습니다. 만일 하나님이 그들을 그대로 내버려 두셨다면, 그들은 하나님의 특별한 백성으로서의 정체성을 잃어버리고 애굽과 완전히 동화(同化)될 것이었습니다. 그들은 애굽에 있는 것이 만족스러웠으며, 기꺼이 "애굽화"되고자 했습니다. 또 상당 부분 그들은 애굽의 미신과 우상 숭배와 각종 죄악들을 받아들이기 시작했습니다. 나중에 그들이 애굽의 죄로 그토록 빨리 되돌아가곤 했던 모습을 통해 우리는 이러한 사실을 충분히 추측할 수 있습니다. 이런 가운데 하나님은 그들을 애굽으로부터 끌어내기로 결정하셨습니다. 그들은 구별된 백성이 되어야만 합니다. 그들은 애굽인이 될 수 없었으며, 애굽인처럼 그 땅에서 영구히 살 수 없었습니다. 왜냐하면 여호와께서 자신을 위해 그들을 택하시고, 이스라엘과 애굽 사이를 영구히 구별하고자 뜻하셨기 때문입니다.

이것은 오늘날에도 마찬가지입니다. 하나님은 여전히 특별한 의미로 자신의 소유된 백성을 가지고 계십니다. 그러나 그들은 지금 세상과 섞여 있습니다. 그들은 세상 속에 있으며, 외모로 볼 때 세상과 그다지 다르지 않습니다. 그들은 다른 사람들과 마찬가지로 죄를 좋아하며 죄에 종노릇합니다. 그들은 세상과 세상에 속한 것들을 사랑하며, 그 속에서 살아가는 것을 즐거워합니다. 그들은 하나님께 따로 구별된 백성이 되는 것을 바라지 않습니다. 차라리 그냥 세상에 남아 있기를 바랍니다. 그러나 하나님은 자기의 구속한 자들을 그러한 세상으로부터 끌어내실 것입니다. 피로 그들을 사신 자는 권능으로 그들을 끌어내실 것입니다. 그리스도는 헛되이 희생제물이 되지 않으셨습니다. 도리어 그는 "자기 영혼의 수고한 것을 보고 만족히 여길" 것입니다(사 53:11). 하나님은, 자기의 맏아들을 애굽으로부터 불러내신 것처럼, 자기의 모든 아들딸들을 그곳으로부터 불러내실 것입니다. 또 그는 자기의 택하신 자들을 그들이 해방의 날까지 우거하던 땅과 그 땅의 백성으로부터 끌어내실 것입니다.

이스라엘 백성들과 관련하여 이루어져야 할 첫 번째 일은 그들에게 애굽으로부터 나오고자 하는 간절한 바람을 불러일으키는 것입니다. 왜냐하면 하나님은 인간들이 스스로의 의지로 기꺼이 순복하기를 바라시기 때문입니다. 하나님은 결코 인간의 의지를 침해하지 않습니다. 비록 인간의 의지에 계속적으로 그리고 효과적으로 영향을 끼치기는 하지만 말입니다. 여호와는 자신의 보좌를 화려하게 꾸미기 위해 노예들을 필요로 하지 않습니다. 그러므로 하나님은 자기 백성들의 즐거운 동의(同意)에 반하여 그들을 애굽의 멍에로부터 강제로 끌어내지 않으실 것입니다. 하나님은 그들이 기쁨과 즐거움으로 기꺼이 애굽을 떠나는 방식으로 그들을 끌어내셔야 합니다. 애굽의 모든 것에 대해 진저리를 치며 그곳으로부터 나오는 것을 큰 기쁨과 감격으로 여기는 바로 그런 방식 말입니다. 그러면 이런 일은 어떻게 이루어졌습니까? 이 일은 요셉과 그의 특별한 공로를 알지 못하는 새 왕의 등장으로 이루어졌습니다. 새 왕은 이스라엘 백성들에 대해 상당히 경계하는 마음을 품기 시작했습니다. 혹시 애굽이 전쟁을 하게 될 때, 이스라엘이 애굽의 적들과 한 패가 될 것을 우려했던 것입니다. 그리하여 그는 이스라엘을 큰 위험으로 간주하면서, 가능한 한 그들의 숫자를 줄이기로 결심했습니다. 따라서 그는 모든 사내아이를 죽이라는 야만적인 칙령을 반포했습니다. 뿐만 아니라 그들의 정신을 효과적으로 약화시키기 위해 그들을 극심한 노역으로 몰아넣었습니다. 그리하여 애굽의 국고성들과 아마도 몇몇 거대한 피라미드들이 이스라엘 노예들의 값없는 노역으로 세워졌습니다. 이렇게 하여 이스라엘 백성들은 애굽의 야만적인 십장들의 채찍 아래 떨어지게 되었습니다. 그들에게는 아무런 안식도 없었으며, 오로지 노역하고 또 노역하고 또 노역하는 것뿐이었습니다. 그리고 양식도 몸과 영혼을 보존할 수 있는 최소한의 분량만큼만 먹을 수 있을 뿐이었습니다. 마침내 노역의 멍에는 더 이상 견딜 수 없는 지경에 이르렀습니다. 그리하여 첫 번째 본문에 나타나는 대로 이스라엘 자손은 하나님께 탄식하며 부르짖었으며 하나님은 그들의 부르짖음을 들으셨습니다. "이스라엘 자손은 고된 노동으로 말미암아 탄식하며 부르짖으니 그 고된 노동으로 말미암아 부르짖는 소리가 하나님께 상달된지라 하나님이 그들의 고통 소리를 들으시고 하나님이 아브라함과 이삭과 야곱에게 세운 그의 언약을 기억하사 하나님이 이스라엘 자손을 돌보셨고 하나님이 그들을 기억하셨더라."

지금 이 자리에 앉아 있는 형제들 가운데에도 극심한 영혼의 괴로움을 겪으면서도 그 이유를 알지 못하는 사람들이 있을 것입니다. 나는 오늘의 주제를 통해 그들에게 하나님이 그들을 영적 멍에의 상태 속으로 몰아넣으심으로써 스스로 애굽으로부터 나오려고 하는 마음을 불러일으키고자 하신다는 사실을 일깨워 주고 싶습니다. 그렇습니다. 마침내 그들은 큰 기쁨과 즐거움으로 멍에의 땅으로부터 떠날 수 있게 될 것입니다.

**1. 첫째로, 고통 가운데 부르짖는 부르짖음에 대해
생각해 보도록 합시다.**

"이스라엘 자손은 고된 노동으로 말미암아 탄식하며 부르짖으니 그 고된 노동으로 말미암아 부르짖는 소리가 하나님께 상달된지라 하나님이 그들의 고통 소리를 들으셨더라." 먼저 그들이 탄식하며 부르짖기 시작한 것은 형통의 때가 지나갔기 때문이라는 사실을 주목하십시오. 고센 땅은 여전히 매우 비옥한 땅이었지만, 그러나 십장들이 그들의 모든 것을 빼앗았습니다. 그 땅은 보기에 좋은 땅이었지만, 그들에게는 그것을 보면서 즐길 시간이 없었습니다. 그들은 죽도록 일해야만 했습니다. 애굽에서 그들에게 더 이상 안식은 없었습니다. 그들의 모든 형통과 행복은 끝났습니다. 지금 이 자리에 앉아 있는 사람들 가운데 세상 속에서 매우 만족스럽게 살았다가 지금은 모든 것이 바뀐 사람들이 있습니까? 과거에는 많은 즐거움을 누렸다가 지금은 아무런 즐거움도 없게 된 사람들이 있습니까? 과거에 큰 즐거움을 주던 것들이 이제는 아무런 즐거움도 주지 않는 것으로 느껴집니까? 과거에는 큰 즐거움을 주던 광경이 이제는 견딜 수 없게 느껴집니까? 과거에는 그토록 마음을 황홀하게 사로잡고 있었던 것들이 이제는 기꺼이 버릴 마음이 생깁니까? 이러한 질문들에 대해 "예, 그렇습니다"라는 대답을 들을 때, 나는 너무나 감사한 마음을 갖습니다. 왜냐하면 어떤 사람에게 구원의 잔을 주시려고 할 때, 하나님은 종종 먼저 그 사람의 입술로부터 죄의 단 맛을 씻어내기 위해 쓸개즙 같은 액체를 한 방울 떨어뜨리곤 하기 때문입니다. 어떤 사람이 세상과 죄에 대해 진저리를 치면서 "나는 그 안에서 더 이상 어떤 즐거움도 발견할 수 없도다"라고 말할 때, 나는 항상 그것을 희망적인 표적으로 간주합니다. 때로 이런 일은 욕정이 강한 젊은 시절에 일어나기도 합니다. 아직 육체가 왕성하고 친구들이 많을 때 말입니다. 그들의 향락의 태양은 한낮에 지는 것처럼 보입니다. 꿀이 있지만, 그러나 그것은 더 이상 달콤하지 않습니다. 포도주 잔이 있지만, 그러나 그것은 더 이상 그들의 마음을 사로잡지 못합니다. 여러분 가운데 이런 상태에 있는 사람들이 있습니까? 그런 사람들은 오늘의 메시지에 특별히 귀를 기울이기를 바랍니다.

　　그러나 이스라엘 백성들은 예전의 형통만 잃은 것이 아니라 자신들이 지금 노예 상태에 있음을 느끼기 시작했습니다. 애굽에 있는 이스라엘 백성들은 처음에는 당당한 위치에 있었습니다. 왜냐하면 그들은 바로(Pharaoh) 다음 가는 위치에 있었던 총리 요셉의 친척들이었기 때문입니다. 모든 유대인들은 마치 귀족처럼 고센 땅을 활보했습니다. 왜냐하면 그들은 그 땅에서 거의 가장 높은 자와 긴밀하게 연결되어 있었기 때문입니다. 그러나 지금은 모든 상황이 바뀌었습니다. 그들은 쓰라린 멍에 아래 있었으며, 스스로를 노예로 인식했습니다. 그들은 다른 사람들의 뜻대로 행동하며 움직여야만 했습니다. 그들을 위해 만들어진 가혹한 법과 규칙들이 있었으며, 잔혹한 십장들이 그러한 법과 규칙들로 그들을 얽어맸습니다. 그들은 일어나고 싶지 않아도 일어나야만 했으며, 잠자도 좋다는 허락이 떨어질 때에만 비로소 잠자리에 들 수 있었습니다. 자신들의 뜻이 아닌 다른 사람들의 뜻에 따라 말입니다. 그러다가 마침내 그들은 이러한 상태를 더 이상 견딜 수 없다고 느끼게 되었는데, 바로 이것이 하나님이 그들을 멍에로부터 끌어내는 방법이었습니다. 먼저 그들로 하여금 자신들이 노예 상태에 있음을 느끼도록 만드신 것입니다. 지금 이 자리에도 자신들이 노예 상태에 있음을 느끼는 사람들이 있습니까? 여러분 가운데 자신들이 도저히 깨뜨릴 수 없는 악한 습관의 멍에 아래 있다고 느끼는 사람들이 있습니까? 하고자 하는 의지는 있지만 그러나 노예처럼 자신의 의지대로 할 수 없는 사실 앞에 스스로 자괴감을 느끼는 사람들 말입니다. 그들의 욕정이 그들을 다스립니다. 그들의 친구들이 그들을 통제합니다. 그들은 어떤 사람들에 대한 두려움이나 혹은 다른 이유들 때문에 자신들의 양심이 옳다고 말하는 것을 행하지 못합니다. 그러므로 그들은 실제로 노예상태에 있는 것입니다. 나는 족쇄들이 벗겨질 때 항상 기뻐합니다. 멍에 아래 있는 것으로 만족하는 사람들은 결코 자유로워지지 못합니다. 그러나 그러한 노예상태를 더 이상 견딜 수 없다고 느낄 때, 자유의 시간은 임박한 것입니다. 하나님의 은혜가 사람들로 하여금 과거에 즐거움이었던 것들이 이제 멍에 아래 있는 것으로, 그리고 과거에 자유로운 삶처럼 느껴졌던 것들이 이제 노예처럼 사는 것으로 느껴지도록 만든다면, 그것은 말할 수 없는 축복입니다.

　　이스라엘 백성들은 한 걸음 더 나아가 자신들의 짐이 감당하기에 지나치게 무겁다고 느끼기에 이르렀습니다. 그들은 극심하게 수고하며, 노역하며, 일 속에서 살았습니다. 그들의 노역은 지나치게 가혹했으며, 그들의 멍에는 감당하기에 너무도 무거웠습니다. 그들은 더 이상 견딜 수 없었습니다. 이것은 영적으로도 마찬가지입니다. 사람이 자기 죄를 짊어질 수 있는 한, 그는 그것을 계속해서 짊어질 것입니다. 사람이 이 세상의 즐거움들로 만족할 수 있는 한, 그는 안심하며 그 가운데 즐거워할 것입니다. 그러나 죄가 끔찍한 짐이 되어 사람이 그 아래 짓눌려지게 될 때, 그것은 정말 복된 일입니다. 그에게 있어 그것은 정말 좋은 일입니다. 왜냐하면 그는 곧 구원자를 맞이하게 될 것이기 때문입니다. 그는 죄 사함의 권세를 가진 자로부터 죄 사함을 받고 기뻐하게 될 것입니다. 그는 큰 대제사장의 입술로부터 사죄(赦罪)의 말씀을 받고 즐거워하게 될 것입니다. 때로 그것이 쓰라린 고통을 수반한다 하더라도, 죄의 무거운 짐으로부터 감당할 수 없는 무거움을 느끼게 되는 것은 큰 은혜입니다. 여러분 가운데 이런 상태에 있는 사람들이 있습니까? 이제 곧 여러분에게 다가올 일로 인하여 나는 여러분에게 큰 축하를 보내고 싶습니다. 나 역시도 그와 같은 노예 상태에 있었던 때가 있었습니다. 그 때 나는 아침에 일어날 때마다 새로운 삶을 살고자 마음을 먹곤 했습니다. 어제보다 더 나은 삶을 살겠다고 말입니다. 그러나 정오가 채 되지 못해 나는 그 날을 전 날보다 더 못한 날이 되게 만들곤 했습니다. 그 때 나는 기도를 좀 더 많이 하고 성경을 좀 더 많이 읽으면 이러한 무거운 짐으로부터 벗어나게 될 것으로 생각했습니다. 그러나 더 많이 기도하고 성경을 더 많이 읽을수록 나의 짐은 더 무거워졌습니다. 나는 그러한 괴로움과 우울함을 떨쳐 버리려고 애를 썼지만, 그러나 그러한 것들은 결코 나를 놓아 주려고 하지 않았습니다. 그리하여 나는 다윗처럼 부르짖을 수밖에 없었습니다. "주의 손이 주야로 나를 누르시오니 내 진액이 빠져서 여름 가뭄에 마름 같이 되었나이다"(시 32:4). 나는 그러한 고통의 때를 생생하게 기억합니다. 그래서 나는 여러분이 지금 걷고 있는 어둡고 우울한 길을 미리 걸어본 경험자로서 여러분에게 조언을 해줄 수 있습니다. 나는 여러분의 우울하며 고통스러운 길을 잘 알고 있으며, 그 곳으로부터 속히 벗어나 복된 장소로 나아오도록 돕고 싶습니다. 그러나 이러한 시련은 여러분을 애굽으로부터 끌어내는 하나님의 방법입니다. 그는 여러분을 위해 멍에의 짐을 매우 뜨겁게 만드십니다. 그는 여러분이 거기에 계속해서 머물기를 원하지 않습니다. 그래서 그는 여러분이 그러한 것들로부터 구원해 달라고 부르짖도록 그 모든 것을 허락하시는 것입니다. 그는 여러분을 건져내실 것이며, 여러분은 지금은 고통스러운 것처럼 보이는 것들에 대해 감사하며 기쁨과 즐거움으로 행진해 나올 것입니다.

　　이스라엘 백성들이 느낀 또 한 가지 사실은 바로의 손으로부터 벗어나는 일에 있어서의 자신들의 무력성이었습니다. 그들은 자신들을 도와줄 자가 아무도 없다고 생각했습니다. 바로의 공주의 아들로서 애굽 궁중에서 교육 받은 40세의 젊은 이가 진정한 영웅처럼 고난당하는 백성들과 함께하는 것을 자신의 분깃으로 여기면서 애굽 병사 한 명을 쳐 죽이며 앞으로 나아왔을 때, 아마도 그는 그것을 전면적인 반란의 신호로 생각했을 것입니다. 그러면 백성들은 이스라엘의 깃발을 휘날리며 보무도 당당하게 자유를 향해 행진하게 될 것이라고 그는 생각했을 것입니다. 그러나 그들은 노예정신이 뼛속까지 깊이 물들어 있었습니다. 그들은 너무도 오랫동안 심한 압제를 당해 왔습니다. 그들은 모든 정신을 상실했으며, 자유를 되찾을 희망을 품지 못했습니다. 그들은 아무 희망 없는 노예들의 민족이었습니다.

　　이 자리에도 모든 마음을 상실하고 희망을 잃어버린 자들이 있습니까? 구원에 대한 일종의 희미한 바람으로, 그렇지만 그것을 받으리라는 기대는 갖지 못한 채 이 자리에 나온 사람들이 있습니까? 스스로는 결코 빠져나올 수 없는 죄의 감옥에 갇혀 있는 사람들이 있습니까? 여러분의 귀에 여러분의 손과 발을 묶고 있는 쇠사슬의 철렁거리는 소리가 들립니까? 자신이 결코 살아서 나올 수 없는 캄캄한 토굴 속에 있다고 느낍니까? 이제 여러분 앞에 기쁜 소식이 기다리고 있습니다. 절망은 믿음을 위한 복된 준비입니다. 피조물의 끝은 창조주의 시작입니다. 여러분의 끝은 하나님의 기회입니다. 여러분에게 아무 소망 없는 바로 그 자리에 하나님이 여러분을 구원하기 위해 오실 것입니다.

　　본문에서 여러분은 이스라엘의 괴로움이 점층적으로 묘사되어 있는 것을 발견할 것입니다. "이스라엘 자손이 고된 노동으로 말미암아 탄식하니"(23절), "아 비참하고 가엾은 자여 화로다 나여 망하게 되었도다"(사 6:5). 그들은 고된 노동 가운데 이렇게 탄식했습니다. 그들은 밤에 집으로 돌아가면서 이렇게 탄식했습니다. 그들은 부뚜막 옆에 누우면서 이렇게 탄식했습니다. 그들은 아침에 일어나면서 이렇게 탄식했습니다. 아들이 태어날 때, 그들은 그 아들을 바라보며 이렇게 탄식했습니다. 왜냐하면 그 아들은 곧 죽어야만 하기 때문입니다. "이스라엘 자손이 고된 노동으로 말미암아 탄식하니." 그들의 고통이 계속해서 커져감에 따라 단순한 탄식만으로는 충분하지 않게 되었습니다. 그리하여 그들은

"부르짖었습니다." "이스라엘 자손이 고된 노동으로 말미암아 탄식하며 부르짖으니." 아! 그들의 고통을 어떻게 제대로 표현할 수 있겠습니까? 그들의 고통은 수많은 눈물로 얼룩졌으며, 탄식의 소리는 사무치는 부르짖음으로 증폭되었습니다. "아! 하나님이여, 이 멍에가 얼마나 오래 지속되리이까?" 그들은 주저앉아 차라리 죽기를 바랐습니다. 그들은 마치 감추인 보화를 찾듯이 죽음을 찾았습니다. 왜냐하면 애굽에서 노예로 사는 것은 그들에게 정말로 견딜 수 없는 일이었기 때문입니다. 마침내 그들의 탄식과 부르짖음은 하나로 합쳐져 신음소리가 되었습니다. "하나님이 그들의 신음소리를 들으시고"(24절, 한글개역개정판에는 "하나님이 그들의 고통 소리를 들으시고"라고 되어 있음).

사랑하는 형제들이여, 여러분도 이와 같지 않습니까? 여러분은 종종 낙망 가운데 깊은 탄식을 내뱉곤 합니다. 여러분은 때로 상실한 마음 가운데 있으며, 영혼 가운데 표현할 수 없는 슬픔을 가지고 있습니다. 여러분은 거기서 한 걸음 더 나아갑니다. 여러분은 하나님께 기도하면서 부르짖기 시작합니다. 여러분은 하나님께 여러분의 영혼을 쏟아 붓습니다. 여러분은 심지어 기도할 수조차 없다고 느낍니다. 여러분은 하나님께 참된 기도를 드릴 수 없다고 느낍니다. 여러분이 할 수 있는 일은 단지 우는 일일 뿐입니다. 아니, 어쩌면 여러분은 심지어 울 수조차도 없을는지 모릅니다. 여러분은 기도할 수 없으므로 그냥 탄식하며 신음합니다. 세상에 이것보다 더 끔찍한 괴로움이 무엇이겠습니까? 이스라엘 백성들이 그와 같았습니다. 그들은 신음했으며, 하나님은 그들의 신음소리를 들으셨습니다. 그들의 마음 밑바닥으로부터 깊은 신음소리가 올라왔습니다. 그것은 단순한 탄식이 아니었습니다. 그것은 단순한 부르짖음이 아니었습니다. 그것은 마음 밑바닥으로부터 올라오는 깊은 신음소리였습니다. 하루 종일 그들은 신음하고, 신음하고, 또 신음했습니다. 한 번 한 번 숨 쉬는 그 모든 숨이 신음이 되었습니다.

나는 사람들이 이러한 끔찍한 신음 상태에 떨어지기 전에 구주를 발견하기를 바랍니다. 그러나 나의 경우에는 그렇지 못했습니다. 나의 영혼은 극심한 신음소리로 가득 찼습니다. 그러므로 나는 욥이 "내 마음이 뼈를 깎는 고통을 겪으니 차라리 숨이 막히는 것과 죽는 것을 택하리이다"(욥 7:15)라고 말했을 때 그 의미가 무엇인지 충분히 이해할 수 있었습니다. 죄 의식 아래 영원히 사는 것보다 차라리 죽는 것이 훨씬 더 나을 것이었습니다. 왜냐하면 하나님의 진노의 화살이 생명의 근원을 막을 때, 우리는 그와 같은 두려운 진노 아래 사는 것보다 차라리 일천 번 죽는 것이 훨씬 더 낫다고 느끼게 되기 때문입니다. 지금 이 자리에 심지어 잠잘 때조차도 심판 날과 천사장의 나팔소리와 큰 백보좌와 관련한 꿈을 꾸면서 화들짝 놀라 두려워 떠는 사람들이 있습니까? 잠에서 깨어 일어났을 때나 심지어 일을 할 때조차도 그들은 정신이 어리벙벙하며 때로 어이없는 실수를 범하기도 합니다.

그러나 사랑하는 형제들이여, 설령 지금 여러분이 이런 상태에 있다 하더라도 낙망하지 말고 기뻐하십시오. 왜냐하면 나의 경험으로 볼 때 그것은 여러분에게 좋은 날이 임박한 표적이기 때문입니다. 지금 천사들이 애굽을 내려다보고 있다고 상상해 보십시오. 이스라엘 백성들의 탄식하며 부르짖으며 신음하는 소리를 들을 때, 천사들은 분명 기뻐했을 것입니다. 왜냐고요? 왜냐하면 천사들은 이스라엘 백성들의 신음소리를 들으며 스스로 이렇게 생각했을 것이기 때문입니다. "하나님의 가장 큰 난관이 극복되었도다. 하나님은 이스라엘 백성들이 스스로 애굽으로부터 나오고자 하는 마음을 갖기를 바라셨는데, 이제 그들은 그렇게 되었도다. 이제 그들은 하나님이 보내실 지도자를 기꺼이 영접하게 될 것이며, 모세가 그들을 쇠 풀무와 멍에의 집으로부터 끌어낼 때 그들은 노래하며 춤을 추면서 애굽을 나오게 될 것이라." 불과 얼마 전까지 멍에의 집에 있던 자들이 이제 그곳으로부터 나오게 되는 것으로 인하여 기뻐하며 즐거워합니다. 아직까지 멍에의 집에 남아 있기는 하지만 그러나 그곳이 얼마나 끔찍한 장소인지 비로소 느끼기 시작한 자들이여, 부디 그곳에 계속해서 머물러 있지 마십시오. 나는 여러분이 내일 아침의 태양은 그곳에서 보지 않게 되기를 바랍니다. 부디 그러한 끔찍한 포로의 상태에서 속히 뛰쳐나오십시오.

2. 둘째로, 긍휼의 하나님에 대해 생각해 보도록 합시다.

본문을 다시 한 번 읽겠습니다. "그들이 탄식하며 부르짖으니 그 고된 노동으로 말미암아 부르짖는 소리가 하나님께 상달된지라 하나님이 그들의 고통 소리를 들으시고 하나님이 아브라함과 이삭과 야곱에게 세운 그의 언약을 기억하사 하나님이 이스라엘 자손을 돌보셨고 하나님이 그들을 기억하셨더라." 여기에 가련한 죄인의 소망이 있습니다. 그러나 그것은 그 자신으로부터 말미암은 소망이 아니라, 전적으로 하나님으로부터 말미암은 소망입니다. 여기에서 자기 백성들에 대한 하나님의 긍휼의 마음이 점층적으로 나타나는 것을 주목하십시오.

첫 번째로, 그들의 "부르짖는 소리가 하나님께 상달"되었습니다(23절). 그들이 간절하게 애절하게 부르짖었을 때, 그러한 부르짖음은 하늘의 문을 부수고 하나님께 올라갔습니다. 물론 하나님은 모든 소리를 다 들으십니다. 그러나 사람의 예대로 말할 때, 단순한 탄식일 때는 하나님께 도달하지 못했습니다. 그렇지만 그것이 깊은 마음으로부터 솟아오르는 신음과 함께 간절한 부르짖음이 될 때, 그것은 하나님 앞에 올라가게 되었습니다. 마치 하나님은 하던 일을 잠시 멈추고 이렇게 말씀하시는 것 같습니다. "저것이 무엇이지? 저것은 애굽에 있는 아브라함의 자손들의 부르짖음이 아닌가?" 오! 가련한 영혼이여, 당신의 부르짖음이 당신 영혼의 깊은 곳으로부터 솟아오를 때, 하나님은 잠시 멈추시고 이렇게 말씀하십니다. "저것이 무엇이지? 저것은 고통 가운데 있는 자의 부르짖음이 아닌가? 저것은 죄의 멍에 아래 있는 영혼의 간절한 음성이 아닌가?" "그들의 부르짖는 소리가 하나님께 상달된지라."

두 번째로, 하나님은 그들의 신음소리를 들으셨습니다(24절. 한글개역개정판에는 "하나님이 그들의 고통 소리를 들으시고"라고 되어 있음). 여러분은 이것이 무엇을 의미하는 것인지 압니까? 무엇인가를 듣고 있는 것처럼 보이지만 그러나 그 소리가 오른쪽 귀로 들어갔다가 왼쪽 귀로 나가는 사람들이 있습니다. 그러나 여러분이 어떤 병든 여자를 방문했다고 생각해 보십시오. 여러분은 그녀 곁에 앉습니다. 그리고 그녀는 자신의 병과 고통과 어려움에 대해 전부 이야기합니다. 그녀는 여러분이 자신의 말을 열심히 들어주는 것으로 인해 얼마나 큰 위로를 받겠습니까? 설령 여러분이 아무런 도움도 되어줄 수 없다 하더라도 말입니다. 그렇지만 그녀의 슬픈 이야기를 정성껏 들어주는 것만으로도 그녀는 큰 도움을 받은 것입니다. 다시 본문으로 돌아옵시다. 하나님은 이스라엘의 부르짖음과 신음소리를 들으셨습니다. 그는 그 소리가 오른쪽 귀로 들어갔다가 왼쪽 귀로 나가는 사람처럼 듣지 않으셨습니다. 그는 가만히 서서 자기 백성들의 탄식과 부르짖음과 신음소리를 귀를 기울여 들으셨습니다. 죄인이여, 당신의 고통을 하나님께 말하십시오. 그러면 하나님이 당신의 이야기를 들으실 것입니다. 하나님은 당신의 죄로 얼룩진 파렴치한 이야기와 마음의 완고함과 심지어 그리스도를 배척한 이야기까지도 기꺼이 들으실 것입니다. 하나님께 모든 것을 다 말하십시오. 그러면 하나님이 그 모든 것을 다 들으실 것입니다. 당신이 필요로 하는 것을 말하십시오. 아무리 큰 긍휼이든 아무리 큰 죄 사함의 은총이든 상관 없이 말입니다. 당신의 모든 것을 그분 앞에 내려놓으십시오. 잠시도 주저하지 마십시오. 하나님이 그 모든 것을 다 들으실 것입니다. 그는 당신의 부르짖는 소리에 주의를 기울이실 것입니다. 이러한 사실 속에 얼마나 큰 위로가 있습니까? 당신은 단지 그것을 붙잡기만 하면 됩니다. 사랑하는 그리스도인들이여, 부디 가련한 죄인들이 지금 그것을 붙잡을 수 있도록 기도해 주십시오. 부디 그들이 애통하는 영혼의 탄식과 부르짖음을 하나님이 들으신다는 사실을 굳게 붙잡을 수 있도록 그들을 위해 기도해 주십시오.

세 번째로, 하나님은 자신의 언약을 기억하셨습니다. "하나님이 아브라함과 이삭과 야곱에게 세운 그의 언약을 기억하사"(24절). 하나님은 이스라엘 자손들을 바라보시면서 그들의 죄를 기억하지 않으셨습니다. 그들이 실제적으로 애굽 사람 처럼 되고, 애굽과 애굽의 우상들을 사랑했던 모든 죄 말입니다. 그렇게 하는 대신 하나님은 당신의 친구인 아브라함을 기억하셨습니다. 하나님은 이삭을 기억하셨습니다. 하나님은 당신이 사랑하셨던 야곱을 기억하셨습니다. 그리고 하나님은 이스라엘 자손을 축복하겠다고 약속하셨던 것을 기억하셨습니다. 그들의 어떤 공로 때문이 아니라, 하나님이 사랑하시고 존귀하게 하셨던 자들 때문에 그리고 하나님이 그들과 세운 언약 때문에 말입니다. "내가 바로의 권세를 깨뜨릴 것이며 내 백성을 축복할 것이라 내가 그들의 멍에를 풀어주고 그들을 자유롭게 하리라." 가련한 죄인이여, 만일 하나님이 영원으로부터 당신을 바라보신다면, 하나님은 당신으로부터 하나님이 형벌을 내리셔야만 하는 어떤 것을 보실 수 없습니다. 그것을 보는 대신 하나님은 자신의 사랑하는 아들을 보십니다. 그리고 그 아들이 어떻게 살고, 어떻게 사랑했으며, 어떻게 피 흘리고, 어떻게 죽었는지, 그리고 어떻게 속죄제물이 되었는지를 기억하십니다. 그리고 자기의 사랑하는 아들과 맺은 언약을 기억하면서 하나님은 이렇게 말씀하십니다. "내가 영원한 언약으로 내 아들에게 준 자들을 축복할 것이라. 나는 그가 자기 영혼의 수고한 것을 보고 만족하게 될 것이라고 그에게 약속하였었노라. 그러므로 나는 죄의 권세를 깨뜨리고 포로된 자들을 자유롭게 할 것이라. 그들은 나의 사랑하는 자 안에서 나의 자녀들로 받아들여질 것이라." 하나님이 우리 안에서 긍휼을 베풀기 위한 어떤 근거도 발견할 수 없는 것은 도리어 우리에게 큰 축복입니다. 하나님은 긍휼을 베풀기 위한 최고의 근거를 자신의 은혜 언약 안에서 그리고 그 언약의 당사자인 자신의 사랑하는 아들 안에서 발견하십니다. "하나님이 아브라함과 이삭과 야곱에게 세운 그의 언약을 기억하사." 사랑하는 형제들이여, 바로 그 언약을 통해 모든 축복이 여러분에게 온다는 사실을 한순간도 잊지 마십시오.

네 번째로, 하나님은 한 걸음 더 나아가 "이스라엘 자손을 바라보셨습니다"(25절. 한글개역개정판에는 "하나님이 이스라엘 자손을 돌보셨고"라고 되어 있음). 하나님은 그들에게 당신의 귀를 주셨습니다. 하나님은 그들에게 자신의 기억을 주셨습니다. 이제 하나님은 그들에게 자신의 눈을 주십니다. 하나님은 잠잠히 서서 긍휼과 사랑으로 그들을 바라보셨습니다. 그리고 본문은 계속해서 하나님이 그들을 주의(注意)하셨다고 말합니다(KJV 25절, God had respect unto them. 한글개역개정판에는 "하나님이 그들을 기억하셨더라"라고 되어 있음). 흠정역의 난외주(欄外註)에는 "하나님이 그들을 아셨더라"(God knew them)라고 되어 있는데, 이것이 원문의 진정한 의미입니다. 하나님은 한 사람을 바라보시면서 말씀하셨습니다. "그는 나의 자녀 가운데 하나로다." 하나님은 다른 사람을 바라보시면서 말씀하셨습니다. "그는 비록 애굽 사람의 옷을 입었으나 나의 이스라엘 가운데 하나로다." 하나님은 또 다른 사람들을 바라보시면서 말씀하셨습니다. "나는 그들을 아노라. 나는 그들의 슬픔을 아노라. 나는 그들의 죄를 아노라. 나는 그들의 약함을 아노라. 내가 필경 그들을 구원할 것이라." 하나님이 마음이 상한 자와 죄 가운데 고통하고 있는 자를 어떻게 바라보고 계시는지 내 입술이 좀 더 적절하게 표현할 수만 있다면 얼마나 좋겠습니까? 하나님은 사랑과 긍휼 가운데 여러분을 바라보고 계시며, 여러분의 상태를 아시며, 기꺼이 여러분을 도울 준비를 갖추고 계십니다. 하나님이 여러분에게 은혜를 베푸사 이 시간 참된 자유를 발견하기를 바랍니다.

3. 셋째로, 구원의 도구를 주목하십시오.

이스라엘 백성들을 멍에의 굴레로부터 건져내는 일은 하나님 자신의 능력으로 충분하지만, 그러나 하나님은 특별히 부름받은 도구를 사용하여 그렇게 하기로 선택하셨습니다. 사람을 위해 일하실 때, 하나님은 사람을 통해 그렇게 하십니다. 그리하여 하나님은 모세를 세우셨으며, 이스라엘 백성들이 구원받은 것은 모세를 통해서였습니다. 포로된 자여, 오늘날 하나님은 "모세와 같은 선지자"를 세우셨습니다. 그는 모세보다 무한히 큰 자입니다. 바로 그가 당신을 구원하기 위해 오셨습니다.

첫째로, 사람들의 구주인 예수가 우리처럼 사람인 것을 기억하십시오. 이러한 사실은 여러분으로 하여금 그에게 담대하게 나아가도록 강력하게 고무합니다. 죄 의식으로 인해 극심한 괴로움 가운데 있는 여러분은 절대적인 하나님께 감히 다 가가지 못합니다. 중보자 없이 하나님 앞에 가고자 시도하는 것은 합당치 못한 일입니다. 그러나 여러분은 하나님과 사람 사이의 유일한 중보자시며 사람이신 예수 그리스도에게 갈 수 있습니다. 왜냐하면 그는 여러분은 충분히 체휼하실 수 있기 때문입니다. 그는 무지한 자와 그릇 행한 자들을 불쌍히 여기실 수 있습 니다. 왜냐하면 그 자신조차도 육체로 계실 때 약함 가운데 계셨기 때문입니다. 와츠 박사(Dr. Watts)는 이렇게 노래합니다.

> "사람의 육체 안에 계신 하나님을 볼 때까지
> 나는 아무런 위로도 발견하지 못하도다.
> 거룩과 공의와 성결은
> 나의 마음에 도리어 두려움이로다.
>
> 그러나 임마누엘의 얼굴이 나타날 때,
> 나의 소망과 나의 기쁨은 시작되도다.
> 그의 이름은 나의 노예적인 두려움을 없애시고,
> 그의 은혜는 나의 죄를 제거하도다."

예수 그리스도는 사람이십니다. 그러므로 그에게 담대히 가십시오. 이스라 엘이 모세에게 갈 수 있었던 것처럼 말입니다. 또 모세가 그랬던 것처럼, 예수는 신적 권위와 능력으로 옷 입었습니다. 그러나 그 이상입니다. 모세와는 달리, 그는 실제로 하나님이십니다. 두려움 가운데 떨고 있는 가련한 죄인이여, 그에게 오십 시오. 그리고 당신의 모든 것을 그의 손에 맡기십시오. 그에게 맡겨진 것은 하나 도 땅에 떨어지지 않을 것입니다. 그는 바로와 같은 죄의 권세를 깨뜨리고 여러 분을 자유롭게 할 수 있습니다. 그렇습니다. 오늘날에도 그는 그의 풍부한 은혜 의 은금(銀金)과 함께 여러분을 애굽으로부터 건져내실 수 있습니다. 오직 그를 믿고, 그를 따르십시오. 그리고 그의 명령에 순종하십시오. 그러면 여러분에게 모든 일은 잘 될 것입니다.

모세는 신적 권위로 옷 입은 사람으로서 자신을 백성들에게 온전히 주었습니다. 그는 이스라엘을 진정으로 사랑했으며, 온전히 백성들을 위해 살았습니다. 여러분은 그가 백성들을 위해 이렇게 기도했던 것을 기억할 것입니다. "슬프도소이다 이 백성이 자기들을 위하여 금 신을 만들었사오니 큰 죄를 범하였나이다 그러나 이제 그들의 죄를 사하시옵소서 그렇지 아니하시오면 원하건대 주께서 기록하신 책에서 내 이름을 지워 버려 주옵소서"(출 32:31, 32). 반면 우리 주 예수 그리스도는 실제로 우리를 위해 저주가 되셨습니다. 그는 실제로 죄인의 자리에 서셨으며, 죄인의 모든 형벌을 담당하셨습니다. 그러므로 그를 믿으십시오. 어쩌면 지금 나는 가련한 죄인들로 하여금 그들의 영혼을 그들을 위해 죽으신 신실한 구주의 손에 맡기도록 이끄는 일에 도구로 사용되고 있는지도 모릅니다. 사랑하는 형제들이여, 만일 여러분이 예수를 믿기만 한다면, 여러분은 지금 당장 구원받게 될 것입니다. 나는 여러분이 기꺼이 애굽으로부터 나오기를 바랍니다. 만일 여러분이 그렇게 하고자 한다면, 여러분은 그렇게 할 수 있습니다. 그리스도께서 죄의 모든 권세를 깨뜨리셨으며, 그는 지금도 여러분을 자유롭게 해 주시기를 원하십니다. 여러분이 그를 믿고 스스로를 온전히 그의 권세에 순복시키기만 한다면 말입니다.

마지막으로, 모세는 이스라엘 백성 모두를 건져냈습니다. 그는 단 한 명의 어린아이도 애굽에 남겨두지 않았습니다. 심지어 양이나 염소 한 마리도 그곳에 남기지 않았습니다. 그는 "우리의 가축도 우리와 함께 가고 한 마리도 남길 수 없으니"라고 말했습니다(출 10:26). 이스라엘에게 속한 모든 것이 모세와 함께 행진하며 나왔습니다. 이와 같이 하나님이 택하신 자와 그리스도께서 구속하신 자는 모두 죄의 애굽으로부터 나올 것입니다. 바로의 권세 — 마귀의 권세 — 는 그들 가운데 가장 작은 것조차도 붙잡아 둘 수 없습니다. 결코 그럴 수 없습니다. 하나님의 자녀의 뼈 하나조차도 사망과 마귀의 손아귀에 남겨지지 않을 것입니다. 그들은 죽고, 그들의 뼈는 무덤에 들어갈 것입니다. 그러나 하나님의 택하신 자들의 가장 작은 원자(原子) 알갱이 하나도 사망의 권세 안에 남겨지지 않을 것입니다. 그들은 원수의 손으로부터 다시 나올 것입니다. 그러나 여러분은 그리스도가 여러분의 발 앞에 엎드려 자신을 믿어 달라고 사정하는 것처럼 생각해서는 안 됩니다. 마치 여러분이 그를 여러분의 구주로 받아들여 주지 않으면, 그에게 아무런 존귀와 영광도 돌아갈 수 없다는 듯이 말입니다. 만일 여러분이 그에게 오지 않는다면, 만일 여러분이 그로부터 등을 돌린다면 — 나는 여러분에게 "여러분이 그를 믿지 않은 것은 그의 양이 아니기 때문입니다"라고 말할 수밖에 없습니다 — 그것은 그리스도 때문이 아니라 여러분 자신 때문입니다.

사랑하는 형제들이여, 부디 그에게 오십시오. 그리고 그를 믿으십시오. 자아를 부인하십시오. 죄를 버리십시오. 자기 구원의 헛된 소망을 포기하십시오. 오직 예수 그리스도께 오십시오. 그리고 그의 발 앞에 여러분 자신을 던지십시오. 하나님은 그를 "이스라엘에게 회개함과 죄 사함을 주시려고 오른손으로 높이사 임금과 구주로 삼으셨"습니다(행 5:31). 하나님은 그를 지극히 높이사 우리를 돕는 자로 세우셨습니다. 그러므로 지금 그에게 오십시오. 그리고 지금 그를 믿으십시오. 그러면 여러분은 구원을 받을 것입니다. 하나님이 예수 그리스도로 인해 여기의 회중 전체에게 회개와 믿음을 허락해 주시기를 기원합니다. 아멘.

제
2
장

—

위대한 해방자

—

"너는 바로에게 이르기를 여호와의 말씀에 이스라엘은 내 아들 내 장자라 내가 네게 이르기를 내 아들을 보내 주어 나를 섬기게 하라 하여도 네가 보내 주기를 거절하니 내가 네 아들 네 장자를 죽이리라 하셨다 하라 하시니라." — 출 4:22-23

"여호와께서 모세에게 이르시되 이제 내가 바로에게 하는 일을 네가 보리라." — 출 6:1

하나님은 애굽에 자기 백성을 가지고 계셨습니다. 그들은 그의 소유였으며, 그의 택하신 백성들이었습니다. 비록 그들이 끔찍한 압제를 당하며 처참한 노예 상태로 전락했다 하더라도, 그들을 향한 하나님의 관심은 조금도 줄어들지 않았습니다. 하나님이 모세를 애굽으로 보낸 목적은 이스라엘 자손을 열방으로부터 끌어내어 자기에게 구별된 백성으로 만들고 그들에게 젖과 꿀이 흐르는 땅을 기업으로 주어 그들로 하여금 그곳에서 그의 계명들을 지키며 언약의 증인으로 살도록 하기 위함이었습니다. 애굽 땅에 있던 자기 백성 이스라엘에게 행하셨던 바로 그 일을 하나님은 지금도 온 세상에 흩어진 자신의 택하신 자들에게 똑같이 행하고 계십니다. 어떤 관점에서 복음의 목적은 열방으로부터 하나님이 미리 아시고 예정하시고 자신의 특별한 기업으로 구속하신 백성을 모으는 것입니다.

하나님은 그들을 열방으로부터 끌어내실 것이며, 그들은 특별한 신분을 갖는 구별된 백성이 될 것입니다. "이 백성은 홀로 살 것이라 그를 여러 민족 중의 하나로 여기지 않으리로다"(민 23:9). 그들은 궁극적으로 그들을 위해 특별하게 준비된 장소로 가게 될 것이며, 거기에서 살게 될 것입니다. 그리고 그렇게 하심으로써 하나님은 자신이 그들에게 미리 말씀하셨던 것이 결코 거짓이 아니었음을 확증하실 것입니다. "만군의 여호와가 이르노라 나는 내가 정한 날에 그들을 나의 특별한 소유로 삼을 것이요"(말 3:17). 멸망 아래 있는 죄인들을 현재의 악한 세상으로부터 건져내는 일은 하나님에게 있어 이스라엘을 애굽으로부터 건져내는 일과 똑같이 가치 있는 일입니다. 야곱의 자손을 바로의 압제로부터 풀어준 여호와의 동일한 손은 오늘날 사탄의 통치로부터 우리를 구속하기 위해 펼쳐집니다. 우리의 구속자이신 예수 그리스도에 대한 찬미의 노래는 미리암과 이스라엘의 딸들이 홍해를 건넌 직후 불렀던 노래보다 훨씬 더 우렁찹니다. "내가 여호와를 찬송하리니 그는 높고 영화로우심이요 말과 그 탄 자를 바다에 던지셨음이로다"(출 15:1). 마지막 날 우리는 하나님의 종 모세의 노래와 어린 양의 노래를 부르게 될 것입니다. 이러한 사실은 이스라엘이 애굽으로부터 구원받은 것이 하나님의 백성들이 세상으로부터 구원받는 것을 미리 보여주는 예표라는 사실을 분명하게 보여줍니다.

세상으로부터 자기 백성을 끌어내는 과정에서, 하나님은 애굽의 이스라엘 백성들의 예에서와 마찬가지로 일반적으로 도구를 사용하십니다. 하나님은 모세가 스스로에 대해 그렇게 느꼈던 것처럼 그 일에 그다지 적합하지 않은 도구를 사용하실 수 있습니다. 그러나 그 일은 이루어지며, 따라서 그 모든 영광과 존귀가 하나님께 돌려지게 됩니다. 하나님이 사용하는 도구로서 우리는 모든 영광과 존귀를 그분께 돌리는 것으로 기뻐하며 또 기뻐합니다. 우리 자신에게 아무런 공로도 돌릴 수 없음을 느낄 때, 우리는 그의 탁월하심을 기뻐하며 찬미하게 됩니다. 왜냐하면 우리는 그분이 보실 때나 우리 자신이 볼 때나 아무것도 아니기 때문입니다. 그러므로 구속의 일이 완성되었을 때, 그 모든 영광은 오로지 하나님 한 분에게만 돌려져야 합니다.

여기에서 첫째로 우리는 하나님의 음성(the voice of God)을 주목하고자 합니다. 본문에서 하나님은 이렇게 말씀합시다. "여호와께서 이 같이 말씀하시니라 이스라엘은 내 아들 내 장자라 내게 네게 말하노니 너는 내 아들을 보내 주어 나를 섬기게 하라"(출 4:22, 23). 그리고 두 번째로 우리는 사람의 음성(the voice of man)을 주목하고자 합니다. "너는 바로에게 여호와께서 이 같이 말씀하신다고 이르라"(22절). 하나님이 말씀하신 것은 그의 종 모세에 의해 그대로 반복되어야 했습니다. 그리고 마지막으로, 이러한 사람의 음성과 함께 가는 하나님의 능력을 살펴보도록 합시다. 이제 내가 네 입과 함께 할 것이요 "내가 바로에게 하는 일을 네가 보리라"(6:1).

1. 첫째로, 하나님의 음성을 생각해 보도록 합시다.

바로 이것이 자기 백성을 애굽으로부터 끌어내는 실제적인 능력이었습니다. 하나님의 음성은 삼중적이었습니다. 첫째로 이스라엘 백성에 대한 하나님의 소유권을 주장하는 것과, 둘째로 그들의 자유를 요구하는 것과, 셋째로 그들의 숙명을 정하는 것이었습니다. 절대적인 권위로써 하나님은 이스라엘 백성을 자신의 소유로 주장하십니다. "여호와의 말씀에 이스라엘은 내 아들 내 장자라." 하나님은 그들이 자신의 소유임을 아셨으며, 그들을 자신의 소유로 선언하셨습니다. 그것은 그의 양도할 수 없는 권리였습니다. 또 하나님은 이스라엘 백성의 안녕에 대하여 자신이 무한한 관심을 갖고 계심을 분명히 나타내셨습니다. 당시 이스라엘 자손은 매우 처참한 상태 속에 빠져 있었습니다. 그들은 멍에에 매인 상태로 흙을 빚어 벽돌을 구워야 했습니다. 그들은 노예로서, 가장 낮은 위치로 추락했습니다. 뿐만 아니라 그들의 정신까지도 땅에 떨어지고 말았습니다. 그들은 폭군의 압제에 굴종하였으며, 구원의 날이 동터올 때에도 해방이 가능하다고 생각할 수 없었습니다. 그들은 아무런 변화도 기대할 수 없었습니다. 그들은 한 민족으로서 자유의 개념을 잃어버렸습니다. 그러한 개념은 이미 짓밟혀졌습니다. 한 민족이라는 개념 자체도 잃어버린 것처럼 보였습니다. 그들에게 민족이라는 개념이 남아 있다면, 그것은 오직 노예들의 민족일 뿐이었습니다. 이처럼 비참한 노예로 전락했음에도 불구하고, 그들은 여전히 사랑받는 백성이었습니다. 하나님이 그들을 사랑하셨습니다. 하나님은 "이스라엘은 내 아들 내 장자라"라고 말씀하셨습니다. 이 말을 들었을 때, 바로는 마음속으로 이렇게 말했을 것입니다. '정말로 훌륭한 아들이군. 이 따위 벽돌이나 굽는 노예들을 자기 아들이라고 말하는 신은 도대체 어떤 신이란 말인가? 이스라엘은 내 아들이라고? 정말 웃기는 신이군.' 그렇습니다. 이토록 처참하게 노예로 추락해 있던 자들에게 하나님은

"너는 내 아들 내 장자 나의 상속자라"라고 말씀하셨습니다. 사람은 자연히 자기 아들을 자랑하는 법입니다. 그런데 여기에 경멸당하는 비천한 노예들을 향해 "너는 내 아들 내 장자라"라고 말씀하시는 하나님이 있습니다. 하나님은 특별히 오만한 바로의 면전에서 그들을 자기 아들로 인정하셨습니다. 바로의 장자를 생각해 보십시오. 애굽의 왕자로서 말을 타고 각처를 순행할 때 모든 사람이 그 앞에 무릎을 꿇고 위대한 왕의 아들에게 신하의 예를 표하지 않았겠습니까? 그런데 하나님은 그런 바로의 면전에서 "이스라엘은 내 아들 내 장자라"라고 말씀하십니다. 그는 자기 백성에 대해 부끄러워하지 않습니다. 하나님은 심지어 우리가 허물과 죄로 죽었을 때조차 우리를 사랑하셨습니다. 이스라엘 백성들이 비천한 노예로 멍에 아래 있었을 때 사랑하셨던 것처럼 말입니다. 옛 시인은 "그가 나의 영혼을 사랑하사 구덩이에서 건지셨도다"라고 노래했습니다. 우리가 태어나자마자 적신으로 버려진 아기처럼 피투성이 상태로 누워 있었을 때, 그는 우리를 사랑하셨습니다. 우리가 태어나자마자 누구에게도 긍휼히 여김을 받지 못하고 빈들에 버려졌을 때, 그는 우리를 사랑하셨습니다. 그리고 우리에게 "너희는 살지어다"라고 말씀하셨습니다. 이스라엘이 애굽의 노예였을 때 그들을 자기 아들로 인정해 주신 하나님은 얼마나 놀라운 은혜의 하나님입니까?

더욱이 하나님은 그들이 자신을 알지 못했을 때 그들을 아시고 그들을 자기 아들로 인정해 주셨습니다. 왜냐하면 "여호와"라는 이름으로는 아직 그들에게 거의 알려지지 않았기 때문입니다. 설령 모세가 그들에게 하나님이 자신을 보내셨다는 분명한 증거를 제시한다 하더라도, 그들은 그를 배척할 충분한 준비가 되어 있었습니다. 우리는 성경의 다른 곳에서 그들이 다른 신들에게 갔다는 말씀을 듣습니다. 애굽에 우거하는 동안 이스라엘 백성들은 그 땅에 만연한 미신 속으로 떨어졌으며, 하나님을 버렸습니다. 그럼에도 불구하고 약간의 빛이 여전히 그들 가운데 머물러 있었습니다. 거룩한 믿음과 관련한 몇몇 전승(傳承)들이 부모로부터 자녀에게로 이어졌습니다. 의심의 여지 없이 아브라함의 하나님에 대해 신실하며 경건한 믿음을 가진 남은 자들이 있었을 것입니다. 고센에 보존되어 있었던 요셉의 뼈를 생각해 보십시오. 그것은 열두 지파가 장차 애굽을 떠날 때 가지고 가겠다고 약속한 맹세의 기념비였습니다. 이스라엘 자손은 약속대로 그 뼈를 가지고 출발했다가 마침내 여호수아 마지막 장에 나타나는 대로 세겜에 매장했는데, 이러한 사실은 그들의 신실한 믿음을 잘 보여줍니다. 그러나 대다수의 백성들은 애굽 사람들의 풍습을 따르며 그들의 신들을 섬겼습니다. 그들은 무익하며 악한 백성이었습니다. 그들은 특별히 죄로 얼룩진 백성이었습니다. 그럼에도 불구하고 여호와는 "이스라엘은 내 아들 내 장자라"라고 말씀하십니다. 그러면 하나님은 그들이 자신을 알지 못했을 때 그들을 아시고 아들로서 인정해 주신 것입니까? 그렇습니다. 하나님은 실제로 그렇게 하셨습니다. 만일 그렇지 않았다면, 그들은 결코 하나님을 아는 데 이르지 못했을 것입니다. 이것은 오늘날에도 마찬가지입니다. 우리가 그를 사랑하는 것은 그가 먼저 우리를 사랑하셨기 때문입니다. 만일 그가 우리를 먼저 아시고 먼저 사랑하지 않으셨다면, 지금의 우리는 결코 없었을 것입니다. 자기 백성이 자기를 알지 못했을 때 그가 그들을 아시고 자기 소유로 인정하신 것은 얼마나 놀라운 은혜입니까?

더욱이 하나님은 자신의 언약을 확증하심으로써 그들을 인정해 주셨습니다. "이스라엘은 내 아들이라." 하나님은 자신이 아브라함과 이삭과 야곱과 더불어 맺은 언약을 언급하셨습니다. 이것은 오늘날에도 마찬가지입니다. 하나님이 자기 백성을 아시고 그들에게 호의를 베푸시는 것은 그들에게 호의를 베풀 만한 어떤 것이 있기 때문이 아닙니다. 왜냐하면 그들의 본성에는 특별히 나은 것이 아무것도 없기 때문입니다. 지적(知的)으로든 기질(氣質)적으로든 그들에게는 하나님을 기쁘시게 할 만한 것이 아무것도 없습니다. 하나님이 보실 때 은혜가 베풀어질 유일한 자격은 그가 우리의 언약의 머리이신 우리 주 예수 그리스도와 맺은 영원한 언약입니다. 우리는 모든 구원의 궁극적인 원천인 언약에 대해 충분히 묵상하지 않습니다.

> "죄책에 대해서나 사죄의 은총에 대해서나
> 그대들은 느끼지 못했도다.
> 만일 그렇게 했다면, 그대들의 보잘것없는 이름은
> 하늘에 기록되었을 것이라."

만일 그 언약과 아무런 상관이 없었다면, 여러분은 결코 생명을 얻지 못했을 것입니다. 바로 이것이 하나님이 이스라엘을 "내 아들"이라고 부른 이유였습니다. 과거의 언약이 이스라엘을 하나님의 아들로 간주되도록 만들었습니다. 하나님이 이스라엘을 단순히 "내 백성"이라고 부르지 않고 "내 아들"이라고 부르는 것은 얼마나 달콤하며 아름답습니까? 거기에는 다른 곳에서는 결코 발견할 수 없는 아버지와 아들 사이의 사랑이 있습니다. 피는 물보다 진한 법입니다. 부자 간에는 결코 끊을 수 없는 연합의 띠가 있습니다. 어떤 사람이 묻습니다. "그렇군요. 그렇지만 성경에서 하나님이 자기 백성을 향해 그들이 거듭나기 전에 아들이라고 부르는 곳이 있습니까?" 예, 그렇게 말하는 구절이 있습니다. 갈라디아서 4장 6절을 보십시오. "너희가 아들이므로 하나님이 그 아들의 영을 우리 마음 가운데 보내사 아빠 아버지라 부르게 하셨느니라." 그것은 하나님의 영원한 목적 속에서 그의 백성들이 그의 아들이기 때문입니다. 때가 되면 아들의 영을 보내사 그들에게 자녀의 본성을 주심으로써 그들이 하나님을 "아빠 아버지"라 부르면서 아들로 받아들여진 것을 향유하게 될 것을 그들이 알기 이전에 말입니다. 사랑하는 자들이여, 우리가 거듭나기 전에 하나님이 우리를 측량할 수 없는 사랑으로 바라보신 것을 생각해 보십시오. 그것은 얼마나 놀라운 은혜입니까?

하나님의 말씀의 요점은 이것입니다. "이스라엘은 내 아들이라. 너(바로)는 그를 네 노예라고 부를는지 모르지만 그러나 그는 내 아들이니라. 그는 네 것이기 전에 내 것이었느니라. 이스라엘은 내 아들이라. 너는 '아니요, 그는 내 노예요'라고 말하노라. 설령 그가 네 멍에 아래 떨어졌다 할지라도, 나는 내 장자로서의 그에 대한 나의 권리를 주장할 것이라. 그는 왕자이며, 내가 그를 왕자의 자리에 세울 것이라." 하나님은 자기 백성에 대한 권리를 가지고 계십니다. 그 권리는 율법의 모든 요구와 죄와 사망과 지옥의 모든 요구가 결코 부인할 수 없는 권리입니다. 설령 그들이 악한 자의 요구에 허망하게 굴복하며 사망과 더불어 언약하고 지옥과 더불어 맹약했다 하더라도, 그럼에도 불구하고 그들에 대한 여호와의 권리는 결코 흔들리지 않습니다. 왜냐하면 그가 이렇게 말씀하시기 때문입니다. "너희가 사망과 더불어 세운 언약이 폐하며 스올과 더불어 맺은 맹약이 서지 못할 것이라"(사 28:18). 주 예수 그리스도는 자신의 십자가의 피로 값을 치르고 속량한 자기 백성이 죄와 사탄의 노예로 계속해서 남아 있는 것을 결코 받아들이지 않을 것입니다. 그들은 그의 것입니다. 그의 아버지가 그들을 그에게 주셨습니다. 그들은 그의 것입니다. 그가 그들을 사셨습니다. 그들의 이름이 그의 손바닥에 기록되고 그의 옆구리에 새겨졌습니다. 그들은 그의 것입니다. 그는 그들 가운데 단 한 사람도 원수의 멍에 속에 남아 있는 것을 결코 허락하지 않을 것입니다.

　　이와 같이 이스라엘을 자기 아들로 인정하신 하나님은 그러한 사실에 근거하여 바로에게 그들에 대한 무조건적인 자유를 요구하십니다. "여호와가 이같이 말씀하시니라 이스라엘은 내 아들 내 장자라 그러므로 내가 네게 이르노니 내 아들을 보내라." 이 얼마나 장엄한 말씀입니까! 이 얼마나 당당한 명령입니까! 천지를 창조하실 때 "빛이 있으라"고 말씀하셨던 것처럼, 출애굽의 역사(歷史) 속에서 하나님은 주권적인 권능으로 "내 아들을 보내라"라고 말씀하십니다. 이러한 전능자의 당당한 명령 앞에 바로의 교만한 마음도 기가 꺾이지 않을 수 없었을 것입니다. 이러한 당당한 어투는 우리를 율법으로부터 구원함에 있어서도 그대로 적용됩니다. 율법은 모든 인류를 자신의 저주 아래 포함시킵니다. 이 세상의 신은 모든 인류를 자기의 신민(臣民)이라고 주장합니다. 그러나 때가 되매 우리 구주께서 나타나십니다. 주 예수 그리스도께서 오셔서, 스스로를 노예가 된 인류와 동일시하시고, 저주를 담당하시고, 율법을 이루십니다. 그는 율법의 모든 의를 이루시고 동시에 그 모든 형벌을 받으심으로써 그들을 위해 완전한 자유를 요구하십니다. "내 아들을 보내라." 도대체 무슨 근거 위에서 여전히 율법이 자신의 권리를 주장할 수 있단 말입니까? 이미 그 모든 것이 이루어졌는데 말입니다. 하나님의 백성들은 더 이상 율법 아래 있지 않고 은혜 아래 있습니다. 그들은 율법 아래 있었던 것으로부터 나왔습니다. 하나님의 말씀이 죄와 사탄의 폭정으로부터 우리를 구원하기 위해 권능과 능력으로 선포될 때, 그 어투는 얼마나 당당하며 영광스럽습니까? 공중 권세 잡은 자는 사람들을 자기 수하에 붙잡고 있습니다. 그는 사람들의 마음을 혼미케 하여 복음의 광채가 비춰지 못하게 합니다. 그는 그들의 눈을 가려 영원한 빛을 보지 못하게 합니다. 그러나 하나님은 이렇게 말씀하십니다. "내 아들을 보내라." 그러자 즉시로 혼미케 하는 것이 사라지고 눈이 열립니다. 영원한 진리가 사람들의 마음속으로 비춰며, 그들의 눈으로부터 비늘 같은 것이 떨어지고, 그들의 영혼은 하늘의 빛을 바라보며 즐거워하기 시작합니다. 사탄은 사람들의 영혼을 때로 매우 무거운 멍에로 결박할 것입니다. 나는 그가 절망의 쇠사슬로 사람들의 영혼을 결박하는 것을 종종 봅니다. 사람은 말합니다. "나에게는 아무런 소망도 없답니다." 그리고 그는 죄 사함과 영원한 생명에 대한 모든 생각을 포기해 버립니다. 그러나 하나님은 "내 아들을 보내라"라고 말씀하십니다. 그러자 갑자기 결박이 풀어지고 그는 소망과 자유로 일어납니다. 왜냐하면 하나님의 음성이 그의 쇠사슬을 끊어 버렸기 때문입니다.

결코 버릴 수 없는 것처럼 보이는 두려운 습관이나 혹은 여러 가지 죄들에 의해 결박된 자는 가장 깊은 감옥 속에 갇힙니다. 그리고 여러 겹의 쇠문이 그를 외부로부터 완전하게 차단합니다. 그러나 깊은 밤 그가 잠에 떨어져 의식이 없을 때 무엇인가가 그의 옆구리를 칩니다. 그 주위를 강렬한 빛이 비춥니다. 언약의 천사가 와서 그를 밖으로 이끌어 냅니다. 쇠문들은 저절로 열리고, 그는 자신이 자유롭게 된 것을 발견합니다. 그리고 이 모든 것이 꿈인지 생시인지 어리둥절해 합니다. 그는 이것이 사실임을 알지 못한 채 자신이 환상을 보았다고 생각합니다. 그는 자신이 살았으며 죄의 멍에로부터 구원받았다는 사실을 발견합니다. 그리고 스스로 소스라치게 놀라면서 "이것이 도대체 어떻게 된 일이지?"라고 말합니다. 그의 혀는 노래로 가득 차고, 그의 입은 웃음으로 가득 찹니다. 그는 말합니다. "주께서 나를 위해 큰 일을 행하셨으니 내가 기쁘도다."

사랑하는 자들이여, "내 아들을 보내라"는 하나님의 명령의 장엄한 어투는 여러분과 내가 이 땅에 있는 한 계속해서 울려 퍼질 것입니다. 사람들은 계속해서 멍에를 벗고 자유로 나아가게 될 것입니다. 이러한 영광스러운 자유는 우리에게 매일같이 더 명확해질 것입니다. 우리는 헛된 것에 종노릇하도록 창조된 피조물이 아닙니다. 장래 우리는 육신의 멍에로부터 자유롭게 될 것입니다. 우리의 몸은 무덤으로 내려가게 될 것이며, 묘지의 감옥 속에서 잠시 동안 누워 있게 될 것입니다. 그러나 우리를 영적 생명으로 소생시켰던 바로 그 음성이 우리의 몸을 다시 일으켜 그리스도의 부활 생명 안으로 들어가도록 할 것입니다. 어둡고 음울한 묘지에 "내 아들을 보내라"는 우렁찬 음성이 울려 퍼질 것이며, 거기에 신자의 단 하나의 뼈도 남지 않을 것입니다. 출애굽 때 모세가 "우리의 가축도 우리와 함께 가고 한 마리도 남길 수" 없다고 말했던 것을 생각해 보십시오(출 10:26). 그와 마찬가지로 구속받은 자에게 속한 것은 아무것도 무덤 안에 남겨지지 않을 것입니다. 예수 그리스도는 이렇게 말씀하셨습니다. "아버지께서 내게 주신 자 중에서 하나도 잃지 아니하였사옵나이다"(요 18:9). 진실로 아무도 그리고 아무것도 잃어지지 않을 것입니다. 주님은 자신의 모든 것을 취하실 것이며, 그의 은혜는 승리할 것입니다.

이와 같이 하나님은 자기 백성을 자기 아들로 인정하시면서 그들의 구원을 요구하셨는데, 그것은 동시에 그들의 숙명을 정하는 것이기도 했습니다. "내 아들을 보내 주어 나를 섬기게 하라"(23절). 그렇습니다. 사랑하는 자들이여, 우리는 바로를 섬기는 것으로부터 해방되자마자 곧바로 여호와를 섬기기 시작합니다. "내 아들을 보내 주어 나를 섬기게 하라."

이스라엘은 어느 정도 수준으로 하나님을 섬겼습니까? 그것은 가능한 최고의 수준으로였습니다. 이스라엘은 여호와의 제사장이 되었으며, 희생제사가 드려진 것도 이스라엘 안에서였으며, 향도 이스라엘 안에서 태워졌으며, 거룩한 찬미가 올라간 것도 역시 이스라엘로부터였습니다. 이와 같이 이스라엘은 여호와 앞에 거룩한 특권의 높은 자리에 서 있었습니다. 마찬가지로 죄의 멍에로부터 나오자마자 사람은 믿음으로 여호와께 그리스도의 희생제물을 드리며 나중에는 스스로를 산 제물로 드리게 됩니다. 이와 같이 그의 감사와 회개하는 마음은 향기롭고 받으심 직한 영원한 헌물과 제물입니다.

또 이스라엘은 신적 증언을 보존하는 사명을 맡은 하나님의 종이 되었습니다. 이스라엘은 하나님의 신탁을 맡았습니다. 이스라엘은 한 분 하나님에 대한 지식을 보존했습니다. 이스라엘은 지극히 높은 자의 계시를 보존했습니다. 모든 세상이 어둠 가운데 있는 동안 이스라엘은 빛을 보존했습니다. 사랑하는 형제자매들이여, 여러분과 나도 이런 목적으로 하나님으로부터 부름을 받습니다. 만일 하나님이 우리를 죄의 애굽으로부터 건져내셨다면, 우리는 매일같이 희생제물을 드려야 합니다. 우리는 매일같이 하나님의 진리를 증언해야 합니다. 그러나 만일 우리가 그렇게 하지 않는다면, 우리는 불신앙 가운데 비틀거리기 시작할 것입니다. 만일 우리가 사람에 대한 두려움으로 하나님의 진리를 증언하기를 부끄러워한다든지 혹은 이 세상 풍습에 의해 우리 마음이 현혹되고 눈이 어두워지며 우리의 선한 고백이 거짓된 것이 되고 만다면, 그것은 우리에게 얼마나 수치스러운 일이겠습니까? 그리고 우리는 얼마나 큰 혼돈에 휩싸이겠습니까? 그러나 하나님의 이름을 송축할지니, 그는 자신의 소유를 굳게 지키실 것입니다. 가능하기만 하다면 오늘날의 자유주의 사상가들과 거짓 선생들은 택하신 자들까지도 속이려고 합니다. 그러나 그것은 결코 가능하지 않습니다. 하나님의 모든 자녀들은 주님으로부터 가르침을 받을 것이며, 그들은 그의 진리를 붙잡고 세상 끝날까지 그것을 증언할 것입니다.

또 이스라엘은 믿음으로 걸음(walk by faith)으로써 하나님을 섬기는 종이 되어야 했습니다. 광야에서 40년 동안 행한 것은 얼마나 놀라운 일입니까! 그들이 광야에서 하나님의 종으로서 부끄럽지 않게 산 것은 아니었습니다. 그럼에도 불구하고 그들의 광야여행은 참으로 놀라운 것이었습니다. 씨를 뿌리며 거두지 않았음에도 불구하고 그들은 매일같이 양식을 공급 받았습니다. 샘이나 저수지나 강이 없었음에도 불구하고 그들은 물을 마셨습니다. 나침판도 없고 사람들이 지나간 흔적도 없는 곳에서 그들은 그 모든 행로(行路)에 인도하심을 받았습니다. 그들은 항상 충분하게 양식을 공급받았으며, 편안하게 잠을 잤습니다. 더욱 놀라운 것은 그들의 진(陣)에 항상 낮에는 그늘이 있고, 밤에는 빛이 있었다는 사실입니다. 그들은 아무것도 없었으나 모든 것을 갖는 특별한 경험을 했습니다. 그들에게는 기름진 밭도 없었으며, 열매 맺는 나무도 없었습니다. 그럼에도 불구하고 이스라엘은 기름진 곡식을 먹고 땅의 높은 곳에 다녔습니다. 그들은 모든 것을 가졌으며, 모든 것이 풍성했습니다. 여호와는 이스라엘의 목자이셨으며, 그들은 부족함이 없었습니다.

이와 같이 우리가 믿음으로 걸음으로써 하나님을 섬기는 것은 우리의 부르심에 있어 매우 중요한 부분입니다. 하나님이 보내신 자를 믿는 것은 하나님의 일이며, 사람이 할 수 있는 가장 장엄한 일입니다. 또 보이지 않는 하나님을 바라보며 믿음으로 걷는 것은 경건한 일이며, 모든 일 가운데 최고의 일입니다.

또 이스라엘은 하나님과의 복된 교제 가운데 지속적으로 거하며 그분께 거룩한 예배를 드리는 하나님의 종이 되어야 했습니다. 세상 어디에서도 유월절이나 장막절이 지켜지지 않았습니다. 세상 어디에서도 안식일이 거룩하게 지켜지 않았습니다. 여호와는 오직 이스라엘과 함께 거하셨으며, 오직 그들 가운데 빛을 비추셨습니다. 이와 같이, 사랑하는 자들이여, 만일 여러분과 내가 멍에로부터 부르심을 받았다면, 그것은 우리로 하여금 여호와를 섬기도록 하기 위함입니다. 여러분은 여러분의 책임을 다하고 있습니까? 여러분은 여러분의 부르심에 충실합니까? 여러분은 여러분의 거룩한 의무를 행하고 있습니까? 만일 여기에 있는 어떤 사람이 오늘 밤 사탄의 손아귀와 이 세상의 멍에와 죄의 권세로부터 구원을 받는다면, 그는 한 쪽 무리로부터 다른 쪽 무리로 옮겨진 것입니다. 여러분은 원수의 진으로부터 아군의 진으로 옮겨집니다. 여러분은 포로로 간주되지 않고, 신병으로 간주됩니다. 여러분은 과거에 자신이 속해 있던 진을 파괴하기 위한 새로운 군대에 신병으로 편입됩니다. 하나님은 여러분으로 하여금 일평생 기쁨과 즐거움으로 자신을 섬기도록 여러분을 그의 종으로 삼으셨습니다.

2. 둘째로, 사람의 음성을 생각해 보도록 합시다.

"너는 바로에게 이르기를 여호와께서 말씀하시기를 내 아들을 보내라고 하셨다 할지니라." 어째서 하나님은 스스로 말씀하시지 않았습니까? 어째서 하나님에게는 그 말을 전하기 위해 모세를 선택해 보내야만 할 필요가 있었습니까? 사랑하는 형제들이여, 만일 하나님이 바로에게 직접 말씀하셨다면, 바로는 소스라치게 놀라면서 즉각 신적 명령에 굴복했을 것입니다. 그러나 여러분은 여호와가 이를테면 자신의 권능을 감추고 그 일을 모세를 통해 이루심으로써 더 놀라운 일이 벌어지는 것을 보지 않습니까? 하나님은, 레바논의 백향목을 뽑으며 암사슴으로 하여금 새끼 배게 만드는 권능의 음성으로 바로에게 직접 말씀하시는 대신 말이 느리고 혀가 뻣뻣한 자를 통해 말씀하시기를 기뻐하셨습니다.

만일 하나님의 음성이 스스로를 말이 느리며 혀가 뻣뻣한 모세의 연약함 뒤에 감춘 상태로 바로를 굴복시킬 수 있다면, 그렇게 하는 것이 아무런 도구도 사용하지 않고 직접 말씀하여 굴복시키는 것보다 훨씬 더 영광스러울 것입니다. 어째서 하나님은 모든 죄인에게 직접 말씀하시면서 구원하시지 않습니까? 물론 하나님은 그렇게 하실 수 있습니다. 그렇게 하시고자 하신다면 말입니다. 그러나 하나님은 그렇게 하는 대신 그의 사랑을 이미 맛본 연약한 우리를 취하시고 우리에게 "너희는 가서 나의 음성이 되어 나를 위해 말할지어다"라고 말씀하시기를 기뻐하셨습니다. 그러면 이를 통해 그의 은혜와 능력은 덜 두드러집니까? 결코 그렇지 않습니다. 도리어 사람들로 하여금 더 놀라며 탄복하게 만듭니다. 당신의 위대한 계획을 이루기 위해 그와 같은 불완전한 도구를 사용함으로써, 하나님은 자신의 놀라운 권능을 나타내십니다. 앤트워프 대성당 맞은편에 쇠로 만들어진 뛰어난 조각 작품이 서 있습니다. 그런데 놀라운 것은 퀸틴 마치스(Quintyn Matsys)가 그것을 단지 망치와 줄로만 작업하여 만들었다는 사실입니다. 그가 그렇게 할 수밖에 없었던 것은 다른 사람들이 그의 모든 도구를 가져갔기 때문입니다. 만일 이것이 사실이라면, 그의 솜씨와 능력에 더 많은 찬사가 돌려져야 합니다. 하나님이 행하시는 모든 일은 결국 그의 영광으로 귀결됩니다. 그러나 그가 사용하시는 도구가 그 일을 이루기에 총체적으로 부적합한 것으로 나타날 때, 우리는 더 많이 놀라며 더 많이 탄복하게 됩니다. 이해할 수 없는 놀라운 능력으로 인해 말입니다. 이러한 사실은 우리에게 얼마나 큰 위로와 격려가 됩니까? 하나님은 여러분과 나를 취하셔서 우리의 보잘것없는 혀를 사용하여 그의 영원한 능력의 말씀을 전파하도록 하셨습니다. 우리 스스로도 제대로 통제하지 못하는 이런 연약한 혀를 사용하시기를 기뻐하셨단 말입니다. 이 얼마나 놀라운 은혜입니까? 만일 하나님이 그와 같이 연약한 도구를 통해 실제로 영혼들을 얻으신다면, 혹은 그런 것들을 사용하여 바로의 교만을 꺾는다면, 여호와가 놀라운 일을 행하셨다는 소리가 더 크게 울려 퍼지지 않겠습니까? 하나님은 보잘것없는 도구를 취하셔서 그것으로 산들을 허물어뜨리는 큰 일을 이루게 하셨습니다. 하나님은 세상의 강한 것들을 부끄럽게 만들기 위해 약한 것들을 택하셨습니다. 하나님은 어린 아이들과 젖먹이들의 입으로부터 권능을 세우셨는데, 그것은 그의 원수들과 보복자들을 잠잠하게 하기 위함입니다(시 8:2). 그의 이름에 영원무궁히 영광을 돌립시다!

   인간의 음성은 하나님 자신의 입으로부터 나온 말씀을 그대로 반복할 때 결코 연약한 것으로 나타나지 않습니다. 모세는 뭔가 잘못된 것이 있음에 틀림없다고 생각한 것 같습니다. 하나님이 자기를 통해 이스라엘을 애굽으로부터 건져내는 것이 가능한 일입니까? 어떤 종들을 특별히 유용하게 쓰고자 계획할 때, 하나님은 먼저 그들로 하여금 스스로의 약함을 알게 만드십니다. 그릇에 더 많은 보화가 있을수록 그릇 자체를 과시하는 것은 줄어들게 될 것입니다. 그것은 흙으로 만든 보통 그릇에 불과합니다. 능력의 탁월함은 하나님의 것이지 사람의 것이 아닙니다. 그러나 자신이 정말로 하나님으로부터 쓰임받음을 알게 되었을 때, 모세는 사람들로부터 조롱당하는 것을 조금도 두려워하지 않게 되었습니다. 그는 바로 앞에 나아가 하나님의 메시지를 전달했습니다. 바로에게 있어 모세와 아론과의 접견은 너무도 터무니없는 일로 보였을 것입니다. 그는 크게 격노했을 것입니다. 노예에 불과한 두 이스라엘인이 위대한 애굽 왕에게 나아와 이스라엘을 내보내라고 말합니다. 이 얼마나 터무니없는 일입니까! 두 사람이 왕 앞에 나아가는 것은 심지어 이스라엘 자손들에게조차도 터무니없는 일이었음에 틀림없습니다. 그러나 그들은 왕 앞에 나아가, 그의 왕궁에서 엄숙한 경고와 함께 하나님으로부터 받은 메시지를 전달했습니다.

   우리 스스로는 아무것도 아니지만 그러나 하나님이 우리에게 말하라고 명하신 바로 그 사실이 우리의 모든 두려움을 쫓아내기에 충분합니다. 우리는 가서 주의 메시지를 전해야 합니다. 그리고 얼빠진 자라고 생각되는 것을 두려워해서는 안 됩니다. 죄인에게 그리스도를 믿고 살라고 말할 때, 종종 나는 "죽은 자에게 살라고 말하는 것이 무슨 소용이 있단 말인가?"라고 빈정대는 소리를 듣곤 했습니다. 어떤 형제는 이렇게 말하기까지 했습니다. "차라리 무덤 위에서 손수건을 흔드는 것이 더 낫겠군." 그렇습니다. 그것은 사실입니다. 분명한 사실입니다. 그래서 모세도 바로의 왕궁 밖에서 손수건을 흔들었습니다. 그러나 하나님이 그에게, 바로에게 가서 내 백성을 보내라고 말하라고 명령했을 때, 그는 가서 그렇게 했습니다. 그것은 우리에게도 마찬가지입니다. 하나님이 우리에게 죄인에게 가서 "주 예수를 믿으라"고 말하라고 명령할 때, 우리는 죄인으로 하여금 믿게 만들 수도 없고, 그가 스스로를 믿는 자로 만들 수도 없습니다. 그럼에도 불구하고 하나님으로부터 보냄받은 자는 하나님의 음성을 메아리처럼 반향(反響)합니다. 하나님은 그를 통해 말하십니다. 죄인에게 말하라고 위임받은 권세로 그는 이렇게 말합니다. "돌이킬지어다. 돌이킬지어다. 어째서 죽으려 하는가? 너희 모두는 회개하고 세례를 받으라." 우리는 단호하게 말해야 합니다. 마치 왕의 대리자인 것처럼 말입니다. 그것은 우리가 가진 어떤 특권 때문이 아니라, 우리가 선포하는 메시지 안에 능력이 있기 때문입니다. 비록 말을 더듬으며 혀가 뻣뻣한 모세에 의해 말하여졌다 하더라도, 그것은 하나님의 음성입니다. 설령 사람들이 그것을 터무니없는 것으로 비웃으며 조롱한다 하더라도 말입니다.

가서 말하라는 명령을 받은 모세는 거절에 의해서도 결코 꺾여서는 안 되었습니다. 바로는 "나는 여호와를 알지 못하니 그의 백성도 보내지 않을 것이라"라고 말했습니다. 사랑하는 형제들이여, 강력한 거절에 직면하게 될 것을 각오하지 않는 한, 여러분은 결코 영혼을 얻을 수 없을 것입니다. 그렇습니다. 그러나 많은 사람들은 저항에 부딪힐 때 금방 마음이 깨어져 버리고 맙니다. 여러분은 그것을 예상해야 합니다. 인간의 옛 본성은 여호와를 알지 못합니다. 멜란히톤(Melanchthon)은 처음 말씀을 전파하기 시작했을 때 자신이 말씀을 전파하면 많은 사람들이 회심하게 될 것이라고 생각했습니다. 그러나 자신이 틀렸음을 알게 되었을 때, 그는 스스로에게 이렇게 말했습니다. "옛 아담(Old Adam)은 젊은 멜란히톤(young Melanchthon)에게 너무도 강하군." 그렇습니다. 옛 아담은 너무도 강합니다. 여러분은 모든 곳에서 여러분의 이빨을 부러뜨릴 돌멩이들을 씹게 될 것입니다. 그러나 당황하지 마십시오. 하나님이 여러분을 더 강하게 만들 것입니다. "나는 그의 백성을 보내지 않을 것이라"고 말했던 바로조차도 곧 무릎을 꿇고, 그 백성을 향해 떠나달라고 사정하게 될 것입니다. 우리는 저항에 직면하게 될 것입니다. 그러나 겁을 내거나 뒤로 물러나지 마십시오. 도리어 그 싸움을 위해 여러분의 마음을 더 단단히 붙잡으십시오.

나아가 하나님이 보내시는 사람은 승리를 확신해야 합니다. 나는 모세가 자신의 머뭇거림과 함께 이스라엘 백성과의 최초의 만남에서 예상되는 난관을 극복했을 때 이제는 더 이상 의심하지 않고 믿음에 굳게 서게 되었을 것이라고 생각합니다. 그는 하나님이 주신 지팡이와 함께 섰습니다. 그는 그 지팡이와 함께 물을 피로 바꾸었으며, 하늘을 흑암으로 덮었으며, 티끌을 생명체로 바꾸었으며, 우박이 떨어지게 하고 역병을 일으켰습니다. 그는 이 모든 일을 자신이 곧 하나님의 음성임을 느끼면서 묵묵하고 조용하게 행했습니다. 그는 자신의 일을 꾸준히 수행했습니다. 그는 마지막 열 번째 재앙에 이르기까지 조금도 흔들리지 않고 자신의 일을 수행하면서 백성들을 홍해와 광야로 인도할 준비를 했습니다. 하나님의 종들이여, 고요한 마음을 가지십시오. 그리고 확신하십시오. 가서 복음을 전파하십시오. 가서 주일학교에서 말씀을 가르치십시오. 가서 전도지를 나누어 주십시오. 흔들리지 말고 참을성 있게 계속해서 그 일을 하십시오. 여러분의 수고는 결코 헛되지 않을 것임을 확신하십시오. 여러분의 힘은 결코 쓸데없이 허비되지 않을 것임을 확신하십시오. 아직까지 말을 더듬습니까? 아직까지 말을 느리게 합니까? 그럼에도 불구하고 계속 하십시오. 비난을 당하며 거절을 당합니까? 좌절과 패배를 당합니까? 이것은 승리에 이르는 길입니다. 여러분은 실패의 험준한 돌길과 함께 승리의 길을 걷게 될 것입니다. 계속해서 수고하십시오. 계속해서 믿으십시오. 하나님이 큰 손과 편 팔로 여러분을 통해 그의 택하신 자들을 구원할 것이라는 사실을 굳게 확신하십시오. 오직 주를 믿고 계속해서 여러분의 길을 걸어가십시오.

3. 마지막으로, 하나님의 능력을 살펴보도록 합시다.

하나님의 능력이 없다면, 사람의 음성은 아무것도 아닙니다. 모세의 음성에 의해 무슨 결과가 맺혔겠습니까? 그 음성 속에 바로를 괴롭힌 하늘의 능력이 없었다면 말입니다. 그 음성은 죄로 얼룩진 애굽 땅을 재앙으로 가득 채웠습니다. 이와 같이 하나님의 복음을 하나님의 권능으로 전파하는 자는 세상을 재앙으로 가득 채웁니다. 어떤 사람은 말합니다. "나도 압니다. 그런데 그 이야기를 그 사람으로부터 듣지 않았더라면 좋았을 뻔 했습니다. 나는 어젯밤 한 잠도 이룰 수 없었습니다." 어젯밤 그의 침상에 개구리들이 우글거린 것입니다. 참된 설교자는 때로 자신의 말씀을 듣는 자들이 이렇게 말하는 것을 듣곤 합니다. "나는 다시는 그곳에 가지 않을 거예요. 내가 어디에 있든지 나는 그 사람이 말한 하나님의 진리에 의해 쫓김을 당하며 괴롭힘을 당하는 것 같아요. 그가 역설하는 말은 내가 지금까지 생각해 온 것과는 정반대였어요. 그 말이 계속해서 나의 양심을 찌르며 나를 괴롭히고 있어요." 그렇습니다. 그 설교자는 그의 단순한 설교를 모든 형태의 쏘는 벌레들로 만든 것입니다. 그리고 그러한 벌레들이 계속해서 그를 쫓아가며 쏘는 가운데, 그는 그것으로부터 벗어날 수 없었던 것입니다. 그는 여전히 복음을 배척하며, 복음에 대해 저항합니다. 그는 여전히 복음을 받아들이지 않으며, 때로 복음에 대해 화를 내기도 합니다. 또 그는 여기저기 환락의 장소를 기웃거립니다. 그러나 아무 소용 없습니다. 그는 아무것도 향유하지 못합니다. 그는 그 이유를 거의 알지 못합니다. 곧 빽빽한 어둠이 그의 삶 전체를 덮습니다. 마치 흑암이 애굽 전체를 덮었던 것처럼 말입니다. 밝고 명랑했던 모든 곳이 지금은 어두컴컴합니다. 즐겁고 신났던 모든 것이 지금은 빛을 잃었습니다. 그는 자신이 심지어 일상적인 삶의 위로조차도 향유할 수 없음을 발견합니다. 그는 그 이유를 알지 못합니다. 그는 여전히 복음에 굴복할 마음을 가지고 있지 않습니다. 그러나 그의 떡은 쉰 떡이며, 그가 우물로부터 퍼 올린 물은 쓴 물입니다. 그의 번민은 꼬리에 꼬리를 물며 계속해서 커집니다. 우박이 쏟아지고 모든 것이 황폐화됩니다. 거기에다가 가축들 사이에 역병이 생깁니다. 그러나 하나님의 손은 외양간에 한정되지 않습니다. 그 병은 여러분의 가정에까지 들어옵니다. 하나님의 두려운 심판은 여러분의 가정과 가장 사랑하는 장자에게까지 미칩니다. 예전에 애굽 땅에서 더 이상 괴로움을 견디지 못한 채 하늘을 향해 부르짖었던 것처럼, 하나님의 손은 율법의 저주로 사람들의 목을 누릅니다. 하나님이 사람들을 건져 자신에게로 이끌고자 하실 때, 하나님은 자기 종들을 통해 이와 같은 재앙들을 보내십니다. 예수 그리스도 자신도 "내가 세상에 화평을 주러 온 줄로 생각하지 말라 화평이 아니요 검을 주러 왔노라"라고 말씀하셨습니다(마 10:34). 그 검이 칼집에서 뽑히고, 가족들이 서로 나누어집니다.

그러면 결국 어떻게 됩니까? 마침내 압제자는 지금까지 노예로 부리고 있던 자들을 더 이상 붙잡고 있을 수 없게 됩니다. 그는 차라리 그들과 헤어지기를 기뻐하게 됩니다. 때로 경건하지 않은 자들은 자신들이 지금까지 박해하던 하나님의 택하신 자들과 헤어지는 것을 크게 즐거워합니다. 그들은 "우리와 그들은 도무지 맞지 않아"라고 말합니다. 그들은 하나님의 택하신 자들을 자신들의 무리 속으로 끌어들이고자 할 수 있는 모든 일을 했습니다. 그들로 하여금 복음을 듣지 못하는 자리에 계속해서 있게 하고자 수많은 올가미를 놓기도 했습니다. 그러나 이제 하나님이 그들을 다루기 시작하셨습니다. 그들의 옛 친구들은 "이제 우리는 그들을 보내야만 해"라고 말합니다. 그들 가운데 어떤 사람이 말합니다. "나는 그들이 계속해서 우리 무리 가운데 있도록 하기 위해 할 수 있는 모든 일을 했어. 그러나 결국 그들은 우리의 쾌락에 동참하기를 거부했어. 이제 우리는 더 이상 그들을 우리 가운데 있게 해서는 안 돼. 우리는 그들을 내보내야만 해." 복음 전파로 인해 경건하지 않은 자들이 회심자들을 더 이상 자기들의 무리 가운데 붙잡아두기를 원치 않게 되는 것은 얼마나 큰 은혜입니까? 그들은 말합니다. "성막으로 떠나 버려! 우리는 너희가 여기에 있는 것을 원치 않아. 너희의 신앙과 기도와 부르짖음과 눈물로 인해 우리는 충분히 괴롭힘을 받았어. 차라리 너희가 떠나 버리는 것이 우리에게 훨씬 더 나은 일이야." 몇 해 전에 우리 교회에 등록한 한 상류계층의 여인이 있었습니다. 그녀는 내게 이렇게 말했습니다. "나는 계속해서 옛 친구들과 함께 교제하고자 했습니다. 그러나 나는 그들이 나에게 냉랭하게 대하며 더 이상 나를 원치 않는다는 사실을 발견했습니다." 그렇습니다. 애굽 사람들이 은과 금을 주며 여러분에게 나가 달라고 말하는 것은 큰 은혜입니다. 하나님은 자기 백성들이 애굽으로부터 나와 그들과 분리되기를 원하십니다. 하나님은 자기 백성과 자기 백성이 아닌 자들을 나누는 방법을 아십니다. 경건하지 않은 자들이 여러분을 향해 "이제 우리는 더 이상 너희와 아무런 관계도 갖지 않기를 원하니 부디 나가 달라"라고 말한다면, 그로 인해 하나님께 영광을 돌리십시오.

　또 하나님은 모든 대적하는 것들을 그치게 만드는 방법을 아십니다. 왜냐하면 이스라엘이 애굽으로부터 나올 때 심지어 개 한 마리조차 그들을 향해 짖지 않았기 때문입니다. 과거에 그들은 뒤에서 개가 짖어도 감히 그것을 혼내줄 엄두조차 내지 못했던 비루한 노예들이었습니다. 왜냐하면 그렇게 하다가 자칫 그 개의 주인으로부터 책망을 받을 것을 두려워했기 때문입니다. 어떻게 감히 노예가 주인의 개를 혼내줄 수 있단 말입니까? 모든 사람이 그들을 대적했습니다. 그러나 하나님이 그들을 끌어내실 때, 그날 밤 단 한 마리의 개도 짖지 않았습니다.

애굽 사람들은 그들이 속히 떠나줄 것을 바랐으며, 바로조차도 마찬가지였습니다.

여러분은 이것이 무엇을 의미하는지 압니까? 그리스도를 찾고자 애쓰고 있었을 때, 내 영혼 속에는 크고 격렬한 싸움과 다툼과 전쟁이 있었습니다. 나의 옛 죄들이 나를 대적하여 일어났으며, 나의 허물과 결함들이 홍수처럼 밀려와 나를 억눌렀습니다. 나의 삶 속에서 일어나는 모든 것들이 나를 그리스도로부터 멀어지게 만드는 것 같았습니다. 그러다가 어느 안식일 아침 나는 "땅의 모든 끝이여 내게로 돌이켜 구원을 받으라"(사 45:22)는 말씀을 들었습니다. 그리고 바로 그 순간 나는 개 한 마리조차 나를 향해 짖지 않는 것을 발견했습니다. 나의 죄들이 더 이상 나를 정죄하며 참소하지 않았습니다. 그 모든 죄들은 예수의 피의 홍해 속에 수장되었으며, 나의 모든 부패한 것들은 잠잠해졌습니다. 그리고 유혹들은 나를 괴롭히기를 그쳤습니다. 그 때 죽음의 천사는 그 칼을 내린 것 같았으며, 나는 하나님을 향해 노래할 수 있었습니다. 왜냐하면 주님은 영광스럽게 승리하셨기 때문입니다. 그 때 이후로 나는 간혹 옛 애굽인들을 만나곤 했습니다. 그러나 그럴 때마다 나는 그들을 당당하게 대합니다. 그렇지만 거의 대부분의 시간, 모든 것은 고요하고 잠잠하며 복되며 행복합니다.

> "복되고 복된 날
> 예수께서 나의 모든 죄를 씻으신 날!"

유월절 어린 양으로 말미암아, 이제 어느 누구도 우리를 참소하며 대적할 수 없습니다. 우리 집 문설주에 뿌려진 피로 말미암아, 이제 어느 누구도 우리에 대해 더 이상 정죄할 수 없습니다.

이와 같이 하나님은 자기 백성을 멍에로부터 끌어낼 수 있습니다. 우리를 우리의 죄와 정욕과 악한 습관과 격정으로부터 구원하신 하나님께 영광을 돌립시다. 우리를 사망으로부터 구원하신 하나님께 영광을 돌립시다. 우리를 무저갱에 떨어지는 것으로부터 구원하신 하나님께 영광을 돌립시다. 하나님은 우리를 의롭다 하시고, 그리스도는 우리의 죄를 용서하셨습니다. 그럼으로써 더 이상 어느 누구로부터도 참소를 당하지 않게 하신 하나님께 영광을 돌립시다. 하나님이 우리에게 은혜를 베푸사 우리 역시도 모세처럼 하나님이 유용하게 쓰실 만한 도구가 되기를 바랍니다. 만일 여러분이 애굽에 있는 이스라엘 백성처럼 멍에 아래 있다면, 하나님께 부르짖으십시오. 그러면 하나님께서 긍휼 가운데 여러분에게 바로의 멍에 아래 있었던 이스라엘 백성들과 관련하여 주셨던 메시지와 똑같은 메시지를 주실 것입니다. "여호와가 이 같이 이르노라 내 아들을 보내 주어 나를 섬기게 하라." 과거에 일하셨던 것과 똑같이 오늘날에도 일하시는 하나님께 영원무궁히 영광을 돌립시다. 아멘.

제
3
장

—

아론의 지팡이의 능력

—

**"각 사람이 지팡이를 던지매 뱀이 되었으나 아론의 지팡이
가 그들의 지팡이를 삼키니라."— 출 7:12**

우리는 여기에서 애굽의 마술사들이 실제로 지팡이를 던져 뱀으로 만들었는지 여부에 대한 문제는 다루지 않을 것입니다. 어쩌면 그들은 능란한 손놀림으로 산 뱀을 마른 지팡이처럼 위장함으로써 바로의 눈을 속였는지도 모릅니다. 어쩌면 하나님이 그 때 마귀로 하여금 마술사들의 마법을 돕도록 내버려 두심으로써 옛 뱀이 그 순간 새끼를 낳은 것일 수도 있습니다. 그러나 어쨌든 이 문제에 대해서는 다루지 않을 것입니다. 왜냐하면 여기에서 어떤 견해를 취하느냐 하는 것은 그다지 중요한 일이 아니기 때문입니다. 우리에게 중요한 것은 기묘한 호기심을 충족시키는 것이 아니라 하나님의 진리를 깨닫는 것입니다. 여기에서 내가 여러분의 주의를 집중시키고자 하는 것은 아론의 지팡이의 우월성입니다. 아론의 지팡이는 얀네와 얌브레의 지팡이를 삼킴으로써 그들의 모든 교만을 잠잠하게 하고, 그럼으로써 그것의 "하늘로부터 주어진 우월성"(Heaven-given superiority)을 증명했습니다. 이 사건은 '인간의 모든 반항과 대적에 대한 하나님의 확실한 승리'를 보여주는 분명한 상징입니다. 하나님의 어떤 것이 인간의 마음속에 혹은 세상 가운데 던져질 때, 그것은 다른 모든 것을 삼켜 버립니다. 마귀는 하나님의 일을 대적하기 위해 그와 유사한 모조품을 만들 수 있습니다. 그러나 하나님은 그 모든 것들을 삼켜 버릴 것입니다. "아론의 지팡이가 그들의 지

팡이를 삼키니라."

우리가 여기에서 다룰 내용은 다음과 같습니다. 첫째로, 우리는 본문에 나타난 사건 자체를 살필 것입니다. 그러고 나서 둘째로, 우리는 그로부터 한 가지 추론을 도출할 것입니다. 그리고 마지막으로, 나는 여러분에게 아론의 지팡이가 다른 모든 지팡이들을 삼켜야만 하는 몇 가지 이유를 제시하고자 합니다.

1. 첫째로, 아론의 지팡이가 모든 대적자들의 지팡이를 삼킨 놀라운 광경을 살펴보도록 합시다.

이것은 신적인 것이 마귀적인 것을 이긴 사건이며, 영적인 것이 자연적인 것을 정복한 사건입니다.

1. 죄인이 각성하게 되는 과정을 살펴보도록 합시다. 그는 세속적이며, 육신적이며, 아무런 감동도 없는 사람이었습니다. 만일 어떤 사람이 그로 하여금 하늘을 사모하며 위의 것을 찾고자 하는 마음을 갖도록 이끌고자 한다면, 사람들은 그 사람에게 "그것은 불가능해"라고 말했을 것입니다. 그는 위의 것에 대해서는 아무런 관심도 갖고 있지 않았습니다. 오로지 무엇을 먹을까 무엇을 마실까 무엇을 입을까 하는 생각뿐이었습니다. 그리고 그의 마음은 근심의 무덤 속에 묻혀 있었습니다. 그는 일찍 일어나고 늦게 누웠습니다. 그는 염려의 떡을 먹었습니다. 그는 세상과 하나로 붙어 있었습니다. 그 접합제가 너무도 강력하여 돌들이 더 이상 별개의 조각들이 아니라 성벽 자체의 일부가 되어 버린 옛 로마의 성벽처럼 말입니다. 그와 같이 그는 세상과 하나로 붙어 있었습니다. 그는 세상으로부터 분리될 수 없었습니다. 만일 그렇게 하고자 한다면, 여러분은 그를 사망의 망치로 산산조각 나도록 깨뜨려야만 합니다. 다른 방법으로는 그를 이생의 염려로부터 분리할 수 없습니다. 그러나 아론의 지팡이가 이러한 지팡이를 삼킬 것입니다. 그는 말씀을 듣습니다. 하나님의 진리가 강한 능력으로 그의 영혼 속으로 들어옵니다. 성령이 그에게로 들어갔습니다. 다음 날 그는 일터로 가지만, 그러나 거기에서 아무런 만족도 발견하지 못합니다. 왜냐하면 그의 영혼 속에 살아 계신 하나님을 열망하는 씨앗이 떨어졌기 때문입니다. 그는 여전히 자신의 일을 합니다. 그렇지만 그의 마음속에 "너희는 먼저 그의 나라와 그의 의를 구하라"는 음성이 울리며, 그에 대한 억누를 수 없는 열망이 솟아오릅니다. 이제 그의 관심은 자신의 몸보다 자신의 영으로 쏠립니다. 그는 일상의 사소한 일들은

하찮은 것으로 여깁니다. 그는 영원의 보화를 추구합니다. 속된 것들 가운데 뒹굴었던 천박한 돼지는 하늘을 나는 독수리로 변화됩니다. 어두컴컴한 세상을 위해 살았던 자는 이제 하늘을 바라보는 눈과 위로 날아오르는 날개를 갖게 됩니다. 지금까지 오직 현재의 세상만을 위해 살았던 그는 이제 하나님의 은혜로 말미암아 오는 세상을 추구하는 자가 됩니다.

그는 쾌락에 빠져 있었습니다. 그는 즐거움을 찾아 극장이나 공연장 따위를 전전했습니다. 그는 웃음과 환락이 있는 사교계에 출입했습니다. 여러분은 모든 경마장이나 투전판 같은 곳에서 그를 발견할 것입니다. 그는 음탕한 소굴을 들락날락하며 악의 흙탕물에 빠져 있습니다. 도대체 어떤 능력이 이러한 방탕한 죄인을 거룩한 자로 만들 수 있습니까? 차라리 무덤 속에 있는 마른 뼈들이 다시 살아나기를 바라는 것이 더 나을 것입니다. 어떻게 그가 하나님을 찬미하는 가운데 기쁨을 발견할 것입니까? 어떻게 그가 지극히 높은 자에게 예배드리는 것에 관심을 가질 것입니까? 불신앙은 "터무니없는 일이야!"라고 소리지르며, 세속주의는 "우스꽝스러운 일이야!"라고 외칩니다. 그는 중생(重生)으로부터 너무나 멀리 떨어져 있습니다. 그는 쾌락과 결혼했으며, 그의 손가락 위에는 쾌락의 반지가 끼워져 있습니다. 그렇습니다. 그러나 아론의 지팡이는 이러한 지팡이를 삼킬 수 있습니다. 왜냐하면 우리는 이런 사람이 지금까지 자신이 추구해 왔던 즐거움들에 대해 혐오감을 가지며 진저리를 치게 되는 경우를 많이 보았기 때문입니다. 그는 죄의 음악에 대해 더 이상 매혹을 느끼지 않습니다. 그는 희희낙락하는 사교모임에서 더 이상 즐거움을 느끼지 않습니다. 그는 그러한 것들로부터 도망칩니다. 그는 혼자 울기 위해 그러한 것들로부터 떨어집니다. 여러분의 그릇에 담겨 있던 달콤한 것들은 지금 어디에 있습니까? 여러분의 악기로부터 흘러나온 매혹적인 선율들은 지금 어디에 있습니까? 땅의 창기들의 호리는 말은 지금 어디에 있습니까? 음행과 부정의 현란한 쾌락들은 지금 어디에 있습니까? 그것들은 사라졌습니다. 왜냐하면 아론의 지팡이가 그러한 마술사들의 지팡이를 삼켜 버렸기 때문입니다. 얼빠진 죄인은 저쪽에 앉아 있습니다. 반면 회개하는 죄인은 예수 그리스도의 발 앞에 엎드려 있습니다. 그의 친구들이 그를 쫓아옵니다. 그들은 여러 가지 설득력 있는 이유들을 대며 그에게 돌아오라고 초청합니다. 그들은 그따위 광신자들과 함께 함으로써 스스로를 바보로 만들지 말라고 그를 설득합니다. 그들은 많은 그리스도인들의 허물을 지적합니다. 그들은 그들 모두가 위선자라고 말합니다. 그들은 소위 선한 자라고 일컬어지는 자들의 "언행 불일치"를 지적합니다. 그러면서 말합니다. "뭐라고? 이따위 광신적이며 위선적인 무리와 함께 함으로써 젊은 날의 환락과 인생의 꽃을 내던져 버리겠다고?" 계속해서 그들은 그 앞에 교활한 의심을 던집니다. 그들은 그가 지금까지 한 번도 보지 못했던 이상한 것들을 던지면서, 그를 놀라게 만듭니다. 설령 하나님의 은혜가 그 안에 있다 하더라도, 세상의 마술사들은 그 앞에 그들의 지팡이를 던질 수 있습니다. 그리고 그들이 던진 지팡이는 뱀처럼 교활하며 치명적일 수 있습니다. 그러나 아론의 지팡이는 그들의 지팡이를 삼켜 버릴 것입니다. 십자가의 달콤한 견인력이 사람의 마음을 끌어당기고 마침내 얻을 것입니다. 예수 그리스도의 못과 창에 찔린 상처가 "음행 부인"(Madam Wanton)과 그녀의 자매인 "거품 부인"(Madam Bubble)의 모든 유혹을 물리치는 힘을 제공해 줄 것입니다. 참된 신앙이 들어오면, 다른 것들은 물러날 것입니다. 그는 죄 사함의 은혜와 그로 말미암은 구원을 너무도 강렬하게 열망하게 될 것이며, 그에 순종하는데 스스로를 멈추게 할 수 없을 것입니다.

　　여러분은 회개하는 자가 죄를 자각하면서 두려워 떠는 것을 보지 못했습니까? 그는 얼마나 놀랍게 변화되었습니까! 그의 이마에 새겨진 고랑들은 소망의 추수를 예고합니다. 회개의 보석인 눈물이 그의 눈을 장식합니다. 그는 베옷을 입고 재를 뒤집어씁니다. 그것은 애통하며 회개하는 자들의 예복입니다. 잠시 동안 심지어 정당한 즐거움들조차도 그들에게 아무런 위안을 주지 못합니다. 가정의 위로와 난롯가의 즐거움조차도 그의 경우 즐거운 것이 되지 못합니다. 그를 위한 길르앗의 향유는 어디에도 없습니다. 오직 하늘만이 그를 치료할 수 있습니다. 그는 이렇게 부르짖습니다. "이러한 것들은 결코 나를 만족시킬 수 없도다. 나에게 그리스도를 달라. 그렇지 않으면 나는 죽을 것이라." 왕의 사냥을 위해 특별하게 풀어준 수사슴을 생각해 보십시오. 개들이 그 뒤를 쫓으며, 수사슴은 죽을 힘을 다해 도망칩니다. 수사슴은 온갖 들꽃들이 흐드러지게 핀 골짜기를 달려가지만, 그러나 그 향기를 맡기 위해 멈추지 않습니다. 수사슴은 나무들 사이를 달려가지만, 그러나 잠시 쉬고자 무성한 참나무 아래 멈추지 않습니다. 수사슴은 시냇물을 튀기며 달려가지만, 그러나 그에게는 잠시 그 물로 목욕할 시간이 없습니다. 계속해서 달려가는 가운데 그 앞에 멋진 장관이 펼쳐집니다. 그러나 어떤 아름다운 장관도 그의 눈에 위로를 주지 못합니다. 숲에서 새들이 달콤한 노래를 부르지만, 그러나 그 어떤 노래도 그의 귀를 즐겁게 해주지 못합니다. 지금 그의 귀에는 오직 개들의 짖는 소리만이 들릴 뿐입니다. 지금 수사슴이 두려워하는 모든 것은 오직 사냥꾼의 진노(震怒)뿐입니다. 수사슴은 계속해서 도망칩니다. 오로지 살기 위해 숨을 헐떡거리면서 말입니다. 양심의 개들에 의해 쫓기는 영혼이 꼭 이와 같습니다. 하나님의 진노에 의해 깨어 일어나는 영의 모습이 꼭 이와 같습니다. 어떤 위로도 그 영혼을 사로잡을 수 없습니다. 어떤 즐거움도 그 영혼을 기쁘게 할 수 없습니다. 그 영혼은 계속해서 도망칩니다. 만세반석의 틈 속에서 피난처와 구원을 발견하기 전까지, 그 영혼은 결코 쉬지 못합니다. 사탄이 어떤 특별한 생각으로 그 영혼을 끌어당기려고 시도하는 것은 쓸데없는 일입니다. 신적 생명(divine life)은 자신의 경로를 달려가야만 합니다. 높은 산봉우리가 골짜기에 그림자를 드리우는 것처럼, 정죄의 의식이 그 생명 위에 어두운 그림자를 드리웁니다. 그러면 긍휼에 대한 갈망이 따릅니다. 다른 예화를 들어볼까요? 지극히 값진 진주를 발견한 사람을 생각해 보십시오. 그는 그 진주를 사기 위해 자기의 모든 것을 팔았습니다. 지금까지 살던 집을 비롯한 모든 것들이 그에게 너무나 소중한 것이었음에도 불구하고, 그는 그것을 팔아야만 했습니다. 사랑하는 말과 충직한 개와 모든 것이 팔려야만 했습니다. 그는 자신이 가장 사랑하는 즐거운 것들을 팔 것입니다. 그는 자신이 가장 소중히 여기는 죄의 화려한 것들을 팔 것입니다. 지극히 값진 그리고 그 무엇과도 비교할 수 없는 진주를 사기 위해서 말입니다. 아론의 지팡이가 다른 모든 지팡이들과 뱀들을 삼킵니다.

2. 어떤 사람이 그리스도를 믿는 자가 될 때, 우리는 그에게서 이와 똑같은 사건이 일어나는 것을 발견하게 됩니다. 그의 믿음은 이제까지 신뢰해 왔던 다른 모든 것들을 파괴합니다. 어떤 사람은 "자기 의"(self-righteousness)를 신뢰합니다. 그는 부유하고, 재산이 계속해서 늘어갔으며, 부족한 것이 아무것도 없었습니다. 그는 정직했습니다. 아무도 그가 부정한 방법으로 부자가 되었다고 말할 수 없었습니다. 그는 자신의 성실함을 자부했으며, 아무도 그것을 부인할 수 없었습니다. 뿐만 아니라 그는 친절하고 관대했으며, 온화한 품성을 가지고 있었으며, 가난한 자들에 대해서도 따뜻한 마음을 가지고 있었습니다. 만일 어떤 사람이 자기 공로로 천국에 간다면, 그는 그것이 바로 자기일 것이라고 믿었습니다. 그러나 지금 그 지팡이는 어디에 있습니까? 보십시오. 아론의 지팡이가 그

것을 삼켜 버렸습니다. 이제 그는 바울과 함께 이렇게 말할 수 있습니다. "그러나 무엇이든지 내게 유익하던 것을 내가 그리스도를 위하여 다 해로 여길 뿐더러 또한 모든 것을 해로 여김은 내 주 그리스도 예수를 아는 지식이 가장 고상하기 때문이라 내가 그를 위하여 모든 것을 잃어버리고 배설물로 여김은 그리스도를 얻고 그 안에서 발견되려 함이니 내가 가진 의는 율법에서 난 것이 아니요 오직 그리스도를 믿음으로 말미암은 것이니 곧 믿음으로 하나님께로부터 난 의라"(빌 7:7-9). 또 어떤 사람은 "의식"(儀式)을 신뢰합니다. 그는 교회의 규례에 따라 유아세례를 받았으며, 커서는 주교에 의해 견진성사를 받았습니다. 그는 성만찬의 축복된 성례에 정기적으로 참여합니다. 더 필요한 것이 무엇이란 말입니까? 그는 교회 예배에 시간을 철저히 지키면서 정기적으로 참석했습니다. 그는 자신에게 기대되는 만큼의 연보를 했습니다. 아니, 어쩌면 좀 더 많이 했을는지도 모릅니다. 그는 가정기도도 했으며, 침상 옆에서 개인적인 기도도 했습니다. 도대체 그에게 부족한 것이 무엇이 있단 말입니까? 그러나 아론의 지팡이는 이러한 지팡이까지도 삼켜 버립니다. 왜냐하면 우리의 모든 의는 더러운 누더기에 불과하기 때문입니다. 그는 이제 이렇게 부르짖습니다. "그러나 내게는 우리 주 예수 그리스도의 십자가 외에 결코 자랑할 것이 없으니"(갈 6:14). 사랑하는 형제들이여, 만일 여러분의 믿음이 다른 모든 신뢰할 만한 것들을 삼켜 버리지 않는다면, 그리고 다음과 같이 말할 수 없다면, 여러분은 그리스도인이 아닙니다.

> "나는 그리스도의 견고한 반석 위에 서노라.
> 다른 모든 기초는 가라앉는 모래에 불과하노라."

자기를 신뢰하는 것은 그리스도를 신뢰하지 않는 것입니다. 예수 그리스도를 부분적으로 신뢰하는 것은 그와 함께 우리의 기도와 우리의 공로를 어느 정도 신뢰하는 것입니다. "오직 예수!"가 여러분의 표어여야 합니다. 예수 그리스도는 아무것과도 협동하지 않습니다. 그는 홀로 포도주 틀을 밟습니다. 그는 홀로 여러분을 구원하십니다. 그는 십자가 위에서 자신의 손을 펼치셨으며, 그렇게 펼친 그의 손 외에 아무것도 여러분의 죄의 짐을 담당할 수 없습니다. 그는 구원의 일을 나누지 않습니다. 마지막 날 면류관을 나누어야만 하게 되지 않기 위해서 말입니다. 홀로 유일하신 대제사장의 지팡이는 다른 모든 지팡이들을 삼켜야만 합니다.

사랑하는 형제들이여, 여러분의 믿음을 대적하는 원수들이 있습니까? 그러나 여러분의 믿음이 그 모든 것을 삼켜 버렸습니다. 거기에 우리의 옛 죄들이 있었습니다. 마귀가 그러한 죄들을 우리 앞에 던졌고, 그것들은 뱀으로 변했습니다. 그 수가 얼마나 많습니까? 그것들은 얼마나 우글우글합니까? 그것들이 얼마나 쉭쉭 하면서 우리 앞에서 기어다닙니까? 그것들은 얼마나 두렵게 똬리를 틀고 있습니까? 그것들의 치명적인 독니와 쫙 벌린 입과 둘로 갈라진 혓바닥은 얼마나 섬뜩합니까? 아! 그러나 예수의 십자가가 마치 아론의 지팡이처럼 그 모든 뱀들을 삼켜 버립니다. 그리스도를 믿는 믿음이 우리의 모든 죄를 역사하지 못하게 만듭니다. 왜냐하면 성경에 "그 아들 예수의 피가 우리를 모든 죄에서 깨끗하게 하실 것이요"라고 기록되었기 때문입니다(요일 1:7). 그러자 마귀는 또 다른 뱀들을 던지면서, 우리에게 우리의 선천적인 부패성과 의무를 게을리하는 것과 기도에 힘쓰지 않는 것과 불신앙과 뒤로 물러나는 것과 마음의 요동을 보여 줍니다. 때로 여러분과 나는 이러한 뱀들로 인해 너무도 괴로운 나머지 도망치고자 하는 충동에 빠지기도 합니다. 그러나 도망치지 마십시오. 도망치는 대신 아론의 지팡이를 던지십시오. 그러면 그것이 이 모든 뱀들을 삼킬 것입니다. 설령 그것들이 코브라처럼 치명적이며, 방울뱀처럼 사나우며, 비단뱀처럼 거대하다 하더라도 말입니다. 여러분은 어린 양의 피로 이길 것입니다. "그러므로 예수 그리스도는 자기를 힘입어 하나님께 나아가는 자들을 온전히 구원하실 수 있으니"(히 7:25). 그것은 주님의 싸움입니다. 그러므로 주님은 그것들을 여러분의 손에 붙이실 것입니다. 옛 원수는 세상적인 시험의 형태로 또 다른 무리의 뱀들을 여러분 앞에 던질 것입니다. 마귀적인 생각들, 신성모독으로 이끄는 각종 시험들, 하나님에 대한 잘못된 관념들, 하나님의 섭리에 대한 완악한 생각들, 하나님의 약속에 대한 성급한 생각들 따위로 말입니다. 여러분은 이러한 것들로 마음이 너무도 괴로울 것입니다. 여러분은 이러한 것들에 대해 어떻게 대처해야 할지 알지 못해 당황할 것입니다. 그러나 굳게 서서 아론의 지팡이를 던지는 것을 잊지 마십시오. 예수 그리스도에 대한 여러분의 단순한 믿음이 이 모든 지팡이들을 삼킬 것입니다. 지옥이 교묘하게 우리 마음속에 심어줄 수 있는 의심은 단 하나도 없습니다. 마귀가 지옥의 간계로 우리를 넘어뜨릴 수 있는 것은 단 하나도 없습니다. 예수 그리스도를 믿는 단순한 믿음이 그 모든 것을 무장해제하고,

짓밟으며, 완전히 삼켜 버릴 것입니다.

　　기차를 타고 가다 보면 철로 위로 구름다리가 놓여 있는 것을 볼 수 있습니다. 아치형으로 된 구름다리는 매우 높습니다. 거기에 보면 나무로 만든 축(軸)들이 있는데, 그것들은 물론 구름다리를 만들 때 사용한 것이었습니다. 그런데 그것들은 구름다리가 완성된 지금까지도 그대로 그곳에 남아 있습니다. 그것은 사람들에게 혹시 나무로 된 축들을 철거해 버리면 벽돌로 된 아치가 힘을 받지 못해 결국 무너지게 되지 않을까 하는 미심쩍은 마음이 있기 때문입니다. 우리 가운데에도 이와 같은 모습의 믿음을 가진 사람들이 있습니다. 그들의 믿음은 인간적인 생각과 추론이나 혹은 종교적인 흥분과 자극 같은 나무로 된 축들에 의해 지탱됩니다. 그들은 그러한 축들을 철거해 버릴 수가 없습니다. 그러나 참된 그리스도인은, 설령 하나님의 섭리로 말미암아 자기 확신에 이르게 하는 세상적인 모든 소품들이 철거된다 하더라도, 오직 십자가만이 완전하게 신뢰할 수 있는 것이라고 기꺼이 고백할 수 있습니다. 믿음은 세상 혹은 지옥이 가할 수 있는 가장 두려운 충격까지도 능히 감당할 수 있습니다. 우리는 오직 하나님 한 분만 의지하는 믿음을 더 굳게 붙잡아야 합니다. 말씀과 하나님의 약속 외에 다른 것에 의해 지탱되는 믿음은 사실상 믿음이 아니라는 사실을 잊지 마십시오. 그것은 십자가를 버팀목으로 삼고 있기는 하지만 그러나 그 기초를 다른 곳에서 찾는 가짜 믿음입니다. 십자가는 버팀목일 뿐만 아니라 또한 참된 기초와 모퉁 잇돌이 되어야만 합니다. 오직 예수 외에 다른 것은 아무것도 없습니다. 우리는 모든 형태의 시험을 견딜 수 있는 믿음을 가져야만 합니다.

　　지난주에 있었던 일입니다. 설교를 하고 있는데, 비가 오기 시작했습니다. 한 신사가 왜 옆에 있는 큰 예배당을 사용할 수 없는지 물었습니다. 그 대답은 이것이었습니다. "그야 물론 발코니들(galleries: 교회나 홀 등의 벽면에 쑥 내민 특별석)이 안전하지 않기 때문이지요." 나는 '발코니들이 사람들에게 불안감을 가져다 준다면 그것들이 도대체 무슨 유익이 있을까? 라는 생각이 들었습니다. 차라리 그런 것들은 허물어 버리고 새로 짓는 것이 낫지 않겠습니까? 이와 같이 쓸모없는 발코니와 같은 믿음을 가진 사람들이 있습니다. 그것은 안전하지 않습니다. 그것은 각종 고난과 시험과 괴로움과 난관을 가지고 있는 청중을 지탱하지 못할 것입니다. 그것은 시험의 날 요란한 소리를 내며 무너질 것이며, 그 무너짐이 심히 클 것입니다. 형제들이여, 만일 여러분이 이와 같은 믿음을 가지고 있다면, 부디 하나님께 새로운 믿음을 달라고 기도하십시오. 그것은 쓸모없을 뿐만 아니라 위험합니다. 죽음의 순간 그것이 어떻게 여러분을 굳게 지탱해 줄 수 있겠습니까? 그 결과는 영원한 무너짐일 것입니다. 하나님 위에 세워진 믿음을 가지십시오. 무엇이 오든 능히 감당할 수 있는 믿음을 가지십시오. 그러한 믿음에다가 여러분이 주워 모은 나무나 풀이나 짚 따위를 섞지 마십시오. 아론의 지팡이로 하여금 다른 모든 지팡이들을 삼키게 하십시오. 여러분의 믿음으로 하여금 다른 모든 거짓 피난처들을 뒤엎어 버리게 하십시오.

3. 또 우리는 참으로 구주를 사랑하는 모든 사람들 안에서 아론의 지팡이가 다른 모든 지팡이들을 삼키는 것을 발견할 수 있습니다. 나는 예수 그리스도를 참으로 사랑하는 모든 사람들 안에 모든 것을 소멸(燒滅)하는 사랑이 있음을 확신합니다. 그것은 가장 맹렬한 불꽃을 가진 로뎀나무 숯불입니다. 그리스도를 올바로 사랑하는 자들은 그와 비교하여(in comparison with) 어느 누구도 사랑하지 않습니다. 남편은 참으로 소중한 존재입니다. 아버지도 마찬가지입니다. 자녀들은 얼마나 사랑스럽습니까? 그러나 예수 그리스도가 이들 모두를 능가합니다. 우리는 이렇게 말할 수 있습니다. "그렇습니다. 나에게 있어 이들을 잃는 것은 너무도 쓰라린 고통입니다. 그러나 나의 구주를 한 번 잃는 것보다 그들 모두를 열 번 잃는 것이 훨씬 더 쉬울 것입니다." 왜냐하면 우리에게 있어 예수 그리스도를 잃는 것은 곧 모든 것을 잃는 것이기 때문입니다. 설령 다른 모든 것은 그대로 남아 있다 하더라도 말입니다. 그러나 다른 모든 것이 사라진다 하더라도 우리 주님이 그대로 남아 계신다면, 우리는 그 안에서 모든 것을 갖고 있는 것이 됩니다. 또 참된 그리스도인은 예수 그리스도와 반대되는(in contradiction to) 것은 그 어느 것도 사랑하지 않습니다. 그와 그의 구주 사이를 가로막는 것은 그것이 무엇이든지 간에, 예수를 참으로 사랑하는 자는 즉시로 그것을 미워하여 버립니다. 그는 그것을 혐오스러운 것으로 간주합니다. 설령 그 자체로는 귀한 것이라 할지라도 그와 그의 구주 사이를 가로막음으로써 그것은 그에게 악한 것이 됩니다.

> "내가 아는 가장 사랑스러운 우상
> 그 우상이 무엇이든 간에"

그것이 황금 우상이든, 혹은 나 자신이든, 그 무엇이든 간에,

　　"나는 그것을 허물어뜨리고
　　오직 주만 경배할 것이나이다."

예수 그리스도를 진정으로 사랑하는 참된 그리스도인은 그를 사랑하는 것을 자신의 명예보다 더 우선시합니다. 그는 그리스도를 위해 불명예스럽게 되는 것을 명예롭게 생각합니다. 박해의 불꽃조차도 그와 그의 구주를 묶는 연합의 띠를 사를 수 없습니다. 이러한 사랑은 불도 통과할 수 있으며, 물도 통과할 수 있습니다. 왜냐하면 "많은 물도 이 사랑을 끄지 못하겠고 홍수라도 삼키지 못할" 것이기 때문입니다(아 8:7). 어떤 사람에게 있어 예수 그리스도로 하여금 자신의 일부만 다스리도록 만드는 것은 참된 사랑이 아닙니다. 그의 모든 마음이 하나로 모아져야 합니다. 바로 이것이 바울 사도가 "너희의 **마음들**을 위의 것에 놓으라"(Set your affections on things above)라고 말하지 않고 "너희의 **마음**을 위의 것에 놓으라"(Set your affection on things above)라고 말한 이유입니다(골 3:2. 한글 개역개정판에는 단순하게 "위의 것을 생각하고"라고 되어 있음). 여러분의 모든 마음과 감정들을 하나의 꾸러미로 묶으십시오. 여러 가지가 잡다하게 있어서는 안 됩니다. 그것들은 모두 하나가 되어야 합니다. 그것들을 모두 한 꾸러미의 고벨화로 묶어 사랑하는 구주께 드리십시오. 만일 우리가 그리스도를 사랑하는 것처럼 꾸미면서 동시에 다른 것들도 사랑하면, 주님은 그러한 마음에 아무런 관심도 기울이지 않을 것입니다. 그에게 드려지는 마음은 나누어지지 않은 마음이어야 합니다. 호세아 선지자는 "그들이 두 마음을 품었으니 이제 벌을 받을 것이라"라고 말합니다(호 10:2). 시편 기자는 또 이렇게 기도합니다. "내가 주의 진리에 행하오리니 일심으로 주의 이름을 경외하게 하소서"(시 86:11). 우리 역시도 "나의 사랑하는 자는 나의 것이요 나는 그의 것이나이다"라고 기도해야 합니다. 여기에 어떠한 유보조항도 달지 마십시오. 우리 자신을 그리스도께 드리며, 그리스도를 우리의 것으로 삼는 일에 영혼의 모든 힘을 다 쏟으십시오.

그리스도에 대한 이러한 사랑은 우리에게 엘리야의 제물 위에 떨어졌던 불을 일깨워 줍니다. 거기에 열두 개의 다듬지 않은 돌로 쌓은 제단이 있었습니다. 선지자는 그 제단 위에 소와 나무를 올려놓고 그 위에다 물을 부었습니다. 그 물

이 소와 나무를 적시고, 도랑을 따라 흘러내릴 때까지 말입니다. 그러나 하늘로부터 불이 떨어졌을 때, 그 불은 소와 나무뿐만 아니라 제단의 돌들까지도 살라 버리고, 심지어 도랑에 흐르는 물까지 모두 핥아 버렸습니다. 이와 같이 하늘의 사랑의 불이 우리 마음 위에 떨어질 때, 그것은 제물과 나무 즉 우리의 참된 목적과 새로워진 마음뿐만 아니라 돌들 즉 돌처럼 차고 무딘 우리의 육체까지도 태워 버립니다. 나아가 이러한 사랑은 물처럼 신적 은혜의 불을 끄는 것처럼 보이는 우리의 부패한 옛 본성들까지도 모두 핥아 버립니다. 그럼으로써 전인(全人)이 하나님께 드려지는 산 제물로서 하늘로 올려지게 됩니다. 시편 기자는 "내 마음과 육체가 살아 계시는 하나님께 부르짖나이다"(시 84:2)라고 말했습니다. 나는 어떻게 그가 자신의 육체로 하여금 그렇게 하도록 만드는지 종종 의아하게 생각하곤 했습니다. 왜냐하면 "육체의 소욕은 성령을 거스르고 성령은 육체를 거스르기" 때문입니다(갈 5:17). 그러나 아론의 지팡이가 다른 모든 지팡이들을 삼키는 때가 있습니다. 그럴 때 마음과 육체가 살아 계신 하나님께 부르짖게 됩니다. 예수 그리스도에 대한 우리의 사랑은 마치 요나단에 대한 다윗의 사랑과, 다윗에 대한 요나단의 사랑과 같습니다. 요나단이 기꺼이 자신의 칼과 활과 띠를 다윗에게 주었던 것처럼, 우리 역시도 아무것도 남겨서는 안 됩니다. 우리의 자기중심성은 삼켜져야 합니다. 우리의 모든 것, 그리고 우리가 가진 모든 것은 영원히 예수 그리스도께 드려져야 합니다.

어떤 부자에 대한 이야기를 들은 적이 있습니다. 그는 부자였으며, 사업에서 큰 성공을 거두었습니다. 한 진실한 친구가 그에게 이렇게 말했습니다. "여보게, 자네는 큰 성공을 거두었네. 그렇지만 나는 그로 인해 자네의 마음이 하나님으로부터 멀어질까 염려가 되네." 그러자 그는 이렇게 대답했습니다. "자네의 충고는 참으로 고맙네. 그렇지만 그렇게 염려할 필요는 없네. 왜냐하면 나는 범사에 하나님을 향유하고 있기 때문이네." 세월이 흘렀습니다. 그러나 그의 재물은 날개를 달고 날아갔습니다. 그는 궁핍 가운데 떨어졌습니다. 그는 당장 오늘 무엇을 먹어야 할까 걱정할 정도까지 되었습니다. 앞의 친구가 또다시 찾아와 말합니다. "여보게, 자네가 큰 부자였을 때 내가 말했던 것을 기억하고 있나? 이제 나는 이런 궁핍 가운데 자네가 믿음을 버리고 하나님의 이름을 더럽힐까 염려가 되네." 그러자 그는 이렇게 대답합니다. "자네의 충고는 참으로 고맙네. 그렇지만 그렇게 염려할 필요는 없네. 왜냐하면 전에 내가 범사에 하나님을 향유했던 것처럼 지금도 하나님 안에서 모든 것을 향유하고 있기 때문이네.”

그리스도를 참으로 사랑하는 가운데 모든 일 속에서 그를 추구하는 것은 얼마나 멋진 삶의 모습입니까? 우리는 일용할 양식 위에서 그의 못 박힌 손의 흔적을 봅니다. 우리는 매일 입는 옷 위에서 그의 피의 흔적을 봅니다. 고난과 궁핍의 때에도 그리스도로 인해 부요함을 누리며 즐겁게 노래할 수 있는 것은 얼마나 아름다운 일입니까?

> “내가 항상 주를 송축하리이다.
> 주를 가졌으므로 나는 모든 것을 소유하나이다.
> 내가 주와 떨어질 수 없거늘
> 어찌 내가 낙망하며 슬퍼할 수 있겠나이까?”

4. 형제들이여, 여러분은 또한 주 예수로 말미암아 기뻐하는 자들 안에서 위의 즐거운 노래를 들을 수 있을 것입니다. 그리스도 안에서 기뻐하는 자는 그 기쁨이 다른 모든 기쁨들을 삼키는 것을 발견하게 될 것입니다. 그러한 기쁨과 비교할 수 있는 것은 아무것도 없습니다. 참된 그리스도인은 다른 사람들과 마찬가지로 인생을 향유합니다. 그는 다른 사람들과 마찬가지로 이생의 즐거움들을 부인하지 않습니다. 그러나 그에게 있어 그러한 모든 것들은 검은 빵(brown bread)에 불과합니다. 그는 하늘로부터 내려온 만나를 먹었습니다. 그의 입은 천사의 양식을 맛보았습니다. 그는 하나님의 풍성한 섭리 가운데 누리게 되는 최고의 환희와 즐거움조차도 그리스도 안에서 발견하는 것과 비교할 때 한 줌의 재에 불과하다는 사실을 느낍니다. 그가 그리스도 안에서 누리는 즐거움은 이 세상의 그 어떤 것도 가로막을 수 없는 특별한 것입니다. 질병 가운데에도 그는 여전히 하나님 안에서 기뻐합니다. 죽음의 자리에서도 마찬가지입니다. 죽음이라는 마지막 원수조차도 그의 영혼의 음악을 중단시키지 못합니다. 그는 “내 영혼이 여호와를 자랑할 것이라”(시 34:2)고 말합니다. 그리고 그는 자신의 맹세를 지킵니다. 그는 다른 것으로부터는 거의 즐거움을 알지 못합니다. 그러나 그는 세상 전부를 가진 자들보다 더 많은 즐거움을 가지고 있습니다. 설령 그가 솔로몬처럼 부유하며, 노래하는 남녀들과 많은 정원과 집과 병거와 온갖 종류의 즐거운 것들을 가지고 있다 하더라도, 그 모든 것보다 그리스도와 함께 있는 것이

훨씬 더 만족스럽습니다. 나는 지금 나의 체험에 근거해서 말하고 있습니다. 비록 그리스도 안에서 아이에 불과하지만, 그러나 나는 예수 안에 그러한 즐거움이 있다는 사실을 압니다. 그런 극한의 환희와 즐거움을 도대체 무슨 말로 표현할 수 있단 말입니까? 우리는 그것을 그의 이름 안에서 그리고 그와의 교제 안에서 발견할 수 있습니다. 주의 무리와 함께 5분을 보내는 것을 나는 왕족들과 함께 평생 풍요하게 보내는 것보다 훨씬 더 좋아합니다. 그의 눈빛은 태양의 모든 빛을 능가합니다. 그의 얼굴의 아름다움은 모든 꽃들의 아름다움을 다 합한 것보다 더 아름답습니다. 그의 숨결의 향기보다 더 달콤한 향기는 어디에도 없습니다. "그가 내게 입맞추기를 원하니 그의 사랑이 포도주보다 나음이로구나"(아 1:2).

5. 하나님의 일에 헌신한 사람의 경우도 마찬가지입니다. 어떤 사람이 하나님의 참된 종일 때, 그에게 있어 하나님의 일은 다른 모든 일들을 삼킵니다. 어떤 사람이 예수 그리스도에 대해 뜨거운 사랑을 소유하고 있을 때, 그에게 있어 이런저런 난관들은 단지 극복되어야 할 일들에 불과한 것이 됩니다. 그리고 위험은 영예로운 일이 되며, 희생은 즐거운 일이 되며, 고난은 기쁜 일이 되며, 힘든 일은 안식이 됩니다. 또 그에게 있어 삶은 예수 그리스도로부터 빌렸다가 이자와 함께 되돌려 드리는 것입니다. 예전에 순교자들이 자신들의 목숨을 얼마나 대수롭지 않게 여겼는지 생각해 보십시오. 아론의 지팡이가, 불에 던져지는 두려움과 고문을 당하는 두려움과 토굴에 갇히는 두려움을 삼켜 버린 것입니다. 그리스도에 대한 사랑은 가난과 적신과 위험과 칼을 대수롭지 않은 것으로 만듭니다. 종교개혁의 시대에, 개혁자들은 매일같이 군중들의 비난과 제후들의 분노와 마주쳐야만 했습니다. 그러나 그들은 예수 그리스도에 대한 사랑으로 인해 모든 고난을 대수롭지 않게 여겼습니다. 오늘날 많은 선교사들도 그렇지 않습니까? 윌리엄스(Williams)는 그의 피로 에로망가를 물들였으며(Eromanga; 남태평양 솔로몬제도의 한 섬), 니브(Knibb)는 그의 모든 생애를 원주민들과 함께 보냈으며, 지금도 모팻(Moffat)은 베쿠아나와 그곳의 원주민들을 구원하기 위해 사랑하는 자들과 떨어져 홀로 수고하고 있습니다(Bechuana; 칼라하리사막의 한 지역). 세상은 이들을 크게 주목하지 않습니다. 그럼에도 불구하고 그들은 예수에 대한 사랑이 다른 모든 것을 삼킨다는 사실을 우리에게 잘 보여줍니다. 나는 우리 교회에 그리스도를 위해 수고하는 것을 삶의 목적으로 삼는 사람들이 많이 일어나기

를 소망합니다. 설령 여러분이 일어나 거리에서 말씀을 전파하는 가운데 사람들로부터 조롱을 당한다 할지라도, 아론의 지팡이는 조롱하는 자들의 모든 비방을 삼킬 것입니다. 여러분은 그 모든 것을 능히 감당할 수 있을 것이며, 도리어 그로 인해 기뻐할 것입니다. 설령 여러분의 가족들이 여러분을 박해한다 하더라도, 여러분은 그 모든 박해를 능히 견딜 수 있을 것입니다. 아론의 지팡이가 그 모든 지팡이들을 삼킬 것입니다. 만일 주일날 상점 문을 닫는다면, 아마도 여러분은 몇몇 고객들을 잃을 것입니다. 어쩌면 친구들이 여러분을 버릴는지도 모릅니다. 어쩌면 대적하는 자들이 여러분 주위에 모여 여러분이 그리스도의 소유가 되었다는 사실로 인해 여러분에게 악의적인 말을 할는지도 모릅니다. 그러나 아론의 지팡이가 그 모든 지팡이들을 삼킬 것입니다. 나는 우리 가운데 자신의 세속적인 일을 주님을 섬기는 일에 종속시키는 사람들이 많이 일어나기를 소망합니다. 사람의 아들들 가운데 그리스도의 이름과 그의 나라를 확장시키는 일에 관심을 기울이지 않는 사람은 참된 그리스도인이 아닙니다.

　형제들이여, 우리는 오늘의 본문이 좀 더 특별한 의미를 갖게 될 때를 기다리고 있습니다. 그리스도의 진리가 전파되는 모든 곳에서, 그 진리는 마치 아론의 지팡이처럼 죄의 모든 뱀들을 삼킵니다. 런던의 뒷골목들로 가서 복음을 전파하십시오. 그러면 아론의 지팡이가 무지와 악과 불신앙의 모든 지팡이들을 삼킬 것입니다. 교황의 영향력 아래 있는 지역으로 가서 성경을 가르치며 예수 그리스도의 이름을 전파하십시오. 십자가가 이길 수 없는 교황의 거짓말은 없습니다. 크리슈나 신이 지배하고 있는 이교도 나라로 가십시오. 남태평양의 섬들과 아프리카의 평원으로 가십시오. 어디로 가든 여러분이 가는 바로 그 곳에서 아론의 지팡이를 던지십시오. 그것은 모든 미신과 거짓을 삼켜 버릴 것입니다. 잠시 후면 동쪽 끝에서부터 서쪽 끝에 이르기까지 하나님을 찬양하는 노래가 울려 퍼질 것입니다. 그 때 예수의 이름이 존귀하게 될 것이며, 모든 무릎이 그 앞에 꿇을 것이며, 모든 입술이 그를 주라 시인할 것입니다. 그리고 그 때 하늘의 천사들은, 모세를 대적하던 얀네와 얌브레가 완전하게 패배를 당했던 것처럼, 그리스도의 원수들이 그렇게 패배를 당하는 것을 보면서 크게 기뻐하며 합창할 것입니다. "할렐루야 할렐루야 주 우리 하나님 곧 전능하신 이가 통치하시도다"(계 19:6).

2. 둘째로, 여기의 주제로부터
한 가지 추론을 도출해 보도록 합시다.

만일 어떤 사람 안에 들어온 참된 신앙이 그의 모든 것을 사르는 강력한 열정이 되는 것이 사실이라면, 믿음을 고백하면서도 그와 같은 열정이 나타나지 않는 사람들이 많이 있는 것은 도대체 무엇 때문입니까? 그런 사람들의 실제적인 모습을 여기에서 한 번 묘사해 보도록 합시다. 복음을 듣고 그 교훈을 어느 정도 즐겁게 받아들이는 사람들이 있습니다. 그들은 그 진리에 대해 애착을 느끼며, 그 안에서 어느 정도 위로를 발견합니다. 그러나 그들의 주된 생각은 여전히 어떻게 하면 돈을 더 많이 긁어모을 수 있으며 어떤 방법으로 은행 계좌를 좀 더 풍성하게 채울 것인가 하는 것입니다. 그들은 하나님의 집조차도 자신들의 호주머니를 노리는 성가신 존재로 생각합니다. 그들은 헌금을 냅니다. 좋습니다. 그러나 그들은 자신의 수입의 몇 퍼센트를 헌금으로 냅니까? 그것은 너무도 작은 부스러기입니다. 나는 사람의 헌금은 그의 믿음과 비례한다고 감히 말합니다. 우리는 자신의 신앙의 대가로 일 년에 1달러 미만을 지불한다고 떠벌이고 다니는 사람을 알고 있습니다. 그는 그만한 돈조차도 신앙의 대가로서는 지나치게 비싼 것이라고 말합니다. 나는 대부분의 사람들이 자신의 신앙이 얼마나 값진 것인지 그리고 자신에게 적당한 헌금의 양이 어느 정도 되는지 충분히 판단할 수 있을 것이라고 생각합니다. 그러나 그리스도를 위해서는 아무것도 하지 않으면서 오로지 자신만을 위해 지출하며 더 많은 돈을 버는 것을 삶의 주된 목적으로 삼고 있는 사람들에 대해 우리는 무슨 말을 할 수 있습니까? 그들은 마치 대농장주가 이제는 더 이상 경작하지 않는 귀퉁이에 붙은 작은 땅 조각을 바라보는 것처럼 그렇게 종교를 바라봅니다. 그들은 신앙은 아주 조금만 가지고 있는 것이 좋다고 생각합니다. 그들은 자신의 즐거움을 위해서나 혹은 자신의 근심을 조금이라도 덜 수 있다면 쉽게 신앙으로부터 돌이킬 수 있습니다. 뿐만 아니라 이 세상에 있는 모든 것을 가진 후에도 그들은 또 다른 것을 갖고 싶어 합니다. 그들은 순전한 사람들이 아닙니다. 그들은 평생 동안 마귀를 따라 살면서도 스스로 그러한 사실을 알지 못합니다. 마귀는 그들에게 끊임없이 새로운 것을 요구하며, 마침내 자신의 요구가 이루어지는 것을 볼 것입니다. 의심의 여지 없이 그들은 마침내 자신들의 분깃을 받을 것입니다. 우리의 교회들 가운데 이런 사람들이 얼마나 많습니까? 이들과 관련하여 우리는 다른 부분에서는 잘못된 점을 찾을 수 없습니다. 그들은 모든 점에서 도덕적이며 예의 바릅니다. 그들은 기도 회에서 훌륭하게 기도할 수 있습니다. 그러나 그들은 자신들의 세속적인 즐거움들을 하나님께 성별(聖別)시키는 것에 대해서는 꿈도 꾸지 못합니다. 그들의 경우, 아론의 지팡이는 다른 지팡이들을 삼키지 못했습니다.

나는 교회당을 건축하고 있던 어떤 목사로부터 한 가지 재미있는 이야기를 들었습니다. 그는 기부금 모집자에게 어떤 사람에게 전화를 걸라고 말했습니다. 그러자 기부금 모집자는 "그는 단 한 푼도 내지 않을 거예요"라고 말했습니다. 그러나 그 목사는 이렇게 말했습니다. "만일 그가 기도하는 대로 기부금을 낸다면, 나는 그가 자신이 가진 모든 것을 낼 것이라고 생각합니다." 그리하여 기부금 모집자는 그에게 전화를 걸었습니다. 그리고 그는 다음과 같은 답변을 들었습니다. "나는 지금 너무도 많은 전화가 걸려 와서 당신의 전화를 받을 수 없습니다." 여러분은 이런 경우 흔히 하는 사소한 거짓말들을 잘 알 것입니다. 그는 기부금을 내려고 하지 않았던 것입니다. 그리하여 기부금 모집자는 이렇게 말했습니다. "선생님, 목사님은 만일 당신이 기도하는 대로 기부금을 낸다면 당신이 매우 큰 금액을 기부할 것이라고 말씀하셨습니다." 이 말이 그의 양심을 찔렀습니다. "목사님은 당신이 기도할 때 자기 자신까지도 모두 내줄 것으로 생각하셨습니다." 말과 실천이 너무도 멀리 떨어져 있는 사람들이 얼마나 많습니까? 그런가 하면 하나님을 위해 돈을 버는 것을 자신의 일로 느끼는 사람들이 있습니다. 내가 하나님을 위해 말씀을 전파하는 것을 나의 일로 느끼는 것처럼 말입니다. 그는 그리스도를 위해 옷감과 식료품과 질그릇과 잡화를 팝니다. 내가 그리스도의 말씀을 전파하기 위해 이 강단에 올라온 것처럼 말입니다. 그는 자신의 평범한 부르심을 그리스도의 일로 성별(聖別)하며, 모든 일 가운데 스스로를 그리스도의 종으로 만듭니다. 이렇게 말하면서 말입니다. "주여, 여기에서 나 자신을 주께 드리나이다. 이것이 내가 할 수 있는 모든 것이나이다." 오늘의 주제로부터 우리가 추론한 것을 생각해 보십시오. 신앙을 가지고 있노라고 고백하면서도 아론의 지팡이가 다른 지팡이들을 삼키지 못한 경우 말입니다. 그들은 믿음이 있노라 말하면서도 여전히 세상을 사랑하는 자들입니다. 그런 종류의 믿음을 갖느니 차라리 아무런 믿음도 갖지 않는 것이 더 낫겠다는 생각에 나는 두려운 마음을 떨칠 수 없습니다.

그런가 하면 그리스도인이라고 고백하면서도 거의 모든 시간을 신앙과는 별 상관 없이 보내는 사람들도 있습니다. 그들은 신앙을 삶의 아주 작은 영역으로 축소시킵니다. 그들의 신앙은 그들을 일요일 아침에 깨울 수 있습니다. 그러나 월요일에는 더 이상 그들의 삶에 개입해서는 안 됩니다. 그들은 어떤 책을 읽습니까? 그것은 가판대에 놓여 있는 1실링짜리 쓰레기 같은 잡지 따위일 뿐입니다. 그들은 무엇에 대해 이야기합니까? 그들은 마땅히 이야기해야만 하는 것만 빼고 모든 이야기를 합니다. 그들은 주중에 무슨 일을 합니까? 그들은 수만 가지 일을 합니다. 그러면 그들은 예수 그리스도를 위해 무엇을 합니까? 예수 그리스도를 위해서 라고요? 그와 같은 질문을 던질 때, 그들은 의아하다는 듯한 표정으로 여러분을 바라볼 것입니다. 그들은 일주일 내내 무슨 일을 했습니까? 어디 한 번 살펴볼까요? 월요일부터 토요일까지 그들의 삶의 총체는 무엇입니까? 하나님과 관련한 한, 우리는 그들이 일주일 내내 침대 속에서 계속해서 자고 있었다고 말할 수 있습니다. 그들은 아무 일도 하지 않았습니다. 그들은 살았다는 이름은 가졌으나 실상은 죽은 것입니다.

보병에 입대한 어떤 젊은이를 상상해 보십시오. 그는 부대에 있으면서, 제식훈련을 비롯해 여러 가지 군사 훈련을 배웁니다. 또 그는 사격을 잘 해서 상을 받고자 노력합니다. 그러나 어떤 사람이 기독교회에 가입하면, 그는 어디에 있습니까? 나는 그가 어디에 있는지 알지 못합니다. 여러분은 그의 이름을 교인명부에서 발견할 수 있습니다. 그는 거기에 있습니다. 그러나 그는 누구입니까? 여러분은 그를 주일 날 교회당에서 발견합니다. 그렇지만 그는 어디에 있습니까? 그는 일주일 동안 그리스도를 위해 무슨 일을 합니까? 그가 믿음으로 행한 일을 기록하고자 하면, 기록할 것이 거의 없습니다. 그는 자신이 자신의 신앙고백을 아름답게 장식하고 있다고 생각합니다. 그러면 그것은 도대체 어떤 종류의 장식입니까? 도대체 누가 그 장식을 본 적이 있단 말입니까? 나는 아무것도 알지 못하며, 아무것도 말할 수 없습니다.

나는 자신의 신앙을 알파와 오메가로 생각하지 않는 사람은 그 영혼 속에 하나님의 일을 가지고 있지 않다고 믿습니다. 나는 자신의 모든 행동, 심지어 먹는 것과 마시는 것까지도 그리스도를 위한 일에 종속시키지 않는 사람은 그 영혼 속에 하나님의 일을 가지고 있지 않다고 믿습니다. "그런즉 너희가 먹든지 마시든지 무엇을 하든지 다 하나님의 영광을 위하여 하라"(고전 10:31). 자신의 쟁기를 성별하지 않은 자, 자신의 계산대를 하나님께 봉헌하지 않은 자, 자신의 책상과 펜을 주게 거룩한 것으로 만들지 않은 자 ― 그는 기독교가 무엇인지 아직 배우지 못한 사람입니다. 기독교 신앙은 하루 동안 입고 있다가 6일 동안 벗어버리는 유니폼이 아닙니다. 그것은 여러분 존재의 씨줄과 날줄이 되어야 합니다. 그것은 여러분의 피 속에서 흘러야 하며, 여러분의 골수 속으로 스며들어가야 합니다. 그것은 여러분의 팔 안에서 움직여야 하며, 여러분의 눈을 통해 보고, 입술을 통해 말해야 합니다. 여러분은 성령 안으로 세례받고, 스며들며, 빠져들어야 합니다. 그럴 때 우리는 주님을 대수롭지 않게 여기는 사람들에게 가서 "내게 사는 것은 그리스도"라고 말할 수 있게 될 것입니다. 그리고 한 걸음 더 나아가 "내게는 죽는 것도 유익함이라"라고 덧붙일 수 있게 될 것입니다.

나는 오늘의 주제가 여러분의 마음을 찌르기를 바랍니다. 그래서 여러분이 오늘부터 예수 그리스도께 대한 더 철저한 사랑을 갖고, 더 온전한 헌신을 나타내기를 바랍니다. 그에 대한 더 철저한 사랑과 더 온전한 헌신 ― 그것은 여러분에게 끔찍한 부담이 되든지, 그렇지 않으면 여러분의 마음 전체와 영과 혼과 몸 전체를 쏟기에 합당한 것이 될 것입니다.

**3. 셋째로, 이제 나는 여러분에게 하나님을 섬기는 것을
왜 이토록 주된 위치에 놓아야만 하는지,
그리고 어째서 아론의 지팡이가 다른 모든 지팡이들을
삼켜야만 하는지에 대한 몇 가지 이유를 제시하고자 합니다.**

위대한 복음계시는 우리에게 무엇을 나타냅니까? 그것은 우리에게 한 가지 두려운 위험과 그것으로부터 피할 수 있는 유일한 길을 보여주지 않습니까? 하나님의 진노가 격렬하게 불타고 있는 곳이 있습니다. 거기에서 영혼들이 말할 수 없는 고통을 겪습니다. "대저 도벳은 이미 세워졌고 또 왕을 위하여 예비된 것이라 깊고 넓게 하였고 거기에 불과 많은 나무가 있은즉 여호와의 호흡이 유황 개천 같아서 이를 사르시리라"(사 30:33). 예수 그리스도는 그곳을 벌레도 죽지 않고 불도 꺼지지 않는 곳이라고 말씀하셨는데, 그것은 얼마나 끔찍한 두려움을 표현합니까? 만일 우리가 한순간만이라도 그와 같은 '다가오는 진노'에 대한 개념을 가질 수만 있다면, 만일 우리가 한순간만이라도 하나님의 맹렬한 번개가 우리 앞에 번쩍이는 것을 볼 수만 있다면, 만일 우리가 한순간만이라도 악한 세상이 마셔야만 하는 두려움의 쓴 잔을 맛볼 수만 있다면 ― 필경 우리는 그

것으로부터 피할 수 있는 방법을 가르쳐 주는 진리를 가장 절박하게 찾게 될 것입니다. 그리고 우리는 우리 마음의 모든 힘을 그곳에 쏟아 붓게 될 것입니다. 여러분이 초라한 다락방에서 죽는다고 상상해 보십시오. 그렇다 할지라도 그로 인해 지옥을 피할 수만 있다면, 그것은 너무도 복된 죽음이 될 것입니다. 만일 여러분이 다가오는 진노를 피하기만 한다면, 여러분은 진정 지혜로운 자가 될 것입니다. 설령 여러분이 이 땅에서 가장 가난한 자로 살았다 할지라도 지옥을 피하는 자가 되었다면, 여러분은 재물을 바벨탑처럼 많이 쌓았어도 결국 멸망으로 떨어진 자보다 훨씬 더 지혜로운 삶을 산 것입니다.

우리의 신앙은 또한 우리에게 오는 세상의 즐거운 상급을 보여주지 않습니까? 그것은 우리에게 저 멀리 있는 진주 문을 보여주면서, 영광을 받은 영들과 천사들을 바라볼 것을 명합니다. 그것은 우리에게 하늘의 영광과 불멸과 영원히 그 빛을 잃지 않는 생명의 면류관에 대해 말해 줍니다. 그것은 우리에게 하늘의 비파의 멜로디를 들려주면서, 보좌 위에 앉아 계신 하나님의 아들을 바라볼 것을 명합니다. 스스로를 그리스도인으로 부르는 우리는 천국을 진리로 받아들입니다. 그렇다면 그것을 추구하며 찾는 것은 마땅히 우리의 첫 번째와 마지막 번째의 고려사항이 되어야 하지 않겠습니까? 또한 그것은 마땅히 인간 존재의 알파와 오메가가 되어야 하지 않겠습니까? 어리석은 처녀들처럼 문이 닫히는 것이 아니라 슬기로운 처녀들처럼 혼인잔치에 들어가는 것 말입니다. 지옥과 천국을 가지고 여러분에게 간절히 당부하노니, 부디 아론의 지팡이로 하여금 다른 모든 지팡이들을 삼키게 하십시오. 그리고 예수 그리스도에 대한 사랑과 믿음이 여러분 영혼의 주된 열정이 되게 하십시오.

뿐만 아니라 우리는 그 무엇과도 비교할 수 없는 사랑을 배우지 않았습니까? 영광의 왕으로 하여금 사망의 문으로 내려가도록 이끌고, 또 그로 하여금 수치와 조롱의 문을 통과하도록 이끈 사랑을 생각해 보십시오. 생명의 구주를 사망의 그늘로 이끈 한량없는 사랑이여! 그 사랑이 그의 영광스러운 이마로부터 면류관을 취하며, 그의 빛나는 어깨로부터 왕복을 벗기며, 그의 아름다운 손가락으로부터 반짝이는 반지들을 뺍니다. 그 사랑이 그를 흙으로 감싸며, 누더기를 입히며, 머리 둘 곳조차 갖지 못하게 합니다. 그 사랑이 그를 궁핍의 떡을 먹고 고난의 잔을 마시게 만듭니다. 이와 같은 사랑이 우리 마음의 절반밖에는 갖지 못해야 한단 말입니까? 이와 같은 사랑이 냉랭한 사랑을 보답으로 받아야만 한단 말입니까? 예수 그리스도가 식탁의 가장 말석에 앉아야만 한단 말입니까? 우리가 그를 우리 마음의 뒷방에 버려둘 것이란 말입니까? 우리가 그에게 차갑게 식은 음식으로 공궤할 것입니까? 개에게나 합당한 음식으로 말입니다. 결코 그럴 수 없습니다. 그는 우리 마음속에서 만왕의 왕이 되셔야 합니다. 지금 지극히 높은 하늘에서 만왕의 왕이신 것처럼 말입니다. 우리에게 예수 그리스도는 모든 것이 되셔야만 합니다. 만일 그가 '모든 것'(everything)이 되지 않는다면, 그는 '아무것도 아닌 것'(nothing)이 될 것입니다.

사랑하는 형제 자매들이여, 하나님의 은혜가 또한 우리 안에서 새롭고 고귀한 본성을 창조하지 않았습니까? 만일 그것이 정말로 새롭고 고귀한 본성이라면, 바로 그것이 우리를 지배하며 통제해야 하지 않겠습니까? 몸으로 하여금 정신을 지배하게 하며, 먹고 마시는 것으로 하여금 불멸의 영을 속박하도록 하는 자는 불행한 자입니다. 마찬가지로 정신으로 하여금 새롭게 태어난 영을 지배하도록 하는 자 역시 똑같이 불행한 자입니다. 그리스도로로부터 양식을 공급받으며, 그리스도로 숨 쉬며, 그리스도에게로 올라가는 ― 마치 불꽃이 불의 근원인 태양을 향해 올라가는 것처럼 말입니다 ― 그러한 새롭고 고귀한 본성으로 하여금 항상 그 충만한 자유를 갖게 하십시오. 그것이 우리 안에서 지배권을 갖게 하십시오. 설령 우리 지체 안에 있는 율법이 그것에 대항하여 싸운다 하더라도, 그럼에도 불구하고 그것(새로운 본성)으로 하여금 지배하며 통치하도록 하십시오. 마치 아론의 지팡이가 다른 모든 지팡이들을 삼키는 것처럼 말입니다. 사랑하는 형제 자매들이여, 만일 하나님이 우리에게 그의 자녀가 되는 권세를 주심으로써 우리를 존귀하게 하기를 기뻐하셨다면, 우리가 "사람의 아들로서의 우리의 존재"를 "하나님의 아들로서의 우리의 존재"보다 더 크게 만들어서야 되겠습니까? 사람들이 우리를 보고 먼저 "그는 상인이야"라고 말하면 되겠습니까? 사람들이 우리를 보고 먼저 "그는 그리스도인이야"라고 말하도록 그렇게 살아야 하지 않겠습니까?

나는 어떤 사람이 신앙에 대해 말하면서 그것을 말을 타는 것으로 표현하는 것을 들은 적이 있습니다. 그는 신앙생활을 일종의 취미생활 정도로 생각한 것입니다. 실상 그는 신앙에 대해 아무것도 알고 있지 못한 사람입니다. 그러나 다른 의미로 신앙은 정말로 말을 타는 것입니다. 그러나 그 말은 낮과 밤을 불문하고 계속해서 타야만 하는 말입니다. 그 말은 여러분을 태우고 천상의 영역으로 날아오를 수 있는 페가수스입니다(Pegasus: 그리스 신화에 등장하는 날개 달린 말). 그리스도인들이여, 그 말에서 내리지 마십시오. 일단 그리스도의 말에 올라탔다면, 그 말이 여러분을 집까지 안전하게 데려갈 때까지 계속해서 타고 있으십시오. 다른 사람들은 어떻게 하든지 상관하지 말고, 여러분은 항상 여러분의 신앙을 여러분 존재의 가장 높은 자리에 놓으십시오. 여러분은 그것을 굳게 붙잡고, 그것에 대해 말해야 합니다.

힌두교에는 카스트 제도가 있습니다. 어느 날 한 브라만이 우리 선교사들에게 영국에도 카스트 제도가 있느냐고 물었습니다. 선교사는 아니라고 대답하면서, 영국에서는 모든 사람이 함께 먹고 마실 수 있다고 말했습니다. 그 브라만은 그것은 매우 무질서하며 비도덕적이라고 말했습니다. 그러자 선교사가 이렇게 말했습니다. "그렇지만 예컨대 크리슈나 대축일 같은 때에는 수드라와 브라만이 함께 음식을 먹지 않습니까?" 그러나 그 브라만이 대답했습니다. "아, 그거야 그 때에는 우리가 우리 신 앞에 함께 있기 때문이지요." 그러자 선교사는 이렇게 말했습니다. "그렇습니다. 바로 그것이 영국에 카스트 제도가 없는 이유입니다. 왜냐하면 우리는 항상 우리 하나님 앞에 있으니까요."

이 말을 마음에 깊이 새기십시오. 우리는 항상 하나님 앞에 있습니다. 그러므로 우리는 우상 숭배자들과는 달리 항상 하나님 앞에서 살아가야 합니다. 우리는 로마교도(Romanis: 천주교도들을 다소 얕잡아 부르는 말)들과는 달라야 합니다. 그들은 특별한 날을 거룩한 날로 부릅니다. 그러나 우리에게는 모든 날이 거룩한 날이 되어야 합니다. 일요일을 거룩하게 지키는 것에 대해서도 마찬가지입니다. 모든 날이 거룩하게 지켜져야 합니다. 다만 일요일은 우리에게 다른 날 이상의 안식의 날일 뿐입니다. 여러분이 타고 있는 말의 목에 방울이 달려 있지 않습니까? 그 방울 위에 "여호와께 성결"이라고 새기십시오. 그리고 여러분의 집에 있는 그릇들로 하여금 성전 안에 있는 성물들처럼 되게 하십시오.

이제 설교를 마치고자 합니다. 부디 주께서 우리 교회에 많은 수의 성별된 자들을 보내 주시기를 기원합니다. 그리고 여러분에게 당부합니다. 오늘의 주제와 관련하여 사랑의 수고를 아끼지 마십시오. 여러분의 삶이 하나님께 받으심직한 삶이 되기를 바란다면 말입니다. 마지못해 하는 일은 결코 하나님께 받으심직한 일이 될 수 없습니다. 움켜쥐려고 하는 것으로는 하나님께 받으심직하게 드려질 수 없습니다. 그리스도를 섬기는 것은 완전한 자유입니다. 밤낮으로 그를 섬기는 것은 부단히 자유를 향유하는 것입니다. 사랑하는 형제 자매들이여, 시도해 보십시오. 믿음과 은혜에 있어 미약한 자들이여! 의심하며 믿지 못하는 자들이여! 그리스도를 위해 그 이상을 행하십시오. 여러분의 거룩함을 좀 더 완전하게 만드십시오. 그러면 여러분의 빛은 찬란한 광채처럼 더 밝게 빛날 것이며, 여러분 영혼의 영광은 타오르는 등불처럼 더 밝게 비췰 것입니다.

부디 주께서 이 시간 여러분에게 축복을 더하시기를 기원합니다. 아멘.

제
4
장

—

완전한 구속

—

"한 마리도 남길 수 없으니." — 출 10:26

온 땅의 하나님 여호와와 애굽 왕 바로 사이의 논쟁은 모든 세대들에게 기억되며 알려지도록 의도되었습니다. 그 때, 하나님은 인간의 본성이 완악함의 최고조에 달하도록 허용하셨습니다. 그럼에도 불구하고 하나님은 완악함을 파하시고 승리하셨습니다. 하나님은 진정 바로에게 그의 능력을 나타내시려는 목적으로 바로를 세우셨습니다. 여호와는 절대 군주인 바로의 마음을 완악하게 하셨으나, 이는 그의 작정이 서게 하시며, 그가 기뻐하시는 모든 것을 행하실 것임을 오는 모든 세대에게 보이시고자 하심입니다. 여러분은 그 싸움이 이와 같았다는 것 — 하나님께서 오래 전에 그의 백성을 애굽에 보내서서 고센 땅에 살게 하셨다는 것 — 을 기억하실 것입니다. 그 백성은 매우 많아졌으며, 요셉을 알지 못하는 새 왕이 일어날 때까지는 후대 왕들로부터 호의적인 대접을 받았습니다. 바로는 그 백성을 압박하기 시작했으나, 바로가 그 백성을 압박하면 할수록 그 백성은 증가했습니다. 바로는 그 백성의 삶을 고된 속박으로 밀어 넣었습니다. 회반죽과 벽돌을 만드는 일 속에서, 그리고 벌판에서 온갖 일 속에서, 바로는 그 백성들에게 가혹하게 일하도록 했습니다. 아마도 그 백성은 가장 힘든 일로 여겨지는 거대한 건축물들과 피라미드를 건축하는 데 동원되었을 것입니다. 그 백성들은 계속해서 채찍을 맞으며 일했고, 짚이 없이 벽돌을 만들어야 했으며, 폭군 치하에서나 상상할 수 있는 가장 가혹한 취급을 받았습니다.

　　마침내 백성들의 외침이 하늘에 계신 그들의 하나님께 상달되었습니다. 하나님은 그들의 고초를 보셨으며, 그들의 외침을 들으셨으며, 그들의 고통을 아셨습니다. 그리고 하나님은 친히 바로를 대적하셔서, 야곱의 후손인 그의 백성을 그들의 속박받는 곳으로부터 건져내시기로 결정하셨습니다. 하나님은 모세를 일으키시고, 그로 하여금 "여호와의 말씀에 내 백성을 보내라 그들이 나를 섬길 것이니라"(출 8:1)는 메시지를 가지고 바로에게 가게 하셨습니다. 이에 대하여 바로는 "너희들은 게으르다"고 비웃으며, "너희는 게으르므로 가지 못하리라"고 말했습니다. 바로의 비웃음에 대한 하나님의 대답은 즉각적인 재앙이었습니다. 하나님은 그들의 하수를 피로 변하게 하셨으며, 강 속의 고기를 죽게 하셨습니다. 바로는 약간 수그러질 뿐이었습니다. 왜냐하면 그가 항복해야 한다면 점차로 이루어져야 하기 때문입니다. 그래서 그는 "너희가 너희 하나님 여호와께 희생을 드리기 위해 2, 3일의 여유를 가지게 될 것이지만, 그 희생은 이 땅에서 행해져야만 하느니라"고 말합니다. 이에 모세는 "불가하나이다. 우리는 우리 하나님께 이 땅에서 예배할 수 없으니 광야로 가야 합니다"고 말합니다. 바로가 모세와 아론을 쫓아버리자 다른 재앙이 임하고, 또 다른 재앙이 계속 임합니다. 이제 바로는 "광야에서 희생을 드릴 것이나 너무 멀리는 가지 말라"고까지 양보합니다. 그러나 모세는 "안 됩니다. 그런 조건을 가지고서는 가지 않을 것입니다"라고 말합니다.

　　그러므로 바로는 다시 거짓으로 대우하고, 다시 거절하고, 다시 화내고, 점점 거만해집니다. 그래서 하나님은 이와 파리 떼와 매우 심한 가축의 전염병과, 각종 재앙들로 그 땅을 치십니다. 그러자 바로는 "너희가 광야로 갈 수 있으나 단지 너희 중의 장정만 갈 수 있으며, 너희 아내와 어린 것들은 남겨 둘지니라"고 말합니다. 이에 모세는 "안 됩니다. 우리 모두는 아내와 어린 것들과 함께 가야하며, 우리는 우리 하나님 여호와께 희생을 드려야 합니다"고 말합니다.

　　바로는 다시 거절하며, 그의 마음은 굳어집니다. 그는 양보하지 않았습니다. 그 후 모세는 여호와의 명령에 따라 그의 손을 하늘을 향해 들어 올립니다. 그러자 애굽 전역에 짙은 구름이 임했고, 그 어둠은 피부로 느낄 수 있을 정도였습니다. 그 후 바로의 신하들이 바로에게 다음과 같이 요청했습니다. "이 사람들을 보내소서." 바로는 모세에게 "너희는 가서 여호와를 섬기되 너희의 양과 소는 머물러 두고 너희 어린 것들은 너희와 함께 갈지니라"고 말합니다. 그러나 모세는 "안 됩니다. 우리의 가축도 우리와 함께 가고 한 마리도 남길 수 없습니다"라고 말합니다. 한 마리 양도 애굽에 남겨 두지 않을 것입니다. 하나님의 모든 군대와 그들이 가진 모든 것, 그들의 병든 것, 그들의 젊은이들, 그들의 늙은이들, 그리고 그들의 모든 소유는 애굽으로부터 나와야만 합니다.

여러분은 여호와께서 바로에게 단 한 가지도 결코 양보하지 아니하셨으며, 바로의 모든 것을 요구하셨으며, 마침내 바로를 그의 말들과 그의 기병들과 함께 깊은 바닷속에 장사하셨다는 사실을 기억해야 합니다.

이와 같은 옛날의 웅장한 싸움은 단지 하나님과 흑암의 세력들 간에 계속 있어 온 투쟁의 일면일 뿐입니다. 하나님의 통치는 지상과 음부에까지 미칩니다. "여호와의 말씀에 내 백성을 보내라 그들이 나를 섬길 것이니라." 사탄은 "불가하나이다. 그들을 보낼 수 없습니다"라고 대답하고 있습니다. 만약 사탄이 한 지점을 양보하도록 강요받는다 해도, 그는 여전히 다른 사람에게서 그 위치를 유지할 것입니다. 만약 사탄이 길을 내주어야 한다 해도 그 길은 아주 좁을 것입니다. 악은 멸망시키기가 매우 어렵습니다. 악은 쉽게 정복되지 않을 것입니다. 그러나 악을 정복하라는 것이 하나님의 명령이며, 마침내 하나님은 악을 정복하실 것입니다. "나의 모든 백성" 즉 하나님의 백성 전체가 애굽 땅으로부터 나와야 합니다. 그리스도는 전체를 소유하실 것입니다. 하나님은 일부만으로는 만족하지 않으실 것이며, "한 마리도 남길 수 없으니"라고 하시며 반드시 성취하실 것을 맹세하셨습니다.

나는 여러분이 이 설교의 흐름을 파악하리라고 생각합니다. 나는 경구로서 본문을 사용했으며, 그 본문이 설명될 수 있기를 바랍니다. 하나님은 우리 영혼에게 이 말씀을 주셨습니다. "한 마리도 남길 수 없으니." 그리스도는 그가 죽으심으로 사신 모든 자들을 소유하실 것입니다. 그리스도께서 피로 사신 모든 자들을 소유하실 것입니다. 값으로 사신 소유물 중 어느 부분도 그리스도는 잃지 않으실 것입니다.

그래서 첫째, 그리스도는 먼저 전인(全人)을 소유하실 것입니다. "한 마리도 남길 수 없으니." 둘째로, 그리스도는 전체 교회를 소유하실 것입니다. "한 마리도 남길 수 없으니." 셋째로, 그리스도는 그의 교회의 잃어버린 기업의 모든 것을 소유하실 것입니다. "한 마리도 남길 수 없으니." 마지막 네 번째로, 그리스도는 그를 예배하는 온 세상을 소유하실 것입니다. "한 마리도 남길 수 없으니."

1. 그리스도는 전인을 소유하실 것입니다.

그리스도께서 피로 사신 자기 백성 안에서, 그리스도는 경쟁자 없이 통치하실 것입니다. 사악한 자가 있는 세상에는 이 세상 고관이 그리스도의 백성에게 세력을 미치지만, 이것도 그리스도의 때가 성취될 때까지입니다. 그러나 그리스도께서 구속하셨고, 그리스도께서 관심을 두고 계신 하나님의 백성들에 관해서는, 그 백성들의 머리털 하나까지라도 다 하나님의 관심의 대상입니다. "그들은 나의 것이 될 것이니라." "그들 전체가 나의 것이 될 것이니라"고 주님께서 말씀하십니다. 그리스도는 어떤 사람의 부분적인 소유주가 되지 않으실 것입니다. 그리스도는 인간의 한 부분만을 점유하지 않으실 것이며, 사탄이 다른 부분을 점령하도록 허용하지도 않으실 것입니다. 이 점에서 그리스도는 전인(全人)을 가지실 것이며, 그의 백성의 의도와 목적 속에서 자기 백성 전체를 이미 소유하고 계시며, 계속해서 그리스도께서 그 백성을 전적으로 만족시켰을 때, 그의 귀중한 피값으로 사신 사람들의 혼과 영과 육체를 실제적으로 소유하실 것이라는 사실을 지적해야 할 것입니다.

설교를 듣는 여러분, 여러분이 하나님의 자녀라면, 구원받으셨다면, 여러분은 온전히 그리고 전적으로 그리스도께 속해 있음을 주목하십시오. 이로써 오늘 아침 여러분이 옛날 바로의 신하들인지, 아니면 여호와께서 여러분의 하나님이시며, 위대한 구원자이신지 알 수 있을 것입니다. 많은 사람들은 일부분만 종교적으로 구원을 받아도 괜찮다고 생각하지 않습니까? 사탄은 많은 사람들의 심판과 그들의 이해와 광범위한 부분을 넘어서 활개칠 수 있으며, 그들의 사상과 상상력의 범위를 넘어 통치할 수 있습니다. 그러나 아주 외딴 곳에까지도 기독교가 전파된다면 모두 정상적이 될 수 있을 것입니다.

오! 형제들이여, 그리스도는 한 인간을 반분하시지 않는다는 사실을 명심하십시오. 그리스도는 여러분 전체를 소유하시거나, 그렇지 않으면 여러분 중 누구도 소유하지 않으실 것입니다. 그리스도는 최고의 주님, 탁월한 주인, 절대적인 주님이 되시거나, 그렇지 않으면 여러분과 아무 관계도 없으실 것입니다. 원하신다면 여러분은 사탄을 섬길 수도 있지만, 여러분이 사탄을 섬길 때 그리스도를 섬길 수는 없을 것입니다. 그리스도는 여러분에게, 여러분의 오른손으로는 그리스도를 숭배하고, 여러분의 왼손은 지옥의 검은 계획을 위해 사용하도록 하지 않으실 것입니다. 그리스도께서 전인을 구속하시려고 죽으셨는데, 만약 여러분이 전적으로 하나님께 굴복하지 아니하고, 여러분의 영혼의 의도와 목적, 모든 생각, 소망, 힘, 재능, 그리고 소유물이 그리스도께 투자되지도 않고 그를 위해 구별되지도 않는다면, 여러분은 그리스도의 귀중한 보혈로 말미암아 구속받았다고 믿을 이유가 없습니다.

그리스도는 우리에게 단 한 가지 죄라도 있는 것을 허용하지 않으실 것입니다. 우리는 멋진 악을 선택하고는 다음과 같이 말할 수 없습니다. "나는 하나님께 전적으로 내 마음을 드릴 거야. 그러나 이 악만은 남겨 두어야지." 여러분은 결코 그럴 수 없습니다. 만약 여러분이 건방진 욕망을 가지고 경망스럽게도 탐닉하는 죄가 한 가지라도 있다면, 여러분은 그리스도의 소유가 아니며, 설령 그리스도의 소유라 할지라도 죄를 탐닉하며, 죄를 사랑하며, 죄 안에서 기뻐하고, 그리고 죄가 자신에게 재앙과 저주가 아니라고 한다면, 여러분은 자신의 이름이 그리스도의 가슴에 새겨져 있으며 그리스도의 소유라고 결론내릴 하등의 이유가 없습니다.

선한 사람의 집 안에 무기가 있다면, 그는 일곱 명의 도둑을 죽일 수 있습니다. 그러나 한 명의 도둑이라도 살아 남는다면, 그 도둑은 그 사람의 집을 겨냥하게 되고, 그 도둑은 여전히 그 집을 강탈하고, 아마도 그 선한 사람을 죽일 것입니다. 만약 내가 일곱 가지의 악을 가졌고, 하나님의 은혜에 의해 이 여섯 가지의 악이 제거되었다면, 나는 남아 있는 악을 여전히 탐닉하고 욕망했을 것입니다. 나는 여전히 길 잃은 자입니다. 내가 기꺼이 악에게 나 자신을 맡기고 한 가지 악과 기쁘게 교제를 갖는 한, 나는 그리스도의 것이 아닙니다. 나는 피조물의 완전을 위해 싸울 수 없습니다. 나는 현재 내 삶 속에서 완전을 획득하는 것이 불가능하다고 믿지만, 목적에서 완전을 위해 싸우며, 계획적으로 완전을 위해 투쟁합니다. 우리가 방자하게 또 고의적으로 한 가지 악이라도 품고 있다면, 우리는 예수 그리스도의 친구가 아닙니다. 그러므로 한 가지 죄악도 남아 있어서는 안 됩니다. 아무런 죄악도 남아 있지 않을 때, 예배가 소홀히 되지 않습니다. 만약 내가 그리스도께 속한다면 나는 율법을 무시할 수 없으며, "이러이러한 율법이 내게 적용되며, 나는 그 계명을 지키겠습니다"고 말할 수 있습니다. 그렇습니다. 내가 모든 어리석은 길들을 미워할 때, 나는 모든 올바른 길을 사랑해야만 합니다. "나는 모든 옳은 일들에 관해 하나님의 모든 계명들을 생각합니다." 우리는 하나님의 모든 계명 안에서 거리낌 없이 걸어간다고 느끼지 않고서는 그리스도께서 보증하신 유업에 이르지 못하며, 그리스도의 해방된 백성이 되지 못합니다. "한 마리도 남길 수 없으니."

어떤 죄도 남길 수 없으며, 어떤 예배도 멀리될 수 없으며, 전적 헌신으로부터 어떤 세력도 남길 수 없습니다. 그리스도는 전인(全人)을 받으시며, 전인은 그리스도께 헌신해야 합니다. 내가 구주를 판단하지 않아야 하며, 내 생각이 개입되지 않도록 해야 합니다. 나는 내 자유 의지로 죄를 보전하지 않을 것이며, 나의 하나님께 나의 마음을 드립니다. 전인을 그리스도께 드려야만 합니다. 그리스도께 머리와 손과 발과 마음과 모든 것을 드리지 않는 사람은 예수 그리스도의 군사가 되지 못합니다.

스코틀랜드에서는 예전에, 농부들이 씨 뿌리지 아니한 한 경작지를 남겨두곤 했는데, 그들은 그것을 "어리석은 사람의 농장"이라 불렀습니다. 그런데 그들이 그 경작지를 사탄을 위해 남겨 두었다는 말을 나는 들었습니다. 그래서 사탄은 그 경작지에서 그가 원하는 대로 했으나, 다른 곳에서는 농작물을 해치지 않았다고 합니다. 참으로 이상한 변덕입니다. 얼마나 많은 그리스도인들이 그들의 마음속에 이와 같이 행하려 하고 있는지요! 많은 그리스도인들은 사탄이 그의 마음대로 할 수 있는 작은 공간인 어리석은 사람의 농장을 가졌습니다. 그러나 이것은 헛된 일이며, 온 땅은 경작되어야 합니다. 모든 경작지에는 좋은 씨가 뿌려져야만 합니다. 모든 경작지는 그리스도의 소유이거나, 아니면 어느 것 하나도 그리스도의 소유가 될 수 없기 때문에, 우리는 전적으로 성별되거나 전적으로 타락하거나 해야 합니다. 우리는 우리 머리 꼭대기부터 발끝까지 그리스도께 속해 있습니다. 그렇지 않다면, 우리는 결코 그리스도께 속하지 못합니다. 인간 ― 전체 특성 ― 은 복종해야 합니다. 그 요구는 강제적입니다. 성경 말씀에서 그 사실이 입증됩니다. "한 마리도 남길 수 없으니."

더욱이 하나님께 능력이 바쳐졌다면, 그리스도는 우리가 우리의 마음을 갈라놓도록 허용하지 않으실 것입니다. 우리가 하나님과 자신, 하나님과 쾌락을 겸하여 섬기려 한다면, 우리는 결코 하나님을 섬기지 못합니다. 로마인들이 그리스도가 그들의 신들 중 하나가 되어야 한다고 말하면서 그리스도 상을 세워 그들의 신전에 모셨을 때, 그들의 경배는 무가치했습니다. 그 로마인들이 처음엔 유피테르에게, 그 후에 베누스에게, 그 후에 예수 그리스도께 그들의 머리를 돌렸을 때, 그들은 우리 주님께 영광을 돌릴 수 없었으며, 그들은 단지 그리스도를 불명예스럽게 할 뿐이었습니다. 그들의 예배는 받아들여지지 않았습니다.

여러분 역시 여러분의 마음속에 때때로 하나님을 섬길 수 있다고 생각하고 때때로 자신을 섬기며, 여러분 자신을 주인이 되게 한다면, 여러분은 실수하는 것입니다. 그리스도는 그런 예배를 받지 않으실 것입니다. 전적으로 우리는 죄의 올무에서 피해야만 합니다. 그렇지 않으면, 우리는 구원받을 수 없습니다. 하나님은 다음의 비유를 사용하십니다. "만약 사슴이 덫에 걸렸다면 그 사슴은 발 하나를 제외한 다른 모든 발이 자유로울 것이나 한 발이 덫에 걸려 있으므로 그 사슴은 도망갈 수 없고, 또한 새가 붙잡혔다면, 그 새는 온 힘을 다해 한 날개로 퍼덕거릴지라도 그 날개가 풀려나지 않으면 새 사냥꾼이 올 때 그 새는 붙잡히고 말 것이다."

여러분과 저도 그와 같습니다. 우리 마음의 어느 부분이라도 사탄에게 맡겨져 있다면, 우리는 전체가 다 사탄에게 맡겨진 것입니다. 왜냐하면 우리는 여전히 사탄의 종들이기 때문입니다. 만약 여러분이 "저, 저는 한때 손과 발이 묶였었습니다만 이제 나의 손에서 쇠사슬을 끊어 버렸습니다"고 말한다 해도 한 발에 쇠고랑이 채워져 있다면, 그리고 그 쇠고랑이 바닥에 고정되어 있다면, 여러분은 여전히 종입니다. 여러분은 여러분 주변의 사슬을 끊어 버릴 수 있지만, 여러분이 여러분 자신의 의를 제거하지 않는다면 여러분은 여전히 예전과 같은 종입니다. 여러분이 반만 싸움을 하는 것은 헛일입니다. 승리를 주는 것은 반만이 아니라 전체입니다.

마치 배 안에서 여기저기 침수하는 곳을 막는 것과 같이, 모든 죄를 멸절시켜야 합니다. 그렇지 않으면 그 배는 전복되거나, 아니면 가라앉을 것입니다. 그 배는 바닥을 건조시켜서 새롭게 만들어야 합니다. 여러분도 마찬가지입니다. 그런 얼렁뚱땅 넘기는 수단이나 개선들은 도덕적인 면에서는 선하게 보일지 모르나, 여러분의 영적 구원에는 아무 짝에도 쓸모가 없습니다.

신자라고 생각하는 여러분이여, 이 사실을 기억하십시오. 그리고 여러분에게 적용되는 말씀이 아닌가 살펴보십시오. "내가 전적으로 애굽으로부터 내 마음대로 인도하여 왔고 한 마리도 남길 수 없노라."

더 나아가, 이미 우리의 의도와 목적 속에서 참된 것은 미구에 나타날 실재 속에서도 참될 것입니다. 성도들이여, 잠시 인내하면서 조금만 더 육체와 힘써 싸우며, 자신 속에 있는 악한 세력들과 대적하여 싸우는 데 노력을 경주하십시오. 그러면 여러분은 자신의 옛 타락을 발로 짓밟아 뭉개 버릴 수 있을 것입니다. 즉 죄와 이기심이 정복될 것이며, 예수 그리스도께서 당당하게 통치하게 되실 것입니다. 그리스도인들이 어느 날 완전하게 될 것을 믿는 것은 얼마나 기쁜 일입니까!

우리가 지상의 형상으로 옷 입었던 것같이 우리는 또한 하늘의 것으로 옷 입혀질 것입니다 많은 악한 일들을 말하던 입이, 그리스도의 피를 흘리게 했던 입이, 어느 날엔가 충만한 찬양의 입술이 될 것입니다. 영혼 속에는 투쟁이 없을 것입니다. 가나안 사람들은 더 이상 그 땅에 살지 못할 것입니다. 우리는 불로 정화된 그릇들이 될 것이며, 그 그릇들은 완전히 성별되어, 그리스도께서 쓰시기에 적절한 것이 될 것입니다.

우리가 요단 강 바닥을 지나올 때 우리는 우리의 모든 죄를 우리 뒤로 던져 버릴 것입니다. 우리 발은 하늘의 언덕을 거닐 것이며, 우리 옷들은 직조공이 만들 수 있는 어떤 옷보다 더 희게 될 것입니다. 그리스도의 변화된 모습도 우리들의 변화될 모습보다 더 완전하고 완벽하지는 않을 것입니다. 타락의 검은 물방울들이 우리의 마음으로부터 추방될 것입니다. 깊은 타락의 병균은 추출되어 버릴 것이며, 우리는 천사들 사이에서 우리의 위치를 차지할 것이며, 천사들만큼 순전해질 것입니다. 순전한 영들과 선지자들과 영광스러운 순교자들의 무리 중에서 그들과 마찬가지로 참으로 성별되고 완전히 구속함을 받으며, 결과적으로 죄에서 해방될 것입니다. 그 구속은 완전해질 것입니다. "한 마리도 남길 수 없으니."

나는 이러한 관점에 앞서 우리가 때때로 남겨질 것이라고 생각하는 가장 무가치한 것 같은 인간의 한 부분이 있다는 사실을 지적하고자 합니다. 그것은 바로 가련한 육체입니다! 그 육체는 무덤에 가게 될 것이며, 벌레들은 육체를 놓고 축하연을 가질 것이며, 곧 그 육체는 먼지 알갱이들처럼 부스러뜨려질 것입니다. 그러나 그의 백성을 구속하신 그리스도는 그들의 육체와 그들의 뼈와 그들의 영혼까지 하늘나라로 이끄셨습니다. 즉, "한 마리도 남길 수 없으니."

심판을 바라볼 눈은 더 이상 남아 있지 않을 것이고, 영적인 힘을 쓴 팔도 더 이상 남아 있지 않을 것입니다. 왜냐하면 구속주께서 육체의 기관들뿐 아니라 마음의 능력들을 요구하시기 때문입니다. 그리스도는 그의 백성의 뼈들을 죽음에서 일으키실 것이며, 모든 군대가 그들의 지도자 뒤에서 행진하게 될 것입니다. 그리스도는 "내게 주신 자들 중 하나도 잃어버리지 아니하였으며, 내 자신의 몸 속에 있는 뼈도 부러지지 않았으며, 그들의 몸의 뼈도 남기지 아니하였느니라"고 외치실 것입니다. 전인 ─ 육체와 영과 혼 그리고 모든 것이 성별되었고, 모든 것이 성령으로 채워졌으며, 그 보좌 앞에 서서 박수를 보낼 것이며, 영원히 영원히 하나님께 영광의 찬송을 드릴 것입니다. "한 마리도 남길 수 없으니."

2. 전인에서와 같이 전 교회에 대해서도 "한 마리도 남길 수 없으니" 라는 말씀은 사실입니다.

나는 결코 그렇게 되지 않으리라고 생각하기 때문에 보편적인 구속의 교리(만인구원론)에 결코 동의하지 못합니다. 나는 그리스도의 보혈의 무한한 효능을 믿습니다. 하지만 초대 교부들 중 몇몇과 마찬가지로, 단 한 방울의 그리스도의 보혈이 세상을 구원하기에 충분하다고는 말할 수 없습니다. 물론 그 의미가 정확했다 할지라도 그 표현은 너무 터무니없다고 생각합니다. 그 말이 모든 인간을 구원하는 일에 적용된다면 그리스도의 피에는 충분한 효능이 있을 것입니다.

나는 구속 문제에 접근할 때, 그리스도의 목적이 죽는 것이었으며, 그 목적은 헛되거나 결코 좌절될 수 없다고 생각합니다. 내가 우리 주 예수 그리스도를 바라볼 때, 나는 그런 희생을 제공하시는 그리스도의 인격이 그리스도의 영혼의 목적을 실망시킬 수 있다고는 결코 상상할 수 없습니다. 따라서 나는 그리스도가 구하려고 목적하신 모든 자를 구원하실 것이며, 그리스도는 그의 피값으로 사신, 그리스도의 강한 긍휼을 확신하는 자들을 확실히 소유하실 것입니다. 그의 하늘 아버지께서 그에게 주셨던 모든 자는 그리스도께로 올 것입니다. 창세 전에 그리스도께서 선택한 모든 자를 마지막 날에 그리스도께서 높이실 것입니다. 그리스도의 신비스런 육체의 구성원들 사이에 포함된 모든 자는, 그리스도께서 십자가에 못 박히셨을 때, 그의 영광된 부활 안에서 그리스도와 하나가 될 것이며, "한 마리도 남기지 않을 것입니다."

나는 실패한 그리스도를 믿는 자들이 있음을 알고 있습니다. 그들은 그리스도에 관해 실패한 목적과 좌절된 십자가, 헛되이 소비된 고뇌, 주위 담을 수 없는 물과 같이 땅바닥에 쏟았던 보혈을 슬퍼합니다. 나는 그렇게 믿지 않습니다. 하나님은 어느 것도 헛되이 창조하지 않으셨으며, 예수 그리스도께서 헛되이 십자가에서 죽으셨다고 믿을 수 없습니다. 그리스도께서 값 주고 사신 모든 양 떼들 중 하나도 남기지 않을 것입니다.

그러므로 보십시오. 마음의 눈으로 보면, 예수님께서 피로 사신 수많은 무리들을 볼 수 있습니다. 그들 앞에 걸어가시는 그들의 위대하신 목자께서 자기 뒤에 전체 양 떼를 인도하시며, 한 마리라도 없어지지 아니하게 하실 그날이 올 것입니다. 예를 들어 봅시다. 값 주고 산 신자들 중 한 사람이 참석하지 못한다고 가정해 봅시다. 그 사람은 어떤 종류의 사람입니까? 오랫동안 병상에서 신음하다가 이제 막 낙원으로 가려 하지만 지난 몇 년 동안은 지옥의 고통과 같은 고통을 느끼며 경련과 발작을 일으켰던 어떤 늙은 여성도가 있다고 가정해 봅시다. 그녀는 남겨질 것입니까? 그러한 가정은 그리스도의 사랑을 비난하는 것입니다. 만약 그리스도께서 어떤 사람을 버려 두신다면, 그 버려진 자는 확실히 고통받는 자들이 아닐 것입니다. 어떤 사람이 버려져야 한다면, 그리스도를 위해 인내한 순교자들은 아닐 것이며, 많은 시련을 통해 하늘나라를 유업으로 받은, 경멸을 당했던 순례자 무리들도 아닐 것입니다.

그러면 누가 버려질 것입니까? 잃어버림을 당할 사람은 강한 사람들일까요? 그렇다고 생각해 봅시다. 그렇다면 어떻게 그들이 강해졌습니까? 그들은 그리스도를 통해 강해졌습니다. 그러면 그들이 멸망당할 수 있습니까? 이런 가정은 하나님의 불변하심을 비웃는 것입니다. 그리스도께서 한때 그들을 강하게 하셨고, 그 다음에 그들을 무모하게 버리셨습니까? 무엇이라고요? 하나님께서 한 사람의 마음속에 하나님의 은혜의 충만함을 부으시고, 그 후에 그 힘을 억제하셔서 강한 자를 멸망으로 고통받게 하셨다고요?

삼손은 수천 명을 산더미처럼 죽인 후 버림을 받았습니까? 그는 마침내 처량하게 죽어야 했습니까? 아닙니다. 삼손이 땅 위에서 죽는다면, 삼손은 주위에 있는 블레셋 사람들의 신음 소리를 들으며, 전쟁 중에 진 일이 없는 전사처럼 죽을 것입니다. 하나님께서 크게 복 주셨던 그리스도의 일꾼은 신실하신 하나님에 의해 버림받을 것입니까? 그리고 그리스도의 낮아지심의 수치가 세상에 만연되고, 주정꾼들과 창녀들의 웃음거리나 조롱거리가 될 것입니까? 하나님은 그렇게 하지 않으십니다. 하나님은 강한 자들을 지키실 것이며, 강한 자들은 생명으로 인도될 것입니다.

그렇다면 버림을 받는 자가 약한 자들 중 하나, 즉 우리의 불쌍한 친구인 "연약한 마음"과 우리의 탁월한 자매인 "상심" 양이라고 잠시 가정해 봅시다. 이들이 멸망을 받아야 한다고 가정해 봅시다. 그렇게 가정한다면, 하나님의 능력을 모독하는 것입니다. 왜냐하면 원수가 다음과 같이 외칠 것이기 때문입니다. "아하! 그래. 하나님은 강자는 지키셨으나 약자는 지킬 수 없었구나. 하나님은 자기 자신을 돌보았던 자들은 보존하셨지만, 약자들은 멸망의 고통을 받게 했군"이라고 외칠 것이기 때문입니다.

하지만 사랑하는 여러분, 그곳에는 "남겨지는 자가 하나도 없을 것입니다." 불쌍하게 망설이는 양도, 이제 가련하게 태어난 약한 양이라도, 하나도 남기지 않으실 것입니다. 그들 모두를 데려가실 것입니다. 그렇습니다. "한 마리도 남길 수 없으니."

그러나 어떤 이는 "아마 그들 중에 잘못을 범하는 자들이 있을 것입니다"라고 말합니다. 하지만 교회에서 실수하는 자가 버려진다면, 모든 사람이 버려져야 할 것입니다. 왜냐하면 그들 모두가 잘못을 범하기 때문입니다. "그러나 특별히 잘못한 어떤 이가 있다고 생각해 볼 수 있을까요?" 자, 만약 이들이 버려졌다면, 그것은 하나님의 은혜를 모독하는 것이 됩니다. 왜냐하면 그럴 경우 "선택은 공로에 속한 것이 아니라 은혜에 속했다"고 언급되어야 하기 때문입니다. 선택이 은혜에 속한다면, 실수는 용서받아야 합니다. 또한 우리를 벗어나 목장을 떠난 양들은 돌아와야 합니다. 그러므로 선택은 은혜, 즉 값없는 은혜이며, 오로지 은혜로만 되며, 누구나 구원받고 ─ 모든 자가 구원받고 ─ 아무도 남겨지지 않는다는 사실이 지상에서 언급될 것이며, 하늘에서 찬양될 것입니다.

위대하신 목자가 있고, 목자의 모든 양들이 있다고 생각해 봅시다. 양들은 길을 잃었습니다. 그들은 산의 어두운 골짜기로 들어갔습니다. 눈보라가 몰아치고 목자는 양들을 찾아 나섭니다. 그 양들은 산 속에 있습니다. 공중의 권세자인 험악한 날씨가 목자를 만나서 말합니다. "목자여 돌아가시오! 여기서 무얼하시오?" "나는 내 자신의 권리를 주장하러 왔소." "그 양들은 이제 그대의 소유가 아니오. 그 양들은 그대의 땅이 아닌 내 땅에 흩어져 있소"라고 공중 권세자는 말합니다. "그렇지 않아. 악마야! 그들은 나의 것이야. 그 양들에게는 나의 피 흔적이 있어. 그 양들은 나의 하나님 아버지께서 내게 주셨어. 나에게는 그들 모두를 안전하게 지켜야 할 신성한 의무가 주어졌어"라고 목자가 말합니다. 그들은 싸웠습니다. 그리고 선한 목자가 승리했습니다. 선한 목자는 대적을 세차게 내던졌으며 그 대적을 발로 짓밟았으며 그를 뭉개 버렸습니다. 뱀을 뭉개 버렸습니다.

그 후, 그 뱀은 약삭빠르게 대답합니다. "그들은 그대의 소유이나, 내가 그것을 인정하고, 그 양들 중 얼마를 그대에게 주겠다. 그 양들 중 가장 살진 것만 골라 주겠다." "안 된다"라고 그 목자는 말합니다. "안 돼, 악마야. 나는 그 모든 양들을 데리러 왔고, 데려갈 것이다." 좋은 양들만 나아왔으므로, 그 목자는 몇 마리 양만 되돌려 받습니다. "이 양들이 전부가 아니야. 나는 모든 양들을 데리고 가야 해"라고 그 목자는 말합니다. "하지만 점 있는 양들과 검은 양과 병든 양만 몇 마리 남았는데, 그대는 그들도 원하느냐? 내게도 나머지는 좀 주게나"라고 그 악마는 말합니다. 그러나 그 목자는 "절대 안 돼!"라고 말합니다. "안 되고 말고. 나는 검은 양들도 얼룩진 양들도 병든 양들도 데려가야만 해. 그들 모두를 돌려 다오. 악마야. 물러서라. 내가 좋게 말할 때 들어야지 그렇지 않으면 나의 오른손이 너를 다시 땅에 엎어지게 할 거야"라고 말합니다. 이제 한 마리를 제외하고 모든 양들이 돌아옵니다.

사탄이 다시 말합니다. "이 어린 양만은 절대 돌려줄 수 없어. 이 양은 너무 약해. 하나님의 선한 목자인 그대여, 그대는 그대의 활기 있는 양 떼들 속에 이와 같이 비틀거리고 지저분한 양은 갖지 말아야 해." "그럴 수 없지. 그들 중 하나라도 잃어버리는 그 순간, 나는 다시 죽을 것이다. 또한 나는 다시 한 번 그 양을 사기 위해 나의 피를 흘려야 할 것이다. 물러가라! 내 아버지께서 내게 주신 모든 것을 나는 데려가야 한다"고 그 목자는 말합니다.

나는 그 양이, 다시 그들을 부르는 목자의 손에 들어올 그 마지막 무서운 날에 그 목자를 볼 것이라고 생각합니다. 그리스도는 "내게 주신 모든 것들 중 하나도 잃어버리지 않았습니다"라고 외치십니다. 그 양들 중 어느 것도 멸망받지 않을 것입니다. 사자들이 그 양들을 삼키지 못했으며, 추위가 그들의 목숨을 빼앗지 못했습니다. "나는 그 양들 모두를 여기 안전히 데려왔습니다. 한 마리도 잃어버리지 않았습니다."

3. 예수 그리스도께서 모든 인간 곧 그가 사신 모든 인간을 소유하실 뿐 아니라, 이 모든 인간들에게 속했던 모든 것을 소유하실 것입니다.

다시 말해서, 그리스도는 아담이 잃어버렸던 모든 것을 회복하실 것입니다.

우리들이 아담 안에서 잃어버렸던 모든 것을 다시 우리에게 회복시켜 주실 것이며, 먼지 한 줌도 버리지 않을 것입니다. 그리스도는 모든 것을 소유하시든지, 아니면 아무것도 소유하지 않으실 것입니다. "한 마리도 남기지 않으실 것입니다." 우리가 아담 안에서 너무 간단하게 성실한 모든 귀한 일들에 관해 살펴보도록 하겠습니다.

첫째, 하나님과 관련해서 살펴봅시다. 그리스도의 피는 한때 그들의 조상 아담 안에서 하나님의 형상을 향유했던 자들을 인도하셨습니다. 하나님께서 "우리의 형상을 따라 우리의 모양대로 우리가 사람을 만들자"고 말씀하십니다. 슬프게도 그 형상은 더럽혀지고 부패했습니다. 동전 위에 있는 왕의 형상이 오래 전에 새겨진 것이었다고 하면, 여러분은 지금 그 형상이 누구의 형상인지 알 수 없습니다. 그렇습니다. 우리가 그것을 알려면 다시 그 시대로 되돌아가야 합니다. 하나님은 그의 귀중한 소유물들에 다시 도장을 찍으실 것입니다. 하나님은 그의 보석들 위에 그의 이름을 다시 새기실 것이며, 우리는 아담이 창조주의 손으로 빚어졌을 때 가졌던 하나님의 모양을 입게 될 것입니다.

우리가 쓰라린 경험을 통해 알듯, 우리는 본질상 하나님의 은혜를 잃어버렸습니다. 하나님은 아담을 사랑하셨습니다. 하나님은 그에 대한 사랑을 보이셨지만, 아담이 범죄했을 때, 하나님은 자비하신 분임에도 불구하고, 반역했던 자에게서 사랑을 거두셨습니다. 나는 자비로운 사랑은 결코 끊어질 수 없다고 생각합니다. ― 자기만족의 사랑은 그렇지 않습니다. 옳습니다. 하나님은 이제 그리스도 안에서 그의 백성을 기뻐하십니다. 그리스도는 우리를 위해 하나님의 은혜의 충만한 빛을 다시 비추게 하셨습니다. 태양은 아담 위에 완전하게 비추었으며, 우리에게도 그 태양은 똑같이 밝게 비출 것입니다. 하나님은 인자하게 아담을 사랑하셨던 것처럼 우리도 사랑하십니다. 우리는 하늘의 모양과 하늘의 은혜라는 두 가지 신적 특권을 되찾았습니다. 그러나 아담 또한 신적 교제의 하늘의 은혜를 받았음을 여러분은 기억하실 것입니다. "여호와 하나님께서 서늘할 때 동산에서 아담과 함께 거니셨습니다."

여러분 중 얼마는 다시 돌아간다는 것이 무엇인지 압니다. 왜냐하면 하나님께서 우리와 함께 거니셨으며, 하나님께서 우리 눈이 열릴 때까지 그의 백성과 이야기하셨기 때문이며, 우리 마음은 이미 그 기쁨을 누려 왔기 때문입니다. 불쌍한 우리의 약한 육체는 그 넘치는 복을 받을 수 없습니다. 그리스도는 그의 백성을 위해 하나님의 형상을 다시 회복시키실 것이며, 하나님의 모든 은혜와, 사탄이 그들에게서 강탈했던 하나님과의 교제를 회복시키실 것입니다. 그들은 한 부분만을 소유하지 않을 것이며, 내가 생각하기로는 더 풍성하게 소유하리라고 감히 말할 수 있습니다. 왜냐하면 하나님은 아담을 위하여 아담을 사랑하셨기 때문입니다. 하나님은 그리스도로 인하여 여러분과 저를 사랑하십니다. 이것은 아담을 사랑하신 것보다 더 나은 동기입니다. 인간이 인간 자신을 위하여 사랑하는 것보다 훨씬 고차원적이고 깊고 넓은 이유 때문에 사랑하십니다. 하나님의 독생자이시며 사랑하시는 아들 때문에 하나님은 그의 모든 백성을 무한하고 확실한 사랑으로 사랑하십니다. 이것은 우리가 잃어버렸던 유업의 첫 번째 부분이며, 이것을 그리스도께서 우리에게 되돌려 주실 것입니다.

　　다음으로, 아담은 행복을 잃어버렸으며, 우리 또한 행복을 잃어버렸습니다. 우리는 슬픔의 상속자가 되었고, 우리의 주인처럼 우리도 슬픔에 익숙해졌습니다. 그렇습니다. 그러나 하나님은 우리에게 우리의 행복을 되돌려 주실 것입니다. 우리는 이미 일부의 행복을 얻었습니다. 사탄이 생수의 우물을 막아 버려서 우물이 흘러나오지 못했는데, 그리스도께서 그 막힌 돌을 굴려 내서서 이제 우리는 그 물을 마시게 되었으며, 그 물을 마시는 자마다 결코 목마르지 아니할 것이며, 지상의 샘물을 마시러 갈 필요가 없을 것입니다. 오! 그리스도인들이여, 여러분의 슬픔 속에서라도 용기, 용기를 가지십시오! 그리스도께서 그대에게, 아담이 대표적으로 잃어버렸던 영광된 행복을 되돌려 주실 것입니다. 게다가 여러분은 우리 모두 아담 안에서 삶의 권리를 잃어버렸다는 것을 알게 됩니다. "네가 먹는 날에는 정녕 죽으리라." 인간은 죽은 영이 되었으며, 산 영은 하나도 없었습니다. 그러나 그리스도께서는 생명을 가져오셨으며, 복음에 의해 비추어진 불멸을 가져오셨습니다. 그리스도께서 살아 계시므로 우리도 또한 살 것입니다.

　　또한, 옛 아담은 왕이었습니다. 아담이 가는 곳곳마다 그의 주위에는 힘센 사자가 웅크리고 앉아 그의 발을 핥게 만드는 위엄이 있었습니다. 공중의 새들이 그에게 충성했습니다. 바다의 고기들도 그가 뛰어오르라고 명하자 뛰어올랐습니다. 이는 그가 왕이었기 때문입니다. 하나님께서 관 씌우신 천사가 에덴 동산에 있는 그의 궁정에서 왕같이 거닐었습니다. 그러나 지금 우리의 상태는 어떻습니까? 종들 중의 종이요, 우리의 얼굴에는 땀이 흐르고, 우리의 근육은 고통을 받으며, 노동으로 인해 우리 혈관의 피가 상실되는, 고된 일을 하는 피조물이 되었습니다. 그렇습니다. 그러나 그 위엄은 이미 하나님의 백성들에게 회복되었습니다. 왜냐하면 하나님께서 우리 모두를 끌어올리셨으며, 우리 주 그리스도 예수 안에서 하늘의 처소에 앉도록 하셨기 때문입니다. 그 위엄은 우리가 볼 수 있도록 우리에게 되돌려질 것이며, 그 때는 표범이 어린아이와 함께 누우며, 사자가 소같이 풀을 먹으며, 땅 위에 있는 인간은 옛날처럼 피조물들의 지배자가 될 것입니다. 바다의 주인(leviathan) — 바다의 거대한 짐승 — 도 인간의 명령에 따를 것이며, 하마(Behemoth)도 구속받은 인간의 아주 작은 목소리를 듣기 위해 인간과 함께 있을 것입니다. 우리는 아담이 가졌던 모든 것과 그보다 더 풍성한 것을 소유할 것이라는 사실을 나는 믿습니다. "한 마리도 남길 수 없으니."

더 나아가서, 우리는 아담 안에서 잃어버렸던 것에 더 이상 얽매여 있을 수 없으며, 그리스도 안에서 우리는 양자의 영을 받았습니다. 아담 안에서 우리는 안전한 위치를 상실했지만, 그리스도께서는 진흙의 수렁에서 우리를 건지셨으며 우리를 반석 위에 세우셨습니다. 아담 안에서 우리는 의를 잃어버렸지만, 그리스도를 믿는 자는 만물로부터 의롭다 함을 받을 것입니다. 아담이 잃어버렸던 것은 무엇이나 그리스도께서 다시 세우셨으며 무한히 풍부하게 회복하셨습니다.

과거에 어떤 사람이, 마귀가 미련한 자임을 보여주는 책을 썼습니다. 모든 일의 결국이 드러날 때 사탄은 가장 어리석은 자로 분명히 나타날 것입니다. 사탄은 더 이상 어찌할 수 없이 어리석었음이 드러날 것입니다. 아! 너, 기어 다니는 뱀이여! 네가 수천 년 전에 생명에 이르도록 하는 나무들 사이에서 말했던 음흉한 말을 기억한다. 아! 그 때 뱀은 그의 처소에서 얼마나 우아한 피조물이었던가! 확실히 그랬었다. 그런데 너는 하나님을 이기려 했다. 그리고 네 토굴에 미끄러져 들어가서 토굴 속에 있는 새끼 뱀들에게 말했다. "사랑하는 자들아, 내가 전능자의 작품을 망쳐 놓았다. 나는 그의 지배로부터 벗어났다. 내 독성을 하와의 마음에 뿌렸고, 아담도 타락했다. 사랑하는 자들아, 이제 영원히 안식하자. 이 모든 일은 내가 하나님을 이겼기 때문이다." 아! 악이여! 이제는 너의 머리와 턱뼈가 산산이 부서진 모습과, 독침이 모두 마른 모습을 본다. 그리고 큰 고통으로 인해 불바다를 이리저리 뒹구는 모습, 괴로움, 멸망의 고통, 고뇌, 수치, 상처와 아픔, 신음 소리, 새끼들을 향한 저주, 영원히 비웃는 너의 모습을 본다.

아, 여러분! 거인 골리앗은 그의 교만으로 얻은 것이 아무것도 없었습니다.

그리스도와 그의 백성은 사탄에 의해 잃은 것이 아무것도 없습니다. 단지 과거에 한 번 잃은 적이 있지만 그것도 다시 되찾았습니다. 그러나 승리로 인해, 잃은 것 그 이상의 것을 얻었습니다. 우리는 그리스도 안에서, 타락하기 전보다 더 고상한 존재가 되었습니다. "한 마리도 남길 수 없으니."

4. 그리스도는 온 세계를 소유하실 것입니다.

나의 마지막 논증을 말하는 동안, 여러분의 인내와 기도를 원합니다. "한 마리도 남길 수 없으니." 하나님은 자신을 위해 이 세계를 창조하셨습니다. 창조 후 행하신 모든 사역에 대해 "심히 좋았다"고 말씀하셨습니다. 모든 피조물은 하나의 거대한 합창단의 연주자들이고, 천사들은 제일 높은 자리에 앉아서 높은 음을 내고 있었습니다. 좀 더 낮은 자리에서는 다양한 환경의 거주자들이, 극히 작은 소리이지만, 화음을 이루는 음을 내고 있습니다. 한동안은 성악가가 없는 듯했으나, 하나님을 찬양할지어다라고 말할 성악가는 이미 그들의 순서가 정해져 있었습니다. 이 순서는 하나님을 찬양하고 그분의 이름을 영화롭게 할 인간을 위해 남겨진 것입니다. 확실히 그렇습니다. 그런데 사탄이 들어와서 모든 성악가를 혼돈에 빠뜨려서 그들의 목소리를 망치고 그들을 파멸시켰습니다. 그래서 이 세계는 하나님을 찬양하기 위한 합창단의 연주회 대신 악한 정욕과 탐욕과 약탈, 살인과 죄의 무대가 되었습니다. 그러나 하나님께서 자신의 목적이 사라지지 않도록 하셨다는 것을 기억하십시오. 이 부패한 세계는 하나님을 찬양하게 될 것이고, 그의 모든 피조물이 불협화음과 거친 음성 없이 하나님의 거룩한 이름을 영화롭게 할 것입니다.

지금 사탄은 온 세계의 주인이므로 다음과 같이 말하는 것 같습니다. "왕 중의 왕이여! 당신을 위해 영국, 미국, 성, 도시를 택하시오. 그러나 나에게 인류 중 일부만이라도 갖게 해주시오. 나는 중국 사람들의 주인이 될 것이고, 내 손 안에 인도가 있게 할 것입니다." 여러분, 사실입니까? 그렇게 될 것입니까? 여러분이 하나님의 이름 안에 있으면서 거대한 제국들이 어둠의 왕자들에게 넘어가도 좋다고 생각합니까? 여러분은 한결같이 하나님의 말씀과 같은 대답을 할 것입니다. 그것은 안 됩니다. 그렇게 되지 않을 것입니다. 기독교 영웅들의 발자취가 저 국가들을 흔들 것이고, 희년의 나팔 소리가, 탄식하고 있는 아담의 속박받는 후손들에게 자유를 선포할 것입니다. 그들은 반드시 그리스도에게 속하게 될 것입니다. 어둠의 왕자는 이제 다음과 같이 제안하고 있습니다. "오, 위대하신 왕이시여! 왜 이 끝없는 싸움이 있습니까? 왜 당신의 종들은 싸우며 살아가고, 나의 종들은 계속 패하여야 합니까? 제국들을 나누어 가집시다."

여러분은 옛적에 영국에서 켄트족과 데인족이 에드먼드 휘하의 색슨족과 싸워서, 두 왕이 지칠 때까지 전투가 계속된 것을 기억할 것입니다. 내가 가장 원하는 방법은 전쟁에 참여하기 원하는 왕들 자신이 자기들의 싸움을 싸우는 것입니다. 우리는 단지 적과 싸우는 우방의 후견인이 되어야 합니다. 우리는 단지 피 흘림이 적은 것에 대해 하나님께 진실로 감사해야 합니다. 그들이 원하면 싸우도록 하십시오. 그러나 왜 그들의 가엾은 추종자들이 죽어야만 합니까? 전투는 여러 승리와 함께 계속되었습니다. 그리고 마침내 승리자는 땅을 나누어 각각 영국 땅을 차지했습니다. 그리고 휴전이 이루어졌습니다. 이처럼 검은 악마야, 하늘에 계신 왕께 너는 땅을 나누자고 제안하지 않았느냐? 그래서 땅이 나누어졌느냐? 전투가 일시 중단되고, 그리스도께서 절반을, 또한 사탄이 절반을 차지했는가? 아닙니다. 우리가 포기한 절반의 땅이 소리치는 것을 들어보십시오. "너희 이스라엘아, 이리로 와서 도우라! 도우라! 강한 자를 대적하는 주님의 도움으로 나아오라."

왜 우리가 잔인한 독재자에게 양보해야 하며, 음부의 왕국과 능력에 영원히 헌신해야 합니까? 악마여, 우리는 네가 가졌다는 절반을 인정할 수 없다! 복음이 모든 나라에 전해졌음을 기억하라. 오직 사탄만이 다음과 같이 말합니다. "어떤 선교사도 그릇된 평화를 바로잡기 위해 파송될 수 없다. 내가 그곳을 다스리며 만족하리라."

그러나 결코 그럴 수 없습니다. 그리스도의 군사들이 곳곳의 전쟁터에서 승리하고 있습니다. 모든 전선과 방어물이 무너지고 있습니다. 단 하나의 요새도 적의 수중에 남아 있을 수 없습니다. 우리는 적을 고지에서 끌어내려야 하며 진지에서 쫓아내야 합니다. 그의 발이 단 한 곳도 밟지 못하게 해야 합니다. 지금 부서진 날개를 파닥거리며 험준한 북쪽으로 날아가는 모습을 볼 수 있습니다. 사탄은 다음과 같이 말합니다. "저 혹독한 추위 속에 살고 있는 에스키모인들은 아직 나의 능력 안에 있지. 빙산과 바위, 야생곰과 개가 있는 땅을 최후 안식처로 삼겠노라." 그럴 수 있다고 생각합니까? 사실일까요? 사탄이 빙산과 얼음 땅의 주인이 될 수 있을까요? 아닙니다. 하나님은 하늘과 더불어 땅을 구속하셨습니다. 땅에서도 사탄은 쫓겨날 것입니다. 옛적에 하늘에서 추방당했듯이 땅에서도 쫓겨날 것입니다. 지금 얼음 땅의 주민들이 그리스도를 경배하고 있으며, 최악의 야만족과 타락했던 자들이 여호와의 통치 앞에 순종하고 있습니다. 오직 사탄만이 어두운 영혼입니다. 그만이 개종하지 않고 남아 있습니다.

자, 안식일의 종을 치십시오. 기도의 집으로 올라가십시오. 기뻐하십시요. 그러나 내가 여러분의 얼굴에서 어두운 면을 보는데, 이것은 무슨 연고인가요? 여러분은 다음과 같이 대답할 것입니다. "구원받지 못한 유일한 존재, 사탄이 아직도 사람의 마음속에 내재하고 있다오. 이 상황이 계속되는 한 우리의 찬양은 음조를 잃을 것이오." 그러나 그럴 수 없습니다. "한 마리도 남길 수 없으니."

우리가 간절히 원하는 것은, 하나님이 이 세상을 왕래하시므로 더 이상 죄가 없으며, 하나님의 통치를 받지 않는 사람은 이 지구 거주민 중 한 사람도 없을 것이며, 하나님의 뜻에 온전히 헌신하지 않는 사람이 하나도 없게 되는 그 때가 이루어지는 것입니다. 나는 이런 때가 반드시 오리라고 소망합니다. 그러나 좀 더 기다리십시오. 좀 더 수고하십시오. 그러면 하나님께서 지체하지 않고 반드시 오실 것입니다. 그 때 세상은 볼 것이며, 음부는 그리스도께서 다스리고 그리스도의 모든 소유를 회복하시는 것을 보고 공포에 떨게 될 것입니다. "한 마리도 남길 수 없으니."

여러분이 돌아가기 전, 한두 가지 실제적인 교훈을 말씀드리겠습니다. 관심을 가지고 들어보십시오. 일, 이분 이상 지체하지 않겠습니다. 신사 숙녀 여러분, 여러분은 누구에게 속해 있습니까? 그리스도에게 입니까? 사탄에게 입니까? 여러분의 영혼이 죄와 연합하여 있다면, 지금 그대로 살아갈 것이고, 그대로 죽어 음부의 탐욕스러운 구덩이에 던져질 것을 기억하십시오. 사탄도 그리스도처럼 "한 마리도 남길 수 없으니"라고 말하고 있기 때문입니다. 진노의 거센 물결은 방주에 들어가지 않은 모든 사람을 죽게 할 것입니다. 단 한 개의 가시나 가라지도 자라지 못하고, 태우기 위해 더미째 불 속에 던져질 것입니다.

여러분은 누구에게 속해 있습니까? 다른 대답을 해보십시오. 여러분이 그리스도의 소유임을 확신한다면, 모든 사람과 관련된 그리스도의 표어는 "황제이든지 아무것도 아니든지"라는 점을 알아야 합니다. 그리스도께서 여러분의 마음속에 황제나 왕이나 군주가 아니시라면, 아무런 관계도 없는 존재입니다. 그리스도께서 여러분을 전적으로 통치하시지 않는다면, 그리스도는 여러분의 마음과 연합하지 않은 채 여러분과 아무 상관이 없는 존재가 됩니다. 여러분은 완전히 그리스도의 소유입니까? 어떤 사람은 이렇게 말합니다. "오, 내가 그렇게 되기 원합니다." 좋은 대답입니다. 그러나 소망으로만이 아니라 실제로 그리스도의 소유가 되어야 합니다. 그리고 여러분의 온 마음으로 다음과 같이 기도해야 합니다. "위대하신 하나님, 나의 영과 혼과 몸 그리고 나의 모든 것을 거룩하게 하시고, 나의 모든 능력과 모든 지체와 재물과 시간과 나의 모든 것의 주인이 되소서. 나를 받으시고, 하나님이 원하시는 대로 나를 만드소서." 하나님은 여러분의 기도를 들으시고, 온전히 그리스도의 소유로 삼으실 것입니다.

아직도 또 하나의 질문이 있습니다. "내가 그리스도의 것이 아니라니 두렵습니다. 나는 그리스도의 것이 되기를 원합니다"라고 말하는 사람이 있습니까? 이 질문이 참된 소원이라 할 수 있습니까? 나는 여러분이 이렇게 느끼는 점에 대해 정말 행복을 느낍니다. 그리스도의 은혜가 여러분을 소망으로 인도하시지 않았다면, 그리스도의 소유가 되고 싶은 소망조차 갖지 못했을 것이기 때문입니다. 오, 여러분이 그리스도를 원한다면, 그리스도는 더더욱 여러분을 원하고 계시다는 사실을 기억하십시오. 있는 모습 그대로 나아오십시오. 그리고 온전히 순종하며, 찬양하십시오.

> "한 가지 핑계도 없이 이 모습 그대로입니다.
> 그러나 나를 위해 당신의 피를 흘리셨으며,
> 나를 당신께 나아오라 명하시니,
> 오, 하나님의 어린 양이여, 내가 가나이다."

그리스도를 믿으십시오. 그리하면 구원을 얻을 것입니다. 그리스도를 의지하십시오. 그러면 여러분의 죄가 사함받고, 그리스도께서 자기 보화를 모으실 그날에 여러분은 그리스도의 것이 될 것입니다. 하나님의 복이 우리의 생각과 묵상에 임하기를 축원합니다. 아멘.

제
5
장

—

달의 시작

—

"여호와께서 애굽 땅에서 모세와 아론에게 일러 말씀하시되
이 달을 너희에게 달의 시작 곧 해의 첫 달이 되게 하고." ―
출 12:1-2

여러 가지 가능성으로 미루어, 당시 한 해는 가을에 시작되었던 것으로 추측됩니다. 하나님이 사람을 어떤 계절에 창조하셨나 하는 질문이 꾸준히 제기되어 왔으며, 그러한 질문에 대해 많은 사람들이 아마도 가을이 틀림없을 것이라고 대답했습니다. 그래서 아담은 에덴 동산에서 많은 열매들이 익은 것을 발견할 수 있었으며, 그리하여 곧바로 따먹을 수 있었다는 것입니다. 열매들이 아직 익지 않은 때에 아담의 활동이 시작되었다고 보기는 상당히 어렵습니다. 따라서 많은 사람들은 인간 역사의 첫 해가 각종 열매들이 달콤하게 익은 추수의 때에 시작되었다고 결론을 내렸습니다. 고대(古代)에 한 해가 추수와 관련한 절기가 행해졌던 때 시작된 것은 어쩌면 이러한 이유 때문이었는지도 모릅니다. 그런데 본문의 출애굽의 시점에 하나님은 최소한 이스라엘과 관련하여 한 해의 시작을 아빕 월 혹은 니산 월이라고 불리는 오늘날의 봄으로 바꾸어 주십니다. 우리는 출애굽 전에 보리에 이삭이 나왔다는 사실과 출애굽 후의 안식일에 땅의 소산이 풍성하게 익어 첫 열매가 여호와 앞에 요제로 드려졌다는 사실을 알고 있습니다 (출 9:31). 물론 봄에 보리에 이삭이 나는 것과 관련하여 우리는 기후의 차이를 이해해야 합니다. 왜냐하면 따뜻한 지역에서 계절은 우리의 계절보다 훨씬 더

앞서가기 때문입니다. 여기에서 나의 말이 다소 왔다 갔다 하는 것을 이해해주기 바랍니다. 나는 여러분이 전체적인 맥락을 잘 이해할 것이라 믿습니다. 죽음의 천사가 이스라엘 백성들의 집을 그냥 넘어감으로써 하나님이 자기 백성을 멸망으로부터 구원하신 때로부터, 성력(聖曆, ecclesiastical year)은 유월절이 기념되는 아빕 월에 시작되었습니다. 다만 희년의 경우에는 그렇게 변경되지 않고 추분(秋分)에 시작되도록 했습니다. 유대인들은 여러 가지 서로 다른 이유들로 인해 둘 혹은 셋 정도의 '한 해의 시작점'을 가지고 있었던 것으로 보입니다. 그러나 이스라엘에게 있어 가장 중요한 성력(聖曆)은 출애굽 이후로 여호와께서 자기 백성을 큰 손과 편 팔로 애굽으로부터 건져내신 아빕 월에 시작되었습니다.

하나님은 무엇인가를 기념할 목적으로 때와 시기를 변개(變改)하시기를 기뻐하셨습니다. 안식일이 바뀐 것도 같은 이치입니다. 구약시대에는 안식일이 일곱째 날이었지만, 오늘날에는 그것이 주께서 부활하신 주의 날 즉 한 주의 첫째 날로 혼입(混入)되었습니다. 이와 같이 하나님은 모든 사람에게 때와 시기를 변개시킵니다. 왜냐하면 하나님이 그를 은혜로 다루실 때 그의 모든 것이 새로워지고, 그럼으로써 그의 때는 새롭게 시작되기 때문입니다. 대부분의 사람들은 자신이 태어난 날을 생일로 기념합니다. 그러나 오늘날 우리 가운데 많은 사람들은 훨씬 더 큰 기쁨으로 또 다른 날을 우리의 참된 생일로 간주합니다. 왜냐하면 우리에게 있어 참된 생명은 두 번째 태어난 날부터 시작되기 때문입니다. 이와 같이 신적 은혜는 우리의 역법(曆法)을 변개시킵니다.

오늘 아침 나는 여러분에게 다음과 같은 사실을 제시하고 싶습니다. 즉 하나님이 이스라엘 백성에게 유월절을 주셨을 때 그들에게 모든 날짜가 바뀌고 완전히 다른 날 새로운 한 해가 시작되었던 것처럼, 하나님이 우리에게 영적인 유월절을 먹게 하실 때 우리의 역법에 획기적인 변화가 일어난다는 사실입니다. 구원받은 사람들은 자신의 참된 생명의 시작을 첫 번째 태어난 날부터가 아니라 성령으로 두 번째 태어난 날부터 기산(起算)합니다. 우리 모두가 아는 것처럼, 유월절은 우리가 예수의 피로 구속받는 위대한 사건에 대한 예표입니다. 그리고 그것은 각 신자에게 개별적으로 적용됩니다. 그리스도의 속죄 제물로 인해 하나님이 우리를 그냥 넘어가시는 것을 인식할 때, 그날부터 우리는 새로운 생명을 살기 시작하며, 그날을 우리의 새로운 삶의 첫 날로 계산합니다.

오늘 아침, 첫째로, 우리는 유월절 사건을 살펴볼 것입니다. 그리고 두 번째로, 오늘날 그것이 우리 가운데 다양하게 재현되는 것을 이야기하고, 마지막으로, 그날이 우리에게 어떻게 간주되어야 하는지를 고찰할 것입니다.

1. 첫째로, 이스라엘의 성력(聖曆)의 시작점인 유월절 사건을 살펴보도록 합시다.

첫 번째로, 이 사건은 피로 말미암아 구원을 받는 사건이었습니다. 유대인 가장(家長)들과 장로들은 어린 양을 취하여, 흠이 없는지 여부를 면밀히 살피기 위해 며칠 동안 그것을 따로 두었습니다. 그렇게 하여 흠이 없는 어린 양은 거룩하게 구별된 양이 되었습니다. 그리고 나흘 후 그들은 그 양을 잡고 대야에 피를 받은 다음 우슬초를 취하여 피에 적신 후 그것을 문 인방과 좌우 설주에 뿌렸습니다. 이런 방법으로 이스라엘의 집들은 보응의 천사(the Angel of Vengeance)가 칼을 뽑아들고 애굽 천지를 다니며 사람으로부터 가축에 이르기까지 모든 장자를 멸하던 그 두려운 밤에 구원을 받았습니다. 사랑하는 형제들이여, 여러분은 여러분에게 죄로 인한 하나님의 보응이 떠났음을 깨달았던 때를 기억할 것입니다. 여러분은 심지어 지금도 그 때 두려움 가운데 떨었던 것을 기억할 것입니다. 우리 가운데 많은 사람들은 자신이 하나님의 진노로부터 구원받은 것을 처음 발견한 그 특별한 순간을 결코 잊지 못합니다. 그러나 기억은 그렇게 오래가지 못하는 법입니다. 그러므로 그러한 사건은 결코 잊혀지지 않도록 기억의 손바닥에 선명하게 새겨질 필요가 있습니다. 우리는 유월절 사건 속에서 우리 구원의 모습을 발견할 수 있습니다. 그 무엇도 보응의 천사를 막을 수 없었습니다. 그의 날개는 펼쳐져야만 했으며, 그의 칼은 뽑아져야만 했습니다. 그는 분연히 일어나 죽여야 합니다. 그는 우리를 죽여야 합니다. 왜냐하면 죄가 우리 위에 있었기 때문입니다. 어떤 예외도 있을 수 없습니다. "범죄하는 그 영혼은 죽으리라"(겔 18:4). 그러나 하나님은 심판의 율법을 철회함이 없이 그것에다가 구원의 항목을 끼워 넣으셨습니다.

그 항목은 이것이었습니다. 만일 어떤 존재가 우리를 대신하여 고난을 당한다면, 그것은 우리의 구원을 위한 충분한 근거가 될 수 있다는 것입니다. 여러분은 이러한 사실을 발견하고 기뻐했던 것을 기억합니까? 만일 그렇다면, 여러분은 이스라엘 백성들과 같은 마음을 느낄 수 있을 것입니다. 하나님이 그들의 장자 대신 흠 없는 어린 양을 받으시는 것을 그들이 깨달았을 때 느꼈던 마음 말입니다. 만일 대속의 희생제물이 죽임을 당했다는 분명한 증거로서 어린 양의 피가 문에 뿌려졌다면, 천사는 그 집에서 자신의 할 일이 다 끝났음을 알게 될 것이었으며, 따라서 그는 그 집을 그냥 넘어갈 수 있었습니다. 보응의 천사는 생명을 요구하지만, 그러나 그 생명은 이미 지불되었습니다. 왜냐하면 그것을 증명하는 피의 흔적이 거기에 있었기 때문입니다. 따라서 천사는 그 집을 떠나 자신의 길을 갈 수 있었습니다. 바로 이것이 하나님의 유월절이었습니다. 그것은 그들의 집에 보응을 시행하지 않고 그냥 내버려 두었기 때문이 아니라 이미 죽음의 형벌이 시행되고 희생제물이 죽었기 때문입니다. 형벌은 이중으로 시행될 수 없었으므로, 보응의 천사는 그 가정을 그냥 넘어가야만 했던 것입니다.

　　사람들은 흔히 벼락이 한 번 떨어진 곳에는 또다시 벼락이 떨어지지 않는다고 말하곤 합니다. 나는 그 말이 사실인지 여부를 알지 못합니다. 그러나 그것이 사실이든 아니든, 하나님의 보응의 벼락이 한 번 어떤 죄인의 대속물에 떨어지면 그 벼락은 또다시 그 죄인에게 떨어지지 않습니다. 이스라엘 백성들의 집을 보응으로부터 보호받을 수 있는 최선의 방법은 바로 이것이었습니다. 이미 보응이 시행됨으로 다시 보응을 시행할 수 없게 되도록 만드는 것입니다. 거기에는 보증의 표시인 피의 흔적이 있었습니다. 죽음이 거기에 있었습니다. 죽음이 흠 없는 어린 양 위에 떨어졌습니다. 죽음이 하나님이 정하신 희생제물 위에 떨어졌습니다. 하나님이 보실 때, 죽음이 흠 없는 어린 양의 실체인 그리스도 위에 떨어진 것입니다. 보응의 요구는 충분하게 만족되었습니다. 따라서 또 다른 요구가 제기될 수 없었으며, 이스라엘은 안전했습니다. 이것이 우리의 영원한 확신이며, 여기에 우리 영혼의 달콤한 찬송이 있습니다.

> "당신은 나의 모든 짐을 담당하시고
> 값없이 나를 대신하여
> 하나님의 모든 진노를 받으셨나이다.
> 형벌은 이중으로 요구될 수 없나이다.
> 당신께서 이미 형벌을 받으셨으니
> 나에게 또다시 요구될 것이 없나이다.

나의 영혼아 돌이켜 안식할지어다.
너의 크신 대제사장의 공로가
너의 자유를 사셨도다.
그의 피를 믿을지어다.
하나님의 형벌을 두려워하지 말지어다.
예수께서 너를 위해 죽으셨기 때문이라."

이것을 깨달은 날은 나의 생명이 시작되는 날이었습니다. 그날 나는 주님 안에서 심판이 지나갔으며 그러므로 이제 결코 정죄함이 없게 된 것을 발견했습니다. 율법은 사망을 요구합니다. "범죄하는 그 영혼은 죽으리라"(겔 18:4). 보십시오. 그것이 요구하는 사망이 여기에 있습니다. 예수 그리스도 나의 주께서 죽으셨습니다. 그가 나를 대신하여 죽으셨습니다. "친히 나무에 달려 그 몸으로 우리 죄를 담당하셨으니"(벧전 2:24)라고 기록된 것처럼 말입니다. 이러한 희생제물은 가장 엄격한 율법이 요구하는 모든 것을 완전히 만족시키고도 남습니다. "우리의 유월절 양 곧 그리스도께서 희생되셨느니라"(고전 5:7). "그리스도께서 우리를 위하여 저주를 받은 바 되사 율법의 저주에서 우리를 속량하셨으니"(갈 3:13). 그러므로 이제 우리는 아무것도 두려워할 필요가 없게 되었습니다. 왜냐하면 하나님은 예수의 피를 보시고 우리 위로 그냥 넘어가실 것이기 때문입니다. "그의 날에 유다는 구원을 받겠고 이스라엘은 평안히 살 것이며 그의 이름은 여호와 우리의 공의라 일컬음을 받으리라"(렘 23:7). 다시 한 번 말하거니와, 예수께서 나를 대신하여 죽으셨음을 보았을 때, 그것이 바로 나에게 생명의 시작이었습니다. 나는 정말로 보아야 할 것을 보았습니다. 그것과 비교할 때 그 외의 다른 모든 것들은 아무것도 아니었습니다. 그리스도의 대속의 희생제사를 깨닫고 받아들였을 때, 나의 영혼은 크게 기뻐하였습니다. 문 인방과 좌우 설주에 뿌려진 피가 이스라엘을 안전하게 만들었다는 이것이 유월절 사건의 첫 번째 의미입니다.

두 번째로, 그날 밤 그들은 어린 양의 고기를 먹었습니다. 어린 양의 피로 구원을 받음과 함께 그 집의 가족들은 그 고기를 먹었습니다. 그들에게 있어 그날 밤 먹었던 것처럼 그렇게 먹었던 적은 한 번도 없었습니다. 그러한 상징을 영적으로 이해한 자들은 한량없는 기쁨과 신비로운 경외감으로 한 입 한 입 어린 양의 고기에 참여했을 것입니다. 그들이 서서 급히 먹을 때, 나는 그 식탁 주위에 비장한 진지함이 있었을 것이라고 확신합니다. 특별히 애굽 사람들이 거하는 모든 집에서 장자가 죽임을 당할 때마다 울려 퍼지는 쓰라린 울부짖음을 들을 때는 더욱 그랬을 것입니다. 그것은 엄숙한 잔치이며, 소망과 신비가 혼합된 양식이었습니다. 형제 자매들이여, 여러분이 처음 예수 그리스도의 양식을 먹었을 때를 기억합니까? 여러분의 주린 영이 그와 같은 영혼의 양식을 처음 베어 물었을 때를 말입니다. 그것은 정말로 황홀한 양식이었습니다. 그렇지 않습니까? 그것은 천사의 떡보다 훨씬 더 나았습니다. 왜냐하면 천사들조차도 그러한 양식을 맛보지 못했기 때문입니다.

> "천사들조차도 구속의 은혜와 사랑을
> 결코 맛보지 못했도다."

나는 여러분이 그 식탁으로부터 일어나지 말고 매일같이 예수의 양식을 먹기를 바랍니다. 우리가 이스라엘처럼 손에 지팡이를 짚고 급히 먹기 위해 주의 식탁으로 가지 않는 것은 참으로 교훈적인 사실입니다. 우리는 그리스도의 품에 머리를 기대고 그의 사랑 안에 안기면서 편안하고 느긋하게 그의 양식을 먹습니다. 예수 그리스도는 우리 영의 일용할 양식입니다.

그날 밤 이스라엘이 먹었던 양식이 "불에 **구운**" 양이었다는 사실을 주목하십시오. 고난 가운데 있는 자들에게 최고의 양식은 불에 구운 양 즉 고난당하는 구주입니다. 죄의식 아래 빠져 있는 한 가련한 죄인을 생각해 보십시오. 그는 예배하는 곳에 갑니다. 그리고 그곳에서 삶의 모범으로서 선포되는 그리스도에 대해 듣습니다. 이것은 거룩한 자들에게는 유익할 수 있습니다. 그러나 가련한 죄인에게는 큰 도움이 되지 못합니다. 그는 부르짖습니다. "그것은 사실입니다. 그러나 그것은 나를 위로하기보다는 도리어 정죄합니다." 그것은 그를 위한 양식이 아닙니다. 그에게 필요한 것은 불에 구운 양입니다. 그에게 필요한 것은 그의 대속물인 그리스도, 그를 대신하여 고난을 당하신 그리스도입니다. 우리는 그리스도의 아름다운 도덕적 성품에 대해 너무도 많이 듣습니다. 그것은 분명한 사실입니다. 우리 주님은 그 부분에 있어서도 지극히 높임받을 만한 충분한 자격을 가지고 계십니다. 그러나 죄의식 아래 빠져 있는 영혼에게 필요한 양식은 그런 부분이 아닙니다. 가련한 죄인에게 필요한 부분은 그가 우리의 죄를 짊어지고 고난을 당했다는 바로 이 부분입니다. 우리는 고난당하신 구주를 필요로 합니다. 우리는 겟세마네의 그리스도를 필요로 합니다. 우리는 골고다의 그리스도를 필요로 합니다. 우리는 죄인을 대신하여 피를 흘리신 그리스도를 필요로 합니다. 우리는 우리를 위해 하나님의 진노의 불을 감당하신 그리스도를 필요로 합니다. 오직 이것만이 굶주린 죄인의 허기를 채우기에 충분한 양식입니다. 하나님의 자녀들에게 이러한 양식을 계속해서 먹이십시오. 그렇지 않으면 당신은 그들을 주리게 만들 것입니다.

또 9절에서 우리는 어린 양의 고기를 날 것으로 먹지 말라는 말씀을 듣습니다. 안타깝게도 그리스도를 이렇게 먹고자 하는 사람들이 많이 있습니다. 그들은 반쪽짜리 대속의 희생제물을 전파합니다. 그들은 그리스도의 인격과 성품 안에서 그들의 영혼을 위한 양식을 얻습니다. 그러나 그의 고난에 대해서는 크게 중시하지 않습니다. 그들은 그의 속죄를 뒷마당으로 던져 놓습니다. 그런가 하면 그의 속죄를 영혼을 참으로 안전하게 지켜 주지 못하는 무력한 속죄로 표현하기도 합니다. 이것이 그리스도를 날 것으로 먹는 것이 아니면 무엇이겠습니까? 나는 그들의 반만 익은 양을 먹지 않을 것입니다. 나는 그들의 반쪽짜리 대속 혹은 절반만 완성된 구속과 아무런 관련도 맺지 않을 것입니다. 결코 그렇게 하지 않을 것입니다. 나에게 그의 몸으로 나의 모든 죄를 짊어지신 구주를 주십시오. 나에게 불에 완전하게 구운 그리스도를 주십시오. 골고다의 음악에서 가장 아름다운 음정은 "다 이루었다"입니다. 다 이루어졌습니다! 어린 양이 불에 다 구워졌습니다. 그리스도는 하나님의 백성들에게 합당한 모든 진노를 다 짊어지셨습니다. 이것이야말로 우리가 필요로 하는 최고의 양식입니다.

또 어린 양을 물에 삶아 먹어서도 안 됩니다. "날것으로나 물에 삶아서 먹지 말고." 어린 양을 물에 삶는 선생들이 얼마나 많습니까? 나는 그리스도와 복음에 대한 수많은 설교들 가운데 정작 그 안에 그리스도와 그의 복음이 선포되지 않는 경우를 너무나 많이 보아 왔습니다. 그렇게 설교하는 자들은 자신들의 생각과 사유와 개념들의 물로 삶은 그리스도를 제시하고 있는 것입니다. 이렇게 양을 물에 삶는 과정에서의 문제점은 고기로부터 너무나 많은 영양소가 빠져 나간다는 사실입니다. 예수 그리스도에 대한 철학적 강연은 그의 인격과 직분과 사역과 영광으로부터 많은 영양소를 빼앗습니다. 그의 영광스러운 말씀의 참된 영양소와 진액은 오직 말씀 그 자체가 전파될 때 전달됩니다. 얼마나 많은 사람들이 복음의 진리를 자신의 육신적인 지혜로 끓입니까? 더 큰 문제는 고기가 끓을 때 고기의 영양소가 물로 빠져 나갈 뿐만 아니라 물이 고기 속으로 들어온다는 사실입니다. 그럼으로써 복음을 끓이는 자들이 우리에게 전해주는 하나님의 진리는 오류와 함께 끓은 진리입니다. 따라서 여러분은 그들로부터 절반은 하나님의 진리로 채워지고, 나머지 절반은 인간의 상상력으로 채워진 음식을 받게 됩니다. 그리하여 우리는 얼마 정도는 참된 복음을 듣게 되지만, 그러나 상당 부분은 물에 삶겨진 고기처럼 물컹물컹한 인간의 추론을 듣게 되는 것입니다. 또 어떤 설교자들은 순수하고 단순한 대속을 전파하지 않습니다. 그들의 속죄는 대속의 희생제물이 아니라, 그 겉모양은 비슷하지만 그러나 내용물은 다 빠져버린 어떤 것입니다. 고기를 몇 달 동안 계속해서 끓여 보십시오. 그러면 나중에는 고기의 흔적과 섬유질만 남을 것입니다. 그들이 제시하는 이론은 그와 같이 겉모양만 엇비슷한 것입니다. 우리는 오로지 영혼을 만족시키는 위대한 대속의 교훈으로부터 골수와 진액을 뽑아내고자 애써야 합니다. 그것이 우리 마음에 최고의 진리이며, 영혼의 양식으로서 제시될 만한 것입니다. 나는 어째서 그토록 많은 설교자들이 죄 사함을 위해 흘린 피 그 자체를 제시하지 않고, 왜 자꾸만 하나님의 진리를 끓이려고만 하는지 이해할 수 없습니다. 결코 그래서는 안 됩니다. 어린 양은 오직 불에 구울 때만이 그 상징이 올바로 드러납니다. 마찬가지로 오직 우리가 주 예수 그리스도를 그의 백성을 위한 그리고 죄인들을 대신한 그의 고난 속에서 묘사할 때에만 비로소 복음은 올바로 제시되는 것입니다. 그는 문자적으로 그리고 절대적으로 죄인들을 위한 대속제물로 제시되어야만 합니다. 우리는 복음을 희석시켜서는 안 됩니다. 그는 우리의 대속물로서 우리의 죄를 짊어지셨습니다. 그는 우리를 위해 죄가 되셨습니다. "그가 징계를 받으므로 우리는 평화를 누리고 그가 채찍에 맞으므로 우리는 나음을 받았도다"(사 53:5). 우리는 이와 같은 하나님의 단순한 진리를 신비화해서는 안 됩니다. 그것은 물로 삶아져서는 안 됩니다. 오직 우리는 불에 구운 양, 즉 고난의 그리스도를 붙잡아야 합니다.

나아가 우리는 어린 양을 모두 먹어야 합니다. "머리와 다리와 내장을 다 불에 구워 먹고." 조금도 남겨서는 안 됩니다. 여러분과 나는 어느 부분은 먹고 어느 부분은 남기려고 그리스도를 자르고 나누어서는 안 됩니다. 단 하나의 뼈도 꺾

여겨서는 안 됩니다. 우리는 우리가 먹을 수 있는 충분한 분량까지 그리스도를
전체적으로 취해야 합니다. 선지자와 제사장과 왕, 신성과 인성을 가진 그리스
도, 살아 계신 사랑의 그리스도, 죽으신 그리스도, 부활하신 그리스도, 승천하신
그리스도, 다시 오실 그리스도, 모든 원수를 이기신 그리스도 — 주 예수 그리스
도 전체가 우리의 것입니다. 우리는 그와 관련하여 계시된 어떤 부분도 거부해
서는 안 됩니다. 우리는 그 모든 것을 취해야 합니다.

또 그날 밤 이스라엘은 그 때 그 곳에서 어린 양을 먹어야 했습니다. "아침까지
남겨두지 말며 아침까지 남은 것은 곧 불사르라"(10절). 내일을 위해 일부를 남
겨두어서는 안 되었습니다. 그들은 어떤 방식으로든 모두 소모해야만 합니다.
나의 형제 자매들이여, 우리는 바로 이 순간 그리스도 전체를 필요로 합니다. 그
리스도를 전체적으로 받아들이십시오. 왕성한 소화력으로 그리스도를 여러분
영혼의 가장 깊은 곳으로 받아들이십시오. 또 그를 전체적으로 받아들이십시오.
그리스도와 관련하여 여러분이 알고 발견할 수 있는 모든 것을 여러분은 바로 지
금 믿고, 감사하며, 먹으며, 기뻐해야 합니다. 여러분의 주님과 관련하여 말씀에
있는 모든 것을 취하십시오. 그로 하여금 여러분의 존재 안으로 들어와 여러분
자신의 일부가 되게 하십시오. 만일 그렇게 한다면, 여러분이 예수를 먹은 날은
여러분의 생명의 첫 날이 될 것이며, 여러분은 그날부터 새로운 날들을 계산하
기 시작할 것입니다. 일단 그리스도 예수를 먹었다면, 여러분은 시간 속에서나
영원 속에서 그것을 결코 잊지 못할 것입니다. 이것이 매년 유월절을 기념하는
두 번째 의미입니다.

세 번째로, 그들은 자신들의 집을 누룩으로부터 정결하게 했습니다. 이와 같이 누
룩을 제하는 것은 피 뿌림 및 어린 양의 고기를 먹는 것과 더불어 함께 가야 하는
것이었습니다. 그들은 칠 일 동안 누룩을 먹어서는 안 되며, 만일 먹는다면 이스
라엘로부터 끊어지게 될 것이라는 말씀을 들었습니다. "너희는 이레 동안 무교
병을 먹을지니 그 첫날에 누룩을 너희 집에서 제하라 무릇 첫날부터 일곱째 날
까지 유교병을 먹는 자는 이스라엘에서 끊어지리라"(15절). 이와 같이 누룩을 제
하는 것은 매우 중요한 의미를 갖습니다. 그것은 피를 뿌리는 것과 동등한 위치
에 놓입니다. 어쨌든 누룩을 제하는 것은 피를 뿌리는 것과 분리될 수 없었습니
다. 둘을 나누는 자는 이스라엘 회중으로부터 나누어지는 형벌을 당하게 될 것
이었습니다. 믿음으로 의롭다함을 받는 교리를 전파하면서 거룩함을 의롭다 함

의 일부로 만들어 버리는 것은 참으로 안타까운 일입니다. 동시에 의롭다 함을 전파하면서 거룩함의 절대적인 필요성을 부인하는 것 역시 심각한 오류입니다. 양자(兩者)는 항상 함께 가야만 합니다. 피 뿌림과 어린 양의 고기를 먹는 것이 있어야만 합니다. 그리고 그와 동시에 옛 누룩을 제하는 것이 있어야만 합니다. 유대인 가장(家長)들은 혹시 묵은 떡의 부스러기라도 있을까 하여 집안 구석구석과 심지어 서랍과 찬장에 이르기까지 모든 장소를 면밀하게 살폈습니다. 만일 어떤 떡이라도 남아 있는 것이 발견된다면 ― 심지어 먹으려고 남겨둔 새 떡이라 하더라도 ― 그들은 그것을 내버려야만 했습니다. 왜냐하면 그 집에 어린 양과 함께 누룩 알갱이라도 있어서는 안 되었기 때문입니다. 우리가 처음 그리스도를 만날 때, 우리 안에 있는 많은 누룩들이 제하여집니다. 나는 바리새인의 누룩으로부터 청결하게 되었음을 압니다. 왜냐하면 나 자신의 선행을 신뢰했던 모든 것이 떠났기 때문입니다. 또 의식(儀式)과 예법에 대한 모든 신뢰 역시 떠나가야만 합니다. 지금 나에게 자신을 신뢰하는 누룩이나 의식을 신뢰하는 누룩은 더 이상 남아 있지 않습니다. 또 나는 그와 같은 옛 누룩을 다시는 맛보고 싶지 않습니다. 그러나 지금도 그와 같은 누룩을 계속해서 먹고 있는 사람들이 있습니다. 스스로의 기도와 자선(慈善)과 의식(儀式)을 자랑하면서 말입니다. 그러나 그리스도께서 들어오실 때, 이러한 누룩들은 모두 떠나갑니다. 특별히 바리새인의 누룩 즉 외식(外飾)의 누룩은 반드시 청결하게 되어야만 합니다. "허물의 사함을 받고 자신의 죄가 가려진 자는 복이 있도다 마음에 간사함이 없고 여호와께 정죄를 당하지 아니하는 자는 복이 있도다"(시 32:1, 2). 간사함은 떠나가야만 합니다. 그렇지 않으면 죄책(guilt)은 떠나지 않을 것입니다. 하나님은 자기 백성들로부터 간사함과 교활함과 속임을 떠나게 하십니다. 하나님은 그들을 자기 앞에서 진실하게 만드십니다. 그들이 외식으로부터 깨끗하게 된 것처럼 또한 모든 죄로부터 깨끗하게 되기를 바랍니다. 과거에 그들은 하나님 앞에서 이중적인 태도로 살고자 애를 썼습니다. 사실이 어떠하지 않음에도 불구하고 어떠한 척 꾸미면서 말입니다. 그러나 그리스도의 피가 뿌려지고 그 살을 먹게 되었을 때, 그들은 진리 가운데 스스로를 겸비하게 하며 스스로 죄인 됨을 고백하며 하나님 앞에 벌거벗은 모습으로 섰습니다. 자신들의 외식을 그대로 드러내면서 말입니다. 여전히 거짓을 신뢰하는 자는 아직 구원받지 못한 자입니다. 여러분은 그리스도의 살을 먹으면서 동시에 자신에 대한 헛된 신뢰나 혹은 죄에 대한 사랑으로써 오른손으로 거짓을 붙잡고 있을 수 없습니다. 자아(self)와 죄(sin)는 함께 가는 것입니다. 그러나 드디어 옛 누룩이 제거되는 날이 옵니다. 우리는 결코 그 날을 잊지 못할 것입니다. 진리의 영이 거짓의 영을 몰아냈을 때, 그 달(month)은 우리에게 한 해의 첫 달인 "달의 시작"입니다.

　　이제 유월절의 네 번째 요점을 살펴보도록 합시다. 지금까지 이야기한 것들의 결과로서, 유월절 밤에 놀랍고, 영광스러우며, 위대한 구원이 임했습니다. 그날 밤 모든 이스라엘 백성들은 즉각적인 해방의 약속을 받았습니다. 그리고 아침이 밝아오자마자 그들은 지난 밤 머물렀던 집과 애굽을 떠났습니다. 뿐만 아니라 그들은 벽돌 굽는 가마를 영구히 떠났습니다. 그들은 손에 묻은 흙을 마지막으로 씻으면서 그리고 지금까지 자신들을 묶고 있었던 멍에를 바라보면서 이렇게 말했습니다. "이제 너는 나와 아무 상관 없도다." 그들은 애굽인 공사감독들을 바라보았습니다. 그리고 그들로부터 무수히 채찍으로 맞았던 기억을 떠올리면서 다시는 맞지 않을 것으로 기뻐했습니다. 왜냐하면 그들이 이스라엘 백성들을 향해 제발 나가 달라고 애원했기 때문입니다. 그것은 얼마나 큰 기쁨이었습니까! 그들은 누룩을 넣지 않은 떡을 등에 짊어지고 당당하게 행진해 나왔습니다. 왜냐하면 그들이 누룩 없는 떡을 먹어야만 할 날이 아직 며칠 남았기 때문입니다. 나는 무교병을 먹어야 하는 칠 일이 다 차기 전에 그들이 홍해에 도착했을 것이라고 생각합니다. 아직 무교병을 먹고 있는 동안 그들은 홍해의 깊은 바다 속으로 걸어 들어갔습니다. 아직 누룩이 들어간 떡을 먹기 전에 그들은 홍해 건너편 해변에 서서 여호와께 위대한 할렐루야 찬송을 불렀습니다. 그가 영광스럽게 승리하시고 말과 그 탄 자를 바닷속으로 던져 넣으신 것으로 기뻐하면서 말입니다. 여러분은 주께서 여러분을 죄를 사랑하며 스스로를 신뢰하는 것으로부터 깨끗하게 하신 것을 기억합니까? 그리고 그가 여러분을 정결하게 하시고 자유롭게 하시면서 "약속된 안식으로 들어가라, 가나안으로 가라"라고 말씀하신 것을 기억합니까? 여러분은 자신의 죄가 영원히 물에 던져짐으로로써 다시는 심판으로 떠오르지 않게 된 것을 보았던 것을 기억합니까? 그래서 더 이상 멸망 아래 있지 않게 된 것을 말입니다. 그리고 여러분은 자신의 영혼이 최고의 양식을 먹고 자신의 마음과 집이 외식(外飾)으로부터 씻음을 받았을 뿐만 아니라 또한 자신이 구원을 받고 해방되어 영원한 자유자가 된 것을 기억합니까? 만일 그렇다면, 나는 여러분이 "이 달을 너희에게 달의 시작 곧 해의 첫 달이 되게 하라"(2절)는 하나님의 말씀을 충분히 이해했을 것이라고 확신합니다. 지금까지 우리는 유월절 사건의 의미를 몇 가지로 살펴보았습니다.

2. 둘째로, 유월절이 우리 가운데 다양하게 재현되는 것을 살펴보도록 합시다.

첫 번째 재현은 두말 할 것도 없이 우리 각자의 개인적인 구원과 관련된 것입니다. 출애굽기 12장 전체는 우리가 처음 하나님을 알게 되었을 때의 우리의 마음과 관계됩니다. 나는 며칠 전 우리의 덕망 높은 화이트(White) 장로님을 개인적으로 만난 적이 있는데, 그 때 그는 나에게 이렇게 말했습니다. "목사님, 성경을 읽는 것은 정말로 귀한 일이예요. 그렇지만 그것을 지금의 우리의 상황과 결부시키는 것은 무한히 더 흥미로운 일이예요." 유월절에 대해 읽는 것은 얼마나 유익한 일입니까? 그러나 그것을 성령의 역사(役事)로 여러분 자신의 영혼과 관련시키는 것은 훨씬 더 달콤하며 흥미진진한 일입니다. 모세는 수천 년 전에 일어난 사건을 기록했습니다. 그러나 그 사건의 본질은 나에게도 일어났으며, 그리스도를 믿는 모든 사람들에게도 똑같이 일어납니다. 우리는 출애굽 이야기를 읽으면서 "아! 그것은 정말로 나에게도 똑같이 사실이야"라고 말할 수 있지 않습니까? 출애굽의 모든 말씀이 사실입니다. 왜냐하면 그 모든 세부적인 내용들이 나에게 직접적으로 관련되기 때문입니다. 심지어 쓴 나물을 먹는 것에 이르기까지 말입니다. 주님의 속죄의 달콤한 맛을 느끼던 바로 그 순간 동시에 우리는 죄로 인한 회개의 쓴 맛과, 죄의 유혹과 더불어 싸우는 쓴 맛을 맛보지 않습니까? 그 절기의 실체에 참여한 모든 사람들이 아는 것처럼, 유월절의 세세한 내용들이 하나도 빠짐없이 각각의 상징적인 의미를 갖습니다. 이와 같은 유월절의 기록은 단지 옛날이야기에 불과한 것이 아닙니다. 그것은 여러분과 나의 생명의 기록입니다. 이와 같이 유월절은 구원받은 모든 사람들에 의해 오늘날에도 똑같이 재현됩니다.

또 어떤 의미에서 유월절은 어떤 사람의 집이 구원받았을 때 다시 재현됩니다. 유월절이 가정의 일이었다는 사실을 기억하십시오. 어린 양이 죽임을 당할 때, 아버지와 어머니가 거기에 있었습니다. 어린 양을 잡을 때, 그 집의 장자가 도왔을 것입니다. 둘째 아들은 칼을 들고 있었을 것이며, 셋째 아들은 대야를 들고 있었을 것입니다. 그리고 막내아들은 우슬초 다발을 꺾어 왔을 것입니다. 이와 같이 그들 모두가 희생제물에 동참했습니다. 그들 모두가 아버지가 문 인방과 좌우 설주에 우슬초로 어린 양의 피를 뿌리는 것을 보았습니다. 그들 모두가 그날 밤 어린 양의 고기를 먹었습니다. 그 집에 있던 그리고 그 가정을 실제적으로 구성하는 모든 사람들이 그 식사에 참여했습니다. 그리고 그들 모두가 그 피로 말미암아 보호를 받았습니다. 그들 모두가 유월절 잔치로 말미암아 기력을 회복했으며, 그들 모두가 다음 날 아침 가나안을 향해 출발했습니다. 여러분은 이런 종류의 가정 만찬(family supper)을 지키고 있습니까? 어떤 아버지들은 이렇게 말합니다. "설령 내가 나의 모든 아들딸들과 함께 하나님의 나라에서 떡을 먹게 된다 하더라도, 여기에서 가정 만찬을 지키는 것이 나에게 있어 가정생활(family life)의 시작입니다. 나의 식탁에 둘러앉은 모든 자녀들은 진실로 그리스도께 속했습니다." 가정은 가장 심오한 의미에서 그 구성원 모두가 구원받고 모두가 피 뿌림을 받으며, 모두가 그리스도의 피와 살을 먹고 마시며 모두가 죄로부터 씻음을 받고 모두가 죄의 통치영역을 떠나 하나님의 나라를 향할 때 온전한 가정으로서 살기 시작합니다. 거기에 얼마나 큰 기쁨이 있습니까? "내가 내 자녀들이 진리 안에서 행한다 함을 듣는 것보다 더 기쁜 일이 없도다"(요삼 1:4). 만일 여러분이 가정구원(family salvation)의 특권을 향유한다면, 여러분은 하나님께 대한 찬양의 기념비를 세움과 함께 그분께 최고의 제물을 드리는 것이 될 것입니다. 그 기념비 위에 이렇게 새기십시오. "이 집은 구원받은 집이며, 그 구원의 날이야말로 이 집의 가정역사의 시작이었다."

유월절 규례의 의미를 좀 더 확장해 볼까요? 그것은 가정을 위한 규례였을 뿐만 아니라 또한 이스라엘의 모든 지파들을 위한 규례였습니다. 많은 가정들이 있었지만, 그러나 모든 집에서 유월절 잔치가 베풀어져야 했습니다. 여러분이 모든 가족들을 불러 모아 다음과 같이 말할 수 있다면, 그것은 얼마나 놀라운 일입니까? "나는 너희 모두가 피 뿌림의 의미를 이해하고 그리스도의 양식을 먹고 마신다고 믿노라." 그와 같은 책임 있는 위치에 있는 자들이여, 여러분은 진실로 "이것이 우리 가운데 달의 시작이 될 것이라"라고 말할 수 있습니다. 그것을 위해 힘쓰십시오. 그리고 그것을 여러분 마음의 열망으로 삼으십시오. 만일 여러분이 살아서 자신이 수고하는 곳이 복음으로 충만하게 스며드는 것을 본다면, 그것은 여러분에게 얼마나 큰 기쁨이겠습니까? 만일 우리가 살아서 런던의 모든 집이 구속의 피로 뿌려지는 것을 본다면! 만일 우리가 살아서 영국 전체가, 땅의 기름진 것으로 포식하는 것이 아니라 영적 양식으로 배불리 먹는 것을 본다면! 그것은 새로운 영국의 "달의 시작 곧 해의 첫 달"이 될 것입니다. 그것은 얼마나 아름다운 낙원이겠습니까! 프랑스도 그와 같이 된다면, 그리고 모든 나라들이 그와 같이 된다면, 그것은 얼마나 기념할 만한 날이 되겠습니까? 한 나라의 연대(年代)의 시작을 복음화의 날부터 기산(起算)하십시오. 백성의 연대를 그들이 예수의 발 앞에 엎드린 날부터 기산하십시오. 이 가련한 땅을 예수 그리스도께서 통치하실 날이 올 것입니다. 그날은 아직 멀리 있을는지 모르지만 그러나 반드시 올 것입니다. 기독교 국가들은 이미 그들의 연대를 예수 그리스도의 탄생으로부터 기산합니다. 그리고 이것은 언젠가 사람들이 모든 것을 예수 그리스도의 통치로부터 기산할 것에 대한 일종의 희미한 전조(前兆)입니다. 하나님은 자신의 승리를 결정하셨으며, 모든 시간은 그 때를 향해 황급히 달려가고 있습니다. 그가 오실 때, 그 달은 우리에게 "달들의 시작"이 될 것입니다.

3. 셋째로, 만일 그날이 지금까지 내가 언급한 의미로 재현된다면 그날은 우리에게 어떻게 간주되어야 하는지 살펴보도록 합시다.

만일 그날이 첫 번째 의미에서처럼 개인적으로 재현된다면, 그날은 우리에게 어떻게 간주되어야 합니까? 첫째로, 우리가 구주를 유월절 어린 양으로 처음 안 날은 항상 우리에게 가장 중요한 날로 간주되어야 합니다. 왜냐하면 그날은 우리에게 빛이 동터온 날이기 때문입니다. 이스라엘 백성들은 아빕 월을 모든 달들 가운데 첫째 자리에 놓았습니다. 왜냐하면 그것은 유월절의 달이었기 때문입니다. 여러분 역시도 여러분이 주님을 알게 된 날을 가장 으뜸되며 중요한 날로 놓으십시오. 그렇게 할 때 여러분이 육체로 태어난 날의 중요성은 상당 부분 축소될 것입니다. 왜냐하면 그 때 여러분은 죄 가운데 태어났기 때문입니다. 그 때 여러분은 "불꽃이 위로 날아가는 것처럼 고생을 위해" 태어났습니다(욥 5:7). 그러나 지금 여러분은 영적 생명과 영원한 축복으로 태어났습니다. 또 그것은 여러분이 결혼한 날의 중요성도 축소시킬 것입니다. 왜냐하면 그리스도와의 연합이 부부의 가장 행복한 연합보다 훨씬 더 큰 행복을 가져다줄 것이기 때문입니다. 여러분은 나라로부터 작위(爵位)를 받았다든지, 혹은 대학으로부터 학위(學位)를 받은 날을 기억하고 있을는지 모릅니다. 또 사회에서 특별한 지위를 얻었다든지 혹은 큰 돈을 번 날을 기억하고 있을는지 모릅니다. 그러나 그 모든 날들은 "구름 없는 아침"과 비교할 때 고작 안개로 자욱한 흐릿한 날들에 불과합니다. "구름 없는 아침"의 날 여러분의 태양은 찬란하게 떠올랐으며, 지지 않았습니다. 주사위는 던져졌으며, 영광을 위한 여러분의 운명은 공개적으로 선포되었습니다. 예수의 피로 구원의 축복을 얻은 것보다 세상의 영예를 얻은 것을 더 크게 생각함으로써 그날의 의미를 축소시키지 마십시오. 나는 사람들이 구원의 축복보다 세상의 영예를 더 좋아하며 그것을 추구할까 두렵습니다. 여러분의 구원이 그런 것들보다 무한히 더 가치 있지 않습니까? 형제 자매들이여, 여러분은 그리스도 예수 안에서 새로워졌을 때 생명으로 살아난 것입니다. 여러분이 그리스도께 나왔을 때, 여러분은 여러분의 기업으로 들어온 것입니다. 그리스도께서 여러분을 자신의 친구로 받아들였을 때, 여러분은 진정으로 존귀하게 된 것입니다. 그리스도를 발견했을 때, 여러분은 정말로 열망해야만 하는 모든 것을 얻은 것입니다. 왜냐하면 옛 성도가 노래한 것처럼, 그리스도는 "우리의 모든 구원이며 우리의 모든 열망"이기 때문입니다. 그러므로 설령 여왕이 여러분에게 작위를 수여한다든지 혹은 사람들이 여러분을 의회로 보낸다 하더라도, 그것을 여러분의 회심과 구원보다 더 영예로운 것으로 생각하지 마십시오. 하나님의 은혜가 행한 일을 하나님이 생각하는 것처럼 그렇게 생각하십시오. 하나님은 여러분을 바라보시면서 "네가 내 눈에 보배롭고 존귀하며 내가 너를 사랑하였노라"라고 말씀하십니다(사 43:4). 신자(信者)인 여러분에게 참된 영예는 예수 그 자신입니다. 여러분은 그를 자랑하며 기뻐합니다. 그것은 얼마나 마땅한 일입니까! 신자에게 가장 큰 보석과 장식은 예수의 피의 흔적입니다. 그리고 은혜로 말미암아 씻음받고 자유롭게 된 것이 그의 최고의 작위(爵位)입니다. 오직 은혜 안에서 기뻐하며 자랑하고, 다른 것으로는 그렇게 하지 마십시오. 은혜의 역사(役事)를 애굽의 모든 보화보다 더 낫게 여기십시오.

　　둘째로, 우리는 그날을 생명의 시작으로 간주해야 합니다. 이스라엘 백성들은 자신들이 한 나라로서 예전에 존재했던 모든 것을 사망으로 간주했습니다. 애굽의 벽돌 가마, 우상 숭배자들과 함께 섞여 살았던 것, 자신들이 알아들을 수 없는 언어를 들었던 것 — 그들은 애굽에서의 그 모든 경험을 사망으로 간주했습니다. 그리고 그것이 끝나는 달이 그들에게 "달의 시작"이었습니다. 반면 그 이후에 따르는 모든 것을 그들은 생명으로 간주했습니다. 유월절은 시작이었으며, 시작은 그 이후에 따르는 것을 함축합니다. 이와 마찬가지로 그리스도인들은 자신들의 회심 이전의 존재에 대해 말할 때마다 항상 그것을 부끄러운 것으로 말합니다. 마치 죽음으로부터 다시 살아난 자가 어두컴컴한 무덤과 썩게 하는 벌레들에 대해 말할 때 그것을 부끄러운 것으로 말하는 것처럼 말입니다. 종종 자신의 회심 이전의 삶에 대해 말하면서 마치 옛 선원이 자신의 항해와 폭풍 이야기를 말하는 것처럼 그렇게 말하는 사람들을 봅니다. 나는 그런 이야기를 들을 때마다 슬픈 마음을 갖습니다. 결코 그래서는 안 됩니다. 여러분은 마땅히 정욕을 따라 살았던 옛 삶을 부끄러워해야 합니다. 설령 그리스도를 찬미하며 그의 영광을 위해 말한다 할지라도, 여러분은 그것을 차분한 어투와 눈물과 탄식으로 말해야 합니다. 사망과 썩음과 타락에 대하여 마치 그것이 자랑스러운 것인 양 떠벌이는 것은 얼마나 어울리지 않는 일입니까? 그것에 대하여는 침묵 가운데 잠잠히 있는 것이 가장 어울릴 것입니다. 간혹 말할 필요가 있을 때는 슬픔과 애통하는 마음으로 말하십시오. 죄에 대한 이야기를 할 때에는 제발 그것이 사실이 아니었기를 바라는 마음으로 그렇게 말하십시오. 여러분의 회심을 옛 존재의 죽음이 되게 하십시오. 그리고 그 이후의 삶을 실제적인 생명으로 간주하십시오.

이스라엘 백성들이 떠나는 모습을 상상해 보십시오. 그들이 애굽을 떠나기 싫다는 듯이 계속해서 지체하며 꾸물댔겠습니까? 어떤 사람이 이렇게 말했다고 상상해 보십시오. "나는 아직 벽돌 굽는 일을 마치지 못했으므로 지금은 나갈 수가 없어. 나는 그것들이 잘 구워지는지 좀 더 지켜보아야만 해. 그래야만 피라미드가 좀 더 튼튼하게 지어질 수 있지 않겠어?" 그는 얼마나 어리석은 자입니까? 이런 사람은 단 한 사람도 없었습니다. 그들은 벽돌과 진흙과 지푸라기를 버려 두고 즉시 떠났습니다. 그들은 애굽 따위는 아랑곳하지 않았습니다. 하나님의 자녀들이여, 죄의 길들을 버리십시오. 단호히 결심하면서 말입니다. 세상은 그냥 내버려 두십시오. 세상의 모든 즐거움들은 그냥 내버려 두십시오. 그 모든 것은 그냥 내버려 두고 곧바로 그리스도께 가십시오. 이제 여러분은 주의 자유자들입니다. 피 뿌림을 무익한 것으로 만들겠습니까? 어린 양의 고기를 먹는 것을 아무 의미 없는 것으로 만들겠습니까? 누룩을 제하는 것을 쓸데없는 일로 만들겠습니까? 이미 홍해를 건넜고 애굽 군대가 빠져 죽었는데 여전히 노예로 남아 있겠습니까? 그것은 얼마나 터무니없는 생각입니까? 또 이스라엘 백성으로서 여전히 애굽의 부추와 마늘을 갈망하는 것은 얼마나 서글픈 일입니까? 그들의 옷은 그와 같은 강한 냄새를 풍기는 향신료들에 젖어 있었습니다. 아! 애굽의 마늘이 우리를 끌어당기는 것은 얼마나 슬픈 일입니까! 마늘의 강렬한 냄새가 우리에게 혐오스럽게 느껴지지 않는 것은 얼마나 안타까운 일입니까? 마땅히 그래야 함에도 불구하고 말입니다. 그 외에도 그들은 애굽에서 먹었던 물고기를 그리워했습니다. 비록 흙투성이 손으로 흙과 함께 먹었다 하더라도 말입니다. 요단과 게네사렛과 대해(大海)에 더 좋은 물고기들이 그들을 기다리고 있었습니다. 그들이 그곳을 향해 나아가기만 한다면 말입니다. 또 가나안의 산비탈에는 애굽의 습지에서 자라는 것보다 훨씬 더 향기로운 풀들이 있었습니다. 그러나 옛 것을 열망하는 악한 욕망 때문에 그들은 광야에서 40년 동안 방랑하게 되었습니다. 만일 그들에게 애굽의 습관과 그곳에서의 기억과 고약한 냄새를 풍기는 마늘에 대한 열망이 없었다면, 그들은 40일 안에 가나안으로 행군해 들어갈 수 있었을 것입니다. 오, 하나님이여! 부디 우리에게 은혜를 베푸사 지금 우리가 부끄러워하는 것들을 잊게 하시고, 그런 것들로부터 자유롭게 하소서.

　　마지막으로 한 가지만 덧붙이고자 합니다. 그것은 그들이 유월절을 한 해의 첫 자리에 놓음으로써 비로소 모든 것을 올바른 자리에 놓게 되었다는 사실입니다. 앞에서 이야기한 것처럼, 고대 사람들은 대부분의 경우 가을부터 한 해가 시작되는 것으로 생각했습니다. 그렇다면 실제로 가을은 한 해의 시작으로서 가장 적절한 계절일까요? 가을이 생명이 시작되는 가장 좋은 계절입니까? 유월절을 제정함으로써 한 해는 우리의 봄에 시작되는 것이 되었습니다. 나는 오늘날 우리의 상황에서도 한 해를 5월 초 쯤에 시작되는 것으로 계산하는 것이 가장 적절하다고 생각합니다. 나에게 있어 한 해는 실제로 봄에 시작되는 것으로 보입니다. 나의 임의적인 생각이기는 하지만, 한 해가 한겨울에 시작되는 것은 자연스럽지 않아 보입니다. 그 때는 모든 것이 죽어 있지 않습니까? 새들이 노래하고 꽃들이 피어날 때 한 해가 시작되는 것으로 보는 것이 훨씬 자연스럽지 않습니까? 우리의 첫 조상의 삶이 밤이 점점 길어지면서 모든 것이 쇠하기 시작하는 가을에 시작되었다는 것은 나에게 있어 이상한 추측으로 보입니다. 봄을 한 해의 시작으로 본다면 얼마나 멋지겠습니까? 그러면 새해 인사는 향기로운 꽃들과 함께 더욱 달콤해지고, 새들의 즐거운 노랫소리와 함께 더욱 풍성해지게 될 것입니다. 이것은 동방에서도 마찬가지입니다. 동방에서도 4월 내지 5월쯤에 곡식에 첫 이삭이 맺히고 다른 많은 열매들도 먹기에 좋은 정도로 자랍니다. 이스라엘 백성들은 아빕 월에 첫 열매의 절기를 지키며 곡식의 첫 이삭을 하나님께 드렸습니다. 그들은 만물이 익기를 기다리기 전에 먼저 그 모든 선한 것을 주시는 하나님께 감사하며 절기를 지켰던 것입니다. 우리 역시도 만물이 충분히 익기 전에 먼저 첫 이삭을 주시는 하나님께 감사를 드려야 합니다. 동방의 어떤 지역에서는 사시사철 열매가 맺힙니다. 그렇다면 에덴이라고 해서 그러지 말라는 법이 어디에 있습니까? 내가 방문했던 어떤 지역에서는 나무들이 서로 번갈아 가며 달마다 열매를 맺는 것을 보았습니다. 만일 아담이 4월에 창조되었다면, 그곳에 그를 위한 양식이 풍성하게 있었을 것입니다. 나무들이 서로 번갈아 가며 열매를 맺으면서 그의 모든 필요를 충족시켰을 것입니다. 또 그는 모든 것이 풍성하게 익어 가는 것을 보면서 여름을 맞이했을 것입니다. 이런 모습이 겨울의 풍경보다 훨씬 더 낙원의 풍경과 부합되지 않습니까? 한 해는 첫 열매와 함께 시작되는 것이 합당합니다. 마찬가지로 우리의 한 해 역시 우리가 그리스도를 만나 성령의 첫 열매를 받은 때로부터 시작되는 것이 합당합니다. 사람이 그리스도를 알기 전에는 모든 것이 혼돈 가운데 있습니다. 복음이 임하여 모든 것을 재조정하고 바로잡기 전까지는 모든 것이 무질서합니다. 복음이 사람을 올바른 자리에 놓기 전까지 그의 모든 것은 그릇된 자리에 놓여 있습니다. 은혜(grace)는 자연(nature, 혹은 본성)을 초월하지만, 그러나 자연과 배치되지 않습니다. 도리어 참된 자연(혹은 본성)을 회복시킵니다. 은혜가 임할 때, 우리의 본성(nature)은 회복되며 새로워집니다. 그것은 더 이상 죄로 부패된 옛 사람의 본성이 아닙니다. 은혜로 인해 "죄에 의해 만들어진 사람"으로부터 벗어날 때, 우리는 본래 하나님이 의도하셨던 참된 사람이 됩니다.

우리의 생명은 우리의 영적 유월절에 의해, 그리고 우리가 그리스도의 살을 먹음에 의해 시작됩니다. 우리는 항상 우리의 회심을 하나의 절기로 간주하면서 찬미와 함께 그것을 기념해야 합니다. 그리고 그것을 돌아보며 기념할 때마다 우리의 마음은 큰 기쁨으로 차오르게 될 것입니다. 하나님이 우리의 죄를 용서해 주신 것에 대해 우리는 얼마 동안 감사해야 할까요? 여러 시간 감사하면 충분할까요? 일평생 감사하면 충분할까요? 영원은 지나치게 길까요? 하나님이 우리를 지옥에 떨어지는 것으로부터 구원해 주신 것에 대해 우리는 얼마 동안 감사해야 할까요? 50년이면 충분할까요? 절대로 충분하지 않습니다. 그 축복은 너무도 큰 것이어서 천 년 동안의 감사로도 결코 충분하지 않습니다. 여러분과 내가 하나님의 자녀가 되고 그리스도와 함께 상속자가 되는 것 외에는 단 하나의 은혜도 받지 못했다고 상상해 봅시다. 우리는 그것 외에 어떤 은혜도 갖고 있지 못합니다. 그렇다 하더라도 우리는 바로 그 하나의 은혜로 인해 영원무궁토록 감사하며 찬미해야 합니다. 그렇습니다. 설령 우리가 수만 가지 질병으로 고통의 침상에 던져지고 뼈들이 살갗을 뚫고 나온다 하더라도, 하나님의 영원한 긍휼이 그 모든 고통과 아픔을 거룩하게 하실 것이기 때문에 우리는 계속해서 찬미의 소리를 높이며 하나님께 영원무궁토록 찬양을 드려야 합니다. 그러므로 "할렐루야 여호와를 찬양하라"가 여러분의 영원한 구호가 되게 하십시오. 이스라엘 백성들은 항상 찬미의 노래와 함께 유월절을 끝마쳤습니다. 그러므로 오늘 아침 우리의 설교도 거룩한 찬미의 노래와 함께 끝마치도록 합시다. 우리의 찬미가 올해가 끝날 때까지 그리고 시간이 더 이상 존재하지 않는 영원의 때까지 이어지도록 합시다. 아멘.

제
6
장

—

그 피

—

"내가 그 피를 볼 때에 너희를 넘어가리니."— 출 12:13

하나님의 백성들은 항상 안전합니다. 왜냐하면 그들은 하나님의 손 안에 있기 때문입니다(신 33:3). 하나님의 손은 영광스러운 장소일 뿐만 아니라 또한 안전한 장소입니다. 하나님을 자신의 피난처로 삼은 자를 해할 수 있는 것은 아무것도 없습니다. 다윗은 "주께서 나를 구원하라 명령하셨으니 이는 주께서 나의 반석이시요 나의 요새이심이니이다"라고 말했습니다(시 71:3). 하나님을 믿는 모든 자녀들이 다윗과 똑같이 말할 수 있습니다. 역병, 기근, 전쟁, 폭풍 ─ 이러한 것들은 하나님으로부터 그의 백성들을 구원하라는 명령을 받았습니다. 설령 발밑에서 땅이 흔들린다 하더라도, 그리스도인은 든든하게 설 수 있습니다. 설령 하늘이 말리고 궁창이 뜨거운 불에 태워지는 두루마리처럼 사라진다 하더라도, 그리스도인은 두려워할 필요가 없습니다. 하나님의 백성들은 구원받을 것입니다. 만일 하늘 아래서 구원받지 못한다면, 하늘 위에서 구원받을 것입니다. 설령 이 땅에서 고난의 때에 안전함이 없다 할지라도, 그들은 "주와 함께 구름 속으로 끌어 올려 공중에서 주를 영접하게 될 것이며 그리하여 항상 주와 함께 있을" 것입니다(살전 4:17).

출애굽 당시 애굽은 매우 두렵고도 강력한 위협이었습니다. 그러나 여호와 자신이 애굽 천하의 거리들을 행진할 것이었습니다. 그것은 단지 심판의 천사가 아니라 여호와 자신이었습니다. 왜냐하면 출애굽기 12장 12절에 이렇게 기록되었기 때문입니다. "내가 그 밤에 애굽 땅에 두루 다니며 사람이나 짐승을 막론하고 애굽 땅에 있는 모든 처음 난 것을 다 치고 애굽의 모든 신을 내가 심판하리라 나는 여호와라." 스스로 계신 자이신 위대하신 하나님이 심판의 칼로 "라합을 끊겠다고" 맹세하셨습니다(사 51:9). 땅에 거하는 자들이여, 두려워 떠십시오. 하나님이 당신들 가운데 임하실 것입니다. 그가 진노하시고 격노하사 마침내 잠에서 깨어 일어나실 것입니다. 그가 자신의 두려운 칼을 차고 당신들을 치기 위해 임하셨습니다. 범죄한 모든 자들이여, 두려움으로 진동하십시오. 하나님이 칼을 빼어 들고 거리를 다니면서 당신들을 치실 것입니다. 그러나 들으십시오. 긍휼의 언약이 소리를 지릅니다. 비록 진노하신 하나님이 거리를 다니신다 할지라도, 하나님의 자녀들은 안전합니다. 그들은 악인의 몽둥이로부터 안전했던 것처럼 또한 공의의 칼로부터도 안전합니다. 항상 그리고 영원히 말입니다. 이스라엘 백성들은 머리털 하나도 상하지 않을 것입니다. 여호와가 그들을 자기 날개 아래 안전하게 지킬 것입니다. 자신의 원수들을 사자처럼 찢으시는 동안에도, 그는 자기 자녀 모두를 보호하셨습니다. 사랑하는 자들이여, 이와 같이 하나님의 백성들이 안전한 것은 항상 사실입니다. 그러나 똑같이 사실인 또 하나의 사실이 있는데, 그것은 하나님의 백성들이 **오직 피를 통해** 안전하다는 사실입니다. 재앙의 때에 하나님이 자기 백성을 아끼는 이유는 그가 그들의 이마 위에 있는 피의 흔적을 보기 때문입니다. 하나님을 사랑하는 자 곧 그 뜻대로 부르심을 입은 자들에게는 모든 것이 합력하여 선을 이룬다는 위대한 진리의 기초가 무엇입니까? 하나님이 그들을 예수 그리스도의 보혈로 사셨다는 사실이 아닙니까? 그러므로 그들을 해할 수 있는 것은 아무것도 없습니다. 왜냐하면 그 피가 그들 위에 있기 때문입니다. 그러므로 모든 재앙은 그냥 지나갈 수밖에 없습니다. 유월절 밤에도 그랬습니다. 하나님 자신이 칼을 뽑아 들고 애굽 거리를 다니셨습니다. 그러나 하나님은 이스라엘 백성들을 아끼셨습니다. 왜냐하면 그들의 문 인방과 좌우 설주 위에 뿌려진 피의 흔적을 보셨기 때문입니다. 그것은 우리에게도 마찬가지입니다. 하나님이 격렬한 진노 가운데 두려움으로 땅을 놀라게 하며 악인을 정죄하기 위해 임하실 때, 우리는 안전할 것입니다. 만일 우리가 구주의 의를 덧입고 그의 피로 뿌림을 받았다면, 우리는 그 안에서 발견될 것입니다.

　어떤 사람들은 내가 지금 고리타분한 옛 주제를 다루고 있다고 생각할 것입니다. 그렇지만 나는 설교 준비를 하면서 여러분에게 그와 같은 옛 주제를 다시

한 번 이야기해야만 하겠다는 생각을 했습니다. 그렇게 생각하면서 책을 뒤적이고 있을 때 버마(미얀마) 선교사 저드슨 테일러의 일화를 기록한 글을 보게 되었습니다. 그는 말할 수 없는 고난을 통과하며 주를 위해 위험한 일을 수행했습니다. 그는 30년 후에 미국에 돌아왔습니다. 그가 돌아왔다는 말을 듣고 인근 지역으로부터 수많은 사람들이 운집했습니다. 예배 말미(末尾)에 그가 일어나자 모든 사람의 이목이 집중되었습니다. 그러자 그는 15분 동안 우리의 귀한 구주에 대해, 그가 우리를 위해 하신 일에 대해, 그리고 우리가 그로부터 얼마나 큰 빚을 지고 있는지에 대해 열정적으로 말했습니다. 그러고 나서 그는 자기 자리에 앉았습니다. 한 친구가 집으로 돌아가는 길에 저드슨에게 말했습니다. "사람들이 크게 실망했네. 그들은 왜 자네가 다른 이야기를 하지 않았는지 의아하게 생각하네." 저드슨은 대답했습니다. "그래? 그들이 듣기를 원하는 게 뭔데? 나는 세상에서 가장 흥미로운 주제를 최선을 다해 전했는데?" "그렇지만 그들은 뭔가 다른 이야기를 듣고 싶어 했어." "나는 그들에게 가장 흥미진진한 이야기를 했다고 확신하는데?" "그렇지만 그 이야기는 전에도 늘 듣던 이야기 아닌가? 그들은 지구 반대편에서 이제 막 돌아온 사람으로부터 뭔가 새로운 이야기를 듣고 싶어 했던 거야." "그래? 지구 반대편에서 온 사람이 해줄 수 있는 이야기 가운데 예수 그리스도의 십자가 사랑보다 더 놀라운 이야기는 아무것도 없는데? 나의 일은 그리스도의 복음을 전파하는 것이 아닌가? 어쨌든 나는 나의 사명을 소홀히 여기지 않았다고 말할 수 있네. 그들을 언제 다시 만날는지 알지 못하는데 내가 어떻게 재미있는 이야기로 그들의 무익한 호기심이나 만족시키며 시간을 허비할 수 있겠나? 설령 그것이 종교적인 문제와 연결된 이야기라 하더라도 말일세. 그것은 복음을 전파하라고 말씀하신 그리스도의 뜻과 어긋나는 것이 아닌가? 나중에라도 주님으로부터 '그들에게 나를 증거할 한 번의 기회를 주었거늘 너는 그 기회를 네 자신의 모험 이야기로 허비하고 말았도다'라는 책망의 말씀을 듣지 않겠나?"

저드슨은 30년 동안의 버마 선교에도 불구하고 그리스도의 보혈과 관련한 옛 이야기보다 더 나은 이야기를 발견할 수 없었습니다. 그러므로 나 역시도 그리스도의 보혈과 관련한 옛 주제를 다시금 다루지 않을 수 없습니다. 실상 그것은 우리에게 항상 새롭고 항상 신선한 주제입니다. 왜냐하면 바로 그것으로 인해 우리가 구원을 받기 때문입니다.

　　여기에서 우리는 첫째로, 그 피에 대해, 그리고 둘째로, 그 효력에 대해, 그리고 셋째로, 거기에 부과된 한 가지 조건에 대해, 그리고 마지막으로, 실제적인 교훈에 대해 살펴보고자 합니다.

1. 첫째로, 그 피를 살펴보도록 합시다.

　　이스라엘 백성의 경우, 그것은 유월절 어린 양의 피였습니다. 그리고 우리의 경우, 그것은 세상 죄를 지고 가는 하나님의 어린 양 예수 그리스도의 피입니다.

　　1. 오늘 아침 내가 엄숙한 마음으로 말하고자 하는 피는 무엇보다도 하나님이 정하신 희생제물의 피입니다. 예수 그리스도는 이 세상에 자기 마음대로 오지 않았습니다. 그는 이곳에 그의 아버지에 의해 보냄을 받았습니다. 진실로 이것은 기독교적 소망의 근본적인 토대 가운데 하나입니다. 우리는 예수 그리스도가 그의 아버지에 의해 받아들여졌음을 믿을 수 있습니다. 왜냐하면 그의 아버지가 그를 창세 전부터 우리의 구주로 정하셨기 때문입니다. 죄인들이여, 오늘 아침 여러분에게 그리스도의 피를 전파할 때, 나는 하나님을 기쁘시게 하는 메시지를 전파하고 있는 것입니다. 왜냐하면 하나님 자신이 그리스도를 구속자로 선택하셨기 때문입니다. 하나님 자신이 창세 전에 그리스도를 따로 정하셨으며, 여호와 자신이 그 위에 우리 모두의 죄를 올려놓으셨습니다. 그리스도의 희생제사는 여러분에게 근거 없이 오지 않습니다. 그것은 그리스도께서 은밀하며 비밀스럽게 행한 일이 아닙니다. 그가 세상의 기초가 놓이기 전부터 죽임당한 어린 양이라는 것은 영원한 말씀에 분명하게 기록된 사실입니다. 그 자신이 "보시옵소서 두루마리 책에 나를 가리켜 기록된 것과 같이 하나님의 뜻을 행하러 왔나이다"(히 10:7)라고 말씀하신 것처럼 말입니다. 예수의 피가 흘려져야만 하는 것은 하나님의 뜻입니다. 예수는 사람들을 위해 하나님이 선택한 구주입니다. 나는 죄인들에게 강력하게 역설합니다. 죄인들이여, 여러분은 그리스도를 믿을 수 있으며 그리스도는 여러분을 하나님의 진노로부터 구원할 수 있습니다. 왜냐하면 하나님 자신이 그를 구원자로서 정하셨기 때문입니다.

　　2. 예수 그리스도는 또한 흠 없는 희생제물이었습니다. 만일 그리스도에게 단 하나의 죄라도 있었다면, 그는 결코 우리 구주가 될 수 없었습니다. 그러나 그는 흠 없고 점 없는 희생제물이었습니다. 그에게는 원죄(原罪)도 없었으며, 자범

죄(自犯罪)도 없었습니다. 그에게는 아무런 죄도 없었습니다. 비록 "모든 일에 우리와 똑같이 시험을 받으셨다"(히 4:15) 하더라도 말입니다. 여기에 그 피가 우리를 구원할 수 있는 이유가 있습니다. 왜냐하면 그것은 무죄한 희생제물의 피이기 때문입니다. 그리고 그의 죽음은 그 자신의 죄로 말미암은 것이 아니라 우리의 죄로 말미암은 것이기 때문입니다. 애굽에 있었던 이스라엘 가정의 가장(家長)을 생각해 보십시오. 가련한 어린 양을 잡을 때, 아마도 그의 마음속에 이런 생각이 스쳐갔을 것입니다. '아, 이 가련한 동물이 죽는 것은 그 자신의 어떤 잘못 때문이 아니라 우리가 범죄한 자로서 이렇게 죽기에 합당한 자라는 사실을 보여주기 위함이로다.' 여러분의 눈을 십자가로 돌리십시오. 그리고 여러분을 위해 그곳에서 피를 흘리며 죽어가는 예수를 보십시오. 그리고 다음과 같은 사실을 기억하십시오.

> "그가 죽으심은 그 자신의 죄 때문이 아니라
> 우리의 죄를 속하기 위함이었도다."

죄는 그리스도 안에서 어떤 발판도 가질 수 없었으며, 결코 그를 괴롭힐 수 없었습니다. 공중권세 잡은 자는 그를 바라보며 이렇게 말할 수밖에 없었습니다. "나는 그 안에서 아무것도 얻을 수 없도다. 그에게는 나의 발을 디딜 아무런 틈도 없도다. 그에게 죄라곤 그림자조차 찾을 수 없도다." 오, 가련한 죄인들이여! 예수의 피는 여러분을 구원할 수 있습니다. 왜냐하면 그는 완전히 무죄하시기 때문입니다. "그리스도께서도 단번에 죄를 위하여 죽으사 의인으로서 불의한 자를 대신하셨으니 이는 우리를 하나님 앞으로 인도하려 하심이라"(벧전 3:18).

어쩌면 여러분은 "어째서 그리스도의 피가 그토록 큰 능력을 가지고 있나요?"라고 물을는지 모릅니다. 그에 대한 나의 대답은, 하나님이 그 피를 정하셨다든지 혹은 그것이 흠 없는 피였기 때문이었다는 것뿐만 아니라 그리스도 자신이 하나님이셨기 때문이라는 것입니다. 만일 그리스도가 단지 사람일 뿐이었다면, 나는 여러분에게 그를 믿으라고 훈계할 수 없었을 것입니다. 설령 그가 완전히 흠이 없고 거룩하다 하더라도, 그의 피에 도대체 무슨 구원의 효력이 있겠습니까? 단지 그가 사람일 뿐이라면 말입니다. 그러나 그리스도는 "참 하나님"(very God of very God)이었으며, 그가 흘린 피는 하나님의 피였습니다. 물론 그것은 사람의 피였습니다. 왜냐하면 그는 우리와 같은 사람이었기 때문입니다. 그러나 그의 인성(人性)은 그의 신성(神性)과 완전하게 결합되어 있었습니다. 바로 그러한 사실로부터 그의 피의 효력이 나오는 것입니다. 여러분은 하나님 자신의 사랑하는 아들의 피의 가치를 상상할 수 있습니까? 도대체 누가 그렇게 할 수 있단 말입니까? 아무도 그 가치를 측량할 수 없습니다. 사람의 측량은 그것이 가진 실제적인 가치의 백만 분의 일에도 미치지 못할 것입니다. 만일 여러분이 그 피로 씻음을 받았다면, 여러분은 그 피의 가치를 모든 가치를 뛰어넘는 것으로 평가할 것입니다. 그럼에도 불구하고 여러분은 그 가치를 충분히 평가할 수 없습니다. 하나님이 스스로를 낮추시고 죽으신 것은 천사들에게조차 경이로운 일이었습니다. 하나님이 죽으시기 위해 사람이 된 것은 모든 경이(驚異) 중에 최고의 경이입니다. 그리스도가 세상의 창조주이며 온 우주가 그의 어깨 위에 지탱되고 있음을 생각할 때, 그의 대속의 죽음과 보혈의 가치를 도대체 어떻게 충분히 측량할 수 있단 말입니까? 사랑하는 형제 자매들이여, 십자가 주위로 모이십시오. 그리고 신음하며 피 흘리며 죽어가는 이 사람을 보십시오. 그 사람은 또한 "영원히 송축받으실 만유의 하나님"입니다. 거기에 구원할 능력이 없겠습니까? 그 피에 아무런 효력도 없겠습니까? 죄의 능력이 신성(神性)의 능력보다 더 크겠습니까? 죄의 높이가 신성의 높이보다 더 높겠습니까? 죄의 깊이가 무한하신 자의 깊이보다 더 깊겠습니까? 죄의 넓이가 하나님의 넓이보다 더 넓겠습니까? 그는 신성(神性)을 가진 자입니다. 그러므로 그는 "자기를 힘입어 하나님께 나아가는 자들을 온전히 구원할 수"(히 7:25) 있습니다. 이와 같이 신성을 가진 자의 흠 없는 피는 여러분을 하나님의 진노로부터 구원할 수 있는 피입니다.

　4. 나아가 그 피는 많은 사람의 죄를 사하기 위해 한 번 흘려진 피입니다. 유월절 어린 양은 매년 죽임을 당했습니다. 그러나 그리스도는 죄를 속하기 위해 또다시 드려질 필요가 없습니다. 왜냐하면 그리스도는 자신을 드림으로써 영단번적으로(once and for all) 죄를 속했기 때문입니다. 유대인들은 매일같이 아침저녁으로 희생제물을 드렸습니다. 왜냐하면 계속적으로 죄의 문제가 남아 있었기 때문입니다. 어린 양의 피는 죄를 영구히 제거할 수 없었습니다. 어린 양은 오늘을 위해서는 유용했습니다. 그러나 내일에는 또 다른 죄가 있을 것이었습니다. 그러면 어떻게 해야 합니까? 그렇습니다. 새로운 희생제물이 또다시 피를 흘려야만 합니다. 그러나 예수의 피는 한 번 흘려졌으며, 그는 "다 이루었다"라고 말

씀하셨습니다. 소나 염소나 다른 희생제물의 피가 더 이상 필요하지 않게 되었습니다. 그 하나의 희생제물이 "거룩하게 된 자들을 영원히 완전하게" 했습니다. 두려워 떠는 죄인들이여, 다시 십자가로 오십시오. 여러분의 죄가 아무리 크고 무겁다 하더라도, 그리스도의 죽음으로 말미암아 그 모든 죄에 대한 속죄가 완성되었습니다. 예수를 바라보십시오. 그리고 예수 그리스도는 자신의 피를 보충할 아무것도 필요로 하지 않는다는 사실을 기억하십시오. 하나님과 사람 사이의 길은 완성되었으며 활짝 열렸습니다. 여러분의 벌거벗은 몸을 가릴 옷은 완성되었습니다. 여러분을 씻을 욕조의 물은 아구까지 가득 찼습니다. 거기에 더해질 아무것도 필요하지 않습니다. "다 이루었다!" 이 말씀이 여러분의 귀에 계속해서 울리게 하십시오. 만일 하나님이 이 시간 여러분에게 예수 그리스도를 믿고자 하는 마음을 주셨다면, 여러분이 구원받는 것을 가로막을 수 있는 것은 아무것도 없습니다. 그는 죄인들을 위한 은혜로 가득한 완전한 구주입니다.

5. 마지막으로, 예수 그리스도의 피는 하나님께 열납된 피입니다. 그리스도는 죽으시고 장사되셨습니다. 그러나 하늘도 땅도 하나님이 대속제물을 열납하셨는지 여부를 말할 수 없었습니다. 인간 구원의 대헌장 위에 하나님의 인(印)이 찍혀야만 했습니다. 아! 사랑하는 형제들이여, 그 인은 찍히고야 말았습니다. 언제입니까? 그것은 하나님이 천사를 명하여 그의 무덤으로부터 돌을 굴려내라고 말씀하시던 바로 그 순간입니다. 그리스도는 마치 그의 백성들을 위한 인질처럼 무덤의 감옥에 수치스럽게 유폐되었습니다. 하나님이 그의 모든 백성들의 방면(放免)을 위해 서명하실 때까지, 그리스도는 사망의 멍에 아래 있어야만 했습니다. 그는 자신의 감옥을 파옥(破獄)하려고 시도하지 않았습니다. 그는 감옥의 문 빗장을 부수면서 불법적으로 나오지 않았습니다. 그는 세마포 수의로 감싸인 채 기다렸습니다. 그는 참을성 있게 기다리고 또 기다렸습니다. 그리고 마침내 하늘로부터 천사가 유성(流星)처럼 내려와 돌을 굴렸습니다. 그리스도께서 아버지의 영광 가운데 죽은 자 가운데 다시 살아나셨을 때, 우리 구속의 대헌장 위에 인이 찍혔습니다. 그 피는 열납되었으며, 죄는 용서되었습니다. 만일 당신이 오늘 그리스도의 피에 호소하며 하나님께 나온다면, 하나님은 결코 당신을 거부할 수 없습니다. 하나님은 결코 그렇게 할 수 없습니다. 다시 말하거니와, 영원하신 하나님은 그리스도의 피에 호소하는 죄인을 결코 배척할 수 없습니다. 왜냐하면 만일 그렇게 한다면, 그것은 스스로를 부인하는 것이 되기 때문입니다. 또 그것

은 하나님의 이전의 모든 행동들과 모순됩니다. 하나님은 그 피를 열납하셨으며 또 열납하실 것입니다. 하나님은 그리스도의 부활로써 인을 찍으신 당신의 확증을 결코 철회할 수 없습니다. 만일 여러분이 그리스도의 피에 호소하면서 하나님께 나아간다면, 하나님은 스스로 하나님이심을 부인하지 않는 한 결코 여러분과 그 피를 배척할 수 없습니다.

나는 아직도 여러분에게 그리스도의 피에 대해 충분히 이야기했다고 생각하지 않습니다. 잠깐 동안 눈을 감고, 십자가 위의 그리스도를 마음에 그려 보십시오. 골고다 언덕 주위에 모인 군중들을 상상해 보십시오. 그리고 눈을 들어 그곳에 세워진 세 개의 십자가를 보십시오. 그 한가운데 계신 가시면류관을 쓴 그리스도를 보십시오. 항상 은혜로 가득한 그의 손이 저주받은 나무 위에 단단하게 못 박혀 있는 것이 보입니까? 또 그의 사랑스러운 얼굴을 보십시오. 모든 사람의 얼굴보다 더 많이 상하지 않았습니까? 극도의 고뇌 가운데 그의 머리가 숙여진 것이 보입니까? 그가 실제적인 사람이었음을 기억하십시오. 그것은 실제적인 십자가였습니다. 이 모든 것을 단순한 허구나 환상이나 꾸며낸 이야기로 생각하지 마십시오. 거기에는 실제로 한 존재(Being)가 있었습니다. 그는 내가 묘사한 것처럼 죽었습니다. 여러분의 상상력을 동원하여 그의 모습을 그려 보십시오. 그리고 이렇게 생각하십시오. '지금 고통 가운데 죽어가고 있는 이 사람의 피는 나의 구속임에 틀림없어. 만일 내가 구원받고자 한다면, 나는 나를 위해 고난을 당하신 이 사람을 믿어야만 해.' 이제 여러분은 두 번째 주제로 나아갈 준비가 되었습니다.

2. 둘째로, 그 피의 효력을 주목하십시오.

하나님은 "내가 피를 볼 때에 너희를 넘어가리니"라고 말씀하셨습니다.

1. 그리스도의 피는 그 외에는 다른 어떤 것도 갖고 있지 못한 영혼을 구원하는 신적 능력을 갖고 있습니다. 만일 어떤 어리석은 이스라엘 사람이 하나님의 명령을 무시하면서 "나는 문설주에 다른 것을 뿌릴 거야"라든지, 혹은 "나는 문 인방을 금은보석으로 아름답게 장식할 거야"라고 말했다면, 그는 필경 멸망을 당했을 것입니다. 그의 집을 구원할 수 있는 것은 문에 뿌려진 어린 양의 피 외에 아무것도 없었습니다. 우리 모두는 예수 그리스도 외에 다른 터가 없다는 사실을 잊어서는 안 됩니다(고전 3:11, 이 닦아 둔 것 외에 능히 다른 터를 닦아 둘 자가 없으

니 이 터는 곧 예수 그리스도라). 왜냐하면 하나님이 "천하 사람 중에 구원을 받을 만한 다른 이름을 우리에게 주신 일이" 없기 때문입니다(행 4:12). 나의 공로나 기도나 눈물이 나를 구원할 수 없습니다. 오직 피만이 구속의 능력을 가지고 있습니다. 성례(聖禮)도 나를 구원할 수 없습니다. 오직 예수 그리스도의 피 외에는 그 어느 것도 나를 죄책으로부터 구속할 수 없습니다. 설령 천천의 숫양이나 만만의 강물 같은 기름을 드린다 하더라도, 내 허물을 위하여 내 맏아들을, 내 영혼의 죄로 말미암아 내 몸의 열매를 드린다 하더라도, 그 모든 것은 다 쓸모없는 것이 될 것입니다(미 6:7). 예수의 피 외에는 그 어떤 것도 털끝만큼의 구원의 능력조차 가지고 있지 못합니다. 유아세례와 견진성사와 성만찬을 신뢰하는 자들이여, 여러분은 거짓된 것들을 신뢰하고 있는 것입니다. 예수의 피 외에는 그 어떤 것도 구원할 수 없습니다. 성례가 아무리 성경적으로 올바르게 시행된다 하더라도, 만일 여러분이 그것을 신뢰한다면 여러분은 헛된 것을 신뢰하고 있는 것입니다. 나는 결코 성례와 거룩한 것들을 폄훼하지 않습니다. 그것들은 각자 자기의 위치를 가지고 있습니다. 그러나 만일 여러분이 그것들을 여러분 영혼의 구원의 기초로 삼는다면, 그러한 기초는 모래성보다도 더 허약한 기초가 될 것입니다. 그리고 어느 순간 여러분은 그 기초가 힘없이 허물어지는 것을 발견하게 될 것입니다. 다시 한 번 반복하거니와, 예수의 피 외에 그 어디에서도 여러분은 원자(原子) 알갱이 하나만큼의 구원의 능력조차도 발견할 수 없을 것입니다. 오직 그의 피만이 유일하게 구원의 능력을 가집니다. 만일 여러분이 그 외에 다른 것을 의지한다면, 여러분은 헛된 것을 의지하고 있는 것입니다. 오직 예수의 피만이 반석입니다. 다른 모든 것들은 단지 백일몽에 불과합니다. 그것들은 하나님이 오셔서 시험하시는 날 다 사라져 없어질 것입니다. 그 피만이 홀로 장엄하게 서 있습니다. 그 피만이 우리 구원의 유일한 반석입니다.

2. 뿐만 아니라 여러분은 그 피와 더불어 다른 것을 함께 놓아서는 안 됩니다. 오직 그 피만이 **홀로 구원**해야 합니다. 만일 여러분이 그리스도의 피와 더불어 다른 것을 함께 놓는다면, 여러분은 잃어질 것입니다. 그리스도의 피와 함께 다른 것을 의지하십시오. 그러면 여러분은 멸망을 당할 것입니다. 어떤 사람이 이렇게 말합니다. "성례가 나를 구원할 수 없는 것은 사실입니다. 그러나 나는 그리스도도 믿고 성례도 믿을 것입니다." 그렇다면 그는 잃어진 사람입니다. 예수 그리스도는 자신의 영광을 추호도 양보하지 않습니다. 따라서 만일 여러분이

그와 더불어 다른 어떤 것을 함께 놓는다면 ― 그것이 자체로 아무리 선한 것이라 하더라도 말입니다 ― 바로 그 사실 때문에 그것은 "저주받은 것"(accursed thing)이 됩니다. 여러분이 그리스도와 더불어 함께 놓은 것은 무엇입니까? 여러분의 선행입니까? 무엇이라고요? 여러분은 천사와 함께 뱀의 멍에를 멜 것입니까? 여러분의 선행이 무엇입니까? 여러분의 의는 더러운 누더기에 불과합니다. 더러운 누더기가 그리스도의 천상의 의의 옷과 함께 섞일 것입니까? 결코 그럴 수 없습니다. 결코 그래서는 안 됩니다. 오직 예수만을 의지하십시오. 그러면 여러분은 멸망을 당할 수 없습니다. 그러나 만일 그와 더불어 다른 것을 의지한다면, 여러분은 마치 여러분의 죄를 의지하는 것처럼 틀림없이 저주를 받게 될 것입니다. 오직 예수! 오직 예수! 오직 예수! 오직 예수만이 우리 구원의 반석입니다.

여기에서 우리의 자기 의가 종종 취하는 몇 가지 형태들을 살펴보도록 합시다. 어떤 사람이 이렇게 말합니다. "만일 내가 나의 죄를 좀 더 느낀다면, 나는 그리스도를 믿을 수 있었을 텐데요." 형제여, 이것은 심각한 오류입니다. 당신의 회개와 당신의 죄 의식이 "부분적인 구주"(part-Savior)입니까? 죄인이여, 당신을 구원하는 것은 그리스도의 피지 당신의 눈물이 아닙니다. 당신을 구원하는 것은 그리스도의 죽음이지 당신의 회개가 아닙니다. 당신을 구원하는 것은 당신의 느낌도 아니며, 죄로 인한 당신의 괴로움도 아닙니다. 그러나 얼마나 많은 사람들이 그리스도 자신보다 자신의 회개를 더 많이 의식합니까?

> "당신의 눈물이 영원히 흐른다 하더라도
> 당신이 아무리 뜨거운 열심을 가졌다 하더라도
> 그 모든 것이 죄를 속죄하는 것이 아니라,
> 오직 그리스도 한 분만이 구원하실 것이라."

다른 사람이 말합니다. "그렇지만 나는 내가 그리스도의 피를 올바로 평가하지 못한다고 느끼기 때문에 믿기를 두려워합니다." 친구여, 그것은 또 다른 형태의 동일한 오류입니다. 하나님은 "내가 그리스도의 피에 대한 너의 평가를 볼 때에 너를 넘어가리라"라고 말씀하지 않으셨습니다. 오직 하나님은 "내가 그 피를 볼 때에 너희를 넘어가리라"라고 말씀하셨습니다. 당신을 구원하는 것은 그리스도의 피지, 그 피에 대한 당신의 평가가 아닙니다. 앞에서 말한 것처럼, 그리스도의 피만이 홀로 우뚝 서야 합니다.

또 다른 사람이 말합니다. "그렇지만 만일 내가 좀 더 큰 믿음을 갖는다면, 나는 구원받을 것을 바랄 수 있을 텐데요." 이 역시 또 다른 형태의 동일한 오류입니다. 당신은 당신의 믿음의 효력에 의해 구원받지 않습니다. 오직 그리스도의 피의 효력에 의해 구원받습니다. 당신을 구원하는 것은 그리스도의 죽음이지, 당신의 믿음이 아닙니다. 나는 당신에게 믿으라고 명합니다. 그러나 구원을 위해 당신의 믿음을 바라보라고 명하지는 않습니다. 만일 어떤 사람이 자신의 믿음을 신뢰한다면, 그는 천국에 들어가지 못할 것입니다. 자신의 선행을 의지하는 것이나 자신의 믿음을 의지하는 것이나 결국은 마찬가지입니다. 당신의 믿음은 그리스도와 관계되어야지 믿음 그 자체와 관계되어서는 안 됩니다. 세상은 아무것 위에도 매달려 있지 않습니다. 그러나 믿음은 그 자체 위에 매달려 있을 수 없습니다. 그것은 반드시 그리스도 위에 매달려 있어야만 합니다. 때로 믿음이 왕성할 때, 나는 그와 같이 왕성한 믿음을 가진 나 자신을 붙잡습니다. 그러면 나는 내 마음속에 흐르고 있던 기쁨이 갑자기 사라지는 것을 발견하기 시작합니다. 나는 그 이유를 찾습니다. 그러면 나는 그리스도에 대해 생각했을 때 기쁨이 임했었지만, 나의 기쁨에 대해 생각하기 시작했을 때 그 기쁨이 사라지게 되었던 것을 발견합니다. 여러분은 그리스도에 대해 생각해야지, 여러분의 믿음에 대해 생각해서는 안 됩니다. 믿음은 그리스도를 묵상하는 것으로부터 옵니다. 그러므로 여러분의 눈을 믿음이 아니라 예수께 돌리십시오. 여러분을 구원하는 것은 여러분이 그리스도를 붙잡는 것이 아니라 그리스도가 여러분을 붙잡는 것입니다. 여러분을 구원하는 것은 여러분의 믿음의 효력이 아닙니다. 그것은 그리스도의 피의 효력입니다. 그 피의 효력이 성령으로 말미암아 여러분에게 적용될 때, 여러분에게 구원이 임하는 것입니다.

나는 사탄이 인간의 마음속에 가져다주는 미혹에 있어 이것보다 더 강력한 것을 알지 못합니다. 오직 그리스도의 피만이 구원의 능력을 갖고 있다는 이 위대한 진리를 그는 할 수만 있으면 왜곡시키려고 애를 씁니다. 또 어떤 사람이 말합니다. "만일 내가 이러저러한 경험을 했다면 믿을 수 있었을 텐데요." 친구여, 당신을 구원하는 것은 당신의 경험이 아니라 그리스도의 피입니다. 하나님은 "내가 네 경험을 볼 때"라고 말씀하시지 않고 "내가 그리스도의 피를 볼 때"라고 말씀하셨습니다. 다른 사람이 말합니다. "그렇지만 내가 이러저러한 은혜들을 가졌다면 믿을 수 있었을 텐데요." 결코 그렇지 않습니다. 하나님은 "내가 네 은혜들을 볼 때"라고 말씀하시지 않고, "내가 그 피를 볼 때"라고 말씀하셨습니다. 은혜를 받으십시오. 믿음과 소망과 사랑에 대해 할 수 있는 대로 많이 받으십시오. 그러나 그러한 것들을 그리스도의 피의 자리에 놓지 마십시오. 여러분의 소망의 유일한 기둥은 오직 십자가여야만 합니다. 그리스도의 십자가를 보완하기 위해 여러분이 세운 다른 것은 그것이 무엇이든 하나님께 가증스러운 것입니다. 그리고 그것은 더 이상 선한 것이 되지 못합니다. 왜냐하면 그것은 "그리스도와 맞서는 것"(anti-Christ, 혹은 "적그리스도")이기 때문입니다. 이와 같이 오직 그리스도의 피만이 홀로 구원합니다. 그것은 다른 어떤 것과 연합하여 구원하지 않습니다.

　3. 또 그리스도의 피는 완전히 **충족**(all-sufficient)합니다. 그리스도의 피가 부응하지 못하는 경우는 없습니다. 그것이 씻을 수 없는 죄는 없습니다. 죄가 아무리 많다 하더라도, 그리스도의 피는 그것을 정결하게 할 수 있습니다. 죄책이 아무리 무겁다 하더라도, 그리스도의 피는 그것을 제거할 수 있습니다. 여러분의 죄는 두 번 물들인 것처럼 진홍색일 수 있습니다. 여러분은 70년 동안 수많은 죄들의 잿물 속에 누워 있었을 수 있습니다. 그러나 그리스도의 피는 그 모든 죄의 얼룩을 제거할 수 있습니다. 여러분은 수없이 그를 모독했을 수 있습니다. 여러분은 수없이 그를 배척했을 수 있습니다. 여러분은 그의 안식일을 깨뜨렸을 수 있습니다. 여러분은 그의 존재를 부인했을 수 있습니다. 여러분은 그의 신성(神性)을 의심했을 수 있습니다. 여러분은 그의 종들을 박해했을 수 있습니다. 여러분은 그의 피를 짓밟았을 수 있습니다. 그러나 그리스도의 피는 그 모든 것을 씻어 버릴 수 있습니다. 여러분은 수없이 음행을 저질렀을 수 있습니다. 여러분은 살인으로 자신의 손을 더럽혔을 수 있습니다. 그러나 그리스도의 피는 그 모든 더러운 것들을 씻어 버릴 수 있습니다. 예수 그리스도의 피는 우리를 모든 죄로부터 깨끗하게 합니다. 아무리 극악한 사람이라 하더라도 그리스도의 피가 씻을 수 없는 경우는 없습니다. 지옥이 어떤 사람을 수많은 죄의 사슬로 묶어 마치 사람 모양을 한 괴물처럼 만들 수 있습니다. 그러나 그리스도의 피는 그런 괴물을 변화시킬 수 있습니다. 그리스도의 피는 막달라 마리아의 일곱 귀신을 쫓아낼 수 있습니다. 그리스도의 피는 나병을 치유할 수 있습니다. 그리스도의 피는 중

풍병자를 일으킬 수 있습니다. 그리스도의 피는 마비된 수족을 회복시킬 수 있습니다. 그리스도의 피가 고칠 수 없는 영적 질병은 없습니다. 그것은 모든 병을 고치는 만병통치약입니다. 어떤 것도 그 피의 효력을 넘어설 수 없습니다. 그것은 완전히 충족한 피입니다.

4. 또 그리스도의 피는 확실하게 구원합니다. 많은 사람들이 "나는 그리스도의 피를 통해 구원받기를 희망합니다"라고 말합니다. 그들 가운데 어떤 사람들은 아마도 "나는 그리스도의 피가 구원할 것을 희망합니다"라는 뜻으로 그렇게 말했을 것입니다. 나의 친구여, 그것은 하나님의 영광을 모독하는 말입니다. 어떤 사람이 당신에게 어떤 약속을 했다고 가정해 봅시다. 그런데 만일 당신이 "나는 그가 약속을 지킬 것을 희망해요"라고 말한다면, 그 안에는 그가 약속을 지키지 않을지도 모른다는 최소한 약간의 의심이 함축되어 있지 않습니까? 나는 그리스도의 피가 나의 죄를 씻을 것을 희망하지 않습니다. 나는 나의 죄가 그의 피로 말미암아 씻어졌음을 압니다. 그리스도의 피에 대해 그것이 나의 죄를 씻을 것으로 희망하지 않고 "나는 그 피가 나의 죄를 씻었음을 압니다"라고 말하는 것이 참된 믿음입니다. 참된 믿음을 가진 이스라엘 백성이라면 "나는 죽음의 천사가 그냥 지나갈 것을 희망해요"라고 말하지 않을 것입니다. 그렇게 말하는 대신, 그는 "나는 죽음의 천사가 그냥 지나갈 것을 압니다"라고 말할 것입니다. 나는 하나님이 나를 치실 수 없음을 압니다. 나는 하나님이 그렇게 하지 않을 것을 압니다. 피의 표지가 있기 때문에 나는 의심의 여지 없이 안전합니다. 내가 멸망을 당할 위험은 추호도 없습니다. 나는 구원되며, 구원되어야만 합니다." 이와 같이 오늘 아침 나는 확실한 구원을 전파합니다. 누구든지 주 예수 그리스도를 믿는 자는 멸망하지 않고 영생을 얻을 것입니다. 예수 그리스도는 이렇게 말씀하셨습니다. "내가 내 양들에게 영생을 주노니 영원히 멸망하지 아니할 것이요 또 그들을 내 손에서 빼앗을 자가 없느니라"(요 10:28). 가련한 죄인이여, 만일 당신이 그의 피를 믿는다면, 나는 그리스도께서 당신을 구원하실지 여부에 대해 추호의 의심도 품지 않습니다. 나는 그가 당신을 구원할 것을 압니다. 나는 당신에게 그의 피가 당신을 구원할 것을 확증합니다. 예수 그리스도의 이름으로 당부하노니, 당신도 나와 똑같이 믿으십시오. 그의 피가 확실하게 씻는다는 사실을 믿으십시오. 그의 피가 단지 씻을 수 있는 것이 아니라 반드시 씻는다는 것을 믿으십시오. 그러므로 우리는 구원받지 않을 수 없다는 사실을 믿으십시오. 만일 우리 위

에 그의 피가 있다면, 우리는 구원을 받아야만 합니다. 그렇지 않으면, 하나님은 신실하지 않은 하나님이 됩니다.

　5. 마지막으로, 이 피가 뿌려진 자는 완전하게 구원을 받습니다. 죽음의 천사는 이스라엘 백성의 머리카락 하나도 해할 수 없습니다. 그들은 완전하게 구원을 받았습니다. 이와 같이 그 피를 믿는 자는 모든 것으로부터 구원을 받습니다. 나는 로마서 8장 1절의 옛 번역을 좋아합니다. 한 순교자가 재판장 앞에 소환되었습니다. 그가 그리스도에 대한 믿음을 고백하자, 재판장은 "너는 이단자이며 정죄받을 것이다"라고 말했습니다. 그러자 그는 "그러므로 이제 그리스도 예수를 믿는 자에게는 결코 정죄함이 없나니"라는 로마서 8장 1절의 옛 번역을 인용하면서, "그렇지 않습니다. 나를 결코 정죄받지 않을 것입니다"라고 대답했습니다. 그 말씀은 우리에게 얼마나 큰 위로를 줍니까? 자기 안에 그리스도의 피를 가진 사람은 결코 정죄함이 없습니다. 그는 하나님으로부터 정죄받을 수 없습니다. 그것은 불가능합니다. 그와 같은 것은 결코 없습니다. 그와 같은 것은 결코 있을 수 없습니다. 결코 정죄함이 없습니다. 그는 정죄받을 수 없습니다. 왜냐하면 그리스도 예수 안에 있는 자에게는 결코 정죄함이 없기 때문입니다. 그 피를 문 인방과 설주에 뿌리십시오. 그러면 결코 멸망함이 없습니다. 애굽을 위한 죽음의 천사는 있습니다. 그러나 이스라엘을 위한 죽음의 천사는 없습니다. 악인을 위한 지옥은 있습니다. 그러나 의인을 위한 지옥은 없습니다. 정말로 의인을 위한 지옥이 없다면, 그들은 결코 그곳에 들어갈 수 없습니다. 그들을 위한 정죄함이 없는데, 어떻게 그들이 정죄함을 받을 수 있겠습니까? 예수 그리스도는 완전하게 구원하십니다. 모든 죄가 씻겨지며, 모든 축복이 확정됩니다. 그리스도의 피는 우리를 완전하게 구원합니다. 그리고 우리의 확실한 결말은 영원한 영광입니다.

　지금까지 그리스도의 피의 효력에 대해 장황하게 이야기했지만, 그러나 사람의 입술이라도 그것의 가치를 충분하게 말할 수 없을 것입니다. 나는 오늘의 주제를 좀 더 강력하게 증거하지 못한 것으로 인해 집에 가서 애통하며 울게 될 것입니다. 그렇지만 나는 그 주제를 가능하면 단순하게 이야기하려고 노력했습니다. 할 수 있는 대로 모든 사람이 이해할 수 있도록 말입니다. 부디 성령 하나님이 여러분으로 하여금 예수 그리스도의 피를 단순하게, 전적으로, 그리고 완전하게 믿도록 이끄시기를 기원합니다.

**3. 셋째로, 이제 그 피가 효력을 나타내기 위한
한 가지 조건을 살펴보도록 합시다.**

어떤 사람이 말합니다. "무엇이라고요? 당신은 지금 조건적인 구원(conditional salvation)을 전파하는 것입니까?" 그렇습니다. 거기에는 한 가지 조건이 있습니다. 그것은 "내가 그 피를 볼 때에"라는 조건입니다. 이것은 얼마나 복된 조건입니까? 하나님은 "너희가 그 피를 볼 때에"라고 말씀하시지 않고, "내가 그 피를 볼 때에"라고 말씀하셨습니다. 여러분의 눈은 그리스도의 피를 볼 수 없을 정도로 너무도 흐릿할 수 있습니다. 그렇습니다. 그러나 하나님의 눈은 흐리지 않습니다. 하나님은 그것을 볼 수 있습니다. 하나님은 그것을 볼 수밖에 없습니다. 왜냐하면 하늘에서 그리스도께서 항상 아버지 앞에 자신의 피를 나타내고 계시기 때문입니다. 이스라엘 백성들은 그 피를 볼 수 없었습니다. 왜냐하면 그들은 집 안에 있었기 때문입니다. 그들은 문 인방과 설주에 뿌려진 것을 볼 수 없었습니다. 그러나 하나님은 볼 수 있었습니다. 바로 이것 즉 하나님이 그 피를 보는 것이 죄인의 구원을 위한 유일한 조건입니다. 여러분이 보는 것이 아니라 하나님이 보는 것입니다. 그렇다면 주 예수 그리스도를 믿는 모든 자는 얼마나 안전합니까! 그의 구원의 확실성의 조건은 그의 믿음이 아닙니다. 그것은 하나님이 부활하시고 승천하신 구주 안에서 그의 십자가의 피를 보신다고 하는 단순한 사실입니다. "내가 그 피를 볼 때에 너희를 넘어가리니." 아직도 의심 가운데 있는 가련한 영혼들이여, 무릎을 꿇으십시오. 그리고 이렇게 기도하십시오. "주여 그 피로 인하여 종에게 긍휼을 베푸소서. 나는 그 피를 볼 수 없나이다. 그러나 당신은 그것을 보나이다. 당신은 '내가 그 피를 볼 때에 너희를 넘어가리니'라고 말씀하셨나이다. 주여, 당신은 오늘 그 피를 보나이다. 오직 그 피로 인해 나의 죄를 넘어가시고 나를 용서하소서."

**4. 마지막으로, 이로부터 우리가 무슨 교훈을
배울 수 있는지 살펴보도록 합시다.**

어느 정도 영적으로 성장한 자들에게 주는 본문의 교훈은 오직 예수 그리스도의 피 외에 그 어떤 것도 우리를 구원할 수 없다는 사실입니다. 나는 지금 여러분에게 설교하고 있는 것을 나 자신에게도 설교하고 있습니다. 나는 종종 성령께서 내 마음 가운데 계시면서 악한 정욕을 씻어 달라고 기도함에도 불구하고 의심과 두려움으로 가득 찬 나 자신을 발견하곤 합니다. 나는 그 이유가 무엇인지 곰곰이 생각합니다. 그러면 나는 내가 너무나 자주 그리스도의 역사(役事)가 놓여야 할 곳에다가 성령의 역사를 놓는다는 사실을 발견합니다. 그러나 성령의 역사를 거기에 놓는 것은 큰 죄입니다. 여러분은 결코 하나님의 영을 "그리스도에 맞서는 자"(anti-Christ)로 만들어서는 안 됩니다. 그러나 만일 여러분이 성령의 역사를 여러분의 믿음의 기초로 놓는다면, 여러분은 사실상 그렇게 하고 있는 것입니다. 여러분은 종종 그리스도인들이 다음과 같이 말하는 것을 듣지 못했습니까? "오늘은 어제만큼 그리스도를 믿을 수 없어요. 왜냐하면 어제는 너무도 달콤하며 복된 기쁨을 느꼈기 때문입니다." 이것이 여러분의 기분과 감정을 그리스도가 계셔야 할 자리에 놓는 것이 아니고 무엇이겠습니까? 여러분의 기분이 좋은 상태에 있든 나쁜 상태에 있든 그리스도의 피는 여러분을 구원할 수 있다는 사실을 기억하십시오. 여러분이 기쁨으로 가득한 상태에 있을 때와 마찬가지로 의심으로 가득한 상태에 있을 때에도, 그리스도의 피는 똑같이 여러분의 믿음이 되어야만 합니다. 여러분의 좋은 기분과 좋은 감정을 그리스도의 피의 자리에 놓기 시작할 때, 여러분의 행복은 위험 가운데 있게 될 것입니다.

사랑하는 형제들이여, 만일 우리가 항상 십자가만을 바라보며 살아갈 수 있다면, 우리는 항상 행복할 것입니다. 그러나 약간의 평안과 약간의 기쁨을 얻을 때 그러한 평안과 기쁨을 지나치게 평가하는 순간, 우리는 그것들이 오는 근원을 잊어버립니다. 브룩스(Brooks)가 다음과 같이 말한 것처럼 말입니다. "아내를 사랑하는 남편은 아마도 때때로 아내에게 보석과 반지를 줄 것입니다. 그런데 아내가 자신의 보석과 반지를 과도하게 생각하는 나머지 남편을 잊어버리고 만다면 어떻겠습니까? 그러면 남편으로서는 아내로부터 그런 것들을 다시 빼앗음으로써 그녀의 마음이 전적으로 자기에게 향하도록 하는 것이 마땅하지 않겠습니까?" 이것은 우리에게도 마찬가지입니다. 예수 그리스도께서 우리에게 믿음과 사랑의 보석을 주십니다. 그러자 우리는 그러한 것들을 신뢰하며 의지합니다. 그러면 그는 우리로 하여금 오직 그 자신만을 의지하는 자리로 돌아오도록 만들기 위해 그러한 것들을 빼앗습니다. 나는 모든 그리스도인들은 처음부터 마지막까지 항상 다음과 같은 마음을 가져야 한다고 믿습니다.

"나는 아무것도 붙잡지 않나이다.

오직 주의 십자가만을 굳게 붙잡나이다."

이것은 어느 정도 영적으로 성장한 자들이 항상 기억해야 할 교훈입니다.

그러나 여기에는 죄인들을 위한 교훈도 있습니다. 죄책 가운데 두려워 떨며 스스로 정죄하는 가련한 죄인들이여, 이 시간 여러분이 귀를 기울여 들어야 할 사실이 있습니다. 그것은 예수 그리스도의 피가 우리를 모든 죄로부터 깨끗하게 한다는 사실입니다. 여기의 "우리"에는 여러분도 포함됩니다. 이 시간 여러분이 구주의 필요성을 느끼고 있다면 말입니다. 지금 그 피는 여러분을 구원할 수 있습니다. 여러분은 단순히 그 피를 믿기만 하면 됩니다. 그러면 여러분은 구원받을 것입니다. 어쩌면 여러분 가운데 어떤 사람은 이렇게 말할는지 모릅니다. "목사님, '구주의 필요성을 느끼기만 한다면'이라고 말씀하셨지요? 나는 그 필요성을 느끼지 못하고 있습니다. 나는 그것을 충분히 느끼기를 원합니다." 좋습니다. 여러분의 감정을 그리로 가져가지 말고, 단순하게 그 피를 믿으십시오. 만일 여러분이 단순하게 그리스도의 피를 신뢰할 수 있다면, 여러분의 감정이 어떻든 그 피는 여러분을 구원할 수 있습니다.

또 여러분은 말합니다. "내가 어떻게 구원받습니까? 내가 무엇을 해야만 합니까?" 예, 여러분이 할 수 있는 일은 아무것도 없습니다. 여러분은 구원받기 위한 모든 행동을 포기해야 합니다. 거기에는 여러분의 모든 행동을 부인하는 것이 있어야만 합니다. 여러분은 먼저 그리스도를 얻어야 합니다. 그러고 나서 여러분은 여러분이 원하는 것을 행할 수 있습니다. 그러나 여러분은 여러분의 행동을 신뢰해서는 안 됩니다. 지금 여러분이 해야 할 일은 마음을 열고 다음과 같이 기도하는 것입니다. "주님, 나는 지금까지 나 자신만을 보아 왔습니다. 이제는 나의 구주를 보게 하소서." 십자가 위에 달린 구주를 바라보십시오. 여러분의 눈을 그에게로 향하고 이렇게 말하십시오. "주여, 내가 주를 믿나이다. 주 외에 내가 믿고 의지할 것은 아무것도 없나이다. 오직 주만을 믿고 의지하나이다. 나의 구주여, 살든지 죽든지 나는 주를 의지하나이다."

죄인들이여, 만일 여러분이 오직 그리스도만을 믿고 의지한다면, 여러분은 사도나 선지자 못지않게 안전합니다. 죽음이나 지옥조차도 예수 그리스도의 십자가를 굳게 붙잡는 사람을 해할 수 없습니다. "주 예수 그리스도를 믿으라 그리하면 너와 네 집이 구원을 얻으리라"(행 16:31). "믿고 세례를 받는 사람은 구원을 얻을 것이요 믿지 않는 사람은 정죄를 받으리라"(막 16:16). 믿는 자는 그의 죄가 아무리 많다 하더라도 구원받을 것입니다. 반면 믿지 않는 자는 그의 죄가 아무리 적고 덕을 아무리 많이 갖췄다 하더라도 정죄를 받을 것입니다. 죄인들이여, 지금 예수를 믿으십시오. 죄인들이여, 오직 예수를 믿으십시오.

    "유대인의 제단 위에서 죽임을 당한
     모든 짐승들의 피조차도
     죄인의 양심에 평안을 주거나
     죄의 더러운 얼룩을 깨끗하게 할 수 없도다.

     그러나 하늘의 어린 양 그리스도는
     우리의 모든 죄를 제거하시도다.
     그는 고귀한 희생제물이며,
     그의 피는 모든 짐승들의 피보다 더 부요하도다."

제
7
장

—

어린 양의 피와 자녀들

—

"모세가 이스라엘 모든 장로를 불러서 그들에게 이르되 너희는 나가서 너희의 가족대로 어린 양을 택하여 유월절 양으로 잡고 우슬초 묶음을 가져다가 그릇에 담은 피에 적셔서 그 피를 문 인방과 좌우 설주에 뿌리고 아침까지 한 사람도 자기 집 문 밖에 나가지 말라 여호와께서 애굽 사람들에게 재앙을 내리려고 지나가실 때에 문 인방과 좌우 문설주의 피를 보시면 여호와께서 그 문을 넘으시고 멸하는 자에게 너희 집에 들어가서 너희를 치지 못하게 하실 것임이라 너희는 이 일을 규례로 삼아 너희와 너희 자손이 영원히 지킬 것이니 너희는 여호와께서 허락하신 대로 너희에게 주시는 땅에 이를 때에 이 예식을 지킬 것이라 이 후에 너희의 자녀가 묻기를 이 예식이 무슨 뜻이냐 하거든 너희는 이르기를 이는 여호와의 유월절 제사라 여호와께서 애굽 사람에게 재앙을 내리실 때에 애굽에 있는 이스라엘 자손의 집을 넘으사 우리의 집을 구원하셨느니라 하라 하매 백성이 머리 숙여 경배하니라." — 출 12:21-27

사랑하는 형제들이여, 나는 지난 주일의 주제를 계속해서 이어가기를 진심으로 바랐습니다. 왜냐하면 우리 주 예수 그리스도의 대속의 희생제사의 교훈을 계속해서 살피는 것이 매우 중요하다고 느꼈기 때문입니다. 그러나 동시에 나는 어린이 주일과 관련하여 특별히 주일학교 교사들에게 말씀을 전할 필요가 있었습니다. 그러면 어떻게 나는 이 두 가지 일을 동시에 이룰 수 있을까요? 오늘의 주제는 나로 하여금 이 두 가지 일을 동시에 이루게 해줄 수 있을 것입니다. 나는 먼저 죄를 위한 위대한 희생제물이신 예수와 그의 피 뿌림에 대해 설교할 것입니다. 그리고 계속해서 그 위대한 구속의 가치를 아는 모든 사람들에게 예수의 죽음과 그의 피를 통한 구원의 의미를 어린 자녀들에게 최선을 다해 가르칠 것을 촉구할 것입니다.

유월절 어린 양은 우리 주 예수 그리스도의 특별한 모형이었습니다. 우리는 단지 이러한 논제를 모든 옛 제물들이 하나의 참되며 실제적인 실체의 그림자였다는 일반적인 사실로부터만 추론하는 것은 아닙니다. 우리는 "우리의 유월절 양 그리스도께서 희생되셨느니라"(고전 5:7)라고 말씀하는 신약의 분명한 선언을 가지고 있습니다. 유월절 어린 양이 흠이 없어야 했던 것처럼, 우리 주님 역시 마찬가지였습니다. 또 유월절 어린 양이 죽임을 당하고 불에 구워진 것은 예수 그리스도의 죽음과 고난의 모형이었습니다. 우리 주님은 때에 맞게 그 모든 모형과 상징을 성취하셨습니다. 왜냐하면 그가 십자가에 달렸을 때는 유월절이었기 때문입니다. 인(印)을 찍어 보십시오. 그러면 인에 새겨진 모양과 종이에 찍힌 모양이 정확하게 일치하는 것을 발견하게 될 것입니다. 그와 마찬가지로 우리 주님의 희생제사는 유월절과 관련한 세세한 항목들과 정확하게 일치합니다. 우리는 그가 사람들 가운데로부터 뽑힘을 받아 어린 양으로서 죽임을 당하기 위해 끌려갔음을 압니다. 우리는 그의 피가 흘려지고 뿌려진 것을 압니다. 우리는 그가 고통의 불에 구워진 것을 압니다. 믿음으로 우리는 회개의 쓴 나물과 함께 그를 먹습니다. 육체의 눈이 죽임당한 어린 양과 죽음으로부터 건짐받은 사람들을 보는 바로 그곳에서 우리는 예수와 구원을 봅니다.

하나님의 영은 유월절 의식(儀式) 가운데 특별히 피 **뿌림**을 강조합니다. 사람들은 이것에 주의를 기울이지 않을는지 모릅니다. 그러나 성령은 추호의 주저함도 없이 그것을 계시의 전면에 세웁니다. 선택된 어린 양의 피는 대야에 받아 조금도 헛되이 땅에 흘려져서는 안 되었습니다. 왜냐하면 그리스도의 피는 가장 값지고 고귀한 것이기 때문입니다. 우슬초 다발이 그 대야에 담가졌을 때 그 속으로 어린 양의 핏방울들이 스며들어감으로써 핏방울들은 쉽게 뿌려질 수 있었습니다. 그러고 나서 가장(家長)은 밖으로 나가 우슬초 다발로 문 인방과 좌우 설주를 쳤습니다. 그렇게 하여 그 집에는 세 개의 붉은 색 핏자국의 흔적이 찍히게 되었습니다. 문지방에는 어떤 피도 떨어져서는 안 되었습니다. 그리스도의 피를 밟으며 그것을 부정한 것으로 대하는 사람에게는 화가 있을 것입니다. 아! 이 시간에도 얼마나 많은 사람들 그렇게 합니까? 믿지 않는 사람들 가운데서 뿐만 아니라 심지어 스스로를 그리스도인으로 부르는 사람들 가운데서조차 말입니다.

오늘 나는 여러분 앞에 두 가지를 제시하고자 합니다. 첫째는 뿌려진 피의 중요성이며, 둘째는 그와 연결된 규례 즉 희생제물의 의미를 자녀들에게 가르치는 것입니다. 그렇게 할 때 그들 역시도 또다시 자기 자녀들에게 그것을 가르치고, 그리하여 여호와의 큰 구원을 대대로 기억하게 될 것입니다.

1. 첫째로, 희생제물의 피의 중요성을 살펴보도록 합시다.

첫 번째로, 그 피는 참 이스라엘의 영원한 민족적 표지였습니다. 만일 여러분이 유월절 밤에 멤피스나 람세스 거리를 걸어다닌다면, 여러분은 한 가지 눈에 띄는 표지에 의해 어느 집이 이스라엘 가정이며, 어느 집이 애굽 가정인지 금방 알 수 있었을 것입니다. 여러분은 그들의 언어를 들어본다든지 혹은 옷차림새를 살펴볼 필요조차 없었을 것입니다. 한 가지 분명한 차이가 있었는데, 그것은 이스라엘 가정은 그 문에 피의 표지를 가지고 있었던 반면, 애굽 가정에는 그것이 없었다는 사실입니다. 이것은 오늘날에도 마찬가지입니다. 하나님의 자녀들과 악한 자의 자녀들 사이의 가장 큰 차이점이 바로 이것입니다. 사실상 이 땅에는 두 개의 통치영역이 있는데, 그것은 교회와 세상 혹은 그리스도 예수 안에서 의롭다 함을 받은 자들과 자기 죄 가운데 정죄를 받은 자들입니다. 이것은 참 이스라엘을 나타내는 영원한 표적입니다. 그들은 아벨의 피보다 더 낫게 말하는 독생자의 뿌려진 피로 나아왔습니다. 하나님의 아들을 죄를 위한 유일한 희생제물로 믿는 자는 구원을 얻었고, 그를 믿지 않는 자는 자기 죄 가운데 죽을 것입니다. 참 이스라엘은 죄를 위해 한 번 드려진 희생제물을 믿습니다. 그것은 그들의 안식이며, 그들의 위로이며, 그들의 소망입니다. 반면 속죄의 희생제물을 믿지 않는 자들은 어떻습니까? 그들은 자신들을 향한 하나님의 계획을 배척했으며, 그렇게 함으로써 자신들이 어떤 존재인지를 스스로 드러냈습니다. 예수 그리스도는 "너희가 내 양이 아니므로 믿지 아니하는도다"라고 말씀하셨습니다(요 10:26). 이와 같이 피 뿌림을 믿지 않는 것은 이스라엘 공동체의 외인(外人)들의 저주받은 표적입니다. "지나쳐 그리스도의 교훈 안에 거하지 아니하는 자는 다 하나님을 모시지 못하는" 것은 의문의 여지 없는 사실입니다(요이 1:9). 하나님이 보내신 속죄제물을 받아들이지 않는 자는 자신의 죄를 짊어져야만 합니다. 속죄제물에 의해 자신의 죄를 씻지 못하는 자에게 임할 하나님의 공의는 얼마나 두려운 것입니까! 여러분이 스스로에 대해 어떻게 생각하는지에 상관 없이 만일 여러분이 하나님의 아들을 배척한다면, 하나님은 여러분을 배척할 것입니다. 만일 여러분이 속죄의 피 없이 하나님 앞에 나온다면, 여러분은 하나님의 백성 가운데 한 사람으로 헤아림을 입지 못할 것이며, 언약의 기업에 아무런 분깃도 갖지 못할 것입니다. 그 희생제물은 영적 이스라엘의 민족적 표지입니다. 그 표지를 갖고 있지 못한 자들은 외인이며, 거룩함을 입은 자들 가운데 기업을 얻지 못할 것입니다. 뿐만 아니라 그들은 영광 가운데 계신 하나님을 보지 못할 것입니다.

두 번째로, 그것은 민족적 표지였을 뿐만 아니라 또한 **구원의 증표**였습니다. 그날 밤 죽음의 천사가 날개를 펴고 애굽 천하를 날아다녔습니다. 그는 높은 자와 낮은 자를 막론하고 바로의 장자로부터 가축의 장자에 이르기까지 모든 장자를 쳤습니다. 그리하여 모든 집과 모든 우리에 하나의 죽음이 있었습니다. 죽음의 천사는 피의 표지가 있는 집에는 들어가지 않았습니다. 그러나 그 표지가 없는 집에는 예외 없이 여호와의 보응이 떨어졌습니다. "여호와께서 그 문을 넘으시고 멸하는 자에게 너희 집에 들어가서 너희를 치지 못하게 하실 것임이니라"(23절). 보응의 칼을 잡은 손을 붙잡는 것이 무엇입니까? 그것은 다름 아닌 문에 뿌려진 피의 흔적이었습니다. 어린 양이 죽임을 당했으며, 그들은 그 피를 문 인방과 설주에 뿌렸습니다. 그들이 안전할 수 있었던 것은 바로 그것 때문이었습니다. 야곱의 아들들은 함의 아들들보다 더 부유한 것도 아니었으며, 더 지혜로운 것도 아니었으며, 더 강한 것도 아니었으며, 더 기술이 뛰어난 것도 아니었습니다. 그들은 단지 어린 양의 피로 구속을 받았습니다. 그리하여 구속의 증표를 알지 못했던 자들이 죽을 때, 그들은 살았습니다. 여리고가 무너질 때, 창에 붉은 줄을 매단 집이 하나 있었습니다. 이와 같이 하나님이 죄를 묻기 위해 오실 때, 그것을 피할 사람은 예수를 아는 자입니다. "우리는 그리스도 안에서 그의 은혜의 풍성함을 따라 그의 피로 말미암아 속량 곧 죄 사함을 받았느니라"(엡 1:7).

특별히 23절을 주목해 보십시오. "여호와께서 애굽 사람들에게 재앙을 내리려고 지나가실 때에 문 인방과 좌우 문설주의 피를 보시면 여호와께서 그 문을 넘으실 것이라." "그가 피를 보시면"이란 말씀을 보십시오. 그것은 여러분과 나에게 있어 얼마나 큰 위로가 되는 말씀입니까? 왜냐하면 그와 같은 방식으로 우리는 평안을 얻고 안식으로 들어가기 때문입니다. 우리 구원의 궁극적인 근거는 하나님 자신이 속죄제물을 보시는 것입니다. 13절에서도 우리는 "내가 피를 볼 때에 너희를 넘어가리니"라는 말씀을 듣습니다. 하나님의 거룩하신 눈이 세상 죄를 지고 가는 어린 양에게로 향해지고 그 위에 고정됨으로써 그가 우리를 넘어가는 것을 생각해 보십시오. 하나님이 우리를 용서하시는 것은 그의 눈이 그의 기름 부음받은 자에게 향하기 때문입니다. 하나님은 우리의 희생제물과 함께 우리를 받으십니다. 우리의 찬송가 작가가 기도한 것처럼 말입니다.

"하나님이 예수를 보시고 또 죄인을 보시네.
하나님이 예수의 상처를 통해 나를 보시네."

이와 같이 구원의 기초는 우리가 그 피를 보는 것이 아니라 하나님이 보는 것입니다. 하나님이 그리스도를 받으시는 것이 그의 희생제물을 받아들이는 자들의 구원의 확실한 보증입니다. 사랑하는 자들이여, 여러분의 믿음의 눈이 희미합니까? 여러분의 안구(眼球)가 눈물의 홍수 속에서 헤엄치고 있습니까? 슬픔의 그늘이 여러분의 시야를 가립니까? 바로 그 때, 여호와께서 그의 아들의 피를 보시고 여러분을 아끼십니다. 여러분이 아무것도 볼 수 없는 짙은 어둠 속에 있다고 상상해 보십시오. 그런 때도 주 하나님은 예수의 피를 보는데 결코 실패하지 않으십니다. 그리고 그로 인해 그의 율법은 만족됩니다. 하나님은 멸하는 자가 여러분을 해하기 위해 가까이 다가오는 것을 허락하지 않을 것입니다. 왜냐하면 하나님은 그리스도 안에서 자신의 공의가 만족되며 율법의 의가 이루어지는 것을 보시기 때문입니다. 그 피는 구원의 증표입니다. 이 시간 여러분 각자가 직면해야 할 절박한 질문은 바로 이것입니다. 여러분은 하나님의 속죄제물을 믿습니까? 만일 여러분에게 특별한 공로나 개인적인 의가 있다면 내게 가져와 보십시오. 나는 그것을 우리 구주의 피를 모독하는 것으로 밖에는 보지 않을 것입니다.

왜냐하면 오직 그 피만이 우리를 모든 죄로부터 깨끗하게 하기 때문입니다. 여러분 자신의 공로나 개인적인 의를 붙잡는 대신 여러분의 모든 죄와 허물을 고백하십시오. 왜냐하면 그 안에 죄인들을 위한 값없는 사죄의 은총이 있기 때문입니다. 그는 자신의 십자가의 피로 화평을 이루셨습니다.

스스로 정죄하는 가련한 죄인들이여, 만일 여러분이 이 시간 예수 그리스도를 믿는다면, 여러분의 모든 죄는 사함을 받을 것입니다. 그리고 지금까지 죄를 향해 기울어져 있던 여러분의 모든 성향(性向)은 그에 대한 순종의 방향으로 새롭게 기울어질 것입니다. 속죄제물이 여러분의 양심에 적용될 때, 그것은 여러분을 낙망으로부터 구원할 것입니다. 그리고 그 속죄제물이 여러분의 마음 위에서 작동할 때, 그것은 여러분을 악을 사랑하는 것으로부터 구원할 것입니다. 그 속죄제물은 구원의 표적입니다. 문 인방과 좌우 설주에 뿌려진 피는 그 집을 안전하게 지켜줍니다. 그러나 보좌 위에 앉아 있는 바로조차도 멸하는 자의 칼을 피할 수 없습니다. 그 속죄제물을 믿으십시오. 그러면 살 것입니다. 그러나 그것을 믿지 않고 배척하면 필경 멸망을 당할 것입니다.

또 피의 표지가 가능한 한 눈에 잘 띄도록 뿌려져야만 했던 것을 주목하십시오. 이스라엘 백성들은 비록 가족들과 함께 조용히 유월절 어린 양을 먹었다 하더라도 그러나 그것을 비밀로 해서는 안 되었습니다. 그들은 어린 양의 피를 다른 사람들이 볼 수 없도록 내실(內室)의 어떤 벽이나 혹은 장막 같은 것으로 가릴 수 있는 특별한 장소에다가 뿌리지 않았습니다, 그들은 자기 집 앞을 지나가는 모든 사람들이 볼 수 있도록 그 피를 문 인방과 좌우 설주에 뿌렸습니다. 이와 같이 하나님의 백성들은 예수 그리스도의 피를 자기 집 문 위에 뿌리는 것을 조금도 부끄러워해서는 안 됩니다. 예수 그리스도의 위대한 희생제사에 의해 구원받은 자들은 대속의 교리를 은밀하게 간직하는 것이 아니라 공개적으로 공언해야 합니다. 우리는 어떤 장소를 불문하고 예수께서 우리를 대신하여 죽으신 사실을 말하기를 조금도 부끄러워해서는 안 됩니다. 오늘날의 비평학자들은 그것을 구시대의 케케묵은 교리라고 말할는지 모릅니다. 그러나 우리는 그것을 온 세상에 전파하는 것을 조금도 부끄러워하지 않습니다. 이 세대에 자신을 부끄러워하는 자들을 그리스도는 아버지의 영광 가운데 오실 때 그리고 그의 모든 거룩한 천사들과 함께 오실 때 부끄러워하실 것입니다. 그런가 하면 오늘날 그리스도의 죽음의 교리를 받아들이기는 하지만 그러나 그것을 그다지 중요하게 생각하지 않고 뒷자리에 놓는 신학이 있습니다. 나는 속죄의 교리를 전면에 놓을 것을 주장합니다. 나는 속죄의 교리를 중앙에 놓을 것을 요구합니다. 어린 양은 보좌 한 가운데 계셔야 합니다. 속죄의 교리는 될 수 있으면 말하지 말아야 할 혹은 말하더라도 귓속말로 속삭여야 할 비밀이 아닙니다. 결코 그렇지 않습니다. 절대로 그렇지 않습니다. 그것은 어린아이도 아는 가장 단순하며 평이한 사실입니다. 그것은 보통 사람들이 기뻐하며 즐거워하는 가장 분명하며 명확한 진리입니다. 우리는 오직 십자가에 못 박힌 그리스도를 전파해야 합니다.

사랑하는 형제 자매들이여, 속죄의 교리를 배우지 못한 설교자로부터 설교를 듣지 마십시오. 나는 예수의 피를 믿는 믿음으로 구원을 얻는 진리 외에는 그 어떤 것도 전파하기를 바라지 않습니다. 우리의 강단은 오직 그리스도의 피를 증언하는 강단이 되어야만 합니다. 어쩌면 어떤 사람들에게 이것은 혐오스러운 것일는지 모릅니다. 그러나 신실한 자들에게 그것은 가장 큰 기쁨입니다. 나에게 있어 대속의 교리는 복음의 핵심이며, 복음의 생명이며, 복음의 정수입니다. 그러므로 우리는 그것을 항상 전면에 내세워야 합니다. 예수 그리스도는 하나님의 어린 양으로서 알파(시작)입니다. 그러므로 우리는 그를 제일 앞자리에 세워야 합니다. 사랑하는 그리스도인들이여, 간절히 당부하노니 그것을 부차적인 교리로 만들지 마십시오. 그것을 항상 전면에 놓으십시오. 하나님의 다른 진리들도 나름대로 중요하며 각자의 자리를 가지고 있습니다. 그러나 제일 앞자리에 놓여야 하는 것은 항상 대속의 교리입니다. 기독교의 핵심은 십자가이며, 십자가의 의미는 대속(代贖)입니다.

> "예수께서 어떤 고통을 짊어지셨는지
> 우리는 알지 못하며 말할 수 없도다.
> 그러나 그가 십자가에 달리시고 고난당하신 것이
> 우리를 위한 것이었음을 우리는 믿노라."

나아가 그 희생제물은 택함받은 자들이 모이는 장소입니다. 우리는 십자가 주위에 모입니다. 이스라엘의 모든 가정들이 어린 양이 놓인 식탁 주위에 모였던 것처럼 그리고 어린 양의 피가 뿌려진 집 안에서 모였던 것처럼 말입니다. 멀리 떨어져 있는 어떤 장소에 놓인 대속의 희생제물을 바라보는 대신 우리는 그것을 교회의 한가운데에서 발견합니다. 뿐만 아니라 그 희생제물은 근본적이며 생명적인 중심지입니다. 그것을 제거하는 것은 교회의 심장을 제거하는 것입니다. 그리스도의 희생제물을 배척한 회중은 교회가 아닙니다. 그것은 불신자의 회중에 불과합니다. 교회는 "그리스도의 피가 곧 생명"이라고 참으로 말할 수 있는 회중입니다. 믿음으로 의롭다 함을 받는 교리와 마찬가지로, 대속의 희생제사의 교리 역시 교회의 생사를 가르는 핵심 교리입니다. 그리스도의 대속의 희생제사로 말미암은 속죄는 곧 영적 생명을 의미하며, 그것을 배척하는 것은 그 반대를 의미합니다. 그러므로 우리는 이와 같은 하나님의 가장 중요한 진리를 결코 부끄러워해서는 안 됩니다. 도리어 우리는 그것을 가능한 대로 가장 눈에 잘 띄게 만들어야 합니다. "십자가의 도가 멸망하는 자들에게는 미련한 것이요 구원을 받는 우리에게는 하나님의 능력이라"(고전 1:18).

나아가 뿌려진 피는 이스라엘 백성들에게 있어 절대적으로 믿을 수 있는 것이었습니다. 문 인방과 설주에 어린 양의 피를 뿌린 후 그들은 안으로 들어와 문을 닫고 아침이 될 때까지 다시 열지 않았습니다. 그들은 집 안에서 매우 바빴습니다. 그들은 어린 양을 불에 구웠으며, 쓴 나물을 준비했으며, 다음 날 일찍 떠날 것을 대비하여 허리띠를 동였습니다. 그들은 죽음의 천사가 애굽 천하를 돌아다니는 것을 알고 있었음에도 불구하고 아무 두려움 없이 이 모든 일을 행했습니다. 하나님은 그들에게 "아침까지 한 사람도 자기 집 문 밖에 나가지 말라"고 명령하셨습니다(22절). 밖에서 무슨 일이 벌어지고 있는지 여러분은 결코 보아서는 안 됩니다. 한밤중이 되었습니다. 여러분의 귀에 끔찍한 부르짖음의 소리가 들리지 않습니까? 또다시 뼈에 사무치는 비명소리가 들립니다. 그 소리는 무슨 소리입니까? 어떤 어머니가 "아! 어쩌면 좋단 말인가!" 하며 애타게 부르짖습니다. "애굽에 큰 부르짖음이 있었으니"(30절). 이스라엘 백성들은 그러한 부르짖음에 주의를 기울이지 말아야 했습니다. 폭풍이 지나갈 때까지 그들을 잠깐 동안 집 안에 가두어 둔 하나님의 명령을 어기지 않기 위해서 말입니다. 어쩌면 그날 밤 의심의 마음을 가졌던 어떤 사람들은 이렇게 말했을는지 모릅니다. "뭔가 무서운 일이 벌어지고 있어. 사방에서 울려 퍼지는 저 끔찍한 소리들을 들어봐. 사람들이 거리에서 우왕좌왕하며 걸어 다니는 소리를 들어봐. 아마도 한밤중에 우리를 죽이려고 음모를 꾸미고 있는 것이 아닐까?" 이스라엘 백성들은 "아침까지 한 사람도 자기 집 문 밖에 나가지 말아야" 했습니다. 하나님의 말씀을 진정으로 믿은 백성들은 그냥 집 안에 남아 있는 것으로 충분했습니다. 그들은 자신들이 안전하다는 사실을 알고 있었습니다. 그러므로 그들은 어미닭의 날개 아래 있는 병아리들처럼 평안히 쉴 수 있었습니다. 사랑하는 자들이여, 여러분도 마찬가지입니다. 그리스도의 보혈을 다른 사람들에게 담대히 전할 뿐만 아니라, 먼저 여러분 자신이 그것을 고요하고 평안한 마음으로 믿고 그 안에 안식하십시오. 충만한 확신 가운데 평안히 쉬십시오. 여러분은 예수 그리스도가 여러분을 위해 죽으셨음을 믿습니까? 그렇다면 평안을 누리십시오. 예수께서 성경대로 우리 죄를 위해 죽으셨음을 믿는 자는 결코 불안해해야 할 아무런 이유도 가지고 있지 않습니다. 십자가로 하여금 여러분의 확신의 흔들리지 않는 기둥이 되게 하십시오. 어떤 일이 있든지 요동하지 마십시오. 우리는 그리스도 예수 안에서 과거의 죄로부터 뿐만 아니라 미래의 위험으로부터도 안전하게 거합니다. 아무것도 염려할 필요가 없습니다. 왜냐하면 구속 역사(役事)가 이루어졌기 때문입니다. 거룩한 평안 가운데 옛 누룩을 제하고, 쓴 나물과 함께 어린 양의 고기를 먹으며, 계속해서 유월절 잔치를 행하십시오. 잠시 동안도 두려움이나 의심으로 하여금 여러분의 마음을 요동하지 못하게 하십시오. 우리는 그리스도 없이 죽는 자들을 안타깝게 여깁니다. 그러나 그들을 구원한다는 미명하에 우리 주님이 하시는 일을 막을 수는 없습니다. 그것은 어리석은 일입니다. 밖에는 두려운 부르짖음이 있습니다. 여러분은 그 소리를 듣지 못합니까? 그들이 피의 표지 아래 안전하게 숨을 수만 있다면 얼마나 좋겠습니까? 경건치 않은 자들이 자신들의 죄 가운데 멸망당하는 것을 생각할 때, 우리의 마음은 얼마나 아픕니까? 그러나 노아가 방주 만드는 일을 중단하지 않고, 이스라엘 백성들이 자기 거처를 떠나지 않았던 것처럼, 우리의 바람은 십자가가 보증하는 것보다 더 크지 않습니다. 속죄의 피 아래 숨는 모든 자들은 안전합니다. 그러나 이 큰 구원을 배척하는 자들은 도대체 어떻게 피할 것입니까? 유월절의 두렵고 긴 밤에는 슬픔의 큰 비밀들이 있습니다. 그러나 아침이 되면 우리는 하나님이 행하신 모든 일이 선했다고 하는 사실을 알게 될 것입니다. 그 때까지 우리 이웃들을 안전한 울타리 안으로 데려오는 일에 힘을 씁시다. 그러면서 우리 자신은 평안과 안식과 즐거움을 누립시다. "그러므로 이제 그리스도 예수 안에 있는 자에게는 결코 정죄함이 없나니"(롬 8:1). "그러므로 우리가 믿음으로 의롭다 하심을 받았으니 우리 주 예수 그리스도로 말미암아 하나님과 화평을 누리자"(롬 5:1). "그뿐 아니라 이제 우리로 화목하게 하신 우리 주 예수 그리스도로 말미암아 하나님 안에서 또한 즐거워하느니라"(롬 5:11). 여러분의 영혼을 인내 가운데 지키십시오. 주 안에서 안식하며 그를 위해 참음으로 기다리십시오. 어린 양의 살을 먹으십시오. 왜냐하면 그의 살은 참된 양식이기 때문입니다. 여러분의 생명을 멸망으로부터 구원한 동일한 예수가 또한 그 생명을 영구히 보양하는 양식이 될 것입니다. 여러분을 구원한 피의 표지 아래 평안히 안식하십시오. 여러분의 유월절 잔치를 행하십시오. 밖에는 죽음이 있다 할지라도 안에 있는 여러분은 기쁨 가운데 거하십시오.

계속해서 유월절의 피 흘림이 영원히 기억되고 기념되어야만 했던 것을 주목하십시오. "너희는 이 일을 규례로 삼아 너희와 너희 자손이 영원히 지킬 것이니"(24절). 이스라엘이 하나의 민족으로 남아 있는 한, 그들은 유월절을 지켜야만 했습니다. 이 땅에 한 사람의 그리스도인이라도 남아 있는 한, 주 예수 그리스도의 대속의 죽음은 기억되어야만 합니다. 아무리 세월이 흐른다 할지라도 유월절 희생제물의 기억은 이스라엘로부터 결코 지워질 수 없었습니다. 하나님이 자기 백성을 애굽의 쇠멍에로부터 끌어내신 날은 진실로 영원히 기억되어야 했습니다. 그것은 정말로 놀라운 구원이었습니다. 그 앞에 열 가지 재앙이 선행되고 그 뒤에 홍해의 기적이 따랐지만, 어떤 사건도 그 영광과 중요성에 있어 유월절을 능가할 수 없었습니다. 그것은 바로의 교만에 대한 하나님의 능력의 승리였으며, 자기 백성들에 대한 하나님의 사랑의 현시(顯示)였습니다. 그들은 단지 하룻밤 동안만 혹은 한 해 동안만 혹은 한 세기 동안만 기뻐할 것이 아니었습니다. 그들은 그것을 영원히 기억하고 기념해야 했습니다. 이스라엘의 이후 역사 가운데 이러한 때는 결코 없었습니다. 이후의 어떤 사건도 애굽을 뒤집어엎은 영광을 가릴 수는 없었습니다. 애굽의 장자가 죽은 것과 홍해에서의 모세의 노래는 히브리인들의 역사 가운데 영원히 남아야만 했습니다. 여호와는 항상 이렇게 말씀하셨습니다. "나는 너를 애굽 땅, 종 되었던 집에서 인도하여 낸 네 하나님 여호와니라." 사랑하는 자들이여, 우리는 주 예수 그리스도의 죽으심을 그가 다시 오실 때까지 선포하며 나타내야 합니다. 어떤 하나님의 진리도 그의 대속의 죽음을 부차적인 것으로 밀어낼 수 있을 정도로 중요할 수 없습니다. 어떤 일이 일어나든 우리의 노래는 항상 "우리를 사랑하사 그의 피로 우리 죄에서 우리를 해방하신" 자에게 돌려질 것입니다(계 1:5). 그는 자신의 무궁한 통치의 광채 가운데 항상 "보좌 가운데 계신 어린 양"이실 것입니다(계 7:17). 죄를 위한 희생제물이신 예수 그리스도는 항상 우리의 할렐루야의 주제일 것입니다. 헛된 영광을 구하는 자들은 반석으로부터 나락의 심연으로 나아갑니다. 그들은 진리로부터 거짓으로 나아갑니다. 그들의 생각은 하나님의 생각과 다르며, 그들의 길은 하나님의 길과 다릅니다. 그들은 복음을 떠납니다. 그들은 그리스도로부터 멀리 떠나면서도 자신들이 어디로 가는지 알지 못합니다. 대속의 희생제물을 부인함으로써 그들은 인간의 유일한 소망을 부인합니다. 하나님은 우리에게 "너희는 이 일을 규례로 삼아 너희와 너희 자손이 영원히 지킬 것이니라"라고 말씀하십니다(24절). 그러므로 우리는 그렇게 할 것입니다. 어제나 오늘이나 영원토록 동일하신 예수 그리스도는 우리의 자랑이며 영광입니다. 다른 사람들은 자기가 원하는 대로 가도록 그냥 내버려 두십시오. 우리는 나무 위에서 자기 몸으로 친히 우리의 죄를 짊어지신 자와 영원히 함께 할 것입니다.

나아가 약속의 땅에 들어간 후에도 이스라엘은 계속해서 유월절을 기억하며 기념해야 했습니다. "너희는 여호와께서 허락하신 대로 너희에게 주시는 땅에 이를 때에 이 예식을 지킬 것이라"(25절). 젖과 꿀이 흐르는 땅에서도 여전히 어린 양의 피를 기념하는 것이 있을 것이었습니다. 우리 주 예수는 단지 우리가 회개한 첫 날에만 필요한 것이 아니라 우리가 살아가는 모든 날에 필요합니다. 우리는 우리의 가장 큰 영적 기쁨의 때뿐만 아니라 가장 깊은 영적 슬픔의 때에도 그를 기억하며 기념합니다. 유월절 어린 양은 애굽에서 뿐만 아니라 가나안에서도 필요합니다. 죄를 위한 희생제물은 소망의 때에 뿐만 아니라 충만한 확신의 때에도 필요합니다. 만일 우리에게 죄로부터 깨끗하게 하는 피가 없다면, 우리는 그와 같은 은혜의 상태에 결코 도달할 수 없을 것입니다. 설령 우리가 완전한 상태에 도달했다 하더라도, 거기에서도 그리스도는 이 땅에서보다 더 소중하며 더 사랑스러울 것입니다. 만일 그가 그와 같음을 발견하지 못한다면, 우리가 완전에 도달했다고 생각하는 것은 필경 허망한 망상에 불과할 것입니다. 하나님이 빛 가운데 계신 것 같이 우리가 빛 가운데 행하며 하나님과 더불어 지속적인 교제를 누린다 하더라도, 그럼에도 불구하고 그의 아들 예수 그리스도의 피는 여전히 우리를 모든 죄로부터 씻습니다.

나아가 이와 같은 어린 양의 피는 모든 곳에 퍼진(all-pervading) 기억이었다는 사실을 주목하십시오. 다음과 같은 사실을 생각해 보십시오. 이스라엘 자녀들은 어린 양의 피를 기억함(memorial)이 없이 집 밖으로 나갈 수도 없고 집 안으로 들어올 수도 없었습니다. 그 피는 그들의 머리 위에 있었습니다. 그들은 그 아래로 지나 가야만 했습니다. 그 피는 오른쪽에도 있었고 왼쪽에도 있었습니다. 그들은 그 피에 둘러싸여 있었습니다. 그들은 "우리가 당신의 임재를 피해 어디로 가리이까?"라고 말할 수밖에 없었습니다. 그들의 문을 보든지 이웃집의 문을 보든지, 거기에는 항상 인방과 좌우 설주의 동일한 세 개의 핏자국이 있었습니다. 그러한 핏자국은 밤낮으로 항상 거기에 있었습니다. 그것이 전부가 아니었습니다. 이스라엘 남녀가 결혼하여 가정을 세우면 그곳에 또 다른 기념(memorial)이 있을 것이었습니다. 젊은 남편과 아내는 장자를 바라보며 하나님이 "모든 장자를 내 앞에 거룩하게 구별하라"고 말씀하신 것을 회상했습니다. 이스라엘 백성들은 자녀들에게 이렇게 설명했습니다. "여호와께서 크신 능력으로 우리를 애굽의 멍에로부터 건져내셨느니라. 바로가 우리를 가게 하지 않을 때, 여호와께서 사람의 장자로부터 짐승의 첫 새끼에 이르기까지 애굽 땅의 모든 장자를 멸하셨느니라." 이스라엘 민족을 구성하는 모든 가정의 시작은 이와 같이 어린 양의 피 뿌림을 기념하는 시간이었습니다. 그들은 속전(贖錢)을 드리면서, 자신들이 값으로 산 바 된 여호와의 소유임을 고백했습니다. 이스라엘 백성들은 어느 곳에서든지 그리고 다양한 방법으로 희생제물의 필요성을 일깨움받았습니다. 경건한 자들은 매일 해가 저물 때마다 그날 밤을 기억했습니다. 또 한 해가 시작되는 아빕 월이 되면, 그들은 자신들의 나라가 어린 양이 죽임을 당한 때로부터 시작되었다는 사실을 회상했습니다. 이스라엘 백성들은 참으로 목이 곧고 잊어버리기를 잘 하는 백성들이었습니다. 따라서 하나님은 여러 가지 방법으로 그들로 하여금 그 사건을 기억하도록 만드셨습니다.

출애굽기 13장 9절에서 우리는 "이것으로 네 손의 기호와 네 미간의 표를 삼고 여호와의 율법이 네 입에 있게 하라 이는 여호와께서 강하신 손으로 너를 애굽에서 인도하여 내셨음이니라"는 말씀을 읽습니다. 그리고 16절에서 또다시 이렇게 말씀합니다. "이것이 네 손의 기호와 네 미간의 표가 되리라 이는 여호와께서 그 손의 권능으로 우리를 애굽에서 인도하여 내셨음이니라." 이것이 의미하는 바는 그 때부터 그들의 모든 것은 구속과 관련되며, 그들은 모든 것을 구속과 연결시켜 바라보아야만 한다는 것입니다. 피로 구속을 받음으로써 그들의 손은 거룩하게 구별되었습니다. 따라서 그들은 자신들의 손을 악을 위해 사용할 수 없고 오로지 하나님을 위해 사용해야 합니다. 음식이나 연장조차도 그들은 그 피를 기억함이 없이 집을 수 없었습니다. 그들의 모든 행동은 속죄의 피의 영향력 아래 있어야만 했습니다. 만일 우리의 수고하는 모든 일이 구속과 연결된다면, 다시 말해서 우리의 노동이 구속받은 노동(redeemed labor)이 된다면, 우리의 일은 얼마나 달라지겠습니까? 예를 들어볼까요? 내가 주일학교 교사로서 아이들에게 구원의 복음에 대해 가르친다고 생각해 보십시오. 나는 자신이 "값으로 산 바 되었다"는 사실을 압니다. 그리고 나는 구속받은 입술로 말씀을 가르칩니다. 그러면 우리는 아이들에게 얼마나 생명력 넘치게 가르치겠습니까? 우리의 생명으로 인해 세상은 얼마나 큰 영향을 받겠습니까? 만일 여러분이 예수 그리스도가 여러분을 위해 죽으셨음을 기억한다면, 여러분의 삶은 분명 달라질 것입니다. 만일 여러분이 구속의 사랑을 분명하게 인식하고 있다면, 지금 하고 있는 어떤 일은 하지 않게 될 것이고, 지금 하지 않고 있는 어떤 일은 새로운 마음으로 하게 될 것입니다.

유대인들은 미신적으로 변질되어 율법의 문자(letter)에 집착했습니다. 그들은 "테필린"(tephillin)이라고 불리는 양피지 조각에다가 율법의 어떤 구절을 적고 그것을 조그만 가죽상자에 담아 손목에 맸습니다. 그 구절의 참된 의미는 그런 어린아이 같은 행동 속에 있지 않았습니다. 그것이 가르치는 바는 그들이 구속의 은혜 아래 있는 백성으로서 거룩한 손으로 일하며 행동해야 한다는 것이었습니다. 구속의 사실은 우리로 하여금 거룩한 일에 힘쓰도록 동기를 부여합니다. 또 우리가 죄로 유혹받을 때 그것에 저항하는 힘을 부여해 줍니다. 그들은 또 유월절 어린 양과 관련한 말씀을 기록한 가죽상자를 미간(眉間)에 매달았습니다. 그러나 이렇게 하는 것은 알맹이는 빠뜨리고 껍데기만 붙잡는 꼴이었습니다. 하나님의 말씀의 알맹이는 그들이 모든 것을 피로 말미암은 구속과 관련하여 바라보아야만 한다는 것이었는데 말입니다.

사랑하는 형제 자매들이여, 우리는 이 세상의 모든 것을 구속의 빛에 의해 바라보아야만 합니다. 그럴 때 비로소 우리는 모든 것을 올바로 보게 될 것입니다. 어떤 일을 바라볼 때, 여러분은 그것을 인간의 공로의 관점으로부터 바라볼 수도 있고 십자가의 관점으로부터 바라볼 수도 있습니다. 양자(兩者) 사이에는 얼마나 큰 차이가 있겠습니까? 예수 그리스도가 우리의 빛이 되기 전까지는 실상 우리는 아무것도 보지 못합니다. 구속의 희생제물의 붉은 색 유리를 통해 볼 때, 여러분은 모든 것을 올바로 보게 될 것입니다. 십자가의 망원경을 사용하십시오. 그러면 여러분은 멀리까지 분명하게 보게 될 것입니다. 십자가를 통해 죄인들을 보십시오. 십자가를 통해 성도들을 보십시오. 십자가를 통해 죄를 보십시오. 십자가를 통해 세상의 즐거움과 슬픔을 보십시오. 십자가를 통해 천국과 지옥을 보십시오. 그럴 때 비로소 여러분은 모든 것을 선명하게 그리고 올바로 보게 될 것입니다.

다시 한 번 이야기하도록 하겠습니다. 우리는 신명기 6장 8절에서 또다시 "너는 또 그것을 네 손목에 매어 기호를 삼으며 네 미간에 붙여 표로 삼고 또 네 집 문설주와 바깥 문에 기록할지니라"라는 말씀을 읽습니다. 여기에서 하나님의 율법이 피의 기억에 의해 선명하게 기록되어야 한다는 사실을 보십시오. 만일 여러분이 스위스의 신교(新敎) 마을에 가본다면, 거기에서 여러분은 문기둥에 성경 구절이 기록되어 있는 것을 보게 될 것입니다. 영국에도 그와 같은 관습이 있으면 얼마나 좋을까요? 만일 그리스도인 가정의 문기둥에 성경구절이 기록되어 있다면, 지나가는 여행자들에게 얼마나 좋은 복음전파의 기회가 되겠습니까? 그것은 바리새적인 관습으로 조롱을 당할 수도 있습니다. 그렇지만 우리는 그것을 극복할 수 있습니다. 오늘날 그와 같은 비난을 당하기에 합당한 사람들이 일부 있는 것은 사실입니다. 그럼에도 불구하고 나는 우리의 집들에, 모든 방들에, 그리고 벽과 처마에 성경 말씀이 기록되는 것을 보고 싶습니다. 더욱이 문 밖에다가 말씀을 기록하면 지나가는 행인들에게 쉽게 복음을 전파할 수 있는 기회가 되지 않겠습니까? 또 만일 유대인들이 자신들의 문기둥 위에 어떤 약속이나 교훈이나 교리를 적고자 한다면, 그들은 피로 얼룩진 표면 위에다가 적어야만 했습니다. 그리고 다음 해 유월절이 돌아올 때, 그들은 전 해에 적어 놓은 말씀 위에다가 우슬초 다발로 피를 뿌려야만 했습니다. 여기에서 하나님의 율법과 속죄의 희생제물이 하나로 뒤엉키는 것을 주목해 보십시오. 하나님의 명령들은 구속받은 자인 나에게 옵니다. 하나님의 약속들은 피로 산 바 된 나에 대한 것입니다. 하나님의 교훈들은 속죄가 이루어진 나에게 주어집니다. 그리스도의 손에 있는 율법은 우리를 죽이는 칼이 아니라 우리를 부요하게 하는 보화입니다. 하나님의 모든 진리들이 십자가와 연결될 때, 그것은 무한히 더 값진 것이 됩니다. 성경 그 자체를 생각해 보십시오. 그것은 구속받은 자들에게 주어질 때 그리고 매 페이지마다 우리를 위해 십자가에 못 박히신 자의 핏자국이 있을 때 일곱 배나 사랑스러운 것이 됩니다.

사랑하는 자들이여, 지금까지 우리는 유월절 어린 양의 피를 잊지 않도록 하기 위해 취해진 모든 조치들을 살펴보았습니다. 여러분과 나는 예수 그리스도의 속죄의 희생제사의 값진 교훈을 사람들 앞에 분명하게 제시하기 위해 우리가 할 수 있는 모든 일을 해야 합니다. 그는 죄를 알지 못하셨음에도 불구하고 우리를 위해 죄가 되셨습니다. 우리로 하여금 그 안에서 하나님의 의가 되도록 하기 위해서 말입니다.

2. 둘째로, 유월절을 기념하는 것과 연결된 규례를 생각해 보십시오.

"이 후에 너희의 자녀가 묻기를 이 예식이 무슨 뜻이냐 하거든 너희는 이르기를 이는 여호와의 유월절 제사라 할 것이라"(26, 27절), 우리 자녀들의 마음속에 질문이 떠오르게 하십시오. 우리가 우리 자녀들로 하여금 하나님의 일들에 관한 질문들이 떠오르도록 만든다면 얼마나 좋겠습니까? 어떤 아이들은 매우 이른 나이에 큰 관심을 갖고 질문을 하는 반면, 또 어떤 아이들은 무관심합니다. 어쨌든 우리는 모든 아이들에 대해 지혜롭게 대처해야 합니다. 아이들에게 성만찬의 규례에 대해 설명해 주는 것은 매우 좋은 일입니다. 왜냐하면 그것은 그리스도의 죽음을 상징하는 것이기 때문입니다. 나는 아이들이 이러한 규례를 좀 더 자주 대하지 못하는 것이 아쉽습니다. 세례와 성만찬은 아이들 보는 데서 행해질 필요가 있습니다. 그래서 그것을 보는 아이들로 하여금 "이 예식이 무슨 뜻인가요?"라고 묻도록 말입니다. 성만찬은 그 자체로 복음에 대한 설교입니다. 그것은 우리로 하여금 우리 죄를 위한 희생제물을 바라보도록 이끕니다. 여러분은 강단으로부터 속죄의 교리를 퇴출시킬 수 있을는지 모릅니다. 그러나 그것은 성만찬을 통해 교회 안에 항상 살아 있을 것입니다. 여러분은 우리 주님의 속죄의 죽음을 설명함이 없이 떡과 포도주 잔을 나눌 수 없을 것입니다. 여러분은 어떤 형태로든 우리를 대신한 예수의 죽음을 이야기함이 없이 그리스도의 몸에 참예하는 것을 설명할 수 없을 것입니다. 그러므로 여러분의 어린 자녀들에게 성만찬을 보여주십시오. 그리고 그것이 의미하는 바를 분명하게 말해 주십시오. 그럼으로써 그들로 하여금 우리 주님의 고난과 죽음을 자주 되새기게 하십시오. 그들로 하여금 겟세마네에 대해 생각하게 하십시오. 그들로 하여금 가바다(Gabbatha: 빌라도가 예수 그리스도를 심판하던 자리)와 골고다에 대해 생각하게 하십시오. 그들로 하여금 우리를 위해 자기 목숨을 주신 자를 슬픈 마음으로 찬미하는 법을 배우게 하십시오. 그들에게 우리를 위해 고난을 당한 자가 누구인지, 또 그 이유가 무엇인지 분명하게 가르치십시오. 또 아이들에게 다음과 같은 노래를 가르치십시오.

> "먼 곳에 푸른 언덕이 있도다,
>   성벽도 없는 곳에.
>   그는 우리가 얼마나 악한지 아셨도다.
>   또 죄는 반드시 형벌을 받는다는 사실도 아셨도다.
>   그리하여 우리를 긍휼히 여기시고
>   우리를 대신하여 형벌을 짊어지셨도다."

이와 같이 아이들이 그 의미가 무엇이냐고 질문할 때, 머뭇거리지 말고 즉시로 그에 대해 설명해 주십시오. 아이들은 속죄의 희생제사의 교리를 충분히 이해할 수 있습니다. 왜냐하면 복음은 가장 어린 자들에게도 충분히 이해될 수 있도록 의도되었기 때문입니다. 대속의 복음은 설령 신비로운 것이라 하더라도 매우 단순한 것입니다. 우리의 어린 자녀들이 완성된 희생제사를 알고 믿기 전까지, 우리는 결코 만족해서는 안 됩니다. 이것이야말로 가장 본질적인 지식이며, 다른 모든 영적 교훈들의 열쇠입니다. 만일 우리의 사랑하는 자녀들이 십자가를 안다면, 그들은 매우 훌륭하게 출발한 것입니다. 만일 그들이 십자가를 올바로 깨닫는다면, 그들은 올바른 기초를 세운 것입니다.

이를 위해서는 여러분이 어린 자녀들에게 구주의 필요성을 가르치는 것이 필요합니다. 여러분은 이 일을 게을리해서는 안 됩니다. 아이들에게 무작정 착하다고만 말하지 마십시오. 아이들에게 자신이 본성적으로 선하다는 인상을 심어주어서는 안 됩니다. 자신이 본성적으로 선하다는 생각은 그릇된 망상일 뿐입니다. 아이들에게 거듭나야 한다는 사실을 말해 주십시오. 아이들에게 그들의 죄를 보여주십시오. 그들이 얼마나 쉽게 죄에 떨어질 수 있는지 말해 주십시오. 그리고 성령께 자신들의 마음과 양심을 일깨워 달라고 기도하도록 가르치십시오. 어른들을 대하는 것과 똑같이 아이들을 대하십시오. 그들을 정직하고 철저하게 대하십시오. 얄팍한 종교는 아이들에게나 어른들에게나 모두 좋지 않습니다. 아이들 역시도 어른들과 똑같이 그리스도의 보혈로 말미암아 죄 사함을 받을 필요가 있습니다. 아이들에게 그들의 멸망에 대해 말하기를 주저하지 마십시오. 그렇지 않으면 그들은 그것을 피하는 방법을 열망하지 않을 것입니다. 또 그들에게 죄에 대한 형벌에 대해 말해 주십시오. 그리고 그것이 얼마나 두려운 것인지 경고하십시오. 부드럽게 대하되, 그러나 진실하십시오. 어린 죄인들에게 하나님의 공의를 숨기지 마십시오. 아이들이 스스로 책임질 나이가 되면, 예수 그리스도를 믿지 않으면 마지막 날 화가 있다는 사실을 분명하게 가르치십시오. 그들 앞에 하나님의 심판을 제시하십시오. 그리고 그들에게 장차 하나님 앞에서 육체로 행한 모든 일에 대해 설명해야만 한다는 사실을 일깨워 주십시오. 그들의 양심을 일깨우도록 노력하십시오. 그리고 성령 하나님께 아이들의 마음이 민감해져 구원의 필요성을 깨닫게 해달라고 기도하십시오.

어린아이들은 십자가의 교리를 통해 즉각적으로 구원받을 수 있습니다. 우리는 어린아이들이 구원받을 수 있다는 사실을 믿습니다. 우리 주일학교의 수많은 소년소녀들이 그리스도에 대한 믿음을 고백하며 앞으로 나아오는 것은 우리에게 얼마나 큰 기쁨입니까? 가장 탁월하며 위대한 그리스도인들은 대부분 어린 시절에 회심한 사람들이었습니다. 하나님의 말씀과 은혜의 교리에 대해 미숙함에도 불구하고, 그들은 종종 그리스도의 가장 핵심적인 진리들을 큰 기쁨으로 받아들이곤 합니다. 많은 어린아이들이 하나님이 하신 일을 제대로 이해하며 큰 기쁨으로 받아들입니다. 그러므로 계속해서 아이들을 가르치십시오. 그리고 하나님이 여러분의 자녀들을 구원하실 것임을 믿으십시오. 아이들에게 복음의 씨를 뿌리면서 훗날 열매를 맺을 것으로 만족하지 마십시오. 그 아이들이 즉각적으로 회심하기를 위해 힘쓰십시오. 여러분의 자녀들이 아직 아이일 때 열매를 맺기를 기대하십시오. 그들이 세상 속으로 빠져 들어가 죄 가운데 떨어지지 않게 해달라고 기도하십시오. 그들이 하나님의 풍성한 은혜 가운데 악한 자의 길로 떨어지지 않고 그리스도의 울타리 안에서 자라게 해달라고 기도하십시오. 어린 시절에 하나님의 어린 양처럼 자라서 장차 하나님의 손에 붙들린 장성한 양이 되게 해달라고 기도하십시오.

자녀들에게 속죄의 교리를 분명하게 가르쳐야 한다는 이 한 가지 사실을 확실하게 마음에 새기십시오. 때로 나는 하나님이 어린아이들 가운데 은혜를 베푸심으로써 당신의 교회를 부흥시키시고 옛 믿음으로 회복시키실 것을 소망합니다. 만일 하나님이 많은 어린아이들과 젊은이들로 우리의 교회들을 가득 채우신다면, 그것은 잠자는 교회를 얼마나 확실하게 깨어 일어나게 만들겠습니까? 어린아이들은 얼마나 가정을 생동감 있게 만듭니까? 마찬가지로 어린 그리스도인들은 우리의 교회들을 얼마나 활기차게 만들겠습니까? 어린아이들을 가르치는 것은 곧 우리 자신을 가르치는 것입니다. 무엇을 배움에 있어 가르치는 것보다 더 좋은 방법은 없습니다. 어떤 것을 다른 사람에게 가르칠 수 있기 전까지는 실상 여러분은 그것을 알지 못하고 있는 것입니다. 만일 여러분이 어떤 하나님의 진리를 아이에게 말하여 아이로 하여금 그것을 알 수 있도록 가르칠 수 없다면, 실상 여러분은 그 진리를 제대로 알고 있지 못한 것입니다. 어린아이들에게 속죄의 교리를 깨닫게 하려고 애쓰는 가운데 여러분은 그에 대해 더 분명한 깨달음을 얻게 될 것입니다. 그러므로 아이들을 부지런히 가르치도록 더욱 힘쓰십시오.

만일 우리 자녀들이 그리스도의 구속의 교리 위에 견고하게 세워진다면, 그것은 얼마나 큰 은혜이겠습니까? 만일 우리 자녀들이 오늘날의 악한 세대의 거짓된 복음들에 대해 경고를 받는다면, 또 만일 그들이 그리스도의 완성된 사역의 영원한 반석 위에 서도록 가르침을 받는다면, 우리의 자녀들은 우리의 믿음을 계승하며 나아가 부모보다 더 나은 믿음의 사람들이 될 것입니다. 주일학교의 목적이 무엇입니까? 어린 자녀들에게 복음을 가르치지 않는다면, 도대체 주일학교가 존재하는 이유가 무엇입니까? 단지 한 시간 반 동안 아이들을 돌봐주다가 집으로 돌려보내는 것이 전부라면, 도대체 그것이 무슨 소용이 있단 말입니까? 바쁜 부모들에게 한 시간 반 동안의 고요한 휴식을 줄 수 있을 것입니다. 그렇지만 그것이 자녀를 주일학교에 보내는 목적입니까? 주일학교의 목적은 아이들에게 진리를 가르치는 것입니다. 그러면 가장 근본적인 진리가 무엇입니까? 그것이 아이들에게 분명하게 가르쳐져야 하지 않겠습니까? 그것이 십자가의 진리가 아니면 무엇이란 말입니까? 어떤 사람들은 아이들에게 착한 아이가 되는 것에 대해 계속해서 가르칩니다. 다시 말해서, 그들은 아이들에게 계속해서 율법을 가르치는 것입니다. 장성한 자들에게는 복음을 가르치면서 말입니다. 이것이 올바른 일입니까? 이것이 지혜로운 일입니까? 아이들에게는 복음이 필요합니다. 아이들에게는 전체적인 복음(whole Gospel)이 필요합니다. 아이들에게는 이것저것 섞이지 않은 순수한 복음이 필요합니다. 그들은 그러한 복음을 가져야만 합니다. 또 만일 그들이 하나님의 영으로 가르침을 받는다면, 그들은 장성한 자들과 마찬가지로 그것을 받을 수 있습니다. 어린아이들에게, 우리를 하나님께 데려가기 위해 의로운 자가 불의한 자를 대신하여 죽으셨다는 사실을 가르치십시오. 주일학교 교사들은 항상 이것을 명심해야 합니다. 옛 복음을 굳게 붙잡고 영혼을 구원하는 일에 최선을 다하는 교회보다 더 영광스러운 교회를 나는 알지 못합니다. 나의 형제 자매들이여, 힘을 내십시오. 하나님은 여러분의 자녀들을 구원하실 것입니다. 또 우리는 우리 교회에서 수많은 어린아이들이 그리스도께 돌아오는 것을 보며 크게 기뻐하게 될 것입니다. 하나님이여, 주의 이름을 위해 이 모든 일을 이루소서. 아멘.

제
8
장

대대로 지킬 여호와의 밤

—

"여호와의 밤이라 이스라엘 자손이 다 대대로 지킬 것이니
라."— 출 12:42

여러분은 물론 본문이 유월절과 관련되는 것이라는 사실을 잘 알 것입니다. 유월절은 대대로 지켜져야만 했습니다. 이스라엘 백성은 자신들이 한때 애굽의 노예였으며, 하나님이 강한 팔로 자신들을 그곳으로부터 건져내셨다는 사실을 결코 잊어서는 안 되었습니다. 그러한 사실을 기억하기 위해 그들은 매년 규례를 지켜야 했습니다. 또 그들은 자녀들에게 그러한 규례의 의미를 가르침으로써 하나님이 애굽의 원수들을 치실 때 자기 백성을 넘어가신 사실을 영원히 잊지 않도록 해야 했습니다. 오늘날에도 유대인들은 유월절 사건을 자신들의 민족적 역사 속에 가장 소중한 전통으로 계속해서 유지하고 있습니다. 비록 그 의식(儀式)이 많이 달라지기는 했다 하더라도, 여전히 유월절은 이스라엘의 민족적 축전(祝典)입니다. 단 한 사람의 유대인만 남아 있다 하더라도, 그들의 조상들이 애굽으로부터 나온 유월절의 사건은 결코 완전히 잊혀지지 않을 것입니다.

그렇지만 사랑하는 형제들이여, 유월절은 또한 우리 주님의 수난의 모형이기도 합니다. 그는 하나님의 유월절 어린 양입니다. 우리가 구원받는 것은 그의 피로 말미암습니다. 하나님이 우리를 넘어가시는 것은 그의 희생제물의 덕이며, 우리는 믿음을 통해 피 뿌림을 받습니다. 그러므로 우리는 우리 주님이 자기 백성들의 죄를 위해 희생제물로 드려진 그날 밤을 영원히 잊지 말아야 합니다. 그

날 밤 주님은 제자들과 더불어 마지막 만찬을 드셨던 식탁으로부터 일어나, 겟세마네로 가서, 거기에서 죽음에 이르는 고통과 슬픔을 맛보셨습니다. 그리고 빌라도에게로, 헤롯에게로, 가야바에게로 끌려다니면서 심문을 받았으며, 마침내 사형판결을 받았습니다. 그리고 십자가에 높이 달리셨으며, 피를 흘리셨으며, 말할 수 없는 육체의 고통과 정신적 괴로움과 영적 슬픔을 겪으셨습니다. 그것은 모든 세대에 영원히 기억되어야 할 밤이었습니다. 그것은 결코 잊혀서는 안 되었습니다. 다른 것은 다 잊히더라도 십자가는 결코 잊혀서는 안 되었습니다. 우리의 생각 속에서 다른 모든 것들은 두 번째 자리에 있어도 상관없습니다. 그러나 골고다에서 치러진 속죄는 결코 두 번째 자리에 놓여서는 안 됩니다. 그것은 항상 첫 번째 으뜸가는 자리에 놓여야 합니다. 나는 여러분에게 사복음서의 기록을 부지런히 연구할 것을 권합니다. 그것들을 깊이 묵상하십시오. 그리스도인들은 구주의 죽음과 관련하여 세세한 사건들까지도 잘 알아야 합니다. 그 모든 세세한 사건들 속에 교훈이 담겨 있습니다. 해융과 신 포도주와 우슬초, 모두가 각각의 의미를 가지고 있습니다. 그의 옆구리를 찌른 창도 특별한 교훈을 가지고 있습니다. 우리는 그것들을 연구해야 합니다. 또 연구하고, 또 연구하고, 또 연구해야 합니다. 우리 주님의 속죄의 죽음 ─ 바로 여기에 우리 믿음의 요체가 있습니다. 그것이 우리 영혼이 의지하는 기둥입니다. 만일 죄인들을 위한 어떤 소망이 있다면, 만일 고통받는 자들을 위한 어떤 위로가 있다면, 만일 범죄한 자들을 위한 어떤 씻음이 있다면, 만일 죽은 자들을 위한 어떤 생명이 있다면 ─ 그것은 바로 여기에 있습니다. 바로 여기, 오직 여기에 있습니다. 그러므로 십자가 옆에 머무십시오. 다른 것은 다 잊더라도 결코 이것만은 잊지 마십시오. 십자가에 못 박힌 그리스도의 기억만은 결코 잃어버리지 마십시오. 그것을 굳게 지키십시오. 하나님이 우리의 연약한 기억력을 돕기 위해 하나의 규례를 정해 주셨음을 기억하십시오. 유대인들에게 유월절의 규례를 주셨던 것처럼, 하나님은 우리에게 성만찬의 규례를 주셨습니다. "이것을 행하여 마실 때마다 나를 기념하라"(고전 11:25).

　　가장 중요한 것은 여러분이 피 흘리신 구주를 기억하는 것입니다. 그리하여 주님은 여러분에게 자신의 피를 상징하는 포도주와, 자신의 몸을 상징하는 떡을 주십니다. 이렇게 하여 떡과 포도주는 여러분을 대신하여 죽으신 주님의 죽음을 상징합니다. 이러한 상징들은 얼마나 교훈적입니까? 그것들이 내포하고 있는 의미를 놓치지 마십시오. 그러한 상징들은 여러분을 사랑의 줄로 결박하여 여러분을 위한 대속의 희생제물, 즉 여러분을 위해 피 흘리신 예수 그리스도에게로 끌고 갑니다.

또 이것을 항상 여러분의 생각 속에 머물게 할 뿐만 아니라 또한 그것을 다른 사람들에게 말하십시오. 할 수 있는 대로 자주 그리고 충분하게 말하십시오. 만일 당신이 사역자라면, "세상 죄를 지고 가는 하나님의 어린 양"에 대해 많이 설교하십시오. 만일 당신이 주일학교에서 아이들을 가르치는 교사라면, 바로 이것을 여러분의 모든 가르침의 주된 주제가 되게 하십시오. 그리스도께서 죄인을 대신하셨으며, 그리스도께서 죄인의 죄를 짊어지셨으며, 그리스도께서 죄인을 대신하여 채찍을 맞으셨으며, 그렇게 채찍에 맞음으로써 죄인들을 치료하시고 그들의 죄를 씻으셨다는 사실 말입니다. 이러한 주제를 가르치고 또 가르치고 계속해서 가르치십시오. 모두에게 그것을 분명하게 제시하십시오. 그래서 그것을 배척하는 것은 자신들 앞에 분명하게 제시된 것을 배척하는 것이 되도록 만드십시오. 그리고 신비의 베일을 벗기십시오. 죄인을 대신하여 피 흘리신 성육신하신 하나님의 거룩한 신비 말입니다. 어떤 사람들은 오로지 이것만을 가르친다고 여러분을 미련한 자로 비난할는지 모릅니다. 그렇지만 계속해서 가르치십시오. 차라리 미련한 자가 되십시오. 그들로 하여금 여러분은 피밖에 모르는 자라고 말하도록 그냥 내버려 두십시오. 사람들의 귀에 계속해서 피에 대해 말하십시오. 여러분의 모든 힘을 여기에 기울이십시오. 그들의 모든 관심이 여기로 향하도록 만드십시오. 그들로 하여금 그리스도께서 수난당하신 "밤"을 영원히 기억하도록 만드십시오(실제로는 "낮"이었다 하더라도 나는 여러 가지 의미로 "밤"이라고 표현합니다). "이 밤은 그들을 애굽 땅에서 인도하여 내심으로 말미암아 여호와 앞에 지킬 것이니 이는 여호와의 밤이라 이스라엘 자손이 다 대대로 지킬 것이니라."

그러나 오늘 밤 내가 여러분에게 제시하려고 하는 주제는 정확하게 이것은 아닙니다. 오늘 밤 여러분에게 제시하려고 하는 것은 여러분의 중생(重生)의 밤입니다. 그것은 우리의 회심의 밤입니다(실제로 그 때가 밤이든 낮이든 그것은 중요하지 않습니다). 오늘 밤 내가 여러분에게 당부하고자 하는 바는 우리가 실제로 구원을 받고 이러한 유월절에 참여하는 자가 된 때를 잊지 말고 항상 기억하라는 것입니다.

그 특별한 때 우리를 위해 중요한 사건들이 일어났습니다. 우리의 개인적인 역사(歷史) 가운데 가장 중요한 사건들이 그 때 일어났습니다. 그 때까지 우리는 죽어 있었는데, 그 순간 우리는 살아났습니다. 그 때까지 우리는 정죄 아래 있었는데, 그 순간 우리는 모든 죄의 멍에로부터 벗어났습니다. 그 때까지 우리는 하나님과 원수 된 자였는데, 그 순간 우리는 하나님의 은혜의 행동에 의해 그분과 더불어 화목되고 그의 자녀가 되었으며, 그럼으로써 더 이상 하나님과 원수 된 자가 아닌 존재가 되었습니다. 나는 그 때를 되돌아보기를 원합니다. 만일 이러한 두 번째 탄생이 없었다면, 우리의 첫 번째 탄생은 불행한 일이 되었을 것입니다. 만일 이러한 두 번째 창조가 없었다면, 이 세상에서의 우리의 존재는 재앙이 되고 차라리 세상이 나지 않는 것이 더 나은 것이 되었을 뻔 했습니다. 우리가 애굽으로부터 나온 날, 다시 말해서 우리가 구원받아 사망으로부터 생명으로 옮겨진 날 밤을 우리는 단 한순간도 잊어서는 안 됩니다.

1. 첫째로, 그러면 그 때 어떤 사건들이 일어났습니까?

무엇보다도 그 때 예수의 피가 우리에게 나타나고 그것이 우리 영혼에 적용되는 사건이 일어났습니다. 여러분은 그것을 기억하고 있습니까? 나는 내 마음 속에 그 일이 일어났던 때를 잘 기억하고 있습니다. 여러분은 오랫동안 십자가의 교리를 들어왔지만, 그러나 그 때 비로소 그것을 느꼈습니다. 여러분은 그 피가 구원할 수 있음을 알고 있었지만, 그러나 바로 그 순간 여러분은 그 피를 믿고 구원을 받았습니다. 그 피가 믿음의 우슬초에 의해 여러분에게 적용되었습니다. 믿음의 우슬초가 여러분의 문 인방과 설주에 그 피를 뿌림으로써 여러분은 구원을 받았습니다. 여러분은 그 장소를 기억하고 있습니까? 그 장소를 결코 잊을 수 없는 사람들이 많이 있을 것입니다. 우리를 구주의 발 앞에 데려간 그 날은 얼마나 복된 날입니까? 우리의 모든 죄책이 제거되고 모든 두려움이 사라진 그 날은 얼마나 복된 날입니까? 모든 불화가 제거되고 우리를 친구로 삼아주신 그 날은 얼마나 복된 날입니까? 하나님이 우리를 넘어뜨리고 정복하시고 굴복시키신 다음 새 힘을 주시고 위로하시며 축복하신 그 날은 얼마나 복된 날입니까? 우리에게 있어 그 피가 우리의 부패한 양심에 적용된 사건보다 더 중요한 사건은 결코 없습니다. 어떤 사람이 말합니다. "나에게는 특별히 기억나는 것이 없습니다." 결코 그럴 수 없습니다. 그것은 당신이 그것을 느끼지 못했기 때문입니다. 만일 느꼈다면, 당신은 그것을 기억할 것입니다. 율법의 무시무시한 채찍이 자신의 양심을 때리는 것을 느껴본 사람, 살아 있는 것을 한탄하며 차라리 죽기를 바랄 정도로 그 채찍에 맞아본 경험이 있는 사람은 그 채찍이 제거되고 상처에 기름과 포도주가 부어짐으로써 즉시로 상처가 아물고 큰 기쁨으로 뛰는 것이 얼마나 큰 축복인지 압니다. 그것을 알지 못하는 자들은 그에 대해 아무 말도 해서는 안 됩니다. 그들은 그에 대해 외인(外人)입니다. 나는 회심에 대해 항상 대수롭지 않게 말하는 사람들을 알고 있습니다. 그들은 왜 그렇게 말할까요? 만일 그들이 회심에 대해 알지 못한다면, 그들은 그것을 알게 될 때까지 입을 열어서는 안 됩니다. 그러나 회심한 사람들, 다시 말해서 거듭남으로써 회심이 무엇인지 아는 사람들을 생각해 보십시오. 그들이 사람의 영혼에 기쁨을 가져다줌에 있어 해 아래 회심보다 더 큰 것이 없다고 말할 때, 여러분은 그들의 말을 믿어야 합니다. 이와 같이 피 뿌림이 우리 영혼에 적용되는 것은 우리에게 있어 모든 것에 앞서 가장 먼저 기억되어야만 하는 것입니다. 그날 밤 묵은 누룩이 우리 마음으로부터 제거된 사실을 기억하십시오. 예수를 믿자마자 곧바로 우리는 예전에 사랑하던 것을 미워하게 된 자신을 발견하게 됩니다. 우리는 우리의 마음이 바뀐 것을 느꼈습니다. 그럼으로써 우리는 악을 행하기를 원하지 않고 의를 행하기를 갈망하게 되었습니다. 그 때부터 나, 참된 나는 거룩함을 갈망합니다. 비록 우리 지체 안에 마음의 법에 대항하여 싸우는 또 다른 법이 있다 하더라도 말입니다. 이제 순종은 우리에게 더 이상 괴로운 것이 아닙니다. 순종은 복되고 즐거운 것입니다. 반면 죄를 짓는 것은 이제 더 이상 즐거운 것이 아닙니다. 죄로 손을 더럽히며 양심을 오염시키는 것은 눈을 쓰라리게 만들며, 심장을 두근거리게 만들며, 영혼을 두려움으로 떨게 만듭니다. 이것은 반드시 기억되어야만 하는 사건입니다. 우리에게 일어난 일들 가운데 이것과 비교할 수 있는 일이 무엇입니까? 이것은 결코 잊을 수 없는 일입니다. 이것이 과거에 비교적 양심적이고 괜찮은 사람들에게만 일어나지 않는 것은 얼마나 감사한 일입니까? 놀랍게도 그것은 가장 악한 사람들 가운데서도 일어납니다. 가장 방탕한 범죄자들이 회심을 경험하고 그 순간부터 빛으로 가득한 순결한 성품으로 변화된 이야기를 하자면 오늘 밤 시간이 부족할 것입니다. 예전에 죄를 더 많이 탐닉했던 사람일수록 나중에 하나님 앞에 스스로를 더 많이 겸비하게 합니다. 또 예전에 죄로 더 많이 기울어져 있던 사람일수록 스스로를 의의 일에 더 많이 헌신하며 하나님을 경외하는 가운데 온전한 거룩함을 추구합니다. 사랑하는 자들이여, 묵은 누룩이 제거되고 경건한 마음으로 잔치에 참여하게 된 날 밤은 영원히 기억되어야 할 밤입니다.

우리는 또한 그날 밤 우리 구주의 잔치를 즐겼던 것을 기억합니다. 피가 뿌려짐으로써 우리는 구원을 받았습니다. 그리하여 우리는 식탁에 앉아 즉시로 그리스도의 인격 안에 있는 값진 것들을 즐기기 시작했습니다. 오랫동안 나를 괴롭혀왔던 것이 한 가지 있습니다. 나는 모든 죄로부터 해방되었음을 믿었습니다. 왜냐하면 하나님이 "그의 아들 예수의 피가 우리를 모든 죄에서 깨끗하게 하실 것"이라고 말씀하셨기 때문이었습니다. 그러나 다음과 같은 의문들이 종종 나를 비틀거리게 만들곤 했습니다. "정말로 내가 지금 하나님의 자녀의 상태에 있는 것일까? 내가 정말 나의 육신의 아버지의 아들인 것처럼 하나님의 아들인 것일까? 정말로 하나님이 하찮은 벌레와 같은 나를 사랑하셨을까? 정말로 하나님이 나를 약속된 안식으로 확실하게 데려가실 것인가? 정말로 하나님이 나를 그의 사랑하는 자들 가운데 하나로 받아들여 주실 것인가?" 그러나 내가 처음 주님을 알게 되었을 때, 나는 그와 같은 생각들을 단호히 대적했습니다. 사랑하는 형제 자매들이여, 여러분은 그것을 기억합니까? 그리스도와 함께 첫 아침으로 되돌아가십시오. 여러분 영혼 위에 이슬이 맺히며, 여러분의 마음속에서 새들이 노래하기 시작했던 바로 그 아침 말입니다. 오, 그리스도와 함께 했던 첫 날의 아름다움이여! 오, 우리 주님의 달콤한 사랑이여! 여러분은 그리스도로 배부르며 그 안에서 기뻐했던 것을 기억하지 못합니까? 그 때를 되돌아보십시오. 그날은 하나님 앞에 영원히 기억되고 기념되어야 하는 날입니다.

사랑하는 형제들이여, 또한 그 때는 여러분의 삶 속에서 여러분이 자유를 느낀 첫 시간이었습니다. 애굽에 있던 이스라엘 백성들은 그날 밤부터 자유롭게 되었습니다. 그들은 노예로서 벽돌을 굽는 자들이었습니다. 그러나 문에 피가 뿌려지고 하나님이 죽음의 천사를 보내셨던 바로 그 순간, 그들은 자유롭게 되었습니다. 그들은 심지어 애굽 사람들로부터 제발 나가달라고 애원을 받기까지 했습니다. 여러분은 그와 같은 자유를 느꼈던 것을 기억합니까? 여러분은 존 켄트(John Kent)와 함께 이렇게 노래할 수 있었습니다.

"죄로부터 해방된 나는 마음껏 활보하도다.
구주의 피는 나의 모든 짐을 벗겼도다.

나는 그의 발 앞에 무릎을 꿇고
구원받은 죄인으로서 왕께 경배하도다.”

　여러분은 그리스도께서 주신 자유 가운데 기뻐했던 것을 기억합니까? 여러분은 그것을 다른 사람들에게 말해주고 싶었습니다. 여러분은 말하지 않고 가만히 있을 수 없었습니다. 그 때 여러분은 오늘 밤 우리가 이렇게 노래하는 것처럼 노래할 수 있었습니다.

　　“이제 나의 모든 죄가 사함 받았도다.
　　이제 나는 믿을 수 있으며, 믿는도다.”

　여러분은 자유롭게 되었습니다. 그러나 자신이 자유롭게 된 것을 발견한 바로 그 순간 여러분은 또한 처음으로 자신이 순례자라는 사실을 알게 되었습니다. 이스라엘 백성들을 생각해 보십시오. 유월절 만찬을 먹을 때, 그들은 허리에 띠를 띠고, 손에 지팡이를 잡고 먹어야 했습니다. 곧바로 그 나라를 떠날 사람들처럼 말입니다. 여러분은 지금 자신이 외인(外人)임을 발견했습니다. 만일 여러분의 부모가 회심하지 않았다면, 여러분은 그들에게 자신의 영혼 속에서 일어난 일에 대해 말할 수 없었습니다. 만일 여러분에게 옛 친구들이 있었다면, 여러분은 그들과 작별인사를 해야만 했습니다. 왜냐하면 그들은 여러분을 이해하지 못했기 때문입니다. 설령 전에는 자신이 순례자임을 모르고 있었다 하더라도, 여러분은 그들과 이야기하기 시작한 순간부터 그것을 알게 되었습니다. 여러분의 말이 여러분의 어떠함을 나타냈으며, 그들은 즉시로 여러분을 혹은 장로교도로 혹은 감리교도로 부르며 조롱하기 시작했습니다. 이와 같이 여러분은 곧바로 자신이 세상에 속하지 않았기 때문에 세상이 자신을 미워하는 것을 발견했습니다. 아마도 여러분은 그로 인해 깜짝 놀랐을 것입니다. 그렇지만 여러분은 용기를 내어 그리스도의 십자가를 붙잡고 지금까지 그것을 지고 왔습니다. 마침내 여러분은 그 십자가를 사랑하기 시작하며, 그것을 애굽의 모든 보화보다 더 값진 것으로 여기기 시작합니다. 여러분이 처음 생명을 얻은 그 날은 여러분이 영원히 기억해야 할 날이며, 나는 지금 여러분이 그 날을 기억하기를 바랍니다. 나는 그 날부터 우리가 우리의 존재를 기산(起算)할 수 있다고 생각합니다. 나는 다음과 같이 새겨진 묘비명을 본 적이 있습니다. "여기에 80세의 나이로 세 살만에 죽은 사람이 누워 있도다." 여러분은 단지 하나님에 대하여 산 햇수만큼 나이를 먹습니다. 나머지 모든 연수(年數)는 그냥 지워지기를 바랄 수 있습니다. 그리고 그리스도의 피가 그것을 지워 버립니다. 여러분은 새롭게 태어난 영혼으로 삽니다. 그러므로 여러분은 여러분의 두 번째 탄생의 때를 하나님 앞에 영원히 기억해야 합니다.

2. 둘째로, 그것을 기억할 때 여러분에게 매우 중요한 결과들이 따를 것입니다.

그것은 여러분을 겸비하게 하며, 여러분에게 겸손의 은혜를 구비(具備)시켜 줄 것입니다. 나의 형제들이여, 여러분은 옛 성도들처럼 하나님의 은혜를 경험한 그리스도인이 되었습니까? 처음 은혜를 경험한 자리로 되돌아가십시오. 열여섯 살 때 한 감리교회 예배당에서 두려워 떠는 가련한 죄인으로 그리스도의 복음을 들으며 그분께 나아왔던 때가 생각납니다. 그랬던 내가 살아서 오늘 밤 이 자리에 서서 많은 사람들에게 복음을 전파하고 있다니요! 이 얼마나 놀라운 일입니까! 그 때를 생각할 때 나는 스스로를 겸비하게 하지 않을 수 없습니다. 돌아가십시오. 하나님의 자녀들이여, 다시 십자가로 돌아가십시오. 여러분 자신에게는 아무것도 자랑할 것이 없습니다. 처음 은혜를 체험했던 때를 생각하십시오. 하나님이 여러분을 만나주셨을 때 여러분의 모습이 어떠했었는지 생각해 보십시오. 그리고 만일 하나님이 여러분을 만나주시지 않았다면 여러분의 지금 모습이 어떠할 것인지 생각해 보십시오. 만일 어린 양의 피가 없었다면, 이스라엘 백성들은 애굽 사람들처럼 죽었을 것입니다. 여러분도 마찬가지 아닙니까? 만일 하나님의 특별한 은혜가 없었다면, 여러분 역시도 여기에 앉아 하나님을 찬미하는 대신 이 시간 영적으로 죽은 상태로 저주 아래 있었을 것입니다. 여러분을 하나님의 자녀로 만든 것은 여러분의 어떤 선함이 아니었습니다. 우리 모두가 그것을 알지 않습니까? 하나님이 여러분을 불꽃 같은 눈으로 바라보실 때, 그는 여러분 안에서 사랑할 만한 아무것도 발견할 수 없으셨습니다. 여러분은 모두 거룩하지 못하며 정결하지 못했습니다. 여러분은 이사야의 표현대로 "발바닥에서 머리까지 성한 곳이 없이 상한 것과 터진 것과 새로 맞은 흔적뿐"이었습니다(사 1:6). 그럼에도 불구하고 하나님은 여러분을 긍휼히 여기셨습니다. 그것을 기억하십시오. 그리고 스스로를 겸비하게 하십시오. 또 여러분의 회심을 기억하고 여러분의 믿음을 새롭게 하십시오. 사랑하는 형제 자매들이여, 우리가 지금까지 걸어온 긴 길을 회상하는 것은 참으로 좋은 일입니다. 특별히 여러분이 최초에 가졌던 축복된 시간을 회상하는 것은 더없이 좋은 일입니다. 그 때 여러분은 얼마나 큰 기쁨을 맛보았습니까! 어쩌면 여러분은 지금 더 정결한 기쁨과 더 깊은 평안과 더 풍성한 고요를 누릴는지 모릅니다. 그 때는 지금보다 훨씬 더 육신적이었습니다. 그렇지만 그 모든 것에도 불구하고, 사람이 첫 사랑을 잊지 못하는 것처럼 우리는 그리스도와의 첫 사랑을 결코 잊을 수 없습니다. 거기에 우리 영혼에 계속해서 머무르는 특별한 달콤함이 있었습니다. 그 달콤한 향기는 지금까지 남아 있습니다. 우리는 결코 그 향기를 잃어버리지 않을 것입니다. 그것을 기억하며 회상할 때, 우리의 믿음과 사랑은 얼마나 새로워지며 생생해지겠습니까? 그럴 때, 우리는 "어째서 그의 이름을 위해 좀 더 많은 일을 하지 못했단 말인가?" 라고 말하며 스스로를 질책하기 시작할 것입니다. 우리가 처음 예수 그리스도를 섬기기 시작했을 때 결심했던 것들을 회상해 보십시오. 우리는 그 때의 약속과 맹세에 신실하지 못했습니다. 그렇지만 우리의 신실하지 못함에도 불구하고 하나님은 우리에게 얼마나 큰 긍휼을 베풀어 주셨습니까? 하나님은 우리를 그대로 내버려두시지 않고 모든 약속을 지키셨습니다. 하나님은 우리를 위험한 상태에 그냥 방치해 두시지 않으셨습니다. 우리는 지금까지 굳게 지켜졌습니다. 그렇게 하신 분이 우리 주님이 아니라면 도대체 누구란 말입니까? 우리는 때로 매우 위험한 상태에 처하기도 했으며, 수없이 유혹에 휘둘리기도 했습니다. 그러나 우리는 하나님이 우리를 붙잡아 주셨음을 압니다.

> "우리는 우리가 기대는 팔을 알며
> 　우리가 믿는 이름을 아노라."

　그러므로 우리는 그 이름을 영원히 송축할 것입니다. 만일 우리가 항상 우리의 회심을 회상하며 산다면, 나는 우리의 열정이 다른 사람들의 회심을 위해 계속해서 불탈 것이라고 확신합니다. 그런 사람들은 예수에 대해 말할 기회만 있다면 어디든지 달려갈 준비가 되어 있습니다. 다른 사람들을 예수께로 이끌 약간의 소망만 보인다면, 그들은 그에 대해 말하기를 조금도 주저하지 않습니다. 어쩌면 지금 여러분은 복음에 대해 너무도 익숙해진 나머지 마음이 무디어 짐으로써 그것에 대해 예전보다 덜 매력을 느끼고 있는지도 모릅니다. 그렇다면 스스로를 부끄러워하십시오. 그리고 돌이키십시오. 첫 사랑을 회복하십시오. 그러면 처음의 열정이 되돌아오는 것을 느끼게 될 것입니다. 교회에 새로운 회심자들이 생기지 않는다면 어떻게 되겠습니까? 새로운 회심자들은 교회의 핏줄 속에 새로운 피를 공급합니다. 만일 죄인들이 큰 기쁨과 함께 들어오지 않는다면, 교회는 무기력함으로 말라죽어 버리고 말 것입니다. 그들은 구주의 발을 씻고 일반적인 경건의 행동들을 할 뿐만 아니라 또한 특별한 열정으로 주님의 머리에 기름을 붓기 시작할 것입니다. 그리고 그들은 교회에 큰 일을 행하는 모범을 보일 것이며, 이런 방법으로 교회를 생동감 있게 만들 것입니다. 이런 의미에서 나는 항상 새로운 회심자(young convert)처럼 살고 싶습니다. 나는 노년에도 예수 그리스도에 대한 젊은 사랑(young love)을 가지고 젊게 살고 싶습니다. 여러분도 그렇지 않습니까? 그렇다면, 처음 회심했던 밤으로 돌아가십시오. 그리고 오늘 밤 감사의 눈물과 함께 그 밤을 기억하십시오. 여러분은 그 때 거기에서 하나님의 말씀을 듣던 어린 시절의 옛 모습을 떠올릴 수 있습니까? 그 때의 여러분의 경험을 회상할 수 있습니까? 지금 여러분은 더 이상 어리지 않습니다. 지금은 어른이 되었습니다. 그렇지만 그 때 마음을 찢으며 울던 것을 기억합니까? 여러분은 그 때를 잊지 않았습니다. 많은 세월이 흐르고 인생의 마지막이 가까웠습니다. 그러나 지금도 그 때의 은혜를 회상하면서 새 노래를 부르며 하나님께 영광을 돌리지 않습니까?

3. 셋째로, 이와 관련하여 사람들의 마음속에
자연스럽게 떠오르는 질문들을 생각해 보도록 합시다.

나는 어떤 사람이 이렇게 말하는 것을 들었습니다. "나는 내가 그리스도인임을 믿습니다. 나는 내가 마음의 큰 변화를 경험했다고 믿습니다. 그러나 나는 그 때를 기억할 수 없습니다." 사랑하는 친구여, 만일 당신이 지금 실제로 그리스도를 소유하고 있다면 그것으로 충분하지 않습니까? 당신이 그리스도를 소유하고 있는 한, 나는 당신에게 언제 그를 얻었느냐고 묻지 않을 것입니다. 만일 당신이 그리스도를 소유하고 있다면, 당신은 그를 결코 잃지 않을 것입니다. 만일 당신이 그의 의와 그의 피 위에서 안식하고 있다면, 그것으로 충분합니다. 만일 당신이 성령의 열매를 맺고 있다면, 바로 그 열매가 당신이 누구인지를 잘 보여 주고 있지 않습니까? 우리는 당신에게 더 이상 아무것도 묻지 않을 것입니다. 또 어떤 사람이 말합니다. "그렇지만 나는 내가 회심한 때를 정확하게 알고 싶습니다." 충분히 이해합니다. 그러나 그 때를 알지 못한다고 해서 문제될 것은 아무것도 없습니다. 여기에 자기의 생년월일을 정확하게 알지 못하는 어떤 사람이 있다고 상상해 보십시오. 그는 백방으로 알아보려고 애를 썼지만 알 수가 없었습니다. 그러면 자신의 생년월일을 알 수 없는 사실로부터 무엇을 추론할 수 있습니까? 물론 이런저런 추론들이 가능할 것입니다. 그러나 그는 "나는 생년월일을 알지 못하므로 살아 있지 않은 거야"라는 추론은 절대로 끌어낼 수 없습니다. 만일 그러한 추론을 끌어낸다면, 그는 바보임에 틀림없습니다. 왜냐하면 자기의 생년월일을 알든 모르든 살아 있는 사람은 살아 있는 것이기 때문입니다. 만일 어떤 사람이 실제로 예수를 믿고 죽음으로부터 살아났다면, 그는 자신이 언제 어디에서 구원받았는지 알든 알지 못하든 상관 없이 구원받은 영혼입니다.

그렇지만 나의 말을 오해하지 마십시오. 여러분은 거듭나야 합니다. 천국에 들어갈 모든 사람에게 사탄의 나라로부터 하나님의 아들의 나라로 옮겨진 때와 장소가 있으며 또 반드시 있어야만 합니다. 많은 경우 나는 그와 관련한 정확한 시간과 장소를 말하는 것이 쉽지 않다고 믿습니다. 그것은 마치 해가 뜨는 것과 같습니다. 때로 언제 해가 떠올랐는지 알지 못하는 사이에 여러분 앞에 해가 떠올라 있곤 합니다. 왜냐하면 해가 실제적으로 지평선 위에 나타나기 전에 긴 아침의 여명이 있기 때문입니다. 영적 생명도 이와 마찬가지입니다. 종종 그것은 서서히 시작되다가, 어느 순간 불쑥 우리 앞에 나타납니다. 우리가 미처 인식하지 못한 상태에서 말입니다. 그러나 그것이 시작된 시간이 있습니다. 구원받지 못한 자가 구원받고, 거듭나지 못한 자가 거듭난 시간과 장소가 있습니다. 양자(兩者) 사이에는 거대한 심연이 가로놓여 있습니다. 오직 하나님의 초자연적인 은혜만이 사람으로 하여금 그것을 건너가도록 만들 수 있습니다. 그것은 너무도 분명한 사실입니다. 스스로 속지 마십시오. 나는 실제로 회심하지 않았음에도 불구하고 스스로 회심했다고 생각하는 사람들이 많이 있다고 믿습니다. 나는 실제로 변화되지 않았음에도 불구하고 스스로 변화를 경험했다고 생각하는 사람들이 많이 있다고 믿습니다. 나는 여전히 거듭나지 않은 상태에 있음에도 불구하고 스스로 거듭났다고 생각하는 사람들이 많이 있다고 믿습니다. 어떤 사람이 술주정뱅이에서 건실한 사람으로 변화될 수 있습니다. 그것은 참으로 대단한 일이기는 하지만, 그러나 그것이 사람을 구원하지는 않을 것입니다. 어떤 사람이 도둑에서 정직한 사람으로 변화될 수 있습니다. 그것은 참으로 멋진 일이기는 하지만, 그러나 그것이 그를 구원하지는 않을 것입니다. 어떤 사람이 습관적으로 안식일을 깨뜨리는 것으로부터 예배에 열심히 참석하는 사람으로 변화될 수 있습니다. 그것은 참으로 좋은 일이기는 하지만, 그러나 그것이 그를 구원하지는 않을 것입니다. 중생의 결과는 더러운 것을 씻는 것이 아니라 영혼을 씻는 것입니다. 그가 사랑하며 좋아하는 것이 달라져야 합니다. 그의 기호(嗜好)가 예전에 움직였던 방향과는 반대쪽 방향으로 움직여야 합니다.

한 마디로, 사람이 거듭나지 않으면 하나님의 나라를 볼 수 없습니다(요 3:3). 여러분이 새롭게 태어난 시간이 있어야만 합니다. 그렇지 않으면 여러분은 기쁨으로 주의 얼굴을 볼 수 없을 것입니다. 여러분은 성령의 손 아래로 지나가야만 합니다. 그렇지 않으면 여러분은 천국에 들어가지 못할 것입니다. 또 어떤 사람이 말합니다. "그 말은 참으로 나를 괴롭게 만드는군요." 그렇습니까? 당신의 말을 들으니 너무도 기쁩니다. 그러한 괴로움이 당신을 그리스도께로 이끈다면, 그것은 얼마나 큰 축복입니까? 만일 당신이 그리스도께로 간다면, 당신은 구주를 발견할 것입니다. 그리고 지금 그리스도를 바라보고 있다면, 당신은 구원을 받은 것입니다. 당신은 묻습니다. "그러면 그 큰 변화는 어떻게 이루어집니까?" 나는 모든 신자는 그러한 변화를 경험했음에 틀림없다고 대답합니다. 왜냐하면 세상에서 가장 위대한 것은 믿음이기 때문입니다. 예수께서 "하나님이 보내신 이를 믿는 것이 하나님의 일이니라"(요 6:29)라고 말씀하지 않으셨습니까? 예수 그리스도를 믿는 것이 최고의 덕이며, 새 마음이 주어졌음을 보여주는 가장 확실한 증거입니다. 여러분은 그러한 증거를 가지고 있습니까? 하나님이 여러분을 더 많이 괴롭게 하기를 바랍니다. 여러분으로 하여금 오는 세상에서의 괴로움을 겪지 않도록 하기 위해서 말입니다.

앞에서 제시한 몇 가지 질문들은 너무도 중요하며 절박한 것입니다. 여러분은 오늘 내가 너무나 꼬치꼬치 캐묻는 투로 설교하고 있다고 말할 것입니다. 그럴는지 모릅니다. 그렇지만 여러분 스스로 심문관이 되어 스스로에게 물어 보십시오. 그리고 스스로 대답해 보십시오. 오늘의 질문들은 얼마나 중요하며 절박합니까? 그러므로 내가 여러분을 너무나 가혹하게 몰아붙이고 있다고 불평하지 마십시오. 여러분이 스스로에 대해 어떤 판결을 내리든, 그것은 더 높은 법정으로 가게 될 것이고 거기에서 확정되든지 혹은 취소되든지 할 것입니다. 나는 오늘이 마지막일지도 모른다는 마음으로 이 자리에서 말씀을 전하고 있습니다. 지금 이 자리에 있는 사람들 가운데 어떤 사람들은 분명 다음 시간에는 다른 세상에 있을 것입니다. 여기에서 나는 "아마도"라든지 혹은 "어쩌면"이라는 단어를 사용하지 않았습니다. 왜냐하면 이 많은 회중 가운데 어떤 사람들이 다른 세상으로 떠나는 것을 우리는 거의 매주 보았기 때문입니다. 우리는 매주 교적부를 고쳐야 할 정도로 너무나 많은 사람들이 하늘의 교회로 옮겨지는 것을 보았습니다. 도리어 아무도 하늘로 옮겨지지 않은 채 한 주를 보내는 것이 너무나 드문 일이 되었습니다.

내가 다시 여러분에게 말씀을 전할 수 없게 되거나 혹은 여러분이 다시 나의 설교를 듣지 못하게 된다고 상상해 보십시오. 그렇다면 오늘 밤 내가 여러분에게 무슨 말씀을 전해야 하겠습니까? 바로 오늘의 주제와 관련한 말씀이어야 하지 않겠습니까? 오늘 밤이 마치 애굽으로부터 구원받은 밤처럼 영원히 기억되어야 할 밤이 되어야 하지 않겠습니까? 오늘 밤이 여러분이 살아 있는 동안 계속해서 기억해야 할 밤이 되도록 해야 하지 않겠습니까? 어떤 사람이 말합니다. "아! 나는 모르겠습니다. 나에게는 구원받을 소망이 없습니다." 여러분의 소망은 어디에 놓여 있습니까? 그것은 여러분의 성품에 놓여 있지 않습니다. 우리가 여러분에게, 만일 여러분이 예수를 믿기만 한다면 여러분의 죄가 주홍 같을지라도 양털 같이 되리라고, 수천 번도 더 말하지 않았습니까? 스스로를 구원하기 위해 여러분이 할 일은 아무것도 없습니다. 우리가 매 주일 여러분에게 구원은 공로로 되는 것이 아니라 아무 자격 없는 사람들에게 베풀어지는 하나님의 은혜와 호의로 되는 것이라고 말하지 않았습니까? 하나님이 어떤 사람을 구원하는 것은 그의 선(善) 때문이 아닙니다. 여러분이 아무리 악하다 하더라도, 하나님은 여러분을 기꺼이 용서하시고 영접하시며 당신의 자녀로 받아들입니다.

당신은 말합니다. "물론 알고 있어요. 그렇지만 여전히 나는 구원받기에 절망적이에요. 나는 그 지점까지 나아갈 수 없어요." 그렇다면 나는 그것이 누구의 잘못인지 묻고 싶습니다. 그것은 도대체 누구의 잘못입니까? 당신은 대답합니다. "나는 구원받고자 계속해서 노력했지만 받지 못했어요." 그러면 당신은 조용한 골방에서 홀로 하나님 앞에 나아가 자신의 죄인 됨을 고백해 본 적이 있습니까? 당신은 그의 보좌 아래 엎드려 이렇게 말해 본 적이 있습니까? "오 하나님! 나는 오직 당신의 진노를 받기에 합당할 뿐이나이다. 나는 당신의 율법을 깨뜨렸나이다." 여러분은 이렇게 고백해 본 적이 있습니까? 요한일서 1장 9절 말씀을 생각해 보십시오. "만일 우리가 우리 죄를 자백하면 그는 미쁘시고 의로우사 우리 죄를 사하시며 우리를 모든 불의에서 깨끗하게 하실 것이요." 만일 당신이 자기 죄를 고백하지 않았다면, 긍휼을 얻지 못한 것은 누구의 잘못입니까? 다시 묻습니다. 당신은 예수를 믿었습니까? 다시 말해서, 당신은 하나님으로서 사람이 되셔서 당신의 죄를 대신하여 고난을 당하신 자를 믿었습니까? 어떤 사람이 말합니다. "바로 그것이 문제입니다. 나는 여기에서 무너집니다. 나는 믿을 수 없습니다." 무엇 때문에 믿을 수 없습니까? 당신은 하나님이 당신에게 말씀하시는 것을 믿을 수 없습니까? 당신은 성경이 하나님의 말씀이라는 사실을 믿습니까? "예, 믿습니다." 그런데 어째서 당신은 믿을 수 없다고 말하는 것입니까? 만일 성경이 사실임을 믿는다면, 당신은 그 안에 담겨진 내용이 사실임을 믿는 것입니다. 자기 아들과 관련한 하나님 자신의 증언을 들어보십시오. "그는 자기를 힘입어 하나님께 나아가는 자들을 온전히 구원하실 수 있으니"(히 7:25). 그러므로 누구든지 그를 믿는 자는 구원을 받으며 모든 죄를 단번에 용서받게 됩니다.

"아! 그렇지만 나는 내가 용서받는 것을 느끼지 못합니다." 도대체 누가 당신에게 스스로 용서받는 것을 느껴야만 한다고 말합니까? 하나님은 당신이 죄인이라고 말씀하십니다. 그러면서 그러한 죄들을 자백하고, 버리며, 그에 대해 용서를 구하며, 단번에 드려진 속죄에 의해 그러한 죄들이 용서되었음을 믿으라고 말씀하십니다. 당신은 그러한 하나님의 증언을 믿기만 하면 됩니다. 당신의 느낌이 당신의 믿음을 확정하는 것은 아닙니다. 당신은 장차 그것이 얼마나 복된 것인지 느끼게 될 것입니다. 당신은 장차 마음의 변화를 느끼게 될 것입니다. 그러나 첫 번째 일은 자기 아들과 관련한 하나님의 증언을 믿는 것입니다. "아! 그렇지만 어쨌든 나는 믿음에 도달할 수가 없습니다." 말해 보십시오. 당신은 노력해 보았습니까? "물론입니다. 나는 믿고자 노력했습니다." 자, 그러면 같이 한 번 생각해 봅시다. 만일 내가 당신에게 직접적으로 이득이 되는 어떤 것을 말한다면, 당신은 그것을 믿고자 노력할 것입니다. 여러 가지 희망적인 생각과 함께 그것이 사실일 가능성을 바라보면서 말입니다. 설령 당신의 마음속에 의심의 마음이 든다고 하더라도 그것이 당신에게 있어 매우 중요한 일이라면 당신은 여러

가지 방법으로 그것의 사실 여부를 확인하고자 애쓸 것입니다. 그 일과 관련하여 알 만한 사람들에게 묻는다든지 혹은 그와 관련된 책이나 문서 따위를 읽어 보든지 하는 방법으로 말입니다. 어쨌든 당신은 그 일의 사실성 여부에 대해 스스로 만족할 수 있을 때까지 쉬지 못할 것입니다. 그러면 당신은 이런 방식으로 하나님의 말씀을 찾아본 적이 있습니까? 당신은 사복음서 기자의 증언을 읽어본 적이 있습니까? 그것이 정말로 그러한가 보기 위해서 말입니다. "나는 믿을 수 있기 위해 말씀을 들어야만 해"라고 생각하며 설교를 듣기 위해 말씀이 전파되는 장소에 가본 적이 있습니까? 당신은 정말로 진지하게 믿고자 노력해 보았습니까? 나에게 있어 성경을 믿는다고 하면서 예수를 믿지 않는 것은 참으로 기괴한 일로 보입니다.

당신은 그를 믿고자 추구했습니까? "나는 잘 모르겠습니다." 아닙니다. 당신은 모를는지 모르지만 나는 압니다. 당신은 성실하지 않습니다. 이것이 요점입니다. 당신은 때로 마음이 격동될 때 성실합니다. 그러나 다시 잠으로 떨어집니다. 당신에게 버리기를 싫어하는 어떤 은밀한 죄가 있습니다. 혹은 당신이 계속해서 관계를 유지하기를 원하는 어떤 옛 친구가 있습니다. 그와 함께 갈 수 없다는 사실을 알면서도 말입니다. 아! 계속해서 당신을 잡아당기는 것이 있습니다. 왜냐하면 주께서 어떤 사람으로 하여금 구원받고자 결심하게 만들 때, 지옥의 모든 마귀들조차도 그러한 결심을 꺾을 수 없기 때문입니다. 어떤 사람이 "나는 하나님과 화해해야만 해, 나는 평강을 가져야만 하며 구주를 가져야만 해, 나는 그의 보혈로 정결함을 받아야만 해"라고 말할 때, 도대체 누가 그를 막을 수 있단 말입니까? 하나님이 그를 막을 것입니까? 하나님은 긍휼 가운데 기뻐하고 계십니다. 예수 그리스도가 그를 막을 것입니까? 도리어 주님은 그를 도우십니다. 성령이 그를 막을 것입니까? 그렇게 가정(假定)하는 것만으로도 신성모독입니다. 그러면 도대체 누가 그를 막을 것입니까? "사탄이 그렇게 하겠지요." 그렇지만 사탄이 어떻게 힘으로든 지혜로든 그리스도와 맞설 수 있단 말입니까? "그 자신의 마음이 그를 막지 않겠습니까?" 그렇군요. 그러나 하나님은 그의 마음보다 더 크십니다. 하나님은 그의 연약함을 도우사 그로 하여금 유혹에 저항하도록 힘을 주십니다.

이 시간 당신에게 강력하게 권고합니다. 만일 당신이 구원받고자 한다면, 즉시 골방에 들어가 하나님께 그렇게 말하십시오. 가십시오. 그리고 가장 단순한 어조로 하나님께 이렇게 말하십시오. "나의 하나님, 나는 당신을 거슬렀나이다. 부디 나를 긍휼히 여기소서. 나는 나 자신의 뜻을 따랐나이다. 그러나 지금 당신께 순종하기를 원하나이다. 나의 마음을 변화시키소서. 나에게 당신의 성령을 주소서. 나에게는 아무런 공로도 없나이다. 그러나 당신은 죄인들을 위해 예수 그리스도를 주셨나이다. 주여, 나는 죄인이나이다. 나의 연약한 믿음을 당신께 두나이다. 주여 나를 구원하소서." 당신은 자신이 쫓겨날 것이라고 생각합니까? 왜 그렇게 생각합니까? 만일 당신이 이와 같은 방식으로 진지하게 예수 그리스도께 나왔음에도 불구하고 쫓겨난다면, 당신은 그렇게 쫓겨난 첫 번째 사람이 될 것입니다. 결코 그럴 수 없습니다. 그것은 불가능합니다. 두려워하지 마십시오. 만일 당신이 스스로를 그리스도 위에 던진다면, 당신은 결코 지옥으로 보냄 받을 수 없습니다. 만일 당신이 믿음으로 스스로를 그리스도와 연결시켰다면, 그가 산 것처럼 당신 역시도 살 것입니다.

어쩌면 당신은 라일랜드(Mr. Ryland)의 일화를 들어본 적이 있을는지 모릅니다. 그의 아내가 죽어가고 있었습니다. 그 때 그녀는 극도의 낙망과 의기소침함 가운데 있었습니다. 그녀가 오랫동안 그리스도인이었음에도 불구하고, 그는 그녀에게 "벳시, 당신은 지금 어디로 가고 있소?"라고 물었습니다. 왜냐하면 그녀가 간호사에게 자신은 지금 지옥으로 떨어지고 있는 것 같다고 말하는 것을 들었기 때문이었습니다. 그녀는 남편에게 "여보, 나는 지옥으로 떨어지고 있어요"라고 말했습니다. 그러자 그가 말했습니다. "벳시, 당신은 그곳에 가면 무엇을 할 계획이오?" "존, 그렇게 말하지 말아요." "그렇지만 벳시, 당신은 그곳에 가면 기도할 거라고 생각하오?" 그녀가 대답합니다. "기도요? 그래요. 나는 결코 기도하기를 그치지 않을 거예요." "그러면 당신은 그곳에 갔을 때 하나님을 찬미할 거라고 생각하오?" "그럼요, 하나님이 내게 어떻게 행하시든 나는 하나님을 찬미하기를 결코 그치지 않을 거예요." 그러자 그가 이렇게 말했습니다. "그래? 그러면 그들이 이렇게 말하겠군. '여기에 기도하는 벳시 라일랜드가 있어. 그녀가 하나님을 찬미하고 있어. 그녀를 쫓아내. 우리는 그녀가 여기에 있는 것을 견딜 수가 없어'라고 말이오." 만일 진정으로 예수를 믿는 어떤 영혼이 지옥으로 보냄을 받는다면, 그것은 천국과 지옥이 뒤바뀌는 꼴이 될 것입니다.

결코 그럴 수 없습니다. 예수 그리스도를 믿는 죄인이 멸망을 당하는 것은 절대로 불가능합니다. 믿음의 능력은 얼마나 놀랍습니까! 며칠 전에 런던 시청 앞에 서 있었던 적이 있었습니다. 그 때 나는 길을 건너기 위해 기다리고 있었는데, 사방에서 승합차들이 오고 있었으므로 나는 이리저리 피하느라 신경이 곤두서 있었습니다. 그 때 한 맹인이 다음과 같이 말하면서 걸어왔습니다. "나는 당신이 나를 인도하여 안전하게 길을 건너게 해주실 것을 확신합니다. 나는 당신이 나를 인도하여 안전하게 길을 건너게 해주실 것을 확신합니다." 나는 그 일을 하기 싫었지만, 그러나 만일 그 맹인이 그렇게 확신한다면 나는 그렇게 해야만 한다고 느꼈습니다. 그래서 그 일을 하지 않을 수 없었습니다. 나는 한 맹인의 믿음을 저버릴 수 없었습니다. 그의 믿음은 나에게 어떤 강제력 같은 것을 가지고 있는 것 같았습니다.

오, 맹인된 죄인이여, 오늘밤 그리스도의 옷을 붙잡고 이렇게 말하십시오. "예수여, 나는 당신이 나를 천국으로 인도하실 것을 믿나이다. 어쨌든 나는 당신이 그렇게 하실 것을 믿나이다. 나는 오직 당신 한 분만을 의지하나이다." 나는 당신의 믿음이 그에게 일종의 강제력을 행사할 것이라고 믿습니다. 당신의 믿음이 그를 꽉 붙잡을 것입니다. 그는 당신의 믿음으로 인해 어떤 일을 행할 것입니다. 얍복나루에서 야곱의 믿음이 그를 꺾지 않았습니까? 그의 옷깃을 잡은 여인의 믿음이 마침내 치유의 능력을 얻어내지 않았습니까? 그가 수로보니게 여인을 개로 부르며 무뚝뚝하게 대했을 때, 그녀의 끈질긴 믿음이 마침내 그녀의 딸을 고치는 치유의 능력을 받아내지 않았습니까? 주님은 은혜를 베풀기 위해 기다리고 계십니다. 죄인이여, 그를 믿으십시오. 주님은 당신을 도우심으로 영원무궁히 영광을 받으실 것입니다.

마지막으로 한 가지만 덧붙이고자 합니다. 그 밤은 또한 성도들이 서로 교제하는 가운데 기억되고 지켜져야 하는 밤입니다. 우리를 향해 뻗어진 하나님의 강한 팔과 은혜로운 손이 우리의 대화의 주제가 될 때, 그것은 우리에게 얼마나 큰 유익을 줍니까? 또 그와 같은 상황에서는 경건한 감사뿐만 아니라 뜨거운 마음이 솟아오를 것입니다. 바울이 "그들이 나로 말미암아 하나님께 영광을 돌리니라"(갈 1:24)라고 증언한 것처럼 말입니다. 우리의 영적 생명이 시작된 여명(黎明)의 때를 기억하며 기념하는 것은 얼마나 멋진 일입니까! 쿠퍼(Cowper)가 다음과 같이 노래한 것처럼 말입니다.

"그리스도의 사랑의 소생케 하는 능력과,

어리석음과 분쟁으로 오염되지 않은 입술과,
생명의 깊은 우물로부터 끌어올린 지혜를
가진 사람들이 여기에 있도다.
그 생명력 넘치는 근원으로부터
우리의 고통을 씻는 요단 강이 흐르도다.
오! 하늘의 낮과 찬미의 밤이여,
하늘의 낮은 얼마나 고요하며 평화로운가!
달콤한 교제 가운데 고양(高揚)된 영혼들이여,
고요한 휴식과 평안한 안식을 즐길지어다.
과거의 위험들과 미래의 놀라운 일들에 대해
집에서 편안하게 있는 것처럼 대화할지어다.
가슴의 거룩한 보화를 펼칠지어다
약속된 안식의 품 안에서." 아멘.

제
9
장

—

광야에 갇힌 바 됨

—

"바로가 이스라엘 자손에 대하여 말하기를 그들이 그 땅에
서 멀리 떠나 광야에 갇힌 바 되었다 하리라." — 출 14:3

이스라엘은 깨끗하게 애굽을 떠났습니다. 단 한 명의 아이나 노인조차도 그곳에 남겨지지 않았으며, 심지어 가축 한 마리조차 남겨지지 않았습니다. 그러나 그들을 멍에의 사슬로 결박하고 있었던 바로는 그들을 잊지 않았습니다. 그들은 매우 유용한 노역자들이었습니다. 왜냐하면 그들은 바로를 위해 국고성들과 창고들을 건축하고 있었기 때문입니다. 바로는 그들을 값없이 부려먹을 수 있었습니다. 그들에게 주는 임금이라야 고작 채찍이 전부였습니다. 바로에 의해 강요된 노역은 이스라엘 백성들에게는 너무나 견딜 수 없는 것이었지만, 그러나 계속해서 세워져가고 있던 건축물들은 바로에게 큰 기쁨이었습니다. 이스라엘 백성들이 떠나자 곧바로 바로와 신하들은 자신들이 얼마나 큰 손실을 입었는지를 깨닫게 되었습니다. 그리하여 그들은 "우리가 어찌 이같이 하여 이스라엘을 우리를 섬김에서 놓아 보내었는가?"라고 부르짖었습니다(5절). 그러면서 그들은 즉시 이스라엘 백성들을 뒤쫓기로 결심했습니다. 그들은 그 일을 매우 쉬운 일로 생각했습니다. 왜냐하면 그들은 "그들이 그 땅에서 멀리 떠나 광야에 갇힌 바 되었다"라고 말했기 때문입니다(3절). 그들은 이스라엘 백성들에게 싸우고자 하는 의지 따위는 없다는 것을 알고 있었습니다. 그들은 단지 이스라엘 백성들을 뒤쫓아 마치 가축 떼를 몰듯이 끌고 돌아오면 된다고 생각했습니다. 그들은 이

스라엘 백성들이 아무 힘없는 노예들이라는 사실을 알고 있었습니다. 그래서 즉시 뒤쫓아가기만 하면 쉽게 그들을 다시금 족쇄로 채워 영원히 노예로 묶어둘 수 있다고 생각했습니다. 아마도 그들의 하나님은 그의 마지막 화살을 날렸을 것이며, 따라서 애굽은 또 다른 재앙의 두려움 없이 그의 백성들을 사로잡아 올 수 있을 것이었습니다. 사람들은 이렇게 생각했지만 그러나 하나님은 달리 생각하셨습니다.

나는 오늘의 설교의 초점을 새로운 회심자, 즉 최근 몇 개월 동안 주의 은혜로운 손의 능력으로 말미암아 죄의 멍에로부터 피하여 나온 사람들에게 맞추고자 합니다. 여러분은 여러분을 결박하고 있던 옛 주인으로부터 깨끗하게 피하여 나왔습니다. 하나님은 당신의 큰 손과 펴신 팔로 여러분에게 자유를 주셨습니다. 여러분은 유월절 어린 양의 피가 뿌려진 것과 그 고기를 먹었던 것을 기억합니다. 그리고 지금 여러분은 가나안으로 가는 도중에 있습니다. 그러나 여러분의 옛 주인과 그의 친구들은 여러분을 잊어버리지 않았습니다. 여러분은 한때 사탄에게 매우 유용한 노예였으며, 그는 쉽게 여러분을 잃지 않을 것입니다. 하나님의 은혜로 구원받기 전에 여러분은 사탄을 위해 마시며, 그를 위해 거짓말을 하며, 그를 위해 맹세하며, 다른 사람들을 악한 길로 이끌 수 있었습니다. 또 그 때 여러분은 굳이 내가 언급할 필요가 없는 다른 일들을 즐거이 행할 수 있었습니다. 사탄의 나라를 굳건히 세우는데 도움이 되는 일들을 말입니다. 여러분은 숙련된 노역자들이었으며, 옛 주인의 목적에 부응하는 방법을 알고 있었습니다. 사탄의 종들은 통상적으로 사탄을 위해 열심히 노역을 하며, 여러분 역시도 그러했습니다. 악을 위해 열심을 품는 사람들에게 있어 아무것도 지나치게 뜨겁거나 지나치게 무겁지 않습니다. 쾌락과 환락을 추구하는 사람들은 계속해서 죄를 좇습니다. 생명보다 사망을 더 좋아하는 사람들의 표어는 "짧은 인생이니 먹고 마시고 즐기자"입니다. 마귀는, 자신의 멍에 아래 있는 노예들로 하여금 스스로 자유롭다고 착각하며 그러한 자유를 자랑하도록 만드는 재주를 가지고 있습니다. 그렇게 하여 그들로 하여금 열심히 스스로의 멸망을 향해 달려가도록 만드는 것입니다.

가련한 노예들이여! 그들의 멍에가 그들의 눈을 가리고 그들의 마음을 어둡게 했습니다. 여러분이 이러한 옛 멍에로부터 벗어난 것은 얼마나 감사한 일입니까! 그렇지만 반드시 기억해야 할 사실이 하나 있습니다. 여러분의 옛 주인은 여러분을 잊어버리지 않았으며, 그는 여러분을 다시 결박하여 노예로 삼을 계획을 품고 있다는 사실입니다. 그와 그의 친구들은 계속해서 여러분을 다시금 악의 속박으로 끌고 갈 기회를 찾고 있습니다. 그들은 기회만 있으면 여러분의 손목에 나쁜 습관의 수갑을, 그리고 여러분의 발목에 절망의 족쇄를 채우려고 합니다. 나는 하나님의 은혜로 사탄과 그의 친구들이 좌절되기를 소망합니다. 그러나 그들은 자신들의 목적을 위해 자신들이 할 수 있는 모든 일을 하고자 할 것입니다. 여러분을 다시 붙잡아 데려올 기회를 찾는 가운데 그들은 여러분이 여러분을 둘러싸고 있는 환경에 갇힌 바 되었다고 생각합니다. 그들은 여러분이 회심함으로써 심각한 난관에 봉착했으며, 갈 길을 찾지 못한 채 어쩔 줄 모르고 있다고 생각합니다. 원수는 "내가 그들을 뒤쫓아 따라잡아 탈취물을 나누리라"(15:9)라고 말합니다. 지옥의 바로는 이스라엘 백성들을 다시금 붙잡아올 생각을 합니다. 하나님이 이스라엘을 위해 행하신 모든 일에도 불구하고, 그는 그들을 다시금 자신의 멍에 아래 묶어두기를 열망합니다. 여호와가 여러분을 끌어내셨음에도 불구하고, 사탄의 일은 끝나지 않습니다. 그리고 그의 소망은 여러분이 여러분을 둘러싸고 있는 현재의 환경에 갇힌 바 되었다는 그의 믿음 위에 근거합니다.

앞에서 말한 것처럼 오늘 설교의 초점은 주로 새로운 회심자들에게 맞추어져 있습니다. 나는 오늘 설교를 통해 특별히 그들을 격려하며 용기를 북돋워주기를 소망합니다. 수년 동안 자신의 멍에로부터 벗어나 있던 사람들을 되돌리는 일에 있어서는, 사탄은 상대적으로 작은 소망밖에는 가지고 있지 않습니다. 만일 지금도 그런 사람들을 괴롭힌다든지 혹은 걸려 넘어지도록 만들 수 있다면, 그는 즐거이 그렇게 할 것입니다. 그러나 그는 오래된 신자들은 실제로 여호와의 것이며 따라서 자신의 손에 넣기가 매우 어렵다는 사실을 깨닫기 시작합니다. 그렇지만 최근에 자신의 손아귀에서 빠져나간 사람들에 대해서는 그는 더 큰 소망을 가지고 있습니다. 왜냐하면 그들은 경험의 시험을 통해 그들 안에 있는 역사(役事)가 신적인 역사인지를 아직 증명하지 못했기 때문입니다. 사탄은 그들의 변화가 일시적인 변화이기를 바랍니다. 또 만일 그렇다면, 그는 곧 그들을 죄의 수렁 속으로 다시금 미끄러져 들어가게 만들 수 있을 것입니다. 지금 나는 애굽으로부터 최근에 빠져나온 새 신자들에게 말하고 있습니다. 계속해서 앞으로 나아가십시오. 그리고 절대로 옛 죄로 되돌아가서는 안 된다는 사실을 깨달으십시오.

　믿음의 초기에는 어린아이의 경우와 마찬가지로 여러 가지 위험이 있습니다. 새로 태어난 생명은 매우 불안한 상태에 있습니다. 이제 막 태어난 영아(嬰兒)가 생존하는 것은 얼마나 신기합니까? 이와 같이 영적으로 막 태어난 생명은 강력한 은혜가 없다면 생존할 수 없을 정도로 너무도 약하며 질병에도 매우 취약합니다. 그런 연고로 "내 양을 먹이라"는 특별한 훈계가 필요했던 것입니다. 새 신자들을 하나님의 방법으로 잘 돌보는 것은 우리의 절대적인 의무입니다. 새로운 회심자들은 영적으로 매우 불안하며 취약한 상태에 있습니다. 만일 유혹의 첫 해를 무사히 넘긴다면, 대체로 그들은 계속해서 우리와 함께 있게 됩니다. 우리의 교적부는 어린 나무들 사이에 계속적인 유출(流出)이 있었음을 보여줍니다.

> "그들이 초기의 두려움을 정복할 때,
> 　그리고 새 신자 시절의 오류를 극복할 때
> 　은혜는 그들의 이후 인생길을 지키며
> 　그들의 덕을 더욱 강하게 만들 것이라."

　만일 우리가 새 신자들을 보살핌과 위로 없이 그대로 내버려 둔다면, 우리는 그들이 얼마나 많은 죄와 큰 고통 속으로 떨어질는지 알 수 없습니다. 이와 같은 관점에서 나는 여기에서 첫째로, 새로운 회심자들이 부딪히게 되는 초기의 위험들에 대해 이야기하고, 둘째로, 그러한 위험으로부터의 보호와 안전에 대해 이야기하고자 합니다.

1. 첫째로, 우리가 겪게 되는 초기의 위험들 가운데 하나는 우리가 광야에 갇히게 되는 것입니다.

　광야에 갇히는 것은 여러 가지 형태를 취하는데, 여기에서 그 가운데 대표적인 것 몇 가지를 살펴보도록 합시다.

　한 가지 흔한 형태는 옛 친구들과 계속해서 교제하는 것입니다. 그는 그리스도 예수 안에서 새 피조물이 되었습니다. 그러나 그의 친구들이 그러한 사실을 알고 그를 괴롭게 합니다. 그의 가족들이 그의 원수가 됩니다. 젊은이가 어떻게 믿지 않는 아버지 앞에서 그리스도에 대한 믿음을 공개적으로 고백할 수 있겠습니까? 아내가 회심한 경우를 생각해 보십시오. 만일 그녀가 믿지 않는 남편과 결혼했다면, 그녀는 어떻게 그리스도인이 될까요? 세상에서의 사랑의 끈은 우리에게 매우 강력한 힘을 행사하며, 그것은 그 자체로 당연하며 합당합니다. 그러나 새로운 회심자의 영적 삶에 있어서는 큰 장애물이 됩니다. 사탄은 혼잣말로 이렇게 말합니다. "그는 나의 통치를 벗어날 수 없어. 왜냐하면 그의 형제나 혹은 아내나 혹은 약혼자가 그로 하여금 계속해서 나를 섬기도록 붙잡을 것이기 때문이지." 가족 가운데 한 사람이 그렇게 할 수 있을 뿐만 아니라 또한 여럿이 합세하여 그렇게 할 수도 있습니다. 부모와 형제와 자매와 모든 종류의 친구와 친지들이 연합하여 어린 그리스도인을 조롱함으로써 그로 하여금 진리의 길로 가지 못하도록 가로막을 수 있습니다. 구세군(救世軍, Salvation Army)이 있는 것처럼 훼방군(毁謗軍, Army of Damnation)도 역시 있습니다. 이들 악한 자를 따르는 자들은 공교한 궤계를 가지고 훼방하며 대적하는데 매우 열심입니다. 그들은 어린 그리스도인을 의의 길로부터 돌이키기 위해 잔인한 조롱과 비난과 중상과 비방을 아끼지 않습니다. 이러한 것을 바라보며 사탄은 "그가 광야에 간힌 바 되었도다"라고 말합니다. 사탄은 여러분이 그러한 모든 훼방을 거스를 용기를 가지고 있지 못하다고 생각합니다. 그는 여러분이 감히 그 모든 사람들 앞에서 담대하게 주님을 고백하지 못할 것이라고 생각합니다. 이와 같이 주께서 우리를 애굽으로부터 끌어낼 때, 마귀는 곧바로 우리를 시험할 것입니다.

어떤 경우 광야에 간히는 것은 가족으로부터 오기보다 사회로부터 옵니다. 나는 상류사회에서 활동하고 있는 사람 가운데 한두 사람으로부터 다음과 같은 말을 들은 적이 있습니다. "만일 내가 그리스도인이 된 것이 알려진다면, 나의 친구들이 나와의 교제를 끊을 것입니다. 그들의 집에 방문할 때, 나는 어떻게 해야 좋을는지 모르겠습니다. 분명히 그들은 나를 비난하며 비판할 것입니다." 그들이 그와 같은 "사회"로부터 소외되는 것은 나에게 있어 도리어 기쁜 일입니다. 왜냐하면 그러한 사회는 우리에게 아무런 영적 유익도 가져다주지 못할 뿐만 아니라 도리어 우리의 영혼을 결박하는 올무가 되기 때문입니다. 그러한 사회로부터 소외되는 것은 잃는 것이 아니라 도리어 얻는 것입니다. 그렇지만 얼마나 많은 사람들이 존 경(Sir John)과 메리 부인(Lady Mary)을 두려워합니까? 이러한 번듯한 명사(名士)들은 실상 아무것도 아닙니다. 그럼에도 불구하고 많은 사람들은 그들과의 교류를 잃는다든지 혹은 그들로부터 눈살 찌푸림을 당하는 것을 지나치게 두려워합니다.

다른 단체들 속에서도 비슷한 어려움들이 발생합니다. 응접실뿐만 아니라 작업장에도 시험이 있습니다. 사탄은 말합니다. "아뿔싸, 그는 지난 밤 애굽을 떠나 그리스도인이 되었어. 참으로 분통터지는 일이 아닐 수 없군. 그렇지만 나는 그가 어디에서 일하는지 알고 있지. 그곳에는 그와 동조할 자가 한 사람도 없어. 그는 광야에 갇힌 바 되고 말았어." 새로 그리스도인이 된 어떤 사람을 상상해 보십시오. 첫 번째 사람이 다가와 그를 조롱합니다. 두 번째 사람이 다가와 그에게 저주와 욕설을 퍼붓습니다. 세 번째 사람이 다가와 그에게 날카로운 참소의 말을 던집니다. 하루 종일 그들은 새로운 회심자에게 각자 손에 쥐고 있는 진흙을 한줌씩 던집니다. 이 모든 것을 통해 악한 자가 바라는 것이 무엇이겠습니까? 그것은 새로운 회심자로 하여금 옛 삶으로 되돌아오도록 이끄는 것입니다. 동일한 일이 농장에서도 벌어지고, 갑판에서도 벌어지며, 군대 막사에서도 벌어집니다. 우리가 옛 동료들로부터 분리되는 것은 그들에 대한 일종의 "무언의 질책"(silent rebuke)입니다. 따라서 그들은 그것을 결코 기뻐하지 않습니다. 이에 대해서는 나보다도 여러분이 더 잘 알 것입니다. 어쨌든 나는 사탄이 "그들이 그 땅에서 멀리 떠나 광야에 갇힌 바 되었도다"라고 말하는 것에 대해 조금도 놀라지 않습니다. 아, 많은 사람들이 너무나 빨리 인간관계의 그물망에 갇힌 채 그리스도의 자유를 얻지 못하는 것은 얼마나 안타까운 일입니까! 사업과 지위와 이익과 관습 — 이 모든 것들은 마치 새를 잡기 위한 끈끈이 올무나 혹은 바늘을 잡아끄는 강력한 자석처럼 사람의 발을 강력하게 붙잡습니다. 그리고 이런 것들로 인해 많은 사람들이 자신들이 빠져나온 옛 나라로 되돌아갈 준비를 갖추게 됩니다.

또 어떤 사람들에게 광야에 갇히는 것은 자신의 일을 그리스도인으로서 새로운 방식으로 수행하는 과정으로부터 옵니다. 모든 것은 새로워졌으며, 심지어 그들의 일상적인 일들조차도 완전히 새로운 양상을 띠게 되었습니다. 예전에 그러한 일들은 단순히 통상적인 방식으로 행해졌습니다. 그러나 이제 그는 그러한 일들을 바라보며 이렇게 말합니다. "나는 그리스도인이야. 나는 이제 그 일을 예전처럼 할 수 없어. 나는 이제 새로운 방식으로 그 일을 수행해야만 해." 전에는 의심스러운 방식으로 거래하는 것을 아무렇지도 않게 생각했습니다. 그러나 그러한 방식을 버리고 새로운 방식을 취하는 것은 쉬운 일이 아닙니다. 왜냐하면 생계문제와 직결될 수 있기 때문입니다. 만일 여러분이 어떤 거래관행을 바꾼다면, 또 다른 문제가 제기되며 변화를 필요로 하게 될 것입니다. 동업자들이나 사원들이

나 근로자들을 옛 방식으로부터 새 방식으로 데려가는 것은 간단한 일이 아닙니다. 그들은 이미 옛 방식에 깊이 젖어 있습니다. 더욱이 여러분과 거래하는 사람들 가운데 여러분이 지나치게 까다롭다고 불평하며, 그런 식이라면 더 이상 거래하지 않겠다고 생각하는 사람들도 있을 것입니다. 새로운 회심자에게 있어 이와 같이 새로운 방식으로 자신의 일을 수행하는 것은 결코 쉬운 일이 아닙니다. 그러나 그들은 굳은 마음으로 그렇게 해야 합니다. 그렇지 않으면 그들은 이 세상의 악을 피하지 못할 것입니다. 이와 같은 상황에서 그들은 갈등하며 이렇게 느낍니다. "나는 그 땅에서 멀리 떠나 광야에 갇힌 바 되었도다." 그리고 우리 영혼의 원수 역시도 똑같이 생각합니다. 지금은 원수에게 좋은 기회입니다. 그러나 만일 여러분이 지금 그를 피한다면, 그는 다시는 이와 같은 유리한 위치를 얻지 못할 것입니다.

　　동시에 우리의 새로운 회심자는 반대쪽 측면의 새로운 사회 즉 교회에 들어오는 과정에서 두려움을 느낄 수 있습니다. 주의 백성들과 연합하면서 목사를 알게 되는 것은 새 신자에게 있어 결코 가벼운 일이 아닙니다. 그러나 그들은 나에 대해 두려워할 필요가 없습니다. 왜냐하면 나보다 더 그들을 따뜻하게 환영하는 사람은 아무도 없을 것이기 때문입니다. 내가 묻는 모든 것은 주 예수 그리스도에 대한 단순한 신앙고백뿐입니다. 만일 그들이 비록 두렵고 떨림으로라도 그렇게 고백한다면, 나는 충분히 만족할 것입니다. 그러나 주눅 들어 있는 새 신자에게 있어 교회의 장로들과 면담하는 것은 매우 부담되는 일임에 틀림없습니다. 번연은 미궁(美宮, Beautiful Palace) 앞에 사자(獅子)들을 놓는데, 여기에서 미궁 즉 아름다운 궁전은 교회를 의미합니다. 나는 어떤 사람이 농담조로 여기의 사자들은 장로들과 집사들을 의미한다고 말하는 것을 들은 적이 있습니다. 백수(百獸)의 왕은 분명 두려워할 만한 대상이지만, 그러나 그것들을 두려워할 이유는 전혀 없습니다. 왜냐하면 번연은 "사자들이 쇠줄에 묶여 있다"고 덧붙이기 때문입니다. 만일 어떤 사람이 우리의 장로들과 집사들을 두려워한다면, 그는 아무 이유 없이 그렇게 하고 있는 것입니다. 왜냐하면 미궁(美宮) 앞에 있는 사자들은 주님과 모든 순례자들에 대한 뜨거운 사랑의 쇠줄에 묶여 있기 때문입니다. 교회의 문 앞에 파수꾼이 세워진 것은 특별한 이유 때문입니다. 왜냐하면 스스로 속는 자는 결코 그곳에 들어갈 수 없기 때문입니다. 그러나 어떤 직분자도 주님을 섬기며 그의 백성들과 함께 거하기를 열망하는 자들을 결코 해할 수 없습니다. 만일 여러분이 교회에 들어옴과 관련하여 어떤 두려움을 느끼거나 번거로움을 겪는다면, 그러한 두려움은 과감하게 문을 열고 들어와 교적부에 이름을 올리는 순간 사라질 것입니다. 여러분의 자리를 똑바로 지키십시오. 세상을 향해서든 교회를 향해서든 말입니다. 그리고 악한 자로 하여금 이러한 문제들로 인해 "그들이 그 땅에서 멀리 떠나 광야에 갇힌 바 되었도다"라고 말하지 못하게 하십시오.

그런가 하면 교리적인 문제에 부닥쳐 당황하는 사람들도 있습니다. 어떤 사람의 영혼이 새로워질 때, 그는 전에는 무관심하게 지나쳤던 것들을 이제는 새롭게 이해하기를 바라게 됩니다. 그는 가장 분명하면서도 값진 하나님의 진리인 "예수 그리스도께서 죄인을 구원하시려고 세상에 임하셨도다"라는 말씀과 부닥치면서 그러한 선언 그 자체로 충분히 만족합니다. 그러나 점차적으로 자라면서, 그는 좀 더 풍부한 지식을 추구하는 가운데 하나님의 더 깊은 것들을 이해하기를 열망합니다. 새 신자임에도 불구하고 때로 그는 매우 깊은 영역에까지 들어가기도 합니다. 그는 성경 속에서 선택의 교리를 발견하고 "이것이 무엇을 의미합니까?"라고 묻습니다. 그는 이러한 교리로 어리둥절해합니다. 왜냐하면 그것은 신앙 연륜이 쌓임에 따라 영적으로 성숙한 자들에게는 큰 위로가 되는 것이지만, 그러나 어린아이에게는 감당하기 어려운 딱딱한 견과류와 같은 것이기 때문입니다. 한 편으로 볼 때 그것은 매우 단순하고 간단한 교리이지만, 그러나 다른 편으로 볼 때 그것은 헤아릴 수 없는 깊은 신비입니다. 우리에게는 매우 단순한 것이라 하더라도 그러나 어떤 사람들에게는 매우 당혹스러운 것들이 많이 있습니다.

그런가 하면 어려운 말씀들로 인해 걸려 넘어지는 사람들도 있습니다. "이 말씀은 무슨 의미인가요? 저 구절은 무엇을 의미합니까? 이 성경의 의미는 무엇인가요?" 만일 여러분이 매우 많은 수의 사람들이 이러저러한 성경구절들로 인해 번민하며 잠을 이루지 못하며 심지어 믿음을 잃어버리기까지 하는 사실을 안다면, 여러분은 깜짝 놀랄 것입니다. 이러한 사람들에게는 그들을 인도해 줄 자들이 필요합니다. 왜냐하면 그러한 인도자들이 없으면 그들은 마치 구스 내시처럼 자신이 읽는 것을 깨닫지 못할 것이기 때문입니다. 특별히 과거에 많은 사람들이 자유의지라든지 예정이라든지 불가항력적 은혜 등을 묵상하는 가운데 길을 잃어버리고 말았습니다. 그들이 아버지의 섭리에 대해서는 너무도 많이 묵상하면서 주 예수의 사역에 대해서는 지나치게 적게 묵상한 것은 참으로 딱한 일이었습니다. 그들은 지나치게 고상(高上)한 문제들을 가지고 스스로의 머리를 어지럽게 만들었습니다. 오늘날에는 사람들이 과거에 비해 좀 덜 사유(思惟)적인 경향이 있으므로 이러한 일들이 비교적 덜합니다. 그럼에도 불구하고 여기저기에서 많은 사람들이 특정한 교리들로 인해 걸려 넘어지고 있습니다. 그들 역시도 때가 되면 알게 될 것이지만, 그러나 아직까지는 극심한 혼란 가운데 어쩔 줄 몰라 하고 있습니다. 이에 잔인한 원수는 "그들이 광야에 갇힌 바 되었도다"라고 말하며 기뻐합니다. 이 부분에 있어 기독교회의 분열보다 더 강력한 것은 아무것도 없습니다. 어떤 설교자는 이렇게 말하고, 다른 설교자는 반대로 말합니다. 이에 우리의 새 신자는 "도대체 누구의 말을 믿어야 하나요?"라고 부르짖습니다. 그들은 마치 교차로 위에 서 있으면서 어느 쪽으로 갈지 몰라 안절부절 못하고 있는 사람과 같습니다. 나에게 있어 이러한 일은 심히 유감스럽습니다. 그러나 신자들에게는 "너희가 주님으로부터 가르침을 받을 것이라"는 약속이 있습니다. 만일 여러분이 어린아이처럼 하나님의 말씀을 받아들인다면, 여러분은 결코 길을 잃지 않을 것입니다. 용기를 잃지 마십시오. 성경에 "여호와가 항상 너를 인도하실 것"이라고 기록되어 있습니다(사 58:11).

이것보다 훨씬 더 나쁜 경우는 이상한 일들을 발견함으로 인한 것입니다. 그들은 신자들 안에 들어왔습니다. 그들은 모든 그리스도인들이 온전하다고 상상합니다. 그러다가 그들은 자신들을 향해 불친절하며 덕스럽지 못하게 행동하는 사람들을 만나게 됩니다. 그들은 깜짝 놀라며 "도대체 이것이 어떻게 된 일이지?"라고 소리칩니다. 예수 그리스도의 제자들 가운데 가룟 유다가 있었음을 아는 우리는 교회 안에 위선자들이 있다고 해서 걸려 넘어지지는 않습니다. 우리는 선별된 양들 가운데에도 검은 양이 있음을 충분히 예상합니다. 그렇지만 새로운 회심자는 모든 사람이 겉으로 드러나는 바와 같지 않음을 발견할 때 큰 상처를 받고 때로 걸려 넘어지기까지 합니다. 위선적인 혹은 언행불일치한 신앙고백자들은 어린 그리스도인들에게 큰 재앙을 가져다줍니다. 하나님이여, 부디 우리 가운데 아무도 이런 부류의 사람이 되지 않게 하소서!

새로운 회심자에게 있어 특별히 신앙의 초창기에 자신의 마음이 죄로 가득 차 있는 것을 발견하는 경우도 있습니다. 그는 자신이 온전히 변화됨으로써 자기 안에 아무런 죄도 남지 않고 어떤 유혹도 더 이상 자신을 걸려 넘어지게 할 수 없게 되었다고 생각했습니다. 그는 하나님의 진리를 완전히 확신함으로써 더 이상 어떤 의심의 마음도 생기지 않게 될 것을 바랐습니다. 그러나 지금 그는 "주여, 나의 믿음 없는 것을 도와주소서"라고 부르짖지 않을 수 없습니다. 왜냐하면 자신이 신자인지 불신자인지조차 확실치 않게 느껴지기 때문입니다. 그는 자신의 지체 안에 마음의 법에 대항하여 싸우는 또 하나의 법을 발견합니다. 그 법은 자신을 포로의 상태로 끌고 갑니다. 또 그는 자신이 선을 행하기 원할 때 자기 안에 악도 함께 있는 것을 발견합니다. 이러한 내적 갈등 속에서 그는 "아! 도대체 어떻게 해야 좋단 말인가?"라고 처절하게 부르짖습니다. 그는 생각합니다. '내가 하나님의 자녀로서 어떻게 그토록 무서운 생각을 가지고 있을 수 있단 말인가? 만일 내가 정말로 은혜를 소유하고 있는 자라면, 도대체 어떻게 내가 그토록 악한 마음을 느낄 수 있단 말인가?' 어린 회심자가 이런 고뇌에 빠질 때, 그는 경악하며 어찌할 바를 알지 못합니다. 이럴 때 그의 영혼의 대적은 회심의 미소를 지으며 이렇게 말합니다. "그들이 그 땅에서 멀리 떠나 광야에 갇힌 바 되었도다."

이와 비슷하게 그들이 고통스러운 경험으로 놀라게 되는 경우도 있습니다. 때로 하나님이 그들로부터 자신의 얼굴빛을 감추시기도 합니다. 그러면 그들은 어둠 가운데 행하며 빛을 보지 못합니다. 만일 그들이 항상 고요한 위로를 향유한다면, 그들은 득의양양함 가운데 "나의 산이 굳게 섰으니 내가 요동하거나 흔들리지 않을 것"이라고 자랑할 것입니다. 그러나 하나님은 그들의 교만을 꺾기 위해 그들로부터 스스로를 감추십니다. 만일 그들이 항상 안일함 가운데 있으면, 그들은 믿음으로 행하는 대신 느낌으로 사는 자리로 떨어질 것입니다. 그리하여 하나님은 그들을 시험하시고, 그들을 광야 길로 인도하시며, 그들의 하늘을 구름으로 가리고, 그들에게 무거운 짐을 지게 하십니다. 그러면 그들은 "어떻게 이럴 수 있단 말인가?"라고 묻습니다. 성숙한 신자들은 하나님이 햇빛을 쏟아부으실 때와 마찬가지로 어둠 가운데 걸어가게 하실 때에도 똑같이 사랑하신다는 사실을 잘 압니다. 그렇지만 새 신자들은 그러한 사실을 알지 못한 채 애처롭게 부르짖습니다. "하나님의 자녀인 나에게 도대체 어떻게 이런 일이 생길 수 있단 말인가? 나의 빛이 어째서 이렇게 흐려졌단 말인가?" 우리의 연약함과 어리석음과 미약한 심령으로부터 오는 이러한 감정들은 우리를 크게 당황하게 만듭니다. 그리고 이러한 문제들을 해결하지 못할 때, 대적은 이렇게 소리를 지릅니다. "그들이 그 땅에서 멀리 떠나 광야에 갇힌 바 되었도다."

여기에 더하여 특별한 시련에 부닥치는 경우도 있습니다. 그리스도인이 된 이후로 세상적인 일에 있어 예전보다 더 못하게 되는 경우를 상상해 보십시오. 그 것은 매우 이상한 일로 보일 것입니다. 여러분이 세상에 속한 사람으로서 하나 님의 원수였을 때, 여러분은 많은 돈과 많은 친구들을 가지고 있었습니다. 그러 나 이제 여러분은 그리스도인이 되었으며, 그와 함께 여러분의 재산과 여러분의 친구들은 점차적으로 사라졌습니다. 나는 이와 같은 경우를 여럿 알고 있습니 다. 그러나 그러한 경우를 설명하는 것은 어렵지 않습니다. 우리가 주님을 따르 는 것은 그로부터 무엇인가를 얻기 위함이 아닙니다. 주님은 사탄으로 하여금 "주께서 그와 그의 집과 그의 모든 소유물을 울타리로 두르심 때문이 아니니이 까"(욥 1:10)라고 말할 수 없도록 만드십니다. 우리 주님은 자기를 따르는 자들이 어떤 위험과 희생에도 불구하고 자신을 따르기를 바라십니다. 그를 따름에 있어 그 자신과 그의 진리를 귀하게 여기는 것 외에는 다른 어떤 이유도 없이 말입니 다. 주님을 따르는 자들은 그를 따름에 있어서의 비용을 계산하면서, 모든 재산 과 명성과 심지어 자신의 목숨보다도 주님을 버리고 떠나는 것을 훨씬 더 비싸 게 여겨야 합니다. 그래서 주님을 버리고 떠나는 것보다 차라리 모든 재산과 명 성과 심지어 자신의 목숨을 잃는 것을 기꺼이 선택해야 합니다. 그러므로 고난 과 시련이 다가올 때 이상하게 생각하지 마십시오. 도리어 그것들을 기쁘게 받 아들이십시오. 천국으로 가는 길 옆에는 표범들과 사자들이 살고 있습니다. 하 나님이 여러분을 버렸다고 상상하지 마십시오. "우리가 광야에 갇힌 바 되었도 다"라고 말하지 마십시오. 그 말은 그냥 사탄이나 하도록 내버려 두십시오.

또 어떤 사람들은 천국으로 가는 길에 지적(知的)인 난제들로 둘러싸일 수 있습 니다. 실제로 성경에는 많은 난제들이 있습니다. 그러나 나는 그러한 것들에 대 해 많이 말하지 않습니다. 왜냐하면 그러한 난제들을 자꾸 언급함으로써 도리어 그것을 더 퍼뜨릴 수 있기 때문입니다. 어떤 설교자들은 청중들 가운데 의심의 씨를 뿌리는 것을 자신의 의무라고 생각합니다. 그러나 나는 그렇게 생각하지 않습니다. 그들은 자신들이 제기하는 난제들에 대해 스스로 대답하고 있다고 생 각할는지 모릅니다. 그러나 내가 볼 때 그들은 단지 전에 그러한 난제들을 알고 있지 못했던 사람들에게 그것들을 광고하고 있는 것에 불과해 보입니다. 오늘날 은 성령의 영감이라든지 은혜의 선택 같은 교리들이 공격을 받은 시대입니다. 오늘날 모든 것이 공격을 받고 있습니다. 성경 가운데 비평학자들이 난도질하지 않은 부분은 거의 없습니다. 사랑하는 형제들이여, 아마도 여러분은 그들이 제기하는 모든 이의(異議)들에 대해 대답할 수 없을 것입니다. 그렇게 할 수 없다고 하여 이상하게 생각하지 마십시오. 만일 여러분이 흠집을 찾아 헤매는 자들이 창안해 내는 모든 이의들에 대해 대답할 수 있다면, 여러분은 솔로몬보다 더 지혜로운 자일 것입니다.

한 친구가 어떤 난제를 가지고 나를 찾아 왔습니다. 그 난제에 대해 내가 즉시로 대답해 줄 수 있을 것으로 기대하면서 말입니다. 그러나 나는 이렇게 대답했습니다. "이러한 비평을 만든 사람은 그렇게 하는데 상당한 시간을 들였을 걸세. 그러므로 자네는 그러한 비평을 허물어뜨림에 있어 나에게 그만큼의 시간을 주어야만 하네. 나는 그 난제를 해결하기 위해 최선을 다할 걸세. 그러나 설령 자네가 내가 대답할 수 없는 수천 개의 난제들을 발견한다고 하더라도 그 사실이 그러한 난제들이 결코 해결될 수 없음을 증명하는 것은 아니라는 사실을 기억하게. 다만 그것이 증명하는 것은 내가 전지(全知)하지 않다는 사실뿐일세."

만일 지금 이 자리에서 대답될 수 없는 수천 개의 이의(異議)들이 있다면, 그러한 것들은 우리의 연약한 마음을 혼란스럽게 만들 수는 있지만, 그러나 영원한 하나님의 진리 자체를 흔들 수는 없습니다. 아무리 많은 난제들이 있다 하더라도, 하나님의 말씀은 확실하며 확고합니다. 여러분이 알고 또 믿는 것을 확고하게 붙잡으십시오. 의심의 여지 없는 하나님의 진리들을 굳게 붙잡으십시오. 만일 여러분이 철학자들이 던지는 이런저런 의문들과 가설들에 둘러싸여 괴로워하고 있다면, 사탄은 쾌재를 부르며 "그가 광야에 갇힌 바 되었도다"라고 말할 것입니다. 사탄에게, 그러한 여러분의 괴로움이 살아 계신 하나님에 대한 어린아이 같은 믿음으로 곧 종식(終熄)되는 것을 보여주십시오. 참된 믿음은 혼돈으로부터 길을 찾을 것입니다. 그렇지 않으면 아예 새로운 길을 만들 것입니다. 참된 믿음은 이성(理性)적인 추론의 결과들을 하나님의 말씀 아래 둘 것입니다. 이성(reason)이 합리적(reasonable)이 되는 것은 오직 그 앞에 최고의 이성 즉 하나님의 증언을 둘 때 그렇게 됩니다. 하나님은 우리에게 어린아이 같은 믿음을 주시며, 그럼으로써 우리는 "광야에 갇힌 바 되지" 않을 것입니다.

**2. 둘째로, 이러한 위험으로부터의 보호와
안전에 대해 생각해 보도록 합시다.**

본문은 "바로가 이스라엘 자손에 대하여 말하기를 그들이 그 땅에서 멀리 떠나 광야에 갇힌 바 되었다 하리라"라고 말합니다. 여기에서 내가 첫 번째로 주목하는 것은 그것이 사실이 아니라는 것입니다. 그것은 단지 바로가 그렇게 말한 것일 뿐입니다. 마찬가지로 사탄이 "그들이 광야에 갇힌 바 되었도다"라고 말할 때, 그것은 사실이 아닙니다. 그것은 단지 거짓의 아비의 말들 가운데 하나일 뿐입니다. 어떤 사람이 "사람들이 말하기를"(they say) 하고 말합니다. 도대체 사람들이 무엇이라고 말했다는 것입니까? 사람들이 말했다고 해서 곧 그것이 사실이 되는 것은 아닙니다. 어떤 사람이 괴로움 가운데 나에게 와서 사람들이 자신을 참소하고 있다고 한탄하며 말합니다. 그러면서 그는 날카로운 어조로 덧붙입니다. "목사님, 그렇지만 그것은 사실이 아닙니다." 그러면 됐습니다. 그것 가지고 괴로워하지 마십시오. 또 어떤 사람이 부르짖습니다. "사람들이 나에 대해 험담을 해요. 나는 화가 나서 견딜 수가 없어요. 왜냐하면 모두 거짓이기 때문이에요." 친구여, 화내지 마십시오. 다만 그들이 말하는 것이 사실일 때에만 화를 내십시오.

여기에서 바로가 말한 것은 사실이 아니었습니다. 그가 그렇게 말했다고 해서 이스라엘 백성들이 실제로 광야에 갇힌 바 된 것은 아닙니다. 바로의 입술은 단지 그의 바라는 바를 말한 것일 뿐입니다. 그렇지만 그의 바라는 것은 실현되지 않을 것입니다. 우리의 원수들은 우리가 실패했다고 말합니다. 정말 그렇습니까? 그들은 말합니다. "아, 우리가 그를 가두었어. 그는 우리가 제기한 반론에 대답할 수 없어. 우리는 그의 믿음을 짓뭉개 버렸어." 정말로 그렇습니까? 하나님의 은혜로 우리는 그들의 모든 궤변과 자랑에도 불구하고 믿음 안에 굳게 섭니다. 그들은 우리가 갇힌 바 되었다고 말하지만, 우리는 갇히지 않습니다. 그들은 우리에게 광야로부터 빠져나갈 수 있는 길을 보이라고 비아냥거리며 말합니다. 아닙니다. 우리는 보여줄 수 없습니다. 그러나 잠시만 기다리면 하나님이 보여주실 것입니다. 잠시 후 하나님이 바다를 나누시고 그 가운데로 우리를 지나가게 하실 것입니다. 그리고 하나님은 그들을 물에 빠뜨릴 것입니다. 이스라엘은 자신들의 길을 알 수 없었습니다. 그러나 그들은 하나님이 그 길을 보여주실 때까지 기다릴 수 있었습니다. 새롭게 회심한 자여, 당신은 육신적인 이성(理性)에 의해 제기되는 이런저런 의문들과 난제들 안에 갇힌 바 되었습니다. 그러나 당부하노니, 당신의 하나님을 믿으십시오. 십자가의 피로 말미암아 간청하노니, 주 예수 그리스도를 믿으십시오. 큰 백보좌와 영원한 심판으로 말미암아, 당신의 하나님을 믿으십시오. "사람은 다 거짓되되 오직 하나님은 참되시다 할지어다"(롬 3:4). 하나님이 당신의 길을 여실 때까지 잠시 기다리십시오. 필요하다면 하나님은 바다를 나누실 것입니다. 그 길은 당신을 반대쪽 해변으로 안전하게 인도할 것이며, 거기에서 당신은 춤을 추며 노래하면서 하나님의 승리를 선포할 것입니다.

여기에서 내가 두 번째로 주목하는 것은 설령 바로가 "그들이 광야에 갇힌 바 되었도다"라고 말했다 하더라도 실상은 그들에게 인도자가 계셨다는 사실입니다. 본문을 둘러싸고 있는 전체적인 문맥을 살펴보십시오. 그러면 여러분은 그들이 낮에는 구름 기둥으로 그리고 밤에는 불 기둥으로 인도함을 받았음을 알게 될 것입니다. 그러므로 그들에게는 자신들이 나아갈 길과 관련하여 당황할 아무런 이유가 없었습니다. 우리에게도 역시 인도자가 계십니다. 섭리에 있어, 우리는 지도자 없이 남겨지지 않습니다. 또 영적인 일들에 있어, 우리는 우리를 모든 진리 가운데로 인도하시는 하나님의 영 없이 남겨지지 않습니다. 어린 여행자여, 당신은 스스로 길을 찾으라고 홀로 광야에 버려둠을 당하지 않습니다. 선한 목자께서 당신 앞서 가십니다. 그를 따르십시오. 마치 양들이 목자를 따르는 것처럼 말입니다. 그는 지금까지 단 한 번도 자기 양 떼를 그릇된 길로 인도해 본 적이 없습니다. 그가 당신에게 명하는 대로 행하십시오. 그러면 당신은 안전할 것입니다. 그가 이 땅에 계셨을 때 행하셨던 것처럼 행하십시오. 그의 모범은 당신이 나아갈 안전한 방향입니다. 그를 믿으십시오. 그리고 그에게 순종하십시오. 계속해서 좁은 길로 가십시오. 당신의 믿음을 굳게 지키십시오. 당신에게는 하늘의 인도자가 계십니다. 당신은 홀로 남겨지지 않습니다. 그러므로 당신은 "그 땅에서 멀리 떠나 광야에 갇힌 바 될" 수 없습니다.

또 주께서 자기 백성들을 위해 길을 정하셨음을 기억하십시오. 거기에는 인도자만 있었던 것이 아닙니다. 길도 또한 있었습니다. 그렇지만 도대체 그 길이 어디에 있습니까? 산들이 그들을 양쪽에서 막고 있었습니다. 뿐만 아니라 그들은 뒤로 돌아갈 수도 없었습니다. 왜냐하면 바로가 그들의 길을 막고 있었기 때문입니다. 도대체 그들은 어디로 가야만 합니까? 홍해 바다가 그들 앞에 넘실거리고 있었습니다. 들으십시오. 그들의 길은 그 바다의 바닥을 가로지르는 것이었습니다. 얼마나 이상한 길입니까! 불신앙은 "그것은 길이 아니야!"라고 소리지릅니다. 여러분은 하나님과 관련하여 "주의 길이 바다에 있었고 주의 곧은 길이 큰 물에 있었으나 주의 발자취를 알 수 없었나이다"(시 77:19)라고 기록된 말씀을 읽어보지 못했습니까? 신자여, 앞으로 나아가십시오. 그러면 주님은 당신을 위해 지금까지 아무도 밟아보지 못한 새 길을 만드실 것입니다. 그 길은 홍해바다처럼 여러분을 빠뜨릴 듯이 위협할는지 모릅니다. 그러나 그 길은 여러분이 피하기 위한 대로(大路)가 될 것입니다.

나에게 하나님으로부터 큰 형통의 은혜를 받은 친구가 한 사람이 있는데, 그는 매우 정직한 사람이었습니다. 은행에서 일하는 동안 그는 매우 정직하게 행동했습니다. 더 높은 직위에 있는 사람들이 그를 지나치게 강직하다고 판단하여 해고할 정도로 말입니다. 그는 불의하게 행동할 수 없었습니다. 그리하여 그는 아무런 직업도 없이 아내와 가족과 함께 남겨졌습니다. 모든 사람들이 그가 "미련한 양심" 때문에 망했다고 수군거렸습니다. 그는 수년 동안 그 은행의 지점장이었습니다. 그런데 하나님은 특별한 방법으로 그의 면직(免職)을 더 큰 형통의 도구로 바꾸셨습니다. 그리하여 그는 마침내 자신이 해고된 바로 그 은행의 은행장이 되었습니다. 사람의 예대로 말할 때, 만일 그가 해고되지 않았다면 그는 결코 은행장이 될 수 없었습니다. 하나님이 악을 선으로 바꾸실 수 있음을 믿으십시오. 그러면 여러분을 죽이려고 위협하던 것이 도리어 여러분을 형통하게 하는 도구가 될 것입니다. 믿음의 길은 모든 사람이 별 생각 없이 쉽게 지나갈 수 있는 일반적인 대로(大路)가 아닙니다. 그것은 새들도 알지 못하며 사자새끼들도 지나가 보지 못한 신비한 길입니다. 하늘의 특별한 영광을 유업으로 받는 자들은 깊음과 광야의 특별한 위험들과 부닥쳐야만 합니다. 그리고 자신들의 특별한 여행을 통해 그들은 그들을 위해 기사(奇事)를 행하시는 자의 영광스러운 팔을 보게 될 것입니다.

나아가 하나님이 그들의 길을 여실 뿐만 아니라 또한 그들의 원수들을 멸망시키시는 것을 주목하십시오. 어린 신자들이여, 여러분은 애굽으로부터 나왔습니다. 그러나 여러분을 강제로 노역시키던 옛 주인들이 여러분의 뒤를 쫓아오고 있습니다. 그러나 그들이 더 이상 여러분을 쫓아오지 못하게 될 결정적인 순간이 올 것입니다. 그 순간 여러분의 영혼을 쫓는 자들은 단 한 사람도 남지 않고 멸망을 당할 것입니다. 나는 새로운 회심자들 가운데 많은 사람들이 죄를 미워하며 모든 악한 습관들을 미워한다고 믿습니다. 그러나 이러한 악들은 마치 개처럼 계속해서 그들의 발꿈치를 쫓아옵니다. 다시 그들의 주인이 되려고 말입니다. 그러는 가운데 거대한 싸움과 전쟁의 시간이 옵니다. 그들의 원수들은 홍해 속에 빠져 죽습니다. 그들의 옛 죄들과 옛 습관들은 자신들의 모든 권능을 영원히 상실합니다. 이제 이스라엘과 애굽 사이에 홍해가 가로막습니다. 그러므로 바로와 애굽 사람들은 더 이상 이스라엘 백성들을 괴롭힐 수 없게 됩니다. 어떤 사람이 세상으로부터 벗어나 세상으로부터 죽은 자로 간주될 때, 그것은 참으로 멋진 일입니다. 그는 자신의 배를 불태웠으며, 다시 되돌아갈 수 없는 곳에 상륙했습니다. 그러나 그는 마지막 순간까지 죄와 더불어 싸워야만 합니다. 어떤 사람이 영원을 위해 그리스도의 군대의 일원이 될 때, 이제 그가 할 수 있는 일은 앞으로 나아가는 것 외에 아무것도 없습니다. 이제 그는 자신의 모든 것을 십자가에 겁니다. 이러한 길로 들어온 자는 얼마나 복됩니까! 그는 영원히 세상에 대하여 못 박히고, 세상은 그에 대하여 못 박힙니다. 그를 격렬하게 쫓아왔던 죄라는 이름의 애굽 사람들은 물에 빠지고, 악이라는 이름의 나머지 애굽 사람들은 더 이상 그를 쫓는 것을 포기합니다. 그리하여 이제 그는 애굽의 옛 주인들과 관련한 한 약속의 땅을 향해 평안히 자신의 길을 갈 수 있게 되었습니다.

나아가 이 모든 일은 그들의 궁극적인 가나안 정복에 있어 가장 큰 도움이 되었다는 사실을 기억하십시오. 왜냐하면 바로와 그의 병거들이 홍해에 빠졌을 때, 모든 가나안 사람들이 그 소식을 듣고 두려워 떨기 시작했기 때문입니다. 그리하여 모세는 그의 유명한 노래에서 이렇게 노래했습니다. "놀람과 두려움이 그들에게 임하매 주의 팔이 크므로 그들이 돌 같이 침묵하였사오니 … 여러 나라가 듣고 떨며 블레셋 주민이 두려움에 잡히며"(출 15:16, 14). 한 사람의 회심자가 결정적인 싸움을 싸워야 할 바로 그날이 그에게 앞으로의 모든 싸움을 위한 힘을 부여해 줄 것입니다. 그리고 그의 길을 평탄케 하여 그로 하여금 젖과 꿀이 흐르는 땅에 능히 들어갈 수 있도록 구비(具備)시켜 줄 것입니다. 새롭게 그리스도인이 된 자여, 당신은 죄로부터 구원받았다는 이유로 모든 것이 다 끝났으며 모든 싸움이 종결되었다고 생각해서는 안 됩니다. 당신에게 약속된 기업에 들어가기 전에 당신에게 평생에 걸친 긴 싸움이 있습니다. 만일 당신이 지금 특별한 고난에도 불구하고 신실함을 나타낸다면, 이후의 모든 길에서 당신은 비슷한 고난으로 고통을 당하지 않을 것입니다. 지금 애굽 사람들은 홍해 바다에 빠질 것입니다. 우리 가운데 어떤 사람들은 스스로에게 다음과 같이 물었던 때를 기억할 수 있습니다. "내가 지금 하나님과 그의 율법에 진실할 수 있을까? 어떤 친구가 나에게 다른 길을 권고하고 있는데, 내가 그의 권고를 거절할 수 있을까? 만일 굽은 길로 행한다면, 나는 세속적인 이득을 얻을 수 있어. 내가 그러한 이득을 포기할 수 있을까? 만일 내가 양심적으로 행한다면, 나에게 고난이 있을 거야. 내가 그러한 십자가를 질 수 있을까?" 몇 시간 동안 번민하며 기도하면서 그 모든 것들로부터 벗어날 때, 바로 그 때부터 하나님은 당신 위에 그의 얼굴빛을 비추시고 다른 모든 원수들에 대한 여러분의 승리는 쉬워질 것입니다. 이러한 사실이 이제 막 홍해에 도착한 당신에게 큰 위로가 되지 않습니까? 시험과 시련의 장소는 동시에 원수들을 끝장내는 장소입니다.

만일 하나님이 그들을 계속해서 돕지 않으실 것이라면, 어째서 그들을 그곳까지 인도해 오셨겠습니까? 어떤 사람이 이렇게 말하는 것을 들은 적이 있습니다. "나는 나의 모든 어려움들로부터 벗어나지 못할까봐 두려워요." 당신은 하나님이 당신을 사탄의 통치로부터 끌어내신 것을 믿습니까? 하나님이 당신을 망하게 하려고 끌어내셨을까요? 말해 보십시오. 하나님은 죄의 멍에를 깨뜨리셨습니다. 하나님은 당신에게 그리스도 안에서 소망을 주셨으며, 당신은 변화된 사람이 되었습니다. 당신은 하나님이 당신을 위해 이 모든 일을 행하시고 나서 당신을 버릴 것이라고 생각합니까? 가련한 형제여, 하나님이 어린 양의 값진 피로 당신을 애굽으로부터 끌어낸 것이 당신을 광야에서 죽게 만들기 위한 것이었을까요? 예수께서 당신을 구속하신 것이 마침내 당신이 잃은 자가 되게 하기 위함이었을까요? 지금 여기에 나이가 지긋한 그리스도인들이 있습니다. 그런데 그 가운데 어떤 사람이 자신이 어느 날 대적의 손에 떨어지게 될 것이라고 생각하기 시작합니다. 그러면 나는 그에게 묻습니다. 나이가 몇이지요? "60세입니다." 60세라고요? 그러면 당신은 얼마나 더 살 것이라고 기대합니까? 그가 대답합니다. "10년 정도는 더 살겠지요." 그러면 나는 묻습니다. 만일 하나님이 당신을 60년 동안 돌보셨다면, 어째서 당신은 남은 10년 동안 그를 신뢰할 수 없습니까? 또 어떤 사람이 말합니다. "나는 80세입니다." 80세라고요? 당신은 이 땅에 얼마나 더 있게 될 것이라고 생각합니까? 당신은 앞으로 다가올 몇 년을 위해 하나님을 의심할 것입니까? 당신은 지난 80년 동안 하나님을 신뢰하지 않았습니까? 간절히 당부하노니, 지금 하나님을 의심하지 마십시오. 당신의 신실하신 하나님을 불신함으로써 마귀를 기쁘게 하지 마십시오. 여호와는 자신이 시작한 것을 반드시 마칠 것입니다. 하나님이 하시는 일에 대해 누가 감히 "그가 시작하였으되 능히 마치지 못하는도다"라고 말할 수 있겠습니까? 만일 그가 당신을 영원한 기업으로 향하는 길 위에 놓았다면, 그는 필경 당신을 그곳으로 데려갈 것입니다. 하나님은 실수하지도 않고 실패하지도 않습니다. 그는 넘어지지도 않고 낙담하지도 않을 것입니다(사 42:4). 그러므로 이러한 말로 서로 위로하십시오.

마지막으로, 하나님은 영광을 받으시기 위해서라도 이스라엘을 모든 갇힌 바 된 자리로부터 끌어내셔야 합니다. 만일 그렇게 하지 않는다면, 어떻게 하나님이 영광을 받으실 수 있겠습니까? 바로가 이스라엘이 갇힌 바 되었다고 말했을 때, 실제로 그들이 멸망을 당하도록 내버려 두어졌다고 상상해 보십시오. 그러면 어떻게 되었겠습니까? 하나님은 자신의 위대한 이름을 위해 무엇을 하신 것입니까? 애굽 사람들이 이스라엘의 하나님을 이겼다고 의기양양하며 기뻐 날뛰지 않았겠습니까? 스코틀랜드의 한 목사로부터 어떤 노인 성도에 대한 이야기를 들은 적이 있습니다. 그녀는 죽어가는 자리에서 자신의 구주가 결코 자신이 멸망을 당하도록 내버려 두시지 않을 것이라고 말했습니다. 그러자 옆에 있는 사람이 "그렇지만 그가 약속을 지키지 않고 당신이 잃어진다면 어떻게 하지?"라고 물었습니다. 그러자 그녀가 대답합니다. "그렇다면 주님은 나보다 더 많은 것을 잃게 될 거야." 그것이 무슨 뜻이냐는 질문에 그녀는 이렇게 대답합니다. "그렇게 된다면 나는 나의 영혼을 잃어버리겠지. 그렇지만 주님은 그의 영광과 존귀를 잃어버리는 결과가 되는 걸." 사랑하는 형제 자매들이여, 만일 우리가 하나님을 믿고 그의 은혜로 말미암아 세상의 애굽으로부터 나왔음에도 불구하고 광야에서 멸망을 당하도록 버려진다면, 주 예수 그리스도는 구주로서의 그의 영광을 잃을 것이며, 하나님 아버지는 영원히 신실하신 하나님이라는 그의 이름을 잃을 것이며, 성령은 자신이 시작한 일은 반드시 완성시키는 자로서의 존귀를 잃을 것입니다. 그러나 이스라엘의 하나님은 결코 자신의 영광을 더럽히지 않을 것입니다. 그러므로 여러분을 애굽으로부터 끌어내신 자는 또한 여러분을 가나안으로 데려가실 것이라는 사실을 확신하십시오.

"그의 손바닥에 새겨진 나의 이름은 영원히 지워지지 않을 것이라.
그의 마음에 새겨진 것은
무궁한 은혜의 표지 안에 영원히 남을 것이라.
그가 내게 보증을 주셨으므로 나는 마지막까지 보호될 것이라.

나는 하늘의 영화로워진 영들보다 얼마나 더 복된가!"

어떤 사람이 나직한 목소리로 말합니다. "나는 그것을 믿지 않습니다!" 아! 당신은 얼마나 불행한 사람입니까? 우리 주님이 "네 믿음대로 될지어다"라고 말씀하시지 않았습니까? "나는 사람이 버림을 당하며 멸망을 당할 수도 있다고 믿습니다." 당신이 그렇게 믿는 것은 당신 자신에게 너무도 나쁜 일입니다. 왜냐하면 당신이 믿는 대로 될 수 있기 때문입니다. 만일 당신이 하나님의 언약이 당신에게 제시하는 모든 축복을 붙잡을 수 있을 만큼의 충분한 은혜를 가지고 있다면, 그 모든 축복이 소금언약에 의해 당신의 것이 될 것입니다. 오늘 구원받았다가 내일 잃어버림을 당하고, 다음 날 또다시 구원받을 수 있다고 생각하는 사람에게 도대체 무슨 위로가 있겠습니까? 당신이 새로운 탄생으로 말미암아 오는 새 생명을 잃어버릴 수 있다고 상상해 보십시오. 그러면 어떻게 됩니까? 거듭난 자들이 또다시 거듭나고, 또다시 거듭나고, 계속해서 거듭나야 합니까? 어떤 사람들은 사람이 계속해서 거듭나야 한다고 생각합니다. 그러나 성경에는 그런 이상한 개념을 뒷받침해 주는 어떤 구절도 없습니다.

나의 친구여, 만일 당신이 그리스도 앞에 나아와 스스로를 그 위에 던지며 그를 당신의 구주로 받아들인다면, 바로 지금 그는 당신을 영원히 구원하실 것입니다. 그리고 그 구원은 영원한 구원일 것입니다. 그는 "내가 주는 물을 마시는 자는 영원히 목마르지 아니하리니 내가 주는 물은 그 속에서 영생하도록 솟아나는 샘물이 되리라"(요 4:14)라고 말씀하셨습니다. 또 그는 이렇게 말씀하시기도 하셨습니다. "내가 내 양들에게 영생을 주노니 영원히 멸망하지 아니할 것이요 또 그들을 내 손에서 빼앗을 자가 없느니라"(요 10:28). 영웅적인 믿음으로 이것을 믿으십시오. 예수 그리스도 안에서 영원한 구원을 믿으십시오. 그는 당신 안에 계시면서 영원토록 당신을 지켜주실 것입니다. 그렇게 믿으십시오. 그러면 믿음대로 될 것입니다. 마귀는 우리가 광야에 갇힌 바 되었다고 말할는지 모릅니다. 그러나 우리는 곧바로 그 미궁(迷宮)을 빠져나올 것입니다. "죄가 너희를 주장하지 못하리니 이는 너희가 법 아래에 있지 아니하고 은혜 아래에 있음이라"(롬 6:14)라고 기록되지 않았습니까? 영광스럽게 승리하신 주님을 기쁨으로 찬양합시다. 그는 우리의 죄들과, 우리가 두려워하는 것들을 홍해 바다 속에 던지셨습니다. 할렐루야! 아멘.

제
10
장

—

뒤에 있는 영광

—

"이스라엘 진 앞에 가던 하나님의 사자가 그들의 뒤로 옮겨
가매 구름 기둥도 앞에서 그 뒤로 옮겨 애굽 진과 이스라엘
진 사이에 이르러 서니 저쪽에는 구름과 흑암이 있고 이쪽
에는 밤이 밝으므로 밤새도록 저쪽이 이쪽에 가까이 못하였
더라" — 출 14:19-20

"여호와의 영광이 네 뒤에 호위하리니." — 사 58:8

"여호와께서 너희 앞에서 행하시며 이스라엘의 하나님이 너
희 뒤에서 호위하시리니." — 사 52:12

이스라엘 백성들이 멍에의 집을 떠났을 때, 그들에게 하나님의 임재와 인도
하심을 나타내는 눈에 보이는 증표가 주어졌습니다. 그들은 공중에 높이 솟은
기둥을 보았습니다. 그것은 낮에는 연기의 기둥과 같은 것이었다가 밤에는 화염
(火焰)으로 바뀌었습니다. 작은 규모의 이와 같은 모양은 군대가 행군할 때 흔히
있는 일이지만, 그러나 이것은 초자연적인 것이었습니다. 그것이 움직일 때, 백
성들은 그것을 따라야 했습니다. 그것은 그들의 동반자였습니다. 그러므로 그들
은 홀로 남겨져 있는 것이 아니었습니다. 또 그것은 그들의 인도자였습니다. 그
러므로 그들은 길을 잃지 않을 것이었습니다. 작열하는 태양 아래 뜨거운 사막

을 여행하는 것이 얼마나 위험한 일인지 우리는 잘 압니다. 구름 기둥은 이스라엘 백성 전체를 덮는 거대한 우산과 같았습니다. 그리하여 그들은 뜨거운 열기에 정신이 혼미하게 됨이 없이 광야를 여행할 수 있었습니다. 밤이 되면 이스라엘 백성들이 유숙하는 장막들은 거대한 조명으로 밝혀졌습니다. 뿐만 아니라 그들은 낮에와 마찬가지로 밤에도 행군할 수 있었습니다. 왜냐하면 13장 21절에서 우리는 "여호와께서 그들 앞에서 가시며 낮에는 구름 기둥으로 그들의 길을 인도하시고 밤에는 불 기둥을 그들에게 비추사 낮이나 밤이나 진행하게 하시니"라는 말씀을 발견하기 때문입니다. 그들은 "여호와 하나님은 해요 방패이시라"(시 84:11)라고 고백할 수 있지 않습니까? 그들에게 "낮의 해가 너를 상하게 하지 아니하며 밤의 달도 너를 해치지 아니하리로다"(시 121:6)라는 말씀이 이루어지지 않았습니까? 그들은 이제 막 애굽을 떠났습니다. 아직 그들에게 순례자의 삶은 생소한 것이었으며, 새롭게 발견한 자유는, 또다시 붙잡혀 가면 어떻게 하나 하는 두려움으로 얼룩져 있었습니다. 그 때 하나님의 임재를 나타내는 이와 같은 장엄한 상징은 그들에게 얼마나 큰 위로였겠습니까?

　　뿐만 아니라 그와 같은 하나님의 장엄한 임재의 증표는 매우 실제적이었습니다. 그것은 영광스러운 것이었을 뿐만 아니라 또한 매우 유용한 것이었습니다. 그것은 그들에게 그늘이면서 동시에 빛이었으며, 그들의 인도자이면서 동시에 보호자였습니다. 그것은 너무도 분명하게 눈에 띄는 대상물이었습니다. 그리하여 그들 모두가 볼 수 있었습니다. 애굽으로부터 나온 모든 사람들은 자신의 장막 앞에 서서 하늘 높이 솟아오른 거대한 화염을 볼 수 있었습니다. 모두에게 그것은 위대한 왕의 깃발이며 상징이었습니다. 그것은 간헐적으로 비추는 빛이 아니라, 계속해서 비추는 지속적인 광채였습니다. "낮에는 구름 기둥, 밤에는 불 기둥이 백성 앞에서 떠나지 아니하니라"(13:22).

　　사랑하는 형제들이여, 하나님은 자기와 함께하는 자와 항상 함께 하십니다. 우리가 그를 신뢰할 때, 그는 우리에게 "내가 결코 너희를 버리지 아니하고 너희를 떠나지 아니하리라"(히 13:5)라고 말씀하십니다, 정직하게 행하는 자에게 특별한 하나님의 임재가 있습니다. 하나님은 슬픔의 밤에도 또 기쁨의 낮에도 그와 함께 하십니다. 그렇지만 항상 우리가 그러한 임재를 인식하며 향유하는 것은 아닙니다. 하나님은 결코 우리를 떠나지 않습니다. 그러나 우리는 때로 하나님이 우리를 떠났다고 생각합니다. 해는 계속해서 비추지만, 그러나 우리가 항상 그 빛을 쐬는 것은 아닙니다. 우리는 때로 하나님이 떠나셨다고 슬퍼합니다. 그것은 우리의 모든 슬픔 가운데 가장 쓰라린 슬픔입니다. 그가 우리 기쁨의 총체인 것처럼, 그의 떠나심은 우리의 가장 큰 슬픔입니다. 하나님이 우리를 향해 웃지 않으시는데, 누가 우리를 웃게 할 수 있단 말입니까? 하나님이 우리와 함께하지 않으시는데, 도대체 누가 우리를 도와 승리하게 할 수 있단 말입니까? 오늘 아침 내가 말하려고 하는 주제는 하나님의 임재와 관련한 것입니다. 여러분과 나는 그것이 얼마나 즐거운 것인지 잘 압니다. 부디 우리가 그것을 잃어버림으로써 비로소 그것이 얼마나 소중한 것이었는지를 경험적으로 깨닫게 되지 않기를 바랍니다. 설령 구름 기둥과 불 기둥이 우리 앞에 보이지 않는다 하더라도, 그럼에도 불구하고 우리는 하나님이 우리와 함께 계시며 그의 권능이 우리를 두르고 있다는 사실을 알 수 있습니다. 그러므로 우리는 이렇게 기도합니다.

"주의 구름으로 우리를 덮으소서.
우리로 주의 격렬한 불 기둥 안에 있게 하소서."

또 우리는 이렇게 노래합니다.

"주의 불 기둥, 구름 기둥으로
나의 모든 여행길을 인도하소서."

1. 첫째로, 불가사의하게 움직이는 신적 임재를 주목하십시오.

본문 19절로부터 우리는 "이스라엘 진 앞에 가던 하나님의 사자가 옮겨갔다"는 말씀을 보게 됩니다. 하나님의 임재의 상징은 그것이 항상 있던 자리로부터 옮겨졌습니다. 광야로 들어온 날부터 그들은 그들 앞에 있는 구름 기둥과 불 기둥을 보았습니다. 그런데 지금 갑자기 그것이 옮겨짐으로써 전면(前面)이 어두워졌습니다. 앞을 바라보던 자들은 더 이상 그것을 볼 수 없었습니다. 우리에게도 때때로 이와 같은 일이 일어납니다. 우리는 매일같이 하나님의 얼굴빛 안에서 행했습니다. 우리는 우리 주 예수 그리스도와의 달콤한 교제를 향유했습니다. 그런데 어느 날 갑자기 우리는 그의 영광스러운 임재를 잃어버립니다. 남편을 잃은 아내처럼, 우리는 "내가 그를 찾았지만 도무지 찾을 수가 없어!"라고 부르짖습니다. 지금까지 모든 것은 밝았습니다. 우리는 항상 강력한 힘을 가지고 하나님의 산에 오를 때까지 승리에 승리를 거듭하며 행군할 수 있을 것으로 생각했습니다. 그리고 그의 안식 속에 영원히 거할 것으로 생각했습니다. 그런데 지금 우리 앞에 모든 것이 갑자기 어둡게 보입니다. 예전처럼 천국이 확실하게 느껴지지 않습니다. 또 계속해서 진보하며 앞으로 나아갈 것을 확신할 수도 없습니다. 갑자기 앞이 어두워지고 먹구름이 몰려옵니다. 우리의 영혼은 어둠 가운데 이렇게 부르짖습니다. "아! 도대체 어떻게 내가 그를 다시 찾을 수 있단 말인가?"

또한 그들은 항상 거기에 있을 것이라고 바랐던 장소로부터 빛을 잃어버렸습니다. 그들은 여호와가 항상 자신들과 함께 계심을 깨달았습니다. 그러나 지금 전면에 있던 밝은 빛은 인도자의 자리로부터 갑자기 사라졌습니다. 그들은 자신들의 인도자를 찾았습니다. 그러나 보십시오. 그 인도자는 갑자기 사라져버리고 말았습니다. 그것은 그들 뒤에 있을지 모릅니다. 그렇지만 그들 앞에는 더 이상 없습니다. 그들은 자신들 앞에서 자신들을 하나님이 약속하신 젖과 꿀이 흐르는 땅으로 이끄는 것을 아무것도 볼 수 없었습니다. 때로 여러분 역시도 하나님의 약속이 갑자기 땅에 떨어지고 있는 것처럼 생각할 수 있습니다. 지금까지 굳게 붙잡고 있던 하나님의 말씀이 갑자기 여러분을 둘러싸고 있는 환경과 모순되는 것처럼 느껴집니다. 그러자 여러분의 심령이 깊음 속으로 가라앉습니다. 만일 기초가 허물어진다면, 의인이 무엇을 할 수 있겠습니까? "터가 무너지면 의인이 무엇을 하랴"(시 11:3). 하나님의 말씀이 의심스러운 것이 될 때, 도대체 어디에 확실한 것이 남아 있을 수 있습니까? 모든 것이 불확실한 곳에 도대체 무슨 소망이 있을 수 있단 말입니까? 우리는 "이 하나님은 영원히 우리 하나님이야. 그는 죽는 날까지 우리의 인도자가 되실 거야"라고 말했습니다. 그렇지만 만일 그가 우리를 인도하기를 거절한다면 어떻게 될 것입니까? 이 얼마나 끔찍한 경우입니까? 도대체 이것이 가능한 일입니까? 그의 긍휼은 영원히 사라졌습니까? 그의 약속은 영원히 땅에 떨어져 버리고 말았습니까?

구름 기둥은 또한 그것이 있어야 할 가장 필요한 장소로 보이는 곳으로부터 옮겨졌습니다. 지금 그들은 절박한 위기 속에 빠져 있습니다. 도대체 어떻게 그러한 위기를 벗어날 수 있겠습니까? 바로가 애굽의 모든 병거들과 함께 그들 뒤에 있었습니다. 그들은 병거들의 절거덕거리는 소리와 말 울음소리를 들을 수 있었습니다. 또 먹이를 찾아 부르짖는 애굽 군대의 함성소리를 들을 수 있었습니다. 그들 앞에는 홍해가 요동치고 있었습니다. 도대체 어디에 길이 있단 말입니까? 만일 그들의 삶 전체 속에서 신적 임재의 상징을 가장 간절히 찾아야만 하는 때가 있다면, 바로 지금이 그 때였습니다. 여호와가 그들을 인도하지 않는다면, 도대체 누가 그들을 인도할 것이란 말입니까? 그러나 그의 임재의 증표는 거기에 없었습니다. 사랑하는 형제들이여, 여러분에게도 이런 일이 일어날 수 있습니다. 여러분은 지금까지 하나님의 얼굴빛 가운데 행했습니다. 그런데 어느 날 갑자기 어떤 고난 속에 빠져 버리고 맙니다. 그리고 그와 동시에 하나님의 빛이 여러분의 영혼으로부터 떠나 버리고 맙니다. 왕의 대로(king's highway)에서 어둠을 맞이하는 것은 나쁜 일입니다. 그러나 길을 잃어버리고 어디가 길인지 알지 못한 상태로 어둠을 맞이하는 것은 훨씬 더 나쁜 일입니다. 길이 평탄할 때 인도자가 있는 것은 좋은 일입니다. 그러나 험하고 위험한 길로 들어왔을 때는 반드시 인도자가 있어야만 합니다. 지금 이 자리에 앉아 설교를 듣고 있는 하나님의 자녀들 가운데에도 이런 사람들이 있지 않습니까? 지금 걸어가고 있는 인생길에서 아무런 빛도 비취지 않고, 어떠한 별도 인도해 주지 않는 그런 사람들 말입니다. 길이 점점 더 어두워지지 않습니까? 길이 아예 사라져 눈에 보이지 않습니까? 바다가 여러분의 앞을 가로막고 있습니까?

> "매일같이 새로운 문제가 일어나는도다.
> 이런 참담한 상황이 도대체 언제 끝날꼬?"

아! 이럴 때 더욱 하나님을 붙잡아야 하지만, 그러나 우리에게 그를 붙잡을 힘이 없습니다. 오, 나의 하나님! 고난의 날에 나를 떠나지 마시고 버리지 마옵소서. 그러나 내가 무엇이라고 말했습니까? 그것은 그분이 사라진 고난의 날입니다. 그러나 형제 자매들이여, 우리 주님은 "너희가 도망하는 일이 겨울에 되지 않도록 기도하라"(마 24:20)라고 말씀하셨습니다. 만일 여러분이 잠시 동안 주께서 여러분 곁에 계시지 않으심으로 인해 애곡해야만 한다면, 그것이 가장 참담하고 어두운 고난의 날이 되지 않도록 기도하십시오.

이스라엘 백성에게 있어 언약의 사자(Covenant Angel)가 더 이상 그들의 행군을 인도하지 않는 것은 참으로 불가사의한 일로 보였습니다. 따라서 그들은 두려움 가운데 그 이유를 추론하기 시작했습니다. 어째서 갑자기 그들 앞에서 언약의 사자가 사라졌을까요? 이런 경우 하나님의 백성들은 종종 그것을 자신들의 잘못 탓으로 돌립니다. 만일 그들이 어째서 구름 기둥이 더 이상 앞에 있지 않느냐는 질문을 받는다면, 나는 그들이 이렇게 대답했을 것이라고 생각합니다. "그것은 우리가 하나님과 그의 종 모세에게 불평을 했기 때문이지요. 하나님은 우리의 죄 때문에 우리 앞에 가시지 않으실 거예요." 하나님이 자기 백성들의 죄 때문에 때로 자신의 얼굴을 구름 뒤로 감추시는 것은 사실입니다. 그러나 항상 그런 것은 아닙니다. 여러분에게 하나님의 위로가 아주 작은 분량밖에 임하지 않을 때, 많은 경우 그것은 여러분 안에 있는 어떤 은밀한 죄 때문일 수 있습니다. 그러므로 여러분은 "주여, 나와 다투시는 이유를 보여주소서"라고 기도할 필요가 있습니다. 그러나 여기의 경우 하나님은 지금 그들의 죄로 인해 그들을 징벌하고 있었던 것이 아니었습니다. 광야 여행 초기에는 하나님이 그들의 불평에 대해 크게 인내하셨습니다. 왜냐하면 그들은 아직 어린아이와 같았기 때문입니다. 그들은 아직 순례여행에 익숙하지 않았으며, 하나님은 그들에게 아직 장성한 믿음을 기대할 수 없었습니다. 충분히 훈련받지 못한 어린 영혼들에게는 모든 시련이 가혹하게 느껴지는 법입니다. 따라서 하나님은 그들의 어리석음에 대해 웬만한 정도까지는 그냥 눈감아 주셨습니다. 지금 신적 임재가 그들의 전면(前面)으로부터 사라진 것은 그들에 대한 하나님의 진노와는 무관한 것이었습니다. 그것은 전적으로 하나님의 사랑과 긍휼로 말미암아 이루어진 일이었습니다.

　　그러므로 사랑하는 하나님의 자녀들이여, 여러분은 모든 고난이 항상 하나님의 진노 때문에 오는 것이라고 결론내려서는 안 됩니다. 또 여러분의 삶 속에서 기쁨이 사라지는 것이 필연적으로 죄 때문인 것도 아닙니다. 그런 생각은 도리어 여러분의 마음을 칼로 갈기갈기 찢을 것입니다. 쓸데없는 자학(自虐)으로 스스로를 괴롭히지 마십시오. 모든 고난이 징벌은 아닙니다. 그것은 여러분을 더 복되게 하기 위한 사랑의 수단일는지도 모릅니다. 하나님은 고난의 검은 말 위에 자신의 사랑의 메신저들을 보냅니다. 우리에게 있어 고난을 겪는 것은 좋은 일입니다. 왜냐하면 이로써 우리는 인내를 배우며 확신을 얻기 때문입니다. 전쟁에서 선봉(先鋒)에 서도록 명령 받은 용사를 생각해 보십시오. 그가 자신이 지금 징벌을 받고 있다고 생각하겠습니까? 결코 그렇지 않습니다. 하나님이 그를 가장 치열한 싸움의 자리에 세우시는 것은 그로 하여금 최고의 영예를 얻도록 하기 위함입니다. 큰 고난과 무거운 짐은 많은 경우 충성된 자들의 몫입니다. 어떤 시인이 이렇게 노래한 것처럼 말입니다.

> "이 땅에서의 그의 상급이 무엇이던가?
> 많은 수고와 많은 고난과 많은 눈물이 아니던가?"

이와 같이 영혼의 어둠이 반드시 하나님의 진노의 결과인 것은 아닙니다. 많은 경우 그렇기는 하지만 말입니다. 그것이 하나님의 진노와 무관한 경우도 많이 있습니다. 어떤 경우 믿음을 시험하기 위한 것일 수도 있으며, 어떤 경우 소망을 크게 불러일으키기 위한 것일 수도 있으며, 어떤 경우 어둠 가운데 걸어가는 다른 사람들의 마음을 이해하도록 하기 위한 것일 수도 있습니다. 전면(前面)에 신적 영광의 구름이 더 이상 보이지 않습니까? 어쩌면 그것은 그것이 뒤로 이동했기 때문일는지도 모릅니다. 그렇게 하는 것이 훨씬 더 필요하기 때문에 말입니다. 그렇다면 그것은 결코 나쁜 일이 아닙니다. 그리고 우리는 나중에 그러한 사실을 알게 될 것입니다. 하나님이 잠시 그의 얼굴을 감추실 때, 그것은 우리로 하여금 그의 얼굴을 더욱 소중히 여기면서 더 열심을 품고 그를 따르도록 만들기 위함일 수 있습니다. 혹은 우리의 믿음과 은혜를 시험하는 것일 수도 있습니다. 그런가 하면 우리가 미처 이해하지 못하는 어떤 불가사의한 이유 때문일 수도 있습니다. 어쨌든 거기에는 여러 가지 소중한 이유들이 있습니다.

**2. 둘째로, 그럼에도 불구하고 신적 임재는
그들을 떠나지 않았습니다.**

본문은 하나님의 사자가 그들 뒤로 옮겨 갔다고 말합니다(19절). 그는 백성들 앞에 있을 때와 마찬가지로 뒤에 있을 때에도 똑같이 그들과 함께 있었습니다. 그는 지금 그들의 인도자로서는 보이지 않을는지 모르지만, 그러나 더욱 강력하게 그들의 보호자가 되었습니다. 그는 잠깐 동안 그들 앞에 떠 있는 해는 아닐는지 모르지만 그러나 그들 뒤를 막아주는 강력한 방패가 되었습니다. 여호와의 영광은 앞으로부터 뒤로 이동하여 그들을 보호해 주는 강력한 보호막이 되었습니다. 하나님의 자녀들이여, 지금 여러분 앞에 하나님이 보이지 않는다 하더라도, 하나님은 여러분 가까이 계실 수 있습니다. 어쩌면 그를 볼 수 있었을 때보다 더 가까이 계실는지도 모릅니다. 하나님의 임재는 여러분이 그것을 얼마나 느끼느냐 여부로 측량되어서는 안 됩니다. 하나님이 보이지 않는다고 탄식하며 부르짖을 때, 그러한 탄식과 부르짖음은 그의 은밀한 임재의 결과입니다. 여러분의 눈이 눈물로 가득 차 있었을 때가 편안함 가운데 있었을 때보다 하나님과 훨씬 더 가까이 있었던 때였노라고 고백할 날이 올는지 모릅니다. 인간적인 흥분과 자극이 최고의 영적 기쁨과 뒤섞이는 법입니다. 어떤 경우에는 슬픔과 탄식이 기쁨보다 훨씬 더 영적일 수 있으며, 그러므로 후자보다 전자가 우리 영혼 속에서 일어나는 하나님의 역사(役事)의 훨씬 더 확실한 증거일 수 있습니다. 사랑하는 하나님의 자녀들이여, 하나님이 지금 여러분 앞에 보이지 않을는지 모릅니다. 그러나 여러분 뒤에 계심으로써, 실제는 여러분 앞에 보일 때보다 더 가까이 계신 것일는지도 모릅니다.

　　계속해서 본문은 구름 기둥이 그들 앞으로부터 떠나 "그들 뒤에 섰다"고 말합니다(KJV, pillar of the cloud went from before their face, and stood behind them). 나는 이것을 좋아합니다. 왜냐하면 그것은 영원한 사실이기 때문입니다. 하나님은 움직이셨지만, 그러나 가지 않으셨습니다. 그는 필요한 곳에 계속 머무십니다. 구름에 가려진 그 영광스러운 하나님의 사자는 이스라엘 뒤에서 칼을 뽑아든 채 서서 바로에게 말합니다. "너는 감히 앞으로 나오지 말 것이니라. 너는 나의 택한 자들을 건드리지 못할 것이니라." 그는 거대한 어둠의 방패를 들고 교만한 바로 앞을 가로막았습니다. 따라서 바로는 이스라엘을 칠 수 없었습니다. 아니, 심지어 그들을 볼 수조차 없었습니다. 그날 밤 내내 바로의 말들은 당장이라도 달려갈 듯이 헐떡였지만 그러나 도주하는 무리를 뒤쫓을 수 없었습니다. "그들이 돌 같이 침묵하였사오니 여호와여 주의 백성이 통과하기까지 곧 주께서 사신 백성이 통과하기까지였나이다"(출 15:16). 하나님이 거기 서 계심으로 격노한 원수가 어쩌지 못한 채 발만 동동 구르고 서 있는 모습은 얼마나 영광스러운 장면입니까? 이와 같이 하나님은 그의 사랑하는 자녀들과 함께 계십니다. 때로 여러분은 여러분 앞에 여러분을 기쁘게 하는 아무것도 보지 못합니다. 그러나 살아 계신 하나님은 여러분 뒤에서 원수를 막고 계십니다. 그는 여러분을 버릴 수 없습니다. 그는 구름 기둥 뒤에서 이렇게 말씀하십니다. "여인이 어찌 그 젖 먹는 자식을 잊겠으며 자기 태에서 난 아들을 긍휼히 여기지 않겠느냐 그들은 혹시 잊을지라도 나는 너를 잊지 아니할 것이라"(사 49:15). 그는 반석처럼

굳게 서 계시며, 호위병처럼 견고하게 지키시며, 파수꾼처럼 잠자지 않으시며,
용사처럼 강한 힘을 가지고 계십니다.

> "슬퍼하는 자여,
> 하나님이 곁에 계시니 즐거워할지어다.
> 그가 너를 지키실 것이라,
> 네 곁에서 그리고 네 뒤에서."

그러므로 이스라엘은 뒤를 돌아보기만 한다면 하나님을 볼 수 있었습니다. 이
것을 깊이 생각해 보십시오. 지금 여러분 앞에 하나님이 보이지 않으므로 낙망
가운데 있습니까? 뒤를 돌아보십시오. 그리고 하나님이 지금까지 어떻게 도우셨
는지 보십시오. 눈을 감은 채 주저앉지 마십시오. 그렇게 하는 대신 뒤를 돌아보
십시오. 그리고 지나온 인생길을 찬찬히 돌아보십시오. 무엇이 보입니까? 사랑
과 긍휼과 은혜가 보이지 않습니까? 나의 지나온 인생길을 돌아볼 때, 나는 하나
님께 불평할 아무것도 발견할 수 없습니다. "진실로 하나님은 이스라엘에게 선
하시도다." 선한 일에 있어 그는 결코 실패하지 않으십니다. 그는 나를 내버려두
시지도 않으셨고 버리시지도 않으셨습니다. 하나님은 나에게 많은 축복들을 주
셨습니다. 그 가운데는 기쁨이 동반된 축복들도 있었지만, 슬픔이 동반된 축복
들도 있었습니다. 주의 길은 모두 선(善)이었습니다. 그것은 다른 불순물들과 섞
이지 않은 순전한 선이었습니다. 나의 지나온 인생길을 돌아볼 때, 나는 거기에
서 정오의 태양처럼 빛나는 그의 임재의 빛을 봅니다. 그것은 구름 없는 아침과
같습니다. 나는 하나님의 한량없는 풍성함으로 압도됩니다. 사랑하는 자녀를 향
한 하나님의 마음보다 더 따뜻한 것을 나는 어디에서도 발견할 수 없습니다. 그
렇습니다. 하나님은 멀리 계시지 않습니다. 우리가 뒤를 돌아보기만 한다면, 하
나님은 거기 계십니다. 하나님은 우리를 잠시도 잊지 않으십니다. 그는 우리를
축복하실 것입니다. 그는 어제도 긍휼을 베푸셨으며, 오늘도 베푸시며, 영원히
베푸실 것입니다. 어젯밤의 축복들을 우리는 잊지 않았습니다. 오늘 아침의 축
복들이 여전히 우리와 함께 있지 않습니까? 축복들의 샘은 결코 마르지 않을 것
입니다. 그 샘은 계속해서 흘러 넘쳤습니다. 만일 동쪽 하늘로부터 태양이 떠오
르고 있다면, 어찌 그 빛이 서쪽 하늘로 비취지 않겠습니까? 하나님이 여전히 우

리 뒤에 계신 것으로 충분하지 않습니까? 그러므로 우리는 이렇게 노래할 수 있습니다. "여호와는 살아 계시니 나의 반석을 찬송하며 내 구원의 하나님을 높일지로다"(시 18:46). "그는 나의 반석이시라 그 안에 불의함이 없도다"(시 92:15).

더욱이 하나님이 우리 곁에 계시는 것이 한층 더 분명해지는 것은 그가 자신의 위치를 바꾸시기 때문입니다. 어떤 긍휼의 증표가 항상 고정적으로 임한다면, 우리는 그것을 당연한 일로 여기기 쉬울 것입니다. 무지개가 항상 우리 앞에 떠 있다면, 그것은 그토록 선명한 언약의 증표는 되지 못했을 것입니다. 그러므로 주님은 종종 자신의 손을 바꾸십니다. 그는 이제까지와는 전혀 다른 방법으로 자기 백성들을 축복하심으로써 그들로 하여금 그가 자신들을 잊고 있지 않음을 알게 하십니다. 하나님이 매일같이 항상 같은 방법으로 우리에게 행하신다면, 우리는 그의 하시는 일을 어떤 고정된 법칙으로 돌릴 것입니다. 그럼으로써 하나님의 하시는 일이 어떤 법칙에 의해 필연적으로 산출되는 공식 같이 될 것입니다. 마치 현대 철학자들이 자연(Nature)의 금송아지를 세우기 위해 하나님을 그 보좌로부터 쫓아내는 것처럼 말입니다. 그러나 보십시오. 하나님은 때로는 우리 앞에 계시고 때로는 우리 뒤에 계십니다. 하나님이 이렇게 자신의 위치를 바꾸시는 것을 통해 우리는 우리가 그의 계속적인 보살핌의 대상이라는 사실을 깨닫게 됩니다. "나는 가난하고 궁핍하오나 주께서는 나를 생각하시나이다"(시 40:17). 하나님은 모든 지혜를 사용하여 우리를 다루십니다. 때로 하나님은 자신의 위치를 바꾸십니다. 그리고 그러한 바꾸심은 모두 같은 동기(動機)와 같은 이유로부터 옵니다. 그것은 우리로 하여금 스스로를 부인하고 그를 더욱 의지하도록 하기 위한 것입니다. 하나님의 이름을 송축합시다. 하나님은 자신의 하는 일을 다양하게 바꿈으로써 우리에게 그의 계획이 결코 변할 수 없음을 일깨워 줍니다.

3. 셋째로, 신적 임재가 얼마나 지혜롭게 나타나는지 보십시오.

하나님의 임재의 상징이 앞으로부터 뒤로 옮겨진 것은 얼마나 지혜로운 일이었습니까? 지금은 구름 기둥이 그들 앞에 없어야만 했습니다. 왜냐하면 그들에게 이제 곧 홍해로 들어가는 믿음의 행동이 요구될 것이었기 때문입니다. 보이는 것이 많을수록 믿음은 적게 작동되는 법입니다. 가장 큰 믿음은 가장 어두운 곳에서 이루어집니다. 이제 이스라엘 백성들은 바닷속으로 똑바로 행군해 들어갈 것이었습니다. 그것은 얼마나 영광스러운 일입니까? 도대체 어떤 백성이 과거에 이런 일을 행한 적이 있습니까? 오늘날 기적을 부인하는 자들은 그들이 특별한 조수(潮水)와 강한 바람에 의해 생긴 모래 길을 통과했다고 말합니다. 그러나 이것은 성령의 생각이 아닙니다. 성령은 그의 종 모세를 통해 이렇게 말합니다. "주의 콧김에 물이 쌓이되 파도가 언덕 같이 일어서고 큰 물이 바다 가운데 엉겼나이다"(출 15:8). 또 출애굽기 14장 29절에는 이렇게 기록되어 있습니다. "그러나 이스라엘 자손은 바다 가운데를 육지로 행하였고 물이 좌우에 벽이 되었더라." 이스라엘 백성들은 큰 물이 엉긴 무시무시한 골짜기 아래로 내려가 요동치는 물의 벽 사이를 지나갔습니다. 그와 같은 두려운 심연(深淵) 속으로 내려가기 위해서는 큰 믿음이 필요합니다. 그러나 그들은 두려움 없이 내려갔습니다. 모세가 지팡이를 들자 물이 갈라지고 통로가 생겼습니다. 지금 그들 앞에 그들은 인도하는 구름 기둥은 없었습니다. 그렇지만 그들은 고요히 바닷속으로 행군해 들어갔습니다. 이것은 위대한 믿음의 행동이었습니다. 만일 그들 앞에 구름 기둥이 가고 있었다면, 그들의 행동은 그다지 큰 믿음의 행동이 되지 못했을 것입니다. 나는 여러분 가운데 어떤 사람들은 항상 어린아이처럼 응석이나 부리는 것을 알고 있습니다. 그들은 항상 달콤한 말과 즐거운 약속만을 원합니다. 그들은 항상 사탕과자만을 먹습니다. 그리고 천국으로 가는 모든 길을 항상 영적 유모차를 타고 가려고 합니다. 그러나 천부께서는 그렇게 하지 않습니다. 하나님은 여러분과 함께 하실 것이지만 그러나 여러분의 강함을 시험하시며 그것을 더욱 증진시키실 것입니다. 나는 맹목적인 엄마로부터 응석받이처럼 자라다가 마침내 제대로 성장하지 못한 사람들을 많이 보았습니다. 아마도 많은 사람들이 그와 같은 길을 따를 것입니다. 그러나 하나님은 자기 자녀들을 결코 망치지 않습니다. 하나님은 그들을 좀 더 고상한 목적으로 훈육합니다. 그는 때로 그들로부터 눈에 보이는 인도자를 치웁니다. 그들로 하여금 믿음을 실행하도록 하기 위해서 말입니다. 욥은 모든 것을 잃어버리지 않았다면 특별한 사람이 되지 못했을 것입니다. 그러면 우리는 그에 대해 아무 이야기도 듣지 못했을 것입니다. 욥이 그의 낙타들과 소들과 자녀들로 무슨 영광을 하나님께 드릴 수 있었겠습니까? 그 모든 것을 잃어버리고 나서야 비로소 욥은 유명한 사람이 되었습니다. 그가 쓰레기 더미 위에 앉아 있었던 것을 생각해 보십시오. 솔로몬이 그의 모든 영광 위에 앉아 있었던 것보다 훨씬 더 눈에 두드러지지 않습니까? 솔로몬 왕의 말에는 권능이 있었습니다. 그러나 그의 모든 말 가운데 모든 것을 빼앗으신 하나님을 송축하는 욥의 말과 비길 수 있는 것이 무엇이겠습니까? 솔로몬은 많은 노래와 많은 잠언을 지었지만, 그러나 그 가운데 어느 것도 "그가 나를 죽이실지라도 나는 그를 의뢰하리라"는 말보다 더 영광스럽지 않았습니다(욥 13:15, Though he slay me, yet will I trust in him). 여기에 믿음의 승리가 있었습니다. 사랑하는 자들이여, 여러분과 나는 보는 것으로 하지 아니하고 믿음으로 행하기 위해, 그리고 하나님께 더 큰 영광을 돌리기 위해 때로 신앙의 즐거움과 소망의 위로를 잃어버릴 수 있습니다.

　　나아가 구름 기둥이 그들 앞에서 제거된 것은 그들로 하여금 하나님의 말씀을 최고의 인도자로 삼도록 하기 위함이었습니다. 하나님은 모세에게 "이스라엘 자손에게 명령하여 앞으로 나아가게 하라"(출 14:15)라고 말씀하셨습니다. 이러한 하나님의 말씀은 그 자체로 충분한 인도자였습니다. 이스라엘 백성들이 이렇게 말했다고 가정해 보십시오. "주여, 만일 구름 기둥이 우리 앞에서 이끈다면 우리가 앞으로 나아가겠지만 그러나 그렇지 않으면 우리도 가지 않겠나이다." 그러면 어떻게 되었겠습니까? 그들은 하나님을 배반한 자들이 되었을 것입니다. 우리는 하나님의 말씀을 하나님의 말씀으로 순종해야 합니다. 나는 어떤 형제가 자기 마음에 맞게 베풀어진다면 기꺼이 세례를 받겠노라고 말하는 것을 들은 적이 있습니다. 만일 아들이 아버지에게 "아버지, 만일 내 마음에 맞는 말이라면 기꺼이 순종하겠어요"라고 말한다면 어떻게 되겠습니까? 십중팔구 그 아들은 모든 것을 자기 마음에 맞는 대로 행동할 것입니다. 주의 가족 가운데에도 불순종하는 자녀들이 있습니다. 그들은 성경조차도 자기 마음에 맞는 대로 받아들이며 자기 마음에 맞는 대로 순종합니다. 하나님의 말씀 외에 도대체 무엇이 여러분과 나를 인도해야 한단 말입니까? 어떤 사람이 말합니다. "예, 나는 외적 섭리들에 의해 스스로를 인도합니다." 여러분도 그렇게 합니까? 그렇다면 여러분은 헤어나올 수 없는 미궁(迷宮) 속에 빠지게 될 것입니다. 요나는 하나님의 임재로부터 도망치려고 했습니다. 그리하여 그는 항구로 갔습니다. 보십시오. 그는 다시스로 가는 배를 발견합니다. 그가 이렇게 말했을 수 있지 않을까요? "다시스로 가는 것은 내가 마땅히 가야 할 길임에 틀림없어. 왜냐하면 내가 항구로 내려가자마자 다시스로 가는 배가 나를 기다리고 있었기 때문이야. 나는 즉시로 뱃삯을 지불하고 배에 올랐지. 나는 다음 배를 기다릴 필요조차 없었어. 모든 것이 나를 위해 완벽하게 준비되어 있었거든. 이것이 섭리가 아니면 무엇이겠어?" 그렇군요. 그러나 그 이후의 이야기가 어떻게 펼쳐집니까? 그는 결국 바닷속으로 던져지고 말지 않습니까? 우리의 길은 항상 하나님의 말씀 안에 놓여야 하며, 우리는 가장 확실한 증언의 말씀을 따라가야 합니다. 나는 이방인들에게 복음을 전파하기 위해 해외로 가고자 했던 한 형제를 알고 있습니다. 그러나 많은 난관에 부닥치자 그는 "나는 부르심을 받지 못한 것이 분명해"라고 말했습니다. 어째서 부르심을 받지 못했다고 생각합니까? 그의 나아가는 길이 평탄하지 않으면 모두 부르심을 받지 못한 것입니까? 만일 내가 나의 나아가는 길에 장애물들을 발견한다면, 아마도 나는 더 확실한 부르심을 느낄 것입니다. 참된 사역의 길은 결코 평탄하지 않습니다. 나는 부르심을 받지 못했다고 생각하는 대신 이렇게 생각할 것입니다. "마귀가 나를 훼방하고 있군. 그러나 나는 마귀의 모든 훼방에도 불구하고 그 길을 갈 거야." 당신은 항상 양쪽에 버터를 바른 부드러운 빵만을 먹어야만 합니까? 당신의 나아가는 길은 항상 평탄하고 쉬워야만 합니까? 당신은 전쟁에 나갈 일이 전혀 없는 '양탄자 기사'(carpet knight)입니까? 만일 당신이 안일만을 추구한다면, 당신은 그리스도의 병사의 자격이 없습니다. 집으로 가십시오. 아마도 그것이 당신이 할 수 있는 최선의 일일 것입니다. 참된 신자들은 난관들을 예상합니다. 우리가 행하도록 명령받은 일은 우리가 행해야 할 일입니다. 섭리의 허상을 좇아 행동하지 마십시오. 하나님이 "앞으로 나아가라"고 말씀하실 때, 이스라엘은 앞으로 나아가야만 합니다. 설령 불 기둥, 구름 기둥이 앞서 나아가지 않는다 할지라도, 이스라엘은 앞으로 나아가야 합니다. 하나님이 그렇게 말씀하시지 않았습니까? 그것보다 더 분명한 인도자가 무엇이겠습니까?

하나님이 그들에게 주시는 또 하나의 교훈은, 하나님이 그들에게 자신의 임재를 나타내는 통상적인 증표를 주지 않을 때에도 그들 곁에 계신다는 사실입니다. 그들이 홍해 바닷속으로 내려갈 때 하나님이 그들 앞에 계시지 않다고 도대체 누가 말할 것입니까? 그들은 하나님의 임재의 상징을 볼 수 없었습니다. 그러나 하나님은 그들이 자신의 명령에 순종하는 것을 보실 수 있으셨습니다. 그렇지 않다면 어떻게 바다가 놀람 가운데 뒤로 물러났겠습니까? 그것은 여호와께서 바다를 책망하셨기 때문이 아닙니까? 큰 동풍 자체가 바다를 나눈 것이 아니었습니다 (21절). 바람은 단지 물을 움직이게 하는데 사용된 것뿐이었습니다. 그것의 주된 목적은 해저(海底)의 축축함을 말려 이스라엘 백성들로 하여금 좀 더 쉽게 행군하도록 하기 위한 것이었습니다. 실제로 여호와께서 영광 가운데 거기에 계셨습니다. 이스라엘 백성들이 앞으로 나아가는 길에 구름 기둥은 보이지 않았습니다. 그럼에도 불구하고 거기에 여호와가 장엄하게 계셨습니다. 오늘날에도 마찬가지입니다. 여러분이 하나님의 임재의 위로를 아주 조금밖에는 경험하지 못할 때에도, 하나님은 놀라운 방법으로 여러분과 함께 계실 수 있습니다. 그러므로 위로에 지나치게 착념하지 말고, 광야에서 하갈을 기쁘게 한 사실로 인해 즐거워하십시오. "하갈이 자기에게 이르신 여호와의 이름을 나를 살피시는 하나님이라 하였으니 이는 내가 어떻게 여기서 나를 살피시는 하나님을 뵈었는고 함이라"(창 16:13). 불이 타오름에 있어 나무가 앞에서 던져지느냐 혹은 뒤에서 던져지느냐 하는 것은 아무런 문제가 아닙니다. 어느 쪽에서 던져지든 땔감만 있으면 불은 타오르는 법입니다. 우리에게 있어 매일같이 은혜가 공급되는 것이 위로가 공급되는 것보다 훨씬 더 중요합니다. 그리고 이것은 우리가 살아 있는 동안 결코 떨어지지 않을 것입니다.

여기에서 한 가지 더 주목할 것은, 이스라엘 백성들이 바다로 들어왔을 때 그들에게는 더 이상 인도자가 필요하지 않았다는 사실입니다. 여러분은 "그게 무슨 뜻입니까?"라고 묻습니다. 사랑하는 자들이여, 지금 그들 앞에는 선택해야 할 여러 개의 길이 있지 않습니다. 지금 그들 앞에는 오직 하나의 길만이 있을 뿐입니다. 그들은 길을 잃을 수 없었습니다. 왜냐하면 필연적으로 바다를 통과하는 길로 나아갈 수밖에 없었기 때문입니다. 여기에는 길을 잃고 방황할 여지가 없었습니다. 그들의 좌우에는 물이 벽처럼 솟아 있었으며, 그들은 결코 길을 잃어버릴 수 없었습니다. 이와 같이 사람들이 깊은 고난 속으로 들어올 때, 그들에게는 인도자가 거의 필요하지 않습니다. 왜냐하면 그들 앞에 있는 분명한 길은 순종과 인내이기 때문입니다. 고난 가운데 있는 하나님의 자녀들이여, 여러분은 자신의 고난을 견뎌야만 합니다. 그것이 분명할 때, 여러분의 길은 더 이상 의심의 여지가 없습니다. 여러분의 모든 염려를 여러분을 염려하시는 자에게 던지십시오. 그리고 인내로써 마음을 굳게 하십시오. "아, 그렇지만 나는 나를 위해 준비된 피할 길을 찾아야만 한다고 생각해요." 들으십시오. "사람이 감당할 시험 밖에는 너희가 당한 것이 없나니 오직 하나님은 미쁘사 너희가 감당하지 못할 시험 당함을 허락하지 아니하시고 시험 당할 즈음에 또한 피할 길을 내사 너희로 능히 감당하게 하시느니라"(고전 10:13). 여러분은 그것을 감당해야만 합니다. 알겠습니까? 지금 여러분에게 가장 필요한 것은 "내가 그들을 바산에서 돌아오게 하며 바다 깊은 곳에서 도로 나오게 할" 것이라고 말씀하신 하나님을 믿는 것입니다(시 68:22). 이와 같이 지금 당장 필요한 것은 인도자의 빛이 아닙니다.

지금 그들에게 가장 중요한 것은 구름 기둥이 그들 뒤에 있어야만 한다는 사실입니다. 어째서 구름 기둥이 그들 뒤에 있었습니까? 예, 거기에는 몇 가지 이유가 있었습니다. 첫 번째 이유는 이스라엘 백성들로 하여금 원수들을 보지 못하게 하기 위한 것이었습니다. 우리는 이스라엘이 눈을 들어 애굽 사람들을 보았을 때 그들이 두려워 떨며 부르짖기 시작했다는 이야기를 읽습니다. 그러므로 하나님은 그들의 시야(視野)를 가리시고 그들로 하여금 두려운 애굽 병사들을 볼 수 없도록 만드셨습니다. 하나님이 우리로 하여금 어떤 것을 보지 못하게 하시는 것은 큰 은혜입니다. 눈이 보지 못하는 것에 대해, 아마도 마음은 슬퍼하지 않을 것입니다. 지금 잠깐 실험해 볼까요? 여러분의 죄들이 있습니다. 잠깐 동안 그러한 죄들을 돌아보십시오. 계속해서 보십시오. 그러한 죄들은 애굽의 병거와 마병들처럼 너무도 두렵습니다. 나도 여러분처럼 열심히 살펴봅니다. 그러나 나는 단 하나의 죄도 볼 수 없습니다. "무엇이라고요? 그러면 당신은 한 번도 죄를 지은 적이 없다는 말입니까?" 물론 그렇지 않습니다. 사랑하는 자들이여, 나는 내가 범죄한 것들로 인해 애통하지 않을 수 없습니다. 그러나 지금 나는 그것들 가운데 단 하나도 볼 수 없습니다. 왜냐하면 나의 모든 죄들이 그리스도의 피로 덮여졌기 때문입니다. 나는 "그의 아들 예수 그리스도의 피가 모든 죄로부터 우리를 깨끗하게 씻으신다"는 말씀을 믿습니다. 만일 내가 씻음을 받았다면, 어째서 내가 죄의 얼룩을 보아야만 한단 말입니까? 주님은 자기 백성들과 그들의 죄 사이에 서 계십니다. 인성(人性)의 구름으로 자신의 영광을 가린 예수 그리스도는 우리와 우리의 죄 사이에 들어오셔서 그 사이를 막아 버립니다. 다음과 같이 기록된 것처럼 말입니다. "여호와의 말씀이니라 그 날 그 때에는 이스라엘의 죄악을 찾을지라도 없겠고 유다의 죄를 찾을지라도 찾아내지 못하리니 이는 내가 남긴 자를 용서할 것임이라"(렘 50:20). 만일 하나님이 우리의 죄가 찾아질 수 없다고 선언하신다면, 나는 우리 역시도 그것을 찾을 필요가 없다고 확신합니다. 또 만일 하나님이 그리스도가 죄의 종결이라고 말씀하신다면, 실제로 죄는 종결된 것입니다. 애굽 사람들은 "밤새도록," 다시 말해서 우리의 인생 전체를 통해 우리에게 가까이 다가오지 못할 것입니다. 그리고 아침이 밝아올 때, 우리는 그들이 죽은 것을 보게 될 것입니다. 그 때 우리는 하나님이 영광스럽게 승리하신 것에 대해, 그리고 우리의 모든 죄들이 깊은 바닷속으로 던져진 것으로 인해 하나님께 찬송을 드리게 될 것입니다.

　어떤 사람이 말합니다. "나는 나의 모든 죄가 용서되었음을 압니다. 그렇지만 나는 나를 둘러싸고 있는 환경들로 고통을 겪습니다." 자! 뒤를 돌아보시겠습니까? 지금까지 당신이 지나온 환경들이 어떠합니까? 지금 그것들 가운데 잘못된 것이 보입니까? 당신은 "아닙니다. 모든 것이 좋습니다"라고 대답합니다. 뒤를 돌아볼 때, 당신은 오직 하나님의 영광만 볼 수 있을 뿐입니다. 주께서 당신을 올바른 길로 인도하셨습니다. 그렇습니다. 하나님이 이스라엘과 애굽인 사이에 놓으신 빛을 통해 당신의 환경들을 바라보는 법을 배우십시오. 우리를 해할 수 있는 자가 누구입니까? 우리를 괴롭히는 것이 무엇입니까? 예수의 사랑이라는 매체를 통해 당신의 환경들을 보십시오. 그러면 당신은 모든 것이 당신의 선을 위해 역사하고 있는 것을 깨닫게 될 것입니다. 지금까지 주님은 우리의 방패시며 우리의 지극히 큰 상급이셨습니다. 우리는 지금 아무런 악도 보지 못합니다. 그가 우리를 위해 저주를 축복으로 바꾸셨습니다. 주님은 우리로부터 두려움을 멀리 떼어 놓으셨습니다.

　구름 기둥이 뒤로 옮겨진 또 하나의 이유는, 애굽 병사들로 하여금 이스라엘 백성들을 보지 못하도록 하기 위함입니다. 이스라엘의 원수들은 멈추어 설 수밖에 없었습니다. "원수가 말하기를 내가 뒤쫓아 따라잡아 탈취물을 나누리라, 내가 그들로 말미암아 내 욕망을 채우리라"(출 15:9). 그런데 그는 왜 멈추었습니까? 사자가 먹잇감을 보고 뛰어오르려는 순간 왜 갑자기 멈추었습니까? 갑자기 그는 아무것도 보지 못하게 되었습니다. 그는 빽빽한 어둠 가운데 등골이 오싹해졌습니다. 그의 뇌리에 얼마 전 온 애굽 땅을 덮었던 흑암의 기억이 떠올랐습니다. 오, 하나님의 자녀들이여! 조용히 하십시오. 언약의 사자가 지금 여러분의 원수들을 다루고 있습니다. 그들의 때는 일반적으로 밤입니다. 여러분은 장차 그가 하신 일을 듣게 될 것입니다. 그러는 동안 그가 바로와 산헤립에게 행한 일을 기억하십시오. 하나님이 여러분 앞에 계시면서 여러분의 얼굴 위에 기쁨의 기름방울들을 떨어뜨리지 않을는지 모릅니다. 그러나 그는 여러분 뒤에서 여러분의 원수들을 붙잡고 계십니다. 그는 구름으로부터 바라보시면서 여러분의 원수들을 괴롭히고 계십니다. "너를 치려고 제조된 모든 연장이 쓸모가 없을 것이라 일어나 너를 대적하여 송사하는 모든 혀는 네게 정죄를 당하리니"(사 54:17). 자! 가만히 서서 여호와의 구원을 보십시오.

4. 넷째로, 신적 임재는 장차 더 영광스럽게 나타날 것이라는 사실을 주목하십시오.

지금까지 우리는 하나님이 자기 백성들을 뒤에서 보호하신다는 사실을 살펴보았으며, 이렇게 하여 우리의 두 번째 본문이 자연스럽게 설명되었습니다(사 58:8, 여호와의 영광이 네 뒤에 호위하리니). 이제 마지막 본문인 이사야 52장 12절을 살펴보도록 합시다. "여호와께서 너희 앞에서 행하시며 이스라엘의 하나님이 너희 뒤에서 호위하시리니." 이것은 이스라엘이 바벨론으로부터 떠남으로써 더 이상 이 악한 세상을 따르지 않게 되었을 때 하나님이 자기 백성들을 데려가시는 상황입니다. 나는 하나님이 우리 가운데 많은 사람들을 이러한 전체적인 빛 안으로 데려가셨음을 믿습니다. 우리는 하나님이 우리 뒤에 계심을 압니다. 우리의 모든 죄와 허물은 덮어졌으며, 우리의 과거의 잘못들은 모두 지워졌습니다. 우리는 사랑하는 자 안에서 받아들여졌습니다. 그러나 우리는 앞을 바라보며 하나님의 사자가 떠났다고 생각해서는 안 됩니다. 결코 그렇지 않습니다. 우리는 여전히 우리 앞에 있는 밝은 빛을 볼 수 있습니다. 하나님이 우리의 길을 이끄시고 계시며, 우리는 결코 실족하지 않을 것입니다. 우리는 심지어 고난 가운데서조차 기뻐합니다. 왜냐하면 그것을 통해 하나님께 영광을 돌릴 것을 믿기 때문입니다.

우리는 노년(老年)의 때를 바라봅니다. 그 때에도 주님은 지금과 동일하게 우리를 이끄실 것을 믿으면서 말입니다. 또 우리는 주님의 오심을 기쁨으로 바라봅니다. 설령 우리가 살아 있는 동안 그 날이 오지 않는다 할지라도, 우리는 장차 우리가 우리 구주의 품 안에서 잠들 것을 바라봅니다. 우리는 우리 앞에 있는 부활의 아침과 그 모든 영광을 바라봅니다. 우리는 부활의 몸을 바라봅니다. 우리의 완전한 영이 영원히 거하게 될 영광스럽게 변화된 몸 말입니다. 우리는 그리스도의 통치와 그의 백성들의 영화(榮化, glorification)를 기뻐하면서 비파를 연주하는 연주자의 아름다운 목소리를 듣습니다. 그 날이 동터오고 있습니다. 아침의 구름이 지나갔으며, 점점 더 따뜻하고 밝은 낮이 되어가고 있습니다. 그리고 완전한 낮이 가까웠습니다. 얼마 후 우리는 구름 없는 맑은 하늘이 있는 땅에 있게 될 것입니다. 그곳에 있는 것은 얼마나 큰 기쁨이겠습니까? 그곳에 영원히 있는 것은 얼마나 큰 환희이겠습니까?

> "죄와 슬픔의 세상으로부터 멀리 떠나
> 하나님과 영원히 함께 하도다."

우리는 즐거이 이 땅을 떠나 안식을 향해 날아갑니다. 나는 나의 날개가 펄럭이는 것을 느낍니다. 그러나 아직 나의 날개는 나의 영혼을 감당할 수 있을 만큼 충분히 강하지 못합니다. 그러나 마침내 그렇게 될 것입니다. 하나님은 자기 자녀들이 세상을 떠날 준비를 갖추도록 만들고 계십니다. 하나님은 단지 그들에게 손짓만 하시면 됩니다. 그러면 그들은 "내가 여기 있나이다"라고 외칠 것이며, 그들은 영원히 그와 함께 있을 것입니다. 그렇습니다. 하나님의 영광은 우리 위에도 있고 우리 아래에도 있으며, 우리 오른쪽에도 있고 우리 왼쪽에도 있으며, 우리 안에도 있고 우리 밖에도 있습니다. 그것이 우리 뒤에 있다 하더라도, 우리는 결코 그것을 떠나지 않습니다. 또 우리는 항상 영광스러운 하나님의 오른편을 향해 나아가고 있습니다. 왜냐하면 그것은 또한 우리 앞에 있기 때문입니다. 하나님은 우리를 둘러싸고 있는 불의 성벽(wall of fire)이며, 그 가운데 있는 영광입니다. 사랑하는 형제들이여, 만일 여러분이 거기에 왔다면, 계속해서 그곳에 머무십시오. 사랑하는 자매들이여, 만일 여러분이 그곳에 들어왔다면, 절대로 그곳을 떠나지 말고 하나님과 더불어 충만한 교제 가운데 거하십시오.

5. 마지막으로, 이러한 신적 임재는
이중적인 면을 가지고 있다는 사실을 주목하십시오.

이스라엘 진영(陣營)을 낮처럼 밝힌 동일한 영광은 애굽의 모든 진영을 어둡게 만들었습니다. 그들은 아무것도 볼 수 없었습니다. 왜냐하면 하나님의 어두운 면이 그들에게 향했기 때문이었습니다. 나는 여러분 가운데 어느 누구도 이렇게 되지 않기를 소망합니다. 사랑하는 형제들이여, 어떤 사람들에게 세상에서 가장 두려운 것이 하나님인 것은 얼마나 소름끼치는 일입니까? 그런 사람들에게 하나님으로부터 도망칠 수 있는 것은 얼마나 행복하며 즐거우며 신나는 일이겠습니까? 만일 당신이 그런 사람들 가운데 한 사람이라면 얼마나 슬픈 일이겠습니까? 당신은 하나님으로부터 떠나기를 원합니다. 당신은 하나님으로부터 떠나고 있습니다. 어느 날 주님은 당신에게 "네가 하고자 하는 일을 행하라"라고 말씀하실 것입니다. 그는 말씀하십니다. "너는 항상 하나님으로부터 떠나고자 하였느니라. 계속해서 그렇게 할지어다. 저주받은 자여, 내게서 떠날지어다." 이 것이 당신의 삶의 마지막 결말일 것입니다. 어떤 사람들에게 있어 하나님을 생각하는 것은 즐거운 일입니다. 그러나 또 어떤 사람들에게 있어 하나님이 없다는 말보다 더 즐거운 소식은 아무것도 없습니다. 실제로 그들은 불신과 의심 속에서 괴상한 위로를 찾습니다. 하나님은 죄인들에게 어두운 면을 가지고 계십니다. 하나님의 의와 정의(正義)는 그의 백성들에게는 큰 위로지만 그러나 악인들에게는 절망입니다.

하나님의 **말씀** 역시 죄인들에게 어두운 면을 가지고 있습니다. 그들이 말하는 것을 들어보십시오. "우리는 이 책을 이해할 수 없어. 그것은 신비로 가득해. 또 그 책은 어두운 말과 어려운 말과 믿을 수 없는 말로 가득 차 있어. 그것은 온통 매듭과 엉클어진 것 투성이야." 정말로 그렇습니까? 만일 그렇게 느껴진다면, 당신은 애굽 사람입니다. 그것은 당신에게 어둡습니다. 은혜 안에 있는 가장 작은 어린아이에게 물어보겠습니다. "아이야, 너에게도 성경이 그러하니?" 그가 대답합니다. "아니요, 그것은 나의 기쁨이며 즐거움이에요. 내가 그것을 다 이해할 수는 없지만, 그러나 나는 그 모두를 사랑하며 그 모두를 양식으로 삼아요." 하나님의 계시된 진리를 모두 이해할 수 없음에도 불구하고 그것을 양식으로 삼는 것은 참으로 좋은 일입니다. 그리고 만일 여러분이 그것이 여러분의 영혼에 유익함을 발견한다면, 여러분은 그것이 알 수 없는 신비로 가득 차 있다고 불평하지 않을 것입니다. 성경은 애굽 사람들에게는 어둠이지만 그러나 이스라엘에게는 빛입니다.

복음 자체도 마찬가지입니다. 많은 사람들이 복음을 들으면서 이렇게 말합니다. "나는 믿음이니 속죄니 이런 것들을 도무지 깨달을 수가 없어." 나는 당신이 깨닫지 못하는 이유를 압니다. 당신은 애굽 사람입니다. 당신에게 복음은 어둡습니다. 당신에게 그것은 "사망에 이르는 사망의 냄새"입니다. 나는 당신이 계속해서 복음과 다툴까봐 걱정입니다. 마침내 멸망의 자리에 이를 때까지 말입니다. 그러나 만일 당신이 하나님의 자녀라면, 당신은 더 이상 다투지 않을 것입니다. 당신은 이렇게 말할 것입니다. "주여, 내가 믿나이다. 나의 믿음 없는 것을 도우소서. 속죄의 피로 말미암은 복된 구원의 길을 내가 기쁨으로 받아들이나이다.” 만일 당신이 이렇게 말한다면, 그것은 당신이 이스라엘 백성임을 증명해 줍니다. 그러면 복음은 당신에게 “생명에 이르는 생명의 냄새”가 될 것입니다.

심지어 주 예수 그리스도 자신도 죄인들에게 어두운 면을 가지고 있습니다. 만일 그가 오늘 아침 여기에 오신다면, 나는 즐거이 뒤로 물러나고 그로 하여금 앞으로 나아와 그의 빼어난 아름다움을 나타내도록 할 것입니다. 만일 당신이 여기에서 그를 볼 수만 있다면, 그리고 못과 창에 찔린 그의 손과 옆구리를 주목하면서 그의 한없이 아름다운 얼굴을 느낄 수만 있다면, 당신은 여기가 천국이라고 생각할 것입니다. 그렇습니다. 그러나 그를 사랑하지 않는 자에게는 그것이 아무런 기쁨도 가져다주지 못할 것입니다. 지금 이 자리에 앉아 있는 사람들 가운데 그런 사람들이 있습니까? 당신도 그런 사람들 가운데 한 사람입니까? 당신은 그를 믿지 않습니다. 만일 “주께서 오셨다”는 소식이 들린다면, 당신은 지금 앉아 있는 의자에서 두려움에 부들부들 떨며 기진할 것입니다. 그러면서 당신은 말할 것입니다. “그가 심판하기 위해 오셨으나 나는 준비되지 못했도다. 나의 구주가 아닌 그는 나의 심판자요 나는 영원한 형벌에 떨어질 것이로다.” 주 예수 그리스도는 이스라엘에게는 밝은 면이지만 애굽 사람들에게는 어두운 면입니다.

그러므로 사랑하는 자들이여, 주 예수 그리스도를 믿으십시오. 그리고 “그의 아들에게 입 맞추십시오. 그렇게 하지 않으면 그의 진노하심이 불붙음으로 여러분이 길에서 망할 것입니다”(시 2:12). 반면 그를 믿는 자는 복이 있습니다. 당신은 그리스도에게 나아옴으로써 이스라엘 가운데 하나로 헤아림을 입을 수 있습니다. 왜냐하면 그리스도 자신이 이스라엘로 들어가는 문이기 때문입니다. 만일 당신이 그리스도께 온다면, 당신은 그의 백성들에게 온 것이며, 안전한 울타리 안으로 들어온 것입니다. 그러면 “여호와께서 당신 앞에서 행하시며 이스라엘의 하나님이 당신 뒤에서 호위하실” 것입니다. 아멘.

제
11
장

—

환희의 찬송

—

"이 때에 모세와 이스라엘 자손이 이 노래로 여호와께 노래
하니 일렀으되 내가 여호와를 찬송하리니 그는 영광스럽게
승리하셨음이요 말과 그 탄 자를 바다에 던지셨음이로다 여
호와는 나의 힘이요 노래시며 나의 구원이시로다 그는 나의
하나님이시니 내가 그를 찬송할 것이요 내 아버지의 하나님
이시니 내가 그를 높이리로다." — 출 15:1-2

본문은 성경에 기록된 하나님께 대한 첫 번째 노래입니다. 야곱이 그의 아
들들을 축복하는 곳에 노래로 간주될 수 있는 구절들이 일부 있기는 하지만 그
러나 그것은 부분적인 단편들에 불과하며 따라서 하나님께 대한 노래로 간주되
기 어렵습니다. 창세기에 그와 비슷한 단편들이 몇 군데 또 있기는 하지만, 온전
한 노래로서 간주될 수 있는 것은 역시 본문이 최초입니다. 나는 아브라함이 종
종 하나님께 노래를 불렀을 것이라고 생각하지만, 그러나 우리는 그에 대한 기
록을 가지고 있지 않습니다. 우리는 이삭 역시도 자신의 노래를 가지고 있었을
것이라고 충분히 믿을 수 있습니다. 에녹이나 노아나 하나님의 이름을 불렀던
다른 사람들 역시도 마찬가지였을 것입니다. 그러나 그 어떤 것도 기록으로 남
아 있지 않습니다. 성경에 보존된 노래들 가운데 최초의 노래는 바로 본문입니
다. 이것은 시간적으로도 첫째일 뿐만 아니라 그 뛰어남에 있어서도 첫째입니
다. 특별히 홍해를 건너온 지금의 상황은 본문의 노래를 민족적인 찬미의 노래

들 가운데 최고의 자리에 올려놓습니다.

모세의 노래는 엄청난 무리의 사람들에 의해 불려진 것으로 나타납니다. 여선지자 미리암이 소고(小鼓)를 잡고 노래를 이끌었으며, 이스라엘의 모든 딸들이 그녀와 함께 소고를 치며 춤을 추었으며, 모든 회중이 함께 노래를 불렀습니다. 이제껏 그 어느 곳에서도 이렇게 웅장한 노래가 불려진 적은 결코 없었습니다. 거기에 60만 명의 남자들이 있었으며, 그 외에도 여자들과 아이들이 있었습니다. 얼마나 엄청난 수의 회중입니까! 수백만 명의 사람들이 함께 합창을 불렀습니다. 비록 그 가락이 아주 단순한 것이었다 하더라도, 그들은 모든 힘을 다해 힘껏 노래를 불렀습니다. 특별히 다음과 같은 후렴구가 반복될 때, 그것은 마치 많은 물들의 소리와 같이 울려 퍼졌을 것입니다. "내가 여호와께 노래하리니 그는 영광스럽게 승리하셨음이요 말과 그 탄 자를 바다에 던지셨음이로다"(KJV, I will sing unto the LORD, for he hath triumphed gloriously. 한글개역개정판에는 "내가 여호와를 찬송하리니 그는 높고 영화로우심이요"라고 되어 있음).

우리는 요한계시록 15장에서 짐승과 그 우상을 이긴 자들이 유리바닷가에 서서 하나님의 거문고를 가지고 하나님과 어린 양의 종 모세의 노래를 부르는 것을 보게 됩니다(2, 3절. 한글개역개정판에는 "하나님의 종 모세의 노래, 어린 양의 노래"라고 되어 있음). 이 땅에 마지막 일곱 재앙이 쏟아지고 하나님이 적그리스도의 무리를 완전히 무너뜨리기 전에, 이 노래가 이스라엘 나라에 의해서가 아니라 더 높은 이스라엘, 즉 하나님의 은혜로 영적 바로의 권세로부터 피하여 나오고 그 옷을 어린 양의 피로 씻어 희게 만든 자들에 의해 불려질 것입니다. 그들은 한 목소리로 이렇게 노래합니다. "주 하나님 곧 전능하신 이시여 하시는 일이 크고 놀라우시도다"(계 15:3).

이와 같이 여러 곳에서 본문의 노래를 다양하게 인용하는 것을 통해 우리는 이것이 깊은 영적 의미로 가득함을 깨닫게 됩니다. 본문의 노래는 우리에게, 문자적으로 애굽을 무너뜨린 것과 관련하여 하나님을 찬미할 것뿐만 아니라 모든 악의 권세를 무너뜨림으로써 모든 택하신 자들을 최종적으로 구원하시는 것과 관련하여 하나님을 찬미할 것을 가르칩니다. 모세의 날로부터 하늘이 뜨거운 불에 풀어지게 될 날까지, 하나님은 이 노래가 모든 택하신 자들의 노래가 되도록 계획하셨습니다. "내가 여호와께 노래하리니 그는 영광스럽게 승리하였음이요 말과 그 탄 자를 바다에 던지셨음이로다."

본 노래의 첫 구절인 2절은 다윗에 의해 세 번이나 거의 문자적으로 인용되었는데, 그 가운데서도 특별히 시편 118편이 가장 두드러집니다. "여호와는 나의 능력과 찬송이시요 또 나의 구원이 되셨도다"(14절). 이사야 역시도 그의 예언서 12장에서 그것을 거의 똑같이 인용합니다. "주 여호와는 나의 힘이시며 나의 노래시며 나의 구원이심이라"(2절). 이사야의 노래 역시 당시의 이스라엘의 삶과 긴밀하게 연결되어 있었던 것은 두말할 필요 없는 명백한 사실입니다. 그리하여 당시의 선한 백성들은 하나님을 찬미함에 있어 모세의 노래를 되돌아보며 영광스럽게 승리하신 하나님께 찬미의 노래를 불렀습니다. 오늘 아침 우리는 이와 같이 풍성한 의미로 가득한 모세의 노래로부터 몇 가지 중요한 점들을 주목해 보고자 합니다. 이 노래를 모세의 입에 담아주신 성령 하나님께서 이 시간 그것을 그의 백성들의 마음판에 선명하게 새겨 주시기를 기원합니다. 성령이시여, 이 시간 우리에게 임하소서. 그리하여 우리의 입술 역시도 여호와를 찬미하는 노래로 가득 차게 하소서.

첫째로, 이 노래를 부른 때를 주목하십시오. 본문은 "이 때에 모세와 이스라엘 자손이 이 노래로 여호와께 노래하니"라는 말씀과 함께 시작됩니다. 둘째로, 이 노래의 음조(音調)를 주목하십시오. 이것은 정말로 하늘에서 불려질 만큼 높고 고상한 노래입니다. 그리고 셋째로, 우리는 본 노래 자체의 첫 구절을 특별히 주목할 것입니다. "여호와는 나의 힘이요 노래시며 나의 구원이시로다 그는 나의 하나님이시니 내가 그를 찬송할 것이요 내 아버지의 하나님이시니 내가 그를 높이리로다."

1. 첫째로, 이 노래를 부른 때를 주목하십시오.

모든 것에는 각각의 목적을 위한 때가 있는 법입니다. 새가 노래하는 때가 있는가 하면, 성도들이 노래하는 때가 있습니다. "이 때에 모세와 이스라엘 자손이 이 노래로 여호와께 노래하니."

첫 번째로, 그때는 구원이 실현된 순간이었습니다. "그 날에 여호와께서 이같이 이스라엘을 애굽 사람의 손에서 구원하시매 이스라엘이 바닷가에서 애굽 사람들이 죽어 있는 것을 보았더라 이스라엘이 여호와께서 애굽 사람들에게 행하신 그 큰 능력을 보았으므로 백성이 여호와를 경외하며 여호와와 그의 종 모세를 믿었더라 이 때에 모세와 이스라엘 자손이 이 노래로 여호와께 노래하니"

(14:30-15:1). 애굽에 있을 때는 노래하지 않았습니다. 하나님이 "내가 내 백성의 부르짖는 소리를 분명히 들었도다"라고 말씀하실 때까지, 거기에는 오직 탄식과 부르짖음과 신음과 애곡이 있을 뿐이었습니다. 심지어 허리에 띠를 띠고 손에 지팡이를 잡고 급히 어린 양의 고기를 먹던 유월절의 무시무시한 밤에도, 그들은 노래하지 않았습니다. 그날은 노래하기에는 너무도 비장하며 무거운 밤이었습니다. 그들이 숙곳에 도착하여 처음 진을 쳤을 때에도, 우리는 그들이 노래했다는 말을 듣지 못합니다. 물론 그들은 틀림없이 자신들이 일상의 노역과 애굽 사람들의 채찍으로부터 벗어난 것을 발견했을 때 단편적인 노래들을 불렀을 것입니다. 의심의 여지 없이 개인적인 노래들은 있었을 것입니다. 그러나 전체가 연합하여 노래하는 것은 없었습니다. 그들은 애굽 사람들이 뒤따라올 것에 대한 두려움으로 마음이 크게 조급해 있었습니다. 아직까지 모두가 연합하여 부를 노래를 만들 시인(詩人)은 일어나지 못했습니다. 그들의 완전한 구원의 때는 아직 이르지 않았습니다. 그들은 계속해서 행군했지만, 그러나 아직 소고(小鼓)를 잡을 때는 이르지 않았습니다. 그러다가 마침내 홍해를 건너고 그럼으로써 그들과 멍에의 집 사이에 바다가 가로막게 되었을 때, 비로소 그들은 노래하게 되었습니다. "이 때에 모세와 이스라엘 자손이 이 노래로 여호와께 노래하니." 지금까지의 그들의 삶은 긴 탄식이었습니다. 지금까지의 그들의 삶은 비탄의 불협화음이었으며, 비애와 슬픔이었습니다. 그러나 그들의 멍에가 과거의 일이 되었을 때, 그 때에 그들은 노래했습니다. 깊음이 애굽 군대를 덮고 한 사람도 남지 않게 되었을 때, "이 때에 모세와 이스라엘 자손이 이 노래로 여호와께 노래하였더라."

여러분은 14장에서 모세가 백성들에게 "여호와께서 너희를 위하여 싸우시리니 너희는 가만히 있을지니라"(14절)라고 말한 것을 기억할 것입니다. 그런데 이제 하나님이 그들을 위해 싸우셨습니다. 그들은 이제 더 이상 두려워 떨 필요가 없었습니다. 싸움은 끝났으며, 하나님이 승리하셨습니다. "이 때에 모세와 이스라엘 자손이 이 노래로 여호와께 노래하니." 그들이 어떻게 가만히 있을 수 있었겠습니까? 만일 그들이 잠잠하면, 돌들이 일어나 소리지를 것이었습니다.

사랑하는 형제 자매들이여, 이것은 우리에게 무엇을 가르쳐 줍니까? 그것은 우리가 멍에의 땅에서 죄와 사탄의 통치 아래 있을 때는 노래할 수 없다는 사실을 가르쳐주지 않습니까? 우리가 이방 땅에서 어찌 여호와의 노래를 부르겠습니까?(시 137:4). 심지어 어린 양의 피 뿌림으로 멸망으로부터 피할 생각에만 집중되어 있는 영적 생명의 첫 순간에조차, 우리는 노래하지 않습니다. 아마도 죄와 사탄의 권세로부터 도망쳐 나오는 황급한 초기 단계에서도 우리는 노래하지 않을 것입니다. 왜냐하면 그 때는 오로지 멍에로부터 피하여 나오는 것에만 집중되어 있기 때문입니다. 그러나 비로소 그리스도께서 우리를 구원하셨으며 그를 믿는 자는 영생을 가진다는 사실을 깨달을 때, 그 때 우리는 노래합니다. "모세의 율법으로 의롭다 하심을 얻지 못하던 모든 일에 이 사람을 힘입어 믿는 자마다 의롭다 하심을 얻는" 사실을 깨달을 때, 그리고 "영접하는 자 곧 그 이름을 믿는 자들에게는 하나님의 자녀가 되는 권세를 주셨으니"라는 말씀이 선포되는 것을 들을 때, 그 때 우리는 여호와께 노래합니다(행 13:39; 요 1:12). 누가 우리를 막을 수 있겠습니까? 우리에게 있어 죄가 도말된 후에도 그냥 잠잠히 있는 것은 얼마나 부자연스럽습니까? 우리가 하나님의 아들의 죽음으로 말미암아 하나님과 화해될 때, 벙어리 마귀는 우리로부터 쫓겨납니다. "이 때에 모세와 이스라엘 자손이 이 노래로 여호와께 노래하니." 그리스도의 구속이 우리에게 완전하게 이루어진 것을 처음으로 알았을 때, 그 때 우리는 얼마나 기뻐하며 즐겁게 노래했습니까? 오늘날에도 마찬가지입니다. 만일 우리가 그리스도의 의가 얼마나 완전한지 그리고 그의 위대한 속죄가 얼마나 충분하게 적용되는지, 그리고 하나님의 아들과의 연합으로 말미암아 우리가 얼마나 안전하게 서 있는지 새롭게 보게 된다면, 이 예배당은 우렁찬 감사의 노래로 거대하게 울려 퍼지게 될 것입니다. 구원을 의심할 때, 우리의 노래는 그칠 것입니다. 그러나 하나님이 우리를 위해 행하신 위대한 일을 분명하게 보면서 우리의 구원을 굳게 붙잡을 때, 우리는 우리를 위해 영광스럽게 승리하신 주님께 노래를 부르게 될 것입니다. 다시 말하거니와 어떻게 우리가 노래하지 않을 수 있겠습니까? 어떻게 우리의 마음의 기쁨이 터져 나오지 않을 수 있겠습니까? 실현된 구원에 대한 감격 속에서 어떻게 거대한 기쁨의 노래가 홍수처럼 터져 나오지 않을 수 있겠습니까?

두 번째로, 그때는 분명한 성별(聖別)의 순간이었습니다. 아마도 여러분은 이것이 무슨 뜻인지 금방 이해하지 못할 것입니다. 그렇지만 바울 사도가 이스라엘이 "모세에게 속하여 다 구름과 바다에서 세례를 받았다"고 말한 것을 되새겨 보십시오(고전 10:2). 바로와 그의 군대가 멸망을 당했을 때, 비로소 이스라엘은 처음으로 애굽으로부터 분리된 한 나라로 굳게 섰습니다. 홍해는 가장 실효적(實效的)인 경계였습니다. 이스라엘은 애굽으로부터 구속된 한 민족이 되었습니다. 그들은 또다시 애굽의 멍에 아래 떨어지지 않을 것이며, 애굽으로 돌아가지 않을 것이었습니다. 그리고 바로는 또다시 그들을 뒤쫓지 않을 것이었습니다. 그들은 이제 여호와께 거룩하게 구별된 한 백성이었습니다. 그들에게 하나님은 스스로를 나타내실 것이었습니다. 또 하나님은 그들 가운데 거하실 것이었습니다. 홍해를 통과한 것은 그들의 죽음과 장사와 새 생명으로 부활한 것에 대한 상징이었습니다. 그것은 그들이 하나님에게 민족적으로 세례를 받은 것이었습니다. 그러므로 그들은 이를테면 새 노래를 불렀습니다. 죽을 인생에게 있어 하나님에게 거룩하게 구별되는 것보다 더 복된 일이 무엇이겠습니까? 피조물에게 있어 창조주에게 거룩하게 구별되는 것보다 더 장엄한 모습이 무엇이겠습니까? 사람에게 있어 하나님으로부터 구속받음으로써 자신이 더 이상 자신의 것이 아니요 값으로 산 것이 된 것보다 더 복되고 달콤한 상태가 무엇이겠습니까? "내 사랑하는 자는 내게 속하였고 나는 그에게 속하였도다"(아 2:16)라는 하늘의 노래보다 더 달콤한 노래가 무엇이겠습니까? 하나님이 우리를 택하사 자신의 기업으로 삼으셨음을 아는 것보다 더 큰 기쁨이 무엇이겠습니까? 어린 양의 피로 구속받고 여호와께 거룩하게 구별되었음을 깨달았을 때, 그 때에 모세와 이스라엘 자손은 노래를 불렀습니다. 그리스도인이기를 바라면서도 그러나 스스로를 온전히 하나님의 것으로 선포하는 자리에까지 나아가지 않은 자들이 있습니까? 당신은 애굽으로부터 깨끗하게 나오지 않았습니다. 당신은 홍해를 건넘으로써 죄악된 세상으로부터 깨끗하게 단절되지 않았습니다. 더 이상 머뭇거리지 마십시오. 다음과 같은 두려운 말씀이 당신에게 이루어지지 않도록 말입니다. "누구든지 이 음란하고 죄 많은 세대에서 나와 내 말을 부끄러워하면 인자도 아버지의 영광으로 거룩한 천사들과 함께 올 때에 그 사람을 부끄러워하리라"(막 8:38). 구원이 이루어진 그 때, 그리고 여호와께 거룩하게 구별된 그 때, 그들은 기쁨으로 노래를 불렀습니다.

　세 번째로, 그 때는 또한 하나님의 권능이 분명하게 나타난 순간이었습니다. 하나님이 수수방관하면서 자신의 의를 입증하지 않는 것처럼 보일 때, 우리의 마음은 무겁습니다. 적어도 나의 마음은 그러합니다. 악이 모든 곳에 편만한 것을 볼 때, 나는 너무도 슬픕니다. 거짓이 지배하며, 얀네와 얌브레가 모세를 대적합니다. 이 세상의 왕이 오만한 태도로 "여호와가 누구냐?"고 묻습니다. 많은 재앙들이 우리 위에 임합니다. 땅에 거짓이 가득합니다. 마치 온 땅의 티끌이 이로 바뀐 것처럼 말입니다. 거짓 종교들이 마치 개구리처럼 모든 곳에서 지절거리고 있습니다. 개구리들은 심지어 왕궁 안으로까지 들어옵니다. 하나님이 온 땅에 빽빽한 어둠을 보내셨습니다. 사람들은 우리의 성소(聖所)로부터 흘러나오는 물을 마시기를 싫어합니다. 그 때 우리는 애통하는 마음으로 하나님께 묻습니다. "어찌하여 주께서 우리로 하여금 놀람의 포도주를 마시게 하시나이까?" 그러나 사람들이 회심했다는 이야기를 들을 때, 하나님이 주일학교의 사역을 축복하시는 것을 볼 때, 죄인들이 그리스도께 돌아와 긍휼을 구한다는 소식을 들을 때, 하나님의 자녀들이 열심히 수고하는 것을 바라볼 때, 하나님의 일이 힘차게 진행되는 것을 바라볼 때, 그 때 우리의 마음은 큰 기쁨에 사로잡힙니다. 그리고 그 때 우리는 모세와 이스라엘 자손들처럼 하나님께 노래를 부릅니다. 하나님의 손이 완전하게 나타날 때, 어떻게 우리가 잠잠히 있을 수 있겠습니까? 부흥의 날이야말로 우리의 가장 즐거운 날입니다. 만일 우리가 하나님이 이 땅에서 우리에게 줄 수 있는 모든 축복들 가운데 하나를 선택할 수 있다면, 그것은 교회가 부흥되는 것을 보는 것입니다. 하나님의 진리가 온 세상에 전파되고 그의 나라가 임하는 것을 보는 것입니다. 우리에게 있어 하나님의 진리가 전파되느냐 혹은 거짓이 전파되느냐 하는 문제는 결코 대수롭지 않은 문제가 아닙니다. 결코 그렇지 않습니다. 복음이 세상을 정복하는 것을 보는 것은 우리에게 있어 생명과도 같은 것입니다. 만일 여러분이 믿음 위에 굳게 선다면, 우리는 삽니다. 그러나 하나님의 교회가 쇠하는 분량만큼 우리의 영 역시도 쇠합니다. 교회가 강하고 하나님이 교회와 함께 계실 때, 그 때 우리의 마음은 다시 살아나며 우리의 노래는 터져 나옵니다. "여호와는 나의 힘이요 노래시며 나의 구원이시로다"(2절).

그러나 이 노래는 믿음의 삶 전체를 통해 언제든지 불려질 수 있습니다.

신자(信者)는 믿음으로 살 뿐만 아니라 또한 믿음으로 노래하는 것이 마땅하지 않습니까? 여러분은 홍해에서의 모세와 이스라엘 자손의 노래가 믿음과 관련한 한 보잘것없는 것이었다고 생각하지 않습니까? 대다수의 이스라엘 백성들은 정말로 아주 작은 믿음밖에는 가지고 있지 않았습니다. 그들의 노랫소리는 컸지만 그러나 그들의 믿음은 작았습니다. 왜냐하면 불과 하루 이틀 후 그들은 하나님에 대해 불평하기 시작했기 때문입니다. 모든 일이 잘 될 때 하나님을 찬미하는 것은 누구나 할 수 있는 일입니다. 심지어 새들조차도 그렇게 할 수 있습니다. 그렇지만 사람들이 나이팅게일을 가장 좋아하는 것은 숲속의 모든 새들이 잠잠할 때 오직 그 새만이 홀로 노래하기 때문입니다. 이와 같이 믿음은 캄캄한 어둠 속에서도 하나님을 찬미합니다. 낮에 노래하는 것은 사람으로부터 말미암습니다. 그러나 하나님은 밤에 노래하게 하십니다. 불 같은 시련 속에서도 하나님을 찬미합시다. 마음이 답답하고 낙망될 때에도 하나님을 찬미합시다. 우리의 마음이 무거울 때에도 하나님을 찬미합시다. 믿음은 의지할 것이 단순한 약속 외에 아무것도 없을 때조차 하나님을 굳게 붙잡습니다. 깊은 고난과 슬픔 속에서도 이렇게 말할 수 있는 사람이 참된 그리스도인입니다. "그럼에도 불구하고 나는 구원의 샘으로부터 기쁨의 물을 끌어올릴 거야. 나는 살아 있는 한 주님께 노래할 거야." "그러므로 땅이 변하든지 산이 흔들려 바다 가운데에 빠지든지 바닷물이 솟아나고 뛰놀든지 그것이 넘침으로 산이 흔들릴지라도 우리는 두려워하지 아니하리로다"(시 46:2, 3). 이 시간 무거운 마음과 낙망한 영혼으로 이 자리에 앉아 있는 사람들이 있습니까? 하나님께 노래하십시오. 부디 하나님의 영광을 강탈하지 마십시오. 그렇게 하는 대신 이렇게 말하십시오. "이 때에 모세와 이스라엘 자손이 이 노래로 여호와께 노래하니 일렀으되 내가 여호와를 찬송하리니 그는 영광스럽게 승리하셨음이요 말과 그 탄 자를 바다에 던지셨음이로다."

지금까지 우리는 노래할 때에 대해 이야기했습니다. 나는 그 때가 바로 지금이라고 생각합니다. 여러분의 마음의 종소리가 영원히 끊어지지 않고 계속해서 울리게 하십시오.

2. 둘째로, 이 노래의 음조(音調)를 주목하십시오.

"이 때에 모세와 이스라엘 자손이 이 노래로 여호와께 노래하니."

그 음조는 무엇보다도 열광적이었습니다. 여기에 밋밋하며 지루한 분위기는 조금도 없습니다. 그것은 힘과 생명력과 활력으로 가득 차 있습니다. 그것은 "내 주는 강한 성이요"라고 시작되는 루터의 찬송가보다 백배나 더 활력에 차 있습니다. 그것은 그 어떤 것도 비교할 수 없을 만큼 최고로 열광적입니다. "내가 여호와께 노래하리니 그는 영광스럽게 승리하셨음이요"라는 노래를 그들은 얼마나 영광스럽게 노래했겠습니까?

그것은 또한 집합적이었습니다. 그것은 모든 이스라엘 백성들이 동참하도록 의도되었습니다. 설령 모세가 "내가 여호와를 찬송하리니" 하면서 시작했다 하더라도, 그 마지막은 미리암에 의해 "너희는 여호와를 찬송하라 그는 영광스럽게 승리하셨음이요"라고 마무리되었습니다(21절). 이것은 애굽으로부터 나온 모든 하나님의 백성들의 찬송이었습니다. 여러분 모두도 이와 같이 찬송해야 마땅하지 않습니까? 아직까지 애굽에서 채찍으로 맞은 흔적을 짊어지고 있는 자들이여! 아직까지 치료되지 않은 상처로 고통을 받고 있는 자들이여! 애굽의 십장들과 쇠 풀무를 생생하게 기억하고 있는 자들이여! 이제 막 애굽으로부터 나온 자들이여, 여호와께 노래하십시오. 하나님의 교회는 완벽한 화음으로 그분께 찬미의 노래를 올려드려야 합니다. "여호와의 인자하심으로 말미암아 그를 찬송할지로다"(시 107:8). 여호와의 구속받은 모든 자들이여, 이렇게 외치십시오. "오라 우리가 여호와께 노래하며 우리의 구원의 반석을 향하여 즐거이 외치자"(시 95:1). 우리의 노래는 열광적이며 집합적이어야 하지 않습니까?

동시에 그것은 극히 개별적이었습니다. "내가 여호와를 찬송하리니 그는 영광스럽게 승리하셨음이요 말과 그 탄 자를 바다에 던지셨음이로다 여호와는 나의 힘이요 노래시며 나의 구원이시로다 그는 나의 하나님이시니 내가 그를 찬송할 것이요 내 아버지의 하나님이시니 내가 그를 높이리로다." 집단 속에서 자기 자신을 잃어버리지 마십시오. 아무도 노래하지 않을지라도 다윗처럼 "내가 사는 동안 여호와께 노래하리라"라고 말하는 것은 결코 자기중심주의(egotism)가 아닙니다. 모두가 한 목소리로 노래한다 하더라도 그 안에서 각각의 마음이 올바로 활동하지 않는다면, 그것은 아무것도 아닙니다. 하나님의 자녀들이 지극히 높은 자의 귀에 제각각 자기만의 특별한 멜로디를 노래해야만 한다고 느낀다면, 우리는 결코 완전한 화음에 도달할 수 없습니다. 형제 자매들이여, 설령 여러분이 오늘 하나님을 찬미하지 않을 것이라 하더라도, 그러나 나는 하나님을 찬미할 것입니다. 여러분도 그렇지 않습니까? 여러분 각자가 "설령 아무도 감사하는 마음을 느끼지 않는다 하더라도 그러나 나는 감사할 충분한 이유를 갖고 있으며 그러므로 하나님을 찬미할 거야"라고 말할 수 있지 않습니까? 나에게 있어, 하나님은 "영광스럽게 승리"하셨습니다. 그러므로 설령 다른 사람들이 그를 자기 하나님으로 영접하지 않는다 하더라도, 그는 영원무궁히 나의 하나님이십니다. 그는 죽는 날까지 나의 인도자가 되실 것입니다. 나는 이 노래의 개별성을 좋아합니다. 우리 모두 각자 개별적으로 이 노래를 따라 부릅시다. 그런가 하면 하나님의 은혜를 개별적으로 향유하지 못하고 또 그분을 개별적으로 알지 못하기 때문에 그분께 노래를 부를 수 없는 사람들도 있습니다. 이런 경우에 해당되는 사람들이 있습니까? 그렇다면 하나님을 알고 그분께 개별적인 노래를 부를 수 있게 될 때까지 이 자리를 떠나지 마십시오.

여기의 노래의 음조는 또한 **믿음으로 충만**합니다. 여기에는 의심의 그림자조차 없습니다. 그들은 가장 뜨거운 확신으로 하나님께 찬송을 올립니다. 그들의 입술은 떨리지 않으며, 그들의 마음은 흔들리지 않습니다. 그것은 이렇게 시작합니다. "내가 여호와께 노래하리니 그는 영광스럽게 승리하셨음이요." 또 그것은 의심의 여지 없는 사실을 선포합니다. "그는 말과 그 탄 자를 바다에 던지셨음이로다." 또 그것은 소망이나 바람 혹은 가정(假定) 따위를 표현하지 않고, 어떤 도전도 용납될 수 없는 확실한 단언을 표현합니다. "여호와는 나의 힘이요 노래시며 나의 구원이시로다." 물론 나 역시도 때로 울적한 마음으로 노래할 때가 있습니다. 그러나 나는 단조(短調) 음조를 거의 사용하지 않습니다. 그렇습니다. 우리는 승리와 기쁨의 노래를 불러야 합니다. 의심과 두려움은 하나님의 자녀들과 어울리지 않습니다. 충만한 확신과 깨달음은 우리의 특권이며 동시에 의무입니다. 우리가 그것을 가지지 못할 이유가 도대체 무엇이란 말입니까? 하나님 앞에 나아갈 때, 어째서 우리가 그와 같은 절름발이 예배를 가지고 나아가야 한단 말입니까? 결코 그럴 수 없습니다. 하나님께 온전한 찬미를 가지고 나아갑시다. 그분께 수소의 첫 새끼를 가지고 나아갑시다. 다윗이 "그 때에 그들이 수소를 주의 제단에 드리리이다"(시 51:19)라고 말했던 것처럼 말입니다. 하나님은 우리가 가진 최고의 것으로 예배를 받으셔야 합니다. 그의 긍휼은 가장 확실하며 가장 참됩니다. 그러므로 우리는 그것을 가장 충만한 믿음으로 확신해야 합니다. 의심의 그림자조차 있을 자리가 없습니다. 뜨거운 확신으로 하나님께 찬미의 노래를 부릅시다.

여기의 노래는 또한 **최고로 광범위**합니다. 그것은 하나님이 행하신 일을 노래하고 나서 계속해서 그가 장차 자기 백성들을 약속의 땅으로 데려갈 것을 노래합니다. 그리고 마침내 다음과 같은 최고조의 절정에 이릅니다. "여호와께서 영원무궁하도록 다스리시도다"(18절). 내 귀에 그들이 계속해서 이렇게 반복하여 노래하는 것이 들리는 것 같습니다. "여호와께서 영원무궁하도록 다스리시도다 할렐루야." 과거에 대해서 뿐만 아니라 현재에 대해서 그리고 미래에 대해서 하나님께 노래하십시오. 그리스도의 재림에 대해 노래하십시오. 장차 나타날 영광에 대해 노래하십시오. 촛불이나 심지어 햇빛조차도 필요 없는 천국과 새 예루살렘에 대해 노래하십시오. 장차 그리스도께서 백마를 타고 승리할 것에 대해 노래하십시오. 그 옷과 그 다리에 만왕의 왕이요 만주의 주라고 기록된 자에 대해 노래하십시오(계 19:16). 우리는 마땅히 하나님 앞에 영원히 노래해야 합니다. 우리 마음이 하나님 앞에 정직하고 올바르다면 말입니다.

여기의 노래는 또한 **측량할 수 없는 최고의 기쁨**을 표현합니다. 이스라엘 백성들은 새로운 자유를 즐기는 노예들이었습니다. 그들은 얼마나 즐겁게 뛰놀았습니까? 그들은 더 이상 어떻게 기뻐할 수 있을지 알지 못할 정도였습니다. 하나님께 우리의 최대한의 기쁨을 드립시다. 다윗은 "하나님은 나의 큰(exceeding) 기쁨"(시 43:4)이라고 말했습니다. 나는 "크다"는 개념을 표현함에 있어 "exceeding"이라는 단어보다 더 강한 단어를 알지 못합니다. 왜냐하면 "exceeding"은 다른 모든 것들을 초과하며 능가하는 것을 의미하기 때문입니다. 만일 나의 기쁨이 "exceeding"하다면, 그것은 다른 모든 것을 능가하는 기쁨이 될 것입니다. 신자들은 말할 수 없이 행복해야 합니다. 그리스도의 보혈로 구속받은 사람들은 항상 더할 나위 없이 행복해야 합니다. 문자 그대로, 너무 행복해서 살 수 없을 정도로 말입니다. 하나님의 자녀이며 언약의 상속자이며 곧 여호와의 빛의 광채 가운데 있게 될 사람들은 그의 영혼이 기쁨으로 흘러넘치는 것을 느껴야만 합니다. 신자들의 맥박은 할렐루야로 고동치며, 그들의 심장은 환희의 송가로 뛰어야 합니다. 아! 우리의 마음이 장차 우리가 있게 될 하늘을 향해 날아오를 수만 있다면!

하나님께는 이와 같이 열광적이며 기쁨으로 가득 찬 음조의 노래가 합당하다는 사실을 기억하십시오. 당시의 어떤 사람들이 무겁고 따분한 음조(音調)로 노래했다고 상상해 보십시오. 만일 내가 거기에 있었다면, 나는 그들에게 이렇게 말했을 것입니다. "음조를 바꾸십시오! 열정적으로 노래 부르십시오. 정신을 차리고 힘을 내십시오." 나는 웅장하면서도 빠르게 진행되는 음악을 좋아합니다. 모세의 노래가 그와 같았습니다. 그것은 웅장함과 뜨거움으로 가득 차 있었으며, 모든 사람이 가장 큰 목소리로 따라 부를 수 있는 음조였습니다. 그러나 사랑하는 형제 자매들이여, 이스라엘 백성들은 하나님이 받으시기에 합당한 분량의 절반도 찬미하지 못했습니다. 설령 하늘의 모든 천사들이 홍해 바닷가로 내려와 그룹들과 스랍들이 그 노래에 동참했다 하더라도 마찬가지였을 것입니다.

오늘날에도 마찬가지입니다. 설령 우리가 하늘과 땅 전체에서 깨어 일어나 하나님을 찬양하며 송축한다 하더라도, 그 노래는 하나님의 선하심과 장엄하심의 절반에도 미치지 못할 것이며 하나님이 받으시기에 합당한 분량의 지극히 작은 일부밖에 되지 못할 것입니다. 그러므로 여호와께 노래합시다. 왜냐하면 그는 영광스럽게 승리하셨기 때문입니다.

> "애굽의 바다 위에 소고를 울릴지어다.
> 여호와가 승리하셨으며 그의 백성들이 자유를 얻었도다.
> 노래하라, 바로의 교만이 꺾였도다.
> 그의 병거들은 휘황찬란하며, 그의 마병들은 용맹스러웠도다!
> 그러나 그들의 자랑은 얼마나 헛되었던가!
> 여호와께서 말씀하시자
> 그 모든 병거와 마병들이 물에 던져졌도다."

3. 셋째로, 이제 여기의 노래의 첫 구절을 살펴보도록 합시다.

"여호와는 나의 힘이요 노래시며 나의 구원이시로다 그는 나의 하나님이시니 내가 그를 찬송할 것이요 내 아버지의 하나님이시니 내가 그를 높이리로다"(2절). 이 노래가 하나님으로 가득 차 있는 것을 주목하십시오. 여기에 모세에 대한 말은 단 한 마디도 없습니다. 여기의 노래를 잘 읽어 보십시오. 여기에 모세도, 아론도, 미리암도 나타나지 않습니다. 오직 처음부터 마지막까지 하나님으로 가득 차 있을 뿐입니다. "내가 여호와께 노래하리니." 자아(自我)가 애굽 사람들과 함께 홍해 바닷속에 수장(水葬)되고, 우리 안에 있는 칭찬할 만한 모든 것이 하나님의 은혜로 돌려지고, 그 모든 것으로 인해 하나님께 영광이 돌려질 때, 우리의 노래는 얼마나 복된 찬송이 되겠습니까? 오직 예수께만 모든 영광이 돌려지고, 예수 외에는 어느 누구에게도 영광이 돌려져서는 안 됩니다. 형제 자매들이여, 우리의 생각이 사람들에게 돌려질 때, 우리의 음악은 망쳐지게 됩니다. 사람들을 잊으십시오. 땅을 잊으십시오. 시간을 잊으십시오. 자아를 잊으십시오. 여기의 죽을 생명을 잊으십시오. 그리고 오직 하나님만을 생각하십시오. 주여, 노래는 오직 당신께만 돌려져야 합니다. 왜냐하면 당신이 모든 것이기 때문입니다. 우리는 우리의 모든 노래를 단단히 매는 줄로 제단 뿔과 연결시켜야만 합니다.

　본문의 노래가 또한 하나님이 하신 일을 강조하는 것을 주목하십시오. "그는 말과 그 탄 자를 바다에 던지셨음이로다." 여기에 모세와 아론이 행한 것은 아무것도 나타나지 않습니다. 바로의 교만도 얀네와 얌브레의 마법도 나타나지 않습니다. 전체가 하나님의 행하신 일에 바쳐집니다. 여러분이 소유한 모든 은혜들을 하나님으로부터 받은 것으로 돌리십시오. 왜냐하면 그가 우리 안에 계시면서 우리의 모든 일을 행하셨기 때문입니다. 그는 우리를 택하셨습니다. 그는 우리를 구속하셨습니다. 그는 우리를 부르셨습니다. 그는 우리를 소생시키셨습니다. 그는 우리를 보존하셨습니다. 그는 우리를 거룩하게 구별하셨으며, 그리스도 예수 안에서 우리를 완전하게 하실 것입니다. 모든 영광은 주의 것입니다. 주께서 행하신 일을 노래합시다. 여러분이 인간의 역사를 읽을 때, 그것을 읽으면서 그곳에서 하나님의 손을 보십시오. 인간의 이야기 전체를 관통하는 언약의 황금 줄을 주목하십시오. 주께서 어떻게 말과 그 탄 자를 바다에 던지셨는지 주목하십시오. 그들이 그와 그의 백성들을 대적하기 위해 나아왔을 때 말입니다.

　본문의 노래는 또한 주님이 장차 행하실 일을 선언합니다. 하나님은 "네가 필경 그들을 데리고 나오리라"라고 말씀하십니다. 하나님은 전체 사건을 이미 완성된 것으로 말씀하시며, 이스라엘이 이미 약속의 땅에 정착한 것으로 묘사하십니다. 형제 자매들이여, 미래의 음악 곧 하나님이 장차 행하실 음악을 노래합시다. 여러분은 하나님이 결국 실패하실 것이라고 생각합니까? 여러분은 마침내 여호와의 영원한 계획이 좌절될 것이라고 두려워합니까? 여러분은 결국 그리스도가 헛되이 죽으신 꼴이 될 것이라고 생각합니까? 여러분은 성경에 선포된 하나님의 영원한 진리들이 현대 사상에 의해 세상으로부터 쫓겨나게 될 것이라고 생각합니까? 여러분은 우리 조상들이 피 흘리며 지켜왔던 기독교가 마침내 소멸되고 말 것이라고 생각합니까? 결코 그럴 수 없습니다. 우리는 여호와의 위대한 이름으로 승리할 것입니다. 그러므로 소망을 굳게 붙잡으십시오. 그리고 하나님이 그토록 자주 행하신 일을 찬양하며 노래하십시오 ― "그가 말과 그 탄 자를 바다에 던지셨음이로다."

　첫 행은 "여호와는 나의 힘이요"라는 말씀으로 시작됩니다. 이 얼마나 당당한 표현입니까! 가련한 이스라엘에게는 아무런 힘도 없었습니다. 그들은 짚도 없이 벽돌을 구우면서 쓰라린 고통으로 신음하며 하나님께 부르짖었습니다. 가련한 이스라엘은 약함 그 자체였습니다. 그러나 여호와께서 그들을 권능으로 끌어내셨습니다. 나에게 아무 힘이 없을 때, 여호와는 나의 힘입니다. 여호와의 힘으로 이스라엘은 애굽으로부터 나왔습니다. 그들이 떠날 때 애굽은 기뻐했습니다. 그들에게 금과 은과 보화를 주면서까지 제발 떠나줄 것을 애걸할 정도였습니다. 그것은 하나님이 사람들의 눈에 그들을 존귀케 하셨기 때문입니다. 이와 같이 여호와는 우리가 극도의 약함 가운데 있을 때 우리의 힘입니다.

여호와는 또한 다른 힘에 대항한 이스라엘의 힘이었습니다. 바로는 매우 강력한 힘을 가지고 있었습니다. 땅의 왕들조차도 그의 말들의 울음소리 앞에서 두려워 떨 정도였습니다. 그의 병거들의 굴러가는 소리는 하늘을 진동했습니다. 그러나 하나님은 그가 감당할 수 없는 적수셨습니다. 힘이 하나님의 백성을 대적하여 다가올 때, 하나님은 그의 전능하심으로 그 힘에 맞서셨습니다. 여호와의 힘과 겨룰 때, 바로의 힘이 도대체 무엇이란 말입니까? 계란으로 바위를 치는 것이 아니면 무엇이겠습니까? 원수는 "내가 뒤쫓아 따라잡아 탈취물을 나누리라"라고 말했습니다(9절). 그러나 여호와가 일으킨 바람 한 번으로 모든 것이 끝이었습니다. 그와 함께 바다가 그들을 덮어 버리고 말았습니다. 이와 같이 강한 힘이 우리를 대적할 때, 여호와가 우리 힘일 것입니다.

우리가 약하고 원수가 강할 때, "여호와는 나의 힘이시라"라고 말하는 것은 참으로 좋은 일입니다. 그러나 우리가 강하고 원수가 약할 때에도 우리는 똑같이 말해야만 합니다. 이스라엘이 바닷가에 서서 이렇게 외쳤다고 상상해 보십시오. "애굽의 힘이 야곱의 아들들에 의해 꺾였도다. 이스라엘이 라합을 끊고 용을 물리쳤도다." 이스라엘이 스스로를 자랑했다고 상상해 보십시오. 그것은 하나님의 영광을 찬탈하는 죄가 아니었겠습니까? 이스라엘은 에돔의 두령들을 놀라게 하며 모압의 영웅들을 떨림에 잡히게 할 정도로 강합니다(15절). 그러나 그들은 자신의 영광을 노래해서는 안 되었습니다. "너희 권능 있는 자들아 영광과 능력을 여호와께 돌리고 돌릴지어다 여호와께 그의 이름에 합당한 영광을 돌릴지어다"(시 29:1, 2). 그러므로 약할 때든지 강할 때든지, 우리는 "여호와는 나의 힘이시라"라고 노래해야 합니다.

본문이 "여호와가 내게 힘을 주셨도다"라고 말하지 않고 "여호와는 나의 힘이요"라고 말하는 것을 주목하십시오. 신자는 얼마나 강합니까! 나는 조심스러운 마음으로 신자는 하나님처럼 강하다고 말하고 싶습니다 ― "여호와는 나의 힘이요." 무한하신 여호와 하나님이 그의 무한하신 본성 안에서 나의 힘입니다.

둘째 행은 "여호와는 나의 **노래요**"입니다. 다시 말해서, 여호와는 우리에게 노래를 주시는 자라는 말입니다. 그는 자기 백성들의 마음속에 음악을 불어넣습니다. 그는 그들의 기쁨을 만드는 자입니다. 주님은 또한 그들의 노래의 주제입니다. 그들은 그에 대해 그리고 그가 그들을 위해 행하신 모든 일에 대해 노래합니다. 더욱이 주님은 그들의 노래가 드려지는 대상입니다. 그들은 주님께 노래합니다. 그들의 찬송은 오직 그분께만 향해집니다. 그들은 인간의 귀를 위해 음악을 만들지 않고 오직 그분을 위해 만듭니다. "여호와는 나의 노래요." 그러므로 나는 항상 노래해야만 합니다. 설령 내가 가장 큰 목소리로 노래한다 할지라도, 나는 이러한 위대한 주제의 높이에 도달할 수 없습니다. 이 노래는 결코 바뀌지 않습니다. 만일 내가 믿음으로 산다면, 나의 노래는 항상 같습니다. 왜냐하면 "여호와가 나의 노래"이기 때문입니다. 하나님을 향한 우리의 노래는 하나님 자신입니다. 오직 그분만이 우리의 가장 강렬한 기쁨을 표현할 수 있습니다. 오, 하나님, 당신은 나의 큰 기쁨이나이다. 아버지와 아들과 성령이시여, 당신은 나의 영원한 기쁨의 찬송이나이다.

셋째 행은 "여호와는 나의 **구원이시로다**"입니다. 아버지는 그의 영원한 목적 안에서 나의 구원이십니다. 아들은 그의 완전한 구속 안에서 나의 구원이십니다. 그는 그의 삶 안에서, 그의 죽음 안에서, 그의 부활 안에서, 그의 중보 안에서, 그의 재림 안에서 나의 구원이 되셨습니다. 내 안에 내주하시고, 나를 소생하게 하시고, 나를 가르치시고, 나를 조명하시고, 나를 완전하게 하시고, 나를 지키시는 성령은 나의 구원이 되십니다. 삼위일체 하나님이여, 당신은 나를 구원하셨을 뿐만 아니라 나의 구원이십니다. 나는 주 안에 있는 것 외에는 아무것도 바라보지 않습니다. 만일 당신이 자신을 나에게 주셨다면, 당신은 나에게 완전한 구원을 주신 것입니다. 멍에로부터의 구원, 세속으로부터의 구원, 사망과 지옥으로부터의 구원, 빛으로의 구원, 자유로의 구원, 사랑과 기쁨으로의 구원, 영원한 영광 안에서 그 정점에 이르는 구원을 말입니다. 하나님 자신이 그의 백성들에게 충분한 구원이십니다.

다음 행은 "그는 나의 하나님이시니"입니다. 아마도 이것이 전체 가운데 가장 즐거운 행일 것입니다. "그는 나의 구원이시로다" — 이것은 얼마나 달콤합니까? "그는 나의 하나님이시니" — 그러나 이것은 모든 것 가운데 가장 달콤합니다.

나는 그를 나의 하나님으로 선택합니다. 그것은 너무나 당연한 선택입니다. 달리 선택할 여지는 전혀 없습니다. 그 외에 도대체 누가 나의 하나님이 될 수 있단 말입니까? 개정역(Revised Version)에는 "이것은 나의 하나님이시니"(this is my God)라고 되어 있습니다. 이 역시 매우 적절한 번역입니다. 이스라엘 백성들은 그가 홍해에서 행하신 일을 보면서 "이것은 나의 하나님이시로다"라고 외쳤습니다. 이러한 공의의 하나님, 이러한 보응과 능력의 하나님은 나의 하나님입니다. 사랑하는 자들이여, 여호와를 여러분의 하나님으로 선택하십시오. 그 외에 누구를 하나님으로 선택할 수 있단 말입니까? 여러분의 마음으로 그를 굳게 붙잡으십시오.

다음 행은 "그는 내 아버지의 하나님이시니"입니다. 다시 말해서, 그는 아브라함의 하나님, 이삭의 하나님, 야곱의 하나님이십니다. 그는 그 자신의 목적과 약속으로 말미암아 우리에게 자신을 주신 언약의 하나님이십니다. 그러므로 그는 우리의 권리나 공로로 말미암지 않고 그의 값없는 은혜의 언약으로 말미암아 우리의 하나님이십니다. 값없는 은혜의 삼위일체 하나님께 찬송을 돌립시다. 왜냐하면 그는 우리 각자에게 속하기 때문입니다. 하나님 안에 나의 것이 아닌 것은 아무것도 없습니다. 그의 고귀한 속성 가운데 나의 것이 아닌 것은 아무것도 없습니다. 그의 심오한 뜻 가운데 나의 것이 아닌 것은 아무것도 없습니다. 예수 그리스도의 십자가와 면류관도 마찬가지입니다. 그 역시 나의 것입니다. 그는 우리의 영원한 하나님이 되기 위해 스스로를 우리에게 주셨습니다. 자, 모두 나아와 그의 이름을 송축합시다. 당신의 재물을 잃었습니까? 그렇지만 당신의 하나님은 잃지 않았습니다. 이 땅에 아무것도 가진 것이 없습니까? 그러나 당신은 "하늘에서는 주 외에 누가 내게 있으리요 땅에서는 주 밖에 내가 사모할 이 없나이다"(시 73:25)라고 말할 수 있습니다. 이것은 거룩한 기업이며, 복된 기업이며, 하늘의 기업이며, 확실한 기업이며, 끝없는 기업입니다. 이 하나님이 영원무궁히 우리의 하나님입니다. 그의 이름을 찬미하며 송축합시다.

계속해서 모세는 "그는 나의 찬송이시라"(He is my praise)라고 덧붙입니다. 흠정역(KJV)에는 "내가 그에게 거처를 준비할 것이라"(I will prepare Him an habitation)라고 되어 있습니다(한글개역개정판에는 "내가 그를 찬송할 것이요"라고 되어 있음). 흠정역의 번역은 나의 귀에 다소 거슬립니다. 여기에서 모세가 난데없이 하나님의 거처를 준비하겠다고 말하는 것은 아무래도 어색합니다. 개정역

(Revised Version)의 번역을 다시 한 번 보십시오. "이것은 나의 하나님이시니 내가 그를 찬미할 것이요"(This is my God, I will praise Him). 실제로 여기에서 "거처"(habitation)와 "찬송"(praise) 가운데 어느 것이 정확한 것인지 결정하는 것은 매우 어렵습니다. 더 오래된 역본들 가운데 어떤 것들은 "그는 나의 찬송이시라"라고 번역하기도 합니다. 나는 흠정역의 번역을 가지고 이러쿵저러쿵 말하고 싶지 않습니다. 두 가지를 다 취하면서 전체적인 의미를 놓치지 않는 것이 가장 중요할 것이라고 생각합니다. 여호와는 이스라엘의 찬송 가운데 거하시지 않습니까? 우리는 그에게 찬송의 거처를 준비할 것입니다. 여호와의 권능으로 홍해를 건넘으로써 바로와 애굽으로부터 완전하게 벗어나자마자, 이스라엘은 "내가 그를 찬송할 것이요"라고 말했습니다. 하나님이여, 지금부터 당신을 찬미하는 것이 당신의 백성들의 임무가 될 것이나이다. 우리는 더 이상 벽돌을 굽지 아니하고 당신을 찬송할 것이나이다. 우리는 더 이상 채찍을 두려워하지 않고 값없이 당신을 찬송할 것이나이다. 우리는 이제 노예가 아니지만 그러나 영원히 당신께 속박되어 당신을 찬송할 것이나이다. 아마도 이스라엘 백성들은 "우리가 규칙적이며 영속적인 예배로 여호와를 찬송할 것이라"라는 의미로 말했을 것입니다. 예배를 위해서는 장소가 필요하기 때문에 "우리가 그에게 거처를 준비할 것이라"는 개념이 나옵니다. 우리는 이러한 위대한 구원으로 인해 항상 우리 하나님을 찬송할 것입니다. 우리 하나님을 위해 찬송의 집을 건축합시다. 사랑 안에 깊이 기초를 파고, 감사의 기둥을 세우고, 즐거운 할렐루야로 지붕을 덮읍시다.

내가 볼 때 흠정역의 "내가 그에게 거처를 준비할 것이라"라는 번역 속에는 염려(care)의 개념이 들어있는 것 같습니다. 이스라엘은 마치 이렇게 말하고 있는 것 같습니다. "나는 하나님을 찬송하는 수고를 짊어질 것이라. 나는 나의 모든 힘과 생각으로 그를 찬송할 것이라. 그는 내가 그에게 드리게 될 최선의 것을 가지게 될 것이라. 나의 최선조차도 그의 합당한 분량과 비교할 때 보잘것없는 것이지만 그러나 나의 마음은 오직 그를 위해 준비될 것이라. 나는 나의 모든 것을 드려 모든 것이 지극히 높으신 하나님을 찬미하는 것이 되도록 할 것이라. 나는 그에게 찬송의 거처를 준비할 것이라." 또 이스라엘이 이렇게 말하고 있는 것 같지 않습니까? "여호와께서 우리의 원수들과 싸우기 위해 이곳 홍해에 오셨도다. 그러므로 나는 그가 우리와 함께 거하시기를 구하노라. 나는 그가 머무실 수 있도록 거처를 준비할 것이라. 주여, 하룻밤 머물고 떠나는 여행자처럼 하지 마옵소서. 주의 임재가 항상 나와 함께 하시옵소서. 그러면 내가 항상 주를 찬송할 것이나이다." 하나님과 더불어 지속적인 교제를 누리는 것은 구속받은 모든 영혼의 자연적인 바람입니다. 사랑하는 형제 자매들이여, 여러분도 이스라엘과 함께 이렇게 노래하십시오.

> "사랑하는 주여, 오셔서 거주하소서,
> 　믿음과 사랑으로 충만한 모든 가슴 속에.
> 　그러면 우리는 표현할 수 없는 기쁨을
> 　알고, 맛보고, 느낄 것이나이다."

　　주 우리 하나님이여, 우리를 떠나지 마소서. 주의 얼굴을 우리로부터 감추지 마소서. 우리도 주 안에 거할 수 있도록 우리 안에 거하소서. 또 우리 몸에 거하심으로써 우리 몸으로 하여금 주의 성전이 되게 하소서. 우리와 함께 거하시고, 주님 자신을 우리에게 나타내소서.

　　마지막으로, 여기의 노래의 첫 구절은 "내가 그를 높이리로다"라는 말씀으로 끝납니다. 그는 이미 모든 것 위에 계신 높으신 하나님인데, 어떻게 우리가 또다시 그를 높일 수 있단 말입니까? 실제로 우리는 하나님을 더 크게 만들 수 없습니다. 그러나 우리는 주변 사람들의 평가 속에 그를 더 크게 만들 수 있습니다. 그를 높이며 크게 하는 것이 여러분의 일이 되게 하십시오. 주님이 여러분의 친구들의 평가 속에 더 영광스럽게 나타나도록 그들에게 말하십시오. 우리 주 예수 그리스도가 여러분을 둘러싸고 있는 사람들 가운데 더 존귀하게 되도록 여러분의 펜과 입술과 삶을 사용하십시오. 이렇게 말하십시오. "나는 그를 높여야만 하며 또 높일 거야. 나는 이런저런 시련으로 지나치게 신음하며 때로 낙망하기도 했었어. 그러나 오늘 이 순간부터 나는 나의 주님을 높이며 그를 찬송할 거야. 그가 허락하시면, 나는 주의 영광을 나의 존재의 유일한 목적으로 삼을 거야." 사랑하는 형제 자매들이여, 소고를 높이 울리며 주님을 찬양합시다. 그리고 우리의 남은 생애를 이렇게 외치며 보냅시다. "내가 여호와를 찬송하리니 그는 영광스럽게 승리하셨음이요." 아멘.

제
12
장

—

마라 : 쓴 물이 달게 됨

—

"마라에 이르렀더니 그 곳 물이 써서 마시지 못하겠으므로
그 이름을 마라라 하였더라 백성이 모세에게 원망하여 이르
되 우리가 무엇을 마실까 하매 모세가 여호와께 부르짖었더
니 여호와께서 그에게 한 나무를 가리키시니 그가 물에 던
지니 물이 달게 되었더라." — 출 15:23-25

소고 치는 소리로부터 원망하는 소리로 바뀐 것은 얼마나 급작스러운 변화
입니까! 여러분은 불과 사흘 전에 소고를 치며 춤추던 여인들을 보았습니다. 그
랬던 자들이 갑자기 하나님의 종을 둘러싼 채 "우리가 무엇을 먹을 것인가?"라며
부르짖게 될 줄이야 누가 상상할 수 있겠습니까? 우리의 외적 상황과 내적 감정
은 이토록 쉽게 바뀝니다. 그리고 이토록 변덕스러운 것이 사람의 마음입니다.
이 땅의 필멸(必滅)의 삶 가운데 안식할 수 있는 곳이 어디에 있겠습니까? 오늘
우리는 "나의 산이 굳게 섰으니 내가 요동치 않을 것이라"라고 말합니다. 그런데
내일 마른 땅은 어디에도 없고, 우리는 폭풍이 몰아치는 바다 위로 던져집니다.
우리의 삶은 마치 찬란한 햇빛이 갑자기 요란한 소나기로 바뀌는 4월의 날과 같
습니다. 우리의 삶은 매일같이 낮과 밤이 바뀌는 것처럼 그렇게 계속해서 바뀝
니다. 빛과 어둠이 꼬리를 물고 계속해서 교차합니다. 태양은 잠시 떠 있을 뿐입
니다. 얼마 후 별들에게 자리를 양보해야 합니다. 그러나 별들도 영원히 떠 있지
못합니다. 불과 몇 시간을 가지 못해서 다시 태양에게 자리를 양보해야 합니다.

우리가 잠시 머무는 이 세상은 마치 검은 말과 흰 말이 서로 어우러져 있는 체스판과 같습니다. 이 땅과 하늘 사이에서 확실한 것은 아무것도 없습니다. 그러나 확실한 것이 있습니다. 그것은 모든 외적 변화의 기저(基底)에 자기 백성을 향한 하나님의 변할 수 없는 사랑이 있다는 사실입니다. 그러므로 겉으로 나타나는 변화는 본질적인 부분에서가 아니라 단지 외면적인 부분에서일 뿐입니다. 보이지 않는 것은 영원하며, 거기에 변화되는 것은 없습니다. 변화가 일어나는 것은 단지 보이는 것들 속에서일 뿐입니다. 그러므로 땅의 것은 적게 쌓아둡시다. 왜냐하면 그것은 영원하지 않기 때문입니다. 그리고 하늘을 더 소중하게 여깁시다. 왜냐하면 그것은 결코 흐려지지도 않고 사라지지도 않기 때문입니다.

1. 첫째로, 광야에 있는 악들을 주목하십시오.

우리는 이러한 악들에 대해 길게 생각할 필요조차 없습니다. 왜냐하면 그러한 것들은 우리의 인생길에 종종 나타나는 것들이기 때문입니다. 그러므로 우리는 그런 것들에 부닥친다고 하여 지나치게 놀랄 필요가 없습니다.

첫 번째로, 순례여행이 시작되기가 무섭게 벌써 광야의 시험들이 나타나기 시작하는 것을 주목하십시오. 이제 막 그리스도인이 된 어린 신자들은 많은 경우 이제 자신들의 고난이 모두 끝났으며 자신들은 믿음의 날개를 달았다고 생각하는 경향이 있습니다. 그러나 그렇게 생각하는 것보다 지금부터 하나님의 종들 가운데 하나로 헤아림을 입음으로써 고난이 열 배로 시작되었다고 생각하는 것이 훨씬 더 낫습니다. 하나님의 종이여, 다음과 같은 말씀들을 마음에 새기십시오. "너희가 세상에서는 환난을 당하나"(요 16:33). "어찌 아비가 징계하지 않는 아들이 있으리요"(히 12:7). 어떤 특권들은 모든 자녀에게 적용되지 않지만, 그러나 징계의 특권은 모든 자녀에게 보편적으로 적용됩니다. 회초리를 대지 않는다면, 그것은 사생자의 표적입니다. 그러나 따끔한 회초리는 아버지의 사랑을 나타내는 확실한 표적입니다. 나아가 이러한 고난들은 매우 빨리 찾아온다는 사실을 잊지 마십시오. 홍해를 건넌 후 이스라엘은 수르 광야를 걷는 사흘 동안 아무런 물도 발견하지 못했습니다. 그러다가 사흘 후 마침내 그들은 샘에 도착했습니다. 그러나 차라리 물이 없는 것이 더 나을 뻔 했습니다. 왜냐하면 거기에 있는 물은 너무도 써서 마실 수가 없었기 때문입니다. 무엇이라고요? 불과 사흘 전에 하나님이 영광스럽게 승리하셨다며 기뻐 노래했던 그들이 쓴 물 앞에서 원망하고 있다고요? 불과 사흘 만에 그들이 극도의 목마름으로 죽을 것 같은 고난의 상태 속으로 떨어졌단 말입니까? 그렇습니다. 이것은 우리도 마찬가지입니다. 회심을 경험하던 순간, 우리의 기쁨은 너무도 컸습니다. 구주를 발견한 감격은 결코 잊을 수 없는 것이었습니다. 그러나 불과 며칠 후 우리는 큰 시험에 걸려 넘어집니다. 우리 마음속에 있는 악을 발견하면서 경악하기도 하고, 다른 그리스도인들의 냉랭한 태도로 인해 시험을 당하기도 합니다. 마침내 우리는 마라에 도착한 것입니다. 이것이 더욱 가혹한 시험인 것은 많은 사람들에게 있어 과거 죄의 길로 행할 때가 훨씬 더 편하고 좋았기 때문입니다. 이제 그들은 하나님의 길에서 고통을 발견하면서 실족하여 넘어집니다. 이스라엘이 애굽에 있었을 때, 그들은 나일 강의 물을 마셨습니다. 그 물은 아주 특별한 물이었습니다. 오늘날에도 나일 강 유역에 거주하는 사람들은 자신들의 물이 다른 어느 지역에서도 맛볼 수 없는 특별한 맛을 가지고 있다고 자랑합니다. 그래서 그들은 세상의 다른 어떤 물보다도 나일 강의 물을 더 좋아합니다. 나일 강의 달콤한 물로부터 마라의 쓴 물로의 변화는 얼마나 큰 변화입니까! 그리하여 그들의 마음속에 '애굽의 노예로 있으면서 풍부한 물을 마시는 것이 광야의 자유 가운데 있으면서 마라의 쓴 물을 마시는 것보다 낫지 아니한가?'라는 생각이 떠올랐습니다. 마귀는 다음과 같이 말하면서 사람들을 유혹합니다. "네가 그리스도인이 되고서 얻은 것이 도대체 무엇이지? 전에는 네 마음에 환락과 즐거움이 가득하지 않았던가? 이제 십자가에 달린 자를 따르는 너는 영혼의 즐거움과 밝은 지혜를 잃어버리고 말았어. 이제 네 인생에 즐거움이라고는 하나도 남지 않았어." 어린 그리스도인이여, 오늘날 여러분의 상황이 이와 같습니까? 실족하여 넘어지지 마십시오. 원수의 허탄한 말을 믿지 마십시오. 자유를 얻고 마라에서 죽는 것이 달콤한 나일 강 물을 마시며 노예로 사는 것보다 훨씬 더 낫습니다. 심지어 하나님의 영을 알지 못하는 자들조차도 자유를 얻고 죽는 것이 노예로 사는 것보다 더 낫다고 느끼지 않습니까? 사탄의 노예가 되는 것은 얼마나 불행하며 끔찍한 일입니까? 설령 우리의 입이 마라의 쓴 맛으로 영원히 채워진다 하더라도, 차라리 그것이 죄의 낙에 빠져 살아가는 것보다 훨씬 더 낫습니다. 이와 같이 초창기의 시험들은 매우 강력합니다. 그러므로 그런 것들로 인해 실족하여 넘어지지 않으려면 우리에게 하나님의 은혜가 많이 필요합니다.

　　두 번째로, 이러한 악들은 **다양한 형태**를 취합니다. 먼저 광야의 처음 사흘 동안 그들이 아무런 물도 발견하지 못한 것을 주목하십시오. 이것이 한 가지 시련입니다. 그러다가 마침내 사흘 후 그들은 물을 발견했습니다. 이제 그들은 시련이 끝났다고 생각했습니다. 그러나 불행하게도 그것은 시련의 형태가 바뀐 것일 뿐이었습니다. 그들은 물을 발견했지만, 그러나 그 물은 너무 써서 마실 수가 없었습니다. 사랑하는 형제들이여, 여러분의 시련을 바꾸려고 너무 서두르지 마십시오. 자식이 없다고 불평하는 사람들이 있습니다. 그들은 라헬처럼 "내게 자식을 주소서, 그렇지 않으면 내가 죽겠나이다"라고 부르짖습니다. 그러나 머지 않아 그들에게 차라리 없는 것이 더 나은 아들이 생깁니다. 압살롬 같은 아들은 차라리 없는 것만도 못하지 않습니까? 건강을 가지고 있으면서도 그러나 재물이 없다고 불평하는 사람들이 있습니다. 그들은 마침내 재물을 얻습니다. 그러나 그들은 그 과정에서 병을 얻음으로써 그것을 향유하지 못합니다. 만일 우리가 시련을 선택할 수 있다면, 우리는 폭군에 의해 압제를 당하는 백성들에게 그의 폭정에 만족하라고 말한 옛 철학자의 지혜를 기억할 필요가 있습니다. 그는 말합니다. "왜냐하면 폭군들은 마치 모기와 같기 때문입니다. 그들로 당신들의 피를 빨게 하십시오. 만일 그들을 쫓아낸다면, 그들의 뒤를 이어 더 굶주린 새로운 자들이 달려들 것입니다. 지금의 폭군으로 만족하는 것이 새 폭군을 불러들이는 것보다 더 낫습니다." 지금 여러분이 겪고 있는 시험도 마찬가지입니다. 여러분은 점진적으로 그러한 시험에 익숙해질 것이며, 그것의 힘은 점차 약해질 것입니다. 어떤 시험을 바꾸려고 하다가 자칫 더 큰 시험을 불러들일 수 있습니다. 물이 없는 것과 물이 있으되 너무 써서 마실 수 없다는 사실을 알게 된 것 가운데 어느 것이 더 큰 고통일까요?

　그러나 하나님이 시험을 바꾸실 때, 그것으로 인해 기뻐하며 만족하십시오. 여러분은 자신의 시험이 바뀔 것을 기대할 수 있습니다. 실제로 여러분은 그렇게 기대할 것입니다. 내 말의 의미는 설령 오늘 여러분의 항해가 순탄하다 하더라도 — 어제는 풍랑이 파도처럼 몰아쳤지만 — 그것은 단지 시험이 바뀐 것에 불과하다는 것입니다. 여러분은 지금 형통으로 시험을 받고 있는 것입니다. 어쩌면 그것은 역경으로 시험받는 것보다 더 큰 시험일 수 있습니다. 바람이 잔잔합니까? 기분 좋은 남풍입니까? 그러나 그것은 여러분을 위한 또 다른 시험이라는 사실을 인식하십시오. 거센 북풍과 맞서면서 강해진 자들이 얼마나 자주 부드러운 남풍으로 인해 무기력함과 게으름 속으로 떨어지고 맙니까? 항상 깨어 있으십시오. 여러분에게 항상 시험이 따를 것입니다. 도가니는 변할지라도, 그러나 그 안에서 불은 계속해서 타고 있습니다.

세 번째로, 이러한 악들은 또한 생사를 가르는 문제와 결부되기도 합니다. 그들은 물을 발견하지 못했습니다. 나중에는 발견하기는 했지만 그러나 너무나 써서 마실 수가 없었습니다. 그들이 발견하지 못한 것은 포도주가 아니었습니다. 그랬다면 그것은 아주 작은 시험이었을 것입니다. 또 그들이 발견하지 못한 것은 젖이 아니었습니다. 그랬다면 단지 어린 유아들만 고통을 겪었을 것입니다. 그들이 발견하지 못한 것은 마실 수 있는 물이었습니다. 여기에 생존에 가장 본질적인 것에 대한 부인(否認)이 있었습니다. 그들에게는 물이 있어야만 했습니다. 그것은 결코 사치품이 아니었습니다. 그것은 필수품이었습니다. 그들의 머리 위에는 강렬한 태양이 불타고 있었으며, 발 밑에는 뜨거운 모래가 이글거리고 있었습니다. 이런 광야에서 물이 없을 때, 그것은 얼마나 큰 고통이겠습니까? 하나님은 때로 우리의 가장 본질적인 것들을 건드리시기도 합니다. 없어도 되는 것으로 시험 받는 것은 아주 작은 시험입니다. 그러나 꼭 있어야만 하는 것으로 시험 받는 것은 얼마나 큰 시험입니까? 양식이 떨어지는 것을 생각해 보십시오. 이것은 실제적인 고난입니다. 여러분의 뼈와 살이 침을 당하는 것을 생각해 보십시오. 이것은 실제적인 고통입니다. 우리의 어떤 미덕이라든지 우리에게 주어진 어떤 은혜들을 생각해 보십시오. 우리는 그것들을 대단하게 생각하지만, 그러나 그것은 앞에서 언급한 것과 같은 실제적인 고난을 겪기 전까지의 이야기일 뿐입니다. 또 하나님은 여러분이 가장 소중하게 생각하는 대상을 건드릴 수 있습니다. 때로 그 대상이 여러분의 독자일 수도 있고, 배우자일 수도 있습니다. 하나님이 그렇게 하시는 것으로 인해 의아하게 생각하지 마십시오. 하나님의 시험은 그냥 흉내만 내는 그런 시험이 아닙니다. 하나님의 은혜도 마찬가지입니다. 피상적인 은혜가 아니라 실제적인 은혜입니다. 하나님은 자기 자녀들을 장난으로 징계하지 않습니다. 이 땅에서의 모든 시험은 고통과 슬픔을 동반합니다. 상처가 시퍼렇게 멍들 때, 마음은 더 나아집니다. 상처와 고통이 없다면, 유익도 없습니다. 어떤 시험으로부터의 유익은 그 쓰라림과 정확하게 비례합니다. 그들은 물을 발견하지 못했습니다. 오 하나님, 도대체 당신의 백성들을 어떤 곤궁의 자리까지 몰고 가시려나이까? 젖과 꿀이 흐르는 땅의 권리증을 가지고 있는 당신의 백성들이 아니나이까? 요단과 기손이 그들의 것이나이다. 그러나 그들은 여기 있는 동안 고작 마라만 발견할 뿐이나이다. 주께서 젖과 꿀이 흐르는 땅에서 살도록 정하신 주의 백성이 아니나이까? 그들이 앉을 포도나무와 무화과나무는 도대체 어디에 있나이까? 주께서 큰 손과 편 팔로 끌어내신 자들이 지금 극도의 곤궁 가운데 떨어졌나이다. 겨우 물을 발견했지만 그러나 쓴 물일 뿐이나이다.

　　네 번째로, 우리의 필요를 채우는 세상적인 긍휼들에는 어느 정도 쓴 맛이 있다는 사실을 주목하십시오. 반석으로부터 나온 물은 쓰지 않았습니다. 그러나 여기의 물은 모래로부터 솟아오른 것이었습니다. 오늘날에도 광야의 여러 곳에서 물이 발견되지만, 그러나 모래층으로부터 솟아오르는 물은 거의 예외 없이 소금기가 있어 사람이 마시기에 적합하지 않습니다. 심지어 낙타조차도 정말로 목말라 죽을 정도가 아니라면 그런 물을 마시려고 하지 않습니다. 그것은 모래로 말미암아 그 물이 오염되었기 때문입니다. 땅(earth)의 맛이 그 물 속으로 스며들어간 것입니다. 우리에게 주어지는 대부분의 축복들에 있어서도 마찬가지입니다. 죄와 허물로 인해 땅의 맛이 하늘의 선물들 속으로 들어갑니다. 우리가 하늘로부터 직접적으로 받는 긍휼들은 정말로 그의 은혜의 반석으로부터 솟아오르는 신선한 물입니다. 그러나 우리는 너무나 자주 그것을 피조물로부터 오는 것으로 간주하는 경향이 있습니다. 다시 말해서 하늘로부터 오는 것으로서가 아니라 땅으로부터 오는 것으로 간주하는 것입니다. 그리고 그렇게 하는 분량만큼 우리는 그 안에서 쓴 맛을 예상하게 됩니다. 여러분은 광야에서 무엇을 바랄 수 있습니까? 쓴 맛은 광야에 합당한 것이 아닙니까? 그러나 가나안은 어떻습니까? 도대체 누가 거기에서 쓴 것을 예상할 수 있겠습니까? 그 땅은 젖과 꿀이 흐르는 땅이 아닙니까? 도대체 언제 우리는 젖과 꿀이 흐르는 아름다운 땅에 도달할 것입니까? 그 땅은 얼마나 달콤한 땅입니까? 그러나 광야와 같은 이 땅에는 영구한 도성이 없습니다. 도대체 누가 이 땅에서 레바논 강을 찾을 것이란 말입니까? 도대체 누가 죄의 광야에서 가나안의 열매들을 찾기를 바랄 것입니까? 도대체 누가 염분 농도가 짙은 바다로부터 아름다운 종려열매와 달콤한 포도송이를 찾기를 바랄 것입니까? 여기의 변하는 세상으로부터 우리가 어떻게 영원한 위로와 즐거움을 찾을 수 있겠습니까? 물론 이런저런 위로들이 있을 것이지만, 그러나 거기에는 쓴 맛이 포함되어 있을 것입니다. 또 어느 정도 즐거운 일들이 있을 것이지만, 그러나 그 안에 포함되어 있는 땅의 맛이 우리로 하여금 이것이 우리의 안식이 아니라는 사실을 일깨워줄 것입니다.

이러한 광야의 악들에 대해서는 그만 이야기하는 것이 좋을 것 같습니다. 나는 그러한 악들에 대해 이야기하는 것이 잘못된 것이라고는 느끼지 않습니다. 왜냐하면 우리는 그것을 이야기함에 있어 순례여행을 출발한 자들을 낙담시키는 방식으로 이야기하지 않기 때문입니다. 우리는 그들의 손을 붙잡으면서 "젊은 순례자여, 그대는 결코 약속의 땅에 도달하지 못할 것이라!"라고 말하는 자들과 같지 않습니다. 반면 우리는 주께서 어디로 가시든지 따르겠노라고 말하는 제자들에게 "먼저 앉아 그 비용을 계산하라"(눅 14:28)고 말씀하신 우리 구주를 흉내 내야만 합니다. 그리스도의 제자들이여, 설령 다른 사람들에게는 없다 하더라도, 여러분에게는 여러 가지 시험들이 있을 것입니다. 그리고 그 가운데 특별한 고통과 슬픔이 있을 것입니다. 나는 지금 여러분에게 사실 그대로 말하고 있습니다. 여러분에게는 다른 사람들이 알지 못하는 마라들(Marahs)이 있을 것입니다. 다른 사람들은 부족함이 없이 마시는 곳에서 여러분에게는 오랜 동안의 목마름이 있을 것입니다. 그럼에도 불구하고 우리는 세상의 달콤함보다 그리스도의 마라를 선택할 것입니다. 왜냐하면 세상의 모든 환락보다 그리스도와 함께 고난을 당하는 것이 훨씬 더 낫기 때문입니다.

2. 둘째로, 인간 본성의 성향(性向)을 주목하십시오.

백성들은 "우리가 무엇을 마실까"라고 말하며 모세를 향해 불평했습니다(24절). 여기에서 인간 본성의 성향이 어떤 것인지 생각해 보도록 합시다. 어떤 사람들은 "인간 본성의 성향"이라고 말하지 말고 "유대인의 본성의 성향"이라고 말하라고 말합니다. 그러나 나는 광야의 이스라엘 백성들이 우리보다 더 나쁘다고는 조금도 생각하지 않습니다. 그들은 우리의 마음이 어떤 것인지를 보여주는 거울입니다. 우리는 그들 안에서 발견하는 모든 것을 우리 안에서도 똑같이 발견하게 될 것입니다. 하나님이 광야에서 나타내신 것은 유대인들의 본성이 아니라 인간 자체의 본성이었습니다. 분명히 인간 본성의 성향은 불평하는 것입니다. 그들은 불평하며, 투덜거리며, 흠을 잡았습니다. 불평(murmur)이라는 단어를 눈여겨보십시오. 그것은 갓난아기가 중얼거리는 두 개의 발음을 합친 것입니다 — mur mur. 이와 같이 "mur mur"는 갓난아기도 할 수 있는 가장 쉬운 것입니다. "mur mur" — 여기에는 아무런 의미도, 지성도, 개념도 없습니다. "mur mur" — 이것은 사람의 부르짖음이라기보다 차라리 야수의 부르짖음입니다. 그것은 마치 야수가 "으르렁 으르렁" 하는 것과 같습니다. 우리에게 있어 하나님의 섭리를 발로 차며, 고통을 떠벌이며, 하나님이 더 이상 은혜를 베풀지 않는다고 불평하는 것은 참으로 쉬운 일입니다. 불평하는 것은 우리의 성향(性向)입니다. 그러나 그리스도 안에 있는 나의 형제 자매들이여, 우리가 옛 본성의 성향대로 끌려 다닐 것입니까? 우리가 불평할 것입니까? 우리는 욥과 함께 "그가 나를 죽이실지라도 나는 그를 의뢰하리라"라고 말해야 하지 않겠습니까?(욥 13:15, Though he slay me, yet will I trust in him. 한글개역개정판에는 "그가 나를 죽이시리니 내가 희망이 없노라"라고 되어 있음). 살아 있는 자가 불평할 것입니까? 우리는 주님의 손으로부터 좋은 것을 너무도 많이 받았습니다. 그러므로 혹시 나쁜 것을 받는다 하더라도 불평 없이 받아야 하지 않겠습니까? 우리가 성령의 능력으로 "주신 이도 여호와시요 거두신 이도 여호와시오니 여호와의 이름이 찬송을 받으실지니이다"(욥 1:21)라고 말함으로써 사탄을 좌절시키고 육체의 성향을 이겨야 하지 않겠습니까? 너무나 쉽게 "그래, 그것은 우리의 본성이야"라고 말하지 마십시오. 그것을 인간 본성이라고 말할 때, 우리는 그렇게 행동하는 것에 대해 아주 훌륭한 핑곗거리를 부여하는 셈입니다. 그러나 인간 본성이 신적 본성을 지배할 것입니까? 신자(信者)인 여러분은 자신이 신적 본성에 참예한 자가 되었다고 고백합니다. 더 높은 힘으로 하여금 지배하게 하십시오. 위로부터 오는 힘을 위로 가게 하고, 아래로부터 오는 힘은 아래로 가게 하십시오. 원망과 불평을 피하십시오.

특별히 여기에서 이스라엘 백성들의 불평이 하나님께 향하여지지 않았다는 사실을 주목하십시오. 이것은 매우 주목할 만한 사실입니다. 그들은 모세에 대해 불평했습니다. 우리 역시도 마찬가지입니다. 우리 안에 불평스러운 마음이 생길 때, 우리 가운데 대부분은 하나님께 직접적으로 불평할 만큼 솔직하지 않습니다. 아이가 죽었다고 합시다. 그러면 우리는 간호사나 혹은 의사나 혹은 우리 자신이 올바로 대처하지 못했기 때문이라고 억측합니다. 그리고 엉뚱하게도 그곳으로 불평의 포문을 엽니다. 또 재산을 잃고 가난하게 되었다고 합시다. 그러면 어떤 사람이 배신을 하고 사기를 쳐서 그렇게 되었다고 말하면서 모든 불평을 그에게 쏟아 붓습니다. 그러면서 우리는 우리가 하나님께 불평하고 있다는 사실을 부인합니다. 단지 모세에게 불평하고 있을 뿐이라는 것입니다. 이차적인 원인에게 불평하는 것은 마치 자기를 때린 막대기를 물어뜯는 개의 행동과 같습니다. 사실 개가 화를 내야 할 대상은 자기를 때린 막대기가 아니라 그 막대기를 사용한 사람입니다. 누가 혹은 무엇이 도구로 사용되었든지 간에 전체를 주관하시는 분은 주님입니다. 우리의 마음속에서 분노와 울분은 주님 자신에게로 향합니다. 그러나 우리는 하나님을 향해 노골적으로 악담을 퍼부을 정도로 솔직하지 않습니다. 그래서 우리는 어떤 사람이나 상황이나 사건으로 불평을 돌림으로써 하나님에 대한 분노를 위선적으로 가립니다. "만일 내가 그 때 밖에 나가지 않았다면 병에 걸리지 않았을 텐데." 이와 같이 우리는 우연적인 상황을 비난합니다. 마치 그것이 신적 섭리의 일부가 아닌 것처럼 말입니다. 그러면 이처럼 이차적인 원인에게 불평하는 것은 하나님께 직접적으로 불평하는 것보다 덜 나쁩니까? 나는 그렇게 생각하지 않습니다. 왜냐하면 둘은 정확하게 똑같은 행동이기 때문입니다. 이차적인 원인에게 불평하는 것은 곧 하나님에게 불평하는 것입니다. 나아가 그것은 이차적인 원인을 공정하게 대하는 것이 아닙니다. 그것은 표적을 엉뚱한 곳으로 돌리는 것입니다. 바로가 이스라엘 백성들에게 짚을 주지 않으면서 벽돌을 구우라고 명령한 것은 공정하지 못한 처사였습니다. 마찬가지로 이스라엘 백성들이 모세 주위에 모여 사실상 그에게 물을 달라고 요구한 것 역시 정확하게 같은 것이었습니다. 어째서 모세가 그들에게 마실 물을 주어야만 합니까? 어떻게 그가 마라의 쓴 물을 달게 만들 수 있습니까? 모세가 그렇게 할 수 없다는 사실을 그들 자신이 잘 알고 있었습니다. 그들은 마음속으로 하나님에게 불평하고 있었던 것입니다. 거기에다가 그들은 하나님의 종 모세에게 불평을 쏟아냄으로써 하나님에 대한 불평을 위장하는 위선까지 더했습니다. 나의 형제여, 어떤 사람에 대해 불평하며 원망하는 입술을 그치십시오. 그것은 하나님께 대해 잘못된 행동을 하는 것일 뿐만 아니라 또한 형제에게 대해 불공정한 행동을 하는 것입니다.

나아가 여기에서 그들이 어떻게 하나님께 대한 완전한 불신앙을 드러내고 있는지 주목하십시오. 그들은 모세에게 "우리가 무엇을 마실까"(24절)라고 말했습니다. 이러한 말로써 그들이 의미한 것은 "도대체 무슨 방법으로 하나님이 우리에게 물을 공급해 주실 수 있단 말인가?"라는 것이었습니다. 이 얼마나 어리석은 질문입니까? 그들이 홍해 앞에 서 있었을 때, 하나님은 바다를 둘로 가르셨습니다. 그리고 그들은 마른 땅을 밟으며 홍해바다를 통과했습니다. 지금 그들은 마라 앞에 서 있습니다. 하나님에게 바다를 가르는 것보다 쓴 물을 달게 바꾸는 것이 더 어려울까요? 하나님에게 지나치게 어려운 것이 도대체 무엇이란 말입니까? 불과 며칠 전에 엄청난 기적이 행해졌습니다. 그것을 기억하기만 했다면 그리고 최소한의 믿음만 행사했다면, 그들은 그토록 엄청난 기적을 행하실 수 있는 자가 쓴 물을 달게 만드는 정도의 기적이야 얼마든지 행할 수 있음을 충분히 알 수 있었습니다. 그러면 그들은 마라의 샘물 앞에 즐거이 서서 이렇게 노래할 수 있었을 것입니다. "바로와 그의 마병들을 홍해에 던지시고 자기 백성을 구원하신 자는 또한 맑은 물을 주실 수 있도다. 그러므로 우리는 노래하노라. 샘이여, 네 물이 달고 깨끗해질지어다." 아! 그들이 겨자씨만한 믿음만 가지고 있었더라면, 그들은 하나님의 큰 일을 보고 그의 이름을 영화롭게 했을 것입니다. 여러분은 이스라엘 백성들을 비난합니까? 그렇게 하십시오. 그들을 얼마든지 비난하십시오. 그러나 그러한 비난 속에 여러분 자신을 포함시키십시오. 우리 역시도 얼마나 자주 그와 같이 합니까? 우리는 이렇게 말합니다. "나는 결코 하나님을 불신하지 않을 거야. 그의 놀라운 권능으로 이 큰 구원을 받았는데 도대체 어떻게 그를 불신할 수 있단 말인가?" 그런데 새로운 시험 앞에 부닥칠 때, 우리의 믿음은 어디에 있습니까? 인자(人子)께서 세상에 계실 때에도 열심히 믿음을 찾으셔야만 했습니다. 하물며 환난의 때에 그가 세상에서 믿음을 보시겠습니까? 이스라엘 백성들의 모습을 거울로 삼으십시오. 그리고 그 거울 속에서 여러분 자신의 모습을 보십시오. 그리고 겸손하십시오. 물처럼 견고하지 못한 여러분 자신의 모습을 보십시오. 우리는 얼마나 바람에 흔들리는 갈대와 비슷합니까? 또 우리는 얼마나 별똥별과 비슷합니까? 요란한 광채를 휘날리며 밤하늘을 가로지르지만, 그러나 금방 꺼져 버리고 아무것도 남지 않습니다. 우리의 믿음의 영광은 얼마나 빨리 흐려집니까? 우리의 믿음의 빛은 얼마나 빨리 꺼집니까? 하나님이여, 우리의 손을 굳게 붙잡으소서. 그렇지 않으면 우리는 곧 넘어지고 말 것이나이다.

3. 셋째로, 이제 은혜의 치료약을 살펴보도록 합시다.

첫 번째로, 만일 여러분이 마라 앞에 부닥쳤다면, 그러한 상황을 기도로 하나님께 아뢰십시오. 하나님은 우리를 시작하게 만드심으로써 시작하십니다. 백성들은 모세에게 불평했으며, 모세는 그러한 불평을 하나님께 가지고 갔습니다. 모든 시험에 있어, 가장 확실한 치료약은 기도입니다. 하늘의 약국에서, 기도는 만병통치약입니다. 그것은 모든 병을 치료합니다. 기도는 심지어 하늘까지도 이깁니다. 그렇다면 이 땅에서 기도가 이길 수 없는 것이 무엇이겠습니까? 어떤 사람도 심지어 마귀들도 기도와 맞설 수 없습니다. 그것은 삼손처럼 그들의 엉덩이와 넓적다리를 칩니다. 기도의 화살은 결코 헛되이 돌아오지 않습니다. 그것은 독수리보다 빠르며, 사자보다 강합니다. 고난 가운데 있는 자여, 당신의 상황을 하나님께 가져가십시오. 랍사게의 편지를 지극히 높은 자 앞에 펼치십시오. 그러면 주님은 그의 궤계를 잠잠케 하실 것입니다. 어떤 문제든 기도로써 하나님 앞에 가져갈 때, 그 일의 절반은 이미 이루어진 것입니다.

두 번째로, 우리가 기도할 때 하나님은 치료약을 가지고 계심을 기억하십시오. 치료약은 가까이에 있습니다. 그러나 그것이 우리 앞에 나타날 때까지, 우리는 그것을 잘 인식하지 못합니다. "여호와께서 그에게 한 나무를 보이시니"(25절, The Lord showed him a tree. 한글개역개정판에는 "여호와께서 그에게 한 나무를 가리키시니"라고 되어 있음). 그 나무는 그러한 목적으로 사용되도록 오래 전부터 그곳에서 자라고 있었습니다. 하나님은 모든 고난에 대해 치료약을 가지고 계십니다. 하나님이 미리 준비하신 모든 것을 주목하는 것은 참으로 흥미로운 일입니다. 우리가 쓴 샘에 도달하기 오래 전에 이미 하나님은 그곳에 치료의 나무를 두셨습니다. 이 땅과 하늘 사이에 모든 것이 준비되었습니다. 우리를 위해 처소를 예비하러 가신 자는 또한 우리를 위해 그곳으로 가는 길을 예비하셨습니다. 그러나 형제들이여, 설령 이 땅에서 모든 문제를 위한 치료약 혹은 해결책이 준비되어 있다 하더라도, 우리가 항상 그것을 분별하는 것은 아니라는 사실을 기억하십시오. "여호와께서 그에게 한 나무를 보이시니." 나는 의심의 성(Doubting Castle) 안에 있는 모든 자물쇠에는 열쇠가 있다고 믿습니다. 그러나 우리는 너무나 자주 그 열쇠를 찾지 못하여 당황하곤 합니다. 만일 열쇠공이 여러분에게 만능열쇠 꾸러미를 가져다준다면, 여러분은 그것으로 계속해서 자물쇠를 열려고 할 것입니다. 올바른 열쇠를 발견할 때까지 계속해서 열쇠들을 넣고 돌려 보십시오. 어쩌면 올바른 열쇠는 마지막까지 남을는지 모릅니다. 모든 고난과 관련하여 하나님의 말씀 속에 약속이 있음을 기억하십시오. 각 상황과 부합하는 약속이 있습니다. 그러나 여러분은 그것을 발견하지 못할 수도 있습니다. 여러분은 오랫동안 성경을 뒤적거렸음에도 그것을 발견하지 못할 수 있습니다. 그러나 주께서 그것을 여러분에게 보이실 때, 그것이 능력으로 여러분의 영혼에 임할 때, 여러분의 마음이 그것을 붙잡을 수 있을 때, 이렇게 외치십시오. "그래, 바로 이 말씀이야. 바로 이것이 나의 쓴 괴로움을 달게 만들 수 있는 하나님의 보배로운 진리야." 아, 그것은 얼마나 큰 희열입니까! 쓴 샘에 도달하여 고통 가운데 기도하는 종들에게 달게 하는 나무를 보이시는 성령께 모든 영광을 돌립시다.

　세 번째로, 마라의 쓴 물을 치료하는 약은 매우 이상한 것이었음을 주목하십시오. 도대체 어떻게 나무가 쓴 물을 달게 만들 수 있단 말입니까? 나는 그 나무에 어떤 자연적인 효능이 있다고 생각하지 않습니다. 비록 그것이 전적으로 불가능하지는 않다고 하더라도 말입니다. 왜냐하면 여행자들에 따르면 물을 달게 만드는데 사용되는 나무들이 더러 있기 때문입니다. 남아프리카의 어떤 강물은 그곳에 어떤 나무의 가지를 넣기 전까지는 결코 마실 수 없다고 합니다. 그 가지를 넣을 때 그 강 안에 있는 쓴 것이 아래로 가라앉고 그럼으로써 그 물을 마실 수 있게 된다는 것입니다. 그러므로 쓴 물이 달게 바뀌는 것은 비자연적인 (unnatural) 것도 아니며, 필연적으로 초자연적인(supernatural) 것이어야만 하는 것도 아닙니다. 물론 나는 마라의 경우는 초자연적인 것이라고 믿습니다. 왜냐하면 오늘날 우리는 수르 광야에서 쓴 물을 달게 만드는 효능을 갖고 있는 나무를 발견할 수 없기 때문입니다. 의심의 여지 없이 이것은 기적적인 사건으로서 우리에게 무엇인가를 교훈하기 위한 목적으로 의도된 것이었습니다. 우리의 첫 조상들은 선악을 알게 하는 나무의 실과를 먹었으며, 그로 인해 모든 것이 쓰게 되었습니다. 그렇지만 생명나무도 있는데, 그 잎은 만국을 치료하기 위한 것입니다. 이러한 생명나무를 먹는 자는 얼마나 복됩니까! 그것을 먹는 자는 금단의 열매가 세상에 가져온 모든 쓴 것으로부터 벗어납니다. 나무는 살아 있는 생명체입니다. 우리는 우리의 역경을 달게 만드는 참된 종교 안에 생명의 원리들이 있음을 배울 수 있지 않습니까? 단순한 교리들은 그렇게 할 수 없지만, 그러나 생명의 원리들은 그렇게 할 것입니다. 이러한 생명의 원리들이 우리의 괴로움 속으로 던져질 때, 우리의 괴로움은 사라질 것입니다. 특별히 이 나무가 잘려진 것을 생각해 보십시오. 우리는 그것을 우리 구주의 죽음을 예표하는 또 하나의 상징으로 볼 수 있을 것입니다. 그는 진실로 그 가지가 땅끝까지 뻗고 그 꼭대기가 하늘까지 닿은 영광스러운 나무였습니다. 그러나 그는 우리를 위해 도끼로 찍힘을 당해야만 했습니다. 오늘날 그의 속죄의 희생제사를 묵상하며 믿음으로 그를 의지할 때, 삶의 괴로움들과 죽음의 괴로움들은 그의 십자가로 달게 바뀝니다. 십자가는 그 자체로는 쓴 나무지만, 그러나 우리에게 금생과 내생의 모든 쓴 것을 해독하는 치료약입니다.

네 번째로, 그 치료약은 **최고의 효능**을 가진 것이었음을 주목하십시오. 그들이 그 나무를 잘라 물속에 던졌을 때 그것은 쓴 물을 달게 변화시켰으며 그리하여 그들은 그 물을 마실 수 있게 되었습니다. 우리의 괴로움의 상황 속에서 십자가가 쓴 것을 단 것으로 바꾸는 최고의 효능을 가졌음을 확신하십시오. 여러분은 지금 쓴 고통과 환난을 겪고 있습니까? 잠시 동안 그 안에 십자가를 담가 보십시오. 그러면 여러분은 이렇게 생각하게 될 것입니다. "내가 겪도록 부름받은 이 모든 것 가운데 죄에 대한 형벌의 요소는 티끌만큼도 없도다. 하나님은 그리스도를 형벌하셨도다. 그러므로 그는 나를 형벌하실 수 없도다. 왜냐하면 한 범죄에 대해 이중적으로 형벌하는 것은 부당하기 때문이라. 그러므로 나의 고난 속에는 형벌의 요소가 없도다." 나에게 임한 고난이 하나님의 진노의 결과가 아니라는 것보다 더 위로가 되는 생각이 어디에 있겠습니까? 신자의 고난의 강 속에 진노는 단 한 방울도 없습니다. 이러한 생각은 고난의 쓴 것을 달게 바꾸지 않습니까? 뿐만 아니라 이러한 생각은 나로 하여금 그리스도께서 나를 위해 죽으셨기 때문에 내가 하나님의 사랑받는 자녀가 되었다는 사실을 깨닫도록 일깨워 줍니다. 만일 지금 내가 어떤 고난을 당하고 있다면, 그 모든 고난은 나의 아버지의 손으로부터 오는 것입니다. 아니, 그 이상입니다. 그것은 나의 아버지의 마음으로부터 오는 것입니다. 그는 나를 사랑하시므로 나로 하여금 고난을 겪게 하십니다. 그가 이와 같이 나로 하여금 고난을 당하도록 내버려 두는 것은 나를 사랑하지 않아서가 아니라 나를 사랑해서입니다. 모든 고난 속에서 나는 아버지의 사랑의 표적을 봅니다. 바로 이것이 마라의 쓴 물을 달게 만듭니다.

여기에서 또 하나의 개념이 나오는데, 그것은 아버지의 사랑이 무한한 지혜와 합쳐짐으로써 쓴 잔 안에 있는 모든 내용물이 한 방울씩 계량되며 그럼으로써 하늘의 기업의 상속자에게 있어 과도한 고난은 단 한 방울도 없다는 개념입니다. 십자가는 톤(t) 단위로 계량될 뿐만 아니라 또한 그램(g) 단위로도 계량됩니다. 그것은 가장 큰 단위로 계량될 뿐만 아니라 또한 상상할 수 있는 가장 작은 단위로도 계량됩니다. 여러분은 하나님의 영광과 여러분 자신의 유익을 위해 절대적으로 필요한 그 이상의 고난을 단 한 방울도 겪지 않을 것입니다. 이러한 개념 역시 십자가를 단 것으로 만들지 않습니까? 그것이 아버지의 무한한 지혜의 손에 의해 우리에게 주어질 때 말입니다.

우리의 모든 고난과 슬픔 속에서 그리스도가 우리와 함께 고난을 당하신다는 개념은 얼마나 놀라운 개념입니까! 몸의 지체들이여, 여러분의 고난 속에 여러분의 머리께서 함께 하십니다. 그는 여러분을 얼마나 깊게, 예민하게, 확실하게, 그리고 빨리 체휼하십니까! 그는 자신의 성도(聖徒)들을 결코 잊지 않으십니다.

주께서 그의 종들에게 징계의 손을 대실 때, 그러한 과정을 통해 그들을 자신에게 더욱 합당한 자들로 만드신다는 개념은 그들에게 얼마나 큰 위로가 됩니까? 만일 그들이 고난의 달콤함을 경험하지 못했다면, 그들은 겟세마네에 대해 아무것도 알지 못하는 것입니다. 만일 그들이 "내가 목마르나이다"라든지 혹은 "나의 아버지여 나의 아버지여 어찌 하여 나를 버리셨나이까?"라고 부르짖어 보지 못했다면, 그들은 수난에 대해 아무것도 알지 못하는 것입니다. 만일 그들이 아무런 고난도 겪어보지 못했다면, 그들은 그리스도의 고난의 학교에서 열등한 학생들일 것입니다. 그의 잔을 마시고 그의 세례를 받는 일은 참으로 복되고 달콤한 일입니다.

이와 같이 마라가 쓴 물이라는 것은 종종 그리스도인에게 기쁨의 주제가 됩니다. 만일 마라의 물이 달았다고 상상해 보십시오. 그러면 모세는 하나님께 기도하지 않았을 것이고, 그 나무는 잘려지지 않았을 것이며, 그들은 쓴 물을 달게 만드는 하나님의 능력을 경험하지 못했을 것입니다. 이 땅에서 아무 고난 없는 삶을 사는 것은 두려운 일입니다. 여러분은 그것이 매우 즐거운 일이라고 생각합니까? 물론 어떤 측면에서는 그럴 수 있습니다. 그렇지만 한 번도 병에 걸려본 적이 없는 어떤 사람을 상상해 보십시오. 그가 어떻게 질병 가운데 고통당하는 사람을 바라보며 불쌍히 여기는 마음을 가질 수 있겠습니까? 그가 하나님의 백성들을 위로하는데 무슨 일을 할 수 있겠습니까? 만일 여러분이 아무런 시험이나 시련도 겪지 않았다면, 특별한 경우가 아닌 한 여러분은 지나치게 엄격하고 가혹한 사람이 될 것입니다. 나는 여러분이 그런 사람이 될까 두렵습니다. 형제가 고난을 당할 때, 마땅히 따뜻한 마음으로 그를 위로할 줄 아는 사람이 되어야 하지 않겠습니까? 바로 이것이 마라를 달게 만드는 것입니다. 그리고 그것은 나중에 아름다운 의의 열매를 맺습니다. 우리에게 시험은 혼자 오지 않습니다. 그것과 더불어 은혜가 함께 옵니다. 그리고 그 은혜에 의해 우리에게 오는 시험들은 우리를 거룩하게 하는 수단이 되며, 또한 우리로 하여금 빛 가운데 성도의 기업에 참여하는 자가 되게 만듭니다.

앞에서 그 치료약은 최고의 효능을 가진 것이었다고 말했는데, 사실은 그 이상입니다. 그것은 동시에 초월적인(transcendent) 효능을 가진 것이었습니다. 마라의 쓴 물은 완전히 달아졌습니다. 썼던 바로 그 물이 완전하게 달아졌습니다. 하나님의 은혜는 우리를 그리스도의 십자가로부터 흘러나오는 생각으로 이끎으로써 우리의 시험을 우리에게 유익하며 즐거운 것으로 만듭니다. 우리가 고난 속에서 순응할 뿐만 아니라 심지어 그것을 기뻐하는 자리에까지 나아가게 되는 것은 우리 마음속에 있는 은혜의 역사(役事)입니다. "우리가 환난 중에도 즐거워하나니 이는 환난은 인내를, 인내는 연단을, 연단은 소망을 이루는 줄 앎이로다"(롬 5:3, 4). 우리는 언약의 회초리에 대하여 그것을 피할 수 있을 때조차도 기꺼이 피하지 않겠노라고 진실로 말할 수 있습니다. 물론 우리는 시험을 일부러 추구할 필요는 없습니다. 그럼에도 불구하고 우리는 시험을 당하는 것이 우리에게 유익한 일이라고 기꺼이 말할 수 있습니다. 쓴 것이 우리에게 단 것으로 바뀐 것입니다.

여기의 치료약은 모든 시험에 효과가 있지만 특별히 마지막 죽음의 쓴 물에 있어 더욱 그러합니다. 죽음에 관해 생각하는 것은 즐거운 주제가 아닙니다. 따라서 우리는 그것을 언약의 위로와 연결하여 바라보아야만 합니다. 어떤 형제들은 그리스도의 재림으로 말미암아 죽음을 피할 소망으로 스스로를 위로합니다. 나는 그들이 사망의 음침한 골짜기를 피할 것을 소망하지 않았던 다윗보다 더 지혜로운 사람들인지 확신하지 못합니다. 그리스도의 죽음은 죽음으로부터 그 두려움을 빼앗습니다. 부활을 바라보며 불멸을 확신할 때, 우리는 "진실로 사망의 쓴 것(bitterness)이 지났도다"(삼상 15:32)라고 말할 수 있습니다.

만일 십자가가 이 땅의 삶의 모든 쓴 것과 심지어 죽음의 마지막 쓴 것까지도 달게 만드는 효과가 있다면, 그것은 분명 이 시간 여러분이 가지고 있는 모든 현재적인 괴로움의 쓴 것들을 달게 만들 수 있을 것입니다. 여러분은 지금 쓸개즙으로 가득 찬 잔을 마시고 있습니까? 나의 형제 자매들이여, 여러분은 지금 이 순간 낙망과 좌절을 느끼고 있습니까? 지금 당장 여러분의 구주께 나아가십시오. 여러분을 대신하여 고난을 당하신 그를 보십시오. 그 안에서 여러분이 하나님과 완전하게 화해되었음을 보십시오. 그의 완성된 사역을 통해 여러분의 영혼에 안전의 표지가 찍힌 것을 보십시오. 버드나무에 걸었던 여러분의 수금을 다시 내리십시오(시 137:2). 뒤집어썼던 여러분의 재를 다시 털어내십시오. 애통 대신 기쁨의 기름으로 부어달라고 주께 간구하십시오. 그리고 심지어 마라의 물가에서조차도 다시 소고를 치며 노래를 부르십시오. "내가 여호와께 노래하리니 그는 영광스럽게 승리하셨음이라. 그가 마라의 쓴 물을 달게 바꾸셨도다. 그가 우리를 위해 주신 나무가 베임을 당했도다. 그 나무가 우리를 위해 스스로 도끼에 찍혔도다. 그리고 그 나무가 쓴 물에 던져졌도다. 아, 마라여, 이제 그대는 진실로 달아졌도다." 오늘 아침 여러분은 나오미처럼 다음과 같이 말하며 이곳에 나왔습니까? "나를 나오미라 부르지 말고 나를 마라라 부르라 이는 전능자가 나를 심히 괴롭게 하셨음이니라"(룻 1:20). 그러나 룻이 낳은 아들 곧 그녀의 노년의 즐거움을 품에 안았을 때, 그녀는 사람들이 자신의 이름을 바꾸어 부르지 않은 것을 생각하며 기뻐했습니다. 그녀는 정말로 "나오미"였던 것입니다. 스스로를 마라로 부르지 마십시오. 주께서 여러분에게 지어주신 새 이름을 기억하십시오. 쓴 샘 자체도 마라라 부르지 마십시오. 그것을 슬픈 기억을 떠오르게 만드는 이름으로 부르지 마십시오. 쓴 샘에다가 쏘는 것을 더하지 마십시오. 그 샘을 다른 이름으로 부르십시오. 마라는 잊으십시오. 그리고 여호와라파 곧 여러분과 물을 치료하는 여호와를 기억하십시오. 슬픔 대신 긍휼을 생각하며 지극히 높은 자에게 감사를 드리십시오.

　　이제 말씀을 맺고자 합니다. 형제들이여, 오늘의 주제는 우리에게 이방인 전도의 강력한 동기를 부여해 주지 않습니까? 모든 이교 세계는 시험과 쓴 것과 고통으로 가득 차 있습니다. 앞에서 나는 그리스도인들에게 특별한 고통이 있다고 말했습니다. 그러나 이교도 세계에는 더 참혹한 고통들이 있습니다. 어떤 나라들은 전쟁으로 황폐합니다. 또 어떤 나라들은 마귀적인 관습과 의식(儀式)들로 고통을 당합니다. 그들이 미신적으로 행하는 행습들은 너무도 야만적입니다. 나는 어둠 가운데 빠져 있는 세상을 마라의 샘 주위에 모여 있는 목마른 대상(隊商, caravan)에 비유하고 싶습니다. 인류는 얼마나 참혹한 목마름으로 고통받고 있습니까! 안데스와 히말라야는 얼마나 높습니까! 그러나 아담의 자손들의 고통은 그보다 훨씬 더 높습니다. 갠지스와 인더스와 다른 큰 강들은 그 거대한 수량(水量)을 바다에 쏟아 붓습니다. 그러나 어떤 바다가 인간의 고통과 슬픔을 다 담을 수 있겠습니까? 인간의 죄뿐만 아니라 인간의 슬픔도 거대한 홍수와 같습니다. 그러나 나의 형제들이여, 이교도들은 "오래 전에 잘려졌지만 아직까지도

인간의 모든 쓴 것을 달게 만드는 능력을 가지고 있는” 치유하는 나무에 대해 아무것도 알지 못합니다. 여러분은 그 나무를 압니다. 여러분에게도 고통이 있습니다. 그렇지만 여러분은 주님께 기도함으로 그리고 그의 위로의 능력으로 그것을 극복합니다. 이들 어둠의 아들들도 여러분과 같은 고통을 가지고 있습니다. 그러나 그들에게는 “위로자”가 없습니다. 그들에게 홍수가 있지만, 그러나 방주는 없습니다. 그들에게 폭풍이 있지만, 그러나 피난처는 없습니다. 여러분은 그들을 살릴 수 있는 것이 무엇인지 압니다. 그것이 복음이 아니면 무엇이겠습니까? 오늘날은 참으로 요동하며 흔들리는 세대입니다. 많은 신앙고백자들과 심지어 일부 설교자들조차도 복음이 세상의 많은 이론들 가운데 하나에 불과하다고 생각합니다. 그들은 복음조차도 시험을 통과해야 한다고 생각하면서, 십중팔구 그 역시도 인간의 다른 많은 사상체계들이 그랬던 것처럼 실패하게 될 것이라고 믿습니다. 그러나 여러분은 그렇게 생각하지 않습니다. 여러분은 하나님의 복음이 진리이며 여호와의 계시라고 믿습니다. 천지는 사라져도 그의 말씀과 그의 그리스도와 그의 뜻과 그의 언약은 사라지지 않습니다. 여러분은 쓴 샘을 치료할 수 있는 나무를 가지고 있습니다. 그와 관련하여 여러분의 마음에 어떤 의심의 여지도 없습니다. 그러면 무엇입니까? 보편적인 인류애에 의해 그리고 특별히 여러분의 영혼 위에 역사하는 하나님의 은혜에 의해, 나는 여러분에게 이러한 치료약을 그것을 필요로 하는 사람들에게 전해주라고 탄원합니다. 도대체 무엇이 그것을 대체할 수 있습니까? 도대체 이 땅 어디에 골고다에서 도끼로 찍혀 넘어진 나무 외에 다른 치료하는 나무가 있단 말입니까? 만국을 치료하는 다른 나무가 있습니까? 일곱 개의 산으로 이루어진 로마에 인간의 모든 질병을 치료할 수 있는 나무가 자라고 있습니까? 아닙니다. 그렇지 않습니다. 거기에서 자라고 있는 나무는 치명적인 독성을 가진 나무일 뿐입니다. 그것을 잘라 뿌리까지 태워 버리십시오. 우상 숭배적인 모든 행습 가운데 인간의 고통과 슬픔을 치료할 수 있는 것이 있습니까? 이슬람교가 인생에게 죽음을 이기는 영원한 소망을 줍니까? 우상 숭배 속에 진정한 행복의 개념이 있습니까? 모든 종교들은 “우리 안에 위로가 없도다”라고 대답합니다. 그것은 오직 십자가에 있습니다. 세상이 치료받을 수 있는 것은 오직 십자가에 달린 예수 그리스도를 통해서 뿐입니다. 오늘날에 이르기까지 우리가 바라는 것과 비교할 때 실제로 이루어진 것은 극히 적습니다. 그러나 보이는 것을 넘어 하나님의 현존까지 날아가는 믿음은 하나님이 영원한 붓으로 "모든 육체가 하나님의 구원을 보리라"(눅 3:6)라고 기록하는 것을 볼 수 있습니다. 그리고 믿음은 그 나무가 물을 달게 만들 것을 확신합니다.

사랑하는 형제들이여, 여러분의 행함으로 여러분의 믿음을 증명하십시오. 여러분의 은사로서 오늘을 도우십시오. 그리고 여러분의 기도로서 내일을 도우십시오. 여러분 가운데 어떤 사람들은 선교사역에 스스로를 거룩하게 구별함으로써 도우십시오. 또 여러분이 응답될 때까지 계속해서 구해야 할 기도제목이 있습니다. 그것은 하나님이 우리 교회 위에 선교의 영을 부어 주시기를 기도하는 것입니다. 나는 우리의 젊은이들이 선교사역에 헌신하는 것을 보고 싶습니다. 두려움 없이 먼 곳에 가서 담대하게 예수 그리스도를 전파하는 젊은이들 말입니다. 오늘날 선교단체들은 점점 위축되고 있습니다. 그렇다고 해서 우리는 새로운 도구가 준비될 때까지 지금까지 사용하던 도구를 제쳐두어서는 안 됩니다. 만일 주님이 영국교회에 생명의 불을 보내주신다면, 또 만일 주님이 위로부터 거룩한 충동을 보내주신다면, 우리는 여기저기에서 "내가 여기 있나이다 나를 보내소서"라고 말하는 젊은이들을 보게 될 것입니다. 그러면 하나님의 영은 "이 일을 위해 바울과 바나바를 따로 세우라"(행 13:7)라고 말씀하실 것이며, 그렇게 될 때 우리는 훨씬 더 복된 날들을 보게 될 것입니다.

우리는 물을 어느 정도 달게 만들었습니다. 남편이 죽을 때 아내도 따라 죽는 나쁜 풍습은 더 이상 행해지지 않습니다. 아프리카도 어느 정도 자유를 얻었습니다. 노예선은 더 이상 바다를 횡단하지 않습니다. 어떤 지역들에서는 주민을 몰살시키는 전쟁이 그쳤습니다. 전쟁의 검은 까마귀가 날아다니던 지역에 평화의 흰 비둘기가 날아다닙니다. 하나님께 영광을 돌립시다. 마라의 쓴 물에 던져진 몇 개의 잎사귀들이 이 일을 이루어냈습니다. 열방 가운데 온전한 그리스도와 온전한 복음을 증거합시다. 그리고 그러한 마라 속에 치료의 나무를 던집시다. 마침내 온 세상이 하나님의 사랑의 단 물을 마실 때까지, 그리고 하나님이 모든 것이 되실 때까지 말입니다. 하나님이 예수 그리스도로 인해 여러분을 축복하시기를 기원합니다. 아멘.

제
13
장

—

중보자 — 해석자

—

"뭇 백성이 우레와 번개와 나팔 소리와 산의 연기를 본지라 그들이 볼 때에 떨며 멀리 서서 모세에게 이르되 당신이 우리에게 말씀하소서 우리가 들으리이다 하나님이 우리에게 말씀하시지 말게 하소서 우리가 죽을까 하나이다 모세가 백성에게 이르되 두려워하지 말라 하나님이 임하심은 너희를 시험하고 너희로 경외하여 범죄하지 않게 하려 하심이니라."— 출 20:18-20

하나님이 이스라엘에게 율법을 주시는 장면은 그의 권능의 위용으로 가득 찬 영광스러운 모습이었습니다. 또 그곳을 가득 채웠던 불과 연기는 그들로 하여금 율법의 권위를 인식하기에 충분하도록 이끌었습니다. 지극히 높은 자의 율법은 장엄한 위용으로 선포되어야 했습니다. 이스라엘로 하여금 그것이 명하는 바에 대해 거룩한 경외심을 갖게 하도록 하기 위해서 말입니다. 뿐만 아니라 이러한 두려운 광경은 백성들에게 율법의 정죄하는 힘을 나타내고자 의도된 것이기도 합니다. 율법은 비파의 달콤한 소리나 천사들의 노래와 함께 주어지지 않았습니다. 그것은 불과 연기와 우레와 두려운 나팔소리와 함께 주어졌습니다. 율법은 그 자체가 정죄하는 것은 아닙니다. 왜냐하면 만일 생명을 얻게 하는 어떤 율법이 있었다면, 그것은 분명 이 율법이었을 것이기 때문입니다. 그러나 인간의 죄성(罪性)으로 인해, 율법은 진노를 일으킵니다. 불과 연기와 함께 우레와 나팔의 두려운 소리와 함께 율법이 주어진 것은 바로 이러한 사실을 나타내는 것이었습니다. 율법이 선포되는 순간은 마치 전능자의 군대가 운집해 있는 것 같았습니다. 하나님의 강력한 대포들이 일제히 포격을 가하면서 선포되는 말씀의 각 음절들을 강력하게 부각시킵니다. 뿐만 아니라 시내 산의 두려운 장면은 또한 어떤 측면에서 마지막 심판 날의 예언이기도 했습니다. 그 날의 예행연습까지는 아니라 하더라도 말입니다. 만일 율법이 아직 깨어지지 않았을 때 이렇게 무시무시한 광경 하에서 주어졌다면, 하물며 하나님이 고의적으로 율법을 깨뜨린 자들에게 보응하기 위해 불과 함께 임하실 날에는 얼마나 더 그렇겠습니까?

우리들에게 호렙에서의 그날은 율법이 우리 본성 속에서 역사(役事)하는 모형입니다. 바로 이와 같은 모습으로 율법은 우리의 마음과 양심을 다룹니다. 율법이 하나님의 영으로 말할 때, 아마도 여러분은 자기 안에서 우레가 치는 두려운 소리를 들었을 것입니다. 그 때 여러분은 하박국처럼 이렇게 부르짖을 수밖에 없었을 것입니다. "내가 들었으므로 내 창자가 흔들렸고 그 목소리로 말미암아 내 입술이 떨렸도다 … 썩이는 것이 내 뼈에 들어왔으며 내 몸은 내 처소에서 떨리는도다"(합 3:16). 이와 같이 하나님은 율법이 우리에게 그와 같이 임하도록 뜻하십니다. 우리로 하여금 두려움 가운데 율법의 공로를 통해서는 어떤 소망도 없다는 사실을 깨닫게 하시기 위해서 말입니다.

그러나 오늘 설교의 주제는 율법이 주어질 때의 그와 같은 두려움과 장엄함이 아닙니다. 오늘 나는 본문을 다른 방식으로 다루고자 합니다. 그것은 여기에서 주 하나님이 사람들에게 가능한 가까이 다가오셨다는 사실입니다. 그렇습니다. 하나님은 사람들이 감당할 수 없을 만큼 가까이 다가오셨습니다. 중보자가 없을 때, 하나님의 다가오심은 두려움 외에 아무것도 아니었습니다. 그 때 그들은 큰 죄의식을 느끼지 않았습니다. 왜냐하면 지금 처음으로 율법을 들었기 때문입니다. 그럼에도 불구하고 그들은 뒤로 물러나며 이렇게 부르짖었습니다. "하나님이 우리에게 말씀하시지 말게 하소서 우리가 죽을까 하나이다"(19절). 하나님은 특별한 낮추심으로 그들에게 가까이 다가오셨습니다. 다음과 같은 모세의 말을 통해 우리는 그것을 분명하게 알 수 있습니다. "어떤 국민이 불 가운데에서 말씀하시는 하나님의 음성을 너처럼 듣고 생존하였느냐"(신 4:33). 그러나 이러한 특별한 현현(顯現)은 그들을 크게 두렵게 만들었습니다. 하나님은 오늘날에도 이와 같이 자기 백성들을 두려워 떨게 만드는 방식으로 임하실까요? 나는 그렇다고 생각합니다. 하나님은 결코 자기 백성들을 대적하여 싸우지 않으실 것입니다. 그러나 어떤 경우 우리는 하나님을 그와 같은 두려운 방식으로 지각(知覺)합니다. 어쨌든 오늘 나는 하나님이 우리 마음속에 폭풍 가운데 말씀하시는 것처럼 그렇게 여러분에게 말하고자 합니다. 부디 성령께서 나의 말을 사용하셔서 고난 가운데 있는 하나님의 자녀들에게 영적 유익을 가져다주시기를 기원합니다.

오늘 우리는 첫째로, 하나님이 때로 자기 백성들을 두려움으로 가득 차게 만드는 방식으로 말씀하실 수 있다는 사실을 살펴볼 것입니다. 그리고 둘째로, 그로 인해 그들이 중보자를 사모하게 된다는 사실을 살펴보고, 셋째로, 그 중보자가 그들에게 하나님이 그들을 그토록 두렵게 다루시는 이유를 해석하며 가르치는 것을 살펴보고자 합니다. 그리고 마지막으로, 오늘날 우리 역시도 이러한 거룩한 해석기술을 사용해야 한다는 사실을 이야기하면서 오늘의 설교를 마치고자 합니다.

1. 첫째로, 하나님이 때로 자기 백성들을 두려움으로 가득 차게 만드는 방식으로 말씀하실 수 있다는 사실을 주목하십시오.

하나님이 항상 자기 백성들에게 빛으로 치장한 밝은 모습으로 나타나실 것이라고 생각하지 마십시오. 때로 하나님은 빽빽한 구름과 흑암으로 치장하고 나타나실 수 있습니다. 그의 길은 기름지고 풍요롭지만, 그러나 때로 그는 회리바람 가운데 스스로를 나타내십니다. 그가 스스로를 우리에게 나타내는 것은 세상에 나타내는 것과 같지 않습니다. 그러나 가장 밝은 나타남에서조차 그는 우리를 두려워 떨게 만들 수 있습니다. 마치 우리가 빽빽한 구름 속으로 들어갈 때처럼 말입니다. 하나님의 모든 계시(啓示)가 성도들을 기쁨으로 이끄는 것은 아닙니다. 도리어 그 반대일 경우도 많이 있습니다. "나만 홀로 있어서 이 큰 환상을 볼 때에 내 몸에 힘이 빠졌고 나의 아름다운 빛이 변하여 썩은 듯하였고 나의 힘이 다 없어졌으나"(단 10:8)라고 말했던 다니엘의 경우처럼 말입니다. 어쩌면 여러분은 이러한 경험을 하지 못했을는지 모릅니다. 그러나 오랫동안 하나님과 교통했던 많은 하나님의 사람들이 이런 경험을 했습니다. 만일 여러분 가운데 어떤 사람이 이것을 이해하지 못한다면, 그것을 이해할 때까지 오늘의 설교는 그냥 남겨 두어도 좋을 것입니다.

이와 같이 때로 하나님의 다가오심은 그의 백성들을 두려움으로 가득 차게 만드는데, 특별히 그의 오심이 율법을 그들의 마음에 적용시키는 것을 포함할 때 더욱 그러합니다. 예전에 우리는 율법을 행하는 것을 매우 중요하게 여겼습니다. 그런데 오늘날 많은 현대인들은 그것을 경멸적인 시각으로 바라봅니다. 나의 형제들이여, 예전에 우리가 율법을 행하는 것을 중요하게 여긴 것은 타당한 이유가 없는 것이 결코 아니었습니다. 왜냐하면 그것은 우리에게 큰 유익을 가져다주는 것이었기 때문입니다. 그러나 매우 깊은 정도까지 율법을 지켰던 어떤 하나님의 종들은 그것을 모든 하나님의 자녀들에게 절대적으로 필요한 것으로서 간주하는 오류를 범했습니다. 우리는 그러한 오류를 피할 것입니다. 왜냐하면 그것은 무자비함의 슬픈 원인이었기 때문입니다. 많은 사람들이 하나님께 나아오며 또 하나님이 그들에게 나아오실 때, 그들은 종종 하나님의 율법으로부터 "도끼로 찍고 불로 태우는 일"(hewing and burning work)을 느꼈습니다. 율법은 그들을 갈기갈기 찢어 놓았습니다. 왜냐하면 그들이 스스로를 갈기갈기 찢었기 때문입니다. 율법은 그들 안에서 멍에와 무거운 짐이 되고, 절망의 의식(意識)을 불러일으켰습니다. 심지어 우리가 복음의 소망의 피난처로 피한 이후에도 그리고 우리의 모든 죄가 제거되었음을 충분히 확신한 이후에도, 때로 하나님은 우리 안에서 율법으로 또다시 역사(役事)하십니다. 그리고 우리로 하여금 율법의 엄격함과 영성(靈性)과 엄정함과 준엄함을 보도록 만듭니다. 마음이 생각하며 바라며 상상하는 것을 율법이 어떻게 판단하는지 아는 것은 결코 작은 일이 아닙니다. 거룩한 율법의 다림줄이 내려질 때, 우리는 그에 비추어 우리가 어떠한지 보게 됩니다. 형제들이여, 내가 내적으로 하나님의 율법의 거룩함을 인식했을 때, 나는 마치 예리한 칼날이 나의 심장을 찌르는 것처럼 느꼈습니다. 그리고 나는 두려움에 부들부들 떨지 않을 수 없었습니다. 설령 율법이 실제로 나를 찌르거나 상처를 입히지는 않았다 하더라도, 그것의 예리한 칼날 자체가 나를 오싹하게 만들었습니다. 하나님의 율법은 너무도 순전하며, 공의로우며, 엄격합니다. 그러므로 그것을 실제적으로 깨달을 때, 우리는 움츠리며 무릎을 꿇지 않을 수 없게 됩니다. 율법은 관절과 골수를 찔러 쪼개며, 마음의 생각과 계획과 의도를 통찰합니다. 율법의 강렬한 빛은 다메섹 도상의 사울에게 그랬던 것처럼 우리를 땅에 거꾸러뜨리고, 우리로 하여금 주의 긍휼을 부르짖도록 만듭니다. 여러분이 율법의 정확무오한 원칙에 따라 스스로를 판단하며 스스로의 행동을 평가하기 시작할 때, 여러분은 즉시로 자기 자랑을 그치고 스스로를 미워하는 것으로 가득 차게 될 것입니다. 나는 겸손에 이르는 가장 좋은 방법들 가운데 하나가 율법을 배우는 것이라고 굳게 믿습니다. 하나님의 율법을 둘러싸고 있는 빽빽한 구름의 어둠을 깨닫기 전에는 어느 누구도 복음의 밝음을 알지 못합니다. 오늘날의 기독교의 천박함을 생각해 보십시오. 나는 그것의 상당 부분이 하나님의 공의가 요구하는 것과 불순종이 얼마나 악한 것인지를 충분하게 이해하지 못한 결과라고 생각합니다. 여러분의 마음속에 하나님의 율법의 보좌를 굳게 세우십시오. 그리고 스스로를 매일의 생활 속에서 그러한 율법의 권능을 느끼도록 만드십시오. 그러면 여러분은 시내 산 밑에서 하나님의 율법이 선포될 때 이스라엘 백성들이 느꼈던 것과 똑같은 것을 느끼게 될 것입니다.

하나님은 또한 사람들에게 임하시는 가운데 그들의 부패한 본성을 드러내시기도 합니다. 만일 어떤 사람이 자신의 마음을 있는 그대로 볼 수 있다면, 틀림없이 그는 미쳐버리고 말 것입니다. 우리의 병을 보면서 그러나 그것을 치료하는 약까지 보지 않는다면, 그것은 우리에게 감당할 수 없는 일이 됩니다. 만일 하나님이 우리의 부패한 본성의 큰 깊음의 샘들이 터지도록 그냥 내버려 두신다면, 스스로 충족하게 여기는 우리의 교만은 그 꼭대기까지 두려움의 물에 잠기게 될 것입니다. 만일 우리가 하나님의 억제하는 은혜로부터 떠날 때 어떻게까지 될 수 있는지를 볼 수 있다면, 우리의 영은 나락으로 가라앉을 것입니다. 신자들이 자기 안에 지옥의 악한 것들이 아직도 많이 남아 있는 것과 죄의 더러운 것들이 우리의 본성 전체를 덮고 있는 것을 볼 때, 우리는 소름끼치는 극심한 두려움에 사로잡히게 됩니다. 우리 안에 얼마나 큰 악의 심연(深淵)이 있습니까! 어쩌면 여러분은 그에 관해 아주 조금밖에 알지 못할는지 모릅니다. 부디 여러분이 그것을 체험적으로 알지 않기를 바랍니다. 그러나 나는 여러분이 그것을 믿기를 바랍니다. 그럼으로써 은혜의 교리를 더욱 굳게 붙잡고 스스로의 마음을 더 예민하게 살피는 자들이 되기를 바랍니다. 우리 안에 거하는 죄는 대수롭지 않게 여겨도 괜찮은 원수가 아닙니다. 우리의 타락한 본성의 한 작은 지체인 혀를 생각해 보십시오. 그러나 거기에도 죄의 세계가 거하고 있습니다. "혀는 곧 불이요 불의의 세계라 혀는 우리 지체 중에서 온 몸을 더럽히고 삶의 수레바퀴를 불사르나니 그 사르는 것이 지옥 불에서 나느니라"(약 3:6). 아, 우리는 얼마나 가련한 피조물입니까! 최고의 사람이라고 해봐야 고작해야 사람일 뿐입니다. 성령의 역사와 신적 은혜의 능력으로부터 떠날 때, 여러분과 나는 지옥의 어떤 괴물보다도 더 큰 괴물이 될 수 있습니다. 우리 마음의 무기고 안에는 단번에 우리를 파괴하기에 충분한 만큼의 폭약이 들어 있습니다. 전능자의 은혜가 막지 않는다면 말입니다. 이러한 사실을 인식할 때, 우리는 거룩하신 하나님의 임재 앞에서 두려워 떨게 됩니다. 하나님 앞에 설 때, 우리는 이사야 선지자와 같이 "화로다 나여 망하게 되었도다 나는 입술이 부정한 사람이요"(사 6:5)라고 부르짖게 됩니다. 이와 같이 하나님의 임재는 때로 우리에게 위로가 아니라 극심한 두려움을 가져다주기도 합니다.

하나님의 임재는 또한 그의 빛으로 말미암아 우리로 하여금 우리의 삶 속에 있는 실제적인 죄를 발견하도록 이끕니다. 우리는 지금 이 자리에 앉아 자신이 매우 선하다고 생각할는지 모릅니다. 그러나 그렇게 생각한다면, 실상 우리는 어둠 가운데 있는 것입니다. 만일 지금 하나님의 빛이 우리 마음속으로 들어온다면, 자신을 바라보는 우리의 관점은 완전히 달라질 것입니다. 단 하루 동안 범하는 죄라 할지라도 만일 우리가 그것이 함의(含意)하는 바를 충분히 알기만 한다면, 그것은 우리를 하나님의 무한한 은혜로부터 떠나 절망으로 이끌 것입니다. 그리스도 예수 안에서 경건하지 않은 자를 의롭다 하시는 하나님의 계획으로부터 떠날 때, 단 한 시간조차도 우리를 지옥 안에 가두기에 충분합니다. 사랑하는 여러분, 잠시 지난 한 주간 동안 게을리한 것들을 생각해 보십시오. 아마도 여러분은 마땅히 행했어야만 하는 것들 가운데 많은 것들을 행하지 않았을 것입니다. 부작위(不作爲)의 측면에서 우리 모두는 허물을 가지고 있습니다. 우리의 삶을 정직하게 바라볼 때, 우리는 하나님을 대적하여 거스른 어떤 공공연한 죄를 알지 못한다고 말할 수 있을는지 모릅니다. 그리고 이런 부분에서 우리는 하나님의 은혜를 송축합니다. 그러나 마땅히 행했어야 함에도 불구하고 행하지 않은 것들을 생각할 때, 우리는 마치 빙하를 지나가는 가운데 갑자기 발 앞에서 크레바스가 그 무시무시한 입을 쫙 벌리는 것을 바라보는 어떤 여행자처럼 느끼게 됩니다. 그러면서 우리는 슬픔 가운데 이렇게 고백합니다. "아, 마땅히 행했어야만 하는 일임에도 불구하고 나는 그것을 행하지 않았어!" 그와 같은 부작위(不作爲)로 인한 탄식은 결코 "아, 마땅히 행하지 말았어야 하는 일임에도 불구하고 나는 그것을 행하고 말았어!"라는 작위(作爲)로 인한 탄식 못지않습니다. 이와 같은 우리의 모든 부작위들을 생각할 때, 도대체 어떻게 우리가 하나님 앞에 설

수 있겠습니까?

또 여러분이 올바르지 못하게 행한 것들을 생각해 보십시오. 형제들이여, 여러분은 이번 주에 기도했을 것입니다. 나는 단지 이번 주만을 말하고 있을 뿐입니다. 왜냐하면 내가 이야기하고자 하는 주제를 전달함에 있어 일주일만으로도 충분하고도 남기 때문입니다. 여러분은 이번 주에 기도했습니다. 여러분은 정기적인 기도시간을 지켰습니다. 그렇지만 여러분은 어떻게 기도했습니까? 뜨겁게 기도했습니까? 깊이 생각하며 기도했습니까? 마음을 집중하여 기도했습니까? 형제들이여, 여러분은 믿음으로 기도했습니까? 낙망하지 않고 끈질기게 기도했습니까? 분명 여러분은 이러한 질문들 앞에 마음이 찔릴 것입니다. 만일 여러분이 나와 같다면, 여러분은 이러한 질문들에 거리낌 없이 대답할 수 없을 것입니다. 이와 같이 "기도"라는 하나의 작은 일에서조차, 우리는 마음을 찾으시는 하나님의 불타는 눈앞에서 오그라들 수밖에 없습니다. 성경을 읽는 것도 마찬가지입니다. 여러분은 성경을 읽었습니다. 물론 그랬을 것입니다. 그렇지만 얼마나 주의를 기울여 읽었습니까? 또 무슨 목적으로 읽었습니까? 또 어떤 믿음으로 읽었습니까? 또 그 명령에 순종하리라고 얼마만큼 결심했습니까? 우리는 성경에 대해 죄를 범하지 않았습니까? 우리 자신을 가장 밑바닥의 지옥으로 던지기에 충분할 정도로 말입니다.

또 여러분에게 거짓됨의 문제가 있지 않습니까? 여러분은 많은 사람들 앞에서 기도했으며, 가장 적절한 감정과 바라는 것들을 표현했습니다. 그렇지만 그러한 것들은 정말로 여러분 자신의 감정과 바라는 것들이었습니까? 아니면 다른 사람의 표현을 도용(盜用)한 것이었습니까? 여러분은 하나님의 일들에 대해 전했습니다. 그러면 여러분의 증언은 여러분 자신의 마음으로부터 나온 것이었습니까? 또 여러분은 그러한 증언과 합치되게 행동하고 있습니까? 나의 친구들이여, 여러분은 스스로를 강하게 표현했습니다. 그렇지만 여러분은 진심으로 그러한 표현을 정당화할 수 있습니까? 우리는 종종 마음으로 가는 것보다 훨씬 더 멀리 입술로 가지 않습니까? 이것은 어느 정도 위선(僞善)이 아닙니까? 만일 우리가 충분히 우리의 마음이 담긴 표현을 사용하지 않는다면, 그것은 하나님을 불쾌하게 만드는 것이 되지 않습니까? 형제들이여, 만일 하나님이 우리의 은밀한 죄들을 드러내신다면, 우리 역시도 이스라엘처럼 그의 임재 앞에 움츠러들게 될 것입니다.

이러한 우리 자신의 연약함에다가 신적 영광을 의식하는 것을 더할 때, 우리는 더욱더 움츠러들며 스스로를 티끌 속에 감출 것입니다. 우렛소리가 하늘을 찢으며, 요란한 나팔소리가 울려 퍼지며, 불의 번쩍이는 광채가 눈을 멀게 할 때, 여러분은 하나님의 성소(聖所)로부터 두려움을 느낄 것입니다. 하나님이 가까이 계심을 의식하는 것은 여러분에게 두려움과 경외심을 불러일으킵니다. 이와 같이 하나님의 능력의 한 가지 속성은 가장 강한 신자조차도 여호와를 모든 신들 위에 가장 두려운 자로서 느끼도록 만들기에 충분합니다. 그러나 나의 형제들이여, 올바로 인식하기만 한다면, 하나님의 전능하심은 그의 선하심과 사랑과 거룩하심이 불러일으키는 것과 동일한 경외심을 불러일으킵니다. 우리는 신적 능력의 임재 앞에서 당당한 얼굴로 설 수 있습니다. 그러나 하나님이 자신의 거룩하심을 나타낼 때, 사람에게 있어 하나님의 얼굴을 바라보는 것은 해를 직접적으로 바라보는 것보다 더 어렵습니다. 우리의 연약함과 추악함에 있어 심지어 그의 사랑조차도 마치 풀무불과 같습니다. 하나님을 바라볼 때 우리는 욥처럼 이렇게 부르짖게 됩니다. "내가 주께 대하여 귀로 듣기만 하였삽더니 이제는 눈으로 주를 뵈옵나이다 그러므로 내가 스스로 한하고 티끌과 재 가운데서 회개하나이다"(욥 42:5, 6). 죄인에게 있어 하나님이 다가오심은 죽이는 것입니다. 그것을 아는 자들은 그것이 정말로 그러함을 고백할 것입니다.

나의 형제들이여, 여기에 더하여 여러분에게 두려워 떨게 하는 섭리가 계속해서 이어진다면 어떻게 되겠습니까? 여기의 이스라엘 백성들은 하나님이 가까이 계심을 알았을 뿐만 아니라 우레가 울리는 소리를 듣고 번개가 번쩍이는 것을 보며 빽빽한 어둠을 보고 연기가 산에 가득한 것을 보면서 큰 두려움에 사로잡혔습니다. 하나님은 자기 백성들에게 마치 연속적으로 타격을 가하고 계시는 것 같습니다. 하나님이 여러분의 사랑하는 자들을 데려갔습니까? 친구들이 여러분을 버렸습니까? 사랑이 여러분을 버렸습니까? 사업에 실패했습니까? 건강까지도 잃었습니까? 영적으로 침체되었습니까? 그러면 여러분은 계속되는 재앙의 전조들로 두려워 떨 것입니다. 지금 여러분은 여러분을 시험하고 계시는 크신 하나님이 가까이 계심으로 인해 두려워하고 있습니다.

여기에다가 "이 큰 불이 우리를 삼킬 것이나이다"라고 부르짖었던 이스라엘 백성들의 경우처럼 신속한 죽음을 의식하는 것이 더해진다면, 소망 가운데 평온하게 있는 것은 정말로 어려운 일이 될 것입니다. 영원한 하나님의 얼굴 앞에 서는 것은 정말로 쉬운 일이 아닙니다. 영광의 하나님이여, 하늘과 땅도 주의 얼굴로부터 피하고 반석들도 녹고 별들도 떨어지고 달도 검게 변할 것이지 않습니까? 그런데 하물며 누가 주 앞에 설 것이나이까?

지금까지 우리는 때로 하나님이 자기 백성들을 압도하는 두려움으로 가득 차게 만드는 방식으로 나타나신다는 사실을 살펴보았습니다. 이제 다음 주제로 나아가도록 합시다.

2. 둘째로, 이 모든 것은 우리로 하여금 중보자를 사모하도록 만듭니다.

이스라엘 백성들은 즉시로 모세에게 돌이켰습니다. 그들은 이미 그에 대해 불평을 했으며, 나중에는 이렇게 말하기도 했습니다. "이 모세 곧 우리를 애굽 땅에서 인도하여 낸 사람은 어찌 되었는지 알지 못함이니라"(출 32:1). 한 번은 그에게 돌을 들어 치려고 하기도 했습니다. 그러나 지금은 완전히 다른 마음을 가지고 있었습니다. 하나님의 임재로 말미암은 극도의 두려움 가운데 그들은 모세에게 이렇게 부르짖습니다. "당신은 가까이 나아가서 우리 하나님 여호와께서 하시는 말씀을 다 듣고 우리 하나님 여호와께서 당신에게 이르시는 것을 다 우리에게 전하소서 우리가 듣고 행하겠나이다"(신 5:27). 지금 그들에게 가장 절실한 것은 중보자였습니다. 그들은 경험으로 중보자의 필요성을 발견했습니다. 그리고 그것은 결코 그릇된 것이 아니었습니다. 왜냐하면 하나님 자신이 그것을 타당한 것으로 인정해 주셨기 때문입니다. 하나님 역시도 그들에게 중보자가 필요하다는 사실을 알고 계셨습니다.

> "사람의 육체로 오신 하나님을 볼 때까지
> 나의 마음속에 위로는 없었도다.
> 거룩하며 공의로운 삼위일체 하나님은
> 나의 마음에 두려움이로다."

이와 같은 노래는 근거 없는 병적인 두려움이 결코 아닙니다. 실제로 그러합니다. 그리고 다음과 같은 노래 역시 똑같이 사실입니다.

> "그러나 임마누엘의 얼굴이 나타날 때,
> 나의 소망과 나의 기쁨은 시작되도다.
> 그의 이름은 나의 노예적인 두려움을 금하며,
> 그의 은혜는 나의 죄들을 제거하도다."

우리에게 중보자가 필요한 것은 명백한 사실입니다. 여기의 이스라엘 백성들은 그러한 사실을 깨달았습니다. 형제들이여, 만일 여러분이 자신의 죄를 의식(意識)한다면, 분명 여러분은 절대적인 하나님 앞에 나아가느니 차라리 화산의 분화구 속으로 걸어들어가려고 할 것입니다. 여러분은 희생제물과 속죄와 구주와 중보자가 필요함을 느낄 것입니다. 만일 여러분이 자신의 '아무것도 아님'(nothingness)과 하나님의 '무한하심'(infinity) 사이의 무한한 차이를 인식한다면, 여러분은 예수 그리스도로 말미암지 않고는 결코 그 앞에 나아갈 수 없음을 느낄 것입니다. 그러면 우리가 어떻게 하나님께 가까이 나아갈 수 있습니까? 두말할 필요도 없이 중보자를 통해서가 아닙니까? 그러므로 하나님의 사랑하는 아들에게 "우리가 하나님과 우리 사이에 서 계시는 당신께 기도하나이다"라고 말하는 것은 참으로 지혜로운 일입니다. 여러분의 마음이 두려움으로 떨고 있을 때, 여러분은 대언자의 필요성을 인식합니다. 우리에게 우리를 위한 대제사장을 보내주신 하나님을 송축합시다.

모세는 복음언약의 참 중보자의 모형이었습니다. 그는 하나님으로부터 큰 은총을 입었으며, 하나님은 그를 들으셨습니다. 하나님의 임재 앞에서의 그의 놀라운 용기와 백성들에 대한 그의 큰 온유함을 보십시오. 주인의 집을 맡은 종으로서 하나님을 향한 그의 충성됨을 보십시오. 그리고 이스라엘을 위한 그의 자기희생을 보십시오. 심지어 그는 "이제 그들의 죄를 사하시옵소서 그렇지 아니하시오면 원하건대 주께서 기록하신 책에서 내 이름을 지워 버려 주옵소서"(출 32:32)라고 기도하기까지 하지 않았습니까? 그는 스스로를 그들을 위한 희생제물로 드렸습니다. 그러나 사랑하는 자들이여, 우리의 중보자 예수 그리스도를 생각해 보십시오. 그와 같은 자가 어디에 있단 말입니까? 그는 우리처럼 사람입니다. 그는 모든 면에서 고난을 받으셨으며, 가난하셨으며, 궁핍하셨으며, 심지어 사망의 고통까지도 아셨습니다. 그는 따뜻한 형제사랑으로 우리의 손을 잡아 주실 수 있습니다. 그러나 그는 동시에 "영원히 복되신 만유의 하나님"이시며,

지극히 높은 자와 동등된 분이시며, 아버지의 사랑하는 아들이십니다. 그리하여 그는 영원한 하나님께 손을 뻗어 우리를 그분과 연결시켜 주실 수 있습니다. 나는 우리의 대언자시며 해석자이신 그를 믿을 때 가장 안전함을 느낍니다. 오 예수여, 도대체 누가 당신과 비견할 수 있단 말입니까?

> "당신은 하나님이시지만 그러나 사람이시나이다.
> 당신은 참 하나님이시며 참 사람이시나이다.
> 당신은 사람의 하나로서
> 지금 우리와 함께 계시나이다."

우리 중보자는 빽빽한 어둠 속으로 들어가셨습니다. 그리고 그는 그곳으로부터 나오셨습니다. 그는 우리에게 영원의 언어를 해석하십니다. 그는 우리의 기도를 하늘로 올리며, 그것을 거룩한 언어로 번역합니다. 그럼으로써 하나님은 사랑하는 자 안에서 우리의 기도를 들으시고 우리를 받으십니다.

여러분 가운데 어떤 사람들은 만일 하나님이 하늘로부터 말씀하신다면 응당 복음을 믿을 것이라고 생각할 것입니다. 그러나 그것을 바라지 마십시오. 설령 하나님이 하늘로부터 말씀하신다 하더라도, 그것이 당신을 회심시키지는 않을 것입니다. 도리어 당신은 하나님의 음성으로 말미암아 극도의 두려움에 압도될 것입니다. 이스라엘 백성들은 중보자와 함께 있을 때 행복했으며, 그것은 여러분도 마찬가지입니다. 만일 여러분이 예수로부터 듣지 않는다면, 설령 하나님이 우레로 말씀하신다 하더라도 여러분은 듣지 않을 것입니다. 그러나 감사하게도 하나님은 우리에게 중보자를 주셨습니다. 여러분은 예수 그리스도보다 더 나은 중보자를 상상할 수 있습니까? 간절히 당부하노니, 그리스도 안에서 복음을 받아들이십시오. 그리고 그를 통해 하나님께 나아오십시오. 그리스도 외에 다른 길이 없는 것처럼, 그리스도보다 더 나은 길도 없습니다. 만일 여러분의 손에 하나님께 받아들여질 수 있는 길을 만드는 모든 지혜와 모든 능력이 있다면, 여러분은 좀 더 확실하고 적절하며 완전하며 쉬우며 즐거운 길을 만들 수 있습니까? 그러므로 사랑하는 자들이여, 머뭇거리지 말고 즉시 그리스도 안에서 하나님 앞에 나아오십시오. 그리고 예수께서 "내게 오는 자는 내가 결코 내쫓지 아니하리라"고 말씀하신 것과 또한 "나로 말미암지 않고는 아버지께로 올 자가 없느니라"

라고 말씀하신 것을 기억하십시오(요 6:37; 14:6).

3. 셋째로, 중보자는 우리에게 하나님의 섭리들을 올바로 해석하도록 가르칩니다.

모세는 두려워 떠는 백성들에게 하나님의 두려운 나타나심의 의미를 해석했습니다. 그러면서 그는 도리어 그것에 대해 즐거운 의미를 부여했습니다. 하나님이 여러분에게도 두려운 방식으로 말씀하시는 때가 있을 것입니다. 여기의 이스라엘 백성들의 경우처럼 말입니다. 그러나 여러분에게는 그에 대해 설명해 주는 중보자가 있습니다. 그가 여러분에게 가르치는 교훈을 배울 준비를 갖추십시오. 그것은 이것입니다. "두려워하지 말라. 하나님이 네게 그와 같이 두려운 방식으로 임하신 것은 너로 하여금 죄를 범하지 않게 하려 하심이니라." 하나님이 때로 여러분의 양심과 몸과 가정과 재산을 거칠게 다루는 것은 여러분을 멸망시키기(destruction) 위한 것이 아니라 가르치기(instruction) 위한 것이며, 또한 여러분을 죽이기(killing) 위한 것이 아니라 고치기(healing) 위한 것입니다. 이스라엘 백성들을 가르치기 위해 우레와 폭풍 가운데 임하셨던 것처럼, 하나님은 또한 여러분에게도 그렇게 임하십니다. 하나님이 여러분을 가르치실 때, 그것은 결코 여러분을 멸망시키기 위한 것일 수 없습니다. 하나님의 집에서의 훈련과 연단을 생각해 보십시오. 설령 그것이 아무리 혹독한 것이라 하더라도, 그것은 하나님의 사랑을 나타내는 확실한 증거입니다. 우리는 아들을 교육하지, 원수를 교육하지 않습니다. 하나님은 여러분이 누구인지 그리고 자신이 누구인지를 가르치고 계십니다. 만일 하나님이 여러분을 멸망시키고자 계획하셨다면, 그는 결코 여러분에게 그와 같은 것들을 나타내지 않으셨을 것입니다. 만일 어떤 범죄자가 사형을 당해야만 한다면, 우리는 그로 하여금 죽음의 고통을 예행 연습 하도록 하지 않습니다. 결코 그렇게 하지 않습니다. 도대체 그런 과정이 무슨 소용이 있겠습니까? 그것은 너무도 잔인한 일이 될 것입니다. 마찬가지로 하나님은 단지 여러분을 비참하게 만들 목적으로 여러분에게 자신의 크심을 나타내지 않을 것입니다. 하나님은 무의미하게 괴롭히지 않습니다. 그가 여러분의 양심을 괴롭히는 데에는 충분한 이유와 목적이 있습니다. 여러분이 이 땅에서 심판을 당하는 것은 장차 하늘에서 경건하지 않은 자로서 심판을 당하지 않기 위함입니다. 여러분이 이 땅에서 스스로를 미워하도록 만들어지는 것은 악인이 심판을 당하는 날 하나님이 여러분을 미워하지 않도록 하기 위함입니다.

여기에서 중보자는 두려워 떠는 이스라엘에게 하나님의 임하심은 그들을 시험하기 위한 것이라고 설명합니다. 우리 모두는 시험을 필요로 합니다. 그렇지 않습니까? 새롭게 건설된 철교(鐵橋)를 생각해 보십시오. 아직 한 번도 시험해 보지 않은 철교라면, 여러분은 기차를 타고 그 철교를 지나가고 싶겠습니까? 만국박람회장이 처음 건축되었을 때, 나는 그것이 튼튼하게 건설되었는지 시험하기 위해 군대로 하여금 그 모든 복도들을 행군하도록 했던 것을 기억합니다. 여러분은 영원을 위한 여러분의 소망을 시험해 보고 싶지 않습니까? 하나님이 두려움을 고취하는 방식으로 우리에게 다가오는 것은 우리를 시험하기 위함입니다. 그러한 시험의 결과가 무엇입니까? 여러분은 자신의 약함을 느끼지 않습니까? 또 그것이 여러분으로 하여금 강함을 위해 강한 자에게로 이끌지 않습니까? 여러분은 자신의 죄의 소욕을 느낍니다. 그것이 여러분으로 하여금 의를 위해 주 예수께로 피하도록 이끌지 않습니까? 시험은 스스로를 신뢰하는 것을 죽이고 하나님을 신뢰하도록 이끄는 실제적인 효력을 가지고 있습니다.

나아가 하나님이 이스라엘 백성들에게 구름과 폭풍 가운데 임하신 것은 그들의 생각과 감정에 강한 인상을 새기기 위함이었습니다. 우리의 신앙이 피상적이며 천박한 것이 되지 않기 위해서는 우리에게 때로 큰 두려움으로 채워지는 것이 필요합니다. 우리에게는 영적인 것을 간과하는 경향이 있습니다. 우리는 영적인 것들에 대해 쉽게 부주의하며 소홀히 합니다. 많은 사람들이 신앙을 소홀히 여기는 죄를 아주 쉽게 범합니다. 그러나 하나님의 두려운 위엄을 경험할 때, 그러한 두려움은 곧바로 우리 마음으로부터 신앙을 소홀히 여기는 태도를 쫓아버립니다. 두려움이 밭고랑을 깊이 팝니다. 그러고 나서 믿음이 씨를 뿌리며, 사랑이 거둡니다. 그러나 경건한 두려움이 길을 인도해야 합니다. 경건한 두려움은 기도하는 자로 하여금 뜨겁게 기도하게 만듭니다. 경건한 두려움은 말씀을 듣는 것을 세상의 헛된 잡담을 듣는 것과는 아주 다른 것으로 만듭니다. 나에게 있어 하나님에 대한 거룩한 두려움은 말씀을 전하는 것을 주의 무거운 짐으로 만듭니다. 학식이 많은 여러분에게 그 일을 가벼운 일일는지 모릅니다. 그러나 나에게 그것은 죽느냐 사느냐 하는 문제입니다. 종종 나는 또다시 말씀을 전하는 것보다 차라리 아홉 가닥으로 된 채찍으로 맞는 것이 낫겠다고 생각하곤 합니다. 만일 내가 그 일을 신실하게 감당하지 않는다면, 마지막 큰 날에 어떻게 그에 대해 설명할 수 있겠습니까? "누가 이 일을 감당하리요?"(고후 2:16). 내가 전하는 말씀으로 말미암아 사람들이 구원받기도 하고 잃어지기도 할 수 있다고 생각할 때, 나의 영혼은 무거운 책임감을 느끼지 않을 수 없습니다. 그리고 그러한 생각은 나로 하여금 다시는 말씀을 전하지 않기를 바라게 만듭니다. 어떻게 내가 마지막 날 나에게 맡겨진 일에 대해 영예롭게 회계(會計)할 수 있겠습니까? 사랑하는 자들이여, 하나님은 이와 같은 염려와 두려움을 통해 우리 안에서 자신의 은혜의 일을 심화(深化)시키며, 우리를 좀 더 살아 생동하도록 만들며, 우리로 하여금 자신의 일에 좀 더 적합하도록 만듭니다. 이와 같이 하나님이 우리 마음에 큰 두려움을 불러일으키는 것은 전적으로 사랑으로 말미암은 것입니다.

계속해서 모세는 하나님이 두려운 방식으로 나타나신 것은 그들로 하여금 범죄하지 않게 하려 하심이라고 설명합니다. 다윗이 무엇이라고 말합니까? "고난 당하기 전에는 내가 그릇 행하였더니 이제는 주의 말씀을 지키나이다"(시 119:67). 히스기야 역시도 이러한 것들로 말미암아 사람이 살며, 이러한 것들 안에 우리 영의 생명이 있다고 말하지 않습니까? 우리는 너무도 세속적이기 때문에 우리의 둥지가 흔들릴 필요가 있습니다. 그럼으로써 계속해서 날갯짓을 하게 될 것입니다. 6일 동안 우리는 하늘에 속한 것들을 대수롭지 않게 여기는 자들과 섞여 일을 합니다. 그러는 가운데 우리 역시도 하늘에 속한 것들을 대수롭지 않게 생각하게 됩니다. 하나님이 우리에게 그의 두려운 위엄으로 임하시지 않는다면 말입니다. 어쨌든 이러한 거룩한 두려움은 우리로부터 거짓된 것들을 내쫓습니다. 우리의 내적 우레와 폭풍은 우리의 내적 공기를 깨끗하게 정화시키며, 우리를 오염과 각종 세균으로부터 지켜 줍니다. 하나님의 사랑은 우리가 단순한 외식(外飾) 가운데 눌러 앉아 있는 것을 그냥 내버려 두지 않습니다. 그는 우리의 그릇을 뒤집어엎습니다. 그럼으로써 우리로 하여금 우리 안에 있는 나쁜 침전물들을 발견하게 하고, 우리를 그것들로부터 정결하게 만듭니다. 많은 사람들은 설교를 듣고 난 후 설교자에게 "나는 당신의 설교를 즐겼습니다"(I enjoyed your sermon)라고 말하곤 합니다. 만일 당신이 항상 설교를 즐긴다면, 그 설교자는 선한 청지기가 아닙니다. 그는 단지 듣기 좋은 달콤한 말만을 했을 뿐입니다. 하나님의 백성들에게는 때로 쓴 약과 같은 말씀이 필요합니다. 도대체 누가 쓴 약을 즐긴단 말입니까? 하나님의 말씀은 불과 같습니다. 그러나 쇠는 불을 좋아하지 않습니다. 그렇지만 쇠를 녹이기 위해서는 불이 필요합니다. 또 하나님의 말씀은 쇠망치와 같습니다. 그러나 바위는 쇠망치를 좋아하지 않습니다. 그렇지만 바위가 깨지기 위해서는 쇠망치가 필요합니다. 그러므로 고통스러운 경험들이 더욱 유익할 수 있습니다. 정말로 가치 있는 것은 우리로 하여금 죄를 미워하도록 만드는 것입니다. 간절히 당부하노니, 이런 방식으로 하나님의 섭리들을 살피십시오. 하나님이 어떤 사람을 책망하는 것은 그를 사랑하기 때문입니다. 하나님이 어떤 사람을 징계하는 것은 그에게 아버지의 사랑을 나타내기 위한 것입니다. 하나님이 어떤 사람에게 회초리를 드는 것은 그와 더불어 특별한 관계를 맺고 계시기 때문입니다. 그러므로 징계하는 하나님으로부터 도망치지 마십시오. 설령 두려움이 여러분을 하나님으로부터 도망치게 만든다 하더라도, 믿음으로 하여금 여러분을 다시 그분께 돌이키게 하십시오. 하나님은 당신의 최고의 선(善)을 의도하십니다. 결코 의심하지 마십시오. 설령 그의 얼굴이 찌푸리고 계신다 하더라도 그의 마음은 여러분을 뜨겁게 사랑하고 계신다는 사실을 결코 잊지 마십시오.

4. 넷째로, 나는 여러분에게 이러한 거룩한 해석의 기술을 실행해 보라고 권면하고 싶습니다.

하나님이 여러분에게 우레와 천둥으로 말씀하실 때, 믿음으로 행간(行間)을 읽으십시오. 그리고 중보자 모세가 한 것처럼, 두렵고 떨리는 상황으로부터 위로가 되는 추론을 도출해 보십시오.

믿음으로 그렇게 하십시오. 믿음으로 바라볼 때, 그와 같은 상황으로부터 여러분은 두려워 떠는 대신 큰 위로를 발견할 수 있게 될 것입니다. 여기의 이스라엘 백성들의 경우를 보십시오. 하나님이 그들에게 우레와 나팔소리로 말씀하신 것은 결국 진노 가운데 말씀하신 것이 아니라 사랑 가운데 말씀하신 것이었습니다. 왜냐하면 하나님의 첫 음성은 "나는 너를 애굽 땅, 종 되었던 집에서 인도하여 낸 네 하나님 여호와니라"(2절)라는 말씀이었기 때문입니다. 이것은 얼마나 은혜로운 말씀입니까! 하나님은 지금 얼마나 은혜로운 말씀으로 그들의 기억을 일깨우고 계십니까! 그러한 말씀 속에 얼마나 따뜻한 사랑이 기록되어 있습니까! 하나님이 여러분의 아내나 혹은 여러분의 자녀를 데려가실 수도 있습니다. 또 하나님이 여러분을 병에 걸리게 하실 수도 있으며, 그의 얼굴을 숨김으로써 여러분의 영혼을 괴롭게 만들 수도 있습니다. 그러나 그렇게 하신 분은 여러분의 원수가 아닙니다. 그렇게 하신 분은 여러분의 하나님입니다. 그는 여러분을 죄의 권세로부터 구원하시고 그리스도 예수 안에서 여러분을 자유롭게 하신 하나님과 동일한 하나님입니다. 여러분을 연단하신 자는 사랑의 하나님이었으며, 그는 여러분을 사랑 안에서 연단하셨습니다. 욥의 철학을 배우십시오. 그리고 중심으로 이렇게 말하십시오. "주신 이도 여호와시요 거두신 이도 여호와시오니 여호와의 이름이 찬송을 받으실지니이다"(욥 1:21). 그가 예전에 사랑으로 베푸신 은총들을 생각하십시오. 그가 여러분을 위해 주 예수와 그의 죽음을 통해 행하신 일을 생각하십시오. 그는 여러분을 여러분의 본성의 전적 부패의 멍에로부터 건져냈습니다. 그는 여러분을 여러분의 악한 정욕의 바로로부터 자유롭게 풀어 주었습니다. 그는 여러분을 여러분의 죄로부터 씻어 주었으며, 그 자신의 오른손으로 여러분으로 하여금 두려움의 홍해를 건너게 하셨습니다. 여러분은 하나님이 여러분에게 선(善)을 의도하신다는 사실을 믿을 수 없습니까? 그가 우레와 천둥으로 거칠게 말씀하셨다고 해서 그를 믿을 수 없단 말입니까? 그는 동일하신 하나님입니다. 그는 변하지 않습니다. 그러므로 여러분은 소멸(燒滅)되지 않습니다. 그럼에도 불구하고 그의 신실한 사랑을 신뢰할 수 없습니까? 그의 손으로부터 좋은 것을 받았다면, 나쁜 것도 받아야 하지 않겠습니까? 우리를 겸비하게 하시는 그는 우리의 언약의 하나님입니다. 그는 스스로를 자신의 약속과 맹세로 우리와 묶으셨습니다. 그는 우리를 구속하기 위해 자기 아들을 주셨습니다. 그런 그가 이제 와서 우리를 해롭게 하겠습니까? 하나님으로 하여금 그가 선하게 보시는 것을 행하게 하십시오. 그에게 백지 위임장을 드리십시오. 그가 원하는 대로 행하시도록 말입니다. 그는 나를 살리기 위해 죽으셨습니다. 그런 그가 지금 나를 위해 선(善) 외에 다른 것을 의도하는 것이 도대체 어떻게 가능할 수 있단 말입니까? "하나님이 세상을 이처럼 사랑하사 독생자를 주셨으니 이는 그를 믿는 자마다 멸망하지 않고 영생을 얻게 하려 하심이라"(요 3:16). 죄와 사망과 지옥으로부터 구원받았다는 사실은 나로 하여금 모든 고난과 두려운 섭리들을 그의 옛 사랑의 기초 위에서 해석하도록 만듭니다. 그리고 그렇게 해석할 때, 모든 고난과 슬픔과 두려운 것들은 달콤한 것으로 바뀝니다.

사랑하는 친구들이여, 그러한 해석과정 속에서 하나님은 결코 우리를 멸망시키려고 의도할 수 없음을 기억하십시오. 왜냐하면 그것은 그의 말씀과 상충되기 때문입니다. 하나님은 "그를 믿는 자는 영생을 가지고 있다"고 말씀하셨습니다. "영원한 생명"을 가진 자가 도대체 어떻게 멸망을 당할 수 있단 말입니까? 멸망을 당할 수 있는 생명이 어떻게 "영원한 생명"일 수 있습니까? 하나님이 "영원하다"고 선언한 것이 멸망으로 끝날 수 있단 말입니까? 하나님은 그의 사랑하는 아들 안에서 우리에게 영원한 생명을 주셨습니다. 더욱이 하나님은 그 생명을 그리스도 안에 감추셨습니다. "이는 너희가 죽었고 너희 생명이 그리스도와 함께 하나님 안에 감추어졌음이라"(골 3:3). 하나님이 자신의 사랑하는 아들 안에 감춘 생명을 멸망시킬 수 있단 말입니까? 예수께서도 "내가 살았으니 너희도 살겠음이라"라고 말씀하시지 않았습니까? 그런데 여러분은 무엇을 두려워합니까? 하나님은 여러분을 멸망시킬 수 없습니다. 그는 "내가 결코 너희를 버리지 아니하고 너희를 떠나지 아니하리라"(히 13:5)라고 말씀하셨습니다. 설령 하나님이 우레와 폭풍으로 거칠게 말씀하셨다 할지라도, 우리는 두려워할 필요가 없습니다. 그것은 우리를 죄에 빠지지 않게 하시기 위함입니다. 하나님을 송축하지 않으렵니까? 하나님은 결코 여러분을 저주하지 않으실 것입니다. 왜냐하면 자기 아들 안에서 여러분을 축복하셨기 때문입니다. "그러므로 이제 그리스도 예수 안에 있는 자에게는 결코 정죄함이 없나니"(롬 8:1). 아버지의 손으로부터 오는 것은 그것이 무엇이든지 기꺼이 받아들이십시오.

요컨대 여러분은 호렙 산에서의 이스라엘과 같은 조건 아래 있지 않다는 사실을 기억하십시오. 물론 그들과 병행되는 부분이 있는 것은 사실이지만, 그러나 우리와 그들 사이에는 놀라운 차이가 있습니다. "너희는 불이 붙는 산과 침침함과 흑암과 폭풍과 나팔 소리와 말하는 소리가 있는 곳에 이른 것이 아니라"(히 12:18, 19). 여러분은 육신의 귀가 감당할 수 없는 두려운 소리에 이르지 않았습니다. "그러나 너희가 이른 곳은 시온 산과 살아 계신 하나님의 도성인 하늘의 예루살렘과 천만 천사와 하늘에 기록된 장자들의 모임과 교회와 만민의 심판자이신 하나님과 및 온전하게 된 의인의 영들과 새 언약의 중보자이신 예수와 및 아벨의 피보다 더 나은 것을 말하는 뿌린 피니라"(22-24절). 여러분은 죄 사함과 평강과 약속의 땅에 이르렀습니다. 여러분은 생명과 사랑과 자유의 집 안에 있습니다. 여러분은 여러분을 자녀로 받아들인 영광의 주님께 이르렀습니다. 그러므로 간절히 당부하노니, 하나님의 행하시는 일들을 불신앙적이며 노예적인 방식으로 해석하지 마십시오. 결코 그래서는 안 됩니다. 듣고 보고 느끼는 모든 것에도 불구하고, 여러분의 하나님을 믿으십시오. 하나님이 때로 여러분의 얼굴 앞에서 두려운 모습으로 말씀하시는 것은 여러분으로 하여금 죄를 범하지 않게 하기 위함입니다. 그러므로 여러분이 지금 겪고 있는 슬픔과 고난의 쓴 나무로부터 달콤한 열매를 찾으십시오. 그리고 여러분의 하나님으로부터 도망치지 마십시오.

사랑하는 친구들이여, 우리에게 중보자가 있다는 사실은 우리에게 얼마나 큰 위로가 됩니까? 하나님이 여러분을 율법이나 회초리나 혹은 그의 찾으시는 영으로 다루실 때, 여러분은 "내 어찌 그의 손을 감당할 수 있을꼬?"라고 부르짖지 않을 수 없을 것입니다. 중보자 뒤에 숨으십시오. 예수로 하여금 여러분의 방패가 되게 하십시오. 하나님께 여러분 자신 안에서 여러분을 보지 마시고 오직 그리스도 예수 안에서 여러분을 보시라고 간구하십시오.

> "먼저 그를 보시고 그 후에 죄인을 보소서.
> 오직 예수의 상처를 통해 나를 보소서."

여러분도 마찬가지입니다. 예수의 상처를 통해 하나님을 보십시오. 그렇게 할 때, 여러분은 하나님 안에서 무한한 사랑과 긍휼을 보게 될 것입니다. 예수 그리스도의 얼굴 안에 있는 하나님의 영광은 말로 표현할 수 없는 사랑입니다. "아버지가 자식을 긍휼히 여김 같이 여호와께서는 자기를 경외하는 자를 긍휼히 여기시나니"(시 103:13). 그들이 하나님을 최고로 경외할 때, 그의 긍휼은 마치 은혜의 강처럼 그들에게 흐릅니다. 만일 하나님이 여러분에게 칼을 사용하신다면, 그것은 여러분으로부터 암 덩어리를 도려내기 위한 것입니다. 만일 하나님이 여러분을 으깬다면, 그것은 여러분으로부터 찌끼를 벗겨내기 위한 것입니다. 그리고 마침내 여러분으로 하여금 소제의 고운 가루가 되도록 만들기 위한 것입니다. 때로 하나님이 여러분을 죽이려고 하시는 것처럼 보일 수 있습니다. 그러나 그것은 여러분을 살리기 위한 것입니다. 설령 하나님이 여러분을 죽이신다 할지라도, 계속해서 그를 믿고 신뢰하십시오. 그의 사랑의 사실과 상충되는 것은 절대로 믿지 마십시오. 그가 얼굴을 찌푸리실 때에도 그를 붙잡으십시오. 그를 더 가깝게 붙잡을수록, 여러분은 그의 징계의 무게를 덜 느끼게 될 것입니다. 하나님이 회초리를 치실 때에도 그를 믿으십시오. 그러면 그러한 회초리는 곧 그치게 될 것입니다. 하나님에게 선한 것 외에는 아무것도 없음을 기꺼이 고백할 수 있을 때, 그는 여러분을 불로부터 꺼낼 것입니다. 왜냐하면 여러분이 더 이상 불 가운데 있을 필요가 없음이 분명하게 드러났기 때문입니다. 하나님이 우리를 대적하고 계시는 것처럼 보일 때에조차 그를 굳게 의지하는 믿음은 성화(聖化)의 큰 표지입니다. 어떤 사람이 고난과 슬픔의 한가운데서 "사랑"을 발견할 때, 그것은 그가 매우 높은 영적 상태에 있음을 보여주는 확실한 증거입니다.

사랑하는 형제들이여, 만일 여러분이 하나님을 이런 방식으로 받아들일 수 있다면, 다시 말해서 지금부터 그리고 영원히 그의 사랑을 믿고 불신앙 가운데 요동하지 않을 수 있다면, 여러분은 여러분의 하나님을 영화롭게 할 것이며, 여러분이 행하는 모든 길에서 유익을 얻게 될 것입니다. 여러분은 믿을 때 강하게 될 것입니다. 왜냐하면 믿음은 영적인 사람의 척추이기 때문입니다. 여러분은 믿을 때 사랑하게 될 것입니다. 그리고 사랑은 영적인 사람의 심장입니다. 믿음과 사랑 안에서, 여러분은 참음으로 인내할 것입니다. 그리고 그러한 인내는 여러분에게 면류관이 될 것입니다. 믿음과 사랑과 인내 안에서, 여러분은 모든 거룩한 섬김을 위해 구비(具備)되게 될 것입니다. 그리고 그러한 섬김 안에서, 여러분은 여러분의 주님을 점점 더 많이 닮아가게 될 것입니다. 그리고 끝까지 참고 인내했을 때, 여러분은 모든 면에서 장자(長子)인 그의 형제가 될 것입니다. 그리고 그와 마찬가지로, 여러분은 빽빽한 어둠 속으로 들어가 오직 소멸(燒滅)하는 불이 육체의 더러운 것들을 태우는 것을 반복적으로 경험한 자들만이 알 수 있는 하나님과의 특별한 교제를 누리게 될 것입니다. 우리의 중보자처럼, 우리 역시도 사람들을 위해 하나님께, 그리고 하나님을 위해 사람들에게 탄원할 수 있게 될 것입니다. 우리는 산에 올라가 하나님을 보며 먹고 마시게 될 것입니다. 그리고 나서 천상의 빛으로 빛나는 얼굴로 내려올 것입니다. 이와 같이 하나님은 우리로 하여금 중보자를 통해 하나님을 해석하도록, 그리고 우리로 하여금 그 자신의 영(靈)의 역사(役事)로 말미암아 우리의 중보자를 닮아가도록 우리에게 중보자를 주셨습니다.

오늘 우리는 하나님이 두려운 방식으로 말씀하시는 것에 대해 이야기했습니다. 만일 여러분이 회심하지 않았다면, 나는 하나님의 두려운 것들이 여러분 안에서 어떤 영속적인 선(善)을 이룰 것이라고 기대하지 않습니다. 설령 그러한 것들이 여러분을 심히 두려워 떨게 만든다 하더라도 말입니다. 왜냐하면 시내 산에서 그토록 두려워 떨던 바로 그들이 불과 몇 주 후 금송아지 앞에서 "이스라엘아 이는 너희를 애굽 땅에서 인도하여 낸 너희의 신이로다"(출 32:4)라고 말하며 미친 듯이 춤을 추었기 때문입니다. 단순한 두려움만으로는 구원을 이루거나 혹은 거룩하게 만드는 효과를 갖지 못합니다. 두려움은 땅을 가는 것일 뿐이지 씨를 뿌리는 것은 아닙니다. 두려움은 믿음과 합쳐져야 합니다. 그럴 때 비로소 두려움은 유익한 약이 됩니다. 두려움 가운데 있는 자여! 그러나 여러분에게는 또 다른 것이 필요합니다. 중보자에게로 도망치십시오. 하나님과 사람 사이에서 계신 그리스도 예수를 믿으십시오. 지금 그를 바라보십시오. 그러면 여러분은 살 것입니다. 우리의 위대한 중보자에게 영광이 세세무궁토록 있을지어다. 아멘. 아멘.

제
14
장

—

송곳으로 뚫은 귀

—

"만일 종이 분명히 말하기를 내가 상전과 내 처자를 사랑하
니 나가서 자유인이 되지 않겠노라 하면 상전이 그를 데리
고 재판장에게로 갈 것이요 또 그를 문이나 문설주 앞으로
데리고 가서 그것에다가 송곳으로 그의 귀를 뚫을 것이라
그는 종신토록 그 상전을 섬기리라." — 출 21:5-6

고대 유대 사회에 존재했던 노예제도는 근대의 인간성을 말살시키는 노예
제도와 매우 달랐습니다. 뿐만 아니라 우리는 어떤 형태로든 모세가 노예제도를
만들어 낸 것이 아니라는 사실을 기억할 필요가 있습니다. 노예제도와 관련한
율법들은 도리어 그것을 억제하고, 제한하며, 궁극적으로 없애기 위한 목적으로
만들어졌습니다. 그것은 이혼과 관련한 율법과 같은 것이었습니다. 모세가 이혼
과 관련한 율법을 제정한 것은 백성들 가운데 그러한 풍습이 깊이 뿌리를 내리
고 있음으로써 그것을 금할 수 없었기 때문이었습니다. 그리하여 예수께서 말씀
하신 것처럼 모세는 그들의 마음의 완악함 때문에 아내를 내어버리는 것을 허락
했습니다. 나는 노예 혹은 종과 관련한 율법들도 마찬가지라고 생각합니다. 모
세는 그들의 마음의 완악함 때문에 그들이 종을 계속해서 소유하는 것을 허락했
던 것입니다. 그러나 그는 종과 관련한 율법들을 그것을 거의 금지하는 효과를
가질 정도로 매우 엄격하게 만들었습니다. 그와 같이 그것을 억제하는 규례들
가운데 다음과 같은 것이 있습니다. 즉 어떤 종이 도망쳤을 때, 어떤 사람이 그를

본래의 자리로 돌아가도록 협력하는 것은 율법에 어긋나는 것이었습니다. 이러한 율법을 통해 여러분은 아무도 종으로 남아 있을 필요가 없다는 사실을 분명하게 알 수 있을 것입니다. 왜냐하면 그는 자신이 원하기만 하면 도망칠 수 있었기 때문입니다. 다른 사람들은 거기에 개입할 수 없었습니다. 다른 사람이 그를 강제로 되돌아가도록 하는 것은 죄였습니다. 보십시오. 만일 어떤 종이 자신이 원할 때 갈 수 있다면, 그러한 노예제도는 고대의 다른 잘못된 노예제도들과는 전적으로 다른 것입니다. 그런가 하면 때로 어떤 사람이 빚을 갚지 못하게 되는 경우가 있었습니다. 이런 경우 그는 율법에 따라 일정 기간 동안 빚을 준 자에게 노역(勞役)을 제공해야만 했습니다. 여기에서 중요한 것은 그 기간이 한정되어 있다는 사실인데, 본문에 나타나는 것처럼 그것은 6년 동안이었습니다. 또 어떤 사람이 도둑질을 했다면, 그는 감옥에 가는 대신 일곱 배로 배상할 수 있었습니다. 그러나 만일 그가 돈이 없다면, 그는 그 값을 다 치를 때까지 종이 되었습니다. 나는 이러한 제도가 지나치게 가혹한 것이라고 결코 생각하지 않습니다. 도리어 그 안에 상당한 분량의 정의(正義)가 있다고 생각합니다. 때로 극도로 가난한 사람은 부유한 사람에게 6년 동안 자신의 노역을 팔았습니다. 그러면 그를 산 사람은 그에게 먹을 것과 입을 것과 거할 처소를 제공해야만 했습니다. 이것은 오늘날 영국사회에서 통용되는 일부 고용제도와 매우 유사합니다.

  본문의 율법을 다시 한 번 보십시오. 만일 어떤 사람이 스스로를 팔았든지 혹은 빚을 갚지 못함으로 인해 주인에게 팔릴 수밖에 없게 되었다면, 그는 6년 후 자유인이 될 수 있었습니다. 그는 자유롭게 주인의 집을 떠나 자기가 원하는 곳으로 갈 수 있었습니다. 그러나 어떤 종에게 주인의 집에서 종으로 일하는 것이 그다지 힘들게 느껴지지 않을 수 있었습니다. 또 어떤 경우에는 종으로 있는 것이 자신에게 더 유익할 수도 있었습니다. 그런 경우 그는 계속해서 주인의 집에서 종으로 있기를 더 좋아할 것이었습니다. 이런 경우 종은 재판장 앞에 나아가 자신의 입장을 분명하게 말해야 했습니다. 본문 말씀을 주의 깊게 읽어 보십시오. 종은 자기가 자유인이 되는 것보다 그대로 종으로 남아 있는 것을 정말로 원한다고 분명하게 말함으로써 이 문제에 대해 의문의 여지가 없게 해야 했습니다. 자신이 원하는 바와 그 이유, 즉 예컨대 주인을 좋아하고 또 종으로 있는 중에 얻은 처자식을 사랑하기 때문이라고 분명하게 진술해야 했습니다. 그러면 사람들은 그를 주인의 집의 문이나 문설주 앞으로 데리고 가서 그것에다가 송곳으로 그의 귀를 뚫어야 했습니다(6절). 이러한 의식(儀式)은 종신토록 종이 되는 것을 어느 정도 어렵게 만듦으로써 가능하면 자유인이 되도록 하기 위한 목적으로 의도된 것이었습니다. 그러나 만일 그가 상당 부분 고통이 따르는 그와 같은 의식에 동의하면서 계속해서 종으로 남아 있는 것이 자신의 원하는 바임을 재판장 앞에 분명하게 선언한다면, 그는 종신토록 자신의 주인의 종으로 남아 있을 수 있었습니다.

우리는 이것을 하나의 모형으로 취하면서, 이것으로부터 몇 가지 도덕적인 교훈들을 도출할 것입니다. 첫 번째 교훈은 사람들은 본질적으로 죄의 종이라는 사실입니다. 어떤 사람은 술의 종이며, 어떤 사람은 음행의 종이며, 어떤 사람은 탐심의 종이며, 어떤 사람은 게으름의 종입니다. 그러나 일반적으로 사람들이 살아가는 가운데 그러한 속박으로부터 벗어날 기회가 있습니다. 어떤 신적 섭리의 변화로 인해 그들이 옛 주인으로부터 벗어나 자유인이 될 수 있는 기회가 올 수 있습니다. 때로 어떤 병이 생김으로 말미암아 유혹을 벗어나 깊이 생각할 수 있는 기회가 오기도 합니다. 무엇보다도 말씀을 들으면서 양심이 찔림을 받아 스스로 다음과 같이 묻는 때도 올 것입니다. "아, 나는 오랫동안 마귀의 종노릇을 해왔어. 그러나 이제 나는 자유롭게 되어야만 해. 어떻게 이러한 죄를 버릴 수 있을까? 하나님께 이러한 죄를 버리고 새 사람이 되도록 은혜를 달라고 기도할까?" 지금 이 자리에 앉아 있는 어떤 죄인에게 지금이 바로 그 순간일는지도 모릅니다.

사랑하는 친구여, 간절히 당부하노니 이러한 순간을 소홀히 여기지 마십시오. 왜냐하면 이러한 때는 자주 오지 않기 때문입니다. 만일 당신이 이러한 때를 고의적으로 배척한다면, 어쩌면 이러한 순간은 다시 오지 않을는지도 모릅니다. 만일 당신이 계속해서 정욕의 종이 되고자 마음먹는다면, 당신의 정욕은 정말로 당신을 종으로 삼을 것입니다. 만일 당신이 술의 종이 되는 것으로 만족한다면, 술은 그 황홀한 마력으로 쇠사슬에 매인 죄수보다 더 강하게 당신을 붙잡을 것입니다. 만일 당신이 기꺼이 불신앙과 육신의 쾌락의 종이 되고자 한다면, 그러한 것들은 당신을 쇠사슬로 영원히 결박할 것입니다. 사람들이 자유롭게 될 수 있는 때가 있습니다. 그들을 가두고 있던 옥문(獄門)이 잠시 동안 열립니다. 아그립바는 "네가 나를 권하여 그리스도인이 되게 하려 하는도다"(행 26:28)라고 외쳤습니다. 벨릭스는 두려워 떨면서 그 일에 대해 더 듣고자 했습니다. 많은 사람들이 이러한 상황에서 자유를 얻었지만, 그러나 그들은 계속해서 예전의 상태로 남아 있기를 더 좋아했습니다. 그 결과가 무엇이었습니까? 죄가 그들의 귀를 뚫음으로써, 그날부터 그들의 양심이 두려움으로 떠는 일은 거의 없게 되었습니다. 그들은 죄를 범하며 죄 가운데 있으면서도 별다른 형벌을 받지 않았습니다. 그러는 가운데 지옥으로 향하는 눈금은 점점 더 빨라졌으며, 그들은 점점 더 빠른 속도로 지옥을 향해 내달렸습니다. 우리 가운데도 이런 사람들이 있지 않습니까? 악한 영이 그들로부터 나와 잠시 그들을 떠났습니다. 만일 하나님의 은혜가 들어와 그 집을 점령한다면, 그 악한 영은 결코 돌아오지 못할 것입니다. 그러나 그들은 그 악한 영을 다시 손짓하여 부릅니다. 그러면 그는 자기보다 더 악한 귀신 일곱과 함께 그들에게 돌아옵니다. 잠깐 동안 그들에게 희망이 있었지만, 그러나 그들의 나중 형편은 처음보다 더 나빠졌습니다. 죄의 종이여, 당신은 자유롭게 되지 않으렵니까? 당신의 6년은 오늘 밤 다 찼습니다. 당신은 자유롭게 되지 않으렵니까? 하나님의 영이 모든 사슬을 끊을 수 있도록 당신을 도우실 것입니다. 구속주가 당신의 족쇄를 끊을 것입니다. 당신은 자유를 위해 준비되었습니까? 혹시 당신의 마음은 기꺼이 사탄의 멍에 아래 살기를 선택합니까? 그렇다면, 조심하십시오. 습관의 송곳이 당신의 귀를 뚫을는지 모릅니다. 그러면 여러분에게는 더 이상 아무런 희망도 남지 않게 될 것입니다. 아, 당신은 자아(自我)의 희생자이며, 죄의 종이며, 자신의 배를 섬기는 우상 숭배자이며, 정욕의 노예입니다. 옛 속담에 "자유롭게 되고자 하는 자는 스스로 족쇄를 끊어야 한다"는 말이 있습니다. 그러나 나는 그 속담을 조금 바꾸고자 합니다. "자유롭게 되고자 하는 자는 그리스도께 족쇄를 끊어 달라고 부르짖어야 한다"라고 말입니다. 그러나 만일 그가 그렇게 하지 않고 도리어 자신의 멍에를 끌어안는다면, 그의 피가 그 자신의 머리로 돌아갈 것입니다.

그리스도인들이여, 여러분에 대한 교훈은 이것입니다. 만일 사탄의 종들이 자신들의 주인을 그토록 사랑한다면, 하물며 여러분은 여러분의 주인을 얼마나 더 사랑해야 마땅하겠습니까? 그들에게 있어 가정에 불행한 일들이 일어나고 몸에 병이 생기며 머리가 아프고 눈이 빨개지며 삶이 곤궁해짐에도 불구하고 그토록 주인을 추종한다면, 하물며 우리는 선하신 축복의 주님에 대해 얼마나 더 그렇게 해야 하겠습니까? 그의 짐은 얼마나 쉽고 그의 멍에는 얼마나 가볍습니까? 만일 그들이 지옥에 이르기까지 사탄을 따른다면, 여러분은 마땅히 다음과 같이 말해야 하지 않겠습니까?

> "예수께서 불과 홍수로 인도하신다 할지라도
> 나는 끝까지 그를 따를 것이라."

그들은 기꺼이 사탄을 따르는 종들입니다. 그렇다면 여러분은 더 큰 열정과 열심으로 기꺼이 그리스도를 따르는 종들이 되십시오.

본문이 우리에게 주는 두 번째 교훈은 이것입니다. 시편 40편 6절에서, 여러분은 우리 주님에 의해 인용된 표현을 발견하게 될 것입니다. 그것은 "주께서 나의 귀를 여시고"(My ear have You opened) 혹은 "주께서 나의 귀를 파시고"(My ear have You dug)라는 표현입니다(한글개역개정판에는 "주께서 내 귀를 통하여 내게 들려주시기를"이라고 되어 있음). 아마도 여기에서 예수 그리스도는 자신을 우리를 위한 영원한 하나님의 종으로서 말씀하고 계셨던 것으로 보입니다. 이것을 좀 더 세심하게 살펴보도록 합시다. 보이는 것들이 존재하기 훨씬 이전에, 예수는 아버지와 더불어 우리를 대신하여 종들의 종이 되겠다는 언약 속으로 들어가셨습니다. 그리고 그는 오랜 세대들을 통해 그러한 언약으로부터 결코 뒷걸음치지 않았습니다. 죄 사함을 위한 값이 자신의 피라는 사실을 알고 계셨음에도 불구하고, 그의 긍휼은 결코 거두어지지 않았습니다. 왜냐하면 그의 귀가 뚫렸기 때문입니다. 우리를 위해 그는 종신토록 하나님의 종이 되셨습니다. 그는 자신의 배필인 교회를 사랑하셨습니다. 그는 자신의 귀한 자녀들을 사랑하셨습니다. 그는 미래 세대들을 통찰하는 가운데 자신의 자녀들을 내다보셨습니다. 우리는 빚을 갚지 못함으로 인해 종들(slaves)이 되었으며, 그리스도는 우리를 대신하여 종(Servant)이 되었습니다. 그가 베들레헴의 구유에 오셨을 때, 그것은 사실상 그의 귀가 뚫리는 것이었습니다. 왜냐하면 바울이 동일한 말씀을 인용하면서 "오직 나를 위하여 한 몸을 예비하셨도다"(히 10:5)라고 덧붙이고 있기 때문입니다(시 40:6의 "주께서 내 귀를 통하여 내게 들려주시기를 제사와 예물을 기뻐하지 아니하시며 번제와 속죄제를 요구하지 아니하신다 하신지라"라는 말씀과 히 10:5의 "그러므로 주께서 세상에 임하실 때에 이르시되 하나님이 제사와 예물을 원하지 아니하시고 오직 나를 위하여 한 몸을 예비하셨도다"라는 구절을 비교해 보라 ─ 역주). 사람의 모양으로 나타나셨을 때, 그는 하나님을 섬기는 일로 운명지워져 있었습니다. 왜냐하면 그는 "십자가에 죽기까지 순종"해야만 했기 때문입니다. 그가 세례받기 위해 요단 강에 오셔서 "이제 허락하라 우리가 이와 같이 하여 모든 의를 이루는 것이 합당하니라"라고 말씀하셨을 때, 그는 이를테면 재판장들 앞에서 자신은 주인(하나님)과 아내(교회)와 자녀들을 사랑하므로 그들을 위해 영원히 종이 되겠노라고 분명하게 선언한 것입니다(마 3:15). 그가 광야에서 사탄과 마주 섰을 때, 사탄은 그에게 이 세상의 모든 왕국들을 주겠다고 했습니다. 그런데 어째서 예수 그리스도는 그것을 받아들이지 않았습니까? 왜냐하면 그의 귀가 뚫렸으므로 그는 면류관보다 십자가를 더 좋아했기 때문입니다. 나중에 그의 인기가 절정에 달했을 때, 백성들은 그를 왕으로 삼고자 했습니다. 그러나 그는 그들로부터 피하여 숨으셨습니다. 왜 그랬을까요? 왜냐하면 그가 온 것은 왕으로서 통치하기 위함이 아니라 종으로서 고난을 받기 위함이었기 때문입니다. 그의 귀는 구속의 일을 위해 뚫렸습니다. 그 일을 이룰 때까지 그는 쉴 수 없었습니다. 겟세마네 동산에서 그의 얼굴로부터 피로 얼룩진 땀방울이 떨어졌을 때, 그는 "아버지여 할 수만 있다면 이 잔이 내게서 지나가게 하옵소서"라고 기도했습니다. 어째서 그는 그 잔을 물리치지 않았습니까? 하고자 했다면, 그는 열두 영도 더 되는 천사들을 호출할 수 있었습니다. 그러면 천사들은 그를 구하기 위해 내려왔을 것입니다. 그런데 어째서 그는 하늘의 호위대를 호출하지 않았습니까? 그것은 그가 우리를 구원하는 일에 스스로를 온전히 드렸기 때문입니다. 자기를 재판하는 자들 앞에서 그는 스스로를 구원할 수 있었습니다. 그런데 어째서 그는 그렇게 하지 않았습니까? 그는 빌라도 앞에서 아무런 변론도 하지 않았습니다. 어째서 그는 털 깎는 자 앞에서 잠잠한 어린 양같이 아무 말도 하지 않았습니까? 어째서 그는 채찍으로 때리는 자에게 등을 내주며, 털 뽑는 자에게 얼굴을 내주었습니까? 어째서 그는 죽기까지 낮추시고, 실제로 십자가 위에서 모든 피를 쏟으셨습니까? 그것은 모두 그가 우리를 위해 모든 것을 떠맡고 끝까지 그 일을 이루기 위함이었습니다. 그의 귀가 뚫렸습니다. 그는 자신의 사랑하는 교회를 버릴 수도 없었고, 버리지도 않았습니다.

> "그의 사랑이 말합니다. 내가 그들을 위해
> 모든 고통과 슬픔의 깊음을 통과할 것이라.
> 그리고 십자가 위에서
> 사망의 쓰라린 괴로움을 감당할 것이라."

그는 얼마든지 그렇게 할 수 있었음에도 불구하고 스스로를 구원하려고 하지 않았습니다. "그가 남은 구원하였으되 자기는 구원할 수 없도다"(마 27:42).

신자들이여, 들어 보십시오. 이와 같이 예수 그리스도는 자신이 떠맡은 일로부터 벗어나려고 하지 않았습니다. 그렇다면 여러분도 그를 사랑하며 섬기는 일로부터 벗어나기를 바라서는 안 되지 않겠습니까? 그는 "다 이루었다"라고 말씀하실 때까지 계속해서 자신의 길을 가셨습니다. 그렇다면 여러분도 "나의 달려갈 길을 마치고 믿음을 지켰으니"라고 말할 수 있을 때까지 계속해서 믿음의 길을 달려야 하지 않겠습니까? 예수께서 여러분 앞에 가고 계시는데, 여러분은 그로부터 등을 돌릴 것입니까? 어떻게 그럴 수 있습니까? 여러분은 뒤로 물러날 것을 생각할 수 있습니까? 여러분의 주님이 여러분을 대신하여 골고다 십자가에 못 박히고 피 흘려 죽으시고 차가운 무덤에 누우셨는데, 여러분이 그를 버리며 배교하는 것이 도대체 어떻게 가능할 수 있단 말입니까? 그의 십자가를 바라보며 "그의 귀가 나를 위해 뚫린 것처럼, 나의 귀도 그를 섬기는 일에 뚫리게 하소서"라고 기도하지 않으시렵니까?

이제까지 본 설교의 서론 격으로 몇 가지를 살펴보았습니다. 그리스도 안에 있는 형제들이여, 나는 예수를 사랑하는 여러분에게 오늘 밤 종신토록 그를 섬기는 일을 기꺼이 떠맡자고 호소하고 싶습니다. 여러분의 헌신을 새롭게 하기 위해, 오늘 나는 여러분에게 영원한 섬김을 위한 우리의 선택과 그러한 선택을 위한 우리의 이유들에 대해 이야기하고자 합니다. 그리고 나서 나는 그러한 목적을 위해 내가 여기에서 준비한 몇 개의 날카로운 송곳들 가운데 하나로 여러분의 귀를 뚫고자 합니다.

1. 첫째로, 영원한 섬김을 위한 우리의 선택에 대해 이야기합시다.

여기에서 먼저 이야기할 것은 만일 우리가 원하기만 한다면 우리는 자유롭게 갈 수 있는 권리를 가지고 있다는 사실입니다. 나에게 있어 오늘은 결코 잊을 수 없는 날입니다. 이 시간 내 자신에 대해 이야기하는 것을 용서해 주기 바랍니다. 오늘 나는 그렇게 하지 않을 수 없습니다. 오늘은 내가 세례로써 주 예수 그리스도로 옷 입고 스스로를 그의 종으로 드리기로 맹세한 때로부터 정확하게 24년이 되는 날입니다. 지금 이 순간까지 나는 24년 동안 그를 섬기며 그의 일을 했습니다. 나는 그가 내게 이렇게 말씀하신다고 생각합니다. "네가 원하기만 한다면 너는 자유롭게 가도 좋다." 실제로 그는 여러분 모두에 대해서도 똑같이 말씀하십니다. "너희가 원하기만 한다면 너희는 자유롭게 가도 좋다. 나는 너희가 나를 마지못해 섬기도록 붙잡지 않을 것이다." 여러분이 갈 수 있는 곳은 많이 있습니다. 세상이 있으며, 육신이 있으며, 마귀가 있습니다. 만일 여러분이 원한다면, 여러분은 이런 것 가운데 하나를 여러분의 주인으로 선택할 수 있습니다. 예수는 여러분의 의지(意志)에 반하여 여러분을 강제로 붙잡지 않을 것입니다. 형제들이여, 여러분은 예수의 멍에를 벗어 버리고 자유롭게 나가기를 바랍니까? 이러한 질문에 대해 여러분은 원하기만 한다면 "예"라고 대답할 수 있습니다. 그러나 나는 결코 그의 멍에를 벗어 버리기를 원치 않습니다. 그의 멍에를 벗어 버리기는 고사하고 나는 차라리 다음과 같이 말할 것입니다.

> "아, 나는 은혜에 대해 얼마나 큰 빚을 졌는가?
> 나는 매일같이 그 빚에 속박되도다.
> 주여, 그 은혜로 나의 자발적인 의지를
> 족쇄처럼 당신께 묶어 주소서."

그리스도에 대해, 내가 발견한 대로 말하고자 합니다. 나는 그를 또다시 24년 동안만 섬기기를 원치 않습니다. 나는 그를 24만년, 아니 24억년, 아니 영원 무궁토록 섬기기를 원합니다. 왜냐하면 그의 멍에는 쉽고 그의 짐은 가볍기 때문입니다. 히브리서는 "그들이 나온 바 본향을 생각하였더라면 돌아갈 기회가 있었으려니와"(히 11:15)라고 말합니다. 실제로 우리에게는 그런 기회들이 있습니다. 그렇지만 우리가 멸망의 땅으로 돌아갈 것입니까? 우리가 영원한 형벌로 돌아갈 것입니까? 아닙니다. 하나님의 은혜로 말미암아 결코 그럴 수 없습니다. 우리는 가나안 땅을 향하며, 우리는 그 땅으로 갈 것입니다. 때로 우리 마음이 흔들릴는지 모릅니다. 그러나 하나님의 은혜는 여전히 우리의 마음을 굳게 붙잡아 주십니다. 그리고 우리는 이렇게 기도합니다.

> "주여, 때로 우리는 흔들리나이다.
> 때로 사랑하는 주님을 떠나려고 하기도 하나이다.
> 우리 마음이 여기 있사오니, 받으시고 인치소서.

하늘의 주의 궁정으로부터 우리 마음을 인치소서.”

이와 같이 원하기만 하면 자유롭게 나갈 수 있음에도 불구하고, 우리는 그렇게 하기를 원치 않습니다. 도리어 우리는 재판장들 앞에서 ― 다시 말해서 오늘 밤 여기 모인 무리 앞에서 ― 자유롭게 나갈 수 있음에도 불구하고 결코 그렇게 하기를 원하지 않는다고 분명하게 선언합니다. 기꺼이 그리고 추호도 머뭇거리지 않고 말입니다. 만일 그리스도를 섬기는 것이 족쇄라면, 주여, 갑절의 족쇄를 채워 주옵소서! 만일 당신을 섬기는 것이 멍에라면, 주여, 머리부터 발끝까지 멍에로 묶어 주옵소서. 왜냐하면 우리에게 있어 당신의 멍에로 묶여지는 것이 유일하며 완전한 자유이기 때문입니다. 그렇습니다. 그러므로 우리는 여기에서 이렇게 말할 것입니다.

“위대한 거래가 이루어졌도다.
나는 주의 것이요, 주는 나의 것이로다.
그는 나를 인도하시고 나는 그를 따르도다.
그의 아름다운 음성에 이끌려.”

또 우리는 이렇게 덧붙입니다.

“하늘이 거룩한 맹세를 들었으므로
그 음성이 매일같이 들릴 것이라.
우리 인생 다하는 그날까지.
그러므로 나는 그의 사랑스런 멍에를 송축하도다.”

나아가 우리는 그 결과들까지도 기꺼이 받아들이겠노라고 분명하게 그리고 기꺼이 선언할 수 있습니다. 그렇지 않습니까? 바로 이것이 중요한 문제입니다. 만일 우리가 영원히 그리스도의 종이 되고자 뜻한다면, 우리는 세상이 알지 못하는 특별한 고난들을 당할 것을 예상해야만 합니다. 귀를 뚫는 데에는 특별한 고통이 따릅니다. 마찬가지로 주를 섬기는 데에는 특별한 시련들이 포함되어 있습니다. 예수께서도 “무릇 열매를 맺는 가지는 더 열매를 맺게 하려 하여 그것을 깨끗하게 하시느니라"(요 15:2)라고 말씀하지 않으셨습니까? 가지를 깨끗하게 하는 것에는 고통이 따르는 법입니다. 아버지가 징계하지 않는 아들이 어디 있겠습니까? 그렇습니다. 그러므로 우리는 "주님이 우리를 지키시고 도우시는 한 우리는 무엇이든 기꺼이 감당할 것이라"라고 담대하게 말합니다. 우리는 그를 섬기는 것으로부터 도망치지 않습니다. 우리는 결코 그렇게 하지 않을 것입니다. 우리는 결코 그렇게 할 수 없습니다. 그 어떤 것도 우리로 하여금 그의 집으로부터 그리고 그를 섬기는 일로부터 도망치도록 만들 수 없습니다. 우리는 큰 기쁨과 담대함으로 "누가 우리를 그리스도의 사랑에서 끊으리요"(롬 8:35)라고 외칠 수 있습니다. 우리는 귀가 뚫리는 고통을 기꺼이 감내(堪耐)할 것입니다. 어쩌면 그로 인해 사람들이 우리를 조롱하며 비난할는지 모릅니다. 우리 가운데 많은 사람들이 오늘날까지 무수한 조롱과 비난을 당하면서 기꺼이 감내했습니다. 어떤 것도 우리를 요동하게 할 수 없었습니다. 도리어 우리는 담대하게 이렇게 선언할 수 있습니다.

> "주의 아름다운 이름을 위해
> 설령 나의 얼굴 위에 수치와 조롱이 있다 하더라도
> 나는 그것을 기쁘게 받아들일 것이라.
> 주께서 그 모든 것을 기억하실 것을 생각하며."

사랑하는 자들이여, 여러분도 마찬가지 아닙니까? 여러분도 그리스도를 아무 조건 없이 섬길 것이지 않습니까? 여러분도 그리스도를 어떤 난관과 위험에도 불구하고 섬길 것이지 않습니까? 수렁과 진흙탕과 높은 산과 험한 골짜기와 전쟁터라 하더라도, 여러분은 기꺼이 그를 따르지 않을 것입니까? 그렇습니다. 우리는 기꺼이 그렇게 할 것입니다. 하나님의 은혜가 주어지기만 한다면 말입니다. 또 우리 안에 성령께서 거하시기만 한다면 말입니다. 여러분은 어린 양이 어디로 이끌든지 그리로 따라가기를 바라지 않습니까? 여러분은 스스로를 희생제물로 드리기를 머뭇거립니까? 모두가 주를 버릴지라도 여러분은 끝까지 주를 따를 것이지 않습니까? 그렇습니다. 우리는 종신토록 그리스도의 종이 되기를 열망합니다. 그리고 그 안에 포함되어 있는 것은 그것이 무엇이든지 기꺼이 감당하기를 열망합니다. 그리스도를 사랑하는 모든 자들에게 말합니다. 우리는 그리스도를 조금 섬기기를 원하지 않습니다. 우리는 그를 많이 섬기기를 원합니다. 그가 우리에게 더 많은 능력을 부어 주실수록, 우리는 그를 더 많이 사랑할 것입니다. 그렇습니다. 또 그가 우리에게 그를 위해 더 많이 참고 인내할 수 있는 은혜를 주실수록, 우리는 더 많이 기뻐할 것입니다. 구주 예수 그리스도를 위해 많이 수고하며 고난을 감내하는 삶은 참으로 위대한 삶입니다. 여러분은 자유롭게 가기를 바라는 대신 스스로를 이와 같은 복된 멍에 속으로 더 깊이 던지기를 바라지 않습니까? 그리고 여러분의 몸에 주 예수의 흔적을 갖기를 바라지 않습니까? 그리고 종신토록 그의 인(印)이 찍힌 종이 되기를 바라지 않습니까? 그리고 바로 이것이 여러분이 열망하는 완전한 자유가 아닙니까? 지금까지 우리는 오늘의 첫 번째 주제인 '영원한 섬김에 대한 우리의 선택'에 대해 살펴보았습니다.

2. 둘째로, 그러한 선택에 대한 우리의 이유들을 살펴보도록 합시다.

어떤 중요한 결정을 할 때, 우리는 그렇게 결정할 만한 충분한 이유를 가지고 있어야만 합니다. 지난 24년 동안 우리는 주님을 섬기며 그의 일을 했습니다. 또 우리는 앞으로도 변함없이 그와 함께 살며, 그와 함께 죽고, 영원히 그와 함께 살기를 원합니다. 그러면 이와 같이 담대하게 말함에 있어 우리는 어떤 이유들을 제시할 수 있습니까?

첫 번째로, 우리는 주인과 연관된 이유들을 제시할 수 있습니다. 본문에 나타난 자유인이 되기를 원치 않았던 종을 보십시오. 그는 "내가 주인을 사랑하니"라고 말했습니다(5절. 한글개역개정판에는 "내가 상전을 사랑하니"라고 되어 있음). 우리도 그렇게 말할 수 있습니까? 나는 단순히 그렇게 말하는 것만으로는 결코 만족할 수 없습니다. 그것은 정말로 사실입니다. 내가 나의 주인을 사랑하는 것을 도대체 어떻게 표현할 수 있을까요? 지금 나는 벅찬 감정으로 숨이 막힐 지경입니다. 아, 그는 얼마나 복된 주인이십니까! 도대체 어떻게 그를 사랑하지 않을 수 있단 말입니까? 나의 본성 전체는 그에 대한 뜨거운 사랑으로 부풀어져 있습니다. 누가 그를 사랑하지 않을 수 있습니까? 그의 상처들을 보십시오. 그러면 여러분은 그를 사랑할 수밖에 없게 될 것입니다. 만일 여러분이 구속을 받았다면 말입니다. 피와 물이 흘러나왔던 그의 못 자국과 창 자국을 보십시오. 그것은 여러분의 죄를 위한 것이 아니었습니까? 그런데 여러분은 어떻게 그를 사랑하지 않을 수 있습니까? 그는 여러분을 위해 죽으셨습니다. 그는 여러분을 사기

(purchase) 위해 죽으셨습니다. 은과 금으로가 아니라, 그의 고통과 슬픔과 피와 죽음으로 말입니다. 오, 구주여! 우리로 하여금 당신을 버리는 마귀들이 되지 말게 하소서! 만일 우리가 당신처럼 아름답고 사랑스러운 주인을 버린다면, 우리는 마귀보다 더 악한 자가 될 것이나이다!

　우리는 우리 주인을 사랑합니다. 왜냐하면 그가 우리를 사시고, 지옥의 모든 비참한 것들로부터 구원하셨기 때문입니다. 또 우리가 그를 사랑하는 것은 그처럼 선하며, 온유하며, 고귀하며, 사랑스러우며, 영광스러운 주인이 결코 없기 때문입니다. 우리 주인은 그 자체로 완전하십니다. 그와 비견할 존재는 우주 전체를 통해 결코 없습니다. 우리는 지금 별들을 찬미할 수 없습니다. 왜냐하면 해를 보았기 때문입니다. 우리는 땅의 보잘것없는 것들로 열광할 수 없습니다. 왜냐하면 하늘의 주인이 우리를 내려다보고 계시는 가운데 그의 눈빛이 우리로 하여금 그를 영원히 열광하도록 만들기 때문입니다. 여러분은 예수를 섬기는 일을 그만두기를 바랍니까? 결코 그럴 수 없습니다. 우리의 영혼 속에 결코 그와 같은 생각이 자리 잡을 수 없습니다. 사랑하는 여러분, 나는 여러분이 주인을 바꾸기를 바라지 않는다고 굳게 확신합니다. 그렇지 않습니까? 여러분은 여러분의 주인에 대해 충분히 기뻐하지 않습니까? 여러분은 그가 여러분을 대하는 모든 것에 대해 충분히 기뻐하지 않습니까? 어떤 종이 새로운 일자리를 얻기 위해 시골로부터 도시로 올라왔다고 생각해 보십시오. 만일 그가 다시 고향으로 돌아온다면, 그의 옛 친구들이 그 주위에 모여 이렇게 물을 것입니다. "존, 그래 새로운 일자리는 찾았어? 새로운 주인은 너를 잘 대해줘? 그 일은 너무 힘들지 않아? 잘 먹고 잘 입고 잘 지내?" 그리스도인들이여, 여러분의 옛 친구들에게 여러분 스스로 대답해 보십시오. 그들의 여러 질문들에 대해 여러분 스스로 답변해 보십시오. 만일 여러분이 예수에 대해 어떤 허물을 발견할 수 있다면, 그들에게 그대로 말하십시오. 만일 그가 여러분을 학대하며 악하게 대했다면, 그렇게 말하십시오. 만일 그를 섬기는 일이 바람직하지 않은 일이었다면, 다른 사람들을 그와 같은 바람직하지 않은 일로 이끌지 마십시오. 나의 경우를 말한다면, 나보다 더 나쁜 종은 결코 없었습니다. 그러나 나보다 더 좋은 주인을 가진 종도 결코 없었습니다. 그는 나의 모든 잘못된 행동들을 참아 주시고, 나를 그의 가족의 한 사람으로 대접해 주셨습니다. 때로 나는 그의 집의 골칫덩이였지만, 그러나 그는 한 번도 나에게 험한 말을 하지 않았습니다. "내 잔이 넘치나이다 내 평생에 선하심과 인자하심이 반드시 나를 따르리니 내가 여호와의 집에 영원히 살리로다"(시 23:5, 6). 오늘 밤 나는 나에 대한 그의 인자하심을 말하지 않을 수 없습니다. 24년 전에 나는 풋내기 청년으로서 예수의 이름으로 세례를 받기 위해 강으로 걸어 들어갔습니다. 그 때 나는 소심하며 겁이 많은 젊은이였습니다. 그러나 물로부터 나왔을 때, 사람의 두려움은 나의 마음으로부터 사라졌습니다. 나는 다시금 예전의 상태로 돌아가기를 바라지 않습니다. 그날 밤 나는 처음으로 기도모임에서 기도했습니다. 그리고 그날 이후 나의 입술은 단 한 번도 그의 달콤한 사랑을 말하는 일을 그치지 않았습니다.

> "그의 상처로부터 흘러나온 피와 물의 강을
> 믿음으로 바라본 이후,
> 나의 노래의 주제는 구속의 사랑이었으며
> 죽을 때까지 그럴 것이나이다."

나의 주인이 나를 위해 무슨 일을 행하셨는지 보십시오. 만일 어떤 사람이 그 때 나에게 "이 시간 이후 24년 동안 당신은 수많은 청중들에게 설교하며 능히 헤아릴 수 없이 많은 영적 자녀들을 갖게 될 것"이라고 말했다면, 나는 결코 그 말을 믿을 수 없었을 것입니다. 도대체 그런 일이 어떻게 가능할 수 있단 말입니까! 그 때 그러한 일은 불가능한 일로 보일 수밖에 없을 것이었습니다. 그러나 그대로 되지 않았습니까? 그의 오른손이 나를 위해 놀라운 일을 행하셨습니다. 그러므로 나의 마음은 "그의 이름에 영원무궁토록 영광을 돌릴지어다!"라고 소리칠 수밖에 없습니다. 나의 주인을 버리고 떠난다고요? 도대체 어떻게 내가 그토록 악하고 혐오스러운 생각을 할 수 있단 말입니까? 사랑하는 주인이여, 결코 그럴 수 없나이다! 나는 영원히 당신의 종이나이다! 나로 하여금 다시금 당신의 발에 입 맞추게 하소서! 그리고 사랑의 새 줄로 나를 당신께 영원히 매소서!

사랑하는 형제들이여, 주님은 여러분에게도 사랑과 인자를 베푸셨습니다. 그렇지 않습니까? 자, 여러분 스스로 말해 보십시오. 여러분도 일어나 나처럼 자신의 이야기를 할 수 있습니다. 여러분도 "나는 나의 주인을 사랑합니다. 나는 그를 사랑하지 않을 수 없습니다"라고 말할 수 있습니다.

본문에 등장하는 자유인이 되기를 원하지 않았던 종을 다시 한 번 생각해 보십시오. 그는 또한 자기 아내를 사랑하노라고 분명하게 선언했습니다. 예수의 종으로 하여금 복된 멍에 아래 그대로 남아 있도록 붙잡아 두는 데에는 그의 주인과 연관된 이유들뿐만 아니라 또한 주인의 집에 있는 사람들과 연관된 이유들도 있습니다. 사랑하는 여러분, 우리가 예수를 버리고 떠날 수 없는 것은 예수 그 자신 때문일 뿐만 아니라 또한 우리에게 너무도 소중한 어떤 사람들 때문이기도 합니다. 어떻게 내가 나의 어머니의 하나님을 버리고 떠날 수 있겠습니까? 어떻게 내가 나의 아버지의 하나님을 버리고 떠날 수 있겠습니까? 어떻게 내가 나의 할머니와 할아버지의 하나님을 버리고 떠날 수 있겠습니까? 나의 형제들이여, 어떻게 내가 여러분의 하나님을 버리고 떠날 수 있으며 그럼으로써 오랫동안 너무도 사랑한 여러분으로부터 나뉘어질 수 있겠습니까? 남편들이여, 여러분은 여러분의 아내의 하나님을 버리고 떠날 수 있습니까? 아내들이여, 여러분은 하늘에 있는 사랑하는 아기들의 하나님을 버릴 수 있습니까? 그들은 하늘에서 예수님의 품에 안겨 안식하고 있습니다. 여러분은 그들을 곧 다시 보고 싶지 않습니까? 한때 여러분의 품에 안겨 있던 그 아기들 때문에라도 여러분은 예수를 사랑하지 않습니까? 그렇습니다. 우리를 이와 같이 묶는 것은 단지 이 땅의 관계가 아닙니다. 우리가 모든 하나님의 백성들을 사랑하는 것은 우리와 그들 사이의 그리스도 안에서의 관계 때문입니다. 우리는 그의 교회에 대하여 "여기에 나의 최고의 친구들과 친척들이 거하고 있도다"라고 말할 수 있습니다. 우리는 십자가 밑에서 최고의 관계로 맺어집니다. 우리의 최고의 친구들이 누구입니까? 우리와 함께 무리를 지어 하나님의 전에 같이 올라가는 자들이 아닙니까? 이 땅에서의 대부분의 친구들을 우리는 예수 그리스도 안에서의 하나됨의 관계 속에서 얻습니다. 이와 같이 우리가 옛 복음 위에 굳게 서는 것은 그리스도 때문만이 아니라 또한 그의 백성들 때문이기도 합니다.

> "나의 친구들과 형제들로 인하여
> 여러분에게 평강이 있기를 기원합니다.
> 또한 우리 주 하나님으로 인하여
> 나는 항상 여러분의 선(善)을 구합니다."

본문의 종은 "내가 내 처자를 사랑하니 나가서 자유인이 되지 않겠노라"고 말했습니다. 그러므로 우리도 그렇게 말합니다.

뿐만 아니라 그리스도의 가정 안에 있는 자녀들 때문에 그를 떠날 수 없는 사람들도 있습니다. 그들은 우리로부터 그리스도를 배운 자들이며, 우리는 결코 그들을 떠날 수 없습니다. 이 자리에 있는 사람들 가운데 많은 사람들이 우리의 가르침과 기도로 인해 처음 그리스도를 만났고 그에게로 인도되었습니다. 우리는 그들로부터 도망칠 수 없습니다. 그들의 기도가 우리를 붙잡습니다. 또 그들 안에서 주님은 새 줄로 우리를 결박합니다. 일곱 혹은 여덟 명의 어린 아이들 때문에 남편을 떠날 수 없는 아내들도 있습니다. 이와 같이 목회자들은 자신의 영적 자녀들로 인해 자신의 자리를 떠날 수 없습니다. 성공적인 목회자는 계속해서 충성된 자리에 남을 것입니다. 그는 교회의 머리인 그리스도에 의해 굳게 지켜질 뿐만 아니라 또한 교회 그 자체에 의해 굳게 지켜집니다. 예수 그리스도의 복음 안에서 성령의 능력으로 그가 낳은 자들 때문에 말입니다.

나아가 주인을 떠날 수 없는 이유들 가운데 우리 자신으로부터 말미암은 이유들도 있습니다. 첫째는 베드로가 강하게 느꼈던 이유입니다. "너희도 가려느냐?"는 주님의 질문에, 베드로는 "주여 우리가 누구에게로 가오리이까"라고 대답했습니다(요 6:67, 68). 아 그리스도인들이여, 여러분에게 하늘로 가는 길 외에 다른 길은 없습니다. 여러분은 그 길 말고 어느 길로 갈 것입니까? 여러분은 그 길 외에 다른 어느 길로 갈 수 있단 말입니까? 우리가 도대체 세상과 무슨 상관이 있단 말입니까? 우리는 예수와 온전히 하나로 연합되지 않았습니까? 우리는 루비콘 강을 건넜습니다. 이제 우리에게 남은 것은 승리냐 죽음이냐 하는 것뿐입니다. 가련한 복음전도자가 어디에 숨을 수 있겠습니까? 그가 배교하겠습니까? 그가 어디에서 살 수 있겠습니까? 그를 아는 누군가가 "당신은 배교했습니까?"라고 묻지 않겠습니까? 땅끝까지 도망친다 하더라도, 누군가가 그를 조롱하며 "당신은 타락했습니까? 당신은 다른 길로 갔습니까?"라고 말하지 않겠습니까? 도대체 우리가 어디로 갈 수 있단 말입니까? 우리는 그리스도께 붙어 있어야만 합니다. 우리는 필연적으로 그렇게 해야만 합니다.

뿐만 아니라, 어째서 우리가 가야만 한단 말입니까? 형제들이여, 여러분은 우리가 그리스도를 버리고 떠나야만 하는 이유를 발견할 수 있습니까? 여러분은 단 하나의 이유라도 생각할 수 있습니까? 나의 상상력이 부족해서 그런지 모르지만, 나는 단 하나의 이유도 생각해 낼 수 없습니다. 나는 예수께 굳게 붙어 있어야만 하는 이유를 백만 가지도 더 제시할 수 있습니다. 그러나 그를 버리고 떠나야만 하는 이유는 단 한 가지도 제시할 수 없습니다.

한 가지 질문을 더 생각해 볼까요? 만일 그리스도를 떠나야만 한다면, 그를 사랑하는 자는 도대체 언제 그를 떠나야 하겠습니까? 아직 젊은 동안 그를 떠날 것입니까? 젊은 시절의 인도자로서 그를 절실히 필요로 할 때 떠난단 말입니까? 그러면 중년 때에 그를 떠날 것입니까? 그 때는 일상의 무거운 짐 아래 고통할 때 아닙니까? 그 때야말로 우리로 하여금 자기 십자가를 감당할 수 있도록 도우시는 그분을 가장 크게 필요로 할 때가 아닙니까? 그러면 노년에 그를 떠날 것입니까? 아, 절대 안 됩니다. 그 때는 모든 것이 쇠하는 때가 아닙니까? 그 때야말로 정말로 그분이 필요할 때가 아닙니까? 살아 있는 동안 그를 떠날 것입니까? 어떻게 우리가 그분 없이 살 수 있습니까? 죽을 때 그를 떠날 것입니까? 어떻게 우리가 그분 없이 죽을 수 있습니까? 결코 그럴 수 없습니다. 우리는 그에게 붙어 있어야만 합니다. 그가 어디로 가든지, 우리는 그를 따라야만 합니다. 지금까지 우리는 영원히 그의 종이 되어야만 하는 여러 가지 이유들을 살펴보았습니다.

3. 마지막으로, 이제 나는 여러분의 귀를 뚫기를 원합니다.

여러분은 생명으로 향하기를 바랍니까? 그리스도인들이여, 여러분은 정말로 그러기를 바랍니까? 그러면 잠깐 여기 앉으십시오. 그리고 그 비용을 계산해 보십시오. 저기에 깃발이 있습니다. 붉은 핏빛의 십자가 깃발이 저 꼭대기에서 펄럭이고 있습니다. 주님을 버리고 떠나기를 원하는 모든 사람은 자유롭게 갈 수 있습니다. 그리스도는 사람들에게 강압적으로 강요하기를 원하지 않습니다. 아, 자발적으로 나오는 자들이여! 이리로 오십시오! 우리는 바로 여러분 같은 사람들을 원합니다. 주님은 노예들을 원하지 않습니다. 노예들은 그의 군대를 도리어 미약하게 만들 뿐입니다. 겁쟁이들이여, 당신들은 가도 좋습니다. 두 마음을 품은 자들이여, 당신들은 그냥 자기 장막에 머무십시오. 그러나 참된 신자들이여, 당신들은 어떻게 하겠습니까? 당신들은 그리스도와 그의 깃발을 따를 것입니까? 당신들은 벌떡 일어나 "우리는 결코 예수로부터 나뉠 수 없습니다. 우리는 살아도 그와 함께 하고 죽어도 그와 함께 할 것입니다. 우리는 이 땅에서도 그와 함께 하고 영원에서도 그와 함께 할 것입니다. 우리는 영원히 그의 것입니다"라고 말하지 않을 것입니까? 그러면 이제 앞으로 나오십시오. 그리고 여러분의 귀를 뚫으십시오.

첫째로, 여러분의 귀를 구주의 고통의 날카로운 송곳으로 뚫으십시오. 얼마 전에 나는 여러분에게 가시면류관에 대해 설교했습니다. 그 때 나는 여러분에게 우리 주님을 괴롭게 했던 여러 가지 것들에 대해 이야기했습니다. 구주에 대해 들을 때마다, 여러분은 스스로 이렇게 말해야 합니다. "아, 그는 나의 귀를 뚫고 있어. 그는 나를 그의 십자가에 붙들어 매고 있어. 그는 나에게 표를 찍고 있어. 나는 나의 주님을 결코 버릴 수 없어. 그의 상처가 나를 강하게 끌어당기고 있어. 나는 새롭게 그에게 날아가고 있어. 세상이 나를 예수로부터 끌어낼 때, 나는 강력한 힘이 다시 나를 본래의 자리로 되돌리는 것을 느낄 수 있어. 나는 그리스도의 것이 틀림없어. 그의 고난이 나를 얻었어. 피 흘리는 어린 양이 나를 사로잡았어. 나는 그의 것이야. 그의 은혜로 말미암아 나는 영원히 그의 것이야." 이것은 귀를 뚫는 한 가지 방법입니다.

둘째로, 여러분의 귀를 하나님의 진리에 고정시키고 오직 복음만을 듣겠노라고 결심하십시오. 복음이 신자의 귀를 독점해야 합니다. 어떤 신자들은 세상의 온갖 잡다한 것들을 듣습니다. "총명한" 사람들이 그럴듯하게 말하는 것이라면 무엇이든지 말입니다. "총명한" 사람들이 말하는 것을 들을 때, 그들은 완전하게 만족하는 것처럼 보입니다. 그들이 말하는 것이 좋은 것인지 나쁜 것인지는 상관 없이 말입니다. 이것은 얼마나 어리석은 일입니까? 인간의 총명이라는 것이 도대체 무엇이란 말입니까? 사탄도 총명합니다. 큰 도둑들은 모두 총명합니다. 총명한 사람으로부터 나온 말이라고 해서 모두 영적인 말은 아닙니다. 나는 여러분이 거짓 이론에 귀를 기울이지 않기를 간절히 바랍니다. 오늘날 얼마나 많은 사람들이 갈대처럼 흔들립니까? 어떤 사람이 큰 소리로 그럴듯하게 말하면, 많은 사람들이 그가 말하는 것을 믿습니다. 사랑하는 형제들이여, 우리는 분별력을 가져야만 합니다. 그렇지 않으면 우리는 거짓을 방조하는 자가 될 것입니다. 예수 그리스도는 이렇게 말씀하셨습니다. "내 양은 내 음성을 들으며 나는 그들을 알며 그들은 나를 따르느니라 그러나 타인의 음성은 알지 못하는 고로 타인을 따르지 아니하고 도리어 도망하느니라"(요 10:5, 27). 만일 여러분이 영원히 그리스도의 소유가 되고자 한다면, 여러분은 자신의 귀로 하여금 거짓 이론을 듣도록 허락해서는 안 됩니다. 여러분은 거짓말을 듣지 않도록 주의해야 합니다. 여러분은 하나님의 진리를 알고 그것을 붙잡는 가운데 모든 거짓된 길을 부인해야 합니다. 거짓 교훈으로 자신의 귀를 오염시키면서 "나중에 그리스도께서 다시 나의 귀를 깨끗하게 해주시겠지"라고 생각하는 어리석은 자가 되지 마십시오. "네 듣는 것을 주의하라" — 이것은 무한한 지혜가 우리에게 가르치는 교훈입니다. 항상 마음으로 그 교훈을 새기십시오.

셋째로, 만일 여러분이 정말로 자신을 그리스도께 드리고자 한다면, 여러분은 자신의 귀를 열어 하나님의 영의 세미한 음성을 듣고 순종해야 합니다. 그리고 오직 그의 가르침에 순복해야 합니다. 어떤 그리스도인들은 자신들의 귀를 어떤 유명한 설교자에게 맡긴 채 그가 말하는 대로 따릅니다. 그것은 얼마나 두려운 일입니까! 그것은 그들에게 얼마나 심각한 위해(危害)를 끼칩니까! 올바른 길은 하나님의 영에게 순복하는 것입니다. 성경이 가는 길로 가십시오. 바로 그 길이 여러분이 가야만 하는 길입니다. 만일 우리나 혹은 하늘로부터 온 천사라도 성경이 가르치는 복음 외에 다른 복음을 전한다면, 여러분은 필경 저주를 받을 것입니다. 만일 여러분이 그것이 잘못된 것인 줄 알면서 주님을 따르는 것보다 우리를 따르는 것을 더 좋아했다면 말입니다. 여러분의 귀를 성령의 세미한 훈계에 여십시오. 만일 모든 그리스도인들이 성령께서 말씀하시는 것을 기꺼이 행하고자 한다면, 교회의 모든 종파주의와 분파주의는 즉시로 종식(終熄)될 것입니다. 아, 많은 사람들이 하나님의 마음을 알기를 원하지 않는 것은 얼마나 애통한 일입니까! 때로 사람들이 성경이 말하는 것에 대해 그다지 큰 관심을 기울이지 않는 것은 종종 그것이 기도서(Prayer Book)와 같지 않기 때문입니다. 공연히 자기 마음에 혼란을 일으키고 싶지 않은 것입니다. 때로 성경이 그들 종파의 교리들을 확증해 주지 않을 수도 있습니다. 따라서 그들은 성경을 그냥 덮어둔 채 내버려 둡니다. 왜냐하면 혼란에 빠지기를 원하지 않기 때문입니다. 형제들이여, 교파니 종파니 기도서니 교리문답이니 하는 것들은 차라리 개에게나 주어 버리십시오. 예수의 말씀 하나가 소홀히 여김을 당하느니 말입니다. 여러분의 귀를 하나님의 영과 그의 말씀의 교훈에 여십시오. 왜냐하면 그리스도의 종으로서 여러분의 귀가 뚫렸기 때문입니다. 이와 같이 여러분의 귀는 위에서 이야기한 세 가지 송곳에 의해 뚫려야만 합니다.

오늘날 많은 젊은 여성들이 귀를 뚫습니다. 나는 그것이 그들을 아프게 하는지 그렇지 않은지 알지 못합니다. 나는 본문에 묘사된 귀를 뚫는 작업이 사람에게 큰 고통을 가져다줄 것이라고는 생각하지 않습니다. 송곳이 귓볼을 관통할 때, 약간의 피를 흘리기는 한다고 하더라도 말입니다. 오늘날 사람들은 무슨 목적으로 귀를 뚫습니까? 그것은 장신구로서 귀고리를 걸기 위해서가 아닙니까? 보십시오. 그리스도인이 영원히 예수 그리스도에게 속하기 위해 귀를 뚫었을 때, 하나님은 그를 위해 그 귀에다가 보석을 걸어주실 것입니다. 그러면 그리스도인의 귀에 무슨 보석이 걸리게 될까요? 아, 그것은 순종의 보석입니다. 여러분의 귀가 듣는 교훈을 행하십시오. 그러면 기쁨의 다이아몬드가 따를 것입니다. 예수께 전적으로 속한 귀는 틀림없이 기쁨의 영의 보석으로 장식될 것입니다. 만일 우리가 우리 마음을 그리스도께 올려드리면, 그는 우리 귀에 값비싼 지식의 보석들을 걸어줄 것입니다. 우리가 하나님의 깊은 것들을 기꺼이 배우고자 할 때, 우리는 그러한 것들을 알게 될 것입니다. 우리는 뚫린 귀를 가지고 아이들처럼 예수의 발 앞에 앉아 그로부터 배울 것입니다. 그러면 루비와 에메랄드와 진주와 각종 보석들이 우리의 것이 될 것입니다. 그리고 우리의 귀에는 "여호와를 경외하는 즐거움"의 값비싼 보석들이 걸리게 될 것입니다(사 11:3). "주 여호와께서 나를 아침마다 깨우치시되 나의 귀를 깨우치사 학자들 같이 알아듣게 하시도다"(사 50:4). 또 우리의 귀에는 "세상으로부터의 분리"라는 값비싼 보석이 걸리게 될 것입니다. 또 "여호와께 성결"이라는 특징적인 표지가 지극히 값진 보석처럼 그리스도인의 귀에 있게 될 것입니다.

예전에 브런즈윅 공작이 소장하고 있던 보석들에 대한 이야기를 들은 적이 있습니다. 그는 혹시라도 자신의 보석들을 잃어버리지 않을까 항상 노심초사하면서, 실제로 그러한 보석들로 인해 행복한 시간을 거의 즐기지 못했습니다. 그런데 나중에 감정해 보니 그가 소장한 보석들 가운데 상당수가 실제로 그렇게 큰 가치를 갖는 것이 아니라는 사실이 드러났습니다. 그는 별 가치도 없는 것들에 대해 쓸데없이 노심초사했던 것입니다. 만일 여러분이 스스로를 그리스도께 드리면서 귀를 뚫는다면, 여러분의 귀에 걸리게 될 보석들은 지극히 값진 진주들이 될 것입니다. 심지어 천사들조차도 부러워할 만한 보석들일 것입니다. 젊은 여자들이여, 거기에서 여러분의 귀에 이러한 보석들이 걸릴 것입니다. 그리고 그토록 값비싼 보석으로 치장했다고 아무도 여러분을 비난하지 않을 것입니다. 젊은 남자들 역시도 그곳에서 귀고리를 하고 다닐 것입니다. 그리고 그렇게 한다고 해서 아무도 여러분을 겉멋이나 부리는 이상한 사람으로 생각하지 않을 것입니다. 주께서 여러분에게 그러한 보석들을 주시기를 기원합니다. 성찬상(聖

餐床)에 나아올 때, 다음과 같이 생각하면서 나아오십시오. '나는 지금 나의 언약을 새롭게 하기 위해 성찬상에 나아가고 있어. 나는 지금까지 그리스도인으로 살았어. 그의 은혜로 나는 주님을 전보다 더 사랑해. 그리고 앞으로 더 사랑할 거야. 그러므로 성찬을 통해 다시금 나 자신을 그에게 드릴 거야.'

아직 회심하지 못한 여러분, 여러분은 내가 진실을 말했다고 생각합니까? 만일 나의 주인이 나를 부당하게 대했다면, 나는 오래 전에 그로부터 도망쳤을 것입니다. 그러면 지금 이 자리에 서서 여러분에게 그는 좋은 주인이라고 말하는 일은 결코 없었을 것입니다. 그러나 그는 "나는 기꺼이 그의 영원한 종이 될 거야"라고 말할 만한 좋은 주인입니다. 여러분은 그런 바람을 가지고 있습니까? 그렇다면 사랑하는 여러분, "내게 오는 자는 내가 결코 내쫓지 아니하리라"(요 6:37)는 그의 말씀을 기억하십시오. 만일 여러분이 기꺼이 그의 소유가 되고자 한다면, 그는 기꺼이 여러분을 자신의 소유로 삼으실 것입니다. 그는 무수한 수의 종을 거느리기에 충분할 만큼 큰 왕입니다. 그에게 있어 "어떻게 저 많은 종들을 부양할꼬?"라고 걱정할 일은 추호도 없습니다. 그리스도를 필요로 함에도 불구하고 그리스도께서 필요로 하지 않은 영혼은 결코 없었습니다. 전에도 없었고 앞으로도 없을 것입니다. 조금도 걱정하지 마십시오. 만일 여러분이 그에게 간다면, 그는 여러분을 그의 종으로 받아주실 것입니다. 그리고 여러분에게 매일같이 영예로운 분깃을 나누어주실 것입니다. 구원의 길을 찾는 죄인들이여, 예수를 믿으십시오. 그리고 생명을 얻으십시오. 하나님이 그리스도로 인해 여러분에게 은혜를 베푸시기를 기원합니다. 아멘.

제
15
장

—

은 받침 — 구속(救贖)의 기초

—

"여호와께서 모세에게 말씀하여 이르시되 네가 이스라엘 자손의 수효를 조사할 때에 조사 받은 각 사람은 그들을 계수할 때에 자기의 생명의 속전을 여호와께 드릴지니 이는 그것을 계수할 때에 그들 중에 질병이 없게 하려 함이라 무릇 계수 중에 드는 자마다 성소의 세겔로 반 세겔을 낼지니 한 세겔은 이십 게라라 그 반 세겔을 여호와께 드릴지며 계수 중에 드는 모든 자 곧 스무 살 이상 된 자가 여호와께 드리되 너희의 생명을 대속하기 위하여 여호와께 드릴 때에 부자라고 반 세겔에서 더 내지 말고 가난한 자라고 덜 내지 말지며 너는 이스라엘 자손에게서 속전을 취하여 회막 봉사에 쓰라 이것이 여호와 앞에서 이스라엘 자손의 기념이 되어서 너희의 생명을 대속하리라." — 출 30:11-16

"계수된 자가 이십 세 이상으로 육십만 삼천오백오십 명인즉 성소의 세겔로 각 사람에게 은 한 베가 곧 반 세겔씩이라 은 백 달란트로 성소의 받침과 휘장 문의 기둥 받침을 모두 백 개를 부어 만들었으니 각 받침마다 한 달란트씩 모두 백 달란트요." — 출 38:26-27

　　모두 출애굽기 30장을 펴기 바랍니다. 나는 오늘의 설교를 본문을 개략적으로 설명하는 것으로 시작하고자 합니다. 하나님은 모세에게 이스라엘 자손의 수효를 조사할 때 20세 이상 된 모든 남자들로 하여금 속전(贖錢)으로서 반 세겔씩 내도록 하라고 명하셨습니다. 그들은 하나님께 대하여 빚이 있음을 인정하면서, 요구된 액수의 속전을 장차 사람의 아들들의 영혼을 위해 치러질 큰 구속의 예표로서 가져와야 했습니다. 이렇게 함으로써 하나님은 자기 백성들이 구속받은 백성들이라는 진리를 가르치셨습니다. 다른 곳에서 그들은 "여호와의 구속받은 자들"이라고 불립니다. 만일 어떤 사람들이 하나님이 정하신 구속을 배척한다면, 그들은 그의 백성이 아닙니다. 왜냐하면 하나님의 택하신 자들은 다음과 같이 말하여질 수 있기 때문입니다. "여호와께서 야곱을 구원하시되 그들보다 강한 자의 손에서 속량하셨으니"(렘 31:11). 그러므로 하나님의 백성들을 계수할 때, 우리는 적어도 속전을 가져옴으로써 자신이 그리스도 예수의 대속에 분깃을 가지고 있노라고 고백하는 사람들만을 계수해야 합니다. 다윗은 백성을 계수하면서 그들로부터 속전을 거두지 않았습니다. 그 결과가 무엇이었습니까? 그들 가운데 역병이 일어나지 않았습니까? 그는 하나님의 규례에 순종하는데 실패했습니다. 결과적으로 그는 구속받은 백성들을 계수한 것이 아니라, 단지 많은 무리의 사람들을 계수한 것일 뿐이었습니다. 우리 역시도 그리스도인의 수효를 계수하면서 자칫 소위 기독교 국가들의 인구 숫자를 계수하는 오류를 범하지 않도록 조심해야 합니다. 왜냐하면 오직 어린 양의 피로 말미암아 죄로부터 구속되고 하나님이 준비하신 속전을 개인적으로 영접한 자들만이 참된 그리스도인이기 때문입니다. 그들이 그리스도를 자신들의 구주로 영접하고 믿음으로 그를 아버지께 제시하는 것이 바로 그 손에 속전을 가지고 하나님께 나아오는 것입니다. 하나님의 백성들의 총수는 곧 예수 그리스도를 믿는 자들의 총수입니다. "우리는 그리스도 안에서 그의 은혜의 풍성함을 따라 그의 피로 말미암아 속량 곧 죄 사함을 받았느니라"(엡 1:7)라고 담대하게 고백할 수 있는 사람들 외에는 어느 누구도 하나님의 백성으로 계수되어서는 안 됩니다. 우리는 그리스도에 대해 아는 머리의 숫자를 계수해서는 안 됩니다. 도리어 우리는 속전을 영접하고 그것을 아버지께 드리는 손의 숫자를 계수해야 합니다. 우리는 외적으로 그리스도인이라 불리는 사람들의 숫자를 계수해서는 안 됩니다. 도리어 우리는 속죄의 희생제물을 영접하고 하나님 앞에 "사람들 가운데서 구속받은 자들"로서 살아가는 영혼들의 숫자를 계수해야 합니다.

이러한 구속이 개인적이며 개별적이라는 사실을 주목하십시오. 이스라엘 전체를 위해 총액 얼마를 드리라든지 혹은 각 지파 별로 얼마씩 드리라는 등의 말씀은 결코 나타나지 않습니다. 오직 각 사람이 자기를 위해 반 세겔씩 가져와야 했습니다. 이와 같이 구속은 오직 개인적으로 받고, 그것을 믿음으로 하나님 앞에 가져오는 것입니다. 여러분 각자가 주 예수에 관하여 "그가 나를 사랑하사 나를 위해 자신을 주셨도다"라고 말할 수 있을 뿐입니다. 사람들에게 "그렇습니다. 여러분이 알다시피 우리는 모두 죄인입니다. 그리스도는 우리 모두를 위해 죽으셨습니다"라고 가르치는 보편적 구속의 교리(만인구원론)는 우리에게 그다지 큰 위로의 기초가 되지 못합니다. 우리는 보편적인 구속이 아니라 개별적인 구속을 필요로 합니다. 우리는 우리를 실제로 그리고 개별적으로 구속하는 구속을 필요로 합니다. 사람의 죄를 위한 큰 희생제사는 우리에게 개별적인 속죄가 되어야만 합니다. 왜냐하면 오직 그럴 때에만 비로소 우리가 그것의 효능을 인식할 수 있기 때문입니다. 여러분 각자가 단순한 믿음으로 여러분의 손에 그리스도를 들고 아버지께 나아와야 합니다. 다른 속전은 없습니다. 여러분 각자가 그러한 속전을 아버지께 드려야 합니다. 그러지 않고는 결코 아버지께 합당하게 나아올 수 없습니다.

또 각 사람이 속전으로 반 세겔씩 가져오는 것은 절대적으로 필요한 일이었습니다. 왜냐하면 구속은 여러분과 내가 하나님께 받아들여질 수 있는 유일한 길이기 때문입니다. 만일 혈통으로 될 수 있었다면, 그들은 분명 구속의 특권을 가질 것이었습니다. 왜냐하면 그들은 혈통적으로 아브라함의 자손이었기 때문입니다. 그들은 혈통적으로 아브라함과 이삭과 야곱을 따라 나왔습니다. 따라서 그들은 "우리가 아브라함의 자손이라 남의 종이 된 적이 없거늘"(요 8:33)이라고 정당하게 말할 수 있었습니다. 그러나 구원은 혈통으로나 육정으로나 사람의 뜻으로 나지 않습니다(요 1:13). 구원은 오직 구속으로 말미암습니다. 참된 아브라함의 자손조차도 자신의 속전을 가져와야만 합니다. 그러므로 경건한 부모의 자녀인 여러분 역시도 그리스도 예수 안에 있는 구속으로 말미암아 구원을 발견해야만 합니다. 그렇지 않으면 여러분은 영원히 잃어질 것입니다. 그러므로 경건한 부모로부터 태어나 훌륭한 교육을 받은 자녀들은 회심할 필요가 없다고 말하는 오늘날의 어떤 설교자들의 거짓말을 믿지 마십시오. 여러분 역시도 다른 사람들과 마찬가지로 본질적으로 진노의 자녀입니다. 여러분은 거듭나야만 합니다. 여러분 역시도 이교도 자녀들과 마찬가지로 개인적으로 구속되어야만 합니다. 그렇지 않으면 여러분은 멸망을 당할 것입니다. 설령 목회자들과 순교자들과 사도들의 피가 여러분의 혈관 속에 흐르고 있다고 하더라도 말입니다. 오직 구속만이 하나님 앞에 받아들여질 수 있는 유일한 기초입니다. 경건한 부모로부터 태어났다든지 혹은 훌륭한 교육을 받았다든지 하는 따위는 그러한 기초가 될 수 없습니다.

　의심의 여지 없이 이스라엘의 무리 가운데 상당한 지위와 재산을 가지고 있는 자들이 많이 있었을 것입니다. 그러나 그들 역시도 속전을 가져와야만 합니다. 그렇지 않으면 그들 역시도 자신들의 지위와 재산 가운데 죽을 것입니다. 그런가 하면 지혜로운 마음을 가진 자들이나 뛰어난 기술을 가진 자들도 있었을 것입니다. 그렇지만 그들 역시도 구속되어야만 합니다. 그렇지 않으면 그 모든 것에도 불구하고 죽을 것입니다. 지위가 높은 자라고 해서 그의 지위가 그를 구원할 수 없었습니다. 나이가 많은 자라고 해서 그의 연륜이 그를 구원할 수 없었습니다. 모든 이스라엘 백성이 구속되어야 했습니다. 반 세겔을 내지 않고는 어느 누구도 이스라엘 명부에 기록될 수 없었습니다. 그가 누구이든 상관 없이 말입니다. 하나님이 그들의 하나님인 것은 그가 그들을 멍에의 집으로부터 구속하셨기 때문이었습니다. 또 그들이 그의 백성인 것은 그가 "자기 백성과 애굽 사람들 사이에 구속을 놓으셨기" 때문이었습니다. 그러므로 다윗은 다음과 같이 정당하게 물을 수 있었습니다. "땅의 어느 한 나라가 주의 백성 이스라엘과 같으리이까 하나님이 자기 백성을 구속하시려고 나가사 크고 두려운 일로 말미암아 이름을 얻으시고 애굽에서 구속하신 자기 백성 앞에서 모든 민족을 쫓아내셨사오며 주께서 주의 백성 이스라엘을 영원히 주의 백성으로 삼으셨사오니 여호와여 주께서 그들의 하나님이 되셨나이다"(대상 17:21, 22).

　나아가 모든 이스라엘 백성이 동일한 구속으로 똑같이 구속되어야만 했던 것을 주목하십시오. "너희의 생명을 대속하기 위하여 여호와께 드릴 때에 부자라고 반 세겔에서 더 내지 말고 가난한 자라고 덜 내지 말지며"(15절). 모든 사람이 구속되어야만 합니다. 보좌에 앉은 왕들도 구속되어야 하며, 토굴 속에 갇힌 죄수들도 구속되어야 합니다. 무식한 농부도 구속되어야 하며, 유식한 철학자도 구속되어야 합니다. 설교자도 구속되어야 하며, 방탕한 자도 구속되어야 합니다. 도덕주의자도 구속되어야 하며, 창녀와 도둑도 구속되어야 합니다. 모든 사람을 위한 속전은 동일해야만 했습니다. 왜냐하면 모든 사람이 범죄하여 동일한 정죄 아래 있기 때문입니다.

또한 그것은 신적 요구와 부합하는 구속이어야 했습니다. 왜냐하면 하나님은 모두가 동일하게 반 세겔씩 내라고 말씀하셨을 뿐만 아니라 또한 거래용(去來用) 세겔이 아니라 "성소의 세겔"로 낼 것을 요구하셨기 때문입니다. 하나님께 드리는 동전은 표준적인 세겔을 따라 성소에 드려져야 했습니다. 그것은 수많은 사람들의 손에 의해 닳거나 상처가 남으로써 그 양(量)이 저감(低減)되어서는 안 되었습니다. 그것을 명확하게 하기 위해 모세는 한 세겔의 무게를 정확하게 규정합니다. "한 세겔은 이십 게라라"(13절). 이와 같이 여러분은 하나님이 규정하신 구속을 그분께 가져와야 합니다. 그것은 그리스도의 피와 의입니다. 그 이상도 아니고 그 이하도 아닙니다. 그리스도의 속전은 완전무결합니다. 거기에 어떤 변이(變異)도 있어서는 안 됩니다. 그 값은 하나님의 요구를 완전하게 만족시켜야 합니다.

그와 같이 규정된 값이 사람을 **효과적으로** 구속했던 사실을 주목하십시오. 어떤 사람들은 효력 없는 구속으로 즐거워합니다. 모든 사람들이 구속받을 것이라고 말하는 보편적인 구속은 많은 사람들을 여전히 멍에 아래 남겨둡니다. 그들은 자신들이 말하는 구속에도 불구하고 지옥으로 갑니다. 그러므로 우리는 하나님의 택하신 자들의 개별적인 구속을 전파합니다. 그들은 효과적이며 실제적으로 구속됩니다. 왜냐하면 그들을 위해 지불된 속전이 그들을 자유롭게 했기 때문입니다. 어떤 보응의 역병도 그들을 치지 않을 것입니다. 왜냐하면 속전이 그들에게 영원한 구원을 가져다주었기 때문입니다.

이러한 모형 속에서 우리는 얼마나 많은 교훈을 찾을 수 있습니까? 더 깊이 연구할수록, 우리는 그것이 의미하는 바를 더 풍성하게 깨닫게 됩니다. 이스라엘 자손 가운데 계수되고 전쟁에 나감으로써 하나님을 섬기도록 허락된 모든 사람들은 분명 구속받은 백성들입니다. 왜냐하면 그들은 이스라엘 가운데 계수되었기 때문입니다. 우리 역시도 마찬가지입니다. 만일 우리가 참된 하나님의 백성과 종이라면, 우리는 우리 주 예수 그리스도로 말미암은 구속의 사실 안에서 그러한 특권을 찾아야만 합니다. "진리의 하나님이여, 주는 나를 구속하셨나이다" — 이것이 우리 각자의 기쁨이요 영광입니다.

　　이제 두 번째 본문을 살펴보도록 합시다. 여기에서 우리는 매우 주목할 만한 사실을 배우게 됩니다. 38장 26절에서 우리는 603,550명의 사람들이 속전으로 반 세겔씩 낸 은의 총량이 상당한 무게에 달했음을 발견합니다. 그것은 오늘날의 계량단위로 4톤 이상이 되었을 것입니다. 이러한 분량의 은은 성막을 건축하는 용도로 드려졌으며, 그것으로 성막의 벽이 되는 널빤지가 놓이는 받침을 만들어야 했습니다. 그리하여 그들은 전체 은으로 백 개의 받침을 만들었으며, 그것으로 오십 개의 널빤지를 받쳤습니다. 그들은 광야에 있었습니다. 그들과 성막은 계속적으로 움직이며 이동해야 했습니다. 그들은 광야의 모래 위에 기초를 세우든지, 아니면 반석이 나올 때까지 계속해서 파들어 가야만 했습니다. 전자는 너무나 부실한 기초가 될 것이며, 후자는 계속해서 이동해야 하는 상황에서 너무나 과중한 일이 될 것이었습니다. 그리하여 하나님은 성막의 기초가 항상 그들을 따라 다니도록 계획하셨습니다. 각각의 받침에 은 한 달란트가 사용되었는데, 은 한 달란트는 오늘날의 계량단위로 대략 45kg 정도 될 것입니다. 각 받침은 쐐기의 형태로 땅에 박도록 만들어졌든지, 아니면 정사각형의 접시 같은 형태로 땅 위에 놓이도록 만들어졌을 것입니다. 쐐기의 형태든 접시의 형태든, 각각의 받침들은 성막의 벽을 이루는 널빤지들과 서로 장부와 장붓구멍으로 단단히 연결되도록 고안되었습니다. 이렇게 하여 성막은 이동을 위해 쉽게 해체할 수 있었을 뿐만 아니라, 일단 세우면 모든 부품들이 서로 연결되어 하나의 전체로서 매우 견고하며 안전한 구조물이 되었습니다.

　　여기에서 이러한 기초가 속전(贖錢)으로 만들어졌다는 사실을 주목하십시오. 이것은 얼마나 놀라운 상징입니까? 이스라엘의 예배의 기초는 구속이었습니다. 그들의 하나님 여호와의 처소는 속죄 위에 세워졌습니다. 썩지 않는 나무와 보배로운 금으로 만들어진 모든 널빤지들은 속전 위에 세워졌습니다. 비할 데 없이 아름다운 세마포 휘장들과 전체 구조물은 백성들이 속전으로 낸 은(銀) 위에 세워졌습니다. 오직 하나의 예외가 있었는데, 그것은 성소로 들어가는 입구가 되는 문이었습니다. 문의 기둥들은 놋 받침 위에 세워졌습니다. 아마도 그것은 제사장들이 그곳을 자주 들락날락하기 때문이었을 것입니다. 이스라엘 백성들은 구속의 증표를 함부로 밟아서는 안 되었습니다. 이스라엘이 애굽으로부터 나올 때 뿌려졌던 어린 양의 피를 생각해 보십시오. 그 피는 문 인방과 좌우 설주에 뿌려졌습니다. 반면 문지방에 뿌려져서는 안 되었습니다. 왜냐하면 그렇게 하면 사람들에 의해 함부로 밟혀질 것이었기 때문입니다. 이 모든 것은 속죄가 모든 거룩한 것들을 떠받치는 보배로운 기초가 되는 것이라는 사실과 그렇기 때문에 그것은 결코 경홀히 여겨져서는 안 된다는 사실을 나타내기 위해 의도된 것이었습니다. 구속을 경홀히 여기며 짓밟는 자에게 임할 화는 얼마나 크고 두렵겠습니까? "하물며 하나님의 아들을 짓밟고 자기를 거룩하게 한 언약의 피를 부정한 것으로 여기고 은혜의 성령을 욕되게 하는 자가 당연히 받을 형벌은 얼마나 더 무겁겠느냐 너희는 생각하라"(히 10:29).

여기에서 나는 여러분 앞에 본문의 모형을 교리의 증거로서 제시하지 않습니다. 단지 그것을 하나의 그림 혹은 삽화(illustration)로 사용할 뿐입니다. 내가 볼 때, 그것은 많은 의미를 함축하고 있는 매우 두드러진 상징입니다. 그것은 몇몇 하나님의 보배로운 진리들을 가장 명쾌하게 제시합니다. 나는 이러한 그림을 사용함에 있어 조금도 거리낌을 느끼지 않습니다. 왜냐하면 그것은 일반적으로 인정된 모형들 가운데 하나로서 근거 없는 것이 결코 아니기 때문입니다. 어째서 그들은 쇠 받침으로 기초를 만들 수 없었을까요? 어째서 그들은 통상적으로 장막을 세울 때 사용하는 말뚝과 줄로 만족할 수 없었을까요? 어째서 그들은 은 받침으로 기초를 만들어야만 했을까요? 어째서 하나님은 특정한 은으로 받침을 만들라고 명하셨을까요? 어째서 그것을 유독 속전으로 만들어야만 했을까요? 어째서 다른 것으로 만들면 안 되었을까요? 나는 여기에 분명한 이유가 있었다고 믿습니다. 그리고 여기에는 우리가 보고자 하면 충분히 볼 수 있는 분명한 교훈이 있습니다.

구속의 두드러진 특성은 성막에서만 나타난 것이 아니었습니다. 성막이 성전으로 대체되었을 때에도, 구속은 그것의 기초 가운데 여전히 두드러지게 나타났습니다. 성전의 기초는 무엇이었습니까? 그것은 모리아 산의 반석이었습니다. 모리아 산이 어디입니까? 그곳은 구속과 속죄가 나타났던 장소가 아닙니까? 그곳은 아브라함이 칼을 들어 그 아들 이삭을 제물로 바치려고 했던 장소였습니다. 그것은 하늘 아버지가 자신의 독생자를 희생제물로 주실 것을 보여주는 선명한 그림이었습니다. 거기에 수풀 가운데 숫양이 있었고, 그 양이 이삭을 대신하여 제물로 드려졌습니다. 이것은 인간을 대신하여 대속물이 드려지는 것을 보여주는 얼마나 멋진 상징입니까! 뿐만 아니라 나중에 다윗이 속전(贖錢) 없이 백성들을 계수했을 때 천사가 칼을 빼들고 선 곳이 바로 이곳 모리아 산이었습니다. 그리하여 다윗은 그곳에서 희생제사와 번제를 드렸습니다. 희생제사가 받아들여지자 천사는 빼어든 칼을 다시 칼집에 꽂았는데, 이것은 구속의 능력을 보여주는 또 하나의 그림이었습니다. 구속으로 인해 긍휼이 심판을 이기고 기뻐하는 그림 말입니다. 그 때 하나님은 보응의 천사에게 기념비적인 말씀을 하셨습니다. "족하다 이제는 네 손을 거두라"(삼하 24:16). 여기의 "족하다"는 구속의 면류관입니다. 우리의 위대한 희생제물이 "다 이루었다"라고 말씀하셨을 때, 그 제물을 받으신 하나님은 "족하다"라고 말씀하십니다. 이와 같이 시온 산은 얼마나 놀라운 구속의 장소입니까! 성전이 구속(救贖)의 모형이 가장 풍부하게 나타난 산 위에 세워진 것처럼, 광야에서 성막은 속전(贖錢)으로 만들어진 기초 위에 세워졌던 것입니다. 지금까지 이야기한 것은 우리에게 풍성한 영적 양식이 될 것입니다. 하나님이여, 우리에게 하늘의 떡으로 먹이시고 그것으로 우리가 장성한 자로 자라게 하소서! 살아 계신 하나님의 영이시여, 이 일에 우리를 도우소서!

1. 첫째로, 본문의 그림이 "하나님이 어떤 방법으로 사람과 관계를 맺으시는지"와 관련하여 우리에게 무엇을 가르치는지 주목하십시오.

광야의 성막은 하나님이 사람들과 교제하기 위해 내려오셨음을 보여주는 상징이었습니다. 눈에 보이는 구름 기둥과 불 기둥, 은혜의 보좌 위에서 빛나는 쉐키나의 찬란한 빛 — 이러한 것들은 이스라엘의 한가운데 계시는 하나님의 특별한 임재를 보여주는 증표들이었습니다. 인간에 대한 자신의 다루심과 관련하여, 하나님은 우리에게 다음과 같은 사실을 가르치는 것처럼 보입니다. 즉 하나님은 오직 구속의 기초 위에서 은혜의 방법으로 사람을 만난다고 하는 사실 말입니다. 하나님은 사람을 자신의 성소(聖所) 안에서 사랑과 은혜로서 다루십니다. 그러나 성소의 기초는 항상 속죄여야만 합니다. 사랑하는 친구들이여, 우리의 측면에서 우리의 구속자 예수 그리스도를 통하지 않고는 결코 하나님과 만날 수 없다는 사실을 명심하십시오. 나에게도 "나는 절대적인 하나님과 아무 관계도 갖지 못할 것이라"고 부르짖었던 루터와 똑같은 마음을 가졌던 때가 있었습니다. 그리스도 밖에서의 하나님은 우리에게 두려움입니다. 심지어 그리스도 안에서조차 하나님은 소멸하는 불이십니다. "우리 하나님은 소멸하는 불이심이라"(히 12:29).

> "사람의 육체 가운데 오신 하나님을 볼 때까지
> 나의 마음엔 위로가 없었도다.
> 거룩하시며 공의로우신 하나님은
> 나의 마음에 두려움이었도다.
> 그러나 임마누엘의 얼굴이 나타날 때,
> 나의 소망과 나의 기쁨은 시작되도다.
> 그의 이름은 나의 노예적인 두려움을 금하고,
> 그의 은혜는 나의 죄를 제거하도다."

여러분은 단순히 선택의 기초 위에서 하나님을 만나려고 시도해서는 안 됩니다. '속죄하는 아들'을 통하지 않고 '선택하는 아버지'에게 다가가려고 시도하는 것은 망령된 일입니다. 그리스도는 "나로 말미암지 않고는 아버지께로 올 자가 없느니라"(요 14:6)고 말씀하십니다. 또 절대로 여러분 자신의 거룩함의 기초 위에서 하나님과 교제하려고 시도하지 마십시오. 그것은 단지 하나님의 진노를 불러올 뿐입니다. 항상 구속자와 함께 성소(聖所)에 들어가십시오. 피 없이는 결코 성소에 들어갈 수 없다는 사실을 잊지 마십시오. 심지어 대제사장이 일 년에 한 번 지성소에 들어갈 때조차도, "피 없이는" 결코 그렇게 할 수 없었습니다. 하나님이 사람에게 오시는 것도 마찬가지입니다. 그것 역시도 오직 예수 그리스도의 위대한 희생제사를 통해서만 가능합니다. 그의 희생제사가 모든 것의 기초가 되어야만 합니다.

하나님이 우리에게 오시는 것뿐만 아니라 하나님이 우리와 함께 거하시는 것도 동일한 기초 위에 세워집니다. 왜냐하면 성막은 이를테면 하나님의 집으로서, 하나님이 자기 백성들 가운데 특별하게 거하셨던 장소였기 때문입니다. "내가 그들 가운데 거하며 그들 가운데 행하리라"라고 말씀하셨던 것처럼 말입니다. 그러나 하나님은 속전의 은(銀) 위에 세워진 장막 외에는 그 어느 곳에서도 그들과 함께 거하시지 않으셨습니다. 사랑하는 친구여, 만일 당신이 예수 그리스도의 구속 위에서 하나님과 교제하는 자가 되었다면, 당신은 오직 그 기초 위에서만 계속해서 하나님과의 교제를 유지할 수 있을 뿐입니다. 때로 어떤 사람들은 나에게 성화(聖化)된 자로서 좀 더 높은 기초 위에서 하나님께 나아가라고 말합니다. 그러나 내가 처음 디디고 선 반석이 계속해서 서 있기에 훨씬 더 안전합니다. 설령 그 기초가 그 위에 나무로 만든 단(檀)보다는 좀 낮다고 하더라도 말입니다. 나는 스스로 성취한 온전함의 기초 위에서 하나님과 동행하고자 하는 자들은 오래지 않아 그 기초가 썩은 나무 단(檀)에 불과하다는 사실을 깨닫게 될 것이라고 믿습니다. 그리고 그러한 단은 머지않아 무너질 것입니다. 내가 오늘 하나님 앞에 설 수 있는 기초는 처음 하나님 앞에 설 때의 기초와 다르지 않습니다. 나는 여전히 자격이 없음에도 불구하고 여전히 아들 안에서 받아들여집니다. 나 스스로는 여전히 죄인이요 잃어진 자요 멸망 아래 있는 자이지만, 그러나 그리스도의 인격과 사역 안에서 나는 여전히 받아들여지고 복을 받고 사랑을 받습니다. 사랑하는 친구여, 하나님은 당신과 함께 거하실 수 없으며 당신은 곧 하나님과의 모든 교제를 잃고 어둠 가운데 떨어지게 될 것입니다. 만일 당신이 스스로 거룩해졌다고 느낀다든지 혹은 그의 일을 열심히 행했다든지 혹은 많은 지식을 가졌다든지 혹은 이제 경험이 많은 신자가 되었다는 등의 기초 위에서 하나님과 동행하려고 시도한다면 말입니다. 아닙니다! 아닙니다! 아닙니다! 하나님은 오직 자신의 사랑하는 아들로 말미암은 구속의 기초 위에 세워진 성막 안에서만 우리들과 함께 거하실 것입니다.

　　사랑하는 자들이여, 속죄로 말미암지 않고는 하나님과 우리 사이의 교제 역시도 결코 가능하지 않습니다. 여러분은 기도의 필요성을 느낍니까? 그러나 예수 그리스도로 말미암지 않고는 여러분은 결코 하나님과 더불어 말할 수 없습니다. 여러분은 찬미하기를 원합니까? 그러나 그리스도로 말미암지 않고는 여러분은 연기 나는 향으로 가득한 향로(香爐)를 결코 하나님께 가져갈 수 없습니다. 오직 속전(贖錢)의 기초 위에서, 여러분은 하나님께 말할 수도 있고 또 하나님이 말씀하시는 것을 들을 수도 있습니다. 여러분은 하나님의 영광스러운 음성을 듣기를 바랍니까? 여러분은 하나님이 사랑하는 자녀에게 말하는 것처럼 여러분에게 말하기를 바랍니까? 오직 예수 그리스도로 말미암아 그것을 기대하십시오. 왜냐하면 “그로 말미암아 우리가 한 성령 안에서 아버지께 나아감을 얻기” 때문입니다(엡 2:18). 설령 우리가 자녀라 하더라도, 우리는 예수로 말미암지 않고는 결코 아버지께 나아갈 수 없습니다. 심지어 하나님과 가장 가깝게 살고 있는 사람에게 있어서조차 교제의 성막은 속전 위에 세워져야 합니다. 값없는 은혜와 죽으심의 사랑이, 우리가 지극히 높은 자와 더불어 말하기 위해 성소(聖所)에 들어갈 때 우리의 옷 위에서 울리는 금종(金鐘)이 되어야 합니다.

뿐만 아니라 성막은 거룩한 섬김의 장소였습니다. 거기에서 제사장들은 하루 종일 지극히 높은 자에게 희생제물을 드렸습니다. 여러분과 나는 제사장으로서 하나님을 섬깁니다. 왜냐하면 하나님이 우리를 왕 같은 제사장으로 만드셨기 때문입니다. 그렇지만 우리는 어떻게 그리고 어디에서 우리의 제사장직을 수행할 수 있습니까? 그것은 이 세상의 모든 곳입니다. 그러나 하나님 앞에서 우리가 서 있는 성전의 기초와, 제사장으로서의 우리의 모든 일을 받으시는 토대는 구속입니다. 제사장들은 사람이 가꾼 정원이나 혹은 자연적으로 형성된 구릉(丘陵) 같은 장소에서 희생제물을 드리지 않았습니다. 그들은 속전으로 만든 은 받침 위에 세워진 성막에서 희생제물을 드렸습니다. 이와 같이 우리는 구속의 틀 안에서 하나님을 섬기며 예배해야 합니다. 만일 우리가 법정적인 공로의 개념을 갖는다든지 혹은 우리의 기도나 찬미나 예배나 성례나 구제나 전도 등에 있어 어떤 자연적인 선함이 있다고 생각한다면, 우리는 큰 실수를 범하는 것입니다. 그리고 우리는 결코 받아들여지지 못할 것입니다. 우리는 오직 하나님의 사랑하는 아들의 가장 값비싼 공로의 기초 위에 세워진 성막 마당에서 우리의 제물을 드려야 합니다. 우리는 오직 사랑하는 아들 안에서 받아들여집니다. 우리가 받아들여질 수 있는 다른 방법은 없습니다. 우리는 오직 그리스도께서 금이나 은같이 썩어질 것으로가 아니라 자기의 가장 값비싼 보혈로 세운 기초 위에 있어야만 합니다.

지금까지 우리는 하나님이 어떤 기초 위에서 우리와 관계를 맺으시는지에 대해 살펴보았습니다. 부디 성령께서 여러분에게 많은 깨달음을 주시기를 기원합니다.

2. 둘째로, 나는 본문의 그림을 그리스도의 신적 인격에 적용할 수 있다고 생각합니다.

성막은 우리 주 예수 그리스도의 모형이었습니다. 왜냐하면 하나님이 그리스도 안에서 사람들 가운데 거하시기 때문입니다. 사도 요한은 "말씀이 육신이 되어 우리 가운데 거하시매 우리가 그의 영광을 보니 아버지의 독생자의 영광이요 은혜와 진리가 충만하더라"라고 말합니다(요 1:14). 하나님은 사람의 손으로 만든 전(殿)에 거하지 않습니다. 다시 말해서, 물질적인 건물 안에 거하시지 않는다는 말입니다. 하나님의 성전은 "그 안에 신성의 모든 충만이 육체로 거하시는” 그리스도 예수입니다(골 2:9).

이와 같이 우리 주님은 사람이 아니라 하나님이 세운 성막입니다. 그러므로 그에 대한 우리의 첫 번째 그리고 근본적인 개념은 구속자로서의 그의 성격이어야만 합니다. 우리 주님에게는 다른 성격들도 있습니다. 그는 의로우시며, 영광스러우신 자입니다. 그러나 만일 우리가 그를 구속자로 영접하지 않는다면, 우리는 그의 본질적인 성격 즉 그에 대한 근본적인 개념을 놓친 것입니다. 광야의 성막이 속전(贖錢) 위에 세워졌던 것처럼, 그리스도에 대한 우리의 개념 역시 무엇보다도 “그는 우리 죄를 위한 속죄제물”이라는 개념이어야만 합니다(요일 2:2). 내가 이것을 반복적으로 강조하는 까닭은 사탄이 교묘한 방법으로 많은 사람들을 이와 같은 하나님의 명백한 진리로부터 떠나가도록 만들고 있기 때문입니다. 나는 다른 종파에 오랫동안 몸담고 있다가 우리 교회에 와서 회심한 한 자매를 기억합니다. 그녀는 나에게 이렇게 말했습니다. “나는 항상 십자가에 못 박힌 그리스도만을 믿어 왔습니다. 나는 그를 자기 백성들과 함께 다스리기 위해 재림할 자로서 예배했습니다. 그러나 나는 결코 죄책의 개념을 갖지 못했습니다. 나는 결코 나의 죄를 제거하는 자로서 그에게 가지 않았으며 그러므로 구원을 받지 못했었습니다.” 그녀가 스스로를 죄인으로 바라보기 시작했을 때, 그녀는 구속자의 필요성을 깨달았습니다. 주 예수 그리스도에 대한 우리의 첫 번째 그리고 근본적인 개념은 속죄의 개념이어야만 합니다. 우리는 십자가에 못 박힌 그리스도를 전합니다. 물론 우리는 그가 영광을 받으신 것도 전합니다. 그러나 죄인의 눈이 머물러야 할 일차적인 지점은 죄를 위해 십자가에 못 박힌 그리스도여야 합니다. “그러나 내게는 우리 주 예수 그리스도의 십자가 외에 결코 자랑할 것이 없으니”(갈 6:14). 그러므로 사랑하는 자들이여, 그리스도를 죄와 사탄의 권세로부터 여러분을 속량하신 자로서 바라보십시오. 그것을 그리스도에 대한 여러분의 믿음의 기초로 삼으십시오. 어떤 사람들은 그리스도를 자신의 모범으로 삼는다고 말합니다. 물론 그렇습니다. 그는 우리의 영원한 모범입니다. 우리가 어디에서 그리스도보다 더 좋은 모범을 발견할 수 있겠습니까? 그러나 만일 여러분이 예수를 단지 여러분의 모범으로서만 바라본다면, 여러분은 그를 올바로 알지 못하는 것입니다. 또 그를 올바로 따르는 것도 아닙니다. 왜냐하면 그는 무한히 그 이상(以上)이기 때문입니다. 만일 어떤 사람이 먼저 예수 그리스도를 죄를 위해 속죄를 이루는 자로서, 그리고 그의 피를 통해 죄를 이기는 능력을 주는 자로서 알지 않는다면, 그는 결코 그리스도를 닮아가려는 자신의 계획을 이룰 수 없습니다. 어떤 작가는 그리스도를 이런 측면에서 묘사하고, 다른 작가는 그리스도를 저런 측면에서 묘사합니다. 그러나 그를 바라보는 가장 주된 관점은 십자가 밑으로부터 바라보는 것이어야 합니다. 그리스도의 생애를 완전하게 기록한 책은 아직 나오지 않았습니다. 사 복음서가 한 마리의 소라면, 지금까지 그리스도의 생애와 관련하여 나온 모든 책은 고깃국 한 방울에 불과합니다. 영감의 붓은 세상의 모든 붓들이 결코 할 수 없는 일을 완전하게 이루었습니다. 예수 그리스도의 거룩함에 대해 아무리 많이 논한다 하더라도, 우리는 결코 그의 그림을 완성할 수 없습니다. 만일 우리가 그를 죄인의 속죄제물로 묘사하지 않는다면 말입니다. 그는 하얗습니다. 그러나 그는 동시에 붉습니다. 러더퍼드(Rutherford)는 이렇게 말했습니다. "와서 보십시오. 그는 붉은 자가 아닙니까? 우리를 위해 고난을 받으시는 가운데 그는 자신의 피로 젖었습니다. 그는 당신의 사랑을 받기에 합당한 자가 아닙니까?" 그가 피에 젖은 옷을 입고 올 때, 많은 사람들은 그것을 감당치 못하여 그를 피합니다. 그러나 우리가 그를 십자가 위에서 자기 몸으로 우리 죄를 짊어진 자로서 바라볼 때, 그리고 스스로를 자기 백성들을 위한 속죄제물로 드림으로써 그들의 죄를 제거하신 자로 바라볼 때, 우리의 눈에 그의 모습은 이 세상 그 무엇과도 비교할 수 없는 아름다운 모습으로 보입니다.

그러므로 이것을 그리스도에 대한 여러분의 기본적인 개념으로 삼으십시오. "그리스도께서 우리를 위하여 저주를 받은 바 되사 율법의 저주에서 우리를 속량하셨으니"(갈 3:13). 정말로 그리스도와 관련하여 우리는 그의 구속을 그의 승리와 영광의 기초로 간주합니다. 만일 우리가 그의 대속의 희생제사를 이해하지 못한다면, 우리는 그가 행한 어떤 일도 이해할 수 없을 것입니다. 여러분이 그리스도를 구속자로 알 때까지, 그는 여러분에게 열쇠 없는 자물쇠와 출구 없는 미궁(迷宮)이 될 것입니다. "그의 피로 말미암은 구속"이라는 표현을 생각해 보십시오. 그것의 의미를 이해할 때까지, 여러분은 그리스도의 성격과 관련하여 아무것도 이해할 수 없을 것입니다. "일찍이 죽임을 당하사 각 족속과 방언과 백성과 나라 가운데에서 사람들을 피로 사서 하나님께 드리시고" — 이것은 이 땅에서의 가장 큰 기쁨이며, 하늘에서의 가장 우렁찬 노래입니다(계 5:9).

본문에 나타난 성막의 기초를 보십시오. 그것은 얼마나 값비싼 것입니까! 그와 마찬가지로 우리의 구속자이신 우리 주 예수 그리스도는 우리에게 무한히 값비싼 자입니다. 그의 구속은 그의 보혈로 이루어집니다. 속전은 불 속에서도 그 무게가 줄어들지 않는 은(銀)이었습니다. 그와 같이 우리 영혼의 구속은 얼마나 값비싼 것입니까! 우리의 죄를 위해 치러진 예수 그리스도는 얼마나 값비싼 속전입니까! 그렇습니다. 그는 정말로 값비싼 속전입니다. 베드로도 "그는 믿는 너희에게 보배"(벧전 2:7)라고 말하지 않습니까? 그와 비교할 때 금과 은은 얼마나 하찮은 것입니까! 내가 생각할 때, 이스라엘 백성들이 은 반 세겔로 구속되어야만 했던 것은 매우 큰 교훈을 갖는 것으로 보입니다. 많은 사람들이 "이들 구닥다리 목사들은 금전적인 속죄의 개념을 믿고 있어"라고 말합니다. 정확하게 그렇습니다! 우리는 예전에도 그렇게 믿었고, 앞으로도 그렇게 믿을 것입니다. 우리는 항상 하나님의 원수들이 싫어하는 은유를 사용할 것입니다. 금전적인 속죄의 개념은 속죄에 대한 성경의 개념입니다. 이스라엘 백성들은 동전으로 주조(鑄造)되지 않은 은 덩어리로 구속된 것이 아니라, 물건을 사고팔 때 통상적으로 사용하는 돈으로 구속을 받았습니다. 바울은 "너희는 너희의 것이 아니라 값으로 산 것이 되었다"라고 말합니다. 들어보십시오. 그는 "값으로"(with a price)라고 말합니다. 그는 의심의 여지 없이 우리에게 금전적인 개념을 제시합니다. "값으로 산 것이 되었다"는 표현 속에 금전적인 개념이 두 번 나타나지 않습니까? 스스로 지혜롭다고 여기는 자들이여, 당신들은 이에 대해 무엇이라고 말할 것입니까? 그들이 "금전적인 개념"이라고 조롱 투로 말하는 것은 단지 그들이 마음으로 속죄를 싫어하기 때문입니다. 그들에게 속죄의 희생제물로 말미암은 대속의 개념은 결코 달갑지 않은 개념입니다. 그러나 우리에게 모든 것의 기초인 속전(贖錢) 즉 구속의 값(Redemption price)은 지극히 값비싼 것입니다.

그리스도와 관련하여 우리가 기억해야 할 또 한 가지가 있는데, 그것은 우리 각자가 그를 자기의 것으로서 바라보아야 한다는 사실입니다. 이스라엘의 모든 장성한 남자들은 성막의 기초에 그 분깃을 갖지 못하는 자가 단 한 사람도 없어야 했습니다. 우리는 출애굽기 35장 25절과 26절에서 다음과 같은 말씀을 읽습니다. "마음이 슬기로운 모든 여인은 손수 실을 빼고 그 뺀 청색 자색 홍색 실과 가는 베 실을 가져왔으며 마음에 감동을 받아 슬기로운 모든 여인은 염소 털로 실을 뽑았으며." 남자들은 물레질을 할 수 없었습니다. 분명 실을 뽑는 일은 그들에게 매우 서툰 일이었을 것입니다. 그렇게 하는 대신 그들은 반 세겔의 은으로 성막의 기초를 세우는 일에 참여했습니다. 나는 여러분이 이에 대해 깊이 생각해 보기를 바랍니다. 각각의 신자들은 그리스도 안에서 각자 자신의 구속의 분깃을 갖습니다. 물론 이것은 우리가 그리스도의 "일부"를 갖는다는 의미가 아닙니다. 그 전체가 나의 것이며, 그 전체가 여러분의 것입니다. 형제들이여, 여러분은 믿음으로 그리스도 전체를 붙잡으며 "그가 나를 위해 값을 치르셨습니다"라고 고백할 수 있습니까? 그렇다면 여러분은 그리스도에 대한 근본적인 개념을 붙잡고 있는 것입니다. 어쩌면 여러분은 우리 주님과 관련한 다른 측면에서의 분깃을 즐길 정도로 충분히 성숙하지 못했을는지 모릅니다. 그러나 만일 여러분이 신자라면, 여러분은 그리스도의 기초 안에 반 세겔의 분깃을 가지고 있는 것입니다. 그것을 생각하며 기뻐하십시오. "나는 그리스도 안에 나의 보화를 가지고 있노라. 나의 사랑하는 자가 나의 것이로다." 여러분은 예수 그리스도가 여러분의 것이라고 말할 수 있습니까? 나는 그것을 부인하지 않습니다. 실제로 그러합니다. 그는 나의 것입니다. 그러나 만일 여러분이 내가 고백한 것과 똑같은 고백을 할 수 없다면, 여러분과 나는 즉시로 싸우며 다투게 될 것입니다. 왜냐하면 내가 "나의 사랑하는 자는 나의 것이로다"라고 단언하며 혼자서 그를 독점했기 때문입니다. 그러나 여러분도 나와 똑같이 고백할 수 있지 않습니까? 뿐만 아니라 그가 나를 사심으로써 "나는 그의 것"이 되었습니다. 여러분은 "나도 그렇습니다"라고 말합니다. 전적으로 옳습니다! 여러분 역시도 그런 것으로 인해 나는 무한히 기뻐합니다. 개인적으로 그리스도를 굳게 붙잡는 것만큼 중요한 것은 아무것도 없습니다. 성막의 기초 안에 나의 반 세겔이 있습니다. 은혜의 성전 안에 나의 속전이 있습니다. 모든 것의 기초인 그리스도의 죽음 안에 나의 구속이 있습니다.

3. 셋째로, 성막은 하나님이 내주(內住)하는 장소로서 그의 교회의 모형이었습니다.

하나님의 교회는 무엇이며 어디에 있습니까? 참된 교회는 구속의 기초 위에 세워집니다. 싯딤나무로 만든 모든 널빤지들은 속전으로 만든 은 받침과 정확하게 연결되도록 만들어졌습니다. 이와 같이 하나님의 교회 안에 있는 모든 사람들은 그리스도와 연결됩니다. 그들은 그리스도 위에 세워지며, 그로부터 분리될 수 없습니다. 사랑하는 자들이여, 만일 당신이 이에 해당되지 않는다면, 당신은 하나님의 교회 안에 있지 않습니다. 당신은 영국교회 혹은 로마교회 안에 있을 는지 모릅니다. 당신은 이 교회 혹은 저 교회 안에 있을는지 모릅니다. 그러나 만 일 당신이 그리스도와 연결되어 있지 않다면, 그리고 그가 당신이 세워지는 유 일한 기초가 아니라면, 당신은 하나님의 교회 안에 있지 않은 것입니다. 당신은 결코 보이지 않는 교회 안에 있을 수 없습니다. 그러나 만일 당신이 그리스도 위 에 세워져 있다면, 당신은 이 땅에 있는 참된 하나님의 집의 일부입니다.

　나아가 예수 그리스도는 하나님의 교회를 위한 확실한 기초입니다. 왜냐하면 성막은 결코 쓰러지지 않을 것이기 때문입니다. 성막은 은 받침의 기초 위에 서 서 광야의 모든 비바람에 맞섰습니다. 광야는 거센 바람이 부는 장소입니다. 그 것은 울부짖는 광야로 불립니다. 그러나 은 받침들은 그 위에 연결된 널빤지들 을 굳게 붙잡았으며, 거룩한 장막은 거친 환경에 맞섰습니다. 믿음으로 그리스 도와 연합되는 것은 확실한 기초 위에 세워지는 것입니다. 그의 교회는 결코 무 너지지 않을 것입니다. 마귀가 아무리 거센 폭풍을 보낸다 하더라도 말입니다.

　또한 그것은 변할 수 없는 기초입니다. 왜냐하면 성막은 어디에 세워지든 항 상 같은 기초 위에 세워졌기 때문입니다. 어떤 때는 모래 위에 세워졌습니다. 어 떤 때는 경작할 수 있을 만한 좋은 땅에 세워지기도 했습니다. 또 어떤 날에는 풀 밭에 세워지기도 했으며, 어떤 날에는 황량한 암반 위에 세워지기도 했습니다. 그러나 그것은 항상 같은 기초 위에 세워졌습니다. 성물(聖物)을 옮기는 자들은 결코 은 받침을 뒤로 버려두지 않았습니다. 4톤이 넘는 은(銀)은 항상 그들의 수 레에 실려 있었으며, 성막을 세울 때는 그것의 기초로서 항상 제일 먼저 제 자리 에 놓였습니다. 오늘날 스스로 지혜롭다고 하는 자들은 우리에게 19세기는 "진 보된 사고"(advanced thought)를 요구한다고 말합니다. 나는 19세기가 빨리 끝 났으면 좋겠습니다. 나는 19세기가 허풍을 떨며 자랑하는 소리를 너무나 많이 들었습니다. 그런 면에서 나는 19세기에 질렸습니다. 우리는 19세기가 1세기나 2세기나 3세기가 받았던 복음을 받기에는 너무나 현명한 세기라는 이야기를 수 도 없이 들었습니다. 그러나 그 때는 순교자들의 세기였으며, 영웅들의 세기였 습니다. 그 때는 그리스와 로마의 모든 신들을 정복한 세기였으며, 거룩한 영광 의 세기였습니다. 그 모든 것의 이유는 무엇이었습니까? 그것은 그러한 세기들 이 복음의 세기들이었기 때문입니다. 그러나 지금은 어떻습니까? 우리는 너무나 계몽되었으며, 우리는 새로운 이야기들로 귀가 아플 지경입니다. 새로운 복음의 영향 아래 말입니다. 우리의 믿음은 알프스로부터 개미탑으로 줄어들었으며, 우리는 거인으로부터 난쟁이로 작아졌습니다. 머지않아 여러분은 영국 땅에서 믿음을 보려면 현미경이 필요하게 될 것입니다. 믿음은 점점 더 작아지고 드물어지고 있습니다. 하나님의 은혜로 우리 가운데 어떤 사람들은 여전히 언약궤 곁에 거하면서 성도들이 처음에 받았던 복음을 계속해서 전파하고 있습니다. 우리는 여전히 은 받침의 기초를 가지고 있는 그들을 본받을 것입니다. 약속의 땅에 도착할 때까지 말입니다. 그것은 결코 변할 수 없는 기초입니다. 우리는 감히 기초를 바꾸지 않으며, 바꿀 수 없습니다. 그것은 세상 끝날까지 항상 동일해야만 합니다. 왜냐하면 예수 그리스도는 어제나 오늘이나 영원토록 동일하시기 때문입니다.

**4. 마지막으로, 우리는 이러한 광야의 성막을
복음의 모형으로 볼 수 있습니다.**

왜냐하면 복음은 인간에 대한 하나님의 계시이기 때문입니다. 광야의 성막은 모세를 따른 복음이었습니다. 그러한 광야의 옛 복음은 우리의 복음과 동일한 복음입니다. 나는 여기에서 여러분과 더불어 몇 가지 사실을 간략하게나마 다루고자 합니다.

금전적인 개념의 구속과 속죄는 우리의 교리적이며 실천적이며 경험적인 신학의 기초가 되어야 합니다. 교리의 측면에서 생각해 볼까요? 사람들은 생선이 처음에 머리부터 악취를 풍기기 시작한다고 말합니다. 그와 같이 사람들은 처음에 머리부터 그릇된 길로 가기 시작합니다. 일단 구속과 관련한 믿음에 그릇된 것이 생길 때, 여러분은 모든 면에서 그릇된 길로 가게 될 것입니다. 나는 다음과 같은 옛 노래를 믿습니다.

"그리스도에 대해 어떻게 생각하는지 여부가
당신의 상태와 생각을 시험하는 것이 될 것이라.
만일 당신이 그리스도에 대해 올바로 생각하지 않는다면
당신은 모든 것에 올바를 수 없을 것이라."

만일 여러분이 속죄에 있어 그릇된 생각을 갖는다면, 여러분은 여러분의 생각의 열차 전체를 다른 선로(線路)로 달리게 만드는 스위치를 올린 것입니다. 여러분은 그리스도를 그의 백성들의 구속자와 대속물로서 알아야만 합니다. 그렇지 않으면 여러분이 가르치는 모든 것은 불확실한 소리를 내게 될 것입니다. 구속이 교리적인 신학의 기초가 되어야만 하는 것처럼, 그것은 또한 실천적인 신학의 기초가 되어야만 합니다. "너희는 너희 자신의 것이 아니라 값으로 산 것이 되었으니" — 이것이 모든 거룩함과 성별(聖別)의 근원과 이유가 되어야만 합니다(고전 6:19, 20). 자신이 특별하게 "사람들 가운데 구속받은 자"임을 느끼지 못하는 사람은 자신이 다른 사람들과 달라야만 하는 이유를 알지 못할 것입니다. 예수 그리스도는 교회를 사랑하시고 그 교회를 위해 자신을 주셨습니다(엡 5:25). 그리스도가 교회를 위해 스스로를 주셨음을 알지 못하는 사람은 교회가 스스로를 그리스도께 드려야 하는 특별한 이유를 알지 못할 것입니다.

　뿐만 아니라 구속은 경험적인 신학의 기초가 되어야 합니다. 우리로 하여금 구속의 피를 점점 더 소중히 여기도록 만들지 않는 경험이 도대체 무슨 가치가 있단 말입니까? 사랑하는 친구들이여, 때로 여러분에게 차라리 죽기를 바랄 정도로 끔찍한 고통들이 있지 않습니까? 그러한 고통들로 인해 여러분은 스스로를 겸비하게 하며 비우지 않습니까? 그러한 고통들로 인해 자신이 얼마나 빈껍데기와 같은 인생인지를 생각하며 스스로를 미워하게 되지 않습니까? 그러고 나서 여러분은 그리스도를 붙잡습니다. 여러분을 만족시키는 것은 오직 속죄의 희생제사뿐입니다. 나는 현대신학에 관한 많은 서적들을 읽었습니다. 그러나 그 어떤 것도 나의 양심의 괴로움을 덜어줄 수 없었습니다. 육체에 병이 들고 영혼이 침체된 어떤 사람을 생각해 보십시오. 그에게 필요한 것이 무엇이겠습니까? 그에게 정말로 필요한 것은 옛 청교도 신학입니다. 그에게 필요한 것은 칼빈의 복음이며, 아우구스티누스의 복음이며, 바울의 복음이며, 우리 구주 예수 그리스도의 복음입니다. 우리의 신학은 경험적인 측면에서도 역시 구속에 기초해야만 합니다.

　형제들이여, 우리의 신학뿐만 아니라 우리의 개인적인 소망 역시 마찬가지입니다. 내가 전파해야만 하는 유일한 복음은 "친히 나무에 달려 그 몸으로 우리 죄를 담당하신" 자와 관련한 복음입니다(벧전 2:24). "그가 징계를 받으므로 우리는 평화를 누리고 그가 채찍에 맞으므로 우리는 나음을 받았도다"(사 53:5). "그러나 그가 많은 사람의 죄를 담당하며 범죄자를 위하여 기도하였느니라"(사

53:12). 사랑하는 자들이여, 여러분의 개인적인 소망을 이러한 복음 위에 세우십시오. 그러면 여러분은 결코 넘어지지 않을 것입니다. 그러나 만일 여러분이 그리스도의 구속을 여러분의 소망의 기초로서 받아들이지 않는다면, 여러분이 누구든 나는 개의치 않습니다. 여러분이 아무리 학식이 많은 자라 하더라도, 실제로 여러분은 아무것도 알지 못하고 있는 것입니다. 하나님이 여러분에게 은혜를 베푸사 자신이 아무것도 알지 못하는 사실을 알게 하시기를 기원합니다. 그러면 여러분은 비로소 무엇인가를 알게 될 것입니다. 부디 하나님이 여러분에게 그의 아들의 구속을 가르치시고, 여러분 안에 그리스도를 나타내시기를 기원합니다.

그러므로 사랑하는 자들이여, 바로 이것이 우리의 섬김의 짐이며 우리의 삶의 영광입니다. 성막의 은 받침들은 매우 값비쌀 뿐만 아니라 또한 매우 무거웠습니다. 은 받침을 나르는 일을 맡은 자들에게 그것은 얼마나 무거운 짐이었겠습니까! 4톤이 넘는 은(銀)은 얼마나 무거운 짐이었겠습니까! 아, 그러나 그것은 얼마나 복된 짐입니까! 여호와의 짐을 끄는 어깨는 얼마나 복됩니까! 아, 구속의 영광스러운 무게여! 나의 영혼아, 그리스도를 위해 수고하는 황소가 되는 것으로 즐거워할지어다! 그리스도께서 자기 백성들을 위해 놓으신 기초의 보배로운 짐을 항상 짊어질지어다! 말씀을 전파하는 젊은 형제들이여, 항상 여러분의 4톤의 은을 짊어지십시오. 풍성하며 부요한 구속을 전파하십시오. 주일학교에서 가르치는 교사들이여, 아이들로 하여금 기초가 없는 집에서 살게 하지 마십시오. 그런 집은 바람 한 번만 불어도 날아가 버릴 것입니다. 그러면 아이들은 어디에 있을 것입니까? 폐허 아래 무방비 상태로 노출되지 않겠습니까? 예수 그리스도를 모든 것의 기초로 놓으십시오. 그것보다 더 중요한 일은 아무것도 없습니다. "보라 내가 택한 보배로운 모퉁잇돌을 시온에 두노니"(벧전 2:6). 이러한 은 받침의 기초를 모든 것의 기초로 놓으십시오.

은 받침의 기초 위에 성막이 세워진 것을 생각할 때, 모든 이스라엘 백성들은 얼마나 큰 자부심을 느꼈겠습니까? 아말렉 사람들은 그러한 은 받침의 기초를 볼 수 없습니다. 모압 사람들은 그것을 지각할 수 없습니다. 그들이 볼 수 있는 모든 것은 단지 장막을 덮고 있는 투박한 해달의 가죽뿐이었습니다. 그들은 말합니다. "저 장막은 신전(神殿)이 되기에는 너무나 초라해. 저들의 복음은 분명 시시하고 보잘것없는 것임에 틀림없어." 그들에게는 분명 그렇게 보일 것입니다. 그러나 그들은 은 받침들을 보지 못했습니다. 그들은 은 받침들과 연결되어 있는 금으로 덮인 널빤지들을 보지 못했습니다. 그들은 일곱 개의 가지로 된 금 촛대와 하나님의 임재의 광채로 찬란하게 빛나는 성막 내부의 영광을 결코 보지 못했습니다. 형제들이여, 구속은 우리의 영광이며 즐거움입니다.

> "시간의 파편들 위로 우뚝 솟은
> 그리스도의 십자가를 나는 자랑하도다.
> 거룩한 이야기의 모든 빛이
> 그 주위로 장엄하게 모아지도다."

이것이 처음이며 나중입니다. 땅의 모든 기초들은 무너진다 하더라도, 죽임 당한 어린 양은 영원히 살아 계시며 통치하실 것입니다. 복된 하나님의 어린 양은 하나님의 보좌 가운데 계시며, 그의 모든 백성들은 영원한 승리 가운데 그와 함께 있을 것입니다. 그는 알파와 오메가요, 처음과 나중이요, 기초와 머릿돌입니다. 오! 죄인들의 구주여, 주의 이름에 영원히 영광을 돌리나이다. 아멘. 아멘.

제
16
장

—

당신은 누구 편입니까?

—

"이에 모세가 진 문에 서서 이르되 누구든지 여호와의 편에
있는 자는 내게로 나아오라 하매 레위 자손이 다 모여 그에
게로 가는지라." — 출 32:26

총선(總選)의 열풍이 몰아쳤던 지난 며칠 동안 우리 모두는 "당신은 어느 쪽
편인가?"라는 질문 앞에 직면해야만 했습니다. 어떤 사람들은 열정적으로 이쪽
편을 지지했고, 또 어떤 사람들은 온건하게 저쪽 편을 지지했습니다. 그리고 모
든 계층의 사람들의 관심이 여기에 쏟아졌습니다. 그러나 가운데 주일이 되었습
니다. 나는 이제 여러분이 정치에 대해서는 모두 잊고, 오늘 내가 여러분에게 던
지는 훨씬 더 중요한 질문 앞에 직면하기를 바랍니다. 그 질문은 "누가 여호와의
편에 있는가?"라는 것입니다. 부디 하나님이 우리에게 은혜를 베푸사 우리로 하
여금 정직하게 대답하게 하시기를 기원합니다. 그리고 우리의 대답이 "주여 그
러하외다 주는 모든 것을 아시매 내가 주를 사랑하는 줄 주께서 아시나이다"가
되게 하시기를 기원합니다. 그리고 여러분 가운데 많은 사람들이, 아마새가 다
윗에게 "다윗이여 우리가 당신에게 속하겠고 이새의 아들이여 우리가 당신과 함
께 있으리니"(대상 12:18)라고 말했던 것처럼, 하나님께 그렇게 말할 수 있기를
바랍니다.

이와 같은 매우 실제적이며 개인적인 질문을 다루기에 앞서, 먼저 여러분은
그러한 질문을 던진 사람에 대해 생각할 필요가 있습니다. "누가 여호와의 편에

있는가?"라는 질문을 던진 사람은 모세였습니다. 모세는 이스라엘 진(陣)에 죄가 만연했을 때 그들 앞에 그러한 질문을 던졌습니다. 그는 여호와의 전사(戰士)로서 홀로 우뚝 서서, 모든 백성들 앞에 하나님을 위해 결단할 것을 도전했습니다. 그 자신의 형조차도 실제적으로 그를 버렸으며, 금송아지를 만드는 도구가 되었습니다. 마땅히 그와 함께 있었어야 할 70명의 장로들조차도 그의 수종자 여호수아만을 제외하고는 단 한 사람도 그와 함께 있지 않았습니다. 모든 무리가 육체의 쾌락과 광란적인 우상 숭배에 도취되어 있었을 때, 그는 무리 가운데 홀로 서 있었습니다. 그는 이와 같은 비상사태에 조금도 흔들리지 않았습니다. 그는 자신의 안위(安慰)를 생각하지 않고, 담대하게 그들이 만든 우상 앞으로 나아가 그것을 가루로 만들고 물에 뿌려 백성들로 마시게 하라고 명령했습니다(20절). 그는 그들 가운데 행하면서, 그들을 면대(面對)하여 꾸짖었습니다. 그는 백성들보다 뛰어났습니다. 마치 목자가 양 떼보다 뛰어난 것처럼 말입니다. 여러분은 그의 용기를 칭송해야 합니다. 여러분은 그의 놀라운 권능에 놀라면서 그러한 주권적인 권능의 비밀이 무엇인지 물어야 합니다. 그는 혈통을 따라 왕이 된 사람을 훨씬 능가하는 특별한 위엄의 옷을 입고 있었습니다. 여러분은 그와 같은 위엄이 어디로부터 왔는지 알지 못합니까? 그는 홀로 40일 동안 하나님과 함께 있었습니다. 하나님과의 교제는 사람을 강하게 만듭니다. 그는 지극히 높은 자의 은밀한 장소에 있었습니다. 그는 사람이 친구와 이야기하는 것처럼 하나님과 대면하여 이야기했습니다. 하나님의 얼굴을 본 그가 도대체 무엇 때문에 사람의 얼굴을 두려워하겠습니까? 그는 지극히 높은 자와 가까이 있었습니다. 그 후 하나님의 영광을 풀이나 뜯어먹는 송아지의 형상으로 바꾼 보잘것없는 무리들에게 내려왔을 때, 그에게는 하늘의 권세가 덧입혀져 있었으며 그들은 그 앞에 두려워 움츠릴 수밖에 없었습니다.

　　모세는 또한 기도의 사람이었습니다. 심지어 그는 "그런즉 내가 하는 대로 두라 내가 그들에게 진노하여 그들을 진멸하리라"(10절)라고 말씀하시는 전능자의 손을 멈추게 하기까지 했습니다. 매우 이상한 표현일는지 모르지만, 어쨌든 그 사람 모세는 그의 거룩한 믿음으로 하나님 자신이 하시고자 하는 일을 저지했습니다. 보십시오. 그는 하나님이 하시고자 하는 일을 막는 권능을 가지고 있었습니다. 그런 그는 사람들에 대하여도 권능을 가질 것이었습니다. 만일 우리가 사람들을 위해 하나님에 대하여 권능을 가진다면, 또한 우리는 하나님을 위해 사람들에 대하여 권능을 가질 것입니다. 기도로써 하늘을 이길 수 있었던 그가 도대체 무엇을 이길 수 없겠습니까?

모세는 마치 폭풍이 몰아치는 바다 가운데 서 있는 암초와 같이 그렇게 홀로 우뚝 서 있었습니다. 흥분한 백성들이 그 주위에서 법석을 떨고 있었지만, 그러나 그는 굳게 서서 조금도 흔들리지 않았습니다. 그는 진실로 참된 신앙이 의존하는 하나의 고정점(固定點)이 되었습니다. 그리하여 진(陣) 가운데 여기저기 흩어져 감추어져 있었던 모든 경건한 사람들이 그의 부름이 응답하여 그에게로 모였습니다. 그 한 사람이 이스라엘을 다시금 새롭게 일으켰던 것입니다. 역사 가운데 이런 일은 한두 번 일어난 것이 아닙니다. 우리는 역사 속에서 이와 같은 경우를 많이 발견합니다. 하나님의 영으로 충만한 한 사람이 전체 무리에 맞서 그 시대의 보편적인 편견의 거센 물결에 단신으로 부딪힙니다. 그리고 단지 그러한 물결을 막을 뿐만 아니라 그것을 반대 방향으로 돌립니다. 지금 모세가 그렇게 하고 있는 것처럼 말입니다. 하나님의 권능의 띠를 띠고 높은 곳에 머무는 법을 배운 한 사람의 위대한 신자(信者)는 정직한 마음을 가진 무리의 영웅적인 지도자가 됩니다. 형제들이여, 오늘날 우리가 필요로 하는 사람들은 확고한 원칙을 가지고 있는 사람들입니다. 우리는 비춤을 받은 마음과 군게 결심한 의지를 필요로 합니다. 우리는 무엇이 옳은지를 알고 그것으로부터 이탈하지 않을 사람들을 필요로 합니다. 설령 목숨을 걸어야 할 위험이 따른다고 하더라도 말입니다. 우리는 한두 사람의 군건한 사람이 아니라 다수의 군건한 사람들을 필요로 합니다. 자신들이 서 있는 자리로부터 요동하지 않고 굳게 서 있는 그런 사람들 말입니다. 만일 여러분이 여러분 자신의 가족이나 여러분과 관련된 사람들에게 선한 영향을 끼치며 그들을 올바른 길로 이끌기를 바란다면, 여러분은 개인적으로 강하고 곧은 마음을 소유해야만 합니다. 모세가 그러한 권능을 얻은 곳에서 여러분도 그것을 얻어야만 합니다. 여러분은 많은 시간 동안 홀로 무릎을 꿇고 하나님과 함께 있어야 합니다. 그러면 여러분의 얼굴이 하나님의 광채로 빛나게 될 것입니다. 그 얼굴을 가지고 악한 세상에 직면하십시오. 하늘과의 교제를 통해 여러분은 하나님의 도우심을 얻을 것입니다. 그러면 여러분은 악에게 지지 않고 선으로 악을 이기게 될 것입니다.

이와 같이 하나님은 우리를 모세와 비슷하게 만드실 것입니다. 이제 "누구든지 여호와의 편에 있는 자는 내게로 나아오라"는 모세의 도전을 살펴보도록 합시다. 우리는 여기에서 세 가지 매우 중요한 요점을 발견합니다. 첫째는 결정 (決定)입니다 — 사람은 여호와의 편에 서기로 결정해야 합니다. 둘째는 시인(是 認)입니다 — "내게로 나아오라." 만일 어떤 사람이 여호와의 편에 서기로 결정 했다면, 그는 자신의 장막 속에 숨어 있어서는 안 됩니다. 그는 적과 직면해야 합 니다. 셋째는 분리(分離) 혹은 성별(聖別)입니다 — 여호와의 편에 서기로 결정한 자들은 모세에게 나아와야 합니다. 그리고 하나님이 명하신 일을 행하며 여호와 의 싸움을 싸워야 합니다. 어떤 희생을 치르더라도 말입니다.

1. 첫째로, 여기에 여호와의 편에 선다고 하는 결정이 있습니다.

사람에게 있어 그것은 가장 숭고하며 중요한 결정입니다. 여기에 두 개의 진 (陣)이 있습니다. 하나님의 진과 사탄의 진이며, 진리의 진과 거짓의 진이며, 거 룩함의 진과 죄의 진입니다. 우리는 어느 쪽 편에 서 있습니까? 나는 두 진 가운 데 속으로 '내가 어느 쪽 편에 설 것인가?'라고 생각하며 머뭇거리고 있는 사람을 봅니다. 그는 지금 매우 중요한 순간에 서 있습니다. 왜냐하면 어느 쪽을 선택하 든, 그것은 영원을 의미하기 때문입니다. 그것은 천국과 그곳의 모든 영광들을 의미하든지, 아니면 지옥과 그곳의 모든 두려움들을 의미합니다. 그가 하나님의 편에 설 것인가 아니면 하나님의 원수들의 편에 설 것인가 하는 것은 그에게 있 어 천사들과 동류(同類)가 될 것인가 아니면 마귀들과 한 패거리가 될 것인가를 의미할 것입니다. 그것은 또한 그에게 있어 흰옷과 영원한 찬미의 노래를 의미 하든지 아니면 침침한 흑암과 영원한 울부짖음을 의미할 것입니다. 이와 같이 어떤 사람에게 "당신은 하나님의 편인가 아니면 하나님의 원수의 편인가?"라는 질문이 던져질 때, 그는 가장 중요한 순간에 서 있게 됩니다. 다른 문제들에 대해 서는, 여러분은 그에 적합한 정도만큼만 생각하면 됩니다. 그러나 이 문제는 여 러분의 모든 생각과 숙고(熟考)와 관심을 요구합니다. 이 문제에 대하여, 여러분 은 여러분의 모든 지혜를 동원하여 신중하게 판단하고 결정해야 합니다. 그리고 굳은 마음과 진지한 태도로 결정해야 합니다. 그럼으로써 하나님의 은혜로 여러 분이 하나님의 편에 서기를 선택할 때, 여러분의 선택은 흔들리지 않고 견고하 게 설 수 있을 것입니다. 이 자리에 이 문제에 대하여 아직 결정하지 못한 사람들 이 있습니까? "누가 여호와의 편에 설 것인가?"라는 질문에 대하여, 당신은 "나는 아직 마음을 결정하지 못했습니다"라고 대답할 것입니까? 이제 당신은 결정해야만 합니다. 사람에게 있어 하나님과 마귀 사이에, 그리스도와 벨리알 사이에, 천국과 지옥 사이에 서 있는 것은 두려운 일입니다. 왜냐하면 그가 알든지 알지 못하든지 지금 그가 서 있는 중간 장소는 실제로 잘못된 장소이기 때문입니다. 그와 관련하여 주 예수는 이렇게 말씀하십니다. "나와 함께 아니하는 자는 나를 반대하는 자요 나와 함께 모으지 아니하는 자는 헤치는 자니라"(마 12:30).

사랑하는 친구들이여, 이러한 중대한 결정은 가능한 빨리 이루어져야 합니다. 그것은 우리가 미결정 상태로 남겨두어도 좋을 만한 문제가 결코 아닙니다. 그것은 너무도 위급하고 절박한 문제입니다. 아, 젊은이들이 이 문제에 대해 깊이 생각하고 인생의 황금기를 둘 사이에서 우물쭈물하며 허비하지 않는다면 얼마나 좋겠습니까! 스파르타의 왕 아게실라오스가 마케돈 국경에 도착했을 때, 그는 마케돈 왕에게 다음과 같은 짤막한 메시지를 보냈습니다. "그대는 우리를 친구로 맞을 것인가, 적으로 맞을 것인가?" 그에 대한 답변은 "우리에게 잠시 동안 시간을 주시오. 의논을 좀 해봐야겠소"라는 것이었습니다. 그러한 답변에 대해 아게실라오스는 "그대가 의논하는 동안 우리는 진군한다"라고 대답했습니다. 다른 사람들에게 다음과 같이 말할 수 있는 젊은이는 얼마나 복됩니까! "너희들이 생각하고 있는 동안, 나는 결정했노라. 너희들이 머뭇거리는 동안, 나는 나의 마음을 하나님께 드렸노라. 너희들이 우물쭈물하는 동안, 나는 이미 죄와 사망과 지옥과의 싸움에 돌입했노라. 너희들이 비용을 계산하는 동안, 나는 이미 그리스도를 위해 받는 능욕을 애굽의 모든 보화보다 더 큰 보화로 여겼노라." 칼을 뽑아들고 칼집을 내팽개쳐 버린 채 결단의 루비콘 강을 건너는 자는 복이 있습니다. 그에게 있어 이제 적과 타협하며 싸움을 멈추는 일은 없을 것입니다. 사랑하는 여러분, 이것은 즉시 해야 할 결정입니다. 왜냐하면 여러분에게 죽음이 그리 멀리 있지 않기 때문입니다. 지금 여러분에게 영원(永遠)이 동터오기 시작하고 있습니다. 젊은 남자들이여, 기다리지 마십시오. 젊은 여자들이여, 머뭇거리지 마십시오. 우물쭈물할수록 여러분은 어리석은 선택을 하게 될 가능성이 높아질 것입니다. 지체하는 것은 위험합니다. 왜냐하면 지체는 경솔을 낳기 때문입니다. 지체하면 지체할수록 여러분은 그만큼 더 경솔하며 어리석은 선택을 하게 될 가능성이 높아집니다. 꾸물거리지 않도록 주의하십시오. 미루고, 미루고, 또 미루지 마십시오. 그러면 여러분은 평생 미루다가 끝날 것입니다. 그러면 여러분은 결코 여호와의 군대와 함께 진군하지 못할 것입니다. 하나님의 은혜가 여러분으로 하여금 즉시 결단하도록 이끄시기를 기원합니다.

이것이 가장 중대한 결정인 것은 그것이 인생을 통해 이어지는 모든 결정들에 영향을 끼칠 것이기 때문입니다. 만일 하나님의 은혜로 내가 "예, 나의 이름을 여호와의 전사들의 명부에 기록해 주십시오"라고 말한다면, 바로 그 순간부터 나의 다른 모든 문제들은 그러한 결정의 빛 안에서 읽혀지고 해석되게 될 것입니다. 그 때부터 여러분은 여러분의 사랑을 거짓이 아니라 하나님의 진리에 드리게 될 것입니다. 비록 거짓은 비단 옷을 입은 반면 하나님의 진리는 누더기를 걸친 모습이라 하더라도 말입니다. 또 그 때부터 여러분은 불의를 미워하고 의를 사랑하게 될 것입니다. 비록 불의는 여러분을 형통으로 이끄는 반면 의는 여러분을 고난으로 이끈다 하더라도 말입니다. 만일 여러분이 하나님의 편에 선다면, 여러분은 정결과 정직과 선한 평판의 친구가 될 것입니다. 여러분은 결코 술 취함과 압제와 불의와 전쟁의 편에 서지 않을 것입니다. 왜냐하면 하나님의 편이 될 때, 여러분은 맑은 정신과 정의와 평화의 옹호자가 될 것이기 때문입니다. 나아가 하나님의 편이 되는 것은 최고의 의미에서 그리고 최선의 의미에서 인간의 편이 되는 것입니다. 하나님의 이익을 증진(增進)하는 자가 될 때, 우리는 국가의 이익을 가장 잘 증진하는 자가 될 것입니다. 이와 같이 우리의 경건은 이 땅에서 실제적인 결과를 가져옵니다. 우리는 하나님에 대한 경건을 우리가 이 땅에서 행하는 모든 것으로 확장시켜야 합니다. 나는 교회 안에 거하면서 주일에만 영광스러운 기독교를 좋아하지 않습니다. 우리의 기독교는 교회 안에만 머무는 것이 아니라 가정과 직장과 일터로 확장되는 종교여야 합니다. 참된 종교는 거리와 일터와 투표장과 시장(市場)을 위해 존재합니다. 참된 종교는 사람이 관계하는 모든 일에 영향을 끼칩니다. 어떤 사람이 옳은 편에 설 때, 여러분은 그가 여호와의 편에 서 있는 자라는 사실을 알게 됩니다. 예수를 따르는 자는 하나님 보시기에 그리고 하나님의 율법에 비추어 옳은 것을 선택합니다. 비록 그것이 잠시 동안은 많은 사람들에게 옳은 것으로 보이지 않는다 하더라도 말입니다. 이와 같이 하나님과 관련한 결정은 우리의 삶 전체에 영향을 끼치는 가장 중대한 결정입니다. 그것이 우리 삶의 축(軸)이며, 우리의 모든 것은 그 축을 중심으로 움직입니다.

또 이러한 결정과 관련하여, 거기에 어떤 어려움도 없어야 합니다. 사람이 하나님의 편에 서기로 결정해야 하는 것은 하나님이 그의 창조주이기 때문입니다.

여러분은 감히 여러분을 만든 자와 맞설 것입니까? 그는 여러분을 마치 벌레를 밟는 것처럼 그렇게 쉽게 밟을 수 있습니다. 또 그는 우리의 구속자입니다. 그는 우리를 자신의 피로 사신 구주입니다. 도대체 어떻게 우리가 그가 아닌 다른 자의 편이 될 수 있단 말입니까? 도대체 그것이 어떻게 가능할 수 있습니까? 또 그는 매일같이 우리를 보전(保全)하는 자입니다. 우리의 호흡조차도 그의 손에 달려 있습니다. 우리가 그를 대적하며 살 수 있습니까? 하나님의 은의(恩誼)와 그에 대한 우리의 의무를 기억할 때, 하나님과 관련한 우리의 결정은 매우 쉬운 것일 수밖에 없습니다. 우리는 하나님에 대하여 빚진 자입니다. 우리의 존재에 있어서 그럴 뿐만 아니라 또한 우리가 향유하는 모든 은총들에 있어 그러합니다. 사람이 자기 친구의 편에 서야 하지 않습니까? 친구들 가운데서도 가장 좋은 친구의 편에 서야 하지 않습니까? 하나님이 주시는 모든 축복들을 생각해 보십시오. 그리고 그로부터 말미암는 우리의 의무를 생각해 보십시오. 그렇다면 우리는 즉시로 하나님과 그리스도의 편이 될 것을 결정해야 마땅하지 않겠습니까? 정직한 마음을 가진 사람에게 있어 "예, 나는 진리의 편에 설 것입니다"라고 말하는 것은 결코 어렵지 않습니다. 하나님은 진리입니다. 그러므로 우리는 하나님의 편이 되어야 합니다. 모든 올바른 원칙은 우리가 스스로를 하나님께 순복시켜야 한다는 사실을 요구합니다. 하나님의 편이 올바른 편이며, 진리의 편이며, 궁극적으로 승리하는 편이며, 하늘의 모든 거룩한 천사들과 온전하게 된 의인의 영들이 선택한 편입니다. 아직도 여러분은 결정을 미룬 채 머뭇거릴 것입니까?

나아갈 길이 명백함에도 불구하고 계속해서 우물쭈물하는 것은 얼마나 어리석은 일입니까? 그럼에도 불구하고 우리의 죄성(罪性)으로 인해 곧바로 결정하지 못하는 것은 참으로 슬픈 사실입니다. 그렇지만 만일 성령이 우리 마음 가운데 역사하사 우리를 죄의 소욕으로부터 건져내지 않는다면, 사람은 결코 그러한 결정에 도달할 수 없을 것입니다. 하나님의 영이 우리로 하여금 하나님의 편을 선택하도록 이끄시기를 기원합니다. 대부분의 사람들은 자신의 이해관계에 따라 움직입니다. 그들은 "나를 위해 가장 좋은 편은 어느 쪽인가? 어느 쪽이 나에게 가장 큰 부와 명예와 평안을 가져다줄 것인가?"라고 묻습니다. 그러나 하나님의 편에 서는 사람은 그러한 이기적인 생각을 경멸합니다. 그리고 무엇이 지금 자신에게 가장 이득이 되는지를 생각하지 않습니다. 도리어 그는 무엇이 옳으며 정당한가를 생각합니다.

안타깝게도 많은 사람들이 '사람들에 대한 두려움'에 의해 영향을 받습니다. 이러한 악한 요인은 얼마나 강력한 힘을 갖고 있습니까! 사람들은 옳은 일을 행하고자 하지만, 그러나 감히 그렇게 하지 못합니다. 그들은 잘못된 일을 피하려고 합니다. 그러나 그러다가 자칫 지나치게 유별난 사람이라고 손가락질을 당할는지 모릅니다. 그리하여 그들은 자신의 양심이 정죄하는 쪽에 서고 맙니다. 나의 형제들이여, 부디 주님께서 우리에게 이것과는 아주 다른 마음을 주시기를 기원합니다. 사람들의 생각에 대해 너무 무겁게 받아들이지 마십시오. 하나님께 불순종하는 것보다 사람과 적이 되는 것을 더 두려워하지 마십시오. 옛 스파르타 전사(戰士)는 "우리의 적이 얼마나 많은가?"라고 묻지 않고 "그들이 어디에 있는가?"라고 물었습니다. 그렇습니다. "그들이 어디에 있는가?" 이것이 전부입니다. 우리는 그들을 위해 준비되어 있으며, 그들의 숫자를 세지 않습니다. 설령 하나님의 적들이 많다 하더라도, 그들에 대해 생각하지 마십시오. 그들의 힘을 계산하지 마십시오. 그들을 치기 위해 어느 정도의 비용이 들 것인가를 계산하지 마십시오. 그렇게 하는 대신 "그들이 어디에 있는가?"라고 물으며, 그들을 향해 달려가십시오. 하나님을 위해 그리고 의를 위해 옳은 편을 선택하십시오.

나아가 우리는 오직 하나만을 선택해야 한다는 사실을 기억하십시오. 만일 우리가 하나님의 편이 아니라면, 우리는 하나님을 대적하는 편입니다. 하나님의 말씀 전체를 통해 볼 때, 제3의 지대는 없습니다. 제3의 지대에 머물러 있고자 애쓰는 사람들이 많이 있습니다. 그들은 할 수만 있다면 양쪽 편에 모두 서든지 아니면 아무 쪽 편에도 서지 않으려고 합니다. 그들은 홀로 남아 있기를 바랍니다. 그들은 스스로 스스로를 지키기를 바랍니다. 그러면서 이쪽 편으로든 저쪽 편으로든 어느 쪽으로도 가기를 원하지 않습니다. 자, 다시 한 번 말하거니와 여러분을 위한 제3의 지대는 없습니다. 이 세상에서도 없고, 다음 세상에서도 없습니다. 이 세상에, 결정하지 않은 자들의 회당은 없습니다. 또 하늘에, 중간 지대의 사람들을 위한 "연옥"은 없습니다. 만일 여러분이 중간 지대에 머물러 있다면, 여러분은 세상으로부터도 위로를 받지 못할 뿐만 아니라 또한 성경으로부터도 정죄를 당합니다. 만일 여러분이 하나님의 편에 서지 않는다면, 여러분은 쓰라린 저주를 피하지 못할 것입니다. 만일 여러분이 하나님의 친구가 아니라면, 여러분은 하나님의 적으로 간주될 것입니다. 정직하지 않은 자는 부정직한 자입니다. 정결하지 않는 자는 불결한 자이며, 하나님을 위하지 않는 자는 필연적으로 그를 대적하는 자입니다. 영혼은 결코 무색(無色)일 수 없습니다. 그것은 결코 가능하지 않습니다. 흰 색이든 검은 색이든 둘 중 하나입니다. 이 일에는 매우 강렬한 감정이 수반됩니다. 하나님에게는 '열렬하게 따르는 친구들'과 '강렬하게 반대하는 적들'이 있을 뿐입니다. 모든 큰 질문들은 사람의 마음속에 강한 움직임을 일으킵니다. 이쪽으로든 저쪽으로든 말입니다. 그렇다면 하물며 모든 질문들 가운데 가장 큰 질문이야 얼마나 더 그렇겠습니까? 나의 친구여, 어쩌면 당신은 지금 그릇된 방향으로 가고 있으면서도 마음속에서 별다른 움직임을 느끼지 못할는지도 모릅니다. 그러나 지금 당신의 영혼 안에 큰 악을 만들어 낼 수 있는 움직임이 잠복해 있습니다. 만일 하나님의 은혜로 말미암아 그러한 움직임이 죽임을 당하지 않는다면, 조만간 당신 안에 잠복해 있는 죄가 깨어 일어나 그 두려운 권능을 나타낼 것입니다. 겨울잠을 자던 독사가 깨어 일어나 따뜻한 햇볕에 원기를 회복하여 자기 주위에 있는 모든 사람들을 무는 것처럼, 당신 안에 있는 죄 역시도 자기 때가 오면 그렇게 할 것입니다. 아직 피 맛을 보지 못한 사자새끼는 고양이처럼 온순하지만, 그러나 나중에는 야수(野獸)의 본성이 깨어 일어나지 않습니까? 그와 마찬가지로 인간의 영 안에 숨어 있는 죄의 마귀 역시 그러합니다. 어떤 방식으로든 여러분은 하나님과 그의 교회의 편에 서야 합니다. 그렇지 않으면 여러분은 사탄의 종이 될 수밖에 없습니다. 거룩함이 여러분을 붙잡아야 합니다. 그렇지 않으면 죄가 여러분을 붙잡을 것입니다. 천국이 여러분을 이기고, 여러분을 자기에게로 이끌어야 합니다. 그렇지 않으면 지옥이 여러분에게 표시를 하고, 여러분을 자기에게로 이끌 것입니다. 이제 본 단락의 주제를 마치면서, 이미 결정한 모든 사람은 그러한 결정을 더욱 굳게 붙잡고, 아직 결정하지 못한 자들은 성령의 인도하심 가운데 이 시간 마음을 정하기를 간절한 마음으로 기도합니다.

2. 둘째로, 이제 시인(是認)에 대해 살펴보도록 합시다.

"누구든지 여호와의 편에 있는 자는 내게로 나아오라." 히브리어 원문은 좀 더 날카롭습니다. 그것은 이렇게 읽힙니다. "누가 여호와의 편인가? 내게로 오라." 이것은 마치 전쟁을 위해 깃발을 펄럭이며 사람들에게 여호와의 군대로 들어오라고 외치는 자의 부르짖음 같습니다. "하나님을 위하여 내게로 오라." "만일 너희가 정말로 하나님의 종이라면, 내게로 모이라." 이러한 시인(是認)에는 무엇보다도 먼저 "나오는"(coming out) 것이 포함됩니다. 그들은 우상 숭배자들 가운데로부터 나와야 했습니다. 여호와의 편에 있는 너희는 악을 행하는 무리와 연합하지 말고 내게로 오라! 아무도 자신의 색깔을 감추어서는 안 됩니다. 이 시간, 하나님의 편인 여러분에게 말합니다. 여러분의 신앙을 감추지 마십시오. 벙어리처럼 입을 다문 채 가만히 있지 마십시오. 비겁하게 뒤로 물러나지 마십시오. "너희는 그들 가운데로부터 나오라. 너희는 그들과 분리되어라. 부정한 것과 접촉하지 말아라." 오늘날 대부분의 그리스도인들에게 있어 세상으로부터 분리되는 것이 너무나 적습니다. 어떤 소녀가 신약성경을 읽고 있다가 엄마에게 "엄마, 우리가 이사를 하여 그리스도인들과 함께 산다면 참 좋지 않을까요?"라고 물었습니다. 그러자 엄마는 "무슨 소리야, 우리 주위에도 많은 그리스도인들이 있는데"라고 대답했습니다. 그러자 소녀는 이렇게 말했습니다. "아니에요, 그들은 지금 내가 신약성경에서 읽고 있는 사람들과는 아주 달라요." 두렵지만, 소녀의 말은 틀리지 않았습니다. 물론 이 땅에 신약의 그리스도인들과 비슷한 사람들이 더러 있기는 하지만 말입니다. 나는 이 세대의 풍속과 이 시대의 어리석음을 따르지 않고 분리된 길에서 하나님과 동행하는 그리스도인들이 훨씬 더 많아졌으면 좋겠습니다.

그러나 그들은 단지 악한 무리로부터 나올 뿐만 아니라 지도자에게로 와야 했습니다. 모세는 거기에 서서 "내게로 나아오라"고 말했습니다. 그는 하나님의 대리자로서 거기에 서서 이를테면 이렇게 말했습니다. "나는 하나님의 편에 있노라. 설령 내가 홀로 서 있다 하더라도, 이것은 의문의 여지 없는 사실이니라. 이제 여호와의 편에 있는 자들은 내게로 나아오라." 오늘 아침 여러분은 이렇게 말합니다. "아, 우리에게 우리가 나아갈 수 있는 담대하고 용감한 지도자가 있으면 얼마나 좋을까요?" 나는 여러분에게 그런 지도자가 있다고 대답합니다. 그는 어디에 있습니까? 그는 가장 높은 하늘에 가셨지만 그러나 여러분의 믿음은 그를 볼 수 있습니다. 그는 최고로 하나님의 편에 계신 주 예수 그리스도입니다. 그는 그것을 자신의 삶으로 증명했습니다. 그는 그것을 자신의 죽음으로 증명했습니다. 오늘 아침 그는 하나님의 편에 있는 모든 사람들에게 자신에게 나아오라고 명령하십니다. 와서 그로 하여금 여러분의 주인과 주님이 되게 하십시오. 와서 그의 모범을 본받고, 그의 계명들을 지키십시오. 와서 그의 복음을 전파하고 그의 나라를 지키십시오. 여호와의 편에 있는 자여, 그리스도께 나아오십시오. 그리고 어린 양이 어디로 이끌든지 그를 따르십시오.

뿐만 아니라 모세에게 나아오는 것은 또한 서로에게 나아오는 것이었습니다. 모세는 "누구든지 여호와의 편에 있는 자는 내게로 나아오라"고 말했습니다. 그는 사실상 교회를 모으고 있었습니다. 그는 실제로 하나님이 그 마음을 만진 자들의 군대를 소집하고 있었습니다. 모세의 부름에 그런 자들이 나아왔습니다. 여호와를 사랑하는 자들은 나아오라. 나와서 너희처럼 생각하는 다른 사람들과 연합하라. 새들도 깃털이 같은 것들끼리 함께 하지 않습니까? 만일 하나님이 여러분을 낙원의 새로 만드셨다면, 비둘기처럼 서둘러 여러분의 창문으로 날아가십시오! 친구여, 만일 내가 여호와의 편이고 또 당신이 여호와의 편이라면, 어째서 우리가 서로 외인(外人)이 되어야 한단 말입니까? 만일 여기에 그리스도를 위해 일어설 수 있는 사람들이 있다면, 분명 그들은 서로 한마음으로 연합할 것입니다. 연합할 때 강한 힘이 생깁니다. 그러므로 서로 연합합시다. 여호와를 알고 같은 믿음을 가진 다른 사람들과 연합함으로써 자신의 충성됨을 시인하는 자들이여, 앞으로 나아오십시오. 같은 대장의 휘하에 들어오십시오. 여러분의 이름을 같은 명부(名簿)에 기록하십시오.

이러한 부르심을 나 혼자 모든 곳에 전파할 수 없습니다. 나는 여호와의 편이 아닌 사람들은 어떤 보이는 교회에 가입하지 않기를 간절히 바랍니다. 왜냐하면 그것은 순전한 위선이 될 것이기 때문입니다. 그러나 나는 여호와의 편인 자들은 스스로를 나타내라고 격려하며, 초청하며, 탄원하며, 심지어 명령합니다. 우리에게 나아오십시오. 왜냐하면 우리 역시도 여호와의 편이기 때문입니다. 우리를 도와주십시오. 우리 함께 교제 속으로 들어갑시다. 선하고 참된 모든 것을 위해 함께 연합합시다. 왜냐하면 우리는 여호와의 편이기 때문입니다. 여러분에게 간절히 당부하노니, 가능한 속히 하나님을 위한 여러분의 결정을 시인하고 나타내십시오.

**3. 셋째로, 이러한 시인(是認)과 함께
분리(分離) 혹은 성별(聖別)이 따라야 합니다.**

여호와의 편인 자들은 단순히 자신의 이름을 제시할 뿐만 아니라 또한 스스로를 드려야 합니다. 우리가 그리스도의 편에 서 있을 때, 우리는 그리스도에게 속합니다. 실제로 여호와의 편에 서 있는 모든 사람들은 하나님의 뜻에 순종해야만 한다고 느낄 것입니다. 처음 구주를 알았을 때 이런 교훈을 배운 것이 나는 너무나 감사합니다. 신앙의 문제에 있어 나는 나의 아버지나 혹은 어떤 훌륭한 선배를 따라야 한다고 생각하지 않았습니다. 하나님이 나의 손에 성경을 주셨으며, 나는 그것을 읽어야 했습니다. 나는 주께서 성경을 통해 나에게 가르치는 것을 부지런히 찾아야 했습니다. 나는 하나님의 말씀이 나에게 가르치는 것을 믿고 또 행해야 했습니다. 다른 사람을 매개로 해서 어떤 것을 배우지 않은 것은 나에게 있어 큰 위로와 기쁨이었습니다. 하나님의 진리를 나는 사람으로부터 받지도 않았고 배우지도 않았습니다. 나는 하나님의 영의 가르침으로 말미암아 물의 근원인 샘으로부터 흡족하게 마셨습니다. 나는 여러분 모두도 이렇게 하기를 바랍니다. 교회를 따라가지 마십시오. 어떤 위대한 설교자를 따라가지 마십시오. 여러분 스스로를 사람에게 매지 마십시오. 여러분 스스로를 하나님의 율법과 증언에 매십시오. 만일 어떤 사람들이 이러한 하나님의 말씀에 따라 말하지 않는다면, 그것은 그들 안에 하나님의 빛이 없기 때문입니다. 설령 모든 사람들이 그와 같이 행한다 하더라도 그리고 거기에 다양하게 판단할 수 있는 여지가 있다고 하더라도, 그러나 나는 믿음과 행함에 있어서의 온전한 진리는 다른 어떤 방법에 의해서보다 이런 방법으로 훨씬 더 쉽게 얻어질 수 있다고 생각합니다. 만일 각 사람이 진리를 배움에 있어 사람에게 가기보다 먼저 하나님의 말씀으로부터 배우고자 한다면, 우리 모두는 하나님의 진리를 알게 될 것이며 그 터 위에서 함께 모이게 될 것입니다. 단지 여러분이 태어나고 교육받은 환경 때문에 익숙해진 길로 따르는 것은 하늘의 빛으로 비춤받은 자들이 따를 길이 아닙니다. 나는 사람의 교리나 교회법 같은 것에는 관심을 기울이지 않습니다. 물론 나는 교회와 거룩한 성도들을 존귀하게 여기기는 하지만 그러나 그것을 나의 절대적인 인도자로 삼지는 않습니다. 오직 성경만이 참된 그리스도인들의 믿음을 이끄는 절대적인 인도자입니다. 하나님의 영이 우리를 비춰사 우리로 하여금 그 의미를 깨닫게 하시는 한 말입니다. 우리는 "내가 이러저러하게 행하는 것은 기도서에 그렇게 기록되어 있기 때문이야" 혹은 "내가 이러저러하게 행하는 것은 그것이 우리 교파의 기본적인 규범이기 때문이야"라고 말해서는 안 됩니다. 만일 여러분이 가지고 있는 기도서와 여러분의 교파가 영적이지 않다면, 그러한 것들이 도대체 여러분과 무슨 상관이 있단 말입니까? 이것을 마음에 깊이 새기십시오.

오늘날 우리에게 정말로 필요한 것은 우리가 주의를 기울여 하나님께 순종하는 것입니다. 나는 앞에서 여러분에게 스파르타의 전사(戰士)에 대해 이야기했습니다. 오늘날 우리에게는 정말로 스파르타의 정신이 필요합니다. 그 안에 그리스도의 영이 들어가기만 한다면 말입니다. 스파르타 전사는 전투 중에 반드시 적을 죽여야 합니다. 그러나 만일 칼을 들어 적을 찌르려고 하는 순간 퇴각나팔 소리가 난다면, 그는 즉시로 칼을 내리고 퇴각할 것입니다. 만일 어떤 사람이 그에게 "어째서 적을 죽이지 않고 살려주었지?"라고 묻는다면, 그는 "나에게는 적을 죽이는 것보다 장군의 명령에 복종하는 것이 더 중요하기 때문이지요"라고 대답할 것입니다. 그리스도인에게 있어 순종보다 더 중요한 것은 아무것도 없습니다. "순종이 제사보다 낫고 듣는 것이 숫양의 기름보다 나으니"(삼상 15:22).

나아가 우리가 여호와의 편이 될 때, 우리는 기꺼이 그의 뜻에 순종할 뿐만 아니라 또한 그를 적극적이며 강력하게 섬겨야 합니다. 모세는 자기 앞에 나아온 자들에게 "너희는 각각 허리에 칼을 차라"고 말했습니다(27절). 여러분이 여호와의 편이 된 것은 할 일 없이 시간을 때우기 위함이 아닙니다. 너무나 많은 사람들이 교회의 품 안에 들어온 것은 거기에서 잠자기 위함이라고 생각합니다. 마치 아기가 엄마 품에서 잠자는 것처럼 말입니다. 복음의 마차가 지나갑니다. 그리고 많은 사람들이 거기에 올라탑니다. 그러나 그들의 마음속에 마차를 몬다든지 혹은 주인을 위해 일한다는 등의 개념은 들어오지 않습니다. 우리는 결코 그래서는 안 됩니다. 우리는 하나님의 편에 서서 모든 힘을 다해 싸우며 행동해야 합니다. 레위 지파가 범죄한 백성들과 맞서 용맹하게 싸운 것처럼 말입니다.

뿐만 아니라 우리는 모든 위험과 비용을 감수하며 그렇게 해야 합니다. 레위 지파 사람들은 매우 고통스러운 임무를 부여받았습니다. 그들은 그들의 왕인 하나님께 반역을 행한 동족들을 죽여야 했습니다. 그들의 형제와 친구들을 죽여야 하는 것은 그들의 마음이 갈기갈기 찢어지는 아픔의 대가를 요구하는 것이었습니다. 그러나 그들은 우상 숭배 가운데 빠져 있는 형제들을 단호히 죽여야 했으며, 실제로 그렇게 했습니다. 그들은 하나님께 반역한 자들에 대해 긍휼을 베풀지 않았습니다. 모세가 그들에게 무엇이라고 말했는지 보십시오. "레위에 대하여는 일렀으되 주의 둠밈과 우림이 주의 경건한 자에게 있도다 주께서 그를 맛사에서 시험하시고 므리바 물 가에서 그와 다투셨도다 그는 그의 부모에게 대하여 이르기를 내가 그들을 보지 못하였다 하며 그의 형제들을 인정하지 아니하며 그의 자녀를 알지 아니한 것은 주의 말씀을 준행하고 주의 언약을 지킴으로 말미암음이로다"(신 33:8, 9). 그들은 하나님께 대하여 철저했으며, 우리도 그래야 합니다. 여러분이 그리스도의 교회에 연합될 때, 거기에는 필요하다면 오른손을 잘라버리는 것과 오른눈을 뽑아 버리는 것이 있어야만 합니다. 거기에는 육체의 정욕과 함께 육체의 사랑을 부인하는 것이 있어야만 합니다. 우리는 싸우도록 부름받습니다. 그러므로 우리는 싸움을 위해 준비해야 하며, 그것을 두려워해서는 안 됩니다.

레위인들은 하나님께 대하여 그토록 신실했기 때문에 나중에 이스라엘의 선생이 되었습니다. 모세가 계속해서 그들에게 말한 것을 읽어 보십시오. "주의 법도를 야곱에게, 주의 율법을 이스라엘에게 가르치며 주 앞에 분향하고 온전한 번제를 주의 제단 위에 드리리로다"(10절). 그들이 그런 역할을 맡을 수 있었던 것은 그들이 여호와의 명령을 온전히 실행했기 때문이었습니다. 나아가 이러한 온전한 순종으로 인해, 그들은 보존되었을 뿐만 아니라 넉넉히 이기는 자가 되었습니다. 계속해서 모세는 그들의 온전한 순종으로 인해 그들을 이렇게 축복합니다. "여호와여 그의 재산을 풍족하게 하시고 그의 손의 일을 받으소서 그를 대적하여 일어나는 자와 미워하는 자의 허리를 꺾으사 다시 일어나지 못하게 하옵소서"(11절). 레위가 하나님의 원수들을 쳤으므로, 하나님은 그의 원수들을 치실 것입니다. 하나님의 일에 마음을 쓰는 자는 하나님이 자신을 위해 일하시는 것을 발견하게 될 것입니다. 그들은 단호함과 순전함으로 자신들의 임무를 수행했습니다. 그러므로 하나님은 그들을 당신의 백성들의 지도자와 당신의 나라를 가르치는 선생으로 삼으십니다. 그리고 이제부터 그들은 모든 원수들을 이기게 될 것입니다. 여호와의 편에 선 모든 자들은 모든 일에 있어 그의 말씀을 따라야 합니다. 그리고 모든 비용을 지불해야 합니다. 그것이 무엇이든 말입니다. 여러분은 성경에서 세상의 기준으로 볼 때 지나치게 가혹하게 보이는 교훈들을 발견할 것입니다. 그럼에도 불구하고 그것들을 굳게 붙잡으십시오. 그리고 사람들이 여러분을 지나치게 가혹하다느니, 잔인하다느니 말하는 것에 대해 괘념치 마십시오. 여러분은 인간의 교만의 면류관을 치며 육체의 소욕을 꺾는 가혹한 교훈을 전파해야 합니다. 사람들이 무엇이라고 말하든, 그러한 교훈들을 단호히 전파하십시오. 하나님은 여러분의 그러한 행동을 옳다 하실 것입니다. 사람들의 모든 비방과 중상에도 불구하고 하나님은 여러분의 정당함을 만천하에 드러내실 것입니다. 어떤 조건도 허용하지 마십시오. 육체의 소욕을 충족시키는 어떤 조항도 만들지 마십시오. 만일 여러분이 "십자가의 군사요 어린 양을 따르는 자"라면, 하나님이 명하시는 것을 행하는 것이 여러분의 몫입니다. 이유를 추론하는 것은 여러분의 몫이 아닙니다. 필요하다면 죽음을 향해 담대하게 나아가며 거룩한 온유함 가운데 잠잠히 진리를 옹호하는 것이 여러분의 몫입니다. 이 시대의 우아한 철학자들에게 그것이 너무나 구시대적이며 비이성적으로 보인다 하더라도 말입니다. 항상 옳은 편에 서십시오. 이 모든 일에 성령께서 우리를 도우시기를 기원합니다. 만일 그가 우리를 도우시지 않는다면, 우리는 필경 넘어질 것입니다. 그러나 만일 그가 우리와 함께 하신다면, 우리는 승리할 것입니다. 아직 미약한 가운데 있는 자여! 여러분의 미약한 자리에서 하나님을 위해 힘써 일하십시오. 그러면 여러분은 좀 더 중요한 자리로 옮겨질 것입니다. 여기의 레위인들을 보십시오. 그들이 이스라엘을 가르치는 선생이 된 것은 하나님의 명령에 따라 담대하게 형제들을 쳤기 때문이었습니다. 그것이 사람의 생각에 매우 영예롭지 못한 일처럼 보일 수 있었음에도 불구하고 말입니다. 그들은 소수(少數)였음에도 불구하고 전체 무리와 맞설 정도로 충분히 담대했습니다. 그러므로 이제 그들은 모든 지파들을 가르치기에 충분할 정도로 지혜롭게 될 것입니다. 가장 낮은 자리에 있다 하더라도, 그것을 잘 사용하십시오. 그리고 그러한 낮은 자리를 영예롭게 하십시오. 스파르타의 전사들이 자신들의 왕 아게실라오스를 뒷자리에 남아 있도록 했을 때, 그는 뒷자리를 불명예스러운 것으로 받아들이지 않았습니다. 도리어 그는 "설령 뒷자리가 나를 영예롭게 하지 않는다 할지라도, 나는 뒷자리를 영예롭게 할 것이다"라고 말했습니다. 그러므로 설령 여러분이 그리스도의 집에서 가장 낮은 자리를 차지하고 있다 할지라도, 도리어 그 자리를 영예롭게 하십시오. 그러면 마침내 만왕의 왕이 오셔서 손들(guests)을 살필 때, 그는 "친구여 이리로 올라오라"라고 말씀하실 것입니다. 만일 여러분이 작은 일에 충성한다면, 그는 여러분을 많은 것을 다스리는 통치자로 삼으실 것입니다. 여러분 자신을 하나님께 충분히 성별(聖別)시키십시오.

나는 오늘의 주제가 이 시대를 살아가는 우리에게 매우 절실하다고 믿습니다. 나는 "누가 여호와의 편에 있는가?"라는 오늘의 주제가 결코 시대에 뒤떨어진 것이 아님을 확신합니다. 그들로 하여금 그리스도께 나오게 하십시오. 그리고 오늘날 그에게 스스로를 성별시키게 하십시오. 왜냐하면 무엇보다도 금송아지를 섬기는 것이 오늘날에도 매우 만연하기 때문입니다. 사람들은 자신이 소유하고 있는 재산의 많고 적음에 따라 평가됩니다. 인격적으로 보잘것없는 사람이라 하더라도 만일 그가 큰 집과 넓은 땅과 많은 재산을 가지고 있다면, 그는 대단한 사람으로 높이 평가됩니다. 아, 가련한 피조물이여! 사람 자신에게 가치가 있는 것이 아니라, 그가 소유한 집과 땅과 황금에 가치가 있습니다. 오늘날 사람들은 금송아지 앞에서 엎드려 절하며 굽실거립니다. 사람들이 수단과 방법을 가리지 않고 돈을 벌려고 혈안이 되어 있습니다. 형제들이여, 부를 위해 그릇된 일을 행하느니 차라리 궁핍을 견디는 것이 훨씬 더 낫지 않습니까? 또한 여러분은 사람을 그가 소유한 것으로부터가 아니라 그 자신으로부터 평가하는 방법을 배워야 합니다. 여러분은 최고의 덕과 인품을 소유했음에도 불구하고 매우 가난하여 이마에 땀을 흘려야 겨우 살아갈 수 있는 사람들을 만날 것입니다. 그들을 만나거든 귀히 여기며 사랑하십시오. 또 여러분은 가장 악독하며 비열함에도 불구하고 많은 재산을 소유하며 높은 자리에 오른 사람들을 만날 것입니다. 제발 그들 앞에서 굽실거리지 마십시오. 그들의 부(富) 앞에 머리를 숙이지 마십시오. 사람들을 그들의 위치가 아니라 그들의 인품에 따라 평가하십시오. 하나님이여, 우리 가운데 아무도 금송아지 앞에 절하지 말게 하소서! 그렇지만 우리 사회 속에서 금송아지 앞에 절하는 일이 얼마나 흔합니까? 사람들이 사교계를 출입하며 아무짝에도 쓸모없는 헛된 화려한 것들을 향유하는 것을 얼마나 큰 특권으로 여깁니까? 소위 "사교계"라고 불리는 곳에서 믿음을 위해서보다 옷을 위해서 더 많은 돈을 지출하는 자들과 환담하는 것을 오늘날의 사람들은 얼마나 큰 특권으로 여깁니까? 그런 사교계에 들어가는 것이 도대체 무슨 대단한 일이란 말입니까? 그럼에도 불구하고 나는 많은 사람들이 자신들의 원칙을 내던지고, 양심을 팔며, 교회 공동체를 버리고, 하나님을 배반하는 것을 보았습니다. 실제로 그들은 사업에서 성공합니다. 그리고 지역 사회에서 유력자의 반열에 오르기도 합니다. 그러나 그들은 자신을 정말로 사랑하는 사람들을 버리고, 많은 돈을 써가며 실제로 그들을 조소(嘲笑)하는 사람들에게로 가고 말았습니다. 하나님이여, 부디 이 같은 자들을 불쌍히 여기시고 그들을 구원하소서!

나아가 여러분은 예배 속에 스며들어 있는 미신들에 대하여 강경하게 대처해야 합니다. 오늘날 미신은 여러 곳에 퍼져 있습니다. 우리는 오직 하나님 한 분만을 예배해야 합니다. 이것이 첫째 계명의 핵심입니다. 또 하나님은 그 자신의 방식대로 예배되어야 합니다. 이것이 둘째 계명의 핵심입니다. 첫째 계명은 "나 외에 다른 신을 갖지 말라"는 것이고, 둘째 계명은 "하나님을 표현하는 새긴 신상(神像)을 만들지 말고 그것에게 절하거나 예배하지 말라"는 것입니다. 모세는 반역을 행한 백성들에게 형벌로써 그들의 신을 "불살라 부수어 가루를 만들어 물에 뿌려" 마시게 했습니다(20절). 그러나 오늘날 우리 가운데 많은 사람들이 헌신의 표현으로서 문자적으로 자신들의 신을 먹고 마십니다. 우리 주 예수 그리스도를 영적으로 먹고 마시는 성만찬은 가장 심오하며 엄숙한 최고의 영적 신비입니다. 그러나 성별(聖別)된 떡의 형태로 문자적으로 그리스도의 살을 먹을 수 있다는 미신적인 개념은 정말로 혐오스럽고 가증스러운 이론입니다. 소위 "복된 성례"(Blessed Sacrament)라 불리는 예배는 애굽 사람들이 자신들의 밭에서 자라는 양파와 각종 식물들을 숭배했던 것과 같은 혐오스러운 우상 숭배입니다. 둘 사이에는 사실상 차이가 없습니다. 그럼에도 불구하고 그와 같은 우상 숭배적인 행습은 점점 더 일반화되고 있습니다. 떡은 단지 떡일 뿐입니다. 떡에다 대고 무슨 말을 한다 할지라도, 그것은 계속해서 떡으로 남아 있을 뿐입니다. 그렇게 한다고 해서 그것이 다른 것으로 변한단 말입니까? 곰팡이 피는 떡이 도대체 무엇으로 변한단 말입니까? 그것은 사실상 인간이 만든 떡을 숭배하는 것입니다. 그럼에도 불구하고 오늘날 많은 영국인들이 그것을 믿고 있습니다. 하늘에 계신 하나님이여, 이곳이 정말로 래티머의 나라입니까?(Latimer:16세기의 영국의 종교개혁자). 이곳이 정말로 복음의 빛이 비추는 나라입니까? 그렇지 않으면 우리가 로마와 그곳의 모든 우상 숭배들로 깨끗이 되돌아왔단 말입니까?

나는 여러분이 이 문제에 대해 단호한 입장을 견지하기를 바랍니다. 보이는 것에 대해 종교적 존귀를 돌리지 마십시오. 상징을 예배하지 마십시오. 아무리 오래된 것이라 하더라도 말입니다. 오직 하나님 한 분만을 예배하십시오. 모든 종류의 그림과 형상과 십자가상과 성물(聖物)과 성체(聖體)와 성배(聖杯)와 제단을 숭배하는 모든 행동을 미워하십시오. 모든 종류의 우상 숭배를 멀리하십시오. 이러한 미신들에 대해 어떤 경멸의 말을 한다 할지라도 결코 지나치지 않습니다. 우리 조상들은 이러한 악에 대해 조롱의 말을 쏟아 부었습니다. 나는 여러분 역시도 그에 대해 단호하게 거부하기를 바랍니다. 온갖 종류의 미신적인 행습에 대해 추호도 관심을 기울이지 마십시오. 이교적인 행습과 혼합됨으로써 그들의 죄에 동참하지 마십시오. 여기의 우상 숭배의 죄를 저지른 이스라엘 백성들을 생각해 보십시오. 어쩌면 그들은 자신들이 결코 금송아지를 섬기지 않았노라고 항변했을는지 모릅니다. 어쩌면 그들은 자신들이 단지 황소의 형상 아래서 여호와를 섬겼을 뿐이라고 주장했을는지 모릅니다. 어쩌면 그들은 이렇게 말했을는지 모릅니다. "보라 이 얼마나 아름다운 상징인가! 황소는 강함을 나타내는 이미지가 아닌가! 하나님은 전능하신 자가 아닌가! 이것은 우리에게 얼마나 많은 것을 가르치는가! 황소는 쟁기질을 하며 우리에게 풍성한 결실을 가져다주지 않는가! 이것은 하나님의 선하심을 나타내는 얼마나 멋진 상징인가! 많은 사람들이 설교보다도 이러한 형상을 통해 더 많은 것을 배우지 않겠는가!" 또 그 가운데 있는 예술적인 사람들은 각자 자기의 방식대로 이렇게 덧붙였을는지 모릅니다. "이와 같이 상징을 숭배하는 것은 예배에 큰 도움이 될 것이라. 금송아지가 없을 때, 우리의 예배는 너무도 초라하며 썰렁했었도다. 그러나 이제 우리는 화려하며 품위 있는 예배를 드릴 수 있게 되었도다. 모세와 아론의 기도는 우리에게 얼마나 초라했었는가? 저 아름다운 금송아지는 얼마나 심미적(審美的)인가? 그것은 우리의 생각과 감정을 일깨우며 북돋우도다. 자, 아피스를 섬기는 의식(儀式)을 우리의 모델로 삼자. 우리도 애굽 사람들처럼 행하자. 노래를 부르며 춤추며 금송아지에게 예배하자." 여러분은 오늘날 이와 같은 방식으로 말하는 사람들이 누구인지 잘 알 것입니다.

　　여기의 이스라엘 백성들을 보십시오. 그들은 금송아지에게 절할 뿐만 아니라, 헛된 오락(娛樂)을 탐닉하기까지 했습니다. "백성이 앉아서 먹고 마시며 일어나서 뛰놀더라"(6절). 미신은 일반적으로 헛된 쾌락에 탐닉합니다. 나의 형제들이여, 나는 이 문제에 있어 여러분이 하나님의 편에 서 있음을 분명하게 확신하기를 바랍니다. 다시 반복하거니와, 형상이든 그림이든 떡이든 모든 상징은 단호히 거부되어야 합니다. 만일 그것이 예배의 대상이 된다면 말입니다. 우리 주님은 떡과 포도주를 사용하여 자신을 기념하도록 정하셨습니다. 떡과 포도주는 그렇게 사용되어야 합니다. 반면 그것은 털끝만큼도 예배의 대상이 되어서는 안 됩니다. 왜냐하면 그렇게 하는 것은 가장 아름다운 것을 가지고 가장 악한 죄를 만드는 것이기 때문입니다.

　　나아가 나는 여호와의 편인 여러분이 죄악된 쾌락을 멀리하기를 바랍니다. 금송아지 앞에 절하고 난 후, 그들은 "일어나 뛰놀았습니다." 그것은 매우 재미있는 놀이였습니다. 그것은 설명을 필요로 하지 않습니다. 세상에는 이와 같은 "놀이”가 너무나도 많습니다. 모든 종류의 놀이를 조심하십시오. 그것은 여러분의 시간을 빼앗으면서 동시에 여러분의 마음을 오염시킵니다. 물론 몸과 마음을 상쾌하게 만들어 주는 건강한 오락들도 있습니다. 그러나 여러분에게 아무런 도움도 되지 않는 놀이는 가까이 하지 말고 피하십시오. 청교도들로 하여금 소위 성일(聖日)과 미신적인 것들을 거부하도록 만든 동일한 정신이 또한 그들로 하여금 그 시대의 저급한 오락들을 멀리하도록 만들었습니다. 우리에게는 그와 같은 저급하며 어리석은 오락들이 가져다줄 수 있는 것보다 훨씬 더 나은 즐거움들이 있지 않습니까? 우리는 종종 기분전환에 대해 말합니다. 만일 그것이 정결하며 깨끗하다면 그리고 우리의 몸을 건강하게 하고 우리의 마음을 편안하며 상쾌하게 한다면, 우리는 완고한 마음으로 그러한 것들을 기피할 필요도 없고 또 기피하지도 않습니다. 그러나 만일 그 안에 악이나 혹은 유혹의 기미가 있다면 그리고 그것이 단순히 어리석은 놀이에 불과하다면, 우리는 그것을 허용할 수 없습니다. 우리는 예수께서 가지 않은 곳을 감히 갈 수 없습니다. 우리는 혹시 죽을까 두려워하는 곳에 감히 가지 않을 것입니다. 또 우리는 주의 강림을 알리는 나팔 소리를 들을까 두려워하는 곳에 감히 가지 않을 것입니다. 이것은 엄격한 교훈입니다. 여러분은 이러한 교훈을 감당할 수 있을 정도로 충분히 주의 편입니까? 하나님이 오늘날의 그리스도인들에게 굳센 마음을 주시기를 기원합니다. 이 부분에 있어 오늘날 많은 사람들의 마음이 견고하지 못한 것 같습니다. 많은 사람들이 중심을 잡지 못한 채 휘청거립니다. 주의 편인 우리는 결연하며 단호한 마음을 가질 필요가 있습니다. 어떤 사람이 말합니다. “이것은 그다지 큰 문제가 아니지 않나요?” 그럴는지 모릅니다. 그러나 나는 여러분이 자신의 방패 위에 파리를 그려 넣은 스파르타 전사들 같기를 바랍니다. 어떤 사람이 “파리가 그려진 당신의 방패는 정말로 작군요”라고 말하자, 그는 이렇게 대답합니다. “사실입니다. 그러나 나는 적 앞에서 방패를 단단히 붙잡습니다.” 설령 작은 문제처럼 보인다 할지라도, 우리는 하나님의 것들을 작게 생각하는 사람들 앞에서 그것을 더욱더 단단히 붙잡을 필요가 있습니다. 하나님과 관련된 작은 것은 실상 큰 것입니다. 작은 것을 하찮게 여길 때, 우리는 큰 것까지도 하찮게 여기게 될 것입니다.

마지막으로, 우리는 원칙이 쉽게 흔들리는 오늘날 하나님의 편이 되고자 굳게 결심하며 그것을 담대하게 시인할 필요가 있습니다. 많은 사람들이 이렇게 말합니다. "의심의 여지 없이 당신이 옳습니다. 그렇지만 …" 그리스도인은 옳은 것에 대해 "그렇지만"이라고 덧붙여서는 안 됩니다. 또 어떤 사람이 말합니다. "그렇군요, 당신의 말에 동의합니다. 그러나 …" 참된 그리스도인은 자기가 동의하는 것에 대해 "그러나"라고 토를 달아서는 안 됩니다. 만일 어떤 말이 명백히 이러저러한 것을 의미한다면, 우리는 그 말을 그와 같은 의미로 사용합니다. 우리는 결코 다음과 같이 말해서는 안 됩니다. "이러저러한 일이 잘못된 것이라는 사실을 압니다. 그것은 나의 양심을 괴롭게 합니다. 그렇지만 당신도 알다시피 나는 선한 일을 아주 많이 하고 있습니다. 큰 선을 얻기 위해서라면 약간의 악은 받아들여야 하지 않을까요?" 온전한 그리스도인은 선을 이루기 위해 악을 행하지 않을 것입니다. 그는 예수회적인 개념(Jesuitical notion)을 싫어합니다. 그는 악을 행함으로써 선을 이루려고 시도하는 것은 큰 악이라고 믿습니다. 그에게 있어 진리와 의와 하나님의 교훈과 그리스도의 뜻은 최고의 목적입니다. 아, 여러분 모두가 이런 정신을 가지고 그 위에 굳게 선다면 얼마나 좋겠습니까! 가정과 직장과 여러분이 살고 있는 모든 삶의 자리에서, 진실하며 철저하며 정직하며 하나님과 같으며 그리스도와 같으십시오. 부디 성령께서 이 일에 예수 그리스도를 위하여 여러분을 도우시기를 기원합니다. 아멘.

제
17
장

—

가나안으로 가는 순례자를 위한 최고의 양식

—

**"그가 말씀하시되 나의 임재가 너희와 함께 갈 것이요 내가
너희에게 안식을 주리라."— 출 33:14[1]**

본문의 지극히 보배로운 약속이 여러분 모두에게 삶 전체를 통해 이루어지기를 기원합니다. 본문의 축복보다 더 큰 축복을 우리가 어떻게 상상할 수 있으며 또 바랄 수 있겠습니까? 하나님의 임재와 하나님의 안식 — 이것은 지극히 값진 진주로 장식된 정금반지가 아닙니까? 본문의 축복은 우리 하나님과 얼마나 잘 어울립니까? 그것은 하나님의 무한한 사랑만이 말할 수 있는 것이 아닙니까? 본문의 약속을 깊이 생각하십시오. 그리고 그것을 여러분의 영혼을 위한 양식으로 삼으십시오. 그러한 약속으로 여러분은 충분히 만족할 수 있습니다. 설령 설교자의 입술이 인봉한 샘처럼 닫힌다 하더라도 말입니다. 여러분은 어떤 설교도 필요로 하지 않습니다. 오직 성령으로 하여금 이러한 말씀을 아버지의 입술로부터 여러분에게 직접적으로 그리고 권능으로 전달하게 하십시오. 그러면 여러분의 영혼은 골수와 기름으로 만족하게 될 것입니다.

———————

1) And He said, My Presence will go with you, and I will give you rest. 한글개역개정판에는 "여호와께서 말씀하시되 내가 친히 가리라 내가 너를 쉬게 하리라"라고 되어 있음 – 역주.

> "나의 은혜로우신 주여, 족하나이다.
> 나는 믿음으로 승리를 외치나이다.
> 나의 임재가 너희와 함께 갈 것이요
> 내가 너희에게 안식을 주리라.
> 나의 마음은 이 약속 위에서 살며
> 이 약속 위에서 죽나이다."

본문의 약속이 주어지기 바로 전에 어떤 일이 있었는지 생각해 보십시오. 그 때 이스라엘 백성들은 금송아지를 만들고 "이스라엘아 이는 너희를 애굽 땅에서 인도하여 낸 너희의 신이로다"라고 말하면서 하나님을 크게 진노하게 만들었습니다(32:4). 그들은 홍해를 건너면서 그리고 이어지는 여행길에서 하나님의 위대하심과 그의 영광을 보았습니다. 그럼에도 불구하고 그들은 너무도 어리석어 풀을 먹는 황소의 형상 앞에 엎드려 절했습니다. 살아 계신 하나님이 진노한 것에 대해 우리는 조금도 놀라지 않습니다. 도리어 우리가 크게 놀라는 것은 그토록 터무니없는 범죄에도 불구하고 하나님이 그들로부터 진노를 돌이키시고 그들에게 본문의 약속을 말씀하셨다는 사실입니다. 본문의 약속은 단지 모세에게만 대한 것이 아니라 백성 전체에게 대한 것입니다. "나의 임재가 너희와 함께 갈 것이요 내가 너희에게 안식을 주리라." 그렇다면 하나님이 죄인들과 함께 가실 것입니까? 그는 자신을 그토록 격분하게 한 자들과 함께 가실 것입니까? 그는 그토록 수치스러운 방식으로 빛과 참된 지식에 대해 범죄한 자들과 함께 가실 것입니까 그는 그토록 큰 범죄자들의 죄를 제거하시고 그들에게 위로의 말씀을 하실 것입니까? 그렇습니다. 그는 그렇게 하실 것입니다. 왜냐하면 그는 우리의 죄와 악함을 오랫동안 참으시고, 노하는데 더디시기 때문입니다. 그의 말씀을 들어보십시오. "내 이름을 위하여 내가 노하기를 더디 할 것이며 내 영광을 위하여 내가 참고 너를 멸절하지 아니하리라"(사 48:9). 나의 형제들이여, 이것은 우리에게 얼마나 큰 위로입니까! 죄 의식 가운데 괴로워할 때, 하나님은 그 죄를 제거할 수 있습니다. 그러므로 우리는 죽지 않을 것이며, 하나님은 우리 가운데 오셔서 우리와 함께 거하시며 우리와 함께 행하실 것입니다. 우리의 모든 악함에도 불구하고 말입니다. 여러분은 하나님이 얼마나 의로우신 자인지 압니다. 여러분은 그가 질투하는 하나님이심을 압니다. 특별히 사랑하는 자들에 대하여 말입니다. 그러나 그 모든 것에도 불구하고 또 소멸하는 불임에도 불구하고, 그는 너무나 은혜가 많으셔서 우리의 모든 죄를 간과하십니다. 그는 여전히 자기 백성들에게 돌아오실 것이며, 그들에게 또다시 위로의 말씀을 하실 것입니다. 그러나 여기에 결코 잊어서는 안 되는 비밀이 있습니다. 그것은 모세가 백성들을 위해 눈물을 흘리며 간절한 중보기도를 드렸다는 사실입니다. "슬프도소이다 이 백성이 자기들을 위하여 금 신을 만들었사오니 큰 죄를 범하였나이다 그러나 이제 그들의 죄를 사하시옵소서 그렇지 아니하시오면 원하건대 주께서 기록하신 책에서 내 이름을 지워 버려 주옵소서"(32:31, 32). 모세는 불 붙은 산으로 올라갔습니다. 그리고 거기에서 이스라엘을 위해 자신을 희생제물로 드렸습니다. "그렇지 아니하시오면 원하건대 주께서 기록하신 책에서 내 이름을 지워 버려 주옵소서"라는 기념비적인 기도 속에서 말입니다. 설령 하나님이 모세의 대속(代贖)은 받아들일 수 없으셨다 하더라도, 그러나 그 때 하나님은 더 큰 자를 기억하셨습니다. 하나님은 그 때 자기와 함께 계셨던 자를 기억하셨습니다. 그 때 하나님에게는 자기 아들의 구속이 이미 이루어진 것이나 마찬가지였습니다. 왜냐하면 하나님은 처음부터 끝을 바라보시기 때문입니다. 하나님의 마음에 그리스도의 희생제사는 항상 현재적입니다. 하나님 앞에 그 아들 예수는 "창세 전에 죽임당한 어린 양"입니다. 만일 우리가 이와 같은 사실들을 깊이 생각한다면, 우리는 본문의 약속이 이스라엘에게 주어지고 또 하나님이 모세와 백성들에게 그렇게 말씀하신 것은 전적으로 중보자로 말미암은 것이었다는 사실을 발견하게 될 것입니다. 속죄와 중보기도가 드려짐으로써, 하나님은 자신의 임재와 안식을 약속하셨습니다. 바로 이것이 하나님이 여러분과 내 안에 내주하시며 우리에게 안식을 주실 수 있는 유일한 기초입니다. 대언자가 하나님과 사람 사이에 서서 우리를 살리기 위해 그의 생명을 주셨습니다. 그의 중보의 능력으로 하나님의 진노가 옮겨지고 그 자리에 그의 은총이 임한 것입니다. 하나님은 그리스도 예수 안에서 죄인들과 함께 거하시기 위해 내려오셨습니다. 이러한 임재는 우리로부터 결코 옮겨지지 않을 것입니다. 왜냐하면 그가 "내가 너희를 고아와 같이 버려두지 아니하고 너희에게로 오리라"(요 14:18)라고 말씀하시기 때문입니다. 그는 우리와 함께 거하십니다. 그는 우리와 함께 먹고 마십니다. 그러므로 "주여 오셔서 당신을 우리에게 나타내소서. 간절히 구하노니 당신의 약속이 이제 우리 마음속에서 이루어지게 하소서"라고 부르짖지 마십시오. 이미 주께서 우리에게

"나의 임재가 너희와 함께 갈 것이요 내가 너희에게 안식을 주리라"라고 말씀하시지 않았습니까?

어쩌면 이 자리에 먼 곳으로 이주(移住)할 계획을 가지고 있는 사람들이 있을는지 모릅니다. 그렇다면 오늘의 주제는 그들에게 큰 위로가 될 것입니다. 우리는 어쩌면 그들을 다시 보지 못할는지 모릅니다. 그들의 마음속에는 큰 슬픔이 자리 잡고 있으며, 우리의 마음속에도 역시 아쉬움이 자리 잡고 있습니다. 그들이 우리에게 작별인사를 고할 때, 나는 그들의 눈에서 눈물을 보았습니다. 나의 사랑하는 자들이여, 평안히 가십시오. 하나님이 여러분과 함께 하시기를 기원합니다. 아, 내가 무슨 말을 더 할 수 있을까요? 여러분은 고국을 떠나고 있습니다. 여러분이 다시 돌아올 것인지 여부는 오직 하나님의 섭리에 달려 있습니다. 여러분은 그에 대해 아무것도 알지 못합니다. 그러나 걱정할 것 없습니다. 왜냐하면 우리 모두는 타향에서 살고 있는 사람들이기 때문입니다. 우리는 사랑하는 아버지의 나라를 향해 여행하고 있습니다. 바로 그곳이 우리의 영원한 본향입니다. 또 이 자리에 인생에 있어 매우 중요한 변화를 겪고 있는 사람들이 있을는지 모릅니다. 거처를 옮긴다든지 혹은 다른 직장을 찾고 있다든지 하는 등의 변화 말입니다. 지금 이 자리에 있는 사람들 가운데 많은 사람들은 새로운 일을 향해 나아가며 하나님을 위한 새로운 섬김을 계획하고 있습니다. 그럴 때, 본문의 하나님의 약속은 얼마나 큰 위로가 됩니까? 여기의 하나님의 말씀은 특별히 인생의 전환기에 있는 사람들에게 강한 울림을 가져다줄 것입니다. "나의 임재가 너희와 함께 갈 것이요 내가 너희에게 안식을 줄 것이라." 그러므로 오십시오! 고국을 향해 작별인사를 하는 자들이여, 낯선 땅을 향해 나아가는 자들이여, 미지의 땅을 향해 장막을 옮기는 자들이여, 와서 여기의 말씀을 들어보십시오. "나의 임재가 너희와 함께 갈 것이요 내가 너희에게 안식을 줄 것이라."

오늘 우리가 다룰 주제는 다음과 같습니다. 첫째로, 이러한 임재의 유익은 무엇인가? 둘째로, 이러한 임재가 실제적으로 요구하는 것은 무엇인가? 그리고 셋째로, 이러한 임재에 수반되는 최고의 축복은 무엇인가? "내가 너희에게 안식을 줄 것이라."

1. 첫째로, 여기에 약속된 신적 임재의 유익은 무엇입니까?

신적 임재의 첫 번째 유익은 그들이 여호와의 특별한 소유라는 사실에 대한 인정

(認定)입니다. 다음과 같은 모세의 말을 주목해 보십시오. "나와 주의 백성이 주의 목전에 은총 입은 줄을 무엇으로 알리이까 주께서 우리와 함께 행하심으로 나와 주의 백성을 천하 만민 중에 구별하심이 아니니이까"(16절). 이러한 말은 하나님이 자기 백성들과 함께하는 것이 그들과 모든 사람들에게 "이들은 나의 백성이요 나는 그들의 하나님이라"는 사실을 인정(認定)하는 하나님의 방법임을 분명하게 보여줍니다. 사랑하는 형제들이여, 여러분을 하나님의 소유로 인정함에 있어 하나님이 여러분과 함께하는 것보다 더 확실한 것이 무엇이겠습니까? 여러분은 이것보다 더 확실하고 더 좋은 확증을 결코 생각할 수 없을 것입니다. 만일 여러분에게 하나님의 임재가 없다면, 도대체 무엇이 여러분에게 평안의 증표(token of peace)가 될 수 있겠습니까? 하나님이 여러분과 함께 하지 않습니까? 여러분은 하나님의 임재를 의식하지 못합니까? 그렇다면 여러분이 누구인지 다시 한 번 생각해 보십시오. 만일 목자가 나에게 오지 않는다면, 내가 그의 우리에 있는 양일 수 있을까요? 만일 나의 마음이 아버지의 사랑으로 따뜻해지지 않는다면 그리고 내가 아버지의 위로의 음성을 한 번도 들어보지 못했다면, 내가 그의 자녀일 수 있을까요? 성도들은 그리스도와 혼인한 자들입니다. 그러나 만일 둘 사이에 아무런 교통이나 교제가 없다면, 그것은 참으로 이상한 연합일 것입니다. 만일 나의 영혼이 어둠 가운데 있음으로 인해 나의 신랑인 주 예수를 볼 수 없다면, 도대체 어떻게 내가 그것을 대단치 않게 생각하면서 그 없이도 아무 일 없는 것처럼 행할 수 있겠습니까? 샛별이 다시 떠오르고 신랑이 돌아올 때까지, 나는 결코 평안할 수도 없고 행복할 수도 없습니다. 나는 성읍으로 가서 거리를 돌아다니며 "내 마음으로 사랑하는 자를 너희가 보았느냐?"(아 3:3)라고 물어야만 합니다. 그러나 만일 내가 단 한 번도 그의 임재를 즐기지 못했다면 그리고 "그는 내 곁에 계시며 나와 함께 하십니다"라고 결코 말할 수 없다면, 내가 그의 소유인 것이 도대체 어떻게 가능할 수 있단 말입니까? 만일 내가 아침에 일하러 나가서 하루 종일 하나님을 의식하지 못한다면, 만일 내가 밤에 집에 돌아와 나와 함께 하시는 하나님의 손을 결코 보지 못한다면, 만일 내가 침상으로 가서 잠들기 전에 그의 사랑의 음성을 듣지 못한다면, 그렇다면 나는 분명 그의 소유일 수 없습니다. 나에게는 하늘 아버지가 그의 자녀들에게 주시는 인정(認定)이 결여되어 있는 것입니다. 만일 어떤 사람이 하나님의 임재를 즐기지 못한다면, 어떻게 그가 자신이 하나님께 속했음을 느낄 수 있겠습니까? 나는 우리가 하나님

께 속했음을 느낌에 있어 우리가 그의 임재를 즐기는 것 외에 다른 방법을 전혀 알지 못합니다. 하나님의 모든 자녀들은 아버지의 임재를 필요로 합니다. 모든 아내는 남편의 임재를 열망합니다. 우리 주님의 임재는 우리에게 생명과 빛이며, 건강과 재물이며, 힘과 노래입니다. 그러므로 우리는 이렇게 기도해야 합니다. "주께서 친히 가지 아니하시려거든 우리를 올려 보내지 마옵소서. 만일 주의 임재가 우리와 함께 가지 않는다면, 우리는 필경 길을 잃고 마침내 굶주린 이리들에게 늑탈당할 것이나이다." 이것이 하나님의 임재의 첫 번째 유익입니다. 그것은 신자의 영혼을 밝히는 영광이며, 그가 하늘의 특별한 소유임을 인치는 표입니다.

신적 임재의 두 번째 유익은 보존하심과 보호하심입니다. 이스라엘이 애굽으로부터 나왔을 때, 애굽 병사들이 그들의 뒤를 추격했습니다. 바로는 그들을 죽이든지 아니면 다시 붙잡아오려고 했지만, 그러나 그들을 건드릴 수 없었습니다. 애굽 병사들은 이스라엘 백성들에게 가까이 다가갈 수 없었습니다. 왜냐하면 하나님이 내려오셔서 그들의 앞을 가로막았기 때문입니다. 그것은 마치 결코 뚫을 수 없는 강력한 방패와 같았습니다. 하나님의 임재로 말미암아 이스라엘은 바다를 마른 땅처럼 통과할 수 있었지만, 그러나 그들의 원수들은 모두 물에 빠져 죽고 말았습니다. 광야를 통과하는 동안 이스라엘은 아말렉과 같은 여러 종족들로부터 멸망을 당할 수도 있었습니다. 그러나 그들은 멸망을 당하지도 않고 약탈을 당하지도 않았습니다. 그들의 진(陣)에 침략자의 발이 닿지 않았습니다. 그들에게 요새라든지 성벽 같은 것은 아예 존재하지 않았습니다. 그럼에도 불구하고 하나님의 임재가 "불 성벽"(wall of fire)처럼 그들을 둘러쌌습니다. 여호와가 그곳에 있는 한, 어느 누구도 그들을 건드릴 수 없었습니다. 아멜렉이 한 번 그들을 습격하여 제일 뒤에 있는 사람들을 살육했었습니다. 이것은 하나님으로부터 가장 멀리 떨어져 있는 자들이 가장 위험하다는 사실을 보여주었습니다. 그러나 만일 이스라엘이 범죄하지 않았다면, 심지어 가장 뒤에 있는 자들조차도 살육을 당하지 않을 것이었습니다. 만일 그들이 하나님과 올바른 상태로 행했다면, 가장 뒤에 있는 자들까지도 안전했을 것입니다. 여호와가 지키는 자들을 누가 해할 수 있겠습니까? 누가 전능하신 하나님과 싸울 것입니까? 만일 원수들이 하나님의 택하신 자들을 대적한다면, 하나님이 그들을 완전히 멸하실 것입니다. 누가 불 성벽을 돌파하여 하나님의 아들들을 건드릴 것입니까?

모든 하나님의 자녀들은 자신이 신적 임재 가운데 있을 때 완전히 안전하다는 사실을 인식해야 합니다. 그러한 임재로부터 떠날 때, 여러분에게 유혹은 아주 쉽게 다가옵니다. 그러나 여러분이 신적 임재 가운데 있을 때, 설령 유혹이 온다 하더라도 여러분은 그러한 유혹을 대수롭지 않게 물리쳐 버리게 될 것입니다. 하나님과 가까이 있을 때조차 여전히 우리 안에 저급한 욕망들이 남아 있습니다. 마치 노아의 방주 속에 있던 짐승들처럼, 그러한 욕망들은 잠잠히 있으면서 특별한 문제를 일으키지 않습니다. 그러나 하나님이 떠날 때, 그러한 저급한 욕망들은 머리를 쳐들고 우리를 주관하려고 하면서 온갖 종류의 문제를 일으킵니다. 우리가 하나님의 임재 안에 있을 때, 우리는 심지어 악한 자들 가운데서도 안전하게 서 있을 수 있습니다. 우리는 우리의 입술을 지키며, 그들의 모든 궤계를 물리칠 것입니다. 그렇습니다. 우리 영혼이 사자들의 우리 속에 있을 수도 있습니다. 그렇지만 어떤 사자도 우리를 건드릴 수 없습니다. 그 우리 속에 하나님이 우리와 함께 계시다면 말입니다. 우리가 느부갓네살의 풀무불 속에 들어갈 수도 있습니다. 그러나 우리는 머리털 하나도 다치지 않을 것입니다. 그 가운데 하나님이 우리와 함께 계시다면 말입니다. 어느 곳에 있든 무슨 일을 하든, 우리는 하나님의 임재 안에서 항상 안전합니다. 그러나 만일 하나님이 우리를 떠나시면, 우리는 엘리의 아들들처럼 심지어 그의 성소(聖所) 안에서조차 유혹을 당하고 죄 가운데 떨어질 것입니다. 그리고 그의 성전(聖殿) 안에서조차 마귀를 만나고 그로부터 시험과 유혹을 당할 것입니다. 만일 우리가 하나님 없이 움직인다면, 우리는 통상적인 거래에서조차 실수를 하며 잘못을 범하게 될 것입니다. 왜냐하면 하나님의 임재가 성도들의 유일한 보호막이기 때문입니다. 우리의 거룩함은 하나님과의 교제 위에 근거합니다. 달을 보십시오. 달은 태양이 자기 위에 비칠 때 빛납니다. 그와 같이 우리는 하나님이 우리 위에 비칠 때 밝게 빛납니다. 우리의 모든 영광은 하나님으로부터 옵니다. 이와 같은 사실 위에서 바라볼 때, "나의 임재가 너희와 함께 갈 것이요"라는 본문의 약속은 우리에게 얼마나 복된 약속입니까! 우리의 거룩함을 위한 유일한 방법이 바로 그것이 아닙니까?

신적 임재의 세 번째 유익은 인도하심과 이끄심입니다. 그들은 길도 없고 앞서 간 발자국의 흔적도 없는 광야를 지나가야 했습니다. 하나님의 임재를 나타내는 구름 기둥이 그들 앞서 가지 않는 한, 그들은 어느 길로 가야 할지 알 수 없었습니다. 그들의 행로(行路)는 참으로 특이했습니다. 그들은 앞으로 가며, 뒤로 가며, 이리저리 돌아갔습니다. 그러나 하나님은 그들을 "바른 길로 인도하사 거주할 성읍에 이르게" 하셨습니다(시 107:7). 바로 이것이 하늘을 향한 우리의 길입니다. 우리 자신들에게는 이렇게 돌고 저렇게 도는 미로(迷路)와 같은 길이지만, 그러나 모든 것을 아시는 자에게는 완전하게 명백하며 분명한 길입니다. 이 땅을 걸어가는 동안 우리에게 무슨 일이 일어날는지 여러분과 나는 아무것도 알지 못합니다. 우리는 한 시간 후에 일어날 일도 알지 못합니다. 나의 형제들이여, 아마도 여러분은 지금까지 살아오는 동안 깜짝 놀랄 만한 일들을 많이 겪었을 것입니다. 그런가 하면 평탄한 길을 별 어려움 없이 걸어온 때도 있었을 것입니다. 여러분은 무슨 일이 일어날지 생각하지 않았습니다. 그러다가 길이 갑자기 갈라지는 지점에 도달했으며, 그 순간부터 새로운 광경이 여러분 앞에 펼쳐졌습니다. 여러분은 오른쪽으로 가야 할지 왼쪽으로 가야 할지 거의 알지 못했습니다. 여러분은 곤경에 빠졌습니다. 왜냐하면 거기에 여러분을 인도하는 아무런 표지판도 없었기 때문입니다. 그러나 그런 때에도 여러분은 어느 길로 가야 할지 물을 필요가 없었습니다. 왜냐하면 여러분의 경험 속에서 "여기가 길이니 그리로 걸어가라고 뒤에서 말하는 음성을 들을 것이라"는 옛 약속이 실제화되었기 때문입니다. 여러분은 다른 사람들에게 어째서 그 길을 선택했는지 설명할 수 없었습니다. 그러나 여러분은, 만일 여러분이 다른 길을 선택했다면, 여러분의 삶 전체가 어둠 가운데 빠져 버리고 말았을 것이라는 사실을 알 수 있습니다. 여러분 스스로에게는 저 길이 아니라 이 길을 선택한 것에 대해 어느 정도는 설명할 수 있습니다. 그러나 여러분이 가장 친한 친구에게 그에 대해 이야기했다고 가정해 보십시오. 여러분의 이야기를 듣고 그 친구가 "너의 행동 속에 광신적(狂信的)인 요소가 있는 것 같지 않아? 나에게 너의 행동은 어느 정도 미신적인 것처럼 보여"라고 말하는 것은 충분히 가능하지 않겠습니까? 여러분의 친구들은 충분히 그렇게 생각할 수 있습니다. 그러나 여러분과 하나님 사이에는 은밀한 무엇이 있습니다. 그리고 바로 거기에 여러분의 행동을 설명할 수 있는 열쇠가 있습니다. 만일 하나님이 거기에 계시지 않았다면, 그것은 미신일 것입니다. 그러나 하나님이 실제로 거기에 계셨습니다. 하나님이 여러분에게 우림과 둠밈을 주셨습니다. 하나님이 여러분을 인도하기 위해 여러분에게 그의 빛과 진리를 나타내셨습니다. 그러므로 그것은 결코 미신(迷信)도 아니고 광신(狂信)도 아니었던 것입니다. 아, 하나님의 임재는 우리를 얼마나 달콤하게 인도합니까! 신적 임재의 인도하심은 우리의 삶을 얼마나 찬란하게 만듭니까! 또 그것은 우리를 얼마나 위대하게 만듭니까! "그가 나를 인도하시네"(He leads me)라는 노래는 우리의 가장 즐거운 사랑의 노래입니다.

만일 하나님이 우리와 함께 하지 않는다면, 우리는 갈피를 잡지 못한 채 혼란에 빠져 버리고 말 것입니다. 때로 나에게 매우 어려운 일들이 있었지만, 그러나 나는 하나님의 눈 아래서 그러한 일들을 쉽게 해결할 수 있었습니다. 그러나 만일 내가 하나님의 임재 밖에 있다면, 나는 즉시로 혼란에 빠져 버리게 될 것입니다. 나는 다른 사람들에게 잘못된 충고를 하는 등 내 딴에는 분별 있게 일을 처리하려고 하지만 결국 어리석은 일들을 계속해서 행하게 될 것입니다. 종종 곤경에 빠져 어찌할 바를 알지 못할 때가 있었습니다. 그럴 때 주의 인도하심을 구하면, 나에게 전에는 결코 생각하지 못했던 어떤 일이 일어나곤 했습니다. 때로는 생각하지도 못한 사람으로 인해 문제가 해결되기도 했습니다. 어쨌든 하나님의 임재 안에 있을 때, 나는 행복했으며 하나님은 영광을 받으셨습니다. 나는 모든 신자들이 일상의 삶 속에서 이와 같은 경험을 할 것이라고 확신합니다. 그러므로 가장 중요한 것은 어떤 사람들이 말하는 것처럼 상식(常識)을 갖는 것이 아니라 하나님 임재의 의식을 갖는 것입니다. 하나님 임재의 의식이 상식보다 더 낫습니다. 또 하나님의 인도하심을 의지하는 것이 빈틈없이 행하는 것보다 더 낫습니다. 하나님은 젊은이들을 지혜롭고 분별 있게 만들 것입니다. 하나님은 아이들에게 지식과 분별력을 주실 것입니다. 만일 그들이 기꺼이 하나님의 인도하심을 받고자 뜻한다면 말입니다. 만일 여러분이 신적 임재와 함께 한다면, 여러분은 그러한 사실을 발견하게 될 것입니다. 그러나 만일 여러분이 신적 임재와 함께 하지 않는다면, 여러분은 이스라엘 백성들이 기브온 사람들에게 행했던 것처럼 어리석은 일을 행하게 될 것입니다. 여러분은 기운 신을 신고 곰팡이 난 떡을 가지고 "우리는 먼 나라에서 왔나이다 이제 우리와 조약을 맺읍시다"(수 9:6)라고 말하는 기브온 사람들을 만나게 될 것입니다. 그러면 여러분은 하나님과 의논하지 않고 곧바로 그들과 조약을 맺고 그들과 혼합되게 될 것입니다. 여러분은 "그들은 참 신사적인 사람들이에요. 그들과 함께 하게 된 것은 얼마나 잘된 일인지 몰라요"라고 말하게 될 것입니다. 그렇습니다. 사탄의 올무는 얼마나 간교합니까! 여러분은 그것이 올무라는 사실을 거의 생각하지 못합니다. 어떤 일이 여러분에게 너무나 분명하게 느껴질 때, 그 일을 위해 기도하십시오. 반면 곤란 가운데 있을 때는 그냥 여러분이 원하는 대로 하십시오. "영국에서 날이 맑으면 우산을 들고 나가고, 비가 많이 오면 그냥 좋은 대로 하라"는 우리의 속담처럼 말입니다. 당신은 "그 일은 마치 내 얼굴 위에 있는 코처럼 너무나 분명해"라고 말합니다. 그렇다면 그 일에 대해 하나님께 기도하십시오. 왜냐하면 당신의 얼굴 위에 있는 코가 당신에게 어려움을 가져다줄 수 있기 때문입니다. 자신의 명철을 의지하는 자는 그릇된 길로 빠지기 쉽습니다. 분명한 일들을 하나님께 가져가십시오. 하나님의 임재 속으로 들어가십시오. 그리고 거기에 머무십시오. 그리고 모든 일을 그러한 임재의 빛 속에서 보십시오. 그것이 당신에게 참된 지혜가 될 것입니다.

　　지금까지 우리는 하나님의 임재 안에 그의 인정(認定)과 보호와 인도하심이 있음을 살펴보았습니다. 그러나 신적 임재로 말미암아 이스라엘이 가졌던 또 하나의 축복이 있는데, 그것은 광야에서의 참된 예배였습니다. 만일 하나님이 그들 가운데 계시지 않았다면, 그들의 희생제물은 드려질 수 없었습니다. 또 성막과 그 안에 있는 모든 성물들은 없었을 것입니다. 만일 하나님이 거기에 계시지 않았다면 말입니다. 친히 거하실 것이 아니었다면, 하나님은 그들에게 자신의 집을 세우라고 명하지 않으셨을 것입니다. 하나님이 자신의 임재로 채울 계획이 아니었다면, 하나님은 각종 규례들을 세우지 않으셨을 것입니다. 설령 성막에서 무수한 제물의 피가 흘려진다 할지라도 만일 하나님이 거기에 계시지 않는다면, 그 모든 것은 빈껍데기에 불과할 것이었습니다. 형제들이여, 만일 우리가 하나님의 임재를 느끼지 못한다면, 우리는 하나님을 영과 진리로 예배할 수 없습니다. 우리는 하나님이 "계심"을 믿어야 합니다. 그가 모든 곳에 임재하는 것은 그의 "계심"의 일부입니다. 우리는 지금 하나님이 여기 계심을 믿어야 합니다. 그렇지 않으면 우리는 그에게 기도할 수 없습니다. 멀리 떨어져 있는 하나님에게 기도하는 자는 마치 "어쩌면 그는 여행을 떠났든지 아니면 사냥을 하고 있을지 몰라. 어쩌면 그는 잠자고 있을지 모르니까 그를 깨워야만 해"라고 말하는 바알 숭배자와 같습니다. 엘리야는 여호와에 대해 결코 그렇게 생각하지 않았습니다. 그가 제단 곁에 서서 이스라엘의 하나님 여호와에게 기도하기 시작했을 때, 그의 머릿속에 하나님이 주무시고 계시니 깨워야 한다든지 혹은 그가 별들 가운데 멀리 계시니 큰 소리로 불러야 한다는 등의 생각은 결코 없었습니다. 엘리야 선지자는 자신이 말하면 하나님이 곧바로 들으신다는 사실을 알았습니다. 왜냐하면 그는 하나님이 거기 계심을 느꼈기 때문입니다. 어떤 예배도, 만일 하나님이 그 가운데 우리와 함께 계시지 않는다면, 우리에게 유익을 주지 못할 것이며 또 그분께 받아들여질 수 없습니다. 여러분이 하나님의 임재 가운데 살 때, 여러분의 예배는 얼마나 즐거운 것이 되겠습니까! 주 여호와가 여러분의 찬미를 들으실 때, 여러분은 기쁨으로 악기를 연주하며 즐겁게 노래할 수 있습니다. 기도의 경우도 마찬가지입니다. 여러분은 천사를 붙잡고 그와 더불어 씨름할 수 있습니다. 그가 거기에 있음을 확신할 때 말입니다. 그러나 만일 그가 거기에 있지 않다면, 여러분은 그를 붙잡을 수도 없고 그와 더불어 씨름할 수도 없습니다. 또 하나님의 능력으로 나아갈 때, 여러분은 담대하게 말씀을 전파할 수 있습니다. 그러나 만일 하나님이 우리와 함께 가시지 않는다면, 우리의 설교는 얼마나 공허한 것이 되며 우리의 강단은 얼마나 헛된 영광으로 가득 찬 장소가 되겠습니까? 만일 만왕의 왕이 거기 앉아 계시고 그의 향기가 거기 가득하다면, 주의 식탁으로 나아가는 것은 얼마나 즐거운 일이 되겠습니까? 그러나 만왕의 왕이 거기 계시지 않는다면, 떡과 포도주와 식탁이 도대체 무엇이란 말입니까? 예수의 임재를 의식(意識)하며 향유할 때, 우리의 예배는 너무나 달콤한 것이 됩니다. 그러나 그것을 의식하지 못할 때, 모든 것은 뒤틀리고 맙니다. 하나님을 위해 무엇인가를 하려고 할 때, 우리는 반드시 하나님과 함께 그렇게 해야만 합니다. 예배도 마찬가지입니다. 만일 하나님의 영이 예배 가운데 거하며 예배에 생명을 불어넣지 않는다면, 우리는 결코 온전한 예배를 드릴 수 없습니다.

한 가지 더 이야기하겠습니다. 만일 하나님이 이스라엘로부터 떠난다면, 하나님과의 교제는 더 이상 없는 것입니다. 하나님의 임재는 곧 하나님과의 교제를 의미합니다. 이스라엘은, 하나님이 그들 가운데 계실 때, 제사장을 통하여 하나님과 더불어 이야기할 수 있었습니다. 그러나 만일 하나님이 떠나시면, 모든 교제는 끝납니다. 하나님의 자녀에게 있어 가장 큰 즐거움 가운데 하나는 원할 때마다 아버지와 더불어 이야기할 수 있는 것이 아니겠습니까? 어느 자녀가 아버지와 이야기하기 위해 허락을 구하겠습니까? 자녀는 아무 때라도 원할 때마다 아버지와 이야기할 수 있다고 느낍니다. 얼마 전에 나는 어떤 가장(家長)과 함께 그의 집 거실에 앉아 있었습니다. 그 때 나는 조심스럽게 노크하는 소리를 들었습니다. 그의 아내였습니다. 그녀는 들어가도 되는지 물었습니다. 그러나 그녀의 남편은 쌀쌀맞게 대답했고, 그녀는 물러갔습니다. 얼마 후 그의 딸이 들어가도 되는지 알고자 하여 노크를 했습니다. 그것이 나에게는 다소 어색하게 느껴졌습니다. 왜냐하면 오늘날 가장(家長)에게 있어 이렇게 가부장적인 모습을 취하는 것은 매우 특이한 일이기 때문입니다. 그러나 그는 지나칠 정도로 가부장적이었습니다. 나는 이와 같은 가부장적인 가정을 두 번 다시 보지 못한 것으로 인해 하나님께 감사를 드립니다. 나의 아들들은 항상 나를 존경합니다. 그러나 그들은 나와 이야기하기 위해 허락을 구하지는 않습니다. 그럼에도 불구하고 많은 그리스도인들이 자신들의 하늘 아버지를 그와 같은 방식으로 대합니다. 그들은 아버지를 두려워하며, 감히 마음을 다해 말하지 못합니다. 그러나 언제든지 원할 때마다 아버지를 바라보며 밤이든 낮이든 언제든지 만왕의 왕의 음성을 들을 수 있는 것은 사랑하는 자녀의 달콤한 특권입니다. 외인(外人)들은 그렇게 할 수 없습니다. 외인들은 안내를 받아야만 합니다. 외인들은 왕을 만날 때 복잡한 예법을 지키며 나와야 합니다. 그러나 왕자는 자신을 아버지께로 안내할 안내자를 필요로 하지 않습니다. 아버지에 대한 신자의 관계는 모든 문을 여는 열쇠입니다. 우리는 하나님과 친밀한 관계 위에 서 있습니다. "내가 그들 가운데 거하며 두루 행하여 나는 그들의 하나님이 되고 그들은 나의 백성이 되리라"(고후 6:16)고 기록된 것처럼 말입니다. 또 다른 곳에서 하나님은 "그들은 나의 자녀가 될 것이라"고 말씀하십니다. "나의 자녀"는 얼마나 달콤한 말씀입니까! 이것이 하나님의 임재로 말미암아 우리에게 주어지는 특권입니다.

만일 여러분 가운데 어떤 사람이 하나님의 임재를 잃어버린다면, 여러분은 분명 두려움 가운데 하나님으로부터 멀리 떨어져 있고자 할 것입니다. 마치 이스라엘이 불 붙은 시내 산으로부터 멀리 떨어져 있었던 것처럼 말입니다. 그러나 만일 하나님이 여러분과 함께 계신다면, 그로부터 멀리 떨어져 있고자 하는 생각은 결코 여러분에게 임하지 않을 것입니다. "우리는 그를 힘입어 살며 기동하며 존재하느니라"(행 17:28). 우리는 영생을 먹고, 마시며, 잠잡니다. 무슨 일을 행하든 우리는 주 예수의 이름으로 행하며, 또 그의 임재의 능력으로 말미암아 행합니다. 하나님의 임재는 우리에게 손으로 만질 수 있는 것처럼 임합니다. 마치 우리가 공기를 들이마시듯이 말입니다. 그것은 우리에게 우리가 지금 살아 있다는 사실만큼이나 확실합니다. 우리는 그가 우리와 함께 계시는 것을 압니다. 우리는 친구가 친구와 이야기하는 것처럼 그렇게 그분과 이야기합니다. 아니, 그 이상(以上)입니다. 왜냐하면 가장 가까운 친구라 하더라도 때가 되면 헤어져야 하지만, 그러나 우리 하나님으로부터는 결코 나누어지지 않을 것이기 때문입니다. 우리가 어디에 있든 그리고 우리의 기분이 어떻든, 우리는 항상 그와 더불어 이야기할 수 있습니다. "내가 깰 때에도 여전히 주와 함께 있나이다"(시 139:18). "이스라엘을 지키시는 이는 졸지도 아니하시고 주무시지도 아니하시리로다"(시 121:4). 하나님은 항상 자기 백성들과 교제할 준비가 되어 있습니다. 이러한 신적 임재가 항상 여러분에게 있기를 기원합니다. 초두에 언급한 대로 먼 곳으로 이주하는 형제들에게 이러한 신적 임재가 항상 함께 하기를 기원합니다. 또 마지막 여행을 눈앞에 두고 있는 형제들에게 이러한 신적 임재가 함께 하기를 기원합니다. 여러분의 영혼이 간절히 바랄 것이 바로 이러한 신적 임재가 아닙니까? "나의 임재가 너희와 함께 갈 것이라" — 만일 여러분이 이러한 말씀을 충분히 향유한다면, 심지어 죽음 앞에서조차도 여러분은 놀라거나 두려워하지 않을 것입니다. 또 이러한 약속 앞에서 먼 곳으로 이주하는 일에 수반되는 위험과 역경조차도 대수롭지 않은 것으로 여겨지게 될 것입니다. "너희가 이방인들 가운데 있을 때에도, 나의 임재가 너희와 함께 갈 것이라. 너희가 바다를 건너갈 때에도, 나의 임재가 너희와 함께 갈 것이라. 너희가 죽음을 앞둔 채 침상에 누워 있을 때에도, 나의 임재가 너희와 함께 갈 것이라. 너희가 사망의 음침한 골짜기를 지날 때에도, 나의 임재가 너희와 함께 갈 것이라. 나의 임재가 너희와 함께 갈 것이요 내가 너희에게 안식을 주리라." 이것이 첫 번째 주제입니다.

2. 둘째로, 이러한 임재가 요구하는 것은 무엇입니까?

"신적 임재가 너희와 함께 갈 것이라" — 그러면 우리는 어떻게 해야 합니까?

첫째로, 우리가 그것을 신뢰하며 의지하는 것이 필요합니다. 사랑하는 자들이여, 만일 하나님의 임재가 우리와 함께 있다면, 마치 그것이 우리와 함께 있지 않은 것처럼 혹은 설령 있다 하더라도 큰 의미가 없는 것처럼 행동하지 맙시다. 만일 하나님의 임재가 우리와 함께 있다면, 우리가 무엇을 두려워할 것입니까? 하나님의 임재에도 불구하고 우리의 영혼이 낙망하며 나락에 떨어진다면, 도대체 어디에서 그 핑곗거리를 찾을 수 있겠습니까? 만일 하나님의 임재가 우리와 함께 있다면, 우리에게 있어 힘들다고 한탄하며 투덜거릴 일이 도대체 무엇이겠습니까? 전능자가 우리와 함께 계시다면, 우리는 우리의 사전으로부터 그러한 단어들을 지워 버려야만 합니다. 만일 하나님의 임재가 우리와 함께 있다면, 어째서 우리가 두려움에 대해 말해야만 한단 말입니까? 우리가 누구를 두려워할 것입니까? "여호와는 내 생명의 능력이시니 내가 누구를 무서워하리요"(시 27:1). 만일 여러분이 하나님의 임재를 향유하고 있다면, 그것이 여러분에게 실제적인 것이 되게 하십시오. 하나님의 임재가 나에게 있다고 하면서 마치 혼자인 것처럼 "나는 충분히 강하지 못해요"라고 말하지 마십시오. 무엇이라고요? 당신이 충분히 강하지 못하다고요? 하나님의 임재가 당신과 함께 있다고 말하면서, 어떻게 그렇게 말할 수 있단 말입니까? 당신의 모든 셈과 계산으로부터 하나님의 숫자를 배제하지 마십시오. 당신의 강함(strength)이 얼마나 됩니까? 어느 정도는 된다고요? 차라리 영(zero)이라고 생각하십시오. 왜냐하면 그것이 사실에 더 가깝기 때문입니다. 그러면 하나님의 강함은 얼마나 됩니까? 당신은 그것을 무한대까지 끌고 갈 수 있습니다. 당신은 그것을 생각할 수 있는 최대한의 한계까지 사용할 수 있습니다. 그러나 만일 당신이 하나님의 임재의 능력을 표현하는 숫자를 배제해 버린다면, 당신은 결코 그것을 얻지 못할 것입니다. "내가 땅을 만들고 그 기초를 놓았으며 하늘의 궁창을 세웠느니라. 내가 나의 전능함과 전지함과 충족함으로 너희와 함께 있느니라." 그렇습니다. 만일 이것이 사실이라면, 그것을 신뢰하며 의지하십시오. 하나님 위에 머무십시오. 낙망하며 낙담하지 마십시오. 어리석은 자가 되지 마십시오. "내가 너희와 함께 있느니라." 우울한 생각을 떨쳐 버리십시오. 어린아이가 "엄마, 어디 있어? 나 무서워" 하면서 계속해서 웁니다. 그러자 엄마가 말합니다. "아가야, 네 옆에 있단다. 네 옆에 있단다." 아이가 무서워 울 때, 엄마가 가만히 있겠습니까? 그와 마찬가지로, 하나님은 "두려워하며 낙망치 말라 내가 너와 함께 함이니라"라고 말씀하십니다. 만일 우리가 그의 임재를 가지고 있다면, 그것을 실제적인 사실로서 대하십시오. 그리고 여러분의 마음을 안식으로 가득 채우십시오.

둘째로, 만일 우리가 그의 임재를 가지고 있다면, 우리는 그것을 사용해야 합니다. 지갑에 많은 돈을 가지고 있으면서도 항상 굶주린 상태로 살아가는 사람들이 있습니다. 우리는 두 부호(富豪)와 관련한 이야기를 들은 적이 있습니다. 그들은 카페에서 함께 저녁 시간을 보내고 있었습니다. 이윽고 헤어질 시간이 되자 점원이 청구서를 가지고 왔습니다. 그런데 커피 값은 둘이 절반씩 내고도 몇 푼의 잔돈이 남았습니다. 그런데 그 잔돈을 누가 낼 것이냐를 놓고 두 부호 사이에 다툼이 생겼습니다. 그러자 점원이 이렇게 말했습니다. "여기를 보십시오. 여기에 일 년에 오만 파운드를 버는 두 부호가 있습니다. 그런데 그들이 지금 잔돈 몇 푼을 놓고 다투고 있습니다." 이것은 얼마나 해괴망측한 일입니까? 그렇지만 여러분은 그리스도인들이 이와 비슷하게 행동하는 것을 보지 못했습니까? 그들은 우주만큼의 엄청난 부요(富饒)를 가지고 있습니다. 그러면서도 그들은 그것을 거의 즐기지 못한 채 굶주리고 있습니다. 하늘의 풍성한 양식 가운데 그들은 단지 말라빠진 빵 부스러기 하나로 연명할 뿐입니다. 그들은 다음과 같이 말한 형과 같습니다. "내가 여러 해 아버지를 섬겨 명을 어김이 없거늘 내게는 염소 새끼라도 주어 나와 내 벗으로 즐기게 하신 일이 없더니"(눅 15:29). 그의 아버지가 그에게 어떻게 대답했는지 기억합니까? 큰 아들의 푸념에 아버지는 이렇게 대답했습니다. "너는 항상 나와 함께 있으니 내 것이 다 네 것이로다. 만일 네가 염소를 먹지 않았다면, 그것은 네 잘못이 아니냐? 네가 원하기만 하면 너는 언제든지 네 벗들과 함께 즐길 수 있었느니라. 왜냐하면 나의 모든 것이 네 것이기 때문이니라." 이와 같이 하나님은 종종 자기 백성들을 이렇게 꾸짖으십니다. "내가 너와 함께 있느니라. 그런데 너는 나를 사용하지 않는구나. 너는 나에 대한 믿음을 실행하지 않는구나. 네 앞에 놓인 산들은 평지가 되었을 것이다. 만일 그 산들을 나에게 맡겨 놓았더라면 말이다. 너는 너의 뽕나무들을 뽑아 달라고 나에게 맡기지 않는구나. 나는 모든 일을 할 수 있느니라. 그런데 너는 너 자신의 미약한 팔만을 사용할 뿐이구나. 그러니 자꾸 힘은 소모되고 여기저기 아픈 곳뿐이로구나. 너를 지켜주기 위해 준비된 영원한 팔이 있단다. 그 팔은 능히 너를 붙잡아주고 건져줄 수 있는 강한 팔이니라." 사랑하는 형제들이여, 어째서 우리는 믿음에 있어 그토록 느리단 말입니까? 만일 여러분이 하나님의 임재를 가지고 있다면, 그것을 활용하십시오.

셋째로, 만일 여러분이 하나님의 임재를 가지고 있다면, 그를 근심하게 함으로써 그것을 잃어버리지 마십시오. 왕의 임재 앞에서, 사람들은 예의바르게 행동합니다. 여러분이 어린아이였을 때를 생각해 보십시오. 다른 아이들과 함께 어떤 장난을 하고 있습니다. 그런데 한 아이가 "쉿, 아빠가 오고 계셔"라고 소리칩니다. 그러면 어떻게 합니까? 여러분은 즉시로 장난을 중단할 것입니다. 그렇다면 우리는 하나님의 임재 앞에서 얼마나 경건하며, 거룩하며, 조심스럽게 행동해야 하겠습니까?

　　하나님은 우리를 위해 얼마나 놀라운 일을 행하십니까? 하나님은 자신이 행하시는 일로 종종 우리를 놀라게 하십니다. 그는 우리에게 후한 은혜를 베푸십니다. 그는 우리의 길을 평탄하게 하십니다. 그는 종종 우리의 길을 부요하게 하십니다. 앗수르 병사들이 은과 금을 버리고 도망쳤을 때 그들의 빈 막사에 들어갔었던 나병환자들처럼 말입니다. 우리는 하나님이 긍휼 가운데 우리에게 베푸신 선하심으로 인해 놀랍니다. 그렇다면 우리는 마땅히 우리를 그토록 큰 사랑으로 다루시는 자를 향해 잠잠히 걸어가야 하지 않겠습니까? 우리는 거룩하신 하나님 앞에 경건한 두려움을 가져야 합니다. 하나님의 총애를 받는 자가 되는 것은 얼마나 복된 일입니까! 그 곁으로 올려져 그의 얼굴빛을 보는 것은 얼마나 복된 일입니까! 그러면서 우리는 그 앞에 경건한 두려움을 가지고 나아가야 합니다. 그의 임재 앞에 있을 때, 우리는 말하기 전에 먼저 살펴야 합니다. 그의 임재 앞에 있을 때, 우리는 생각하기 전에 먼저 살펴야 합니다. 혹시 우리의 말이나 생각이 그의 영(靈)을 근심하게 하며, 그의 위엄의 임재 앞에 합당하지 못한 것이 되지나 않을까 염려하면서 말입니다.

　　넷째로, 만일 여러분이 하나님의 임재를 가지고 있다면, 여러분이 할 수 있는 모든 것으로 그를 영화롭게 하십시오. 하나님이 여러분 안에 거하신다고요? 그렇다면 여러분 자신을 그의 영광을 위해 드리십시오. 하나님과의 교제를 잃어버린 자들을 찾으십시오. 그들에게 가서 그들을 위로하십시오. 슬픔의 딸들을 찾으십시오. 그릇된 길에서 방황하는 자들을 찾으십시오. 험준한 산 위에 서 있는 가련한 죄인들을 찾으십시오. 그리고 그들을 지금 여러분이 서 있는 자리로 데려오십시오. 그들을 삼위일체의 임재 안으로 데려오십시오. 만일 우리가 하나님의 얼굴빛 안에 거하고 있다면, 우리는 마땅히 그렇게 해야만 합니다. 설령 다른 때에는 그렇게 하지 않았다 하더라도 말입니다. 만왕의 왕이 나를 방문할 때, 분명 나의 영혼은 가장 아름답게 빛날 것입니다. 하나님을 위해 일하러 가는 것은 얼마나 멋진 일입니까! 그 때 여러분의 얼굴은 하나님의 영광으로 빛날 것이며, 여러분의 마음은 하나님의 사랑으로 뜨거워질 것이며, 여러분의 영은 하나님의 능력으로 굳건하게 될 것이며, 여러분의 입술은 하나님의 지혜로 가득 차게 될 것입니다. 그럴 때 여러분은 효과적으로 일하게 될 것이며, 하나님은 여러분으로 인해 영광을 받으시게 될 것입니다. 지금까지 우리는 하나님의 임재가 요구하는 것을 살펴보았습니다.

3. 셋째로, 이러한 임재에 수반되는 최고의 축복은 무엇입니까?

"나의 임재가 너희와 함께 갈 것이요 내가 너희에게 안식을 주리라." 이러한 독특한 본문으로부터, 우리는 광야여행의 목적이 "안식"이라는 사실을 알 수 있습니다. 이스라엘은 가나안에서 안식을 가질 것이었습니다. 그러므로 우리는 본문의 약속을 다음과 같이 부연(敷衍)할 수 있습니다. "나의 임재가 광야를 여행하는 동안 너희와 함께 갈 것이요, 내가 젖과 꿀이 흐르는 땅에서 너희에게 안식을 주리라."

사랑하는 자들이여, 설령 우리가 본문의 약속을 이와 같은 의미로 한정한다 하더라도, 그것은 그 약속을 축소시키는 것이 결코 아닙니다. 만일 우리가 지금 여기에서 하나님의 임재를 가지고 있다면, 우리는 그것을 영원히 가지게 될 것이며 장차 거기에서 안식을 갖게 될 것입니다. 우리에게 안식의 개념은 얼마나 달콤한 개념입니까! 고되게 일하는 사람에게 영원한 안식의 개념은 너무나 기쁜 것이 아닙니까? 그러나 아마도 여러분 가운데 아직 회심하지 못한 사람들이 있을 것입니다. 나는 여러분에게 "당신은 안식할 것입니까?"라는 질문을 던지고 싶습니다. 당신은 마침내 안식할 것입니다. 사람들이 당신의 시신을 묘지에 묻을 것이며, 분명 당신은 안식할 것입니다. 그러나 당신은 안식할 것입니까? 아, 당신은 안식할 것입니까? 당신은 자신이 안식할 수 있다고 생각합니까? 만일 당신이 죄를 사함받지 못하고 죽었다면 말입니다. 만일 당신이 하나님과 화해하지 못하고 죽었다면, 당신은 안식할 수 있습니까? 아, 그렇지 않습니다. 나의 하나님은 "악인에게는 평강이 없느니라"라고 말씀하십니다. "그러나 악인은 평온함을 얻지 못하고 그 물이 진흙과 더러운 것을 늘 솟구쳐 내는 요동하는 바다와 같으니라"(사 57:20). 당신의 영원한 분깃이 이와 같은 것이 아닐는지 생각해 보십시오. 여러분의 분깃이 영원히 평온함을 얻지 못한 채 진흙과 더러운 것이 영구히 솟구쳐 나는 요동하는 바다 같다면 어떻게 할 것입니까?

사랑하는 자여, 여러분의 영원한 분깃이 이와 같이 두려운 것이 되지 않기를 간절히 기원합니다. 그러나 만일 당신이 예수를 믿고 이 땅에서 그의 임재 가운데 거한다면, 하늘에서 당신에게 얼마나 달콤한 안식이 있겠습니까? 어떤 사람들은 하늘의 안식을 마치 게으른 사람들을 유혹하는 말인 양 생각합니다. 그들은 안식의 개념을 비웃습니다. 그러나 안식을 사모하지 않는 사람은 고된 일을 해본 경험이 없는 사람입니다. 일생 동안 고된 일을 해보지 못하고 그럭저럭 시간을 보낸 사람들은 하늘의 안식을 대수롭지 않게 생각할 수 있습니다. 그러나 우리 대부분의 사람들에게 "그런즉 안식할 때가 하나님의 백성에게 남아 있도다"(히 4:9)라는 말씀은 너무도 기쁘고 소망에 넘치는 말씀입니다. 물론 힘써 수고하며 일하는 개념은 의심의 여지 없이 매우 달콤한 개념입니다. 특별히 강하고 적극적인 젊은 그리스도인들에게 그리스도를 위해 영원히 수고하며 일하는 것은 너무나 달콤한 개념입니다. 그렇지만 점점 더 나이가 들어가고, 여러 가지 일로 머리가 아프며, 종종 이런저런 일로 지칠 때, 여러분은 안식의 처소로서 천국을 점점 더 많이 생각하게 될 것입니다. 성경은 천국을 성도들이 모든 수고와 일을 마치고 쉬는 장소로 말합니다. 이 땅에서 우리는 어디로 가야 할지 알지 못합니다. 그러나 우리는 마침내 본향에 들어가게 될 것이며, 거기에서 안식할 것입니다. 우리는 이 땅에서 얼마나 많은 일을 해야 할지 알지 못합니다. 우리는 언제까지 무거운 짐이 우리의 어깨를 짓누를지 알지 못합니다. 그러나 어느 날 우리는 안식할 것입니다. "나의 임재가 너희와 함께 갈 것이요 내가 너희에게 안식을 주리라." 수고하고 무거운 짐 진 자들이여, 그대들은 안식하게 될 것이로다. 피곤에 지친 가련한 눈들(eyes)이여, 그대들은 만왕의 왕의 아름다움을 보게 될 때 안식하게 될 것이로다. 여러 가지 일로 아픈 머리들이여, 그대들은 주야로 하나님의 성전에서 그를 즐거워하며 찬미하게 될 때 안식하게 될 것이로다.

그러나 나는 복음 시대에 우리가 여기의 약속을 훨씬 더 넓은 의미로 취할 수 있다고 생각합니다. "나의 임재가 너희와 함께 갈 것이요 내가 너희에게 안식을 주리라" — 심지어 지금 여기에서 말입니다. 왜냐하면 "이미 믿는 우리들은 저 안식에 들어가기" 때문입니다(히 4:3). 우리가 믿을 때, 우리는 안식을 얻습니다. 그것은 아무런 활동도 하지 않는 부작위(不作爲)의 안식이 아니라, 평안의 안식입니다. 이스라엘 백성들은 계속해서 여행하고 있었음에도 불구하고 여호와가 그들의 거처였습니다. 우리는 호사스러운 안식을 갖지 않습니다. 이스라엘 백성들은 황량한 모래를 밟으며 장막에 거해야 했습니다. 우리의 안식은 매일의 일과 연결되며 온갖 종류의 시련과 연결되는 안식입니다. 우리는 이런 방식으로 안식합니다. 우리는 모든 것에 대하여 완전하게 평안합니다. 미래와 관련하여, 우리가 그것과 무슨 상관이 있단 말입니까? 우리는 아직 거기에 이르지 않았습니다. 하나님이 미래의 일들을 주관하십니다. 현재와 관련하여, 우리는 모든 염려를 그에게 맡깁니다. 왜냐하면 "그가 우리를 위해 염려하기" 때문입니다. 우리의 죄와 관련하여, 그것은 이미 지나갔습니다. 그것은 장사되었으며, 제거되었습니다. 그것은 우리 앞에 다시 나타나지 않습니다. 우리는 다시 그것을 발견할 수 없습니다. 왜냐하면 하나님이 그것을 자기 등 뒤로 던져 버리셨기 때문입니다. 마귀와 관련하여, 그는 이미 결박된 원수입니다. 세상과 관련하여, 그리스도는 "담대하라 내가 세상을 이기었노라"라고 말씀하십니다(요 16:33). 육체의 필요와 관련하여, 그는 "너희의 양식은 공급되고 너희의 물은 끊어지지 아니하리라"라고 말씀하십니다(사 33:16). 영혼의 필요와 관련하여, 그리스도가 우리의 것이며 만물이 그리스도 안에서 우리의 것입니다. "또 미리 정하신 그들을 또한 부르시고 부르신 그들을 또한 의롭다 하시고 의롭다 하신 그들을 또한 영화롭게 하셨느니라"(롬 8:30). 그가 우리를 의롭다 하신 것처럼, 그는 또한 우리를 영화롭게 하실 것입니다.

> "나에게 남겨진 모든 것은
> 단지 기뻐하며 노래하는 것뿐이라.
> 그리고 천사들이 왕에게 나를 데려갈 때까지
> 기다리는 것뿐이라."

"나의 임재가 너희와 함께 갈 것이요 내가 너희에게 안식을 주리라."

제
18
장

—

모세의 얼굴의 광채

—

"모세가 그 증거의 두 판을 모세의 손에 들고 시내 산에서 내려오니 그 산에서 내려올 때에 모세는 자기가 여호와와 말하였음으로 말미암아 얼굴 피부에 광채가 나나 깨닫지 못하였더라 아론과 온 이스라엘 자손이 모세를 볼 때에 모세의 얼굴 피부에 광채가 남을 보고 그에게 가까이 하기를 두려워하더니 모세가 그들을 부르매 아론과 회중의 모든 어른이 모세에게로 오고 모세가 그들과 말하니그 후에야 온 이스라엘 자손이 가까이 오는지라 모세가 여호와께서 시내 산에서 자기에게 이르신 말씀을 다 그들에게 명령하고 모세가 그들에게 말하기를 마치고 수건으로 자기 얼굴을 가렸더라 그러나 모세가 여호와 앞에 들어가서 함께 말할 때에는 나오기까지 수건을 벗고 있다가 나와서는 그 명령하신 일을 이스라엘 자손에게 전하며 이스라엘 자손이 모세의 얼굴의 광채를 보므로 모세가 여호와께 말하러 들어가기까지 다시 수건으로 자기 얼굴을 가렸더라." — 출 34:29-35

40일 간의 금식은 사람의 안색(顔色)을 좋게 만들지 않습니다. 40일 동안 금식한 사람은 일반적으로 초췌하며, 쭈글쭈글하며, 더 나이가 들어 보이게 마련입니다. 모세는 40일 간의 금식을 적어도 두 번 했습니다. 어떤 학자들은 신명기

10장을 근거로 그가 40일 간의 금식을 연속적으로 세 번 했을 것으로 생각하기도 합니다. 나는 모세의 세 번째 40일 금식을 단언하지도 부인하지도 않을 것입니다. 다만 한 가지 분명한 것은 그가 40일 동안 금식한 후 얼마 지나지 않아 곧바로 또다시 40일을 금식했다는 사실입니다. 그리고 또다시 이어서 세 번째 40일 금식이 더하여졌을 수 있습니다. 어쨌든 이토록 가혹한 고행(苦行)을 통과한 얼굴은 일반적으로 몹시 초췌하며 야윈 모습일 것입니다. 그러나 하나님은 모세의 얼굴을 특별한 광채로 빛나게 만드셨습니다. 그는 말년까지도 질병이나 약함으로부터 자유로웠는데, 어쩌면 그의 얼굴에 있었던 하나님의 영광의 빛이 그 이유였는지도 모릅니다. 지금 80세인 이 사람은 40년을 더 살며 백성들을 인도했습니다. 그리고 120세가 되어서도 그의 눈은 흐려지지 않고 그의 기력은 쇠하지 않았습니다. 40일을 금식할 수 있었던 그는 죽음에 의해 쉽게 정복될 수 있는 사람이 아니었습니다. 하나님의 영광을 바라보았던 그의 눈은 이 땅의 광경들을 바라보는 가운데 쉽게 흐려지지 않을 것이었습니다. 초자연적인 환상까지도 견뎠던 그의 기력은 광야의 모든 수고와 피곤함을 능히 견딜 것이었습니다. 하나님은 이렇게 자신의 종을 지키셨습니다. 그리고 물조차도 마시지 않는 오랜 기간의 금식조차도 그의 몸을 손상시키지 못하게 하셨습니다. 이와 같이 물까지 삼갔던 모세의 금식은 오늘날의 금식과는 아주 다른 매우 특이한 것이었습니다.

처음에 모세는 자기 얼굴이 광채로 빛나는 것을 알지 못하다가 나중에 알게 되었고, 그것을 여기에 기록했습니다. 그는 자기 얼굴이 광채로 빛났던 사실과 그것이 다른 사람들에게 상당한 충격을 준 사실, 그리고 그에 대해 어떻게 대처했나 하는 등의 이야기를 비교적 상세하게 기록합니다. 우리는 이러한 기록이 그의 헛된 자기 영광을 위한 것이 아니라는 사실을 확신합니다. 왜냐하면 자신에 대해 기록할 때, 그는 항상 겸손하며 겸비한 태도로 그렇게 하기 때문입니다. 뿐만 아니라 그 모든 것은 신적 인도하심 아래 기록된 것이었기 때문입니다. 모세는 매우 겸손한 사람이었으며, 그의 겸손은 그의 다른 모든 행동들에 있어서와 마찬가지로 글을 쓰는 일에 있어서도 그대로 스며들었습니다. 그러므로 우리는 여기의 기록이 우리의 유익을 위한 것임을 확신합니다. 형제들이여, 나는 하나님이 우리 얼굴을 빛나게 하실 수 없을까봐 두렵습니다. 만일 하나님이 우리 얼굴을 빛나게 하신다면, 우리는 너무나 쉽게 교만에 빠지고 말 것입니다. 하나님의 광채를 견디기 위해서는 매우 온유하며 겸손한 영혼이 필요합니다. 우리는 성경에서 그 얼굴이 광채로 빛난 사람의 이야기를 단지 두 번 읽을 수 있을 뿐입니다. 그리고 두 사람 모두 매우 온유한 사람이었습니다. 한 사람은 구약의 모세이며, 또 한 사람은 신약의 스데반입니다. 특별히 스데반의 온유함은 유대인들이 자기에게 돌을 던질 때 그의 마지막 말 속에 잘 나타납니다. "주여 이 죄를 그들에게 돌리지 마옵소서"(행 7:60). 온유한 본성과 겸손한 마음은 하나님의 영광의 광채가 임할 수 있는 좋은 터전입니다. 그러한 터전을 가진 사람에게, 하나님은 안전하게 자신의 아름다움을 놓으실 수 있으실 뿐만 아니라 또한 그와 관련한 사실을 기록하게 하실 수 있습니다. 모세는 분명 본문의 기록을 내키지 않는 마음으로 썼을 것입니다. 왜냐하면 그것을 헛된 영광을 구하는 마음으로부터 쓰지 않았기 때문입니다. 그러므로 우리는 본문의 기록을 삐딱한 마음으로 읽어서는 안 됩니다. 그는 우리를 교훈하기 위해 본문을 기록했습니다. 그러므로 본문을 통해 교훈을 배웁시다. 오늘 우리가 모세의 빛나는 얼굴에 대해 읽을 때, 성령 하나님께서 우리 얼굴을 빛나게 하시기를 기원합니다.

모세의 얼굴은 상당 기간 동안 계속해서 빛났던 것으로 나타납니다. 산에서 내려온 후, 그의 얼굴의 광채는 감소되기 시작했습니다. 바울이 그것을 "없어질 영광"(고후 3:7)이라고 말하는 것처럼 말입니다. 그러나 하나님과 교제하기 위해 성소(聖所)에 들어갔을 때, 그 광채는 다시금 새로워졌으며 그는 다시 예전의 빛나는 얼굴로 나와 백성들에게 말했습니다. 하나님의 이름으로 백성들에게 말할 때, 그는 수건을 벗고 백성들로 하여금 하나님의 광채를 보도록 했습니다. 그러나 말을 마치고 한 개인으로 돌아오면, 그는 즉시로 자기 얼굴을 수건을 가림으로써 아무도 자기에게 가까이 나아오지 못하는 일이 없도록 만들었습니다. 자기 얼굴 위에 있는 영광에도 불구하고, 모세는 예전과 마찬가지로 온유하며 겸손했습니다. 하나님은 그에게 큰 영광을 주셨지만, 그러나 그는 그러한 영광을 과시하려고 하지 않았을 뿐만 아니라 그것이 사람들에게 나타나기를 바라지도 않았습니다. 도리어 사람들로 인해 그리고 특별히 어떤 상징적인 목적으로 인해, 그는 사람들과 더불어 통상적인 교제와 대화를 할 때 자기 얼굴을 수건으로 가렸습니다. 다만 여호와의 이름으로 말할 때에만 수건을 벗었습니다. 형제들이여, 만일 하나님이 여러분을 설교자나 혹은 교사로서 영광스럽게 만드신다면, 그러한 영광을 받아들이되 그러나 그것을 여러분 자신의 능력이나 훌륭함에 돌리지 말고 하나님이 여러분에게 주신 직분에 돌리십시오. 바울은 이방인의 사도로서 자기의 직분을 영광스럽게 여긴다고 말했습니다(롬 11:13). 그는 한 사람의 사적인 개인으로서가 아니라 하나님의 대사(大使)로서 영광을 취합니다. 하나님이 자기 종들에게 주시는 존귀는 그들의 직분 위에 주어지는 것이지, 그것과 무관하게 그들 자신 위에 주어지는 것이 아닙니다. 그들은 그러한 존귀를 일상의 삶 속으로까지 끌고 가면서 스스로를 "거룩한 성직자"(reverend)로 여겨서는 안 됩니다. 그리고 자신들의 생각에 대하여 "특별한 주의"(serious attention)를 요구해서는 안 됩니다. 오직 하나님의 말씀에 대하여서만 요구되어야 하는 "특별한 주의" 말입니다. 목사들은 인도의 브라만과 같은 거룩한 계급을 자임(自任)해서는 안 됩니다. 그들이 취할 수 있는 유일한 특권은 하나님이 성령의 은사를 따라 그들을 통해 말씀하신다는 것뿐입니다. 하나님께 말할 때, 그리고 하나님을 위해 말할 때, 우리는 얼굴로부터 수건을 벗어야 합니다. 반면 형제들 가운데 있을 때, 우리는 우월성을 주장할 수 있는 모든 것으로부터 스스로를 가려야 합니다.

1. 첫째로, 모세의 얼굴에 임한 영광은 어디로부터 왔습니까?

무엇보다도 그것은 그가 거룩한 산에서 하나님과 함께 있을 때 보았던 영광이 반사된 것이었습니다. 그것은 "원하건대 주의 영광을 내게 보이소서"(출 33:18)라는 기도의 결과였습니다. 그 때 하나님은 그러한 기도에 충분하게 응답할 수 없었습니다. 왜냐하면 그것을 보는 것을 모세가 감당할 수 없을 것이었기 때문입니다. 그리하여 하나님은 그에게 "네가 내 얼굴을 보지 못하리니 나를 보고 살 자가 없음이니라"라고 말씀하셨습니다(20절). 그렇지만 나는 모세의 기도가 매우 놀라운 기도였다고 생각합니다. 왜냐하면 그 기도는 1,400년 후 충분하게 응답되었기 때문입니다. 하나님의 영광은 오직 그리스도 예수의 얼굴 안에서 나타납니다. 다볼 산 꼭대기에서 모세는 영광스럽게 변화된 하나님의 아들을 보았습니다. 그리고 그 때 거기에서 그의 기도는 완전하게 응답되었습니다. 그리스도의 영광스러운 변화 속에서, 하나님은 모세에게 자신의 충분한 영광을 보여주셨습니다. 그렇지만 비록 시내 산 꼭대기에서는 여호와의 충분한 영광을 볼 수 없었다 하더라도, 그러나 그는 자기 얼굴이 하나님의 영광의 광채로 빛날 만큼 그것을 보았습니다. 하나님은 빛이십니다. 그러므로 하나님을 보는 자는 그 빛에 비췸을 받으며 그 빛을 반사합니다. 모세는 사람이 친구와 이야기함 같이 하나님과 더불어 얼굴과 얼굴로 이야기했습니다. 그리고 바로 이것이 그의 얼굴을 광채로 빛나게 만들었습니다. 달이 태양의 빛을 반사하여 밝게 빛나는 것처럼, 모세의 얼굴도 여호와의 영광의 빛을 반사하여 밝게 빛났습니다. 하나님에 대한 모세의 얼굴의 관계는 태양에 대한 달의 관계와 같습니다. 하나님이 어떤 거룩한 자에게 빛을 비추실 때, 그는 다른 사람들에게 빛을 비춥니다. 우리는 하나님의 임재로 말미암아 그와 같은 형상으로 변화되어 영광으로 영광에 이릅니다. 여러분은 세상을 비추는 자가 되기를 원합니까? 먼저 산으로 올라가십시오. 그리고 그곳에서 하나님과 교제하십시오. 나의 형제들이여, 여러분은 더 밝은 빛으로 빛나기를 바랍니까? 그렇다면 "주의 얼굴로 하여금 주의 종 위에 비춰게 하소서"라고 뜨겁게 기도하십시오. 만일 하나님이 여러분에게 그의 얼굴빛을 비추신다면, 여러분의 얼굴빛은 더욱 밝게 빛날 것입니다. 하나님의 빛 안에서, 여러분은 세상에 빛을 비추는 자가 될 것입니다.

　또 모세의 얼굴에 있었던 빛은 하나님과의 교제의 결과였습니다. 그러한 교제는 통상적인 것이 아니었습니다. 그것은 매우 특별하며 두드러진 것이었습니다. 나는 모세가 일상의 삶 속에서 한 사람의 신자(信者)로서 하나님과 동행했음을 추호도 의심하지 않습니다. 그러나 그는 40일씩 적어도 두 번을 하나님과의 특별한 교제로 보냈습니다. 그는 홀로 있었습니다. 그는 모든 사람들로부터 떨어져 있었습니다. 아론과 여호수아와 다른 모든 사람들은 산 밑에 멀찌감치 떨어져 있었으며, 그 홀로 하나님과 함께 있었습니다. 시내 산에서 그와 하나님 사이의 교제는 강렬하며, 친밀하며, 근접(近接)한 교제였습니다. 그것은 하루 이틀의 교제가 아니라, 적어도 80일 간의 교제였습니다. 긴 시간 동안의 교제는 짧은 시간 동안의 교제가 줄 수 없는 가까움(nearness)을 가져다줍니다. 매일 아침 떠오르는 태양은 그가 하나님의 빛 가운데 고요하게 있음을 발견했습니다. 매일 밤 맺히는 이슬방울들은 그의 영혼이 신적 영향력으로 계속해서 채워져 있는 것을 발견했습니다. 이와 같은 "무엇으로부터도 방해되지 않는 온전한 교제"의 결과가 무엇이겠습니까? 그는 백성들의 진(陣)으로부터 흘러나오는 잡담소리를 듣지 않았습니다. 산 밑에 있는 짐승들의 울음소리도 산꼭대기에 있는 그의 귀까지는 올라오지 못했습니다. 모세는 세상을 잊었습니다. 오직 백성들을 위해 기도할 때만은 제외하고 말입니다. 개인적인 문제나 가족의 문제까지도 그의 교제를 방해하지 않았습니다. 그는 여호와 외에 다른 모든 것은 잊었습니다. 오직 여호와 한 분이 그를 완전히 덮었습니다. 아, 우리가 이러한 천상의 교제를 즐길 수 있다면 얼마나 좋겠습니까! 나의 형제들이여, 지극히 높은 자와 교제하는 것이 너무나 적어지는 가운데 우리는 너무나 많은 것을 잃어버리지 않았습니까? 나는 그렇다고 분명히 확신합니다. 우리는 너무나 바빠 불과 몇 분밖에는 기도하지 못합니다. 우리는 너무나 조급하여 성경을 읽는데 불과 15분밖에는 할애하지 못합니다. 그러면서도 우리는 할 도리를 다했다고 생각합니다. 아, 이것은 얼마나 안타까운 일입니까! 만일 우리가 "분"을 "시간"으로 바꾼다면, 우리의 유익은 그 비율만큼 증가될 것입니다. 밤이 새도록 기도합시다. 골방에 들어가 문을 닫고 믿음으로 하나님께 나아갑시다. 만일 우리가 그렇게 한다면, 우리는 제한 없는 능력을 얻을 수 있을 것입니다. 설령 우리의 얼굴은 빛나지 않는다 하더라도, 우리의 삶은 더 아름다운 광채로 빛날 것이며, 우리의 성품은 더 정결하고 투명해질 것이며, 우리의 영은 사람들이 그 빛을 인식할 수 있을 정도로 밝게 비출 것입니다. 이와 같이 모세의 얼굴이 광채로 빛난 것은 그가 오랜 시간 하나님의 얼굴을 바라보았기 때문입니다.

이러한 하나님과의 교제 속에는 백성들을 위한 강렬한 중보기도가 포함되어 있었습니다. 하나님은 자기밖에 모르는 우리의 이기심과는 교제하지 않을 것입니다. 모세는 백성들을 위해 간절하게 기도했습니다. 그리하여 그는 하나님의 아들처럼 되었으며, 하나님의 영광의 빛이 그 위에 임했습니다. 그는 얼마나 간절히 기도했습니까! 그는 애타는 탄식과 부르짖음으로 하나님의 영을 거스른 자들을 진멸하지 말아 달라고 간절히 간구했습니다. 그들은 하나님을 풀이나 뜯어 먹는 황소의 형상으로 바꿈으로써 신성(神性)을 더럽혔습니다. 그들은 호렙에서 금송아지를 만들고 "이스라엘아 이는 너희의 신이라"고 말하면서 그 앞에 절했습니다. 그는 자신을 위해서가 아니라 패역한 백성들을 위해 기도했습니다. 여기에 우리가 놓치기 쉬운 요점이 있습니다. 하나님은 욥이 그의 친구들을 위해 기도할 때 그의 곤경을 돌이키셨습니다. "욥이 그의 친구들을 위하여 기도할 때 여호와께서 욥의 곤경을 돌이키시고 여호와께서 욥에게 이전 모든 소유보다 갑절이나 주신지라"(욥 42:10). 하나님은 중보기도를 좋아하십니다. 만일 하나님이 어떤 사람의 얼굴을 빛나게 만드신다면, 그것은 그가 그리스도처럼 범죄자들을 위해 자신의 영혼을 쏟아 중보의 기도를 할 때입니다. 자기를 위해서가 아니라 범죄한 무리를 위해 말입니다.

이러한 중보의 기도를 드리는 가운데, 모세는 숭고한 자기 부인을 나타냈습니다. 하나님은 그에게 "그런즉 내가 하는 대로 두라 내가 그들에게 진노하여 그들을 진멸하고 너를 큰 나라가 되게 하리라"(출 32:10)라고 말씀하셨습니다. 하나님이 아브라함과 더불어 맺은 언약은 아브라함의 씨가 그 땅을 소유하게 될 것이라는 것이었습니다. 그러나 지금 하나님은 모세를 제외한 나머지 모든 지파들을 멸하고자 하셨습니다. 그리고 모세의 가정을 통해 새로운 나라를 이루고자 하셨습니다. 지금 모세가 무엇을 바라볼 수 있었는지 생각해 보십시오. 그의 자녀들은 택함받은 나라가 될 것이며, 하나님의 모든 약속의 상속자가 될 것이었습니다. 그러나 아니었습니다. 모세는 하나님의 제안을 받아들이기는 고사하고 이렇게 부르짖습니다. "그러나 이제 그들의 죄를 사하시옵소서 그렇지 아니하시오면 원하건대 주께서 기록하신 책에서 내 이름을 지워 버려 주옵소서"(32절). 그는 백성들이 멸망을 당하고 자기의 이름이 높이 올려지는 대신, 차라리 자신의 이름이 하나님의 책에서 지워지고 백성들이 멸망당하지 않기를 기도했습니다. 이런 사람의 얼굴이야말로 하나님이 자신의 영광을 기록하기에 가장 적합한 양피지가 아닙니까? 자아가 작아질수록 하나님이 커집니다. 우리가 하나님의 영광과 그의 교회의 유익을 위해 모든 것을 포기할 수 있을 때, 우리를 향한 하나님의 웃음은 결코 그치지 않을 것입니다.

모세의 얼굴이 광채로 빛났던 것은 하나님과의 오랜 시간의 교제와 중보기도와 숭고한 자기 부인 때문이었을 뿐만 아니라 또한 백성들 가운데서의 그의 충성됨 때문이었습니다. 산으로부터 내려와 백성들이 금송아지를 섬기는 것을 보았을 때, 그는 그들을 아끼지 않았습니다. 그는 그들을 사랑했지만 그러나 엄격한 공의를 세우는 일을 결코 주저하지 않았습니다. 그는 "누구든지 여호와의 편에 있는 자는 내게로 나아오라"고 말했습니다(32:26). 그러자 레위 자손이 그에게 나아왔습니다. 이에 모세는 그들에게 "너희는 각각 허리에 칼을 차고 진 이 문에서 저 문까지 왕래하며 각 사람이 그 형제를, 각 사람이 자기의 친구를, 각 사람이 자기의 이웃을 죽이라"고 명령했습니다(27절). 그리하여 그들은 즉시로 이스라엘의 왕에 대하여 노골적으로 반역을 저지른 우상 숭배자들을 진멸했습니다. 그러나 이것으로 충분하지 않았습니다. 그 큰 죄로 인해, 이스라엘 전체가 징벌을 받고 겸비하게 되어야만 했습니다. 모세는 거룩한 분노 가운데 돌판을 깨뜨리고, 그들이 만든 우상을 가져다가 "불살라 부수어 가루를 만들어 물에 뿌려" 그들에게 마시게 했습니다(20절). 그는 그들이 만든 우상을 가지고 구역질나는 음료(飲料)를 만들었습니다. 그리고 그들에게 그것을 마시게 함으로써, 그들의 배가 그들 자신의 죄로 가득 차도록 했습니다. 그리고 그들도 하여금 그들의 하나님 여호와로부터 돌이키는 것이 무엇을 의미하는 것인지 알도록 했습니다. 아, 이 사람 모세는 얼마나 위대합니까! 그는 얼마나 충성된 하나님의 종입니까! 그는 추호도 흔들리지 않고 하나님의 공의를 집행했습니다. 그는 온유한 사람이었지만 그러나 의와 진리에 결코 무관심하지 않았습니다. 하나님은 굳건한 중심이 결여된 우유부단한 사람을 택하지 않습니다. 그 얼굴에 하나님의 영광의 광채가 비취는 사람은 결코 그와 같은 사람이 아닙니다. 오늘날 설탕으로 만들어진 사람들이 얼마나 많습니까? 그들은 "대중들의 의견의 물"에 너무나 쉽게 녹아 버립니다. 그러나 이런 사람들은 결코 여호와의 산에 오르지도 못하고, 그의 성소(聖所)에 서지도 못하며, 영광의 광채의 비췸을 얻지도 못할 것입니다. 나의 형제들이여, 만일 여러분이 하나님과 더불어 은밀한 교제를 갖고자 한다면, 여러분은 사람들 가운데 하나님께 충성되어야만 합니다. 만일 여러분이 사람들 가운데 충성되지 않다면, 하나님은 결코 여러분을 존귀하게 하지 않을 것입니다. 여러분의 얼굴에 그의 영광의 광채를 비췸으로써 말입니다. 모세는 기회주의자도 아니었으며, 대중의 인기(人氣)를 좇는 자도 아니었습니다. 그는 자기 하나님께 철저하게 진실했습니다. 그러므로 하나님은 아무 걱정 없이 그의 얼굴을 빛나게 하실 수 있으셨습니다. 오늘의 첫 번째 주제가 가르치는 교훈을 잘 새기기를 바랍니다.

2. 둘째로, 그의 얼굴이 광채로 빛나는 것은 무엇을 의미하는 것이었습니까?

그의 얼굴 위에 있었던 빛은 무엇을 의미하는 것이었을까요? 간단히 말해서 그것은 모세에 대한 하나님의 특별한 호의를 의미했습니다. 하나님은 마치 이렇게 말씀하시는 것 같습니다. "이는 내 사람이니라. 내가 모든 사람들 가운데 그를 택하였노라. 여자로부터 난 자 가운데 그보다 큰 자가 없도다. 내가 그에게 나의 영광을 주었노라. 그리하여 그 증표가 그의 얼굴 위에서 빛나노라."

뿐만 아니라 그것은 또한 이스라엘에 대한 특별한 호의를 의미했습니다. 만일 그들이 그것을 깨달을 수만 있다면, 그들은 결코 두려워하지 않을 것이었습니다. 그러나 그것을 깨닫지 못할 때, 그들은 두려워 떨 수밖에 없었습니다. 모세의 빛나는 얼굴을 통해 하나님은 사실상 그들에게 이렇게 말씀하셨습니다. "너희의 중보자로 인해 내가 너희에게 호의를 베푸노라. 나의 종 모세가 너희들이 멸망을 당하지 않기를 위해 간구했노라. 그로 인해 내가 너희를 용납하고 너희를 아낄 것이라. 그의 빛나는 얼굴이 내가 너희를 용서하는 증거니라." 주 예수 그리스도에 대한 호의는 곧 우리들에 대한 호의입니다. "이는 나의 사랑하는 아들이요 나의 기뻐하는 자라"는 말씀 속에서 우리는 하나님이 그리스도 예수 안에서 나를 기뻐하시는 사실을 발견합니다. 하나님이 그의 기름 부음 받은 자의 얼굴을 바라보실 때, 하나님은 호의와 은총으로 우리를 바라보십니다.

모세의 얼굴 위에 있었던 광채는 또한 하나님이 그에게 **특별한 직무를 위임하**셨음을 증언하는 것이었습니다. 그가 하나님을 영화롭게 했기 때문에, 하나님은 그를 보내셨습니다. 사람들이 모세의 빛나는 얼굴을 바라볼 때, 그들은 그에게 부여된 특별한 위임을 의심할 수 없었습니다. 그의 얼굴로부터 나오는 빛을 상상해 보십시오. 모세상(像)을 조각한 미켈란젤로는 그를 뿔이 달린 모습으로 표현했습니다. 그것은 '라틴 불가타' 역본(譯本)이 "빛"과 관련한 히브리어 단어의 의미를 오해하고 그것을 "뿔"로 잘못 번역했기 때문이었습니다. 영광의 광채로 빛나는 그의 얼굴은 얼마나 놀라운 모습이었겠습니까! 영광의 광채가 그의 장엄한 얼굴을 둘러쌌으며, 백성들은 그가 하나님으로부터 보냄받은 자라는 사실을 인식하지 않을 수 없었습니다.

나아가 그것은 그의 **능력을 증진(增進)**시키는 것이었습니다. 백성들은 이러한 이상한 빛에 의해 압도되었습니다. 그들은 감히 모세에 대하여 불평을 늘어놓을 수 없었습니다. 왜냐하면 그것은 하나님 자신에게 불평을 늘어놓는 것이었기 때문입니다. 원망하며 불평하기 좋아하는 백성들에게, 그와 같은 초자연적인 빛은 경외심과 두려움을 일으키기에 충분했습니다.

> "사람들이 바라보며 응시하도다.
> 그의 얼굴 위에 있는 영광의 광채를.
> 그의 눈은 하늘의 빛으로 불타며,
> 그의 얼굴은 하나님의 은혜의 광채로 빛나도다."

그러한 광채는 그들의 선지자에게 권위를 부여했습니다. 그리고 그것은 그들을 그 앞에 두려워 떨도록 만들었습니다. 그들은 영광의 광채로 빛나는 얼굴로 자신들을 바라보는 자에게 감히 대적할 수 없었습니다. 그의 얼굴로부터 광채가 비취었기 때문에, 그의 말은 마치 뿜어져 나오는 불꽃과 같았습니다.

그러나 모세의 얼굴이 영광의 광채로 빛났던 사실이 의미하는 가장 깊은 의미는 그것이 하나님의 율법의 영광을 나타낸다는 사실입니다. 율법은 영적이며 거룩하며 변할 수 없으며 공의로우며 완전한 것으로서, 영광으로 충만합니다. 그것이 특별한 영광을 갖는 것은 하나님 자신이 그것을 제정하셨기 때문입니다. 그러므로 그것은 우주의 거룩한 법칙으로 굳게 섭니다. 그러나 바울은 율법의 영광을 다른 측면에서 이해합니다. 그에게 있어 의식법(儀式法)의 영광은 폐하여지고 종결되었습니다. 그리스도는 율법의 마침이며, 율법이 주어진 것은 우리에게 그리스도를 가리키고 우리를 그에게로 이끌기 위함입니다. 율법은 우리로 하여금 그리스도의 필요성을 깨닫게 함으로써 우리를 그리스도께로 인도하는 몽학선생입니다. 그리고 율법은 우리로 하여금 모든 소망을 버리고 오직 그리스도와 함께 시작하고 그리스도와 함께 마치게 합니다. 율법의 영광은 그리스도입니다. 이와 같이 모세가 영광스럽게 빛나는 얼굴로 나아왔을 때, 이스라엘 백성들은 그것을 계속해서 바라볼 수도 없었고 그것이 의미하는 바를 깨닫지도 못했습니다.

> "그들이 그의 얼굴의 영광을 보았을 때,
> 그들은 두려워 움츠릴 수밖에 없었도다."

심지어 오늘날에도 사람들은 하나님이 주신 외적인 의식(儀式)들을 보면서 그것들의 영광스러운 의미를 깨닫지 못합니다. 이것은 광야의 이스라엘 백성들에게도 마찬가지였습니다. 그들은 희생제물들(sacrifices)을 보면서, 그러나 '그 큰 희생제물'(the Great Sacrifice)은 알지 못했습니다. 그들은 물과 기름은 보았지만, 그러나 성령은 알지 못했습니다. 그들은 메시야에 대한 수많은 예언과 상징과 예표들은 보았지만, 그러나 정작 그가 오셨을 때 그를 알지 못했습니다. 모든 상징과 예표들은 마치 "우리가 전한 것을 누가 믿었느냐 여호와의 팔이 누구에게 나타났느냐"라고 묻는 것 같습니다(사 53:1). 모세의 얼굴이 빛으로 덮였던 것처럼, 율법은 그리스도의 영광으로 덮였습니다. 바로 이것이 모세의 얼굴에 있었던 거룩한 빛의 가장 깊고 심오한 의미입니다.

3. 셋째로, 어째서 모세는 자기 얼굴 위에 있는 영광을 알지 못했을까요?

"그 산에서 내려올 때에 모세는 자기가 여호와와 말하였음으로 말미암아 얼굴 피부에 광채가 나나 깨닫지 못하였더라"(29절).

먼저 이에 대해 나는 사람에게 있어 자기 얼굴을 보는 것은 쉬운 일이 아니기 때문이라고 대답하고 싶습니다. 내가 의미하고자 하는 것을 비유적으로 말해볼까요? 그것은 사람에게 있어 자기의 성격을 정확하게 판단하는 것은 쉽지 않다는 것입니다. 세상에는 자기의 얼굴을 정확하게 본다고 생각하면서 자신들의 얼굴이 해처럼 빛난다고 생각하지만 실제로는 전혀 빛나지 않는 사람들이 많이 있습니다. 도리어 그들의 얼굴에는 뻔뻔스러움과 과대망상이 가득합니다. 반대로 겸손한 사람들은 실제로 아름답게 빛나는 얼굴을 가지고 있으면서도 그 사실을 알지 못합니다. 형제들이여, 여러분은 여러분 자신의 얼굴을 볼 수 없습니다. 여러분은 자신의 얼굴을 볼 수 있을 때까지 자신의 성격을 안다고 생각해서는 안 됩니다. 배움과 탐구를 통해 어느 정도 판단할 수 있는 자리에 도달할 수 있을는지 모릅니다. 그러나 그것은 온전히 신뢰할 수 없습니다. 모세에게는 거울이 없었습니다. 그런 그가 어떻게 자신의 얼굴에서 빛이 비취는 것을 알 수 있었겠습니까? 우리 자신의 성격에 대한 우리 자신의 판단은 일반적으로 잘못되기 쉽습니다. 왜냐하면 치우침이 없이 공정하게 판단하기가 쉽지 않기 때문입니다. 뿐만 아니라 "다른 사람들이 보는 것에 기초하여 스스로를 보는 것" 역시 일반적인 생각과는 달리 실제로 그다지 정확하지 않습니다. 사람들은 계속해서 우리를 편견과 악의의 색안경을 쓰고 바라봅니다. 이로 인해 우리 안에서 스스로에 대한 또 다른 종류의 편파성이 생기기 쉽습니다. 설령 다른 사람들이 우리에 대해 실수를 한다 하더라도, 우리에 대한 그들의 실수는 우리에 대한 우리 자신의 실수보다 훨씬 더 작을 것입니다. 왜냐하면 그들은 우리의 얼굴을 볼 수 있는 반면 우리는 우리 자신의 얼굴을 볼 수 없기 때문입니다. 우리는 스스로를 좋아하며, 자기의 성격에 대해 사실 이상으로 높이 평가하는 경향이 있습니다. 우리는 약함이 가득한 곳에서 강함을 꿈꾸며, 어리석음이 가득한 곳에서 지혜로움을 꿈꿉니다. 그러나 사람은 자신의 얼굴을 볼 필요가 없습니다. 만일 그 얼굴이 정결하게 씻겨졌다면 말입니다. 하나님이 그것을 보시고 아름답다고 인정해 주시는 것으로 충분합니다.

　나아가 모세가 자기 얼굴 위에 있는 영광을 보지 못했던 것은 그가 하나님의 영광을 보았기 때문이었습니다. 사람이 하나님의 거룩하심을 볼 때, 그는 더 이상 자신의 훌륭함을 주장하지 않을 것입니다. 그날부터 그는 티끌과 재 가운데 스스로를 미워할 것입니다. 내가 스스로에 대해 정결하다고 생각할는지 모릅니다. 그러나 하나님의 눈앞에 심지어 하늘조차도 정결하지 못함을 깨달을 때, 더 이상 스스로에 대해 어떻게 그렇게 생각할 수 있겠습니까? 내가 스스로에 대해 지혜롭다고 생각할는지 모릅니다. 그러나 하나님 앞에서 심지어 천사들조차도 어리석은 자로서 드러남을 알게 될 때, 더 이상 스스로에 대해 어떻게 그렇게 생각할 수 있겠습니까? 만일 내가 만군의 하나님 여호와를 보았다면, 어떻게 내가 완전한 정결에 대해 말할 수 있겠습니까? 하나님을 볼 때, 우리의 자랑은 끝납니다. 태양의 얼굴을 바라본 자는 다른 모든 빛들에 대해서는 소경이 됩니다.

　뿐만 아니라 모세가 자기 얼굴 위에 있는 영광을 보지 못했던 것은 또한 그가 단 한 번도 자기 얼굴이 빛나기를 바란 적이 없었기 때문입니다. 그것은 "추구하지 않았음에도 불구하고 임한 아름다운 성품"이었습니다. 그것은 "부지중에 임한 탁월함"이었습니다. 그가 바라지 않았음에도 불구하고 그의 얼굴 위에 임한 영광의 빛은 사람들이 쉽게 바라볼 수 없을 정도로 너무나 눈부셨습니다. 우리는 어떻습니까? 우리는 다른 사람들의 눈에 띄도록 밝게 빛나기를 바라지 않습니까? 우리는 다른 사람들을 능가하는 은혜를 갖고자 애쓰지 않습니까? 우리가 성공적인 목회를 바라는 것은 "유능한 목회자"라는 찬사를 받고 싶어서가 아닙니까? 우리가 많은 사람들을 구원하고자 애쓰는 것은 교회에서 "훌륭한 전도자"라는 찬사를 받고 싶어서가 아닙니까? 우리는 거룩한 사람이라는 인정을 받고 싶어서 거룩함을 위해 기도하지 않았습니까? 우리는 특별한 하나님의 사람이라는 인정을 받고 싶어서 열정적인 대중기도를 하지 않았습니까? 우리는 사람들이 "저 기도하는 것 좀 들어봐? 정말로 훌륭한 기도가 아니야?"라고 말하는 것을 듣기를 바라지 않았습니까? 우리가 겸손하고자 노력한 것은 스스로의 겸손을 바라보며 즐거워하고자 한 것은 아니었습니까? 두렵게도 나는 너무나 자주 그러합니다. 우리는 항상 "주여, 나의 얼굴을 빛나게 만들어 주소서"라고 기도합니다. 그러나 모세는 결코 그러한 바람을 가지고 있지 않았습니다. 그리하여 자신의 얼굴이 실제로 빛났을 때, 그는 그것을 알지 못했습니다. 그는 그와 같은 영광을 탐하지 않았습니다. 우리도 그렇게 합시다.

모세가 자기 얼굴 위에 있는 영광을 알지 못했던 또 하나의 이유는 그가 다른 사람들의 유익을 구하는 일에 너무나 깊이 착념했기 때문입니다. 그는 목이 뻣뻣한 이스라엘 백성들을 위해 자신의 모든 것을 포기했습니다. 그는 실제로 그들을 위해 살았으며, 그들을 위해 자신을 하나님께 제물로 드렸습니다. 그는 백성 전체를 자신의 품에 품었습니다. 마치 유모가 아기를 품에 품듯이 말입니다. 그는 목자처럼 자기 양 떼를 먹였으며, 선한 목자처럼 양들을 위해 기꺼이 자기 목숨을 줄 수 있었습니다. 아, 모세의 자기희생은 얼마나 크고 놀랍습니까! 그는 자신의 얼굴에 대해서는 아무런 관심도 기울이지 않았습니다. 왜냐하면 오로지 그들의 얼굴에 대해서만 모든 관심을 기울였기 때문입니다. 그들을 하나님께 가까이 데려갈 수만 있다면, 그는 무엇이든 줄 수 있었습니다. 우리는 너무나 자주 오로지 우리 자신의 영광을 추구하는 일에만 몰두하며 착념하지 않습니까? 어떤 사람이 자기를 잊을 수 있을 때, 사람들 앞에 유명하게 된 자신을 발견하는 순간 그는 깜짝 놀라게 될 것입니다.

또 그가 자기 얼굴이 빛나는 것을 알 수 없었던 것은 주변에서 그와 같은 사람을 보지 못했기 때문이었습니다. 그 주위에 있는 사람들 가운데 어느 누구의 얼굴도 빛나지 않았습니다. 여러분이 빛나는 얼굴을 가진 사람들과 함께 살고 있다고 상상해 보십시오. 그러면 여러분은 자신의 얼굴이 빛나는지 여부에 대해서도 많은 관심을 갖게 될 것입니다. 왜냐하면 자신의 얼굴도 그들의 얼굴처럼 빛나기를 자연적으로 바랄 것이기 때문입니다. 그러나 아론의 얼굴은 빛나지 않았습니다. 아, 가련한 아론이여! 뿐만 아니라 이스라엘의 전체 가운데 어느 누구의 얼굴도 빛나지 않았습니다. 따라서 모세로 하여금 그의 얼굴이 빛나는지 돌아보도록 만드는 것은 아무것도 없었습니다. 존 번연의 「천로역정」 속에서 우리는 목욕을 마치고 나온 '크리스티아나'(Christiana)와 '긍휼'(Mercy)과 '아이들'이 서로 상대방을 바라보면서 놀라는 장면을 발견합니다. "'크리스티아나'와 '긍휼'이 목욕을 마쳤을 때, 그녀들은 서로를 바라보며 크게 놀라면서 동시에 낙망했습니다. 왜냐하면 그녀들은 상대방의 영광은 볼 수 있었던 반면 자신의 영광은 볼 수 없었기 때문입니다. 그리하여 그녀들은 서로 자기보다 상대방을 더 낮게 여기기 시작했습니다. 한 사람이 '당신은 나보다 더 아름다워요'라고 말하자, 다른 사람이 '아니에요, 당신이 훨씬 더 아름다워요'라고 말했습니다. 아이들 역시도 자기들이 얼마나 아름다운 모습으로 변화되었는지 바라보며 놀란 채 서 있었습니다." 그리스도 안에서 형제들의 아름다운 덕(德)을 바라보는 것은 큰 기쁨입니다. 모든 그리스도인들은 형제들이 성령의 각양 은혜로 아름답게 단장된 것을 바라보며 즐거워합니다. 모세는 이런 점에서는 거의 즐거움을 가질 수 없었습니다. 특별히 거룩한 산으로부터 내려와 아론이 백성들의 죄에 나약하게 굴복한 것을 발견했을 때 말입니다. 심지어 70명의 장로들조차도 모세에 훨씬 미치지 못했습니다. 따라서 모세로서는 주위 사람들을 보면서 "혹시 내 얼굴도 빛나고 있지 않나?"라고 물을 만한 아무런 이유도 가지고 있지 못했습니다.

사람이 자기를 의식하지 않는 것은 좋은 일입니다. 사랑하는 형제들이여, 더욱이 우리 얼굴이 다른 사람들에게는 비춰면서 우리 자신에게는 비춰지 않는 것은 최고로 좋은 일입니다. 설령 여러분 자신의 훌륭함을 알 수 있다 하더라도, 차라리 그리고 할 수만 있다면 그것을 알지 마십시오. 왜냐하면 거기에 자아를 의식하는 나쁜 냄새가 들어 있기 때문입니다. 당당하게 앞으로 나아오면서 "나는 완전히 거룩해!"라고 말하는 것은 어린아이 같은 유치한 짓입니다. 그는 마치 "내가 입은 새 옷 좀 봐! 얼마나 예쁘고 근사해!"라고 말하는 어린아이와 같습니다. 나는 어떤 사람이 "나는 로마서 7장에 언급된 갈등을 완전히 극복했어, 나는 이것을 얻었고 또 저것을 얻었어"라고 말하는 것을 들을 때 두려워하지 않을 수 없습니다. 예후는 "나와 함께 가서 여호와를 위한 나의 열심을 보라"라고 말했습니다(왕하 10:16). 그러나 그의 마음은 여호와 앞에 바르지 못했습니다. 그는 사람들에게 "여호와를 위한 나의 열심을 보라"고 말했지만, 실제로 사람들이 그로부터 볼 만한 것은 별로 없었습니다. 우리도 종종 그와 같지 않습니까? 사람들이 많은 것을 보아주기를 바라지만 실상 보아줄 만한 것이 별로 없는 우리가 아닙니까? 하나님이여, 우리를 "자신에 대한 지나친 과대평가"로부터 구원하여 주소서! 주의 영광의 빛이 우리 주위를 밝게 비추는 가운데 우리 자신은 다만 거룩한 두려움에 압도되어 주의 발 아래 엎드리게 하소서!

4. 넷째로, 모세는 왜 수건을 썼습니까?

자신의 얼굴이 빛나는 것을 알았을 때, 어째서 그는 그것을 가려야만 했을까요?

부분적으로 그의 온유함이 그렇게 이끌었을 것입니다. 그는 지도자의 위치에 있도록 강요되었습니다. 그는 결코 지도자가 되기를 바라지 않았지만 그러나 하나님이 광야에서 그를 강제로 이끌어 왕과 같은 위치에 있도록 하셨습니다. 그는 아무런 야심도 가지고 있지 않았습니다. 하나님이 그를 바로에게 신(神)이 되도록 만드셨음에도 불구하고, 그는 바로의 궁중에서 스스로를 그렇게 높이지 않았습니다. 이스라엘 가운데, 그는 권력을 독점하지 않았습니다. 그는 택함받은 장로들에게 그 합당한 분량만큼씩 자신의 통치권을 기꺼이 양도(讓渡)했습니다. 그는 매우 온유한 사람이었습니다. 따라서 그에게 있어 자기 얼굴의 광채를 가리는 것은 매우 쉬운 일이었습니다. 마치 정숙한 여인이 대중들의 시선으로부터 스스로를 가리는 것처럼 말입니다. 우리 역시도 이와 같은 겸손의 은혜를 가져야만 하지 않겠습니까?

나아가 그가 얼굴을 가린 것은 백성들에게 가까이 다가가기 위함이었습니다. 백성들이 가까이 하기를 두려워하자, 그는 그들을 불러 그들이 두려워하는 이유를 알고자 했습니다. "나의 주여, 우리가 두려워하는 것은 당신의 얼굴에서 광채가 나기 때문이나이다." 그들의 말에 모세는 이렇게 대답합니다. "나는 너희를 두렵게 하기를 원치 않노라. 다만 너희에게 가까이 다가가기를 원하노라." 그들이 모세의 얼굴의 광채를 감당할 수 없었던 것은 그들의 잘못이었습니다. 그것은 모세의 책임이 아니라 그들의 책임이었습니다. 다시 말하거니와, 그것은 그들의 잘못이었습니다. 그럼에도 불구하고 모세는 그들을 꾸짖지도 않고 자신의 권리를 주장하지도 않았습니다. 그는 그들의 미약함과 어리석음에 대해 불쌍히 여기는 마음을 가졌습니다. 어떤 사람의 정당한 것이 다른 사람들에게 거치는 것이 되는 경우가 있습니다. 그것은 그들의 잘못이며, 그 책임은 그들에게 돌려져야 합니다. 그럼에도 불구하고 그는 기꺼이 그것을 포기합니다. 특별히 그가 은혜의 사람일 때, 그리고 그것이 진리의 문제에 속한 것이 아닐 때 말입니다. 예를 들어, 그에게 어떤 탁월함이 있다고 생각해 보십시오. 그런데 그 탁월함으로 인해 그가 사실 이상으로 지나치게 탁월하게 보일 때, 그는 기꺼이 자신의 탁월함을 가립니다. 여러분의 가장 엄격한 원칙의 빛을 끄지 마십시오. 그렇지만 그것을 더 큰 사랑으로 가리십시오. 모세는 항상 스스로를 가리며 낮춥니다. 자신의 얼굴 위에 있는 하나님의 영광을 그는 대수롭지 않게 여기지도 않고, 약화시키려고 하지도 않습니다. 그러나 그것이 그에게 사람의 영광을 가져다줄 때, 그는 기꺼이 수건으로 그것을 가립니다. 그리고 자기의 사랑하는 백성들에게 더 가까이 다가갈 수 있다면, 그는 기꺼이 자신의 영광을 가리며 그것으로 만족합니다. 우리도 모세처럼 백성들을 가까이 하며 그들에게 축복이 되는 사람이 되도록 힘씁시다.

그러나 사랑하는 자들이여, 모세가 수건으로 자신의 영광을 가린 주된 이유는 다른 곳에 있습니다. 어째서 모세는 자신의 얼굴을 가려야만 했을까요? 그것은 그것이 백성들에게 하나님의 판결을 내리는 법정적 상징이었기 때문입니다. 이러한 상징을 통해, 하나님은 이렇게 말씀하시는 것 같습니다. "너희는 우상 숭배로 나에게 반역을 행하였노라. 이 순간부터 너희는 너희가 살고 있는 율법 시대 동안 나의 영광의 광채를 보지 못할 것이라. 모세가 그의 얼굴을 수건으로 가림으로써 그 수건이 너희 마음 위에 있을 것이라." 하나님이 사람들에게 수건을 허락하심으로써 그들을 법정적으로 맹인이 되게 하시는 것은 얼마나 두려운 일입니까! "보아도 보지 못하고 들어도 깨닫지 못하도록" 하게 하시려고 말입니다. 문자적으로 그 수건은 모세의 얼굴 위에 있었지만, 그러나 영적으로 그것은 그들의 마음 위에 있었습니다. 그 때부터 그들은 보지 못할 것이었습니다. 그것은 그들이 보기를 원하지 않았기 때문입니다. 고의적으로 눈을 감는 사람으로부터 하나님은 그의 시력(視力)을 빼앗으실 것입니다. 만일 여러분이 깨닫기를 거부한다면, 공의(公義)가 여러분을 어리석은 자로 만들 것입니다. 지각(知覺)하지 못하는 것은 멸망의 전조(前兆)입니다. 치명적인 공격이 시작되기 전에, 눈이 감깁니다.

여기에서 여러분에게 한 가지 실제적인 경고를 주고자 합니다. 여러분은 우리 주위에 그 마음이 마치 맹인이 된 것처럼 그리스도의 얼굴 안에 있는 하나님의 영광의 빛이 가려진 사람들이 매우 많다고 생각하지 않습니까? 우리 자신도 그들 가운데 속할 수 있다고 생각하지 않습니까? 많은 사람들이 수건으로 가려진 채 고통을 당하고 있지 않습니까? 당신 주위에 드물게 보는 하나님의 사람이 있습니다. 당신은 그의 믿음에 대해 들으며, 그는 하나님과 동행합니다. 다른 사람들이 당신에게 그의 아름다운 성품을 칭송합니다. 그러나 당신은 그 안에서 특별한 것을 볼 수 없습니다. 도리어 당신은 그를 경멸하며 그의 무리를 회피합니다. 그 이유가 무엇일까요? 그것은 당신의 눈이 그에 대하여 수건으로 가려져 있기 때문입니다. 또 여기에 성경이 있습니다. "아, 지극히 달콤한 책이여!" 당신의 사랑하는 어머니는 그 책을 모든 책들 가운데 가장 값진 책으로 부릅니다. 고난의 날에 그 책이 자신을 어떻게 지켜 주었는지를 말할 때, 그녀의 얼굴은 얼마나 밝게 빛납니까! 당신도 가끔 그 책을 읽어보지만 그러나 당신은 그 안에서 특별히 주목할 만한 것을 보지 못합니다. 그 안에 당신의 마음을 잡아끄는 것은 아무것도 없습니다. 그 책이 당신에게 수건으로 가려져 있는 것입니다. 또 여기에 하나님의 영광스러운 복음이 있습니다. 당신은 우리가 그것을 너무나 놀라운 복음이라고 말하는 것을 늘 들어왔습니다. 복음을 이야기할 때, 우리의 눈은 엄청난 기쁨으로 빛납니다. 그러나 당신은 아무것도 느끼지 못합니다. 복음이 당신에게 수건으로 가려져 있는 것입니다. 또 당신은 어떤 중요한 교리에 대한 설교를 들었습니다. 신자들은 그것을 듣고 뛸 듯이 기뻐합니다. 그러나 당신의 마음은 완전히 냉랭합니다. 하나님의 진리가 당신에게 수건으로 가려져 있는 것입니다. 이 모든 것은 잃어진 영혼의 슬픈 징조들입니다. 당신의 마음에 수건이 덮여 있으며, 당신의 영혼은 어둠 가운데 빠져 있습니다. 이러한 사실이 여러분 가운데 많은 사람들에게 해당되지 않습니까? 나의 친구들이여, 만일 여러분이 그리스도에 대해 들으면서도 뜨거운 마음이 생기지 않는다면, 지금 맹인의 상태에 있다고 결론 내리십시오. 만일 여러분이 하나님의 영광스러운 복음에 대해 들으면서도 마음에 아무런 감동도 없다면, 수건이 여러분의 마음을 덮고 있다고 결론 내리십시오. 아, 가련한 자들이여! 주께로 돌이키십시오. 만일 여러분이 주께로 돌이킨다면, 그 수건은 제거될 것입니다. 성령 하나님께서 오셔서 그의 권능으로 여러분을 돌이키게 하시기를 기원합니다. 그가 오늘 여러분으로 하여금 하나님을 찾도록 강권하시기를 기원합니다. 그러면 수건이 제거되고, 여러분은 주 예수의 구원 안에서 그의 아름다움을 보게 될 것입니다. 여기에 여러분을 위한 짤막한 기도가 있습니다. 부디 매일같이 기도하기 바랍니다. "하나님이여 나의 눈을 여셔서 주의 법의 기이한 것을 보게 하소서." 율법 안에 기이한 것들이 있습니다. 부디 그러한 것들을 보기 바랍니다. 성령께서 수건을 제거하시고 여러분의 눈으로부터 비늘을 제하셔야만 합니다. 그러고 난 연후에야 비로소 여러분은 보게 될 것입니다.

바로 이것이 모세가 수건으로 자기 얼굴의 영광을 가린 이유입니다. 그것은 그들이 하나님의 뜻을 알기를 거절했기 때문에 하나님이 그들을 법정적인 맹인으로 넘겨 주셨음을 증언하는 것이었습니다. 하나님이여, 부디 여기의 백성들을 그와 같이 다루지 마소서!

5. 다섯째로, 우리가 모세의 얼굴로부터 배울 수 있는 다른 교훈들은 무엇입니까?

첫째로, 우리는 우리 주 예수 그리스도의 무한히 큰 영광을 배울 수 있습니다. 모세의 변화는 이를테면 아주 작은 분량의 변화였습니다. 그의 변화는 단지 그의 얼굴이 빛나는 것일 뿐이었습니다. 그러나 그리스도께서 오셨을 때, 그의 전인(全人)이 변화되었습니다. 단지 그의 얼굴만 빛난 것이 아니라, 그의 전인(全人)과 심지어 그의 옷까지 빛났습니다. 모세는 자기의 얼굴을 가릴 수 있었지만, 그러나 예수 그리스도의 영광은 가려질 수 없었습니다. 왜냐하면 그의 옷조차도 "눈처럼 희게" 되었기 때문입니다. 모세의 수건은 이를테면 그의 얼굴을 위한 옷이었으며, 그것은 그의 얼굴의 빛을 가릴 만한 것이었습니다. 그러나 우리 주님은 통으로 짠 통상적인 옷을 입고 계셨으며, 빛이 그의 옷을 통과하여 비춤으로써 그와 그의 옷이 함께 빛났습니다. 아무것도 우리 주님의 영광을 가릴 수 없었습니다. 그것은 너무도 큰 영광이었습니다. 이스라엘은 그 영광을 보고 두려워 떤 반면 제자들은 그것으로 인해 깊은 잠에 떨어졌습니다. 예수 그리스도의 변화와 관련하여 마태는 매우 강한 표현을 사용합니다. 그는 그리스도의 얼굴이 "해 같이 빛났다"고 말합니다(마 17:2). 그는 완전한 빛의 광채로 빛났습니다. 그는 그리스도의 얼굴이 모든 종류의 빛을 훨씬 능가하는 해와 같았다고 표현합니다. 그리스도의 영광은 무엇과도 비교할 수 없습니다. 그것은 다른 모든 것을 능가하는 영광입니다. 아, 도대체 어떻게 내가 그 영광을 온전히 표현할 수 있겠습니까! 나는 바울이 "내가 그 빛의 광채로 말미암아 아무것도 볼 수 없게 되었다"(행 17:2)고 말할 때 느꼈던 마음과 똑같은 마음을 느낍니다. 그것이 나를 압도합니다. 어린 양은 하늘의 빛 자체입니다. 내가 무엇을 더 말할 수 있겠습니까? 사도 요한이 밧모 섬에서 환상 가운데 주님을 보았을 때, 그는 "그 얼굴은 해가 힘 있게 비치는 것 같더라 내가 볼 때에 그의 발 앞에 엎드러져 죽은 자 같이 되매"라고 말했습니다(계 1:16). 모세의 얼굴에 빛이 있었으며, 그 빛은 가려질 수 있었습니다. 그러나 예수는 그 자신이 빛이시며 그 안에 어둠이 없습니다. "참 빛 곧 세상에 와서 각 사람에게 비추는 빛이 있었나니"(요 1:9). "율법은 모세로 말미암아 주어진 것이요 은혜와 진리는 예수 그리스도로 말미암아 온 것이라"(요

1:17).

또 하나의 교훈은 인간 본성 앞에 준비되어 있는 영광의 가능성을 보라는 것입니다. 만일 이 땅에서 모세의 얼굴이 빛날 수 있었다면, 나는 부활의 날 우리의 몸이 어떻게 빛과 같이 찬란하게 빛나게 될지 이해할 수 있습니다. "이 썩을 것이 썩지 아니함을 입고 이 죽을 것이 죽지 아니함을 입을 때에는 사망을 삼키고 이기리라고 기록된 말씀이 이루어지리라"(고전 15:54). 만일 우리의 사랑하는 주님이 속히 오지 않는다면, 우리의 몸은 욕된 것으로 심겨질 것입니다(43절). 그러나 나는 그러한 몸이 영광 가운데 어떻게 다시 일어날 수 있는지 압니다. 그 때 우리는 "하늘에 속한 영광"을 입을 것입니다. 우리는 빛나는 자들 가운데 있을 것이며, 우리 자신들도 아버지의 나라에서 해처럼 빛날 것입니다. 만일 40년 동안의 목자 생활로 인해 검게 탔을 뿐만 아니라 또한 40일 동안의 긴 금식으로 인해 야윌 대로 야윈 모세의 얼굴이 그토록 놀랍게 빛날 수 있었다면, 어째서 영화로워진 우리의 몸이 하늘에 속한 영광으로 빛날 수 없겠습니까? 하나님이 우리의 몸을 무덤으로부터 다시 일으킬 때 말입니다. 만일 흙에 묻힌 크로커스 구근(球根)으로부터 황금빛의 아름다운 꽃이 피어날 수 있다면, 어째서 우리가 온전한 모습으로 다시 피어날 수 없단 말입니까? "사랑하는 자들아 우리가 지금은 하나님의 자녀라 장래에 어떻게 될지는 아직 나타나지 아니하였으나 그가 나타나시면 우리가 그와 같을 줄을 아는 것은 그의 참모습 그대로 볼 것이기 때문이니"(요일 3:2). 우리의 장차 나타날 모습은 모세의 영광스러운 모습 훨씬 이상일 것입니다. 왜냐하면 주의 나타나심이 모세의 나타남보다 훨씬 더 영광스럽기 때문입니다.

마지막으로, 여기에 또 하나의 교훈이 있는데, 그것은 우리가 하나님을 영화롭게 할 때 하나님이 우리를 영화롭게 할 것이라는 사실입니다. 나의 형제들이여, 만일 여러분이 모세처럼 하나님께 성별(聖別)된다면, 하나님은 여러분에게 특별한 영향력을 주실 것입니다. 여러분의 얼굴 위에 하나님의 은혜의 빛이 머물 것입니다. 여러분의 눈으로부터 하나님의 진리의 등(燈)이 빛날 것입니다. 하나님이 빛 가운데 계신 것처럼, 빛 가운데 행하십시오. 그리고 하나님과 교제하십시오. 그러면 여러분 역시도 하나님의 빛을 가진 자로서 그 빛을 비추는 자가 될 것입니다. 그리고 여러분의 삶 전체가 "동방박사들을 그리스도께로 인도한 별"과 같이 될 것입니다. 하나님을 위해 사람들에게 영향력을 끼치십시오. 그러면 은혜를 받은 자들은 여러분을 따를 것이며, 악인들은 여러분을 두려워할 것입니다. 마치 헤롯이 세례 요한을 두려워했던 것처럼 말입니다.

하나님의 영이시여, 우리 모두 위에 각자 감당할 수 있는 분량대로 임하소서. 구주시여, 이 시간 우리에게 "나가라, 나의 친구들이여, 나가서 세상을 밝히는 빛이 되어라"라고 말씀하소서. 아멘.

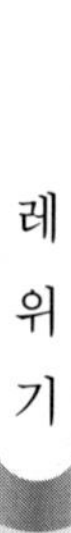

레
위
기

제

1

장

—

희생제물의 머리에 안수함

—

"그는 번제물의 머리에 안수할지니 그를 위하여 기쁘게 받
으심이 되어 그를 위하여 속죄가 될 것이라 그는 여호와 앞
에서 그 수송아지를 잡을 것이요." — 레 1:4-5

두말할 필요도 없이 번제와 소제와 화목제와 속죄제의 교훈 사이에는 명백
한 차이가 있습니다. 이러한 다양한 희생제사들 속에서, 우리는 여러 각도로부
터 취한 우리 주님의 속죄사역을 보게 됩니다. 이러한 주제를 살피는 것은 매우
흥미진진한 일이 될 것이지만, 그러나 오늘 설교에서는 다루지 않을 것입니다.
사실 그러한 주제는 오랜 신앙 연륜을 통해 우리 주님의 위대한 사역을 세부적
인 부분까지 이해하며 분별할 수 있는 사람들에게 특별히 적합할 것입니다. 그
렇지만 오늘 나는 장성한 자들을 위해 딱딱한 음식을 제공하기보다 아직 연약함
가운데 있는 자들을 위해 젖을 제공하는 것으로 만족하고자 합니다. 오늘 나는
여러분에게 에스골 골짜기의 거대한 포도송이를 주기보다, 단순히 포도 알 몇
개를 주는 것으로 만족할 것입니다. 오늘 아침 나는 어젯밤 잠들기 전에 "주여,
부디 우리 목사님이 내일 내가 이해할 수 있는 설교를 하게 해 주세요"라고 기도
한 어린 소년의 기도를 이루어 줄 수 있는 설교를 하고자 합니다. 나는 이와 같은
기도가 필요하다는 사실에 여러분에게 매우 미안한 마음을 가집니다. 그러나
"주여, 부디 우리 목사님이 내가 이해할 수 있는 설교를 하게 해 주세요. 그리고
그것이 이해할 만한 가치가 있는 설교가 되게 해 주세요"라는 기도가 단지 어린

소년뿐만 아니라 장성한 자들에게도 똑같이 필요하게 될 까봐 걱정입니다. 높은 올림포스 산 위에 올라 구름 가운데 거하고 있는 것처럼 보이는 형제들이 있습니다. 그러나 만일 그들이 골고다에 거한다면, 훨씬 더 좋을 것입니다. 지적(知的) 몽상의 어두운 산으로부터는 이슬이 거의 내리지 않습니다. 우리의 영혼을 소생시키는 상쾌한 이슬은 복음의 헐몬 산으로부터 내립니다. 거스리 박사(Dr. Guthrie)는 어린아이처럼 단순한 복음을 전파하기를 좋아했는데, 나 역시도 그와 똑같은 마음을 느낍니다. 여러분에게 설교함에 있어, 나는 어린아이가 되기를 바랍니다. 단순한 것이 가장 장엄한 법이며, 단순한 음식이 병든 자에게 가장 달콤한 법입니다. 나는 이 시간 여러분에게 예수의 죽음으로 말미암은 속죄의 방법을 가장 단순하게 전하고 싶습니다.

특별히 오늘 나에게는 하나님의 가장 근본적인 진리를 전해야 할 특별한 이유가 있습니다. 그것은, 여러분에게는 대수롭지 않은 이유일는지 모르지만, 그러나 내게는 심각한 이유입니다. 그것은 이것입니다. 만일 나에게 총알이 몇 개밖에 남아 있지 않다면, 나는 방아쇠를 당길 때마다 신중하게 표적의 중심을 향해 총을 쏠 것입니다. 다시 말해서 만일 나에게 여러분에게 설교할 수 있는 기회가 오늘 한 번뿐이라면, 틀림없이 나는 경건의 핵심이 되는 주제를 이야기할 것입니다. 나는 참된 신앙의 핵심적인 요체를 다룰 것입니다. 다루어도 좋고 다루지 않아도 좋은 주제들이 있습니다. 지금 다루지 않아도 크게 잘못될 것이 없는 그런 주제들 말입니다. 반면 반드시 다루어야만 하는 주제도 있습니다. 지금 다루지 않으면 안 되는 그런 주제 말입니다. 오늘 나는 그런 주제를 다루고자 합니다. 어떤 것들은 그리스도인들의 '복된 삶'(well-being)에 중요합니다. 그러나 그리스도인의 존재(being)에 절대적으로 본질적인 것들이 있습니다. 오늘 나는 바로 그런 주제를 이야기하고자 합니다. 그것은 주 예수 그리스도의 보혈과 그에 대한 우리의 믿음과 관련한 것입니다. 이 두 가지는 최고로 중요한 것으로서, 아무리 반복해서 이야기한다 하더라도 결코 지나치지 않습니다.

의식법(儀式法)의 희생제사에서 본질적인 것이 두 가지 있는데, 오늘 본문이 그 두 가지를 이야기합니다. 그 두 가지는 "그는 번제물의 머리에 안수할지니"와 "그는 여호와 앞에서 그 수송아지를 잡을 것이요"입니다. '희생제물의 머리 위에 안수하는 것'과 '희생제물의 죽음'이 가장 적절하게 결합되며, 그 가운데 어느 하나도 간과되어서는 안 됩니다.

오늘의 주제를 위해 꼭 여기의 본문만 취할 필요는 없습니다. 왜냐하면 그와 관련한 다른 본문들도 많이 있기 때문입니다. 레위기 3장 2절을 보십시오. "그 예물의 머리에 안수하고 회막 문에서 잡을 것이요." 또 레위기 4장 4절 하반절을 보십시오. "그 수송아지의 머리에 안수하고 그것을 여호와 앞에서 잡을 것이요." 또 15절을 보십시오. "회중의 장로들이 여호와 앞에서 그 수송아지 머리에 안수하고 그것을 여호와 앞에서 잡을 것이요." 24절 역시도 같은 것을 말씀합니다. "그 숫염소의 머리에 안수하고 여호와 앞 번제물을 잡는 곳에서 잡을지니 이는 속죄제라." 레위기 전체를 통해 '안수하는 것'과 '희생제물을 죽이는 것'이 긴밀하게 연결되어 언급됩니다. 이와 같은 두 가지는 너무나 중요하며, 그 안에 매우 풍성한 의미가 담겨 있습니다. 그러므로 우리는 각각에 대하여 하나의 설교씩 할당할 것입니다. 그러므로 본 설교에서 첫 번째 주제를 살피고, 다음 설교에서 두 번째 주제를 살필 것입니다.

본 설교에서는 안수(按手) 즉 희생제물의 머리 위에 손을 얹는 것을 살펴보도록 합시다. "그는 번제물의 머리에 안수할지니." 이제까지의 모든 과정이 다 중요하지만, 그러나 이 과정은 특별히 더 중요합니다. 왜냐하면 번제물의 머리에 안수하는 것은 특별히 제물을 드리는 자와 관련한 실제적인 제사 행위(sacrificial act)이기 때문입니다. 앞서 제물을 드리는 자는 여호와 앞에 드려질 제물을 골라야 했습니다. 그것은 일정한 나이가 되어야 했으며, 또한 흠이 없어야 했습니다. 특별히 후자의 이유로 인해 주의 깊은 검사가 필요했습니다. 왜냐하면 여호와는 절거나, 다리가 부러졌거나, 상처를 입었거나, 어떤 부위에서든 흠이 있는 제물은 받지 않으실 것이었기 때문입니다. 그는 "점 없는" 제물을 요구하셨습니다. 나는 주 예수 그리스도가 자신들이 필요로 하는 속죄의 희생제물이라는 사실을 생각하며 하나님과 더불어 화해하기를 구하는 모든 사람들을 초청합니다. 만일 여러분이 다른 속죄제물을 알고 있다면, 그 제물을 주의 깊게 살펴보십시오. 분명 여러분은 거기에서 많은 흠과 결함들을 발견하게 될 것입니다. 그러나 하나님의 어린 양에게서는 어떤 흠도 발견하지 못할 것입니다. 만일 그 안에 — 지나침으로든 부족함으로든 — 어떤 결함이 있다면, 여러분은 당연히 그를 거절할 수 있습니다. 그러나 그 안에 아무런 결함도 없다면, 간절히 당부하노니 즉시로 그리고 기쁨으로 그를 취하십시오. 자, 오십시오! 주 예수 그리스도를 보십시오. 그의 신성(神性)과 인성(人性)을 보십시오. 그의 생애와 죽음을 보십시오. 그가 한 행동들과 그가 당한 고난들을 보십시오. 그에게 어떤 죄가 있는지 보십시오. 그는 아무런 죄도 알지 못했습니다. 그는 죄를 알지도 못했고 죄와 더불어 관계하지도 않았습니다. 그는 거룩하며, 흠이 없으며, 정결했습니다. 그의 복된 인격과 그의 점 없는 성품을 주의 깊게 검사해 보십시오. 만일 그가 여러분을 위해 여호와 앞에 드려지기에 합당한 제물이라는 결론이 내려지면, 간절히 당부하노니 그를 여러분의 대속물과 속죄제물과 번제물과 희생제물로 취하십시오. 이 자리에 아직 구원받지 못한 사람들이 있을 것입니다. 그 모든 사람들에게 간절히 당부합니다. 지금 당장 주 예수를 여러분의 속죄제물로 취하십시오. 왜냐하면 바로 이것이 죄인이 죄로부터 씻음받고 하나님에 의해 받아들여지기 위해 해야 할 가장 중요하며 본질적인 일이기 때문입니다. 다행스럽게도 여러분은 희생제물을 고를 필요가 없습니다. 구약의 이스라엘 백성들이 그렇게 해야만 했던 것과는 달리 말입니다. 하나님 자신이 완전한 희생제물을 준비하셨습니다. 바로 그 제물을 하나님께 가져가면 됩니다. 먼저 하나님이 그 제물을 여러분에게 데려오셨습니다. 다행스럽게도 여러분은 검사를 반복할 필요가 없습니다. 주 예수는 이미 사람들의 손과 하나님의 손과 마귀들의 손을 통과하셨습니다. 왜냐하면 그는 우리처럼 많은 시험을 당하셨기 때문입니다. 심지어 이 세상의 왕조차도 그 안에서 아무 허물도 발견할 수 없었습니다. 여러분은 이 한 가지 행동을 반드시 해야만 합니다. 여러분을 위해 준비된 희생제물의 머리 위에 안수하는 행동 말입니다. 구약의 유대인들에게, 그것은 죽여야 할 희생제물이었습니다. 반면 여러분에게, 그것은 이미 드려진 희생제물입니다. 그러므로 그 희생제물을 여러분은 여러분 자신의 것으로서 시인하고 받아들여야 합니다. 그것은 어려운 일이 아닙니다. 여러분은 이렇게 노래할 수 있습니다.

> "당신의 아름다운 머리 위에
> 내가 믿음으로 안수하나이다.
> 나의 모든 죄와 허물을
> 당신 앞에 고백하면서."

만일 여러분이 이미 그의 머리 위에 안수했다면, 이 시간 다시 한 번 그렇게 하십시오. 반면 아직 그렇게 하지 않았다면, 간절히 당부하노니 이 시간 그의 머리 위에 손을 얹으십시오.

이 시간 희생제물의 머리 위에 안수하는 것의 의미를 네 가지로 살펴보고자 합니다.

1. 희생제물의 머리 위에 안수하는 것은
첫째로 고백을 의미합니다.

희생제물의 머리 위에 안수하는 자는 자신의 죄를 고백했습니다. 이스라엘 백성들은 어떤 제물을 가져오든 항상 그 안에 함축적으로든 직접적인 표현으로든 죄에 대한 언급이 있어야만 했습니다. 어떤 사람이 "그렇지만 번제물은 달콤한 냄새로 드려지는 제물이 아니었나요? 어떻게 그 안에 죄에 대한 언급이 있을 수 있나요?"라고 묻습니다. 물론 번제물은 달콤한 냄새로 드려지는 제물이었으며, 그것은 우리 주님을 아버지께 받아들여진 자로서 나타냅니다. 그렇지만 나는 여러분에게 묻고 싶습니다. 어째서 이스라엘 백성들은 달콤한 냄새로 드려지는 제물을 드렸습니까? 그것은 그들이 스스로를 하나님께 달콤한 향기가 아니라고 느꼈기 때문이 아닙니까? 만일 그들이 하나님께 달콤한 향기였다면, 그들은 하나님께 또 다른 달콤한 향기를 드릴 필요가 없었을 것입니다. 내가 주 예수를 나의 의(義)로 받아들일 때, 그것은 나의 죄를 고백하는 것입니다. 왜냐하면 내 자신의 의를 붙잡고 있을 때, 나는 그의 의를 필요로 하지 않을 것이기 때문입니다. 희생제물을 드리는 행동 속에는 희생제물의 필요성에 대한 고백이 필연적으로 포함되어 있습니다. 그리고 그것은 개인적인 허물에 대한 고백과 동일한 것입니다. 이것은 번제물뿐만 아니라 다른 희생제물들에 있어서도 마찬가지입니다. 특별히 속건제물에 있어서도 그렇습니다. 속건제물을 드리는 자는 희생제물의 머리 위에 안수할 때 자기가 범과(犯過)한 것을 고백해야 했습니다. 또한 아사셀의 염소의 경우에도 손을 얹는 것과 함께 죄에 대한 세세한 고백이 있었습니다. 레위기 16장 21절을 읽어봅시다. "아론은 그의 두 손으로 살아 있는 염소의 머리에 안수하여 이스라엘 자손의 모든 불의와 그 범한 모든 죄를 아뢰고 그 죄를 염소의 머리에 두어 미리 정한 사람에게 맡겨 광야로 보낼지니."

이와 같이 만일 여러분이 예수 그리스도를 자신의 속죄제물로 받아들인다면, 여러분은 그에게 나아가 여러분의 죄를 고백해야만 합니다. 예수를 만지는 자는 자신의 죄를 의식해야 합니다. 만일 여러분이 죄인이 아니라면, 그는 여러분에게 속하지 않습니다.

  사랑하는 자들이여, 죄를 고백하는 것은 우리에게 있어 결코 무거운 일이 아닙니다. 우리가 어떻게 우리의 죄를 인정하지 않을 수 있습니까? 우리가 어떻게 우리의 죄로 인해 애통하지 않을 수 있습니까? 주여, 우리가 스스로를 정죄하며 여기에 서서 애통하는 마음으로 부르짖나이다. "하나님이여 주의 인자를 따라 나를 불쌍히 여기소서." 당신은 죄를 고백하기를 거부할 것입니까? 당신 자신의 교만한 생각에 따르면, 당신은 죄인이 아닙니다. 그렇다면 하나님은 당신에게 어떤 구주도 준비하지 않으셨을 것입니다. 건강한 자를 위해 의사가 준비되겠습니까? 어째서 의인에게 죄 사함을 위한 초청이 필요하단 말입니까? 어째서 죄 없는 자를 위해 의(義)가 준비될 필요가 있단 말입니까? 당신은 부요하며, 따라서 아무것도 얻지 못합니다. 당신은 빈손으로 보내어집니다. 그러나 주린 자는 좋은 것으로 채워질 것입니다. "나는 정결하여 더럽혀진 적이 없도다"라고 말하는 자여, 당신의 길로 가십시오. 죄를 위한 큰 속죄제물 안에 당신을 위한 분깃은 없습니다. 가장 큰 죄인이라도 자기 죄를 고백하면 긍휼이 있을 것입니다. 그러나 당신을 위해서는 아무것도 없습니다. 당신의 교만이 당신을 긍휼로부터 배제시킵니다. 당신의 교만은 당신에 대하여 소망의 문을 닫습니다. 당신은 문지방 위에 어린 양의 피를 뿌리고 당신의 오만한 발로 그 피를 짓밟습니다. 그리고 그 피의 정결하게 하는 능력을 부인합니다. 아, 자기 의(義)에 도취된 자여! 당신은 하나님을 어리석은 자로 만듭니다. 왜냐하면 하나님은 쓸데없이 자신의 독생자를 죽음에 내주셨기 때문입니다. 당신에 따르면, 도대체 그의 죽음이 무슨 의미가 있단 말입니까? 당신에 따르면, 희생제물의 피는 아무 짝에도 필요 없는 것입니다. 또 하나님의 아들의 속죄 역시 아무 의미 없는 것입니다. 당신은 주 예수 그리스도를 믿기를 거절함으로써 하나님을 어리석은 자로 만들 뿐만 아니라 당신 자신도 결코 그의 성소(聖所) 안으로 들어가지 않습니다. 그러나 우리들 대부분은 이 시간 기꺼이 우리를 위한 희생제물이신 주 예수 그리스도의 머리 위에 안수합니다. 왜냐하면 우리에게는 고백해야 할 죄가 있기 때문입니다. 우리는 죄를 위한 구주가 필요함을 느낍니다. 우리는 아무런 자격도 없습니다. 우리는 감히 달리 말할 수 없습니다. 만일 우리가 죄 없다고 말한다면, 길거리의 돌들이 우리를 향해 소리칠 것입니다. 만일 우리가 범죄하지 않았다고 주장한다면, 우리 집에 있는 모든 기둥들이 우리를 향하여 비난할 것입니다. 우리는 죄인이며,

우리가 서 있는 자리는 죄인의 자리입니다. 우리는 하나님의 거룩한 율법 앞에 스스로 죄인임을 인정합니다. 그러므로 우리는 우리를 위한 희생제물 즉 죄인의 구주의 머리 위에 기쁘게 안수합니다.

　　희생제물의 머리 위에 안수하는 자는 또한 스스로의 무력함(self-impotence)을 고백했습니다. 희생제물을 가져오는 신자는 이를테면 이렇게 말하는 셈이었습니다. "나 스스로는 하나님의 율법을 지킬 수 없으며, 계명을 깨뜨린 것에 대해 속죄할 수 없나이다. 뿐만 아니라 앞으로의 순종을 통해 하나님께 받아들여지게 될 것이라고 바랄 수도 없나이다. 그러므로 이 제물을 가져오나이다. 왜냐하면 이것이 없이는 내가 하나님께 받아들여지게 될 수 없기 때문이나이다." 이것이 여러분과 내가 그리스도의 분깃에 참예하며 사랑하는 자 안에서 받아들여지게 되기 위해 고백해야만 하는 하나님의 진리입니다. 형제들이여, 그리스도 없이 우리가 무엇을 할 수 있겠습니까? 나는 주일학교에서 한 어린이가 한 말이 너무나 맘에 듭니다. 교사가 이렇게 물었습니다. "예수 그리스도가 귀하다는 것이 무엇을 의미하는 것이지?" 모든 아이들이 잠잠히 있는 가운데 한 어린이가 이렇게 대답했습니다. "며칠 전 아빠께서 엄마가 귀하다고 이야기하면서 '엄마 없이 우리가 무엇을 할 수 있겠어?'라고 말씀하셨어요." 바로 이것이 "귀하다"는 단어의 주된 의미입니다. 여러분과 나는 진실로 주 예수 그리스도가 우리에게 귀하다고 말할 수 있습니다. 왜냐하면 그 없이 우리는 아무것도 할 수 없기 때문입니다. 지금 우리는 그 앞에 나아가 그를 우리의 소유로 취합니다. 왜냐하면 만일 그가 우리의 소유가 아니라면, 우리는 아무것도 할 수 없기 때문입니다. 만일 예수가 나를 구원할 수 없다면, 나는 영원히 잃어진 자가 됩니다. 우리 안에는 아무런 공로도 없고, 능력도 없습니다. 그러나 주 예수 그리스도 안에서 우리는 의와 능력을 발견합니다. 그리고 바로 그 이유 때문에 오늘 우리는 그를 영접합니다. 우리는 우리 자신의 무력함을 깊이 인식합니다. 그러므로 우리는 그의 완전한 충족하심(All-Sufficiency)에 전적으로 기댑니다.

　　만일 여러분이 본문을 히브리어 원문으로 읽을 수 있다면, 여러분은 본문이 이렇게 진행되는 것을 발견할 것입니다. "그는 번제물의 머리 위에 안수할지니 그를 위하여 기쁘게 받으심이 되어 그를 위해 덮음이 될 것이라." 여기에 사용된 히브리어 **코페르**(copher)는 "덮음" 혹은 "덮개"를 의미합니다. 왜 우리는 주 예수 뒤에 숨습니까? 그것은 우리가 우리와 의로우신 재판장 사이에서 우리를 덮어줄 어떤 것이 필요함을 느끼기 때문입니다. 만일 이스라엘의 거룩하신 자가 있는 그대로의 우리를 바라보신다면, 그는 크게 진노하실 것입니다. 그러나 그가 그리스도 예수 안에서 우리를 본다면, 그는 그리스도의 의로 인해 크게 기뻐하실 것입니다. 하나님이 이런 방식으로 보실 때, 우리는 휘장 뒤에 숨습니다. 그리고 하나님의 눈은 휘장 즉 그의 사랑하는 아들의 지극히 큰 영광을 바라보십니다. 하나님은 그 덮개로 인해 기뻐하시면서, 그것이 덮고 있는 자들의 흠과 부정한 것들을 기억하지 않으십니다. 하나님은 자기 아들의 희생제물의 휘장에 가려진 영혼을 결코 치지 않으실 것입니다. 하나님은 우리를 받으십니다. 왜냐하면 하나님은 우리의 덮개가 되신 그의 사랑하는 아들을 받으실 수밖에 없기 때문입니다. 스스로 죄인임을 의식할 때, 나는 하나님과 관련하여 그로부터 숨기를 간절히 갈망합니다. 그런데 보십시오. 주 예수가 우리의 방패이며, 은신처이며, 덮개이며, 거룩한 속죄입니다. 그 안에서 우리는 스스로를 공의로부터 숨깁니다. 모든 것을 보는 하나님의 눈조차도 그리스도 뒤에 숨은 죄인 안에서는 아무런 죄도 볼 수 없습니다. 사랑하는 형제들이여, 우리 자신의 무력함을 인식하면서 그리스도 안으로 들어가 그 안에 숨을 수 있는 것은 얼마나 놀라운 축복입니까! 우리가 하나님이 준비해 놓으신 희생제물 안에 숨을 수 있다는 사실은 얼마나 큰 축복입니까! 이것이 두 번째 고백입니다. 이와 같이 우리는 희생제물의 머리 위에 안수함으로써 우리의 죄를 고백하면서 동시에 덮음의 필요성을 고백합니다.

나아가 희생제물의 머리 위에 안수하는 자는 응분의 형벌을 고백했습니다. 어떤 사람이 양이나 염소나 수송아지를 가지고 올 때, 그는 가련한 동물이 죽어야만 하는 사실을 생각하면서 자신이 죽임을 당하기에 마땅한 자임을 인정했습니다. 희생제물은 땅에 쓰러져 버둥거리며, 피를 흘리며, 죽어갔습니다. 제물을 바치는 자는 이것이 바로 자신이 받아야 할 형벌임을 고백했습니다. 그는 이러한 죽음이 자신에게 합당한 것임을 인정했습니다. 하나님의 진노가 당연한 것임을 인정할 때, 하나님이 공의로 판단하며 심판하는 것이 정당함을 인정할 때, 자신이 스스로를 구원할 수 없음을 고백할 때, 도리어 자신이 하나님의 저주를 받기에 합당한 죄를 범했음을 고백할 때, 둘째 죽음의 두려움을 느낄 때, 비로소 그는 하나님이 준비하신 희생제물이 얼마나 고귀한 것인지를 깨닫는 자리에 서게 됩니다. 그럴 때 그는 그리스도에게 힘껏 기대게 될 것입니다. 그리고 예수 위에 떨어진 형벌이 실상은 자기에게 떨어져야 할 것이었음을 상한 마음으로 인정할 것입니다. 그리고 자신이 그 모든 형벌을 감당하도록 부름받지 않은 것으로 인해 크게 놀랄 것입니다. 나의 경우를 이야기해 볼까요? 나는 영원한 저주를 받기에 합당합니다. 그러나 나는 주 예수를 믿습니다. 나는 그가 나를 대신하여 형벌을 받으셨음을 믿습니다. "그가 징계를 받으므로 우리는 평화를 누리고 그가 채찍에 맞으므로 우리는 나음을 받았도다"(사 53:5). 만일 여러분이 이와 같이 죄를 고백할 수 있다면 그리고 형벌을 받기에 합당한 자임을 기꺼이 인정할 수 있다면, 그렇다면 주 예수를 붙잡으십시오. 그러면 여러분은 구원받습니다! 여러분은 마음으로 "나는 죄인입니다. 나는 스스로를 구원할 수 없습니다. 나는 가장 무서운 지옥에 떨어지기에 합당한 자입니다. 그러나 나는 지금 나를 대신하여 형벌을 받으신 예수 그리스도를 붙잡습니다"라고 고백할 수 있습니까? 그렇다면, 안심하십시오. 기뻐하고 즐거워하십시오. "네 믿음이 너를 구원하였으니 평안히 가라"(막 5:34). 성령께서 첫 번째 주제를 축복하시기를 기원합니다.

2. 희생제물의 머리 위에 안수하는 것은 둘째로 받아들임(acceptance)을 의미합니다.

제물을 드리는 자는 희생제물의 머리 위에 자신의 손을 얹음으로써 그 희생제물이 자신을 위한 것임을 받아들임을 나타냈습니다.

여러분은 무엇보다도 하나님의 원리와 계획을 받아들여야 합니다. 너무나 많은 사람들이 우리가 대속물로 말미암아 구원을 받는다는 개념을 배척합니다. 어째서 그들은 그러한 개념을 배척하는 것일까요? 만일 하나님이 어떤 방법으로든 나를 구원하신다면, 나는 그러한 방법에 대해 결코 이의를 제기하지 않을 것입니다. 어째서 하나님이 나를 멸망으로부터 구원하는 방법에 대해 내가 불평을 해야만 한단 말입니까? 하나님이 그러한 방법을 기뻐하시는데, 어째서 내가 그것을 반대해야 한단 말입니까? 더욱이 다른 사람의 공로로 말미암아 구원받는다는 개념과 관련하여, 우리는 우리의 첫 멸망이 우리 자신으로 말미암아 오지 않았다는 사실을 기억할 필요가 있습니다. 지금 나는 나의 개인적인 죄를 변명하려고 하는 것이 아닙니다. 그럼에도 불구하고 내가 멸망을 당한 것이 내가 어떤 실제적인 죄(자범죄)를 짓기 이전이라는 것은 분명한 사실입니다. 내가 멸망을 당한 것은 나의 대표였던 인류의 첫 조상의 불순종으로 말미암은 것이었습니다. 이것이 어떻게 공정할 수 있는지 나는 알지 못합니다. 그러나 나는 그것이 옳음을 확신합니다. 왜냐하면 하나님이 그렇게 계시하셨기 때문입니다. 아담 안에서 우리는 넘어졌습니다. "한 사람이 순종하지 아니함으로 많은 사람이 죄인 된 것 같이"(롬 5:19). 만일 넘어짐(Fall)이 다른 사람의 죄로 말미암아 시작되었다면, 어째서 일어남(rising)이 다른 사람의 의와 속죄로 말미암아 와서는 안 된단 말입니까? 바울 사도가 무엇이라고 말합니까? "한 사람의 범죄를 인하여 많은 사람이 죽었은즉 더욱 하나님의 은혜와 또한 한 사람 예수 그리스도의 은혜로 말미암은 선물은 많은 사람에게 넘쳤느니라"(롬 5:15). 어쨌든 하나님이 어떤 구원 방법을 합당하게 여기셨다면, 그에 대해 이의를 제기하는 것은 여러분과 나의 몫이 아닙니다. 가장 잘 아시는 분은 하나님입니다. 그러므로 우리는 그가 기뻐하신 것을 즐겁게 받아들여야 합니다. 부디 우리 가운데 아무도, 너무도 단순하며 확실하며 유용한 은혜의 방법에 대해 왈가왈부하지 않기를 바랍니다.

그러나 기억하십시오. 여러분은 하나님의 원리와 계획과 방법을 받아들이는 것으로 멈추어서는 안 됩니다. 여러분은 계속해서 하나님이 예비하신 거룩한 자를 받아들이는 데로 나아가야만 합니다. 만일 어떤 사람이 제단 앞에 서서 "선하신 하나님이여, 나는 번제든 속죄제든 당신이 기뻐하신 희생제사의 방법을 받아들이며 그에 동의하나이다"라고 말하며 그대로 서 있는다면, 그것은 얼마나 어리석은 일이겠습니까! 그는 그대로 멈추어 있어서는 안 됩니다. 그는 그 이상을 행해야만 합니다. 그는 자신의 희생제물로서 수송아지를 받아들이고, 그 증표로서 그 머리 위에 손을 얹어야 합니다. 여러분에게 간절히 당부하고 싶습니다. 하나님의 구원계획을 이해하며 인정하는 것으로 만족하지 마십시오. 어떤 젊은이를 회심시키고자 간절히 바랐던 사람이 있었습니다. 어떤 사람이 그에게 이렇게 말했습니다. "당신은 그에게 가서 말할 수 있을는지 모르지만 결코 그를 회심시킬 수는 없을 거예요. 왜냐하면 그는 하나님의 구원계획에 대해 너무나도 잘 알고 있기 때문이에요." 어쨌든 그 젊은이를 찾아가 이야기하기 시작했을 때, 그는 다음과 같은 대답을 들었습니다. "이렇게 찾아와 주어서 고맙기는 하지만 그러나 나에게 많은 이야기를 할 필요는 없습니다. 왜냐하면 나는 예수 그리스도의 대속의 희생제사로 말미암은 하나님의 구원계획에 대해 너무나 잘 알고 있으며 또 그것이 참으로 훌륭한 계획이라고 오랫동안 생각해 왔기 때문입니다." 이 얼마나 안타까운 일입니까! 그는 하나님의 구원계획에 대해 너무나 잘 알고 있었습니다. 그러나 '그러한 계획 속에서 예비하신 자'는 결코 믿지 않았습니다. 하나님의 구원계획은 가장 복된 것입니다. 그러나 만일 우리가 믿지 않는다면, 우리에게 그것은 아무 유익도 가져다줄 수 없습니다. 여러분이 집에 대한 계획을 가지고 있다고 상상해 보십시오. 그러나 만일 그 집에 들어가지 않는다면, 그 계획이 무슨 의미가 있겠습니까? 만일 여러분이 여러분을 덮을 천을 가지고 있지 않다면, 옷을 지을 계획이 무슨 유익이 있겠습니까?

　여러분은 아라비아의 한 족장에 대한 이야기를 들었을 것입니다. 그는 큰 병에 걸려 의료선교사를 찾아 갔습니다. 선교사는 그를 진찰하고 그에게 처방전을 써 주었습니다. 일 주일 후 선교사는 그가 전혀 나아지지 않은 것을 발견했습니다. 선교사는 "당신은 나의 처방전을 받지 못했습니까?"라고 물었습니다. 그러자 족장은 이렇게 대답했습니다. "아니요, 받았습니다. 나는 그 종이를 모두 먹었습니다." 얼마나 우스운 이야기입니까! 처방전이 무엇입니까? 치료계획서가 아닙니까? 그는 치료계획서로 말미암아 치료될 것이라고 생각했던 것입니다. 그는 처방전을 가지고 약사에게 갔어야 했습니다. 그리고 그 계획서에 따라 조제된 약을 받아들였어야 했습니다. 그랬다면 그가 받아들인 약이 그 안에서 특별한 약리작용을 일으켜 그의 질병을 치료했을 것입니다. 구원이 바로 이와 같습니다. 구원을 일으키는 것은 계획이 아닙니다. 그 계획이 주 예수로 말미암아 실행되어야 합니다. 그가 우리를 대신하여 죽으심으로써 말입니다. 제물을 드리는 자는 문자 그대로 수송아지의 머리 위에 자신의 손을 얹어야 합니다. 그는 거기에서 손으로 접촉하며 만질 수 있는 실제적인 것을 발견했습니다. 이와 같이 우리는 예수 그리스도의 실제적이며 참된 사역 위에 기댑니다. 그것은 하늘 아래 가장 실제적인 것입니다. 형제들이여, 우리는 믿음으로 주 예수께 나아와 이렇게 말합니다. "하나님이 여기에 속죄를 예비하셨으며 나는 그것을 받아들이노라. 나는 그것이 십자가 위에서 이루어진 사실임을 믿노라. 나의 죄가 그리스도로 말미암아 제거되었으며 그러므로 나는 그를 믿노라." 그렇습니다. 여러분은 하나님의 계획과 교리를 받아들이는 것 이상으로 나아가야 합니다. 여러분은 주 예수 그리스도의 인격과 그의 완성하신 사역 안으로 들어가 스스로를 온전히 그에게 던지며 그 안에서 쉬어야 합니다.

3. 희생제물의 머리 위에 안수하는 것은 셋째로 전가(轉嫁)를 의미합니다.

　제물을 드리는 자는 자신의 죄를 고백하고 그 동물이 자신의 희생제물로 드려짐을 받아들일 뿐만 아니라 또한 자신의 죄가 하나님의 정하신 바에 따라 자신으로부터 희생제물로 옮겨지는 것을 마음으로 깨닫습니다. 물론 이것은 성막에서 단지 모형과 상징으로 이루어지는 것이었습니다. 그러나 우리의 경우, 주 예수 그리스도가 문자적인 사실로서 그의 백성들의 죄를 짊어지셨습니다. "우리는 다 양 같아서 그릇 행하여 각기 제 길로 갔거늘 여호와께서는 우리 모두의 죄악을 그에게 담당시키셨도다"(사 53:6). "그가 친히 나무에 달려 그 몸으로 우리 죄를 담당하셨으니"(벧전 2:24). "이와 같이 그리스도도 많은 사람의 죄를 담당하시려고 단번에 드리신 바 되셨고"(히 9:28).

　그러나 우리가 믿음으로 우리의 죄를 우리 자신으로부터 그리스도께로 옮깁니까? 나는 아니라고 대답합니다. 어떤 의미에서, 그것은 아닙니다. 다만 그리스도를 자신의 구주로 영접하는 자는 믿음으로 주님이 오래 전에 행하신 일을 승낙하는 것입니다. 왜냐하면 우리는 이사야 선지자의 책에서 "여호와께서는 우리 모두의 죄악을 그에게 담당시키셨도다"라는 말씀을 읽기 때문입니다(53:6). 그것은 오래 전에 여호와 자신이 행하신 일입니다. 그것은 예수께서 우리의 죄를 담당하시고 우리를 율법의 저주로부터 구속하셨을 때 완성되었습니다. 그가 우리를 위해 저주가 되심으로써 말입니다. 그가 자신의 영혼을 사망에 쏟으시고 "많은 사람의 죄를 지고 범죄자 중 하나로 헤아림을" 받았을 때, 그의 백성들의 모든 죄가 그 위에 올려졌습니다(사 53:12). 그리고 그 때 거기에서, 그는 그의 모든 백성들의 죄를 속량하셨습니다. 왜냐하면 그로 말미암아 "허물이 그치며 죄가 끝나며 죄악이 용서되며 영원한 의가 드러났기" 때문입니다(단 9:24). 그는 자신의 죽음으로 말미암아 자기 위에 올려진 죄의 모든 무거운 짐을 깊은 바다 속에 던져 버리셨습니다. 그를 믿을 때, 우리는 그가 행한 일을 승낙하며 받아들입니다. 그러므로 우리는 이렇게 노래할 수 있습니다.

> "흠 없는 하나님의 어린 양 예수에게
> 　나의 모든 죄가 옮겨졌도다.
> 　그가 그 모든 죄를 담당하시고
> 　그 무거운 짐으로부터 나를 자유롭게 하셨도다."

　　오늘날 우리 가운데 두 가지 종류의 종교가 있습니다. 그런데 둘은 특별히 그 시제(時制)에 있어 근본적으로 다릅니다. 대부분의 종교는 우리에게 현재형으로 "행하라"(do)라고 말합니다. 그러나 참된 기독교는 과거형으로 "이루어졌다"(done)라고 말합니다. "다 이루었다"가 신자들의 승리의 외침입니다. 그리스도께서 속죄를 이루셨습니다. 그리고 우리는 그것을 이루어진 것으로서 받아들입니다. 그러한 측면에서, 우리는 우리의 죄를 하나님의 어린 양이신 예수에게 전가합니다. 왜냐하면 우리는 옛 언약의 확증으로서 그 위대한 계약에 겸손하게 도장을 찍었기 때문입니다.

　　희생제물의 머리 위에 안수하는 것은 이와 같이 죄가 전가됨과 함께, 그렇게 하여 드려지는 희생제물의 효과를 신뢰하는 것을 의미했습니다. 믿는 유대인은 이를테면 이렇게 말하는 셈이었습니다. "이 수송아지는 나에게 하나님이 준비하신 희생제물을 나타내나이다. 내가 그것을 기뻐하는 것은 그것이 죄를 제거하는 희생제물의 상징이기 때문이나이다." 형제들이여, 유행을 따라 예수를 믿는 사람들이 얼마나 많습니까? 그러나 자신의 죄가 실제적으로 사해지는 것을 믿지 않는다면, 그것은 실제로 믿는 것이 아닙니다. 그들은 자신들이 언젠가 사함받을 수 있기를 바랍니다. 그러나 그들은 주 예수가 이미 그의 죽음으로 말미암아 그들의 죄를 제거했음을 믿지 않습니다. 어떤 사람이 "나는 큰 죄인이에요. 그러므로 나는 구원받을 수 없어요"라고 말합니다. 아, 가련한 자여! 그리스도가 죄인이 아닌 자들을 위해 죽으셨단 말입니까? 죄인이 아니라면 도대체 누구를 위해 구주가 필요하단 말입니까? 예수 그리스도가 실제적으로 죄를 짊어지지 않았습니까? 만일 그가 우리의 죄를 짊어졌다면, 우리의 죄는 끝난 것입니다. 만일 그가 우리의 죄를 짊어지지 않았다면, 우리의 죄는 결코 사라지지 않을 것입니다. 성경이 무엇이라고 말합니까? "하나님이 죄를 알지도 못하신 이를 우리를 대신하여 죄로 삼으신 것은 우리로 하여금 그 안에서 하나님의 의가 되게 하려 하심이라"(고후 5:21). 만일 그리스도가 죄인의 죄를 짊어지셨다면, 믿는 죄인에게 죄는 더 이상 남아 있지 않습니다. 사랑하는 형제들이여, 만일 여러분이 신자라면 그리고 예수 그리스도가 그 죄를 제거했다면, 여러분은 더 이상 죄를 가지고 있을 수 없습니다. 여러분은 하나님 보시기에 정결하게 되었습니다. 왜냐하면 여러분의 더러운 것들이 우리의 위대한 희생제물의 피로 씻겨졌기 때문입니다. 여러분은 이러한 구원의 방법을 볼 수 없습니까? 만일 보인다면, 지금 그것을 받아들이지 않을 것입니까? 이러한 놀라운 방법으로 인해 여러분의 영혼 안에 기쁨이 솟아오르는 것이 느껴지지 않습니까? 나 역시도 죄인의 자리에 서 있습니다. 나 자신의 행한 것으로는 나에게 아무런 소망도 없습니다. 그러나 나는 주 예수 그리스도가 십자가 위에서 자신의 몸으로 나의 죄를 짊어지셨음을 믿습니다. 이 시간 나는 그 위에 나의 손을 얹습니다. 그리고 나의 모든 체중을 얹어 그에게 온전히 기댑니다. 만일 그가 나를 구원할 수 없다면, 나는 분명 저주를 받을 것입니다. 만일 예수의 피 속에 나를 모든 죄로부터 정결하게 할 수 있는 충분한 효능이 없다면, 나는 필경 나의 죄 가운데 죽을 것입니다. 그리고 만일 그의 의(義) 가운데 나를 구원하기에 충분한 공로가 없다면, 나는 불가불 버려진 자가 될 것이며, 절망의 바다에서 파선당한 영혼이 될 것입니다. 그러나 나는 두려워하지 않습니다. 왜냐하면 나는 내가 의뢰하며 확신한 자를 알기 때문입니다. 그는 내가 의뢰한 것을 그날까지 능히 지키실 것입니다. 사랑하는 하나님의 백성들이여, 간절히 당부하노니 예수께 기대십시오. 아직 예수를 알지 못하는 자들이여, 여러분이 믿음으로 그에게 손을 얹고 온전한 신뢰로 그에게 기댈 수만 있다면 얼마나 좋겠습니까! 육체가 고통 가운데 있거나 영혼이 큰 눌림 가운데 있을 때 혹은 죽음이 가까이 다가올 때, 여러분은 어디에 기대야 할지 둘러보게 될 것입니다. 내 말을 믿으십시오. 예수 그리스도의 보혈의 터 외에 여러분이 기댈 수 있는 다른 터는 없습니다. 죄로 얼룩진 여러분의 양심의 무게를 지탱할 수 있는 다른 터가 무엇이겠습니까? 오직 예수 그리스도의 보혈만이 우리를 모든 죄로부터 씻습니다. 예수는 속죄이며, 덮개이며, 피난처입니다. 실제로 그는 우리에게 '모든 것 안에 모든 것'(All in All)입니다.

4. 희생제물의 머리 위에 안수하는 것은 넷째로 동일시(同一視)를 의미합니다.

수송아지의 머리 위에 안수하는 예배자는 이를테면 이렇게 말하는 셈이었습니다. "하나님이여, 나를 이 황소와 동일시하며 이 황소를 나와 동일시하여 주소서. 나의 죄가 황소에게 전가되었나이다. 부디 나로 하여금 이 희생제물 안에서 징벌을 당하게 하소서." 자, 희생제물에게 어떤 일이 일어났는지 생각해 보십시오. 칼이 뽑히고, 희생제물이 죽임을 당했습니다. 희생제물은 묶임을 당했을 뿐만 아니라 죽임을 당했습니다. 제물을 드리는 자는 그 자리에 서서 이렇게 말했습니다. "저것이 바로 나로다! 저것이 바로 나에게 떨어질 운명이로다!" 가련한 동물은 죽음의 괴로움으로 버둥거렸습니다. 만일 예배자가 올바른 마음을 가진 자였다면 그리고 단순한 형식주의자가 아니었다면, 그는 그 자리에서 눈물을 흘리며 찢어지는 마음을 느꼈을 것입니다. 그는 마음으로 '저 죽음은 나의 죽음이로다!'라고 느꼈을 것입니다. 여러분에게 간절히 당부합니다. 부디 주님을 생각할 때, 여러분 자신을 그분과 동일시하십시오. 그의 얼굴에서 뚝뚝 떨어졌던 피로 얼룩진 땀을 보십시오. 그것은 여러분을 위한 것입니다. 그는 여러분을 위해 신음하며, 여러분을 위해 부르짖습니다. 피로 얼룩진 땀을 흘려야 마땅한 것은 다름 아닌 여러분 자신입니다. 여러분의 죄로 말미암아 말입니다. 그러나 예수께서 여러분을 대신하여 땀을 흘렸습니다. 또 주님은 죄인으로서 채찍질을 당하셨습니다. 그의 등으로부터 흘러나오는 피를 보십시오. 우리의 평화를 위해 그가 징벌을 당합니다. 그가 십자가에 못 박히며, 우리는 그와 함께 못 박힙니다. 마침내 그는 죽습니다. 그리고 우리는 그 안에서 죽습니다. "우리가 생각하건대 한 사람이 모든 사람을 대신하여 죽었은즉 모든 사람이 죽은 것이라"(고후 5:14). 신자여, 당신은 그리스도 안에서 죽었습니다. 당신의 대속물이 하나님의 율법이 요구하는 형벌을 받았을 때, 실제로 당신이 그것을 받은 것입니다. "범죄하는 그 영혼은 죽을지라"(겔 18:20). 신자여, 당신은 죽었습니다! 당신은 주 예수 그리스도의 인격 안에서 빚을 갚았습니다. 당신은 그에게 안수함으로써 그를 당신의 대속물로 받아들였습니다. 당신은 그 이야기를 압니다. 그것은 천 번을 듣고 또 들어도 결코 지나치지 않는 중요한 이야기입니다.

    프랑스에서 있었던 일입니다. 어떤 사람이 병사로 징집되었습니다. 그러나 그는 가족을 떠날 수 없었기 때문에 다른 사람에게 큰 금액을 지불하고 그로 하여금 자기를 대신하여 군대에 가도록 했습니다. 그는 일종의 대속물이었습니다. 그 대속물은 전쟁에 나갔고 결국 전쟁터에서 죽음을 당했습니다. 얼마 후 나폴레옹이 지난번에 징집되지 않은 나머지 사람들을 병사로 징집했습니다. 그리하여 그 사람도 징집을 받았습니다. 왜냐하면 지난번 징집에서 빠졌기 때문입니다. 그러나 그는 징집을 거부했습니다. 그는 이렇게 말했습니다. "나는 징집에 응할 수 없습니다. 왜냐하면 나의 대속물로 말미암아 이미 병사로서 복무했기 때문입니다. 나는 죽었으며 장사되었습니다. 그러므로 나는 또다시 복무할 필요가 없습니다." 이 문제는 최고 법정까지 올라갔으며, 마침내 나폴레옹 자신 앞에 놓았습니다. 그리고 나폴레옹은 그의 징집 면제 주장이 정당하다고 판결했습니다. 그는 대속물로 말미암아 군 복무를 성취한 것이며, 따라서 또다시 징집에 응할 필요가 없었습니다. 이 사건은 우리에게 많은 것을 가르쳐 줍니다. 우리는 그리스도와 동일시됩니다. 우리는 그와 함께 십자가에 못 박힙니다. 우리는 그와 함께 장사됩니다. 우리는 그 안에서 새 생명으로 다시 일어납니다. "내가 그리스도와 함께 십자가에 못 박혔나니 그런즉 이제는 내가 사는 것이 아니요 오직 내 안에 그리스도께서 사시는 것이라"(갈 2:20). "이는 너희가 죽었고 너희 생명이 그리스도와 함께 하나님 안에 감추어졌음이라"(골 3:3).

그리스도가 속죄제물로서 하나님의 진노 아래 지나가셨을 때 우리가 그와 동일시되었다는 사실을 기억하십시오. 만일 여러분이 성경을 읽는다면, 여러분은 속죄제물이 부정한 물건으로서 진(陣) 밖에서 불태워진 것을 발견할 것입니다. 이와 같이 여러분과 나는 부정한 물건으로서 오래 전에 진 밖에 놓였으며 거기에서 불태워졌습니다. 그러므로 이제 더 이상 우리는 하나님과 단절된 채 진 밖에 있지 않습니다. 이제 우리는 더 이상 하나님과 멀리 떨어져 있지 않습니다.

번제물은 하나님께 올려지는 달콤한 냄새로서 제단 위에서 불태워졌습니다. 그리고 여기에서도 역시 우리는 그리스도와 동일시됩니다. 지금 우리는 우리 주 예수 그리스도 안에서 하나님께 올려지는 달콤한 향기입니다. 우리는 사랑하는 자 안에서 받아들여집니다. 우리는 그에게 연합됩니다. 그 무엇도 우리를 그의 사랑으로부터 끊어내지 못합니다. 누가 우리를 그리스도로부터 영원히 끊을 것입니까? 바로 이것이 희생제물의 머리 위에 안수하는 것의 의미입니다. 사랑하는 친구들이여, 여러분은 오래 전부터 이 모든 것을 알았을 것입니다. 만일 그렇지 않다면, 부디 이 시간 그것을 알게 되기를 바랍니다.

오늘 본문의 두 번째 부분은 다음 주일 아침에 다룰 것입니다. 오늘은 다만 첫 번째 부분만을 다루는 것으로 만족할 것입니다. 부디 성령께서 오늘의 주제를 여러분의 마음속에 깊이 새기시기를 기원합니다. 나는 이 시간 여러분 모두가 앞으로 나오기를 간절히 바랍니다. 그리고 고백과 받아들임과 전가와 동일시로 여러분의 손을 그리스도의 머리 위에 얹기를 간절히 바랍니다. 만일 여러분이 그렇게 한다면, 그것은 여러분에게 구원을 주기에 충분할 것입니다.

성막에 올라가 제단 앞에 서서 제물의 머리 위에 자신의 손을 얹음은 없이 단지 희생제사에 대해 이야기하는 것으로만 만족하는 어떤 유대인을 상상해 보십시오. 물론 희생제사에 대해 이야기하는 것은 매우 합당한 일입니다. 그러나 대속물을 준비하고, 피를 흘리며, 희생제물의 죽음으로 죄인이 깨끗함을 받는 등의 단순히 희생제사의 개념에 대해 이야기하는 것만으로 도대체 무슨 의미가 있겠습니까? 물론 그것은 매우 즐거운 주제입니다. 그렇지만 단지 그것으로부터 무슨 결과가 나올 수 있단 말입니까? 그는 희생제물과 연합함이 없이 단지 그에 대해 이야기하고 또 이야기하다가 집에 돌아옵니다. 그의 양심은 아무런 평안도 얻지 못했으며, 사실상 그는 주의 전에 가서 아무것도 하지 않고 돌아온 것입니다. 우리 가운데 많은 사람들이 오랫동안 이렇게 해오지 않았습니까? 여러분은 복음을 들으며 즐거워합니다. 여러분은 대속의 교리를 기뻐합니다. 여러분은 오늘날 유행하는 거짓된 교리가 아니라 참된 교리를 압니다. 이 모든 것으로 인해 나는 크게 기뻐합니다. 그러나 만일 여러분이 그리스도를 여러분 자신의 구주로 받아들이지 않는다면, 여러분은 결코 구원을 받지 못합니다. 여러분은 다음과 같이 말하는 사람과 같습니다. "우리는 배가 고픕니다. 우리는 빵이 사람에게 매우 유용한 음식임을 인정합니다. 뿐만 아니라 우리는 어떤 음식이 뼈를 만들며 어떤 음식이 근육을 만들며 어떤 음식이 살을 만드는지 압니다." 그들은 다양한 종류의 음식에 대해 하루 종일 계속해서 이야기합니다. 그렇다고 해서 그들의 허기가 채워집니까? 그들의 배고픔이 사라집니까? 결코 그렇지 않습니다. 도리어 더 많이 이야기할수록, 그들은 더 배고파질 것입니다. 여러분은 오랫동안 하늘의 떡에 대해 이야기하기만 하지 않았습니까? 그런 가운데 더 배가 고파진 상태에 있지 않습니까? 이제 그리스도에 대해 말하는 것을 넘어서십시오. 이제 그리스도로 채워지는 법을 배우십시오. 이제 이야기하는 것은 그칩시다. 그리고 믿음을 실행하는 데로 나아갑시다. 복음 안에서 여러분 앞에 제시된 예수를 붙잡으십시오. 그렇지 않으면, 여러분은 풍족함 가운데 굶주려 죽을 것입니다. 여러분 앞에 긍휼이 있음에도 불구하고 여러분은 죄 사함을 받지 못한 채 죽을 것입니다.

또 친구와 이야기하는 대신 제사장과 상의하는 것이 더 낫겠다고 생각하는 어떤 이스라엘 백성을 상상해 보십시오. "제사장님, 잠시만 시간을 내주실 수 있겠습니까? 저와 함께 대화하며 기도할 수 있는 작은 방이 있습니까?" 제사장이 대답합니다. "물론이지요, 무슨 문제가 있습니까?" 그가 말합니다. "나의 죄가 나를 무겁게 짓누르고 있습니다." 제사장이 대답합니다. "당신이 알다시피 죄 때문이라면 희생제사를 드리면 됩니다. 속죄제물을 드리십시오. 그러면 하나님이 받으실 것입니다." 그가 말합니다. "제사장님, 부디 그에 대해 나에게 좀 더 충분하게 설명해 주시겠습니까?" 제사장이 대답합니다. "물론 얼마든지 설명해드릴 수 있지요. 희생제물을 가져오십시오. 그리고 그 머리 위에 손을 얹고 당신의 죄를 고백하십시오. 그러면 당신의 죄가 속죄될 것입니다. 속죄제는 하나님이 제정하신 것입니다. 그러므로 하나님이 그것을 받으실 것입니다. 그의 규례를 행하십시오. 그러면 살 것입니다. 다른 방법은 없습니다. 당신의 제물을 가져오십시오. 내가 당신을 위해 그 제물을 잡을 것입니다. 그리고 그것을 제단에 올려놓고 하나님께 봉헌할 것입니다." 이제 당신은 어떻게 할 것입니까? 제사장에게 "내일 다시 찾겠으니 나에게 좀 더 많은 이야기를 해 주십시오"라고 말할 것입니까? 당신은 계속해서 "내일! 내일!"만을 외칠 것입니까? 계속해서 제사장에게 묻기만 할 것입니까? 아, 가련한 자여! 결국 당신에게 이루어질 일이 무엇입니까? 당신은 당신의 죄 가운데 멸망을 당할 것입니다. 제사장이나 목회자와 이야기한다고 해서 구원이 이루어지지 않습니다. 당신의 구원은 당신의 손을 위대한 희생제물의 머리 위에 얹는 것을 통해 이루어질 뿐입니다. 만일 당신이 그리스도를 소유한다면, 당신은 구원받을 것입니다. 그러나 만일 당신이 그리스도를 소유하지 않는다면, 당신은 필경 멸망을 당할 것입니다. 아무리 많은 대화와 이야기와 면담을 나눈다 하더라도, 그것은 당신을 털끝만큼도 도울 수 없습니다. 만일 당신이 구주를 배척한다면 말입니다. 이 시간 나에게도 말할 필요 없고, 어느 누구와도 이야기할 필요 없습니다. 오직 예수를 믿으십시오. 당신의 메마른 손을 뻗으십시오. 그리고 그 손을 그리스도의 머리 위에 얹으십시오. 그리고 이렇게 말하십시오. "나는 그의 보혈의 공로를 믿습니다. 나는 세상 죄를 지고 가신 하나님의 어린 양을 바라봅니다." 사랑하는 형제여, 당신은 구원받았습니다. 그것은 지금 당신이 살아 있는 사실만큼이나 확실한 사실입니다. 왜냐하면 우리의 위대한 희생제물이신 주 예수 그리스도의 머리 위에 믿음으로 손을 얹는 자는 그로 말미암아 구원을 받기 때문입니다.

자신의 제물 곁에 서서 탄식하며 우는 또 한 사람의 이스라엘 백성을 상상해 보십시오. 탄식하며 우는 것은 좋은 일입니다. 아마도 자신의 죄를 진지하게 고백하고 있기 때문일 것입니다. 그런데 어째서 그는 희생제물의 머리 위에 그의 손을 얹지 않습니까? 그는 스스로 죄인임을 느끼며 탄식하며 웁니다. 그러나 그

는 제물의 머리에 안수하지 않습니다. 희생제물이 준비되었습니다. 그렇지만 그
것이 그에게 어떤 효과를 가지려면, 그가 그 머리 위에 그의 손을 얹어야만 합니
다. 그러나 그는 이토록 중요한 일을 대수롭지 않게 여기며 심지어 그렇게 하기
를 거부하기까지 합니다. 그는 말합니다. "아, 나는 큰 고통 가운데 있습니다. 나
는 깊은 슬픔과 고뇌 가운데 있습니다." 그는 자신의 괴로움을 설명하기 시작합
니다. 여러분은 그의 괴로움이 무엇인지 듣습니다. 그러나 그는 계속해서 신음
하며 탄식하며 새로운 괴로움을 끊임없이 만들어 냅니다. 끝없이 계속해서 말입
니다. 희생제물이 죽임을 당했지만, 그러나 그는 그 안에서 아무런 분깃도 갖지
못합니다. 왜냐하면 그 위에 그의 손을 얹지 않았기 때문입니다. 그리고 그는 자
신의 무거운 짐을 그대로 짊어지고 돌아갑니다. 희생제물의 피가 그가 서 있었
던 자리를 붉게 물들였음에도 불구하고 말입니다. 여러분 가운데에도 이런 사람
들이 있지 않습니까? 여러분은 여러분의 죄로 인해 열심히 애통해합니다. 정말
로 애통해해야 할 것은 하나님의 아들을 믿지 않는 것임에도 불구하고 말입니
다. 만일 여러분이 예수를 바라보았다면, 여러분의 애통과 소망 없는 슬픔은 오
래 전에 그쳤을 것입니다. 왜냐하면 그는 애통하는 자에게 죄 사함을 주시기 때
문입니다. 여러분의 눈물은 여러분의 죄를 제거할 수 없습니다. 강처럼 흘러내
리는 눈물조차도 죄의 더러운 것을 씻어내지 못합니다. 오직 희생제물의 머리
위에 여러분의 믿음의 손을 얹어야만 합니다. 왜냐하면 죄인을 위한 소망은 오
직 거기에만 있기 때문입니다.

　　어떤 사람이 말합니다. "그렇지만 그것이 전부는 아니지 않나요?" 나는 그것
이 전부라고 분명하게 말합니다.

　　　"영원히 흐르는 눈물조차도
　　　멈출 줄 모르는 뜨거운 열심조차도
　　　결코 당신의 죄를 속할 수 없도다.
　　　오직 그리스도만이 구원할 수 있도다."

　　예수 그리스도는 오직 자신을 영접하고 자신과 동일시되기를 바라는 자들
만을 구원하실 것입니다. 여러분에게 간절히 당부합니다. 더 이상 머뭇거리지
마십시오. 지금 당장 나오십시오. 그리고 하나님이 예비하신 것을 값없이 받으

십시오. 마귀는 여러분을 이것저것을 보도록 유혹할 것입니다. 그러나 간절히 당부하노니 지금 여러분 앞에 있는 희생제물 외에는 아무것도 보지 마십시오. 여러분의 모든 체중을 실어 예수에게 기대십시오.

이스라엘 백성들은 희생제물이 아직 죽임을 당하기 전에 그의 머리 위에 안수해야만 했습니다. 희생제물은 예배자의 손이 얹혀진 이후에야 비로소 죽임을 당했습니다. 이것은 우리에게 당시에는 아직 메시야가 오지 않았음을 일깨워 줍니다. 그러나 사랑하는 자들이여, 여러분은 오서서, 사시고, 죽으시고, 구원의 일을 마치시고, 영광 가운데 들어가시고, 항상 살아 계셔서 범죄자들을 위해 기도하시는 그리스도를 믿어야 합니다. 여러분은 그를 믿을 것입니까? 아니면 믿지 않을 것입니까? 나는 여기에서 긴 말을 하지 않겠습니다. 나는 핵심으로 들어가야만 합니다.

존 번연이 어느 주일 날 자치기 놀이를 하고 있었을 때의 일입니다. 막대기로 자를 치려고 하는 순간, 그에게 다음과 같이 말하는 음성이 들리는 듯 했습니다. "너는 네 죄를 버리고 천국으로 갈 것인가, 아니면 네 죄를 가지고 지옥으로 갈 것인가?" 오늘 아침 여러분의 귀에 "너는 그리스도를 믿고 천국으로 갈 것인가, 아니면 그와 떨어져 있다가 지옥으로 갈 것인가?"라는 음성이 들리는 듯하지 않습니까? 만일 예수가 여러분의 중보자와 여러분의 속죄제물이 되지 않는다면, 여러분은 지옥으로 가야만 합니다. 여러분은 예수를 믿을 것입니까, 아니면 배척할 것입니까? 나의 귀에 여러분이 "그렇지만"이라고 말하는 소리가 들립니다. 아, 내가 여러분으로부터 "그렇지만"이라는 말을 듣지 않을 수만 있다면 얼마나 좋겠습니까! 여러분은 그리스도를 믿을 것입니까, 믿지 않을 것입니까? "아, 그렇지만!" 아, 제발 "그렇지만"이라는 말은 연옥에다가나 던져 버리십시오. 그 말이 여러분을 멸망으로 이끌까 두렵습니다. 여러분은 그리스도를 믿을 것입니까, 믿지 않을 것입니까? 만일 여러분의 대답이 "나는 전심으로 그를 믿습니다"라면, 여러분은 구원을 받았습니다. 나는 여러분이 구원을 받을 것이라고 말하지 않고 구원을 받았다고 말합니다. "내가 진실로 진실로 너희에게 이르노니 내 말을 듣고 또 나 보내신 이를 믿는 자는 영생을 얻었고 심판에 이르지 아니하나니 사망에서 생명으로 옮겼느니라"(요 5:24).

여러분은 힐(Hill) 목사가 어젯밤 기도회에서 이 구절을 상세히 설명한 것을 기억할 것입니다. 그를 믿는 자는 영생을 가지고 있습니다. 그를 믿는 자는 영생을 얻은 것입니다. 만일 여러분이 주 예수 그리스도를 믿는다면, 여러분은 영생을 현재적으로 소유합니다. 이제 마음 놓고 여러분의 길을 가십시오. 그리고 전심으로 기뻐하며 노래하십시오. 왜냐하면 주님이 여러분을 사랑하셨기 때문입니다. 계속해서 찬미하며 노래하십시오. 하늘의 영원한 합창단과 함께 노래하게 될 때까지 말입니다. 주께서 예수 그리스도로 인해 오늘의 설교를 듣는 모든 사람들을 구원하시기를 기원합니다. 아멘.

제
2
장

—

희생제물을 잡음

—

"그는 여호와 앞에서 그 수송아지를 잡을 것이요."— 레 1:5

지난 주일 나는 여러분에게 참된 희생제사에 두 가지 본질적인 요소가 있음을 언급했습니다. 그 가운데 첫 번째 것을 지난 주일에 살펴보았는데, 그것은 제물을 드리는 자가 희생제물의 머리 위에 안수하는 것이었습니다. 그와 같은 안수를 통해, 그는 그것을 자신의 희생제물로 받아들이면서 자신의 죄를 그 제물에게로 전가(轉嫁)시켰습니다. 오늘 아침 계속해서 우리는 희생제사에 있어서의 두 번째 본질적인 요소를 살펴볼 것입니다. 그것은 그 희생제물이 제물을 드리는 자의 죄를 짊어진 채 죽임을 당하여 그 피가 여호와 앞에 뿌려져야만 한다는 것입니다. 그렇게 함으로써 그 희생제물은 제물을 드리는 자를 위한 속죄가 될 수 있었습니다 — "그는 여호와 앞에서 그 수송아지를 잡을 것이요." 여러분은 희생제사가 언급될 때마다 이러한 순서가 계속해서 반복되는 것을 발견할 것입니다.

지난 주에도 말했지만, 나는 복음의 본질적인 요소들을 이야기하는 것에 큰 기쁨과 만족을 느낍니다. 로마의 칼리굴라 황제를 기억합니까? 그에게는 많은 병사들과 거대한 선단(船團)이 있었습니다. 로마제국의 병사들이 대규모 해양 원정을 통해 새롭게 정복할 땅을 찾았을 때, 그는 배들을 해안 가까이 정박시킨 채 병사들에게 해변에 상륙하여 조개껍데기와 조약돌들을 주워오라고 명령했습니다. 그리고 그것을 승리의 전리품으로 고국으로 가지고 돌아왔습니다. 그는 용맹하게 싸워야 할 곳에서 하찮은 일로 빈둥거렸습니다. 그는 중요하지 않은 일에 시간과 수고를 허비하면서, 정작 제국을 위해 중요한 일은 소홀히 했습니다. 우리는 결코 그래서는 안 됩니다. 우리는 조개껍데기와 조약돌을 줍는 일로 시간을 허비해서는 안 됩니다. 우리는 황금이나 진주보다 더 중요하고 값진 일에 집중해야 합니다. 우리는 사람들의 영혼을 구원하며 그들을 영생으로 이끎에 있어 가장 중요하며 본질적인 일들에 초점을 맞추어야 합니다.

　　오늘 아침 나는 여러분 앞에 논쟁을 위한 주제를 제시하지 않을 것입니다. 물론 때로 논쟁이 필요한 경우도 있을 것입니다. 그러나 우리는 논쟁적인 주제들보다도 기독교회에서 당연한 것으로 받아들여져야 하는 본질적인 교리들을 다루기를 기뻐합니다. 하나님의 진리에 있어 뿌리가 되며 참된 종교에 있어 심장이 되는 그런 교리들 말입니다. 육체로 오신 그리스도가 죄를 위해 죽으셔야만 했으며, 그렇지 않았다면 죄가 결코 제거될 수 없었다는 이러한 경건의 비밀은 얼마나 위대하며 놀라운 진리입니까! 이것은 논쟁의 여지가 없는 교리입니다. 여러분은 한 그리스인의 이야기를 들은 적이 있을 것입니다. 어떤 노(老) 철학자가 어떻게 살 것인지를 가지고 논쟁하는 것을 보았을 때, 그는 "맙소사, 저 나이에 그런 주제를 가지고 논쟁을 벌인다면, 도대체 언제 결론을 낼 것이란 말인가? 설령 어떤 결론을 낸다 할지라도, 도대체 언제 그것을 실천으로 옮길 수 있게 될 것이란 말인가?"라고 스스로에게 되물었습니다. 나도 여러분에게 똑같이 묻고 싶습니다. 만일 우리가 언제까지나 배우기만 하면서 하나님의 진리를 아는데 이르지 못한다면, 우리는 어떻게 될 것입니까? 만일 우리가 언제까지나 논쟁이 필요한 확실하지 않은 주제들에만 매달려 있다면, 복음의 축복을 실제적으로 전유(專有)하며 향유(享有)하는 때는 도대체 언제 올 것이란 말입니까? 이 시간 나는 여러분에게 논쟁이나 머뭇거림이나 주저함의 여지가 없는 확실한 주제를 이야기하고자 합니다. 오늘의 주제는 "우리가 믿고 확신하는" 주제입니다. 우리 주 예수 그리스도에게 있어 자신이 죽어야 한다는 것은 근본적이며 확실한 일이었습니다. 왜냐하면 오직 골고다에서 흘려진 자신의 피를 통해서만 사람들 가운데 죄 사함의 복음이 전파될 수 있었기 때문입니다.

　　　"오직 예수 그리스도의 피만이
　　　　나의 더러운 것을 씻을 수 있도다.

> 오직 예수 그리스도의 피만이
> 나를 다시금 온전하게 할 수 있도다.
> 오직 예수 그리스도의 피만이
> 나의 모든 소망이요 평강이로다.
> 오직 예수 그리스도의 피만이
> 나의 모든 의로다.”

부디 이 시간 성령께서 하나님의 영광과 우리 자신의 평안을 위해 우리 양심에 속죄의 피를 뿌려 주시기를 기원합니다.

1. 첫째로, 희생제물을 죽이는 것은 절대적으로 본질적인 것이었습니다.

희생제물의 피를 붓는 것은 제사의식의 핵심이었습니다. 그리스도의 피 흘려 죽으심은 그를 ‘죄를 위한 받으심 직한 희생제물’로 만듦에 있어 필수적이었습니다. 그리스도는 마땅히 고난을 당하셔야만 했습니다. 그는 오직 자신의 피와 함께 하나님의 임재 안으로 들어갈 수 있었습니다. 만일 그가 죽지 않았다면, 그는 많은 열매를 맺는 한 알의 밀알이 될 수 없었습니다.

희생제물과 관련하여 중요한 요소들이 많이 있었습니다. 그러나 만일 그것이 죽임을 당하지 않는다면, 그 모든 것은 아무 의미도 없는 것들이 될 것이었습니다. 이스라엘 백성들은 흠 없는 수송아지를 가져왔습니다. 그러나 흠이 없다는 사실 자체가 그것을 ‘죄를 위한 속죄’로 만들지 않았습니다. 의심의 여지 없이 샤론의 들판에 무수한 수의 흠 없는 수송아지와 어린 양들이 있었을 것입니다. 만일 그 가운데 가장 온전한 동물이 제단에 보내졌다가 죽임을 당하지 않고 다시 돌아왔다면, 그것은 속죄에 있어 아무런 효과도 갖지 못했습니다. 하나님께 드려지려면 흠이 없어야만 했습니다. 그러나 아무리 흠이 없는 동물이라 하더라도 죽임을 당하기 전까지는 결코 희생제물이 될 수 없었습니다. 그것의 온전함이 그것을 희생제물로 만들지 않았습니다. 또 이스라엘 전체에서 가장 많은 수고를 한 수송아지를 상정해 보십시오. 이리저리 쟁기질을 하며, 곡식을 가득 실은 수레를 끌기도 했을 것입니다. 그러나 그 모든 수고가 그 수송아지를 죄를 위한 속죄제물이 되게 만들지 않습니다. 그것은 죽임을 당해야만 합니다. 그리고 그 피가 제단 위에 뿌려져야만 합니다. 그렇지 않으면 예배자는 받으심 직한 제물을 드리지 않은 것입니다. 아무리 많은 수고를 감당했다 하더라도, 그 모든 수고가 희생제물의 조건을 만족시켜 주지 않습니다.

또 수송아지를 제단 앞으로 가져와 그것을 하나님께 드리는 것 역시도 충분하지 않았습니다. 어떤 동물들은 거룩한 일에 사용되도록 드려졌습니다. 예컨대 광야에서 성물(聖物)을 실은 수레를 끄는 일을 위해 드려진 동물 같은 경우 말입니다. 그러나 그 모든 것에도 불구하고 그러한 동물들은 희생제물이 아니었습니다. 그러한 동물들은 죄를 제거하는 일에 아무런 효력도 갖지 못했습니다. 수송아지는 흠이 없어야만 했습니다. 또 그것은 하나님께 자원하여 바쳐져야 했습니다. 그러나 만일 그것이 죽임을 당하지 않는다면, 거기에 하나님의 율법에 따라 희생제사를 드리는 일은 없는 것입니다. 또 거기에 죄가 속죄되고 예배자의 양심이 평안을 얻는 일 역시 없는 것입니다. 이와 같이 예수는 죽으셔야만 합니다. 그의 완전한 본성과 많은 수고와 흠 없는 생애와 온전한 거룩함을 생각해 보십시오. 그러나 그 모든 것조차도 피 흘림이 없이는 우리의 죄 사함을 위해 아무런 효력도 갖지 못합니다. 이와 같이 그의 죽음은 그의 생애의 최종적인 목적이며 그와 관련하여 가장 중요한 일입니다. 그것은 전면(前面)에 섭니다. 그것은 그의 구속사역의 머리이며 얼굴입니다. 우리는 그의 모범과 우리를 위한 중보기도를 높이 평가합니다. 그러나 속죄의 일과 관련하여 가장 본질적인 것은 그를 '죽임 당한 어린 양'으로 바라보는 것입니다.

이러한 사실을 하나님은 율법 책에서 명백한 말로 분명하게 선언하셨습니다. 레위기 17장 11절을 보십시오. "육체의 생명은 피에 있음이라 내가 이 피를 너희에게 주어 제단에 뿌려 너희의 생명을 위하여 속죄하게 하였나니 생명이 피에 있으므로 피가 죄를 속하느니라." 죄를 속하는 것은 희생제물을 불태움으로써도 아니며, 그것의 가죽을 벗김으로써도 아니며, 그것을 씻음으로써도 아닙니다. 그것은 오직 그 피를 흘림으로써, 다시 말해서 그 생명을 취함으로써 말미암습니다. 나는 구약의 다른 본문들을 인용할 필요를 느끼지 않습니다. 왜냐하면 앞의 말씀이 요점을 완전하게 제시해 주기 때문입니다. 속죄는 그 동물 자체가 아니라, 그 동물의 생명을 나타내는 피입니다.

성경 전체가 이러한 진리를 나타내는 말씀들로 가득 차 있지 않습니까? 여기에서 그 모든 말씀들을 제시하는 것은 불가능합니다. 다만 몇 개의 중요한 본문만을 제시하고자 합니다. 아름다운 꽃들로 가득한 초원에서 꽃을 꺾는 한 아이를 생각해 보십시오. 아이의 손은 금방 꽃들로 가득해집니다. 그러나 주위의 무궁무진한 꽃들로부터 마음껏 꽃들을 꺾을 수 있음을 생각할 때, 아이는 지금까지 꺾은 꽃을 던져 버리고 싶은 마음을 느끼게 됩니다. 지금 나도 그와 비슷한 마음을 느낍니다. 여러분 앞에 어떤 본문을 제시하다가도 금방 다른 본문으로 바꾸고 싶은 마음을 느끼게 됩니다. 왜냐하면 여러분 앞에 제시하고 싶은 본문들이 너무나 많기 때문입니다.

구약에서 구속을 나타내는 가장 뛰어난 상징 가운데 하나가 유월절 어린 양의 상징입니다. 애굽이 심판을 당할 때, 하나님은 자기 백성들을 구원하실 것을 약속하셨습니다. 그들의 안전을 위해 하나님은 각 가정마다 어린 양을 취하여 그 피를 문 인방과 좌우 설주에 뿌릴 것을 명하셨습니다. 그러면서 그들은 아침이 될 때까지 집 안에 남아 있어야 했습니다. 그러면 멸하는 천사가 그들을 치지 않을 것이었습니다. 이러한 유월절과 관련하여 하나님 자신이 분명하게 말씀하신 것이 무엇입니까? 다음의 말씀을 들으면서, 그 안에 담긴 놀라운 교훈을 음미해 보십시오. "내가 피를 볼 때에 너희를 넘어가리니"(출 12:13). 그리스도의 구속과 관련하여 이것보다 더 풍성한 상징을 우리가 어디에서 찾을 수 있겠습니까? 어린 양의 피로 구원받은 이스라엘의 유월절보다 더 풍성하고 충분한 상징을 우리는 결코 상상할 수 없습니다. "내가 피를 볼 때에 너희를 넘어가리니" ─ 우리는 이 말씀 속에서 유월절의 핵심을 발견합니다. 하나님이 죄인의 생명을 대신하여 생명의 증거인 피가 취하여진 것을 보실 때, 바로 이것이 하나님이 죄인을 넘어가심으로 그가 죽지 않는 이유입니다.

또 이사야 선지자가 예언한 여호와의 어린 양에 대한 말씀을 생각해 보십시오. 우리의 죄를 짊어진 자에 대해 이야기할 때, 그는 그의 죽음을 그의 영광스러운 상급의 주된 이유로서 제시합니다. 이사야 53장 마지막 절에서 우리는 절정에 이르는 말씀을 보게 되는데, 그것은 이렇게 진행됩니다. "그러므로 내가 그에게 존귀한 자와 함께 몫을 받게 하며 강한 자와 함께 탈취한 것을 나누게 하리니 이는 그가 자기 영혼을 버려 사망에 이르게 하였음이라"(12절). 이것은 얼마나 놀라운 말씀입니까! 그것은 그리스도가 죽으셔야만 함을 보여줍니다. 그렇지 않으면 그는 우리를 위해 승리를 얻을 수도 없었고, 탈취물을 나눌 수도 없었습니다. 그는 자기 영혼을 쏟아야만 합니다. 그는 자기 목숨을 버려야만 합니다. 그는 자기 목숨을 아낌없이 부어야만 합니다. 그는 자기 목숨을 깨어진 반석에서 솟아오르는 물처럼 강으로 흘려보내야 합니다. 그는 이 일을 자원하여 행해야 합니다. 그는 무제한적으로 "자기 영혼을 사망에 부어야" 합니다. 아무것도 남지 않을 때까지 말입니다. 만일 그가 이 일을 행하지 않는다면, 그는 아무 일도 행하지 않은 것이 됩니다. 왜냐하면 그에게 승리가 임하는 것은 바로 이것 때문이기 때문입니다. 그에게 승리가 임하는 것은 그가 자기 영혼을 흠 없이 깨끗하게 지켰기 때문도 아니며, 그가 많은 무리에게 의를 전파했기 때문도 아닙니다. 그가 상급을 얻은 것은 그가 행한 다른 일 때문이 아니었습니다. 그가 승리를 얻은 것은 오직 "그가 자기 영혼을 사망에 부었기" 때문이었습니다. 단순히 영감된 예언 속에서 성령께서만 그렇게 말씀하시는 것이 아니라, 하늘에서 하나님과 함께 있는 모든 자들이 또한 그렇게 말합니다. "그들이 새 노래를 불러 이르되 두루마리를 가지시고 그 인봉을 떼기에 합당하시도다 일찍이 죽임을 당하사 각 족속과 방언과 백성과 나라 가운데에서 사람들을 피로 사서 하나님께 드리시고"(계 5:9).

　이러한 진리를 제시하는 구절들은 신약에도 많이 나타납니다. 히브리서 9장 22절을 보십시오. "피흘림이 없은즉 사함이 없느니라." 그리스도의 생애로 말미암아 사함이 없습니다. 그리스도의 가르침으로 말미암아 사함이 없습니다. 우리의 회개로 말미암아 사함이 없습니다. 우리의 믿음으로 말미암아 사함이 없습니다. 그리스도의 피 흘림이 없다면 말입니다. 오직 그리스도의 피 흘림으로 말미암아 죄가 제거됩니다. 이것은 소극적인 표현입니다. 그러나 여기의 소극적인 표현은 그 어떤 적극적인 표현보다 훨씬 더 강력한 힘을 갖습니다. 피흘림이 없으면 사함이 없습니다. 이러한 표현으로 말미암아 우리는 피흘림이 얼마나 중요한 의미를 갖는지 깨닫게 됩니다. 만일 여러분이 적극적인 표현을 보기 원한다면, 요한일서 1장 7절을 보십시오. "그 아들 예수의 피가 우리를 모든 죄에서 깨끗하게 하실 것이요." 우리를 모든 죄에서 깨끗하게 하는 것이 무엇인지 주목하십시오. 그것은 주 예수의 생애도, 성육신도, 부활도, 재림도 아닙니다. 그것은 그의 피와 그의 죽음입니다. 다윗은 자신의 죄로 인해 애통해하면서 "우슬초로 나를 정결하게 하소서 내가 정하리이다 나의 죄를 씻어 주소서 내가 눈보다 희리이다"라고 말했는데, 이와 같이 모든 죄를 씻는 것은 주 예수의 피입니다(시 51:7).

이러한 진리는 모든 복음 설교의 참된 주제입니다. 바울의 말을 들어보십시오. "십자가의 도가 멸망하는 자들에게는 미련한 것이요 구원을 받는 우리에게는 하나님의 능력이라"(고전 1:18). 계속해서 그는 이렇게 말합니다. "유대인은 표적을 구하고 헬라인은 지혜를 찾으나 우리는 십자가에 못 박힌 그리스도를 전하니"(22절). 그가 전한 것은 다른 형태의 그리스도가 아니라 십자가에 못 박힌 그리스도였습니다. 나무 위에서 우리를 위해 저주가 되신 그리스도 — 바로 이것이 우리가 사람의 아들들 가운데 전파하도록 부름받은 첫 번째 가장 중요한 사실입니다. "우리는 그리스도 안에서 그의 은혜의 풍성함을 따라 그의 피로 말미암아 속량 곧 죄 사함을 받았느니라"(엡 1:7). 우리 주님의 대속의 죽음을 제거해 보십시오. 그러면 여러분은 모든 것을 제거한 것입니다. 예수의 죽음이 없다면, 우리에게 남는 것은 죽음 외에 아무것도 없습니다. 십자가에 달린 자를 잊어버리십시오. 그러면 여러분은 우리가 구원받을 수 있는 유일한 이름을 잊어버린 것입니다. 부디 여러분 모두가 그를 믿기를 간절히 기원합니다. "이 예수를 하나님이 그의 피로써 믿음으로 말미암는 화목제물로 세우셨으니 이는 하나님께서 길이 참으시는 중에 전에 지은 죄를 간과하심으로 자기의 의로우심을 나타내려 하심이니"(롬 3:25).

나의 형제들이여, 성도들이 하늘에 있는 이유가 바로 이것 때문입니다. 요한계시록 1장 5절에서, 우리는 "우리를 사랑하사 그의 피로 우리 죄에서 우리를 해방하시고"로 시작되는 영광송을 보게 됩니다. 영화로워진 하늘의 모든 성도들이 그와 같이 말합니다. 또 우리는 성도들과 관련하여 "이는 큰 환난에서 나오는 자들인데 어린 양의 피에 그 옷을 씻어 희게 하였느니라 그러므로 그들이 하나님의 보좌 앞에 있고 또 그의 성전에서 밤낮 하나님을 섬기매 보좌에 앉으신 이가 그들 위에 장막을 치시리니"라는 말씀을 듣습니다(계 7:14, 15). 또 요한계시록 22장 14절에서 우리는 다음과 같은 말씀을 읽습니다. "자기 두루마기를 빠는 자들은 복이 있으니 이는 그들이 생명나무에 나아가며 문들을 통하여 성에 들어갈 권세를 받으려 함이로다." 이와 같이 영광으로 들어가는 통행권은 예수의 보혈입니다. 이 땅에서든 하늘에서든, 하나님께 나아가는 길은 오직 하나님의 아들의 피로 말미암는 길입니다.

때로 우리는 피라는 단어만 나오면 거부감을 느끼는 사람들을 만납니다. 그런 사람들은 오늘 아침 몹시 괴로울 것입니다. 그럼에도 불구하고 그런 사람들은 이 시간 피와 직면해야 합니다. 죄는 너무도 두렵고 끔찍한 것입니다. 하나님이 피로써 씻어 버리도록 정하셨을 정도로 말입니다. 여러분의 두려운 죄가 씻어질 수 있는 것은 오직 두려운 피 흘림으로만 이루어질 수 있습니다. 죄를 짊어진다든지 혹은 죄를 위해 고난을 당하는 것은 결코 즐거운 일일 수 없습니다. 또 그것이 제시하는 상징 역시 즐거운 것이 아닙니다. 희생제사가 드려지는 현장을 상상해 보십시오. 그날의 성막 마당은 마치 도살장처럼 보였을 것입니다. 그 때 모든 사람들은 죄가 얼마나 두려운 것인지를 생각하며 소름끼치는 충격을 받았을 것입니다.

만일 하늘의 찬미 속에서도 예수의 피가 언급된다면, 하물며 이 땅에서의 찬미 속에서야 얼마나 더 그래야 하겠습니까?

> "인간들의 영혼을 사랑하시고
> 그의 피로 우리를 씻으신 자에게
> 또 우리의 머리를 높이 드시고
> 우리를 제사장으로 삼으신 자에게.
>
> 모든 입술이 찬미하며
> 모든 마음이 사랑할지어다.
> 이 땅에서 감사와 존귀를 돌리며
> 하늘에서 찬미를 돌릴지어다."

전투하는 교회(the Church militant)는 피 흘림을 기념하도록 지속적으로 부름받습니다. 성찬의 자리에 모일 때마다 우리는 이렇게 물을 수 있습니다. "우리가 축복하는 바 축복의 잔은 그리스도의 피에 참여함이 아니며 우리가 떼는 떡은 그리스도의 몸에 참여함이 아니냐?"(고전 10:16). 주의 식탁에서, 우리는 우리 주님의 죽으심을 나타냅니다. 그의 오실 때까지 말입니다. 그는 분명한 언어로 우리에게 말씀하십니다. "이것은 죄 사함을 얻게 하려고 많은 사람을 위하여 흘리는 바 나의 피 곧 언약의 피니라"(마 26:28). 그는 포도주를 마시면서 자신의 피를 기념하라고 명하셨습니다. "이 잔은 내 피로 세운 새 언약이니 이것을 행하여 마실 때마다 나를 기념하라"(고전 11:25). 피를 제거하십시오. 그러면 주의 만찬이 사라질 것입니다. 그러면 무엇이 남습니까? 거기에 남는 것은 "산 자와 죽은 자를 위한 피 없는 제사"라는 신성모독적인 표현으로 불리는 로마교회의 "미사"뿐일 것입니다.

주의 식탁에 둘러앉은 모든 사람들이 거룩하게 구별된 사람들이라는 사실을 잊지 마십시오. 그들이 그와 같이 구별된 근거가 무엇입니까? "너희는 너희 자신의 것이 아니라 값으로 산 것이 되었으니"(고전 6:19)라는 근거 외에 또 다른 근거가 무엇이겠습니까? 우리는 하나님께 대하여 예수의 피로 구속되었습니다. "너희가 알거니와 너희 조상이 물려 준 헛된 행실에서 대속함을 받은 것은 은이나 금 같이 없어질 것으로 된 것이 아니요 오직 흠 없고 점 없는 어린 양 같은 그리스도의 보배로운 피로 된 것이니라"(벧전 1:18, 19). 지금의 여러분을 만든 것은 그 피입니다. 여러분으로 하여금 하나님이 여러분을 위해 준비하신 것을 향유하도록 만든 것은 그 피입니다. 이와 같이 여러분은 모든 측면에서 희생제물의 죽음이 절대적으로 본질적이라는 사실을 보게 됩니다.

나아가 그러한 죽음이 죄의 결과이며 또한 형벌이라는 사실을 주목하십시오. "범죄하는 그 영혼은 죽을지라"(겔 18:20). "죄가 장성한즉 사망을 낳느니라"(약 1:15). "죄의 삯은 사망이라"(롬 6:23). 대속물이 죄인에게 떨어질 형벌과 동일한 형벌을 담당하는 것은 합당한 일이었습니다. 우리 구주는 영원한 멸절(滅絶)을 담당하지 않았습니다. 왜냐하면 그것은 죽음의 의미가 아니기 때문입니다. 첫째 죽음이든 둘째 죽음이든, 죽음은 영원한 멸절이 아닙니다. 예수는 영원히 멸절되지 않으셨습니다. 다만 그는 사망으로 말미암는 고통과 상실과 멸망과 분리를 짊어지셨습니다. 그는 심지어 하나님으로부터 버림을 당하시고 이렇게 부르짖으셨습니다. "나의 하나님, 나의 하나님, 어찌하여 나를 버리셨나이까"(마 27:46). 죄의 형벌은 죽음이었습니다. 그러므로 예수는 죽기까지 극도의 슬픔을 맛보셨습니다. 그는 우리를 위해 자기 목숨을 내려놓았으며, 십자가에 죽기까지 복종하셨습니다. 하나님의 율법은 죽음을 요구했으며, 죽음이 우리의 위대한 언약의 머리 위에 떨어졌습니다. "기약대로 그리스도께서 경건하지 않은 자를 위하여 죽으셨도다"(롬 5:6).

바로 여기에, 우리 영혼에 큰 위로가 있습니다. 만일 주 예수께서 으뜸가는 형벌을 치르셨다면, 아직 치러지지 않고 남아 있는 것은 아무것도 없는 것입니다. "이는 죽은 자가 죄에서 벗어나 의롭다 하심을 얻었음이라"(롬 6:7). 다시 말해서, 만일 율법이 어떤 사람을 죽였다면, 더 이상 율법은 그에 대해 아무것도 요구할 수 없게 됩니다. 그는 죄책으로부터 자유롭게 되어야만 합니다. 범죄자가 죽었을 때, 그는 율법의 마지막 형벌을 받은 것입니다. 그러므로 이제 그는 율법의 범주로부터 벗어납니다. 우리 주 예수는 의로운 자로서 불의한 자를 위해 죽으셨습니다. 그가 받은 것은 다름 아닌 죽음이었습니다. 그렇다면 그의 죽음은 죄의 모든 결과들을 덮어야만 합니다.

> "그가 나무 위에서 나를 위해 형벌을 받으셨도다.
> 그러므로 이제 죄인이 자유롭게 되었도다."

예수는 죄에 대하여 한 번 죽으심으로써, 이제 더 이상 죽지 않습니다. 죽음은 더 이상 그를 주관하지 못합니다. 그는 하나님의 율법의 마지막 형벌을 받으셨으며, 남은 것은 아무것도 없습니다. 그의 속죄는 완전한 구속이었습니다. 만일 여러분에게 빚이 있고 매월 일정액씩 갚아야만 한다고 상상해 보십시오. 그런데 어떤 친구가 몇 개월분의 빚을 갚아 주었다면, 여러분은 그 친구에 대해 얼마나 감사한 마음을 갖겠습니까? 그렇지만 만일 단순히 몇 개월분의 빚이 아니라 전체 빚 모두를 갚아 주었다면, 여러분의 감사는 얼마나 엄청난 분량이겠습니까? 주 예수 그리스도는 그의 대속의 희생제사로 우리의 죄의 일부가 아니라 우리의 죄 전체를 제거하셨습니다. 그것을 생각할 때 우리는 얼마나 감사하며 기뻐해야 마땅합니까! 그는 자신의 죽음으로써 우리의 모든 법적 채무를 제거하셨으며, 우리를 율법의 요구가 더 이상 미치지 않는 자리로 옮기셨습니다. "그리스도께서 우리를 위하여 저주를 받은 바 되사 율법의 저주에서 우리를 속량하셨으니"(갈 3:13). 이제 우리는 우리의 죄를 동(東)이 서(西)에서 먼 것처럼 그렇게 멀리 옮기신 자에게 마음껏 찬미의 노래를 드릴 수 있습니다.

나아가 그리스도의 죽음은 또한 양심의 괴로움을 제거하기 위해 절대적으로 필요했습니다. 깨어난 양심은 어린 양의 피 외에는 그 어떤 것으로도 결코 평안하게 되지 못할 것입니다. 그것은 오직 위대한 희생제물 앞에서만 평안을 얻습니다. 죄 의식으로 번민하는 양심은 무엇과도 비교할 수 없는 고뇌의 원천입니다. 양심으로 하여금 죄인을 괴롭히도록 내버려 두어 보십시오. 그러면 그는 양심이야말로 지옥에서 온 가장 끔찍한 고문 전문가라는 사실을 발견하게 될 것입니다.

이사야 선지자가 정말로 므낫세에 의해 톱으로 켬을 당해 죽었는지 여부는 확실하지 않습니다. 그렇지만 어쨌든 어떤 성도들이 그런 형벌을 당한 것은 분명한 사실입니다. 톱으로 켬을 당해 죽는 것을 상상해 보십시오. 그것은 얼마나 끔찍한 형벌입니까? 그 고통이 얼마나 극심했겠습니까? 뿐만 아니라 사람을 머리부터 발까지 서서히 둘로 나누는 톱은 여러분의 양심이 여러분의 마음에 어떤 일을 행할 수 있는지를 보여주는 희미한 그림입니다. 그리스도의 속죄는 폭풍처럼 요동치는 양심의 번민을 잠잠하게 하며, 그 영혼에 영속적인 평안을 가져다줍니다. 어떤 사람들은 양심의 문제를 대수롭지 않게 여깁니다. 그렇지만 하나님이 역사하실 때, 어느 누가 감히 양심의 번민을 가볍게 여길 수 있겠습니까? 지각 있는 사람에게 세상에서 가장 중요한 것은 자신의 양심의 상태입니다. 만일 그의 양심이 쉬지 못한다면, 지금 그는 악한 상태 가운데 있는 것입니다.

토머스 풀러(Thomas Fuller)의 일화입니다. 어느 날 이웃집에 사는 목사가 자신의 집을 방문했을 때, 풀러는 그에게 자신을 위해 말씀을 전해 달라고 요청했습니다. 그러나 그는 이렇게 대답했습니다. "미안하지만 그렇게 할 수 없습니다. 왜냐하면 준비가 되지 못했거든요." 풀러가 말합니다. "설령 준비가 되지 못했다 하더라도, 나는 당신이 우리 가족을 충분히 만족시킬 수 있을 정도로 말씀을 잘 전해줄 것이라고 확신합니다." 이에 목사가 다시 대답합니다. "그럴는지 모르지만 그러나 내 자신의 양심을 충분하게 만족시킬 수 있을 정도로 말씀을 잘 전할 수는 없습니다." 진실한 사람에게는 이와 같은 문제가 있습니다. 우리는 우리의 양심을 충분하게 만족시킬 수 있을 정도로 잘 살 수 없습니다. 우리는 우리의 양심을 충분하게 만족시킬 수 있을 정도로 잘 기도할 수 없습니다. 부드러운 양심은 끊임없이 "달라! 달라!"(Give! Give!)라고 요구하는 거머리처럼 탐욕스럽습니다. 그것은 끊임없이 완전(perfection)을 요구합니다. 죄로 인해 결코 거기에 도달하지 못함에도 불구하고 말입니다. 양심의 부르짖음은 예수 그리스도의 보혈로 잠잠해질 때까지 결코 그치지 않을 것입니다. 죄로 인해 십자가에 높이 달린 예수를 보십시오. 그럴 때 우리의 마음은 족함을 느낄 것입니다. 하나님이 만족하실 때, 그 때부터 그리고 영원히 우리도 만족하고 하나님과의 화평을 누릴 수 있습니다.

지금까지 우리는 오늘의 첫 번째 주제, 즉 우리의 위대한 희생제물이 죽으셔야만 하는 것은 절대적으로 본질적인 일이라는 사실을 살펴보았습니다.

2. 둘째로, 이제 우리는 오직 그리스도의 죽음만이 온전한 효력을 가진 것이라는 사실을 살펴볼 것입니다.

설령 합당하게 드려진 제물이라 하더라도, 다른 제물들은 속죄를 위해 온전한 효력도 영속적인 효력도 실제적인 효력도 갖지 못했습니다. "이는 황소와 염소의 피가 능히 죄를 없이 하지 못함이라"(히 10:4). 참으로 죄를 없이하는 것은 오직 하나님의 아들의 죽음 안에서만 발견됩니다. 우리 주님이 십자가 위에서 "다 이루었다"라고 외치면서 숨을 거두셨을 때, 그는 죄를 종식(終熄)시키고 영원한 의를 가져오셨습니다. 죄를 위해 한 영원한 희생제사가 드려짐으로써, 구속이 이루어지고 죄가 도말되었습니다. 구주의 피 속에 그토록 놀라운 능력이 있는 것은 무엇 때문이었습니까? 나는 여기에 몇 가지 이유가 있다고 대답합니다.

첫째로, 그의 영광스러운 인격 때문이었습니다. 그가 누구였는지 생각해 보십시오. 그는 빛이시며, 하나님 그 자신이셨습니다. 그는 하나님과 동등된 분이셨지만, 그러나 우리의 본성을 취하시고 처녀에게서 나셨습니다. 그의 거룩한 영혼은 완전하게 정결한 육체 안에 거하셨습니다. 다시 말해서, 그의 육체에 신성(神性)이 연합되었습니다. "그 안에는 신성의 모든 충만이 육체로 거하시고"(골 2:9). 그러므로 이와 같이 무죄하며 영광스러운 신적 인간(divine person)의 죽음은 얼마나 큰 가치를 가진 것이겠습니까! 그는 천사들의 주인이며, 만물을 창조하신 자이며, 말씀의 능력으로 만물을 붙잡고 있는 자입니다. 그런 자의 죽음은 율법의 영원한 공의를 얼마나 충분하게 만족시킬 수 있었겠습니까! 만물을 자기에게 복종하게 하는 자가 공의를 존귀하게 할 때, 공의는 얼마나 존귀하게 되겠습니까! 그러므로 그의 죽음에는 무한하며, 측량할 수 없으며, 말할 수 없는 공로가 있을 수밖에 없습니다. 구속되어야 할 세상이 백만 개 있다고 상상해 보십시오. 그렇다 하더라도 나는 그리스도의 희생제사가 그 모든 세상들을 구속하기에 조금도 부족하지 않다고 믿습니다. 설령 우주 전체가 속량되어야 한다고 할지라도, 나는 그리스도의 죽음이 그 모든 값을 충분히 치르고도 남는다고 생각합니다. 죄가 하나님의 율법에 아무리 많은 모독을 가하였다 하더라도, 그 모든 모독들은 모두 잊혀져야 합니다. 왜냐하면 예수 그리스도가 자신의 죽음으로 그 율법을 영원히 존귀하게 했기 때문입니다. 나는 우리 주님의 속죄의 죽음의 특별한 목적을 믿습니다. 그러나 나는 우리 주 예수 그리스도가 드린 희생제사의 절대적이며 무한한 가치에 대한 나의 믿음을 어느 누구에게도 양보하지 않을 것입니다. 이와 같이 그의 영광스러운 인격은 그의 죽음을 무한한 가치를 갖는 것으로 만듭니다.

둘째로, 그의 완전한 성품 때문이었습니다. 그 안에는 죄가 없었을 뿐만 아니라, 죄로 향하는 성향(性向)도 없었습니다. "이러한 대제사장은 우리에게 합당하니 거룩하고 악이 없고 더러움이 없고 죄인에게서 떠나 계시고 하늘보다 높이 되신 이라"(히 7:26). 그의 성품 안에서 우리는 모든 덕의 최고의 상태를 봅니다. 그는 무엇과도 또 누구와도 비교될 수 없습니다. 이와 같이 그의 죽음은 의로운 자로서 불의한 자를 위한 죽음이었습니다. 그렇다면 그런 죽음이 얼마나 큰 공로를 가지겠습니까? 그의 의(義) 안에는 우리 죄의 모든 나쁜 냄새를 제거하기에 충분한 향기가 들어 있습니다. 이러한 둘째 아담의 순종으로 인해 많은 사람이 의롭게 되는 것은 조금도 놀랄 일이 아닙니다.

셋째로, 그가 죽은 방식을 생각해 보십시오. 그러면 여러분은 그것이 얼마나 큰 효력을 가진 것인지를 알게 될 것입니다. 그는 병으로 죽지 않았으며, 늙음으로 인해 죽지도 않았습니다. 그의 죽음은 폭력으로 말미암은 죽음이었습니다. 그의 죽음은 제단에서 희생제물을 죽이는 것으로 상징화되었던 바로 그런 죽음이었습니다. 그는 자신의 침상에서 죽지 않았습니다. 그는 악인들의 손에 붙잡혀, 괴롭힘을 당하고, 침 뱉음을 당하며, 마침내 흉악한 죄인으로서 십자가에 못박혀 죽었습니다. 그는 너무도 잔인한 죽음을 당했습니다. 사람에게 고통과 괴로움을 가져다줌에 있어 나무 위에다가 손과 발에 못을 박아 달아 죽이는 것보다 더 기발한 방법이 무엇이겠습니까? 그것이야말로 인간의 악독함이 생각해 낼 수 있는 최고의 창안물이었습니다. 그러나 육체의 괴로움이 전부가 아니었습니다. 우리 주님은 거기에 더하여 극심한 영혼의 괴로움을 당했습니다. 그의 영혼은 극심한 괴로움과 번민 아래 있었습니다. 그의 마음은 심히 고민하여 죽게 되었습니다. "내 마음이 심히 고민하여 죽게 되었으니"(막 14:34). 하늘은 그에게 미소짓지 않았습니다. 그의 마음은 어둠 가운데 남겨졌습니다. 하나님이 얼굴을 찌푸리며 외면하는 것은 우리의 죄로 인한 형벌의 일부였습니다. 예수 그리스도에게 가장 참혹하며 쓰라린 고뇌가 아낌없이 부어졌습니다. 하나님 자신이 그로부터 얼굴을 돌리셨고, 그를 어둠 가운데 남겨 두셨습니다. 그는 수치스러운 죽음을 죽으셨습니다. 그는 저주스러운 죽음을 죽으셨습니다. "기록된 바 나무에 달린 자마다 저주 아래에 있는 자라 하였음이라"(갈 3:13). 하나님의 아들이 죽는 것은 얼마나 놀랄 만한 일입니까! 더구나 그와 같은 방식으로 죽는 것은 얼마나 더 놀랄 만한 일입니까! 어떤 순교자도 하나님으로부터 버림을 당했노라고 부르짖으며 죽지 않았습니다. 하나님으로부터 버림을 당하는 것은 우리 구주에게 있어 가장 큰 고통이었습니다. 그가 이와 같은 방식으로 죽었기 때문에, 그의 죽음은 그를 믿는 모든 자들의 죄를 능히 속죄할 만한 충분한 능력을 갖습니다. 아, 나의 복된 주님의 위대한 속죄여! 나의 모든 죄들이 당신 안에 삼켜졌나이다! 예수 그리스도의 십자가를 바라보십시오. 그리고 그의 마음의 극심한 고통들을 생각해 보십시오. 그러면 여러분은 그의 피가 여러분을 눈보다 더 희게 씻는 효력을 가지고 있음을 확실하게 알게 될 것입니다.

넷째로, 우리 주님이 이 모든 것을 담당한 정신을 생각해 보십시오. 믿음을 위해 죽은 순교자들은 단지 자연적인 때가 오기 전에 약간 먼저 자연의 빚을 갚은 것일 뿐입니다. 왜냐하면 어차피 그들은 조만간 죽을 것이었기 때문입니다. 그러나 우리 주님은 전혀 죽을 필요가 없으셨습니다. 그는 자신의 목숨과 관련하여 "이를 내게서 빼앗는 자가 있는 것이 아니라 내가 스스로 버리노라"라고 말씀하셨습니다(요 10:18). 그의 영혼을 사망에 붓는 것은 사람의 권세 안에 있지 않았습니다. 오직 주님이 스스로를 희생제물로 드리기를 기뻐하셨습니다. "그가 나를 위해 자신을 주셨도다." 그는 자신의 양들을 위해 자기 목숨을 내놓으셨습니다. 하나님과 사람에 대한 사랑으로부터 그는 기꺼이 자신에게 주어진 잔을 마셨습니다. 그로 하여금 그렇게 하도록 강요했던 유일한 것은 자기의 택하신 자들을 축복하고자 하는 그의 열망이었습니다. "그는 그 앞에 있는 기쁨을 위하여 십자가를 참으사 부끄러움을 개의치 아니하시더니"(히 12:2). 우리 주님의 삶은 정말로 빛나는 삶이었습니다. 그의 삶을 이끈 정신은 무엇과도 비교할 수 없는 찬란함으로 아름답게 빛납니다. 우리 주님의 죽음은 정말로 빛나는 죽음이었습니다. 왜냐하면 그는 아버지의 뜻에 기꺼이 순복하심으로 십자가를 향해 나아가셨기 때문입니다. 그의 머리에 씌워진 가시면류관은 어떤 황제도 결코 써본 적이 없는 왕관이었습니다. 그가 가시면류관을 쓰심으로 그의 백성들의 슬픔이 종식(終熄)되었습니다. 십자가 위에서 그는 원수들을 참패시켰으며, 그들을 이기셨음을 공개적으로 나타내셨습니다. 죽음의 행동 안에서 그는 우리를 참소하는 참소문을 십자가에 못 박았으며, 그렇게 하여 율법의 정죄하는 권세를 멸하셨습니다. 영광의 그리스도여, 당신이 받으신 죽음에 무한한 공로가 있나이다!

다섯째로, 그가 짊어진 언약적 특성을 생각해 보십시오. 예수 그리스도가 십자가에 달렸을 때, 한 사람이 모든 사람을 위해 죽음으로 모든 사람이 그 안에서 죽은 것입니다. 그는 사적인 한 개인으로서 죽은 것이 아니라 인류의 대표로서 죽은 것이었습니다. 하나님은 그리스도와 더불어 언약 속으로 들어가셨습니다. 그는 그 언약의 보증인(Surety)이었습니다. 따라서 그의 피는 "영원한 언약의 피"로 불립니다(히 13:20). 히브리서 10장 29절의 "자기를 거룩하게 한 언약의 피"라는 표현을 주목해 보십시오. 첫 언약이든 둘째 언약이든, 피 없이 세워지지 않았습니다. 그러나 새 언약은 짐승의 피가 아니라 양들의 큰 목자이신 우리 주 예수 그리스도의 피로 말미암아 세워졌습니다. 그가 스스로를 제물로 드렸을 때, 그는 하나님이 창세 전부터 그를 간주한 그와 같은 특성 안에서 받아들여졌습니다. 그러므로 그가 행한 모든 일은 곧 그의 백성들의 언약의 머리로서 행한 것입니다. 그가 우리를 위해 죽으신 것은 합당한 일이었습니다. 왜냐하면 그는 둘째 아담의 위치에 서 있으셨기 때문입니다. 그는 우리의 대표이며 언약의 머리였습니다. 그는 우리의 평화를 위해 징벌을 받으셨습니다. 그는 스스로를 낮추사 우리와 함께 육체가 되셨습니다. 그는 우리의 나음을 위해 채찍에 맞으셨습니다. 왜냐하면 그와 우리 사이에 언약이 있기 때문입니다. 지금까지 우리는 구주의 피가 큰 효력을 갖는 몇 가지 이유들을 살펴보았는데, 이것은 정말로 방대한 주제입니다.

3. 셋째로, 주 예수의 죽음이 필연적이라는 사실은 우리에게 많은 교훈을 가르쳐 줍니다.

지금 우리에게는 그러한 교훈들을 길게 설명할 시간이 없습니다. 비록 지금은 간략하게 밖에는 설명할 수 없다 하더라도, 부디 집에 돌아가 조용한 시간에 그러한 교훈들을 다시금 깊이 묵상하며 되새기기를 바랍니다.

첫째로, 만일 희생제물이 죽어야만 한다면 또 예수 그리스도가 피를 흘려야만 한다면, 그러면 의로우신 하나님이 무엇을 요구하시는지 보십시오. 그는 생명(life)을 요구하십니다. 그는 생명 그 자체인 피가 드려질 것을 요구하십니다. 이와 같이 하나님은 우리 각자의 삶(life) 전체를 요구하십니다. 우리는 형식적인 기도나 혹은 이따금씩 행하는 선행이나 혹은 외적인 의식(儀式)이나 혹은 반쪽짜리 공경으로 하나님을 만족시키고자 생각해서는 안 됩니다. 그는 우리의 마음과 영혼과 생각과 힘 전체를 가지셔야만 합니다. 그는 우리를 구성하는 모든 것을 가지셔야만 합니다. 그는 우리 존재의 생명을 가지셔야만 합니다. 살아 계신 하나님 앞에 죽은 행실은 무가치합니다. 그는 우리의 생명을 요구하십니다. 그는 어떤 방법으로든 우리의 생명을 가지실 것입니다. 우리의 생명이 하나님을 섬기는 일에 온전히 쓰여지든, 혹은 반역에 대한 정당한 형벌로서 사망에 삼켜지든 말입니다. 하나님의 요구는 결코 부당하지 않습니다. 그가 우리를 만들지 않았습니까? 그가 우리를 보존하지 않습니까? 그가 자기 손으로 만든 것들로부터 경배를 받으시는 것이 마땅하지 않습니까?

둘째로, 만일 희생제물이 죽어야만 한다면, 그렇다면 죄가 얼마나 악한 것인지 보십시오. 그것은 어떤 사람들이 상상하는 것처럼 하찮은 것이 결코 아닙니다. 그것은 치명적으로 악독한 것입니다. 그것은 죽이는 독입니다. 하나님 자신이 사람의 모양으로 오셔서 사람의 죄를 짊어지셨습니다. 그에게는 죄가 없으셨습니다. 다만 죄가 그에게 전가(轉嫁)되었습니다. 그러나 그가 우리를 위해 죄가 되시고 우리의 허물을 담당하셨을 때, 거기에는 아무런 돕는 것도 없었습니다. 그는 죽어야만 합니다. 심지어 그조차도 죽어야만 합니다. 그 잔이 그에게서 지나가는 것은 결코 가능하지 않습니다. 하나님의 보좌로부터 한 음성이 들립니다. "만군의 여호와가 말하노라 칼아 깨어서 내 목자, 내 짝 된 자를 치라"(슥 13:7). 하나님의 공의는 이토록 단호합니다. 그것은 죄를 아낄 수도 없고, 아끼지도 않을 것입니다. 그렇습니다. 심지어 대속물로서 다른 사람들의 죄를 짊어진 자에게도 하나님의 공의는 단호하게 임합니다. 어디에 있든, 죄는 죽음의 칼로 침을 받아야만 합니다. 이것이 변할 수 없는 하나님의 율법입니다. 그렇다면 누가 죄 가운데 즐거워할 것입니까? 자기 목숨을 사랑하는 자라면 마땅히 깨어 일어나 죄와 더불어 싸워야 하지 않습니까? 죄인이여, 당신의 죄를 떨쳐 버리십시오. 마치 바울이 독사를 불 가운데 떨어뜨린 것처럼 말입니다. 죄와 더불어 장난하지 마십시오. 죄를 버릴 수 있도록 하나님께 기도하십시오. 죄는 참으로 두렵고 가증스러운 것입니다. 하나님은 당신에게 "너희는 내가 미워하는 이 가증한 일을 행하지 말라"고 말씀하십니다(렘 44:4). 하나님이 여러분을 모든 죄로부터 도망칠 수 있도록 도우시기를 기원합니다.

셋째로, 하나님의 사랑을 배우십시오. 하나님이 여러분과 나를 얼마나 사랑하셨는지 보십시오. 그는 죄를 징벌하셔서야만 합니다. 그러면서 동시에 우리를 구원하셔서야만 합니다. 따라서 그는 자기 아들로 하여금 우리를 대신하여 죽도록 하셨습니다. 하나님이 자기 아들을 주셨을 때, 그것은 곧 자기 자신을 주신 것이었습니다. 왜냐하면 예수 그리스도는 하나님과 하나이기 때문입니다. 우리는 삼위일체의 본질을 나눌 수 없습니다. 설령 그 인격들은 구별할 수 있다고 하더라도 말입니다. 이와 같이 하나님 자신이 자기에게 행해진 죄를 위해 속죄가 되셨습니다. 교회는 "하나님이 자기 피로 사신" 그의 양 떼입니다(행 20:28). 이것은 얼마나 놀라운 일입니까! 이것은 경이(驚異) 중에 경이입니다! 우리가 하나님의 마음 안에 있는 사랑을 볼 때, 진실로 사랑은 죽음보다 강합니다. "의인을 위하여 죽는 자가 쉽지 않고 선인을 위하여 용감히 죽는 자가 혹 있거니와 우리가 아직 죄인 되었을 때에 그리스도께서 우리를 위하여 죽으심으로 하나님께서 우리에 대한 자기의 사랑을 확증하셨느니라"(롬 5:7, 8). 이것은 얼마나 놀라운 신비입니까! 아버지가 우리에게 어떤 사랑을 주셨는지 보십시오.

넷째로, 어떻게 그리스도가 죄의 마침이 되셨는지 배우십시오. 죄가 그 위에 놓이고 그가 죽습니다. 그럼으로써 죄가 죽고 장사됩니다. 이제 죄를 찾으려고 해도 찾을 수 없습니다. 죄는 가장 참된 의미에서 그리고 가장 확실한 의미에서 끝났습니다. "장정이라도 죽으면 어찌 다시 살리이까"(욥 14:14). 또 그리스도의 죽으심으로 인해 사망은 어떻게 됩니까? 사망은 그것이 가진 모든 권세를 잃습니다. "이는 그리스도께서 죽은 자 가운데서 살아나셨으매 다시 죽지 아니하시고 사망이 다시 그를 주장하지 못할 줄을 앎이로라"(롬 6:9). 바로 이것이 우리의 기쁨입니다. 왜냐하면 죄와 죽음조차도, 그리스도께서 위하여 죽으시고 또 그 안에서 죽은 우리를 주장할 수 없기 때문입니다. 그리스도는 죄의 마침이 되셨습니다. 그의 단번의 희생제사가 서로 나누어진 자들을 영원히 온전하게 하셨습니다.

지금까지 우리는 희생제물이 필연적으로 죽임을 당해야만 하는 사실로부터 배울 수 있는 몇 가지 교훈들을 살펴보았습니다. 나는 여러분이 이러한 교훈들을 좀 더 잘 배우기를 바랍니다. 그리고 그러한 교훈들이 성령으로 말미암아 여러분의 마음속에 깊이 새겨지기를 바랍니다.

4. 넷째로, 오늘의 주제는 교훈으로 가득할 뿐만 아니라

또한 우리를 강력하게 고취합니다.

첫째로, 오늘의 주제는 우리를 성별(聖別)의 영으로 고취합니다. 예수의 죽음 외에 다른 방법으로는 결코 구원받을 수 없음을 생각할 때, 나는 내가 내 자신의 것이 아니요 값으로 산 것이 되었다는 사실을 느끼지 않을 수 없습니다. 케임브리지의 유명한 복음주의 목회자인 찰스 시미언(Charles Simeon)을 기억합니까? 어느 날 그는 말을 타고 달리던 중 말에서 떨어졌습니다. 그는 중상을 입은 것이 아닌가 크게 두려워했습니다. 갑작스런 낙마(落馬)의 충격으로부터 어느 정도 제정신이 돌아왔을 때, 그는 자신의 오른 팔을 움직이며 감각이 남아 있는지 살폈습니다. 마침내 자신의 뼈가 부러지지 않은 것을 발견했을 때, 그는 그토록 은혜롭게 보호해 주신 살아 계신 하나님께 그 팔을 새롭게 성별해 드렸습니다. 계속해서 그는 왼팔을 살폈습니다. 왼팔 역시도 온전했습니다. 그러자 그는 왼팔을 높이 들고 그것을 하나님의 일에 새롭게 봉헌했습니다. 그는 머리와 다리와 몸 전체에 이르기까지 그렇게 했습니다. 그와 같이 오늘의 주제를 생각할 때, 나는 나의 몸과 혼과 영을 새롭게 살피며 그 모든 것을 사랑하는 구주께 새롭게 봉헌할 마음을 느낍니다. 그의 피로 나를 사망과 지옥으로부터 구속하신 나의 사랑하는 구주께 말입니다.

"내 영혼아 여호와를 송축하라 내 속에 있는 것들아 다 그의 거룩한 이름을 송축하라"(시 103:1). 나는 하나님으로부터 쫓겨남을 당하지 않으며, 멸망을 당하지 않습니다. 나는 괴로움과 고뇌 가운데 있지 않으며, 지옥 가운데 있지 않습니다. 이 모든 것을 생각할 때, 나는 피로 산 바 된 나의 영과 혼과 몸을 살아 있는 모든 날 동안 하나님께 드립니다. 형제들이여, 여러분도 같은 마음을 느끼지 않습니까? 부디 성령께서 여러분 역시도 같은 마음을 느끼게 하시기를 간절히 기원합니다. 그리스도께서 죽으셔야만 하는 사실은 여러분으로 하여금 이렇게 노래하도록 고취하지 않습니까?

> "흠 없는 하나님의 어린 양 예수여,
> 당신은 당신의 피로 나를 사셨나이다.
> 십자가에 못 박힌 예수 외에 모든 것을
> 나는 배설물로 여기나이다.

나는 오직 당신의 것이나이다.
이것을 나는 기쁘게 인정하나이다.
나의 모든 행하는 인생길에서
나는 오직 당신의 찬미를 구하나이다."

둘째로, 이러한 하나님의 진리는 우리 안에서 최고의 거룩함을 추구하는 열망을 창조합니다. 우리는 이렇게 말합니다. "죄가 나의 구주를 죽였단 말인가? 그렇다면 나는 죄를 죽일 것이라! 그의 보혈이 아니었다면, 도대체 어떻게 내가 구원받을 수 있었단 말인가? 오, 죄악이여! 내가 네게 복수할 것이라. 나는 하나님의 영의 도우심으로 말미암아 너를 쫓아낼 것이라. 나는 너를 용납하지도 않을 것이며 숨기지도 않을 것이라. 나는 육신의 소욕을 위해 어떤 양식도 공급하지 않을 것이라. 죄가 '나를 위한 그리스도의 죽음'이었던 것처럼, 또한 그리스도는 '내 안에서 죄의 죽음'이 될 것이라."

셋째로, 오늘의 주제는 또한 우리를 주 예수를 위한 큰 사랑으로 고취합니다. 여러분은 그의 몸에 난 상처들을 보면서 그를 사랑하지 않을 수 있습니까? 그의 상처들이 여러분의 모든 마음을 그에게 드리라고 여러분에게 호소하지 않습니까? 여러분은 그의 얼굴 위에 흐르는 피로 얼룩진 땀을 보면서 집에 돌아가 세상의 헛된 아름다운 것들에 마음을 빼앗길 수 있습니까? 여러분은 예수가 입은 것과 같은 사랑의 옷을 입은 통치자를 본 적이 있습니까? 그는 사람들의 마음을 얻기 위해 얼마나 거룩한 사랑의 수단들을 사용했습니까? 우리는 그에게 이렇게 응답할 수밖에 없습니다.

"주여, 나 자신을 주께 드리나이다.
이것이 내가 할 수 있는 모든 것이나이다."

넷째로, 이러한 거룩한 진리는 또한 우리를 다른 사람들의 구원을 위한 큰 열심으로 고취합니다. 그리스도는 우리를 위해 자기 목숨을 내려놓으셨습니다. 그렇다면 우리도 멸망하는 영혼들을 위해 우리 스스로를 내려놓아야 하지 않겠습니까? 또 가능하다면, 형제들을 위해 우리 목숨을 내려놓아야 하지 않겠습니까? 또 마땅히 우리는 모든 삶 속에서 사람들을 예수께로 인도하기 위해 자기 부인을 실천해야 하지 않겠습니까? 만일 우리가 어떤 방법으로든 사람들을 구원할 수 있다면, 우리는 그 일을 위해 즐거이 수고하며 모든 수치까지도 기쁘게 감당해야 하지 않겠습니까?

오늘의 주제를 마음에 깊이 새기십시오. 만일 오늘의 주제가 우리 마음속에 깊이 뿌리를 내린다면, 그것은 우리에게 큰 유익을 끼칠 것입니다. 그러면 우리는 더 나은 십자가의 군병이 될 것이며, 어린 양을 더 가까이 따르는 자들이 될 것입니다. 부디 성령 하나님이 그것을 우리 영혼의 중심에 놓으시기를 기원합니다. 그리고 그곳에서 든든하게 뿌리내리게 하시기를 기원합니다. 그러면 그것은 우리에게 평안과 안식을 가져다줄 것입니다. 예수께서 죽으셨는데, 어째서 우리가 계속해서 요동해야 한단 말입니까? 그것은 우리의 입술을 찬미로 가득 차게 할 것입니다. 자신의 피로 우리를 구속하신 죽임당한 어린 양에게 찬미를 드립시다. 그럴 때 우리는 그와 더불어 더 친밀한 교제를 나누게 될 것입니다. 만일 그가 우리를 사랑하시고 우리를 위해 죽으셨다면, 우리는 그와 함께 그리고 그 안에서 그리고 그를 향해 살아야만 합니다. 그럴 때 우리는 그를 보기를 더욱 간절히 바라게 될 것입니다. 십자가에 달린 자를 바라보십시오. 언제 우리가 우리를 위해 그토록 크게 상함을 당한 얼굴을 볼 것입니까? 언제 우리가 못 자국 난 손과 발을 볼 것입니까? 언제 우리가 창에 찔린 옆구리를 볼 것입니까? 우리의 모든 죄와 슬픔이 도대체 언제 끝날 것입니까? 언제 우리가 영원히 빛나는 그의 모습을 볼 것입니까? 그리고 언제 우리가 여전히 우리 앞에 계신 그를 볼 것입니까?

> "언제 우리가 죄와 슬픔의 세상으로부터 떨어져
> 영원히 하나님과 함께 있을 것인가?"

그 때까지 우리의 소망과 위로와 영광과 승리는 모두 어린 양의 피 속에서 발견됩니다. 그에게 영원무궁히 영광이 있을지어다. 아멘!

제
3
장

—

평민을 위한 속죄제물

—

"만일 평민의 한 사람이 여호와의 계명 중 하나라도 부지중
에 범하여 허물이 있었는데 그가 범한 죄를 누가 그에게 깨
우쳐 주면 그는 흠 없는 암염소를 끌고 와서 그 범한 죄로 말
미암아 그것을 예물로 삼아 그 속죄제물의 머리에 안수하고
그 제물을 번제물을 잡는 곳에서 잡을 것이요 제사장은 손
가락으로 그 피를 찍어 번제단 뿔들에 바르고 그 피 전부를
제단 밑에 쏟고 그 모든 기름을 화목제물의 기름을 떼어낸
것 같이 떼어내 제단 위에서 불살라 여호와께 향기롭게 할
지니 제사장이 그를 위하여 속죄한즉 그가 사함을 받으리
라." — 레 4:27-31

속죄제 안에는 매우 흥미로운 진리들이 많이 담겨 있습니다. 그러한 모형은
우리가 주의 깊게 살필 만한 충분한 가치를 가지고 있습니다. 다만 오늘 아침 우
리에게 그것을 충분하게 살필 만큼의 넉넉한 시간이 없는 것이 안타까울 뿐입니
다. 만일 여러분이 레위기 4장을 주의 깊게 읽는다면, 여러분은 여기에서 같은
제사가 네 가지 형태로 제시되고 있는 것을 발견하게 될 것입니다. 그것은 같은
제사가 서로 다른 네 부류의 사람들에게 적용된 것입니다. 구원받은 모든 사람
들은 같은 구주를 가지고 있지만, 그러나 구주에 대한 그들의 인식은 모두 같지
않습니다. 우리는 모두 같은 피로 말미암아 씻음을 받았지만, 그러나 씻음의 방

식에 대해서는 모두 같은 지식을 갖고 있지 않습니다. 경건한 히브리인들에게 오직 하나의 속죄제만이 있을 뿐이지만, 그러나 그것은 다양한 모형으로 그들에게 제시되었습니다.

오늘의 설교는 여러분으로 하여금 속죄제를 좀 더 잘 이해할 수 있도록 도울 것입니다. 본문이 포함된 레위기 4장은 기름 부음받은 '제사장을 위한 속죄제'와 함께 시작되는데, 그 모든 과정이 매우 상세하게 묘사되어 있습니다. 그리고 13절부터는 '회중 전체를 위한 속죄제'가 언급됩니다. 우리는 여기에서 매우 주목할 만한 사실 한 가지를 발견하는데, 그것은 기름 부음받은 제사장을 위한 속죄제와 회중 전체를 위한 속죄제가 모든 부분에 있어 거의 차이가 없다는 사실입니다. 이것은 우리에게 무엇을 보여줍니까? 이것은 우리에게 예수 그리스도에게 요구된 속죄의 분량이 그의 택하신 회중 전체에게 요구되는 속죄의 분량과 동일하다는 사실을 보여주지 않습니까? 그의 속죄는 그 자신의 죄를 위한 것이 아니라 우리를 대신하여 그에게 지워진 죄를 위한 것이었는데, 그것은 신자들의 회중 전체에 요구되는 형벌과 동량(同量)의 것이었습니다. 이것은 우리가 결코 잊어서는 안 되는 매우 중요한 교훈입니다. 우리는 여기에서 그리스도의 희생제사의 측량할 수 없는 가치를 보아야만 합니다. 그의 희생제사로 말미암아 아무라도 능히 헤아릴 수 없는 무수한 죄들이 영원히 제거되었습니다. 우리 주님의 죽음 안에서 공의가 충분하게 보상되었습니다. 모든 구속받은 자들이 지옥으로 보내진 것과 동일한 정도로 말입니다. 아니, 훨씬 그 이상입니다. 그들 스스로는 결코 완전한 속죄를 이룰 수 없었습니다. 설령 그들이 죄로 인해 수천 년 동안 형벌을 받는다 하더라도, 그 빚은 여전히 남아 있습니다. 우리의 위대한 대속물의 이름에 영광을 돌립시다! 그는 자신의 속죄제로 말미암아 그들을 영원히 온전하게 하셨습니다.

우리는 앞의 두 종류의 속죄제로부터 속죄에 대한 좀 더 충분한 그림을 보게 됩니다. 뒤의 두 경우보다도 말입니다. 앞의 두 경우 즉 '제사장을 위한 속죄제'와 '회중 전체를 위한 속죄제'에서는, 수송아지가 죽임을 당했습니다. 히브리인들은 수송아지를 가장 비싸며, 고귀하며, 힘센 동물로 여겼습니다. 또 그것은 가장 유순하며, 수고를 많이 하는 동물이었습니다. 그러한 동물이 속죄를 이루기 위해 드려져야 했습니다. 우리 주 예수 그리스도는 모든 수송아지들 가운데 초태생과 같습니다. 그는 가장 값지며, 고귀하며, 힘세며, 많은 수고를 감당했으며, 유순하며, 죽기까지 순종한 자입니다. 그는 기꺼이 우리를 위해 수고했으며, 흠과 점이 없는 온전한 희생제물로서 우리를 대신하여 고난을 받으셨습니다. 제사장은 수송아지를 죽여 그 피를 뿌렸습니다. 왜냐하면 피 흘림이 없이는 사함이 없기 때문입니다. 그리스도의 속죄의 핵심은 그의 죽음 안에 놓여 있습니다. 물론 그의 생애 전체가 속죄와 관련됩니다. 뿐만 아니라 우리는 구원의 문제에 있어 그의 생애와 죽음을 날카롭게 분리하지 않습니다. 그럼에도 불구하고 인간의 죄를 제거하는 핵심은 우리 주님의 "십자가에 죽기까지의 순종"이었습니다. 수송아지가 죽임을 당함으로 속죄가 이루어졌습니다. 레위기 4장을 주의 깊게 읽어 보십시오. 그러면 여러분은 제사장이 그 수송아지의 피를 가지고 성소(聖所)로 들어간 것을 발견하게 될 것입니다. 지성소로 들어가는 휘장 바로 바깥에 있는 성소 말입니다. 거기에서 제사장은 손가락에 피를 찍어 그 피를 여호와 앞에 일곱 번 뿌렸습니다(6절). 지성소의 휘장 앞에서 말입니다. 이와 같이 죄를 위한 속죄를 이룸에 있어, 여호와 앞에 예수의 피가 완전하게 제시됩니다. 생명을 위해 생명이 드려집니다. 죄로 인해 진노 가운데 계신 하나님 앞에 대속의 죽음이 완전하게 제시됩니다. 출애굽기 12장 13절에 "내가 피를 볼 때에 너희를 넘어가리니"라고 기록된 것처럼 말입니다. 우리가 그 피를 볼 때, 그리스도께서 우리에게 평강을 주십니다. 그러나 그것은 속죄를 이루지 않습니다. 속죄를 이루는 것은 하나님이 그 피를 보시는 것입니다. 그러므로 휘장 앞에서 일곱 번 피를 뿌리는 것은 완전한 속죄를 이루기 위해 여호와 앞에 그 피를 제시하는 것이었습니다.

제사장이 다음으로 행한 일은 휘장 앞에 있는 금 향단으로 가서 그 뿔들에다가 피를 바르는 일이었습니다(7절). 그것은 중보기도에 능력을 부여하는 것은 속죄의 피임을 가리키는 것이었습니다(왜냐하면 뿔은 곧 능력을 의미하는 것이었기 때문입니다). 향단에서 올려지는 달콤한 향은 성도들의 기도와 찬미, 그리고 특별히 예수 그리스도의 중보기도를 나타냅니다. 거기에 피가 발라졌기 때문에, 그리스도의 중보기도는 하나님께 올려집니다. 또 그렇기 때문에, 우리의 기도와 찬미 역시 여호와 앞에 올려져 열납됩니다.

계속해서 제사장은 장막 문 앞에 있는 놋 번제단으로 가서 아직 남아 있는 모든 피를 그 밑에 쏟았습니다(7절). 그 피는 번제단 밑을 붉게 물들였습니다. 그러므로 어느 방향에서든 피를 볼 수 있었습니다. 휘장 쪽에서도 볼 수 있었고, 금

향단 쪽에서도 볼 수 있었으며, 번제단 위에서도 볼 수 있었습니다. 성소 안과 밖에서 한 음성이 들렸습니다. 그것은 하나님께 화평을 부르짖는 속죄의 피의 음성이었습니다. 전체 성막은 거의 대부분의 경우 피로 물들어 있어야 했습니다. 비록 사람의 눈에는 유쾌하게 보이지 않는다 하더라도 말입니다. 이것은 이스라엘에게 죄에 대한 하나님의 진노가 얼마나 두려운 것인지를 가르치기 위한 것이었습니다. 죄로 인해 훼손당한 율법은 생명을 의미하는 피 외에는 그 어떤 것으로도 만족될 수 없습니다. 그러므로 죄인이 구원받기 위해서는 피가 흘려져야만 합니다. 번제단에서는 죄에 대한 특별한 언급이 없이 제물들이 드려졌습니다. 그러나 그 밑에 피가 부어졌습니다. 그러므로 그것은 우리에게 하나님이 우리와 제물을 열납하는 근거가 다름 아닌 예수의 보혈이라는 사실을 분명하게 가르쳐 줍니다. 예수 그리스도의 보혈이 얼마나 놀라운 일을 행할 수 있는지 보십시오! 그것은 하나님이 우리를 열납하시는 기초이며 동시에 그의 중보기도가 하나님께 올려지는 능력입니다.

　계속해서 죽임당한 수송아지로부터 기름과 콩팥과 간에 덮인 꺼풀 등 다양한 부위들이 취하여졌으며, 그러한 부위들은 제단 위에 올려져 불태워졌습니다(8-10절). 이것은 우리에게 주 예수가 속죄제물로서 아버지로부터 버림을 당해 "나의 하나님 나의 하나님 어찌하여 나를 버리셨나이까?"라고 부르짖었음에도 불구하고 여전히 하나님에게 받아들여졌음을 보여줍니다. 그는 온전한 순종 안에서 여전히 여호와께 향기로운 냄새였습니다.

　그러나 속죄제의 가장 중요한 부분은 아직 남아 있습니다. 여러분은 그것이 처음 두 형태의 속죄제, 즉 제사장을 위한 속죄제와 회중 전체를 위한 속죄제에서만 묘사되는 것을 발견할 것입니다. 제사장은 수송아지 자체를 불태우도록 허락되지 않았습니다. 다만 그는 수송아지의 시체 전체, 즉 그 수송아지의 가죽과 그 모든 고기와 그것의 머리와 정강이와 내장 등 모든 것을 취하여 전체를 진영 바깥으로 가져가도록 명령받았습니다(11, 12절). 그것은 속죄제물이었기 때문에 하나님 보시기에 미운 것이었습니다. 제사장은 그것을 가지고 성막 문으로부터 백성들의 모든 장막을 지나갔습니다. 그리고 마침내 진영 바깥 재 버리는 곳에 이르렀을 때, 그는 제단 위에서가 아니라 황량한 땅 위에 준비된 나무 위에서 그 전체를 불태웠습니다. 성막 문으로부터 진영 바깥 재 버리는 데까지 수송아지가 옮겨진 거리는 대략 6km 정도 되었을 것입니다. 주 예수 그리스도가 대속물로서 그의 백성들의 죄를 짊어졌을 때, 그는 더 이상 하나님의 호의(好意)의 장소에 거할 수 없었습니다. 그는 분리의 장소에 놓여져야만 했습니다. 그리하여 그는 "엘리 엘리 라마 사박다니?"라고 부르짖었습니다. 바울은 히브리서에서 이 이야기를 분명하게 제시합니다. "이는 죄를 위한 짐승의 피는 대제사장이 가지고 성소에 들어가고 그 육체는 영문 밖에서 불사름이라 그러므로 예수도 자기 피로써 백성을 거룩하게 하려고 성문 밖에서 고난을 받으셨느니라"(13:11, 12). 우리 주님은 예루살렘 바깥의 악인들을 위한 장소로 이끌려갔습니다. "그리스도께서 우리를 위하여 저주가 되셨으니 기록된 바 나무에 달린 자마다 저주 아래에 있는 자라 하였음이라"라고 기록된 것처럼 말입니다(갈 3:13. 한글개역개정판에는 "저주를 받은 바 되사"라고 되어 있음). 복되신 하나님의 아들이 우리를 위해 저주가 되시고 십자가에 달리심으로 말미암아 저주스러운 죽음을 죽으셨습니다. 어디에 있는 죄는 하나님께 미운 것입니다. 따라서 하나님은 죄를 분개로서 다루셔야만 합니다. 신적 공의의 불이 우리의 복되신 속죄제물 위에 떨어졌습니다. 그가 완전히 불태워질 때까지, 다시 말해서 "다 이루었다"라고 말씀하시면서 숨을 거두실 때까지 말입니다. 이것이 죄를 제거하는 유일한 길입니다. 죄가 다른 자에게 전가되었습니다. 그리고 그가 그 모든 죄를 짊어지고 고난을 받았습니다. 죄는 동시에 두 장소에 있을 수 없습니다. 죄는 제물을 드리는 자와 희생제물 위에 동시에 있을 수 없습니다. 그러므로 만일 죄가 희생제물에게 전가되고 마침내 제거되었다면, 제물을 드리는 자는 모든 죄로부터 정결하게 된 것입니다. 그는 사함을 받고 받아들여집니다. 왜냐하면 그의 대속물이 그를 대신하여 진영 바깥에서 죽임을 당했기 때문입니다. 지금까지 우리는 처음 두 형태의 속죄제에 대해 살펴보았습니다.

세 번째 형태의 속죄제는 백성들 가운데 유력한 위치에 서 있는 족장들을 위한 것이었습니다. 여기에는 우리가 특별히 주목할 만한 것이 별로 없습니다. 그러므로 이제 우리는 네 번째 형태의 속죄제 즉 평민을 위한 속죄제로 나아가고자 합니다.

1. 첫째로, 여기에 등장하는 인물에 대해 생각해 보도록 합시다.

그는 "평민" 즉 보통사람으로 일컬어집니다. "만일 평민의 한 사람이 여호와의 계명 중 하나라도 부지중에 범하여"(27절) — 이 말씀은 우리에게 얼마나 큰 위로를 줍니까? 왜냐하면 심지어 평민의 죄를 위해서조차 하나님은 속죄제를 준비하셨기 때문입니다. 본문은 우리에게 설령 평민의 죄라 하더라도 그 죄는 그를 충분히 멸망시킬 수 있음을 일깨워 줍니다. 아마도 그의 죄는 족장이나 통치자들의 죄와 비교할 때 그 해악을 끼치는 범위가 훨씬 좁을 것입니다. 그럼에도 불구하고 그의 죄 안에도 모든 악의 본질이 그대로 들어 있습니다. 그러므로 하나님은 그 죄로 인해 그를 처벌하실 것입니다. 아무리 당신이 가난하고 비천하며 아무의 눈에도 띄지 않게 살아가는 사람이라 하더라도, 당신의 죄는 당신을 멸망시킬 것입니다. 만일 그 죄가 사하여지고 제거되지 않는다면 말입니다. 설령 평민 가운데 한 사람이 부지중에 죄를 범했다 하더라도, 그 죄는 그에게 있어 저주와 형벌에 이르게 하는 죄입니다. 그는 그 죄를 제거해야만 합니다. 그렇지 않으면 그 죄가 그를 하나님의 얼굴로부터 영원히 제거할 것입니다. 평민의 죄 역시 오직 피의 속죄를 통해서만 제거될 수 있습니다. 평민의 경우, 그 희생제물은 수송아지가 아니었습니다. 그것은 암염소나 혹은 암양이었습니다. 그렇지만 그 역시도 피의 제물이어야 했습니다. 왜냐하면 피 흘림이 없이는 사함이 없기 때문입니다. 설령 여러분이 평민 즉 보통사람이라 하더라도 또 여러분의 죄가 아무리 평범한 것이라 하더라도, 예수 그리스도의 피 외에 그 어떤 것도 여러분을 깨끗하게 하지 않을 것입니다. 다음의 노래를 보십시오.

> "나의 열심이 아무리 뜨겁다 하더라도,
> 나의 눈물이 영원히 흐른다 하더라도,
> 그것으로는 죄를 속할 수 없다네.
> 오직 그리스도만이 나를 구원할 수 있다네."

유력한 사람들이 범하는 죄가 일반적으로 더 많은 해악을 끼치는 것은 사실입니다. 그러나 그들의 죄와 마찬가지로 가장 미약한 사람들의 죄를 위해서도 똑같이 피의 제물이 드려져야 합니다. 가정주부와 종과 농부와 청소부의 죄를 위해서도 왕과 방백들의 죄와 마찬가지로 동일한 희생제물이 있어야만 합니다. 다른 어떤 속죄로도 충분하지 않습니다. 평민들의 죄도, 예수 그리스도의 피에 의해 정결하게 되지 않는 한, 그들을 멸망시키기에 충분합니다. 그러나 바로 여기에 우리의 기쁨이 있습니다. 왜냐하면 하나님이 평민을 위해 속죄를 예비하셨기 때문입니다. 사람들은 나를 알지 못할는지 모릅니다. 그러나 하나님은 나를 아십니다. 나는 단지 많은 사람들 가운데 한 사람에 불과할는지 모릅니다. 그러나 하나님은 나를 아시며, 나를 생각하셨습니다. 각각의 풀잎마다 각각의 이슬방울을 가지고 있는 것처럼, 그리스도께 나오는 모든 죄인들이 그리스도 안에서 자신을 위한 속죄를 발견할 것입니다. 여호와의 이름을 송축합시다. 단지 큰 자들을 위한 속죄제만 있었던 것이 아닙니다. 평민을 위한 속죄제도 있었습니다. 그러므로 구주께 나오는 모든 사람들이 그의 보혈을 통해 죄 씻음을 받습니다.

나아가 평민을 위한 속죄제도 관원을 위한 속죄제와 마찬가지로 똑같이 받으심 직한 것이었음을 주목하십시오. 관원을 위한 속죄제와 관련하여 다음과 같은 언급을 보십시오. "이같이 제사장이 그 범한 죄에 대하여 그를 위하여 속죄한즉 그가 사함을 얻으리라"(26절). 여러분은 평민을 위한 속죄제에서도 똑같은 말씀이 나타나는 것을 발견할 것입니다(31절). 예수 그리스도는 가장 부유한 사람을 위한 받으심 직한 제물인 것과 마찬가지로 가장 가난한 사람을 위해서도 똑같이 받으심 직한 제물입니다. 그는 가장 유명(有名)한 사도들을 구원하시는 것과 마찬가지로 가장 이름 없는 사람들도 똑같이 구원하십니다. 그들에게는 오직 피의 제물만이 필요할 뿐 그 이상은 아무것도 필요하지 않습니다. 하나님의 보좌 앞에서 탄원하는 피는 가장 뛰어난 자들에게와 마찬가지로 가장 미천한 자들에게도 똑같이 말합니다.

그러므로 평민에 속한 자들이여, 여기를 보십시오! 만일 여러분 가운데 어떤 사람이 죄를 범했다면, 즉시로 우리의 위대한 속죄제물이신 예수께 나아오십시오. 예수께서 세상에 계셨을 때를 생각해 보십시오. 그 때 누가 그의 말씀을 가장 기쁘게 들었습니까? 평민 즉 보통사람들이 아니었습니까? 세리와 죄인들이 그의 말씀을 들으려고 그 주위에 몰려들지 않았습니까? 여러분은 평민 계급에 속할는지 모릅니다. 여러분은 세상의 재물을 아주 적은 분량만큼만 가지고 있을는지 모릅니다. 그러나 오십시오. 와서, 돈 없이 값 없이 포도주와 젖을 사십시오. 여러분은 달란트에 있어서나 은사에 있어 보통사람들일는지 모릅니다. 그러나 주님은 여러분에게 오라고 명하십니다. 와서 값 없이 포도주와 젖을 사라고 말씀하십니다. 왜냐하면 이러한 것들은 세상의 지혜롭고 유명한 자들에게는 도리어 감추어져 있기 때문입니다. 그러한 것들은 스스로 지혜롭다고 생각하는 사람들을 위한 것이 아닙니다. 그의 복음은 스스로 지혜롭다고 생각하는 사람들에게가 아니라 가난한 자들에게 전파되었습니다. "가난한 자에게 복음이 전파된다 하라"(마 11:5). 그리고 그런 사람들이 구원을 받을 때, 그가 영광을 받으실 것입니다.

본문 27절과 28절을 쉽게 풀어 쓰면 이렇게 될 것입니다. "만일 평민 가운데 어떤 사람이 부지중에 죄를 범한다든지 혹은 그가 범한 죄를 누가 그에게 깨우쳐 주면, 그는 그 범한 죄로 말미암아 제물을 가져올 것이라." 여기의 말씀에 귀를 기울여 보십시오. 여기의 평민은 자신이 죄를 범한 줄 알지 못하고 있다가 갑자기 그 사실을 알게 되었습니다. 여러분도 이런 경우가 있지 않습니까? 갑자기 새로운 빛이 여러분 안으로 들어와 여러분의 어둠을 드러내지 않았습니까? 여러분은 어떤 죄로 인해 영혼이 짓눌린 상태로 이곳에 오지 않았습니까? 하나님의 진노와 심판에 대한 두려움 가운데 말입니다. 그렇다면 오십시오! 자신의 죄를 발견하고 제물을 가져오는 평민들이여, 오십시오! 아니, 제물은 이미 여기에 있습니다. 이미 여러분을 위해 준비되어 있습니다. 오십시오. 그리고 하나님이 준비해 놓으신 희생제물을 받으십시오. 그럼으로써 여러분의 죄가 영원히 제거되게 하십시오.

본문 말씀을 통해 나의 마음에 일어난 뜨거운 감정이 여러분의 마음속에서도 똑같이 일어나기를 바랍니다. 지금 나는 큰 기쁨으로 이 자리에 서 있습니다. 또 지금 나의 영혼은 감격의 눈물을 흘리고 있습니다. 왜냐하면 하나님이 평민들의 죄를 위해 속죄제물을 준비하셨으며, 나는 그러한 사람들 가운데 하나이기 때문입니다. 나는 죄를 범했습니다. 나는 내가 죄를 범했다는 사실을 알게 되었습니다. 그러나 나는 내가 누구인지, 어떤 계급의 사람인지 물을 필요가 없습니다. 나는 평민 즉 보통사람 가운데 한 사람이며, 나를 위해 속죄제물이 준비되어 있습니다.

2. 둘째로, 이제 인물로부터 제물로 나아갑시다.

"그는 흠 없는 암염소를 끌고 와서 그 범한 죄로 말미암아 그것을 예물로 삼아"(28절). 나의 형제들이여, 여기의 모형과 실제 사이에 불일치가 있음을 주목하십시오. 첫째로, 율법 아래서 속죄제는 오직 부지중에 범한 죄를 위한 것이었습니다. 그러나 우리에게는 그것보다 훨씬 더 나은 희생제사가 있습니다. 다음의 말씀을 들어 보십시오. "그 아들 예수의 피가 우리를 모든 죄에서 깨끗하게 하실 것이요"(요일 1:7). 예수의 피는 단지 부지중에 지은 죄가 아니라 모든 죄로부터 우리를 깨끗하게 합니다. 여기에서 "모든"이라는 단어는 얼마나 복된 단어입니까! 거기에는 알고 지은 죄까지도 포함됩니다. 하나님의 빛과 사랑을 거스른 죄, 음란하게 행한 죄, 사람에 대한 죄와 하나님에 대한 죄, 몸의 죄와 영혼의 죄, 생각과 말과 행동으로 지은 죄, 모든 수준의 죄와 모든 성격의 죄가 다 포함됩니다. "바다처럼 헤아릴 수 없는 모든 죄" 전체가 다 포함됩니다. 모든 죄가 깨끗하게 됩니다. 그것이 어떤 죄든지 말입니다. "그 아들 예수의 피가 우리를 모든 죄에서 깨끗하게 하실 것이요." 오직 부지중에 지은 죄만을 다루는 여기의 모형과 모든 죄를 제거하는 실제 구속을 비교해 보십시오. 둘을 비교할 때, 어떻게 우리가 하나님을 찬미하지 않을 수 있습니까? 바로 이것이 복음이 아닙니까? 우리는 우리가 알지 못하는 많은 죄를 지었습니다. 그러한 죄들은 우리의 양심에 무거운 짐이 되지 않았습니다. 왜냐하면 우리는 그러한 죄들을 알지 못했을 뿐만 아니라 그것이 죄인 줄도 알지 못했기 때문입니다. 그러나 그리스도는 그러한 죄들까지도 짊어지고 "아버지여 저들을 용서하여 주소서 저들이 자기의 하는 일을 알지 못함이니이다"라고 기도하십니다. 또 다윗은 이렇게 기도합니다. "자기 허물을 능히 깨달을 자 누구리요 나를 숨은 허물에서 벗어나게 하소서"(시 19:12). 로마교회에는 고백하지 않은 죄는 결코 사함받을 수 없다는 교리가 있습니다. 그러나 정말로 그렇다면, 우리는 결코 구원받지 못할 것입니다. 왜냐하면 우리에게 있어 모든 죄를 다 기억하는 것은 가능하지 않기 때문입니다. 또 모든 형태의 죄를 지각할 정도로 완전한 양심이 어디에 있겠습니까? 물론 우리는 하나님께 우리가 알고 있는 모든 죄를 고백해야 합니다. 그리고 할 수 있는 대로 상세하게 그리고 포괄적으로가 아니라 개별적으로 고백해야 합니다. 그럼에도 불구하고 우리의 속죄제물이신 예수 그리스도는 알지 못함으로 행한 부지중의 죄까지도 짊어지십니다. 그것을 행할 때 죄인 줄 알지 못한 죄뿐만 아니라 지금까지도 그것이 죄인 줄 알지 못하는 것들까지도 포함해서 말입니다. 그는 그 모든 죄들을 제거하십니다. 그것은 필연적입니다. 왜냐하면 그는 "우리를 모든 죄로부터 깨끗하게" 하시기 때문입니다. 알면서 행한 죄뿐만 아니라 모르고 행한 죄까지 포함해서 말입니다. 평민 즉 보통사람들인 우리 모두에게 이것은 얼마나 큰 위로가 됩니까! 여러분의 죄가 무엇이든지 간에, 그 모든 죄를 제거하는 속죄제가 있습니다. 설령 여러분이 스스로를 극심하게 더럽혔다 하더라도 또 여러분이 밤처럼 어두우며 지옥처럼 사악하다 하더라도, 성육신하신 하나님의 구속의 피 안에는 여러분을 눈처럼 희게 만들 수 있는 능력이 있습니다. 죄를 위해 열린 샘에서 일단 씻기만 하면, 여러분에게는 어떤 죄책의 흔적도 남지 않을 것입니다.

모형과 실제 사이의 또 하나의 불일치를 주목하십시오. 여기의 경우 평민인 죄인이 자신의 희생제물을 가져와야만 했습니다. "그는 흠 없는 암염소를 끌고 와서 그 범한 죄로 말미암아 그것을 예물로 삼아"(28절). 그러나 우리를 위해서는 속죄제물이 준비되었습니다. 여러분은 아브라함과 이삭이 함께 모리아로 올라갈 때 이삭이 아버지에게 던진 질문을 기억할 것입니다. 그는 아버지에게 이렇게 물었습니다. "내 아버지여 불과 나무는 있거니와 번제할 어린 양은 어디 있나이까?"(창 22:7). 이에 대해 아브라함은 "내 아들아 번제할 어린 양은 하나님이 자기를 위하여 친히 준비하시리라"라고 대답했습니다(8절). 이삭의 질문은 고통하는 영혼을 가진 모든 사람들의 영원한 질문입니다. "하나님이여, 번제할 어린 양은 어디 있나이까? 누가 인간의 죄를 담당할 것이나이까?" 그러나 여호와이레 하나님은 번제를 위한 어린 양으로서 그리고 죄를 위한 속죄제물로서 자기 자신을 준비하셨습니다. 그러므로 이제 우리는 속죄를 위해 희생제물을 가져올 필요가 없습니다. 다만 창세 전부터 하나님이 준비하신 것을 단지 받아들이기만 하면 됩니다.

모형에서 속죄제물로서 선택된 희생제물은 흠이 없는 것이었음을 주목하십시오. 염소든 양이든, 그것은 흠이 없어야 했습니다. 만일 그리스도에게 어떤 죄가 있다면, 어떻게 그가 죄를 위해 속죄를 이룰 수 있었겠습니까? 만일 그에게 죄책이 있었다면, 그는 자신의 죄책으로 인해 고난을 받아야만 했을 것입니다. 그러나 그는 하나님의 율법에 대해 아무런 빚도 없었습니다. 다만 그는 모든 죄책을 자원하며 담당한 것입니다. 그가 고난을 당했을 때, 그의 고난은 그 자신이 행한 어떤 죄로 말미암은 것이 아니었습니다. 무죄한 자가 죽으시고 의로운 자가 불의한 자를 위해 죽으신 것은 그가 우리를 하나님께 데려가기 위함이었습니다. 이것은 우리에게 얼마나 큰 위로를 줍니까! 만일 여러분이 하나님이시며 동시에 사람이신 복되신 주님의 완전한 성품과 그가 얼마나 아름다우며 정결한 분인지를 이해한다면, 여러분은 그의 고난 속에 말할 수 없는 공로가 담겨 있음을 충분히 느낄 것입니다. 여러분을 장차 임할 모든 진노로부터 구원할 수 있는 충분한 공로 말입니다. 우리의 사랑하는 구속자는 우리를 위한 흠 없는 희생제물입니다.

　그러나 나는 여기의 경우에 어째서 희생제물이 암컷인지 알지 못합니다. 왜냐하면 대부분의 경우 희생제물은 일 년 된 수컷이었기 때문입니다. 그러나 여기의 경우는 특이하게도 암컷이었습니다. 어쩌면 그것은 그리스도 예수 안에서 남자와 여자가 그리고 종과 자유자가 모두 하나이기 때문이 아닐까요? 혹은 만일 내가 이것이 평민의 한 사람에 의해 취해진 그리스도의 모습을 상징화하기 위한 것으로서 그렇기 때문에 고의적으로 불완전한 것으로서 의도된 것이라고 추측한다면, 내가 잘못 추측하는 것일까요? 그리스도를 여성으로 모형화하는 것은 분명 불완전한 관점입니다. 그럼에도 불구하고 여기에서 불완전한 관점으로 제시되는 것은 우리 앞에 다음과 같은 하나님의 진리를 제시하기 위함이 아닐까요? 즉 그리스도에 대한 완전한 관점이 큰 위로와 교훈과 강력한 힘을 갖지만, 그러나 심지어 그에 대한 불완전한 관점조차도 참된 믿음이 따르기만 한다면 충분히 우리를 구원할 것이라는 사실 말입니다. 설령 우리가 어떤 부분에 있어 다소간의 오류를 범한다 할지라도 만일 우리가 그의 대속과 관련한 근본적인 진리를 분명하게 붙잡기만 한다면, 우리는 충분히 구원받을 것입니다. 여기에서 희생제물이 다소 불완전한 관점으로 제시되는 것은 내가 볼 때 하나님이 우리에게 이렇게 말씀하시는 것처럼 보입니다. "너희는 나의 사랑하는 아들에 대한 완전한 개념에 이르지 못하였노라. 그러나 설령 너희의 이해가 불완전하다 하더라도 만일 너희가 그를 믿기만 한다면, 너희는 능히 구원받을 것이니라." 우리 가운데 누가 그리스도에 대해 온전히 안단 말입니까? 사랑하는 형제들이여, 우리는 그를 사랑할 만큼은 충분히 그를 압니다. 우리는 모든 공로를 그에게 돌릴 만큼은 충분히 그를 압니다. 우리는 그의 영광을 위해 살 만큼은 충분히 그를 압니다. 그러나 그는 우리의 가장 큰 지식보다도 훨씬 더 크십니다. 우리는 그리스도의 대양(大洋)의 극히 일부만을 항해할 뿐입니다. 우리는 아직 그의 대양으로 나아가지 못했습니다. 우리는 아직 그 깊이를 측량하지 못했습니다. 그러나 비록 적은 부분의 앎이라 하더라도, 우리는 구원받을 수 있습니다. 사랑하는 자 안에서 그리고 그로 말미암아 우리는 죄 사함을 받고 받아들여집니다. 하나님이 우리에게 이렇게 말씀하시는 것처럼 보이지 않습니까? "가련한 영혼들이여, 너희는 나의 아들을 오해하였도다. 그리고 그과 관련하여 많은 잘못을 범하였도다. 그러나 너희가 그를 믿으므로 나는 너희를 구원하도다." 어떤 여인은 예수의 옷깃에 자신을 온전하게 할 수 있는 능력이 있다고 생각했습니다. 그녀는 그의 옷에 치료의 능력이 있다고 잘못 생각했습니다. 그러나 비록 약간의 오류가 있다 하더라도 그것이 그를 존귀하게 하는 것이었을 때, 주님은 그녀에게 자신의 능력을 나타내셨습니다. 주님은 그녀를 위해 자신의 능력이 자신으로부터 그의 옷깃 속으로 들어가도록 만드셨습니다. 이와 같이 때로 우리는 주님과 관련하여 이런저런 오류를 범하기도 합니다. 그러나 우리 영혼이 그를 붙잡기만 한다면, 우리는 그의 은혜로 말미암아 구원받을 것입니다. 엄마를 붙잡는 아기를 생각해 보십시오. 아기는 엄마에 대해 아는 것이 거의 없습니다. 다만 엄마가 자신을 사랑하고 자신은 엄마를 의지한다는 사실만을 빼고는 말입니다. 그런 아기를 엄마가 왜 붙잡아주지 않겠습니까?

그러나 희생제물과 관련한 주된 핵심은 그것이 대속물로서 죽임을 당한다는 것이었습니다. 여기의 경우에는 희생제물이 진영 바깥에서 취하여지는 것과 관련해서는 아무런 언급도 나타나지 않습니다. 나는 여기의 경우 즉 평민을 위한 속죄제의 경우에는 진영 바깥에서 취하여지지 않았을 것이라고 생각합니다. 중요한 것은 그것이 대속물로서 죽임을 당하는 것이었습니다. 사랑하는 형제들이여, 여러분이 구원받기 위해 알아야만 하는 모든 것은 여러분은 죄인이며 그리스도는 여러분의 대속물이라는 사실입니다. 나는 이 시간 주님이 여러분 모두를 직접 가르치시기를 간절히 기원합니다. 설령 우리가 신학교에 가서 모든 지식을 배운다 하더라도 혹은 우리가 모든 지식의 창고를 샅샅이 뒤진다 하더라도, 만일 우리가 "그가 나를 사랑하사 나를 위해 자신을 주셨다"는 사실을 알지 못한다면, 우리는 영원을 위한 가장 참되며 근본적인 진리를 배우지 못한 것입니다. 이 시간 하나님이 우리에게 이러한 사실을 깨닫게 하시기를 기원합니다.

3. 셋째로, 이어지는 의식(儀式)들을 주목하십시오.

희생제물이 죽임을 당한 다음 계속해서 제사장은 손가락으로 그 피를 찍어 번제단 뿔들에 바름으로써 하나님과의 교제의 능력이 대속물의 피에 놓여 있음을 나타내야 했습니다(30절). 피 없이는 하나님과의 교제도 없습니다. 우리를 대신하여 고난당한 자로 말미암지 않고는 어느 누구도 하나님께 받아들여지지 않습니다.

다음으로 그 피는 동일한 놋 제단 밑에 부어져야 했습니다(30절). 이것은 속죄가 교제의 능력일 뿐만 아니라 또한 그 기초임을 보여줍니다. 그 피의 능력을 가장 많이 느낄 때, 우리는 하나님께 가장 가까이 다가갑니다. 그렇습니다. 우리는 그와 같은 피로 물든 길을 통하지 않고는 결코 하나님께 나아갈 수 없습니다.

다음으로 제물로부터 떼어낸 모든 기름이 제단 위에 올려져 불태워져야 했습니다. "제사장은 그것을 제단 위에서 불살라 여호와께 향기롭게 할지니"(31절). 여기의 평민은 다른 경우들에 비해 대체로 희미하게 그리스도를 보았습니다. 그렇지만 어떤 부분들에 있어서는 그는 다른 경우들보다 더 밝은 빛을 가지고 있었습니다. 왜냐하면 불태워 드려진 기름이 여호와께 향기로운 냄새라는 말씀은 오직 여기에서만 나타나기 때문입니다. 심지어 제사장을 위한 속죄제에서조차 그가 드린 제물이 여호와께 향기로운 냄새라는 말씀은 나타나지 않습니다. 그러나 여기의 평민은 영혼의 큰 위로와 함께 집에 돌아갈 수 있었습니다. 왜냐하면 자신이 드린 속죄제가 여호와께 향기로운 냄새라는 말씀을 들었기 때문입니다. 그리스도가 나의 죄를 제거했을 뿐만 아니라 나를 위한 향기로운 냄새라는 사실은 우리에게 얼마나 큰 기쁨을 줍니까! 그로 인해 내가 하나님께 받아들여지고, 그로 인해 내가 하나님께 사랑받는 자가 되고, 그로 인해 내가 하나님께 기뻐하시는 자가 되고, 그로 인해 내가 하나님께 고귀한 자가 되는 것은 우리에게 있어 얼마나 큰 기쁨이 됩니까! 하나님이 홍수로 땅을 멸하시고 노아가 방주로부터 나왔을 때, 여러분은 노아가 하나님께 희생제물을 드린 것을 기억할 것입니다. 그 때 성경이 무엇이라고 말합니까? "여호와께서 달콤한 냄새(혹은 안식의 냄새)를 맡으셨다"고 말하지 않습니까?(The Lord smelled a sweet savor. 한글개역개정판에는 "여호와께서 그 향기를 받으시고"라고 되어 있음, 창 8:21). 그러고서 하나님은 다시는 홍수로 땅을 멸하지 않겠다고 말씀하시면서, 노아와 더불어 언약 안으로 들어가셨습니다. 예수 그리스도를 자신의 속죄제물로 바라보면서 동시에 그가 지극히 높으신 자에게 안식의 냄새라는 사실을 아는 영혼은 얼마나 복됩니까! 그런 사람들은 은혜언약 안에 있는데, 그 언약은 영원히 옮겨지지 않는 확실한 긍휼의 언약입니다.

4. 넷째로, 희생제물의 머리 위에 안수하라는 말씀을 특별히 주목하십시오.

나는 앞에서 이러한 주제를 고의적으로 빠뜨렸는데, 그것은 뒤에서 좀 더 상세히 설명하기 위함이었습니다. 레위기 4장의 네 경우 모두에서 공히 언급되는 것이 바로 희생제물의 머리 위에 안수하라는 말씀입니다(4, 15, 24, 29절). 수송아지를 죽이는 것만으로는 아무 의미 없습니다. 암염소를 죽이는 것만으로는 아무 의미 없습니다. 그 머리 위에 안수하지 않는다면 말입니다. 피를 뿌리거나 제단 뿔에 바르는 것도 그 머리 위에 안수하는 것이 없으면 아무것도 아닙니다. 죄인은 앞으로 나아와 희생제물의 머리 위에 자신의 손을 얹어야만 합니다. 나는 이 시간 여러분이 그리스도의 머리 위에 여러분의 손을 얹기를 간절히 바랍니다. 다음과 같은 시인의 노래처럼 말입니다.

> "당신의 아름다운 머리 위에
> 나의 믿음의 손을 얹나이다.
> 회개하는 자로서 당신 앞에 서서
> 나의 모든 죄를 고백하나이다."

손을 얹는 행동은 첫째로 고백을 의미했습니다. 그것이 의미하는 바는 이것입니다. "여기에 내가 죄인으로서 서 있나이다. 나는 죽어 마땅한 죄인임을 고백하나이다. 이제 죽임을 당하게 될 이 희생제물은 나를 대신하여 드려지는 것이나이다." 죄인이여, 이 시간 당신의 죄를 하나님께 고백하십시오. 그가 당신을 정죄하는 것은 지극히 합당하며 정당한 것임을 인정하십시오. 이와 같이 안수의 첫 번째 의미는 죄를 고백하는 것입니다.

둘째로, 그것은 받아들임을 의미했습니다. 자신의 손을 얹은 사람은 이를테면 이렇게 말하는 셈이었습니다. "이 염소를 나는 나를 대신하는 것으로서 받아들이나이다. 나는 이 희생제물이 나를 대신하여 서는 것에 동의하나이다." 우리는 이와 같이 믿음으로 그리스도를 받아들입니다. 우리는 믿음으로 하나님의 아들의 머리 위에 손을 얹으면서 이렇게 말합니다. "그가 나를 대신하여 서 있나이다. 나는 그를 나의 대속물로 받아들이나이다."

셋째로, 그것은 전가(轉嫁)를 의미했습니다. 희생제물의 머리 위에 안수하는 죄인은 자신의 죄를 고백하며, 그것을 자신의 대속물로 받아들이며, 나아가 자신의 죄를 그 제물에게 전가시킵니다. 그는 이를테면 이렇게 말하는 셈입니다. "하나님의 규례에 따라 나는 지금 고백하는 나의 모든 죄를 나 자신으로부터 이 희생제물에 전가하나이다." 이와 같이 손을 얹는 행동으로 말미암아 죄가 전가 되었습니다. "우리는 다 양 같아서 그릇 행하여 각기 제 길로 갔거늘 여호와께서 는 우리 모두의 죄악을 그에게 담당시키셨도다"(사 53:6). 이런 말씀을 들을 때, 어느 누가 그를 찬미하지 않을 수 있겠습니까?

> "나는 나의 모든 죄를 예수 위에 올리도다."

위의 표현은 얼마나 정확합니까! 하나님은 우리 모두의 죄를 그리스도 위에 올리셨습니다. 동시에 또 다른 의미에서, 우리 각자는 믿음의 행동으로 자신의 죄를 예수 위에 올립니다. 만일 우리가 대속(代贖)에 참여하고자 하면, 우리 각 자가 그렇게 하는 것이 절대적으로 필요합니다.

사랑하는 형제들이여, 여기에서 이것이 개인적인 행동이었다는 사실을 주목 하십시오. 어느 누구도 다른 사람을 위해 송아지나 염소 위에 대신 안수할 수 없 었습니다. 각자가 자신의 손을 얹어야 했습니다. 경건한 어머니가 이렇게 말할 수 없었습니다. "내 아들은 믿음이 없어서 희생제물의 머리 위에 손을 얹지 않을 거야. 그러니까 내가 아들을 위해 나의 손을 얹어야지." 그것은 가능하지 않았습 니다. 어느 누구도 다른 사람을 대신하여 안수할 수 없었습니다. 어떤 경건한 성 도가 거룩하지만 그러나 잘못된 열심으로 이렇게 말했다고 상상해 보십시오. "완악한 마음을 가진 자여, 만일 그대가 희생제물의 머리 위에 손을 얹지 않을 것이라면, 내가 그대를 대신하여 그렇게 할 것이라." 그러나 그것은 아무 쓸모없 는 일이 될 것입니다. 범죄한 자가 개인적으로 나와야 합니다. 사랑하는 자들이 여, 이와 같이 여러분은 여러분 자신을 위해 그리스도를 개인적으로 믿어야 합 니다. 나아가 "안수"는 때로 "기대는" 것을 의미하는 것으로 해석되기도 합니다. 이러한 해석은 우리에게 믿음의 또 다른 복된 측면을 보여줍니다. 어떤 랍비들 은 희생제물을 가져오는 자들이 있는 힘을 다해 그 제물에 기댔다고 말합니다. 그러한 행동을 통해 마치 "나는 나의 죄의 모든 짐과 무게와 힘을 이 흠 없는 희 생제물 위에 놓나이다"라고 말하는 것처럼 말입니다. 사랑하는 자들이여, 그리 스도 위에 힘껏 기대십시오! 여러분의 죄의 모든 무게를 그 위에 던지십시오! 그 는 그 모든 무게를 능히 감당할 수 있으며, 그렇게 하기 위한 목적으로 오셨습니 다. 만일 여러분이 그에게 힘껏 기댄다면, 그는 여러분을 통해 영광을 받으실 것입니다.

사랑하는 자들이여, 그것은 얼마나 간단한 행동이었습니까! 그것은 얼마나 쉬운 행동이었습니까! 단지 자기 손을 얹기만 하면 됩니다. 단지 기대기만 하면 됩니다. 도대체 어떻게 이런 간단한 행동을 거부할 수 있단 말입니까? 그리스도를 믿는 믿음은 결코 신비(神秘)가 아닙니다. 그것을 설명하기 위한 장문의 논문은 필요하지 않습니다. 단순히 그를 믿고 신뢰하기만 하면 됩니다. 그를 믿으십시오. 그러면 여러분은 구원받습니다. 십자가에 달린 자를 바라보십시오. 그러면 여러분은 생명을 얻습니다. 그를 바라보십시오. 그러면 여러분은 구원받습니다. 이것보다 더 간단한 것이 무엇이겠습니까? 이것보다 더 단순한 것이 무엇이겠습니까? 하나님이 단순하게 주신 것을 왜 많은 사람들이 복잡하게 만듭니까?

나아가 손을 얹는 것은 죄인의 행동이었습니다. 그가 거기에 온 것은 죄를 범했기 때문이거나 혹은 어떤 연유로 해서 자신의 죄를 알게 되었기 때문이었습니다. 만일 그에게 죄가 없다면, 그가 속죄제물을 가져오는 것은 무의미한 일이 될 것입니다. 죄가 없는 사람에게 죄를 위한 대속물이나 혹은 희생제물이 무슨 필요가 있겠습니까? 속죄제물은 분명 죄를 가진 사람을 위한 것입니다. 여기에 앉아 있는 사람들 가운데 그리스도가 필요하지 않은 사람이 누구이겠습니까? 여러분은 큰 죄인이며, 악한 죄인이며, 완전한 죄인이며, 지옥에 떨어지기에 합당한 죄인입니다. 여러분은 그리스도께 나아와 그의 은혜를 드러내야 할 바로 그 죄인입니다. 그는 단순히 손가락을 조금 다쳤다든지 혹은 바늘에 찔린 정도의 병자를 고치기 위해 세상에 온 의사(醫師)가 아닙니다. 그가 온 것은 나병과 같은 끔찍한 병자를 고치기 위함입니다. 평민이면서 죄인인 자여, 오십시오! 와서 예수 위에 안식하십시오! 나는 오늘의 주제가 이 시간 여러분의 영혼을 뒤흔들어 놓기를 간절히 바랍니다. 불원장래 우리 모두는 하나님의 심판대 앞에 서게 될 것입니다. 그 때 어떤 사람들이 자신의 죄를 그대로 가지고 그 앞에 서면 어떻게 합니까? 나는 여러분 가운데 어떤 사람들이 죄 사함 받지 못한 채 그 자리에 서게 될까봐 두렵습니다. 사랑하는 자들이여, 스스로를 돌아보십시오. 여러분은 죄 사함 받지 못한 채 그 자리에 설 것입니까? 거기에서 나는 여러분을 위해 변명을 해줄 수가 없을 것입니다. 여러분은 거기에서 구원의 길을 알지 못했노라고 스스로 변명할 수도 없을 것입니다. 왜냐하면 나는 분명한 말로 수도 없이 여러분에게 구원의 길을 전파했으며, 여러분은 그것을 들었기 때문입니다. 나는 종종 고상하며 품위 있는 언어를 집어던지고, 가장 수수하며 일상적인 말로 말하곤 했습니다. 혹시라도 누군가 그 의미를 놓칠까 염려하여 말입니다. 나는 종종 지적이며 사변적인 언어를 버리곤 했습니다. 그것이 많은 사람들에게 큰 흥미를 불러일으킬 수 있었음에도 불구하고 말입니다. 그렇게 한 것은 혹시라도 어떤 사람이 올바로 이해하지 못한 채 구원받지 못할까 염려했기 때문이었습니다. 나는 가장 단순한 방식으로 쟁기질을 했으며, 하나님의 가장 기본적인 진리들로 씨를 뿌렸습니다. 나는 주 예수 그리스도의 대속사역의 이야기를 계속해서 이야기하고 또 이야기했습니다. 무엇이라고요? 여러분은 그리스도를 배척할 정도로 여러분의 영혼을 미워한다고요? 여러분과 여러분 자신 사이에 죄를 위한 하나님의 속죄제물을 배척할 정도로 미움이 있다고요? 여러분의 마음속에 도대체 무슨 미움이 있어 하나님과 화해할 수 없단 말입니까? 하나님이 자신의 사랑하는 아들의 죽음으로 말미암아 여러분과 더불어 화해하기를 원하시는데 말입니다. 창조주를 향한 인간의 반역은 정말로 끝이 없고 한이 없습니다. 하나님과 화해해야 마땅할 때, 스스로 영원한 사랑을 배척하며 자신의 영혼을 영원한 파멸에 기꺼이 던져넣으니 말입니다. 부디 하나님이 허락하사 이 시간 많은 사람들이 "나는 손을 뻗어 예수의 머리 위에 얹을 것이나이다. 나는 예수를 믿을 것이나이다"라고 말하게 되기를 바랍니다. 여러분은 예수를 향해 뻗은 손이 빈 손임을 봅니다. 여러분은 그에게 기대는 마음이 연약한 마음임을 봅니다. 그러나 예수를 자신의 모든 것으로 받아들이는 자에게, 연약한 것은 강한 것이 되고 빈 손은 풍성한 것으로 채워질 것입니다.

5. 다섯째로, 여기에서 우리가 다룰 마지막 주제는 "확실한 축복"입니다.

본문 31절을 보십시오. 이 시간 죄를 의식하는 모든 영혼은 31절의 끝 부분을 읽어 보십시오. "그가 사함을 받으리라." 여기에 희생제물이 있으며, 사람이 그 위에 손을 얹습니다. 그리고 희생제물이 죽임을 당합니다. 그러면 그의 죄는 사하여집니다. 이것은 얼마나 분명한 말씀입니까? 여기에 "만일"이나 "그러나"나 "아마도" 따위의 단어는 없습니다. "그가 사함을 받으리라" — 이것이 전부입니다. 얼마나 명확하며, 분명하며, 단순합니까? 당시에는 오직 하나의 죄가 사해졌습니다. 희생제물을 가지고 나아가 고백한 바로 그 죄가 사하여졌습니다. 그러나 지금은 어떻습니까?"사람에 대한 모든 죄와 모독이 사하심을 얻을" 것입니다 (마 12:31). 당시에는 죄 사함이 양심에 영속적인 평안을 주지 못했습니다. 왜냐하면 제물을 드리는 자는 장래 또 다른 제물을 가지고 나아와야만 했기 때문입니다. 그러나 지금 그리스도의 피는 신자들의 모든 죄를 단번에 그리고 영원히 제거합니다. 그러므로 새로운 제물을 가져올 필요도 없고, 속죄의 피를 가지고 또다시 나아올 필요도 없습니다. 구약의 희생제물은 그 자체가 죄 사함의 효력을 가진 것은 아니었습니다. 어떻게 황소와 염소의 피가 죄를 제거할 수 있겠습니까?구약의 희생제물은 오직 참된 희생제물 즉 그리스도의 속죄제물의 모형으로서 효력이 있었을 뿐입니다. 그러나 우리 주 예수 안에는 실제적인 효력이 있습니다. 거기에는 참된 속죄가 있습니다. 거기에는 실제적인 씻음이 있습니다. 그를 믿는 자는 누구나 즉각적으로 실제적인 용서와 완전한 사함을 발견할 것입니다. 이러한 사실은 우리에게 얼마나 큰 기쁨을 가져다줍니까!

> "십자가에 달린 하나님을
> 　죄인이 믿고 의지하는 순간,
> 　그의 피로 말미암아 즉시로 죄인은
> 　죄 사함과 충분한 구원을 받도다."

　나는 예수 그리스도와 관련하여 다음과 같은 켄트(Kent)의 시구(詩句)가 결코 과장이 아님을 압니다.

> "여기에 과거의 죄를 위한 사함이 있도다.
> 아무리 큰 죄라도 문제될 것이 없도다.
> 나의 영혼아, 놀라고 또 놀랄지어다.
> 여기에 미래의 죄를 위한 사함까지도 있도다."

　우리의 죄 전체가 한 덩어리로 그리스도 위에 올려졌습니다. 그리고 그 모든 죄가 단번에 제거되었습니다. 자신의 죄를 스스로 짊어져야만 하는 자는 얼마나 불행합니까! 자신의 모든 죄가 예수 그리스도 위에 올려진 자는 얼마나 복됩니까!"허물의 사함을 얻고 그 죄의 가리움을 받은 자는 복이 있도다 마음에 간사가 없고 여호와께 정죄를 당치 않은 자는 복이 있도다"(시 32:1, 2)라고 기록된 것처럼 말입니다. 신자가 죄를 범합니다. 그러나 여호와께서 그의 죄를 그에게 돌리지 않습니다. 그의 죄는 우리의 모든 죄를 짊어진 아사셀의 염소이신 우리 구주 예수 그리스도 위에 올려집니다.

오늘 설교의 교훈은 이것입니다. 만일 여기에 어둠 가운데 죄의 짐을 지고 있는 하나님의 자녀가 있다면, 자신이 하나님의 자녀인지 아닌지를 가지고 마귀와 더불어 다투지 말라는 것입니다. "나는 내가 위선자일까 봐 두려워요. 나는 내가 스스로 속고 있는 것은 아닌지 두려워요"라고 말하며 스스로 정죄하지 마십시오. 그렇게 하는 대신 잠깐 동안 최악의 경우를 상정해 보십시오. 마귀로 하여금 그의 참소를 당연한 것으로 받아들이게 하십시오. 그러고 나서 마르틴 루터처럼 이렇게 대답하십시오. "너는 내가 큰 죄인이며 율법을 깨뜨린 자라고 말하는도다. 그러나 그에 대해 나는 네 칼로 네 목을 벨 것이라. 내가 죄인인 것이 도대체 무슨 문제란 말인가? 예수 그리스도께서 죄인을 구원하러 오셨다고 기록되어 있지 않은가? 한 사람의 죄인으로서 나는 그 위에서 안식할 것이라."

나는 다시 시작하기를 좋아합니다. 잃어버린 증거들을 되찾는 가장 좋은 방법은 그러한 것들을 그냥 내버려 두고 다시금 예수께 가는 것입니다. 증거들은 해시계와 같습니다. 해가 떠있다면, 여러분은 지금 몇 시인지 알 수 있습니다. 그러나 해가 떠있지 않다면, 여러분은 지금 몇 시인지 알 수 없습니다. 그렇지만 경험이 많은 사람은 해시계가 없이도 해 자체를 볼 수 있다면 지금 몇 시인지 알 수 있습니다. 예수께서 가까이 계실 때, 증거들은 가장 확실합니다. 그 때는 우리가 증거들을 필요로 하지 않을 때입니다. 여기에 구름 아래 있을 때 어떻게 행동할지에 대한 하나님의 지침이 있습니다. 이사야 50장 10절을 보십시오. "흑암 중에 행하여 빛이 없는 자라도 여호와의 이름을 의뢰하며 자기 하나님께 의지할지어다." 흑암 중에 행하며 빛이 없는 자는 어떻게 하라고요? 증거들이 없음으로 인해 조바심을 내며 안달하라고요? 아닙니다. 그럴수록 더욱 여호와의 이름을 의뢰하며 자기 하나님을 의지하라고 말씀하지 않습니까? 그러면 곧 빛이 그에게 다시 되돌아올 것입니다. 죄의 짐을 진 신자여, 속죄제물로 나아오십시오! "만일 누가 죄를 범하면 아버지 앞에서 우리에게 대언자가 있으니 곧 의로우신 예수 그리스도시라"(요일 2:1). 죄를 위해 열린 샘은 단지 중생하지 않은 자들만을 위해 열린 것이 아니었습니다. 그것은 하나님의 백성들을 위한 것이었습니다. 왜냐하면 그것은 "다윗의 집에서" 그리고 "예루살렘의 거민들을 위해" 다시 말해서 하나님의 백성인 자들을 위해 열렸기 때문입니다.

이 자리에 죄의 짐에 눌린 채 예수 그리스도를 믿지 않는 가련한 영혼들이 있습니까? 이 시간 주의 이름으로 그들을 초청합니다. 부디 성령께서 나의 초청을 효과적인 것이 되게 하시기를 기원합니다. 지금 예수 그리스도께 나오십시오. 예전에 내가 구주를 간절히 찾던 때가 생각납니다. 그 때 만일 내가 이 자리에 있었다면, 그리고 예수 그리스도가 대속물로서 나의 모든 죄를 짊어지셨음을 들었다면, 나는 즉각적으로 평안을 발견했을 것입니다. 그러나 그 때 나는 많은 시간을 평안을 찾아 이리저리 헤매고 다녔습니다. 왜냐하면 오늘 내가 여러분에게 제시한 사실을 그 때 나는 전혀 알지 못했기 때문입니다. 그리스도께서 모든 것을 다 이루셨기 때문에 내가 할 일은 아무것도 없다는 사실을, 그리고 내가 해야만 하는 모든 것은 그리스도께서 행하신 일을 그대로 받아들이고 단순하게 그를 믿는 것뿐이라는 사실을 그 때 나는 알지 못했습니다. 그러나 지금 여러분은 이 모든 것을 압니다.

아, 하나님께서 여러분의 이러한 앎에 무엇인가를 더하시기를 간절히 바랍니다! 하나님이 여러분에게 예수의 머리 위에 손을 얹을 힘을 주시기를 기원합니다. 그에게 기대십시오. 그에게 기대십시오. 만일 여러분이 기댈 수 없다면, 그의 품 안으로 떨어지십시오. 구주의 품 안에서 잠드십시오. 그를 믿으십시오. 그 안에서 안식하십시오. 이것이 그가 여러분에게 요구하는 모든 것입니다. 그러면 그 믿음이 여러분을 의롭게 만들 것이며, 여러분을 정결하게 할 것입니다. 그리고 그 믿음이 여러분에게 거룩함을 주고, 장차 완전함을 줄 것입니다. 그리고 그 믿음이 여러분을 그의 영원한 나라와 영광 속으로 데려갈 것입니다. 하나님이 예수 그리스도로 인해 여러분을 축복하시기를 기원합니다. 아멘.

제
4
장
—

부지중에 범한 죄

—

"만일 누구든지 여호와의 계명 중 하나를 부지중에 범하여
도 허물이라 벌을 당할 것이니 그는 네가 지정한 가치대로
양 떼 중 흠 없는 숫양을 속건제물로 제사장에게로 가져갈
것이요 제사장은 그가 부지중에 범죄한 허물을 위하여 속죄
한즉 그가 사함을 받으리라." — 레 5:17-18

본문 말씀을 통해 우리는 사람이 부지중에 금지된 일을 행할 수 있다는 사
실을 깨닫게 됩니다. 본문은 이러한 경우를 가정할 뿐만 아니라 심지어 당연한
것으로 받아들이기까지 합니다. 그러는 가운데 이러한 경우 어떻게 할 것인지
그 해결책을 제시합니다. 레위기의 율법은 부지중에 범한 죄를 위한 특별한 규
례들을 가지고 있습니다. 그리고 그러한 규례들은 대체로 다음과 같은 형태로
시작됩니다. "만일 어떤 영혼이 여호와의 계명 중 하나를 부지중에 범한다면."
한가한 시간에 레위기 4장과 5장을 읽어 보십시오. 그러면 여러분은 제사장이
범죄하는 경우에 대한 말씀도 발견하게 될 것입니다. 모세 율법은 "결코 오류를
범하지 않는" 제사장을 알지 못합니다. 모세 율법은 "결코 오류를 범하지 않는"
교황을 알지 못합니다. 제사장들도 죄를 범할 수 있습니다. 죄인 줄 알면서 범할
수 있을 뿐만 아니라, 부지중에도 죄를 범할 수 있습니다. 물론 "제사장의 입술
은 지식을 지켜야" 합니다(말 2:7). 그러나 그들도 갖가지 결함들로 둘러싸여 있
으며, 모든 것을 완전하게 이해하지 못합니다. 그러므로 그들 역시도 부지중에

죄를 범할 수 있습니다. 레위기 4장에는 "기름 부음받은 제사장이 범죄하여 백성의 허물이 된" 경우를 위한 희생제사가 규정되어 있습니다(3절). 제사장은 가장 존귀한 직분이며 하나님의 규례에 대해 가장 잘 아는 사람이었지만, 그럼에도 불구하고 오해와 망각과 알지 못함 등으로 말미암아 잘못을 범할 수 있었습니다. 제사장들은 선생들이었지만, 그들 역시도 가르침을 받을 필요가 있었습니다. "선생들의 죄는 죄의 선생이다"라는 트랩(Trapp, 1601-1669. 영국 성경주석가)의 말을 생각해 보십시오. 그렇기 때문에 그들의 죄는 결코 간과될 수 없었으며, 속건제물로 말미암아 속죄되어야 했습니다. 나아가 레위기 4장은 족장들도 죄를 범할 수 있음을 가정(假定)합니다. 족장(ruler) 즉 통치자는 자기가 시행하는 율법에 완전히 정통해야 했습니다. 그럼에도 불구하고 어떤 부분은 알지 못할 수 있었고, 그러므로 잘못을 범할 수 있었습니다. 따라서 레위기 4장은 이렇게 규정합니다. "만일 족장이 그의 하나님 여호와의 계명 중 하나라도 부지중에 범하여 허물이 있든지 혹은 그가 범한 죄를 누가 그에게 깨우쳐 주면 그는 흠 없는 숫염소를 예물로 가져올 것이라"(22, 23절). 유대인들 가운데 "왕은 결코 오류를 범하지 않는다"는 허무맹랑한 이야기는 존재하지 않았습니다. 왕 역시도 율법을 올바로 알지 못할 수 있었고 그렇기 때문에 잘못을 범할 수 있었습니다. 지도자들의 잘못은 대체로 그 해악의 범위가 큰 법입니다. 따라서 그들의 잘못은 속죄의 희생제물로 말미암아 속히 바로잡혀져야 했습니다. 계속해서 레위기 4장은 모든 사람이 부지중에 죄를 범할 수 있음을 상정(想定)합니다. "만일 평민의 한 사람이 여호와의 계명 중 하나라도 부지중에 범하여 허물이 있었는데"(27절). 평민 즉 보통사람들의 죄조차도 대수롭지 않은 것으로 여겨지며 간과되어서는 안 되었습니다. 설령 율법을 알지 못했노라고 탄원할 수는 있었다 하더라도 말입니다. 어느 누구도 이렇게 말할 수 없었습니다. "그는 그다지 중요하지 않은 사람이에요. 그리고 그는 부지중에 죄를 범했어요. 그러니까 그것은 전혀 신경 쓸 필요가 없어요." 결코 그렇지 않습니다. 반대로 그 역시도 속죄를 위해 속건제물을 가져와야 했습니다. 평민 즉 보통사람들에게 있어 율법을 알지 못하는 것은 흔한 일이었습니다. 그렇다고 해서 그들이 범한 죄가 죄책을 이루지 않는 것은 결코 아니었습니다. 알지 못했다는 사실이 그들의 죄책을 면제해 주지 않았습니다.

　　사랑하는 친구들이여, 우리는 우리 자신의 경험을 통해 "부지중에 죄를 범하는 것"이 얼마든지 가능하다는 사실을 잘 압니다. 왜냐하면 우리 자신이 종종 그와 같은 형태의 죄를 범하곤 하기 때문입니다. 처음에 무심코 행했다가 나중에 그것이 악한 것임을 알게 되는 경우는 결코 드문 일이 아닙니다. 올바른 양심을 가진 사람은 부지중에 범한 죄로 인해 슬퍼하며 애통해합니다.

"부지"(不知, ignorance)로 번역된 단어 속에는 또한 부주의의 의미까지도 포함될 수 있습니다. 부주의는 일종의 "행동화된 부지"(acted ignorance)입니다. 사람들은 종종 생각의 결핍으로 인해 잘못을 범합니다. 어떤 행동의 결과에 대해 충분히 생각하지 않거나 혹은 전혀 생각하지 않은 채 말입니다. 그들이 부주의하며 성급하게 잘못된 길로 들어서는 것은 그것이 올바른 길인지 여부에 대해 충분히 생각하지 않았기 때문입니다. 이와 같은 종류의 죄는 매일같이 너무나 많이 행해집니다. 잘못을 범하고자 하는 의도가 없이 잘못된 일이 행해집니다. 부주의함으로 인해 수만 가지 잘못이 행해집니다. 마음의 결핍뿐만 아니라 생각의 결핍으로 말미암아 악이 행해집니다. 그러므로 부주의의 죄는 오늘날 우리 가운데 너무나 만연합니다. 그리고 오늘날 생각할 시간조차 없는, 급하며 바쁜 세대에 그러한 죄는 계속해서 증가하는 경향이 있습니다. 우리는 충분한 시간을 들여 우리의 행동을 검토하지 않습니다. 우리는 우리의 나아가는 발걸음에 대해 충분한 주의를 기울이지 않습니다. 인생은 주의를 기울여 만든 예술작품과 같은 것이어야 합니다. 그 작품을 이루고 있는 모든 선과 색채들이 깊은 생각과 숙고의 산물이어야 합니다. "나는 영원을 위해 그렸노라"라고 말하는 위대한 예술가의 그림처럼 말입니다. 그러나 안타깝게도 싸구려 극장 위에 걸린 그림처럼 그렇게 아무렇게나 그려진 그림 같은 인생이 너무나 많습니다. 우리는 잘 하려고 하기보다 많이 하려고 애쓰는 것처럼 보입니다. 우리는 완전하게 하려 하기보다 대충 공간을 채우려고 애쓰는 것처럼 보입니다. 이것은 지혜롭지 못한 일입니다. 아, 우리의 생각이 하나님의 뜻과 일치된다면 얼마나 좋겠습니까!

자, 부지중에 범한 죄 혹은 부주의하게 행한 죄를 다시 한 번 생각해 보십시오. 그 안에 어떤 실제적인 죄책이 있습니까? 본문 속에서 우리는 교회나 혹은 어떤 뛰어난 신학자의 판단이 아니라 하나님 자신의 판단을 보게 됩니다. 그러므로 본문을 다시 한 번 읽어보도록 합시다. "만일 누구든지 여호와의 계명 중 하나를 부지중에 범하여도 허물이라 벌을 당할 것이니"(17절). 이와 같이 부지중에 범한 죄는 속죄를 필요로 하는 실제적인 죄입니다. 그것은 우리를 죄책 속으로 끌고 들어갑니다. 그러나 우리는 그 죄책의 정도에 있어 부지의 죄가 알고 행한 고의적인 죄와 크게 다르다는 사실을 이해할 필요가 있습니다. 우리 주님도 복음서 속에서 우리에게 이것을 가르칩니다. 그리고 우리 자신의 양심 역시도 그러함을 인식합니다. 우리 주님은 이렇게 말씀하셨습니다. "주인의 뜻을 알고도 준비하지 아니하고 그 뜻대로 행하지 아니한 종은 많이 맞을 것이요 알지 못하고 맞을 일을 행한 종은 적게 맞으리라"(눅 12:47, 48). 주인의 뜻을 알지 못하고 행한 자는 알면서도 고의적으로 불순종한 자보다 적게 맞을 것입니다. 그렇지만 어쨌든 그는 채찍으로 맞을 것입니다. 비록 적게 맞는다 하더라도, 채찍의 징계는 결코 가벼운 것이 아닐 것입니다. 공의의 손으로부터 임하는 채찍은 비록 가장 적은 것이라 하더라도 우리에게 큰 고통을 가져다주기에 충분히 강력할 것입니다. 한 번의 채찍이라 하더라도 사람들을 재에 앉아 애곡하게 하기에 충분합니다. 또 부지중에 범한 죄도 징벌을 당합니다. "그러므로 내 백성이 무지함으로 말미암아 사로잡힐 것이요"(사 5:13). 호세아도 "내 백성이 지식이 없으므로 망하는도다"라고 말합니다(4:6). 바울 역시도 우리에게 이렇게 말합니다. "하나님을 모르는 자들과 우리 주 예수의 복음에 복종하지 않는 자들에게 형벌을 내리시리니"(살후 1:8). 이와 같이 부지(不知) 즉 알지 못했다는 사실이 징벌을 면제해 주지 않습니다.

　뿐만 아니라 본문에 따를 때, 부지 즉 알지 못함 그 자체 안에 죄의 요소가 있습니다. 18절을 보십시오. "제사장은 그가 부지중에 범죄한 허물을 위하여 속죄한즉." 이스라엘 가운데 율법을 알지 못하는 것은 본질적으로 죄였습니다. 이스라엘 백성들에게는 율법을 알지 못할 이유가 없었습니다. 율법은 명백하며, 그들이 충분히 이해할 수 있었습니다. 어떤 규례를 깨뜨렸을 때, 그들은 그 규례 배우기를 소홀히 한 것을 핑계할 수 없었습니다. 소홀히 한 것 자체가 부작위(不作爲 : 해야 할 일을 하지 아니함)의 행동으로서 책망 받을 만한 일이었습니다. 하나님의 뜻에 대한 고의적인 부지(不知)는 그 자체가 죄이며, 그것은 하나님 보시기에 통탄할 만한 악입니다.

　우리는 부지중에 범한 죄가 죄책을 가진다는 사실로 인해 절망할 필요가 없습니다. 왜냐하면 그것을 위한 희생제사가 준비되어 있기 때문입니다. 부지중에 범죄한 자가 자신의 허물을 발견했을 때, 그는 자신의 행동으로 야기된 손상(損傷)을 위해 제물을 가져오고 속전을 지불할 수 있었습니다. 그리고 그러한 속죄의 희생제물로 말미암아 "그가 사함을 받으리라"는 약속이 주어졌습니다. 자, 본문을 통해 교훈을 배웁시다. 알지 못했음을 핑계하지 말고 죄 사함을 구합시다. 부디 성령께서 이 시간 우리 안에서 역사하사 우리로 하여금 과거에 죄인 줄 알지 못했던 죄를 고백하게 하시기를 기원합니다. 그리고 그렇게 고백하는 우리의 마음속에 부디 성령께서 예수의 보혈을 뿌려 주시기를 기원합니다. 그래서 우리로 하여금 죄 사함의 기쁨을 누리게 하시기를 기원합니다. 부디 주님께서 우리로 하여금 "그 아들 예수의 피가 우리를 모든 죄에서 깨끗하게 하실 것이요"(요일 1:7)라는 하나님의 진리 안에서 기뻐하게 하시기를 기원합니다.

이제부터 우리는 본문이 가르치는 세 가지 교훈을 살펴보고자 합니다. 부지중에 범한 죄가 실제적인 죄라는 본문의 선언으로 말미암아, 첫째로 하나님의 계명이 존귀하게 되며, 둘째로 양심이 각성되며, 셋째로 사람들이 희생제물을 열망하게 됩니다.

1. 첫째로, 부지중에 범한 죄가 실제적인 죄라는 사실을 통해 하나님의 계명이 존귀하게 됩니다.

나는 이러한 사실을 증명하기 위해 많은 말이 필요하다고 느끼지 않습니다. 부지중에 범한 죄조차도 실제적인 죄라는 것이 정말로 사실이라면, 하나님의 율법은 분명 높은 위엄의 자리로 올려질 것입니다. 정말로 그러하다면, 이유 여하를 막론하고 율법을 깨뜨리는 것은 죄책을 수반합니다. 설령 그것이 율법에 어긋나는 것임을 알지 못했다 하더라도 말입니다. 이와 같이 부지중에 범한 죄조차도 실제적인 죄가 된다면, 율법은 높은 보좌에 앉으며 위엄의 불로 둘러싸입니다.

먼저 이렇게 하여 율법은 사람들을 주관하는 최고의 권위로 선포됩니다. 최고의 권위는 양심이 아니라 율법입니다. 양심의 소리는 사람들마다 각각 다를 수 있습니다. 여러분과 나의 불완전한 양심이 옳고 그름과 관련한 궁극적인 기준이 될 수 없습니다. 여러분이 받아들이는 것을 내가 정죄할 수 있으며, 내가 받아들이는 것을 여러분이 정죄할 수 있습니다. 우리는 율법의 판단자가 아니라, 율법에 의해 판단을 받아야 할 자입니다. 하나님의 율법과 "여호와가 이같이 말씀하시니라"가 궁극적인 기준입니다. 그것이 인간의 모든 행위와 행동을 재는 절대적이며 유일한 잣대입니다. 하나님의 율법은 본문이 부여하는 최고의 권위로써 우리에게 이렇게 말합니다. "설령 너희가 양심의 가책을 느끼지 않는다 하더라도, 너희는 결코 핑계할 수 없을 것이라. 설령 너희의 양심이 쓴 것을 달다 하며 단 것을 쓰다 할 정도로 삐뚤어져 있다 하더라도, 너희는 결코 핑계할 수 없을 것이라. 너희의 양심이 받아들일 수 있든 받아들일 수 없든, 나의 요구는 일점일획도 달라지지 않을 것이라." 양심은 타락으로 말미암아 그리고 우리의 실제적인 죄들로 말미암아 무디어졌습니다. 그러나 그로 인해 하나님의 율법까지 무디어지고 낮아지는 것은 결코 아닙니다. 만일 우리가 율법을 깨뜨린다면, 그것은 결국 죄가 될 것입니다. 설령 우리의 양심이 우리를 참소하지 않는다 하더라도, 그리고 심지어 우리의 양심이 그것이 잘못된 행동이라고 우리에게 알려주지 않는다 하더라도 말입니다.

뿐만 아니라 그렇게 하여 율법은 사람의 생각 위에 올려집니다. 사람의 생각은 제각각 다를 수 있습니다. 이 사람은 이렇게 말하고, 저 사람은 저렇게 말할 수 있습니다. 그럼에도 불구하고 율법은 사람의 판단에 따라 변하지 않습니다. 하나님의 율법은 이 세대의 풍조나 정신에 스스로를 굴복시키지 않습니다. 하나님의 율법은 최고의 심판자입니다. 율법의 판단 앞에 그 누구도 이의를 제기할 수 없습니다. 모두가 받아들이지 않는다 하더라도, 옳은 것은 옳은 것입니다. 반대로 모두가 인정하며 받아들인다 하더라도, 그릇된 것은 그릇된 것입니다. 율법은 심지어 먼지 하나에도 민감하며 조금도 틀리지 않는 "성소(聖所)의 저울"입니다. 사람의 생각은 계속해서 변합니다. 그러나 하나님의 율법은 변할 수 없습니다. 어떤 사람에게 있어 자신의 행동에 대한 평가는 그 자신의 도덕적 민감성에 따를 것입니다. 그러나 하나님의 율법은 사람의 가변적인 판단에 따라 변하지 않습니다. 설령 여러분이 그렇게 하기를 바란다 하더라도, 하나님은 무한한 지혜로써 그것을 금합니다. 율법은 고정되고 확정된 표준입니다. 만일 우리가 그에 미치지 못한다면, 우리는 죄책을 가지며 그 죄를 감당해야 합니다. 설령 그것을 알지 못했다 하더라도 말입니다.

또 그러한 사실은 율법을 사회의 관습이나 시대의 관습 위로 높입니다. 사람들은 종종 이렇게 말합니다. "내가 이러저러하게 행동한 것은 사실입니다. 나는 그렇게 행한 것을 결코 부인할 수 없습니다. 그렇지만 그것은 통상적으로 행해지는 일입니다. 다른 사람들도 그렇게 합니다. 오늘날 대부분의 사람들이 통상적으로 그것을 받아들입니다. 그러므로 어떻게 내가 다르게 행동할 수 있는지

나는 알지 못합니다. 만일 내가 달리 행동한다면, 나는 매우 특이한 사람이 될 것이며 아마도 세상에서 뒤처지는 사람이 될 것입니다." 사랑하는 자들이여, 그럼에도 불구하고 사람들의 통상적인 관습이 의의 표준은 아닙니다. 처음에는 올바른 것이었던 것이 시간이 흐름과 함께 점차로 합당한 기준으로부터 이탈되며 멀어지는 경향을 띠는 것은 흔히 있는 일입니다. 그릇된 것이 습관이 되고 점차로 관습으로 굳어지며 마침내 보편화될 때, 사람들은 거짓을 진리로 믿기에까지 이르게 됩니다. 비록 관습화되었다 하더라도, 그릇된 것은 그릇된 것입니다. 모든 사람이 믿고 받아들인다 하더라도, 거짓말은 여전히 거짓말입니다. 하나님의 율법은 변하지 않습니다. 우리 주 예수는 이렇게 말씀하셨습니다. "그러나 율법의 한 획이 떨어짐보다 천지가 없어짐이 쉬우리라"(눅 16:17). 신적 율법은 관습과 전통과 사람들의 생각을 뛰어넘습니다. 관습이나 전통 같은 것들은 영원한 표준에 아무런 영향도 마치지 못합니다. 마치 나뭇잎이 떨어지는 것이 하늘의 별들이 떨어지는 것에 아무런 영향도 미치지 못하는 것처럼 말입니다. "만일 누구든지 여호와의 계명 중 하나를 부지중에 범하여도 허물이라 벌을 당할 것이니." 세상의 모든 관습들을 다 동원한다 하더라도 그릇된 것을 올바른 것으로 만들 수 없습니다. 설령 아담 이래 모든 사람들이 그릇된 일을 행하고 그것을 옳은 일이라고 주장한다 하더라도, 그것이 그릇된 일이라는 사실은 조금도 변하지 않습니다. 회반죽을 천 번을 덧칠한다 하더라도 악이 선으로 바뀌지 않습니다. 하나님의 계명은 영원히 견고히 섭니다. 그러므로 그것을 깨뜨리는 자는 그에 합당한 형벌을 짊어져야만 합니다. 이와 같이 본문의 선언을 통해 하나님의 율법은 지극히 높은 자리로 승귀(昇貴)됩니다.

사랑하는 자들이여, 만일 무지의 죄조차도 죄책을 갖는다면 하물며 고의적인 죄야 얼마나 더 그렇겠는지 생각해 보십시오. 여러분은 이러한 사실을 통해 하나님의 율법이 또다시 높은 자리로 올려지는 것을 느끼지 못합니까? 만일 부지중에 범한 죄가 희생제물이 없이는 결코 제거될 수 없는 죄책을 가진다면, 의도적이며 고의적이며 뻔히 알면서 범한 죄야 얼마나 더 그렇겠습니까? 계속해서 책망을 받으면서도 완악한 마음과 뻣뻣한 목으로 끊임없이 죄를 범하는 자들에 대해 우리는 무슨 말을 할 것입니까? 그들의 죄는 얼마나 악하며 뻔뻔스러운 것입니까! 만일 내가 부지중에 율법을 깨뜨림으로 말미암아 범죄자가 될 수 있다면, 뻔히 알면서 하나님에게 도전하며 그의 규례를 범하는 것은 얼마나 더 그렇겠습니까?

　　사랑하는 친구들이여, 본문의 교훈을 생각할 때 사람들은 율법을 공부하지 않을 수 없게 될 것입니다. 사람들은 이렇게 말하게 될 것입니다. "하나님이 우리에게 무엇을 말씀하셨는지 배우자. 우리는 알지 못함으로 인해 그의 적극적인 명령을 이행하지 않는다든지 혹은 그의 금지 명령을 어기기를 원하지 않노라." 그러므로 그들은 선지자들이나 다른 선생들에게 달려가 이렇게 간청할 것입니다. "하나님의 율법이 요구하는 규례들이 무엇인지 우리에게 이르소서. 여호와께서 명하신 것이 무엇이나이까?" 올바른 마음을 가진 사람들은 기꺼이 순종하고자 하는 열망으로 이끌림을 받아 하나님의 뜻이 무엇인지 배우기를 원하는 참된 학생이 될 것입니다. 사랑하는 친구들이여, 우리 역시도 그래야 하지 않겠습니까? 알지 못함으로 말미암아 율법을 깨뜨리는 죄를 범하지 않기 위해, 율법을 부지런히 공부하는 학생이 됩시다. 주야로 율법을 묵상합시다! 율법으로 하여금 우리의 삶을 이끄는 인도자와 조언자가 되게 합시다. 다음과 같은 기도가 우리 각자의 기도가 되게 합시다. "나의 하나님이여, 내가 무엇을 알지 못하는지 내게 가르치소서. 나로 하여금 주의 교훈의 길을 깨닫게 하소서. 나로 하여금 무지한 말이나 당나귀가 되지 않게 하소서. 나의 마음을 밝히사 주의 계명을 부지중에 범하지 않게 하소서."

　　이와 같이 부지중에 범한 죄조차도 죄책을 가질 때, 율법은 이스라엘 가운데 영화롭게 되며 사람들은 하나님이 무엇을 요구하는지 알기 위해 그것을 부지런히 공부하게 될 것입니다. 부지중에 죄를 범할 수 있다는 거룩한 두려움으로 인해, 그들은 율법을 부지런히 읽고 공부하게 될 것입니다. 어떤 일을 행하고자 할 때, 그들은 스스로를 돌아보며 "하나님이 우리에게 무엇이라고 말씀하셨던가?"라고 묻게 될 것입니다. 만일 본문과 같은 말씀이 없었다면, 그들은 성급하게 행동하는 가운데 별 생각 없이 반복적으로 죄를 범할 수 있었습니다. 그러나 본문과 같은 말씀으로 말미암아 그들은 무심코 성급하게 행동하는 대신 깊이 생각하고 행동할 수 있게 되었습니다. 그리고 항상 하나님을 두려워하는 마음을 가질 수 있게 되었습니다. 그리하여 그들은 자신들의 행동을 돌아보며 자신들의 길을 살필 수 있게 되었습니다. 부지중에 하나님의 율법을 범하는 죄를 짓지 않기 위해 말입니다.

　　사랑하는 자들이여, 뿐만 아니라 이러한 사실은 모든 경건한 이스라엘 백성들로 하여금 자녀들에게 하나님의 율법을 부지런히 가르치도록 이끌 것입니다. 혹시라도 자녀들이 알지 못함이나 혹은 부주의함으로 말미암아 그릇된 일을 행할까 염려하여 말입니다. 경건한 유대인들은 자신의 자녀들에게 유월절과 각종 절기들과 매일의 제사와 성전 예배와 하나님을 섬기는 일과 관련한 모든 것들을 주의 깊게 가르쳤습니다. 그들은 자녀들에게 도덕적 율법을 가르치며, 할 수 있는 대로 그들의 양심을 일깨우기를 힘썼습니다. "지식 없는 영혼은 선하지 못하다"는 사실을 생각하면서 말입니다(KJV 잠 19:2, for the soul to be without knowledge is not good. 한글개역개정판에는 "지식 없는 소원은 선하지 못하고"라고 되어 있음). 그들은 자녀들에게 계속해서 이렇게 가르쳤습니다. "교훈을 굳게 붙잡아라. 그것을 붙잡고 놓치지 말아라. 왜냐하면 그것이 곧 너희의 생명이기 때문이니라." 지식이 없는 사람은 지식이 있었더라면 피할 수 있었을 많은 함정과 올무에 빠질 것입니다. 그러므로 선한 이스라엘 백성들은 많은 시간을 자녀를 가르치는 일에 사용합니다. 그들은 말합니다. "나의 자녀들아, 이리 오라. 나의 말에 귀를 기울이라. 내가 너희에게 여호와를 경외하는 도를 가르치리라." 나아가 그들은 하나님의 율법을 할 수 있는 대로 명확하게 하고자 많은 애를 썼습니다. 피차에게 "여호와를 알라"고 격려하면서 말입니다. 부지중에 범죄하는 것에 대한 두려움은 민족적인 교육을 촉진하는 박차가 되었으며, 모든 이스라엘로 하여금 여호와의 율법을 크게 존귀하게 하도록 만들었습니다.

마지막으로, 우리는 본문을 통해 죄를 드러내는 율법의 능력이 놀랍게 나타나는 것을 주목할 수 있습니다. 나는 율법의 폭이 지극히 넓고 광대함을 압니다. 나는 율법의 눈이 마치 독수리의 눈과 같다는 사실을 압니다. 나는 율법의 손이 마치 쇳덩어리로 만든 손처럼 무겁다는 사실을 압니다. 그러한 율법이 내가 알지 못하는 죄로 나를 참소하는 것을 발견할 때, 그리고 그것이 내 영혼의 은밀한 부분들을 찾으며 나의 눈이 미처 보지 못했던 것을 빛으로 드러낼 때, 나는 두려움으로 가득 찹니다. 내가 전혀 의식하지 못했지만 그러나 부인할 수 없는 죄들로 하나님의 심판대 앞에 설 수 있음을 발견할 때, 나는 재 가운데 앉아 머리를 숙입니다. 율법은 바로 이와 같습니다. 율법은 우리 마음속에 얼마나 강력한 빛을 비춥니까! 만일 여러분이 자신의 성품을 다른 사람들의 성품과 비교한다면, 여러분은 스스로를 자랑스럽게 생각할 수 있습니다. 만일 여러분이 자신의 성품을 사람들의 일반적인 생각의 희미한 촛불 아래서 본다면, 여러분은 스스로에 대해 우쭐할 수 있습니다. 만일 여러분이 자신을 살피되 여러분 자신의 판단 그 이상으로 나아가지 않는다면, 여러분은 여전히 안일함 가운데 앉아 있을 수 있습니다. 그러나 만일 우리가 여호와의 무한히 정결하신 빛 앞에 선다면 그리고 그의 전지하심이 우리가 미처 인식하지 못한 죄를 찾는다면, 도대체 어떻게 우리가 스스로를 자랑스럽게 생각하며 스스로에 대해 우쭐할 수 있겠습니까? 율법은 얼마나 강력한 힘으로 사람들을 붙잡습니까? 율법은 얼마나 엄격하게 깊은 곳에 숨은 죄까지 찾아냅니까? 하나님은 얼마나 거룩하시며 얼마나 정결하십니까? 거룩하신 여호와여, 우리는 주에 대한 두려움으로 가득 차나이다! 맑은 하늘조차도 주 앞에는 어두우며, 지혜로운 천사들조차도 주 앞에는 어리석나이다! 하물며 우리가 어떻게 주 앞에서 의로울 수 있나이까? 주 앞에 우리는 어리석기 짝이 없나이다. 우리 자신의 의로써 주 앞에 의롭다 함을 받고자 바라는 것은 우리에게 있어 얼마나 불가능하며 어리석은 일이나이까! 나의 형제들이여, 이와 같이 우리는 본문의 선언을 통해 하나님의 율법이 존귀하게 되는 것을 보게 됩니다.

2. 둘째로, 본문의 교훈을 통해 양심이 각성됩니다.

17절의 "만일 누구든지 여호와의 계명 중 하나를 부지중에 범하여도 허물이라 벌을 당할 것이니"라는 말씀을 읽을 때, 나는 나의 발 앞에 거대한 심연(深淵)이 열리는 것을 느낍니다. 사랑하는 친구여, 당신은 자신이 고의적인 죄인이며 의식적으로 하나님의 율법을 어겼음을 압니다. 당신은 부지중에 범한 죄를 통해서도 죄인이 될 수 있습니다. 그렇다면 지금 당신이 딛고 서 있는 땅은 얼마나 위태하며 요동치는 땅입니까? 당신 앞에서 지금 고라와 다단과 아비람에게 그랬던 것처럼 땅이 갈라지며 무시무시한 심연이 열리고 있지 않습니까? 당신이 범한 죄들을 생각해 보십시오. 당신의 마음을 순간적으로 스치고 지나갔던 수많은 생각의 죄들을 되돌아보십시오. 마치 하늘에 떠 있는 구름이 땅에 그림자를 만들었다가 사라지는 것처럼 그렇게 당신의 마음을 스치고 지나갔던 수많은 생각들 말입니다. 또 당신의 마음을 사로잡았던 악한 생각들을 되돌아보십시오. 추잡한 이야기를 듣기를 좋아했던 것, 당신의 정욕과 욕심과 악에 대한 각종 핑계들을 생각해 보십시오. 이 모든 것들은 다 죄입니다. 뿐만 아니라 우리가 했던 말들을 생각해 보십시오. 우리가 했던 성급한 분노의 말들과 거짓된 말들과 짜증내는 말들과 교만한 말들을 생각해 보십시오. 또 우리의 무익한 말들과 불평하는 말들과 믿음 없는 말들과 불경스러운 말들을 생각해 보십시오. 그리고 별 생각 없이 했던 의미 없는 수많은 말들을 생각해 보십시오. 이 모든 것은 우리 문 앞에 얼마나 엄청난 분량으로 쌓여 있습니까! 그 모든 것은 죄로 가득 차 있습니다. 또 우리가 행했던 많은 행동들을 생각해 보십시오. 우리는 얼마나 자주 하나님의 빛 안에서 보지 않고 관습의 희미한 빛 안에서 봄으로써 스스로를 정당화했습니까! 그러한 행동들 안에 죄를 포함하고 있는 것이 얼마나 많습니까! 모든 형태의 악에 대해 생각할 때, 나는 우리의 삶이 수많은 죄로 얼룩져 있음에도 불구하고 우리가 스스로를 정죄하지 않고 심지어 그에 대해 생각조차 하지 않는 사실 앞에 두려워 떨지 않을 수 없게 됩니다. "네 마음을 다하고 목숨을 다하고 뜻을 다하여 주 너의 하나님을 사랑하라"는 첫째가는 큰 계명을 생각해 보십시오(마 22:37). 여러분과 나는 그것과 얼마나 멀리 떨어져 있습니까! 마음으로 우리는 하나님을 온전히 섬기지 못했습니다. 우리에게 하나님을 사랑하는 뜨거운 감정이 없었습니다. 우리는 영혼의 간절한 열망으로 하나님을 따르지 않았습니다. 진실로 우리는 죄인입니다. 우리의 죄는 우리가 상상하는 훨씬 이상입니다. 또 "네 이웃을 네 자신 같이 사랑하라"는 둘째가는 큰 계명을 생각해 보십시오(39절). 우리 가운데 누가 그렇게 행했습니까? 우리는 주변 사람들을 우리 자신을 사랑하는 것과 비슷한 사랑으로 사랑했습니까? 십계명의 열 가지 빛이 하나로 모아지면 "사랑"이라는 흰 빛이 됩니다. 그 빛에 비추어 우리 모두는 죄인으로 섭니다. 그리고 알지 못했다는 사실이 우리의 죄책을 덮어주지 않습니다. "만일 누구든지 여호와의 계명 중 하나를 부지중에 범하여도 허물이라 벌을 당할 것이니" — 이 말씀을 들을 때, 우리는 두려움으로 떨지 않을 수 없게 됩니다.

사랑하는 친구들이여, 우리의 부지(不知)가 얼마나 큰지 생각해 보십시오. 우리 가운데 도대체 누가 많은 지혜를 소유하고 있노라고 스스로 자임할 수 있겠습니까? 실제로 더 많이 알수록 자신의 알지 못함을 더 많이 의식하는 법이 아닙니까? 그러므로 나는 우리의 부지가 매우 크다는 사실을 당연한 것으로 받아들일 수 있습니다. 부지중에 범한 죄의 범주 안에 얼마나 많은 죄들이 포함되어 있습니까! 해가 들지 않는 동굴 속에 얼마나 많은 박쥐들이 모여듭니까! 바다의 깊은 심연 속에 얼마나 많은 물고기들이 모여듭니까! 이와 같이 우리 본성의 은밀한 부분들에 수없이 많은 죄들이 모여듭니다. "자기 허물을 능히 깨달을 자 누구리요 나를 숨은 허물에서 벗어나게 하소서"(시 19:12).

부지(不知) 즉 알지 못하는 것은 많은 경우 고의적입니다. 많은 사람들이 전혀 성경을 읽지 않거나 거의 읽지 않습니다. 그리고 그 의미를 알고자 바라지도 않습니다. 어떤 그리스도인들은 사람이 쓴 특별한 책이나 월간 잡지로부터 종교적 지식을 취합니다. 오직 극소수의 사람만이 하나님의 말씀 자체로 갑니다. 너무나 많은 사람들이 하나님의 계시 자체의 맑은 샘으로부터 자신들의 잔을 채우는 대신 인간적 교훈이 뒤섞인 흙탕물을 마시는 것으로 만족합니다. 사랑하는 형제들이여, 만일 여러분이 하나님의 뜻과 관련한 어떤 것에 대해 알지 못한다면, 많은 경우 그것은 여러분에게 성경이 없다든지 혹은 여러분에게 그것을 깨닫게 해주는 인도자가 없기 때문이 아닙니다. 무엇보다도 성령께서 여러분에게 은혜를 베풀기 위해 기다리고 계시지 않습니까? "너희 중에 누구든지 지혜가 부족하거든 모든 사람에게 후히 주시고 꾸짖지 아니하시는 하나님께 구하라 그리하면 주시리라"(약 1:5). 만일 우리가 하나님의 뜻을 알고자 한다면, 우리는 얼마든지 그것을 알 수 있습니다. 만일 우리가 영국에서 복음에 대해 알지 못한 채로 남아 있다면, 그러한 부지(不知)는 고의적인 것입니다. 오늘날의 영국을 생각해 보십시오. 고의적인 부지 가운데 있는 사람들이 얼마나 많습니까? 이런 풍토 속에 모든 곳에 얼마나 죄가 만연합니까? 어둠의 통치자는 우리가 하나님의 빛으로 나오기를 거절함으로 말미암아 고의적으로 만들어 낸 부지의 캄캄함으로 우리를 가둡니다. 원수는 한밤중에 악의 씨를 뿌립니다. 그리고 애굽의 어둠 한가운데서 저주받은 씨는 급속도로 자라 삼십 배 육십 배 백 배로 결실합니다. 영원한 빛이시여, 비추소서! 우리의 부지(不知)의 어스름한 곳으로 뚫고 들어오소서! 우리의 부지가 마침내 지옥의 영원한 밤처럼 어두워지기 전에 말입니다.

아마도 어떤 사람들은 마음으로 "하나님이 알지 못하고 행한 것까지 죄로 정하는 것은 너무나 가혹한 일이야"라고 말할 것입니다. 그러나 그것은 얼마나 어리석으며 무익한 말입니까? 당신도 그렇게 생각합니까? 그렇다면 하나님의 대답이 무엇인지 생각해 보십시오. 예수 그리스도는 당신의 어리석은 말을 자기의 달란트를 감춘 충성되지 못한 종의 입 속에 담으셨습니다. 그는 이렇게 말합니다. "당신은 굳은 사람이라 심지 않은 데서 거두고 헤치지 않은 데서 모으는 줄을 내가 알았으므로"(마 25:24). 이러한 말에 그의 주인이 무엇이라고 대답했습니까? 종을 너그럽게 용서해주는 대신, "악하고 게으른 종아 나는 심지 않은 데서 거두고 헤치지 않은 데서 모으는 줄로 네가 알았느냐 그러면 네가 마땅히 내 돈을 취리하는 자들에게나 맡겼다가 내가 돌아와서 내 원금과 이자를 받게 하였을 것이니라"(26, 27절)라고 대답하지 않았습니까? 부지중에 하나님의 계명을 깨뜨린 것을 죄로 정하는 것이 지나치게 가혹한 일로 여겨진다면, 그렇게 여기십시오. 당신이 그렇게 여기고자 한다면 말입니다. 그러나 마침내 당신은 그것으로 말미암아 심판을 받게 될 것입니다. 만일 우리가 우리를 지으신 자를 비방하며 참소한다면, 도대체 누가 심판을 피할 것이란 말입니까? 그렇게 하느니 차라리 그분께 순복하며 긍휼을 구하는 것이 훨씬 더 지혜로운 일이 아니겠습니까?

본문의 교훈을 다시 한 번 생각해 보십시오. 본문은 우리에게 하나님의 율법을 범한 자에게 있어 그러한 율법을 알지 못했다는 사실이 그로부터 형벌을 면제해 주지 않는다는 사실을 일깨워 줍니다. 그러한 교훈을 우리는 자연법칙으로부터도 유추할 수 있습니다. 자연법칙은 도덕법칙과 하나님의 영적 법칙들에 많은 빛을 비추어 주는 좋은 모형이 됩니다. 그리고 우리는 그로부터 많은 교훈을 얻을 수 있습니다. 여기에 만유인력의 법칙이 있습니다. 그러한 법칙으로 말미암아 물체들은 서로 끌어당기며, 무거운 물체는 필연적으로 땅으로 떨어집니다. 어떤 사람이 자신이 날 수 있다고 생각합니다. 그는 등에다가 날개를 붙이고 높은 탑 위로 올라갑니다. 그는 자신이 새처럼 날게 될 것이라고 확신합니다. 그는 자신이 하늘을 나는 놀라운 광경을 보도록 많은 사람들을 초청합니다. 그러나 만유인력의 법칙은 그의 확신을 뒷받침해 주지 않습니다. 그렇지만 그는 그렇게 생각하지 않습니다. 가련한 그는 자신이 날 수 있다고 굳게 믿습니다. 그러나 높은 탑으로부터 뛰어내리는 순간 그는 땅으로 추락하여 마침내 죽게 됩니다. 어째서 하나님은 당신의 자연법칙을 일시적으로 중단시키지 않으셨을까요? 그 사람이 고의적으로 그 법칙을 깨뜨리려고 한 것이 아닌데 말입니다. 그렇습니다. 만유인력의 법칙은 엄격하며 결코 변하지 않습니다. 그러므로 부지중에 범한 자라 하더라도 그 대가를 치러야만 합니다. 나는 베이징에 사는 중국인들이 종종 극심한 겨울을 지나면서도 자신들의 발 밑에 묻혀 있는 석탄을 캐려고 하지 않는다는 이야기를 어떤 책에서 읽은 적이 있습니다. 그들 발 밑에 많은 양의 석탄이 묻혀 있지만, 그러나 그들은 그것을 캐기를 거부합니다. 그러다가 혹시 땅의 평형이 깨어질까 두려워서 말입니다. 그들은 자신들의 땅이 세상의 중심이라고 굳게 믿는데, 자칫 석탄을 캐다가 세상의 중심인 자신들의 땅이 변방으로 전락될까봐 걱정한다는 것입니다. 중국인들의 그러한 믿음은 매우 진지합니다. 그렇다고 해서 날씨가 그들의 믿음에 적합하게 바뀝니까? 하나님이 그들을 석탄 없이도 따뜻하게 겨울을 보내도록 만들어 줍니까? 결코 그렇지 않습니다. 만일 그들이 따뜻해지는 방법을 거절한다면, 그들은 추위에 떨 수밖에 없습니다. 그들의 부지(不知)가 단 1도의 온도도 높여주지 않습니다. 선한 동기로 고통을 경감해 주는 새로운 약을 발견하고자 애쓰는 어떤 의사를 상상해 보십시오. 여러 가지 실험을 하는 도중 그는 부지중에 치명적인 독가스를 흡입합니다. 그러면 그는 어떻게 되겠습니까? 결국 죽고 말 것입니다. 그의 선의(善意)에도 불구하고 그리고 그가 그 가스의 치명적인 독성을 알지 못했다는 사실에도 불구하고, 자연법칙은 중단되지 않습니다. 결국 그는 자신의 실수의 치명적인 결과를 피하지 못합니다. 동기 여하와 상관 없이 그는 자연법칙을 깨뜨렸으며, 그로 말미암은 결과가 그에게 정확하게 임합니다. 이러한 사실은 자연 세계에서와 마찬가지로 영적 세계에서도 똑같이 적용됩니다.

이 문제를 논리적인 방법으로 좀 더 논증해 보도록 합시다. 부지중에 범한 죄도 죄책을 가진다는 것은 논리적으로도 필연성을 갖습니다. 부지(不知) 곧 알지 못했다는 사실이 죄를 정당화하지 않습니다. 만일 부지가 죄를 정당화한다면, 필연적으로 더 많이 부지할수록 더 많이 무죄한 자가 된다는 결론이 따를 것입니다. 그렇다면 부지가 최고의 축복이 될 것입니다. 왜냐하면 어떤 사람이 완전한 부지 아래 있을 때, 그는 아무런 책임도 없으며 모든 죄로부터 자유로울 것이기 때문입니다. 그렇다면 여러분과 내가 완전하게 정결해지기 위해 해야만 하는 모든 것은 "아무것도 알지 않는" 것일 것입니다. 성경을 불태우고 복음을 듣기를 거절하며 모든 학습을 포기하는 것이 모든 죄로부터 자유롭게 되는 가장 빠른 길이 될 것입니다. 그렇다면 지식 즉 무엇인가를 안다는 것은 저주가 될 것입니다. 그리고 그리스도께서 세상에 가져오신 빛은 사람에게 있어 가장 큰 재앙일 것입니다. 만일 내가 부지가 나를 모든 책임으로부터 벗어나게 해준다고 확신한다면, 나는 모든 지식의 길을 닫아버리고 어둠 가운데 가만히 앉아 있고자 애쓸 것입니다. 그렇지만 이러한 가정(假定)은 얼마나 터무니없는 것입니까! 이것은 가장 초보적인 상식과도 합치되지 않습니다.

또 만일 어떤 행동의 죄책 여부가 전적으로 사람의 지식 여하에 달려 있다면, 우리는 옳고 그름을 판단할 수 있는 고정된 표준을 전혀 갖고 있지 못한 셈입니다. 옳고 그름의 문제는 각 사람의 지식 여하에 따라 변할 것입니다. 그리고 궁극적이며 확실한 표준은 존재하지 않을 것입니다. 우리나라의 법전(法典)이 "사람의 죄책이 그가 법을 아는 정도에 비례된다는" 원리 위에 세워졌다고 상상해 보십시오. 죄책의 문제가 생길 때마다 사람들은 자신이 그러한 법을 알지 못했었노라고 호소할 것입니다. 그리고 실제로 수많은 사람들이 법을 알려고 하지 않을 것이며, 도리어 모르려고 노력할 것입니다. 부지가 죄책을 면제받을 수 있는 통로가 된다면, 그토록 쉽고 간단한 방법은 순식간에 온 나라에 퍼질 것입니다. 사람들은 잊어버리는 기술을 열심히 연구할 것이며, 아무것도 모르는 것은 모든 사람이 부러워하는 최고의 재산이 될 것입니다. 어떤 사람이 술에 취해 행패를 부린 죄로 40실링의 벌금을 내라는 판결을 받았다고 합시다. 그러면 그는 자신은 그런 법규를 알지 못했었노라고 항변할 것입니다. 무슨 사건이든 사람들은 부지(不知)를 내세울 것입니다. 그러면 모든 법은 사실상 아무런 힘도 발휘할 수 없게 될 것이며, 이 나라의 기초는 즉시로 허물어질 것입니다. 그러나 이것은 얼마나 터무니없으며 앞뒤가 맞지 않는 말입니까!

사랑하는 형제들이여, 하나님의 율법을 알지 못하는 것 자체가 율법을 거스르는 것이라는 사실을 기억하십시오. 왜냐하면 우리는 율법을 알고 기억하라고 계속해서 명령받기 때문입니다. 하나님은 그의 종 모세를 통해 이렇게 말씀하셨습니다. "이러므로 너희는 나의 이 말을 너희의 마음과 뜻에 두고 또 그것을 너희의 손목에 매어 기호를 삼고 너희 미간에 붙여 표를 삼으며 또 그것을 너희의 자녀에게 가르치며 집에 앉아 있을 때에든지, 길을 갈 때에든지, 누워 있을 때에든지, 일어날 때에든지 이 말씀을 강론하고 또 네 집 문설주와 바깥 문에 기록하라"(신 11:18-20). 율법을 아는 것은 의무였으며, 모르는 것은 죄였습니다. 하나의 죄가 다른 죄의 죄책을 면제해 주는 것이 될 수 있습니까? 도대체 어떻게 그것이 가능할 수 있단 말입니까? 어떤 사람에게 있어 하나님의 말씀을 찾기를 거부하는 것은 죄입니다. 그런데 그러한 죄가 도대체 어떻게 그의 고의적인 부지가 야기한 죄의 죄책을 제거해 줄 수 있단 말입니까? 이것은 절대로 불가능합니다.

만일 부지중에 행한 죄가 죄가 아니라면, 그리스도의 중보기도는 무의미한 것이 될 것입니다. 이사야 53장 12절을 읽어 보십시오. "그러나 그가 많은 사람의 죄를 담당하며 범죄자를 위하여 기도하였느니라." 또 예수 그리스도는 십자가 위에서 이렇게 기도하셨습니다. "아버지 저들을 사하여 주옵소서 자기들이 하는 것을 알지 못함이니이다"(눅 23:34). 만일 알지 못한 채 행한 것이 죄가 아니라면, 어째서 우리 주님은 알지 못하고 행한 범죄자들을 용서해 달라고 기도했습니까? 죄가 없는데 도대체 무엇 때문에 용서를 구한단 말입니까? 그렇다면 우리 주님은 이렇게 기도해야 했을 것입니다. "아버지여, 나는 저들이 용서받기를 구하지 않나이다. 저들은 자기들이 행하는 것을 알지 못했으므로 아무런 죄도 없나이다." 그러나 그가 용서를 간구한 사실로부터, 우리는 부지중에 행한 죄가 죄책을 가진다는 사실을 분명히 알 수 있습니다.

　　만일 부지가 죄책을 면제시켜 주는 것이라면, 성령의 역사(役事) 역시 선한 역사가 아니라 악한 역사가 될 것입니다. 왜냐하면 그는 "죄에 대하여 세상을 책망하기 위해" 오셨기 때문입니다(요 16:8). 그렇지만 만일 그들이 죄에 대하여 무흠하다면, 어째서 그들을 죄에 대하여 책망한단 말입니까? 양심을 일깨우고 각성시켜 죄에 대하여 슬퍼하도록 만드는 것이 도대체 무슨 소용이 있단 말입니까? 만일 양심이 죄에 대해 아무것도 인식하지 않는다면, 결국 죄는 어디에도 없는 것이 될 텐데 말입니다. 성령의 역사(役事)를 무의미하며 쓸데없는 일이라고 말하는 당신은 도대체 누구입니까? 당신이 누구관대 그토록 신성모독적인 말을 할 수 있단 말입니까? 그러므로 설령 알지 못하고 지은 죄라 하더라도 그것은 필연적으로 죄여야만 합니다.

　　부지가 죄책을 면제해 준다는 이론이 야기하는 또 하나의 피할 수 없는 결론이 있습니다. 어떤 사람이 악하면 악할수록 그는 마음을 더 완고하게 하여 거룩함에 대해 더욱 부지한 자가 될 것입니다. 이것은 너무도 명약관화합니다. 집에서 경건한 아버지와 함께 살고 있는 아이를 상상해 보십시오. 그 아이가 어떤 죄를 지었을 때, 그는 크게 두려워하며 부들부들 떨 것입니다. 그러나 그가 50세가 되었을 때는 그런 죄로 두려워하며 떨지 않을 것입니다. 만일 그가 악의 길에 빠져 살아간다면 말입니다. 사람은 하나의 죄로부터 또 다른 죄로 미끄러져 내려갑니다. 그리고 미끄러져 내려감과 함께 그의 마음의 눈과 도덕적 눈은 점점 더 흐려지며, 그는 죄를 점점 더 적게 인식합니다. 극도의 악함에 도달한 어떤 사람을 상상해 보십시오. 아무리 흉악한 일이라도 그는 별다른 마음의 동요 없이, 그리고 그것이 나쁜 일이라는 생각도 없이 그 일을 행할 수 있습니다. 만일 그의 양심이 점점 더 마비될수록 그의 죄책이 점점 더 작아진다면 그리고 그의 영적 지식이 거의 없음으로 인해 그에게 죄책이 돌려지지 않는다면, 모든 것은 뒤죽

박죽이 되고 말 것입니다. 결코 그럴 수 없습니다. 어떤 행동이 죄인지 여부를 판별하는 것은 그의 양심도 아니며, 그가 악을 인지하는지 여부도 아니며, 그것이 죄임을 그가 아는지 여부도 아닙니다. 다만 율법 그 자체입니다. 죄는 하나님의 율법을 깨뜨린 것입니다. 그 율법을 알든 모르든 상관 없이 말입니다. 율법은 움직일 수 없으며 변할 수 없습니다. 만일 어떤 사람이 율법을 깨뜨리면, 알든 모르든 상관 없이 그는 그 결과를 담당해야만 합니다.

나는 이 자리에 앉아 있는 대부분의 사람들이 본문이 가르치는 바가 진리임을 마음으로 느낄 것이라고 확신합니다. 여러분은 하나님을 사랑하며, 불의를 미워합니다. 이제 여러분은 이렇게 말할 수 있게 되었을 것입니다. "나는 오랫동안 해온 어떤 행동이 잘못된 것임을 이제 압니다. 만일 내가 그것을 잘못된 일로 생각한다면, 나는 그 일을 행해서는 안 됩니다. 심지어 지금도 다른 사람들은 그 일을 행하고 있으며 그것을 잘못된 일로 생각하지 않습니다. 그러나 나는 더 이상 그 일을 행할 수 없습니다. 나의 양심이 마침내 새로운 빛으로 각성되었으며, 나는 즉시로 바뀌어야만 합니다." 어떤 상황에서든 여러분은 "내가 행한 것은 잘못된 일이 아니야. 왜냐하면 그것이 잘못된 일이라는 것을 알지 못했기 때문이지"라고 말해서는 안 됩니다. 결코 그렇지 않습니다. 만일 여러분이 "이 일에 있어 나의 죄책은 죄인 줄 뻔히 알면서 고의적으로 행한 것보다는 크지 않아"라고 말한다면, 그것은 정당한 말입니다. 그렇지만 어쨌든 그것은 죄이며, 그러므로 여러분은 그 일로 인해 스스로를 책망하며 애곡해야 합니다. 노예무역을 했던 존 뉴턴을 기억합니까? 젊은 시절에 그는 당시 대부분의 그리스도인이 그랬던 것처럼 그 일을 잘못된 일로 생각하지 않았습니다. 그러나 그의 양심이 각성되어 그 일이 죄임을 깨달았을 때, 그는 스스로를 변명하려고 하지 않았습니다. 그는 이렇게 말하지 않았습니다. "그 때 그 일은 잘못된 일이 아니었어. 왜냐하면 다른 사람들도 그 일을 했을 뿐만 아니라 거의 모든 사람들이 그것을 잘못된 일로 생각하지 않았기 때문이야." 결코 그렇지 않습니다. 알았든 몰랐든, 옳은 일은 옳은 일이며 잘못된 일은 잘못된 일입니다. 그의 양심이 일깨워졌을 때, 그의 양심은 그에게 그 일이 악한 일임을 분명하게 말해 주었습니다. 여러분과 나의 양심은 지금 우리가 별 생각 없이 행하는 어떤 문제들에 대해 일깨워질 필요가 있습니다. 특별히 그것이 죄라는 생각이 없이 말입니다. 그러나 우리가 어떻게 판단하느냐와 상관 없이, 옳고 그름은 그 자체로 굳게 서는 법입니다.

나아가 이것은 우리에게 행위로 말미암은 구원은 절대로 불가능하다는 사실을 보여주지 않습니까? 만일 여러분이 하나님의 율법을 지킴으로 말미암아 구원받기를 기대한다면, 여러분은 바랄 수 없는 것을 바라는 것입니다. 나는 내가 하나님의 율법을 지킬 수 없다는 사실을 압니다. 또 본문은 우리에게 그것이 절대로 불가능하다는 사실을 분명하게 보여줍니다. 왜냐하면 율법은 내가 알지 못하고 범한 것, 심지어 전혀 의식하지 못하고 범한 것에 대하여까지도 나를 참소하기 때문입니다. 행위로 말미암아 구원받기를 바라는 자여, 당신은 단 한순간의 평안조차도 향유할 수 없을 것입니다. 당신은 당신의 의가 완전하다고 생각하면서, 그 의가 당신을 구원할 것이라고 생각합니다. 그러나 도대체 어떻게 당신은 당신의 의가 완전함을 확신할 수 있단 말입니까? 당신은 부지중에 죄를 범했을 수 있습니다. 그렇다면 그것이 모든 것을 망쳐 놓을 것입니다. 이것을 생각하십시오. 그리고 낙망하십시오. 우리는 당신에게 당신 자신의 의로 말미암아 천국으로 가는 길은 막혀 있다고 확증합니다. 간절히 구하노니 우리의 증언을 믿으십시오. 그 길은 막혀 있습니다. 그러나 다른 길이 있습니다. 저기에 십자가가 보이지 않습니까? 그 십자가가 당신을 천국으로 인도합니다. 왜냐하면 그것이야말로 천국으로 향하는 길을 알려주는 표지판이기 때문입니다. 천국으로 향하는 그 길은 신적 은혜로 포장되어 있습니다. 하나님은 예수 그리스도를 믿는 죄인들을 값없이 용서해 주십니다. 그 길은 안전한 길입니다. 그 길에는 사자(獅子)도 없으며, 굶주린 짐승도 없습니다. 다시 한 번 말하거니와, 당신이 가고자 했던 길, 즉 율법의 의로 말미암는 길로는 가지 마십시오. 오직 예수 그리스도의 십자가가 가리키는 길로만 가십시오.

3. 셋째로, 이러한 교훈으로 말미암아 사람들이 희생제사를 열망하게 됩니다.

죄를 의식할 때, 우리는 희생제사를 열망하게 됩니다. 부지중에 죄를 범한 자들을 구원하는 하나님의 방법은 그러한 죄를 부인한다든지 혹은 그냥 지나치는 것이 아니라 그것을 위해 속죄제물을 받으시는 것입니다. "제사장은 그가 부지중에 범죄한 허물을 위하여 속죄한즉 그가 사함을 받으리라"(18절). 사함은 오직 속죄를 통해 옵니다. 여러분과 나에게 있어, 부지중에 범한 죄를 위한 속죄의 필요성은 얼마나 큽니까! 우리에게 부지중에 범한 죄가 얼마나 많은지 생각해 보십시오. 우리는 그리스도의 피를 얼마나 많이 필요로 합니까! 우리에게 정결하게 하는 그리스도의 보혈은 얼마나 절실합니까!

하나님이 속죄를 기꺼이 받으시는 것은 우리에게 얼마나 큰 은혜입니까! 설령 하나님의 율법이 어떤 속죄도 규정하지 않았다 하더라도, 부당한 것은 아무것도 없습니다. 여전히 율법도 정당하며, 하나님도 정당합니다. 그러나 무한하신 하나님은 속죄의 희생제물을 통해 부지중에 죄를 범한 자가 사함을 받을 수 있는 길을 열어 놓으셨습니다. 하나님이 얼마나 은혜로우신지 보십시오! 왜냐하면 그 자신이 친히 그러한 희생제물을 준비하셨기 때문입니다. 율법 아래서 범죄한 사람은 그 자신이 희생제물을 가져와야만 했습니다. 그러나 우리는 희생제물을 가져올 필요가 없습니다. 왜냐하면 아버지께서 자기 아들을 아끼지 아니하시고 그 아들을 우리를 위한 속죄제물로 주셨기 때문입니다. 성육신하신 하나님은 부지중에 범한 죄를 짊어지셨습니다. 오늘 그는 부지중에 죄를 범한 죄인들을 불쌍히 여기실 수 있습니다. 왜냐하면 그들을 위해 속죄를 이루셨기 때문입니다.

율법 아래서 이러한 속죄제물은 흠 없는 어린 양이었습니다. 우리 주님은 죄뿐만 아니라 죄의 그림자도 없으셨습니다. 그는 하나님의 율법이 요구하는 흠 없는 희생제물입니다. 우리 주 예수 그리스도는 공의가 사람으로부터 형벌로서 요구하는 모든 것을 이루셨습니다. 왜냐하면 그는 "죄를 위한 속죄제물"로서 뿐만 아니라 또한 "죄로 말미암은 모든 손상(損傷)에 대한 보상"으로서 자신을 드렸기 때문입니다. 그는 하나님의 존귀를 보상하셨으며, 우리가 손상을 끼친 모든 사람을 보상하셨습니다. 나의 형제들이여, 여러분이 손상을 끼친 또 다른 어떤 것이 있습니까? 좋습니다. 그리스도께서 자신을 여러분에게 주셨기 때문에, 여러분에게 충분한 보상이 이루어졌습니다. 하나님에게 충분한 보상이 이루어진 것과 마찬가지로 말입니다. 우리가 이러한 희생제물 안에 안식할 수 있는 것은 얼마나 놀라운 축복입니까! 그 희생제물은 최고의 효력을 가집니다. 그것은 죄와 허물과 불법을 제거합니다.

사랑하는 자들이여, 여러분은 하나님께 여러분의 모든 죄를 고백해야 합니다. 그러나 만일 여러분이 행한 모든 죄를 고백하는 조건 위에서 죄 사함이 주어진다면, 여러분은 결코 구원받지 못할 것입니다. 우리는 우리의 모든 죄와 허물들을 알지 못합니다. 설령 안다 하더라도, 그 모든 것들을 기억할 수 없습니다.

그러나 그는 그 모든 것들을 아시며 또 도말할 수 있습니다. 우리는 부지중에 행한 죄에 대해 애통하며 슬퍼할 수 없습니다. 왜냐하면 그것이 죄인 줄 알지 못하기 때문입니다. 그러나 예수 그리스도는 그 모든 것을 아시며, 그 모든 것을 위해 피를 흘리셨습니다. 그리고 그 모든 죄들은 그의 희생제사로 말미암아 제거됩니다. 모든 죄들은 천사들조차도 볼 수 없는 깊음 속에 던져집니다. 그는 우리를 위해 한량없는 고통을 기꺼이 감당하셨으며, 그의 무한한 공로로 말미암아 우리 구속자는 우리가 능히 측량할 수 없는 죄의 빽빽한 어둠을 제거하셨습니다. 예수를 믿는 죄인이여, 당신의 빚을 당신은 알지 못합니다. 그러나 당신의 영광스러운 구주가 당신을 위해 그 모든 빚을 대신 떠맡으시고 갚으셨습니다. 그의 이름을 송축합시다! 그 안에 안식하십시오. 그리고 기뻐하며 당신의 길을 가십시오. 아멘.

제
5
장

—

속죄일

—

"이 날에 너희를 위하여 속죄하여 너희를 정결하게 하리니
너희의 모든 죄에서 너희가 여호와 앞에 정결하리라."
— 레 16:30

아담은 범죄하기 전에는 하나님과 교제하며 살았지만 그러나 언약을 깨뜨리고 하나님의 영을 근심하게 한 후에는 더 이상 하나님과의 친밀한 교제를 가질 수 없었습니다. 모세 시대에 하나님은 광야에서 은혜 가운데 자기 백성들 가운데 거하며 그들과 함께 행하기를 기뻐하셨지만, 그러나 여전히 그것은 조건적이며 유보적이었습니다. 그 때 성소(聖所)가 있었지만, 그러나 그러한 하나님의 임재의 상징은 사람들의 눈에 감추어져 있었습니다. 하나님이 정하신 단 하나의 길을 제외하고는 그리고 일 년에 단 한 번의 예외를 제외하고는 아무도 그곳에 들어갈 수 없었습니다. "성령이 이로써 보이신 것은 첫 장막이 서 있을 동안에는 성소에 들어가는 길이 아직 나타나지 아니한 것이라"(히 9:8). 오늘 우리는 성소에 들어가는 길, 즉 하나님께 나아가는 길을 다루고자 합니다. 오늘의 주제는 하나님께 나아가는 길은 오직 속죄로 말미암은 길이며 그 외에 다른 길은 없다는 사실을 보여줍니다. 희생제물의 피가 뿌려진 길로 말미암지 않는 한, 우리는 결코 하나님께 나아갈 수 없습니다. 우리 주 예수는 "나로 말미암지 않고는 아버지께로 올 자가 없느니라"라고 말씀하셨습니다(요 14:6). 하나님께로 나아가는 길은 오직 그 아들의 희생제사를 통한 길뿐입니다.

그 이유가 무엇일까요? 그것은 죄가 문 앞에 있기 때문입니다. 형제들이여, 정결하시고 거룩하신 하나님은 결코 죄를 용납하실 수 없습니다. 하나님은 결코 죄와 더불어 혹은 죄로 말미암아 부정하여진 자들과 더불어 교제할 수 없습니다. 왜냐하면 그렇게 하는 것은 그의 본성과 합치되지 않기 때문입니다. 반면 죄인 역시도 하나님과 더불어 교제할 수 없습니다. 그들의 악한 본성은 하나님의 거룩하심의 불을 감당할 수 없습니다. 우리 가운데 누가 삼키는 불과 함께 거할 수 있겠습니까? 우리 가운데 누가 영원한 불과 더불어 거할 것입니까? 삼키는 불이 무엇이며, 영원한 불이 무엇입니까? 하나님의 공의가 아니며, 하나님의 거룩하심이 아닙니까? "우리 하나님은 소멸하는 불이심이라"(히 12:29). 만일 죄로 얼룩진 영혼이 중보자와 그의 속죄 없이 하나님께 나아간다면, 그 영혼은 필경 멸망을 당할 것입니다. 하나님의 본성의 불은 우리 본성의 지푸라기를 여지 없이 태울 것입니다. 우리 안에 죄가 있는 한 말입니다. 이와 같이 하나님께 나아가는 것은 우리에게 있어 매우 어려운 일인데, 그와 같은 어려움은 오직 하나님만이 제거할 수 있습니다. 하나님은 죄인들과 교제할 수 없습니다. 왜냐하면 그는 거룩하시기 때문입니다. 죄인들은 거룩하신 하나님과 교제할 수 없습니다. 왜냐하면 하나님이 그들을 멸하실 것이기 때문입니다. 마치 나답과 아비후가 성소를 더럽혔을 때 하나님이 그들을 멸하셨던 것처럼 말입니다. 본문이 포함되어 있는 레위기 16장은 나답과 아비후를 멸하는 두려운 심판에 대한 언급과 함께 시작되는데, 그 사건은 여기의 규례들이 처음 만들어지게 된 이유를 설명해 줍니다.

그러면 사람들은 어떻게 하나님께 나아갈 것입니까? 그것은 오직 하나님 자신이 정하신 길로 나아가는 것뿐입니다. 하나님 자신이 그 길을 정하셨습니다. 그리고 하나님은 우리에게 본장의 상징으로 그것을 가르치셨습니다. 성경의 어느 한 부분만을 특별히 선호하는 것은 매우 잘못된 태도일 것입니다. 왜냐하면 모든 성경이 성령의 감동으로 기록되었기 때문입니다. 그러나 만일 내가 그렇게 할 수 있다면, 나는 본장을 특별히 선호할 것입니다. 왜냐하면 본장 즉 레위기 16장은 매우 풍성한 교훈들과 심오한 교리적 가르침들로 가득 차 있기 때문입니다. 본장은 매우 중요한 주제를 다룹니다. 여기에서 우리는 하나님과 우리 사이를 가로막은 죄가 어떻게 제거되는지, 그리고 우리 영혼이 어떻게 하나님의 임재 앞에 나아갈 수 있는지를 배웁니다. 여기에서 우리는 어떻게 하나님의 성소 안에 서 있으면서도 죽지 않고 살아 있을 수 있는지를 배웁니다. 여기에서 우리는 어떻게 야곱처럼 "내가 하나님과 대면하여 보았으나 내 생명이 보전되었다" 라고 말할 수 있게 되는지를 배웁니다(창 32:30). 오늘날 우리는 아버지와 더불어 가장 충만한 교제 안으로 들어갈 수 있습니다. 하나님이 우리를 위해 준비하신 유일한 길을 통해 말입니다. 성령의 인도하심으로 말미암아 우리는 그 길을 알고 또 그 길을 통해 아버지께 나아갈 수 있습니다. "그 길은 우리를 위하여 휘장 가운데로 열어 놓으신 새로운 살 길이요"(히 10:20).

본장으로 들어가기에 앞서 먼저 나는 이것이 단지 모형에 불과하다는 사실을 지적하고 싶습니다. 여기의 속죄일은 죄가 실제적으로 속죄되는 것을 보지 못했습니다. 죄는 여전히 실제적으로 제거되지 않았습니다. 다만 그것은 하늘에 속한 것들의 모형이며, 장차 올 좋은 것들의 그림자였습니다. 실체는 그리스도입니다. 만일 여기의 속죄일에 실제로 죄가 제거되었다면, 또 다른 날이 필요하지 않았을 것입니다. 왜냐하면 일단 정결하게 된 예배자들은 더 이상 죄의식을 갖지 않을 것이기 때문입니다. 설령 그들이 50년 혹은 100년을 살았다고 하더라도, 그들은 또 다른 속죄일을 필요로 하지 않았을 것입니다. 그러나 여기의 속죄는 본질적으로 불완전한 것이며, 그림자와 모형에 불과했습니다. 그러므로 매년 7월 10일에 금식이 선포되고, 죄가 고백되며, 희생제물이 죽임을 당하며, 또다시 속죄제물이 드려졌습니다. 유대인들은 매년 특정한 날에 안식일임에도 불구하고 스스로의 영혼을 괴롭게 하도록 명령받았습니다. 그러한 행동을 통해 그들은 매년마다 죄를 고통스럽게 기억해야 했습니다. 하나님은 "이는 너희가 영원히 지킬 규례라"고 말씀하셨습니다(31절). 그것은 율법 조문으로는 모세의 경륜 동안 지속될 것이지만, 그러나 영과 실체로는 영원히 지속될 것이었습니다. 속죄일에 그들은 자신들의 죄가 영원히 제거되지 않았음을 기억해야 했습니다. 그러므로 그들은 다시금 스스로를 겸비하게 하면서, 실제적으로 죄를 제거할 수 없는 희생제물을 가지고 또다시 하나님 앞에 나아와야만 했습니다. 이스라엘은 참된 대제사장이신 예수께서 나타나실 때까지 매년 계속해서 이 일을 반복해야 했습니다. 그러나 이제는 희생제사도 없으며, 제사장도 없으며, 제단도 없으며, 지성소도 없습니다. 예수 그리스도께서 단번에 자신을 제물로 드림으로 말미암아 죄는 영원히 그리고 효과적으로 그리고 최종적으로 제거되었습니다. 그리고 신자들은 하나님 앞에 실제적으로 정결하게 되었습니다. 종종 그림자와 실체는 명확하게 구분되지 않은 채 말하여지곤 합니다. 우리도 흔히 그렇게 하지 않습니까? 우리가 "이것은 이러저러한 것을 나타내!"라는 의미를 전달하고자 한다고 상상해 보십시오. 그럴 때 우리는 종종 "이것은 이러저러해!"라고 말하곤 합니다. 우리 주님으로부터도 그런 예를 찾을 수 있습니다. 떡과 포도주가 그의 몸과 피를 나타낼 때, 그는 "이것은 내 몸이니라" 또 "이것은 내 피니라"고 말씀하셨습니다. 우리는 바보들에게나 혹은 고의적으로 그 명백한 의미를 왜곡시키려고 작정한 자들에게 말하고 있지 않습니다. 나는 여러분의 지적 능력과 성령의 인도하심을 믿습니다. 여러분은 본 설교 속에서 모형과 실체 사이를 충분히 구별할 것입니다. 부디 성령께서 여러분을 도우셔서 여기의 거룩한 모형을 올바로 이해하게 하시기를 기원합니다.

1. 첫째로, 속죄일에 무슨 일이 이루어졌는지 주목하십시오.

본문은 우리에게 그 날 상징적으로 무슨 일이 이루어졌는지 말해 줍니다. "이 날에 너희를 위하여 속죄하여 너희를 정결하게 하리니 너희의 모든 죄에서 너희가 여호와 앞에 정결하리라."

무엇보다도 사람들 자신이 정결하게 되었습니다. 만일 그들 가운데 어떤 사람들이 부정하게 되어 하나님과 더불어 그리고 그의 백성들과 더불어 교제할 수 없게 되었다면, 그들은 정결하게 됨으로써 성막에 올라가며 회중들과 함께 할 수 있게 되었습니다. 그날 아침 모든 무리는 부정한 자로 간주되었습니다. 그리하여 그들은 자신들의 부정함으로 말미암아 스스로를 괴롭게 하며 머리를 숙여야 했습니다. 그러나 희생제물이 드려지고 아사셀의 염소가 광야로 보내진 후, 전체 회중은 정결함과 큰 기쁨의 상태에 있게 되었습니다. 만일 이 일이 희년에 행해졌다면, 속죄가 이루어지자마자 기쁨의 나팔이 울려퍼졌을 것입니다. 매년 속죄일에 이스라엘 백성들은 정결하게 되었으며, 나흘 후 기쁨으로 장막절을 지켰습니다. 그들은 속죄일을 통해 죄에 대한 진정한 슬픔을 배웠으며, 장막절을 통해 정결하게 된 백성으로서의 참된 기쁨과 환희를 배웠습니다.

나는 그 날 백성들 자신이 정결하게 되었다는 사실을 특별히 강조하고 싶습니다. 왜냐하면 만일 여러분 자신이 정결하게 되지 않는다면, 여러분이 행하는 모든 일이 하나님 보시기에 부정하기 때문입니다. 어떤 연유로 인해 부정하게 된 사람을 상상해 보십시오. 그런데 그가 장막에 들어간다든지 혹은 어떤 곳에 앉습니다. 그러면 어떻게 될까요? 그러면 그가 들어간 장막과 그가 앉은 자리가 부정하게 됩니다. 만일 그의 친구가 그의 옷을 만진다면, 그 역시 부정해집니다. 먼저 그 사람 자신이 부정함으로부터 건져냄을 받을 필요가 있습니다. 이것은 여러분과 나의 경우에도 정확하게 동일합니다. 우리는 "우슬초로 나를 정결하게 하소서 내가 정하리이다 나의 죄를 씻어 주소서 내가 눈보다 희리이다"라고 부르짖을 필요가 있습니다(시 51:7). 여러분은 본질적으로 부정하여졌습니다. 여러분은 하나님의 공의 앞에 설 수 없습니다. 여러분의 영과 혼과 몸은 본질적으로 부정하게 되었으며, 여러분의 모든 의는 더러운 누더기 같이 되었습니다. 여러분 자신이 씻음을 받고 새로워질 필요가 있습니다. 사람의 실체와 본성을 정결하게 하는 것은 외부의 더러운 것들을 씻는 것보다 훨씬 더 어렵습니다. 그러나 속죄일에 상징적으로 이루어진 일은 바로 이것입니다. 그리고 우리 구주께서 우리를 위해 실제적으로 행하신 일이 또한 바로 이것입니다. 우리는 외인(外人)이었지만 그러나 그의 속죄제사로 말미암아 시민(市民)이 되었습니다. 우리는 나병환자였지만 그러나 그가 채찍에 맞음으로 나음을 입어 정결한 자들 가운데 받아들여졌습니다. 본성대로 한다면 우리는 단지 더럽고 부정한 것들을 태우는 불에 던져지기에 합당한 자들일 뿐입니다. 그러나 그의 희생제사로 말미암아 우리는 하나님 보시기에 보배로운 존재가 되었습니다. 한때 우리는 까마귀처럼 검었지만, 그러나 지금은 정결하게 씻음을 받아 흰옷을 입고 그와 함께 행할 수 있게 되었습니다.

또한 그들은 자신들이 고백한 모든 죄로부터 정결하게 되었습니다. 본장을 읽을 때, 우리는 "모든"이란 단어가 자주 반복되는 것을 주목할 수 있습니다. 일곱 번 내지 여덟 번 반복되는 것 같습니다. 이를 통해 우리는 속죄일에 이루어진 일이 매우 포괄적이었다는 사실을 배웁니다. 다시 말해서, 그 날 "죄에 대한 포괄적인 청소"가 이루어졌습니다. 먼저, 고백된 죄가 포괄적으로 청소되었습니다. 21절을 보십시오. "아론은 그의 두 손으로 살아 있는 염소의 머리에 안수하여 이스라엘 자손의 모든 불의와 그 범한 모든 죄를 아뢰고." 아사셀 염소의 머리에 안수하고 고백한 모든 죄는 사람이 거주하지 않는 황량한 땅으로 옮겨졌습니다. 고백된 죄는 단순한 병적 몽상이 아니라 분명하며 실제적인 죄입니다. 개중에는 막연한 먹구름 같은 죄들이 있습니다. 사람들이 죄라고 생각하며 어느 정도 탄식하기는 하지만, 그러나 그 죄의 가증스러움을 느낀다든지 혹은 그로 인해 애통하는 데까지는 이르지 않는 막연한 죄들 말입니다. 실제로 더러운 것들이 부글부글 끓어오르는 가마솥 같은 죄임에도 불구하고 말입니다. 어쨌든 하나님 앞에 그러한 죄들을 인정할 때, 그러한 추악하며 본질적으로 가증한 죄들은 그리스도의 속죄로 말미암아 제거됩니다. 눈물과 함께 고백된 죄, 마음으로 하여금 피 흘리게 만드는 죄 ─ 예수는 이러한 종류의 죄를 위해 죽으셨습니다. 모조품 죄인은 모조품 구주로 만족할는지 모릅니다. 그러나 우리 주 예수는 실제적인 죄를 위해 실제로 죽으신 실제적인 구주입니다. 죄의 무거운 짐을 지고 슬픔 가운데 살아가는 인생들에게 이것은 얼마나 큰 위로를 줍니까! 죄의 짐에 눌리고 낙망의 수렁에 짓뭉개진 여러분에게도 그러하지 않습니까! 형제들이여, 여러분이 범한 죄는 예수께서 정결하게 하신 모든 더러운 것들 가운데 포함되어 있습니다. 차마 사람들에게 고백하지 못하지만 그러나 거룩한 희생제물의 머리 위에 안수함으로써 인정한 죄 ─ 우리 주님은 그러한 죄를 여러분으로부터 제거하십니다.

계속해서 22절을 보십시오. "염소가 그들의 **모든** 불의를 지고." 여기에서도 우리는 "모든"이라는 단어가 강조되어 나타나는 것을 주목할 수 있습니다. 여기에는 생각과 말과 행동과 교만과 거짓과 정욕과 악의와 불경 등으로부터 말미암은 모든 형태의 죄가 포함됩니다. 이것은 사람에 대한 죄와 하나님에 대한 죄를 포괄합니다. 이것은 부주의의 죄와 태만의 죄와 부작위의 죄를 배제하지 않습니다. 몸의 죄와 생각의 죄와 감정의 죄가 모두 도말됩니다. 차마 입에 담을 수 없는 추악한 죄들까지도 사함받을 수 있습니다. 그렇습니다. 모든 죄가 사하여집니다. 죄의 바이러스가 모든 곳에 퍼진 것처럼, 속죄가 모든 것을 덮습니다. 주 예수 그리스도는 단지 일부의 죄만을 제거하고 나머지는 남겨두기 위해 피를 흘리지 않았습니다. 그는 신자의 영혼으로부터 죄의 모든 점과 흔적을 제거합니다. 다윗의 기도를 들어 보십시오. "나의 죄를 씻어 주소서 내가 눈보다 희리이다"(시 51:7)라고 기도하지 않습니까? 그는 온전한 정결함을 구했습니다. 이 시간 나의 설교를 통해 죄인 중에 괴수된 자들도 소망을 얻기를 바랍니다. 나는 매우 단순한 언어로 이야기하지만 그러나 오늘의 주제는 최고의 웅장함으로 가득 차 있습니다. 특별히 속죄의 필요성을 간절히 느끼는 자들에게 말입니다. 그 날 즉 속죄일의 희생제사로 말미암아 모든 죄가 제거되었습니다. 21절의 정확한 표현을 빌리면, "이스라엘 자손의 모든 불의와 그 범한 모든 죄"가 제거되었습니다.

나아가 신적 속죄는 죄의 죄 즉 죄의 본질과 심장을 제거합니다. 죄에는 핵과 알맹이가 있습니다. 열매 안에 핵이 있지 않습니까? 우리는 죄의 모양을 그에 비유하여 설명할 수 있습니다. 각각의 죄 안에는 외적으로 나타난 행동 그 자체보다도 더 본질적으로 악한 어떤 것이 있습니다. 그것은 악한 의도이며, 완악함이며, 마음의 내적 증오입니다. 그러나 그것이 무엇이든 간에, 그 모든 것을 위한 속죄가 이루어졌습니다. 대부분의 죄는 '죄들의 집적체'(集積體)입니다. 하나의 죄는 벌집으로 비유될 수 있습니다. 하나의 죄 안에 많은 죄들이 있습니다. 하나의 벌집 안에 많은 방들이 있는 것처럼 말입니다. 죄는 떼를 지어 존재합니다. 여러분은 죄의 악함을 충분하게 측량할 수 없습니다. 그리고 그것이 맺는 모든 악한 열매들을 충분히 인식할 수 없습니다. 모든 종류의 죄들은 하나의 죄 안으로 수렴될 수 있습니다. 세상의 모든 죄들 가운데 아담의 최초의 죄와 연결되지 않는 죄는 단 하나도 없습니다. 여러분이 어떤 죄를 제시하든 나는 그 죄를 아담의 죄와 연결시킬 수 있습니다. 최초의 죄 안에 모든 죄가 있었습니다. 죄는 집적된 악이며, 모든 형태의 더러운 것들의 집적체이며, 수많은 사망의 고리들로 연결된 사슬입니다. 죄인은 "내 이름은 군대니 우리가 많음이니이다"(막 5:9)라고 부르짖는 귀신들린 자와 같습니다. 악함에 있어서는 하나지만, 그러나 그 형태는 무수합니다. 그러나 속죄는 죄보다 더 크며 그 이상입니다. 그것은 우리의 모든 죄들 안에 있는 우리의 모든 허물들을 제거합니다. 그것은 상상할 수 있는 최고의 씻음입니다. 주 예수는 속죄가 이루어진 자들로부터 그들의 의롭다 함과 관련하여 단 하나의 흠이나 티나 주름 잡힌 것도 남기지 않았습니다. 그는 그들이 심판대 앞에서 정죄 받게 될 단 하나의 죄도 남기지 않았습니다. "너희는 온 몸이 깨끗하니라" ― 이것이 그의 판결이며, 아무도 이러한 판결에 이의를 제기할 수 없습니다(요 13:10).

나아가 그 날 그들이 범한 모든 죄뿐만 아니라 그들의 거룩한 것들이 씻음을 받았습니다. 거기에 제단이 서 있었으며, 그 위에서는 오직 거룩한 것들만 드려질 수 있었습니다. 그러나 거기에서 불완전한 사람들이 일하고 있었기 때문에, 그것은 먼저 피로써 뿌림을 받아 정결하게 될 필요가 있었습니다. 또 거기에 온전히 하나님을 섬기는 일에 봉헌된 성소(聖所)가 있었으며, 거기에서 하나님이 규정하신 거룩한 의식(儀式)들이 행하여졌습니다. 그렇지만 거기에서 섬겼던 제사장들은 잘못을 범할 수 있는 불완전한 사람들이었습니다. 심지어 성물(聖物)을 취급할 때조차도 거룩하지 못한 생각이 그들의 마음을 스치고 지나갈 수 있었습니다. 그리하여 성소 안에 피가 일곱 번 뿌려졌습니다. 또 휘장 안 내부는 "지성소"로 불렸습니다. 그렇지만 그 역시 허물 많은 백성들의 진영 가운데 서 있었습니다. 따라서 그것 역시 씻음을 받아 정결하게 될 필요가 있었습니다. "제사장은 지성소를 속죄하되 이스라엘 자손의 모든 죄를 위하여 속죄할 것이니라"(32-34절). 심지어 속죄소와 그것이 서 있는 땅조차도 희생제물의 피로 일곱 번 뿌림을 받았습니다. 사랑하는 형제들이여, 우리 주님이 거룩한 것들과 관련한 죄까지도 위하여 속죄하셨다는 사실에 나는 너무도 큰 기쁨을 느낍니다. 나는 예수께서 나의 설교와 관련한 죄까지도 용서하심을 기뻐합니다. 나는 여러분 가운데 선한 동기로써 혼신을 다해 설교했습니다. 그리스도를 위해 많은 사람들을 얻고자 추구하면서 말입니다. 그러나 나는 나의 모든 설교들이 받아들여질 것이라고 감히 바랄 수 없습니다. 왜냐하면 많은 부분이 죄로 더럽혀져 있음을 인식하기 때문입니다. 나는 예수께서 우리의 기도를 정결하게 하신 것으로 인해 기뻐합니다. 많은 성도들이 하나님께 전심으로 부르짖는 일에 많은 시간을 사용합니다. 그러나 심지어 무릎을 꿇고 있는 도중에도 우리는 범죄합니다. 그렇지만 그리스도의 보혈은 우리의 부족한 기도를 위해서도 속죄를 이룬다는 사실을 생각할 때, 우리는 큰 위로를 받습니다. 사랑하는 자들이여, 우리가 때때로 함께 모여 전심으로 주님을 찬미하지 않습니까? 우리의 찬미는 마치 달콤한 향을 하늘로 올리는 아름다운 향로와 같지 않습니까? 얼마나 자주 아름다운 향기가 이곳으로부터 하늘로 올라갑니까! 그렇습니다. 그러나 심지어 그럴 때조차도 우리의 찬미 안에 죄와 허물이 있었습니다. 우리는 찬미를 위한 사함과, 찬송을 위한 씻음을 필요로 합니다. 그러나 하나님을 송축합시다. 하나님은 우리의 모든 허물을 위해 속죄를 이루셨습니다. 넘치는 것과 모자라는 것 모두를 포함하여 말입니다. 예수 그리스도는 우리의 거룩하지 못한 것들뿐만 아니라 우리의 거룩한 것과 관련한 죄들까지도 제거하십니다.

　나아가 그 날 모든 백성들이 정결하게 되었습니다. 속죄일에 이스라엘 집의 모든 회중들이 모든 죄로부터 상징적으로 정결하게 되었습니다. 제사장뿐만 아니라 모든 백성들이, 그리고 족장뿐만 아니라 가장 비천한 종들까지도 씻음을 받아 정결하게 되었습니다. 늙은 여인들과 어린아이들이 정결하게 되었습니다. 노인들과 젊은이들이 똑같이 정결하게 되었습니다. 탐욕에 떨어지기 쉬운 상인들도 정결하게 되었으며, 향락과 방종에 빠지기 쉬운 젊은 남녀들도 모두 씻음을 받았습니다. 이러한 사실은 모든 무리의 영혼을 사랑하는 우리에게 얼마나 큰 위로가 됩니까! 믿는 모든 자들이 모든 것으로부터 의롭다 함을 받습니다. "그 아들 예수의 피가 우리를 모든 죄에서 깨끗하게 하실 것이요"(요일 1:7)라고 기록된 것처럼 말입니다. 여기에서 "우리를"이란 단어를 주목해 보십시오. 그리고 거기에 여러분 자신을 대입해 보십시오. 그 말씀은 우리에게 얼마나 큰 기쁨과 위로를 줍니까! 지금 이 자리에 앉아 있는 우리 모두는 믿음으로 "그 아들 예수의 피가 우리를 모든 죄에서 깨끗하게 하실 것이요"라고 담대하게 외칠 수 있습니다. "우리"를 나누어 보십시오. 그러면 여러분은 그 안에서 무수한 "나"들을 만나게 될 것입니다. 무수한 수의 "나"들이 모여 "우리" 안에 싸여질 것입니다. 그러므로 우리 각자는 "그 아들 예수의 피가 나를 모든 죄에서 깨끗하게 하실 것이요"라고 외칠 수 있습니다. 이토록 은혜로운 하나님의 진리로 인해 기뻐하고 또 기뻐해야 마땅하지 않겠습니까! 이 일은 속죄일에 상징적으로 이루어졌으며, 마침내 주 예수로 말미암아 실제적으로 이루어졌습니다.

2. 둘째로, 그 일이 어떻게 이루어졌는지 주목하십시오.

앞에서 우리는 속죄일에 어떤 일이 이루어졌는지 살펴보았습니다. 이제 우리는 한 걸음 더 나아가 어떻게 그 일이 이루어졌는지 살펴볼 것입니다. 이제부터 그에 대해 간략하게나마 살펴보도록 합니다.

무엇보다도, 속죄는 희생제물로 말미암아 이루어졌습니다. 그 날 희생제물로 드려진 수송아지와 어린 양과 염소를 생각해 보십시오. 그 날에 많은 희생제물들이 드려졌으며, 그렇게 하여 백성들은 속죄의 근거인 희생제물의 피를 생각하게 되었습니다. 우리는 수송아지와 염소의 피가 죄를 제거할 수 없음을 압니다. 다만 이러한 것들은 우리 구주의 고난을 가리키는 분명한 표상들입니다. 그가 담당한 고난을 생각해 보십시오. 그것은 우리의 죄를 속죄하기 위한 것이 아닙니까? "그가 찔림은 우리의 허물 때문이요 그가 상함은 우리의 죄악 때문이라 그가 징계를 받으므로 우리는 평화를 누리고 그가 채찍에 맞으므로 우리는 나음을 받았도다"(사 53:5). 만일 여러분이 어떤 방법으로 죄가 제거되었는지 알기를 원한다면, 메시야의 고난과 수치를 생각하십시오. 그리고 그의 가혹한 섬김의 생애를 생각하십시오. 겟세마네 동산에서의 그의 고뇌와 피로 얼룩진 땀을 생각하십시오. 제자들의 배반과 부인과 채찍질을 당하고 침 뱉음을 받은 것을 생각하십시오. 거짓된 참소와 수욕과 조롱을 생각하십시오. 십자가와 못 박힌 손과 발과 상하고 깨어진 심령을 생각하십시오. 우리의 희생제물을 사른 불은 얼마나 강렬하게 타올랐습니까? "나의 하나님 나의 하나님 어찌하여 나를 버리셨나이까?" – 이것은 얼마나 강렬한 고뇌의 탄식이었습니까? 여러분과 나의 죄를 위한 속죄는 피 흘림, 다시 말해서 우리 주님의 고난과 특별히 그가 우리를 위해 자신의 목숨을 내주는 것으로 말미암아 이루어졌습니다. 예수께서 죽으셨으며, 그 죽음으로 말미암아 그가 우리의 죄를 씻으셨습니다. 그 안에 영원히 죽지 아니함을 가진 자가 자신의 생명을 주셨습니다. 영광의 주님이 사망을 끌어안고 잠드셨습니다. 사람들이 그를 향료와 세마포로 싸서 아리마대 요셉의 무덤에 두었습니다. 그러한 죽음 안에서, 죄가 죽고 은혜가 승리하는 놀라운 사건이 이루어졌습니다.

　　또한 속죄는 희생제물의 피로 말미암을 뿐만 아니라 그 피를 휘장 안으로 가져감으로 말미암아 이루어졌습니다. 향의 연기와 피로 가득 찬 대접과 함께, 아론은 지성소로 들어갔습니다. 우리 주님이 아론보다 더 나은 제물을 가지고 하늘의 처소로 들어가신 것을 잊지 맙시다. "그리스도께서는 참 것의 그림자인 손으로 만든 성소에 들어가지 아니하시고 바로 그 하늘에 들어가사 이제 우리를 위하여 하나님 앞에 나타나시고"(히 9:24). "염소와 송아지의 피로 하지 아니하고 오직 자기의 피로 영원한 속죄를 이루사 단번에 성소에 들어가셨느니라"(히 9:12). 하나님 앞에 피를 드림으로써 속죄가 유효하게 됩니다. 속죄의 근거는 예수의 피와 그의 공로에 놓여 있습니다. 그러나 속죄행위의 주된 부분은 이러한 것들을 하늘의 처소로 올려드리는데 놓여 있습니다.

　　나아가 속죄는 그 피를 씻음 받은 자나 혹은 씻음 받은 물건에 적용함을 통해 유효하게 되었습니다. 성소를 위해 속죄가 이루어졌습니다. 그곳은 피로 일곱 번 뿌려졌습니다. 제단에도 같은 일이 행해졌습니다. 제단의 뿔들에 피가 일곱 번 발라졌습니다. 여러분과 하나님 사이에서도 이와 같은 방식으로 속죄가 이루어집니다. 예수의 피가 믿음으로 말미암아 여러분 위에 뿌려져야 합니다. 정결하게 하는 피는 항상 뿌린 피였습니다. 보응의 천사가 어떤 집을 그냥 넘어갈 수 있게 되기 위해서는, 먼저 그 집에 유월절 어린 양의 붉은 피가 분명한 표지로 나타나야만 했습니다. 멸망의 날 라합을 구원한 붉은 줄의 표지처럼 말입니다. 어떤 사람이 하나님과 더불어 화해할 수 있기 전에, 먼저 속죄가 그의 마음과 양심에 적용되어야만 합니다. 믿음은 우슬초 묶음을 피에 담가 그것을 우리가 살고 있는 집의 문 인방과 좌우 설주에 뿌리는 것입니다. 그렇게 함으로써 우리는 멸망으로부터 구원받습니다.

나아가 하나님은 하나의 모형만으로는 충분하지 않았기 때문에 아사셀 염소로 말미암아 죄를 제거하는 방법을 제시하셨습니다. 두 마리의 염소 가운데 하나는 죽이지 않았습니다. 그 염소는 여호와 앞에 섰으며, 아론은 그 머리 위에 이스라엘의 모든 죄를 고백했습니다. 그리고 이 일을 위해 미리 정한 사람이 그 염소를 사람이 거주하지 않는 땅으로 데려갔습니다. 그 염소는 어떻게 되었을까요? 제발 당부하노니, 그에 대해서는 아무것도 묻지 마십시오. 성경이 침묵하는 것을 도대체 무엇 때문에 묻는단 말입니까? 아마도 여러분은 광야에서 고통 가운데 죽어가는 아사셀 염소의 유명한 그림을 보았을 것입니다. 그것은 정말로 멋진 그림입니다. 그것은 가련한 아사셀 염소를 일종의 "저주받은 것"(cursed thing)으로 묘사합니다. 아사셀 염소는 두려움 가운데 멸망당하도록 내버려집니다. 그렇지만 이것은 전적으로 근거 없는 상상일 뿐입니다. 성경은 그와 관련하여 전적으로 침묵합니다. 의도적으로 말입니다. 아사셀 염소의 모형이 가르치는 것은 이것입니다. 즉 상징적으로 백성들의 모든 죄가 전가된 아사셀 염소가 황량한 광야로 갔을 때, 그 염소가 사라짐과 함께 죄도 함께 사라진다는 것입니다. 우리는 상상으로나마 아사셀 염소를 쫓아갈 필요가 없습니다. 그것은 사라지며, 결코 발견되지 않습니다. 그것은 실제로 사람이 살지 않는 땅으로 사라집니다. 성경은 여기에서 멈춥니다. 그러므로 성경이 멈추는 곳에서 여러분도 멈추십시오. 성경이 말하는 것 이상으로 나아가는 것은 지혜롭지 못한 일입니다. 설령 주제넘은 일까지는 아니라 하더라도 말입니다. 죄는 황량한 땅, 미지의 광야로 사라집니다. 본질적으로, 죄는 모든 곳에 있습니다. 그러나 신자들에게, 그리스도의 희생제사 안에서 죄는 어디에도 없습니다. 하나님의 백성들의 죄는 사라졌습니다. 어디로 사라졌습니까? 그에 대해 아무것도 묻지 마십시오. 아무리 찾으려 해도 결코 찾을 수 없습니다. 그 모든 죄는 사라졌으며 도말되었습니다. 우리의 죄들은 망각 속으로 사라집니다. 아사셀 염소가 사라진 것처럼 말입니다. 여기의 모형 속에 아사셀 염소의 죽음은 나타나지 않습니다. 아사셀 염소가 죽었다고 생각하는 것은 사실상 여기의 모형을 망쳐놓는 결과가 됩니다. 멜기세덱에 대해 생각해 보십시오. 그는 아버지도 없고 어머니도 없고 족보도 없고 시작한 날도 없고 생명의 끝도 없습니다(히 7:3). 왜냐하면 성경에 이러한 것들이 언급되지 않기 때문입니다. 이와 같이 성경이 빠뜨린 것 역시 교훈의 일부입니다. 여기의 경우에도 아사셀 염소의 운명에 대해서는 아무런 언급도 나타나지 않습니다. 그리고 그러한 침묵 역시 교훈의 일부입니다. 아사셀 염소는 사라집니다. 우리는 그것이 어디에 있는지 알지 못합니다. 이와 같이 우리의 죄들은 멀리 추방됩니다. 아무도 아사셀 염소를 찾지 못할 것입니다. 마찬가지로 아무도 신자의 죄를 찾지 못할 것입니다.

"나의 죄들은 어디에 있나요?" 그 대답은 모든 죄들은 아무도 살지 않는 땅으로 사라졌다는 것입니다. 사탄조차도 그것을 찾을 수 없습니다. 그렇습니다. 나의 죄들은 심지어 하나님 자신조차도 찾을 수 없는 곳으로 사라졌습니다. 하나님은 우리의 죄를 그의 등 뒤로 던지셨습니다. 그가 볼 수 없도록 말입니다. 도대체 창조세계의 어느 곳이 하나님의 등 뒤란 말입니까? 하나님은 모든 곳에 계시며 모든 것을 보시지 않습니까? "하나님의 등 뒤"와 같은 장소는 존재하지 않습니다. 마찬가지로 우리의 죄를 위한 장소는 어디에도 없습니다. 우리의 모든 죄는 '어디에도 없는 곳'(nowhere)으로 사라졌습니다. "동이 서에서 먼 것 같이 우리의 죄과를 우리에게서 멀리 옮기셨으며"(시 103:12). 하나님은 우리의 모든 죄를 깊은 바닷속으로 던지셨습니다. 그러나 이러한 상징은 아사셀 염소의 상징만 못합니다. 왜냐하면 바다 밑에 있는 것은 여전히 거기에 있는 것이기 때문입니다. 그러나 아사셀 염소는 어디론가 완전하게 사라집니다. 그리고 이스라엘과 관련한 한 그것은 더 이상 존재하기를 그칩니다. 하나님의 백성들의 죄는 절대적이며 돌이킬 수 없는 방식으로 사해집니다. 그것은 더 이상 결코! 결코! 결코! 우리의 책임으로 돌려지지 않습니다. 그것은 사라지며, 장사되며, 도말되며, 잊혀집니다. "누가 능히 하나님께서 택하신 자들을 고발하리요"(롬 8:33).

사랑하는 친구들이여, 속죄일의 의식(儀式)은 완전히 끝나지 않았습니다. 왜냐하면 거기에 참여한 사람들이 또한 씻음을 받아야 하기 때문입니다. 그래야만 모든 사람이 정결하게 될 수 있습니다. 여기에 아론이 있습니다. 그는 자신의 옷을 벗고 조심스럽게 스스로를 정결하게 합니다. 또 아사셀 염소를 광야로 데려갔던 사람이 있습니다. 그도 스스로를 씻습니다. 또 세 번째 사람이 있습니다. 그는 속죄제물의 가죽과 고기를 진영 밖으로 가져가 거기에서 불태운 사람입니다. 그 역시 스스로를 씻습니다. 그리하여 모든 사람이 정결하게 됩니다. 진(陣) 전체가 온전히 정결하게 됩니다. 이와 같이 예수께서 속죄제사를 완성할 때, 우리는 이렇게 노래합니다.

"이제 그와 죄인이 함께 자유롭게 되도다."

우리 모두의 죄를 짊어진 주님에게 이제 어떤 죄도 남아 있지 않습니다. 큰 속죄가 이루어졌으며, 모든 것이 처음부터 끝까지 정결하게 되었습니다. 그리스도는 자신의 옆구리로부터 흘러나온 피와 물로 말미암아 모든 것을 영원히 제거하셨습니다. 모든 것이 정결하게 되었으며, 주님은 정결한 진(陣)을 내려다보십니다. 모두가 그 앞에서 즐거워하며, 각 사람들이 잔치를 벌입니다. 나는 너무나 기쁘며, 나의 기쁨은 흘러넘칩니다. 오 주여, 당신과 같은 이가 누구니이까? 어느 신이 당신처럼 죄를 사하나이까? 당신의 아들 예수를 통해 죄인들에게 주신 사죄의 은총과 같은 것을 우리가 도대체 어디에서 찾을 수 있겠나이까?

3. 셋째로, 누가 그 일을 행했는지 주목해 보십시오.

그에 대한 대답은 아론이 그 모든 일을 행했다는 것입니다. 그 날의 모든 일은 전적으로 아론의 몫이었습니다. 그것은 매우 무겁고 힘이 많이 드는 일이었습니다. 그럼에도 불구하고 그에게는 아무런 보조자도 없었습니다. 그 날 아론 혼자 제사장과 레위인의 일을 수행했으며, 그를 돕는 사람은 아무도 없었습니다. "그가 지성소에 속죄하러 들어가서 자기와 그의 집안과 이스라엘 온 회중을 위하여 속죄하고 나오기까지는 누구든지 회막에 있지 못할 것이며"(17절). 그 날 성막은 너무도 적막했습니다. 성막의 뜰과 방에는 사람의 흔적이 없었습니다. 아론 자신이 등불을 켜야 했으며, 진설병을 바꾸어야 했습니다. 그 날 성막의 모든 직무는 오로지 아론 한 사람에게 남겨졌습니다. 희생제물을 잡을 때, 다른 때 같으면 거기에 제사장들과 레위인들이 있었을 것입니다. 그러나 지금은 대제사장이 그 모든 일을 행해야만 합니다. 그 자신이 희생제물을 죽이고, 그 피를 받고, 그것을 뿌려야 합니다. 그 자신이 제단에 불을 붙여야 하며, 향을 태우는 숯불을 놓아야 합니다. 그 자신이 자신의 손으로 피를 담은 대야와 향을 성소 안으로 옮겨야 합니다. 그가 주위를 돌아보며 이렇게 웅얼거리는 소리가 들리는 듯합니다. "아무리 돌아보아도 아무도 없군." 그 옆에는 단 한 사람도 없었습니다.

그 외에 다른 제사장은 아무도 없었습니다. 그가 연기 나는 향을 든 채 휘장을 열고 지극히 높은 자의 은밀한 장소로 들어갈 때를 상상해 보십시오. 아마도 그는 두려움 가운데 떨면서 그렇게 했을 것입니다. 거기에서 그는 영원하신 하나님 앞에 홀로 섰습니다. 피를 일곱 번 뿌리며 의식(儀式)을 마칠 때까지 그 곁에는 아무도 없었습니다. 그는 세 번을 들어갔다 나오기를 반복했습니다. 그러나 그 곁에는 아무도 없었습니다. 그 날 그 홀로 감당해야만 했던 마음의 긴장을 상상해 보십시오. 그것은 정말로 견디기 어려운 것이었을 것입니다. 그 날 하루 종일 그는 자신에게 부여된 책임이 얼마나 크고 무거운 것인가를 절실히 느꼈을 것입니다. 그렇지만 거기에 그를 도우며 위로해 주는 사람은 아무도 없었습니다. 이제 눈을 들어 아론이 상징하는 우리의 큰 대제사장을 바라보십시오. 우리 주님 곁에는 아무도 없었습니다. 그 홀로 포도주틀을 밟았습니다. 그는 나무 위에서 자기 몸으로 우리의 죄를 담당했습니다. 그 홀로 빽빽한 어둠이 하나님의 보좌를 덮은 곳으로 들어갔습니다. 거기에 그를 도우며 위로하는 자는 아무도 없었습니다. "이에 제자들이 다 예수를 버리고 도망하니라"(마 26:56). 베드로만이라도 주님을 지키며 주와 함께 죽었어야 하지 않습니까? 그러나 아무도 그와 함께 죽지 않았습니다. 오직 강도들만을 제외하고 말입니다. 그들이 주의 희생제사에 무슨 도움을 줄 수 있었겠습니까? 그들은 단지 희생제사의 필요성만을 보여줄 뿐 그 이상은 아무것도 할 수 없었습니다. 우리 주님은 홀로 구원의 일을 행하셨습니다. 그의 일을 분담할 자는 아무도 없습니다. 산 자와 죽은 자를 위해 희생제사를 드린다고 스스로 자임하는 사제들(priests)을 믿지 마십시오. 그들은 여러분을 도울 수 없으며, 여러분은 그들의 도움을 필요로 하지 않습니다. 여러분 자신의 행위나 공로나 기도나 다른 어떤 것을 여러분의 유일한 대제사장과 나란히 놓지 마십시오. 그가 거룩한 섬김의 흰 옷을 입고 속죄의 전체 사역을 완성하셨습니다. 그리고 그의 택하신 자들의 눈을 기쁘게 하기 위해 영광과 아름다움의 옷을 입고 나오셨습니다. 이제 나에게 더 이상 말할 것은 아무것도 남아 있지 않습니다. 오직 하나님의 진리로 하여금 여러분의 마음속에 거하게 하십시오. 우리의 대제사장이 홀로 화해를 이루셨습니다.

4. 마지막으로, 속죄가 이루어진 백성은 무엇을 해야 했습니까?

그 날 그들이 해야만 했던 것은 두 가지였는데, 그것은 자기 영혼을 괴롭게 하는 것과 안식하는 것입니다.

첫째로, 그들은 그 날 자신들의 영혼을 괴롭게 해야 했습니다. 형제들이여, 안식의 날 그들이 자신들의 영혼을 괴롭게 해야 했다는 것이 여러분에게 이상하게 보입니까? 그에 대해 좀 더 깊이 생각해 보십시오. 그러면 여러분은 거기에 분명한 이유가 있었다는 사실을 알게 될 것입니다. 우리는 이렇게 노래할 수 있습니다.

> "그의 죽음을 생각할 때.
> 우리 마음은 아픔으로 녹기 시작하도다.
> 사함 받은 기쁨과 더불어,
> 우리는 그를 찔렀음을 인하여 애곡하도다."

그 날은 죄를 고백하는 날이었습니다. 죄를 고백하는 것은 슬픔과 회개로써 이루어지는 일이 아닙니까? 마른 눈으로 죄를 고백하는 것은 위선적인 고백입니다. 슬퍼함이 없이 죄를 시인하는 것은 도리어 죄를 가중시키는 것입니다. 우리는 슬퍼함이 없이 우리의 죄를 생각할 수 없습니다. 죄 사함의 은혜를 더 많이 확신할수록 우리는 그것을 행한 것에 대해 더 많이 슬퍼하게 됩니다. 사죄의 은총을 베푸시는 하나님에 대해 행해지는 것을 생각할 때, 우리에게 죄는 한층 더 크고 슬픈 것이 됩니다. 여러분이 어떤 사람에게 악을 행한다고 상상해 보십시오. 만일 그가 화를 낸다면, 여러분은 계속해서 악을 행하며 못되게 굴 수 있습니다. 그러나 만일 그가 화를 내는 대신 여러분을 용서하며 도리어 여러분에게 선을 베푼다면, 그에게 악을 행한 것에 대해 여러분은 깊이 후회하게 될 것입니다. 주님의 사죄의 은총은 우리로 하여금 그에게 죄를 범한 것에 대해 깊이 후회하며 슬퍼하도록 만듭니다.

그 날은 죄를 고백하는 날이었을 뿐만 아니라 또한 희생제사의 날이었습니다. 따뜻한 마음을 가진 사람들이라면 자신들을 대신하여 죽는 수송아지와 어린 양과 염소를 바라보면서 "이것은 내가 받아 마땅한 형벌이야"라고 말하지 않을 수 없었을 것입니다. 가련한 동물들의 죽어가는 신음소리를 들을 때, 그들은 "아, 나의 마음도 신음하며 피를 흘리도다"라고 말했을 것입니다. 십자가에 달린 주님을 바라볼 때, 우리는 여러 가지 감정이 뒤섞인 마음을 느끼게 됩니다. 골고다에 설 때, 우리는 기쁨 가운데 슬픔을 느끼며 또한 애곡하는 가운데 기쁨을 느 낍니다. 그리하여 우리는 이렇게 노래합니다.

> "아! 나의 구주가 피를 흘리셨는가?
> 나의 주권자가 죽으셨는가?
> 어떻게 그가 벌레 같은 나를 위해
> 그의 거룩한 생명을 주실 수 있단 말인가?
>
> 그가 나무 위에서 죽으신 것은
> 내가 행한 죄를 위한 것이었는가?
> 이 무슨 은혜란 말인가?
> 놀라운 긍휼이요 한량없는 사랑이 아닌가?
>
> 해가 어둠 안에 감추어지고
> 그의 영광이 가려질 수 있는 것처럼,
> 사람을 위해, 피조물의 죄를 위해
> 권능의 창조주 하나님이 죽으셨도다.
>
> 주의 사랑하는 십자가가 나타날 때,
> 나는 나의 부끄러운 얼굴을 가리도다.
> 나의 마음은 감사로 뒤덮이며,
> 나의 눈은 눈물로 녹는도다."

　　그 날은 희생제사의 날이었으므로 그들의 영혼에 괴로움이 있는 날이었습니다. 우리 역시도 그들과 동일한 마음을 느끼지 않습니까?

　　나아가 조금 이상한 논리이기는 하지만 그 날은 완전한 씻음을 위한 날이었기 때문에 또한 그들의 영혼에 괴로움이 있는 날이었습니다. 왜냐하면 하나님이 우리의 죄를 도말하셨음을 알게 될 때, 우리는 우리의 죄로 인해 애곡하게 되기 때문입니다. "그들이 그 찌른 바 그를 바라보고" ― 이와 같은 바라봄은 생명을 줍니다(슥 12:10). "그를 위하여 애통하기를 독자를 위하여 애통하듯 하며 그를 위하여 통곡하기를 장자를 위하여 통곡하듯 하리로다" — 이러한 애통과 통곡은 생명에 대한 가장 참된 표적들 가운데 하나입니다. 이와 같이 그 날 그들은 자신들의 영혼을 괴롭게 해야 했습니다. 형제들이여, 우리는 슬픈 마음 없이 그리스도의 십자가에 대해 말할 수 없습니다. 만일 여러분이 죄 사함으로 인해 희희낙락할 수 있다고 생각한다면, 여러분은 죄 사함에 대해 아무것도 알지 못하는 것입니다. 죄는 우리가 희희낙락할 수 없는 값으로 사하여졌습니다. 죄 사함을 위한 희생제물은 너무도 엄청난 것이어서, 그에 대해 말할 때 우리는 거룩한 두려움으로 떨 수밖에 없습니다. 회심자들 가운데 입에 거품을 물고 자신이 한때 술주정뱅이요 도둑이요 불경한 자였다고 자랑하는 자들이 있는데, 나는 그러한 자들의 회심에 대해 종종 회의를 느끼곤 합니다. 사랑하는 형제들이여, 만일 과거의 죄에 대해 이야기해야만 한다면, 부디 부끄러움으로 얼굴을 붉히면서 그렇게 하십시오. 제발 영웅담을 늘어놓는 것처럼 말하지 마십시오. 정욕을 좇아 행하던 옛 죄들이 무슨 명예로운 훈장이라도 된단 말입니까? 친구여, 그러한 것들은 당신에게 수치스러운 것입니다. 설령 그러한 죄들을 제거한 것이 하나님에게 큰 영광이 된다 하더라도 말입니다. 그러한 죄들에 대해 말할 때, 당신은 수치심과 부끄러움으로 어찌 할 바를 알지 못한 채 그렇게 해야 합니다. 예전의 당신을 회상할 때, 당신의 영혼을 괴롭게 하십시오.

둘째로, 그 날 그들은 안식해야 했습니다. 애통하는 것과 안식하는 것이 함께 갈 수 있습니까? 그렇습니다. 여러분과 나는 둘이 어떻게 한 품 안에서 만나는지 압니다. 나에게 있어 순전한 기쁨에 은은한 슬픔의 색조가 가미될 때보다 더 행복한 때는 결코 없습니다. 가장 충만한 기쁨 가운데 있을 때, 나는 예수의 발 앞에 엎드려 울 수 있습니다. 회개의 쓴 것보다 실제로 더 단 것은 아무것도 없습니다. 감사와 사랑 위에 스스로를 미워하는 것을 더할 때, 그것보다 더 유익한 것은 아무것도 없습니다. 정결하게 된 백성은 안식하게 됩니다. 그들은 모든 노예적인 일을 내려놓고 쉬게 될 것입니다. 나는 나 자신의 행위나 공로나 감정으로 말미암아 스스로를 구원하고자 하는 노력을 결코 하지 않을 것입니다. 나는 주님의 사역만을 영원히 붙잡습니다. 예수 그리스도께서 구원을 위한 모든 공로를 이루셨습니다. 우리는 그것을 또다시 이루려고 시도하지 않을 것입니다. 왜냐하면 그렇게 하는 것은 구주를 모독하는 것이 될 것이기 때문입니다. 우리 주 예수는 죽으실 때 "다 이루었다!"라고 말씀하셨습니다. 만일 모든 것이 다 이루어졌다면, 우리는 거기에 무엇인가를 더하려고 생각해서는 안 됩니다. 스스로를 구원하기 위해 해야 할 일은 아무것도 없습니다. 여러분은 이렇게 말합니다. "그렇지만 우리는 자신의 구원을 이루어야 하지 않나요?" 분명 그렇게 해야 합니다. 우리는 우리 자신의 구원을 이루어야 합니다. 왜냐하면 하나님이 우리 안에서 그 일을 행하고 계시기 때문입니다. 그것은 우리 자신의 구원이며, 우리는 그것을 우리 삶 속에서 나타내야 합니다. 우리는 안으로부터 그것을 이루며, 매일같이 그것을 발전시킵니다. 그리고 사람들로 하여금 하나님이 우리를 위해 행하신 일을 보도록 해야 합니다. 그것은 먼저 우리를 위해 이루어져야 하며, 그러고 나서 우리 안에서 이루어져야 합니다. 그렇지 않으면 우리는 결코 그것을 이룰 수 없습니다.

그들은 모든 죄악된 일을 확실하게 그쳐야 했습니다. 죄 사함 받은 사람이 어떻게 죄 가운데 계속해서 거할 수 있겠습니까? 우리는 마귀를 위해 수고하는 것을 그쳐야 합니다. 우리는 더 이상 마귀를 위해 수고하는 일에 인생을 낭비하지 않을 것입니다. 많은 사람들이 자신들의 정욕을 섬기는 가운데 인생을 낭비하며 쇠하여갑니다. 그러나 하나님의 종들은 그와 같은 정욕의 멍에로부터 벗어났습니다. 우리는 더 이상 노예가 아닙니다. 우리는 애굽의 쇠 멍에를 벗고 주 안에서 안식합니다.

우리는 또한 자기중심적인 태도로부터 떠났습니다. 이제 우리는 먼저 하나님의 나라와 그의 의를 구합니다. 그러면 다른 모든 것들이 하늘 아버지의 선하심으로 말미암아 우리에게 더하여질 것입니다. 이제부터 우리는 그리스도의 쉬운 멍에를 멤으로 말미암아 안식을 발견합니다. 우리는 그의 일에 쓰임받는 것으로 기뻐합니다. 그는 우리를 자유롭게 하셨습니다. 그러므로 우리는 영원히 그의 사랑의 멍에 아래 있습니다. 오 주여, 나는 당신의 종이나이다! 나는 당신의 종이나이다! 당신은 나의 멍에를 풀어 주었으며, 오늘부터 나는 당신에게 매었나이다. 속죄일의 모형 속에 담긴 하나님의 위대한 진리를 깨달음으로 말미암아 오늘 이 시간이 여러분에게 최고의 시간이 되기를 바랍니다. 아멘.

제
6
장

—

온전한 예물

—

"만일 누구든지 서원한 것을 갚으려 하든지 자의로 예물을
드리려 하여 소나 양으로 화목제물을 여호와께 드리는 자는
기쁘게 받으심이 되도록 아무 흠이 없는 온전한 것으로 할
지니." — 레 22:21

모세와 아론에 의해 제정된 의식 율법(ceremonial law)은 하나님께 예배하는 자들에게 그분 앞에 세심한 주의를 기울여 예배하도록 요구합니다. "너희 하나님 나 여호와는 질투하는 하나님이라"는 엄중한 진리를 그들은 항상 마음에 새겨야 했습니다. 무엇을 하든 그들은 부주의하며 경솔하게 해서는 안 되었습니다. 거룩하신 하나님께 가까이 나아가는 자에게 요구되는 첫 번째 필수조건은 그에 합당한 주의를 기울이는 것이었습니다. 그의 온전하심은 그에게 나아가는 모든 자들로부터 겸비하며 주의 깊은 경배를 요구합니다. 영들의 아버지를 기쁘시게 하기 위해서는, 영은 반드시 깨어 긴장한 상태에 있어야만 합니다. 하나님이 기쁘게 받으실 만한 합당한 예배가 되도록 하기 위해 예배자들은 세세한 규례들을 따라야 했습니다. 성막에 오는 모든 이스라엘 백성들은 자신이 무엇을 해야 하는지를 생각해야 했습니다. 그리고 혹시라도 자신이 드리는 예물이 헛된 예물이 되면 어떻게 하나 하는 경건한 염려와 두려움을 가져야만 했습니다. 그들은 세심한 주의를 기울이며 여호와 앞에 나아와야 합니다. 그렇지 않으면 자칫 헛된 예물과 기쁘게 받으심이 되지 못하는 무익한 예배를 드린 채 집으로 돌

아갈 수 있었습니다. 많은 부분은 합당하게 행했으면서도 일부 세세한 부분을 빠뜨림으로써, 그들은 결국 헛된 예배를 드린 채 빈 손으로 집으로 돌아올 수 있었습니다. 그들은 합당한 의식(儀式)과 규례대로 하나님을 찾아야만 했습니다. 그렇지 않으면 그분을 찾을 수 없을 것이었습니다. 모든 의식(儀式)은 "기쁘게 받으심이 되도록 온전한 것으로" 행해져야 했습니다. 거기에는 규칙이 있었으며, 규칙은 정확하게 지켜져야 했습니다. 사람들은 자신들의 마음과 생각을 하나님께 집중시켜야 했습니다. 그렇지 않으면 하나님은 그들을 합당한 예배자로 간주하지 않으실 것입니다.

　사랑하는 여러분, 이것은 결코 배우기 쉬운 교훈이 아닙니다. 왜냐하면 대체로 우리는 예배 가운데 많은 생각과 주의를 기울이지 않기 때문입니다. 우리가 찬송을 부를 때를 생각해 보십시오. 우리는 마음을 다해 찬송을 부릅니까? 우리는 찬송을 들으시는 자에게 합당하게 찬송을 부릅니까? 판단하고 싶지는 않지만, 그러나 나는 이에 대해 의문을 갖지 않을 수 없습니다. 또 우리가 기도하는 것을 생각해 보십시오. 우리는 우리의 기도를 들으시는 자에게 합당하게 기도합니까? 절반은 졸면서 기도문을 반복하지 않습니까? 별 생각 없이 형식적이며 즉흥적으로 기도하지 않습니까? 공중기도든 개인기도든 말입니다. 또 어떤 설교자들의 설교하는 방식을 보십시오. 위로부터의 기름 부음과 성령의 권능을 추구함이 없이 단지 자신들의 생각을 전달하느라 골몰하지 않습니까? 여러분은 별 생각 없이 주일학교에서 아이들에게 말씀을 가르치지 않습니까? 여러분은 축복을 구함이 없이 이 집 저 집 다니며 전도지를 돌리지 않습니까? 여러분은 자신을 살피며 주의 몸을 분변함이 없이 주의 식탁에 참여하지 않습니까? 사랑하는 형제들이여, 이러한 것들을 깊이 생각해 보십시오. 우리는 어떻게 지극히 높은 자 앞에 나아갈 것인지에 대해 더 많이 생각할 필요가 있습니다. 만일 우리가 더 많이 생각하고 더 많이 기도한다면, 우리는 우리의 연약함을 더 많이 깨닫고 모든 예배 행위에 있어 하나님의 영의 도우심을 더 많이 의지하게 될 것입니다. 그 자체가 우리에게 얼마나 큰 축복입니까!

　그러나 의식 율법이 실제로 사람들을 깊이 생각하며 주의를 기울이도록 만들었는지에 대해서는 나는 알지 못합니다. 왜냐하면 대부분의 경우 그것은 인간의 완악한 마음으로 인해 의도한 효과를 이루지 못했기 때문입니다. 그것이 본래 의도한 것은 깊이 생각하며 진지하게 주의를 기울이는 것이었지만 그러나 더 통상적인 결과는 미신과 멍에의 영이었습니다. 형제들이여, 우리는 우리에게 멍에가 될 수 있는 수많은 의식(儀式)들로서가 아니라 다른 방법으로 나아갑시다. 하나님에 대한 사랑으로 하여금 우리에게 영향을 끼치게 하십시오. 그러면 우리는 일상의 사소한 일들에 있어서조차도 마치 하나님 앞에서 하는 것처럼 그렇게 행하게 될 것입니다. 그럼으로써 우리는 하나님을 기쁘시게 하고자 하는 거룩한 염려를 가지고 범사에 주의 깊고 세심하며 깊은 생각으로 행하게 될 것입니다.

의식 율법은 또한 그것을 깊이 생각하는 사람들 안에서 하나님의 거룩하심에 대한 큰 경외심을 불러일으켰습니다. 그들은 하나님이 최선의 예배를 요구하셨음을 깨닫지 않을 수 없었습니다.

그들을 위해 하나님 앞에 선 제사장은 육체적으로 온전해야 했습니다. 나이가 들어 몸이 쇠하게 되면, 그는 늙음의 표적을 나타내지 않는 자에게 자리를 내주어야 했습니다. 매일같이 섬길 때 입는 그의 옷은 완전히 희고 깨끗해야 했습니다. 그리고 일 년에 한 번 기쁨의 날, 그는 영광과 아름다움을 위해 정금과 보석으로 치장한 옷을 입어야 했습니다.

또 희생제물로 드려진 짐승들은 모두 흠이 없어야 했습니다. 여러분은 반복적으로 그러한 요구와 만나게 될 것입니다. 그리고 그것은 매우 엄격하며 세심하게 지켜졌습니다. 본문 역시도 우리에게 그것을 말합니다. "기쁘게 받으심이 되도록 아무 흠이 없는 온전한 것으로 할지니."

모세 율법 아래서 모든 예배자들은 항상 자신들의 마음을 죄책과 속죄의 필요성으로 채워야 했습니다. 만일 여러분이 성소 안으로 들어간다면, 여러분은 모든 곳에서 피의 흔적들을 볼 수 있을 것입니다. 우리 가운데 "피"라는 단어만 들어도 몸이 오싹해지는 소심하며 예민한 성격의 사람들이 있습니다. 만일 그들이 성막 안으로 들어가 마치 도살장처럼 피로 얼룩진 바닥과 휘장과 모든 물건들을 보게 된다면, 아마도 그들은 새파랗게 질릴 것입니다. 여기저기에서 피가 뿌려지는 예배를 도대체 어떻게 그들이 견딜 수 있겠습니까? "피 흘림이 없이는 사함이 없음"을 나타내는 계속적인 피 뿌림을 그들이 어떻게 감당할 것입니까? 진실로 죄 사함이 없이는 결코 거룩하신 하나님께 나아갈 수 없습니다. 그리고 그러한 죄 사함은 속죄의 피를 통해 얻어져야 합니다. 올바로 생각할 줄 아는 이스라엘 백성이라면 필경 자신이 두려운 하나님을 섬기고 있다는 사실과, 하나님은 죄를 미워하며 죄인을 결코 아끼지 않는다는 사실과, 속죄 없이는 결코 사함이 없다는 사실을 깊이 깨달을 것이었습니다. 어떤 경우에도 희생제물은 반드시 흠이 없어야 한다는 사실은 그에게 그러한 사실들을 한층 더 확실하게 인칠 것이었습니다. 희생제물의 피를 바라볼 때, 그는 "기쁘게 받으심이 되도록 아무 흠이 없는 온전한 것으로 할지니라"는 말씀을 기억했습니다. 그는 온전한 희생제물의 필요성 안에서 하나님의 거룩하심이 선포되는 것을 보았습니다. 그는 죄가 결코 사소하며 대수롭지 않게 행해질 수 있는 것이 아니라는 사실을 느낄 것이었습니다. 죄가 제거되기 위해서는 생명과 피가 뿌려져야 한다는 사실을 그는 느낄 것이었습니다. 그리고 그러한 생명과 피는 반드시 흠 없고 온전한 희생제물의 생명과 피여야 했습니다.

　　유대의 의식 율법 아래서, 하나님의 거룩하심에 대한 큰 경외심 다음으로 두드러진 것은 하나님의 율법에 대한 깊은 존중심이었습니다. 이스라엘 백성들은 어디를 가는 하나님의 율법에 둘러싸여 있었습니다. 그들은 이것을 행해야만 하며, 저것은 행하지 말아야 합니다. 그들 앞에 항상 율법이 있었습니다. 형제들이여, 복음을 선포하는 것은 복된 일입니다. 그러나 나는 율법을 전파하지 않는 사람이 복음을 전파할 수 있다고 믿지 않습니다. 레위기를 위시하여 구약의 모든 책들이 우리에게 복음을 가르치는 것은 그 안에 매우 분명하게 하나님의 율법이 있기 때문입니다. 율법은 바늘과 같습니다. 여러분은 복음의 비단실을 사람의 마음속으로 가져갈 수 없습니다. 먼저 그곳에 율법의 바늘을 보내지 않는다면 말입니다. 율법의 바늘이 길을 내면 복음의 비단실이 그 길을 따라 들어갑니다. 만일 사람들이 하나님의 율법을 깨닫지 못하면, 그들은 자신들이 죄인임을 느끼지 못할 것입니다. 그리고 만일 그들이 스스로 죄인임을 의식하지 못한다면, 그들은 속죄제물의 필요성을 이해하지 못할 것입니다. 만일 그들이 십계명을 듣지 못한다면, 그들은 어째서 자신들에게 죄책이 있는지 알지 못할 것입니다. 그렇다면 그들이 도대체 무슨 죄를 고백할 것입니까? 만일 그들이 율법이 거룩하며 공의로우며 선하다는 사실과 하나님이 마땅히 요구하실 수 있는 것 이상을 요구하지 않는다는 사실을 알지 못한다면, 도대체 어떻게 그들이 죄의 더러움을 느끼며 또 씻음을 위해 그리스도께 피해야 할 필요성을 깨달을 것입니까? 먼저 하나님의 율법에 의해 상함을 받아야만 합니다. 그리고 난 연후에야 비로소 치료가 있을 것입니다. 율법에 의해 '죽임'을 당한 연후에야 비로소 '살림'이 따를 것입니다.

사랑하는 친구들이여, 우리의 모든 자기 의가 하나님의 율법의 도끼에 의해 찍힘을 당하기를 기원합니다. '자기 의'라는 흉악한 나무를 찍을 수 있는 것은 하나님의 율법의 도끼 외에 아무것도 없습니다. 또 나는 여러분이 율법을 취하여 그것을 거울로 사용하기를 바랍니다. 그럼으로써 여러분은 그 안에서 여러분 자신을 보며 여러분의 흠과 점과 모든 더러운 것들을 발견하게 될 것입니다. 그리하여 여러분은 스스로를 씻고 하나님 앞에 정결하게 될 것입니다. 또한 율법은 우리를 그리스도께로 인도하는 초등교사(몽학선생)입니다. 만일 엄한 선생이 회초리와 눈물로 우리를 그리스도께 이끌지 않는다면, 우리 가운데 그리스도께로 갈 자는 아무도 없을 것입니다.

본문 속에는 율법과 복음 모두가 나타납니다. 거기에 희생제물은 기쁘게 받으심이 되도록 온전해야만 한다는 율법이 있습니다. 그리고 그 뒤에 기쁘게 받으심이 된 흠 없는 희생제물의 복된 암시가 있습니다. 그 희생제물은 우리가 아무런 두려움이나 거리낌이 없이 믿음으로 하나님께 가져갈 수 있는 온전한 희생제물입니다. 율법과 복음을 동시에 배울 수 있는 것은 얼마나 큰 은혜입니까!

오늘 우리는 "희생제물은 기쁘게 받으심이 되도록 온전해야만" 한다는 사실을 살펴보고자 합니다. 나는 이러한 하나님의 진리가 하나님의 영의 능력으로 말미암아 여러분 모두의 심령 속에 그대로 전달되기를 바랍니다. 나는 이 시간 온갖 미사여구를 동원하는 웅변가가 되지 않을 것입니다. 누가 더 말을 잘하는지를 겨루는 경주는 세상에서 가장 나쁜 경주입니다. 설교자들은 웅변이나 수사학 같은 것에 지나치게 관심을 기울여서는 안 됩니다. 설교자들은 어린아이들처럼 가장 단순하고 명확하게 말해야 합니다. 나는 모든 설교자들이 하나님의 복음을 가장 평범한 언어로 전파하기를 바랍니다. 나는 모든 회중들이 내가 말하는 것을 온전히 이해하며 깨닫기를 바랍니다. 나는 할 수만 있으면 더 단순하게 말하고 싶습니다. 구원의 길은 단순히 웅변을 겨루는 경주의 주제가 되기에는 너무도 중요한 주제입니다. 십자가는 우리의 현란한 언어의 깃발을 매다는 장대가 되기에는 너무도 거룩합니다. 나는 오직 여러분을 평강으로 이끌며 여러분의 영혼을 구원하는 진리만을 전하고 싶습니다. 설령 여러분의 영혼이 구원받지 못한다 하더라도 최소한 심판의 날 여러분으로 하여금 아무런 핑계도 댈 수 없도록 만드는 진리를 전하고 싶습니다.

1. 첫째로, "희생제물은 기쁘게 받으심이 되도록 온전한 것이어야 한다"는 본문의 원칙은 모든 잘못된 제물들을 배척합니다.

그것은 모든 종류의 자기 의를 악한 것으로 가장 효과적으로 판단하며 배척합니다. 자기 의가 무엇입니까? 수많은 사람들을 헛된 소망으로 들뜨게 만드는 큰 속임수 아닙니까? 아, 얼마나 많은 사람들이 이러한 자기 의로 말미암아 멸망을 당했습니까! 그러므로 나는 자기 의에 대해 우레와 뇌성벽력 같은 음성으로 단호하게 말해야만 합니다. 자신의 행위로 말미암아 하나님께 받으심이 될 것이라고 생각하는 자여, 내 말을 들으십시오. 만일 당신이 당신 자신의 공로 위에서 받아들여진다면, 당신에게 무엇이 요구될 것인지 보십시오. "기쁘게 받으심이 되도록 아무 흠이 없는 온전한 것으로 할지니." 만일 당신이 이러한 푯대에 도달할 수 있다면, 당신은 당신 자신의 의로 말미암아 구원받게 될 것입니다. 그러나 만일 당신이 이러한 푯대에 도달할 수 없다면 그리고 어떤 부분에서든 모자람이 발견된다면, 당신은 기쁘게 받으심이 되지 못할 것입니다. 본문은 "기쁘게 받으심이 되도록 부분적으로 온전한 것으로 할지니"라든지 혹은 "기쁘게 받으심이 되도록 어느 정도 선한 것으로 할지니"라고 말하지 않습니다. 결코 그렇지 않습니다. 희생제물은 "기쁘게 받으심이 되도록 아무 흠이 없는 온전한 것"이어야만 합니다. 희생제물은 "큰 흠이 없는" 것이 아니라 "아무 흠이 없는" 것이어야 합니다. 당신 앞에 놓인 모범의 절대적인 완전성을 보십시오. 다림줄을 생각해 보십시오. 그것은 똑바로 내려지지 않습니까? 집을 지을 때 그것을 따라 똑바로 쌓아야 하지 않습니까? 그래야만 집이 기우뚱하거나 뒤틀리지 않습니다. 본문의 완전한 모범과 똑바른 다림줄을 다시 한 번 주목해 보십시오. "기쁘게 받으심이 되도록 아무 흠이 없는 온전한 것으로 할지니."

자신의 행위로 구원받기를 소망하는 자여, 당신의 본성이 처음부터 부패되고 더러워졌음을 깨달으십시오. 당신의 그러함을 하나님의 말씀이 확증합니다. 당신의 마음 안에 처음부터 악이 있습니다. 따라서 당신은 온전하지도 않으며 흠이 없지도 않습니다. 이러한 슬픈 사실은 모든 것을 처음부터 망쳐 놓습니다. 당신은 흠이 있으며 온전하지 못합니다. 누가 부정한 것으로부터 정결한 것을 드릴 수 있습니까? 아무도 없습니다. 샘이 오염되어 있는데, 거기서부터 맑은 물이 흘러나오겠습니까? 태생적으로 악의 성향을 가진 부패한 인간인 당신이 하나님께 온전한 예배를 드리는 것이 가능하다고 생각합니까? 당신의 손이 더러워졌는데,

그 손으로 하는 일이 어떻게 정결할 수 있습니까? 쓴 본성을 가진 나무로부터 어떻게 단 열매가 나올 수 있단 말입니까? 나의 친구여, 어둠으로부터 빛이 나올 수 없으며 죽음으로부터 생명이 나올 수 없습니다. 어떻게 당신의 생각과 말과 행동이 온전할 수 있습니까? 그러나 기쁘게 받으심이 되기 위해서는 모든 것이 "아무 흠이 없고 온전해야만" 합니다.

또 당신에게 어디엔가 실제적인 흠이 있다는 사실을 기억하십시오. 어쩌면 당신은 그러한 흠이나 잘못을 의식(意識)하지 못할는지 모릅니다. 그리고 그렇게 의식하지 못하는 데에는 어느 정도 정당한 이유가 있을 수도 있습니다. 당신을 바라볼 때, 나는 사랑하는 마음을 느낍니다. 십계명과 관련하여 "이것은 내가 어려서부터 다 지키었나이다"라고 말할 수 있었던 부자 청년을 바라볼 때, 그리스도께서 사랑하는 마음을 느끼셨던 것처럼 말입니다(눅 18:21). 그렇지만 나는 당신에게 다음의 질문에 대답해 보라고 도전해야만 합니다 — 당신의 동기(動機) 속에 흠이 없습니까? 당신은 그 모든 선한 일들을 무엇을 위해 행했습니까? "그야 물론 구원받기 위해서지요!" 정확하게 그렇습니다. 여기에서 당신의 삶을 지배하고 있는 동기가 다름 아닌 "자기중심주의"(selfishness)라는 것이 분명하게 드러납니다. 자기 의를 추구하는 모든 사람은 자기중심적인 사람입니다. 아무리 선한 삶이라 하더라도 예수 그리스도를 믿는 믿음으로 말미암아 작동되지 않는 삶의 기초에 이와 같은 자기중심주의의 동기가 있습니다. 율법은 "네 마음을 다하고 목숨을 다하고 뜻을 다하여 주 너의 하나님을 사랑하라"고 명령합니다(마 22:37). 그러나 당신은 당신 자신을 사랑했으며, 당신 자신을 위해 살았습니다. 그렇다면 당신은 율법의 첫 번째 강령을 지키지 못한 것입니다. 당신이 행한 모든 것은 지옥에 대한 노예적인 두려움으로부터든지 아니면 당신 자신의 공로로 말미암아 천국을 얻고자 하는 교만하며 자기중심적인 소망으로부터 행해진 것입니다. 그것은 사랑이 아니며, 사랑과 비슷한 것도 아닙니다. 사랑의 부재(不在)는 매우 큰 흠입니다. 그것은 당신의 삶 전체를 더럽히며 망쳐 놓습니다. "기쁘게 받으심이 되도록 아무 흠이 없는 온전한 것으로 할지니." 만일 동기(動機)가 온전하지 못하다면, 그렇게 하여 이루어지는 삶 전체가 온전하지 못한 것입니다.

나아가 온전하지 못한 것은 당신의 본성과 동기뿐만이 아닙니다. 나의 사랑하는 친구여, 당신은 분명 당신 삶에 있어 어디에선가 잘못을 범했을 것입니다.

어떻게 당신이 인생 전체를 통해 아무런 허물 없이 하나님과 사람을 섬겼노라고 감히 말할 수 있겠습니까? 성경은 "의인은 없나니 하나도 없다"고 단호하게 말합니다(롬 3:10). 만일 당신이 인생 전체를 통해 단 한 번도 잘못되거나 비난받을 만한 일을 행한 적이 없다고 말한다면, 당신은 세상에서 가장 선한 사람이 스스로에 대해 주장할 수 있는 것보다 훨씬 더 큰 것을 주장하고 있는 것입니다. 지금 당신에게 설교하고 있는 나 역시도 지금까지 행했던 일들 가운데 가장 선한 일이나 혹은 지금까지 기도했던 것들 가운데 가장 뜨거운 기도조차도 그 자체로서 하나님 앞에 기쁘게 받으심이 될 수 있다고 감히 주장할 수 없습니다. 아무리 선한 일이라 하더라도 온전한 것은 되지 못합니다. 하물며 악한 일이야 얼마나 더 그렇겠습니까? 나의 친구여, 말해 보십시오. 당신의 영 안에 잘못된 어떤 것이 있지 않았습니까? 당신이 겸비하게 예배하는 가운데에도 모자람이 있지 않았습니까? 당신이 열정적으로 섬기며 봉사하는 가운데에도 모자람이 있지 않았습니까? 당신이 믿음으로 기도하는 가운데에도 모자람이 있지 않았습니까? 설령 작위(作爲)로 범한 죄는 없다 하더라도, 부작위(不作爲)로 범한 죄까지도 없었습니까? 당신이 행했던 어떤 일은 더 낫게 행해질 수 있었지 않았습니까? 만일 그렇다면, 그것은 온전하지(perfect) 못했음이 분명합니다. 왜냐하면 만일 온전했다면, 그것은 더 낫게 행해질 수 없었을 것이기 때문입니다. 당신은 지금까지 살아온 것보다 더 낫게 살 수 있지 않았습니까? 당신은 지금까지 살아온 것보다 더 정결하며, 더 관대하며, 더 정직하며, 더 사랑하며, 더 온유하며, 더 견고하며, 더 큰 하늘의 마음을 품고 살 수 있지 않았습니까? 이러한 사실은 어느 정도 분량으로든 당신에게 모자람이 있었음을 보여줍니다. 하나님께 드려지는 제물은 "기쁘게 받으심이 되도록 아무 흠이 없는 온전한 것"이어야만 한다는 사실을 기억하십시오.

나의 말이 매우 날카롭게 들립니까? 그렇지만 실제로 지금 나는 매우 부드럽게 말하고 있습니다. 왜냐하면 단지 표면만을 건드리며 어림잡아 말하고 있기 때문입니다. 그러나 만일 모든 것이 드러난다면, 나는 깊은 곳에 더 큰 악들이 있을 것을 두려워하지 않을 수 없습니다. 만일 자신의 마음을 읽을 수 있다면, 아무리 자기 의로 가득 찬 사람이라 하더라도 자신의 명백한 죄들을 인정하며 고백하지 않을 사람은 여기에 단 한 사람도 없을 것입니다. 그렇지만 나는 여러분과 관련하여 계속해서 부드러운 어조를 유지할 것입니다. 실제로 나는 여기에 앉아 있는 대부분의 사람들을 매우 높이 평가합니다. 나는 여러분이 어떻게 살았는지 압니다. 여러분은 사랑스러운 소녀였으며, 더 자라서는 예의바른 숙녀였으며, 이제 훌륭한 주부가 되었습니다. 그리하여 여러분은 "나는 결코 어떤 사람에게 해를 끼치지 않았어요. 나는 분명 기쁘게 받으심이 될 수 있을 거에요"라고 말합니다. 또 여러분은 훌륭한 부모로부터 양육 받은 모범적인 소년들이었습니다. 여러분은 악한 유혹으로부터 차단되었으며, 그럼으로써 특별한 악에 빠지지 않았습니다. 그리하여 여러분은 아주 괜찮은 성품을 가진 신사가 되었습니다. 나는 많은 사람들이 여러분과 같기를 바랍니다. 나는 여러분을 정죄하고 있지 않습니다. 결코 그렇지 않습니다. 여러분은 이 모든 사실로 인해 스스로 하나님께 기쁘게 받으심이 될 것이라고 생각합니다. 그러나 나는 여러분의 손을 잡고 눈물을 흘리며 이렇게 말합니다. "아, 사랑하는 자들이여, 결코 그렇지 않습니다. 절대로 그렇지 않습니다. 기쁘게 받으심이 되기 위해서는 온전해야만 합니다. 아무 흠이 없어야만 합니다." 이것은 여러분의 자기 신뢰(self-confidence)를 깨뜨리는 치명적인 일격입니다. 왜냐하면 여러분의 생애 가운데 잘못된 일을 행한 때가 분명 있었기 때문입니다. 무엇이라고요? 당신에게 조급한 기질이 없었다고요? 당신은 단 한 번도 경솔한 말을 한 적이 없었다고요? 무엇이라고요? 당신은 하나님에 대해 단 한 번도 불평한 적이 없었다고요? 당신은 단 한 번도 하나님의 섭리에 대해 원망한 적이 없었다고요? 당신은 단 한 번도 게으름을 부린 적이 없었다고요? 당신은 단 한 번도 부주의하게 행동한 적이 없었다고요? 당신은 항상 사실만을 말했습니까? 당신은 단 한 번도 거짓말을 하지 않았습니까? 당신은 단 한 번도 악을 열망하지 않았노라고 말할 수 있습니까? 당신은 단 한 번도 더러운 것을 생각하지 않았노라고 말할 수 있습니까? 악한 것을 생각하는 것 자체가 죄임을 기억하십시오. 부정한 것을 열망하거나 음란한 생각을 하는 것 자체가 하나님 보시기에 흠이며 더러움입니다. 설령 사람이 보기에는 그렇지 않을 수 있다 하더라도 말입니다. "기쁘게 받으심이 되도록 아무 흠이 없는 온전한 것으로 할지니."

내 자신에 대해 이야기해 볼까요? 나는 스스로에 대해 온순하며, 착하며, 그런대로 괜찮은 아이라고 생각했습니다. 나는 책 읽기를 좋아했으며, 시끄럽게 떠들며 노는 일을 거의 하지 않았으며, 아무에게도 해를 끼치지 않았습니다. 아, 그러나 내가 본 것은 잔과 대접의 겉면이었습니다. 하나님의 은혜로 그 안을 바라볼 수 있게 되었을 때, 나는 그 곳에 있는 온갖 더러운 것들을 바라보며 경악하지 않을 수 없었습니다. 마음속에서 "기쁘게 받으심이 되기 위해서는 아무 흠이 없이 온전해야만 한다"는 율법의 판결을 들었을 때, 나는 자기 의의 모든 소망을 버렸습니다. 지금 나는 "스스로 하나님께 기쁘게 받으심이 될 수 있다는" 그토록 터무니없는 거짓말에 홀딱 마음을 빼앗겼던 나 자신을 미워합니다.

　여러분은 새 집처럼 보이는 오래된 집에서 살아본 적이 없습니까? 새 페인트를 칠하고, 니스를 칠하고, 벽지를 바릅니다. 여러분은 자신이 가장 깨끗하고 안락한 집에 살고 있다고 생각합니다. 그러다가 어느 날 마루 판자가 부서지면서 그 밑이 드러납니다. 비로소 여러분은 마루 밑을 보게 됩니다. 거기에 온갖 더러운 것들이 얼마나 많이 쌓여 있습니까! 만일 그러한 사실을 미리 알았더라면, 여러분은 단 한순간도 그 집에서 평안하게 살 수 없었을 것입니다. 온갖 썩은 것들이 감추어져 있었으며, 곳곳이 부패되어 있었습니다. 사망이 그럴듯하게 가려지고 포장되어 있었습니다. 우리의 인성(人性)이 바로 그와 같습니다. 우리 위에 페인트와 니스가 칠하여지고 벽지가 발라졌습니다. 우리는 매우 그럴듯하며 훌륭하게 보입니다. 그러나 밑으로부터 하수구와 같은 죄의 악취가 올라옵니다. 그러한 것들은 우리 안에 있는 선한 것들을 죽이기에 충분합니다. 모든 종류의 정욕과 악독한 욕망들이 우리 본성의 은밀한 곳에 모여 있습니다. 비록 잠잠해 있는 동안에도, 그러한 것들은 여전히 거기에 있습니다. 예수 그리스도를 믿지 않는 선한 사람을 상상해 보십시오. 만일 그가 하나님이 보시는 대로 자신을 본다면, 그는 필경 미쳐 버리고 말 것입니다. 어느 누가 인간 안에 있는 지옥의 두려운 광경을 평안한 마음으로 잠잠히 바라볼 수 있겠습니까! 좋습니다. 여러분은 선하며, 훌륭하며, 온순하며, 사랑스러운 사람일는지 모릅니다. 그러나 여러분은 거듭나야만 합니다. 여러분은 자신에 대한 모든 신뢰를 포기해야만 합니다. 가장 악독한 사람이 그렇게 해야 하는 것과 똑같이 말입니다. 죄인 중에 괴수가 기쁘게 받으심이 되지 못하는 것과 마찬가지로 여러분도 그러합니다. 왜냐하면 기쁘게 받으심이 되기 위해서는 그 안에 흠이 없는 온전한 의를 가져야만 하기 때문입니다. 여러분의 의가 흠이 없이 온전하지 않다는 것을 여러분 자신이 알지 않습니까?

　어떤 사람이 말합니다. "아, 이것은 너무도 가혹한 교리입니다." 그러나 나는 사실 그대로 말하지 않을 수 없습니다. 나는 여러분을 너무나 사랑하므로 결코 여러분을 속일 수 없습니다. 환자를 살리기 위해, 의사는 모든 환부를 있는 그대로 다 드러내야 합니다. 절반의 환부만 치료하는 것은 아무 소용 없습니다. 만일 죽음으로 통하는 문이 있다면, 나는 그 문을 나무 판으로든 벽돌로든 어떻게든 막아야만 합니다. 나는 '자기 신뢰'(self-confidence)의 위험한 문을 벽돌로 쌓아 막기를 원합니다. 왜냐하면 그 문은 속임과 실망과 절망으로 이끌기 때문입니다. 행위로 말미암아 천국으로 가는 길은 오직 절대적으로 온전한(perfect) 사람에게만 가능합니다. 그러나 여러분 가운데 그런 조건을 충족시킬 수 있는 사람은 단 한 사람도 없습니다. 스스로 그런 것처럼 꾸미지 마십시오! 만일 그렇게 한다면, 여러분은 터무니없는 거짓말쟁이가 될 것입니다. 여러분 가운데 단 한 사람도 온전하지 않습니다. 왜냐하면 "모든 사람이 죄를 범하였으매 하나님의 영광에 이르지" 못했기 때문입니다(롬 3:23).

이와 같이 본문은 모든 종류의 자기 의(自己義)를 배척할 뿐만 아니라 또한 모든 형태의 사제주의(司祭主義)를 배척합니다. 어떤 사람들은 사제(혹은 제사장, priest)가 자신을 구원할 수 있다고 생각합니다. 오늘날과 같은 관용적인 시대에 사람들은 심지어 비국교도 목회자들까지도 쉽게 사제로 만듭니다. 나는 사람들이 이렇게 말하는 것을 들은 적이 있습니다. "세상적인 일을 위해 변호사를 고용하는 것처럼, 나는 영적인 일을 위해 사제나 성직자를 고용합니다." 이것은 너무나 잘못된 말입니다. 뿐만 아니라 그렇게 생각하는 사람을 파멸로 이끄는 악한 말입니다. 나는 사제직(司祭職)에 대해 매우 단호하게 말합니다. 그 역시 "기쁘게 받으심이 되기 위해서는 흠이 없이 온전해야만" 함을 기억하십시오. 그러므로 사제가 여러분을 위해 행하는 모든 것은 온전해야만(perfect) 합니다. 나는 그들이 행하는 일이 무엇인지 알지 못합니다. 나는 가톨릭이나 영국 국교회의 사제들이 소위 "미사"를 통해 행하는 일이 무엇인지 도무지 깨달을 수 없습니다. 나는 그들이 이렇게 저렇게 행하는 것을 보았습니다. 나는 그들의 옷에 수놓아진 화려한 십자가들과 각종 장식들을 보았습니다. 나는 그들이 얼굴을 돌리는 것을 보았으며 또 머리를 숙이는 것을 보았습니다. 나는 그들이 포도주와 물을 마시는 것을 보았습니다. 나는 그들이 영성체를 먹는 것을 보았습니다. 나는 그들이 무릎을 꿇는 것과 엎드려 부복하는 것을 보았습니다. 그러나 나는 그 모든 행동들이 무엇을 의미하는지 도무지 알지 못합니다. 나에게 있어 그 모든 행동들은 의미 없는 표현들처럼 보입니다. 나는 그러한 것들에 나의 영혼을 거는 모험을 하고 싶지 않습니다. 그러한 행동들을 하는 동안 그들이 마땅히 생각해서는 안 되는 것을 생각할 수 있지 않습니까? 그들이 "미사"를 집례하면서 아무런 목적이나 의도 없이 그렇게 할 수 있지 않습니까? 그렇다면 그들과 그들의 행동을 신뢰하는 자들은 어떻게 됩니까? 모든 것은 사제들의 목적과 의도에 의존합니다. 만일 거기에 선한 의도가 없다면, 거기에 유익된 것은 아무것도 없는 셈이 됩니다. 결국 여러분의 영혼은 화려한 옷을 입은 가련한 인간의 의도 여하에 달린 셈이 됩니다. 어쩌면 그들은 정당하게 서품(敍品)되지 않았을는지 모릅니다. 어쩌면 그들에게 아무런 사도적 계승도 없을는지 모릅니다. 어쩌면 그들은 치명적인 죄 가운데 살고 있을는지 모릅니다. 아, 그들을 신뢰하는 데에는 너무도 많은 위험이 도사리고 있습니다. 여러분은 자신의 영혼을 사람에게 의존할 것입니까? 여러분은 자신의 영혼을 인간의 제도 위에다가 매달 것입니까? 아, 나의 영혼은 그토록 빈약한 못에다가 매달기에는 너무나 무겁습니다. 아, 나의 영혼은 그토록 썩은 나무에다가 의존시키기에는 너무나 중요합니다. 만일 여러분에게 생각할 수 있는 능력이 있다면, 여러분은 "최고의 성직자라 하더라도 내가 의존할 수 있는 충분한 기초는 될 수 없어"라고 느낄 것입니다. 하나님은 우리에게 온전한 희생제물을 가져올 것을 요구하십니다. 만일 우리가 어떤 사람을 신뢰하며 의존한다면, 그것은 우리의 어리석음의 결과일 뿐입니다. 결코 그래서는 안 됩니다. 우리는 우리 자신으로서 하나님의 심판대 앞에 서야 합니다. 우리는 우리가 몸으로 행했던 죄들에 대해 심판을 받아야 합니다. 다른 사람이 행한 어떤 의식(儀式)이 우리를 그리스도의 심판대에서 정결하게 해줄 수 있다는 개념으로 우리는 스스로를 속여서는 안 됩니다. 어떤 사람도 우리를 위해 온전한 희생제물을 가져올 수 없습니다. 기쁘게 받으심이 되기 위해, 희생제물은 아무 흠이 없는 온전한 것이어야 합니다. 사랑하는 자들이여, 부디 헛된 사제주의와 성례주의의 미혹에 속지 마십시오. 가톨릭 교파에 속하든 혹은 국교도 교파에 속하든, 여러분은 사제(司祭)를 의존해서는 안 됩니다. 여러분은 스스로를 위해 오직 주 예수 그리스도를 믿고 그에게 의존해야 합니다. 그렇지 않으면 여러분은 영원히 잃어질 것입니다.

    본문은 사람에 대한 모든 종류의 신뢰를 깨끗하게 일소(一掃)합니다. 어떤 사람들은 이런 방식으로 속습니다. 그들은 말합니다. "물론 나는 나의 공로를 신뢰하지 않습니다. 그러나 나는 신앙적인 사람이며 성례에 참례합니다. 그리고 나는 예배에 정기적으로 출석합니다. 나는 이렇게 하는 나 자신이 매우 합당하다고 느낍니다. 나는 예수 그리스도와 나 자신을 신뢰합니다." 이와 같이 사람들은 다양한 방식으로 그 발의 일부는 쇠이며 일부는 진흙인 신상(神像)을 만듭니다. 이러한 종류의 혼합으로 많은 사람들이 무의식적으로 스스로에 대해 만족합니다. 그러나 본문의 말씀을 들어보십시오. "기쁘게 받으심이 되도록 아무 흠이 없는 온전한 것으로 할지니." 만일 우리가 오직 예수 그리스도만을 신뢰한다면, 그것은 우리의 온전한 제물이 될 것입니다. 그러나 만일 여러분이 그리스도를 99% 신뢰하면서 마지막 1%는 여러분 자신을 신뢰한다면, 여러분은 잃은 자가 될 것입니다. 왜냐하면 그 마지막 1%가 전체를 불완전하게 만듦으로써 마침내 여러분은 하나님께 기쁘게 받으심이 될 수 없을 것이기 때문입니다.

또 어떤 사람들은 이렇게 말합니다. "내가 겪은 많은 고난이 나의 보상이 될 것입니다." 오늘날 많은 사람들은 가난하며 고생을 많이 한 사람들이 이 땅에서 고난을 많이 겪은 것 때문에 결국 구원받게 될 것이라고 생각합니다. 어떤 사람이 오랫동안 병으로 고통을 겪다가 세상을 떠날 때, 그의 친구는 이렇게 말합니다. "가련한 영혼이여, 이제 그는 더 나은 곳으로 갔도다." 그러면 대부분의 사람들이 그 말을 당연하게 느낍니다. 그가 너무도 많은 고통을 겪었기 때문에 말입니다. 그러나 "기쁘게 받으심이 되기 위해서는 흠이 없이 온전해야만" 합니다. 도대체 누가 온전하게 살 수 있단 말입니까? 설령 가난과 궁핍과 고통으로 파란만장한 생애를 살았다 하더라도 말입니다. 결코 그렇지 않습니다. 가난이 온전함을 만들지 않습니다. 병이 온전함을 만들지 않습니다. 오늘 본문은 마치 낙원 문 앞에서 화염검을 들고 서 있는 그룹처럼 모든 헛된 상상과 거짓된 생각들을 가로막고 서 있습니다. 다음과 같은 엄중한 판결문과 함께 말입니다. "기쁘게 받으심이 되도록 아무 흠이 없는 온전한 것으로 할지니."

2. 둘째로, "기쁘게 받으심이 되기 위해서는 흠이 없는 온전한 것이어야 한다"는 본문의 원칙은 그러므로 우리로 하여금 오직 예수 그리스도의 희생제사만을 바라보도록 만듭니다.

사랑하는 자들이여, 설령 내가 천사의 입술을 가졌다 하더라도, 나는 여러분에게 흠 없이 하나님께 자신을 드린 자에 대해 충분하게 설명해 줄 수 없습니다. 왜냐하면 그는 절대적으로 온전하시기 때문입니다. 그 안에는 아무런 흠도 없습니다.

그는 하나님과 사람으로서의 본성 안에서 온전합니다. 어떤 얼룩도 그의 탄생을 더럽히지 않았으며, 그의 몸과 영혼에 어떤 불결한 것도 닿지 않았습니다. 이 세상의 왕은 날카로운 눈으로 그를 살폈지만, 그러나 그 안에서 아무것도 찾을 수 없었습니다. "모든 일에 우리와 똑같이 시험을 받으신 이로되 죄는 없으시니라"(히 4:15). 우리 구주에게는 죄를 지을 가능성도 없었습니다. 그에게는 죄를 향한 어떤 성향 혹은 열망도 없었습니다. 그의 성품 안에는 악한 것으로 해석될 수 있는 것이 아무것도 없었습니다. 우리의 온전한 희생제물은 티나 주름 잡힌 것이나 그와 같은 것이 아무것도 없었습니다.

그의 본성과 마찬가지로 그의 동기 또한 온전했습니다. 그로 하여금 하늘로부터 내려오도록 이끈 것이 무엇이었습니까? 하나님과 사람에 대한 사랑이 아니었습니까? 여러분은 그리스도 예수 안에서 어떤 야심의 흔적도 발견할 수 없습니다. 그는 결코 자기를 생각하지 않았습니다. 그의 가슴에는 악하거나 혹은 불결한 동기가 추호도 없었습니다. 그러한 동기들은 심지어 그의 마음조차도 스쳐지나가지 않았습니다. 그는 최고로 정결하며 거룩했습니다. 심지어 그의 원수들조차도 나사렛 예수의 순전한 동기를 인정하지 않을 수 없었습니다.

그의 본성과 마찬가지로 그의 영 또한 온전했습니다. 그는 결코 죄악된 방법으로 화를 내거나, 난폭하게 행하지 않았습니다. 그는 거짓되게 행하거나 혹은 게으르게 행하지 않았습니다. 그의 영혼을 채우고 있는 공기는 땅에 속한 것이라기보다 차라리 하늘에 속한 것이었습니다.

그의 순종의 생애 역시 온전했습니다. 그가 어떤 계명을 깨뜨린 적이 있었습니까? 그가 어떤 의무를 잊어버린 적이 있었습니까? 그는 하나님의 율법을 존귀하게 하였으며, 인간의 영혼을 사랑했습니다. 그는 자신의 인성(人性)의 삶 속에서 하나님의 성품을 온전히 반영했습니다. 여러분은 그리스도의 어떠함을 볼 때 하나님의 어떠하심을 알 수 있습니다. 하늘에 계신 그의 아버지의 온전하심 같이, 그는 온전하셨습니다. 그의 성품 안에는 모자람도 없었으며 남는 것도 없었습니다.

또 그의 희생제사 역시 온전했습니다. 그는 사망에 이르기까지 자신의 몸을 고통당하도록 그리고 자신의 마음을 짓눌리고 으깨지도록 내주셨습니다. 그는 우리를 위해 자신을 완전한 희생제물로 주셨습니다. 율법이 요구하는 모든 것이 그 안에 있었습니다. 줄자를 최대로 펼쳐 보십시오. 그렇게 하더라도 그리스도를 다 잴 수 없습니다. 그는 우리의 모든 죄를 위해 아버지께 갑절을 드렸습니다. 그는 죄를 위해 스스로를 고난에 내주었으며, 하나님의 율법을 온전히 순종했습니다. 주 하나님은 그를 기쁘게 받으십니다. 하나님은 자기의 사랑하는 아들 안에서 쉬시며, 그로 말미암아 그를 제시하는 죄인들에게 웃으십니다. 겟세마네와 골고다에 대해 생각할 때 그리고 단번의 희생제사로써 그를 믿는 모든 사람을 영원히 거룩하게 하신 자를 생각할 때, 나의 마음은 크게 기뻐합니다. 그는 "다 이루었다"고 말씀하셨습니다. 그는 영원히 다 이루셨습니다. 우리 주님은 온전한 희생제물을 드리셨습니다. 희생제물은 "기쁘게 받으심이 되기 위해서는 아무 흠이 없는 온전한" 것이어야만 했습니다. 그의 희생제물을 보십시오. 그것은 온전하며, 그 안에 흠이 없습니다. 지극히 높으신 하나님께 영광을 돌립시다!

이 자리에 앉아 있는 모든 사람들이 이 시간 이러한 희생제물을 하나님께 드리기를 바랍니다. 믿음으로 그를 여러분 자신의 희생제물로 취하십시오. 여러분은 그렇게 할 수 있습니다. 그리스도는 모든 신자들에게 속합니다. 만일 여러분이 그를 믿으면, 그는 여러분의 것입니다. 이제 막 회심한 초신자든 혹은 오랫동안 그리스도인으로 살아왔든 만일 여러분이 믿는다면, 여러분은 지금 여러분의 손에 그리스도를 들고 아버지께 이렇게 말할 수 있습니다. "나의 아버지여, 당신은 나를 위해 율법이 요구하는 온전한 희생제물을 준비하셨나이다. 그 안에는 아무 흠도 없나이다. 보소서, 내가 그것을 나의 희생제물로 아버지께 가져오나이다." 그러면 하나님은 만족하십니다. 이 얼마나 기쁜 일입니까! 하나님은 만족하십니다. 아버지께서 크게 기뻐하십니다. 하나님은 그러한 만족의 증표로서 그리스도를 죽은 자로부터 일으키사 그를 자기 오른편에 앉히셨습니다. 우리 역시도 만족합시다. 하나님을 만족시키는 것은 능히 우리를 만족시킬 수 있습니다. 나의 영혼아, 네 죄로 인해 네 눈에 눈물이 가득 차고 네 허물과 불완전함으로 인해 네 마음이 불안할 때, 네 자신으로부터 눈을 돌려 속전으로 지불된 속죄제물을 바라볼지어다! 예수의 속죄제물은 온전하며 기쁘게 받으심이 됩니다. 우리 주 예수 그리스도의 의는 흠이 없으며, 그러므로 우리는 "사랑하는 자 안에서" 받아들여집니다.

이스라엘 백성들이 문 인방과 좌우 설주에 피를 뿌린 것을 생각해 보십시오. 그러고 난 후 그들은 문을 닫았습니다. 그들은 안에 있었습니다. 그들은 더 이상 피를 볼 수 없었습니다. 왜냐하면 피는 문 밖 기둥에 뿌려져 있었기 때문입니다. 그렇지만 그들은 안전했습니다. 왜냐하면 "내가 피를 볼 때에 너희를 넘어가리니"라고 기록되었기 때문입니다(출 12:13). 그리스도 안에 있는 모든 자들이 영원히 안전하게 지켜지는 것은 하나님이 그 아들의 피를 보는 것으로 말미암습니다. 많은 사람의 죄 사함을 위해 흘려진 피를 바라보는 것은 나에게 있어 얼마나 보배로우며 달콤한 일입니까! 그러므로 나는 즐거이 그 피를 바라봅니다. 그러나 설령 어두운 밤이 되어 내가 그 피를 볼 수 없다 하더라도, 나는 안전합니다. 왜냐하면 하나님이 그 피를 보실 것이기 때문입니다. 우리가 안전한 것은 "네가 피를 볼 때에"가 아니라 "내가 피를 볼 때에" 너희를 넘어갈 것이라고 기록되어 있기 때문입니다. 여러분을 안전하게 지키는 것은 희생제물의 온전함입니다. 여러분이 그것을 바라보는 여부와 상관 없이 말입니다. 여러분이 "사랑하는 자 안에서 받아들여지는" 것은 "여러분의 믿음에 흠이 없는" 것으로 말미암는 것이 아니라 "희생제물에 흠이 없는" 것으로 말미암습니다.

이제 그리스도인인 여러분에게 몇 가지 당부하는 말과 함께 오늘의 설교를 마치고자 합니다. 의를 좇는 자들이여, 들으십시오! 주를 아는 자들이여, 내 말에 귀를 기울이십시오! 여러분은 구원받았습니다. 그러므로 여러분은 속죄를 위해 제물을 가져올 필요는 없습니다. 그러나 여러분은 감사를 위해 제물을 가져와야 합니다. 여러분의 몸을 산 제물로 하나님께 드리십시오. 그렇지만 설령 그렇게 한다 하더라도, 여러분은 절대적으로 온전한 제물을 드릴 수 없습니다. 그러나 여러분은 그것이 성경적인 의미에서 온전한 희생제물이 되도록 힘써야 합니다.

사랑하는 형제들이여, 여러분은 눈 먼 것을 가져오지 않도록 조심해야 합니다(22절). 왜냐하면 눈 먼 것은 하나님께 드려져서는 안 되었기 때문입니다. 여러분은 오직 하나님의 영광만을 바라보는 하나의 눈으로 하나님을 섬겨야 합니다. 만일 여러분이 기도모임에 참석하거나 혹은 주일학교에서 가르치거나 혹은 설교를 한다면, 여러분은 그것을 여러분 자신을 바라보는 눈으로, 다시 말해서 여러분 자신의 영광을 의식하며 행해서는 안 됩니다. 그렇게 한다면, 그것은 기쁘게 받으심이 될 수 없습니다. 제물은 오직 하나님의 영광만을 바라보며 그것을 목적으로 드려져야 합니다. 그런 의미에서 그것은 기쁘게 받으심이 되도록 온전해야 합니다.

또 그들은 상한 것을 드려서는 안 되었습니다. 하나님을 섬길 때마다 우리는 우리의 전 존재로서 그렇게 해야 합니다. 왜냐하면 만일 우리가 우리 본성의 일부로서 하나님을 섬기고자 한다면, 우리는 기쁘게 받으심이 되지 못할 것이기 때문입니다. 어떤 그리스도인들은 한쪽 부류의 의무들은 기쁘게 받아들이면서 다른 쪽 부류의 의무들은 게을리합니다. 그러나 결코 그래서는 안 됩니다. 예수 그리스도는 여러분을 위해 "그 자신"(Himself)을 주셨습니다. 그러므로 여러분은 그에게 여러분의 전 자아(whole self)를 드려야 합니다. 기쁘게 받으심이 되기 위해서는, 삶 전체가 드려져야 합니다. 삶의 모든 부분이 온전히 성별되어야 합니다. 여러분은 어떻습니까? 여러분은 주님께 희생제물의 일부만을 드리지 않았습니까? 다시 한 번 말하지만, 그는 전체를 요구하십니다.

또 그들은 지체에 베임을 당한 것을 드려서는 안 되었습니다. 어떤 사람들은 매우 인색한 마음으로 제물을 드립니다. 그들은 마지못해 헌금을 드립니다. 많은 사람들이 부러진 팔로 그리스도를 섬깁니다. 거룩한 일을 하면서도 억지로 그리고 마지못해 행합니다. 심지어 이교도들조차도 제 발로 걷지 못하는 황소는 희생제물로 드리지 않았습니다. 왜냐하면 그들은 희생제물이 기꺼이 스스로를 바치는 것으로 간주했기 때문입니다. 그러므로 그들에게 있어 희생제물은 제단을 향해 자기 발로 걸어갈 수 있어야만 했습니다. 구약을 보십시오. 새나 짐승은 제물로 하나님께 드려질 수 있었지만 그러나 물고기는 거룩한 제단에 올려질 수 없었습니다. 그 이유는 아마도 물고기는 그곳에 산 채로 올 수 없었기 때문이었을 것입니다. 물고기는 분명 제단에 도착하기 전에 죽을 것이었으므로 하나님께 바쳐질 수 없었던 것입니다. 여러분의 몸을 산 제물로 드리는 일에 항상 주의를 기울이십시오. 많은 사람들이 시장(市場)에 있을 때는 펄펄 살아 움직입니다. 그들은 소리를 지르며, 다른 사람들을 부르며, 수많은 일로 부산을 떱니다. 그 모든 것은 그들이 펄펄 살아 움직이고 있음을 보여주는 결정적인 증거들입니다. 그러나 하나님의 교회 안으로 들어갈 때, 그들은 얼마나 달라집니까! 그들은 분명 살아 있지만, 그러나 그들의 생명이 어디로 갔는지 도무지 알 수 없습니다. 그들의 생명을 찾으려면 현미경을 가지고 살펴야 할 지경입니다. 아무런 활력도 에너지도 볼 수 없습니다. 이러한 사람들은 "기쁘게 받으심이 되기 위해서는 아무 흠이 없는 온전한" 것이어야 한다는 사실을 분명히 기억해야 합니다. 다시 말해서 거기에 에너지가 들어가야 하며, 영혼이 들어가야 하며, 마음이 들어가야 합니다. 그렇지 않으면 하나님이 그것을 받지 않으실 것입니다. 우리는 하나님께 "성체

(成體)가 빠져나온 번데기"와 같은 빈 껍데기를 드려서는 안 됩니다. 만일 우리가 하나님 앞에 기쁘게 받으심이 되고자 한다면, 우리는 그분 앞에 우리의 삶 전체를 드려야만 합니다.

　또 그들은 종기 있는 것을 드려서는 안 되었습니다. 종기가 제물을 크게 훼손하는 것처럼 보이지는 않지만, 그럼에도 불구하고 제물은 "티나 주름 잡힌 것이나 이런 것들이 없이 거룩하고 흠이 없어야" 했습니다(엡 5:27). 무엇보다도 교만의 큰 종기를 피하십시오. 우리가 큰 일을 행하고 있다고 느낀다든지 혹은 가장 만족스러운 방식으로 행하고 있다고 느낄 때, 특별히 조심하십시오. 왜냐하면 그러한 마음은 자칫 기쁘게 받으심이 되지 못하는 결정적인 통로가 될 수 있기 때문입니다. 자랑하면서 하는 설교보다 울면서 하는 설교가 하나님께 훨씬 더 받으심 직한 것입니다. 더 많이 행할 수 없음으로 인해 슬퍼하며 하나님께 드린 것은 교만한 마음으로 당당하게 드린 것보다 훨씬 더 낫습니다.

　또한 희생제물은 습진 있는 것이어서도 안 되었습니다. 다시 말해서 그것은 어떤 종류의 외적인 허물도 있어서는 안 되었습니다. 나는 사람들이 이렇게 말하는 것을 종종 듣곤 합니다. "내가 그 일을 올바르게 행하지 않은 것은 사실이지만 그러나 마음만은 그렇지 않았어." 나의 사랑하는 형제여, 그럴는지 모릅니다. 그러나 당신은 그 일 전체를 가능한 올바르게 만들도록 노력해야 합니다. 우리 주님이 종기와 습진으로 가득한 섬김을 받으시겠습니까? 많은 사람들이 주님을 따르면서도 성급한 기질을 버리지 않습니다. 어떤 사람들은 하나님을 섬기면서도 다른 사람들의 마음을 후벼 파는 일을 조금도 개의치 않습니다. 너무나 많은 사람들이 주님께 마음이 담겨 있지 않은 분별없는 예배를 드리며, 더 많은 사람들이 예물로서 보잘것없는 동전 몇 푼을 드립니다. 아! 얼마나 많은 사람들이 하나님 앞에 종기와 습진으로 가득한 제물을 드립니까? 나의 형제여, 당신은 그렇게 하지 않았습니까? 나 또한 그렇게 한 적이 없었습니까? 아, 우리는 얼마나 가련한 인생들입니까! 이제 우리의 마음을 새롭게 합시다. 주 예수께서 흠 없는 자신을 드리지 않았습니까? 그러므로 우리도 최선을 다해 그를 섬기도록 노력합시다. 최고의 분에게 최고의 것을 드립시다. 우리는 때로 이렇게 노래합니다.

> "나의 모든 것과 내가 가진 모든 것은
> 　영원히 당신의 것이 될 것이나이다."

우리가 그와 같이 노래할 뿐만 아니라 그와 같이 실천할 수 있다면 얼마나 좋겠습니까! 우리에게 있어 최고의 시간과 최고의 재주와 최고의 생각과 최고의 모든 것들이 우리 하나님께 드려져야 하지 않겠습니까? 아! 그러나 우리는 그리스도께 고작해야 조그만 고깃덩어리만을 던질 뿐입니다. 그러면서 가장 좋은 부분은 우리가 먹습니다. 예수 그리스도는 먹다 남은 찌꺼기나 얻기 위해 쓰레기더미로 보내집니다. 선교사 단체에는 고작 치즈 부스러기와 타다 남은 양초들만 보내집니다. 지금 나의 말이 너무나 가혹합니까? 차라리 그랬으면 좋겠습니다. 가난한 과부가 낸 동전 한 푼은 아름다운 예물이 될 수 있습니다. 그러나 자신의 즐거움을 위해 거액의 돈을 아낌없이 쓰는 사람이 낸 동전 한 푼은 도대체 무엇이란 말입니까? 하나님의 제단 앞에 우리는 최고의 수송아지와 최고의 양을 드려야 합니다. 여러분은 그렇게 하고 있는지 스스로 판단해 보기 바랍니다. 만일 여러분이 하나님의 긍휼에 큰 빚을 지지 않았다면, 여러분은 그렇게 하지 않아도 됩니다. 그러나 만일 여러분이 하나님의 긍휼에 헤아릴 수 없는 빚을 지고 있다면, 여러분은 마땅히 그분께 최고의 것을 드려야만 합니다. 만일 그 빚이 결코 헤아릴 수 없는 빚이라면, 오늘부터 그분께 여러분의 존재의 충만을 드리십시오. 부디 여러분과 여러분이 드리는 희생제물이 그리스도 예수 안에서 기쁘게 받으심이 되기를 간절히 바랍니다. 아멘! 아멘!

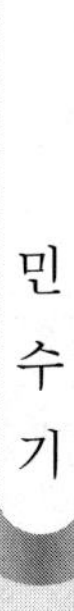

민
수
기

제
1
장

—

비천한 섬김

—

"게르손 종족의 할 일과 멜 것은 이러하니 곧 그들이 성막의 휘장들과 회막과 그 덮개와 그 위의 해달의 가죽 덮개와 회막 휘장 문을 메며 뜰의 휘장과 성막과 제단 사방에 있는 뜰의 휘장 문과 그 줄들과 그것에 사용하는 모든 기구를 메며 이 모든 것을 이렇게 맡아 처리할 것이라." — 민 4:24-26

본문은 게르손 종족의 임무에 대해 이야기합니다. 게르손 종족은 하나님이 모든 이스라엘의 장자를 대신하여 택한 레위 지파의 일부로서, 매우 특별한 방식으로 하나님을 섬기도록 부름받았습니다. 레위인들은 모든 장자들을 위한 대표와 대속물로서 행해야 했습니다. 그들은 매우 특별한 의미에서 여호와의 것으로서 구별되었습니다. 그러므로 레위인들은 장자로서 간주되어야 했는데, 이러한 이름은 바울 사도에 의해 모든 거듭난 자들에게 적용되었습니다. "하늘에 기록된 장자들의 모임과 교회와"(히 12:23). 예수 그리스도는 참된 장자입니다. 그리고 모든 신자들은 "많은 형제 중에서 장자"인 자의 형상을 본받도록 예정되었습니다(롬 8:29).

민수기 4장은 우리에게 레위인들이 어떻게 섬김의 일을 위해 성별되었는지 말해줍니다. 그들은 성결의 물로 뿌림을 받음으로써 몸과 의복이 씻음을 받아야 했습니다. "여호와의 기구를 메는 자들이여 스스로 정결하게 할지어다"는 지금도 여전히 신자들을 속박하는 명령입니다(사 52:11). 우리는 하나님이 성별하신 레위인으로서 거룩한 섬김의 삶을 살도록 준비되기 위해 물과 피의 뿌림을 받을 필요가 있습니다. 우리는 하나님의 성직자(聖職者)들입니다. 예수를 믿는 모든 사람, 거듭난 모든 사람, 그의 보혈로 씻음받은 모든 사람, 성령으로 말미암아 구별된 모든 사람은 구약의 레위인들처럼 하나님을 섬기는 일에 봉헌된 그의 성직자들입니다.

뿐만 아니라 레위인들은 자신들의 몸에 난 모든 털을 깎아야 했습니다. 이 것은 우리가 하나님께 성별된 날 심지어 우리의 외적 삶까지도 변화됨을 보여줍니다. 우리의 옛 육신에 속한 것은 모두 깎여집니다. 그리하여 만일 미래에 우리에게 어떤 아름다운 것이나 자랑할 만한 것이 있다면, 그것은 하나님께 봉헌된 몸으로부터 새롭게 나온 것이 분명해집니다. 반면 예전의 것들은 부패한 것으로서, 한때 우리가 자랑했던 것들은 모두 깎여지고 제거됩니다.

나의 형제들이여, 여러분이 하나님께 얼마나 참된 레위인인지 스스로 판단해 보십시오. 여러분은 본장에 묘사된 레위인과 같아야 합니다. 그렇지 않으면 여러분은 버리운 자입니다.

여기의 레위인들을 눈여겨 보십시오. 설령 그들 모두가 똑같이 성별되었다 하더라도, 그러나 그들 모두가 똑같은 일을 수행하도록 부름받은 것은 아니었습니다. 하나님은 천편일률적인 하나님이 아닙니다. 하나님의 모든 계획과 섭리 속에는 놀랄 만한 통일성이 있지만, 그러나 거기에는 동시에 놀랄 만한 다양성도 있습니다. 하나님은 레위의 모든 아들들에게 모두 똑같은 것을 메도록 명령하시지 않았습니다. 하나님은 모든 사람들에게 제각각 일을 나누어 맡기셨습니다. 이 사람에게는 이 일을 맡기시고, 저 사람에게는 저 일을 맡기셨습니다.

하나님의 종들 가운데 가르치며, 설교하며, 훈계하며, 인도하도록 세워진 자들이 있습니다. 이들은 아론의 아들들과 비교될 수 있습니다. 그러나 하나님에게는 또한 사람들을 가르치거나 혹은 교회에서 지도자의 역할을 감당할 수 없는 많은 무리의 사랑하는 자녀들이 있습니다. 그들에게는 아무런 일도 맡겨지지 않을 것입니까? 결코 그렇지 않습니다. 그들은 마치 한 달란트 받은 종과 같습니다. 비록 설교자나 지도자의 역할은 감당할 수 없다 하더라도, 그러나 그들에게는 주의 성물(聖物)을 멜 만큼 충분히 강한 어깨가 있습니다. 비록 지적인 면에서나 유창하게 말하는 면에 있어서는 많은 능력을 가지고 있지 못하다 하더라도 말입니다. 그들이 해야 할 일은 아무것도 없습니까? 모든 지체가 입이겠습니까?

어떻게 입으로만 구성된 사람이 있을 수 있단 말입니까? 온전한 몸에는 유창하게 말하는 입과 혀뿐만 아니라 눈과 발과 손과 어깨가 있어야만 합니다. 이와 같이 하나님은 많은 종들에게 각각의 직분과 일을 맡기셨습니다. 여기에서 게르손 종족들에게 그렇게 하셨던 것처럼 말입니다 — "게르손 종족의 할 일과 멜 것은 이러하니 … 이 모든 것을 이렇게 맡아 처리할 것이라." 여기에서 나는 여러분에게 우리 왕의 모든 종들이 '짐을 지는 자들'(burden-bearers)이라는 사실을 일깨워 주고자 합니다. 만일 우리가 기꺼이 그의 멍에를 메고 그에게서 배우고자 하지 않는다면, 우리는 결코 천국에 들어가기를 바랄 수 없습니다. 설교하거나 가르치는 일로 부름받지는 않았지만 그러나 인생의 짐과 성소(聖所)의 짐과 하나님의 교회의 짐을 메는 것으로 스스로를 산 제물로 드리는 사람들이 있습니다. 오늘 나는 여러분과 함께 그와 같은 '짐을 지는 자들'에 대해 이야기하고자 합니다.

1. 첫째로, 하나님의 백성들 가운데 많은 사람들이 여기의 게르손 종족들처럼 단순히 짐을 지는 자들이라는 사실을 주목하십시오.

자신이 단순히 짐을 지는 자라는 사실로 인해 아무도 낙망하거나 실망하지 않기를 바랍니다. 왜냐하면 주님은 여전히 짐을 지는 자들을 필요로 하시기 때문입니다. 예루살렘으로 올라가실 때 자신을 태울 나귀를 필요로 하셨던 것처럼 말입니다. 만일 광야를 여행하는 동안 성막을 옮겨야만 했다면, 모든 거룩한 그릇들과 성물들 역시도 옮겨져야 했습니다. 그러면 그것들을 멜 누군가가 있어야만 했습니다. 기꺼이 그 일을 위해 자신의 등을 내주면서 자신에게 그 일이 맡겨지는 것을 큰 영광으로 생각하는 자는 얼마나 복됩니까!

짐을 지는 자들이 져야만 했던 짐은 매우 다양했습니다. 하나님의 종들 가운데 매우 고된 인생의 짐을 지도록 부름받은 사람들이 있습니다. 그런 형제들을 볼 때, 나는 매우 안쓰러운 마음을 느낍니다. 왜냐하면 그들의 수고의 날이 너무나 길기 때문입니다. 그들은 너무도 고된 인생의 짐으로 인해 몸이 극심하게 탈진되어 있는 것처럼 보입니다. 때로 그들은 과도한 수고와 무거운 짐으로 인해 심령의 낙망을 느끼기도 합니다. 그런 사람이 성막에 와서 잠들었다고 상상해 보십시오. 그렇게 잠든 사람을 보고 주님이 책망의 말씀을 하시겠습니까? 겟세마네 동산에서 제자들이 잠들었을 때를 생각해 보십시오. "너희가 나와 함께 한 시간도 이렇게 깨어 있을 수 없더냐"라고 책망하셨지만, 그러나 곧바로 놀라운 긍휼 가운데 "마음에는 원이로되 육신이 약하도다"(마 26:40, 41)라고 덧붙이지 않았습니까? 그것은 지금도 마찬가지입니다. 오늘날의 사회를 생각해 보십시오. 얼마나 정신없이 돌아가고 있습니까? 많은 사람들이 극심한 격무에 시달립니다. 오늘날 많은 사람들이 거의 노예와 방불할 정도로 고된 수고와 무거운 짐을 지고 있습니다. 그러나 사랑하는 형제들이여, 비록 우리가 여러분을 동정함에도 불구하고 만일 여러분이 하나님의 섭리 가운데 그러한 짐을 지도록 부름받았다면, 여러분은 그것을 주님께서 맡기신 짐으로 받아들일 필요가 있습니다. 물론 그러한 짐은 사람을 억누르는 것으로 보일 수 있습니다. 그러나 만일 여러분이 그 뒤를 볼 수 있다면, 여러분의 무거운 짐은 훨씬 더 가벼워질 것입니다. 그리고 여러분은 그것을 능히 감당할 수 있을 만큼 충분히 강해질 것입니다. 예전에 한 가련한 그리스도인 노예가 있었습니다. 그는 자유인이 되기를 바랄 수 있었음에도 불구하고 자신의 누추한 처소에서 하늘의 위로 가운데 이렇게 속삭였습니다. "만일 하나님의 섭리 가운데 내가 노예가 되었고 또 그것을 피할 수 없다면, 나는 이러한 것까지도 천부께서 주신 것으로 받아들이면서 기꺼이 감당할 거야. 그리고 한 사람의 노예로서 하나님께 영광을 돌리도록 노력할 거야!" 이와 같이 인생의 고된 짐을 짊어져야만 하는 사람들이 있습니다. 만일 그들이 수단방법 가리지 않는다면 어쩌면 그러한 짐을 벗어 버릴 수 있을는지 모릅니다. 그러나 그들은 그렇게 하려고 하지 않습니다. 그들은 그렇게 하기를 거절하고, 자신들의 짐을 주님으로부터 주어진 짐으로 받아들입니다.

그런가 하면 매일같이 고통의 짐을 져야만 하는 사람들도 있습니다. 아, 우리 주위에 얼마나 많은 고통의 아들들과 괴로움의 딸들이 있습니까! 심지어 태어나면서부터 심각한 질병을 가지고 나오는 사람들도 있습니다. 던디(Dundee: 영국 스코틀랜드에 있는 한 항구도시)에는 태어나면서부터 지금 이 순간까지 침대에 누워 있는 사람이 있습니다. 무려 56년 동안이나 말입니다. 나의 집에 그의 사진이 있습니다. 그 사진을 내게 보내준 친구는 이렇게 썼습니다. "던디에서 가장 행복한 사람의 사진을 당신에게 보냅니다. 뿐만 아니라 그는 가장 유용한 사람이기도 합니다. 왜냐하면 자기 힘으로는 스스로의 몸조차도 일으킬 수 없는 사람임에도 불구하고, 그는 많은 영혼을 구원한 위대한 전도자이기 때문입니다." 그는 많은 사람들에게 그리스도의 사랑과 신적 은혜의 권능을 이야기함으로써 그들을 예수 그리스도께로 이끌었습니다. 이 나라에는 비록 병상에 누워 있음에도 불구하고 최고의 성도의 위치에 있는 사람들이 있습니다. 질병이 죄의 결과라고 말하는 것은 흉악한 거짓말입니다. 오랫동안 병상에 누워 있음에도 불구하고 위대한 하나님의 사람들이 얼마나 많습니까? 그들 가운데 우리보다 하나님과 더 가까이 살고 있는 사람들이, 그리고 우리보다 하나님께 더 많은 영광을 돌리는 사람들이 얼마나 많습니까? 물론 우리는 그들을 깊이 동정합니다. 그럼에도 불구하고 우리는 그들의 고통을 도리어 부러워할 수도 있습니다. 하나님이 그들 안에서 크게 영광을 받으시는 사실로 인해 말입니다. 세상에는 이와 같이 짐을 지는 자들이 너무나 많이 있습니다. 종종 나는 그들이 야간근무를 하는 병사들이라고 생각합니다. 파수꾼은 적이 부지불식간에 진(陣)을 공격하지 못하도록 항상 깨어 있어야만 합니다. 제단에는 항상 거룩한 불이 타고 있어야 하며, 성소의 등불은 단 한순간도 꺼져서는 안 됩니다. 이와 같이 고통의 무거운 짐을 진 자들은 누워 있는 가운데 매일 밤 경계를 하며, 기도의 불을 지피며, 중보의 향을 계속해서 하늘로 올려보냅니다. 그리하여 세상은 이들의 간절한 기도의 아름다운 능력 아래 있게 됩니다. 그들의 주된 임무는 게르손 종족처럼 무거운 짐을 멤으로써 하나님을 섬기는 것입니다.

그런가 하면 가난의 짐을 메는 사람들도 있습니다. 극심한 가난과 궁핍 가운데 있음에도 불구하고 그러나 매우 뛰어난 사람들이 얼마나 많습니까? 그런 사람들은 물질적으로 가난하면서 동시에 영적으로도 가난한 사람들입니다. "심령이 가난한 자는 복이 있나니 천국이 저희 것임이요"(마 5:3). 그들은 정직한 산물을 얻기 위해 애를 쓰며 많은 수고를 감당해야만 합니다. 그럼에도 불구하고 그러한 빈곤의 상태로부터 벗어날 가능성은 별로 없어 보입니다. 그렇다면, 차라리 그들로 하여금 이렇게 말하게 하십시오. "우리는 짐을 지는 것이 주된 임무인 게르손 종족과 같은 사람들이라."

또 어떤 하나님의 자녀들은 수욕의 무거운 짐을 지도록 부름받습니다. 그들은 잘못한 것이 아무것도 없음에도 불구하고 불경건한 자들로부터 조소와 조롱을 당합니다. 그들은 그리스도와 자신의 양심에 충실했지만 그러나 오해와 비방을 당합니다. 그들의 사소한 특성들이 비록 잘못된 것이 아님에도 불구하고 죄로 과장됩니다. 그들이 무슨 말을 하든, 사람들이 그들의 말을 책잡으며 꼬투리를 잡습니다. 별 말도 아닌 것을 가지고 엄청나게 악한 말인 양 침소봉대합니다.

사람들이 떡을 먹듯이 그들을 먹으며, 그들을 범법자로 만듭니다. 나는 이와 같이 불경건한 남편으로부터 고통을 당하는 경건한 아내들을 알고 있습니다. 그런가 하면 구주를 만남으로 말미암아 믿지 않는 부모로부터 많은 고난을 겪는 자녀들도 있습니다. 그들은 그리스도를 위해 모든 수욕을 참음으로 감당해야만 합니다. 만일 이것이 우리와 관련한 하나님의 뜻이라면, 우리는 그것을 회피하려고 하지 말고 차라리 이렇게 말해야 합니다. "그래, 좋아! 만일 누군가가 그리스도를 위해 채찍에 맞아야만 한다면, 내가 기꺼이 그 일을 맡을 거야. 만일 누군가가 그리스도를 위해 돌을 맞아야만 한다면, 내가 기꺼이 그 돌을 맞을 거야. 만일 선지자와 성도들이 비웃음과 조롱을 당했다면, 어째서 내가 그런 것을 피해야만 한단 말이야?" 병사들이 예루살렘에서 황금 면류관을 씌우고자 했을 때 끝까지 거절했던 십자군의 한 왕이 있었습니다. 그 때 그는 이렇게 말했습니다. "나의 구주께서 가시 면류관을 쓰신 곳에서 어째서 내가 황금 면류관을 써야 한단 말인가?" 주님을 바라보며 다음과 같이 말할 수 있는 자는 얼마나 복됩니까?

> "주의 아름다운 이름을 위해
> 나의 얼굴에 수치와 수욕이 있다면,
> 나는 그 모든 것을 환영하며 즐거워할 것이라.
> 그가 나를 기억하기만 한다면."

이와 같이 짐을 져야만 하는 사람들이 있습니다. 그렇다면 차라리 움츠리지 말고 기꺼이 짐을 지는 것이 더 낫지 않겠습니까? 왜냐하면 짐을 짐으로써 하나님을 섬기는 것이 게르손 종족의 임무이기 때문입니다.

또 어떤 하나님의 백성들은 이 악한 세상의 짐을 져야만 합니다. 신적 섭리 가운데 그들의 운명은 불경건한 자들 가운데 던져집니다. 심지어 자신의 집에서조차 그들은 하나님을 훼방하는 말을 들으면서 음식을 먹어야만 합니다. 자신이 살고 있는 거리에서, 그들은 계속해서 죄의 소리를 듣고 죄의 광경을 보지 않을 수 없습니다. 특별히 날이 어두워진 이후에는 더욱 그러합니다. 뿐만 아니라 우리는 이 세대의 교회의 배교로 말미암아 낙망합니다. 오늘날 수많은 사람들은 그리스도만 아니라면 무엇이든 따릅니다. 또 오늘날 온갖 종류의 거짓 교훈들이 난무합니다. 반면 예수 그리스도의 복음은 낡고 시대에 뒤떨어진 것으로 조롱을 당합니다. 오늘날 우리 주위를 온통 둘러싸고 있는 죄로 인해, 우리가 먹는 떡은 쓰며 우리가 마시는 공기는 탁합니다. 사랑하는 친구들이여, 이러한 일로 낙망되며 마음이 무거워질 때 스스로에게 이렇게 말하십시오. "이러한 마음을 갖는 것은 정직한 영혼을 가진 자에게는 필연적인 일이야. 그들은 이 시대의 죄로 인해 슬퍼하며 탄식할 수밖에 없어. 이것은 게르손 종족에게 부여된 임무야. 그들의 섬김은 짐을 지는 것이며, 이것은 이 시대 우리가 짊어져야 할 짐이야."

지금까지 열거한 짐들 외에도 다른 많은 짐들이 있을 것입니다. 그러나 나는 여기에서 더 이상 언급할 필요를 느끼지 않습니다. 왜냐하면 하나님이 자기 자녀들에게 허락하시는 짐들이 매우 다양하다는 사실을 여러분 모두가 알기 때문입니다. 그렇지만 한 가지 꼭 기억할 것이 있는데, 그것은 그들의 짐이 모두 하나님을 위한 것이라는 사실입니다. 그러한 사실은 우리에게 얼마나 큰 위로가 됩니까? 만일 그들이 올바른 마음을 갖는다면, 이와 같이 짐을 지는 것은 하나님을 위한 참된 섬김입니다. 다음과 같은 베드로의 말을 기억하십시오. "죄가 있어 매를 맞고 참으면 무슨 칭찬이 있으리요 그러나 선을 행함으로 고난을 받고 참으면 이는 하나님 앞에 아름다우니라 이를 위하여 너희가 부르심을 받았으니"(벧전 2:20, 21). 만일 여러분이 그리스도 때문에 매를 맞는다면, 여러분은 어떤 의미에서 그의 고난에 동참하는 것입니다. 그러므로 여러분은 또한 그의 영광에 동참하게 될 것입니다. 참된 하나님의 자녀는 전적으로 하나님을 위해 삽니다. 그는 단지 예배당에 가서 찬송가를 부를 때만 그리스도인이 아닙니다. 아침에 눈을 뜨면서부터 밤에 눈을 감을 때까지, 그는 하나님을 위해 살기를 추구합니다. 그는 하나님을 위해 먹고 마십니다. 그는 하나님을 위해 팔고 삽니다. 그는 하나님을 위해 일하며, 하나님을 위해 주기도 하고 저축하기도 합니다. 하나님을 위한 일이라면 그는 무슨 일이든 합니다. 옛 레위인들은 세상의 일을 하지 않고 하나님의 일을 했습니다. 오늘날 참된 그리스도인들도 마찬가지입니다. 설령 그들이 가게를 열고 밭을 간다 하더라도, 그것은 모두 예수를 위한 것입니다. 그가 그 자신의 주인이 아닙니다. 그는 예수 그리스도의 종입니다. 종과 청지기로서 주인을 위해 충성스럽게 수고하는 것이 그의 기쁨입니다. 나는 모든 그리스도인들이 이러한 하나님의 진리를 깨닫기를 바랍니다. 우리 가운데 자신들의 신앙을 이를테면 주말농장 경작하듯이 그렇게 가꾸는 사람들이 너무나 많습니다. 그들은 자신들의 농장을 주말에만 경작합니다. 반면 그들의 주된 일은 세상 속에 있습니다. 형제들이여, 이런 형태의 신앙으로는 선한 소출을 얻을 수 없습니다. 만일 여러분이 하나님께 단지 여러분의 삶의 껍데기만을 드린다면, 하나님 역시도 여러분에게 단지 은혜의 껍데기만을 주실 것입니다. 거기에 무슨 큰 유익이 있겠습니까? 그러나 하나님께 자신의 삶의 포도열매 전체를 드리는 사람은 하나님으로부터 잘 걸러진 최고의 포도주를 받을 것입니다. 그럼으로써 그의 복된 입술은 에스골의 포도송이로부터 짜낸 최고의 포도주를 맛볼 것입니다. 그 마음이 주의 길을 따르는 자는 얼마나 복됩니까! 그 마음에 하나님의 길을 가진 자는 얼마나 복됩니까! 우리 각자가 그런 사람이 되기를 바랍니다. 짐을 진 자들 (burden-bearers)은 복된 자들입니다. 왜냐하면 그의 모든 짐들이 주를 위한 것이기 때문입니다.

나아가 주를 위해 짐을 진 자들은 자신이 진 짐으로부터 더 많은 것을 배운다는 사실을 주목하십시오. 금촛대를 멘 사람을 생각해 보십시오. 나는 그가 다른 사람들보다 금촛대에 대해 훨씬 더 많은 것을 알 것이라고 생각합니다. 최소한 그는 그것이 상징하는 의미를 다른 사람들보다 더 많이 생각하며 묵상할 것입니다. 그는 자기 형제들이 자신이 메고 있는 것이 무엇인지 그리고 그것의 영적 의미가 무엇인지 알기를 바랐을 것입니다. 하나님이 어떤 자녀에게 어떤 짐을 지게 하실 때, 나는 그 안에 교육적인 효과도 분명 있다고 생각합니다. 우리는 다른 어떤 것보다도 우리 자신이 겪는 고난과 슬픔으로부터 매우 많은 것을 배웁니다. 하나님은 우리 안에서 다른 어떤 작업보다도 가지치기의 작업을 통해 풍부한 열매를 산출합니다. 주의 짐을 진 자들이여, 그분께 이렇게 부르짖으십시오. "주여, 이러한 고통을 통해 우리에게 가르치소서! 이러한 고통과 궁핍으로 하여금 우리를 가르치는 도구가 되게 하소서. 이러한 짐으로 하여금 우리가 은혜 안에서 성장하는 도구가 되게 하소서. 그리고 그것이 더 나은 세상을 위한 영적 훈련의 일부가 되게 하소서."

2. 둘째로, 하나님이 이러한 짐 진 자들을 임명하셨다는 사실을 주목하십시오.

하나님은 단지 그들이 짐을 지는 자들이었음에도 불구하고 그들을 기억하셨습니다. 본장에서 우리는 게르손 자손과 고핫 자손과 므라리 자손에게 부여된 임무에 대해 듣게 됩니다. 뿐만 아니라 성경의 다른 곳에서도 우리는 이와 같은 말씀들을 많이 발견합니다. 하나님은 모세를 인도하셔서 그들과 관련한 모든 것을 기록하도록 하셨습니다. 어쩌면 여러분은 하나님은 단지 사도들을 비롯한 위대한 지도자들만 기억할 것이라고 생각하는지 모릅니다. 그러나 결코 그렇지 않습니다. 하나님은 "짐 진 자들"을 기억하십니다. 그에게는 모든 사람들이 다 소중합니다. 하나님은 자기 백성들을 아십니다. 그들이 어떤 직분과 임무를 맡고 있든지 간에 말입니다. 또 아무리 가난하고 비천한 자들이라 하더라도 말입니다. 할 수 있는 일이라고는 병상에 누워 신음하는 것밖에 아무것도 없는 사람이라 하더라도, 하나님은 자기 백성을 아십니다. 그렇습니다. 하나님은 그 모든 것에 대해 아십니다. 하나님은 짐 진 자들인 여러분을 기억하십니다. 그의 아들 역시 위대한 "짐 진 자"(Burden-Bearer)가 아니었습니까? 설령 다른 사람들은 잊을 수 있다 하더라도, 하나님은 결코 여러분을 잊지 않으십니다. 여러분은 매일같이 여러분의 십자가를 져야 합니다. 여러분의 주님이 그의 십자가를 지셨던 것처럼 말입니다. 하나님은 여러분 안에서 크게 기뻐하십니다. 왜냐하면 여러분은 그의 소중한 백성이기 때문입니다. 여러분은 그렇지 않을 것이라고 생각합니까? 결코 그렇지 않습니다. 하나님이 여러분을 기억하신다는 사실로 스스로를 위로하십시오.

나아가 하나님은 이들 짐 진 자들 각자를 임명하셨습니다. 동전을 취하여 거기에 새겨진 글을 읽어 보십시오. "하나님의 은혜로 말미암아 대영제국의 왕이 된 조지 4세." 나는 하나님의 은혜가 조지 4세가 대영제국의 왕이 된 것과 얼마나 큰 연관관계를 갖는지 잘 알지 못합니다. 그러나 만일 그리스도인인 여러분 가운데 어떤 사람이 거리를 청소한다면, 여러분은 이렇게 말할 수 있습니다. "하나님의 은혜로 말미암아 청소부가 된 토머스 존스." 또 만일 어떤 가난한 그리스도인 여인이 세탁부로서 빨래를 한다면, 그녀는 이렇게 말할 수 있습니다. "하나님의 은혜로 말미암아 세탁부가 된 사라 스미스." 만일 여러분이 자신의 합당한 자리에서 하나님이 여러분에게 맡겨준 짐을 지고 있다면, 여러분은 하나님의 임명으로 말미암은 자리에 서 있는 것입니다. 자신의 일이 하나님의 임명에 따른 것임을 아는 사람은 얼마나 복됩니까! 하나님이 두 천사에게 서로 다른 두 일을 맡기셨다고 상상해 보십시오. 한 천사에게는 "세상에 내려가 왕국을 통치하라"고 명하셨고, 또 한 천사에게는 "세상에 내려가 거리를 청소하라"고 명하셨습니다. 그러면 천사들은 어떻게 하겠습니까? 분명 두 천사는 똑같이 주인의 뜻을 행하기를 기뻐할 것입니다. 왜냐하면 "그의 명령을 행하며 그의 목소리를 듣는" 것이 그들의 기쁨이기 때문입니다.

어쩌면 여러분 가운데 어떤 사람들은 매우 두드러지며 눈에 띄는 자리가 훨씬 더 바랄 만한 자리라고 생각할는지 모릅니다. 그러나 나는 여러분에게 나의 자리를 선망(羨望)하라고 권면하고 싶지 않습니다. 나는 나의 자리에 서 있는 것에 만족합니다. 왜냐하면 주께서 나를 이 자리로 부르셨음을 믿기 때문입니다. 그러나 때로 나는 이 큰 교회를 돌봐야만 하는 무거운 부담감으로 하나님께 이렇게 부르짖곤 합니다. "이와 같은 무거운 자리로 부름받은 나에게 화가 있도다!" 물론 사도 바울처럼 "만일 복음을 전하지 아니하면 내게 화가 있을 것이로다"라고 말하며 스스로를 위로하기는 하지만 말입니다(고전 9:16). 나의 형제여, 만일 당신이 백 명 남짓의 적은 성도를 가진 목회자라면, 그것으로 완전히 만족하십시오. 나의 자매여, 만일 당신이 열 명의 어린이를 담당한 교사라면, 그것으로 완전히 만족하십시오. 그리고 그 자리에서 하나님께 영광을 돌리도록 최선을 다하십시오. 만일 당신의 짐과 나의 짐이 바뀐다면, 틀림없이 당신은 나의 짐을 감당할 수 없을 것이며 나의 등 역시도 당신의 짐을 지기에 적당하지 않을 것입니다.

주님은 각 사람을 임명하셨을 뿐만 아니라 또한 각 사람에게 마땅한 짐을 정하셨습니다. 27절에서 우리는 "게르손 자손은 그들의 모든 일 곧 멜 것과 처리할 것을 아론과 그의 아들들의 명령대로 할 것이니 너희는 그들이 멜 짐을 그들에게 맡길 것이니라"는 말씀을 읽습니다. 그들은 자신들이 무엇을 멜 것인지 스스로 선택할 수 없었습니다. 휘장을 메야 할 사람이 "나는 금촛대를 멜 거야"라고 말할 수 없었습니다. 어쨌든 그들은 스스로 무엇을 멜지 결정해서는 안 되었습니다. 그들은 단지 명령받은 대로 메야만 했습니다. 오늘날 기독교회가 붙잡아야 할 한 마디는 "복종"입니다. 사랑하는 형제들이여, 피차 복종하십시오. 그리고 여러분 모두 그리스도께 복종하십시오. 그렇지만 우리는 너무나 자주 우리의 일과 짐을 스스로 선택하기를 좋아합니다. 어떤 사람은 이렇게 말합니다. "나는 나의 일을 나의 방식으로 하기를 원해. 나는 명령이나 규정을 따르고 싶지 않아." 나는 지금 이 자리에 있는 어떤 사람에게 개인적으로 이야기하고 있는 것이 아닙니다. 나는 개인적으로 여러분에 대해 완전히 만족합니다. 그러나 여러 교회에서 수많은 사람들이 "나는 이 일 대신에 저 일을 하고 싶어"라고 말합니다. 어떤 형제는 자신이 원하는 특정한 일로 부름받지 않은 것으로 인해 상처를 받기도 합니다. 만일 사람들이 가장 비천한 일까지도 기꺼이 떠맡기를 바란다면, 하나님의 교회는 얼마나 평안해지며 하나님의 일은 얼마나 온전하게 이루어지겠습니까? 우리 모두 주님께 그와 같은 악한 정신을 쫓아내 달라고 간구합시다. 그리고 "주여, 내가 무엇을 하기를 원하시나이까?"라고 물읍시다. 하나님이 정해주신 짐을 기꺼이 메고자 등을 내밉시다. "산꼭대기든 바다 밑이든 주께서 원하시는 대로 나를 보내소서! 그 모든 것은 주의 일이며, 나는 기쁘게 그 일을 감당할 것이나이다! 내가 어디로 가든 그리고 그것이 무슨 일이든, 내가 여기 있사오니 나를 보내소서! 만일 내가 주의 일을 위해 준비되었다면, 주여 나를 보내소서!" 아! 우리 모두가 이런 정신을 가져야 하지 않겠습니까?

각 사람을 임명하며 각자가 멜 짐을 정할 뿐만 아니라 또한 주님은 **각 사람의 섬김의 기간**을 정하십니다. 여기의 게르손 자손들은 "삼십 세 이상으로 오십 세까지" 계수되어야 했습니다(23절). 지금 나는 여러분에게 "30세가 되기 전에는 하나님의 일을 시작하지 말라"고 말하고 있는 것이 아닙니다. 결코 그렇지 않습니다. 30세가 되기 전에도 여러분은 선한 일을 매우 많이 행할 수 있습니다. 50세 이후에도 마찬가지입니다. 그렇지만 여기에 여러분을 위한 교훈이 있습니다. 여러분은 단지 정해진 기간 동안 여러분의 짐을 메야 합니다. 여러분에게 짐을 맡긴 하나님은 또한 언제 여러분이 그 짐을 메기 시작할지 그리고 언제 그 짐을 내려놓을지를 정하셨습니다. 하나님이 여러분에게 열 개의 고난을 주셨을 때, 마귀가 그것을 열한 개로 늘릴 수도 없으며 여러분이 그것을 아홉 개로 줄일 수도 없습니다. 약을 조제하는 약사를 생각해 보십시오. 그는 쓴 약의 알갱이들이 정확하게 어느 정도 분량만큼 들어갈 것인지 주의 깊게 결정합니다. 그러므로 여러분의 약 봉지 속에는 쓴 약의 알갱이들이 결코 필요한 분량 이상으로 들어가지 않을 것입니다. 나는 이러한 하나님의 진리로 인해 기뻐합니다. 그리고 여러분도 그러하기를 바랍니다. 다음과 같은 옛 노래를 깊이 되새겨 보십시오.

> "수많은 역병들과 사망들이 창궐한다 하더라도
> 그가 명하실 때까지, 나는 결코 죽지 않을 것이라.
> 사랑의 하나님이 합당하다고 보실 때까지,
> 단 하나의 화살도 내게 꽂히지 않을 것이라."

모든 것은 '아무것도 보지 못하는 나의 운명'에 의해 결정되는 것이 아니라 '모든 것을 아시는 전능자의 섭리와 예정'에 의해 결정됩니다. 섭리의 수레바퀴는 신자를 압사(壓死)시키지 않습니다. 왜냐하면 거기에는 수많은 눈들이 있기 때문입니다. 그러한 수레바퀴는 구르는 가운데 우리의 영속적인 선을 이룹니다. 그것은 결코 우리에게 영속적인 해를 끼치지 않습니다. 나는 이 자리에 앉아 있는 모든 짐 진 자들이 하나님이 각각의 짐 진 자들로부터 자신의 짐을 지는 기간을 정하셨다는 복된 사실을 믿기를 바랍니다.

3. 셋째로, 각각의 짐 진 자들은 자신의 임무가 얼마나 거룩한 것인지 느낄 필요가 있습니다.

여기의 게르손 자손들을 보십시오. 비록 짐을 지는 자들이었음에도 불구하고, 그들은 하나님에 의해 임명되었습니다. 오늘날 목회자로 임명되는 것과 관련하여 많은 혼란이 있습니다. 나는 죽을 수밖에 없는 사람들에 의해 "임명"되지 않았습니다. 왜냐하면 나는 그들이 나의 머리 위에 공허한 손을 얹는 것을 믿지 않기 때문입니다. 만일 그들 가운데 어떤 사람이 나에게 나누어 줄 어떤 영적 은사를 가지고 있다면, 나는 기쁘게 그것을 받을 것입니다. 그러나 그들에게는 나에게 줄 것이 아무것도 없었기 때문에 나는 아무것도 받을 수 없었습니다. 나는 참된 그리스도인이라면 모두 하나님으로부터 그의 특정한 임무를 임명받는다고 믿습니다. 그러므로 우리는 신적 임명을 굳게 붙잡는 가운데 인간의 형식이나 의식(儀式)에는 지나친 의미를 부여할 필요가 없습니다. 다만 자신에게 부과된 짐을 계속해서 짊어지는 일에 더욱더 마음을 기울여야 합니다.

그러나 게르손 자손들은 이러한 하나님의 임명으로 말미암아 자신들의 임무가 너무나 거룩한 것이 되었다는 사실을 깊이 인식해야 했습니다. 항아리나 부지깽이나 고기 갈고리 따위를 멘 사람은 자신이 멘 것이 거룩한 것이며 자신이 그것을 여호와의 이름으로 메고 있다는 사실을 인식해야 했습니다. 그러므로 그는 그 일을 거룩함으로 행해야 했습니다. 그리고 짐을 지는 자들에게 대한 첫 번째 명령은 "너희는 정결하라"일 수밖에 없었습니다. 그들은 스스로를 씻고 또 자신들의 옷을 빨아야 했습니다. 나의 친구들이여, 만일 여러분이 계속해서 더러운 상태에 있고자 한다면, 가서 마귀를 섬기십시오. 만일 여러분이 부정직하며 추잡하며 이기적이며 불친절하게 행동하기를 원한다면, 사탄의 종이 되십시오. 그가 여러분을 반갑게 맞아줄 것입니다. 그와 같은 더러운 손으로 하나님을 섬기려고 하지 마십시오. 여러분의 검은 손으로 어떻게 흰 것을 만질 수 있단 말입니까? 죄로 얼룩진 여러분의 불결한 입술을 어떻게 성소(聖所)의 거룩한 그릇에 댈 수 있단 말입니까? 바로 이것이 하나님의 교회와 관련하여 가장 두려운 일입니다. 교회 안에 합당치 못한 사람들이 있다는 사실 말입니다. 나는 가룟 유다로 인해 여러 번 하나님께 감사를 드렸습니다. 나는 그가 열두 사도들 가운데 있는 것으로 인해 기뻐합니다. 왜냐하면 만일 우리가 심지어 그리스도의 열두 사도들 가운데에도 마귀가 있었음을 알지 못했다면, 우리는 우리의 모든 교회생활을 포기했을 것이기 때문입니다. 이런 일은 어느 때든지 항상 있을 것입니다. 그러나 그리스도를 위해 짐을 지는 자들인 여러분에게 간절히 구하노니 스스로를 정결하게 하십시오. 매일같이 죄와 부정함을 위해 열린 샘으로 가십시오. 그리고 거기에서 씻으십시오. 그리고 주님으로 하여금 대야와 물병을 취하여 여러분의 발을 씻으시게 하십시오. 이 땅에 계실 때 제자들에게 그렇게 하셨던 것처럼 말입니다. 그러면 "온 몸이 깨끗하게" 될 것입니다(요 13:10).

그들은 정결할 뿐만 아니라 또한 모든 섬김에 있어 큰 경외심을 가지고 행해야 했습니다. 그것은 아무렇게나 해도 되는 일이 아니었습니다. 그들은 사람들의 호기심을 유발하기 위해 자신이 메고 있는 짐의 덮개를 살짝 열어서는 안 되었습니다. 그들은 "어쨌든 이것들을 옮기기만 하면 돼"라고 말해서는 안 되었습니다. 그들은 자신들의 모든 섬김과 관련하여 큰 경외심을 가져야만 했습니다. 그들은 각자의 임무를 감당하면서 많은 기도와 계속해서 하나님을 바라보며 행해야 했습니다. 그들은 광야를 여행하는 동안 하나님의 성물들을 그의 백성들을 위해 옮겨야 했습니다. 하나님은 지금도 자기 종들이 큰 경외심을 가지고 행하기를 바라십니다. 하나님이여, 우리를 경박한 기독교로부터 구원하여 주소서! 하나님이여, 우리를 주의 성물들을 부주의하게 취급하는 것으로부터 건져 주소서! 만군의 여호와의 종이 되는 것은 참으로 엄숙하고 두려운 일입니다. 야곱은 "두렵도다 이 곳이여 이것은 다름 아닌 하나님의 집이요 이는 하늘의 문이로다"(창 28:17)라고 말했습니다. 여호와의 임재를 느꼈을 때, 그는 두려움으로 가득 찼습니다. 이것은 우리에게도 마찬가지입니다. 우리에게 있어 소멸하는 불이신 하나님 앞에 서는 것은 경박스럽게 할 수 있는 일이 결코 아닙니다.

큰 경외심을 가지고 행해야 할 일임에도 불구하고, 그들은 항상 그 일을 위해 준비되어야 했습니다. 그들은 언제 자신의 짐을 메고 출발해야 할지 알 수 없었습니다. 때로 새벽에 나팔이 울립니다. 그것은 "일어나 출발하라"는 신호였습니다. 왜냐하면 구름 기둥이 움직이기 시작했기 때문입니다. 때로 앉아서 점심식사를 하고 있을 때 갑자기 구름 기둥이 움직이기 시작하는 것을 인식합니다. 그러면 그들은 즉시 자신의 짐을 메고 지정된 자리에서 구름 기둥을 따라야 합니다. 그것이 멈출 때까지 말입니다. 여기에서 우리가 기억해야 할 특별한 사실이 하나 있는데, 그것은 그들이 항상 준비되어 있었다는 것입니다. 우리 교회에 소방관으로 근무하는 형제들이 몇 명 있습니다. 그들은 언제 어디서 불이 나든 항상 출동할 준비가 되어 있다고 합니다. 나는 그들에게 "그러면 당신들은 언제 임무로부터 벗어납니까?"라고 물었습니다. 그러자 그들은 이렇게 대답했습니다. "그런 적은 결코 없습니다. 설령 교회나 혹은 다른 장소에 와 있다 하더라도, 우리는 항상 불이 났음을 알리는 신호를 주목합니다. 무슨 일을 하든, 밤이든 새벽이든, 식사를 하든 심지어 잠을 자든, 우리는 불이 났다는 신호만 오면 즉시로 출동해야만 합니다." 한 번은 어떤 목회자가 빨간 색 자켓을 입고 사냥을 나갔습니다. 어떤 사람이 그를 알아보고 "그리스도의 종이 빨간 색 자켓을 입는 것은 합당하지 않은 것 같아요"라고 말했습니다. 그러자 그가 이렇게 대답했습니다. "아, 나는 잠시 임무에서 벗어나 있습니다." 그러나 기독교 사역자가 언제 임무로부터 벗어납니까? 그리스도인이 도대체 언제 임무로부터 벗어납니까? 우리는 결코 임무로부터 벗어나지 않습니다. 도리어 우리는 우리 주님의 부르심에 항상 준비되어 있는 것을 최고의 특권으로 여겨야 합니다.

마지막으로, 그들은 그 일을 즐겁게 행해야 했습니다. 우리는 여기의 게르손 자손들 가운데 어떤 사람이 자신의 짐이 너무 무겁다고 불평했다는 이야기를 듣지 못합니다. 또 나는 그들 가운데 어떤 사람이 이렇게 말하는 것을 읽지 못합니다. "보소서 모세여, 나는 장성한 자니이다. 그런데 이다말이 나에게 단지 열 개의 말뚝만을 메라고 말했나이다. 나는 나에게 최소한 성막의 문짝 하나는 할당되어야 한다고 생각하나이다." 그들 가운데 어떤 사람이 이와 비슷한 말을 했다는 기록은 어디에도 없습니다. 그들의 짐은 너무 무겁지도 않고 너무 가볍지도 않았습니다. 마찬가지로 여러분도 각자 자신에게 적합한 자리에 할당됩니다. 자신의 보배로운 피로 우리를 구속하시고 우리를 사람들 가운데 장자로 삼으신 자는 우리를 이런 일 혹은 저런 일로 부르십니다. 그 이유를 따지는 것은 우리의 몫이 아닙니다. 우리의 몫은 단지 우리 주인의 명령에 즉시로 순종하여, 큰 일이든 작은 일이든 그가 우리에게 명령한 것을 그를 위해 행하는 것뿐입니다.

나는 여러분 가운데 어떤 사람이 나의 주인의 종이 아닐까봐 크게 두려워합니다. 그러면 여러분은 다른 주인을 섬기며 그의 짐을 메고 있는 것입니다. 그 짐은 지금 당장은 아주 작고 아무것도 아닌 것처럼 보일는지 모릅니다. 그러나 그것은 계속해서 커지고, 또 커지고, 또 커집니다. 그리고 마침내 영원한 무저갱으로 여러분을 던질 것입니다. 여러분은 폭군을 섬긴 대장장이의 이야기를 들어본 적이 없습니까? 폭군은 그의 대장간에 와서 그에게 이렇게 말합니다. "나를 위해 사슬을 만들라. 너의 쇠를 취하여 그것으로부터 나를 위해 사슬을 만들라." "폐하, 언제까지 만들까요?" "네가 원하는 대로 만들라. 그리고 내가 다시 올 때까지 그 일을 계속하라." 대장장이는 열두 달 동안 일하면서 긴 사슬을 만들었습니다. 폭군이 다시 왔을 때, 그는 대장장이가 수고한 것에 대해 아무 보답도 주지 않고 다만 이렇게 말했습니다. "그것으로 더 긴 사슬을 만들라." 그리하여 가련한 대장장이는 계속해서 사슬에다가 망치질을 해야만 했습니다. 마침내 그 일이 완성되었을 때, 여러분은 대장장이가 받은 보답이 무엇이라고 생각합니까? 폭군은 이렇게 말했습니다. "이 사슬로 그의 손과 발을 묶으라. 그리고 그 자신이 만든 바로 그 사슬로 묶어 그를 깊은 구덩이로 던지라."

바로 이것이 지옥의 왕이 그를 섬기는 당신에게 행할 일입니다. 그러므로 할 수 있는 동안 그로부터 도망치십시오. 어떤 사람이 "그 문제에 관해 좀 더 생각해 보겠습니다"라고 말합니다. 그러나 만일 당신이 그런 식으로 행동한다면, 당신은 결코 그로부터 벗어나지 못할 것입니다. 마귀로부터 도망치는 유일한 길은 그가 눈치채기 전에 속히 그로부터 달려 나오는 것입니다. 바로 지금 살기 위해 그로부터 도망쳐 나오십시오. 뒤를 돌아보지 마십시오. 당신에게 있어 유일한 희망은 임박한 진노로부터 지금 당장 도망치는 것입니다. 탕자가 했던 것처럼 하십시오. 그가 말했던 것처럼 "내가 일어나 아버지께 가리라"(눅 15:18)라고 말하십시오. 그리고 나서, 그가 그랬던 것처럼 즉시 일어나 아버지께 가십시오. 이와 같은 문제에 대해 계속해서 숙고하고 또 숙고하는 사람은 결국 영혼을 잃어버리고 맙니다. 당신에게 지금이 바로 그 때입니다. "보라 지금은 은혜 받을 만한 때요 보라 지금은 구원의 날이로다"(고후 6:2). 하나님이 이 시간 그의 사랑하는 아들로 인해 우리 모두에게 은혜를 베푸시기를 기원합니다. 아멘.

제
2
장

—

대제사장의 축복

—

"여호와께서 모세에게 말씀하여 이르시되 아론과 그의 아들들에게 말하여 이르기를 너희는 이스라엘 자손을 위하여 이렇게 축복하여 이르되 여호와는 네게 복을 주시고 너를 지키시기를 원하며 여호와는 그의 얼굴을 네게 비추사 은혜 베푸시기를 원하며 여호와는 그 얼굴을 네게로 향하여 드사 평강 주시기를 원하노라 할지니라 하라 그들은 이같이 내 이름으로 이스라엘 자손에게 축복할지니 내가 그들에게 복을 주리라."— 민 6:22-27

하나님은 자기 백성들을 아시며 똑 축복하십니다. 하나님은 그리스도 예수 안에서 하늘의 모든 영적인 복들로 그들을 축복하십니다. 또한 하나님은 그들이 이러한 충만한 축복을 경험하기를 원하십니다. 하나님의 백성들 가운데 그의 축복을 의식(意識)하지 못하는 사람들이 있습니까? 여러분이 그런 상태에 계속해서 남아 있는 것은 하나님의 뜻이 아닙니다. 만일 여러분의 마음이 낙망 가운데 있다면, 하나님이 이사야 선지자를 통해 주신 다음과 같은 말씀을 기억하십시오. "너희는 위로하라 내 백성을 위로하라 너희는 예루살렘의 마음에 닿도록 말하라"(사 40:1, 2). 여러분은 죄를 범하며 어둠 가운데 방황하고 있습니까? 하나님은 여러분에게 돌이킬 것을 명하시면서, 다음과 같이 기도할 것을 격려하십니다. "하나님이여 우리를 돌이키시고 주의 얼굴빛을 비추사 우리가 구원을 얻게 하소서"(시 80:3). 복되신 하나님은 여러분이 그의 축복을 향유하는 가운데 복되기를 바라십니다.

　이러한 축복을 자기의 택하신 자들에게 지속적으로 베풀기 위해, 하나님은 자신의 대리자를 임명하셨습니다. 그리고 그로 하여금 백성들에게 하나님의 축복을 공적으로 선포하도록 하셨습니다. 그와 같이 하나님의 대리자로서 택함받은 사람은 아론이었습니다. 아론은 희생제사와 중보기도를 드릴 뿐만 아니라 백성들보다 높은 위치에 서서 하나님의 이름으로 축복을 나누어 주어야 했습니다. 나이가 많은 자들은 자기 자녀들에게 합당하게 축복을 선포할 수 있습니다. 야곱이 그의 열두 아들을 축복했던 것처럼 말입니다. 또 그리스도의 사역자는 하나님의 이름으로 백성들에게 축복을 선포할 수 있습니다. 이것은 초대교회의 통상적인 관습이었습니다. 회중들은 "주 예수 그리스도의 은혜와 하나님의 사랑과 성령의 교통하심이 너희 무리와 함께 있을지어다"(고후 13:13)라는 축도(祝禱)와 함께 각자 자기의 처소로 돌아갔습니다. 우리 하나님은 자기 백성들을 축복하기 위해 모든 무리 가운데 한 사람을 세우셨습니다. 그는 우리의 큰 대제사장이신 주 예수 그리스도입니다. 그는 아론과 그의 아들들의 실상(實像)입니다. 그는 자신의 대제사장직을 행사함으로 말미암아 계속해서 하나님의 백성들을 축복합니다. 그는 자신의 사역을 산상수훈과 "복이 있나니"(Blessed)라는 말씀으로 시작하셨습니다. 그의 생애 전체가 축복의 강물이었습니다. 왜냐하면 그는 "두루 다니시며 선한 일을 행하셨기" 때문입니다(행 10:38). 그가 모든 사역을 마치고 하늘로 올라갔을 때, 그것은 "손을 들어 그들을 축복한" 것과 같은 것이었습니다. 그는 "너희가 하늘로 가심을 본 그대로" 다시 오실 것입니다(행 1:11). 사람들을 위한 축복의 선물들을 가지고 말입니다. 삼위일체 하나님의 이름으로, 주 예수는 최고의 영광으로부터 오늘의 우리를 효과적으로 축복하십니다. 그러므로 저주의 먹구름 아래 있는 것처럼 요동하지 마십시오. 여러분의 모든 저주가 여러분으로부터 완전히 옮겨졌다는 사실을 알지 못합니까? 그가 "우리를 위해 저주가 되심으로써" 말입니다. 여러분에게는 오직 축복만이 남아 있습니다. 그리고 예수 그 자신이 그 축복을 계속해서 우리에게 내려주십니다.

　이러한 축복은 오직 이스라엘 백성들만을 위한 것이라는 사실을 기억하십시오. 아론은 하나님 없는 이방나라들을 축복하기 위함이 아니라 이스라엘 자녀들을 축복하기 위해 세워졌습니다. 우리 주 예수 그리스도가 선포하는 큰 축복은 그가 영생을 주신 그의 백성들을 위한 것입니다. 여러분이 야곱처럼 믿음이 있는 자인지 스스로 돌아보십시오. 여러분은 야곱처럼 하나님께 간구합니까? 그가 이스라엘이라는 영광스러운 이름을 얻은 것은 하나님과의 격렬한 씨름을 통해서였습니다. 여러분은 기도의 씨름을 싸워본 적이 있습니까? 그렇다면, 설령 여러분의 믿음이 아주 작고 미약한 것이라 할지라도, 이스라엘의 영적 씨인 여러분에게 "우리의 믿는 도리의 대제사장"이신 예수 그리스도께서 그 축복을 주신 것입니다(히 3:1). 그러나 만일 어떤 사람이 주 예수 그리스도를 사랑하지 않는다면, 우리 주의 오실 때 그에게 저주가 있을 것입니다. "만일 누구든지 주를 사랑하지 아니하면 저주를 받을지어다 우리 주여 오시옵소서"(고전 16:22). 주여, 우리 가운데 단 한 사람도 그와 같은 저주를 받지 않게 하소서! 도리어 대제사장의 축복을 들을 때, 믿음으로 말미암아 그것이 우리 자신의 것이 되게 하소서!

본문을 다룸에 있어, 나는 첫째로, 여기의 축복의 일반적인 성격에 대해 이야기할 것입니다. 그리고 둘째로, 우리는 그 축복 자체 즉 24절부터 26절까지를 살피면서 그로부터 교훈을 찾을 것입니다. 그리고 셋째로, 우리는 그에 대한 하나님의 아멘인 27절에 귀를 기울일 것입니다. "그들은 이같이 내 이름으로 이스라엘 자손에게 축복할지니 내가 그들에게 복을 주리라."

1. 첫째로, 여기의 축복의 일반적인 성격을 살펴보도록 합시다.

여기의 축복은 무엇보다도 제사장을 통해 주어진 축복이었습니다. 모든 사람이 백성들을 축복할 수 있는 것은 아니었습니다. 백성들을 위해 희생제사를 드리며 그들을 축복하도록 부름받은 사람은 하나님의 대제사장 아론이었습니다. 희생제물의 피로 얼룩진 아론의 손은 또한 백성들을 축복하기 위해 뻗어졌습니다. 일 년에 한 번 대제사장은 백성들을 위해 피와 함께 하나님께 들어갔습니다. 휘장 안에서의 그의 장엄한 일을 마친 후, 그는 그곳으로부터 나와 영광스러운 옷을 입고 백성들을 축복했습니다. 이러한 사실로부터 우리는 예수 그리스도의 제사장직으로 말미암지 않고는 어떤 축복도 받을 수 없다는 사실을 배우게 됩니다. 우리의 귀에 축복의 아름다운 소리가 들리기 전에 먼저 희생제사가 드려지고 피가 뿌려져야 합니다. 하나님은 우리를 위해 죽으시고 그와 우리 사이에 유일한 중보자로 세워진 주 예수 그리스도 안에서 그리고 그로 말미암아 우리에게 모든 영적 축복들을 주십니다. 예수 그리스도는 흠 없이 자기를 하나님께 드린 큰 대제사장으로서 축복의 거룩한 통로입니다. 여러분은 하나님의 기름 부음받은 자를 압니까? 여러분은 그가 드린 희생제사 안에서 안식하고 있습니까? 그리스도로 말미암지 않고는 어떤 축복도 우리에게 올 수 없습니다. 나의 형제들이여, 제발 그리스도의 보혈 밖에 머물러 있지 마십시오. 만일 여러분이 지금 그와 같은 상태 가운데 있다면, 부디 성령께서 여러분을 이끄셔서 여러분으로 하여금 "보라 세상 죄를 지고 가는 하나님의 어린 양이로다!"라고 외치는 사랑의 음성을 듣게 하시기를 기원합니다. 예수께서는 "나로 말미암지 않고는 아버지께로 올 자가 없느니라"고 말씀하셨습니다(요 14:6). 여러분은 참된 희생제사를 드린 제사장인 아들로 말미암지 않고는 무한한 축복의 하나님이신 아버지를 알 수 없습니다. 본문의 축복은 희생제물의 피로 인쳐진 제사장의 축도(祝禱)입니다. 그리고 그것은 오직 우리의 영광스러운 제사장의 손으로 말미암아 주어질 수 있습니다.

　다음으로, 여기의 축도는 **중보**의 성격을 가집니다. 여기에는 기도가 포함되어 있습니다. "여호와는 네게 복을 주시고 너를 지키시기를 원하며"는 하나님의 사람이 하나님에게 그의 백성들에게 복을 주시고 그들을 지켜 달라고 부르짖는 것입니다. 제사장의 직무는 백성들을 위해 중보하는 것이었습니다. 또 우리의 대제사장이신 주 예수 그리스도는 그의 택하신 자들을 위해 영원히 중보하십니다. 그러한 대제사장으로 말미암아 하나님께 나아오는 모든 사람은 기쁘게 받으심이 될 것입니다. "그러므로 자기를 힘입어 하나님께 나아가는 자들을 온전히 구원하실 수 있으니 이는 그가 항상 살아 계셔서 그들을 위하여 간구하심이라"(히 7:25). "그가 범죄자를 위하여 기도"했다는 사실을 결코 잊지 마십시오(사 53:12). 더욱이 그는 신자들을 위해 특별한 간구를 올립니다. 그는 특별히 신자들을 위해 중보합니다. "내가 그들을 위하여 비옵나니 내가 비옵는 것은 세상을 위함이 아니요 내게 주신 자들을 위함이니이다 그들은 아버지의 것이로소이다"(요 17:9). 대제사장은 이스라엘의 씨와 관련한 특별한 직무를 가지고 있었습니다. 마찬가지로 우리 주님은 그의 성도들을 위해 특별한 중보를 하십니다. 그는 지금 그러한 직무를 행하고 계십니다. 우리는 그의 중보에 얼마나 큰 빚을 지고 있습니까? 다음의 말씀을 깊이 되새겨 보십시오. "시몬아, 시몬아, 보라 사탄이 너희를 밀 까부르듯 하려고 요구하였으나 그러나 내가 너를 위하여 네 믿음이 떨어지지 않기를 기도하였노니"(눅 22:31, 32). "내가 너를 위하여 기도하였노니" — 바로 여기에 우리의 안전이 있습니다. 나의 형제들이여, 우리 주님이 우리를 위해 기도하셨고 또 여전히 우리를 위해 기도하고 계시다는 사실을 믿으십시오. 그는 불꽃 같은 사랑의 눈으로 우리의 위험을 보십니다. 우리가 그것을 생각조차 하지 못할 때 말입니다. 그리고 그러한 위험을 그의 아름다운 입술로 은혜의 보좌 앞에 탄원합니다. 우리가 미처 그러한 위험을 깨닫지 못할 때 말입니다. "구하기 전에 너희에게 있어야 할 것을 하나님 너희 아버지께서 아시느니라"(마 6:8). 여러분의 대제사장도 여러분에게 있어야 할 것을 아시고, 여러분이 그것을 알고 구하기 전에 먼저 아버지께 구하십니다. 우리의 대언자이신 그분을 송축합시다!

> "그는 항상 살아 계셔서
> 아버지 앞에 간구하시도다.
> 나의 영혼아, 너의 모든 것을 그분께 아뢰라.
> 그리고 아버지의 은혜를 의심하지 말지어다."

그러나 여기의 축도는 중보기도보다 더 높은 질서에 속합니다. 이스라엘 진(陣)에 있는 모든 사람이 "여호와여 주의 백성에게 복을 주시고 그들을 지키시며 주의 얼굴을 그들에게로 향하여 드소서"라고 기도할 수 있었습니다. 그러나 그들 가운데 어느 누구도 아론처럼 권위 있게 "여호와는 네게 복을 주시고 너를 지키시기를 원하며 여호와는 그의 얼굴을 네게 비추사 은혜 베푸시기를 원하며 여호와는 그 얼굴을 네게로 향하여 드사 평강 주시기를 원하노라"라고 감히 말할 수 없었습니다. 바울은 "논란의 여지 없이 낮은 자가 높은 자에게서 축복을 받느니라"라고 말합니다(히 7:7). 이와 같이 아론은 백성들보다 높았습니다. 그는 높고 존귀한 직분으로 구별되었으며, 그와 비견할 수 있는 자는 아무도 없었습니다. 그는 하나님의 대리자로서의 권위를 가지고 선포했습니다. 오늘날 하늘에서의 우리 구주의 중보기도는 그 영광과 권세에 있어 다른 중보기도들보다 무한히 더 크고 높습니다. 하늘과 땅에 있는 모든 성도들은 단지 바람(desire)으로 축복할 뿐이지만, 그는 실제적으로 축복합니다.

"그는 눈물과 부르짖음으로
그의 겸비한 탄원을 올려 드렸도다.
그러나 지금은 영광의 면류관을 쓴
권위로써 간구하시도다."

여기의 축도는 기도의 형식뿐만 아니라 선포의 형식을 띠고 있습니다. 여기에서 제사장은 그가 간구하는 축복을 선포합니다. 우리 주 예수는 아버지를 향하여 이렇게 부르짖습니다. "거룩하신 아버지여 내게 주신 아버지의 이름으로 그들을 보전하소서"(요 17:11). 또 그는 우리를 바라보면서 이렇게 말씀하십니다. "여호와는 네게 복을 주시고 너를 지키시기를 원하노라." 그는 자신이 하나님께 기도하는 것을 아버지로 말미암아 자신에게 입혀진 권위로써 사람들 가운데 나누어줍니다. "아버지께서는 모든 충만으로 예수 안에 거하게 하시기를 기뻐하심이라"(골 1:19, 20). 이 시간 나의 마음은 주 예수 그리스도를 생각하며 기뻐합니다. 피로 얼룩진 땀을 흘리며 탄식하며 애원하는 겟세마네의 탄원자로서가 아니라, 자신의 모든 사역을 완성하시고 지금 하늘과 땅의 모든 권세로써 아버지의 영광 가운데 통치하고 계시는 자로서의 예수 그리스도 말입니다. 그는 자신이 축복하는 자들에게 축복을 보냅니다. 그의 기도는 무한한 효력을 가지므로 따라서 그 자신이 실제적으로 축복을 줍니다. 그가 "너희가 내 이름으로 무엇을 구하든지 내가 시행할"(요 14:13) 것이라고 말씀하지 않았습니까?

다음으로 여기의 축복은 **확실한 축복**이라는 사실을 주목하십시오. 아론은 자신의 뜻대로 백성들을 축복하지 않았습니다. 그는 자신이 구성한 그럴듯한 말로 말하지 않았습니다. 그는 축복을 구하는 기도를 실제적인 축복으로 만드는 신적 능력으로 선포했습니다.

제사장의 축도에는 능력이 있었습니다. 그것은 첫째로 아론이 하나님 자신에 의해 백성들을 축복하도록 세워졌기 때문이었습니다. 따라서 그가 모인 무리들에게 축복을 선포할 때, 그것은 아론의 축복이 아니라 그를 보낸 여호와의 축복이었습니다. 백성들을 축복하도록 그를 구별한 하나님은 바로 그러한 행동으로 말미암아 그의 종의 말에 대해 책임을 져야 했습니다. 그와 같이 우리의 복되신 대제사장도 스스로 그 직분을 취하지 않았습니다. 다만 그는 그 직분으로 부르심을 받았으며, 하나님이 그의 부르심을 인치심으로 확증하셨습니다. "인자는 아버지 하나님께서 인치신 자니라"(요 6:27). 우리 주님이 말씀하신 것은 그대로 이루어져야만 합니다. 왜냐하면 그는 아버지로부터 임명을 받았을 뿐만 아니라 또한 평강의 사자로서 성령의 기름 부음을 받았기 때문입니다. 그리스도 예수 안에 하나님이 계시며, 아들의 입술로부터 나오는 모든 말씀 뒤에 신성(神性)이 서 있습니다. 우리 주님은 하늘의 인가(認可)를 받지 못한 채 스스로 직분을 떠맡은 어설픈 중보자가 아닙니다. 그는 모든 세상 앞에서 우리를 축복하기 위해 공식적으로 임명된 당당한 중보자입니다. 하나님은 그의 아들이 우리에게 선포하는 모든 축복을 그대로 이루실 것입니다.

그러나 이것이 확실한 축복인 데에는 또 다른 이유가 있습니다. 그것은 축복을 선포하는 자가 하나님 자신에 의해 선택되었다는 사실뿐만 아니라 또한 그가 선포할 말 역시 하나님에 의해 그의 입에 넣어졌다는 사실 때문입니다. "너희는 이스라엘 자손을 위하여 이렇게 축복하여 이르되"(23절). 여기에서 우리는 고정된 형식의 축도(祝禱)를 보게 됩니다. 아론은 오직 정해진 대로 선포해야만 했습니다. 형식에 따른 기도는 그 자체로 죄가 아닙니다. 어떤 경우에는 하나님의 말씀 가운데 형식이 주어지기도 합니다. 예컨대 시편 같은 경우 말입니다. 자유로운 기도가 가장 효과적이며, 대부분의 경우 성령의 자유로운 운행과 가장 잘 조화됩니다. 그러나 축도의 경우, 하나님은 고정된 형식을 주시기를 기뻐하셨습니다. 이스라엘 자손은 아론의 무지나 망각이나 혹은 불신앙으로 말미암아 축복을 놓칠 수 있었습니다. 그러므로 하나님은 이스라엘 자손의 축복 여부가 아론에게 달려 있도록 만들기를 원하지 않으셨습니다. 그리하여 하나님은 고정된 형식의 축도를 주셨고, 아론은 그와 같이 고정된 기도로 백성들을 축복해야 했습니다. 나는 하나님이 그렇게 하신 것으로 인해 기뻐합니다. 만일 하나님 자신이 제사장의 입에 말씀을 넣으셨다면, 그것은 하나님의 말씀이 됩니다. 하나님 자신이 3행의 축도를 정하시고, 아론에게 그대로 선포하도록 명하셨습니다. 아론은 자기 마음대로 혹은 자기 바람대로 축복해서는 안 됩니다. 다만 그는 하나님 자신의 마음에 따라 정해진 고정된 형식의 축도를 선포해야 합니다. 하나님의 이름을 송축할지니, 이렇게 하여 본문의 축도는 우리에게 확실한 것이 됩니다. 왜냐하면 거기에 포함된 단어 하나하나가 모두 하나님 자신의 말씀이기 때문입니다. 이와 같이 하나님은 구주의 입 속에 우리를 위한 축복의 말씀을 넣으셨습니다. 예수 그리스도는 "너희가 듣는 말은 내 말이 아니요 나를 보내신 아버지의 말씀이니라"라고 말씀하셨습니다(요 14:24). 우리 주 예수 그리스도의 입으로부터 나오는 신적 은혜의 모든 영광스러운 선포는 하나님 자신이 그에게 주신 말씀입니다. 이것을 생각할 때, 우리 영혼은 크게 기뻐합니다! 오늘날 많은 사람들이 "이 땅에 있는 동안의 그리스도의 본성의 한계"에 대해 말합니다. 나는 그들의 다음 단계가 소치니주의가 될 것을 심히 우려합니다(Socinianism: 16세기에 이탈리아에서 시작된 일파로서 속죄와 삼위일체를 부정함). 사랑하는 자들이여, 우리 주 예수 그리스도께서 말씀하신 모든 말씀은 결코 오류가 없었습니다. 그는 어떤 종류의 오류도 행하지 않았습니다. 만일 그가 오류를 행하고 여러분이 그것을 발견한다면, 여러분은 여러분의 주인보다 더 지혜로운 자가 될 것입니다. 그러나 이것은 얼마나 신성모독적인 말입니까? 그리스도는 하나님의 지혜요 하나님의 능력입니다. 하나님의 지혜 안에는 결코 오류가 있을 수 없습니다. 그리고 하나님의 능력 안에서 단 하나의 말씀도 땅에 떨어지지 않을 것입니다. 그러므로 사랑하는 자들이여, 여기의 축복과 관련하여 ― 하나님의 말씀 전체가 마찬가지이지만 ― 그것이 참됨을 확신하십시오. 고요한 확신 가운데 안식하십시오. 만일 하나님 자신이 백성들을 축복할 제사장을 임명하시고 또 그가 선포할 말을 주셨다면, 그것이 그대로 이루어질 것은 너무나 확실하지 않습니까? 만일 그렇지 않다면, 하나님의 영광과 존귀는 어떻게 되겠습니까? 하나님 자신이 그리스도 예수 안에서 자기 백성들에게 축복을 선포하십니다. 그렇습니다. 그러므로 그들은 축복을 받을 것입니다.

　　나아가 축복을 선포하는 일은 대대로 이어져야만 했던 사실을 주목하십시오. 그것은 한 사람의 생애에 의존하는 것이 아니었습니다. 왜냐하면 하나님은 "아론과 그의 아들들"에게 그 일을 맡기셨기 때문입니다. 아론은 제사장직을 영원히 수행할 수 없었습니다. 왜냐하면 그 역시도 언젠가는 죽을 것이기 때문입니다. 때가 되면 그는 대제사장의 옷을 벗어야 합니다. 그렇지만 그의 아들이 그의 자리를 이을 것이며, 그렇게 하여 축복기도는 계속 이어질 것입니다. 여기의 축복기도는 세대를 거쳐 대대로 이어져야 합니다. 이것 즉 백성들을 축복하는 것은 항상 대제사장의 영광스러운 직무들 가운데 하나가 되어야만 했습니다. 이와 같이 하나님의 옛 백성들에게 항상 축복이 있었습니다. 그리고 그 축복은 세상 끝날까지 항상 우리에게 있을 것입니다. 그 축복은 우리가 회심했을 때 처음 우리에게 임했습니다. 그리고 그것은 결코 그치지 않습니다. 여호와의 축복은 지금도 상쾌한 이슬방울처럼 혹은 알곡을 여물게 하는 달콤한 빗방울처럼 우리에게 임합니다. 성도들은 여호와로부터 영원히 복 받은 자입니다. 여호와는 오늘 우리를 축복하십니다. 여러분이 하나님과 매우 가깝게 있음을 느꼈던 날이 있었을 것입니다. 그날 여러분은 오늘 아침보다 더 풍성한 신적 축복을 향유했을 것입니다. 그러나 실제로 축복은 항상 동일합니다. 햇빛은 항상 동일합니다. 다만 우리의 안개와 연무가 그 빛을 가릴 뿐입니다. 변함이 없으신 빛의 아버지는 자기 백성들 위에 항상 충만한 은혜의 빛을 비춥니다. 그러나 우리의 의심과 두려움과 죄와 불신앙이 마치 안개처럼 그의 빛을 가립니다. 자기 백성을 향하신 하나님은 항상 동일합니다. 도대체 누가 그 얼굴을 돌릴 수 있단 말입니까? 하나님은 영원히 축복하십니다. 그는 결코 저주하지 않습니다. 하나님은 자기의 택하신 자들을 향해 한 입으로 축복과 저주를 말하지 않습니다. 그의 은혜의 샘에 결코 쓴 물이 섞이지 않습니다.

이러한 축복기도는 또한 빈번히 선포되었습니다. 우리는 아론이 얼마나 자주 여기의 축복을 백성들에게 선포했는지 알지 못합니다. 때와 시기에 대해서는 여기에 아무 말씀도 나오지 않습니다. 아마도 그것은 우리의 성만찬과 비슷한 것 같습니다. 언제 그리고 얼마나 자주 성만찬을 행할 것인지에 대해 우리는 아무 말씀도 듣지 못합니다. 사도 시대에 안식 후 첫날 떡을 떼면서 성만찬을 행하는 관습이 있었던 것으로 보이지만, 어쨌든 그와 관련한 명확한 명령이나 규칙은 나타나지 않습니다. 다만 성경은 "이것을 행하여 마실 때마다 나를 기념하라"라고만 말씀할 뿐입니다(고전 11:25). 이와 같이 아론 역시도 언제 어느 시간에 백성들을 축복할 것인지에 대해 아무 말씀도 듣지 못했습니다. 그러므로 그는 자신의 마음이 명할 때 그렇게 할 수 있었습니다. 속죄일에 대제사장은 지성소에서의 일을 마치고 나온 후 아름다운 예복을 입고 백성들을 축복했습니다. 나는 그가 매일같이 백성들을 축복하도록 명령받은 것을 어디에서도 찾지 못합니다. 그러나 유대인들은 아론이 아침제사를 드린 후 어린 양이 제단 위에서 불살라질 때 항상 백성들을 축복했다고 말합니다. 반면 저녁시간에는 그 일이 행해지지 않았다고 합니다. 물론 우리는 전승(傳承)으로 밖에는 그에 대해 알지 못합니다. 나는 지금 아론이 아침에 백성들을 축복했다는 옛 전승에 근거해서 말하고 있을 뿐입니다. 아론이 아침에 백성들을 축복했던 것은 그 때가 "시간의 첫 부분"이었기 때문이었습니다. 반면 그는 "시간의 끝"인 저녁시간에는 아무런 축복도 줄 수 없었습니다. 왜냐하면 그리스도 자신이 "시간의 끝"에 오셨기 때문입니다. 그래서 우리는 아론의 제사장직으로부터 오는 축복을 필요로 하지 않습니다. 멜기세덱의 반차를 따른 더 큰 제사장이 오셨기 때문입니다. 이러한 전승은 특별한 의미를 가진 것일 수도 있고, 아무 의미 없는 것일 수도 있습니다. 그렇지만 한 가지 분명한 것은 아론이 빈번하게 백성들을 축복했다는 사실입니다. 이러한 사실은 나에게 큰 위로를 줍니다. 당신은 아주 작은 축복밖에는 가지고 있지 않습니까? 당신은 스스로 축복을 제한하고 있습니다. 하나님 안에는 결코 핍절함이 없습니다. 당신이 스스로 핍절하게 만들고 있을 뿐입니다. 매일 아침 당신을 위한 축복이 있습니다. 일어나자마자 그것을 찾으십시오. 매일 저녁 당신을 위한 축복이 있습니다. 그것을 느낄 때까지 쉬지 마십시오. 당신을 위한 깊은 밤의 축복이 있으며, 당신을 위한 한낮의 축복이 있습니다. 당신이 졸린 눈으로 성을 지킬 때의 축복이 있으며, 당신이 염려와 수고로 가득한 한낮의 열기를 견뎌야 할 때의 축복이 있습니다. "네 축복이 네 백성 위에 있도다" — 다시 말해서, 그들에게 항상 축복이 있을 것이라는 말씀입니다. 우리의 큰 대제사장은 이따금씩 백성들을 축복하지 않습니다. 그의 입술로부터 거룩한 은혜가 마치 이슬방울처럼 끊임없이 떨어집니다. 우리 주님은 항상 축복하고 계시며, 우리는 항상 축복을 받습니다. 이것을 알고 축복의 하나님께 영광을 돌리는 자는 얼마나 복됩니까!

2. 둘째로, 이제 본문의 축복 자체를 살펴보도록 합시다.

여기의 축복기도가 제사장으로부터 하나님에게로 넘어가는 것을 주목하십시오. 본문은 다음과 같이 진행되지 않습니다. "하나님으로부터 제사장으로 임명받은 나 아론은 네게 복을 주며, 목자처럼 너를 지키며, 내 얼굴을 네게로 향하여 들고 평강 주기를 원하노라." 결코 그렇지 않습니다. 축복의 말은 아론의 입술로부터 떨어지지만, 그러나 그것은 여호와의 마음과 손으로부터 옵니다. 본문은 이렇게 진행됩니다. "여호와는 네게 복을 주시고 너를 지키시기를 원하며 여호와는 그의 얼굴을 네게 비추사 은혜 베푸시기를 원하며 여호와는 그 얼굴을 네게로 향하여 드사 평강 주시기를 원하노라." 모든 축복은 직접적으로 하나님으로부터 와야 합니다. 아론의 영광은 하나님의 축복의 통로가 된 것이었습니다. 설교자의 영광이 무엇이겠습니까? 그것은 하나님의 백성들에게 은혜를 공급하는 하나님의 도구가 된 것입니다. 여러분이 자녀들이나 혹은 친구들에게 그리스도에 대해 말할 때, 여러분은 하나님의 황금 통로가 되는 특권을 갖는 것입니다. 구원의 거룩한 기름이 흘러가는 통로 말입니다. 여러분에게 당부하노니, 이런 영광을 많이 추구하십시오. 여러분 스스로를 하나님의 길 위에 세우십시오. 그러면 여러분은 하나님이 쓰시는 그릇이 될 것입니다. 하나님을 위해 말하는 모든 기회를 능히 붙잡을 수 있도록 은혜를 달라고 하나님께 구하십시오. 그러나 또다시 당부하노니, 사람의 축복 위에 머물지 마십시오. 설령 어떤 사람이 여러분에게 최고의 축복을 기원한다 하더라도, 사람으로 만족하지 말고 구주께로 나아가십시오. 하늘로부터 직접적으로 임하는 축복을 구하십시오. 선한 사람의 축복을 바라십시오. 그리고 그것을 보화로 여기십시오. 그렇지만 그것은 단지 하나님이 그를 통해 말씀하셨기 때문일 뿐이라는 사실을 잊지 마십시오.

이러한 사실은 여기의 축복을 극도로 값진 것으로 만듭니다. "여호와는 네게 복을 주시고(THE LORD bless you)." 여호와는 우리에게 얼마나 놀라운 복을 주십니까? 어머니가 어린 자녀에게 "복이 있을지로다"(Bless you)라고 말하는 것을 들어보지 못했습니까? 그러한 축복의 말에는 얼마나 풍부한 의미가 담겨 있습니까? 그러나 하나님이 "복이 있을지로다!"(Bless you!)라고 말씀하실 때, 거기에는 무한함과 불변함이 있습니다. 무한하신 하나님의 호의에는 한계가 있을 수 없습니다. 우리의 선물은 한줌의 동전과 같습니다. 그러나 하나님의 선물은 너무도 풍부하고 부요합니다. 나는 감히 그것을 은이나 금과 비교할 수 없습니다. 여호와께서 축복하실 때, 그것은 그의 주권과 전능하심을 따른 것입니다. 그의 축복은 우리의 전 인성(人性)에 기쁨과 영광을 뿌립니다. "여호와는 네게 복을 주시고" ─ 이 안에 얼마나 거대한 축복의 대양(大洋)이 있습니까? "너를 지키시기를 원하며" ─ 여호와가 우리를 지킬 때, 우리는 얼마나 안전하겠습니까? "여호와는 그의 얼굴을 네게 비추사 은혜 베푸시기를 원하며" ─ 이것은 얼마나 놀라운 은혜이겠습니까? 바로 이것이 우리 주 예수 그리스도의 은혜가 아닙니까? "여호와는 그 얼굴을 네게로 향하여 드사" ─ 하나님의 얼굴이 우리에게 향하는 것은 얼마나 풍성한 교제를 의미하는 것이겠습니까? "평강 주시기를 원하노라" ─ 하나님이 주시는 평강은 얼마나 놀라운 평강입니까? 모든 이해를 초월하는 평강이 아닙니까?

우리는 본문의 단어들을 가능한 가장 넓게 해석할 필요가 있습니다. 우리는 그것을 단지 무릎까지 올라오는 물이 아니라, 그 안에서 우리가 헤엄칠 수 있는 풍부한 물로 바라보아야 합니다. 여기에서 우리는 "아, 이 놀라운 깊음이여!"라고 부르짖을 수 있습니다. 여호와는 자기 백성들을 "그리스도 예수 안에서 그의 영광의 풍성함을 따라" 축복하십니다(빌 4:19). 여러분은 그의 풍성함을 압니까? 여러분은 하나님의 부요를 측량할 수 있습니까? 여러분은 그의 은혜의 부요함이 어느 정도나 되는지 상상할 수 있습니까? 여기에서 여러분은 그의 영광의 풍성함을 갖습니다. 그렇습니다. 그것은 그리스도 예수로 말미암은 그의 영광의 가장 큰 풍성함입니다. 여호와는 그리스도 예수로 말미암아 그의 영광의 풍성함을 따라 여러분을 축복하십니다. 그것보다 더 큰 축복이 무엇이겠습니까? 그에 대해 깊이 생각해 보십시오. 나에게 더 이상 이야기할 것은 아무것도 없습니다.

여기의 축복 속에서 여호와의 이름이 세 번 언급되는 사실을 특별히 주목하십시오. "여호와는 네게 복을 주시고 너를 지키시기를 원하며 여호와는 그의 얼굴을 네게 비추사 은혜 베푸시기를 원하며 여호와는 그 얼굴을 네게로 향하여 드사 평강 주시기를 원하노라." 어떤 학자들은 여기의 각각의 이름들에 서로 상이한 의미가 담겨 있다고 주장하기도 합니다. 나는 이것이 삼위일체의 교리를 가르친다고 말하지 않을 것입니다. 그러나 나는 삼위일체의 교리를 믿을 때 우리는 여기의 구절을 좀 더 잘 이해하게 될 것이라고 말해야만 합니다. 여기의 축복기도에서 하나님의 이름이 세 번 반복되는 사실 위에 우리는 삼위일체 하나님의 그림자가 어른거리는 것을 발견합니다. 그러나 하나님은 한 분입니다. 왜냐하면 27절에 "내가 그들에게 복을 주리라"라고 기록되어 있기 때문입니다. 여기에서 우리는 하나이면서 동시에 셋인 자의 음성을 듣습니다. 오늘 아침 우리는 "거룩 거룩 거룩"으로 시작되는 찬송가를 불렀습니다. 하늘의 예배자들은 이런 방식으로 신적 위엄을 노래합니다. 그들은 "거룩하다 거룩하다 거룩하다"라고 세 번 외칩니다. 어째서 두 번이 아닙니까? 어째서 네 번이 아닙니까? 어째서 일곱 번이 아닙니까? 일곱은 완전수가 아닙니까? 그렇다면 일곱 번이어도 되지 않겠습니까? 그러나 성경에서는 거의 대부분 삼중 표현으로 나타납니다. 그것이 무엇을 의미하는 것이겠습니까? 영원히 한 분이신 하나님은 또한 그의 존재와 나타남에 있어 삼중적임을 의미하는 것이 아니겠습니까? 우리는 그에 대해 "거룩하다 거룩하다 거룩하다 전능하신 주 하나님이여"라고 노래해야 합니다. 우리는 아버지와 아들과 성령의 이름으로 백성들에게 축복을 선포할 수 있습니다. 여기의 축복에 뒤이어 "그들은 이같이 내 이름으로 이스라엘 자손에게 축복할지니 내가 그들에게 복을 주리라"라고 장엄하게 말씀하신 한 분 하나님이 계심을 분명하게 인식하면서 말입니다(27절). 그와 같은 거룩한 이름이 여기에서 세 번 반복되는 것을 통해 삼위일체의 측량할 수 없는 신비에 대한 여러분의 믿음은 더욱 견고해집니다. 여기의 축도(祝禱)가 모든 세대의 예수 그리스도의 교회에서 보편적으로 사용된 축도의 초기 형태가 아니면 무엇이겠습니까? "주 예수 그리스도의 은혜와 하나님의 사랑과 성령의 교통하심이 너희 무리와 함께 있을지어다"(고후 13:13).

이와 같은 시각으로 바라볼 때, 첫째 행 "여호와는 네게 복을 주시고 너를 지키시기를 원하며"는 아버지의 축도로 간주될 수 있습니다(24절). 이것은 사랑의 보고(寶庫)입니다. 지금까지 여러분을 넘어지는 것으로부터 지켜주신 분은 하나님입니다. 우리는 "구원에 이르도록 믿음으로 말미암아 하나님의 능력으로 보호하심을" 받습니다(벧전 1:5). "하나님은 그의 거룩한 자들의 발을 지키실 것이요"(삼상 2:7). "이스라엘을 지키시는 이는 졸지도 아니하시고 주무시지도 아니하시리로다"(시 121:4). 이 시간 나는 아버지의 따뜻한 마음으로 여러분 각자에게 "여호와는 네게 복을 주시고 너를 지키시기를 원하며"라고 축복합니다. 여러분이 큰 시험 가운데 있을 때, 그가 여러분을 지키시기를 기원합니다. 여러분이 넘어지지 않도록 말입니다. 그가 여러분을 여러분 자신의 불신앙의 악한 마음으로부터 지키시기를 기원합니다. 여러분이 그릇된 길로 가지 않도록 말입니다. 죄로 가득한 세상과 더불어 다툴 때, 그가 여러분을 세상의 올무로부터 지키시기를 기원합니다. 유혹과 거짓으로 가득한 지역을 통과할 때, 그가 여러분으로 하여금 하나님의 진리를 포기하지 않도록 지키시기를 기원합니다. 아버지여, 당신의 택하신 자들을 지키소서! 여호와는 여러분에게 모든 선한 것으로 복을 주시고, 여러분을 모든 악으로부터 지키실 것입니다. 하나님이 지키는 자들은 올바로 지켜질 것입니다. 그리고 단 한 사람도 다른 길로 가지 않을 것입니다. 아버지의 지키심과 같은 지킴은 어디에도 없습니다. 그는 "내가 불로 둘러싼 성곽이 되며 그 가운데에서 영광이 되리라"라고 말씀하십니다(슥 2:5). 계속해서 다음과 같은 말씀들을 깊이 묵상해 보십시오. "여호와께서 그를 호위하시며 보호하시며 자기의 눈동자 같이 지키셨도다"(신 32:10). "나 여호와는 포도원지기가 됨이여 때때로 물을 주며 밤낮으로 간수하여 아무든지 이를 해치지 못하게 하리로다"(사 27:3). "여호와께서 너를 지켜 모든 환난을 면하게 하시며 또 네 영혼을 지키시리로다"(시 121:7). 그러므로 우리는 "우리를 시험에 들게 하지 마옵시고 악에서 구하옵소서”라고 기도합니다. 그리고 그러한 기도는 “하늘에 계신 우리 아버지”에게 돌려집니다. 만일 여러분이 첫 행을 아버지의 축도로 간주한다면, 여러분은 그 안에서 매우 깊은 의미를 발견할 것입니다. 그렇다고 해서 그것을 지나치게 배타적으로 취하지는 마십시오. 왜냐하면 사실 거기에 명확한 경계선은 없기 때문입니다. 여기의 축도를 이루는 각각의 행들은 서로 융합되고 어우러집니다. 그리하여 축복은 여전히 하나입니다.

계속해서, 둘째 행 “여호와는 그의 얼굴을 네게 비추사 은혜 베푸시기를 원하며”는 아들의 축도로 간주될 수 있습니다(25절). “주 예수 그리스도의 은혜가 너희 무리와 함께 있을지어다.” “여호와는 그의 얼굴을 네게 비추사 은혜 베푸시기를 원하며” — 이것은 하나님의 호의를 의미합니다. 이 시간 여러분 모두에게 이러한 호의가 임하기를 바랍니다! 고린도후서에서 우리는 “예수 그리스도의 얼굴에 있는 하나님의 영광”이라는 표현을 읽습니다(4:6). 예수를 본 자는 아버지를 보았습니다. 우리 주님이 우리를 향해 웃으실 때, 우리는 그 안에서 하나님의 얼굴을 봅니다. 그 얼굴은 진노로 가려져 있지 않고 웃음으로 빛납니다. 사랑과 은혜로 가득한 얼굴 — 그 얼굴은 한때 우리로부터 돌려졌으나 그러나 지금은 화평 가운데 우리에게로 향하여집니다. “여호와는 그의 얼굴을 네게 비추사 은혜 베푸시기를 원하며.” 사랑하는 자들이여, 우리 주 예수 그리스도의 은혜와 같은 은혜를 우리가 상상할 수 있습니까? 하나님의 사랑의 빛과 같은 빛을 우리가 상상할 수 있습니까? 조금 전까지 이곳에 안개가 가득했으며, 우리는 마치 어둠 속으로 내려가고 있는 것 같았습니다. 그러나 갑자기 저쪽 창문으로 빛이 쏟아져 들어왔으며, 그와 함께 모든 것이 갑자기 바뀌었습니다. 지금 태양이 우리 위에 비추고 있습니다. 우리나라에서 이렇게 화창하게 햇빛이 비추는 것은 좀처럼 드문 일이 아닙니까? 여기에서 나는 우리 주 예수 그리스도의 은혜의 상징을 봅니다. 오랫동안 어둑어둑함과 침침함과 우울함이 드리워집니다. 그러다가 천상의 바람이 안개를 쫓아내고, 의의 태양이 비춰며, 모든 장면은 한순간에 바뀝니다. 하나님의 은혜를 받읍시다. 그러면 모든 고난과 괴로움은 아무것도 아닌 것이 됩니다.

> “어둠 속에서 그가 나타날 때,
> 나의 새벽은 시작되도다.”

하나님이 빛 가운데 계신 것처럼, 우리도 항상 빛 가운데 행합시다. 그러나 그것은 오직 그의 얼굴의 비췸을 통해 이루어집니다. 예수 그리스도를 통해 우리는 영원한 햇빛을 향유할 수 있습니다. 심지어 하늘에서도 "어린 양은 빛"입니다. 예수 그리스도로 말미암지 않고는 우리에게 아무런 빛도 없습니다. 부디 주 예수께서 여러분에게 은혜를 베푸시기를 기원합니다! 그는 은혜로 가득합니다. 오늘 고난 가운데 있는 당신에게, 그가 위로의 은혜를 베푸시기를 기원합니다! 그를 위해 싸우고 있는 당신에게, 그가 싸움의 날에 당신의 머리를 가려 주시는 은혜를 베푸시기를 기원합니다! 인생의 무거운 짐을 지고 수고하는 당신을, 그가 영원한 은혜의 팔로 굳게 붙잡아 주시기를 기원합니다! 그리하여 영원한 영광에 들어갈 때까지 당신이 필요로 하는 모든 은혜가 충만하게 채워지기를 기원합니다! 둘째 행의 축도는 간단하면서도 너무도 풍성합니다. 그것은 마치 달콤한 사탕들이 빽빽하게 들어 있는 상자와 같습니다. 아버지 하나님의 사랑과 아들 하나님의 은혜가 채워질 때, 우리의 행복은 하늘까지 높이 올라갑니다.

셋째 행은 **성령의 축도**입니다. "여호와는 그 얼굴을 네게로 향하여 드사 평강 주시기를 원하노라." 여기에 평강의 교제가 있습니다. 왜냐하면 하나님의 얼굴이 비취는 것도 매우 귀한 일이지만 그러나 하나님이 자신의 얼굴을 우리에게 향하여 드는 것은 한층 더 풍성한 축복이기 때문입니다. 하나님이 내게 은혜를 베푸는 것을 느끼는 것은 매우 귀한 일입니다. 그러나 그가 나를 인정하며 나의 행동들을 지지하며 나와 교제하는 것을 아는 것은 최고로 귀한 일입니다. 하나님이 나를 바라보시며 이렇게 말씀하시는 것을 상상해 보십시오. "그래 내 아들아, 너는 합당하게 행하고 있도다. 네가 행하고 있는 것을 내가 지지하노라." 하나님이 이렇게 말하는 것은 우리에게 있어 얼마나 큰 기쁨입니까! 종들에게 있어 자신이 행한 일로 인해 주인이 기뻐하며 활짝 웃는 것을 보는 것은 얼마나 큰 기쁨입니까! 부디 성령께서 주 예수 그리스도를 위해 일하는 여러분 모두를 지지하며 칭찬해 주시기를 기원합니다. 그리하여 여러분이 다음과 같이 말할 수 있게 되기를 기원합니다. "나에게는 하나님의 지지가 있습니다. 아무도 나에게 박수를 쳐주지 않습니다. 아무도 나를 따뜻한 눈으로 바라보지 않습니다. 많은 사람들이 나를 비판하며 내가 잘못했다고 말합니다. 또 다른 사람들이 나를 비방하며 흉을 봅니다. 그러나 하나님은 그 얼굴을 내게로 향하여 드셨습니다. 나는 이것으로 충분하고 또 충분합니다." 하나님으로부터 인정받는 것은 여러 왕들로부터 칭찬받는 것보다 훨씬 더 낫습니다. 셋째 행은 계속해서 "평강 주시기를 원하노라"라고 말합니다. 사람에게 있어 하나님이 자신을 인정해 주심을 알 때, 그는 평강 안으로 들어갑니다. 하나님이 웃으시는데, 무엇 때문에 초조해하며 안달하겠습니까? 만일 여호와께서 인정해 주신다면, 세상의 모든 비난이 도대체 무엇이겠습니까? 하나님이 우리를 인정해 주심을 알 때, 우리 영혼은 큰 기쁨과 고요한 평온으로 가득 채워집니다. 형제들이여, 거룩한 보혜사께서 여러분 모두 안에서 이러한 평강을 이루시기를 기원합니다!

나아가 여기의 축도가 단수로 되어 있는 것을 주목하십시오. 그것은 "여호와는 너희에게 복을 주시고 너희를 지키시기를 원하며"라고 되어 있지 않고, "여호와는 네게 복을 주시고 너를 지키시기를 원하며"라고 되어 있습니다. 왜 그럴까요? 왜냐하면 하나님의 백성들은 하나이며, 하나님은 그들을 하나로 보시기 때문입니다. 하나님의 축복은 하나의 전체적인 교회에 임합니다. 뿐만 아니라 나는 모든 개별적인 신자들이 여기의 축복 전체를 취하여 자신의 집으로 가져갈 수 있다고 생각합니다. 대제사장은 "여호와는 에브라임과 므낫세와 유다와 베냐민에게 복을 주시고"라고 말하지 않고, 각 사람을 개별적으로 가리키면서 "여호와는 네게 복을 주시고 너를 지키시기를 원하며"라고 말하고 있는 것처럼 보입니다. 사랑하는 형제들이여, 나는 여러분의 이름을 부르지는 않을 것이지만 그러나 여러분 각자에게 "여호와는 네게 복을 주시고"라고 축복합니다. 사랑하는 자매들이여, 나는 여러분의 이름을 개별적으로 부를 수는 없지만 그러나 여러분 각자에게 개별적으로 축복합니다. "여호와는 네게 복을 주시고 너를 지키시기를 원하며 여호와는 그의 얼굴을 네게 비추사 은혜 베푸시기를 원하며 여호와는 그 얼굴을 네게로 향하여 드사 평강 주시기를 원하노라." 여기의 축복은 각 사람이 전유(專有)하도록 의도되었습니다. 그것은 물론 교회 전체를 한 덩어리로 끌어안지만, 그러면서도 동시에 그 전체를 각각의 개인들에게 나누어 줍니다. 우리 각자는 이 위대한 축도 전체를 각각 자신에게로 취할 수 있습니다.

3. 셋째로, 그에 대한 하나님의 아멘을 주목하십시오.

그것은 27절입니다. "그들은 이같이 내 이름으로 이스라엘 자손에게 축복할지니 내가 그들에게 복을 주리라."

여기에서 우리는 선포된 것을 확증하시는 하나님의 권위를 봅니다. "그들은 이

같이 내 이름으로 이스라엘 자손에게 축복할지니 내가 그들에게 복을 주리라.” 제사장이 축복을 선포하면, 여호와가 그 축복을 유효하게 만듭니다. 그리스도는 하나님의 이름으로 그의 백성들을 축복합니다. 주님에게 있어 우리의 이름을 부르는 것은 큰 기쁨입니다. “내가 너를 지명하여 불렀나니 너는 내 것이라”(사 43:1)라고 기록된 것처럼 말입니다. 그렇지만 우리에게 신적 이름이 주어짐으로써 우리가 하나님의 아들로 불리며 예수 그리스도와 함께 상속자가 되는 것은 한층 더 영혼을 부요하게 만듭니다. 이것은 하나님 편에서는 낮추심이고, 우리 편에서는 영광과 존귀입니다. 어떤 것에 주의 이름이 부여될 때, 주님은 자기에게 봉헌된 것을 지키실 것입니다. 주의 이름은 견고한 산성이며, 우리는 그 안에서 안전합니다.

나는 여기에서 선한 사람들에 의해 선포된 축복이 확증되는 것을 봅니다. “그들은 이같이 내 이름으로 이스라엘 자손에게 축복할지니 내가 그들에게 복을 주리라.” 햇병아리 설교자로서 말씀을 전파할 때, 나는 할아버지의 축복을 받는 것을 좋아했습니다. 그는 지금 영광으로 들어가셨지만, 그가 나를 축복할 때 아무도 나로부터 하나님의 이름을 빼앗아갈 수 없었습니다. 여러분 가운데 대부분의 사람들은 지금은 영광으로 들어간 선한 사람들의 축복을 기억할 것입니다. 그리고 하나님은 그들의 축복을 확증하십니다. 하나님은 왕 같은 제사장으로 삼으신 자기 백성들로 하여금 당신의 이름으로 다른 사람들에게 축복을 선포하도록 허락하십니다. 그리고 하나님은 그들의 축복을 확증하십니다. 그들이 땅에서 매는 것은 하늘에서도 매일 것이며, 그들이 땅에서 푸는 것은 하늘에서도 풀릴 것입니다. 여러분의 경건한 부모의 축복은 여러분에게 그대로 임할 것입니다. 주의 오른손에 들린 일곱 별과 같은 교회의 사자들의 축복은 신실한 신자들과 돕는 자들에게 주님 자신으로부터 내려오는 이슬방울처럼 떨어질 것입니다.

무엇보다도 최고로 좋은 것은 하나님이 복을 주실 것이라는 가장 분명한 약속입니다 ― “내가 그들에게 복을 주리라.” 이 위대한 구절에다가 도대체 무슨 말을 덧붙일 필요가 있단 말입니까? “내가 그들에게 복을 주리라.” 그들에게 고난이 있을 것이지만, 그러나 그 모든 고난을 통해 내가 그들에게 복을 주리라. 그들이 세상의 좋은 것들을 가질 때, 내가 그들에게 복을 주어 그것들이 실제적인 위로가 되게 하리라. 내가 그들의 광주리와 그들의 산업에 복을 주리라. 그들이 세상의 좋은 것들을 잃을 때, 내가 그들에게 천 배로 갚아 주리라. 내가 그들에게 긍휼을 베풀 것이요, 아무도 그들을 탈취하지 못하게 하리라. 만일 그들이 무엇인 가를 잃는다면, 그것은 나로 말미암은 것이요 사랑 가운데 행하여진 것이라. 내가 도리어 그것으로 복이 되게 할 것이라. 형제들이여, 세상이 우리를 저주할는지 모릅니다. 그러나 만일 하나님이 우리를 축복하시면, 그 저주는 지나가는 바람처럼 될 것입니다. 친구들이 도리어 원수가 되고, 우리를 잊을는지 모릅니다. 그러나 만일 하나님이 우리를 축복하시면, 우리는 그 모든 아픔을 견딜 수 있습니다. 하나님은 우리가 어렸을 때 우리를 축복하셨습니다. 우리가 젊은 시절의 어지러운 길을 지나갈 때, 하나님은 우리를 지켜 주셨습니다. 그는 우리가 장성했을 때 우리를 축복하셨습니다. 우리가 가정을 돌봐야 할 때, 그는 우리를 도우셨습니다. 그리고 우리가 노인이 되어 지팡이를 의지하며 메뚜기조차 무겁게 느껴질 때, 그는 여전히 우리를 붙잡아 주실 것입니다. 우리가 병상에 누울 때, 그는 우리를 축복하실 것입니다. 그리고 죽을 때, 예수 그리스도는 임종의 은혜로써 우리를 축복하실 것입니다. 마침내 우리는 그리스도의 형상으로 깰 것입니다. 그리고 그 때 우리는 그의 형상으로 변화되어 그의 축복으로 만족할 것입니다. 심판의 날이 올 것입니다. 땅은 사라질 것이지만, 그러나 주님은 우리를 축복하실 것입니다. 하나님의 "의지"(will)는 영원합니다. 하나님이 "내가 이러저러하게 할 것이라"(I will)라고 말씀하실 때, 지옥의 모든 마귀들은 그 축복을 막을 수 없으며 영원한 시간조차도 왕의 말씀을 바꿀 수 없습니다. "내가 그들에게 복을 주리라." 하나님은 얼마만큼 복을 주실 것인지에 대해서는 말씀하지 않으셨습니다. 그러나 그러한 약속을 주신 하나님은 그의 이름에 걸맞게 복을 주실 것입니다. 하나님 자신이 그의 백성들을 직접적으로 그리고 개별적으로 복을 주실 것입니다. "내가 그들에게 복을 주리라." 여기에 주의 신실하심에 근거한 절대적인 확실성이 있습니다. 여기에 신적 불변성으로 말미암아 확증되는 무한한 긍휼이 있습니다. 어떤 사람이 "그렇지만 하나님은 때로 우리에게 시련을 주시지 않습니까?"라고 말합니다. 그것은 사실입니다. 아버지가 징계하지 않는 아들이 어디 있겠습니까? 그럼에도 불구하고 여기에 언약의 축복이 있습니다. 왜냐하면 그러한 징계로 인해 머지않아 그들에게 의의 아름다운 열매들이 맺힐 것이기 때문입니다. 이제 여러분에게 더 이상 설교할 필요를 느끼지 않습니다. "내가 그들에게 복을 주리라" ― 이러한 천상의 음악을 들으며 집으로 돌아가십시오.

그러나 이러한 축복의 확증이 여러분 모두에게 무차별적으로 속하는 것은 아닙니다. 주 예수 그리스도를 믿지 않는 자들에게 주어질 복은 없습니다. 가련한 죄인들이여, 하나님이 여러분으로 하여금 자신이 여기의 축복 밖에 있다는 사실을 깨닫게 하시기를 기원합니다. 그래서 여러분의 마음속에 찢어지는 아픔과 그러한 축복을 사모하는 간절한 열망을 불러일으키기를 소원합니다.

예수 그리스도 안에서 안식하고 있는 자들이여, 오늘 읽은 말씀을 마음에 깊이 새기십시오. 부디 성령께서 오늘 말씀을 여러분의 마음 판에 깊이 새기기를 기원합니다. 여호와는 자기 백성들에게 이렇게 말씀하십니다 ― "내가 그들에게 복을 주리라." 주님은 자기 종들로 하여금 복음을 증거함을 통해 우리를 축복하게 하셨습니다. 그리고 지금 그 자신이 그의 영으로 말미암아 우리를 축복하십니다. 그 자신이 그의 보배로운 것들을 우리 앞에 가져오실 것입니다. 그 자신이 그의 식탁에서 우리와 함께 먹을 것입니다. 그렇습니다. 그 자신이 우리의 양식이 되고, 우리의 떡이 되고, 우리의 물이 될 것입니다. 주님을 송축합시다! 그가 우리를 축복하셨으므로, 우리가 전심으로 그를 송축합시다!

"만복의 근원인 하나님을 찬미하라.
땅에 있는 모든 피조물들아 그를 찬미하라.
하늘의 천군천사들아 그를 찬미하라.
아버지와 아들과 성령을 찬미하라."

제
3
장

—

그리스도 전체를 먹음

—

"둘째 달 열넷째 날 해 질 때에 그것을 지켜서 어린 양에 무교병과 쓴 나물을 아울러 먹을 것이요 아침까지 그것을 조금도 남겨두지 말며 그 뼈를 하나도 꺾지 말아서 유월절 모든 율례대로 지킬 것이니라." — 민 9:11-12

하나님은 큰 긍휼 가운데 두 번째로 유월절이 지켜지도록 허락하셨습니다. 그리고 처음 지킬 때 불가피하게 부정하게 된 자들도 배제되지 않도록 하셨습니다. 비록 하나님이 유월절의 날짜를 변경하시기는 했지만 그러나 그 형식은 바뀌지 않았습니다. 유월절은 매번 행할 때마다 똑같이 행해져야 했습니다. 어떤 사람이 여행 중에 다른 사람의 집을 방문하여 그 집의 손님이 되었다고 상상해 보십시오. 그는 그곳에서 손님으로서 유월절의 규례를 동일하게 지켜야 했습니다. 이러한 유월절의 상징으로부터 우리는 매우 중요한 교훈을 배울 수 있는데, 그것은 구원에 이르는 모든 과정 속에서 그리스도는 항상 동일하며 우리는 동일한 방식으로 그에게 참여해야 한다는 사실입니다. 당신이 부정하여진 자로서 두 번째 유월절 만찬에 참여해야만 한다고 상상해 보십시오. 지금은 밤 11시로서, 다른 사람들은 모두 그리스도를 먹는 일을 마쳤습니다. 그러나 여전히 거기에 당신을 위한 동일한 그리스도가 있습니다. 제 시간에 온 자들을 위한 그리스도가 있었던 것처럼 말입니다. 이와 같이 어린 시절에 예수 앞에 나아와 그로 채워지는 사람들이 있는가 하면, 인생의 노년에 그 앞에 나아와 그로 채워지는 사람들도 있습니다. 그러나 모두 동일한 그리스도입니다. 우리 각자를 위해 예수 외에 아무도 없습니다. 도덕적인 이 사람에게 특유한 이 사람만의 길도 없으며, 비도덕적인 저 사람에게 특유한 저 사람만의 길도 없습니다. 가장 도덕적인 사람으로부터 가장 비도덕적인 사람에 이르기까지, 동일한 믿음으로 말미암아 취하여지는 동일한 구주가 있을 뿐입니다. 오직 예수의 피 뿌림으로 말미암아 우리는 진노로부터 구원받습니다. 그리고 오직 그리스도를 먹음으로 말미암아 우리의 영적 생명은 지탱될 수 있습니다. 두 개의 복음은 없습니다. 오직 하나의 복음이 있을 뿐입니다. 두 분의 그리스도는 없습니다. 오직 한 분의 그리스도가 있을 뿐입니다. 하늘에 이르는 두 개의 길은 없습니다. 오직 하나의 길이 있을 뿐입니다. 그러므로 함께 십자가로 나아갑시다. 죄를 위한 한 분의 위대한 희생제물을 바라보면서 말입니다. 그리고 믿음으로 그 안에서 구원을 찾읍시다.

오늘 우리가 다룰 주제는, 만일 우리가 그리스도를 영접한다면 그것은 그를 먹는 것으로 적절히 표현될 수 있다는 것입니다. 그러므로 첫째로, 우리는 예수 그리스도를 먹어야 합니다. 우리는 유월절 어린 양을 먹어야 합니다. 둘째로, 우리는 전체로서 그리스도를 취하고 그를 먹어야 합니다. "아침까지 그것을 조금도 남겨 두지 말며 그 뼈를 하나도 꺾지 말아서"(12절). 그리고 셋째로, 우리는 다른 사람들과 연합하여 그리스도를 먹어야 합니다. 그리스도를 취하여 먹는 것이 혼자만의 행동이 아니라 여럿이 함께 그렇게 하는 것이라면, 그것은 얼마나 복된 일이겠습니까! 마치 모든 가족이 어울려 유월절 어린 양을 함께 먹는 것처럼 말입니다.

1. 첫째로, 우리는 예수 그리스도를 먹어야 합니다.

그리스도를 참으로 받아들이는 것은 그를 먹는 것으로 아름답게 표현될 수 있습니다. 죄인의 양심이 일깨워졌을 때, 그가 알기를 열망하는 첫 번째 요점은 이것입니다. "내가 어떻게 구원받을 수 있을까? 나는 그리스도가 구주임을 알아. 그렇지만 어떻게 내가 그를 나의 구주로 삼을 수 있을까? 나는 그가 죄에 대한 속죄를 준비하셨음을 이해해. 그렇지만 어떻게 그 속죄가 나의 죄를 제거할 수 있을까?'

이스라엘 백성의 가정에서 유월절 어린 양이 죽임을 당했을 때, 먼저 그 피가 가장(家長)에 의해 문 인방과 좌우 설주에 뿌려졌습니다. 그리고 그 피가 뿌려지자 마자, 그 효력이 즉시로 발생했습니다. 즉 그 집이 안전하게 된 것입니다.

다음으로 그들은 불에 구운 어린 양을 가져다가 식탁에 모여 모두 함께 그것을 먹어야 했습니다. 먹는 것은 매우 단순한 동작입니다. 굳이 긴 설명이 필요하지 않습니다. 어떻게 먹는지를 설명하는 가장 좋은 방법은 그냥 먹는 것입니다. 마찬가지로 어떻게 그리스도를 받아들일 것인지를 설명하는 가장 좋은 방법은 그냥 그를 받아들이는 것입니다. 그렇지만 이 문제로 고민하는 사람들을 위해 나는 유월절 어린 양을 먹는 것이 무엇인지, 그리고 그리스도를 받아들이는 것이 무엇인지 설명할 필요를 느낍니다. 다시 말하거니와 유월절 어린 양을 먹는 것은 매우 단순한 과정입니다. 모세는 어떤 유대인에게 이렇게 말할 수 있었습니다. "불에 구운 양은 네 것이니라. 네가 그것을 먹기만 한다면 말이다. 거기에 무슨 의식(儀式)이나 특별한 기도나 무릎을 꿇는 따위의 행동은 필요하지 않느니라. 그냥 식탁에 서서 먹으면 되느니라. 그러면 그것은 네 것이니라."

주 예수 그리스도를 먹는 것과 관련하여, 첫째로 행해야 할 일은 **믿음으로** 그를 받아들이는 것입니다. 그를 받아들이는 것 즉 그를 영접하는 것이 그를 먹는 것의 첫 부분입니다. 여러분은 배가 고프며, 떡이 여러분 앞에 놓여 있습니다. 여러분은 그 떡을 취하여 입에 넣습니다. 여러분은 그것을 받아들이며, 그것은 여러분의 것이 됩니다. 이와 같이 주 예수 그리스도를 받아들이십시오. 믿음은 그가 받아들여지는 것입니다. 그를 믿으십시오. 그와 관련하여 하나님의 말씀이 증언한 것을 믿으십시오. 그리고 스스로에게 이렇게 말하십시오. "이 기록은 참이며, 예수는 하나님의 아들이야. 그는 사람으로서 세상에 오셨으며, 거룩한 삶을 사셨어. 그는 '우리를 하나님께 데려가기 위해 의로운 자로서 불의한 자들을 대신하여' 희생제물로 죽으셨어. 나는 이 모든 것을 믿어. 나는 그것을 나에게 참된 것으로 받아들여. 나는 그것을 단지 들음으로써 귀로만 받아들이는 것이 아니라, 믿음으로써 마음으로 받아들여. 오직 그것만이 영혼을 구원할 수 있는 하나님의 진리야."

어떤 사람이 말합니다. "그렇지만 그를 받아들임에도 불구하고 그에 대해 아무런 권리도 갖지 못하면 어떡합니까?" 아, 가련한 자여! 만일 당신이 일단 그를 받아들이면, 당신은 그를 가지게 됩니다. 권리 여부와 상관 없이 말입니다. 당신이 어떤 떡에 대해 아무 권리가 없음에도 불구하고 그 떡을 먹었다고 상상해 보십시오. 어떤 법률 전문가도 당신이 먹은 떡을 당신으로부터 도로 **빼앗아** 올 수 없습니다. 그렇습니다. 만일 당신이 그리스도를 당신의 것으로 취한다면, 당신은 그리스도를 당신의 것으로서 가지는 것입니다. 바로 지금 그를 붙잡으십시오! "그렇지만 나에게 그리스도를 가질 권리가 없으면 어떡합니까?" 가련한 죄인이 그리스도를 취하는 것은 결코 부당한 일이 아닙니다. 그러므로 지금 당장 그를 가지십시오!

만일 그리스도가 당신 가까이 있다면, 지금 당장 그를 붙잡으십시오! 바울은 "영생을 붙잡으라"라고 말합니다(한글개역개정판에는 "영생을 취하라"라고 되어 있음, 딤전 6:12). 만일 당신이 그리스도를 붙잡는다면, 하나님은 결코 "그 손을 떼라!"라고 소리지르지 않을 것입니다. 일단 담대하게 시도해 보십시오. 주님은 결코 당신을 거절하지 않을 것입니다. 긍휼의 문은 열려 있습니다. 그리로 들어가십시오. 만일 당신이 거절당한다면, 당신은 그리스도에 의해 거절당한 첫 번째 사람이 될 것입니다. "주 예수를 믿으라 그리하면 네가 구원을 받으리라"(행 16:31).

어떤 사람이 "나는 그렇게 했습니다"라고 말합니다. 나는 당신이 그렇게 한 것으로 인해 매우 기쁩니다. 그렇지만 당신은 정말로 그렇게 했습니까? 믿기는 하지만 그러나 실제로는 믿지 않는 경우도 있습니다. 어떤 사람이 이러저러한 것이 사실임을 믿습니다. 적어도 그는 자신이 믿는다고 말합니다. 그러나 그는 실제로는 믿지 않는 것처럼 행동할 수 있습니다. 당신은 당신의 집에 있으며, 침대에서 자고 있습니다. 어떤 사람이 당신의 집에 불이 났다고 소리를 지름으로써 당신을 깨웁니다. 그런데 당신은 잠시 몸을 뒤척였다가 또다시 잠이 듭니다. 이러한 당신의 행동을 통해 나는 당신이 불이 났다는 말을 믿지 않았음을 알 수 있습니다. 어떤 사람이 당신의 얼굴을 보면서 거기에서 치명적인 질병의 흔적을 봅니다. 그리고 만일 당신이 어떤 약을 먹지 않는다면 곧 죽을 것이라고 말합니다. 당신은 나에게 그 말을 믿는다고 말합니다. 그러고는 집에 돌아가 아무런 조치도 취하지 않고 곧 잊어버립니다. 그러면 나는 당신의 말이 거짓이었음을 알게 됩니다. 왜냐하면 참된 믿음은 당신을 행동으로 이끌 것이기 때문입니다. 당신은 실제로 그 말을 믿지 않은 것입니다.

자, 당신에게 한 가지 질문을 하겠습니다. 죄는 당신에게 실재(實在)입니까? 당신은 스스로를 죄인임을 받아들이며, 구주를 필요로 한다고 고백합니까? 당신은 하나님의 아들이 당신 같은 사람을 구원하기 위해 사람의 모양으로 나타나셨음을 믿습니까? 당신은 한 걸음 더 나아가 "나는 그리스도를 나의 구주로 믿습니다"라고 말할 수 있습니까? 그러면 됩니다. 떡은 당신의 입 속에 있습니다.

먹음에 있어 다음 과정은 음식이 소화기관으로 내려가는 것입니다. 음식은 몸 안으로 들어가 용해되어야 합니다. 그러므로 그리스도를 충분히 받아들이기 위해서는 **묵상으로 말미암은 소화작용**이 있어야만 합니다. 하나님의 위대한 진리들이 영혼 속으로 들어갑니다. 그러한 진리들이 묵상으로 말미암아 마음과 생각 속에서 용해됩니다. 우리는 그것들을 생각하며, 숙고하며, 묵상합니다. 그러한 진리들은 우리에게 영향을 끼치기 시작하며, 우리의 마음은 그것들을 작동시키기 시작합니다. 그리고 그것들로부터 골수와 진액을 짜내기 시작하며, 마침내 우리로 하여금 그것들의 은밀한 효과와 능력을 알도록 만듭니다. 사랑하는 자들이여, 여러분 가운데 묵상하지 않음으로 인해 결국 구원받지 못할 사람들이 있을 것입니다. '묵상으로 말미암은 소화작용'의 부재(不在)로 여러분 안에 그리스도가 충분하게 받아들여지지 못했기 때문에 말입니다. 만일 주 예수가 여러분을 은혜 가운데 만나주시지 않은 상태로 돌연 여러분이 그를 믿게 되는 자리에 이르게 된다면, 여러분은 필경 잃은 자가 될 것입니다. 어떤 사람들은 복음을 들음에도 불구하고 그에 대해 생각 혹은 묵상하지 않기 때문에 그것으로부터 아무런 유익도 얻지 못합니다. 그들은 안식일에 들은 말씀을 마음에 두지도 않고, 그것을 마음속에 용해시키지도 않습니다. 많은 사람들이 복음을 오른쪽 귀로 듣고 그냥 왼쪽 귀로 흘려보냅니다. 매 주일마다 복음을 듣지만, 그것이 전부입니다. 하나님의 진리가 그들의 영혼에 양식이 되는 기회를 얻지 못합니다. 왜냐하면 그것을 듣기가 무섭게 곧바로 흘려 버리기 때문입니다. 그것이 그들에게 무슨 양식이 되겠습니까? 그것은 어리석은 헛수고에 불과합니다.

음식이 몸 속으로 들어가 소화되는 것으로 끝이 아닙니다. 이후의 계속되는 과정이 있습니다. 나는 생리학적인 이야기를 하고 싶지는 않지만, 어쨌든 **흡수**라고 불리는 과정이 있습니다. 소화된 음식은 혈관을 타고 몸 전체로 퍼집니다. 그렇게 하여 몸에 양분을 공급하고, 몸을 자라게 합니다. 이렇게 하여 얼마 전까지 나와 분리되어 있었던 떡은 나와 하나가 됩니다. 그것은 나의 신체 안으로 받아들여져, 나의 일부가 됩니다. 바로 이것이 그리스도를 먹는 것입니다. 우리는 그에 관한 진리를 믿고, 그것을 묵상하여 소화시킵니다. 그러면 우리 몸의 각 지체들은 그를 받아들이며, 우리의 영적 생명 안으로 그를 흡수합니다. 보십시오. 나는 예수 그리스도가 성육신한 하나님의 아들임을 믿었습니다. 나는 단지 그것을 하나의 단순한 사실의 문제로서 믿지 않습니다. 마치 러시아에 차르라는 황제가 있음을 믿는 식으로 말입니다. 나는 그를 "나를 구원하기 위해 사람이 되신 자"로서 믿습니다. 계속해서 보십시오. 나는 이러한 성육신하신 하나님이 자신의 몸으로 십자가 위에서 나의 죄를 담당하셨음을 믿습니다. 나는 죄 사함을 받기 위해 그를 바라봅니다. 아니, 나는 죄 사함 받았음을 압니다. 왜냐하면 그가 나의 죄를 제거하고 도말시켰기 때문입니다. 바로 이것이 속죄의 위대한 진리를 나의 영의 가장 깊은 곳으로 흡수시키는 것입니다. 나는 이러한 과정을 더 이상 설명할 필요를 느끼지 않습니다. 다만 여러분이 그러한 과정을 실제로 실행하기를 바랍니다. 사랑하는 자들이여, 여러분은 종종 그리스도를 먹었습니다. 간절히 당부하노니, 이 시간 다시 그를 먹으십시오. 그에 대해 깊이 생각하십시오. 그리고 그에 대해 더 알려고 노력하십시오. 그리고 그에 대해 아는 것을 붙잡으십시오. 그러한 포도송이로부터 거룩한 진액을 짜내십시오. 그러한 진리들로부터 거룩한 양분을 짜내십시오. 그리고 이렇게 말하십시오. "이러한 하나님의 진리들은 나의 것이야. 나는 그러한 진리들에 근거하여 살고 있으며, 그것들에 근거하여 죽을 수 있어. 그 이상 나에게 필요한 것은 아무것도 없어."

만일 여러분이 실제로 이렇게 그리스도를 먹는다면, 그리스도와 여러분은 하나가 될 것입니다. 그러면 아무도 여러분을 그리스도로부터 끊을 수 없으며 또 그를 여러분으로부터 빼앗을 수 없습니다. 여러분이 먹는 음식이 여러분과 하나가 되는 것처럼, 어린아이 같은 믿음으로 말미암아 여러분의 마음 속으로 흡수된 그리스도 역시도 영원히 여러분 자신의 일부가 될 것입니다. 그가 사셨으므로 여러분도 살 것입니다. 왜냐하면 그가 여러분에게 생명을 주셨고 또 여러분 안에서 살고 계시기 때문입니다.

만일 여러분이 이와 같은 방식으로 그리스도를 먹는 법을 배웠다면, 여러분은 필경 유월절에 먹도록 되어 있었던 "쓴 나물"을 거부하지 않을 것입니다. 도리어 여러분에게 그러한 쓴 나물들은 유월절 만찬에 풍미(風味)를 더하는 것으로 여겨질 것입니다. 본문 11절을 읽는 순간 "나에게는 매일같이 쓴 나물이 있었어"라는 생각이 떠올랐습니다. 쓴 나물은 다음과 같은 형태로 나에게 옵니다. 내가 가르친 사역자들이 믿음을 저버리며, 회심했다고 생각했던 그리스도인들이 불신앙적인 태도로 행동하며, 내가 양육한 사람들이 세상일에 분주한가운데 자신의 영혼에 거의 관심을 기울이지 않는 등으로 말입니다. 복되신 나의 구주여, 당신을 섬기는 일은 당신으로 인해 너무도 달콤합니다. 그러나 그 안에 쓴 나물이 있나이다. 그러나 유월절 만찬의 규례는 "쓴 나물을 아울러" 먹는 것입니다 (11절). 그러므로 우리는 우리의 섬김에 수반되는 쓴 것들을 기꺼이 받아들여야 합니다. 어쩌면 여러분 가운데 어떤 사람들은 믿음으로 인해 조롱을 당할는지 모릅니다. 그것이 여러분의 쓴 나물입니다. 어쩌면 여러분은 너무나 가난할는지 모릅니다. 그런가 하면 그리스도에 대해 더 많이 알게 될수록 자신의 무가치함에 대해 더 많이 깨닫게 되기도 합니다. 그러한 깨달음은 마치 쓴 나물을 먹는 것과 같습니다. 그렇지만 그리스도를 먹는 것으로 하나님께 감사하십시오. 그리고 쓴 나물에 대해서는 아무 말도 하지 마십시오. 배고픈 어떤 이스라엘 백성을 생각해 보십시오. 그는 유월절 어린 양과 함께 쓴 나물을 먹는 것까지도 기꺼이 만족하며 감사할 것입니다.

　　이스라엘 백성들은 또한 "무교병과 아울러" 유월절 만찬을 먹어야 했습니다. 우리의 타락한 본성은 유교병을 더 좋아합니다. 그러므로 누룩을 제거하는 것에는 어느 정도의 자기 부인이 함축됩니다. 우리는 그리스도를 위해 스스로를 부인하도록 부름받습니다. 우리는 모든 형태의 죄, 즉 누룩으로 부풀어진 모든 것들을 버려야 합니다. 우리는 그리스도 안에서 모든 것을 취하며, 그리스도 안에서 우리의 영혼을 기쁘게 하는 모든 것을 발견합니다. 그렇습니다. 여러분의 유교병을 버리십시오. 그 모든 달콤함과 함께 말입니다. 그리고 쓴 나물과 무교병을 아울러 먹으십시오. 식탁 위에 유월절 어린 양이 있는 한, 그리고 우리의 영혼이 그리스도를 먹을 수 있는 한, 우리는 완전히 만족할 것입니다.

　　오늘의 첫 번째 주제와 관련하여 이제 나에게 더 이상 이야기할 것은 아무 것도 남아 있지 않습니다. 다만 여러분에게 간절히 당부하노니, 영혼의 고요함 가운데 예수 그리스도를 먹으십시오.

2. 둘째로, 우리는 그리스도를 전체로서 받아들여야 합니다.

　　유월절과 관련하여 하나님은 이렇게 말씀하셨습니다. "아침까지 그것을 조금도 남겨두지 말며 그 뼈를 하나도 꺾지 말아서"(12절). 만일 우리가 그리스도를 받아들인다면, 우리는 그를 전체로서 받아들여야 합니다.

　　우리는 그리스도를 그의 전체 인격 안에서 받아들여야 합니다. 아리우스라는 사람이 있었습니다. 그는 그리스도를 한 사람의 선인(善人)으로 받아들였습니다. 그러면서 그를 하나님으로 받아들이지는 않았습니다. 그러나 만일 여러분이 그리스도를 전체(신성과 인성)로서 소유하지 않는다면, 여러분은 결코 그를 소유할 수 없습니다. 아리우스와 정반대 쪽에 서 있는 사람들도 있습니다. 그들은 기꺼이 그리스도를 하나님으로 받아들입니다. 그러나 피 흘리며 고통당한 사람으로서는 받아들이지 않습니다. 그러나 만일 여러분이 그리스도를 전체로서 받아들이지 않는다면, 여러분은 결코 그를 받아들일 수 없습니다. 여러분은 그를 하나님이면서 동시에 사람이신 그의 전체 인격 안에서 소유해야 합니다. 그렇지 않으면 여러분은 전혀 그를 소유할 수 없습니다. 그리고 여러분의 영혼의 양식으로서 그를 향유할 수 없습니다.

우리는 또한 그리스도를 그의 전체 직분 안에서 받아들여야 합니다. 그는 선지자와 제사장과 왕으로서 오셨습니다. 그로부터 가르침을 받고, 그로 말미암아 씻음을 받으며, 그에 의해 다스림을 받으십시오. 만일 그가 여러분의 선지자가 되지 않는다면, 그는 또한 여러분의 제사장도 될 수 없습니다. 또 만일 그가 여러분의 제사장이 되지 않는다면, 그는 또한 여러분의 왕도 될 수 없습니다. 여러분은 그리스도를 그의 전체 직분 안에서 받아들여야 합니다. 그렇지 않으면 그를 전혀 받아들이지 않는 것입니다.

뿐만 아니라 우리는 또한 그의 사역과 관련한 전체적인 그리스도를 소유해야 합니다. 그는 자신의 피를 뿌림으로써 여러분의 죄를 제거하기 위해 오며, 여러분은 "나는 그를 소유할 것입니다"라고 말합니다. 그러나 들으십시오. 그는 여러분의 죄를 제거하기 위해 오며, 또 자신의 옆구리에서 흘러나온 피와 물로 말미암아 여러분을 거룩하게 만듭니다. 여러분은 의롭다 하심(justification)을 취하면서 거룩하게 하심(sanctification)을 빠뜨릴 수 없습니다. 여러분은 둘 모두를 취하든지 아니면 아무것도 취하지 말아야 합니다. 유월절과 관련한 규례는 "아침까지 그것을 조금도 남겨두지 말며 그 뼈를 하나도 꺾지 말라"는 것입니다. 여러분은 그가 자신의 말씀 가운데 제시한 대로 그의 구원사역의 모든 부분 안에서 그를 받아들여야 합니다.

또한 우리는 그리스도를 그의 모든 가르침 안에서 소유해야 합니다. 여러분은 이렇게 말해서는 안 됩니다. "나는 산상수훈을 가르치며 통상적인 삶의 윤리를 가르치는 그리스도를 믿을 거야. 그렇지만 겟세마네 동산으로 가는 길에 제자들에게 가르친 것과 같은 은밀한 사랑의 비밀을 가르치는 그리스도는 믿지 않을 거야." 만일 여러분이 그가 가르친 모든 것을 기꺼이 믿지 않을 것이라면, 여러분은 그를 전혀 소유할 수 없습니다. 여러분은 그가 말한 모든 것이 진리임을 믿어야 합니다. 설령 아직 여러분이 충분히 깨닫지 못한다 하더라도 말입니다. 여러분은 주 예수 그리스도를 절대적으로 오류가 없는 자로서 받아들여야 합니다. 그렇지 않으면 여러분은 전혀 그를 받아들일 수 없습니다.

여러분은 또한 그리스도를 그의 모든 경고 안에서 받아들여야 합니다. 그가 "그들은 영벌에 들어가리라"(마 25:46)라고 말씀하실 때, 여러분은 얼굴을 붉히면서 "이것은 지나치게 가혹한 말이야"라고 생각해서는 안 됩니다. 그리스도의 어느 한 말씀을 반대하는 것은 실제적으로 그리스도 자신을 반대하는 것입니다. 배의 밑바닥에 난 하나의 구멍이 배를 가라앉게 만드는 것처럼, 그리스도에 대한 하나의 반대는 그에 대한 여러분의 믿음 전체를 무너뜨릴 것입니다. 결코 그래서는 안 됩니다. 그가 말한 모든 말씀을 받아들이십시오. 그리고 그것을 믿으십시오. 여러분의 영혼은 그 위에 매다십시오. 그가 말한 모든 것이 진리임을 알면서 말입니다. 여러분은 유월절 어린 양으로부터 아무것도 남겨서는 안 됩니다. 여러분은 그로부터 뼈 하나도 꺾지 말아야 합니다.

여러분은 또한 그리스도를 그의 모든 명령 안에서 받아들여야 합니다. 그 이유를 따지며 추론하는 것은 우리의 몫이 아닙니다. 우리의 몫은 다만 그가 명령한 것을 행하는 것입니다. 우리는 "이것은 본질적인 것이고 저것은 비본질적인 것이야"라고 말해서는 안 됩니다. 우리는 "나는 그가 명령한 이것은 순종할 것이지만 그러나 그가 명령한 저것은 순종하지 않을 거야"라고 말해서는 안 됩니다. 만일 여러분이 그와 같이 행동한다면, 여러분은 제자가 아니라 반역자입니다. 만일 여러분이 그의 명령을 취사선택하여 순종한다면, 여러분은 그의 친구가 아니라 그의 원수입니다. 어떤 때는 순종하고 어떤 때는 순종하지 않는 병사가 어떻게 좋은 병사일 수 있겠습니까? 어떤 군대도 그런 병사를 그대로 내버려 두지 않을 것입니다. 하물며 살아 계신 하나님의 군대에서야 얼마나 더 그렇겠습니까! 그렇습니다. 여러분은 그의 모든 명령 안에서 전체적인 그리스도를 받아들여야 합니다.

이것은 그리스도와 그의 정신에 대하여서도 마찬가지입니다. 어떤 사람이 "그리스도는 사랑이 많으므로 나 역시도 사랑이 많은 사람이 될 것입니다"라고 말합니다. 나의 형제여, 그렇게 말하는 것은 옳습니다. 그러나 그리스도는 아무 거리낌 없이 말하며, 결코 타협이 없었습니다. 당신 역시도 거리낌 없이 말하며, 타협 없는 사람이 될 것입니까? 만일 그렇지 않다면, 당신의 사랑의 정신은 아무것도 아닌 것이 될 것입니다. 왜냐하면 그것은 고작 일종의 세상에 대한 영합이 될 것이기 때문입니다. 그리스도의 정신은 완전한 정신이며, 그러한 정신을 갖지 못한 자는 그리스도의 소유가 아닙니다. 우리에게 있어 그의 정신 가운데 어느 하나를 선택하면서 "나는 그러한 정신을 본받을 거야"라고 말하는 것은 합당하지 못한 일입니다. 다만 모든 경우에 그가 행동한 것처럼, 당신도 그렇게 행동하십시오. 그가 걸은 길을 그대로 따르십시오. 그가 한 행동을 당신의 분량에 따라 행하십시오. 신실하게 그리고 전체적으로 그리스도를 본받을 때에만 비로소 온전한 성품이 이루어질 것입니다.

사랑하는 친구들이여, 여러분은 오늘 다룬 주제들의 순서를 잘 기억할 것입니다. 우리는 먼저 그리스도를 먹어야 합니다. 그리고 다음으로, 우리는 그를 전체적으로 받아들여야 합니다. 그러나 너무나 많은 사람들이 그리스도를 전체적으로 먹지 않는 것은 참으로 안타까운 일이 아닐 수 없습니다. 슬프게도 어떤 사람들은 완악한 마음으로 그렇게 합니다. 그들은 자기들이 원하는 대로 취사선택합니다. 그리고 그렇게 함으로써 스스로 속고 있다는 사실과 그들의 패역한 마음을 드러냅니다. 제발 그렇게 하지 마십시오! 부디 그렇게 하지 마십시오! 간절히 당부하노니, 이스라엘 백성들이 유월절 어린 양 전체를 먹었던 것처럼 그리스도 전체를 먹으십시오.

또 어떤 사람들은 무지(無知)로 말미암아 그리스도 전체를 먹을 수 없습니다. 그들은 그를 알지 못합니다. 만일 알았다면, 그들은 기쁘게 그를 받아들였을 것입니다. 무지로 인해 하나님의 은혜의 식탁 위에 있는 달콤한 것들을 먹지 못하는 일이 생기지 않도록 하십시오. 스스로에게 이렇게 말하십시오. "나는 아는 것이 너무나 적도다. 나는 예수께서 가르치신 것에 대해 더 많이 알기를 원하노라. 그리고 나는 그에게 스스로를 무조건적으로 순복시키노라. 마치 맹인이 자기를 인도하는 자에게 그렇게 하는 것처럼. 예수여, 내가 알지 못하는 것을 내게 가르치소서." 이렇게 함으로써 최소한 여러분은 유월절 어린 양을 전체적으로 먹고자 뜻하게 될 것입니다. 설령 잘 알지 못함으로 인해 그를 받아들이는 것이 무엇을 의미하는 것인지 충분히 이해하지는 못한다 하더라도 말입니다.

그런가 하면 또 어떤 사람들은 소심함으로 인해 그리스도를 전체적으로 먹지 못합니다. 그들은 그가 가르치는 영광스러운 가르침들 가운데 어떤 것은 받아들이기를 두려워합니다. 어떤 사람은 그의 영원한 언약의 달콤한 것들을 받아들이기를 두려워하며, 어떤 사람은 그의 영원한 약속들의 딱딱한 음식을 받아들이기를 두려워하며, 어떤 사람은 영양분이 풍부한 기름진 것들을 받아들이기를 두려워하며, 어떤 사람은 잘 정제된 포도주를 받아들이기를 두려워합니다. 여러분에게 당부하노니, 뒤로 물러나지 마십시오. 움츠리지 마십시오. 그리스도는 자신의 모든 백성들에게 자신의 전체를 주십니다. 만일 거기에 보배로운 언약이 있다면, 그것을 먹으십시오. 만일 거기에 부요한 약속이 있다면, 그것을 믿고 향유하십시오. 예수 그리스도는 자기의 사랑하는 자들에게 아무것도 거부하지 않습니다. 만일 여러분이 실제로 그리스도의 식탁에 와서 그 안에 있는 모든 것을 취하기를 바란다면, 두려워하지 말고 거기에 있는 모든 것을 취하십시오. 그는 결코 여러분을 꾸짖지 않을 것입니다. 그러므로 값없이 그리스도께 오십시오. 사랑하는 자들이여, 그가 여러분을 초청합니다. “친구들이여, 먹고 마시라. 사랑하는 자들이여, 배불리 먹고 마시라.” 그리스도의 모든 것을 여러분의 영혼 안으로 취하십시오. 여러분의 용량대로 취하십시오. 그리고 여러분이 그로 충만하게 채워질 때까지 취하십시오. 기쁨으로 나오십시오. 그리고 두려워하지 말고 그가 주는 모든 것을 즐겁게 먹고 마시십시오. 나는 이제 오늘의 두 번째 주제에 대해 더 이상 이야기할 것을 가지고 있지 않습니다. 나는 다만 여러분 모두가 기꺼이 “나는 그리스도 전체를 취할 것입니다”라고 말할 수 있기를 바랄 뿐입니다.

　　만일 여러분이 기꺼이 그를 소유하고자 한다면, 그는 여러분의 것입니다. 만일 여러분이 그를 믿기만 한다면, 그는 여러분의 것입니다. 여러분이 할 일은 그를 취하는 것 외에 아무것도 없습니다. 오늘 여러분의 저녁식사로서 말입니다. 여러분의 영의 양식이 되도록 그를 여러분 자신 안으로 받아들이십시오. 그는 영원히 여러분의 것입니다.

3. 셋째로, 우리는 다른 사람들과 연합하여 그리스도를 받아들여야 합니다.

　　유월절 만찬은 혼자 외로이 하는 식사가 아니었습니다. 사람은 자기 혼자 어린 양을 불에 구워, 식탁 위에 올려놓고, 모든 것을 혼자 다 먹지 않았습니다. 그렇지 않습니다. 그것은 가족 식사였습니다. 집에 있는 모든 이스라엘의 자녀가 식탁에 참여했습니다. 주인과 종들과 남편과 아내와 자녀들이 모두 식탁에 모여 함께 먹었습니다. 나는 나 혼자 그리스도를 향유하기를 좋아합니다. 그러나 나는 혼자일 때보다 여러분과 함께일 때 하나님의 것을 더 잘 향유할 수 있습니다. 친구들과 함께 그리스도를 향유하는 것은 너무나 달콤합니다. 우리는 홀로 그리스도를 먹을 수 있습니다. 우리는 홀로 그리스도와 교제하는 것의 달콤함을 압니다. 그러나 우리는 그 축복을 다른 그리스도인들과 더불어 나누는 것을 더 좋아합니다. 나는 하늘의 도성을 향해 나아가는 순례여행 길을 혼자 가고 싶지 않습니다.

나는 '크리스티아나'와 '긍휼' 씨(Mr. Mercy)와 '담대' 씨(Mr. Greatheart)와 모든 작은 자들과 다른 모든 순례여행 가족들과 함께 여행하기를 훨씬 더 좋아합니다(Christiana, Mercy, Greatheart 등은 존 번연의 천로역정에 나오는 사람들의 이름임― 역주). 그들은 서로 즐겁게 이야기하면서 여행합니다. 그리고 거인들을 만날 때, 어떤 사람이 낙망해 있으면 다른 사람들이 격려하며 힘을 북돋아줍니다. 항상 목발을 짚고 다니는 '머뭇거림' 씨(Mr. Ready-to-Halt)와 같은 연약한 사람들에게 그것은 얼마나 좋은 일입니까? 또 가련한 '작은 믿음' 씨(Mr. Little-Faith)와 '낙망' 씨(Mr. Despondency)와 '큰 두려움' 양(Miss Much-Afraid) 같은 사람들에게 그와 같은 좋은 동료들이 있다는 것은 얼마나 좋은 일입니까? 만일 그들이 하늘의 도성을 향해 나아가는 모든 길을 각자 뿔뿔이 간다면, 그것은 얼마나 지루한 여행이 되겠습니까? 그렇지만 선한 무리와 함께 간다면, 그들은 훨씬 더 즐겁게 여행하게 될 것입니다. 거인 '절망'(Despair)의 머리가 잘리고 '머뭇거림' 씨가 목발 없이 춤출 때, 그들은 얼마나 크게 기뻐하며 환호했습니까? 기독교 공동체의 거룩한 교제로부터 흘러나오는 기쁨은 얼마나 풍성한 기쁨입니까? 이와 같이 유월절 만찬을 혼자가 아니라 여러 사람이 함께 먹는 것은 너무나 좋은 일입니다. 또 그리스도를 즐거워하는 다른 무리들과 함께 그리스도 안에서 즐거워하는 것은 너무나 멋진 일입니다.

우리가 함께 그리스도를 받아들여야 할 첫 번째 사람들은 우리 자신의 가족입니다. 나의 형제여, 당신의 가족들은 어떻습니까? 그들은 모두 회심했습니까? 그들은 모두 구원받았습니까? 그렇지 않다면, 그들을 유월절 만찬에 데려와 달라고 주님께 기도하십시오. 여러분의 가족들 가운데 여기에 나오지 않은 사람들이 있습니까? 속히 가서 그들을 이곳으로 데려오십시오. 그런가 하면 뒷자리에서 팔짱을 끼고 구경하는 사람들도 있습니다. 천국에는 어떤 구경꾼도 없을 것이라는 사실을 잊지 마십시오. 의인과 악인을 나누는 마지막 날, 우리가 사랑하는 자들로부터 영원히 분리되는 것은 참으로 두려운 일이 될 것입니다. 만일 우리 모두가 천국에서 만난다면, 다시 말해서 온 가족이 나누어지지 않은 채 천국에서 만난다면, 그곳에서 우리의 기쁨은 얼마나 크겠습니까?

그럼에도 불구하고 유대인들에게 있어 자기 가족들과 함께 유월절 만찬을 먹는 것이 가장 큰 기쁨은 아니었습니다. 왜냐하면 하나님의 **택함받은** 백성 전체가 한마음으로 유월절 만찬을 먹는 더 큰 기쁨이 있었기 때문입니다. 그들은 유월절을 지키는데 있어 하나였습니다. 이와 같이 모든 하나님의 백성이 그리스도 예수 안에서 하나입니다. 나는 모든 성도들과 더불어 교제하는 것을 생각하기를 좋아합니다. 나는 여러 측면에서 나와 다른 사람들과 교제하는 것을 반대하지 않습니다. 나는 제한될 수 없는 '성도들의 교제'가 있다고 생각합니다. 설령 여러분과 내 안에 하나님의 생명이 있다 하더라도, 여러분도 어떤 측면에서 오류가 있을 수 있고 나도 어떤 측면에서 오류가 있을 수 있습니다. 그럼에도 불구하고 우리 안에 있는 동일한 생명은 우리로 하여금 예수 그리스도와 더불어 함께 교제하도록 만들 것입니다. 여러분이 그리스도의 모든 명령에 순종하지 않음으로써 내가 "나는 당신들과 교제하지 않을 것이요"라고 말한다고 상상해 보십시오. 그렇지만 만일 여러분이 그리스도의 몸 안에 있다면, 나는 여러분과 교제하지 않을 수 없습니다. 교제는 몸에 있어 '맥박이 뛰는 것'과 같습니다. 내가 나의 손가락을 잘라내지 않는 한 나는 나의 손가락과 교제하지 않을 수 없습니다. 나의 손가락이 매우 더러울는지 모릅니다. 그래서 내가 빨간색 테이프를 두르면서 "내 몸의 나머지 지체들과 교제하지 못하도록 내가 너를 잘라낼 거야"라고 말할는지 모릅니다. 그러나 아무 소용없습니다. 몸이 살아 있는 한 그리고 손가락이 살아 있는 한, 거기에는 교제가 있을 수밖에 없습니다. 생명의 피는 계속해서 손가락으로 흘러들어갈 것입니다. 이와 같이 사랑하는 형제들이여, 우리에게는 우리가 하나님의 자녀들이라고 믿는 많은 성도들이 있습니다. 그렇지만 의심의 여지 없이 그들에게 실수와 허물과 잘못이 있습니다. 실수와 허물과 잘못이 없는 사람이 도대체 어디에 있단 말입니까? 그러나 그들 안에 하나님의 생명이 있다면, 거기에 모든 규례와 규칙을 초월하는 교제가 있습니다. 그것은 교회의 머리이신 그리스도 안에서의 생명의 교제입니다. 그러한 교제가 모든 지체들을 통해 마치 맥박이 뛰듯이 고동칩니다. 나는 여러분 모두 오늘 밤 교제의 식탁에 나아오기를 바랍니다. 그래서 하늘과 땅에 있는 모든 구속받은 자들과 더불어 교제를 즐기기를 바랍니다. 그렇습니다. 그리고 오래 전에 세상을 떠난 자들과 더불어, 그리고 심지어 아직 태어나지 않는 자들, 그러나 때가 되면 우리 주님을 알게 될 자들과 더불어 믿음으로 교제를 즐기기를 바랍니다.

우리 가운데 많은 사람들은 그리스도의 백성들과 더불어 교제하는 것뿐만 아니라 그리스도와 더불어 교제하는 것이 무엇인지 압니다. 개인들로서 그리고 예배하는 회중으로서, 우리는 종종 우리 주님과의 교제의 달콤함을 경험했습니다. 때로, 성찬의 식탁에서 주님은 우리 가운데 십자가에 달린 자로서 분명하게 나타났습니다. 때로, 밤중의 침상에서 그는 우리와 더불어 말씀하셨습니다. 그의 임재의 넘치는 기쁨을 잃어버리지 않기 위해, 종종 나는 침상에 앉아 잠들지 않으려고 애쓰기도 했습니다. 때로, 나는 아침에 침상에서 일어나기를 두려워하기도 했습니다. 혹시라도 아래층으로 내려가면서 그와의 교제의 달콤함이 깨어질까 염려하여 말입니다. 우리 주 예수는 그의 백성들과 너무나 가까이 계십니다. 그리하여 우리는 때로 그와의 황홀하면서도 몰입적인 교제에 빠지기도 합니다. 그리고 우리는 그것을 영원한 생명이라고 부를 수 있습니다. 따라서 우리는 이렇게 노래합니다.

> "나는 하나님의 산에 서도다,
> 내 영혼에 햇빛과 함께.
> 나는 골짜기 아래서 비바람 치는 소리와
> 우레가 치는 소리를 듣도다.
>
> 그러나 나는 나의 하나님과 함께 평온하도다,
> 이러한 영광스러운 하늘 아래서.
> 내가 서 있는 자리까지는
> 비바람과 우레가 올라올 수 없도다.
>
> 나의 하나님이여, 당신을 발견하고
> 당신의 얼굴을 보고, 당신의 목소리를 듣고,
> 당신의 모든 사랑을 아는 것,

오! 이것은 생명이며, 오! 이것은 기쁨이로다.”

하나님께서 우리에게 우리 주 예수 그리스도를 위하여 더 복된 교제를 허락하시기를 기원합니다. 아멘.

제
4
장

—

은혜로운 제안

—

"여호와께서 주마 하신 곳으로 우리가 행진하나니 우리와
동행하자 그리하면 선대하리라." — 민 10:29

"우리와 동행하자 그리하면 선대하리라" — 이러한 옛 말씀은 너무도 달콤
하고 강력하게 우리의 마음을 잡아끕니다. 그 선율은 마치 친밀한 멜로디처럼
우리 귀에 울리며, 그 언어는 믿음과 사랑과 거룩한 소망으로 충만합니다. 아무
리 세월이 흐른다 하더라도 그러한 말씀이 가진 풍성한 힘은 조금도 줄어들지
않습니다. 이와 같은 호밥의 이야기를 읽을 때, 우리는 율법이 "장차 올 좋은 일
의 그림자"라는 바울 사도의 선언을 기억하지 않을 수 없습니다(히 10:1). 율법은
실로 교훈으로 가득 찬 그림자였습니다. 여기의 경우 그 그림자는 실상과 매우
유사하며, 그 상징은 실체와 너무나 비슷합니다. 여기에서 우리는 거의 기독교
회를 볼 수 있을 정도입니다. 지금 호밥은 교회에 함께 연합하자고 초청받고 있
는 것입니다. 나아가 우리는 여기에서 그가 기대할 수 있었던 축복을 볼 수 있습
니다. "우리와 동행하자 그리하면 선대하리라"는 마치 기독교 목사의 입술로부
터 나온 말과 너무도 유사합니다. 우리는 본문의 말씀을 오늘날 우리의 상황에
적용하는데 조금의 주저함도 느끼지 않습니다. 본문은 오늘날 우리가 사용함에
있어서도 너무나 적합한 말입니다.

광야의 이스라엘 백성은 그리스도의 교회의 모형이었습니다. 본문의 초청
은 기독교회의 교제 안으로 들어오라는 초청과 하등 다를 것이 없습니다. 이와

관련하여 오늘 밤 우리는 여러분과 더불어 다음과 같은 네 가지 주제를 다루고자 합니다. 첫째로, 광야의 이스라엘로 상징된 참된 교회의 특징들. 둘째로, 사람들에게 동행하자고 초청하는 교회의 의무. 셋째로, 교회가 제시할 수 있는 약속과 그러한 초청에 진심으로 응답하는 자들에게 주어지는 혜택. 넷째로, 그러한 약속이 참된 것이 되도록 만드는 일에 관심을 기울여야 하는 그리스도인들의 책임.

1. 첫째로, 이스라엘로 상징된 참된 교회의 특징들은 무엇입니까?

이러한 질문과 관련하여 여러 가지 사소한 특징들을 제시할 수 있지만, 그러나 그것은 불필요한 일이 될 것입니다. 이 시간 나는 여러분에게 간단하면서도 개략적인 개요를 제시하고자 합니다. 광야의 백성들은 구속받은 백성들이었습니다. 그들은 피로 말미암아 구속받았으며, 또한 권능으로 말미암아 구속받았습니다. 유월절 어린 양의 피가 그들의 문 인방과 좌우 설주에 뿌려짐으로써, 애굽의 장자들이 죽임을 당할 때 그들은 안전했습니다. 이와 같이 그들은 애굽 땅 전체에 두려운 재앙이 임하는 동안 피로 말미암아 구속받았습니다. 그리고 마침내 그들을 위협하며 뒤쫓던 애굽의 모든 군대는 홍해에서 멸망을 당했습니다. 그들은 실로 권능으로 말미암아 구속받았습니다. 이와 같이 하나님의 교회의 모든 참된 지체들은 피가 뿌려졌다는 것이 무엇을 의미하는지 압니다. 그들은 뿌려진 피로 말미암아 유월절 만찬을 즐겼습니다. 하나님은 그들을 넘어가셨습니다. 하나님은 긍휼 가운데 그들을 그냥 지나가셨습니다. 어린 양의 인격 위에 공의가 시행됨으로써, 그들은 그러한 공의를 피하게 되었습니다. 이와 같이 그들은 피로 말미암아 구속받았습니다. 그리고 성령께서 그들의 마음 안으로 들어오셨으며, 그들로 하여금 옛 죄들을 미워하도록 만드셨습니다. 성령은 그들을 내적 타락의 권능으로부터 건져내시고, 죄의 멍에로부터 자유롭게 하셨습니다. 이와 같이 그들은 또한 권능으로 말미암아 구속받았습니다. 만일 어떤 사람이 자신이 피로 말미암아 구속받았음을 알지 못한다면, 그리고 그의 경험 속에서 성령의 권능으로 말미암아 구속받았음을 알지 못한다면, 그는 스스로를 그리스도의 교회의 한 지체로서 생각할 아무런 권리도 갖지 못합니다.

그러나 이스라엘 백성들은 광야를 지나가는 동안 아무런 안식도 발견하지 못했을 뿐만 아니라 바라지도 않았는데, 그것은 그들이 다른 나라 즉 약속의 땅 가나안으로 여행하고 있었기 때문이었습니다. 여기에 참된 하나님의 교회의 또 하나의 특징이 있습니다. 참된 하나님의 교회는 세상에 속하지 않습니다. 그리스도가 세상에 속하지 않은 것처럼 말입니다. 여기는 그들의 안식처가 아닙니다. 여기에서 그들은 영구한 도성을 갖지 못합니다. 그들은 죽음 너머를 바라봅니다. 세상의 속한 것들은 그들에게 단지 빈약한 위로밖에는 주지 못합니다. 그들의 소망과 위로는 요단 강 너머에 있습니다. 그들은 하나님이 건축자이신 도성을 바라봅니다. 사랑하는 형제들이여, 그러므로 여러분이 하나님의 교회의 한 지체인지 스스로 판단해 보십시오. 여러분이 예수 그리스도의 교회의 한 지체인지 스스로 판단해 보십시오. 만일 여러분이 정말로 그러하다면, 여러분은 지금 이 땅에서 이방인과 나그네입니다. 여러분의 순례여행의 장막이 아무리 편안하며 즐거운 곳이라 하더라도 말입니다. 여러분의 목적지는 하늘에 있는 아버지의 집입니다. 여러분은 본향을 떠난 나그네들입니다. 여러분은 때가 되면 이르게 될 안식에 아직 이르지 못했습니다. 지금까지 내가 이야기한 것들을 기초로 자신이 하나님의 교회의 한 지체인지 스스로 판단해 보십시오.

본문에 따를 때, 광야의 이스라엘은 믿음으로 미래를 향해 나아가는 백성들이었습니다. "여호와께서 주마 하신 곳으로 우리가 행진하나니"라는 말씀을 생각해 보십시오. 그들은 그곳을 알지 못했습니다. 아무도 그곳에 가보지 못했으며, 그곳에 대해 말해줄 수 없었습니다. 물론 얼마 후 몇 명의 정탐꾼들이 그곳에 갔다가 돌아왔지만, 그러나 그 땅에 대해 악평하지 않았습니까? 그러므로 그들은 더 큰 믿음을 필요로 했습니다. 만일 어떤 사람이 그들에게 "설령 젖과 꿀이 흐르는 땅이 있다 하더라도, 도대체 어떻게 우리가 그 땅을 얻을 수 있단 말인가? 그 땅의 거민들은 크고 강하도다. 그런데 도대체 어떻게 우리가 그 아름다운 땅을 얻을 것이란 말인가?"라고 말한다면, 그들의 유일한 대답은 "여호와가 그 땅을 우리에게 주시겠다고 약속하셨느니라"일 것이었습니다. 모든 참된 이스라엘 백성들은 하나님이 아브라함과 더불어 세우신 언약을 알았습니다. "내가 너와 네 후손에게 네가 거류하는 이 땅 곧 가나안 온 땅을 주어 영원한 기업이 되게 하고"(창 17:8). 그리하여 모든 참된 이스라엘 백성들은 하나님이 그들의 조상들과 맺은 언약 때문에 그 땅을 영원한 기업으로 얻게 될 것을 기대하고 있었습니다. 그러므로 그들은 그런 측면에서 믿음으로 행하고 있었습니다. 그들은 한 번도 본 적이 없는 땅을 바라보며 아직 알지 못하는 땅을 찾아 광야를 지나갔습니다. 그 땅에 대한 그들의 권리는 오직 하나님의 약속 외에 아무것도 없었습니다. 오늘날의 하나님의 백성들도 마찬가지입니다. 장래에 올 즐거움과 관련하여, 그들은 그것을 맛보지 못했습니다. 그러나 그들은 그것을 바라봅니다. 왜냐하면 하나님이 그들에게 약속하셨기 때문입니다. "기록된 바 하나님이 자기를 사랑하는 자들을 위하여 예비하신 모든 것은 눈으로 보지 못하고 귀로 듣지 못하고 사람의 마음으로 생각하지도 못하였다 함과 같으니라 오직 하나님이 성령으로 이것을 우리에게 보이셨으니"(고전 2:9, 10). 성령은 오직 우리의 믿음에다가 그것을 나타냅니다. 만일 여러분이 나에게 "당신은 천국이 있는 것을 어떻게 압니까?"라고 묻는다면, 나는 하나님의 증언에 근거하여 믿노라고 대답해야만 합니다. 그것을 보증해 주는 다른 것은 아무것도 없습니다. 그곳에 갔다가 돌아와 우리에게 하나님의 보좌 앞에서 영원한 노래를 부르는 시민들을 보았노라고 증언해 줄 사람은 없습니다. 나아가 나는 그렇게 증언해 줄 사람을 필요로 하지 않습니다. 왜냐하면 하나님의 말씀으로 충분하기 때문입니다. 일만의 천사들이나 흰옷 입은 무수한 무리의 영들의 증언보다 하나님의 말씀의 증언이 무한히 더 강력합니다. 우리는 옛 이스라엘이 그랬던 것처럼 믿음으로 말미암아 행합니다. 여러분 역시도 그와 같은 믿음으로 행하고 있습니까? 여러분은 보이지 않는 미래를 믿습니까? 보이지 않는 상급에 대한 소망이 여러분으로 하여금 현재의 보이는 죄의 상급을 대수롭지 않게 여기도록 만듭니까? 여러분은 그리스도를 위해 받는 수모를 애굽의 모든 보화보다 더 큰 보화로 여깁니까? 여러분은 그리스도의 면류관을 바라보는 믿음으로 지금 그의 십자가를 기꺼이 짊어집니까? 여러분은 그곳을 보지 못했음에도 불구하고 그곳을 믿으며, 말할 수 없는 기쁨과 충만한 영광으로 즐거워합니까?

이스라엘 백성들은 또한 현재의 상황과 관련하여 믿음으로 행했습니다. 그들은 단지 가나안을 바라보는 믿음만을 가진 것이 아니었습니다. 그들은 믿음으로 매일같이 내리는 만나를 먹었으며, 반석으로부터 흘러나오는 생수를 마셨습니다. 그들이 광야에서 하나님을 믿는 믿음 외에 다른 무엇으로 살 수 있었겠습니까? 그토록 메마르고 황량한 땅으로부터 무엇이 나올 수 있었겠습니까? 가끔 가다가 종려나무가 있고, 어쩌다가 샘물을 발견할 뿐이었습니다. 거의 대부분은 황량한 광야였습니다. 만일 하나님의 선하심이 없었다면, 그들의 길은 너무도 끔찍했을 것입니다. 그러나 하나님은 그들을 위해 그곳을 즐거운 곳으로 만드셨으며, 그들의 발걸음을 가볍고 영광스러운 것으로 만드셨습니다. 그의 영원한 긍휼과 사랑으로 인해 말입니다. 이와 같이 이 세상에서 그리스도인들은 현재의 일들과 관련하여 하나님을 믿는 믿음으로 살아야 합니다. 세상에서 필요한 것들과 관련하여, 그들은 모든 근심을 그들을 돌보시는 하나님께 맡겨야 합니다. 그러나 특별히 영적으로 필요한 모든 것들과 관련하여, 그들은 자신들 안에 은혜의 샘을 가지고 있지 않습니다. 그들의 옛 본성 어디에도 내적인 은혜의 샘은 없습니다. 그들은 자신들의 새 생명을 지탱해 줄 수 있는 모든 것을, 그들을 버리지 않겠다고 약속하신 하나님 아버지로부터 찾아야 합니다. 사랑하는 자들이여, 여러분이 지금 현재적인 믿음으로 말미암아 살고 있는지 그렇지 않은지 여러분 자신이 알 것입니다. 만일 여러분의 모든 위로가 여러분이 듣고 보고 만질 수 있는 것으로부터 말미암는다면 그리고 만일 여러분의 삶의 기쁨이 단지 이 세상의 외적인 것들일 뿐이라면, 그렇다면 여러분은 결코 하나님의 교회의 지체가 아닙니다. 여러분이 세례를 받았든 견진(堅振)을 받았든 또 여러분이 어떤 고백을 하든 또 여러분이 어떤 표적을 받았든, 여러분은 그리스도의 백성에 속하지 않으며 속할 수도 없습니다. 그러나 만일 여러분이 믿음으로 말미암아 살면, 나는 여러분이 어느 교회에 속한 지체인지 상관하지 않습니다. 만일 여러분이 매일같이 살아 계신 그러나 보이지 않는 하나님에 대한 살아 있는 믿음을 나타낸다면, 만일 여러분이 그의 섭리를 신뢰한다면, 만일 여러분이 도움을 호소하기 위해 매일같이 그리스도께 간다면, 만일 여러분이 하나님의 택함받은 자의 표지인 그러한 믿음을 가지고 있다면, 여러분은 분명 그의 백성 가운데 한 사람입니다.

이스라엘 백성들은 또한 어디를 가든 항상 원수들에 의해 둘러싸였습니다. 광야에서는 아말렉 족속이 그들을 대적했으며, 약속의 땅에 들어갔을 때는 가나안의 모든 거민들이 그들을 향해 무기를 들었습니다. 만일 여러분이 하나님의 자녀라면, 나는 여러분도 똑같을 것이라고 생각합니다. 모든 장소에 올무가 가득합니다. 모든 일들 가운데 여러분은 유혹에 노출됩니다. 여러분에게 일어나는 모든 일들 가운데 악이 역사(役事)합니다. 설령 하나님이 그 모든 것을 합력하여 선을 이루신다 하더라도 말입니다. 이 땅에서 세상은 여러분으로 하여금 하나님께 가까이 나아가도록 돕는 친구가 아닙니다. 세상의 풍조는 하늘로 향하지 않습니다. 도리어 반대쪽으로 향합니다. "보라 내가 너희를 보냄이 양을 이리 가운데로 보냄과 같도다"(마 10:16). "또 아는 것은 우리는 하나님께 속하고 온 세상은 악한 자 안에 처한 것이며"(요일 5:19). 어둠이 온 세상을 덮고 있습니다. 세상은 여러분에게 안전과 행복을 가져다주지 않습니다. 뿐만 아니라 죄로 가득한 세상은 깨달음에 빛을 가져다줄 수 없으며, 양심에 평강을 가져다줄 수 없으며, 마음에 기쁨을 가져다줄 수 없으며, 신자의 삶에 거룩함을 가져다줄 수 없습니다. 여러분은 계속해서 싸워야만 할 것입니다. 여러분은 마지막까지 싸워야 할 것이며, 마지막 순간까지 여러분의 칼집에 칼을 꽂지 못할 것입니다. 그리스도의 품안에서 안식할 때까지 말입니다. 이와 같이 여러분은 거룩한 싸움을 계속해서 싸워야 합니다.

> "당신이 하늘의 가나안에서
> 피로 사신 무리와 함께
> 우렁찬 승리의 노래를 부를 때까지
> 아말렉과의 싸움은 그치지 아니할 것이라."

이와 같이 그리스도의 교회의 몇 가지 표지들이 있습니다. 그와 같은 교회의 일부가 우리 교회 안에서 예배드리고 있습니다. 그리고 그러한 교회의 또 다른 일부들이 우리 주님의 제자들이 모이는 그리고 하늘의 비밀이 선포되는 모든 교회들에서 발견될 것입니다.

2. 둘째로, 사람들에게 동행하자고 초청하는 것은 기독교회의 의무입니다.

"우리와 동행하자 그리하면 선대하리라." 이것은 어떤 교회가 자신들에게 적합한 목사를 초청하는 말이 아닙니까? 나는 이 말이 보통사람들에 대해서보다 목사에게 대해 더 잘 적용된다고 느낍니다. 특별히 호밥에 대한 모세의 다음과 같은 말을 감안할 때 말입니다. "당신은 우리가 광야에서 어떻게 진 칠지를 아나니 우리의 눈이 되리이다"(31절). 모세는 이스라엘에게 큰 도움이 될 유능한 협력자를 초청하고 있었습니다. 이와 같이 교회는 자신들을 인도할 목자를 찾기를 기대해야 합니다. 왜냐하면 그들이 광야에서 어떻게 진 칠지를 그가 알기 때문입니다. 그는 어떤 측면에서 그들에게 눈과 같은 존재가 될 것이었습니다. 그러한 초청은 "우리와 동행하자 그리하면 우리가 당신으로부터 유익을 얻을 수 있을 것이라"와 같은 방식뿐만 아니라 또한 "우리와 동행하자 그리하면 우리가 당신을 선대할 것이라. 우리가 기도로 당신의 팔을 붙잡아주며, 온갖 수고를 아끼지 않고 당신을 도울 것이라. 우리가 당신의 인도로 말미암아 똑바로 나아갈 것이라. 우리가 결코 당신을 실망시키지도 않을 것이요 배반하지도 않을 것이라. 우리가 끝까지 당신과 함께 설 수 있을 것이라"와 같은 방식으로 이루어졌습니다. 만일 여러분이 기꺼이 유익을 베풀지 않는다면, 여러분은 많은 유익을 얻지 못할 것입니다. 설교자의 마음에 가장 가까이 있는 자들이 분명 그 설교자의 사역 속에서 가장 많은 영적 유익을 얻을 것입니다. 나는 지금 나 자신에 대해서나 혹은 나 자신을 위해서 말하고 있는 것이 아닙니다. 나는 이 시간 특별히 다른 교회의 지체들에게 말하고 있습니다. 간절히 당부하노니, 여러분의 목회자를 사랑하십시오! 모든 사람들 앞에서 그들의 위치를 굳게 세워 주십시오. 항상 그들의 옆에 있어 주십시오. 주일 저녁 예배나 혹은 여타 모임에 불참함으로 그들의 마음을 서운하게 만들지 마십시오. "우리와 동행하자 그리하면 선대하리라"라고 말하면서, 주 안에서 여러분을 인도하도록 여러분 자신이 선택한 자들에게 감사하는 마음을 가지십시오.

뿐만 아니라 교회는 합당한 사람들을 개별적인 지체들로서 함께 동행하자고 초청해야 합니다. 여러분과 함께 언약에 연합함이 없이 마치 방문자처럼 그냥 들어왔다가 나가고 마는 사람들이 있지 않습니까? 그들은 단지 청중으로서만 여러분과 만날 뿐입니다. 그들은 형제로서 함께 앉아 주의 식탁에서 여러분과 함께 만찬을 즐기지 않습니다. 본문의 제안은 바로 그런 사람들에게 제시될 수 있습니다. 물론 그들 편에서의 조건뿐만 아니라 우리 편에서의 조건이 완전하게 이해될 필요가 있습니다. 우리는 먼저 '보이지 않는 교회'에 연합하지 않은 어떤 사람을 '보이는 교회'에 연합하자고 감히 초청하지 않습니다. 우리는 만일 어떤 사람이 먼저 성령으로 세례 받지 않았다면 그는 물로 세례 받을 권리를 갖지 못한다고 믿습니다. 또 우리는 먼저 영적인 의미에서 인자의 살을 먹고 피를 마신 사람만이 주의 식탁에 참여할 권리를 갖는다고 믿습니다. 우리는 상징에 참여하기에 앞서 먼저 그것의 실체를 가져야만 합니다. 이와 같이 우리는 신앙고백을 통해 보이는 교회에 연합할 권리를 갖기 전에 먼저 그리스도의 살아 있는 교회에 생명으로 연합되어야만 합니다. 그러므로 어떤 하나님의 자녀가 회심하지 않은 사람에게 "이리 와서 스스로를 주의 교회에 연합시키라"라고 말하는 것은 죄입니다. 결코 그럴 수 없습니다. 사랑하는 자여, 당신은 먼저 그리스도와 함께하는 자가 되어야만 합니다. 당신은 먼저 하나님과 화해해야 합니다. 당신은 먼저 그리스도의 보혈을 믿는 자가 되어야만 합니다. 그러고 나서 비로소 당신은 하나님의 교회에 들어올 수 있습니다. 그러나 그 때까지는 당신은 이 일에 있어 아무런 분깃도 갖지 못합니다. 왜냐하면 당신은 여전히 죄의 멍에 아래 있기 때문입니다. 모세는 이와 같이 아무 사람에게나 "우리와 동행하자"라고 말하면서 무차별적으로 초청하지 않았습니다. 도리어 그는 자기가 잘 아는 호밥을 초청했습니다. 의심의 여지 없이 모세는 호밥이 함께 동행하기에 합당한 자임을 잘 알았습니다. 그의 아버지는 지극히 높은 하나님의 종이며 미디안의 제사장인 르우엘이 아니었습니까? 호밥 역시도 이스라엘의 하나님 여호와를 경외하는 자가 아니었습니까? 모세는 사실상 이렇게 말하고 있는 것입니다. "우리와 동행하자 당신은 우리의 일가친척이라. 같은 깃털을 가진 새들이 함께 모이는 법 아닌가? 우리와 동행하자 그리하면 선대하리라. 당신은 우리 형제들 가운데 하나라. 우리가 당신을 환영하노라. 아무도 당신이 오는 것을 방해하지 못할 것이라. 우리와 동행하자 그리하면 선대하리라."

우리는 종종 다음과 같은 말을 듣습니다. "나는 나의 자녀가 회심했다고 믿습니다. 그렇지만 내가 아이에게 강요했다고 생각하지는 마세요. 왜냐하면 나는 한 번도 아이에게 종교에 대해 말한 적이 없기 때문입니다." 이와 같이 말할 수 있는 아버지에 대해, 나는 진심으로 부끄러운 마음을 느낍니다. 그리고 나는 그 역시도 스스로에 대해 나와 똑같은 마음을 느끼기를 바랍니다. 그렇지만 어느 누구도 다른 사람에게 공개적으로 신앙 고백하도록 강요해서는 안 된다는 것에는, 나는 전적으로 동의합니다. 성령의 열매로 말미암아 스스로 확신할 수 있게 될 때까지 말입니다. 그렇지만 한 사람의 그리스도인으로서 기독교 복음에 대해 아무 말도 하지 않고 입을 굳게 닫는 것은 결코 자랑거리가 될 수 없습니다. 기독교회와 연합하는 것은 모든 하나님의 자녀들의 의무입니다. 그리고 다른 사람들로 하여금 주님이 기뻐하시는 일을 행하도록 가르치는 것 역시 분명 우리의 의무의 일부입니다. 그러므로 여호와를 경외하며 섬기라고 말하는 것을 주저하지 마십시오. "당신이 보이는 교회의 울타리 밖에 머물러 있는 것은 무슨 까닭인가? 우리와 동행하자 그리하면 선대하리라." 모세가 호밥에게 말한 것은 바로 이것이었습니다.

"우리와 동행하자"는 말은 얼마나 부드럽고 따뜻한 말입니까? 간곡하며 설득력 있게 그렇게 말합시다. 사람들에게 우리와 동행하는 것이 그들의 의무이며 동시에 특권임을 깨닫게 하십시오. 모세가 지금 명령하지 않고 설득하는 것을 주목하십시오. 그는 지금 단순히 제안하거나 혹은 공식적인 초청만 하고 있는 것이 아닙니다. 동시에 그는 호밥에게 약속을 하고 있습니다. 모세는 상대방의 관심을 끄는 방식으로 말합니다. "그리하면 선대하리라." 본문을 주의 깊게 살피며, 잘 연구하십시오. 그리고 여러분의 할 말을 미리 준비하십시오. 여러분 자신의 경험으로부터 상대방의 마음을 어떻게 잡아끌 수 있을지 찾으십시오. 필요할 때는 논증과 추론을 사용하십시오. 우리와 동행하면 어떤 축복이 기다리고 있는지 설명하십시오. 그리하여 상대방을 설득하고자 노력하십시오.

전심으로 그렇게 하십시오. 모세가 얼마나 뜨거운 마음으로 그렇게 말했는지 주목해 보십시오. "우리와 동행하자. 나의 형제여, 당신의 손을 내게 달라. 우리와 동행하자 그리하면 선대하리라." 여기에 "만일"이라든지 혹은 "그러면"이라든지 혹은 "그러나" 따위의 말은 나타나지 않습니다. 모세는 "우리와 동행하자"라고 말하면서, "아마도 당신은 환영을 받게 될 것이라"라고 말하지 않았습니다. 그리스도 안에서 형제라고 믿는 자들을 이와 같은 뜨거운 사랑의 마음으로 초청하십시오.

만일 한 번으로 충분하지 않다면, 반복해서 말하십시오. 여기의 경우 호밥은 모세의 제안을 거절하면서, 자신의 고향과 친족에게로 가겠다고 말했습니다(30절). 그러자 모세는 다시금 간곡하게 말합니다. "청하건대 우리를 떠나지 마소서"(31절). 모세는 얼마나 간절한 마음으로 말하고 있습니까? 그는 결코 다음으로 미루지 않았습니다. 처음 것이 초청이었다면, 두 번째 것은 거의 애원이었습니다. "청하건대 우리를 떠나지 마소서." 모세는 처음의 초청을 다시 반복하지만, 그러나 더 나은 방식으로 그렇게 합니다. "우리와 동행하면 여호와께서 우리에게 복을 내리시는 대로 우리도 당신에게 행하리이다"(32절).

그러므로 나는 여기에 앉아 있는 그리스도인 형제 자매들에게 간곡히 말합니다. 여러분 주변에 여러분이 생각하기에 하나님을 경외하는 백성들이 있지 않습니까? 그들을 찾으십시오. 그리고 그들에게 여기의 말을 제시하십시오. 그들은 지금 많은 영적 유익들을 잃고 있습니다. 그들은 지금 올바른 상태에 있지 않습니다. 하나님을 경외하는 자가 보이는 교회의 지체로 들어오는 것이 올바른 상태 아닙니까? 만일 한 사람의 그리스도인에게 있어 교회의 지체가 되지 않는 것이 정당한 일이라면, 그것은 모든 그리스도인들에게 그러할 것입니다. 그렇다면 보이는 교회 따위는 필요하지 않을 것입니다. 그리고 교회의 각종 규례들 역시 필요하지 않을 것입니다. 한 사람에게 의무가 아닌 것은 다른 사람들에게도 역시 의무가 아닙니다. 마찬가지로 한 사람에게 의무인 것은 다른 사람들에게도 역시 의무입니다. 왜냐하면 우리 모두 하나님 앞에 동일하게 서 있기 때문입니다. 만일 내가 하나님의 백성들과 연합하기를 거부하는 것이 정당한 일이라면, 여러분 모두도 똑같이 그렇게 할 수 있습니다. 마찬가지로 여러분이 그렇게 할 수 있다면, 나도 그렇게 할 수 있습니다. 그렇다면 나에게 복음을 전할 의무는 더 이상 없을 것입니다. 만일 여러분 가운데 어떤 사람이 자신의 믿음을 고백할 의무가 없다면 말입니다. 만일 여러분이 그리스도인이라면, 나로 하여금 주님을 위해 말하도록 이끄는 동일한 법칙이 여러분으로 하여금 여러분의 방식으로 여러분의 주님을 위해 말하도록 이끌 것입니다. 또 만일 내가 주님을 위해 말하지 않고 잠잠히 있었던 것에 대해 핑계할 수 없다면, 여러분 역시도 하나님의 백성들과 연합하기를 거부한 것에 대해 똑같이 핑계할 수 없을 것입니다. 다음과 같은 주님의 말씀을 기억하십시오. "누구든지 사람 앞에서 나를 시인하면 나도 하늘에 계신 내 아버지 앞에서 그를 시인할 것이요 누구든지 사람 앞에서 나를 부인하면 나도 하늘에 계신 내 아버지 앞에서 그를 부인하리라"(마 10:32, 33).

　　나아가 어떤 의미에서 그리스도인들은 자신들이 만나는 모든 사람들에게 이러한 초청의 말을 할 수 있습니다. "우리와 동행하자 그리하면 선대하리라." 이러한 말은 "와서 우리 교회에 연합하라"는 것도 아니고, "와서 지체가 되라"는 것도 아니고, "와서 믿음을 고백하라"는 것도 아닙니다. 여러분은 여러분이 볼 때 성령의 열매인 사람들 외에는 어느 누구에게도 그와 같이 말해서는 안 됩니다. 그러나 여러분은 모든 사람들에게 다음과 같이 말할 수 있고 또 말해야만 합니다. "악을 행하는 자들로부터 떠나라. 너희의 제비를 하나님의 백성들과 함께하는 것에 던지라. 세상을 떠나 더 나은 나라로 순례여행을 떠나라. 헛된 것들을 좇기를 그치라. 영생을 붙잡으라. 너희의 모든 생각을 무익한 염려로 허비하지 말라. 영원한 것들을 생각하라. 어째서 너희는 악을 행하며 그릇된 길로 가는 무리들과 동행할 것이란 말인가? 어째서 너희는 하나님의 원수로 남아 있을 것이란 말인가? 어째서 너희는 하나님과 화해하지 않은 상태로 남아 있을 것이란 말인가? 하나님의 은혜로 우리는 우리의 제비를 하나님과 함께하는 것에 던졌도다. 우리는 그의 영광을 따라 살기를 바라노라. 우리의 야망은 그를 섬기는 것이니라. 할 수만 있으면 우리는 죄를 범하지 않으며 살고자 하노라. 왜냐하면 우리는 죄를 싫어하며 미워하기 때문이라. 할 수만 있으면 우리는 천사들처럼 허물이 없기를 바라노라. 오라 너희의 제비를 우리와 함께하는 것에 던지라. 그리스도를 믿으라. 죽임당한 구주를 믿으라. 너희의 영혼을 중보자이신 그리스도의 보호 아래 두라. 하늘의 복된 집에 이를 때까지 이 땅에서 거룩한 삶을 추구하라." "우리와 동행하자 그리하면 선대하리라."

이와 같이 본문의 초청은 엄격하게 말할 때 일차적으로 사역자에게 가장 잘 적용되는 것으로 보입니다. 그리고 다음으로, 지금까지 그의 제비를 주의 제자들과 함께하는 것에 던지지 않은 하나님의 자녀들에게 적용될 수 있으며, 마지막으로 어떤 의미에서 복음의 초청 아래 나아오는 모든 사람들에게 적용될 수 있습니다. "우리와 동행하자 그리하면 선대하리라."

3. 셋째로, 우리가 사용할 수 있는 가장 강력한 유인(誘引)은 그리스도의 교회와 연합하는 자에게는 큰 유익이 따를 것이라는 것입니다.

경험으로부터 말할 때, 나는 분명히 그러함을 확실하게 말할 수 있습니다. 또 나는 똑같은 증언을 해줄 수많은 증인들을 부를 수 있습니다. 하나님의 백성들과 연합하는 것이 자신들에게 큰 유익을 주었다고 말입니다. 하나님의 교회가 그렇게 말할 수 있는 것은 첫째로, 자신과 연합하는 자들에게 선한 동료들을 제공해 줄 수 있기 때문입니다. 하나님의 교회 안에는 "땅에 있는 존귀한 자들"이라고 불리는 사람들이 있습니다(시 16:3). 다윗은 그의 모든 즐거움이 그들에게 있다고 말합니다. 하나님의 교회 안에는 겸손하고 온유하며 겸비한 사람들이 있습니다. 물론 하나님의 교회 안에 유다와 같은 배신자도 있을 것입니다. 그러나 그 안에 사랑의 사도 요한과 담대한 베드로와 행함을 강조하는 야고보와 많은 교육을 받은 바울 같은 사람들이 훨씬 더 많습니다. 뿐만 아니라 거기에는 시온의 보배로운 아들들과 예루살렘의 아리따운 딸들이 많이 있습니다. 그들에 대해 나는 바울이 브리스길라와 아굴라에 대해 확언했던 것처럼 "그들이 그리스도 예수 안에서 나의 돕는 자"임을 확언할 수 있습니다. 진실로 우리는 뜨거운 마음으로 와츠 박사(Dr. Watts)와 함께 이렇게 노래할 수 있습니다.

　　　　"여기에 나의 최고의 친구들과 친척들이 살고 있도다.
　　　　여기에서 나의 구주 하나님이 통치하시도다."

　선한 동료들과 함께하는 것은 얼마나 좋은 일입니까! 하나님의 자녀들은 아직 자신들과 연합하지 않은 형제들에게 "우리와 동행하자 그리하면 선대하리라"라고 말할 수 있습니다. 왜냐하면 그들을 "성도의 교제"로 이끌 수 있기 때문입니다. 와서, 그 이름이 하늘에 기록된 그리고 그들의 믿음의 역사와 소망의 인내와 사랑의 수고가 온 세상에 전파된 장자(長子)들의 총회와 연합하십시오.

　또 하나님의 교회는 "우리와 동행하자 그리하면 선한 교훈을 받을 것이라"라고 말해야만 합니다. 왜냐하면 참된 교회에서는 은혜의 교훈들이 전파되기 때문입니다. 거기에서는 은혜의 언약이 선포되며, 그리스도의 인격이 찬미되며, 성령의 역사가 높임을 받습니다. 진실로 하나님의 백성들의 영적 양식을 구성하는 모든 보배로운 것들이 매 주일마다 식탁 위에 올려지고 나누어집니다. 거기에서 선한 청지기들이 새 것과 옛 것을 내옵니다. 교회 가운데서 선한 목자는 우리를 푸른 초장에 누이시며 쉴 만한 물가로 인도하십니다. 우리와 동행합시다. 그러면 여러분은 선한 교훈을 받을 것입니다. 여러분은 여러분을 가장 거룩한 믿음으로 굳게 세워 줄 영광스러운 진리들을 듣게 될 것입니다.

　또 우리와 동행할 때 여러분은 최고의 의미에서 유익을 얻게 될 것인데, 그것은 여러분이 우리 안에서 하나님의 선한 임재를 느낄 것이기 때문입니다. 두세 사람이 그리스도의 이름으로 모인 곳에 그가 계십니다. 하나님의 백성들의 거대한 무리 가운데 거룩한 찬송과 뜨거운 기도가 마치 달콤한 향기처럼 하늘로 올라갈 때, 그리고 복음이 마치 하나님께 이르는 그리스도의 향긋한 냄새처럼 전파될 때, 거기에 하나님이 계십니다. 거기에서 아버지는 돌아온 탕자들을 맞이하고 계시며, 양자(養子)의 영을 느끼는 자기의 사랑하는 자녀들을 영접하고 계십니다. 거기에서 아들은 그들에게 자신을 나타내고 계십니다. 세상에게는 감추시는 반면 말입니다. 거기에서 성령은 그들 가운데 역사하셔서 그들로 하여금 하나님의 기뻐하시는 일을 의지(意志)하며 행하도록 만드십니다. 그리고 위로자와 대언자로서 그들의 연약함을 도우십니다. 나의 사랑하는 형제들이여, 여러분은 하나님의 백성들의 무리 가운데 종종 하나님의 임재를 느끼지 않았습니까? 그러므로 여러분은 서로 교제하며 연합하는 가운데 받은 수많은 위로들을 생각하면서 사람들에게 "우리와 동행하자 그리하면 선대하리라"라고 말할 수 있지 않습니까?

우리와 동행할 때, 또한 여러분은 교회의 모든 선한 직분들에 참여하게 될 것입니다. 만일 여러분이 여러분의 제비를 우리와 함께하는 것에다가 던진다면, 여러분은 우리의 기도 안에서 여러분의 분깃을 갖게 될 것입니다. 만일 우리 가운데 기도가 있다면 말입니다. 우리는 여러분이 고난과 시련과 아픔 가운데 있을 때 여러분을 위해 기도할 것입니다. 어떤 형제가 괴로움 가운데 기도의 입술이 닫혀 있는 여러분을 위해 기도할 때, 그것은 분명 여러분에게 큰 도움이 될 것입니다. 우리와 동행합시다. 왜냐하면 참된 하나님의 교회 안에는 뜨거운 사랑과 긍휼이 있기 때문입니다. 참된 신자들은 "우는 자들과 함께 울고 기뻐하는 자들과 함께 기뻐하라"고 가르침을 받습니다. 그들은 서로 지체로서 예수 그리스도와 더불어 동일한 생명에 함께 참여한 자들이 되었음을 느낍니다. 또 만일 여러분이 성찬에 참여하고 주님이 떡을 떼는 가운데 스스로를 나타낸다면, 여러분은 결코 그러한 거룩한 식탁으로부터 배제되지 않을 것입니다. 우리와 동행합시다. 우리가 그를 볼 때, 여러분 역시도 그를 보게 될 것입니다. 우리와 동행합시다. 만일 우리의 교제가 그리스도와 함께하는 것이라면, 여러분은 그 안에서 분깃을 갖게 될 것입니다. 또 만일 우리가 서로 달콤하며 즐거운 대화를 나눈다면, 여러분 역시도 선한 말을 하게 될 것이며 우리는 여러분의 말을 들으며 즐거워하게 될 것입니다. 우리는 여러분을 순전한 형제의 교제로 초청합니다. 단지 이름뿐인 교제가 아니라 행함과 진실함이 있는 교제로 말입니다. "우리와 동행하자 그리하면 선대하리라."

그러나 호밥이 얻게 될 유익은 단지 노중(路中)에서 뿐만이 아니었습니다. 그는 분명 노중(路中)에서 많은 유익을 얻었습니다. 왜냐하면 전에 한 번도 보지 못했던 희생제사를 보았기 때문입니다. 유다의 장막들 가운데 행하는 동안 그는 하나님이 거기에 놀랍게 임재하신다는 사실을 느꼈습니다. 그것은 미디안의 장막들 가운데서는 결코 느껴보지 못했던 것이었습니다. 그는 거기에서 매일 아침 구름 기둥을 보았으며, 매일 밤 불 기둥을 보았습니다. 그는 은 나팔 소리를 들었습니다. 그는 거룩한 깃발들이 나부끼는 것과 하나님의 택함받은 무리가 행진하는 것을 보았습니다. 그러므로 그는 이렇게 느낄 수밖에 없었습니다. "이곳은 전에 밟아보았던 어떤 곳보다도 더 놀라운 곳이야. 이곳에서는 매일같이 만나가 내리고 이적이 끊이지 않지 않는가? 모든 곳에 전능자의 표적이 가득하지 않은가? 지금까지 살아오면서 이토록 놀라운 사랑과 지혜는 한 번도 본 적이 없어." 이와 같이 하나님의 교회 안에는 거룩한 자의 발자국이 있습니다. 거기에는 자기 백성들의 고난의 풀무 속에 함께 거하시는 그리스도의 최고의 임재의 표적들이 있습니다. 세상은 결코 그와 같은 하나님의 최고의 임재의 표적들을 보지 못합니다. 여러분은 노중(路中)에 유익을 얻을 것입니다. 그러나 호밥이 얻게 될 주된 유익은 그가 하나님의 백성들과 함께 약속의 땅으로 들어갈 것이라는 사실입니다. 우리는 성경에서 훗날 그 땅에서 살고 있는 그의 백성들, 즉 겐 족속의 이야기를 읽게 됩니다. 그들은 이스라엘과 더불어 동일한 언약의 참여자가 된 것으로 보입니다. 그들은 이스라엘과 더불어 한 무리가 된 것으로 보입니다. 이와 같이 여러분이 그리스도의 몸의 일부가 됨을 통해 보이지 않는 교회와 연합되는 것으로부터 얻게 되는 주된 축복은 미래를 위해 유보되어 있습니다.

> "거룩한 산에 거할 자들에 대해
> 하나님이 마지막 결산을 하실 때,
> 거기에 거하기에 합당한 자로 나타나는 것은
> 얼마나 영광스러운 일일 것인가?"

　영원한 기업이 주어지는 날 이스라엘과 더불어 분깃을 함께하지 못할 자들에게 화가 있도다! 그 날 아말렉 족속이나 가나안 족속이나 약속의 외인들 가운데 발견될 자들에게 화가 있도다! 그러나 하나님을 자기 하나님으로 가진 모든 자들은 얼마나 복될 것입니까? 왜냐하면 영원한 행복이 그들의 분깃일 것이기 때문입니다. 그러므로 우리와 동행합시다. 그러면 여러분은 하나님이 행하신 선한 일에 참여하는 자가 될 것입니다.

　4. 넷째로, 그리스도의 교회에 속하는 우리 모두는
이러한 약속이 참된 것이 되도록 하는 일에 마음을 쏟아야 합니다.
　나는 오랫동안 보이는 교회와 연합되어 있었던 많은 형제들에게 묻고 싶습니다. 여러분은 그리스도의 친구들과 더불어 맺은 이러한 무언의 약속을 이행했습니까? 여러분은 그들을 선대하겠다고 약속했습니다. 여러분은 그러한 약속을 이행했습니까? 우리 가운데 대부분이 우리가 할 수 있는 분량만큼 혹은 우리가 해야만 하는 분량만큼 충분히 그렇게 하지 못하지 않았습니까? 안타깝게도 어떤 형제들은 그러한 약속을 완전히 잊었습니다. 그들은 교회의 지체가 되었으면서도, 그들의 마음 속에 다른 사람들을 선대한다는 개념은 거의 없습니다.

"우리와 동행하자 그리하면 선대하리라." 여러분은 가난한 지체들에게 그렇게 말했습니다. 그러면 여러분은 실제로 그렇게 했습니까? 그들을 선대하며, 그들에게 유익을 베풀었습니까? 단지 말로만 "배부르게 하라 따뜻하게 하라"라고 말하지 마십시오. 다만 능력이 미치는 데까지 그들을 도우십시오. 그러면 여러분은 그리스도로부터 다음과 같은 말씀을 듣지 않게 될 것입니다. "내가 주릴 때에 너희가 먹을 것을 주지 아니하였고 목마를 때에 마시게 하지 아니하였느니라"(마 25:42). 여러분은 모든 사람들에게 자비를 베풀어야 합니다. 마치 하나님이 의로운 자와 불의한 자에게 공히 비를 내리시는 것처럼 말입니다. 그러나 하나님에게는 그 자신의 특별한 백성들이 있다는 사실을 잊지 마십시오. 하나님은 우리를 당신 자신의 특별한 백성으로 삼으셨습니다. 모든 사람에게 선을 행하되, 특별히 믿음의 집에 속한 자들에게 그렇게 합시다. 만일 여러분이 궁핍 가운데 있는 형제를 안다면, 그를 형제로 인정하십시오. 그리고 그에게 여러분의 손을 넓게 펴십시오. 이런 측면에서 그를 선대하십시오.

또한 오래 전부터 교회의 지체된 여러분은 어린 지체들에게 유익을 베풀 것을 약속했습니다. 그러면 여러분은 실제로 그렇게 했습니까? 아마도 그들 가운데 어떤 사람들은 여러분이 좋아할 만한 모습이 아닐 것입니다. 그러나 여러분의 역할은 그들을 정죄하는 것이 아니라 그들을 새롭게 변화시키는 일이라는 사실을 잊지 마십시오. 여러분은 제멋대로 자란 그들의 무성한 가지를 부드럽게 가지치기 해줄 수 있습니까? 여러분은 따뜻한 사랑의 마음으로 그들의 약한 부분을 도울 수 있습니까? 여러분은 그들의 잘못된 길을 온유한 마음으로 바로잡아 줄 수 있습니까? 그들에게 유익을 베푸십시오. 요란한 소리로 그들을 비난하며, 책망하며, 조롱하며, 헐뜯지 마십시오. 여러분 자신의 규칙으로 그들을 얽어매지 마십시오. 또 여러분 자신의 기질과 가치관으로 그들을 판단하지 마십시오. 그들을 활기차며 상쾌하게 만드십시오. 그들을 즐겁고 지혜롭게 만드십시오. 그들로 하여금 행복하며 기뻐하도록 만드십시오. 그들로 하여금 그리스도 안에서 행복하고 주 안에서 즐거워하도록 만드십시오. 그들을 선대하십시오.

그런가 하면 여러분의 동료 그리스도인들 가운데 미약한 심령을 가진 자들이 있습니다. 사람들은 그런 사람들과 이야기하는 것을 별로 좋아하지 않습니다. 그들은 여러분을 별로 즐겁게 해주지 못할 것입니다. 그들은 항상 어두운 면만 봅니다. 그들에게는 항상 괴로운 일들이 있습니다. 그들은 항상 어둡고 활기가 없습니다. 그들을 피하지 마십시오. 그들을 선대하십시오. 그들의 약한 손을 강하게 하십시오. 그들의 미약한 무릎을 굳세게 만드십시오. 미약한 심령을 가진 자들에게 "두려워하지 말고 강하고 담대하라"라고 말해 주십시오. 그들을 버리지 마십시오. 강한 여러분이 그들의 짐을 지고 그들로 하여금 기뻐하도록 도우십시오.

또 여러분의 무리 가운데 뒤로 물러나는 자들도 있을 것입니다. 이런 자들이 있는 것은 얼마나 안타까운 일입니까! 여러분의 무관심과 냉담함은 그들이 뒤로 물러나는 속도를 더욱 가속화할 것입니다. 그렇게 하지 말고 관심을 가지고 그들을 지켜보십시오. 그리하여 그들이 흔들리기 시작할 때 곧바로 붙잡아 주십시오. 너무 많이 뒤로 물러나면, 그 때는 바로잡기가 매우 어렵습니다. 불을 생각해 보십시오. 불씨 상태일 때는 쉽게 끌 수 있지만, 그러나 크게 번진 후에는 *끄기가* 너무나 어렵지 않습니까? 하나님의 교회에서, 치료보다 예방이 훨씬 더 낫습니다. 그러므로 그들에게 관심을 가지고 잘 지켜보십시오. "형제들아 사람이 만일 무슨 범죄한 일이 드러나거든 신령한 너희는 온유한 심령으로 그러한 자를 바로잡고 너 자신을 살펴보아 너도 시험을 받을까 두려워하라"(갈 6:1).

또 어떤 사람들은 무지할 수 있습니다. 항상 그런 자들이 있었습니다. 그러나 하나님의 말씀에 지적 수준과 관련한 어떤 기준도 제시되지 않습니다. 왜냐하면 모든 사람이 주께 나올 수 있어야 하기 때문입니다. 어느 정도의 지적 수준에 오르지 못하면 하나님께 받아들여질 수 없다는 법칙은 어디에도 없습니다. 그러므로 여러분이 만나는 어떤 사람이 매우 무지하다면, 그들에게 선을 행하십시오. 그들의 무지하며 어리석은 말로 인해 이러쿵저러쿵 하지 마십시오. 여러분이 지금처럼 항상 지혜로웠던 것은 아니었습니다. 또 어쩌면 지금 여러분은 여러분이 생각하는 것처럼 그렇게 지혜롭지 않을는지도 모릅니다. 어쨌든 여러분에게는 여러분이 가지고 있는 것을 그들에게 나누어줄 의무가 있습니다. "우리와 동행하자 그리하면 선대하리라." 무지한 자를 비웃으며 그의 허물을 찾는 것은 결코 선대하는 것이 아닙니다. 그의 부족한 점을 가려주며 그의 진보를 돕는 것이 그를 선대하는 것이 아니겠습니까?

그런가 하면 많은 고난 가운데 있는 자들도 있습니다. 그들에게는 그들을 동정하며 위로해 줄 친구가 아무도 없습니까? 아! 이 세상에서 친구들은 종종 첫 서리가 내리면 떠나버리고 마는 제비와 너무나 비슷합니다. 여러분은 그렇게 하지 마십시오. 설령 전에는 그들을 친구로 인정하지 않았다 하더라도, 이제는 친구로 받아들이십시오. 할 수 있는 대로 그들을 도우십시오. 그들을 격려하십시오. 그들의 외투가 낡고 색이 바랬다고 하여 그냥 지나치지 마십시오. 그들이 돈이 없다고 하여 피하지 마십시오. 가능하면 그들로 하여금 여러분이 그들을 돈의 많고 적음으로 평가하지 않는다는 사실을 알게 하십시오. 어떤 사람들이 그들에 대해 악한 말을 할 때, 공연히 부화뇌동하며 은근히 동조하지 마십시오. 그 말이 옳은지 여부를 여러분 스스로 판단하십시오. 설령 그 말을 믿을 수밖에 없는 상황이라 하더라도, 그에 대해 말하지 마십시오. 그것을 하나님께 가져가십시오. 마치 그것이 당신 자신의 죄인 것처럼 말입니다. 그리고 그에 대해 슬퍼하십시오. 만일 그들로 하여금 그러한 문제를 알도록 해야만 할 상황이라면, 그들에게 말하십시오. 그럼으로써 그들로 하여금 그들이 떨어진 악한 자리로부터 떠나게 하십시오. 그리고 그들을 옳은 길로 인도하십시오. 그러나 그들을 버리지 마십시오. 만일 그들이 중상과 비방의 희생물이 되었다면, 앞장서서 그들을 변호하십시오. 우리 가운데 항상 참된 형제사랑이 있기를 바랍니다. 그리하여 그리스도를 사랑하며 그 제비를 우리와 함께하는 것에 던진 자들이 우리가 진심으로 그들을 선대하기를 원한다는 사실을 발견하게 되기를 바랍니다.

지금까지 나는 오늘의 넷째 주제와 관련하여 하나하나 열거하며 비교적 상세하게 이야기했습니다. 그렇게 한 것은 오늘날 믿음을 공개적으로 고백하지 않는 많은 그리스도인들이 있기 때문입니다. 믿음을 공개적으로 고백하지 않는 그리스도인이 반대의 경우 즉 믿음을 공개적으로 고백하지만 그러나 참된 그리스도인이 아닌 사람보다 훨씬 더 낫습니다. 평생 동안 보이는 교회 밖에 있지만 그러나 그리스도 안에 있는 것이 믿음을 공개적으로 고백하지만 그러나 그리스도와 함께 분깃을 갖지 못하는 것보다 훨씬 더 낫습니다. 내적인 것과 비교할 때 외적인 것은 아무것도 아닙니다. 여러분은 거듭나야만 합니다. 여러분의 경건이 참된 것임을 증명하기 위해서는 그리스도를 믿는 살아 있는 믿음과 참된 마음의 변화와 성령의 내주하심이 있어야만 합니다. 이러한 것들이 있는 곳에서, 나머지 것들도 소홀히 여겨져서는 안 됩니다. 그러나 설령 나머지 것들이 행하여지지 않은 채 그대로 남겨졌다 하더라도, 그것이 총체적인 파선(破船)을 가져오지는 않을 것입니다. 그러나 믿음이 없다면, 그것은 총체적인 파선으로 귀결됩니다. 여러분은 자신이 뜻하는 대로 배를 건조하고 거기에 값진 보물을 실었다고 생각할 수 있습니다. 그러나 그 배는 필경 파선될 것입니다. 왜냐하면 그 배를 뜨도록 지켜주는 바로 그것이 빠져 있기 때문입니다.

하나님이여, 우리로 하여금 이 땅에서 그리고 영원히 그리스도와 함께 그리고 그의 백성들과 함께 하나가 되도록 허락하소서! 설령 모든 사람이 그리스도의 교회를 조롱하며 비웃으며 공격한다 하더라도, 여전히 나의 제비를 교회와 함께하는 것에 던지는 것이 나의 즐거움이 될 것입니다. 그리스도의 교회가 감당하는 것을 나도 감당할 것입니다. 왜냐하면 그리스도와 그의 교회의 편에 서지 않았던 자들이 수치와 멸망을 당할 날이 곧 올 것이기 때문입니다. 그들은 필경 자신들이 구주와 그의 백성들의 편에 서지 않았던 것을 후회하게 될 것입니다. 슬픔 가운데 계신 그리스도와 함께할 때, 여러분은 기쁨 가운데 계신 그리스도와 함께하게 될 것입니다! 수치 가운데 계신 그리스도와 함께할 때, 여러분은 영광 가운데 계신 그리스도와 함께하게 될 것입니다! 아멘.

제
5
장

—

정탐꾼들

—

"그와 함께 올라갔던 사람들은 이르되 우리는 능히 올라가서 그 백성을 치지 못하리라 그들은 우리보다 강하니라 하고."— 민 13:32

"그 땅을 정탐한 자 중 눈의 아들 여호수아와 여분네의 아들 갈렙이 자기들의 옷을 찢고 이스라엘 자손의 온 회중에게 말하여 이르되 우리가 두루 다니며 정탐한 땅은 심히 아름다운 땅이라."— 민 14:6-7

이스라엘 백성들의 불신앙은 그들로 하여금 정탐꾼들을 가나안으로 보내도록 이끌었습니다. 하나님은 그들에게 그 땅은 아름다운 땅이라고 말씀하시면서, 자신이 그들의 원수들을 쫓아낼 것을 약속하셨습니다. 따라서 그들은 약속된 기업을 얻을 것을 굳게 믿고 그대로 전진해야 했습니다. 그러나 그렇게 하는 대신 그들은 그 땅을 정탐하기 위해 열두 명의 정탐꾼들을 보냈습니다. 그렇지만 안타깝게도 열둘 중 열 명은 불신앙적이었고, 오직 두 명만 여호와 앞에 진실했습니다. 열두 정탐꾼과 관련한 이야기 전체를 읽어보십시오. 그리고 열 명의 거짓된 보고(報告)가 가져온 나쁜 결과와 두 정탐꾼의 거룩한 담대함을 주목해 보십시오.

우리는 여기에 나타나는 몇 가지 상징들을 주목할 수 있습니다. 가나안 땅은 신앙(religion)을 상징합니다. 나는 그것이 천국을 상징하는 것으로 의도되었다고는 생각하지 않습니다. 왜냐하면 천국에는 가나안 사람들이 없기 때문입니다. 분명 천국에는 아낙 자손도 없고, 쫓아내야 할 거인들도 없고, 성벽으로 둘러싸인 도시들도 없고, 철 병거를 거느린 왕들도 없습니다. 반면 가나안은 신앙을 나타내는 매우 뛰어난 상징입니다. 신앙을 공적으로 고백하는 사람들은 사람들 앞에 서서 자신들이 경험한 신앙에 대해 보고해야 합니다. 대부분의 사람들은 신앙이 무엇인지 스스로 시험해 보지 않습니다. 그들은 성경을 찾지도 않으며, 기독교 신앙을 맛보려고도 시험해 보려고도 하지 않습니다. 그들이 하는 것은 이것입니다. 그들은 가나안 땅에 들어갔던 정탐꾼들처럼 신앙을 공적으로 고백하는 사람들을 유심히 살핍니다. 그들은 우리의 성품과 행실을 주목합니다. 마치 정탐꾼들의 보고를 주목하듯이 말입니다. 세속적인 사람들은 기독교가 정말로 거룩하며 아름다운 종교인지 알고자 하여 스스로 성경을 읽지 않습니다. 도리어 그들은 살아 있는 성경 곧 그리스도의 교회를 읽습니다. 그리고 교회가 온전하지 못할 때, 그들은 성경을 정죄합니다. 성경이 그것을 믿노라고 고백하는 자들의 죄에 책임이 있는 것이 결코 아님에도 불구하고 말입니다. 물론 세속적인 사람들은 회개와 믿음으로 나오지 않습니다. 그들은 주 예수 그리스도와의 언약 속으로 들어오지 않습니다. 만일 그렇게 했다면, 그들은 곧 그 땅이 젖과 꿀이 흐르는 아름다운 땅임을 발견했을 것입니다. 그러나 그렇게 하는 대신, 그들은 가만히 서서 이렇게 말합니다. "이들 그리스도인들이 어떻게 하는지 보자. 그들은 그 땅이 복된 땅임을 발견했나? 그들이 고난 가운데 있을 때, 그 땅이 그들을 도왔나? 그들이 시련 가운데 있을 때, 그 땅이 그들을 위로했나?" 만일 우리의 보고가 우울하며 거룩하지 않은 것이라면, 그들은 즉시로 움츠리며 이렇게 말합니다. "그 땅은 아름다운 땅이 아니야. 우리는 그 땅으로 들어가지 않을 거야. 왜냐하면 그에 따르는 고통은 너무나 큰 반면 그에 따르는 즐거움은 너무나 작기 때문이야."

사랑하는 형제들이여, 여기에 있는 모든 그리스도인들이 신앙의 아름다운 땅에 들어간 정탐꾼들이라는 사실을 기억하십시오. 여러분의 행동과 말하는 여부에 따라 그 아름다운 땅에 대해 좋은 평가가 제시되기도 하고 나쁜 평가가 제시되기도 합니다. 또 그로 말미암아 세상이 기독교 신앙에 대해 불평하며 대수롭지 않게 여기기도 하고 혹은 그것을 사모하며 구하게 되기도 합니다.

여기에서 첫째로, 나는 세상 사람들이 잘못된 보고를 믿은 어리석음에 대해 핑계할 수 없다는 사실을 주목하고자 합니다. 그리고 둘째로, 악한 정탐꾼들의 악평 곧 나쁜 보고에 대해 묘사하고자 합니다. 그리고 나서 우리는 그 땅에 대해 좋게 보고한 선한 정탐꾼들에 대해 살펴보고자 합니다. 그리고 마지막으로, 그리스도인들이 갈렙과 여호수아처럼 행동하면서 그 땅에 대해 좋게 보고해야만 하는 몇 가지 중요한 이유들을 살펴보고자 합니다.

1. 첫째로, 세상은 기독교 신앙에 대한 잘못된 보고(報告)를 믿은 것에 대해 핑계할 수 없습니다.

사실 세상이 기독교 신앙에 대해 스스로 찾고 살피는 대신 통상적으로 다른 보고를 믿는 것은 자연스러운 일입니다. 그럼에도 불구하고 세상은 그에 대해 핑계할 수 없습니다. 세속적인 사람은 그리스도인을 바라보면서 기독교 신앙이 즐거운 것인지 여부를 살핍니다. 그는 이렇게 말합니다. "이것으로서 기독교 신앙 안에 사람을 기쁘게 만드는 것이 있는지 내가 알리라. 만일 신앙을 고백하는 자의 얼굴에 기쁨이 가득하다면, 나는 기독교 신앙이 좋은 것임을 믿을 것이라." 그러나 어리석은 자여, 들으십시오. 당신에게 기독교 신앙을 그와 같이 시험할 어떤 권리가 있단 말입니까? 참되신 분은 오직 하나님 한 분이 아닙니까? 하나님이 이렇게 선언하지 않았습니까? "허물의 사함을 받고 자신의 죄가 가려진 자는 복이 있도다 마음에 간사함이 없고 여호와께 정죄를 당하지 아니하는 자는 복이 있도다"(시 32:1, 2). 성경 자체가 경건이 금생(今生)뿐 아니라 내생(來生)에도 유익하다고 말씀하지 않습니까? 성경 자체가 경건이 두 세상의 축복, 즉 '하늘 아래 세상의 축복'과 '하늘 위 세상의 축복'을 가지고 있다고 말하지 않습니까? 성경을 취하여 읽어 보십시오. 그러면 당신은 어디에서든 그리스도인들이 기뻐하라고 명령받는 것을 보게 될 것입니다. 왜냐하면 그렇게 하는 것이 그들에게 너무도 마땅한 일이기 때문입니다. "너희 의인들아 여호와를 기뻐하며 즐거워할지어다 마음이 정직한 너희들아 다 즐거이 외칠지어다"(시 32:11). "항상 기뻐하라"(살전 5:16). "주 안에서 항상 기뻐하라 내가 다시 말하노니 기뻐하라"(빌 4:4). 당신에게는 기독교 신앙의 즐거움 여부를 당신 자신의 경험으로 시험할 아무런 권리도 없다는 사실을 기억하십시오. 당신은 오직 하나님 자신의 말씀의 근거 위에서 하나님을 믿어야만 할 뿐입니다. 당신은 기독교 신앙이 참되다는 사실을 알 때까지 가만히 있어서는 안 됩니다. 하나님이 "믿음의 길은 즐거운 길이요 그의 지름길은 다 평강이니라"라고 말씀하실 때, 당신에게는 오직 당신의 창조자를 믿을 의무만이 있을 뿐입니다(잠 3:17).

또 당신은 기독교 신앙의 거룩함 여부를 그리스도인들의 거룩함 여부로 시험할 것이라고 말합니다. 다시 말하거니와, 당신에게는 그와 같이 시험할 아무런 권리도 없습니다. 당신이 해야만 하는 합당한 시험은 스스로에게 시험해 보는 것입니다 ─ "너희는 여호와의 선하심을 맛보아 알지어다"(시 34:8). 맛보아 아는 것으로 말미암아 당신은 그의 선하심을 증명할 것입니다. 그리고 같은 과정으로 말미암아 당신은 그의 복음의 거룩함을 증명해야 합니다. 당신의 일은 당신 스스로 십자가에 달린 그리스도를 찾는 것이지, 다른 사람들이 타락한 죄성을 억제하며 마음을 거룩하게 만드는 은혜의 능력을 어떻게 나타내는지를 살피는 것이 아닙니다. 당신의 일은 당신 스스로 기독교 신앙의 골짜기 속으로 들어가 거기에서 달콤한 포도송이를 따는 것입니다. 당신 스스로 기독교 신앙의 산에 올라가 거기에 거주하는 사람들을 보아야 합니다. 하나님이 당신에게 성경을 주신한 말입니다. 거기에는 하나님의 성령이 계십니다. 당신은 다른 사람들과의 관계 속에서 일어나는 느낌이나 감정으로 만족해서는 안 됩니다. 참된 신앙을 아는 당신의 유일한 능력은 성령이 당신 자신의 마음 속에서 역사함으로 말미암는 것입니다. 그럼으로써 당신은 무엇이 기독교 신앙의 능력인지 스스로 알 수 있습니다. 당신에게는 외적이며 지엽적인 어떤 것으로부터 기독교 신앙을 판단할 권리가 없습니다. 만일 당신이 스스로 판단하면서 그것을 대수롭지 않은 것으로 여긴다면, 당신은 이 세상에서는 어리석은 자가 되고, 다음 세상에서는 범죄자로서 심판대 앞에 서게 될 것입니다. 오늘날 얼마나 많은 사람들이 이와 같습니까? 만일 어떤 사람이 성경에 대해 악담한다면, 당신은 그가 성경을 전혀 읽지 않았다고 결론내릴 수 있습니다. 마찬가지로 어떤 사람이 기독교 신앙에 대해 나쁜 보고를 한다면, 당신은 그가 참된 신앙을 제대로 알지 못한다고 확신할 수 있습니다. 참된 신앙이 어떤 사람의 마음을 차지할 때, 그것은 결코 그로 하여금 그 자신과 다투도록 허락하지 않습니다. 그리스도를 온전히 아는 사람은 그리스도를 자신의 최고의 친구로 부를 것입니다. 그리스도를 알고 난 후 세상의 즐거운 것들을 대수롭지 않게 여긴 자들을 우리는 무수히 압니다. 그러나 그리스도를 알고 난 후 혐오감과 질림으로 기독교 신앙으로부터 돌이킨 자를 우리는 단

한 사람도 알지 못합니다. 사랑하는 자들이여, 만일 여러분이 다른 사람들로부터 기독교 신앙을 취하고 또 다른 사람들의 모습을 보며 그것을 버린다면, 여러분은 여러분 자신의 피에 대해 죄책을 피할 수 없습니다. 하나님은 여러분을 사람들의 행실이라는 불확실한 해도(海圖) 아래 항해하도록 두지 않았습니다. 하나님은 여러분에게 그 자신의 확실한 말씀을 주셨으며, 여러분은 바로 그것에 주의(注意)를 기울여야 합니다.

심판 날 여러분이 "아무개가 그의 믿음과 일치되게 행동하지 않았기 때문에 내가 기독교 신앙을 대수롭지 않게 여겼나이다"라고 말하는 것은 무익한 일이 될 것입니다. 그 때 그러한 핑계는 아무 쓸모 없는 것으로 드러날 것입니다. 왜냐하면 여러분은 다른 부분에서는 사람의 모범을 취하지 않았음을 고백하지 않을 수 없을 것이기 때문입니다. 이 세상의 일들에 대해 여러분은 충분히 독립적이었습니다. 정치적인 문제에 있어 여러분은 여러분의 믿음을 다른 사람의 견해에 종속시키지 않았습니다. 여러분은 모든 문제들에 있어 독립적이었습니다. 어떤 때는 다른 사람들의 모범과 반대쪽 방향으로 움직이기도 했습니다. 여러분은 분명 충분한 지적 능력을 가지고 있었습니다. 만일 여러분이 하고자 했다면, 여러분은 신앙을 고백하는 자들의 일관되지 못한 행동에 맞서 여러분 스스로 신앙을 찾았을 것입니다. 만일 그리스도의 교회 전체가 그릇된 길로 행했다 하더라도, 세상에 성경이 있는 한 여러분은 심판 날 핑계할 수 없을 것입니다. 여러분은 그리스도를 따르는 자들을 따르도록 부름받지 않았습니다. 여러분은 그리스도 자신을 따르도록 부름받았습니다. 그의 행동 속에서 어떤 잘못된 것을 발견한다든지 혹은 그의 성품 가운데 어떤 결함을 발견할 때까지, 여러분에게는 그를 따르는 자들의 합당치 못한 행실을 그의 앞에 던질 권리가 없습니다. 그를 따르는 자들이 그를 버리고 도망친다고 해서, 여러분도 그렇게 할 수 있는 권리는 결코 없습니다. 그들은 그들 자신의 주인 앞에서 서든지 혹은 넘어지든지 합니다. 그들은 그들 자신의 짐을 져야만 합니다. 마찬가지로 여러분도 여러분 자신의 짐을 져야만 합니다. 성경은 "각각 자기의 짐을 질 것이라"(갈 6:5)고 말하면서, "이는 우리가 다 반드시 그리스도의 심판대 앞에 나타나게 되어 각각 선악간에 그 몸으로 행한 것을 따라 받으려 함이라"(고후 5:10)라고 그 이유를 제시합니다. 여러분은 다른 사람의 죄에 대해 책임이 있는 것이 아니라, 여러분 자신의 죄에 대해 책임이 있습니다. 설령 다른 사람들이 이런저런 죄로 그리스도의 이름을 더럽혔다 하더라도 만일 여러분이 악한 세대 가운데 온전히 그리스도를 따르지 않았다면, 여러분은 결코 핑계할 수 없을 것입니다.

2. 둘째로, 악한 정탐꾼들에 대해 살펴보도록 합시다.

나는 본문에 언급된 사람들이 그 땅에 대해 악평(惡評) 즉 나쁜 보고를 한 유일한 사람들이었기를 바랍니다. 만일 그들을 죽인 재앙이 같은 부류의 나머지 모든 사람들을 죽인다면, 그것은 얼마나 끔찍한 일이겠습니까! 그러나 불행하게도 그러한 부류의 사람들은 항상 있었고 또 항상 있을 것입니다. 세상이 계속되는 동안, 공적으로 신앙을 고백하면서도 그 땅에 대해 악평하는 사람들은 항상 있을 것입니다.

이제 악한 정탐꾼들에 대해 살펴보도록 합시다. 사람들은 이들 정탐꾼들을 그들이 말한 것에 의해서가 아니라 그들이 행한 것에 의해 판단합니다. 왜냐하면 세속적인 사람들에게 말은 아무것도 아니기 때문입니다. 그들에게 모든 것은 행하는 것입니다. 우리의 기독교 신앙에 대해 우리가 제시하는 보고(報告)는 강단으로부터 흘러나오는 보고도 아니고, 우리의 입술로부터 흘러나오는 보고도 아닙니다. 다만 우리의 매일의 삶으로부터 흘러나오는 보고입니다. 그러한 보고는 우리가 각자 자신의 집에서 사용하는 언어와 매일의 일상적인 일들을 통해 흘러나옵니다.

첫째로, 그 영이 항상 어둡고 우울한 사람은 그 땅에 대해 나쁜 보고를 하고 있는 것입니다. 그는 항상 "우리가 그 나라에 들어가려면 많은 고난을 받아야 할 것이라"는 말씀으로 설교하기를 좋아합니다. 그는 하나님의 백성을 언급할 때마다 반드시 그들을 고난과 연결시킵니다. 그는 주 안에 있는 기쁨에 대해서는 항상 의심의 눈초리로 바라봅니다. "주여, 그 땅은 얼마나 끔찍한 땅이나이까!"가 그가 부르는 최고의 노래입니다. 그는 항상 그 노래를 부를 수 있습니다. 그는 항상 안개로 자욱한 어두운 골짜기 안에 있습니다. 그는 결코 골짜기를 뒤덮고 있는 먹구름 위로 올라가 광활한 산마루 위에 서지 않습니다. 그는 신앙을 고백하기 전에도 우울하며 어두웠습니다. 그리고 신앙을 고백한 연후에도 계속해서 그러합니다. 집에 있는 그를 보십시오. 그의 자녀들에게 아버지의 신앙에 대해 어떻게 생각하느냐고 물어보십시오. 그들은 아버지의 신앙에 대해 매우 부정적으로 생각할 것입니다. 그들은 말합니다. "아버지는 우리가 웃도록 내버려 두지 않아요. 아버지는 주일에도 항상 창문을 닫고 커튼을 내려요. 안식일에 아버지는 할 수만 있으면 우리를 어둡고 슬프게 만들려고 애쓰는 것 같아요." 마치 엄격한 안식일주의자(strict Sabbatarian)처럼, 그는 안식일을 가장 큰 멍에의 날로 만드는 것을 자신의 의무로 생각합니다. 그의 아내에게 기독교 신앙에 대해 어떻게 생각하는지 물어 보십시오. 그녀는 이렇게 대답합니다. "나 스스로는 그것에 대해 많이 알지 못해요. 나는 다만 나의 남편이 좀 더 밝고 명랑했으면 좋겠어요." "그러면 그의 신앙이 그를 그토록 어둡고 우울하게 만드는 것입니까?' 그녀는 말합니다. "그에 대해서는 나는 잘 몰라요. 다만 내가 아는 것은 그가 가장 종교적일 때 가장 어둡고 우울하다는 사실이에요." 그가 기도하는 것을 들어보십시오. 무릎을 꿇고 있을 때, 그는 자신의 고난과 시련의 긴 목록을 제시합니다. 그는 결코 "우리를 대적하는 자보다 우리를 위하는 자들이 더 많도다"라고 말하지 않습니다. 그는 항상 고난의 골짜기에서 삽니다. 그는 결코 "그들은 힘을 얻고 더 얻어 나아가 시온에서 하나님 앞에 각기 나타나리이다"(시 84:7)라고 말하는 데까지 나아가지 않습니다. 그는 항상 모든 것의 어두운 면만을 봅니다. 또 그가 새로운 회심자에게 말하는 것을 유심히 살펴보십시오. 새로운 회심자는 구주를 발견함으로 말미암아 큰 기쁨과 즐거움으로 가득 차 있습니다. 그는 이제 막 날개가 난 새끼 새처럼 하늘을 향해 날아오르기를 기뻐하면서 믿음의 환희 안에서 즐겁게 재잘거립니다. 그러면 우리의 우울한 형제는 이렇게 말합니다. "검은 소가 아직 당신의 발을 밟지 않았구려. 당신은 당신이 상상하는 것보다 훨씬 더 많은 고난을 겪게 될 것이오."

천로역정에 등장하는 '소심 씨'(Mr. Timorous)가 여행 중에 있는 크리스천을 만났을 때 한 말을 기억합니까? 그는 "사자들이 있어요! 사자들이 있어요! 사자들이 있어요!'라고 외치면서, 그러나 사자들이 묶여 있다는 이야기는 하지 않았습니다. 마찬가지로 우리의 우울한 형제는 "거인들이 있다오! 거인들이 있다오! 거인들이 있다오!'라고 외치면서, 그러나 "그가 목자 같이 양 떼를 먹이시며 어린 양을 그 팔로 모아 품에 안으시며 젖먹이는 암컷들을 온순히 인도하시리로다"(사 40:11)라는 말은 하지 않습니다. 그는 항상 어두운 면만을 보면서, 그 땅에 대해 나쁜 보고를 합니다. 이러한 부류의 사람들은 자신들의 나쁜 보고에 큰 자부심을 가지고 있습니다. 그리고 설교를 들을 때도 설교자의 얼굴이 너무나 길다느니, 그가 가장 우울한 용어들을 찾기 위해 연구를 많이 했다느니, 그가 금식을 많이 한 것처럼 보인다느니 하는 따위의 생각만을 합니다. 자, 나는 이러한 부류의 사람들이 악한 정탐꾼들이라고 말하는데 조금도 주저하지 않습니다. 물론 믿음의 삶에는 환난이 따릅니다. 또 그리스도인은 다른 모든 사람들과 마찬가지로 이 세상에서 고난을 겪을 것을 예상해야 합니다. 왜냐하면 마치 불티가 위로 날음같이 사람은 고난을 위해 났기 때문입니다. 그러나 기독교 신앙이 사람을 고통스럽게 만든다는 것은 전혀 사실이 아닙니다. 하나님이 선하신 것과 마찬가지로, 하나님을 섬기는 신앙 역시 선한 것입니다. 또 하나님이 모든 사람에게 선하시고 그의 긍휼이 그의 모든 행하신 일을 덮고 있는 것처럼, 그를 섬기는 신앙 역시 그의 긍휼과 사랑이 움직이며 역사하는 무대입니다. 어둡고 우울한 형제들이여, 오십시오. 여러분의 어두운 먹구름을 제거하십시오. 그리고 여러분의 머리를 무지개로 장식하십시오. 자, 머리에 기름을 바르고 얼굴을 씻으십시오. 금식하는 것처럼 보이지 않도록 말입니다. 버드나무로부터 수금(竪琴)을 취하십시오. 그리고 앉아 여러분의 익숙하지 않은 손가락으로 아름다운 노래를 연주하십시오. 그렇게 할 수 없다면, 잠깐 내 말을 들어 보십시오. 기독교 신앙과 관련하여 나는 이렇게 말할 수 있습니다. 즉 "만일 내가 영생에 대한 아무런 소망도 없이 개처럼 죽어야만 한다면, 그리고 만일 내가 복된 삶을 누리기를 바란다면, 나로 하여금 전심으로 나의 하나님을 섬기게 하라"라고 말입니다. 나는 기꺼이 예수를 따르는 자가 되고, 기꺼이 그의 발자국을 따라 행할 것입니다. 왜냐하면 솔로몬이 정확하게 지적한 것처럼, "그 길은 즐거운 길이요 그의 지름길은 다 평강"이기 때문입니다(잠 3:17). 그 땅은 젖과 꿀이 흐르는 땅입니다. 거기에는 한 사람이 능히 멜 수 없을 정도로 큰 포도송이들이 있으며, 가장 달콤한 포도주를 만드는 최고의 포도열매들이 있습니다. 어떤 천사도 맛본 적이 없는 최고의 포도주 말입니다. 또 거기에는 심지어 낙원의 감미로운 포도주조차도 줄 수 없는 최고의 아름다운 즐거움이 있습니다.

둘째로, 지금까지 묘사한 사람은 아무것도 아닙니다. 왜냐하면 이제부터 묘사할 사람은 정말로 파렴치한 악당이기 때문입니다. 그를 보십시오. 그는 마치 '온유한 얼굴 씨'(Mr. Meek-Face)처럼 거창하게 자신의 신앙을 고백하기 위해 앞으로 나옵니다. 그는 입을 벌려 멋지게 찬송가를 부르며, 경건한 모양으로 일어나서 거룩한 목소리로 기도합니다. 그의 목소리에 육신적인 것은 아무것도 없습니다. 그는 그리스도인들 가운데 큰 지도자입니다. 그는 장황하게 설교할 수 있습니다. 그는 몇 시간 동안 교리들을 해부할 수 있습니다. 우리의 모든 신학 가운데 그가 알지 못하는 것은 아무것도 없습니다.

> "그는 머리카락을 나눌 수 있도다.
> 서쪽과 북서쪽 사이로."

그는 자신의 명철이 무한하다고 생각합니다. 그는 자신의 경건을 과도하게 자랑하며 자부합니다. 그가 예배당이나 혹은 다른 장소에 근엄한 모습으로 앉아 있는 것을 볼 때, 모든 사람들은 이렇게 말합니다. "그는 얼마나 훌륭한 사람인가!" 그렇지만 그가 일하는 곳에 가 보십시오. 그는 맹세하지는 않을 것이지만 그러나 거짓말을 할 것입니다. 그는 남의 것을 강탈하지는 않을 것이지만 그러나 속일 것입니다. 그는 면전에서 저주하지는 않을 것이지만 그러나 그보다 더 나쁜 일을 행할 것입니다. 그는 다른 사람들의 등 뒤에서 그들을 폄훼하며 악한 말을 할 것입니다. 그를 잘 주시해 보십시오. 거리에서 술 취한 사람을 만날 때, 그는 오만한 말투로 그가 술 취함의 죄를 저질렀다고 비난할 것입니다. 그러나 그 자신은 종종 거의 정신을 잃을 정도로 취합니다. 다만 아무도 알지 못하게 은밀하게 그렇게 할 뿐입니다. 따라서 사람들은 그를 매우 훌륭한 공동체의 일원이라고 생각합니다. 여러분은 그런 종류의 사람을 알지 못합니까? 나는 여러분이 그렇지 않기를 바랍니다. 그러나 나는 그런 부류의 사람들을 많이 만나 보았습니다. 그런 사람들은 지금도 많습니다. 그들은 거창하게 신앙을 고백하지만 그러나 그들의 삶은 그들의 고백과 정반대입니다. 마치 지옥이 천국과 정반대인 것처럼 말입니다. 세상이 이런 사람들을 볼 때 기독교 신앙을 어떻게 생각하겠습니까? 그들은 즉시로 이렇게 말합니다. "이것이 기독교 신앙이라면, 그런 것은 없는 게 훨씬 더 낫겠어." 그와 거래하는 사람들은 그를 바라보며 "나는 그의 장부와 현금출납장을 도무지 믿을 수가 없어"라고 말합니다. 또 많은 사람들은 그를 바라보며 "나는 그처럼 길게 기도할 수는 없지만 그러나 그가 종종 그렇게 하는 것처럼 부정직한 방법으로 송장(送狀)을 만들지는 않을 거야"라고 말합니다. 우리는 비록 믿음을 고백하지는 않지만 그러나 믿음을 고백하는 사람들보다 거래나 사업 등에 있어 훨씬 더 정직한 사람들을 많이 만납니다. 마찬가지로 우리는 거창하게 믿음을 고백하지만 그러나 온갖 종류의 악한 일을 행하며 살고 있는 사람들도 압니다. 아! 그러나 그들의 운명은 얼마나 두려울 것입니까! 그들은 그 땅에 대해 나쁜 보고(報告)를 함으로써 많은 영혼을 멸망에 이르게 하는 자들입니다. 사랑하는 자들이여, 간절히 당부하노니 그런 사람들을 만나면 옛 여호수아와 갈렙처럼 담대하게 나서십시오. 교회 앞에 서십시오. 그리고 옷을 찢으며 부디 그런 사람들의 거짓된 보고를 믿지 말라고 말하십시오. 왜냐하면 기독교 신앙은 정말로 거룩하기 때문입니다. 그리스도가 거룩하신 것처럼, 그의 백성들도 거룩하기를 열망해야 합니다. 또 구원을 가져다주는 하나님의 은혜는 정결하고 화평합니다. 하나님의 은혜는 사람들 안에서 하나님을 존귀하게 하는 것들과 거룩한 것들과 선한 보고를 산출합니다. 만일 여러분이 그와 같은 부류의 사람들을 만났다면, 그것은 여러분 주위에 있는 많은 사람들 가운데 단순히 일부의 위선자들일 뿐입니다. 그렇지 않습니까? 반대로 여러분은 때로 악한 무리 가운데 천사 같은 사람도 만나지 않습니까? 신실한 아브디엘이 굳게 서서 하나님을 배반하지 않았을 때 사탄이 느꼈던 것을 여러분도 느끼지 않았습니까?

> "마귀는 당혹하여 서서
> 선(善)이 얼마나 두려운 것인지 느꼈도다."

그러므로 여러분에게 간절히 당부하노니, 악한 위선자들의 나쁜 보고를 믿지 마십시오.

그 땅에 대해 나쁜 보고를 하는 세 번째 부류의 위선자들이 있습니다. 나는 우리 모두가 어느 정도는 여기에 연루되어 있음을 고백하지 않을 수 없습니다. 우리 모두는 여기에 어느 정도 죄책을 가지고 있습니다. 그리스도인은, 비록 일관되게 그리스도의 법을 따라 행하고자 노력함에도 불구하고, 그의 지체 안에 그의 마음의 법과 싸우는 또 다른 법을 좇으며 그 결과로서 그의 증언이 일관적이지 않은 때가 종종 있습니다. 그는 복음이 거룩한 것은 그 자신이 거룩하기 때문이라고 증언합니다. 그러나 안타깝게도 우리의 증언이 우리의 실제적인 행동과 모순되는 때가 얼마나 많습니까? 여러분이 분노한 그리스도인을 볼 때, 여러분이 교만한 그리스도인을 만날 때, 여러분이 허물 속에 빠져 있는 그리스도인을 볼 때, 그러면 그의 증언은 일관적이지 못합니다. 그가 선언한 것과 그의 행동이 서로 모순되는 것입니다.

다시 한 번 말하지만, 우리 모두는 여기에서 어느 정도의 죄책을 가집니다. 우리는 때로 우리 삶의 일반적인 증언과 상충되는 행동을 하곤 합니다. 나의 친구들이여, 여러분이 우리 안에서 보는 모든 것을 믿지 마십시오. 때로 여러분이 우리에게서 어떤 허물을 발견할 때, 부디 그것을 우리가 믿는 기독교 신앙 탓으로 돌리지 마십시오. 도리어 그것을 우리의 타락한 인성(人性) 탓으로 돌리십시오. 때로 여러분이 우리에게서 우리의 증언과 실제적인 행동 사이에 상충되는 것을 발견할 때, 우리를 욕할지언정 우리 주님을 욕하지는 마십시오. 간절히 구하노니 그것을 우리가 믿는 기독교 신앙 탓으로 돌리며 기독교 신앙을 비난하지 마십시오. 왜냐하면 최고로 거룩한 자라 하더라도 여전히 죄인이기 때문입니다. 가장 거룩한 자도 여전히 이렇게 기도해야만 합니다. "우리가 우리에게 죄 지은 자를 사하여 준 것 같이 우리의 죄를 사하여 주옵소서." 죄의 폭풍이 우리를 유혹할 때, 간절히 당부하노니 우리의 갈팡질팡하는 모습을 믿지 마십시오. 도리어 우리 삶의 일반적인 증언을 고려하십시오. 그러면 여러분은 그것이 그리스도의 복음과 부합되는 것을 발견하게 될 것입니다. 나는 내가 욕을 먹는 것은 참을 수 있지만, 그러나 나의 주님이 욕을 먹는 것은 참을 수 없습니다. 어느 누구도 나의 허물이 나의 기독교 신앙으로 말미암아 야기되었다고 말해서는 안 됩니다. 결코 그렇지 않습니다. 그리스도는 거룩하며, 복음은 정결하고 흠이 없습니다. 어느 때든지 우리에게서 그러한 증언과 모순되는 것이 발견될 때, 간절히 당부하노니 우리를 믿지 마십시오. 그리고 여러분 자신을 위해 그 땅을 곰곰이 살펴보십시오. 왜냐하면 그 땅은 진실로 젖과 꿀이 흐르는 아름다운 땅이기 때문입니다.

3. 셋째로, 이제 선한 정탐꾼들을 살펴보도록 합시다.

지금까지 나쁜 보고를 한 악한 정탐꾼들을 살펴보았는데, 그러나 감사하게도 선한 정탐꾼들도 있습니다. 이제 그들의 증언을 직접 들어 보도록 합시다. 여호수아와 갈렙이여, 앞으로 나오십시오. 우리는 당신들의 증언을 원합니다. 당신들은 이미 오래 전에 이 땅을 떠났지만 그러나 당신들 뒤에 자손들을 남겨 놓았습니다. 그리고 그들은, 당신들이 나쁜 보고를 들었을 때 그랬던 것처럼, 자신들의 옷을 찢으며 담대하게 일어나 그 땅은 지극히 아름다운 땅이라고 증언합니다.

　　지금까지 내가 만난 최고의 정탐꾼들 가운데 한 사람은 한 늙은 그리스도인입니다. 나는 그가 일어나 자신의 신앙에 대해 말하는 것을 들은 것을 기억합니다. 그는 시각장애자로서 20년 동안이나 햇빛을 보지 못했으며, 어깨 위까지 흘러내린 그의 머리카락은 오랜 세월의 흔적으로 하얗게 세었습니다. 그는 강단에 서서 이렇게 말했습니다. "형제 자매들이여, 머지않아 나는 여러분 곁을 떠날 것입니다. 수개월 내에 나는 침상에서 발을 모으고 나의 조상들과 함께 잠들 것입니다. 나는 학식도 많지 못하고 말도 잘하지 못합니다. 그렇지만 떠나기 전에 나의 하나님에 대해 한 가지 증언을 하고자 합니다. 나는 56년 동안 그분을 섬겼지만, 그러나 그동안 단 한 번도 그의 거짓됨을 발견하지 못했습니다. 진실로 나는 '내 평생에 선하심과 인자하심이 항상 나를 따랐으며 그가 약속하신 것 가운데 단 하나도 땅에 떨어지지 않았노라'고 증언할 수 있습니다." 그는 비록 자연적인 하늘의 햇빛은 잃었지만 그러나 그의 영혼에 비치는 더 좋은 하늘의 빛을 가지고 있었습니다. 비록 우리를 볼 수 없었음에도 불구하고, 그는 우리를 향해 이렇게 말하는 것처럼 보였습니다. "젊은이들이여, 가능하면 일찍 하나님을 믿으십시오. 나는 그분을 일찍 만난 것에 대해 단 한 번도 후회한 적이 없습니다. 다만 많은 시간을 허비한 것이 아쉬울 뿐입니다." 젊은이들의 믿음을 강화시킴에 있어 주님을 섬기는 일이야말로 가장 행복한 일이었다고 증언하는, 그리고 수많은 싸움의 흔적들로 가득한 그리스도인 노병(老兵)들의 증언을 듣는 것보다 더 좋은 것은 아무것도 없습니다. 만일 그들이 다른 주인을 섬겼다면, 그들은 그렇게 행복할 수도 없었고 또 그토록 열심히 싸울 수도 없었을 것입니다. 왜냐하면 우리 하나님을 섬기는 일이야말로 그 자체가 즐거운 일이며 그 삯은 영원한 기쁨이기 때문입니다.

　　또 고난당하는 한 여인의 증언을 들어 봅시다. 그녀는 섬세하며 투명한 아름다움을 가진 여인입니다. 그녀의 파란 눈과 초췌한 얼굴은 만년(晚年)의 모닥불로 말미암아 빛나며, 그녀의 갈색 머리카락은 이슬을 머금은 백합처럼 아름답게 빛납니다. 내가 그녀를 본 것은 그녀가 침상으로부터 거의 몸조차도 일으킬 수 없을 때였습니다. 그녀의 육체는 오랜 고통으로 인해 지쳐 있었습니다. 그렇지만 나는 그녀가 매우 만족한 표정을 짓고 있는 것을 보았습니다. 그녀가 자신의 베개 밑에 두었던 성경을 취하여 읽을 때 말입니다. "내가 사망의 음침한 골짜기로 다닐지라도 해를 두려워하지 않을 것은 주께서 나와 함께 하심이라 주의 지팡이와 막대기가 나를 안위하시나이다 주께서 내 원수의 목전에서 내게 상을 차려 주시고 기름을 내 머리에 부으셨으니 내 잔이 넘치나이다." 나는 의자에 앉아 그녀에게 말했습니다. "당신은 너무나 오랫동안 병상에 누워 있었습니다. 당신은 지금도 당신의 신앙이 당신에게 새 힘을 준다고 생각합니까?" 그녀는 대답했습니다. "목사님, 신앙 없이 내가 무엇을 할 수 있었겠습니까? 나는 이 침상을 떠날 수 없지만 그러나 이 침상은 나에게 그리스도께서 연회(宴會)를 열어 주신 기쁨의 자리였습니다. 병으로 고통하는 모든 기간 동안 그가 나의 침상이 되셨습니다. 그는 오른손으로 나를 안으시고 왼손으로 나의 머리를 짚으셨습니다. 내가 슬퍼할 때 그가 나에게 기쁨을 주셨으며, 나로 하여금 평온하며 담담한 마음으로 죽음에 직면하도록 준비시켜 주셨습니다." 여기의 경우와 앞에 이야기한 노인의 경우는 그 아름다운 땅에 대한 훌륭한 보고입니다.

그러나 우리는 이와 같은 노인과 병자의 증언만 바라볼 필요가 없습니다. 우리는 한 그리스도인 사업가를 압니다. 그는 금생(今生)의 일에 전념하지만 그러나 항상 내생(來生)을 위해 준비할 시간을 찾습니다. 그는 누구 못지않게 많은 일을 가지고 있지만, 그러나 결코 가정기도회를 게을리하지 않습니다. 그는 한편으로 시의원으로서 봉사합니다. 그러면서도 또 한편으로 자신의 집에서 가정예배를 열심히 드립니다. 그는 사업을 하면서 기꺼이 하청업자들이라든지 혹은 중소상인들을 돕습니다. 그는 다른 사람들과 마찬가지로 안전하게 사업하는 것을 좋아합니다. 그렇지만 때로 새로 시작하는 신참 기업가를 돕기 위해 기꺼이 위험을 감수하기도 합니다. 그를 면밀히 관찰할 때, 여러분은 그가 사업에 매우 철저한 사람임을 발견합니다. 그는 결코 쉽게 속아 넘어가는 사람이 아닙니다. 그러나 동시에 여러분은 그가 결코 여러분을 속이지 않을 사람임을 발견할 것입니다. 여러분은 그를 신뢰할 수 있습니다. 그가 관련된 거래라면, 여러분은 심지어 송장(送狀)조차도 살펴볼 필요가 없습니다. 거기에는 어떤 오류도 없을 것입니다. 만약에 거기에 어떤 오류가 있다면, 그것은 틀림없이 고의성이 전혀 없는 실수일 것이며 그는 즉시로 그러한 오류를 바로잡을 것입니다. 왜냐하면 그는 모든 일에 있어 정직하기 때문입니다. 사업을 하다 보면 때로 경제적인 위기가 찾아옵니다. 마치 추풍낙엽처럼 많은 회사들이 도산하고 파산합니다. 그렇지만 그런 때에도 그는 다른 사람들처럼 요동하며 흔들리지 않습니다. 왜냐하면 그는 자신의 하나님을 굳게 의지하며 야곱의 하나님을 붙잡기 때문입니다. 물론 그에게도 걱정거리들이 있습니다. 그렇지만 그는 그것보다 더 많은 믿음을 가지고 있습니다. 그리고 사업이 크게 형통할 때, 그는 모든 것을 하나님께 돌립니다. 대부분의 사람들은 사회에 일백을 기부할 때 나팔을 불며 광고를 합니다. 그러나 그는 아무도 모르게 오백을 기부합니다. 사람들은 증권거래소나 혹은 시장에서 그에 대해 이렇게 말합니다. "만일 진짜 그리스도인이 있다면, 그가 바로 그 사람이야." 사람들은 그를 보면서 이렇게 말합니다. "기독교 신앙에는 정말로 무엇인가가 있음에 틀림없어. 우리는 그를 지켜보았어. 우리는 그가 실족하거나 다른 길로 가는 것을 단 한 번도 본 적이 없어. 그는 항상 정직하고 곧은 성품을 가지고 있어. 그는 자기 하나님을 두려워하면서 사람들은 결코 두려워하지 않아." 이런 사람은 그 땅에 대해 좋은 보고(報告)를 하고 있는 것입니다. 나는 이곳에서 매 주일마다 설교를 합니다. 그리고 주중에는 매일같이 다른 곳에서 설교를 합니다. 그렇지만 나는 여러분처럼 강력한 방식으로 설교할 수 없습니다. 왜냐하면 여러분은 여러분 자신의 행동으로서 세상에 설교하고 있기 때문입니다. 또 나는 시련과 역경 속에서 거룩하게 행동함으로 말미암아 은혜가 마음 속에서 무슨 일을 할 수 있는지 보여주는 자들처럼 그렇게 훌륭하게 설교할 수 없습니다. 그들은 그 땅에 대해 좋은 보고를 하는 선한 정탐꾼들입니다.

또 자매들이여, 여러분 역시도 좋은 보고를 하는 것이 가능합니다. 여러분은 가정을 잘 돌봄으로써 사회를 돌아보는 일에 참여할 수 있습니다. 자기 가정을 돌보는 것은 얼마나 중요하며 또 아름다운 일입니까? 가정은 하나님이 세운 최고의 기관이 아닙니까? 나는 집집마다 다니며 병자들을 심방하는 일보다 자신의 부엌을 청소하며 종들을 보살피는 일에 더욱 착념하는 부녀들을 압니다. 그들이 그렇게 하는 것은 선한 일을 한답시고 이집 저집 다니는 동안 자신들의 집은 엉망진창이 되고 말 것이기 때문입니다. 그들은 여자들 가운데 진실로 복된 자들이며, 하나님이 그들을 풍성하게 축복하실 것입니다. 또 우리는 병자들을 심방하기 위해 나가는 경우는 거의 없지만 그러나 자신의 가정 일을 질서 있게 수행하는 다른 사람들을 압니다. 우리는 불경건한 남편이 경건한 아내로 인해 회심하는 경우를 종종 보지 않습니까? 나는 매우 훌륭한 성품을 지닌 아내를 가진 어떤 남편에 대한 이야기를 들은 적이 있습니다. 그는 세속적인 사람이었음에도 불구하고 자신의 회사에서 자신이 세상에서 최고의 아내를 얻었노라고 자랑하곤 했습니다. 그는 이렇게 말했습니다. "자네들은 나의 아내를 결코 화나게 만들 수 없을 걸세. 내가 밤늦게 귀가해도 그녀는 항상 나를 따뜻하게 맞아주지. 그래서 그녀를 볼 때마다 항상 나는 부끄러운 마음을 느끼게 된다네. 왜냐하면 그녀의 거룩함이 항상 나의 무절제함을 책망하기 때문일세. 이런저런 방법으로 시험해 보더라도, 자네들은 결국 그녀가 최고의 여자라는 사실을 발견하지 않을 수 없을 걸세." 그러자 그의 동료들이 "그렇다면 우리 모두 오늘 밤 저녁식사 하러 자네 집에 가세"라고 말했습니다. 그리하여 그들은 그의 집에 몰려갔습니다. 사실 그녀의 집에는 손님들을 대접할 만한 준비가 전혀 되어 있지 않았습니다. 그렇지만 그녀는 아무런 내색도 하지 않았습니다. 도리어 그녀와 그녀의 하녀는 힘을 다해 식사를 준비했습니다. 밤 열두 시가 지난 시간이었음에도 불구하고 말입니다. 그녀는 급히 식사를 준비하고 최선을 다해 손님들을 대접했습니다. 그녀는 매우 즐거운 표정으로 그렇게 했습니다. 마치 그들이 그녀의 친구들인 것처럼 그리고 그들이 적절한 시간에 오기라도 한 것처럼 말입니다. 그러자 그들은 그녀에게 도대체 어떻게 이렇게 할 수 있는지 물었습니다. 그러자 그녀는 이렇게 대답했습니다. "하나님이 나에게 남편을 주셨어요. 나는 결혼하기 전에는 회심한 상태가 아니었지만 그러나 결혼하고 난 후 회심하게 되었답니다. 회심하고 난 후의 나의 첫 번째 목표는 남편을 예수 그리스도께로 인도하는 것이었어요. 나는 사랑과 따뜻함 외에는 그 어떤 방법으로도 남편을 인도할 수 없다고 생각해요." 이러한 말을 듣고 남편은 동료들이 돌아가고 난 후에 자신이 아내에게 얼마나 못되게 굴었는지 고백했습니다. 그의 마음은 그날 크게 흔들렸습니다. 그리고 다음 안식일에 그는 아내와 함께 하나님의 집에 왔으며, 그들은 행복한 부부가 되었습니다. 그리고 그들은 주 예수 그리스도 안에서 온 마음으로 기뻐했습니다. 그녀는 선한 정탐꾼이었으며, 그 땅에 대해 좋은 보고를 했습니다. 나는, 비록 이 땅에서는 가려져 있지만 그러나 주님께서 마침내 크게 칭찬하실 여인들이 많이 있음을 조금도 의심하지 않습니다. "너는 네가 할 수 있는 일을 온전히 행했도다"라고 말입니다. 거룩함과 인내와 온유함으로 말미암아 그리스도를 위해 자신이 할 수 있는 일을 온전히 행한 자들은 선한 정탐꾼들입니다. 그들은 그 땅에 대해 좋은 보고를 한 것입니다.

또 종들이여, 여러분 역시도 좋은 보고를 할 수 있습니다. 경건한 하녀는 어느 장소에서든 최고의 종이 되어야만 합니다. 경건한 구두닦이는 다른 사람들보다 구두를 더 깨끗하게 닦아야 합니다. 만일 칼을 가는 일을 하는 경건한 사람이 있다면, 그는 날을 잘 세우는 일에 더 많은 관심과 수고를 기울여야 합니다. 미국의 노예들을 생각해 보십시오. 미국에서는 신앙을 가진 노예들이 그렇지 않은 노예보다 더 비싼 값에 팔리고 또 더 잘 팔렸다고 합니다. 사람들이 신앙을 가진 노예를 더 좋아했던 것은 그들이 반항하지 않고 온유한 마음으로 인내하며 순종했기 때문입니다. 종의 신분을 가진 자들은 자신의 신분을 미워할 수 있습니다. 그렇지만 하나님의 은혜로 말미암아 그들은 만유보다 크신 자를 자신의 주인으로 여기면서 "눈가림만 하여 사람을 기쁘게 하는 자처럼 하지 않고 순전한 마음으로" 맡겨진 일을 행해야 합니다(엡 6:6).

4. 넷째로, 모든 그리스도인은 기독교 신앙과 관련하여 좋은 증언을 해야만 하는 큰 의무를 가지고 있습니다.

형제들이여, 만일 오늘 이 자리에 그리스도께서 계신다면, 여러분 가운데 그를 너무나 사랑하는 나머지 그가 뺨을 맞으시는 것보다 기꺼이 자신의 뺨을 돌려대는 사람들이 많이 있을 것입니다. 나폴레옹의 휘하 지휘관 가운데 한 사람은 자기 주인을 너무도 사랑한 나머지 포탄이 그 옆에 떨어졌을 때 스스로 희생제물로서 그 위에 몸을 던져 주인을 대신하여 죽었습니다. 사랑하는 그리스도인들이여, 나는 여러분도 그렇게 할 것이라고 생각합니다. 만일 그리스도께서 여기에 계신다면, 여러분은 그가 욕을 당할 때 그를 대신하여 욕을 당하고, 그가 죽게 되었을 때 그를 대신하여 죽을 것입니다. 분명 나는 여러분이 그리스도를 그와 같은 악한 환경에 그대로 노출시키지 않을 것을 확신합니다. 그러나 여러분이 무심코 던지는 모든 말들과 아무렇지 않게 행하는 모든 행동들이 그리스도의 이름에 누를 끼친다는 사실을 잊지 마십시오. 세상은 여러분에게서 허물을 찾지 않습니다. 그들은 그 모든 허물을 여러분의 주인에게 돌립니다. 만일 당신이 실족한다면, 그들은 "그것은 존 스미스의 연약한 인간 본성 때문이야"라고 말하지 않고 "그것은 존 스미스가 믿는 신앙 때문이야"라고 말합니다. 그들은 그렇게 말하면서 정말로 그렇게 확신합니다. 그들은 모든 허물을 그리스도에게 돌리면서 정말로 그렇게 확신합니다. 만일 여러분에게 비난이 돌려진다면, 남자답게 기꺼이 그러한 비난을 감당하십시오. 그렇지만 그러한 비난이 그리스도에게 돌려지도록 내버려 두지 마십시오. 그의 영광이 가려지도록 그냥 내버려 두지 마십시오. 그의 깃발이 땅에 짓밟히도록 그냥 내버려 두지 마십시오.

우리가 기억할 것이 또 한 가지 있습니다. 그것은 여러분이 잘못된 일을 행할 때 세상이 즉시로 그것을 알아챌 것이라는 사실입니다. 세상은 두 개의 자루를 메고 있습니다. 뒤에다가는 그리스도인의 모든 덕행을 담은 자루를 메고 있으며, 앞에다가는 우리의 모든 잘못과 죄를 담은 자루를 메고 있습니다. 그들은 거룩한 사람들의 덕행을 바라보는 일에는 전혀 관심을 기울이지 않습니다. 순교자들의 모든 용기와 성도들의 모든 거룩과 충성은 그들에게 아무것도 아닙니다. 반면 우리의 허물은 항상 그들 앞에 있습니다. 그리스도인으로서 여러분이 어디에 있든, 항상 세상의 눈이 여러분을 따라다닌다는 사실을 부디 잊지 마십시오. 악한 세대의 아르고스(Argus: 그리스 신화에 등장하는 백 개의 눈을 가진 거인)의 눈이 모든 곳에서 여러분을 따라 다닙니다. 설령 교회는 보지 못한다 하더라도 세상은 그렇지 않습니다. "교회는 잠자는 나팔이다"라는 속담이 있지 않습니까? 그러한 속담은 분명 많은 부분에서 사실입니다. 왜냐하면 대부분의 교회들이 "잠자는 나팔"이기 때문입니다. 그러나 만일 어떤 사람이 "세상은 잠자는 나팔이다"라고 말한다면, 그것은 전혀 사실이 아닙니다. 왜냐하면 세상은 결코 잠자지 않기 때문입니다. 잠자는 것은 교회에 남겨집니다. 세상이 항상 그리스도인들의 허물을 찾기 위해 확대경을 쓰고 있다는 사실을 기억하십시오. 신앙을 고백하지 않는 사람이 실족한 것은 아무것도 아닙니다. 여러분은 결코 그에 관한 이야기를 듣지 못합니다. 그렇지만 목사가 실족해 보십시오. 기독교 신앙을 고백하는 자가 실족해 보십시오. 그러면 온갖 확대경이 총출동할 것입니다. 다른 사람들에게는 아무것도 아니지만 우리에게는 엄청난 죄입니다. 세상에는 두 개의 도덕법전이 있으며, 어떤 의미에서 그것은 지극히 합당합니다. 만일 우리가 하나님의 자녀이며 우리 안에 하나님의 은혜가 있음을 고백한다면, 세상이 다른 사람들에게보다 우리에게 더 많은 것을 기대하는 것은 더 이상 잘못된 일이 아닙니다. 그것은 정원사가 자신의 식물이 노지(露地)에서보다 온실 속에서 더 잘 자랄 것을 기대하는 것이 잘못된 일이 아닌 것과 마찬가지입니다. 만일 우리가 더 많은 특권과 더 많은 빛과 더 많은 교훈을 가지고 있다면, 우리는 그에 합당하게 살아야 합니다. 그러므로 세상이 우리가 그렇게 행할 것을 기대하는 것은 지극히 합당합니다.

오늘 설교를 마치기에 앞서 나는 여러분에게 우리가 기억해야 할 또 한 가지를 제시하고자 합니다. 그것은 세상은 항상 좋은 보고보다 나쁜 보고에 더 관심을 집중한다는 사실입니다. 어떤 교회에서 단 한 사람을 제외하고 모든 성도들이 그리스도께 신실하다고 상상해 보십시오. 그렇다 하더라도 세상은 그 한 사람 때문에 그 교회를 존귀하게 여기지 않을 것입니다. 그 교회에서 신앙을 고백하는 한 사람이 실족하여 죄 가운데 빠졌다면, 여러분은 그에 대해 매일같이 듣게 될 것입니다. 우리는 자연세계에서도 이와 비슷한 예를 찾을 수 있습니다. 태양이 매일같이 떠서 우리 위에 비추고 있지만, 우리는 그것을 주목하지 않습니다. 모든 일은 여느 때처럼 계속됩니다. 밤중에 별들은 즐겁게 미소 지으며, 이러한 평온은 계속해서 유지됩니다. 그러다가 어느 날 우레와 천둥이 칩니다. 그리고 폭풍이 몰아치며 지진이 일어납니다. 그러면 어떻게 됩니까? 우리 역사에 아무 날 아무 시에 그런 끔찍한 일이 일어났다고 기록될 것입니다. 어째서 좋은 날은 주목하지 않습니까? 세상은 오직 악한 것만을 주목할 것입니다. 영국을 횡단해 보십시오. 여러분은 백 개의 잔잔한 강들을 보게 될 것입니다. 에메랄드처럼 빛나는 은빛 물결이 초원을 흐릅니다. 강들이 조용히 바다로 흘러들어갈 때, 누가 그 소리를 들을 것입니까? 그러나 수직으로 깎인 암벽이 나오고 거기에서 폭포가 떨어집니다. 그러면 여러분은 멀리 떨어져서도 그 소리를 들을 수 있습니다. 우리는 성 로렌스 강에 대해 아무것도 듣지 못합니다. 그 강의 길이가 얼마나 되며 너비가 얼마나 되는지 따위의 이야기 말입니다. 우리가 듣는 것은 오직 나이아가라 폭포(falls of Niagara)뿐입니다. 이와 같이 그리스도인은 매일의 삶의 과정을 고요히 흐를 수 있습니다. 그 때는 아무것도 보이지 않고 아무것도 들리지 않습니다. 그러나 그가 넘어져(fall) 보십시오. 여러분은 분명 그에 대해 엄청나게 많이 듣게 될 것입니다. 그러므로 깨어 있으십시오. 여러분의 주인이 오십니다. 깨어 있으십시오. 원수가 지금 바로 앞에 있습니다. 성령께서 여러분을 온전히 거룩하게 하사 모든 선한 일에 부요하게 하시고, 그럼으로써 하나님께 영광이 되게 하시기를 기원합니다.

마지막으로, 하나님을 경외하지 않는 자들에게 말합니다. 설령 그리스도인들이 죄를 범한다고 하더라도 그것이 여러분을 위한 핑곗거리가 되지 않을 것이라는 사실을 잊지 마십시오. 여러분과 거래하는 어떤 사람이 여러분에게 "나는 당신을 속였지만 그러나 스스로 정직하다고 공언하지는 않았소"라고 말했다고 가정해 보십시오. 그가 스스로 정직하다고 공언하지 않았다고 해서 그가 여러분을 속인 것이 정당화됩니까? 여러분은 그를 사기꾼으로 법정에 넘길 것입니다.

또 어떤 사람이 판사 앞에 끌려나와 이렇게 말했다고 가정해 보십시오. "당신은 나를 감옥에 보낼 필요가 없소. 나는 도둑이라고 분명하게 자백했소. 나는 사람들의 집에 몰래 들어가 그들의 재물을 훔치지 않았다고 결코 말하지 않았소." 그러면 판사는 이렇게 말할 것입니다. "당신은 정직하게 말했소. 그러나 당신은 당신 자신의 자백에 의해 스스로 범죄자임을 증명했소. 나는 당신을 종신형에 처할 것이며 당신에게는 결코 사면(赦免)의 기회가 없을 것이오." 마지막 날, 나도 천국에 가고 싶었다느니 지옥에 가고 싶지 않았다느니 죄를 범하고 싶지 않았느니 그리스도를 믿고 싶었다느니 말하는 것은 아무 소용 없을 것입니다. 만일 여러분이 믿음을 공적으로 고백하지 않았다면, 그는 여러분과 아무 상관 없을 것입니다. "너는 아무런 신앙 고백도 하지 않았느니라. 나를 떠나라! 너는 나를 사랑한다고 고백하지 않았으므로 나의 영광에 참여할 아무런 분깃도 갖지 못할 것이다. 저주받은 자여, 나를 떠나 영원한 불에 들어갈지어다!" 부디 하나님이 주 예수 그리스도를 위하여 우리를 그러한 자리로부터 건져 주시기를 기원합니다.

제
6
장

—

하나님에 대한 불신앙

—

"여호와께서 모세에게 이르시되 이 백성이 어느 때까지 나
를 멸시하겠느냐 내가 그들 중에 많은 이적을 행하였으나
어느 때까지 나를 믿지 않겠느냐." — 민 14:11

　　이스라엘 자손은 너무나 쉽게 불신앙으로 떨어지곤 했습니다. 그들은 믿음
과 예배의 대상으로서 '보이는 어떤 것'을 원했습니다. 그들은 보이지 않는 것을
믿는 믿음의 교훈을 배울 수 없었습니다. 그리하여 그들은 어떤 날은 우상 앞에
절하고, 다음 날은 참 하나님에 대해 불평을 했습니다. 그들의 삶은 육체를 따라
행하는 것이었습니다. 그들은 눈으로 보고 귀로 듣는 대로 행했습니다. 그리하
여 바로가 홍해에 빠지고 진영(陣營)에 만나가 내릴 때는 하나님을 찬미했지만,
그러나 배고프며 목마를 때라든지 혹은 구원을 기대할 수 없을 때에는 하나님을
믿을 수 없었습니다. 그럴 때는 그들은 즉시로 불신앙 가운데 불평하기 시작했
습니다. 그러나 하나님은 얼마나 놀라운 오래 참으심으로 그들을 참으셨습니까?
그의 긍휼이 그들의 불신앙을 능가했습니다. 그들은 물을 달라고 부르짖으면서,
광야에서 물을 줄 수 있는 하나님의 능력을 의심했습니다. 그러나 보십시오! 깨
어진 반석에서 수정같이 맑은 물이 터져 나오지 않았습니까? 계속해서 그들은
떡을 달라고 부르짖으면서, 공연히 자신들을 광야로 데려와 주려 죽게 한다고
하나님을 비난했습니다. 그렇지만 그들의 불평에 대한 응답으로 하늘이 열리고
천사의 양식이 비처럼 떨어졌습니다. 그러자 그들은 계속해서 고기를 달라고 부

르짖었으며, 그들의 불평은 강한 바람에 이끌려 온 메추라기들을 배불리 먹을 때까지 계속되었습니다. 이러한 하나님의 은혜로운 응답들로 인해 그들의 근심과 염려는 잠잠해져야 했으며, 그들은 그들을 도우시는 위대한 친구이신 하나님에 대한 믿음을 나타내야 했습니다. 그러나 그들은 그렇게 하지 않았으며, 40년 동안 계속해서 하나님을 격노(激怒)하게 했습니다. 오늘 본문과 관련된 사건 역시 그와 같이 하나님을 격노하게 한 일들 가운데 하나입니다. 그들은 가나안으로 정탐꾼들을 보냈으며, 정탐꾼들은 그 땅을 40일 동안 정탐하고 돌아왔습니다. 그런데 그 가운데 열 명의 불신앙적인 정탐꾼들로부터 그 땅에 거인들이 살고 있으며 그곳의 주민들은 성벽으로 둘러싼 성읍에 살고 있으므로 결코 쫓아낼 수 없다는 보고를 들었을 때, 그들은 항상 하던 방식대로 하나님을 비난하기 시작했습니다. 그들은 자신의 오랜 언약을 이루서서 그들에게 젖과 꿀이 흐르는 땅을 주실 수 있는 하나님의 능력을 부인했습니다. 이번의 경우 하나님은 어떻게 행하셨습니까? 이번의 경우 하나님은 당신의 손을 드시고 그들이 결코 그의 안식에 들어가지 못할 것을 맹세하셨습니다. 우리는 하나님의 오래 참으심에는 한계가 있다는 사실로 말미암아 경고를 받아야 합니다. 하나님의 오래 참으심이 불신앙으로 말미암아 시험을 당하실 때는 특별히 더 그러합니다. 하나님은 불신앙에 대해 잠시 동안 참으실 수 있습니다. 때로는 놀랍게도 오랫동안 참으실 수도 있습니다. 왜냐하면 하나님은 우리가 흙에 불과하다는 사실을 아시기 때문입니다. 그러나 불신앙이 고의적이며 완고한 마음으로 계속될 때, 하나님은 영원히 참지 않을 것입니다. 우리는 다음과 같은 바울의 말을 귀 기울여 들을 필요가 있습니다. "그러므로 우리는 두려워할지니 그의 안식에 들어갈 약속이 남아 있을지라도 너희 중에는 혹 이르지 못할 자가 있을까 함이라"(히 4:1).

오늘 아침 우리의 주제는 이와 같은 불신앙의 죄입니다. 이 시간 나는 그러한 주제를 하나님을 두려워하는 마음과 성령의 권능으로 다루고자 합니다.

1. 첫째로, 여기에서 이스라엘의 죄가 "그들이 어느 때까지 나를 믿지 않겠느냐"라고 규정되는 것을 주목하십시오.

이스라엘 백성들이 느꼈던 모든 낙망과 두려움, 그리고 그들의 모든 불평에 대해 하나님은 한 마디로 "그들이 자신을 믿지 않았다"고 규정합니다. 틀림없이 그들은 자신들이 거인의 후예인 아낙 자손을 두려워하는 것은 매우 자연스러운 일이라고 항변할 것입니다. 왜냐하면 그들이 모든 면에서 자신들을 능가했기 때문입니다. 거인들의 시각으로 볼 때 그들은 메뚜기처럼 보일 것이며, 따라서 그들이 두려워 떠는 것은 당연한 일이었습니다. 그들이 생각할 때 말입니다. 만일 아낙 자손이 평범한 사람들이었다면, 이스라엘은 그들을 두려워하지 않을 것이었습니다. 그러나 그들의 거대한 몸집은 이스라엘로 하여금 자연적인 두려움으로 떨지 않을 수 없게 만들었습니다. 그러나 하나님은 이렇게 말씀하십니다. "그렇지 않느니라. 그것은 무익한 핑계니라. 만일 그들이 나를 믿었다면, 어떤 두려움도 그들의 마음 속으로 들어갈 수 없었을 것이니라. 어느 때까지 그들이 나를 믿지 않겠느냐?" 설령 아낙 자손이 지금보다 열 배 더 크다 하더라도, 그러나 전능하신 하나님은 그들을 이기실 수 있습니다. 설령 그들의 성읍이 상징적으로뿐만 아니라 문자적으로 하늘까지 닿는 성벽으로 둘러싸여 있다 하더라도, 그러나 여호와는 하늘로부터 그들을 치시고 그들의 성벽을 진토 가운데 던지실 수 있습니다. 성벽으로 둘러싸인 성읍들과 거인들은 홍해를 가르신 자에게 아무것도 아닙니다. 전능자의 임재 앞에 감히 누가 대적하겠습니까? 이와 같이 이스라엘이 두려워한 진짜 이유는 그들이 그들의 하나님을 믿지 않았다는 사실이었습니다. 그것은 너무도 분명한 사실입니다. 그러므로 나의 형제들이여, 우리의 낙망과 불평의 모든 가면을 벗기고 그것의 실제 모습을 보십시오. 그러면 그것은 하나님에 대한 불신앙이라는 자신의 실상(實相)을 있는 그대로 드러낼 것입니다. 우리 앞에 있는 역경이 크게 보일 수 있는 것은 사실입니다. 그러나 그것은 우리로 하여금 능히 이기고도 남는 자가 되게 하시겠다고 약속하신 하나님께는 결코 큰 것일 수 없습니다. 또 어떤 상황들이 우리를 당황하게 만들 수 있습니다. 그러나 그것들은 결코 자신의 지혜로 우리를 인도하겠다고 약속하신 자를 당황하게 만들 수 없습니다. 이와 같이 우리가 너무나 쉽게 낙망하며 두려워하는 진짜 이유는 우리가 처한 어떤 상황이나 역경 속에서가 아니라 하나님에 대한 우리의 불신앙에서 찾아져야 합니다.

　　그러면 이스라엘 백성들은 이렇게 대답할는지 모릅니다. "아! 그렇지만 우리는 우리의 약함 때문에 두려워합니다. 우리는 애굽 군대처럼 잘 훈련된 군대가 아닙니다. 우리는 철 병거에 대항하여 어떻게 싸울지 알지 못합니다. 또 우리에게는 우리의 행군을 지체하게 만드는 약한 여자들과 아이들이 있습니다. 그러므로 우리는 아말렉 족속과 가나안 족속의 무리를 쫓아낼 것을 바랄 수 없습니다. 이와 같이 우리의 약함을 생각할 때, 우리는 두려움을 갖지 않을 수 없습니다." 그러나 하나님은 문제를 전혀 다른 시각으로 바라보십니다. 하나님의 약속 앞에서 그들의 약함이 도대체 무엇이란 말입니까? 도대체 어떻게 그들의 약함이 그 땅을 주겠다는 하나님의 약속에 영향을 미칠 수 있단 말입니까? 하나님은 아말렉을 정복할 수 있습니다. 설령 그들은 할 수 없다 하더라도 말입니다. 갈렙의 말을 들어 보십시오. "여호와께서 우리를 기뻐하시면 우리를 그 땅으로 인도하여 들이시고 그 땅을 우리에게 주시리라"(8절). 그들은 자신들의 약함에도 불구하고 하나님이 그들을 애굽으로부터 건져내는 것을 똑똑히 보았습니다. 바로의 교만과 권능에도 불구하고 말입니다. 그들의 약함이 하나님의 일하심을 막을 수 없었습니다. 그러므로 그들은 하나님이 가나안 족속들을 애굽의 경우와 마찬가지로 쉽게 정복할 수 있음을 알아야만 했습니다. 도리어 그들의 약함은 신적 능력의 영광을 더욱 돋보이게 만들 것이었습니다. 우리 역시도 마찬가지입니다. 우리의 약함을 호소할 때, 우리는 스스로에 대해 부끄러워해야 마땅합니다. 왜냐하면 우리는 우리를 강하게 하시는 그리스도로 말미암아 모든 것을 할 수 있기 때문입니다. 우리의 약함을 의식할 때 솟아오르는 의심과 두려움의 기저(基底)를 면밀히 살펴보십시오. 그러면 우리는 그것들이 하나님에 대한 불신앙으로부터 솟아오르는 것을 발견하게 될 것입니다. 두려움은 겸손이 아니라 불신앙입니다. 우리는 그러한 사실을 가릴 수 있지만 그러나 하나님의 시각으로 볼 때 분명히 그러합니다. 문제는 "어느 때까지 그들이 약하겠느냐?"가 아니라 "어느 때까지 그들이 나를 믿지 않겠느냐?" 하는 것입니다.

그러면 이스라엘 백성들은 또 이렇게 말하는지 모릅니다. "아닙니다. 우리는 하나님께 대해 불평하고 있는 것이 아닙니다. 우리의 불평은 모세와 아론에 대한 것입니다. 그들은 우리를 광야로 인도하는 잘못을 범했으며, 자신들이 감당할 수 없는 일을 저질렀습니다. 우리는 그와 같은 무모함으로 인해 그들을 비난하고 있는 것입니다." 그러나 하나님은 그렇게 생각하지 않습니다. 모세와 아론은 단지 그의 도구일 뿐이며 단순히 이차적 원인에 불과할 뿐이었습니다. 하나님은 그것을 단순히 그들 사이의 다툼으로 받아들이지 않으실 것입니다. 도리어 하나님은 이렇게 물으십니다. "어느 때까지 그들이 나를 믿지 않겠느냐?" 이와 같이 형제들이여, 우리는 종종 우리 동료의 연약함이라든지 혹은 근시안적인 식견이라든지 혹은 지혜의 부족 따위를 붙잡고 늘어집니다. 그러면서 하나님을 의심하는 것은 아니지만 어쨌든 그런 사람들이 우리를 인도하는 한 우리는 결코 안심할 수 없다고 말합니다. 설령 이런 구실을 댄다 하더라도, 여러분은 그것이 아무 소용 없다는 것을 알게 될 것입니다. 왜냐하면 하나님은 자신이 기뻐하는 도구들을 자신이 원하는 대로 사용할 수 있기 때문입니다. 바울이든 아볼로든 게바든 상관 없이 말입니다. 그리고 하나님은 그들의 연약함 여부와 상관 없이 자신의 목적을 이루실 수 있습니다. 그의 말씀이 그것을 전달하는 매개체로 인해 땅에 떨어지는 일은 결코 없습니다. 하나님이 택하여 사용하는 도구들에 대한 우리의 불신을 벗겨 보십시오. 그러면 우리는 우리가 하나님을 믿지 않았다는 사실을 발견하게 될 것입니다.

　　우리의 염려와 두려움과 불평은 종종 일종의 실제적 무신론(practical atheism)입니다. 이 말이 의미하는 바는 이것입니다. 즉 만일 우리가 하나님이 약속하신 것에 대해 어떤 이유로든 그것이 이루어질 것을 의심한다면, 우리는 마치 하나님이 없는 것처럼 생각하며 느끼는 것이라는 것입니다. 우리는 성경의 약속들이 곧 하나님 자신의 약속들임을 믿는다고 고백합니다. 그러므로 만일 그러한 약속들이 이루어질 것을 의심한다면, 우리는 그것들을 약속하신 자의 신성(神性)을 부인하는 것이나 마찬가지입니다. 왜냐하면 자신의 약속을 지킬 수 없는 혹은 지키지 않을 자는 하나님일 수 없기 때문입니다. 참 하나님의 말씀은 무궁무진한 힘을 갖습니다. 따라서 그러한 힘을 갖지 못하는 말씀은 전능자의 말씀일 수 없습니다. 감히 우리가 하나님을 경솔하게 말하고 나중에 책임지지 못하는 그런 자로 만들 것입니까? 감히 우리가 장엄한 하나님의 약속을 어리석은 인간들의 허언(虛言)과 같은 것으로 만들 것입니까? 감히 우리가 하나님의 약속을 지나가는 바람에 힘없이 떨어지는 메마른 낙엽처럼 만들 것입니까? 분명히 말하건대 그런 하나님은 결코 참 하나님이 아닙니다. 그와 같은 개념은 오직 거짓 신에게나 어울리는 것이며, 그것은 참 하나님으로부터 그의 본질적인 속성을 빼앗는 것입니다. 그렇지 않습니까? 어떤 때는 이것을 의심하고 또 어떤 때는 저것을 의심하면서, 그러면서도 우리는 하나님이 자신의 약속들을 지킬 수 있으며 또 지킬 것을 알기 때문에 실제적으로 하나님을 의심하는 것이 아니라고 말합니다. 그러면서도 특별한 경우에 또다시 하나님이 우리에게 자신의 말씀을 지킬 것인지 여부를 의심합니다. 이것은 얼마나 이상한 일입니까? 너무나 자주 우리는 하나님의 약속들과 관련하여 정말로 우리에게 가장 필요한 것은 제외하고 다른 것들을 믿는다고 생각합니다. 우리는 우리가 믿도록 부름받은 가장 중요한 바로 그것을 제외하고 다른 모든 말씀들을 믿습니다. 정말로 이것은 얼마나 이상한 믿음입니까? 그것은 가장 필요한 곳을 제외하고 모든 곳에서 역사(役事)하는 믿음입니다. 우리는 만일 일이 다른 쪽으로 진행된다면 하나님을 믿을 수 있을 것이라고 주장합니다. 도대체 이 말이 무슨 뜻입니까? 그것이 지금의 상황에서는 하나님을 믿을 수 없다는 말이 아니면 무엇이겠습니까? 하나님이 자신에게 준 특별한 약속을 의심하는 자는 다른 모든 약속들도 의심할 것입니다. 왜냐하면 그 모든 약속이 한 덩어리로 뭉쳐 있기 때문입니다. 그 모든 약속이 거짓말이든 그 모든 약속이 영원한 하나님의 진리든 둘 중 하나입니다. 그렇습니다. 바로 이것이 약속의 본질입니다. 어떤 한 약속에 대한 우리의 의심은 하나님 자신에 대한 의심의 반영(反影)입니다.

그러므로 형제들이여, 오늘의 첫 번째 주제는 너무도 분명합니다. 그것은 의심과 염려와 두려움은 우리가 영원히 복되신 하나님을 믿지 않는 사실로부터 오는 것이라는 사실입니다. 만일 우리가 우리의 낙망과 불신을 이러한 빛으로 바라본다면, 우리는 더 이상 스스로를 긍휼히 여기는 대신 단호히 책망할 것입니다. 그리고 이렇게 저렇게 핑계를 대는 대신, 그것을 큰 죄로 여기며 스스로를 참소할 것입니다. 하나님에 대한 불신앙은 단순한 연약함이 아닙니다. 그것은 가장 중대한 악(惡)입니다.

2. 둘째로, 이제 이러한 불신앙의 죄를 살펴보도록 합시다.

첫째로, 세상에 하나님에 대한 불신앙 같은 것이 존재한다는 것은 **참으로 믿을 수 없는 일**입니다. 하나님이 사람들에게 자신을 나타내시고 약속을 주신 것은 형언할 수 없는 낮추심입니다. 지극히 높은 자는 그의 영원한 고요함 가운데 거하시며 인간 같은 저급한 존재에게 말씀하기보다 가장 존귀한 피조물들에게 스스로를 나타내는 것이 마땅할 것으로 생각될 수 있습니다. 사람이 무엇이관대 하나님이 그에게 마음을 쓰시며 그에게 말씀한단 말입니까? 그럼에도 불구하고 하나님은 종종 그의 선지자들로 말미암아 그리고 마지막 날에 그의 아들로 말미암아 우리에게 말씀하셨습니다. 만일 어떤 천사가 하나님이 사람들에게 말씀하셨음에도 불구하고 사람들이 그를 믿지 않았다는 소식을 듣게 된다면, 그는 얼마나 놀라 기겁을 하겠습니까? 그는 이렇게 말할 것입니다. "무엇이라고? 하나님이 스스로를 낮추셔서 인간들에게 말씀하셨음에도 불구하고 인간들이 하나님을 의심하며 믿지 않았다고? 맙소사, 거짓말할 수도 없고 속일 수도 없는 하나님을 그토록 모독할 수 있는 악독한 피조물들이 있다고? 그들이 무한히 정결하신 자를 의심했다고? 감히 그들이 그룹들이 경배하는 완전자(完全者)의 진리를 의심했다고?' 아마도 그 천사는 그토록 지독한 신성모독에 경악할 것입니다. 사랑하는 자들이여, 보십시오! 하나님은 아무것도 아닌 존재들에게 말씀하셨으며, 어둠으로 둘러싸인 이 땅에 오셨습니다. 하나님이 말씀하시자 빛이 나타났으며 만물이 생명으로 충만하며 아름다움으로 옷 입었습니다. 그의 말씀의 능력으로 만물이 창조되었는데, 도대체 어떻게 사람들이 이 말씀을 거짓말이라고 생각할 수 있단 말입니까? 여호와의 말씀은 살아 있으며, 그의 뜻은 굳게 섭니다. 그런데 도대체 어떻게 사람들이 어떤 상황 아래서 이 말씀이 거짓말일 수 있다고 생각할 수 있단 말입니까? 나의 형제들이여, 상상할 수 없는 신성모독이 사람의 아들들에 의해 너무나 쉽게 행하여지는 것은 얼마나 슬픈 일입니까? 지극히 높은 하나님을 모독한 것에 대해 우리 인류는 지극히 부끄러워해야 마땅합니다. 하나님의 진실하심을 의심하는 생각 속에 얼마나 큰 신성모독이 자리 잡고 있습니까? 그러한 생각은 지극히 악독하며 부당하며 불경스러운 것으로서, 마땅히 혐오스러운 악(惡)으로 간주되어야 합니다.

　둘째로, 불신앙은 가장 비합리적인 것이라는 사실을 주목하십시오. 만일 하나님이 약속하셨다면, 도대체 무슨 근거 위에서 우리가 그것이 이루어질 것을 의심한단 말입니까? 하나님의 모든 속성들 가운데 어떤 속성이 그러한 의심의 대상이 된단 말입니까? 아마도 사람들의 의심의 대상이 되는 첫 번째 속성은 그의 능력일 것입니다. 사람들은 "하나님이 광야에서 우리에게 먹을 것을 줄 수 있습니까? 그가 우리를 깊은 물로부터 구원할 수 있습니까?"라고 묻습니다. 이에 대해 생각해 봅시다. 하나님은 우리에게 필요한 것을 공급하시며 구원해 주시겠다고 약속하셨습니다. 그렇다면 사랑하는 친구여, 당신은 정말로 그렇게 말씀하신 하나님의 능력을 의심합니까? 제정신으로 말입니다. 그가 하늘과 땅을 만들지 않았습니까? 만물이 그의 능력으로 말미암아 살아가고 있지 않습니까? 하나님에게 지나치게 어려운 일이 있겠습니까? 그의 팔이 짧아 구원하지 못하겠습니까? 그의 손이 마비되어 그의 목적을 이룰 수 없겠습니까? 하나님이 자신의 약속을 지킬 수 없다는 개념을 깊이 생각해 보십시오. 깊이 생각하면 생각할수록 우리는 그러한 개념을 더 큰 분노와 함께 쓰레기통에 내던져 버리지 않을 수 없게 됩니다. 우리는 단 한순간도 그러한 개념을 마음에 품을 수 없습니다. 그러면 우리가 하나님의 선하심을 의심할 것입니까? 하나님이 세상을 풍성한 사랑과 은혜로 채우신 것을 생각해 보십시오. 그리고 무엇보다도 하나님이 자기 독생자를 보내셔서 그의 언약의 위대한 약속을 이루기 위해 죽게 하셨음을 생각해 보십시오. 그런데 감히 우리가 그의 선하심을 의심할 것입니까? 우리가 하나님을 악하다고 말할 것입니까? 우리가 하나님에게 은혜가 없다고 말할 것입니까? 그것은 얼마나 망령되며 혐오스러운 생각입니까? 그것은 선하신 하나님을 얼마나 악독하게 모독하는 생각입니까? 하나님에게서 "선하심"을 빼면 도대체 무엇이 남겠습니까? 하나님의 진실하심을 의심하는 것에 대해 더 많이 생각할수록, 우리는 그 안에 담긴 지독한 신성모독으로 말미암아 더 많이 놀라게 될 것입니다. 하나님의 피조물인 인간이여, 당신은 당신의 창조자가 스스로 거짓말을 할 수 있다고 믿습니까? 당신은 그가 거짓 맹세할 수 있다고 생각합니까? 당신은 그가 스스로를 부인할 수 있다고 생각합니까? 실제적으로 그의 모든 약속들은 언약이 확증되는 맹세로써 인쳐집니다. 하나님은 자신의 손을 들고 스스로의 이름으로 맹세하십니다. 자신보다 더 큰 자가 없기 때문에 말입니다. 하나님은 결코 거짓말할 수 없으며, 그로 인해 우리는 큰 위로를 받을 수 있습니다. 만유를 심판하는 자는 필히 그 자신이 공의로워야 하지 않겠습니까? 그러므로 그가 진실하지 않다는 것은 절대로 불가능합니다. 하나님의 개념 속에는 필연적으로 진실함이 따릅니다. 하나님에게는 결코 "거짓"(false)이라는 수식어가 붙을 수 없습니다. "거짓 신"(false god)은 결코 우리 하나님이 아닙니다. 세상의 다른 의심들은 나름대로 근거를 가질 수 있습니다. 그러나 하나님의 진실하심에 대한 의심은 전적으로 비합리적입니다. 만일 죄가 사람의 눈을 완전히 멀게 하지 않았다면, 불신앙은 어느 누구의 마음 속으로도 들어가 자리를 잡을 수 없었을 것입니다.

셋째로, 이와 같이 불신앙은 너무도 비합리적이기 때문에 그것은 또한 가장 핑계할 수 없는 것이 됩니다. 주 하나님의 진실하심을 의심하는 것에 대해 핑곗거리를 찾아볼까요? 여러분 자신의 경험과 다른 모든 사람들의 경험으로부터, 하나님이 당신의 말씀에 대해 진실하지 않았던 예(例)를 단 한 가지라도 찾아보십시오. 그러한 예를 제시하기 위해 우리는 영원부터 영원까지 수색합니다. 우리는 아담으로부터 가장 마지막에 태어날 사람까지 모든 인류에게, 그리고 심지어 마귀들에게까지 도전합니다. 여호와가 자신의 약속이나 경고를 스스로 배반한 예가 단 한 번이라도 있으면 지금 당장 제시하라고 말입니다. 그의 신실하심은 논란의 여지 없이 너무도 명백합니다. 모든 세대가 그것을 증언합니다. 만일 단 하나의 예라도 있다면, 우리의 불신앙은 나름대로 정당화될 수 있을 것입니다. 만일 우리가 하나님이 당신의 약속과 상반되게 행동했다든지 혹은 자신의 약속을 지키지 않았다는 것에 대한 하나의 확실하며 입증할 수 있는 예를 찾을 수 있다면, 우리는 적법하게 그의 말씀과 약속을 불신할 수 있을 것입니다. 그러나 그러한 예를 단 한 경우도 찾을 수 없기 때문에, 우리는 우리의 불신앙에 대해 결코 평계할 수 없습니다.

더욱이 어떤 사람이 거짓말을 한다든지 혹은 약속을 지키지 않을 때, 거기에는 분명 어떤 동기(動機)가 있게 마련입니다. 예컨대 그가 거짓말을 통해 어떤 이득을 얻는다든지 하는 따위 말입니다. 그렇지만 지극히 높은 자에게 도대체 우리가 무슨 동기를 돌릴 수 있단 말입니까? 그가 거짓말을 한다든지 혹은 약속을 어김으로써 무슨 이득을 취할 수 있단 말입니까? 그는 처음부터 모든 것을 아십니다. 그러므로 설령 약속을 지키는 것이 불편하게 생각될 수 있다 하더라도 하나님은 기꺼이 약속하시고 또 약속하신 대로 행하실 것입니다. 왜냐하면 하나님은 이미 그러한 불편함까지도 내다보셨기 때문입니다. 하나님은 약속에 얽매이지 않습니다. 그러므로 선한 것이 아니라면, 하나님은 그것을 약속하지 않으셨을 것입니다. 뿐만 아니라 하나님은 변하지 않습니다. 왜냐하면 불변성은 그의 존재의 본질이기 때문입니다. 그러므로 만일 그가 어떤 말씀을 하셨다면, 여러분은 그 말씀이 굳게 설 것을 확신할 수 있습니다. 왜냐하면 불변의 존재는 자신의 약속으로부터 돌이켜 도망칠 수 없기 때문입니다. 나의 친구들이여, 하나님의 영광이 무엇입니까? 그것은 그가 그의 말씀을 지키는 것이 아닙니까? 사람의 경우도 마찬가지 아닙니까? 자기가 한 말을 굳게 지키는 것이 정직한 자의 영광이 아닙니까? 마찬가지로 자신이 엄숙하게 선언한 것을 굳게 지키는 것이 하나님의 영광이요 존귀입니다. 저급한 표현으로 말할 때, 우리는 자신의 말씀과 약속에 진실할 때 하나님의 이익이 극대화된다고 말할 수 있지 않습니까? 그의 이름의 모든 영광과 신적 인격의 모든 존귀는 그가 자신의 말씀을 지키는 여부에 달려 있습니다. 우리는 하나님이 거짓말을 해야만 하는 동기를 어디에서도 찾을 수 없습니다. 이처럼 아무런 동기도 찾을 수 없는데, 도대체 왜 우리가 지극히 높은 자의 진실하심을 의심해야만 한단 말입니까?

넷째로, 그러므로 사랑하는 형제들이여, 하나님의 말씀에 대한 불신앙은 필연적으로 불가능한 것입니다. 그것은 하나님을 경외하는 마음을 가진 모든 사람들에게 필연적으로 불가능합니다. 하나님을 알고 그의 임재 앞에 두려워 떨면서 동시에 그를 의심하며 불신할 것이란 말입니까? 묵상 가운데 하나님을 보며 그 앞에 무릎 꿇고 경배하는 모든 사람은 하나님이 거짓말할 수 있다는 파렴치한 생각에 경악을 금하지 못할 것입니다. 하나님을 경외하는 마음을 가진 자여, 당신에게 있어 하나님의 약속의 진실함을 의심하는 것은 결코 가능하지 않은 일입니다. 더욱이 하나님 자신의 자녀들에게 그것은 한층 더 불가능합니다. 여러분은 참된 마음을 가진 자녀로 하여금 그의 아버지의 진실함을 의심하도록 만들 수 없습니다. 만일 그가 자기의 사랑하는 아버지에게 그와 같은 참소와 의심이 돌려지는 것을 듣는다면, 그는 필경 분개할 것입니다. 그는 이런저런 증거를 들이대며 변론하는 말을 듣고 싶어하지 않을 것이며, 다만 이렇게 말할 것입니다. "그것은 불가능해! 나는 나의 아버지를 알아. 나는 그의 성품을 알아. 나는 그를 보았으며 그를 이해해. 나는 그가 비방을 당하는 것을 참을 수 없어. 또 그를 옹호해 주는 말도 들을 필요 없어. 왜냐하면 나는 그가 거짓말할 수 없는 것을 확실하게 알기 때문이야." 자녀의 경우에는 자기 아버지에 대해 편파적인 마음을 가질 수 있습니다. 그리고 그의 아버지에게 문제가 있을 수도 있습니다. 그러나 하나님의 자녀들의 경우, 그러한 가능성은 존재하지 않습니다. 왜냐하면 우리 아버지는 진실하신 하나님이기 때문입니다. 나의 형제들이여, 하나님의 자녀들이 그들의 아버지를 의심한다는 말을 듣고자 합니까? 나는 어떤 그리스도인들이 하나님의 약속을 믿는 것은 매우 어려운 일이라고 말하는 것을 종종 듣곤 합니다. 그러면서도 그들은 그러한 생각이 얼마나 두려운 것인지를 알지 못합니다. 그러나 그것은 너무도 두려운 생각입니다. 하나님을 믿는 것이 그토록 어려운 일이라면, 그들의 하나님관(觀)은 도대체 무엇이란 말입니까? 그것을 다시 한 번 생각해 보십시오. 하나님의 자녀가 그 자신의 하늘 아버지를 믿기가 그토록 어렵다고요? 아, 이 얼마나 악독한 죄입니까! 이 얼마나 하나님을 모독하는 악독한 생각입니까! 만일 우리가 거짓된 마음을 가진 자들이 아니라면, 우리는 그와 같은 생각을 꿈도 꾸지 못할 것입니다. 만일 우리의 마음이 온갖 거짓으로 얼룩져 있지 않다면, 우리의 마음 속에 하나님이 그의 말씀을 지키지 않을 수도 있다는 생각은 결코 자리 잡지 못할 것입니다. 그것은 정말로 너무도 두려운 생각입니다. 혹시 여러분의 마음 속에 그러한 생각이 떠올랐다면, 즉시로 내던져 버리십시오. 그리고 눈물로 하나님 앞에 고백하십시오. 왜냐하면 하나님의 자녀에게 아버지의 진실하심을 의심하는 것은 필연적으로 불가능한 일이기 때문입니다.

어떤 하나님의 자녀들에게 그것은 한층 더 불가능한 일입니다. 예컨대 하나님의 신실하심에 대한 특별하면서도 확실한 증거들을 받은 자들 같은 경우 말입니다. 하나님은 그들의 기도에 응답해 주셨으며, 그들의 눈이 기쁨의 눈물로 가득 차도록 만들어 주셨습니다. 하나님은 그들을 사라처럼 웃도록 만들어 주셨습니다. 그녀에게 약속의 아들이 주어졌을 때 말입니다. 그들은 하나님의 선하심을 느꼈으며, 그들에게 있어 그것을 의심하는 것은 전적으로 불가능합니다. 땅이 요동하고 산들이 바다 가운데 던져지며 모든 것이 바뀌고 자연법칙들이 변한다 하더라도, 그들에게 있어 하나님이 그의 약속에 거짓될 수 있으며 그의 말씀을 깨뜨릴 수 있다는 생각은 결코 가능할 수 없습니다, 사랑하는 형제들이여, 나는 내 자신의 눈의 증거는 의심할 수 있지만 그러나 하나님은 결코 의심할 수 없습니다. 왜냐하면 우리의 눈은 종종 우리를 속이지만 그러나 여호와는 결코 우리를 속이지 않기 때문입니다. 나는 여러분도 나와 같기를 바랍니다. 빛은 우리의 망막을 속일 수 있습니다. 그렇지만 하나님은 결코 우리를 속이는 말을 하지 않으며 자신이 이룰 수 없는 것을 말하지 않습니다. 나의 형제들이여, 여러분의 하나님을 의심하느니 차라리 여러분 자신의 귀를 의심하겠다고 결심하십시오. 왜냐하면 우리의 귀는 종종 환청 따위에 쉽게 속기 때문입니다. 또 하나님의 말씀 하나를 의심하느니 차라리 여러분 자신의 최고의 판단력을 의심하겠다고 결심하십시오. 여러분은 얼마나 자주 오류를 범하곤 했습니까? 하나님이 당신의 말씀을 이룰 수 없는 것이 마치 2X2=4라는 수학계산만큼이나 확실하게 보일 때조차도, 차라리 수학계산을 부인할지언정 결코 하나님을 의심하지 마십시오. 하늘 아래 확실한 것은 하나님 한 분 외에 아무것도 없습니다. 하나님의 말씀 외에 모든 것은 불확실성 아래 있습니다. 여러분이 친구들과 의논한다고 상상해 보십시오. 모든 친구들이 만장일치로 지금의 경우는 희망이 없으며 약속은 결코 이루어질 수 없다고 결론내립니다. 그러면 어떻게 하겠습니까? 그들 모두를 부인하십시오. 그리고 혈과 육과 더불어 의논하는 것을 즉시 멈추십시오. 오직 하나님만 참되시며 모든 사람은 거짓됩니다. 그렇습니다. 모든 것이 거짓됩니다. 여러분의 느낌을 의심하십시오. 여러분의 느낌은 결코 신뢰할 만한 것이 되지 못합니다. 여러분 자신의 감각을 믿지 마십시오. 여러분의 감각은 사실을 올바로 전달하는데 매우 오류가 많습니다. 오직 여러분의 하나님을 믿으십시오. 설령 마귀들이 그리고 심지어 천사들이 만장일치로 하나님이 실패했다고 맹세하며 말한다 하더라도, 그들의 말을 믿지 마십시오. 그리고 그들을 거짓말쟁이라 부르십시오. 왜냐하면 하나님은 절대로, 절대로, 절대로 거짓말할 수 없기 때문입니다. 보이는 것들은 결국 단순한 그림자에 불과합니다. 그리고 그 모든 것의 나타남과 지속됨은 오로지 하나님에게 의존합니다. 그런데 어째서 하나님을 신뢰하는 대신 그런 것들을 신뢰한단 말입니까? 오직 하나님만 진실합니다. 만일 여러분에게 하나님 안에서의 소망 외에 다른 아무 소망도 없다면, 여러분은 모든 소망을 가지고 있는 것입니다. 사람들은 하나님을 신뢰하는 우리에게 바라볼 것이 아무것도 없다고 말합니다. 그러나 우리의 대답은 보이지 않는 하나님을 믿는 믿음이 가장 확실한 사실 위에 기초한 최고의 근거라는 것입니다. 그의 보이지 않는 팔은 우리가 볼 수 있는 모든 것을 다 합한 것보다 더 강합니다. 모든 회리바람과 요란한 폭풍을 다 합한 것보다 하나님 안에 더 큰 능력이 있습니다. 하나님 외에는 어디에도 능력이 없습니다. 마찬가지로 하나님의 말씀 외에 어디에도 절대적으로 확실한 진리는 없습니다.

사랑하는 자들이여, 하나님의 말씀 안에 있는 모든 약속들은 일차적으로 아버지의 입술로부터 온 것입니다. 여러분은 그를 의심할 것입니까? 그리고 다음으로, 그것은 그것을 계시하는 성령으로 말미암아 온 것입니다. 여러분은 성령을 의심할 것입니까? 성령께 대해 죄를 범하지 않도록 조심하십시오. 다음으로, 그것은 예수의 피로 인쳐진 상태로 온 것입니다. 여러분은 예수를 의심할 것입니까? 여러분은 여러분의 구주를 의심할 것입니까? 하나님의 약속에 대한 단 하나의 의심조차도 아버지와 아들과 성령을 모독하는 것이며, 삼위일체 하나님에 대한 삼중의 범죄입니다. 이와 같이 지극히 높은 자에 대한 의심 안에는 말할 수 없이 큰 독(毒)이 들어 있습니다.

여러분과 내가 다른 많은 것들은 믿고 신뢰하면서도 정작 그러한 믿음과 신뢰를 우리 하나님께 돌릴 수 없는 것은 얼마나 이상한 일입니까? 여러분 모두는 물리적인 법칙들을 믿습니다. 여러분은 어떤 물체를 창 밖으로 던지면서 그것이 중력의 법칙에 따라 땅으로 떨어질 것을 예상합니다. 왜 여러분은 그토록 분명하게 확신합니까? 그것은 여러분이 그러한 법칙이 계속해서 작동되는 것을 보아 왔기 때문입니다. 그렇기 때문에 여러분은 이번의 경우도 그렇게 될 것으로 예상합니다. 그러나 중력의 법칙은 중단될 수 있습니다. 홍해가 갈라질 때 그랬지 않았습니까? 그 때 홍해의 물은 마치 벽처럼 수직으로 서 있었습니다. 여러분 모두는 해가 아침에 떠서 정해진 시간에 질 것을 예상합니다. 왜냐하면 해는 매일같이 자신의 경로를 지켜왔기 때문입니다. 그렇지만 해가 뜨지 않았던 때도 있었으며, 장차 낮과 밤이 그치고 해가 흑암으로 바뀔 때도 있을 것입니다. 여러분은 일시적인 것은 신뢰하면서 영원한 것은 의심할 것입니까? 여러분 모두는 계절이 오고 가는 것을 예상합니다. 그러나 계절은 하나님에 의해 쉽게 뒤바뀔 수 있습니다. 이와 같이 자연법칙들은 분명히 바뀔 수 있으며 언젠가는 끝날 때가 올 것입니다. 그럼에도 불구하고 자연법칙들을 믿을 수 있다면, 어째서 여러분은 영원한 하나님을 믿을 수 없단 말입니까? 하나님이 당신의 약속을 지키는 것은, 낮과 밤이 바뀌며, 씨 뿌리는 때와 추수하는 때가 바뀌며, 추위와 더위가 바뀌는 것보다 더 확실하지 않습니까? 하나님의 불변하심은 영원부터 영원까지 뻗어가지 않습니까? 아, 우리가 좀 더 지혜로울 수 있다면! 아, 우리가 하나님에 대해 좀 더 정직하기만 하다면! 아, 우리가 하나님에 대해 우리가 발견한 대로 말하기만 한다면! 그러면 우리는 더 이상 그를 의심하지 않을 것입니다. 그러는 대신 우리는 확고하며 흔들리지 않는 믿음 안에 거할 것입니다. 오, 성령이여! 우리를 이와 같은 길로 인도하소서!

3. 셋째로, 그러므로 불신앙의 죄는 쓰라린 마음으로
한탄해야만 하는 죄임을 주목하십시오.

우리 모두 불신앙의 죄에 대해 어느 정도 죄책을 가지고 있습니다. 그리고 여기에 있는 사람들 가운데 어떤 사람들은 매일같이 그와 같은 죄를 범하며 살고 있습니다. 그렇지만 이 시간 내가 여러분의 기억을 환기시키고자 하는 것은 이것입니다. 즉 하나님의 진실하심을 의심하는 모든 경우에 거기에는 전체적인 불신앙의 죄의 충분한 독(毒)이 들어 있다는 사실입니다. 다시 말해서, 만일 당신이 어떤 한 경우에 하나님을 불신한다면, 당신은 그를 전체적으로 불신하고 있다는 것입니다. 당신은 그 특정한 한 경우만을 제외하고 다른 경우들에 있어서는 하나님을 믿을 수 있다고 말합니다. 그러나 한 가지 거짓됨을 가진 자는 더 이상 진실한 자가 아닙니다. 그것은 너무도 분명한 사실이 아닙니까? 성경은 그를 "거짓말할 수 없는 하나님"이라고 부릅니다. 당신은 하나님이 어떤 경우 거짓말을 할 수 있다고 생각합니까? 그렇다면 하나님은 거짓말을 할 수 있는 것이며, 그 순간 성경은 파선(破船)됩니다. "그렇지만 내가 말하고자 하는 것은 하나님이 나에게 그의 약속을 지키지 않으실 수도 있다는 것입니다. 나는 너무도 무가치한 사람이니까요." 그러나 어떤 사람이 허언(虛言)을 하면서 "내가 사실이 아닌 것을 말하기는 했지만 그러나 그것은 단지 무가치한 사람에게 그렇게 했을 뿐입니다"라고 말하는 것은 결코 합당한 변명이 아닙니다. 진실은 상대방이 어떤 사람이냐 여하에 상관 없이 말해져야 합니다. 심지어 범죄자라 하더라도, 나에게는 그를 속일 권리가 없습니다. 당신은 감히 하나님이 어떤 사람에게 거짓말을 할 수 있다고 말하는 것입니까? 만일 그럴 수 있다면, 그는 더 이상 진실한 하나님이 아닙니다. 하나님을 진실하지 않은 하나님으로 만듦에 있어 단 하나의 거짓말이나 단 하나의 약속 불이행만으로도 충분히 족합니다. 당신은 크신 하나님에 대해 결코 그와 같은 생각을 품어서는 안 됩니다. 만일 당신이 어떤 한 경우에 하나님을 불신한다면, 당신은 모든 경우에 그를 의심할 수 있습니다. 하나님의 모든 약속을 보십시오. 거기에는 하나님이 그것을 지키실 절대적인 필요성이 내포되어 있습니다. 그것이 사소한 약속이든 큰 약속이든 상관 없이 말입니다. 왜냐하면 하나님은 모든 면에서 진실하신 자이기 때문입니다. 그는 어느 부분에서도 거짓됨이 없으십니다.

그러면 당신은 "내가 하나님을 의심하는 것은 단지 매우 사소한 문제에 있어서일 뿐입니다"라고 항변할 것입니다. 그러니까 그것은 아주 사소한 불신에 불과하다는 것입니다. 그러나 거룩하신 하나님에 대한 사소한 불신 속에 죄의 거대한 세계가 있다는 사실을 기억하십시오. 그러므로 우리 모두 이러한 죄에 대해 죄책이 있음을 애통하며 되돌아봅시다. 한 번뿐입니까? 아, 우리는 얼마나 자주 그러한 죄를 범했습니까? 두려움과 의심은 밭고랑에 난 잡초와 같은 마음 안에서 솟아납니다. 그들은 방금 경험한 위대한 구원으로 인해 하나님을 찬미합니다. 그러다가 구름이 하늘을 가리면, 그들은 곧바로 두려워하며 하나님의 사랑을 불신하기 시작합니다. 그들의 하늘 아버지는 그들을 구원하시며, 도우시며, 위로하십니다. 그리하여 그들은 다시는 하나님을 의심하지 않을 것이라고 말합니다. 그러다가 얼마 후 새로운 시련이 멀리서 어렴풋이 나타나면, 그들은 또다시 낙망하며 갈팡질팡합니다. 오늘 본문 말씀을 나는 여러분과 나 자신에게 다시 한 번 읽어주고 싶습니다. "이 백성이 어느 때까지 나를 멸시하겠느냐 내가 그들 중에 많은 이적을 행하였으나 어느 때까지 나를 믿지 않겠느냐?"

형제들이여, 공적으로 믿음을 고백하는 하나님의 백성이면서도 전혀 믿음으로 사는 것처럼 보이지 않는 사람들이 있지 않습니까? 그들은 일상적인 것들에 대해서는 전혀 믿음과 연결짓지 않습니다. 도리어 그렇게 하는 것을 일종의 광신적인 신앙행태로 여깁니다. 그러나 믿음은 우리에게 있어 매일의 일상과 연결되는 것이어야 합니다. 아브라함의 삶을 생각해 보십시오. 그의 삶 속에서 그의 신앙과 상관 없는 부분이 무엇이었습니까? 그의 가정사를 포함하여 그가 행하는 모든 일상적인 일들은 하나님과 함께하는 순례자로서 그분을 향해 나아가는 삶이었습니다. 아브라함의 삶 가운데 거룩한 삶과 세속적인 삶 사이의 눈에 보이는 구분선은 결코 존재하지 않았습니다. 그에게 있어 모든 것이 거룩한 것이었습니다. 이쪽에 영적인 것을 놓고 저쪽에 세속적인 것을 놓는 것은 잘못된 구분입니다.

나의 형제들이여, 여러분의 삶 전체가 영적인 삶이어야 한다는 사실을 기억하십시오. 여러분의 가정과 가족들과 이웃들과 관련하여 하나님을 믿는 믿음이 있어야만 합니다. 어떤 사람들은 믿음을 이를테면 주일과만 관련되는 것으로 생각합니다. 그러나 실제로 믿음은 매일의 삶 전체와 관련되는 것입니다. 그것은 식탁을 차리는 일과 관련되며, 찬장을 정돈하는 일과 관련되며, 지갑을 사용하는 일과 관련되며, 물건을 사고파는 일과 관련되며, 아이를 돌보는 일과 관련되며, 병자를 위로하는 일과 관련됩니다. 하나님의 백성들의 삶은 예배당 안에서만 이루어져서는 안 됩니다. 그것은 모든 삶의 장소에서 이루어져야 합니다. 의인은 모든 장소에서 믿음으로 살아야 합니다. 그리스도인은 그의 삶 전체를 믿음으로 살아야 하며, 믿음은 그의 삶 전체를 관통해야 합니다. 마치 실이 진주목걸이를 구성하는 모든 진주들을 관통하는 것처럼 말입니다. 우리는 "믿고 세례를 받는 자는 구원을 받을 것이요"라는 말씀과 마찬가지로 "내가 너희에게 먹을 떡과 마실 물을 줄 것이라"는 말씀도 똑같이 믿어야만 합니다. 가정 일에 있어 더 큰 믿음을 행사할 때, 그리고 토요일에 더 큰 믿음을 행사할 때, 우리의 믿음은 더 실제적인 믿음이 됩니다. 우리는 일상적인 일에 너무나 작은 믿음만을 행사하는 것으로 인해 스스로 부끄러워해야 마땅합니다.

4. 마지막으로, 이제 불신앙의 죄를 책망하는 것으로 오늘의 설교를 결말짓고자 합니다.

이와 같은 불신앙의 죄는 마땅히 책망을 받아야만 합니다. 왜냐하면 그것은 하나님을 모독하는 것이기 때문입니다. 나는 불신앙에 대해 무한한 증오심을 느낍니다. 왜냐하면 그것이 나의 하나님의 속성을 너무도 극악하게 왜곡시키기 때문입니다. 어떤 사람이 나에게 "당신의 아버지는 자기 말을 스스로 어기는 사람이야"라고 말했다고 가정해 보십시오. 그렇다면 나는 절대로 그 사람을 그냥 가도록 내버려 두지 않을 것입니다. 어떤 방법으로든 나의 아버지는 결코 그런 사람이 아니라는 사실을 설명할 것입니다. 그렇다면 하물며 나의 하늘 아버지가 그와 같이 비방을 당할 때, 도대체 어떻게 내가 아무 소리 하지 않고 가만히 있을 수 있겠습니까? 우리 인류는 하나님에 대한 옛 용의 야비한 참소를 믿음으로 말미암아 타락하고 말았습니다. 그가 하와에게 "너희가 결코 죽지 아니할 것이라"라고 말했을 때 말입니다. 이와 같이 옛 용은 하나님을 거짓말쟁이라 불렀습니다. 내게서 떠나라, 더럽고 교활한 뱀이여! 내게서 떠나라! 가서 흙이나 먹을지어다! 하나님은 결코 사실이 아닌 것을 말씀하실 수 없습니다. 하나님은 진리 자체입니다. 불신앙은 하나님을 극도로 모독하는 것입니다. 그것은 그의 이름을 비방하는 것이며, 그의 이름을 수치스럽게 만드는 것입니다. 아, 많은 사람들이 창조주의 존재를 부인하는 것은 얼마나 비통한 일입니까? 또 많은 사람들이 하나님이 계시며 그가 말씀하시고 약속을 주셨음을 믿는다고 말하면서 그의 말씀을 믿을 수 없는 무가치한 것인 양 여기는 것은 얼마나 개탄스러운 일입니까? 불신앙은 너무도 가증하며, 혐오스러우며, 역겨운 것입니다. 왜냐하면 그것은 감히 하나님을 믿을 만하지 않은 자로 여기기 때문입니다.

이와 같은 이유만으로도 불신앙의 죄를 책망하기에 충분합니다. 그러나 그것이 전부가 아닙니다. 우리가 불신앙을 미워해야 하는 또 하나의 이유는 그것이 수많은 사람들을 멸망시키기 때문입니다. 어째서 사람들이 잃어집니까? 그들이 행한 모든 죄가 그들을 멸망시킬 수 없습니다. 만일 그들이 예수를 믿는다면 말입니다. 그들이 멸망을 당하는 핵심적인 이유는 그들이 그를 믿지 않는다는 사실입니다. 성경은 이렇게 말합니다. "그를 믿지 아니하는 자는 벌써 심판을 받은 것이니라"(요 3:18). 어째서 그렇습니까? "이는 그가 하나님의 아들을 믿지 않았기 때문이라." 하나님 자신이 사람의 죄를 짊어지고 사람의 모양으로 나무에 달리시고 피 흘리시고 죽으셨습니다. 그러나 사람들은 이러한 무한한 사랑을 외면하며 그것을 믿기를 거절합니다. 그러므로 그들은 사망과 지옥에 떨어지기에 합당합니다. 나는 지금 바깥 어둠 가운데 있는 수많은 사람들을 바라보며 묻습니다. "누가 이 모든 사람들을 죽였나이까?" 그 대답은 이것입니다. "그들이 천국에 들어갈 수 없는 것은 불신앙 때문이라. 그들은 '그 아들의 피로 말미암은 화해'와 관련한 하나님의 증언을 믿지 아니하므로 멸망을 당하였도다." 이와 같이 많은 사람들을 멸망으로 떨어뜨린 불신앙을 우리가 미워하는 것이 지극히 합당하지 않습니까?

또 우리가 불신앙을 미워하는 것은 그것이 하나님의 자녀들에게 많은 고통과 약함을 가져다주기 때문입니다. 나의 형제들이여, 만일 우리가 하나님의 약속들을 믿는다면, 우리는 더 이상 슬픔으로 고개를 숙이지 않을 것입니다. 왜냐하면 우리의 슬픔은 기쁨으로 바뀔 것이기 때문입니다. 우리는 우리의 약함을 기뻐할 것이며, 심지어 고난 가운데서조차 즐거워할 것입니다. 하나님이 모든 것을 합력하여 선을 이루실 것을 바라보며 말입니다. 계속해서 자기 하나님을 믿는 사람은 고요하며, 평온하며, 강합니다. 설령 사람들이 그를 넘어뜨릴지라도, 그의 하나님이 그를 붙잡아 주십니다. 그가 사업에서 실패한다고 가정해 보십시오. 그러나 그의 주된 사업은 그의 하나님을 섬기는 것이며, 그 사업은 실패하지 않았습니다. 만일 그가 병으로 고통을 당한다면, 그는 스스로를 하늘 아버지의 연단의 손에 맡기며 인내합니다. 설령 건강이 완전히 망가졌다 하더라도, 그는 스스로를 하나님께 맡기면서 비록 이 땅의 장막 집은 허물어질지라도 하나님이 지으신 더 좋은 집이 있는 것을 바라봅니다. 그리고 죽음이 다가올 때, 그는 하나님을 온전히 신뢰하면서 세상에 남아 있는 것보다 이 땅을 떠나 아버지 오른편의 영원한 축복으로 들어가는 것을 훨씬 더 나은 것으로 여깁니다. 그러므로 그는 항상 행복합니다. 이런 사람은 얼마나 강해지겠습니까? 약함 가운데 두려워 떠는 것은 그와 아무 상관 없습니다. 그의 마음은 고정되었습니다. 그러므로 그는 자신의 모든 강함을 통제할 수 있으며, 그것을 필요한 장소로 가져갈 수 있습니다. 여러분은 삼손의 용맹에 대해 생각해 보았습니까? 그는 많은 부분에서 부족한 성품을 가진 사람이었습니다. 그러나 만일 여러분이 그의 믿음의 빛으로 그를 바라본다면, 여러분은 그가 참된 영웅이었다는 사실을 알게 될 것입니다. 그는 천부적으로 강한 힘을 가지고 있었던 것이 아니었습니다. 다만 하나님을 믿었을 때, 그에게 강한 힘이 임한 것이었습니다. 하나님을 믿는 신자로서, 그는 여호와가 자신의 힘줄과 근육을 강하게 만들어줄 수 있다고 믿었습니다. 자신에게 부여된 임무를 수행하기에 충분할 정도로 말입니다. 가사의 성문이 닫혔을 때, 그는 잠에서 깨어 일어나 거대한 성문 밑으로 몸을 굽히고 들어가 힘껏 밀어올림으로써 그것을 들어올렸습니다. 또 성문의 빗장이 걸렸을 때, 그는 성문의 기둥을 끌어당긴 후 성문 전체를 어깨에 메고 그것을 산꼭대기까지 옮겼습니다(삿 16:3). 헤라클레스의 재주가 아니라 하나님을 믿는 믿음의 행동으로 말입니다. 자, 지금 블레셋 사람들이 그를 포위하고 있습니다. 그는 한 바위 위에 있으며, 어느 쪽으로도 피할 데가 없습니다. 그는 하나님을 믿습니다. 그리고 수많은 무리 앞에서 조금도 움츠리지 않습니다. 적은 천 명이며 그는 혼자입니다. 그는 무기가 될 만한 것을 찾습니다. 그러나 마른 나귀 턱뼈 외에는 아무것도 없습니다. 그렇지만 그것이 무슨 상관입니까? 그는 무기가 아니라 하나님을 믿습니다. 블레셋 사람들이 그로부터 어떻게 도망치는지 보십시오. 아니, 그들 가운데 대부분은 도망치지조차 못합니다. 왜냐하면 삼손의 손이 그들 위에 있기 때문입니다. 그의 무시무시한 팔이 마치 비질을 하듯 그들을 쓸어 버립니다. 이 어린아이 같은 사람은 위대한 믿음의 사람이었습니다. 그의 믿음으로부터 말미암은 신적 격노(激怒)가 그의 위에 임할 때, 어느 누구도 그를 당할 수 없었습니다. 그는 하나님의 약속에 대해 추호도 불신하지 않았으며, 조금도 우물쭈물하며 주저하지 않았습니다. 한 사람이 천 명과 맞서는 것은 정말로 위대한 행동이었습니다. 나는 그가 "나귀의 턱뼈로 한 더미, 두 더미를 쌓았음이여 나귀의 턱뼈로 내가 천 명을 죽였도다"라고 외칠 때보다 고요한 믿음 가운데 담대한 상태로 있는 것을 더 좋아합니다(삿 15:16). 오직 하나님을 믿으십시오. 그러면 여러분은 무슨 일이든 할 수 있습니다. 만일 하나님이 여러분에게 세상을 흔들라고 명령하셨다면, 여러분은 믿음으로 그렇게 할 수 있습니다. 여러분은 믿음으로 무화과나무를 뿌리째 뽑을 수 있으며, 산을 바다에 던질 수도 있습니다. 여러분은 믿음으로 나라들을 이기기도 하며, 의를 행하기도 하며, 사자들의 입을 막기도 하며, 불의 세력을 멸하기도 할 수 있습니다(히 11:33). 믿음은 단순히 블레셋 사람들을 죽이는 것보다 더 위대한 일들을 행할 수 있습니다. 왜냐하면 믿음은 통치자들과 권세들과 이 어둠의 세상 주관자들과 하늘에 있는 악의 영들을 상대하여 씨름하기 때문입니다(엡 6:12). 우리는 우리를 사랑하는 자를 믿는 믿음으로 말미암아 넉넉히 이깁니다.

그런데 나의 친구여, 당신은 뒤로 물러날 것입니까? 당신은 뒤에 숨어 있을 것입니까? 당신은 어린아이처럼 언제까지나 보살핌이나 받을 것입니까? 도대체 언제까지 그럴 것입니까? 만일 믿지 않는다면, 여러분은 결코 강하게 되지 못할 것입니다. 그러나 믿는 자는 우리 구주 예수 그리스도의 인격을 닮은 하늘의 인격으로 풍성하게 자랄 것입니다.

이러한 불신앙과 관련한 또 하나의 중요한 요점은 그것이 세상에서 그리스도의 역사(役事)를 방해했다는 사실입니다. 그리스도의 구원은 믿음으로 말미암아 이루어집니다. 그는 자신을 믿지 않는 곳에서 많은 일을 행하실 수 없었습니다. "그들이 믿지 않음으로 말미암아 거기서 많은 능력을 행하지 아니하시니라"(마 13:58). 오늘날 세상에 교황주의와 이교(異教)가 가득한 것은 교회가 그들을 정복할 만한 충분한 믿음을 가지고 있지 못하기 때문입니다. 하나님 안에는 부족한 것이 없습니다. 우리의 한계는 우리 자신의 연약하며 소심한 마음 때문입니다. 시온에게 있어 가장 중요한 일은 하나님을 믿는 것입니다. 그러면 하나님의 강한 능력이 그들 가운데 임할 것이며, 그들은 "아침 빛 같이 뚜렷하고 달 같이 아름답고 해 같이 맑고 깃발을 세운 군대 같이 당당하게" 될 것입니다(아 6:10). 만일 지금 인자가 세상에 오신다면, 그가 어디에서 믿음을 보시겠습니까? 도대체 어디에서 그는 큰 믿음을 발견할 것입니까? 여러분은 오늘날 대부분의 교회들의 모습을 압니다. 오늘날 대부분의 교회에서 정기적인 예배가 드려집니다. 그리고 메마른 정통교리가 정기적으로 전파되고 설교됩니다. 그리고 소수의 사람들이 정기적으로 기도회로 모이지만 실제적인 기도는 거의 없습니다. 또 정기적으로 찬양이 드려지지만 모든 영성(靈性)은 이미 오래 전에 메말라 버리고 말았습니다. 이와 같은 생명 없는 틀에 박힌 일들로부터는 아무것도 나오지 않습니다. 그러한 것들로부터 무엇이 나올 수 있겠습니까? 죽은 것으로부터는 오직 죽은 것만이 나올 수 있을 뿐입니다. 우리가 사람들이 복음으로 말미암아 구원받아야 함을 확신하면서 믿음으로 설교하기 시작할 때, 그들은 그로 말미암아 구원받게 될 것입니다. 우리가 하나님의 손 안에 있는 복음의 무기가 결코 미약하지 않음을 확신하면서 믿음으로 싸우러 나갈 때, 우리는 결코 패배하지 않을 것입니다. 영원한 하나님의 오른손으로 하여금 움직이지 못하도록 붙잡는 것은 우리 편에서의 믿음의 결핍입니다. 일단 성령께서 우리 안에서 강력한 믿음을 일으키시면, 하나님의 강한 팔이 나타날 것이며 우리는 놀라운 일들을 보게 될 것입니다. 하나님의 오른손과 그의 거룩한 팔이 승리를 가져올 것입니다. 믿음으로 말미암아 일어나는 일들을 세상은 보지 못합니다. 그러나 만일 우리가 하나님을 신뢰하기만 한다면, 우리의 젊은이들은 환상을 보고 우리의 늙은이들은 꿈을 꾸며 주의 남종과 여종들은 그의 영으로 부음받고 예언할 것입니다. 그러면 세상이 일어나 "옛 광신주의가 되살아났도다. 이 사람들이 새 술에 취하였도다"라고 소리칠 것입니다. 그것은 단지 그들이 성령이 말하게 하심을 따라 말하는 것일 뿐입니다. 왜냐하면 성령은 큰 믿음이 있는 곳에서 강하게 역사(役事)하기 때문입니다. 그러나 성령의 역사는 완고한 마음으로 계속해서 하나님을 의심하는 악독하며 가증스러운 불신앙이 있는 곳에서는 제한되며 억제됩니다.

사랑하는 형제들이여, 부디 성령 하나님이 여러분을 도우셔서 오늘날 여러분으로 하여금 과학의 오만한 발견들을 의심할 것이라고 결심하게 하시기를 기원합니다. 여러분은 지혜로운 자들이 주장하고 단언한 모든 것들을 의심할 수 있습니다. 여러분은 위대한 사상가들이 제시한 모든 사상들을 의심할 수 있습니다. 여러분은 여러분 자신의 모든 느낌들과 외부의 환경으로부터 말미암은 모든 결론들을 의심할 수 있습니다. 그렇습니다. 확실하게 보이는 모든 것들을 여러분은 의심할 수 있습니다. 그러나 하나님이 자신이 한 말씀으로부터 물러날 수 있다든지 혹은 그의 말씀이 변할 수 있다는 따위의 생각이 절대로, 절대로, 절대로 여러분의 마음을 스치고 지나가도록 그냥 내버려 두지 마십시오.

지금까지 나는 하나님을 위해 말했습니다. 부디 하나님의 거룩한 영이 오늘 설교를 예수 그리스도를 위하여 여러분 마음판에 강력하게 새기기를 기원합니다. 아멘.

제
7
장

—

죽은 자와 산 자 사이에
선 대제사장

—

"아론이 모세의 명령을 따라 향로를 가지고 회중에게로 달려간즉 백성 중에 염병이 시작되었는지라 이에 백성을 위하여 속죄하고 죽은 자와 산 자 사이에 섰을 때에 염병이 그치니라." — 민 16:47-48

우리는 오늘의 본문이 포함된 이야기 전체를 주의 깊게 읽었습니다. 모세와 아론의 권위는 레위 지파에 속한 한 야심가 고라에 의해 도전을 받았습니다. 그는 르우벤 지파 출신의 파당의 영을 가진 몇몇 사람들과 연합하여 모세와 아론의 권위에 도전했습니다. 르우벤은 야곱의 맏아들이었습니다. 그러므로 아마도 그들은 르우벤이 야곱의 장자임을 내세우면서 그에 합당한 권세를 스스로 취하고자 했던 것으로 보입니다. 이에 하나님은 하늘로부터의 특별한 심판을 통해 모세를 대적하여 반역을 일으키는 것이 사망에 이르는 죄임을 보여주셨습니다. 하나님이 땅을 명하여 입을 벌리라 하시자 그대로 되었고, 땅은 그들 모두를 삼켰습니다. 그리하여 고라를 따랐던 무리는 산 채로 생매장이 되고 말았습니다. 사람들은 이 사건 이후로 이스라엘 자손의 불평은 그치게 되었을 것이라고 상상할 것입니다. 그렇게까지는 않더라도 최소한 여호와의 성막 앞에서 폭동을 일으키기 위해 모이는 일은 다시는 생기지 않을 것이라고 생각할 것입니다. 그러나 불행하게도 그렇지 않았습니다. 그 두려운 일이 있은 바로 다음 날, 이스라엘 자손들은 또다시 모여 모세와 아론을 둘러싼 채 그들이 여호와의 백성들을 죽게 했다고 비난했습니다. 틀림없이 그와 같은 비난은 모세가 기도할 때마다 하나님이 그의 기도를 들으셨다는 사실 위에 기초했을 것입니다. 이를테면 그들의 비난의 요지는 이런 것이었습니다. "그 순간 모세가 기도했다면, 그들은 결코 멸망을 당하지 않았을 것이며 땅도 결코 그 입을 벌려 그들을 삼키지 않았을 것이라." 이와 같이 그들은 모세와 아론에 대한 자신들의 비난을 정당화하고자 했을 것입니다. 지금 여러분의 마음의 눈으로 당시의 상황을 그려보십시오. 여기에 분노한 군중들이 있습니다. 그들은 모세와 아론에 대하여 불평하며 금방이라도 폭동을 일으킬 기세입니다. 지금 모세와 아론에게는 두려움에 사로잡힐 만한 충분한 이유가 있습니다. 거기에 모인 무수한 무리의 군중과 비교할 때, 그들은 모래 알갱이에 불과합니다. 삼백 만에 이르는 백성들 가운데 상당수가 그들을 비난하며 그 자리에 모였습니다. 만일 누군가가 거기에 불을 붙인다면, 그들은 또다시 거대한 폭도로 돌변할 것이었습니다. 만일 모세를 둘러싸고 있는 두려운 위엄이 없었다면, 의심의 여지 없이 그들은 그를 그 자리에서 찢어 죽였을 것입니다. 그러나 그들이 거대한 파도처럼 덮치려고 하던 바로 그 순간, 성막 위에 있던 구름 기둥이 내려와 회막 전체를 덮었습니다. 그리고 나서 구름 한가운데서 쉐키나라 불리는 불가사의한 빛이 비취었습니다. 그것은 보이지 않는 하나님의 임재를 나타내는 증표였습니다. 그러자 백성들은 움찔하며 뒤로 물러납니다. 그리고 모세와 아론은 즉시로 엎드려 부디 이 백성을 멸하지 말아 달라고 간구합니다. 왜냐하면 쉐키나로부터 흘러나오는 다음과 같은 음성을 들었기 때문입니다. "너희는 이 회중에게서 떠나라 내가 순식간에 그들을 멸하려 하노라"(45절). 이와 같은 말씀과 함께 즉시로 멸하는 천사가 일어나 거대한 무리의 폭도들을 진멸하기 시작할 것이었습니다. 그러면 그들은 즉시로 멸망을 당할 것이었습니다. 모세는 멸하는 천사의 칼날 아래 그들이 쓰러지는 것을 분명하게 볼 수 있었습니다. 그리하여 모세는 즉시로 아론에게 소리를 지릅니다. "너는 향로를 가져다가 제단의 불을 그것에 담고 그 위에 향을 피워 가지고 급히 회중에게로 가서 그들을 위하여 속죄하라 여호와께서 진노하셨으므로 염병이 시작되었음이니라"(46절). 그 때 아론은 백세에 이른 노인이었습니다. 그럼에도 불구하고 그는 젊은이처럼 재빠른 동작으로 즉시 향로를 채워 그것을 하늘을 향해 흔들었습니다. 백성들의 목숨이 자신의 손에 달려 있음을 느끼면서 말입니다. 그리고 향이 하늘로 올라 감과 함께 즉시로 사망이 멈추었습니다. 이쪽에 하나님의 보응하는 천사로 말미 암아 죽임을 당한 시체들이 쌓여 있었으며, 저쪽에 살아 있는 백성들의 무리가 서 있었습니다. 그들이 살아 있는 것은 오직 아론의 중보로 말미암은 것이었습 니다. 그들이 죽지 않은 것은 오로지 아론이 향로를 흔들며 그들을 위해 향을 태 웠기 때문이었습니다. 그렇지 않았다면 보응의 천사가 그들 모두를 쳤을 것이 며, 그들 모두가 추풍낙엽처럼 땅에 떨어졌을 것입니다.

여러분은 마음으로 그 장면을 그려볼 수 있을 것입니다. 그리고 나는 여러 분 모두가 그 그림이 우리 주 예수 그리스도께서 "양처럼 그릇 행하여 각기 제 길로 간" 우리 인생들을 위해 행하신 일의 위대한 영적 모형이라는 사실을 깨닫 기를 바랍니다(사 53:6). 오늘 아침 우리는 아론의 다섯 가지 모습을 살펴볼 것입 니다. 그리고 그러한 각각의 모습은 그리스도를 상징합니다. 다시 말해서 여기 의 다섯 가지 각각의 특성으로 나타나는 아론의 모습은 우리 주 예수 그리스도 를 보여주는 매우 훌륭한 그림들입니다.

1. 첫째로, 백성을 사랑하는 자로서의 아론의 모습을 주목하십시오.

여러분은 우리가 누구에게 "우리 영혼을 사랑하는 자"라는 이름을 부여하는 지 압니다. 여러분은 아론 안에서 이스라엘을 사랑하는 자 곧 자기 백성을 사랑 하는 자이신 예수를 볼 수 있을 것입니다.

목이 곧고 완악한 자기 백성들에 대한 아론의 뜨거운 사랑은 정말로 칭찬받 을 만합니다. 여러분은 여기에서 아론이 매우 위험한 상황에 처해 있었음을 기 억할 필요가 있습니다. 백성들은 모세와 아론에 대해 비난과 불평을 쏟아 놓았 습니다. 그럼에도 불구하고 백성들을 위하여 중보기도하며 그들을 구원한 것은 모세와 아론이었습니다. 백성들이 그들을 향해 불평하며 반역을 행했음에도 불 구하고, 그들은 백성들을 구원했습니다. 여기에서의 백성들의 반역은 특별히 아 론과 매우 깊은 관련이 있었습니다. 왜냐하면 고라는 하나님이 모세에게 허락하 신 선지자적 특권보다는 특별히 아론에게 배타적으로 속했던 제사장직에 대해 이의(異意)를 제기했기 때문입니다. 의심의 여지 없이 아론은 고라를 비롯한 250명의 대적자들의 음모가 특별히 자신을 향하고 있다는 사실을 느꼈을 것입 니다. 그들은 그로부터 대제사장의 관(冠)과 예복과 흉패에 달린 빛나는 보석들을 빼앗고자 했습니다. 그들은 아론의 지위를 통상적인 레위인의 수준으로 격하(格下)시키면서, 그로부터 대제사장의 직분과 위엄을 빼앗고자 했습니다. 그럼에도 불구하고 아론은 오로지 자신만을 생각하면서 이렇게 말하지 않았습니다. "그들로 하여금 죽도록 내버려 두라. 나는 그들이 완전히 멸망을 당할 때까지 기다릴 것이라." 그렇게 하는 대신 그는 백성들로부터 참소와 배척을 당했음에도 불구하고 기꺼이 그들 가운데로 들어갔습니다. 이것은 우리를 사랑하시는 우리 주 예수 그리스도의 위대한 그림이 아닙니까? 죄가 그를 참소하며 배척하지 않았습니까? 그는 영원한 하나님이 아니셨습니까? 죄가 영원한 아버지와 성령에 대하여 뿐만 아니라 그에 대하여 음모를 꾸미지 않았습니까? 그는 땅의 열방이 "우리가 그의 맨 것을 끊고 그의 결박을 벗어 버리자"(시 2:3)라고 말했던 바로 그분이 아닙니까? 그럼에도 불구하고 우리 주 예수는 보응(報應)은 고사하고 자기 백성들의 구주가 되셨습니다.

> "기꺼이 그리고 즐거운 마음으로
> 그는 하늘의 보좌를 버리고 내려오셨도다.
> 그리고 육체로 무덤에 들어가셨으며
> 죽은 자들 가운데 거하셨도다."

은혜로우신 예수여, 당신은 우리가 당신께 행한 모든 악행을 잊으시고 우리가 범한 모든 죄를 위해 당신 자신의 피로 속죄를 이루셨나이다!

이와 같이 아론은 자기 백성들에 의해 미움과 배척의 대상이 되었음에도 불구하고 그들을 사랑하며 그들을 구원했습니다. 그들은 그의 피를 찾았습니다. 그들은 그와 모세를 죽이고자 했습니다. 그러나 그는 뜨거운 사랑의 마음으로 모든 위험을 무릅쓴 채 향로를 가지고 백성들에게로 달려갔습니다(47절). 그는 스스로 움츠리며 이렇게 말할 수도 있었습니다. "아니야, 어쩌면 그들이 나를 죽일지도 몰라. 그들은 너무도 완고하며 완악한 자들이 아닌가? 그들은 틀림없이 이번 일로 인해 죽은 자들의 죗값을 나에게서 찾으려고 할 거야." 그러나 그는 결코 그렇게 생각하지 않았습니다. 도리어 그는 담대한 마음으로 백성들에게로 달려갔습니다. 예수여, 당신께 최고의 송축을 올려드리나이다! 당신은 실제로 그렇게 생각하지 않으셨나이다. 당신은 당신의 백성들에게로 오셨지만, 당신의 백성들은 당신을 영접하지 않았나이다. 당신은 당신을 미워하는 인류를 구원하기 위해 세상에 오셨나이다. 아, 사람들은 당신을 얼마나 미워했나이까? 그들은 당신의 얼굴에 침을 뱉었으며, 당신의 거룩한 이름을 비방하며 모독했나이다. 그들은 당신을 붙잡고 "이는 상속자니 죽이고 그 유산을 우리의 것으로 만들자"(눅 20:14)라고 말했나이다. 예수여, 당신은 기꺼이 스스로를 죽음에 내주셨나이다. 그럼으로써 당신은 당신의 백성들을 위한 희생제물이 되셨나이다. 이와 같이 여기에 나타난 아론의 모습은 백성을 사랑하는 자로서 장차 오실 예수 그리스도의 모습을 예표합니다. 그러나 예수는 아론을 훨씬 능가합니다. 왜냐하면 죽음을 실제적으로 받아들인 예수 그리스도와는 달리 아론은 백성들의 손에 죽임을 당하는 것을 두려워했을 수 있기 때문입니다. 그렇지만 어쨌든 그는 죽음의 위험에도 불구하고 자신의 향로를 흔들며 염병에 맞서 산 자와 죽은 자 사이에 섰습니다.

　　본장의 이야기를 다시 한 번 천천히 읽어보십시오. 그러면 여러분은 아론의 뜨거운 사랑을 다시금 발견하게 될 것입니다. 아론은 이렇게 말할 수도 있었습니다. "그렇지만 여호와는 필경 백성들과 함께 나까지도 멸망시킬 거야. 만일 내가 사망의 회오리가 몰아치는 곳에 들어간다면, 그 회오리는 나에게까지 미칠 거야." 그러나 아론은 그렇게 생각하지 않습니다. 그는 스스로를 사망의 최전선에 노출시킵니다. 보십시오! 저기 죽음의 천사가 옵니다. 그는 자기 앞에 있는 모든 사람들을 칩니다. 그런데 아론이 그의 길을 막고 서서 이렇게 말합니다. "물러가라! 물러가라! 내가 네 앞에 나의 향로를 흔들 것이라. 죽음의 천사여, 그대는 결코 하나님의 대제사장의 향로를 지나갈 수 없을 것이라." 아! 우리의 믿는 도리의 대제사장이시여! 당신은 죽음을 두려워하지 아니하시고, 실제로 하나님의 역병을 담당하셨나이다. 여호와의 진노로부터 백성들을 구원하기 위해 그들 가운데 오셨을 때, 여호와의 진노는 실제로 당신 위에 떨어졌나이다. 당신은 당신의 아버지로부터 버림을 당했나이다. 당신은 우리로부터 염병을 막으셨으나, 그 염병이 당신을 죽였나이다. "우리는 다 양 같아서 그릇 행하여 각기 제 길로 갔거늘 여호와께서는 우리 모두의 죄악을 그에게 담당시키셨도다"(사 53:6). 양들은 그를 버렸으나, 목자는 자기의 목숨과 피를 양들을 위한 속전(贖錢)으로 지불하셨나이다.

　　당신의 교회를 사랑하는 자여, 영원한 존귀를 당신께 돌리나이다. 아론은 이스라엘 지파들의 사랑을 받을 자격이 있나이다. 왜냐하면 그가 산 자와 죽은 자 사이에 서서 그들의 죄를 위해 스스로를 사망에 노출시켰기 때문이나이다. 그러나 가장 존귀하신 구주여, 당신은 영원한 찬미를 받으시기에 합당하나이다. 왜냐하면 당신은 사람들을 구원하기 위해 자신을 잊으시고 피 흘려 죽으셨기 때문이나이다.

여기에서 아론이 "백성들에게로 달려갔다"는 표현을 주목해 보십시오(47절). 나는 바로 그러한 사실로부터 그가 백성을 사랑하는 자로서 큰 영예를 받을 자격이 있다고 생각합니다. 나는 지금 아론의 나이가 정확하게 몇 살인지 알지 못합니다. 다만 모세는 지금 대략 90세 정도 되었으며, 아론은 모세보다 나이가 더 많았습니다. 아론은 어쩌면 100세가 넘었거나, 혹은 120세 이상이 되었는지도 모릅니다. 그런 사람이 제사장의 예복을 입고 달려갔다는 것은 결코 작은 일이 아닙니다. 그는 자신의 권위 따위를 생각하지 않고 백성들을 위한 큰 열심을 나타냈습니다. 그가 달려갔다는 사실은 매우 중요한 의미를 가집니다. 왜냐하면 그것은 그 안에 있는 거룩한 사랑의 충동이 매우 컸음을 보여주기 때문입니다. 아, 그리스도께서도 그러하지 않았습니까? 그는 기꺼이 우리의 구주가 되시지 않았습니까? 그의 즐거움은 사람의 아들들과 함께하는 것이었지 않습니까? 그는 종종 "나는 받을 세례가 있으니 그것이 이루어지기까지 나의 답답함이 어떠하겠느냐"(눅 12:50)라고 말씀하지 않았습니까? 그는 우리를 위해 죽는 것을 조금도 두려워하지 않았습니다. "내가 너희와 함께 이 유월절 먹기를 원하고 원하였노라"(눅 22:15). 그는 자기 백성을 구속하는 순간을 갈망하며 또 갈망했습니다. 그는 자신이 아버지를 영화롭게 하고 또 아버지가 자신을 영화롭게 하실 때를 영원을 통해 바라보셨습니다. 그는 강요에 의해서가 아니라 기꺼이 자원하여 세상에 오셨으며, 기쁘고 즐겁게 자신의 목숨을 내려놓으셨습니다. 아무도 그로부터 목숨을 취할 수 없었습니다. 다만 그는 스스로 자기 목숨을 내려놓았습니다. 여기에 나타난 아론의 모습 속에서 우리는 그리스도의 모습을 보아야만 합니다. 만일 아론이 그의 백성을 사랑하는 자였다면, 예수 그리스도는 그의 백성을 최고로 사랑하는 자였으며 형제보다도 더 나은 친구였습니다.

2. 둘째로 위대한 화목자로서의 아론의 모습을 주목하십시오.

백성들이 범죄할 때, 하나님은 진노를 발하십니다. 그리고 화목제물이 드려지지 않는 한 그러한 진노는 결코 멈추지 않는 것이 하나님의 법입니다. 아론의 손에 들린 향은 이를테면 하나님 앞에 드려지는 화목제물이었습니다. 그 향기는 우리의 큰 대제사장이 오늘날 하나님의 보좌 앞에 올려드리는 풍성한 화목제물의 모형입니다.

화목자로서 아론은 그의 향로 안에 화목을 위해 필요한 것을 가지고 있었습니다. 그는 빈손으로 오지 않았습니다. 하나님의 대제사장이었음에도 불구하고, 그는 향로를 가지고 와야만 했습니다. 그는 그 향로를 규정된 재료로 만들어진 규정된 향으로 채워야 했습니다. 그리고 나서 그는 제단으로부터 취한 거룩한 불로 불을 붙여야 했으며, 그 모든 일을 홀로 행해야 했습니다. 그의 손에 향로를 가지고 있는 동안 그는 안전했습니다. 만일 향로가 없었다면 그 역시도 다른 백성들과 마찬가지로 죽을 수 있었습니다. 아론의 권세는 부분적으로 그가 향로를 가지고 있었다는 사실 위에 놓여 있었습니다. 그리고 그 향로는 하나님께 받으심 직한 달콤한 향으로 가득 찼습니다. 여기에서 자기 백성들을 위한 화목제물이신 예수 그리스도를 보십시오. 지금 그는 그 연기가 하늘로 올라가는 향로를 들고 하나님 앞에 서 계십니다. 우리의 큰 대제사장을 보십시오. 못 박힌 그의 손과 가시면류관을 쓴 그의 머리를 보십시오. 그의 공로의 연기가 어떻게 하나님의 보좌 앞에 영원히 올라가는지 보십시오. 오직 그만이 그의 백성들의 죄를 제거합니다. 그의 향은 무엇보다도 하나님의 율법에 대한 그의 적극적인 순종으로 만들어집니다. 그는 아버지의 명령을 지켰습니다. 그는 자신이 해야 할 모든 일을 행했습니다. 그는 하나님의 율법 전체를 충분하게 지킴으로써 그것을 존귀하게 했습니다. 그리고 여기에 그의 피가 섞입니다. 그의 피 역시 똑같이 풍성하며 보배로운 성분입니다. 그의 피로 얼룩진 땀과 가시면류관에 찢긴 상처로부터 흘러나오는 피를 보십시오. 나무에 못 박힌 그의 손으로부터 흘러나오는 피를 보십시오. 나무에 못 박힌 그의 발로부터 흘러나오는 피를 보십시오. 그리고 그의 마음으로부터 흘러나오는 피를 보십시오. 이것이야말로 모든 피 가운데 가장 부요한 피가 아닙니까? 이 모든 피가 그의 공로와 함께 섞이며, 그렇게 하여 향이 만들어집니다. 이러한 향은 다른 무엇과도 비교할 수 없는 향입니다. 그것은 다른 모든 것을 능가하는 가장 고귀한 향입니다. 성막과 성전으로부터 올려졌던 모든 향들은 이것과 털끝만큼도 비교될 수 없습니다. 오직 그 피만이 아벨의 피보다 더 나은 것을 말합니다. 만일 아벨의 피가 보응과 복수를 가져왔다면, 하물며 그리스도의 피는 얼마나 더 그렇겠습니까? 그 피는 모든 것을 이기고 죄 사함과 긍휼을 가져옵니다. 우리의 믿음은 완전한 의와 완전한 속죄 위에 근거하며, 그것은 아버지 앞에 올려지는 달콤한 유향(乳香)입니다.

나아가 아론에게 있어 향을 가지고 있다는 것만으로는 충분하지 않았습니다. 고라 역시도 향을 가질 수 있었습니다. 그 역시도 향로를 가지고 있었습니다. 그렇지만 그것으로 충분하지 않습니다. 그 자신이 합당한 제사장이어야만 합니다. 멸망을 당한 250명을 생각해 보십시오. 그들은 아론이 행한 대로 똑같이 했습니다. 아론의 행동은 다른 사람들을 구원했지만 그러나 그들의 행동은 스스로를 멸망시켰습니다. 이와 같이 우리는 화목자 예수를 하나님이 세우신 합당한 제사장으로 바라보아야 합니다. 그는 아론과 마찬가지로 하나님으로부터 부르심을 받았습니다. 그는 죄를 위한 화목제물로 영원 전에 세움을 받았습니다. 그는 하나님이 세우신 합당한 제사장으로 세상에 왔습니다. 그는 사람으로부터 세움을 받지 않았으며, 사람으로 말미암아 세움을 받지 않았습니다. 도리어 그는 아비도 없고 어미도 없고 족보도 없고 시작한 날도 없고 생명의 끝도 없는 지극히 높은 하나님의 제사장 멜기세덱의 반차를 따른 영원한 제사장입니다(히 7:9). 스스로를 제사장(priest, 혹은 司祭)이라 부르는 고라의 자손들이여, 뒤로 물러날지어다! 하늘 아래 어느 누구도 스스로 "제사장"의 칭호를 취할 수 없습니다. 모든 하나님의 백성이 제사장이라는 의미를 제외하고 말입니다. 나는 스스로를 제사장이라 부르는 자가 하늘나라에 들어갈 수 있다고는 거의 상상할 수 없습니다. 나는 지금 과도할 정도로 엄격하고 가혹하게 이야기하고 있는 것이 아닙니다. 다만 나는 오늘날 스스로 "제사장의 직분"을 취하는 것은 너무도 야비하게 그리스도의 제사장직을 탈취하는 것이라고 굳게 믿습니다. 스스로를 하나님이라 부르는 자가 구원받는 것을 상상할 수 있습니까? 마찬가지로 스스로를 "제사장"이라 부르는 자가 구원받는 것을 나는 거의 상상할 수 없습니다. 만일 어떤 사람이 자기가 정말로 제사장이라고 믿는다면, 그는 그리스도의 제사장직을 심각하게 침해하고 있는 것입니다. 그리고 나는 그가 신성모독의 죄책을 가진다고 믿습니다. 만일 회개하지 않는다면, 필경 그의 머리 위에 저주가 임할 것입니다. 그리스도의 사역자들이여, 은연중 제사장의 모양을 나타내는 예복을 벗어 버리십시오. 그들로부터 나오십시오. 그리고 부정한 것을 만지지 마십시오. 오늘날 제사장은 어디에도 없습니다. 특별히 사역자들이라고 해도 마찬가지입니다. 오직 예수 그리스도만이 그의 교회의 제사장입니다. 그리고 그는 우리 모두를 하나님께 대하여 제사장과 왕으로 삼으셨으며, 우리는 영원히 왕 노릇할 것입니다. 만일 여기에 있는 어떤 사람이 너무도 연약하여 자신의 구원을 다른 사람의 제물에 의존해야만 한다면, 부디 당부하노니 그러한 미몽(迷夢)에서 깨어나십시오. 당신의 "제사장"이 누구든 나는 상관하지 않습니다. 당신은 영국교회에 속할 수도 있고, 로마교회에 속할 수도 있으며, 다른 어떤 교회에 속할 수도 있습니다. 만일 어떤 사람이 스스로를 제사장이라 칭한다면, 그로부터 떠나십시오. 그는 당신을 속이고 있는 것입니다. 그는 지금 하나님이 가증하게 여기시고 또 그리스도의 교회가 가증하게 여겨야만 하는 말을 하고 있는 것입니다. 예수 외에는 아무도 제사장이 아닙니다. 예수 외에는 어느 누구도 제사장이 아닙니다. 다른 모든 제사장들과 모든 제물들을 우리는 경멸합니다. 그들의 예복을 쓰레기더미에 던져 버리십시오. 그들은 제사장이 아니며, 제사장일 수 없습니다. 그들은 예수의 특별한 위엄을 찬탈하고 있는 것입니다.

아론을 위대한 화목자로 바라봄에 있어, 우리는 또한 그를 '자신의 일에 준비된 자'로서 바라보아야만 합니다. 그는 자신의 향을 준비하고 있다가 역병이 일어나자마자 백성들에게로 달려갔습니다. 우리는 그가 속히 가서 자신의 제사장 예복을 입을 필요가 있었음을 발견하지 못합니다. 우리는 그가 화목의 일을 수행하기 위해 준비해야만 했던 것을 발견하지 못합니다. 그는 역병이 일어나자 즉시로 그곳으로 달려갔습니다. 백성들은 멸망을 당하는데 준비되어 있었던 반면 그는 구원하는 일에 준비되어 있었습니다. 나의 형제들이여, 나의 말에 귀를 기울여 보십시오. 지금 예수 그리스도는 여러분을 구원하기 위해 준비되어 있습니다. 지금 준비할 필요가 있는 것은 아무것도 없습니다. 그는 희생제물을 잡았습니다. 그는 희생제물을 드렸습니다. 그는 향로를 채웠습니다. 그는 향로에다가 제단의 불을 담았습니다. 그의 가슴 위에 흉패가 있습니다. 그의 머리 위에 제사장의 관(冠)이 씌워져 있습니다. 그는 지금 여러분을 구원하기 위해 준비되어 있습니다. 그를 믿으십시오. 여러분은 그를 믿기 위해 기다릴 필요가 없습니다. 그를 의지하십시오. 그는 여러분을 구원하기 위해 하룻길을 여행할 필요가 없습니다. "그는 자기를 힘입어 하나님께 나아가는 자들을 온전히 구원하실 수 있으니 이는 그가 항상 살아 계셔서 그들을 위하여 간구하심이라"(히 7:25). 그리스도를 알지 못하는 자들이여, 내 말을 들으십시오. 여러분은 타락으로 말미암아 잃어지고 멸망을 당합니다. 하나님의 진노가 여러분에게 발하여집니다. 만일 누군가가 여러분을 하나님과 화목시켜 주지 않는다면, 필경 그 진노가 여러분을 불사르고 마침내 지옥에 던질 것입니다. 여러분은 스스로 화목을 이룰 수 없습니다. 어느 누구도 그 일을 행할 수 없습니다. 여러분이 아무리 열심히 기도하며 또 열심히 성례에 참여한다 하더라도, 그러한 것들로 화목이 이루어지지 않습니다. 설령 여러분이 피로 물든 땀을 쏟는다 하더라도, 그것으로 화목이 이루어지지 않습니다. 그러나 예수 그리스도는 화목을 이루실 수 있습니다. 오직 그만이 그 일을 행할 수 있습니다. 그는 여러분과 하나님 사이에 서서 여호와의 진노를 돌이킬 수 있습니다. 그는 여러분의 마음속에 그의 사랑을 느끼는 감각을 넣을 수 있습니다. 아, 사랑하는 자들이여! 부디 당부하노니, 그를 믿으십시오. 그를 믿으십시오. 여러분은 그를 위해 준비되어 있지 않을 수 있습니다. 그러나 그는 항상 구원할 준비가 되어 있습니다. 설령 여러분이 너무나 악하며 죄로 인해 파멸된 상태에 있다 하더라도, 여러분은 아무것도 준비할 필요가 없습니다. 사람들을 구원하는 것은 그들의 공로도 아니며, 그들 편에서의 어떤 준비도 아닙니다. 모든 준비는 그들을 구원하는 대제사장의 몫입니다. 그는 준비되어 있습니다. 그는 자신을 믿는 사람들을 대신하여 서 있습니다. 지금 그를 믿으십시오. 그리고 여러분의 영혼을 그의 손에 의탁하십시오. 그러면 여러분이 행한 많은 죄들이 모두 사해질 것입니다. 역병은 더 이상 머물지 않을 것이며, 하나님의 진노는 더 이상 여러분에게 발하여지지 않을 것입니다. 그리고 여러분은 구원받을 것입니다.

3. 셋째로, 중보자로서의 아론의 모습을 주목하십시오.

옛 웨스트민스터 주석은 본문과 관련하여 "마치 불이 들판에 번지는 것처럼 역병이 백성들 가운데 번지고 있었다"라고 말합니다. 역병은 순식간에 백성들 가운데 번졌습니다. 사람들의 얼굴은 금방 파리해졌으며, 수많은 사람들이 쓰러졌습니다. 그 숫자가 14,700명에 이를 때까지 말입니다. 아론은 역병이 지나가는 길 위에 섰습니다. 역병은 자기의 길을 가며 자기 앞에 있는 모든 사람들을 쳤습니다. 바로 그 길 위에 아론이 중보자로서 하늘을 향해 향로를 흔들며 서 있었습니다. 그는 스스로를 사망의 창과 백성들 사이에 놓았습니다. 그는 이렇게 말하는 것 같습니다. "만일 창이 어디엔가 꽂혀야만 한다면, 나에게 꽂힐 것이라." 혹은 "향이 나와 백성들을 지키는 방패가 될 것이라." 또 그는 이렇게 말하는 것 같습니다. "사망아, 너는 지금 담황색 말을 타고 오고 있는가? 내가 네 말의 엉덩이를 걷어찰 것이라. 너 해골의 왕이여, 지금 오고 있는가? 나는 향로를 들고 네 앞에 서노라. 너는 나를 밟고 지나가야만 하리라. 너는 나의 향로를 비워야만 하리라. 너는 이 백성을 멸망시키기 전에 먼저 하나님의 대제사장을 멸망시켜야만 할 것이라." 예수 그리스도께서도 바로 이와 같이 하셨습니다. 우리에게 하나님의 진노가 임했습니다. 율법은 우리를 칠 것입니다. 모든 인류는 멸망을 당해야만 합니다. 그러나 그리스도께서 싸움의 최전선에 섭니다. 그는 이렇게 외칩니다. "채찍들은 나에게 떨어져야만 하느니라. 화살들은 나의 가슴 위에서 그 표적을 발견할 것이라. 여호와여, 주의 보응을 내 위에 떨어뜨리소서." 그는 그러한 보응을 받으시고 후에 무덤으로부터 일어나십니다. 그는 자신의 피의 공로로 가득 찬 향로를 흔들며 신적 진노로 하여금 뒤로 물러나라고 명령합니다. 죄인이여, 오늘 당신은 어느 편입니까? 죄인이여, 하나님이 당신에게 진노할 것입니까? 그렇지 않으면, 당신의 죄들이 사해질 것입니까? 말해 보십시오. 당신은 사함 받지 않을 것입니까? 당신은 진노의 자녀로 그리고 사망의 상속자로 그냥 머물러 있을 것입니까? 부디 그렇게 하지 말고 다른 편에 서십시오. 그리스도의 편에 서십시오. 만일 당신이 그리스도를 믿는다면, 그렇다면 내가 당신에게 한 가지 묻겠습니다. 당신은 자신이 완전히 구원받은 것을 알고 있습니까? 어떤 진노도 당신에게 임할 수 없고, 어떤 영적 사망도 당신을 멸망시킬 수 없고, 어떤 지옥도 당신을 사를 수 없는 이유가 무엇입니까? 당신을 지키며 보호해 주는 것이 무엇입니까? 나는 당신이 눈물을 흘리며 이렇게 말하는 것을 봅니다. "나와 지옥 사이에 그리스도 외에 아무것도 없습니다. 나와 여호와의 진노 사이에 그리스도 외에 아무것도 없습니다. 나와 임박한 멸망 사이에 그리스도 외에 아무것도 없습니다. 그렇지만 그것으로 충분합니다. 그는 하나님이 세우신 제사장이며 그의 손에 향로가 들려 있습니다. 그것으로 충분합니다." 아, 사랑하는 형제 자매들이여! 만일 여러분이 여러분과 하나님 사이에 세례라든지 성찬이라든지 금식이라든지 기도라든지 서원 같은 것을 놓는다면, 마치 불이 그루터기를 사르는 것 같이 하나님이 그러한 것들을 사를 것입니다. 그러나 만일 여러분과 하나님 사이에 예수 그리스도가 서신다면, 하나님은 여러분을 치실 수 없습니다. 왜냐하면 하나님의 우레는 여러분에게 닿기 전에 먼저 여러분의 구속자를 관통해야만 하기 때문입니다. 그러나 그런 일은 결코 있을 수 없습니다.

나의 사랑하는 형제들이여, 여러분은 이와 같은 위대한 하나님의 진리를 깨닫습니까? 사람의 영혼을 구원할 수 있는 것은 그 영혼과 하나님의 공의로운 심판 사이에 서 계신 예수 그리스도 외에 아무것도 없다는 진리 말입니다. 다시 한 번 여러분에게 개인적으로 묻고 싶습니다. 여러분은 그리스도 뒤에 피하였습니까? 죄인이여, 이 시간 당신은 십자가 밑에 서 있습니까? 그곳이 당신의 피난처입니까? 예수의 속죄의 핏빛 예복이 당신 위에 덮였습니까?

당신은 바위틈에 숨은 비둘기와 같습니까? 당신은 그리스도의 피 흘린 상처 속에 숨었습니까? 말해 보십시오. 당신은 그의 옆구리 속으로 기어들어갔습니까? 당신은 폭풍이 지나갈 때까지 그가 당신의 피난처가 되셔야만 한다는 사실을 느낍니까? 그렇다면 기뻐하십시오. 그리스도가 중보자인 사람은 구원받은 사람입니다. 그러나 만일 당신이 그리스도 안에 있지 않다면, 멸하는 천사가 올 때 당신은 어떻게 할 것입니까? 아무 생각 없이 살아가는 죄인이여, 어느 날 갑자기 죽음이 덮칠 때 당신은 어떻게 할 것입니까? 당신의 귀에 심판의 나팔소리가 들릴 때, 당신은 어디에 있을 것입니까? 지금 하나님의 말씀을 듣고 있으면서도 잠자고 있는 죄인이여, 당신은 여호와의 우레가 울리며 그의 번개가 칠 때도 계속해서 잠잘 것입니까? 나는 당신이 어디에서 피난처를 찾을 것인지 압니다. 당신은 피난처를 발견할 수 없는 곳에서 피난처를 찾으려고 할 것입니다. 당신은 바위에게 명하여 "내 머리 위에 떨어지라" 하며, 산들에게 "나를 가려달라"고 애원할 것입니다. 그러나 그것들은 당신에게 아무런 위로도 긍휼도 베풀어주지 않을 것입니다. 그리고 당신은 보응의 회리바람에 그대로 노출된 채 서 있게 될 것입니다. 그리고 하나님의 진노의 우박이 당신에게 소나기처럼 쏟아질 것입니다. 아무것도 당신을 보호해 주지 못할 것입니다. 소돔과 고모라가 지면으로부터 멸망을 당한 것처럼, 당신 역시도 영원히 멸망을 당하게 될 것입니다. 왜냐하면 당신은 하나님의 아들 예수 그리스도를 믿지 않았기 때문입니다.

4. 넷째로, 구원자로서의 아론의 모습을 주목하십시오.

무수한 백성들의 생명을 구원한 것은 아론과 그의 향로였습니다. 만일 그가 기도하지 않았다면, 역병은 멈추지 않았을 것이며 하나님은 모든 무리를 살랐을 것입니다. 우리는 역병으로 죽은 자가 14,700명에 이르렀다는 말씀을 듣습니다.

역병은 무시무시한 일을 시작했으며, 오직 아론만이 그 일을 멈추게 할 수 있었습니다. 우리는 여기에서 아론을 우리 주 예수 그리스도와 연결지어 생각할 필요가 있습니다. 우리 주 예수 그리스도가 은혜의 구주였던 것처럼, 아론 역시도 그러했습니다. 아론으로 하여금 그의 향로를 흔들도록 충동한 것은 사랑 외에 아무것도 아니었습니다. 백성들은 아론에게 그렇게 하도록 요구할 수 없었습니다. 그들은 아론을 온갖 험한 말로 비난하며 참소했습니다. 그럼에도 불구하고 그는 그들을 구원합니다. 그렇게 한 것은 사랑 외에 아무것도 아니었습니다. 성난 군중들의 험악한 목소리 안에 그로 하여금 역병을 멈추게 하도록 충동한 것이 도대체 무엇이 있었겠습니까? 아무것도 없었습니다. 그들의 성품 속에 아무것도 없었습니다. 그들의 표정 속에 아무것도 없었습니다. 하나님의 대제사장에 대한 그들의 태도 속에 아무것도 없었습니다. 그럼에도 불구하고 그는 너무나 은혜롭게도 하나님의 심판으로부터 그들을 구원합니다. 사랑하는 형제들이여, 만일 그리스도가 우리를 구원하셨다면, 그는 진실로 은혜의 구주입니다. 구원받은 사실을 생각할 때마다, 우리는 감격의 눈물을 떨어뜨릴 수밖에 없습니다. 왜냐하면 어째서 예수께서 우리를 구원하셨는지 우리는 도무지 알 수 없기 때문입니다.

> "당신 안에 공로로 내세울 만한 것이나
> 창조주를 기쁘시게 할 만한 것이 있는가?
> 당신은 노래할 수밖에 없을 것이라.
> '아버지여, 모든 것은 아버지의 기쁘신 뜻대로 된 것이나이다'라고."

하늘에서 영광을 받는 것과 지옥에서 저주를 받는 것 사이에는 하나님이 당신의 주권적 은혜를 베푸시는 것 외에는 아무런 차이도 없습니다. 사도 바울과 마술사 엘루마 사이에 무한한 주권과 값없이 베푸시는 사랑으로 말미암은 것 외에 도대체 무슨 차이가 있단 말입니까? 바울은 여전히 다소의 사울로 남아 있을 수 있었으며, 광포한 악인으로서 영원한 무저갱에 떨어질 수 있었습니다. 값없이 베푸시는 주권적 은혜가 아니었다면 말입니다. 죄인이여, 당신은 "내 안에 하나님이 나를 구원하셔야만 하는 이유는 아무것도 없도다"라고 말합니다. 당신뿐만 아니라 어느 누구 안에도 그와 같은 이유는 아무것도 없습니다. 당신에게 선한 요소는 없으며, 이것은 다른 사람들에게도 마찬가지입니다. 어느 누구 안에도 하나님께 칭찬받을 만한 것은 아무것도 없습니다. 우리 모두는 죄인이며, 우리에게 합당한 분깃은 지옥입니다. 만일 우리 가운데 어떤 사람이 지옥에 떨어지는 것으로부터 구원받는다면, 그것은 그의 공로 때문이 아니라 하나님의 값없이 베푸시는 주권적 은혜 때문입니다. 예수 그리스도는 가장 은혜로우신 구주입니다.

나아가 아론은 누구로부터도 도움을 받지 않은 구원자(unaided Savior)였습니다. 심지어 모세조차도 그를 돕기 위해 그와 함께 오지 않았습니다. 그 홀로 향로를 들고 산 자와 죽은 자 사이에 섰습니다. 어째서 이스라엘의 고관들은 그와 함께 오지 않았습니까? 안타깝게도 그들이 할 수 있는 일은 아무것도 없었기 때문입니다. 그들 역시도 역병으로 죽어야만 했습니다. 어째서 모든 레위인들은 그와 함께 오지 않았습니까? 만일 그들이 감히 하나님의 대제사장의 자리에 선다면, 그들은 필경 죽임을 당해야만 합니다. 그는 홀로 섭니다. 그는 홀로 섭니다. **홀로** 말입니다. 우리는 여기에서 그가 예수 그리스도의 위대한 모형이었다는 사실을 결코 놓쳐서는 안 됩니다. 그는 "만민 가운데 나와 함께 한 자가 없이 내가 홀로 포도즙틀을 밟았는데"라고 말할 수 있었습니다(사 63:3). 그러므로 여러분이 구원받은 것이 여러분 자신의 기도라든지 혹은 눈물이라든지 혹은 선행 때문이라고 생각하지 마십시오. 예수 그리스도는 여러분의 기도와 눈물과 선행을 그의 향로 안에 넣지 않습니다. 그 안에 들어갈 수 있는 것은 그 자신의 기도와 눈물과 공로 외에 아무것도 없습니다. 또 여러분이 구원받은 것이 여러분이 그리스도를 위해 행한 혹은 행할 수 있는 어떤 것 때문이라고 생각하지 마십시오. 우리는 복음을 전파함을 통해 하나님의 손 안에서 많은 영혼들의 영적 아비가 될 수 있습니다. 그러나 우리의 복음 전파는 결코 우리로부터 하나님의 진노를 돌릴 수 없습니다. 그리스도께서 그 모든 일을 행하십니다. 오직 그만이 그 일을 완전하게 행하십니다. 그리고 어느 누구도 감히 그를 돕는 자로서 그와 함께 설 수 없습니다. 죄인이여, 나의 말을 잘 들으십시오. 당신은 "나는 이것 혹은 저것을 할 수 없어"라고 말합니다. 그러나 그리스도는 당신에게 무엇을 하라고 요구하지 않습니다. 당신은 "나에게는 아무런 공로도 없어"라고 말합니다. 그러나 그리스도는 당신으로부터 어떤 공로도 원하지 않습니다. 만일 당신이 그리스도를 도우려고 노력한다면, 당신은 잃어질 것입니다. 그러나 만일 당신이 그리스도로 하여금 모든 일을 행하도록 맡긴다면, 당신은 구원받을 것입니다. 보십시오. 하나님의 구원계획의 핵심은 바로 이것입니다. 예수 그리스도를 여러분의 모든 것(All in All)으로 받아들이십시오. 그는 결코 부분적인 구주(part-Savior)가 되지 않을 것입니다. 그는 우리의 누더기 옷을 수선(修繕)하려고 오지 않았습니다. 그는 우리에게 새 옷을 주실 것입니다. 그는 결코 옛 옷을 수선하지 않을 것입니다. 그는 하나님의 전을 수리(修理)하기 위해 오지 않았습니다. 그는 새롭게 돌을 떠서 새 전을 건축할 것입니다. 여러분은 돌을 뜨는 소리를 들을 수 있습니까? 우리가 "오직 예수! 오직 예수!" 혹은 "다른 이로써는 구원을 받을 수 없나니 천하 사람 중에 구원을 받을 만한 다른 이름을 우리에게 주신 일이 없음이라"라고 선포할 때, 그 소리가 온 세상에 울려 퍼집니다(행 4:12). 그러나 그는 이 큰 일을 행함에 있어 누구로부터도 도움을 받지 않을 것입니다. 그는 돕는 자를 필요로 하지 않습니다. "나는 의인을 부르러 온 것이 아니요 죄인을 부르러 왔노라"(막 2:17). "그러므로 자기를 힘입어 하나님께 나아가는 자들을 온전히 구원하실 수 있으니"(히 7:25).

　　이와 같이 아론은 은혜의 구원자이며, 누구로부터도 도움을 받지 않은 구원자였습니다. 뿐만 아니라 그는 완전히 충족한 구원자(all-sufficient Savior)였습니다. 사망이 그의 발끝에까지 와 있었습니다. 그의 발끝에 죽은 자들이 누워 있었습니다. 어머니가 누워 있었으며, 아이가 누워 있었으며, 고관이 누워 있었으며, 벌목꾼이 누워 있었으며, 물 긷는 자가 누워 있었습니다. 그 앞에 건장한 사내가 고통 가운데 서 있었습니다. 그는 죽지 않게 해 달라고 애원했습니다. 그러나 그는 죽음을 피할 수 없었습니다. 그 앞에 이스라엘의 고관이 서 있었습니다. 그는 죽어야만 합니까? 그렇습니다. 그는 죽음을 피할 수 없습니다. 왜냐하면 모든 것을 삼키는 사망이 마치 굶주린 사자처럼 포효하며 백성들 가운데 운행하고 있었기 때문입니다. 그러나 아론이 그 앞을 가로막고 섭니다. 그의 손에 들려 있는 향로는 이렇게 말하고 있는 것 같았습니다. "여기까지만 오고 그 이상은 나아가지 말지어다." 그 향로가 사망이 왕 노릇 하는 것을 멈추게 한 것은 얼마나 놀라운 기적입니까! 바닷가를 생각해 보십시오. 매일같이 물이 들어왔다 나갔다 반복합니다. 그런데 그 바닷가에 "여기까지 물이 들어온다!"는 표지판이 서 있습니다. 그렇다면 사람들은 그 위에서 안심하고 살 수 있을 것입니다. 아론이 하나님의 대제사장으로서 사망을 막고 서 있습니다. 그는 향로를 들고 무시무시한 사망의 물길을 막습니다. 이스라엘의 모든 무리는 역병을 물러나게 할 수 없었습니다. 설령 칼과 창과 활로 무장한다 하더라도, 어떻게 그들이 역병을 물러나게 할 수 있단 말입니까? 결코 그럴 수 없습니다. 세상의 모든 무장한 병사들을 다 모은다 하더라도, 결코 하나님의 심판의 역병을 물러나게 할 수 없었습니다. 사망은 그들을 비웃었을 것입니다. 사망은 마치 사나운 낫처럼 그들을 벨 것이었습니다. 그러나 아론이 있었습니다. 그와 그의 불타는 향로로 말미암아, 모든 것은 충분하며 완전히 충족했습니다. 아, 죄인이여! 예수 그리스도는 완전히 충족한 구주입니다. 그는 우리를 구원할 수 있습니다. 당신은 스스로를 구원할 수 없습니다. 그러나 그는 당신을 구원할 수 있습니다. 아, 죄인이여! 모든 죄와 훼방이 사해질 것입니다. 그것이 얼마나 야비하며 사악한 것인지 하는 것은 아무런 문제도 아닙니다. "주 예수 그리스도를 믿으라 그리하면 네가 구원을 얻으리라"(행 16:31). 당신은 당신이 행한 죄들을 생각하면서 "아, 나는 얼마나 파렴치한 자인가!" 하며 얼굴을 붉힐는지 모릅니다. 당신의 죄가 무엇입니까? 음행입니까? 하나님을 모독한 죄입니까? 거짓말입니까? 하나님의 백성들을 미워한 것입니까? 호색과 방탕과 살인입니까? 설령 당신이 이 모든 죄들을 지었다 하더라도, 하나님의 아들 예수 그리스도의 피는 그 모든 죄들로부터 당신을 깨끗하게 씻을 수 있습니다. 설령 당신이 세상의 모든 죄를 지었다 하더라도, 예수의 피는 그 모든 것을 씻을 수 있습니다. "너희의 죄가 주홍 같을지라도 눈과 같이 희어질 것이요 진홍 같이 붉을지라도 양털 같이 희게 되리라"(사 1:18). 당신은 "어떻게 내가 이것에 참여할 수 있습니까?"라고 묻습니다. 그러면 나는 "당신의 영혼으로 그리스도를 믿으십시오"라고 대답합니다. 믿는 사람은 구원을 받을 것이요, 믿지 않는 사람은 정죄를 받을 것입니다. 예수 그리스도는 그의 사도들에게 "온 천하에 다니며 만민에게 복음을 전파하라"고 명하시면서 이렇게 덧붙이셨습니다. "믿고 세례를 받는 사람은 구원을 얻을 것이요 믿지 않는 사람은 정죄를 받으리라"(막 16:15, 16). 믿지 않는 사람은 정죄를 받을 것입니다. 그의 죄가 아무리 적다 하더라도 말입니다. 그러나 믿는 자는 결코 잃어지지 않을 것입니다. 그의 죄가 아무리 크고 많다 하더라도 말입니다. 예수 그리스도를 믿으십시오. 그러면 당신의 죄는 단번에 사해지고 도말될 것입니다.

5. 마지막으로, 나누는 자(Divider)로서의 아론의 모습을 주목하십시오.

　　여기에 아론이 기름 부음 받은 자로서 서 있습니다. 이쪽 편에 사망이 있고 저쪽 편에 생명이 있습니다. 사망과 생명의 경계선은 아론 그 자신입니다. 그의 향이 연기를 낼 때, 공기가 정화됩니다. 그러나 그의 향이 연기를 내지 않을 때, 역병이 포악한 기세로 왕 노릇 합니다. 이와 같이 이 자리에도 두 종류의 사람들이 있습니다. 우리는 가난한 자와 부자를 구별하지 않습니다. 우리는 그에 대해 관심을 갖지 않습니다. 또 우리는 유식한 자와 무식한 자를 구별하지 않습니다. 그러한 구별에도 우리는 관심을 갖지 않습니다. 여기에 두 종류의 사람들이 있는데, 그것은 산 자와 죽은 자입니다. 사함을 받은 자와 사함을 받지 못한 자이며, 구원받은 자와 구원받지 못한 자입니다. 무엇이 불신자들로부터 참된 그리스도인을 나눕니까? 둘을 나누는 구분선이 무엇입니까? 어떤 사람들은 그리스도인은 성찬예식을 행하는 반면 다른 사람들은 행하지 않는 것이라고 생각합니다. 그러나 그것은 올바른 구분선이 아닙니다. 왜냐하면 그 입에 성찬의 떡을 물고 있으면서도 지옥에 가는 사람들이 많이 있기 때문입니다. 또 어떤 사람들은 세례가 구분선이라고 생각합니다. 물론 세례는 외적인 증표입니다. 세례 시 물에 들어갈 때, 우리는 세상에 우리가 그리스도와 함께 장사되었음을 나타냅니다. 그것은 우리가 세상에 대해 죽고 그리스도 안에 장사되었음을 상징합니다. 또 물로부터 나올 때, 우리는 예수 그리스도의 부활로 말미암아 새 생명으로 다시 살아남을 증언합니다. 세례받는 자는 이와 같은 방식으로 루비콘 강을 건넙니다. 그는 칼을 빼어 들고 칼집을 던져 버립니다. 그는 세례받은 자로서 결코 사라지지 않는 표적을 가집니다. 그는 그러한 세례를 통해 그리스도께 드려집니다. 그러나 이 모든 것은 외적인 표적일 뿐입니다. 왜냐하면 물로 세례를 받기는 했지만 그러나 성령으로 세례받지 못하고 그럼으로써 마침내 영원한 형벌의 세례를 받게 될 자들이 많이 있기 때문입니다. 이러한 것들은 올바른 구분선이 아닙니다. 결코 그렇지 않습니다. 하나님의 백성과 그렇지 않은 사람들을 나누는 유일한 구분선은 그리스도입니다. 그리스도 안에 있는 사람은 그리스도인입니다. 그리스도 밖에 있는 사람은 허물과 죄로 죽은 자들입니다. 주 예수 그리스도를 믿는 자는 구원받지만, 믿지 않는 자는 잃어집니다. 예수 그리스도가 그의 백성과 세상을 나누는 유일한 자입니다. 사랑하는 자들이여, 이 시간 여러분은 어느 쪽입니까? 이 시간 나는 여러분 각자에게 묻고 싶습니다. 젊은이여, 당신은 어느 쪽입니까? 당신은 그리스도의 친구입니까 아니면 그의 원수입니까? 머리가 하얗게 센 노인이여, 이제 당신의 살 날은 그리 많이 남지 않았습니다. 당신은 어느 쪽입니까? 당신은 나의 주님이 피로 사신 자입니까, 아니면 아직도 잃은 양입니까? 바쁘게 일하고 있는 주부여, 어쩌면 지금도 당신은 자녀들 생각에 골몰하고 있을는지 모릅니다. 자녀들 생각은 잠시 접어 두십시오. 그리고 나의 질문에 대답해 보십시오. 당신은 어느 쪽입니까? 당신은 예수 그리스도를 믿습니까? 당신은 거듭났습니까? 아니면 여전히 죄의 멍에 아래 있습니까? 저쪽에 서 있는 자여, 나의 질문에 대답해 보십시오. 당신은 어느 쪽입니까? 당신은 예수 그리스도를 향해 "예수여, 나는 당신의 것이요 당신은 나의 것이나이다. 당신의 보혈과 의가 나의 소망이며 믿음이나이다"라고 말할 수 있습니까? 그렇게 말할 수 없다면, 당신은 영적으로 죽은 자들 가운데 있으며 조만간 저주받은 자들 가운데 있게 될 것입니다. 신적 은혜가 당신을 새롭게 변화시켜 주지 않는다면 말입니다.

사랑하는 형제 자매들이여, 예수 그리스도는 지금 이 시간 "위대한 나누는 자"(great Divider)인 것처럼 장차 심판 날에 또한 그러할 것이라는 사실을 잊지 마십시오. 여러분은 그에 대해 생각해 본 적이 있습니까? 그는 사람들을 이쪽과 저쪽으로 나눌 것입니다. 목자가 양과 염소를 나누는 것처럼 말입니다. 양과 염소를 나누는 것은 목자 그 자신입니다. 그가 그들 사이에 서며, 또한 장차 심판의 큰 날 그렇게 할 것입니다. 그리스도는 "위대한 나누는 자"(great Divider)일 것입니다. 한 쪽에 흰 옷을 입은 의인들이 있을 것입니다. 그들은 그리스도와 함께 영광을 받고 승리의 노래를 부를 것입니다. 그리고 다른 쪽에 잃어진 자들이 있을 것입니다. 그들은 믿지 않는 자들이며, 두려워하는 자들이며, 가증한 자들입니다. 무엇이 그들을 흰 옷을 입은 무리로부터 나눕니까? 그들을 나누는 것은 인자(人子) 외에 아무것도 아닙니다. 그들은 인자를 바라보며 슬피 울며 애곡합니다. 그들을 나누는 장벽은 결코 넘을 수 없는 장벽입니다. 그러한 장벽이 저주받은 자들을 영원한 행복으로부터 차단합니다. 지금 여러분이 들어갈 수 있는 문은 장차 결코 넘을 수 없는 영원한 화염문(fiery gate)이 될 것입니다. 그리스도는 천국의 문입니다. 지금은 활짝 열려 있지만, 그러나 그 문이 닫히는 두려운 날이 올 것입니다. 그 때는 아무리 들어가고 싶어도 결코 들어갈 수 없을 것입니다.

세상의 모든 일시적인 것들이 사라질 때, 죽은 자들이 무덤에서 일어날 때, 거대한 무리가 땅과 바다에 설 때, 모든 골짜기와 모든 산과 모든 강과 모든 바다가 무수한 무리들로 붐빌 때, 아, 나는 어느 쪽일 것입니까? "당신의 낫을 휘둘러

거두소서 땅의 곡식이 다 익어 거둘 때가 이르렀음이니이다"(계 14:15). 나의 영혼아, 너는 어디에 있게 될 것인가? 너는 잃은 자들 가운데 발견될 것인가? 두려운 나팔소리와 함께 "악을 행하는 너희는 다 나를 떠나 마귀와 그의 사자들을 위해 예비된 지옥의 영원한 불로 들어가라"는 소리가 울려퍼질 때, 너는 지옥으로 떨어질 것인가? 하나님이여, 나의 영혼으로 하여금 결코 그곳에 있지 않게 하소서. 오직 나의 영혼으로 하여금 당신의 백성들 가운데 있게 하소서. 우리로 하여금 영원히 주의 오른편에 있게 하소서. 그리고 그리스도가 영원히 나누는 자일 것이라는 사실을 잊지 말게 하소서. 그는 구원받은 자들과 잃은 자들 사이에 설 것입니다. 그는 영화로워진 자들과 저주받은 자들 사이를 영원히 나눌 것입니다. 잠깐 동안만 내 말에 귀를 기울이십시오. 여러분은 무엇이라고 말합니까? 여기의 회중이 둘로 나누어질 것입니까? 우리의 의지와 바람이 아무런 힘도 갖지 못하게 될 때가 올 것입니다. 그 때 하나님이 악인들로부터 의인들을 나눌 것입니다. 그리고 그리스도가 두려운 구분선이 될 것입니다.

여러분은 영원히 나누어질 준비가 되었습니까? 남편이여, 지금 당신은 당신의 아내를 영원히 포기할 준비가 되었습니까? 당신은 당신의 아내가 마지막 입맞춤을 하며 "안녕, 이제 우리는 영원히 만나지 못할 거예요"라고 말하게 될 것에 대해 준비되었습니까? 자녀여, 당신은 집에 가서 식탁에 앉아 "엄마, 맹세코 나는 잃은 자가 되기로 결심했어요. 엄마는 그리스도의 편이지만 그러나 나는 결코 그를 사랑하지 않을 거예요. 나는 엄마와 영원히 나누어질 거예요"라고 말할 준비가 되었습니까? 가족의 끈은 분명 우리로 하여금 다른 세상에서 또다시 만나기를 열망하도록 만듭니다. 그러면 우리가 지옥에서 다시 만나기를 바랄 것입니까? 여러분 모두 지옥의 두려운 불 속에서 다시 만나기를 바랍니까? 여러분은 삼키는 불 가운데 거하며 영원한 형벌 가운데 살기를 바랍니까? 분명 그렇지 않을 것입니다. 여러분 모두 천국에서 다시 만나기를 바랄 것입니다. 그러나 결코 그렇게 될 수 없습니다. 만일 여러분이 그리스도 안에서 만나지 않는다면 말입니다. 만일 여러분이 그리스도 안에서 만나지 않는다면, 여러분은 결코 낙원에서 만날 수 없습니다. 이 시간 하나님의 은혜가 여러분에게 부어짐으로써 여러분 모두 예수께 나아오기를 바랍니다.

제
8
장

—

붉은 암송아지

—

"여호와께서 명령하시는 법의 율례를 이제 이르노니 이스라
엘 자손에게 일러서 온전하여 흠이 없고 아직 멍에 메지 아
니한 붉은 암송아지를 네게로 끌어오게 하고 너는 그것을
제사장 엘르아살에게 줄 것이요 그는 그것을 진영 밖으로
끌어내어서 자기 목전에서 잡게 할 것이며." — 민 19:2-3

　　모세의 글을 대할 때, 우리는 "그가 내게 대하여 기록하였음이라"(요 5:46)는
예수의 말씀을 기억할 필요가 있습니다. 그러므로 예수 그리스도의 열쇠로 열어
보십시오. 그러면 레위기나 민수기의 매우 난해해 보이는 말씀들조차도 여러분
은 쉽게 그 의미를 발견하게 될 것입니다. 이스라엘 백성들에게 이러한 의식과
예법들은 교훈의 방편이기에 앞서 먼저 믿음을 실행하는 것이어야 했습니다. 경
건한 이스라엘 백성들은 이렇게 말해야 했습니다. "나는 여기의 암송아지가 왜
죽임을 당해야만 하는지 또 어린 양이 왜 제물로 드려져야만 하는지 완전하게
이해할 수 없어. 그렇지만 나는 그 모든 것에 매우 중요한 의미가 담겨 있음을 믿
어. 그렇기 때문에 나는 하나님이 그의 종 모세를 통해 나에게 명령하신 모든 것
을 경건한 마음으로 행해야만 해." 우리에게 그와 같은 모형들은 더 이상 흐릿한
비밀이 아닙니다. 도리어 우리는 그 의미를 분명하게 봅니다. 우리는 그리스도
예수를 아버지의 보내신 자로 그리고 자신의 죽음으로 말미암아 우리를 아버지
와 화목시킨 자로 믿습니다. 그리고 그러한 믿음으로 우리는 옛 율법의 의식(儀
式)들을 "하늘에 속한 것들의 모형"으로 되돌아봅니다. 구주의 아름다움을 좀 더

새로운 빛으로 발견하고자, 그리고 그를 좀 더 새로운 관점으로 바라보고자 애를 씀으로써, 우리는 그를 더 많이 사랑하며 또 더 온전히 신뢰할 수 있게 됩니다.

붉은 암송아지와 관련한 규례의 요점은 하나님이 그리스도 예수 안에서 신자들의 매일의 죄들에 대한 해결책을 준비해 놓으셨다는 것입니다.

그와 같은 요점을 분명하게 하기 위해 오늘 우리는 다음과 같은 몇 가지 사실들을 살펴보고자 합니다. 첫째로, 참된 이스라엘 백성이라 할지라도 매일같이 죄의 위험 속에 있다는 사실. 둘째로, 은혜언약 안에 매일의 죄를 제거하기 위한 해결책이 준비되어 있다는 사실. 셋째로, 붉은 암송아지가 그리스도를 가장 아름답게 예표한다는 사실. 붉은 암송아지는 하나님의 백성들을 계속해서 정결하게 하며 그들의 양심을 죽은 행실로부터 깨끗하게 함으로써 우리에게 살아 계시며 참되신 하나님께 받으심 직한 예배를 드릴 수 있는 권능을 공급해 줍니다.

1. 첫째로, 참된 이스라엘 백성, 그리고 그리스도를 믿는 참된 신자라
할지라도 매일같이 죄의 위험 속에 있음은 의심의 여지 없는 사실입니다.

나의 형제들이여, 그리스도를 믿는 우리는 하나님의 심판대 앞에서 죄로부터 자유롭게 되었습니다. 예수를 믿는 순간, 우리의 죄는 더 이상 우리의 것이 아닙니다. 그것은 그리스도 위에 놓였으며, 동시에 두 장소에 있을 수 없습니다. 그러므로 우리는 거룩하신 하나님 앞에 죄로부터 완전히 정결합니다. 이것이 충분하며, 완전하며, 영원한 칭의(稱義)입니다. 그러나 거룩함의 문제에 있어, 우리는 아직 악으로부터 완전히 자유롭지 못합니다. 우리의 죽을 육체 안에 죄가 거합니다. 비록 왕 노릇 하지는 못한다 하더라도 말입니다. 우리 안에 죄가 있기 때문에, 우리는 항상 죄로 부정해질 가능성을 가지고 있습니다. 이 악한 세상에서 자신의 모든 행동들 가운데 죄의 부정함을 전혀 발견함이 없이 하루를 보낸 자가 도대체 누구란 말입니까? 우리는 본장(本章) 속에서 그에 대한 대답을 어렵지 않게 발견할 수 있습니다.

우리의 부정함은 종종 우리가 실제적으로 죄와 더불어 접촉하는 사실로부터 야기됩니다. 11절을 읽어 보십시오. "사람의 시체를 만진 자는 이레 동안 부정하리니." 우리는 명백한 위반의 행동으로 말미암아 실질적으로 죽은 것, 즉 죄와 접촉합니다. 가장 선한 사람조차도 여전히 스스로를 악으로 더럽힙니다. 어떤 사람들은 스스로 완전하다고 자랑합니다. 그러나 우리는 결코 그들의 완전함을 믿지 않습니다. 도리어 그들은 스스로 속은 자들이며, 교만한 자들이며, 파렴치한 자들일 뿐입니다. "만일 우리가 죄가 없다고 말하면 스스로 속이고 또 진리가 우리 속에 있지 아니할 것이요"(요 1:8). 아무리 선한 사람이라 하더라도 결국 사람일 뿐입니다. 그리고 사람인 한, 그들은 범죄할 것입니다. 우리는 바울 사도조차도 자신의 부패함으로 인해 "오호라 나는 곤고한 사람이로다 이 사망의 몸에서 누가 나를 건져내랴"라는 격렬한 표현을 사용하며 애통해하는 것을 발견합니다(롬 7:24). 우리는 죄와 더불어 매우 밀접하게 관련되어 있습니다. 왜냐하면 죄가 우리 자신 안에 있기 때문입니다. 죄는 우리를 철저히 오염시켰습니다. 그것은 우리 본성의 씨줄과 날줄을 더럽혔습니다. 여기의 육체를 떠나 하늘의 장자들의 교회에 들어갈 때까지, 우리는 죄로부터 완전하게 자유로워지지 못할 것입니다. 그러므로 나의 형제들이여, 우리는 계속해서 씻음을 받을 필요가 있습니다. 왜냐하면 우리는 계속해서 스스로를 더럽히고 있기 때문입니다. 실제로 우리는 항상 부정해집니다. 왜냐하면 항상 이 땅의 사망의 몸과 접촉하고 있기 때문입니다.

뿐만 아니라 우리는 다른 죄인들과 더불어 교제하는 것으로부터 부정해집니다. 14절을 보십시오. "장막에서 사람이 죽을 때의 법은 이러하니 누구든지 그 장막에 들어가는 자와 그 장막에 있는 자가 이레 동안 부정할 것이며." 단순히 죄인들과 함께 있는 것만으로도 부정해지기에 충분합니다. 예수 그리스도는 세리와 죄인들과 함께 다녔음에도 불구하고 결코 부정함을 입지 않았습니다. 위대한 의사(醫師)는 나병환자의 집에 들어가면서도 아무런 부정함도 입지 않았습니다. 그러나 우리에게 그것은 가능하지 않습니다. 우리가 가장 고상한 동기(動機)를 가지고 불경건한 무리들 가운데 들어간다고 상상해 보십시오. 예컨대 그들을 그리스도께로 인도할 목적 같은 경우 말입니다. 그런 경우라 하더라도 그들과의 교제는 우리를 단순히 거북하게 만들 뿐만 아니라 부정하게 만들 것입니다. 어느 정도의 부정함을 입음이 없이 다른 사람의 죄를 바라보는 것은 가능하지 않습니다. 심지어 그것을 혐오하는 마음으로 바라보는 경우라 하더라도 말입니다. 왜냐하면 악한 것을 생각하는 것 자체가 죄이기 때문입니다. 악에 대한 우리의 혐오감은 대부분의 경우 그다지 강렬하지 않습니다. 우리는 그것을 마땅히 그렇게 해야 하는 만큼 충분히 혐오하지 않습니다. 이것은 일종의 부작위(不作爲)의 죄가 됩니다. 나의 형제들이여, 여러분은 아무런 부정함을 입지 않고도 악한 무리 가운데 들어갈 수 있다고 말하지만, 그러나 나는 그 말을 믿지 않습니다. 여러분에게 있어 자신의 부르심으로 인해 혹은 특별히 다른 사람들에게 축복을 나누어주고자 하는 간절한 열망으로 인해 불경건한 백성들과 섞이는 것이 절대적으로 필요할 수 있습니다. 그렇지만 게달의 장막에 들어가면서 부정함을 입지 않기를 바라느니 차라리 역청 구덩이에 들어가면서 온 몸이 시커멓게 되지 않기를 바라는 것이 더 나을 것입니다. 흙과 먼지로 가득한 세상은 우리의 흰 옷 위에 어느 정도의 흔적을 남길 수밖에 없습니다. 그러므로 우리는 할 수 있는 대로 주의를 기울이며 세상을 여행해야 합니다. "나는 햇볕에 쬐어 거무스름하도다" — 이것이 그리스도의 신부의 고백이어야 합니다(아 1:6). 이 세상은 영적으로 죽은 것으로 가득 차 있습니다. 그렇기 때문에 살아 있는 한 우리는 종종 죄인들 가운데 부정함을 입을 수밖에 없습니다. 따라서 우리는 매일같이 씻음을 필요로 합니다. 거룩하신 하나님과 매일같이 교제하기 위해서는 말입니다.

　사랑하는 형제들이여, 이와 같이 이유로 인해 우리는 항상 경계할 필요가 있습니다. 15절을 읽어 보십시오. "뚜껑을 열어 놓고 덮지 아니한 그릇은 모두 부정하니라." 죽은 자의 장막 안에 있는 것 가운데 뚜껑으로 덮은 그릇을 제외하고는 모두 부정해졌습니다. 뚜껑을 열어놓은 그릇은 즉시로 부정해졌습니다. 여러분과 나는 죄의 더러운 것들로부터 우리 마음을 덮어야만 합니다. 우리에게 있어 자기 마음을 부지런히 지키는 것은 너무나 중요한 일입니다. 왜냐하면 생명이 그로 말미암기 때문입니다. 다이어(Mr. Dyer)는 "그리스도인은 어떤 악도 자기 마음에 들어오지 못하도록 아침에 자신의 마음을 잠그고 그 열쇠를 하나님께 드려야 한다"라고 말합니다. 그러나 안타깝게도 우리는 너무나 자주 우리 마음을 잠그는 일을 잊곤 합니다. 우리는 종종 우리가 받은 은혜들을 덮지 않습니다. 만일 어떤 사람이 충분한 정도의 경계를 갖춘다면, 나는 그가 아무런 부정함도 입음이 없이 죄로 가득한 장소에 갈 수 있다고 믿습니다. 죄의 독화살이 우리에게 꽂히는 것은 우리가 충분히 경계하지 않기 때문입니다. 호롱 안에 보호되어 있는 촛불을 생각해 보십시오. 호롱 밖에 있는 원수는 어떻게 하든 촛불을 끄려고 갖은 노력을 다합니다. 그는 사방으로부터 입김을 불며 촛불을 끄려고 시도합니다. 그러나 호롱으로 보호받고 있는 촛불은 안전합니다. 그러는 도중 원수는 호롱 한 쪽이 조금 깨어져 있는 것을 발견합니다. 그는 그 틈 안으로 있는 힘껏 입김을 불고 마침내 촛불은 꺼집니다. 바로 이것이 마귀가 우리에게 행하는 일입니다. 우리는 열 가운데 아홉은 안전하게 보호되어 있을 수 있습니다. 그러나 중요한 것은 한 곳의 깨어진 틈입니다. 조만간 마귀는 그 틈을 발견할 것이며, 그 틈을 통해 우리를 공격할 것입니다. 그러므로 나의 형제들이여, 깨어 경계하십시오! 바로 이 일을 게을리하기 때문에, 우리는 매일같이 부정함을 입게 되며 그렇기 때문에 매일같이 씻음을 받을 필요가 있게 됩니다.

나아가 본장(本章)은 죄는 너무도 악한 것이어서 가장 사소한 죄조차도 우리를 부정하게 만든다고 가르칩니다. 뼈를 만지는 것만으로도 사람을 부정하게 만들기에 충분했습니다(16절). 죽어 싸늘하게 식은 시체를 만져야만 부정하게 되는 것은 아니었습니다. 무덤을 파는 자가 던진 뼈를 우연히 만졌다든지 혹은 농부가 밭고랑을 갈다가 우연히 뼈를 만지게 되는 경우가 있을 것입니다. 심지어 이런 경우조차 그들을 부정하게 만들기에 충분했습니다. 죄는 그토록 악하며 유해한 것으로서, 가장 사소한 죄조차도 그리스도인을 부정하게 만듭니다. 죄와 관련한 생각이나 상상이나 심지어 흘끗 보는 것만으로도 우리를 부정하게 만들기에 충분합니다. 우리는 세상을 떠나 골방에 숨을 수는 있지만, 그러나 죄로부터 숨을 수는 없습니다. 우리는 우리의 눈과 손과 발과 입술과 더불어 언약을 세울 수 있지만, 그러나 우리의 방자한 마음은 여전히 악을 따라갈 것입니다. 어떤 향수(香水)는 오랜 시간이 지나도 그 냄새의 일부가 여전히 그 곳에 남아 있다고 합니다. 죄도 그와 같습니다. 가장 사소한 뼈조차도 그 안에 영원한 악이 있습니다. 가장 사소한 생각의 죄 하나도 하나님과의 모든 교제를 영원히 파괴하기에 충분합니다. 그러므로 형제들이여, 우리는 매일같이 씻음을 받을 필요가 있습니다.

나아가 죄는 심지어 보이지 않을 때조차도 우리를 부정하게 만듭니다. 다시 한 번 16절을 보십시오. 거기에서 여러분은 심지어 무덤을 만진 사람조차 부정하게 된다는 말씀을 발견하게 될 것입니다. 모든 뼈가 깊숙이 묻힙니다. 그러므로 사람들은 그 뼈를 볼 수 없습니다. 그리고 묻힌 뼈 위로 잔디가 자라고 그곳에 아름다운 꽃이 피어납니다. 그럼에도 불구하고 어떤 이스라엘 백성이 손으로든지 발로든지 무덤과 접촉할 때, 그는 부정해집니다. 아! 얼마나 많은 죄의 무덤들이 있습니까? 겉으로 볼 때는 근사하고 아름답게 보이지만 그러나 그 안은 혐오스러운 것으로 가득한 죄의 무덤들 말입니다. 이런저런 관습들이 별 생각 없이 행해집니다. 사회 속에서 오랜 세월 행해지고 고착되어 왔습니다. 도대체 누가 그것이 잘못된 것이라고 말할 것입니까? 그러나 우리의 관습들 가운데 많은 것은 단지 죄의 무덤에 불과합니다. 우리는 별로 잘못된 것이 없다고 생각하지만 그러나 그 안에 더러움과 썩음으로 가득한 것이 얼마나 많습니까? 심지어 우리의 예배 가운데에도 회칠한 무덤과 비교할 만한 것이 얼마나 많습니까? 심지어 달콤한 찬송과 뜨거운 찬미의 외침과 열렬한 기도와 경건한 품행조차도 단지 회칠한 무덤에 불과한 것일 수 있습니다. 왜냐하면 그와 같이 예배할 때조차 우리는 온갖 종류의 악한 생각을 하고 있을 수도 있기 때문입니다. 그렇다면 우리의 예배는 죄의 가증한 것을 감추고 있는 푸른 잔디에 불과할 것입니다. 사랑하는 친구들이여, 이러한 사실은 우리를 깜짝 놀라게 하기에 충분하지 않습니까? 우리는 알면서 죄를 범하기도 합니다. 그렇지만 미처 인식하지도 못한 상태로 범하는 죄는 또 얼마나 많습니까? 알지 못하는 죄들(Sins unknown)! 그리스정교의 전례문(典禮文)에는 "여러분의 알지 못하는 고난들"(your unknown sufferings)이라는 표현이 들어 있습니다. "알지 못하는 죄들"을 위해 "알지 못하는 고난들"이 있는 것은 얼마나 복된 일입니까! 우리는 예수의 사랑의 깊이와 높이를 알지 못합니다. 모든 것을 포괄하는 광범위한 구속으로 인해 하나님께 감사합시다. 하나님은 우리가 전혀 인식하지 못하는 "알지 못하는 죄들"을 위해 광범위한 효력을 가진 구속을 예비하셨습니다.

　　마지막으로, 유대인들은 장막 안에서나 길을 행할 때뿐만 아니라 들에서도 부정하게 될 위험이 있었습니다. 또다시 16절을 보십시오. 거기에 "들에서 칼에 죽은 자"를 만지는 자도 부정하게 된다는 말씀이 있지 않습니까? 그곳에서 전쟁이 있었을는지 모릅니다. 어쩌면 그는 이렇게 생각했을는지 모릅니다. '그래, 여기는 사람들이 다니는 길이 아니야. 발자국도 없고 사람들이 다녔던 어떤 흔적도 없지 않은가?' 그리하여 그는 아무 생각 없이 들을 가로질러 걸어갑니다. 그러나 거기에 불운한 일로 죽임을 당한 어떤 사람의 시체가 누워 있습니다. 그는 그 시체에 걸려 넘어짐으로써 안타깝게도 부정하게 됩니다. 여러분은 여러분이 가고자 하는 곳으로 갈 수 있지만, 그러나 여러분은 죄로부터 피할 수 없습니다. 설령 여러분이 새벽 날개를 치며 바다 끝에 가서 거주할지라도, 죄가 거기에 있습니다(시 139:9). 또 여러분이 스올에 여러분의 자리를 펼지라도, 거기에서 죄가 왕 노릇 합니다(8절). 어쩌면 여러분은 밤의 장막 뒤에 숨으려고 할는지 모릅니다. 그렇지만 밤은 죄가 더 극성을 부리는 광란의 무대가 아닙니까? 하나님의 교회에 들어가 보십시오. 그러면 여러분은 죄가 그곳에 있는 것을 발견하게 될 것입니다. 여러분은 모든 종류의 사람들을 만날 것입니다. 높은 자도 만나고 낮은 자도 만날 것이며, 부유한 자도 만나고 가난한 자도 만날 것이며, 예의가 바른 자도 만나고 무례한 자도 만날 것입니다. 그러나 죄는 모든 곳에 있으며, 모든 사람들에게 있습니다. 독수리 날개를 타고 하늘 보좌에 올라갈 때까지, 우리는 매일같이 부정함을 입을 위험 가운데 살고 있음을 탄식하지 않을 수 없습니다.

2. 둘째로, 그렇기 때문에 씻음이 준비되어 있다는 사실을 주목하십시오.

하나님은 매일같이 부정함을 입을 위험 가운데 있는 인생들을 위해 씻음을 준비하셨습니다. 하트(Hart)가 말한 것처럼, 설령 죄책이 제거되었다 하더라도 그것이 또다시 되돌아와 그대로 남아 있다면, 그것은 도리어 죄의 권능이 계속해서 입증되는 셈이 될 것입니다. 그렇기 때문에 구속받은 하나님의 교회는 매일같이 은혜의 샘에서 씻음을 받을 필요가 있습니다. 긍휼이 무엇입니까? 그것은 그리스도의 보혈이 결코 그 권능을 잃지 않는다는 것이 아닙니까? 보혈의 효력은 우리의 구원이 완성될 때까지 계속될 것입니다. 사랑하는 자들이여, 매일의 부정함을 위해 준비된 화목제물이 있습니다. 만일 그것이 준비되어 있지 않았다면, 여러분과 나의 처지는 얼마나 절망적이었겠습니까? 우리가 이스라엘 백성 혹은 참된 신자로서 죄를 범했다고 상상해 보십시오. 그렇다면 우리는 즉시로 모든 특권을 상실하게 될 것입니다. 부정한 사람은 여호와의 전에 올라갈 수 없습니다. 그는 그곳에서의 거룩한 예배에 참여할 수 없습니다. 그는 거룩한 찬미의 영광과 뜨거운 기도의 감격에 동참할 수 없습니다. 여러분과 나는 그리스도께 어떤 권리도 갖지 못할 것입니다. 양자(養子)도 없고, 칭의(稱義)도 없으며, 성화(聖化)도 없습니다. 부정한 사람은 이 모든 것에 아무런 권리도 갖지 못합니다. 이러한 사실 때문에 또한 우리는 하나님과 더불어 아무런 교제도 가질 수 없습니다. 완전하게 거룩한 존재 외에는 아무도 하나님과 친밀한 교제를 나눌 수 없습니다. 하나님은 지금 불완전한 자들과 교제를 나누지만, 그러나 그것은 완전한 구주를 통해 그러합니다. 만일 우리 안에 죄가 거한다면, 하나님은 우리와 더불어 직접적인 교제를 나눌 수 없습니다. 하나님은 우리를 그리스도 예수로 말미암아 씻음을 받은 자로서, 그러므로 완전히 정결하게 된 자로서 바라보셔야 합니다. 그렇지 않으면 하나님에게 있어 우리와 동행하며 스스로를 우리에게 나타내는 것은 가능하지 않습니다. 이스라엘 백성들의 경우 궁극적인 결과는 죽음이었습니다. 스스로를 정결하게 하지 않은 사람은 이스라엘로부터 끊어졌습니다. 우선 그는 이스라엘 공동체로부터 추방됨으로써 더 이상 이스라엘의 시민권을 가질 수 없었습니다. 뿐만 아니라 그는 사형의 형벌을 당하든지 혹은 역병이나 불뱀 등과 같은 하나님의 갑작스런 심판으로 말미암아 죽임을 당할 수 있었습니다. 만일 여러분과 내가 씻음을 받지 않고 계속해서 부정함 가운데 거한다면, 조만간 모든 것은 영적 죽음과 완전한 멸망으로 귀결될 것입니다. 그러나 하나님께 감사할지니, 하나님은 우리로 하여금 그와 같은 두려운 결과를 당하지 않도록 하기 위해 해결책을 준비하셨습니다.

사랑하는 자들이여, 하나님이 우리의 매일의 부정함을 위해 매일의 씻음을 준비하셔야만 했던 사실을 다시 한 번 생각해 보십시오. 만일 그렇게 하지 않았다면, 그의 지혜는 어디 있으며 그의 사랑은 어디 있는 것입니까? 하나님은 다른 모든 것을 준비하셨습니다. 하나님은 필요한 모든 것을 준비하셨으며, 부족한 것은 아무것도 없습니다. 그리스도 예수 안에서 그의 영광의 부요함을 따라 우리에게 필요한 것들은 모두 준비되었으며, 또 채워지고 공급됩니다. 그런데 만일 가장 중요한 이것이 준비되어 있지 않다면, 어떻게 우리가 하나님을 우리 아버지라 부르며 그를 신뢰할 수 있겠습니까? 어떻게 우리가 그를 유일하게 지혜로우신 우리 구주 하나님으로 알 수 있겠습니까? 그렇다면 하나님은 가장 중요한 부분에서 치명적인 실수를 범하신 셈이 될 것입니다. 사랑하는 자들이여, 하나님의 완전한 사랑과 지혜는 그와 같은 씻음이 반드시 준비되어야만 한다는 사실을 필연적으로 요구합니다.

나아가 우리 주 예수 그리스도의 사역이 또한 이것을 확증합니다. 죄와 부정함을 위해 다윗의 집에 열린 것이 무엇입니까? 욕조(浴槽)입니까? 욕조는 비워질 수 있습니다. 물 항아리입니까? 가나의 혼인잔치에 있었던 것과 같은 종류의 물 항아리 말입니다. 그것 역시 비워질 수 있습니다. 그것이 아닙니다. 죄와 부정함을 위해 열린 샘이 있습니다. 우리는 그 샘에서 씻습니다. 그래도 샘은 흘러넘칩니다. 우리는 또다시 그 샘에서 씻습니다. 그래도 샘은 여전히 흘러넘칩니다. 그리스도의 신성(神性)의 깊은 샘으로부터 그의 수난의 영원한 공로가 영원히 솟아오릅니다. 씻으십시오! 씻으십시오! 그 샘은 결코 마르지 않습니다. 왜냐하면 그것은 충만의 샘이기 때문입니다. 성경이 "만일 누가 죄를 범하여도 아버지 앞에서 우리에게 대언자가 있으니"(요일 2:1)라고 말씀하지 않습니까? 어째서 오늘 그리스도가 대언자입니까? 그것은 우리가 매일같이 대언자를 필요로 하기 때문입니다. 그가 우리를 위해 영원한 보좌 앞에서 계속해서 중보(仲保)하고 있지 않습니까? 어째서 그는 그렇게 합니까? 그것은 우리가 매일같이 중보를 필요로 하기 때문입니다. 그가 우리를 위해 계속해서 중보하며 대언하는 것은 우리가 계속해서 범죄하기 때문입니다. 예수 그리스도는 베드로에게 이러한 진리를 분명하게 가르치셨습니다. 식사를 마친 후 주님은 제자들의 발을 씻어주기 위해 수건을 동이고 대야와 물을 취하셨습니다. 베드로에게 이르렀을 때, 베드로는 이렇게 말합니다. "내 발을 절대로 씻지 못하시리이다"(요 13:8). 그러자 주님은 베드로에게 "내가 너를 씻어 주지 아니하면 네가 나와 상관이 없느니라"라고 말씀하십니다. 베드로는 한 번 씻음을 받았습니다. 그는 칭의(稱義)의 의미에서 죄로부터 자유함을 받았습니다. 그러나 그는 정결의 씻음을 필요로 합니다. 베드로가 "주여 내 발뿐 아니라 손과 머리도 씻어 주옵소서"라고 말했을 때, 주님은 "이미 목욕한 자는 발밖에 씻을 필요가 없느니라 온 몸이 깨끗하니라"라고 대답하셨습니다. 발은 계속적인 씻음을 필요로 합니다. 불경건한 세상에서 매일같이 걸어다니면서 생긴 매일의 부정함은 매일같이 씻음을 받을 필요가 있습니다. 사랑하는 형제들이여, 나는 지금 이 순간에도 주님이 수건을 동인 채 대야에 물을 채우고 우리 가운데 두루 다니며 "내가 네 발을 씻었으므로 너는 온 몸이 깨끗하니라"라고 말씀하고 계신다고 생각합니다. 이와 같이 모든 것이 준비되었으며, 우리 주님의 사역이 그것을 확증합니다.

나아가 사랑하는 자들이여, 성령의 역사 역시 그것을 확증합니다. 그리스도의 일을 취하여 그것을 우리에게 나타내는 것이 성령의 일이 아니면 무엇이겠습니까? 그는 계속적으로 우리를 살리시며, 빛을 비추시며, 위로하십니다. 그러나 만일 계속적으로 부정함을 입는 우리에게 계속적인 씻음이 적용되지 않는다면, 이 모든 것이 도대체 무엇이겠습니까?

그렇지만 무엇보다도 실제적인 사실들이 매일의 죄를 위한 씻음이 있음을 보여줍니다. 옛 성도들은 종종 죄 가운데 떨어졌지만 그러나 그 가운데 그냥 남아 있지 않았습니다. 다윗은 이렇게 부르짖습니다. "우슬초로 나를 정결하게 하소서 내가 정하리이다 나의 죄를 씻어 주소서 내가 눈보다 희리이다"(시 51:7). 베드로를 보십시오. 그는 주님을 부인합니다. 그러나 그와 같은 참람한 상태에 그대로 남아 있지 않습니다. 그는 자기 주님에게로 다시 돌아와 이렇게 맹세합니다. "주님 모든 것을 아시오매 내가 주님을 사랑하는 줄을 주님께서 아시나이다"(요 21:17). 여러분과 나의 경우도 훌륭한 증거가 되지 않습니까? 우리는 처음 그리스도를 만난 그 복된 시간을 기억합니다. 아, 그것은 꿈도 아니었으며 허구도 아니었습니다. 우리는 수만 가지 죄로 얼룩져 있었지만, 그러나 예수께서 그 모든 죄를 제거하셨습니다. 그렇지만 그 시간 이후로도 우리는 종종 넘어지곤 했습니다. 여러분 가운데 의심과 두려움으로부터 피한 자가 누구입니까? 만일 당신이 그러하다면, 나는 당신을 정말로 부러워합니다. 그러나 나는 우리 가운데 대부분은 종종 다윗처럼 "내 영혼이 진토에 붙었나이다"(시 119:25)라고 부르짖을 수밖에 없는 자리에 서곤 했을 것이라고 생각합니다. 여러분은 감히 주 앞에 나올 수 없는 것처럼 느낍니다. 여러분은 그가 여러분의 기도를 들을 것이라고 바랄 수 없습니다. 여러분은 주의 약속들을 붙잡을 수 없습니다. 주의 약속들은 여러분에게는 해당되지 않는 것처럼 느껴집니다. 여러분은 감히 눈을 들어 그리스도를 바라보며 그를 형제라 부를 수 없습니다. 여러분은 "아빠 아버지"라 부르짖지 못합니다. 그러나 여러분의 구속자가 여러분을 다시금 처음의 상태로 회복시켜 주지 않았습니까? 여러분은 그것을 기억하지 못합니까? 그러자 여러분의 사랑과 기쁨이 또다시 여러분에게 되돌아오지 않았습니까? 처음 회심했을 때처럼 말입니다. 그러자 여러분은 다시금 즐거워하며 여러분의 길을 갔습니다. 불과 어제만 해도 여러분의 수금을 버드나무에 걸고 여호와의 노래를 부르기를 거절했었는데 말입니다.

나의 사랑하는 친구들이여, 이 위대한 진리가 아니었다면, 우리는 필경 절망 가운데 죽었을 것입니다. 만일 내가 죄인으로서 예수 앞에 나아와 모든 부정함이 씻어질 것을 기대하며 그 안에 안식할 수 없다면, 성경 안에 나에게 위로를 주는 것이 무엇이 있는지 나는 도무지 알지 못합니다. 나에게는 병을 치료할 수 있는 약이 필요합니다. 나에게는 필요를 채울 수 있는 공급이 필요합니다. 하나님께 감사할지니, 여기에 그와 같은 약과 공급이 있습니다. 예수께서 가장 부정한 죄들을 제거하십니다. 우리 마음이 하나님으로부터 미끄러져 내려갈 때, 그가 우리를 다시 원래의 자리로 되돌려 놓습니다. 때로 우리 양심이 우리를 지옥으로 끌고 가지만 그러나 주님은 우리를 다시 천국으로 되돌려 놓습니다. 이런 변화가 일어나는 데는 그다지 많은 시간이 걸리지 않습니다. 때때로 우리는 우리 자신의 무가치함을 인식하며 절망 가운데 빠지곤 합니다. 그리고 그 때 하나님의 진노의 파도가 우리에게 밀려오는 것을 느끼곤 합니다. 그러나 다음 순간 우리는 우리가 하늘의 기업의 상속자라는 사실을 깨닫습니다. 그리고 그리스도 안에서 우리는 하나님과 더불어 풍성한 교제를 나눕니다. 바로 이것이 씻음의 능력입니다. 우리 안에서 그리스도의 보혈이 항상 역사(役事)합니다. 성령을 통해 그리고 믿음으로 말미암아 그 피가 우리 양심에 뿌려집니다. 여러분과 내가 이러한 진리를 일상의 계속적인 경험으로 알기를 기원합니다. 매일의 부정함을 위한 매일의 씻음이 있다는 진리 말입니다.

3. 셋째로, 붉은 암송아지가 가장 아름다운 방식으로 매일의 부정함을 위한 매일의 씻음을 제시하는 것을 주목하십시오.

그것은 암송아지였습니다. 암컷이 희생제물로 사용되는 것은 매우 이례적인 일이었습니다. 여기의 경우 암컷이 희생제물로 드려진 것은 대속(代贖)을 좀 더 선명하게 나타내기 위함이었던 것으로 보입니다. 여기의 붉은 암송아지는 이스라엘의 모든 집 즉 하나님의 전체 교회를 나타냅니다. 성경에서 교회는 항상 신부 즉 여성으로 나타나며 그렇게 간주됩니다. 따라서 통상적인 방식대로 수송아지 대신 암송아지가 선택된 것은 아마도 여기의 암송아지가 이스라엘 자손 전체를 상징함으로써 대속을 좀 더 분명하고 완전하게 나타내고자 한 것이었던 것으로 보입니다. 또 그것은 붉은 암송아지였습니다. 붉은 암송아지는 매우 드물었습니다. 흠 없는 붉은 암송아지를 찾는 일은 결코 쉬운 일이 아니었습니다. 조금이라도 흰색이나 검은 색 털이 있는 암송아지는 여기의 희생제물로 사용될 수 없었습니다. 그것은 전체가 완전하게 붉은 색이어야 했습니다. 이와 같은 희소성(稀少性)으로 말미암아, 어떤 이들은 그것이 그리스도의 인격의 유일성(唯一性)과 무비성(無比性)을 나타낸다고 생각합니다. 예수 그리스도는 독특한 존재이며, 아버지의 독생자이며, 유일한 구속자입니다. 어떤 천사도 그와 견줄 수 없으며, 어떤 사람도 그와 비교될 수 없습니다. 또 어떤 이들은 붉은 색이 사용된 것은 이스라엘 백성들의 마음에 피의 개념을 상기시켜 주기 위함이었을 것이라고 생각합니다. 왜냐하면 붉은 색은 항상 죄를 제거하는 속죄의 피와 연결되기 때문입니다. 나의 형제들이여, 그리스도에 대해 생각할 때, 분명 우리는 항상 그를 피 흘림과 연결시킵니다. 특별히 우리가 죄를 의식할 때 말입니다. 죄로 인하여 두려워 떠는 양심이 사모하는 것이 그의 붉은 피 외에 무엇이겠습니까? 우리는 종종 우리의 신학(神學) 안에 너무나 많은 피가 있다는 불평을 듣곤 합니다. "생명은 피에 있음이라"(레 17:11). 만일 우리 설교에 피가 없다면, 거기에는 어떤 생명도 기쁨과 참된 능력도 없습니다. 우리는 예수 그리스도의 보배로운 피를 높이기를 좋아합니다. 왜냐하면 하나님이 그렇게 하는 것을 기뻐하시기 때문입니다. 피의 복음이야말로 성도들에게 위로를 주며, 죄인들을 살리는 생명의 말씀입니다. 나의 사랑하는 형제들이여, 여러분도 이와 같이 노래할 수 있지 않습니까?

> "나무 위에서 마치 옷처럼,
> 　그의 붉은 피가 그의 몸을 덮었도다.
> 　그 때 나는 세상에 대하여 죽었으며,
> 　세상은 나에 대하여 죽었도다."

　　내가 세상에 대하여 죽고 세상이 나에 대하여 죽은 것은 단순한 시적(詩的) 상상력이 아니라 사실 그대로의 실재(實在)입니다. 우리 주님의 얼굴은 피로 얼룩진 땀으로 덮였으며, 그의 머리는 붉은 색 핏방울들로 젖었습니다. 그의 등은 채찍에 맞아 피가 강처럼 흘렀으며, 그의 손과 발로부터 붉은 피가 샘처럼 솟아올랐습니다. 그리고 그의 옆구리로부터 그의 심장의 피가 폭포처럼 흘러내렸습니다. "피에 젖은 옷"을 입은 그의 모습은 결코 아름다워 보이지 않습니다. "에돔에서 오는 이 누구며 붉은 옷을 입고 보스라에서 오는 이 누구냐 그의 화려한 의복 큰 능력으로 걷는 이가 누구냐 그는 나이니 공의를 말하는 이요 구원하는 능력을 가진 이니라 어찌하여 네 의복이 붉으며 네 옷이 포도즙틀을 밟는 자 같으냐"(사 63:1, 2). 이가 바로 영광의 구주입니다. 붉은 피로 물든 옷을 입었을 때 그는 강하게 보이지 않지만 그러나 그는 우리를 구원하는 강한 구주입니다. 그러므로 우리의 희생제물은 **붉은** 암송아지여야 합니다. 붉은 색은 경건한 신자들로 하여금 홀로 포도주틀을 밟은 자를 기억하도록 만듭니다.

　　또 그것은 흠이 없는 암송아지였습니다. 이것은 "티나 주름 잡힌 것이나 이런 것들이 없는" 그리스도의 성품의 완전성을 나타냅니다(엡 5:27). 그는 성령으로 말미암아 인간의 죄로 오염됨이 없이 무죄하게 잉태되었습니다. 가브리엘 천사는 요셉에게, 마리아에게 잉태된 자는 "성령으로" 된 것이라고 말했습니다(마 1:20). 그는 우리와는 달리 본성적인 부정함이 없이 잉태되었습니다. 그는 원죄(原罪)의 더러운 것을 느끼지 못했습니다. 이와 같이 암송아지는 흠이 없는 것이어야 했습니다. 우리 주 예수 그리스도는 원죄의 흠이 없었던 것과 마찬가지로 또한 자범죄의 흠도 없었습니다. "이 세상의 임금이 오겠음이라 그러나 그는 내게 관계할 것이 없으니"(요 14:30). 그는 모든 면에서 우리와 같이 되셨지만 그러나 한 가지 예외가 있었습니다. 그것은 죄가 없다는 것이었습니다.

또 붉은 암송아지가 멍에 메지 않은 것이었다는 사실을 주목하십시오. 아마도 이것은 그리스도께서 자원하여 우리를 위해 죽으시고자 오셨음을 나타내는 것으로 보입니다. 그는 하늘로부터의 강요에 의해 오지 않았습니다. 오직 자원하여 우리 모두를 위해 자신을 내주셨습니다. "하나님이여 보시옵소서 두루마리 책에 나를 가리켜 기록된 것과 같이 하나님의 뜻을 행하러 왔나이다"(히 10:7). 그는 죽음을 향해 강제로 끌려가지 않았습니다. "이를 내게서 빼앗는 자가 있는 것이 아니라 내가 스스로 버리노라 나는 버릴 권세도 있고 다시 얻을 권세도 있으니"(요 10:18). 하나님의 아들은 아무 멍에도 메지 않았습니다. "나의 멍에는 쉽고 나의 짐은 가볍다"고 말씀할 때 언급한 멍에, 즉 그로 하여금 자기 백성들을 위해 자기 목숨을 내주도록 이끈 사랑의 멍에를 제외하고 말입니다.

여기의 붉은 암송아지와 관련하여 한 가지 흥미로운 점은 그것이 제사장에 의해 준비되지 않았다는 사실입니다. 그것은 성소(聖所)의 일반적인 재정(財政)에 의해서나 혹은 고관들에 의해서나 혹은 어떤 한 사람에 의해 준비되지 않았습니다. 그것은 이스라엘 자손들에 의해 준비되었습니다. 그 이유가 무엇입니까? 광야에서든 훗날 예루살렘에서든 이스라엘 백성들이 제사장이 붉은 암송아지를 끌고 오는 것을 보고 있다고 상상해 보십시오. 모든 남자들과 여자들과 아이들은 이렇게 말할 수 있었을 것입니다. "나는 저 암송아지 안에 분깃을 가지고 있어. 나는 불태워지기 위해 끌려나오고 있는 저 희생제물 안에 분깃을 가지고 있어." 아! 사랑하는 형제들이여, 나는 여기에 있는 모든 사람들이 "나는 예수 그리스도 안에 분깃을 가지고 있어"라고 말할 수 있기를 바랍니다. 바로 이것이 이스라엘 자손 전체가 붉은 암송아지를 준비한 것의 의미입니다. 예수 그리스도께서 어떻게 그의 백성 전체를 위해 피를 흘렸는지 보십시오. 그들 모두가 그 안에서 분깃을 가지며, 그들 모두가 그 안에 참여합니다. 설령 여러분이 가장 연약한 자라 하더라도 만일 여러분이 그를 믿는다면, 여러분은 가장 강한 자와 마찬가지로 그 안에서 분깃을 갖습니다. 그는 사도들의 그리스도인 것과 마찬가지로 여러분의 그리스도입니다. 그는 불병거를 타고 하늘로 승천한 순교자의 그리스도인 것과 마찬가지로 여러분의 그리스도입니다. 사랑하는 형제들이여, 나는 여러분이 이러한 사실을 분명하게 알기를 바랍니다. 그리고 여러분이 그 안에 분깃을 가지고 있으며 그 안에 참여하고 있음을 확신하기를 바랍니다.

이제 그 암송아지에 어떤 일이 행하여졌는지 살펴보도록 합시다. 그것을 살피기 위해 다시 한 번 여러분의 성경책을 읽어보기 바랍니다.

첫째로, 그 암송아지는 진영 밖으로 끌어내어져야 했습니다(3절). 우리는 여기에서 또다시 그리스도의 그림을 보게 됩니다. 그는 자신의 피로 자기 백성들을 거룩하게 하기 위하여 진영(陣營) 밖에서 고난을 당했습니다. 진영 밖에는 부정한 장소가 있었습니다. 거기에 나병환자들이 살고 있었습니다. 거기에 부정함을 입은 모든 사람들이 격리되어 있었습니다. 예수 그리스도는 범죄자들 가운데 계수되어야 했으며, 성문 밖 골고다 언덕에서 고난을 당해야만 했습니다. 그곳은 "해골의 곳"이라는 뜻을 가진 장소로서, 범죄자들을 처형하는 곳이었습니다. 하나님의 백성은 세상의 다른 모든 것들로부터 분리된 백성이 되어야 합니다. 그들은 이 세상 도성의 거주자들과 더불어 계수되어서는 안 됩니다. 그들은 그들의 모든 조상들이 그랬던 것처럼 이방인과 나그네와 우거하는 자가 되어야 합니다. 그러므로 그리스도는 그들에게 분리의 본(本)이 되기 위해 진영 밖에서 고난을 당했습니다.

진영 밖으로 끌어내어진 후 붉은 암송아지는 **죽임을 당했습니다.** 우리는 여기에서 또다시 우리 죄를 제거하기 위해 죽으신 그리스도를 보게 됩니다. 형제들이여, 우리는 부활하신 그리스도를 좋아하며, 살아 계셔서 우리를 위해 중보하시는 그리스도를 송축합니다. 그렇지만 결국 여러분과 나의 양심을 정결하게 하는 것은 피 흘려 죽은 희생제물로부터 옵니다. 우리 앞에서 죽임을 당한 그를 보십시오. 그리고 와츠(Watts)와 함께 이렇게 노래합시다.

> "나의 영혼이 바라보나이다,
> 당신이 짊어지신 짐을.
> 당신이 저주받은 나무 위에 달렸을 때,

내 영혼의 모든 소망이 거기에 있었나이다."

암송아지가 죽임을 당하고 그 피가 흘러나올 때, 엘르아살이 손가락으로 그 피를 찍었습니다(4절). 엘르아살은 자기 손가락으로 그 피를 찍고, 그 피를 회막 문 앞에 일곱 번 뿌렸습니다. 일곱은 완전수(完全數)로서, 피 뿌림으로 말미암아 완전한 제물이 드려졌음을 보여줍니다. 마찬가지로 예수 역시도 스스로를 피의 제물로서 완전하게 드렸습니다.

여기에서 이 모든 것이 정결하게 하는 것이 아니라는 사실을 주목하십시오. 우리는 아직 핵심적인 부분에 이르지 않았습니다. 속죄가 정결에 선행(先行)합니다. 그리스도께서 죽으심으로써 스스로를 희생제물로 드려야만 합니다. 그렇지 않으면 그는 정결하게 하는 자가 될 수 없습니다. 이 모든 것이 필요하지만 그러나 우리는 아직 정결의 핵심적인 부분에 이르지 않았습니다. 계속해서 그들은 죽임당한 암송아지의 몸을 취하여 그것을 불사르기 위해 준비된 더미 위에 올려놓았습니다. 그것은 죽은 것으로서 부정한 것이었으며, 그것을 만지는 자는 누구든지 부정하게 되었습니다. 그들은 그것을 완전하게 불살랐습니다. 그것의 가죽과 고기와 피와 심지어 똥까지 불살랐습니다. 어느 한 부분도 남겨져서는 안 되었습니다. 이것은 우리 구주의 고통과 십자가 위에서의 그의 헤아릴 수 없는 고뇌와 그의 실제적인 죽음과 하나님으로부터 실제적으로 버림당한 것을 나타냅니다. 이것은 하나님이 우리 구주를 부정한 자로 간주하셨음을 나타냅니다. 그래서 우리 구주는 "나의 하나님 나의 하나님 어찌하여 나를 버리셨나이까?"라고 부르짖을 수밖에 없었습니다. 암송아지는 제단 위에서 불살라지지 않았습니다. 그것은 통상적인 희생제물인 수송아지와는 달리 성소(聖所) 안에서 불살라지지 않았습니다. 암송아지는 부정하며 더러운 것이었습니다. 그것을 죽인 사람은 부정하여졌습니다. 그것의 재를 거둔 자도 부정하여졌습니다. 심지어 제사장 자신도 자기 옷을 씻어야만 했습니다. 이것은 그리스도가 어떻게 범죄자들 가운데 계수되었는지, 그의 백성들의 죄가 어떻게 그 위에 놓였는지, 그리고 하나님이 어떻게 "죄를 알지도 못하는 자를 우리로 하여금 그 안에서 하나님의 의가 되게 하기 위하여 우리를 위해 죄가 되게" 하셨는지를 보여줍니다. 여러분은 "희생제물을 만진 사람들이 부정하게 되는 것은 참으로 이상한 일이야"라고 말할 것입니다. 그렇습니다. 그것은 참으로 이상한 일입니다. 그러나 우리는 여기에 나타난 상징을 놓쳐서는 안 됩니다. 그리스도를 죽인 자들이 누구였습니까? 그들은 부정한 로마 병사들이 아니었습니까? 파렴치한 군중들이 "그를 십자가에 못 박으라 그를 십자가에 못 박으라"라고 외치지 않았습니까? 악인들의 눈이 그의 고통당하는 몸을 흡족한 듯이 바라보지 않았습니까? 여러분과 내가 그를 죽이는 데 협력하지 않았습니까? 우리 자신은 부정하지 않습니까? 나로 하여금 계속해서 말하도록 허락해 주십시오. 만일 내가 오늘 재를 거두어 그것을 여러분 앞에 가져간다면, 만일 내가 오늘 정결하게 하는 물을 뿌린 사람처럼 되고자 추구한다면, 나는 부정하지 않습니까? 심지어 내가 나의 구주에 대해 가장 잘 말하고 있다 하더라도, 나는 여전히 죄를 짓고 있다고 느낄 것입니다. 왜냐하면 나는 그에 대해 마땅히 그래야 하는 만큼 충분히 잘 말할 수 없기 때문입니다. 나의 형제들이여, 무엇이 여러분으로 하여금 그리스도와 접촉할 때 스스로 부정함을 느끼도록 만듭니까? 여러분의 죄를 제거하는 바로 그 그리스도가 먼저 여러분으로 하여금 자신의 죄를 느끼도록 만들지 않습니까? 그를 찌른 자들이 그를 볼 것이요, 그들은 자신들의 죄로 인해 울며 애곡할 것입니다. 우리가 믿음으로 그를 바라볼 때, 그는 우리의 눈물을 닦아주는 구주입니다. 그러나 같은 구주는 먼저 우리의 눈으로부터 눈물이 흐르도록 만듭니다. 우리가 그의 죽으심을 바라볼 때 말입니다. 이와 같이 그는 먼저 자신과 접촉하는 사람들을 부정하게 만듭니다. 그리고 나서 나중에 그의 정결하게 하는 권능의 또 다른 접촉에 의해 그들을 정결하게 만듭니다.

　　암송아지가 충분하게 불살라졌을 때 혹은 아직 불살라지고 있는 동안, 우리는 제사장이 백향목과 우슬초와 홍색 실을 가져다가 사르는 불 가운데 던지는 것을 발견합니다(6절). 이것은 무엇을 의미합니까? 중세 시대의 유대인 철학자 마이모니데스(Maimonides)에 따르면, 통나무 상태로 취하여진 백향목 둘레에 우슬초를 두르고 전체를 홍색 실로 묶었다고 합니다. 그렇다면 그것은 백성들의 눈에 어떻게 보였을까요? 당연히 붉은 색으로 보였을 것이며, 붉은 색은 죄를 상징하는 것이었습니다. "너희의 죄가 주홍 같을지라도 눈과 같이 희어질 것이요 진홍 같이 붉을지라도 양털 같이 희게 되리라"(사 1:18). 따라서 그것을 불 가운데 던지는 것은 죄에 대한 형벌을 의미하는 것이었습니다. 오늘은 유난히 붉은 색이 많이 등장하는데, 어쨌든 그것은 죄를 위한 속죄를 나타냅니다. 이러한 홍색 실 안에 믿음의 우슬초가 있는데, 믿음의 우슬초는 희생제물의 효력을 각자에게 적용시킵니다. 그리고 우슬초 안에 아름다운 향냄새를 풍기는 백향목이 있는데, 이것은 완전한 의를 나타냅니다. 이것을 그리스도와 연결하여 생각해 보십시오. 이것은 우리에게 일상의 부정함을 나타냄과 동시에 그리스도의 완전한 의가 우리에게 매일같이 전가됨을 보여줍니다. 이와 같이 우리는 매일같이 그리스도의 의가 우리에게 전가됨으로 말미암아 하나님 앞에 사랑하는 자로 섭니다. 일상의 죄가 덮어지는 것뿐만 아니라 일상의 의가 우리에게 주어지는 것을 통해 말입니다. 그러므로 우리는 마지막 날 하나님께 받아들여질 것과 마찬가지로 또한 매일같이 하나님께 받아들여집니다.

붉은 암송아지와 관련한 규례의 가장 중요한 부분은 그것의 마지막 행동, 즉 고기와 똥과 나무를 불사르고 남은 재는 모두 거두어 정한 곳에 두어야 했다는 사실에 놓여 있습니다(9절). 유대인들에 따르면, 지난 천 년 동안 이런 목적으로 죽임을 당한 또 다른 암송아지는 없었다고 합니다. 믿을 만한 근거는 없지만, 어쨌든 그들은 지금까지 모두 아홉 마리의 붉은 암송아지가 드려졌다고 말합니다. 모세 시대에 한 마리가 드려지고, 에스라 시대에 또 한 마리가 드려지고, 계속해서 아홉 마리까지 드려졌습니다. 그리고 메시야가 올 때, 그가 열 번째 암송아지를 드릴 것이라고 합니다. 그렇게 하여 그가 이러한 상징을 완성시킬 것이라는 것입니다. 그러나 우리는 그렇게 믿지 않습니다. 부정함을 입고 정결하게 되기를 바라는 사람들이 얼마나 많았겠습니까? 그러므로 재를 둔 장소는 항상 많은 사람들로 붐빌 것이었습니다. 그리고 정결하게 하는 일이 계속해서 요구될 것이었습니다. 불사른 재는 흐르는 물과 함께 그릇에 담고, 그 물을 시체나 뼈 등을 만짐으로 말미암아 부정해진 사람들에게 뿌려야 했습니다(17절). 그러므로 불사른 암송아지의 재는 매우 많이 필요할 것이었습니다. 천 년에 한 번 불사르는 것으로는 어림도 없을 것이었습니다. 붉은 암송아지는 훨씬 더 자주 불살라져야 했습니다. 수많은 사람들이 그 재를 사용할 수 있기 위해서는 말입니다. 이러한 사실은 우리로 하여금 그리스도의 무한한 공로를 생각하도록 이끌지 않습니까? 우리는 믿음으로 말미암아 의롭다 하심을 받아 죄로부터 자유롭게 되며, 이 모든 것은 그리스도의 무한한 공로로 말미암습니다. 그러나 그것이 전부가 아닙니다. 그리스도의 무한한 공로는 또한 우리로 하여금 매일의 부정함으로부터 씻음을 받아 정결함을 입도록 하기 위해 준비되어 있습니다.

> "여기에 죄를 위한 사함이 있도다.
> 아무리 큰 죄라도 상관 없도다.
> 내 영혼아, 놀람으로 바라보라.
> 여기에 죄를 위한 사함이 있도다."

모든 죄로부터 정결하게 하기 위한 씻음이 준비되어 있습니다. 일곱 번 뿌려진 피는 하나님의 심판대 앞에서 이러한 죄들을 제거했습니다. 그리고 살라진 붉은 암송아지의 재는 나의 양심으로부터 죄를 제거하여 죽은 행실로부터 나의 양심을 정결하게 할 것입니다.

또 불사른 재는 흐르는 물과 함께 담겨져야 했습니다(17절). 흐르는 물은 성령을 나타내는 아름다운 그림입니다. "그가 나를 쉴 만한 물가로 인도하시는도다"(시 23:2). 성령은 그리스도의 일들을 취하여 그것들을 우리에게 나타내십니다. 정결하게 되는 일은 하늘에서 그리스도의 손에 의해 이루어집니다. 그는 일곱 번 자신의 피를 뿌렸습니다. 그러나 이 땅에서 우리의 양심이 정결하게 되는 일은 성령으로 말미암아 이루어집니다. 성령은 그리스도를 우리에게 보배로운 자로 만듭니다. 성령은 그리스도의 공로를 우리에게 적용시킵니다. 십자가에 달린 그리스도가 무엇이란 말입니까? 무덤에 있는 그리스도가 무엇이란 말입니까? 사람들에게 그는 아무것도 아닙니다. 성령이 그를 그들의 마음 속에 그리스도가 되게 하실 때까지 말입니다. 여러분은 많은 사람들이 그리스도 안에는 그들이 바랄 만한 아름다운 것이 도무지 없다고 불평하는 소리를 들을 것입니다. 예수에 관해 듣는 것은 그들에게 너무도 지루한 일입니다. 그러나 흐르는 물이 임할 때 그리고 하나님의 영이 우리의 마음을 씻으시고 소생시키심으로 우리로 하여금 거룩한 것들을 사랑하도록 만들 때, 우리에게 있어 죽임당한 구주의 재만큼 형언할 수 없이 보배롭고 바랄 만한 것은 아무것도 없게 됩니다.

여기에서 특별히 우슬초가 사용된 사실을 주목하십시오(18절). 정결한 자가 우슬초로 그 물을 찍어 부정해진 사람이나 물건에 뿌려야 했습니다. 우슬초는 항상 믿음을 상징합니다. "우슬초로 나를 정결하게 하소서 내가 정하리이다"(시 51:7). 우리의 믿음은 우슬초 묶음처럼 예수의 피 혹은 예수의 옆구리로부터 흘러나온 정결하게 하는 물에 적셔집니다. 그렇게 할 때, 그 피와 물의 효력이 우리에게 적용됩니다. 형제들이여, 지금까지 그렇게 한 것보다 더 충분하게 예수를 믿고 의지하며 신뢰하십시오. 그러면 여러분은 그의 화목의 권능을 느끼게 될 것입니다. 그는 하나님입니다. 그는 사람이 되셨습니다. 그는 고난을 받으셨습니다. 그러한 고난은 죄를 제거할 수 있습니다. 여러분은 어떤 양심의 죄책도 가질 필요가 없습니다. 씻음을 받으십시오. 그러면 사랑하는 자 안에서 받아들여질 것이요, 그 안에서 즐거워하게 될 것입니다. 부디 하나님이 우리로 하여금 붉은 암송아지의 비밀과 죄 사함의 기쁨을 더욱 충만하게 알게 하시기를 기원합니다.

만일 이 자리에 죄 가운데 빠진 어떤 신자가 있다면, 만일 여기에 하나님의 함께하심을 잃어버린 사람이 있다면, 만일 여러분의 심령이 싸늘하게 식었다면, 만일 여러분이 뒤로 미끄러져 내려가는 것을 의식한다면, 만일 여러분이 자신이 정말로 하나님의 자녀인지 의심하기 시작했다면 , 여러분에게 필요한 것이 바로 여기 그리스도 안에 있습니다. 그러나 여러분은 자신이 너무나 자주 반복적으로 죄를 범한다고 탄식합니다. 걱정하지 마십시오. 여기 매일같이 범하는 죄를 위한 재가 있습니다. 여기에 매 시간 범하는 죄를 위한 재가 있습니다. 여기에 매 순간 범하는 죄를 위한 재가 있습니다. 눈을 들어 여러분의 구주를 바라보십시오. 하나님의 계획은 단지 여러분을 한 번 용서하고 마는 것이 아닙니다. 그의 계획은 여러분을 매일같이 씻는 것입니다. 예수 그리스도는 형제들에 대하여 여러분에게 일곱 번뿐 아니라 일흔 번씩 일곱 번이라도 용서하라고 가르쳤습니다. 그가 여러분에게 말씀하신 것을 그가 행하지 않을 것입니까? 그는 무한한 횟수까지라도 여러분을 용서할 것입니다. 그렇습니다. 그는 매일같이 여러분을 용서할 것입니다. 만일 여러분이 그리스도 안에서 일상의 죄를 씻음받기를 구한다면, 여러분은 그와 더불어 교제를 누리게 될 것입니다. 여러분은 그의 임재 안에 설 것이며, 말할 수 없는 기쁨과 충만한 영광으로 즐거워할 것입니다. 이것은 특별한 소수만을 위해 예비된 특권이 아닙니다. 우리 모두의 특권이며, 하나님의 모든 자녀들의 특권입니다. 그러므로 담대히 나아오십시오. 그리고 지금 주님께 그의 정결하게 하는 물을 다시 한 번 뿌려 달라고 간구하십시오. 그러면 여러분은 또다시 하나님과 친밀한 교제를 누리게 될 것이며, 그 안에서 즐거워할 것입니다.

이 자리에 아직 예수를 믿지 않는 사람이 있습니까? 나는 당신에게 이것은 당신을 위한 것이 아니라는 사실을 분명하게 일깨워 주고 싶습니다. 당신은 면

저 피로써 씻음을 받을 필요가 있습니다. 아, 가련한 영혼이여! 그리스도 밖에 있는 당신은 얼마나 비참한 존재입니까! 당신은 머리부터 발끝까지 완전히 검습니다. 당신의 외부뿐만 아니라 내부까지도 완전히 검습니다. 당신에게 먼저 필요한 것은 피로써 씻음을 받는 것입니다. 그리고 난 연후에 물로써 씻음을 받아야 합니다. 예수의 피는 당신을 모든 죄로부터 깨끗하게 할 수 있습니다. 그를 믿으십시오. 그러면 그가 당신을 구원하실 것입니다. 지금 당장 그를 믿으십시오.

　자, 오십시오. 부디 성령께서 당신을 도우사 당신이 기꺼이 구원받는 자리로 나오도록 이끄시기를 기원합니다. 아멘.

제
9
장

—

장대 위에 달린 놋뱀

—

"모세가 놋뱀을 만들어 장대 위에 다니 뱀에게 물린 자가 놋뱀을 쳐다본즉 모두 살더라."— 민 21:9

나의 설교는 매주마다 인쇄되어 배포되는데, 오늘 설교는 그렇게 인쇄되어 배포되는 1,500번째 설교가 됩니다. 이것은 정말로 놀랄 만한 사실입니다. 나는 오늘날 어떤 한 설교자에 의해 1,500편의 설교가 인쇄되어 배포된 예를 알지 못합니다. 더구나 나의 설교들은 단순히 인쇄될 뿐만 아니라 많은 독자들에 의해 읽혀지고, 심지어 여러 나라의 언어로 번역되기까지 합니다. 이 모든 것을 생각할 때, 나는 신적 도움을 베풀어주신 하나님께 마음으로부터 뜨거운 감사를 드리지 않을 수 없습니다. 이러한 설교들은 또한 매 안식일마다 목회자가 없는 교회에서 회중들에게 설교 대용(代用)으로 읽혀지기도 합니다. 하나님은 이러한 설교들을 축복하시고 많은 영혼들을 회심시키는 도구로 사용하셨습니다. 나는 이 큰 축복으로 인해 기뻐하며 즐거워하지 않을 수 없으며, 그 모든 것을 값없이 베푸시는 주의 은혜에 돌리지 않을 수 없습니다.

나의 감사를 표현하는 가장 좋은 방법이 무엇일까요? 나는 그것을 예수 그리스도를 계속해서 설교하며, 단순한 복음을 어린아이들도 알아들을 수 있는 언어로 분명하게 제시하는 것이라고 생각합니다. 1,500편의 설교들을 마무리함에 있어, 나는 주께서 이제까지 나누어준 것보다 더 큰 축복을 나누어줄 수 있는 말씀들을 주시기를 소원합니다. 그래서 나의 설교를 듣거나 읽는 많은 사람들의 회심에 더 유용한 도구가 되게 하시기를 바랍니다. 부디 구원의 자유와 그것을 얻을 수 있는 쉬운 방법을 알지 못함으로 인해 흑암 가운데 앉아 있는 자들이 그리스도 예수를 믿음으로 말미암아 평강의 길을 발견함으로써 빛으로 들어오게 되기를 기원합니다. 부디 이와 같은 나의 서언(序言)을 용서해 주기를 바랍니다. 나의 뜨거운 감사의 마음은 나로 하여금 이러한 서언의 말을 하지 않을 수 없도록 만듭니다.

이제 본문에 나타난 놋뱀에 대해 살펴보도록 합시다. 만일 요한복음을 읽어 본다면, 여러분은 거기에서 구약으로부터 취한 여러 가지 모형들이 나타나는 것을 주목하게 될 것입니다. 성경은 창조로부터 시작합니다. "하나님이 이르시되 빛이 있으라 하시니"(창 1:3). 그런데 요한복음은 영원한 말씀이신 예수가 "세상에 와서 각 사람에게 비추는 참 빛"이라는 선언과 함께 시작합니다(1:9). 첫 번째 장을 마치기에 앞서, 요한은 아벨로부터 취한 모형을 제시합니다. "보라 세상 죄를 지고 가는 하나님의 어린 양이로다"(29절). 이것은 세례 요한이 예수께서 자신에게 나아옴을 보고 말한 것이었습니다. 또 51절에서 우리는 야곱의 사다리를 암시하는 말씀을 듣게 됩니다. "진실로 진실로 너희에게 이르노니 하늘이 열리고 하나님의 사자들이 인자 위에 오르락 내리락 하는 것을 보리라." 이것은 주님께서 나다나엘에게 선언한 것이었습니다. 계속해서 3장에 이르면, 우리는 광야의 놋뱀과 관련한 다음과 같은 놀라운 말씀을 읽게 됩니다. "모세가 광야에서 뱀을 든 것 같이 인자도 들려야 하리니 이는 그를 믿는 자마다 영생을 얻게 하려 하심이니라"(14, 15절). 오늘 아침 우리는 "뱀을 든 모세의 행동"에 대해 이야기하고자 합니다. 부디 우리 모두가 놋뱀을 보고 참된 약속을 발견하게 되기를 바랍니다. "뱀에게 물린 자가 놋뱀을 쳐다본즉 모두 살더라." 이미 놋뱀을 바라보았던 자들 역시도 또다시 그것을 바라봄으로써 새로운 유익을 얻게 될 것입니다. 그리고 아직까지 한 번도 그 쪽 방향을 향해 눈을 돌리지 않은 사람도 이 시간 높이 들린 구주를 바라봄으로써 뱀의 맹독(猛毒)으로부터 구원받을 수 있게 되기를 바랍니다. 부디 성령께서 오늘의 설교를 사용하셔서 은혜로운 결과를 맺으시기를 기원합니다.

1. 첫째로, 사망의 위험 가운데 있는 인생들을 주목하십시오.

그렇기 때문에 그와 같은 인생들을 위해 놋뱀이 만들어지고 장대 위에 달렸습니다. 오늘 본문은 이렇게 말합니다. "설령 뱀이 어떤 사람을 물었다 하더라도, 만일 그가 놋뱀을 바라본다면 그는 살 것이라."

먼저 백성들 가운데 불뱀이 온 것은 그들이 하나님의 길과 하나님의 양식을 멸시하였기 때문이라는 사실을 주목하십시오. "길로 말미암아 백성의 마음이 상하니라"(민 21:4). 그것은 하나님의 길이었습니다. 하나님이 그들을 위해 그 길을 택하셨습니다. 하나님은 지혜와 긍휼로 그 길을 택하셨습니다. 그러나 그들은 그로 인해 불평했습니다. 그들은 "이 길은 정말로 지긋지긋한 길이야"라고 말했습니다. 그러나 그것은 여전히 하나님의 길이었으며, 그렇기 때문에 그것은 결코 지긋지긋한 길일 수 없었습니다. 그의 구름 기둥과 불 기둥이 그들 앞서 갔습니다. 그리고 그의 종 모세와 아론이 마치 양 떼를 인도하듯 그들을 인도했습니다. 그러므로 그들은 마땅히 기쁘고 즐겁게 따라야 했습니다. 지금까지 그들은 가장 적절하며 합당한 길을 따라 걸어왔습니다. 따라서 그들은 에돔 땅을 지나가는 것도 응당 가장 적절하며 합당한 길이라고 확신해야 했습니다. 그러나 그들은 그렇게 하지 않았습니다. 그들은 하나님의 길과 더불어 다투었으며, 자신들의 길을 가기를 원했습니다. 바로 이것이 인간들이 항상 저지르는 가장 어리석은 일들 가운데 하나입니다. 그들은 하나님을 기다리며 그의 길을 따라 행하는 것으로 만족할 수 없습니다. 그들은 그들 자신의 뜻과 그들 자신의 길을 더 좋아합니다.

백성들은 또한 하나님의 양식과 더불어 다투었습니다. 하나님은 그들에게 가장 좋은 것을 주셨습니다. 그것은 천사들의 양식이었습니다. "사람들이 천사들의 양식을 먹었으며"(시 78:25, 한글개역개정판에는 "힘센 자의 떡"이라고 되어 있음). 그러나 그들은 그것을 "이것이 무엇이냐?"라는 뜻으로 만나라 불렀는데, 거기에는 은근히 멸시하는 듯한 뉘앙스가 담겨 있었습니다. 또 그들은 "우리 마음이 이 하찮은 음식을 싫어하노라"라고 말했습니다(민 21:5). 그들은 하나님에 대해 불평을 하면서 그가 베풀어주신 양식과 더불어 다투었습니다. 그것이 사람이 지금까지 먹어본 모든 양식을 능가하는 최고의 양식이었음에도 불구하고 말입니다. 이것은 인간의 또 다른 어리석음입니다. 인간은 최고의 양식인 하나님의 말씀을 먹기를 거절합니다. 그리고 하나님의 진리를 믿기를 싫어합니다. 그들은 육신의 고기를 열망합니다. 그들은 미신적인 행습의 부추와 마늘을 열망합니다. 그들은 공허한 사변(思辨)의 양파를 열망합니다. 그들은 자신들의 생각을 내려놓고 하나님의 말씀을 믿을 수 없습니다. 그들은 어린아이조차도 쉽게 깨달을 수 있는 단순한 하나님의 진리를 받아들일 수 없습니다. 많은 사람들이 신적인 것보다 더 깊고 심오한 것을 요구합니다. 많은 사람들이 무한한 것보다 더 심원(深遠)한 것을 요구합니다. 많은 사람들이 자유로운 은혜(free Grace, 혹은 "값없이 베푸시는 은혜")보다 더 자유로운 것을 원합니다. 그들은 하나님의 길과 더불어 다투며, 하나님의 양식과 더불어 다툽니다. 따라서 그들 가운데 악한 정욕과 교만과 죄의 불뱀이 옵니다. 아마도 이 자리에 지금 이 순간까지 하나님의 진리와 교훈과 훈계와 더불어 계속해서 다투어온 사람들이 있을 것입니다. 이 시간 나는 애정 어린 마음으로 그들에게 경고하고 싶습니다. 그들의 불순종과 교만이 마침내 불행한 결과를 가져오고야 말 것이라고 말입니다. 하나님에 대한 반역의 마음은 점점 더 악해지고 커지는 경향이 있습니다. 세상의 풍조와 사상은 세상의 죄와 악으로 나아갑니다. 만일 우리가 애굽의 소산(所産)을 원한다면, 우리는 곧 애굽의 불뱀을 만나게 될 것입니다. 하나님으로부터 돌이킬 때 야기되는 필연적인 결과는 불뱀을 만나는 것입니다. 만일 우리가 하나님을 버린다면, 유혹이 우리의 길 앞에 엎드려 기다릴 것이요 죄가 우리의 발을 물을 것입니다.

　　나는 여러분이 놋뱀을 바라볼 필요가 있었던 사람들과 관련하여 그들이 실제적으로 불뱀에 물렸다는 사실을 특별히 주목하기를 바랍니다. 하나님이 그들 가운데 불뱀을 보내셨지만, 그러나 놋뱀이 장대에 달려야 했던 것은 그들 가운데 불뱀이 있었기 때문이 아니었습니다. 놋뱀이 장대에 달려야 했던 것은 불뱀이 실제로 그들을 물었기 때문이었습니다. "물린 자마다 그것을 보면 살리라"(8절). 장대 위에 달린 놋뱀을 바라보고 그것으로부터 유익을 얻은 유일한 백성들은 실제로 불뱀에 물린 자들이었습니다. 많은 사람들이 흔히 구원은 선한 사람들을 위한 것이라고 생각합니다. 구원은 유혹에 대항하여 싸운 자들을 위한 것이며, 구원은 영적으로 건강한 자들을 위한 것이라는 것입니다. 그러나 이러한 개념은 하나님의 말씀과 얼마나 다릅니까! 하나님의 치료제는 아픈 자들을 위한 것이며, 하나님의 치유는 병든 자를 위한 것입니다. 우리 주 예수 그리스도를 통한 하나님의 은혜는 실제적으로 범죄한 자들을 위한 것입니다. 우리는 가상적(假想的)인 죄책으로부터의 감상적인 구원을 전파하지 않습니다. 우리는 실제적인 죄책을 위한 실제적인 죄 사함을 전파합니다. 나는 '모조품 죄인들'(sham sinners)에 대해서는 아무 관심 없습니다. 특별히 나쁜 일을 별로 행하지 않고 스스로 그런대로 괜찮다고 생각하는 자들에 대해 나는 아무 관심 없습니다. 왜냐하면 나는 죄로 가득 차고 영원한 진노를 받기에 합당한 자들에게 그리스도를 전파하도록 부름받았기 때문입니다. 놋뱀은 실제로 불뱀에 물린 자들을 위한 치료제였습니다.

불뱀에 물리는 것은 얼마나 끔찍한 일입니까! 나는 런던 동물원에서 파충류를 관리하는 일을 맡은 굴링(Gurling)이라는 사람이 겪은 일에 대해 들은 적이 있습니다. 그 일은 1852년 10월에 일어났습니다. 그날 그는 오스트레일리아로 갈 예정인 한 친구와 만나 석별의 정을 나누었습니다. 주변 사람들의 이야기에 따르면, 그는 술을 마신 상태였습니다. 그는 상당한 분량의 진(gin)을 마셨지만, 그러나 이성과 상식이 마비될 정도는 아니었습니다. 그는 술에 취한 상태로 동물원으로 돌아왔습니다. 몇 달 전 그는 뱀 마술 쇼를 본 적이 있었는데, 그 순간 그 생각이 그의 머리 위에 떠올랐습니다. 그리하여 그는 마술사들을 흉내 내며 뱀들과 더불어 장난을 쳤습니다. 먼저 그는 뱀 우리에서 모로코 독사 한 마리를 꺼냈습니다. 그는 뱀의 목 부위를 잡고 빙글빙글 돌렸습니다. 다행히도 뱀이 그를 무는 일은 일어나지 않았습니다. 그 때 그의 조수(助手)가 소리쳤습니다. "맙소사, 빨리 뱀을 우리에 넣으세요." 그러나 그 어리석은 사람은 "재미있는데 뭘 그래!"라고 대답했습니다. 그는 모로코 독사를 우리에 집어넣으면서 외쳤습니다. "사, 이번엔 코브라입니다!" 코브라는 마치 마비된 것처럼 아무런 움직임도 없었습니다. 그리하여 그 어리석은 자는 코브라를 자기 가슴 위에 올려놓았습니다. 그는 한 손으로 코브라의 목 부위를 붙잡고 다른 한 손으로 꼬리 부위를 붙잡았습니다. 꼬리를 붙잡고 코브라를 자기 머리 주위로 빙글빙글 돌릴 셈으로 말입니다. 목 부위를 붙잡은 손을 놓는 순간 코브라는 번개처럼 그의 미간(眉間)을 물었습니다. 그의 얼굴에 피가 낭자하게 흘렀으며, 그는 도와달라고 부르짖었습니다. 그러나 그의 조수는 두려움 가운데 도망쳤습니다. 곧바로 구조대가 도착했을 때, 굴링은 의자에 앉아 있었습니다. 그는 "나의 온 몸이 모두 마비되었어요!"라고 말했습니다. 구조대는 즉시 그를 차에 태우고 병원으로 갔습니다. 제일 먼저 그는 말하는 능력을 잃어버렸습니다. 그는 아무 말도 할 수 없었습니다. 단지 자신의 가련한 목구멍을 가리키며 중얼거릴 수 있을 뿐이었습니다. 곧이어 그는 시력을 잃었으며 뒤이어 청각까지도 잃어버렸습니다. 그리고 점차로 맥박이 떨어지더니, 코브라에게 물린지 불과 한 시간 만에 죽고 말았습니다. 그의 미간에 뱀에 물린 작은 흔적이 있을 뿐이었습니다. 그러나 짧은 시간에 독이 온 몸에 퍼졌고, 그는 결국 죽고 말았습니다. 나는 여러분이 이 이야기로부터 절대로 죄와 더불어 장난해서는 안 된다는 교훈을 배우기를 바랍니다. 뱀에게 물리는 것은 얼마나 두렵고 끔찍한 일입니까? 이런 상황에서 굴링이 놋뱀을 바라봄으로써 고침을 받을 수 있었다면 얼마나 좋았겠습니까? 그것은 그에게 좋은 소식이 아니었겠습니까? 그러나 가련한 굴링을 위한 치료제는 없었습니다. 그러나 여러분을 위한 치료제는 있습니다. 왜냐하면 죄의 불뱀에 물린 사람들을 위해 예수 그리스도께서 장대에 달리셨기 때문입니다. 뱀과 더불어 장난하며 그것을 가슴 위에 올려놓은 여러분을 위해서 뿐만 아니라 실제로 뱀에게 물려 죽게 된 여러분을 위해서 말입니다. 만일 죄의 치명적인 불뱀에 물린 사람이 있다면, 이 시간 예수 그리스도께 나아오십시오. 하나님은 바로 그런 사람들을 위해 치료제를 준비해 놓으셨습니다.

또 뱀에게 물리는 것은 매우 고통스러운 일이었습니다. 우리는 본문에서 여기의 뱀이 "불뱀" 즉 "불 같은 뱀"(fiery serpents)이었다는 말씀을 듣게 되는 데, 여기에서 "불 같은"(fiery)이라는 단어는 어쩌면 뱀의 색깔을 언급하는 것일 수도 있지만 그것보다는 그것이 가진 독(毒)의 불붙는 것 같은 효과를 언급하는 것일 가능성이 훨씬 더 높아 보입니다. 그것은 피를 펄펄 끓게 만들었습니다. 그래서 모든 핏줄은 마치 '고통으로 부푼 채 부글부글 끓는 강'처럼 되었습니다. 어떤 사람들에게 우리가 죄라고 부르는 불뱀의 독은 그들의 마음을 고통으로 부글부글 끓게 만듭니다. 그들은 안식을 얻지 못하며, 만족이 없으며, 두려움과 고통으로 가득합니다. 그들은 스스로 멸망을 향해 달려갑니다. 그들은 자신들이 잃어진 자임을 확신합니다. 그들은 모든 소망의 소식들을 거절합니다. 여러분은 그들로 하여금 은혜의 메시지에 귀를 기울이도록 만들 수 없습니다. 그들 가운데 죄가 두려움을 일으킵니다. 그래서 그들은 죽은 자처럼 스스로 자포자기합니다. 그들은 스스로에 대하여 다윗이 말한 것처럼 "죽은 자 중에 던져진 바 되었으며 죽임을 당하여 무덤에 누운 자 같다"고 느낍니다(시 88:5). 놋뱀이 장대에 달린 것은 불뱀에 물린 사람들을 위한 것이었습니다. 마찬가지로 예수가 전파된 것은 실제적으로 죄의 불뱀에 물린 자들을 위한 것입니다. 예수는 어찌할 바를 알지 못하는 사람들을 위해, 올바르게 생각할 수 없는 사람들을 위해, 마음이 상하고 실족한 사람들을 위해, 이미 정죄를 당한 자들을 위해 죽으셨습니다. 바로 이런 사람들을 위해 인자(人子)는 십자가에 달렸습니다. 우리가 여러분에게 이 말을 해줄 수 있는 것은 얼마나 복된 일입니까!

또 불뱀에게 물린 사람들은 죽을 수밖에 없었습니다. 이스라엘 백성들에게 이것은 의문의 여지 없는 사실이었습니다. 왜냐하면 바로 그들 앞에서 많은 사람들이 죽었기 때문입니다(6절). 그들은 자신들의 친구들이 불뱀에 물려 죽는 것을 보았습니다. 그들은 자신들의 손으로 직접 그들을 묻었습니다. 그들은 친구들이 왜 죽었는지 분명히 알았습니다. 그들은 친구들이 불뱀의 독 때문에 죽었음을 추호도 의심치 않았습니다. 그들은 불뱀에 물리고도 살 수 있다고는 결코 상상할 수 없었습니다. 우리는 많은 사람들이 죄의 결과로서 멸망을 당했음을 압니다. 우리는 죄가 무슨 일을 행하는지 분명히 압니다. 정확무오(正確無誤)한 하나님의 말씀은 "죄의 삯은 사망"이라고 분명하게 말합니다. 또 우리는 야고보서에서 "죄가 장성한즉 사망을 낳느니라"는 말씀을 듣습니다(1:15). 나아가 우리는 이러한 죽음이 끝없는 불행이라는 사실을 압니다. 왜냐하면 성경이 잃어지는 것을 "구더기도 죽지 않고 불도 꺼지지 않는"(막 9:48) 바깥 어둠 가운데 던저지는 것으로 묘사하기 때문입니다. 우리 주 예수는 정죄당하는 것을 영원한 형벌로 들어가는 것으로 말씀합니다. 그리고 거기에서 슬피 울며 이를 갊이 있을 것이라고 말씀합니다. 우리는 이에 대해 어떤 의심도 가져서는 안 됩니다. 그렇지만 이것이 자신들의 분깃이 될 것을 두려워하는 자들은 그것을 의심하며 불신합니다. 그들은 자신들이 영원한 고통 가운데 떨어질 것임을 압니다. 그러므로 그들은 자신들의 필연적인 멸망에 스스로 눈을 감아 버리고자 애를 씁니다. 안타깝게도 그들은 강단(講壇)에서 듣기 좋은 말을 하며 죄를 사랑하는 그들의 마음에 은근히 영합하며 동조하는 설교자를 찾습니다. 그러나 우리는 그렇게 하지 않습니다. 우리는 주님이 엄중하게 하신 두려운 말씀들이 모두 진리임을 믿습니다. 우리는 주님의 두려움을 인식하면서 사람들에게 그로부터 피하라고 설득합니다. 이와 같이 하나님이 모세에게 "불뱀을 만들어 장대 위에 매달아라 물린 자마다 그것을 보면 살리라"(8절)라고 말씀하신 것은 실제로 불뱀에게 물려 죽을 수밖에 없게 된 사람들을 위한 것이었으며, 그 얼굴에 죽음의 그림자가 드리워지기 시작한 사람들을 위한 것이었으며, 그 핏줄들이 불뱀의 맹독(猛毒)으로 불타고 있었던 사람들을 위한 것이었습니다.

그러나 불뱀의 독성이 얼마나 퍼졌는가 여부는 문제가 아니었습니다. 독성이 아무리 많이 퍼졌다 하더라도, 그 치료제는 여전히 능력을 가지고 있었습니다. 방금 불뱀에 물린 어떤 사람이 있다면, 그는 장대에 달린 놋뱀을 바라보고 살 수 있었습니다. 그렇지만 어떤 사람은 불뱀에 물리고 30분 이상 시간이 지체된 사람들도 있었을 것입니다. 그는 말도 못하게 되고 맥박은 점점 더 희미해져갔을 것입니다. 그렇다 하더라도 만일 장대에 달린 놋뱀을 바라볼 수만 있었다면, 그는 즉시 살아날 것이었습니다. 하나님이 말씀하신 치료제의 효력에는 제한이 없었습니다. 그것을 필요로 하는 모든 사람들이 값없이 그것을 사용할 수 있었습니다. 하나님의 약속 속에는 어떤 자격도 요구되지 않았습니다. "물린 자마다 그것을 보면 살리라." 하나님의 약속은 모든 경우에 예외 없이 똑같은 효력을 가질 것이었습니다. "만일 어떤 사람이 불뱀에 물렸다면, 놋뱀을 바라볼 때 그는 살리라."

2. 둘째로, 불뱀에 물린 자를 위해 준비된 치료제를 주목하십시오.

그것은 매우 효과적이었을 뿐만 아니라 또한 매우 독특한 것이었습니다. 그것은 전적으로 하나님으로부터 말미암은 것이었습니다. 그것을 창안한 것도 하나님이었으며, 그것에다가 효력을 부여한 것도 하나님이었습니다. 사람들은 뱀에 물린 자들을 위해 몇 가지 약들을 개발했습니다. 때로는 수술로 독을 제거하기도 합니다. 나는 이러한 치료방법들이 얼마나 효과가 있는지 잘 알지 못합니다. 한 가지 아는 것은 그러한 치료방법들을 시험해 보기 위해 뱀에 물리고 싶지는 않다는 사실입니다. 그러나 광야에서 불뱀에 물린 사람들을 위해서는 어떤 치료제도 없었습니다. 하나님이 준비하신 놋뱀과 관련한 치료제를 제외하고 말입니다. 그러나 언뜻 보기에 그러한 치료제는 매우 이상하며 그럴듯하지 않은 것이었습니다. 장대에 달린 뱀의 형상을 단순히 바라본다고요? 그렇게 한다고 해서 도대체 어떻게 죽을 자가 다시 살 것이란 말입니까? 그것은 얼마나 이상하며 그럴듯하지 않은 치료제입니까? 단순히 장대에 달린 놋 덩어리를 바라보는 행동을 통해 어떻게 치료가 이루어질 수 있단 말입니까? 사람들에게 그들을 사망의 골짜기로 몬 바로 그것을 바라보라고 명령하는 것은 사실상 그들을 거의 조롱하는 것처럼 보였습니다. 뱀을 바라보는 것으로 말미암아 뱀에게 물린 자가 치료를 받을 것이란 말입니까? 그들에게 사망을 가져다주는 것이 또한 그들에게 생명을 가져다줄 것이란 말입니까? 그러나 그것이 하나님으로부터 말미암은 것이란 사실에 그러한 치료제의 탁월한 효력이 놓여 있습니다. 왜냐하면 만일 하나님이 어떤 치료방법을 정하셨다면, 그는 바로 그러한 행동으로 말미암아 거기에다가 합당한 효력을 부여하셔야만 하기 때문입니다. 하나님은 결코 효과 없는 치료방법을 창안하지 않으실 것입니다. 하나님은 결코 조롱을 처방하지 않으실 것입니다. 만일 하나님이 우리를 축복하는 어떤 방법을 정하셨다면, 우리로서는 그것을 아는 것으로 충분합니다. 왜냐하면 만일 하나님이 어떤 방법을 정하셨다면, 그것은 반드시 약속된 결과를 성취할 것이며 또 그래야만 하기 때문입니다. 그것이 어떻게 효력을 발생시킬 것인지에 대해서는 알 필요가 없습니다. 우리로서는 하나님이 그것을 통해 우리 영혼을 유익하게 하실 것을 약속한 것으로 완전히 충분합니다.

이와 같은 장대에 달린 놋뱀의 독특한 치료방법은 우리에게 매우 큰 교훈을 가르쳐 줍니다. 나는 이스라엘 백성들이 그것의 교훈을 충분히 이해했다고는 생각하지 않습니다. 그러나 우리는 우리 주님 자신의 가르침으로 말미암아 그 의미를 압니다. 그것은 막대기에 꿰어진 뱀이었습니다. 날카로운 막대기를 취하여 그것으로 뱀의 머리를 찔러 주여 보십시오. 이와 같이 여기의 뱀은 죽임을 당한 상태로 모든 사람들 앞에 높이 들렸습니다. 그것은 죽은 뱀의 형상이었습니다. 우리 주 예수가 죽은 뱀으로 상징된 것은 정말로 놀랄 만한 일입니다. 그것은 스스로를 얼마나 낮춘 것입니까! 요한복음에 따를 때, 그것이 우리에게 교훈하는 것은 이것입니다. 즉 우리 주 예수 그리스도가 무한한 낮추심 가운데 세상에 오셔서 우리를 위해 저주가 되셨다는 것입니다. 놋뱀 자체는 아무런 독도 가지고 있지 않았습니다. 그것은 다만 불뱀의 모양을 취했을 뿐입니다. 그리스도는 죄인이 아니며, 그에게는 죄가 없습니다. 그러나 놋뱀은 뱀의 모양을 가졌습니다. 이와 같이 예수는 하나님에 의해 "죄 있는 육신의 모양"으로 보냄을 받았습니다(롬 8:3). 그는 율법 아래 오셨으며, 죄가 그에게 전가되었습니다. 그리하여 그는 우리를 위해 하나님의 진노와 저주 아래 오셨습니다. 그리스도 예수 안에서 만일 여러분이 십자가에 달린 자를 바라본다면, 여러분은 죄가 죽임을 당해 마치 죽은 뱀처럼 매달린 것을 보게 될 것입니다. 그리고 거기에서 또한 사망이 죽임을 당했습니다. 왜냐하면 "그는 사망을 폐하시고 복음으로써 생명과 썩지 아니할 것을 드러내셨기" 때문입니다(딤후 1:10). 뿐만 아니라 거기에서 또한 저주가 영원히 종식(終熄)되었습니다. 왜냐하면 그리스도께서 우리를 위해 그것을 받으셨기 때문입니다. "그리스도께서 우리를 위하여 저주를 받은 바 되사 율법의 저주에서 우리를 속량하셨으니 기록된 바 나무에 달린 자마다 저주 아래에 있는 자라 하였음이라"(갈 3:13). 이와 같이 여기의 뱀들이 모든 사람의 구경거리로서 십자가에 달렸습니다. 모든 뱀들은 우리 주님의 죽으심으로 말미암아 모두 죽임을 당했습니다. 죄와 사망과 저주는 이제 죽은 뱀과 같습니다. 그것을 바라보는 것은 얼마나 멋진 일입니까? 만일 여러분이 그것을 볼 수 있다면, 그것은 여러분에게 얼마나 큰 기쁨을 줄 것입니까? 만일 이스라엘 백성들이 이러한 교훈을 이해했다면, 그들은 장대에 매달린 죽은 뱀을 통해 오늘날 우리가 믿음으로 바라보는 영광스러운 광경을 바라볼 수 있었을 것입니다. 즉 예수 그리스도의 죽으심 안에서 죄와 사망과 지옥이 죽임을 당하는 광경 말입니다. 이와 같이 놋뱀을 바라보는 치료방법은 매우 큰 교훈을 가지고 있었습니다.

이스라엘 진영 전체에서 불뱀에 물린 사람들을 위한 치료제로서 **놋뱀** 외에 아무것도 없었다는 사실을 기억하십시오. 이스라엘은 또 다른 치료제를 만들 수 없었습니다. 만일 그들이 두 번째 치료제를 만들었다면, 그것은 아무런 효력도 없을 것이었습니다. 오직 하나의 치료제가 있을 뿐이었습니다. 그것은 진영 한가운데 높이 달렸습니다. 만일 어떤 사람이 뱀에 물렸으면, 그는 그것을 바라보고 살 수 있었습니다. 이와 같이 오직 하나의 구주가 있을 뿐입니다. 천하 인간에 우리가 구원받을 만한 다른 이름은 결코 없습니다. 모든 은혜는 예수 안으로 모아집니다. 그에 대하여 성경은 이렇게 말합니다. "아버지께서는 모든 충만으로 예수 안에 거하게 하시기를 기뻐하심이라"(골 1:19). 예수 그리스도는 저주를 담당하심으로써 저주를 종식시키셨습니다. 예수 그리스도는 죄로 말미암아 죽임을 당하심으로써 죄를 멸하셨습니다. 예수 그리스도는 옛 뱀에 의해 발꿈치를 상하심으로써 뱀의 머리를 밟으셨습니다. 만일 우리가 살고자 하면, 우리는 오직 예수 그리스도만을 바라보아야만 합니다. 아, 죄인이여! 십자가에 달린 예수를 바라보십시오. 왜냐하면 그는 죄의 불뱀에 물린 모든 사람들을 위한 유일한 치료제이기 때문입니다.

또 장대에 달린 치유의 뱀은 찬란하게 빛났습니다. 그것은 놋뱀이었으며, 놋은 빛나는 금속입니다. 그것은 새로 만들어진 놋이었습니다. 그러므로 그것은 광채가 흐려지고 무디어지지 않았습니다. 해가 그 위에 비췰 때마다, 그 놋뱀은 찬란한 광채로 빛났습니다. 만일 하나님이 하시고자 하셨다면, 그것은 나무로 만든 뱀이거나 혹은 다른 금속으로 만든 뱀일 수도 있었습니다. 그러나 하나님은 그것이 놋으로 만들어져야만 한다고 명령하셨습니다. 그것이 높이 들렸을 때 찬란하게 빛나도록 말입니다. 우리 주 예수 그리스도는 얼마나 찬란하게 빛납니까! 그는 사람들의 눈에 영광의 광채로 번쩍입니다. 만일 우리가 단순하게 복음을 전하고 인간의 생각이나 철학으로 그것을 꾸밀 생각을 하지 않는다면, 그리스도 안에는 죄인들의 눈을 사로잡는 충분한 광채가 있습니다. 그것은 수많은 사람들의 눈을 실제로 사로잡습니다. 영원한 복음은 멀리서도 그리스도의 인격 안에서 찬란한 광채를 발합니다. 놋뱀이 햇빛을 반사(反射)했던 것처럼, 예수 그리스도 역시 죄인들에게 하나님의 사랑을 반사합니다. 믿음으로 그를 바라보십시오. 그러면 살 것입니다.

뿐만 아니라 그것은 영속적인 치료제였습니다. 그것은 놋뱀이었습니다. 나는 그날 이후로 그것이 이스라엘 진영 가운데 계속해서 남아 있었을 것이라고 생각합니다. 그것은 이스라엘이 가나안 땅에 들어간 후에는 필요 없을 것이었습니다. 그렇지만 광야에 있는 동안에는, 아마도 그것은 성막 문 옆에 높이 세워져 있었을 것입니다. 이러한 죽은 뱀의 형상은 불뱀의 독을 치료하는 영속적인 치료제로서 사람들이 볼 수 있도록 높이 세워져 있었을 것입니다. 만일 다른 재료로 만들어졌다면, 그것은 파손되거나 부패될 수 있었을 것입니다. 그러나 불뱀들이 광야의 진영을 괴롭히는 동안, 놋뱀은 계속해서 있을 것이었습니다. 불뱀에 물린 사람이 있는 한, 그를 치료하는 놋뱀이 있을 것이었습니다. 예수가 자기를 힘입어 하나님께 나아오는 모든 사람을 온전히 구원할 수 있는 것은 우리에게 얼마나 큰 위로입니까? 그는 항상 살아 계셔서 그들을 위해 기도하고 계십니다. 예수와 함께 십자가에 달린 한 강도를 생각해 보십시오. 그가 자기 곁에 달린 예수를 바라보았을 때, 그는 그 안에서 놋뱀의 광채를 보았으며 그것이 그를 구원했습니다. 여러분과 나도 마찬가지입니다. 우리도 그를 바라봄으로써 삽니다. 왜냐하면 "예수 그리스도는 어제나 오늘이나 영원토록 동일하시기" 때문입니다 (히 13:8).

"나의 머리가 혼미하고 나의 마음이 아프도다.
　나의 온 몸이 깨어지고 상하도다.
　나는 사탄이 지옥의 교만으로 독을 품고
　불 같이 쏘는 것을 느끼도다.

그러나 죽음이 임박했을 때,
나는 눈을 높이 들어
십자가에 달린 예수를 바라보도다.
그리고 나를 위해 죽은 자로 말미암아 살도다.”

나는 여러분이 오늘의 주제를 선명하게 이해하기를 바랍니다. 실제로 죄를 범한 모든 자들이여! 죄의 불뱀에 물린 모든 자들이여! 여러분을 위한 확실한 치료제는 우리의 죄를 짊어지고 죄인을 대신하여 죽으신 예수 그리스도를 바라보는 것입니다. “하나님이 죄를 알지도 못하신 이를 우리를 대신하여 죄로 삼으신 것은 우리로 하여금 그 안에서 하나님의 의가 되게 하려 하심이라”(고후 5:21). 여러분을 치료하는 유일한 치료제는 오직 그리스도 안에 있습니다. 그 외에 다른 곳에는 결코 없습니다. 그를 바라보십시오. 그리고 구원받으십시오.

3. 셋째로, 이러한 치료제가 불뱀에 물린 자에게 어떻게 적용되는지 생각해 보십시오.

다시 말해서, 불뱀에 물린 사람과 그를 치료하는 놋뱀은 서로 어떻게 연결됩니까? 양자(兩者)를 잇는 연결고리는 무엇입니까? 그것은 우리가 상상할 수 있는 가장 단순한 종류의 것이었습니다. 만일 하나님이 그렇게 하기를 기뻐하셨다면, 사람들이 놋뱀을 불뱀에 물린 사람이 있는 집으로 가져갈 수도 있었습니다. 그러나 하나님은 그렇게 하지 않으셨습니다. 또 불뱀에 물린 자와 놋뱀을 서로 접촉시킨다든지 혹은 어떤 형식의 기도문을 반복한다든지 혹은 제사장이 어떤 의식(儀式)을 집행할 수도 있었습니다. 그러나 하나님은 그렇게 하도록 하지 않으셨습니다. 불뱀에 물린 자가 해야만 했던 모든 일은 단순히 바라보는 것뿐이었습니다. 이런 상황에서 치료방법이 이토록 단순했던 것은 얼마나 좋은 일입니까? 사람들은 여러 가지 방식으로 불뱀에게 물릴 수 있었습니다. 어떤 사람은 가만히 있는 가운데 여러 곳을 물렸을 것이며, 또 어떤 사람은 걸어가다가 한 번 물렸을 것입니다. 심지어 오늘날에도 광야의 뱀들은 매우 위험합니다. 나는 시브리 씨(Mr. Sibree)로부터 그가 경험한 이야기를 들은 적이 있습니다. 그는 광야를 여행하는 도중 예쁜 모양의 둥근 돌을 보았습니다. 그는 손을 뻗어 그것을 집으려고 했습니다. 그 순간 그는 소스라치게 놀랐습니다. 왜냐하면 그것은 똬리를 튼 살아 있는 뱀이었기 때문이었습니다. 이스라엘 백성들 가운데 불뱀들이 보냄을 받은 동안, 그들은 큰 위험 가운데 있었습니다. 그들의 침상에도 위험이 있었을 것이며, 그들의 음식에도 위험이 있었을 것입니다. 그들은 집에 있을 때도 위험 가운데 있었고, 밖에 나갈 때도 위험 가운데 있었습니다. 이사야는 이러한 뱀들을 "날아다니는 불뱀"이라고 말합니다(사 14:29). 그것은 실제로 날기 때문이 아니라, 그것들이 상당한 높이만큼 순간적으로 튀어 오르기 때문이었습니다. 이스라엘 백성들은 자신의 장막 어디에 있어도 결코 이러한 끔찍한 불뱀들로부터 자유로울 수 없었습니다. 그들이 무엇을 할 수 있었겠습니까? 그들이 할 수 있는 일은 자신의 장막 문 밖에 서서 멀리서 반짝이는 놋뱀의 광채를 바라보는 것뿐이었습니다. 그리고 바라보는 순간 그들은 치료를 받았습니다. 그들은 단지 바라보기만 하면 되었습니다. 제사장도 필요하지 않았습니다. 성수(聖水)도 필요하지 않았습니다. 특별한 마술이나 주문도 필요하지 않았습니다. 미사(mass)도 필요하지 않았습니다. 오직 바라보기만 하면 되었습니다. 초창기 종교개혁자들이 단순한 믿음으로 구원받는 진리를 전파했을 때, 가톨릭의 한 주교가 이렇게 말했습니다. "박사, 사람들에게 구원의 길이 매우 어렵고 복잡함을 각인시키게. 그렇게 하지 않으면 우리는 끝장일세!" 실제로 그들은 끝장났습니다. 왜냐하면 만일 사람이 단순히 예수를 믿는 것으로 구원받을 수 있다면, 그들의 제사장 장사는 영원히 끝장나기 때문입니다. 이러한 진리는 지금도 마찬가지입니다. 가련한 죄인들이여, 예수 그리스도를 믿으십시오. 바로 이것이 놋뱀을 바라보는 것의 영적 의미입니다. 그렇게 할 때, 여러분의 죄는 즉시로 사해집니다. 그리고 그렇게 할 때, 죄의 치명적인 권능은 여러분의 영혼 안에서 더 이상 역사(役事)하기를 그칩니다. 예수를 바라보는 곳에 생명이 있습니다. 이것은 너무도 단순하지 않습니까?

나아가 놋뱀을 바라보는 것이 매우 개인적인 것이었음을 주목하십시오. 이것은 다른 사람이 대신해 줄 수 없는 일이었습니다. 불뱀에 물렸지만 그러나 놋뱀을 바라보기를 거절하고 자신의 침상으로 되돌아간 어떤 사람을 상상해 보십시오. 그러면 어떻게 되었겠습니까? 그는 치료를 받을 수 없었습니다. 그리고 어떤 의사(醫師)도 그를 도울 수 없었습니다. 경건한 어머니가 불뱀에 물린 아들을 위해 무릎 꿇고 기도할 수 있었지만 그러나 이 역시도 아무 소용 없었습니다. 자매들이 들어와 위하여 기도해 줄 수 있었습니다. 제사장들이 불뱀에 물린 자를 위해 기도해 달라고 청함을 받을 수 있었습니다. 그러나 만일 불뱀에 물린 사람 자신이 장대에 달린 놋뱀을 바라보지 않는다면, 그는 그들의 모든 기도에도 불구하고 죽어야만 합니다. 그가 살 수 있는 유일한 소망이 있는데, 그것은 **놋뱀을** 바라보는 것이었습니다. 이것은 오늘날 여러분에게도 마찬가지입니다. 여러분은 나에게 여러분을 위해 기도해 주기를 청하는 편지를 보낼 수 있습니다. 설령 내가 그렇게 한다고 하더라도, 그것은 여러분에게 아무 소용없습니다. 만일 여러분 자신이 예수 그리스도를 믿지 않는다면 말입니다. 만일 여러분이 예수 그리스도를 믿지 않는다면, 하늘 아래서나 하늘 위에서나 여러분에게 어떤 소망도 없습니다. 여러분이 누구든, 불뱀에게 몇 곳을 물렸든, 여러분에게 죽음이 얼마나 가까이 다가왔든, 만일 여러분이 구주를 바라보기만 한다면, 여러분은 살 것입니다! 그러나 만일 여러분이 믿지 않는다면, 여러분은 필경 저주를 받을 것입니다. 그것은 여러분이 지금 살아 있는 사실만큼이나 확실합니다. 마지막 심판 날, 나는 여러분에게 "믿고 세례를 받는 사람은 구원을 얻을 것이요 믿지 않는 사람은 정죄를 받으리라"(막 16:16)는 진리를 분명하게 전했노라고 증언해야만 합니다. 여러분에게는 어떤 도움도 없을 것입니다. 여러분은 자신이 원하는 대로 행할 수 있으며, 자신이 기뻐하는 교회에 가입할 수 있습니다. 여러분은 성찬에 참여할 수 있으며, 세례를 받을 수도 있으며, 극심한 고행을 할 수도 있으며, 자신의 모든 재산을 가난한 자들에게 나누어줄 수도 있습니다. 그럼에도 불구하고 만일 여러분이 예수를 바라보지 않는다면, 여러분은 잃은 자입니다. 왜냐하면 오직 그것만이 유일한 치료제이기 때문입니다. 그리고 심지어 예수 그리스도 자신조차도 여러분을 구원할 수 없으며 또 구원하지 않을 것입니다. 만일 여러분이 그를 바라보지 않는다면 말입니다. 그의 죽음 안에 여러분을 구원할 수 있는 것은 아무것도 없습니다. 그의 삶 안에 여러분을 구원할 수 있는 것은 아무것도 없습니다. 만일 여러분이 그를 믿지 않는다면 말입니다. 그러므로 결론은 여러분 자신이 그를 바라보아야만 한다는 것입니다.

나아가 여기에는 매우 큰 교훈이 담겨 있습니다. 이러한 바라봄은 무엇을 의미하는 것이었습니까? 그것이 의미하는 바는 스스로를 돕는 것을 포기하고 오직 하나님만을 신뢰해야만 한다는 것입니다. 불뱀에 물린 사람은 이렇게 말해야만 합니다. "나는 여기에 앉아 불뱀에 물린 자리를 바라보기만 하고 있으면 안 돼. 왜냐하면 그것이 나를 구원하지 않을 것이기 때문이야. 불뱀이 문 자리를 좀 봐!

피가 흘러나오고 독으로 시커매졌어. 그 자리가 부풀어 오르고 마치 불타는 것처럼 뜨겁게 열이 나네. 지금 나의 정신이 혼미해지고 있어. 그러나 이런 생각 해봐야 아무 소용 없어. 나는 이런 것들로부터 눈을 돌려 장대에 달린 놋뱀을 바라보아야만 해!" 하나님이 지정하신 치료제 외에 다른 곳을 바라보는 것은 어리석은 일입니다. 이스라엘 백성들은 하나님이 요구하신 것이, 그를 신뢰하며 그가 지정하신 구원의 방편을 사용하라는 것이었음을 분명하게 깨달아야 했습니다. 우리는 하나님이 우리에게 명하신 대로 행해야만 합니다. 그리고 하나님을 신뢰하는 가운데 그가 지정한 구원의 방법을 그대로 행해야 합니다. 그렇게 하지 않으면, 우리는 영원히 죽을 것입니다.

그러면 이러한 치료방식의 목적이 무엇이었을까요? 그것은 그들로 하여금 하나님의 사랑을 분명하게 깨닫고, 그들의 모든 치료를 전적으로 하나님의 은혜에 돌리도록 하기 위함이었습니다. 놋뱀은 단지 하나님이 자기 아들에게 진노를 쏟으심으로 말미암아 죄를 제거하는 것을 보여주는 하나의 상징에 불과한 것이 아니었습니다. 그것은 또한 그의 사랑을 나타내는 것이었습니다. 우리는 이러한 사실을 예수 자신의 다음과 같은 말씀을 통해 분명히 알 수 있습니다. "모세가 광야에서 뱀을 든 것 같이 인자도 들려야 하리니 이는 그를 믿는 자마다 영생을 얻게 하려 하심이니라 하나님이 세상을 이처럼 사랑하사 독생자를 주셨으니 이는 그를 믿는 자마다 멸망하지 않고 영생을 얻게 하려 하심이라"(요 3:14-16). 하나님은 십자가에서의 그리스도의 죽음이 사람들에 대한 당신의 사랑을 나타내는 것이었으며, 그러한 하나님의 사랑 즉 우리를 위해 독생자를 주신 사랑을 바라보는 자는 반드시 살아날 것을 분명하게 말씀하고 계셨습니다. 어떤 사람이 장대에 달린 놋뱀을 바라봄으로 말미암아 고침을 받았다면, 그는 자신이 스스로 고쳤노라고 말할 수 없었습니다. 왜냐하면 그는 단지 바라보기만 했을 뿐이기 때문입니다. 바라보는 것에는 어떤 공로도 없습니다. 신자는 자신의 믿음과 관련하여 어떤 공로도 주장해서는 안 됩니다. 믿음은 스스로를 부인하는 은혜이며, 결코 자랑하지 않습니다. 단순히 하나님의 진리를 믿고 겸손히 그리스도를 의지하는 것에 도대체 무슨 대단한 공로가 있단 말입니까? 믿음은 하나님을 자랑합니다. 그렇기 때문에 하나님은 우리를 구원하는 방편으로서 믿음을 선택하셨습니다. 만일 어떤 제사장이 와서 불뱀에 물린 사람을 위해 안수(按手)하며 기도했다면, 그는 약간의 공로를 그 제사장에게 돌릴 수 있을 것입니다. 그러나 거기에 제사장은 없었습니다. 오직 놋뱀을 바라보는 것만이 있을 뿐이었습니다. 그러므로 그는 오직 하나님의 사랑과 권능만이 자신을 고쳤노라고 결론내릴 수밖에 없었습니다. 나는 내가 행한 어떤 것으로 말미암아 구원받지 않습니다. 오직 주께서 행한 것으로 말미암아 구원받습니다. 하나님은 우리 모두가 이런 결론에 이르기를 바라십니다. 만일 우리가 구원받았다면, 우리는 그것이 자격 없는 자에게 값없이 베푸시는 하나님의 주권적인 은혜로 말미암은 것임을 고백해야만 합니다.

4. 넷째로, 치료가 어떻게 이루어졌는지 주목하십시오.

우리는 본문에서 "뱀에게 물린 자가 놋뱀을 쳐다본즉 모두 살더라"라는 말씀을 듣습니다(9절). 다시 말해서, 뱀에게 물린 자는 즉시 고침을 받았습니다. 그는 5분 혹은 5초 동안 기다릴 필요가 없었습니다. 사랑하는 자여, 당신은 전에 이런 말을 들어본 적이 있습니까? 만일 없다면, 그것은 당신을 크게 놀라게 할 것입니다. 그러나 그것은 사실입니다. 설령 당신이 오늘까지 가장 악독한 죄 가운데 살았다 하더라도 지금 예수를 믿는다면, 당신은 바로 지금 이 순간 구원받을 것입니다. 구원은 마치 번개가 번쩍하는 것처럼 당신에게 임할 것입니다. 죄 사함을 위해서는 시간이 필요하지 않습니다. 성화(聖化)는 일생 동안의 긴 시간을 필요로 합니다. 그러나 칭의(稱義)는 시간을 필요로 하지 않습니다. 그것은 즉시로 이루어집니다. 믿는 순간, 당신은 생명을 얻습니다. 예수 그리스도를 믿는 순간, 당신의 죄는 사라집니다. 믿는 순간, 당신은 구원받은 사람이 됩니다. 어떤 사람이 말합니다. "아, 그것은 너무도 놀라운 일입니다!" 그렇습니다. 그것은 놀라운 일입니다. 그리고 영원까지 놀라운 일로 남을 것입니다. 우리 주님이 세상에 계셨을 때 그가 행한 이적들은 거의 대부분 즉각적이었습니다. 그가 만지자 열병에 걸린 자들이 즉각적으로 일어나 그에게 수종들었습니다. 어떤 의사도 열병을 이와 같은 방식으로 고칠 수 없습니다. 왜냐하면 설령 열이 떨어진다 하더라도 열병으로 말미암은 약함은 어느 정도 시간 동안 지속되기 때문입니다. 예수는 완전한 치유를 행합니다. 누구든지 그를 믿는 자는 자신이 행한 모든 죄로부터 의롭다 함을 받습니다. 아, 하나님의 은혜를 도대체 무엇과 비교할 수 있겠습니까!

또 놋뱀의 치료는 반복적으로 이루어졌습니다. 불뱀에 물린 어떤 사람을 상상해 보십시오. 그는 놋뱀을 바라보고 고침을 받았다가, 얼마 후 또다시 불뱀에 물렸습니다. 그는 어떻게 해야만 했습니까? 걱정할 필요 없습니다. 그는 또다시 바라보면 됩니다. 만일 천 번을 물렸다면, 그는 천 번을 바라보아야 합니다. 사랑하는 하나님의 자녀여, 만일 당신에게 죄가 있다면, 예수를 바라보십시오. 뱀들이 우글거리는 곳에서 살아가는 당신에게 있어 가장 좋은 방법은 단 한순간도 놋뱀으로부터 눈을 떼지 않는 것입니다. 아, 악독한 불뱀들이여! 물려거든 물을지어다! 나의 눈이 놋뱀을 바라보는 한, 나는 너희의 독니에 도전하노라! 왜냐하면 내 안에 치료제가 계속해서 역사(役事)하고 있기 때문이니라! 유혹은 예수의 피로 극복되었노라! "세상을 이기는 승리는 이것이니 우리의 믿음이니라"(요일 5:4).

또 놋뱀의 치료는 그것을 바라보는 모든 사람들에게 보편적으로 이루어졌습니다. 이스라엘 백성들 가운데 놋뱀을 바라보았음에도 불구하고 죽은 사람은 단 한 사람도 없었습니다. 마찬가지로 예수를 바라봄에도 불구하고 정죄 아래 남아 있는 사람은 단 한 사람도 없습니다. 믿는 자는 구원을 받아야만 합니다. 어떤 사람들은 먼 곳으로부터 바라보아야만 했습니다. 모든 사람이 장대로부터 가까이 있을 수 없었습니다. 그러나 놋뱀을 바라볼 수 있는 한, 그것은 가까이 있는 사람들과 마찬가지로 멀리 있는 사람들도 똑같이 치료했습니다. 시력(視力)이 약한 것도 아무 문제가 될 수 없었습니다. 모든 사람의 눈이 똑같이 밝지는 않았을 것입니다. 사시(斜視)를 가진 사람도 있었을 것이며, 흐릿하게 밖에는 볼 수 없는 사람도 있었을 것이며, 눈이 하나밖에 없는 사람도 있었을 것입니다. 그러나 누구든지 놋뱀을 바라보는 자마다 생명을 얻었습니다. 아마도 뱀의 형상을 거의 분별할 수 없을 정도로 흐릿한 시력을 가진 사람도 있었을 것입니다. 그는 스스로에게 이렇게 말합니다. "아, 나는 놋뱀의 형상을 분별할 수 없어. 그렇지만 나는 놋의 번쩍이는 광채를 볼 수 있어." 의심의 여지 없이 그는 생명을 얻었습니다. 아, 가련한 영혼이여! 설령 당신이 그리스도 전체와 그의 모든 아름다움과 그의 은혜의 모든 부요함을 볼 수 없다 하더라도, 그럼에도 불구하고 만일 당신이 우리를 위해 죄가 되신 그를 볼 수만 있다면 당신은 생명을 얻을 것입니다! 만일 당신이 "주여 내가 믿나이다 나의 믿음 없는 것을 도우소서"라고 말한다면, 당신의 믿음이 당신을 구원할 것입니다. 작은 믿음이 당신에게 큰 그리스도를 줄 것이며, 당신은 그 안에서 영원한 생명을 발견할 것입니다.

지금까지 우리는 치료가 어떻게 이루어졌는지 살펴보았습니다. 아, 그와 같은 치료가 이 시간 여기 있는 모든 죄인들에게 일어나기를 기원합니다!

　　어떤 종류의 빛으로든 놋뱀을 바라보는 사람마다 생명을 얻었다는 사실은 우리에게 얼마나 큰 위로를 줍니까! 어떤 사람들은 한낮의 광명한 빛 가운데 찬란하게 빛나는 놋뱀을 바라보고 생명을 얻었습니다. 그런가 하면 또 어떤 사람들은 밤중에 불뱀에 물렸으므로 달빛에 의지하여 가까이 나아와 놋뱀을 바라보고 생명을 얻었을 것입니다. 별조차도 뜨지 않은 칠흑같이 어두운 밤도 있었을 것이며, 먹구름이 밀려오고 폭풍이 몰아치며 번개가 번쩍이며 바위가 갈라지는 날도 있었을 것입니다. 그런 날 어떤 사람이 잠시 번개가 번쩍이는 순간 잠깐 동안 놋뱀을 바라보았다 하더라도, 그는 생명을 얻었을 것입니다. 이와 같이 죄인이여, 설령 당신의 영혼이 폭풍과 먹구름으로 둘러싸여 있다 하더라도 순간적으로 번쩍이는 번개 빛을 통해서라도 예수 그리스도를 바라본다면, 당신은 생명을 얻을 것입니다!

5. 마지막으로, 여기에서 주님을 사랑하는 자들을 위한 교훈을 주목하십시오.

　　그러면 우리는 어떻게 해야 합니까? 우리는 그 일이 장대 위에 놋뱀을 매다는 것이었던 모세를 본받아야 합니다. 모든 사람이 볼 수 있도록 그리스도 예수의 복음을 높이 드는 것이 여러분과 나의 일입니다. 모세가 해야만 했던 모든 것은 모든 사람들 앞에서 놋뱀을 매다는 것이었습니다. 모세는 "아론이여, 당신의 향로를 가져다가 스무 명의 제사장들과 함께 향을 피울 것이라"라고 말하지 않았습니다. 그는 또한 "율법을 가져다준 자로서 내 자신이 가서 거기 설 것이라"라고 말하지도 않았습니다. 그가 할 수 있는 일은 아무것도 없었습니다. 단지 그는 모든 사람들의 눈 앞에 놋뱀을 높이 들어야만 했습니다. 놋뱀은 알몸 그대로 드러나야 했습니다. 모세는 "아론이여, 이곳으로 황금 옷을 가져오고 놋뱀을 청색 세마포와 홍색 세마포로 쌀 것이라"라고 말하지 않았습니다. 모세는 놋뱀을 알몸 그대로 드러나게 해야 했습니다. 놋뱀의 능력은 그것을 싸는 화려한 세마포에 있었던 것이 아니라, 그것 자체 안에 놓여 있었습니다. 하나님은 그에게 장대에 칠을 하라든지 혹은 무지개 색깔로 장식하라고 말씀하지 않았습니다. 결코 그렇지 않습니다! 어떤 장대든 상관 없었습니다. 불뱀에 물려 죽어가는 사람들은 장대를 바라볼 필요가 없었습니다. 그들은 오직 놋뱀만을 바라보아야 했습니다. 나는 그가 좋은 장대를 사용했을 것이라고 확신합니다. 왜냐하면 모세는 분명 하나님의 일을 아무렇게나 행하지 않았을 것이기 때문입니다. 그럼에도 불구하고 사람들이 바라보아야만 하는 유일한 대상은 놋뱀이었습니다. 우리도 그와 같아야 합니다. 우리는 예수 그리스도를 전파해야 합니다. 우리는 모든 사람들의 눈 앞에 예수 그리스도를 가르치며 그를 제시해야 합니다. 우리는 우리 자신의 말재주나 학식(學識)으로 그를 가려서는 안 됩니다. 우리는 정결한 말투와 깔끔한 문장과 시적 표현 따위의 좋은 장대를 사용해야 합니다. 그럼에도 불구하고 우리가 해야만 하는 모든 일은 모든 사람이 볼 수 있도록 그리스도를 드러내는 일입니다. 그를 가리는 일은 어떤 일도 행해져서는 안 됩니다. 놋뱀이 장대에 달렸을 때, 모세는 자기 장막으로 돌아가 쉴 수 있었습니다. 장대에 달린 놋뱀이 주야로 사람들에게 보여질 수 있는 것으로 모든 것은 충분했습니다. 설교자는 자기가 누구인지 아무도 모르도록 스스로를 가릴 수 있습니다. 왜냐하면 만일 그가 예수 그리스도를 드러냈다면, 그것으로 충분하기 때문입니다.

교사들이여, 여러분의 자녀들에게 예수를 가르치십시오. 그들에게 십자가에 달린 그리스도를 보여주십시오. 그들 앞에 계속해서 그리스도를 보여주십시오. 설교자들이여, 멋지게 설교하려고 애쓰지 마십시오. 진짜 멋진 설교는 그 안에 그리스도가 멋지게 드러나는 설교입니다. 그 외에 다른 멋은 필요하지 않습니다. 자신은 뒤로 감추고, 사람들 가운데 예수 그리스도를 나타내십시오. 그들 가운데 십자가에 달린 그리스도를 분명하게 나타내십시오. 예수 외에는 아무것도 드러나지 말게 하십시오. 그리스도 외에는 아무것도 드러나지 말게 하십시오. 그로 하여금 여러분의 모든 설교의 핵심적인 알맹이가 되게 하십시오.

여러분 가운데 놋뱀을 바라보고 생명을 얻었으면서도 여전히 그 자리에 그냥 앉아 있는 사람들이 있음을 나는 알고 있습니다. 여러분은 자신의 믿음을 고백하고 교회와 연합하기 위해 앞으로 나오지 않았습니다. 여러분은 자신의 영혼 안에서 일어난 일에 대해 다른 사람들에게 말하지 않았습니다. 여러분은 놋뱀을 품에 넣고 그냥 그것을 감추어 버리고 말았습니다. 그렇지 않습니까? 그것을 꺼내십시오. 그리고 그것을 장대에 매다십시오. 그리스도와 그의 구원을 전파하십시오. 그는 박물관에 전시된 박제물(剝製物)처럼 취급되기를 원하지 않습니다. 그는 죄의 불뱀에 물린 모든 사람들이 볼 수 있도록 대로(大路)에 높이 드러나기를 원합니다. 어떤 사람이 "그렇지만 나에게는 적당한 장대가 없습니다!"라고 말합니다. 그리스도를 드러내기에 가장 좋은 장대는 높은 장대입니다. 멀리까지 보일 수 있도록 말입니다. 예수를 높이십시오! 그의 이름을 존귀하게 말하십시오. 장대에게 있어 높이보다 중요한 것을 나는 알지 못합니다. 여러분의 주님을 더 높이 찬미할수록, 여러분은 그를 더 높이 들 수 있습니다. 다른 재주들은 필요하지 않습니다. 오직 그리스도를 높이 드십시오! 또 어떤 사람이 "아, 그렇지만 나에게는 긴 장대가 없습니다!"라고 말합니다. 그렇다면 당신이 가진 장대 위에 그를 매다십시오. 왜냐하면 세상에는 당신의 짧은 장대를 통해 예수를 볼 수 있는 키가 작은 사람들도 많이 있기 때문입니다.

언젠가 놋뱀을 그린 그림을 본 적이 있습니다. 나는 특별히 주일학교 교사들이 이 말을 잘 듣기를 바랍니다. 그 그림 속에는 수많은 종류의 사람들이 장대 주위에 모여 있었습니다. 그들은 모두 놋뱀을 바라고 있었으며, 그와 함께 끔찍한 불뱀들이 그들의 팔과 다리에서 떨어지고 있었습니다. 그 그림 속에 한 어머니가 있었습니다. 장대 주위에 사람들이 너무나 많이 모여 있었기 때문에, 그녀는 장대 가까이 다가갈 수 없었습니다. 그리고 그녀에게는 불뱀에 물린 어린 아기가 있었습니다. 여러분은 그 아기에게서 푸른색으로 표현된 무시무시한 불뱀의 독을 볼 수 있을 것입니다. 그녀는 장대 가까이 다가갈 수 없었기 때문이 자신의 아기를 높이 들었습니다. 자신의 아기로 하여금 놋뱀을 바라보고 생명을 얻도록 말입니다.

주일학교 교사들이여, 여러분의 어린 자녀들에게도 이와 같이 하십시오! 어린 자녀들이 예수 그리스도를 바라보고 생명을 얻도록 그들을 위해 기도하십시오. 왜냐하면 어린아이든 노인이든 아무 차이가 없기 때문입니다. 불뱀에 물린 노인들도 지팡이에 의지하여 나와 이렇게 말해야 합니다. "나는 여든 살이지만 놋뱀을 바라보고 고침을 받았습니다." 어린아이들도 엄마의 손을 잡고 나와 비록 아이의 서툰 말투로나마 이렇게 말해야 합니다. "나는 놋뱀을 바라보고 살았어요." 남자든 여자든, 부유한 사람이든 가난한 사람이든, 아이든 노인이든, 도덕적인 사람이든 그렇지 못한 사람이든, 모든 종류의 사람들이 놋뱀을 바라보고 생명을 얻었습니다.

이 시간 누가 예수를 바라볼 것입니까? 아, 가련한 영혼들이여! 여러분은 생명을 얻을 것입니까, 그렇지 않을 것입니까? 여러분은 예수 그리스도를 무시하고 멸망을 당할 것입니까? 그렇다면, 여러분의 피가 여러분 자신의 머리에 있게 될 것입니다. 나는 여러분에게 하나님의 구원의 방법에 대해 말했습니다. 그것을 붙잡으십시오. 이 시간 예수를 바라보십시오. 부디 성령께서 여러분을 그와 같이 인도하시기를 기원합니다. 아멘.

제

10

장

—

의인의 종말을 바람

—

"나는 의인의 죽음을 죽기 원하며 나의 종말이 그와 같기를 바라노라."— 민 23:10

칼라일(Carlyle)은 그의 책 「프랑스 혁명사」에서 죽음을 믿지 않았던 오를레앙 공작에 대해 이야기합니다. 그의 비서가 별 생각 없이 "고(故) 스페인 왕"(The late King of Spain)이라는 말을 했을 때, 그는 화를 내며 그것이 무엇을 의미하는 것인지 설명할 것을 요구했습니다. 그러자 그의 비서는 얼버무리는 말투로 이렇게 대답했습니다. "공작님, 그것은 단지 스페인의 어떤 왕들에게 붙여지는 칭호일 뿐입니다." 나는 여기 모인 무리 가운데 이런 부류의 얼간이는 아무도 없을 것이라고 생각합니다. 왜냐하면 우리 모두는 사람이 필연적으로 죽음을 맞게 된다는 사실을 잘 알기 때문입니다. 우리는 우리의 모든 길이 마침내 무덤으로 귀결될 것을 압니다. 어떤 프랑스 왕은 죽음을 믿기는 했지만 그러나 자기 앞에서 절대 그에 대해 말하지 말도록 명령했습니다. 그는 이렇게 말했습니다. "설령 내가 창백해 보인다 하더라도, 모든 사람은 절대로 내 앞에서 그에 대해서 언급해서는 안 되노라." 사냥꾼에게 쫓기다가 더 이상 피할 수 없게 될 때, 타조는 모래 속에 자기 머리를 박는다고 합니다. 그러면서 자기 원수가 더 이상 자기를 볼 수 없게 되므로 이제 자신은 완전히 안전하게 되었다고 생각한다는 것입니다. 앞에서 언급한 프랑스 왕은 어리석은 타조와 얼마나 비슷합니까! 여기에 모여 있는 사람들 가운데 죽음의 확실성을 잊기를 바랄 정도로 어리석은 사람은 단 한 사람도 없을 것으로 나는 믿습니다. 나는 여러분이 미래의 모든 것에 ― 이 세상과 관련한 것이든 다음 세상과 관련한 것이든 ― 기꺼이 직면하기를 바랄 것으로 믿습니다. 여러분은 영혼과 육체가 분리되는 것을 내다보면서 그 때를 준비할 수 있기를 바랄 것입니다. 여러분은 죽음의 때를 예상하며 준비함으로써 그것이 갑자기 닥칠 때 그로 인해 놀라지 않게 되기를 바랄 것입니다. 어떤 사람이 먼 여행을 떠나면서 예상되는 여러 가지 난관에 아무런 준비도 하지 않는다면, 그의 여행은 필경 실패로 끝나고 말 것입니다. 어떤 사람이 병거를 타고 달리면서 많은 수고를 했지만 그러나 마지막 강을 건널 도구를 전혀 준비하지 않았다면, 그는 많은 수고에도 불구하고 결국 실망하게 될 것입니다. 만일 여러분이 삶을 위한 준비는 하면서도 죽음을 위한 준비는 하지 않았다면, 여러분은 앞의 어리석은 여행자보다 나을 것이 아무것도 없을 것입니다.

어떤 사람이 여인숙에 들어가 닥치는 대로 주문하며 요란한 잔치를 벌였습니다. 시간이 가는 줄도 모르고 말입니다. 그러나 주인이 청구서를 가지고 왔을 때, 그는 자신에게 돈이 없음을 깨달았습니다. 그는 자기가 주문한 모든 것에 대해 계산을 해야 한다는 사실을 까맣게 잊은 채, 먹고 마시며 잔치를 벌이는 것으로 충분하다고 생각한 것입니다. 이제 곧 닥칠 미래의 일에 대해서는 조금도 생각하지 않은 채 말입니다. 사랑하는 자여, 당신은 금생(今生)의 여인숙에서 계산할 때를 잊은 채 살고 있지 않습니까? 당신은 먹고 마시며 흥청거리며 잔치를 벌이고 있지 않습니까? 그 모든 것에 대해 계산할 날이 온다는 사실을 까맣게 잊은 채 말입니다. 그렇다면 당신은 어리석은 자이거나, 아니면 악당이거나, 그렇지 않으면 둘 모두 아닙니까? 왜냐하면 인생을 즐기면서 곧이어 닥칠 그에 대한 계산을 기피하는 사람은 어리석은 자이거나 아니면 악당이거나 그렇지 않으면 둘 모두이기 때문입니다.

우리는 반드시 죽을 것입니다. 우리 가운데 죽음으로부터 면제되는 사람은 아무도 없습니다. 모든 사람은 죽음으로부터 자유로울 수 없습니다. 내일이나 모레나 혹은 몇 년 후 우리 모두는 죽음의 강을 건너야만 합니다. 그러한 사실을 알고 우리는 죽음을 고려하며 계산에 넣어야 합니다. 우리는 죽음이 오기 전에 그것을 미리 준비해야 합니다. 그럼에도 불구하고 나는 많은 사람들이 죽음의 주제에 대해 두려워하며 진저리칠 것이라는 사실에 조금도 놀라지 않습니다. 그러한 주제에 대해 너무도 익숙하지 않기 때문에 말입니다. 또 설령 죽음에 대해 들는다 하더라도, 그들은 그것을 주변 사람들에게만 특별하게 해당되는 것으로 여기면서 그것을 자기에게 적용시키는 일에는 실패합니다. "모든 사람은 자기 자신은 빼고 모든 사람이 반드시 죽는다고 생각한다"는 영(Young)의 말은 틀리지 않습니다. 그들은 다른 사람들의 이마 위에 죽음이라는 글씨가 씌어져 있는 것은 보지만 그러나 자기 이마 위에 씌어져 있는 것은 보지 못합니다. 그들이 스스로에 대해 감히 불멸의 존재라고는 결코 생각하지 않을 것입니다. 그러나 안타깝게도 그들은 마치 그와 같이 생각하는 것처럼 행동합니다. 그러면서 시간을 무익하게 허비합니다. 나는 정직하며 지혜로운 마음을 가진 모든 사람들에게 자신의 마지막을 생각해 보라고 당부하고 싶습니다. 지금 준비하십시오. 마지막 나팔이 울릴 때 당황하지 않도록 말입니다. 부디 하나님이 여러분에게 은혜를 베푸셔서 오늘 말씀이 여러분으로 하여금 그날을 위해 준비하는데 큰 도움이 되게 하시기를 기원합니다.

발람은 비열한 사람이기는 했지만 그러나 어리석은 사람은 아니었습니다. 그는 죽음에 대해 생각했습니다. 그는 자신이 좋아하지 않는 것에 대해 눈을 감아 버리지 않았습니다. 그는 자신이 반드시 죽을 것을 알면서, 의인의 죽음을 죽기를 바랐습니다. 그런 바람이 실현되지는 않고 도리어 반대가 되었지만, 그럼에도 불구하고 그는 하나님이 택하신 이스라엘의 장막을 바라보며 마음으로 "나는 의인의 죽음을 죽기 원하며 나의 종말이 그와 같기를 바라노라"라고 외칠 정도의 지혜는 가지고 있었습니다.

나는 이러한 발람의 외침 속에서 두 가지 바람을 발견합니다. 첫째는 죽음과 관련한 바람이며, 둘째는 죽음 이후와 관련한 바람입니다. 이와 같은 두 가지 주제를 다룬 다음, 계속해서 우리는 그러한 바람의 실제적인 효과에 대해 살펴볼 것입니다.

1. 첫째로, 죽음과 관련한 발람의 바람.

그는 의인의 죽음을 죽기를 간절히 바랐습니다. 우리는 그의 그러한 바람을 정말로 칭찬하지 않을 수 없습니다. 왜냐하면 무엇보다도 그것은 최소한 그가 죽을 때에는 의인과 같기를 바란 것이기 때문입니다. 의인은 예수 그리스도를 믿고 그의 의로 덧입혀진 사람을 의미합니다. 그는 그리스도의 보혈로 씻음을 받고 성령의 능력으로 새 마음을 받음으로써 그의 행동이 하나님과 사람에 대하여 올바른 사람을 의미합니다. 예수 그리스도를 믿음으로 말미암아 의롭다 함을 받고 성령의 거룩하게 하심을 통해 그 마음과 행동이 올바른 사람이 참된 의인입니다. 그런 사람은 마지막 순간에도 올바를 것입니다. 다음의 이야기를 귀 기울여 들어 보십시오. 어떤 말 많은 불신자가 있었습니다. 그는, 믿음은 있지만 지식은 별로 없는 어떤 시골 사람과 논쟁을 벌인 후 그에게 이렇게 말했습니다. "이보게, 하지(Hodge), 자네는 정말로 우둔한 자로군. 자네 같은 사람과 논쟁을 벌이는 것이 도대체 무슨 유익이 있겠나? 나는 자네를 자네의 어리석은 신앙으로부터 건져줄 수가 없군." 그 말에 하지는 이렇게 대답했습니다. "그래, 자네는 똑똑하고 나는 우둔한 자일세. 그렇지만 자네는 우리 같은 사람들이 활에 두 개의 줄을 달고 다니는 사실을 알고 있나?' 불신자가 묻습니다. "그래? 그런데 그게 도대체 무엇을 의미하는 것이지?' 농부가 대답합니다. "그래, 모든 것이 자네 말대로라고 가정해 보세. 하나님도 없고 내세(來世)도 없다고 치세. 그렇다고 해서 자네가 나보다 나은 것은 아무것도 없네. 또 내가 자네보다 나쁜 것도 아무것도 없네. 자네도 없어지고 나도 없어지고 모든 것이 없어진다면 말일세. 그렇지 않은가? 그렇지만 만일 내가 믿는 대로 된다고 가정해 보세. 그러면 자네에게 어떤 일이 일어나겠는가?'

어떤 경우든 의인에게 나쁜 것은 아무것도 없습니다. 설령 그가 무지(無知)로 인해 "거짓으로 꾸며진 헛된 우화"를 받아들였다 하더라도, 그럼에도 불구하고 그것이 그를 더 선한 사람으로 그리고 더 행복한 사람으로 만듭니다. 이것은 좋은 일이 아닙니까? 그는 여기에서 아무것도 잃지 않았습니다. 최후의 순간에도 그는, 스스로 거짓이라고 부르는 거룩한 신앙을 배척한 사람보다 결코 못한 자리에 있지 않습니다. 그러나 만일 예수 그리스도의 복음이 사실이라면, 그것을 의심하고 배척했던 자들은 마침내 어떻게 될 것입니까? 그들의 슬피 울며 이를 가는 것은 하나님을 사랑하는 자들의 기뻐하며 즐거워하는 것과 완전한 대조를 이룰 것입니다. 가장 적은 가능성의 기초에서조차, 의인의 삶은 다른 사람들의 최선의 삶과 비교하여 조금도 못하지 않습니다.

또 의인은 **고요한 양심으로** 죽음의 자리로 나아갑니다. 내가 들은 바에 따르면, 죽음이 임박한 순간 사람들의 정신활동은 종종 놀라울 정도로 활발해지곤 한다고 합니다. 예를 들어, 평소 몇 년 동안 생각하는 분량 이상을 임종 시 불과 5분 정도에 생각하기도 한다는 것입니다. 물에 빠졌다가 극적으로 구조된 사람들은 종종 자신들이 물속에서 몇 주 동안 있었던 것으로 생각하곤 한다고 합니다. 왜냐하면 그들은 물에 빠져 있었던 잠깐의 시간 동안 수많은 것을 보고 수많은 생각을 하며 수많은 과거의 일들을 회상했기 때문입니다. 그토록 많은 정신 작용이 불과 몇 분 사이에 일어난 것입니다. 그런가 하면 마지막 순간 영혼은 매우 빠른 속도로 여행을 합니다. 마치 번개를 타고 과거의 삶을 횡단하는 것 같습니다. 아! 그 때 과거를 되돌아보며 양심의 평강을 누릴 수 있는 사람은 얼마나 복됩니까! 그러나 어리석음과 죄와 허물로 얼룩진 과거의 삶을 되돌아볼 수밖에 없는 사람은 얼마나 불행합니까! 사랑하는 자여, 만일 죽음을 앞둔 상태에서 당신의 기억이 죄와 악과 방탕으로 얼룩진다면, 당신은 어떻게 할 것입니까? 죽음의 벼랑 끝에 서 있는 당신을 상상해 보십시오. 과거 당신이 행했던 수많은 죄들이 마치 당신을 참소하는 지옥의 사자들처럼 섬뜩한 모습으로 당신을 저주하며 다가옵니다. 그 때 당신은 어떻게 할 것입니까? 산더미 같은 양심의 가책의 쓰레기더미를 여행하고 있는 사람을 상상해 보십시오. 그는 지금 과거에 자신이 행했던 죄의 이리들에게 쫓기고 있습니다. 그는 지금 필사적으로 멸망을 향해 내달리고 있습니다. 그는 자신의 옛 죄의 이리들의 울부짖는 소리를 도저히 견딜 수 없습니다. 더 견딜 수 없는 것은 이리들의 끔찍한 이빨들입니다. 그 이빨들이 자신을 갈기갈기 찢을 때, 그를 구해줄 사람은 아무도 없을 것입니다. 그러나 의인은 비록 자신의 죄가 주홍 같을지라도 그리스도의 보혈로 말미암아 양털처럼 희게 되었다는 사실을 압니다. 더욱이 성령의 능력으로 말미암아 자신의 삶이 세상의 악들로부터 지켜지고, 그럼으로써 하나님을 섬길 수 있게 되었음을 압니다. 이것은 그의 죽음을 얼마나 편안하고 따뜻하게 만들어 주겠습니까? 그는 하나님께 예배했던 아름다운 날들을 회상합니다. 그는 가정 제단 주위에 모였던 가족들을 회상합니다. 그는 기도하는 법을 배웠던 어린 시절과, 어리석음을 극복했던 청년시절과, 의의 길로 인도함을 받았던 이후의 모든 삶을 회상합니다. 무엇보다도 그는 주 예수께서 자신의 영혼을 찾아오셨던 복된 순간들을 회상합니다. 그는 완전한 평안 가운데 자신에게 잘못했던 모든 사람들을 기꺼이 용서합니다. 아버지께서 자신을 용서하신 것처럼 말입니다. 그리하여 그는 죽음의 침상에서, 살아 있는 동안 가장 평온한 밤을 즐겼던 것처럼 그렇게 잠들 수 있습니다. "나는 의인의 죽음을 죽기 원하며 나의 종말이 그와 같기를 바라노라."

　　또 의인은 죽을 때 아무것도 잃지 않습니다. 다른 모든 사람들에게 "흙은 흙으로, 먼지는 먼지로, 재는 재로”라는 말은 현재의 재물의 종말과, 영원하며 실제적인 필요의 시작을 의미합니다. 그러나 그리스도인은 죽음으로 말미암아 파산되지 않습니다. 그에게 있어 죽음은 도리어 유익한 것(gain)입니다. 사라센 제국의 영웅 살라딘은 죽어가면서 이렇게 말했습니다. “나의 수의(壽衣)로 쓸 이 흰 천을 받으라. 그리고 내가 죽거든 내가 죽은 증표로서 그것을 창끝에 매달고 모든 거리를 다니며 ‘동방의 정복자 살라딘에게 남은 것은 이것이 전부다’라고 외쳐라!” 그러나 만일 그가 그리스도인이었다면, 그는 그렇게 말할 필요가 없습니다. 왜냐하면 그는 죽음으로 말미암아 신자(信者)의 유업을 조금도 잃지 않기 때문입니다. 우리가 세상을 떠나는 순간, 오는 세상과 그것의 모든 무한한 부요와 축복이 우리의 것이 되기 때문입니다. 고레스의 무덤에 다음과 같은 비문(碑文)이 새겨져 있습니다. “참배자여, 여기에 페르시아인들에게 제국을 선물한 고레스가 누워 있도다. 그의 무덤을 덮는 적은 흙을 아끼지 말지어다.” 그러나 그리스도인은 무덤 속에 누워 있지 않습니다. 그는 거기에 있지 않습니다. 왜냐하면 그는 다시 살아났기 때문입니다. 그는 자신의 깨끗하게 된 옷을 여기에 남겨 놓았습니다. 그리고 장차 그 옷이 어떤 빨래하는 사람도 더 이상 희게 할 수 없을 정도로 하얗게 될 때, 그는 자신의 옷을 다시 취하기 위해 올 것입니다. 그러나 그러는 동안 그리스도인은 여기에 묻혀 있지도 않고 무덤이 그의 유일한 소유인 것도 아닙니다. 그의 보화는 하늘에 있습니다. 그는 자신의 보화가 쌓여 있는 곳으로 갔습니다. 죽음이 이와 같이 자신에게 유익한 것이라면, 누가 죽는 것을 바라지 않을 것입니까? 당신은 죽음이 당신에게 너무나 끔찍한 것이며 모든 것을 잃는 것이라고 생각합니까? 당신은 죽음이 당신을 기쁨과 즐거움을 가져다주는 모든 것으로부터 영원히 단절시키는 것이라고 생각합니까? 아, 당신은 얼마나 불행한 사람입니까! 왜냐하면 당신에게 주의 날은 빛이 아니라 어둠일 것이기 때문입니다.

의인은 또한 선한 소망과 함께 죽습니다. 신자는 믿음의 눈으로 영원을 응시하며, 자신에게 계시된 영광을 바라봅니다. 여러분은 천사들의 음성을 들으며 보이지 않는 영광을 바라보면서 죽어가는 여인들의 노래를 들어본 적이 있습니까? 여러분은 하늘의 이슬방울로 촉촉이 젖은 그들의 영롱한 눈을 보며, 그들의 놀라운 말을 들어본 적이 있습니까? 거의 배운 것이 없는 무지한 사람들이었음에도 불구하고, 죽어가는 순간 그들의 말은 가장 아름다운 한 편의 시(詩)와도 같았습니다. 여러분은 병약한 노인이 갑자기 놀라운 위엄으로 옷 입은 채 돌연 젊은이처럼 말하는 것을 본 적이 있습니까? 그들이 마른 뼈와 같은 손을 뻗으며 "내가 사망의 음침한 골짜기로 다닐지라도 해를 두려워하지 않을 것은 주께서 나와 함께 하심이라 주의 지팡이와 막대기가 나를 안위하시나이다"(시 23:4)라고 외치는 것을 본 적이 있습니까? 가나안 복지(福地)를 바라보며 죽는 것은 얼마나 복된 일입니까? 마치 새벽의 여명이 떠오르는 태양의 찬란한 광채 속으로 녹아 들어가는 것처럼, 우리가 영원한 행복 속으로 녹아 들어가는 것은 얼마나 복된 일입니까? 자신의 존재가 영원히 멸절되어 사라질 것이라고 믿으면서 죽는 것은 얼마나 슬픈 일입니까? 하물며 영원한 저주와 멸망을 예상하며 죽는 것은 얼마나 두려운 일입니까? 사랑하는 자여, 당신의 죽음이 이럴 것입니까? 당신은 천사가 다음과 같이 외치는 소리를 들을 것입니까? "첫째 화는 지나갔으나 보라 아직도 이 후에 화 둘이 이르리로다"(계 9:12). 죽음은 지나갔지만, 그러나 영원한 심판과 무저갱이 이를 것입니다. 하나님은 그러한 두려움이 나의 영혼을 사로잡는 것을 금하십니다. 도리어 하나님은 나로 하여금 죽음의 비스가 산 꼭대기에서 영원한 복지(福地)를 바라보도록 만드십니다. 나로 하여금 그 눈이 빛의 환상들로 부셨던 크리스천처럼 죽게 하십시오(여기에서 크리스천은 「천로역정」의 주인공을 지칭하는 것임 ― 역주). 나로 하여금 그 마음이 구주를 바라볼 확신으로 불탔던 크리스천처럼 죽게 하십시오. 나로 하여금 크리스천처럼 영원한 세상에서 구주와 함께 영원히 살게 하십시오.

사랑하는 자들이여, 더욱이 신자(信者)는 친구의 품안에서 죽습니다. 여기에서 나는 죽을 수밖에 없는 보통 친구를 말하고 있는 것이 아닙니다. 왜냐하면 어떤 그리스도인들은 화형에 처해지기도 하고 또 어떤 그리스도인들은 토굴 속에 갇혀 있다가 쓸쓸하게 죽기도 했기 때문입니다. 그럼에도 불구하고 모든 신자는 친구의 품안에서 죽습니다. 모든 신자는 최고의 친구, 형제보다 더 나은 친구의 품안에서 죽습니다. 하나님의 아들과 교제하는 것은 얼마나 복된 일입니까? 특별히 하늘에서 그렇게 하는 것은 얼마나 더 그렇겠습니까?

"예수는 우리로 하여금 죽음의 침상조차도
솜털베개처럼 포근하게 느끼도록 만들 수 있도다.
나는 그의 품에 머리를 기대고

거기에서 나의 마지막 숨을 내쉬도다.”

예수는 가장 친밀한 친구입니다. 의인은 평온한 마음으로 자신의 아내와 자녀들을 하나님의 손에 맡깁니다. “너희의 아비 없는 자녀들을 내게 맡기라 너희의 남편 없는 과부들로 하여금 나를 의지하게 하라”(렘 49:11, 한글개역개정판에는 “네 고아들을 버려도 내가 그들을 살리리라 네 과부들은 나를 의지할 것이니라”라고 되어 있음). 의인은 자기 품안에 있는 아내를 행복하게 해주기 위해 오래 살기를 바랄 수 있습니다. 의인은 자녀들이 부모의 사랑 가운데 장성한 자로 자라는 것을 보기 위해 오래 살기를 바랄 수 있습니다. 그러나 죽음이 다가올 때, 하나님은 그로 하여금 모든 염려를 잊고 그 모든 것을 그리스도의 손에 완전하게 맡기면서 “아무 문제 없어!”라고 말할 수 있도록 만듭니다. 나는 죽음을 앞둔 성도들이 종종 이렇게 말하는 것을 들었습니다. “이제 나의 관심사는 오직 한 가지뿐입니다. 나는 더 이상 주식이나 농장이나 상점이나 가정에 대한 이야기는 듣고 싶지 않습니다. 나는 그 모든 것을 포기했습니다. 내 뒤에 남은 사람들에게 필요한 모든 것은 하나님이 공급해 주실 것입니다. 지금 나의 귀에는 ‘이리로 올라오라!’라고 부르는 소리밖에는 아무것도 들리지 않습니다. 이제 나는 곧 아버지의 집에 들어가게 될 것입니다!’ 사랑하는 자들이여, 지금 나는 여러분에게 과장된 이야기를 하고 있는 것이 아닙니다. 나는 지금 여러분에게 죽음과 관련한 이상한 이야기를 하고 있는 것이 아닙니다. 나는 지금 여러분에게 의인의 죽음의 통상적인 방식을 이야기하고 있는 것입니다. 나는 지금 여러분에게 의인들이 그들의 하나님에게 돌아갈 때 자연스럽게 느끼게 되는 것을 이야기하고 있는 것입니다. 그리스도인은 평안 가운데 그리고 때로는 환희 가운데 죽습니다. 그의 몸의 상태에 따라 혹은 이제 그가 벗어버리게 되는 병의 종류에 따라, 그는 평안 가운데 죽기도 하고 환희 가운데 죽기도 합니다. 때로 죽음의 장면은 마치 여름밤의 즐거운 축제와도 같습니다. 그리스도인은 요단 강을 거의 마른 땅을 밟고 지나가는 것처럼 건너갑니다. 설령 폭우가 쏟아짐으로써 요단 강이 흘러넘친다 하더라도, 신자는 주의 영원한 팔에 의지하여 강바닥을 밟으며 즐겁게 건너갑니다. 때로 하나님은 자기 백성들에게 불처럼 타오르는 기쁨의 병거를 타고 하늘에 오르도록 특별한 은혜를 베푸시기도 합니다. 그럴 때 그들의 침상은 보좌가 되고, 그들의 방은 영광의 궁전이 됩니다. 이러한 경우는 결코 드문 경우가 아닙니다. 도리어 일반적인 경우입니다. 어쨌든 모든 경우에 신자들의 죽음에는 사망의 골짜기를 활공(滑空)하는 강력하고 정결하며 보배로운 평강이 있습니다. 그리고 그것이 어린 양을 따르는 자들로 하여금 기뻐하도록 만듭니다. "나는 의인의 죽음을 죽기 원하노라." 왜냐하면 그러한 죽음은 영원한 행복의 여명이며, 영원히 쇠하지 않는 영광의 시작이기 때문입니다.

마지막으로, 선한 사람은 영예롭게 죽습니다. 누가 악인의 죽음에 관심을 갖겠습니까? 고작 몇 명의 친구들이 잠깐 동안 슬퍼할 뿐입니다. 그렇지만 하루 이틀 지나고 나면 그가 떠난 것을 도리어 다행이라고 느낍니다. 그러나 의인이 죽으면 많은 사람들이 그를 위해 울며 애곡합니다. 스데반의 경우를 생각해 보십시오. 그가 죽자, 경건한 사람들이 그를 무덤에 매장하고 그를 위해 크게 애곡하지 않았습니까? 가라지의 마지막이 어떤지 보십시오. 사람들이 가라지를 모아 울타리 밖으로 던지고 불에 태우지 않습니까? 그럼에도 불구하고 안타깝게 생각하는 사람은 아무도 없습니다. 그들은 살아 있는 동안 아무에게도 축복이 되지 못했으며, 죽을 때 아무로부터도 애곡을 받지 못합니다. 반면 알곡들의 마지막이 어떤지 보십시오. 여기에 수많은 알곡들로 누렇게 익은 곡식단이 있습니다. 그것을 실은 마차는 너무도 무겁습니다. 마차 위에는 즐거운 노래를 부르는 사람이 앉아 있습니다. 모든 사람들이 누런 곡식단을 집으로 가져가면서 즐겁게 노래하며 춤을 춥니다. 그리고 알곡들은 곳간에 들어갑니다. 우리 역시도 알곡처럼 천사들에 의해 모아져서 하늘 곳간에 들어가게 될 것입니다. 그 때 의인의 영들이 하늘에서 기뻐하며 노래할 것입니다. 우리는 아무짝에도 쓸모 없는 가라지처럼 간주되어 밖으로 던져지지 않습니다. 세상을 떠날 때, 여러분과 나의 마지막도 이와 같기를 바랍니다. 여러분과 내가 이 세상으로부터 떨어냄을 당하는 것처럼 그렇게 세상을 떠나게 되지 않기를 바랍니다. 마치 바울이 자기 손으로부터 독사를 떨어내는 것처럼 말입니다. 다만 우리의 한줌의 흙이 하나님 앞에서 거룩하고 보배로운 흙으로 모아지기를 바랍니다. 이런 의미에서 나로 하여금 의인의 죽음을 맞게 하소서!

우리는 첫 번째 주제에서 지나치게 오랫동안 머물 필요가 없습니다. 지금까지 이야기한 여러 가지 요소들은 발람 같은 사람에게조차 의인의 죽음을 바라도록 만들기에 충분했습니다. 분명 그것은 여러분 안에서도 동일한 열망을 불러일으킬 것입니다.

2. 둘째로, 발람은 의인의 마지막 종말에 대해 말했습니다.

나는 악한 선지자 발람이 의인의 마지막 종말에 대해 알았는지 여부를 알지 못합니다. 그러나 여러분과 나는 압니다. 어쨌든 그의 말을 곰곰이 살펴보도록 합시다. 우리는 죽음이 사람의 마지막 종말이라고 믿지 않습니다. 그렇게 믿는 사람들은 그렇게 믿으라고 하십시오. 우리는 그들로부터 그런 믿음을 빼앗고자 하지 않을 것입니다. 뼈를 물고 있는 개에게 그냥 물고 있으라고 하십시오. 우리는 개의 즐거움을 부러워하지 않습니다. 만일 불경건한 사람들이 짐승처럼 죽는 개념을 즐거워한다면, 그들은 자신들이 짐승 같은 존재임을 스스로 드러내는 꼴입니다. 그들로 하여금 자신들이 선택한 것을 계속해서 지키라고 하십시오. 스스로 그렇게 하기를 원한다면 말입니다. 우리는 우리 자신이 불멸(不滅)의 존재임을 믿습니다. 하나님은 우리에게 영적 본질을 주셨는데, 그것은 해와 달과 별보다도 오래 가고 영원까지 존재합니다. 하나님은 영혼이 영원히 존재하도록 정하셨습니다. 나는 우리 가운데 대부분의 사람들이 우리의 사후 상태가 의인의 상태와 같기를 바랄 것이라고 믿습니다.

죽음과 관련한 첫 번째 개념은 영(靈)이 육체로부터 분리되는 것입니다. 육체와 분리된 영이 어떤 모습일는지 우리는 잘 모릅니다. 물론 그것은 보이지도 않고, 들리지도 않으며, 만져지지도 않습니다. 그것은 물질의 영역을 넘어서며, 감각이 미치는 범위를 초월합니다. 그러나 여러분과 나는 우리 안에 흙으로 만든 손이나 발이나 눈보다 무한히 더 값진 비물질적인 것이 존재함을 의식합니다. 이러한 비물질적인 것이 몸을 떠날 것이며, 그것은 벗은 것처럼 될 것입니다. 그러나 바울의 다음과 같은 말처럼, 우리는 그렇게 되는 것을 바라지 않습니다. "참으로 이 장막에 있는 우리가 짐진 것 같이 탄식하는 것은 벗고자 함이 아니요 오히려 덧입고자 함이니"(고후 5:4). 그는 영이 육체와 분리된 상태를 바라지 않았으며, 우리도 그러합니다. 지금 하늘에서 '육체를 떠난 영'의 상태로 있는 성도들은 완전히 행복하기는 하지만 그러나 아직 완전하게 되지는 않았습니다. 바울은 그들이 우리 없이는 완전하게 될 수 없다고 말합니다. 부활의 날이 이르고 우리가 모두 모일 때까지, 육체가 없는 상태로 있는 그들은 이를테면 반쪽짜리 사람입니다. 그들은 행복으로 가득하지만 그러나 그들은 양자(養子)될 것, 즉 주 예수 그리스도의 재림 때 있게 될 몸의 구속을 기다리고 있습니다. 육체를 떠나 영의 상태로 있는 그리스도인에게도 바랄 만한 것이 있습니다. 나는 '육체를 떠난 영'의 상태로 있는 그리스도인이 되기를 바랍니다. 왜냐하면 나에게 있어 그것은 전혀 새롭고 낯선 세상이 아닐 것이기 때문입니다. 여러분 가운데 어떤 사람들은 영의 세계와 관련하여 자신의 영을 한 번도 사용하지 않았습니다. 여러분은 몸을 가진 수많은 사람들과 더불어 이야기했지만 그러나 영적 존재들과는 한 번도 이야기하지 않았습니다. 여러분에게 영의 영역은 완전한 미지(未知)의 세계입니다. 그러나 그리스도인들은 매일같이 영의 세계와 교통합니다. 그들의 영혼은 하나님과 더불어 대화를 나눕니다. 그들의 영은 성령에 의해 영향을 받습니다. 그들은 구원의 상속자인 자신들을 수종들도록 보냄받은 섬기는 영인 천사들과 더불어 교제를 나눕니다. 반면 영의 세계와 관련하여 자신의 영을 한 번도 사용하지 않은 여러분이 영의 세계에 들어갈 때, 여러분은 이렇게 말할 것입니다. "나는 전에 한 번도 여기에 와본 적이 없어. 여기는 나에게 낯선 세계야." 또 나는 여러분이 다음과 같이 말하는 것을 상상할 수 있습니다. "여기에 나와 교제를 나누었던 존재가 있나요?" 그러면 여러분은 이런 음성을 듣게 될 것입니다. "물론 있지. 내가 종종 너에게 이야기하곤 했어. 너도 나에게 이야기했고!' 그것은 여러분이 종종 교제하곤 했던 사탄이나 혹은 악한 영입니다. 그들이 여러분이 만나게 될 유일한 친구입니다. 그들은 얼마나 끔찍한 친구입니까! 또한 나는 육체를 떠나 영의 상태로 있는 그리스도인이 다음과 같이 부르짖는 것을 상상할 수 있습니다. "나의 친구들은 어디에 있나요? 나는 전에 여기에 있곤 했습니다. 예전에 내가 교제를 나누었던 자들은 어디 있나요?' 그러면 섬기는 천사들과 무엇보다 복된 성령께서 대답하실 것입니다. 거기에 하나님 자신과 영원히 살아 계신 그리스도의 영이 계실 것입니다. 이들 모두가 그 신자와 더불어 한 무리를 이룰 것입니다. 우리는 영이 몸을 떠난 후 곧바로 하나님 앞에 있게 된다고 믿습니다. 의인의 영혼에게 있어 무덤에서 잠자는 것은 없습니다. 또 천국에 들어가기 전에 "연옥"에 머무는 것도 없습니다. "네가 오늘 나와 함께 낙원에 있으리라" — 이것이 예수를 믿는 모든 사람들의 분깃입니다. 사랑하는 자여, 몸을 떠난 당신의 영이 하나님의 불꽃 같은 눈 앞에 서게 될 것을 생각해 보십시오. 이 시간 당신은 하나님과 어떤 상태에 있습니까? 어떤 사람은 하나님에 대해 한 번도 생각하지 않았을 것입니다. 또 어떤 사람은 하나님을 면전에서 저주하곤 했을 것입니다. 심지어 하나님에게 자신을 저주하라고 요구한 사람도 있을 것입니다. 아! 만일 당신이 회개하지 않는다면, 하나님은 실제로 그렇게 하실 것입니다. 그러나 이렇게 말하는 사람은 얼마나 복될 것입니까! "나는 하나님께로 올라가노라. 그는 나의 아버지시로다. 그것은 나에게 아무런 두려움도 아니로다. 그것은 아이가 학교를 파하고 집으로 돌아오는 것과 같도다. 나는 나의 하나님께로 올라가노라. 나는 예수의 보혈로 그와 더불어 화해했노라. 나는 나의 하나님을 아노라. 그는 나에게 외인(外人)이 아니로다. 나는 그리스도 안에서 그를 보았으며, 그를 믿었도다. 그리고 일생 동안 나는 일상의 삶 속에서 그를 보는 법을 배웠노라. 나는 산과 골짜기에 대하여 '나의 아버지가 그 모두를 만드셨도다'라고 말할 수 있노라. 나에게 있어 하나님을 생각하는 것이 나의 영을 가득 채울 때보다 더 행복한 때는 없었노라. 나의 영은 몸 안에 있을 때 하나님과 함께 거하였었노라. 이제 나의 영이 몸을 떠나 하나님께 가는 것은 조금도 두려운 일이 아니로다." 그러므로 우리는 "나의 종말이 의인의 종말과 같기를 바라노라"라고 말할 수 있습니다.

또 몸을 떠난 신자의 영은 천국에 거합니다. 설령 천국에 들어가도록 허락된다 하더라도, 여러분 가운데 어떤 사람들은 행복할 수 없을 것입니다. 설령 진주 문 사이로 들어가도록 허락된다 하더라도, 여러분은 거기에서 행복할 수 없을 것입니다. 그 이유가 무엇일까요? 왜냐하면 그곳은 영의 나라이기 때문이며, 여러분은 자신의 영을 소홀히 했기 때문입니다. 여러분 가운데 어떤 사람들은 심지어 자신에게 영이 있다는 사실조차 부인합니다. 나는 여러분이 그렇게 말하는 것에 대해 조금도 놀라지 않습니다. 왜냐하면 나는 여러분이 자신의 영을 한 번도 사용하지 않았음을 알기 때문입니다. 그러나 성령과 교통하기를 즐거워했던 사람이 영의 세계에 들어갈 때, 그는 그곳이 너무나 익숙한 세계일 것입니다. 뿐만 아니라 오는 세상은 거룩한 세상입니다. 몸을 떠난 영들의 일은 모두 정결하며 아름답습니다. 술을 사랑하며 더러운 습관에 탐닉했던 사람은 어떨 것입니까? 설령 천국에 들어가도록 허락되었다 하더라도, 그곳은 그에게 너무도 익숙하지 않은 곳일 것입니다. 횟필드(Whitfield)가 종종 말했던 것처럼, 설령 그(악인)가 천국에 들어가도록 허락된다 하더라도, 그는 하나님께 제발 이곳에서 나가게 해 달라고 간청할 것입니다. 그리고 그는 자신의 피난처로서 지옥을 향해 달려갈 것입니다. 왜냐하면 불경건한 사람에게 있어 천국은 너무도 끔찍한 장소이기 때문입니다. 어떤 여인이 회심하지 못한 상태로 천국에 가는 꿈을 꾸었다고 합니다. 그녀는 황금길 위에서 수많은 영들이 감미로운 음악에 맞추어 춤추는 것을 보았습니다. 그러나 그녀는 조금도 행복하지 않은 표정으로 움직이지 않고 가만히 서 있었습니다. 왕이 그녀에게 "어째서 너는 기쁨에 동참하지 않느뇨?"라고 물었을 때, 그녀는 이렇게 대답했습니다. "나는 박자를 알지 못하기 때문에 함께 춤출 수 없어요. 또 곡조를 알지 못하기 때문에 함께 노래를 부를 수 없어요." 그러자 왕이 우레와 같은 소리를 발합니다. "그러면 너는 여기에서 무엇을 하고 있느뇨?" 그러면서 그녀는 그곳에서 영원히 쫓겨나는 꿈을 꾸었다는 것입니다. 천국은 준비된 백성들을 위해 준비된 장소입니다. 만일 이 땅에서 하늘의 언어를 배우지 않는다면, 여러분은 오는 세상에서 그것을 배울 수 없습니다. 만일 여러분이 거룩하지 않다면, 여러분은 거룩한 성도들과 함께 있을 수 없습니다. 만일 여러분이 하나님의 사랑에 대해 아무것도 알지 못하면서 항상 하나님을 찬미하며 섬기는 자들과 함께 있다면, 그것은 여러분에게 얼마나 끔찍한 일일 것입니까? 만일 여러분이 세상에서 하나님을 찬미하지 않았다면, 여러분은 하늘에서도 결코 그렇게 할 수 없을 것입니다. 여러분은 낯선 땅에서 낯선 자들이 될 것입니다! "사람이 거듭나지 아니하면 하나님의 나라를 볼 수 없느니라"(요 3:3). 하물며 거기에 들어갈 수는 더더욱 없을 것입니다.

그리고 잠시 후 우리 몸은 다시 살아날 것입니다. 영혼은 몸으로 다시 들어올 것입니다. 왜냐하면 그리스도께서 그의 백성들의 영혼뿐만 아니라 몸까지도 사셨기 때문입니다. 나팔소리가 땅과 하늘과 지옥에 우렁차게 울려퍼질 그 두려운 날을 생각해 보십시오. "죽은 자여, 깨어나라! 죽은 자여, 깨어나라! 심판으로 나아오라! 심판으로 나아오라!" 그러면 악인들의 몸이 깨어 일어나기 시작할 것입니다. 나는 그들이 어떤 두려운 모습으로 깨어날 것인지 알지 못합니다. 또 그들이 어떻게 나타날 것인지도 알지 못합니다. 그들이 얼마나 소름끼치는 형상을 입을 것인지, 또 그들의 얼굴이 얼마나 끔찍한 두려움으로 일그러질 것인지 나는 알지 못합니다. 다만 한 가지 분명히 아는 것은 의인들이 주 예수와 같은 영광스러운 모습으로 일어날 것이라는 사실입니다. 그들은 천국 자체가 부여하는 모든 아름다운 것들을 가질 것입니다. 여기에서 그들의 몸은 단지 땅에 심겨진 보잘것없는 작은 씨앗에 불과합니다. 그러나 장차 입게 될 몸은, 마치 가장 아름다운 꽃이 땅에 심겨진 보잘것없는 씨앗보다 더 아름다운 것처럼, 그렇게 영광스러울 것입니다. 그것은 영광스러운 몸일 것입니다. 그것은 영광으로 일어나고, 능력으로 일어나며, 더 이상 죽지 않는 몸으로 일어날 것입니다. 아, 영광의 날이여! "내가 알기에는 나의 대속자가 살아 계시니 마침내 그가 땅 위에 서실 것이라

내 가죽이 벗김을 당한 뒤에도 내가 육체 밖에서 하나님을 보리라 내가 그를 보리니 내 눈으로 그를 보기를 낯선 사람처럼 하지 않을 것이라"(욥 19:25-27). 여러분은 그리스도의 형상으로 다시 일어날 것을 바라지 않습니까? 여러분은 이 땅에서의 모습 그대로 무덤으로부터 다시 일어나게 될 것이라는 사실을 잊지 마십시오. 나는 지금 한 도시(都市)의 완전한 조감도를 보고 있습니다. 이쪽에 하얀 대리석 성전이 있고, 저쪽에 쓰레기더미가 있습니다. 건축가는 가장 큰 규모로 그리고 가장 순전한 대리석으로 건축하라고 명령을 받습니다. 그는 성전은 성전답게 가장 휘황찬란하게 건축하고, 쓰레기더미는 쓰레기더미답게 가장 지저분하게 건축할 것입니다. 그러면 여러분은 그러한 조감도 안에서 어디에 있습니까? 왜냐하면 이생은 내생의 조감도이기 때문입니다. "불의를 행하는 자는 그대로 불의를 행하고 더러운 자는 그대로 더럽고 의로운 자는 그대로 의를 행하고 거룩한 자는 그대로 거룩하게 하라"(계 22:11). 사랑하는 자여, 당신은 이 땅에서 거룩하기를 바랄 때 하늘에서도 거룩할 수 있습니다. 이 땅에서 정결할 때, 당신은 하늘에서도 정결할 수 있습니다. 이 땅에서 경건할 때, 당신은 하늘에서도 경건할 수 있습니다. "나의 종말이 의인의 종말과 같기를 바라노라." 나로 하여금 승리의 종려나무를 흔들게 하십시오! 나로 하여금 승리의 면류관을 쓰게 하십시오! 나로 하여금 완전함의 아름다운 흰 세마포로 띠 띠게 하십시오! 나로 하여금 여호와의 발 앞에 나의 면류관을 던지게 하십시오! 나로 하여금 영원한 노래를 목청껏 부르게 하십시오! 나의 목소리로 하여금 "할렐루야 주 우리 하나님 곧 전능하신 이가 통치하시도다"(계 19:6)라고 부르는 영원한 합창 속에 하나가 되게 하십시오! 아! 어떻게 내가 노래를 부를 것입니까? 나의 목소리가 어떻게 감사의 곡조에 가락을 맞출 것입니까? 나의 마음이 어떻게 하나님의 보좌 앞에서 기쁨으로 춤출 것입니까? "나는 의인의 죽음을 죽기 원하며 나의 종말이 그와 같기를 바라노라."

3. 마지막으로, 이와 같은 바람의 실제적인 효과에 대해 살펴보도록 합시다.

먼저 단순한 바람이 얼마나 헛되며 무익한 것인지 보십시오. 발람은 의인의 죽음을 죽기를 바랐지만 그러나 자신이 부러워하던 의인들과 싸우다가 죽임을 당했습니다. "막연한 바람은 아무 쓸모 없는 것이다"라는 옛 속담이 있지 않습니까? 또 "바란다고 자루가 가득 채워지지 않는다"라는 속담도 있지 않습니까? 이러한 속담들은 정곡을 찌르는 예리한 칼날 같습니다. 막연히 의인의 죽음을 죽기를 바라는 것 자체는 무익한 일입니다. 여러분에게 간곡히 권하노니 거기에서 멈추지 마십시오! 여러분은 옛 갈리아 인들의 고전적인 이야기를 들어보지 못했습니까? 이탈리아 산(産) 포도주를 맛보았을 때, 그들은 서로를 바라보며 "이탈리아가 어디에 있지?"라고 물었습니다. 그들의 지도자들이 하얀 눈을 뒤집어쓴 거대한 알프스를 가리켰을 때, 그들은 "우리가 저 산을 넘을 수 없을까?"라고 물었습니다. 그 포도주를 맛볼 때마다, 그들은 "이탈리아가 어디에 있지? 우리가 그 산을 넘을 수 없을까?"라는 질문을 던졌습니다. 그렇게 하여 마침내 그들은 갑옷을 입고 이탈리아 산(産) 포도주를 위해 옛 로마로 진군했습니다. 이와 같이 형제들이여, 여러분이 천국에 대해 들을 때마다, 나는 여러분이 옛 갈리아 인들과 같은 열정을 가지고 "그곳이 어디에 있지? 정말로 그곳에 가고 싶군!"이라고 말하기를 바랍니다. 만일 여기에 있는 사람들이 하나님의 전신갑주를 입고 "최고의 포도주를 얻는 길에 물과 불이 가로막고 있다 하더라도, 우리는 승리를 얻기 위해 기쁘게 싸울 것이라"라고 말한다면, 나의 기쁨은 얼마나 크겠습니까! 그러나 그러한 사실을 알고 또 바라면서도 그것을 위해 아무 일도 하지 않는 사람들은 얼마나 어리석은 자들입니까!

네로 황제는 브리튼을 정복하기 위해 원정대(遠征隊)를 보냈습니다. 용맹한 원정대는 마침내 브리튼에 상륙했습니다. 그러나 상륙한 병사들은 각자 한 줌씩 조개껍질을 주워들고 다시 자신들의 배로 되돌아왔습니다. 그리고 그것이 전부였습니다. 여러분 가운데 어떤 사람들은 이들과 마찬가지로 어리석습니다. 여러분은 큰 일을 도모하기 위해 뜨거운 열정으로 하나님의 전신갑주를 입습니다. 그러고는 고작 조개껍질만 줍습니다. 여러분이 원하는 것이 무엇입니까? 고작 조개껍데기뿐이란 말입니까? 조개껍데기를 줍는 사이 여러분은 천국과 영원한 생명을 놓칩니다. 조개껍데기를 위해 브리튼으로 원정대를 보낸 네로처럼, 여러분은 굶주린 여러분의 영혼을 위해 고작 유흥거리나 찾습니다.

아, 미련하고 어리석은 자들이여! 여러분의 영혼을 창조하신 하나님이 도대체 언제 여러분의 영혼에다가 하늘의 참된 보화와 참된 진주(珍珠)를 찾는 지혜를 주실 것이란 말입니까? 어떤 사람이 부르짖습니다. "어떻게 내가 천국을 소유할 수 있습니까?" 그것은 오직 개인적으로 그것을 찾음으로 말미암아 얻어질 수 있습니다. 물에 빠져 죽어가는 동안 천상의 무지개를 본 사람의 이야기를 읽은 적이 있습니다. 그가 물에 빠져 허우적거리는 모습을 상상해 보십시오! 그 순간 그의 눈앞에 천상의 아름다운 무지개가 펼쳐졌습니다. 그 때 그에게 이런 생각이 떠올랐습니다. '저기에 세상이 결코 물에 빠지지 않을 것이란 하나님의 언약의 증표가 있구나. 그렇지만 지금 나는 이 강에서 물에 빠져 죽어가고 있구나.' 여러분도 이와 마찬가지입니다! 여러분 위에 하나님의 언약의 무지개가 있습니다. "하나님이 세상을 이처럼 사랑하사 독생자를 주셨으니 이는 그를 믿는 자마다 멸망하지 않고 영생을 얻게 하려 하심이라"(요 3:16). 그럼에도 불구하고 그를 믿지 않기 때문에, 여러분은 자신의 죄 가운데 빠져 죽을 것입니다. 어떤 사람이 말합니다. "나는 기꺼이 그리스도의 군대에 가입하여 천국을 위해 싸울 것입니다." 그렇다면 앞으로 나오십시오. 오늘 나는 여러분을 그리스도의 군대에 가입시키는 그의 관리(官吏)입니다. 어떤 사람이 말합니다. "내가 무엇을 지불해야 합니까?" 지불한다고요? 아무것도 지불할 필요가 없습니다. "그렇지만 나는 선행을 많이 했는데요?" 그러한 것들은 천국을 위한 값으로 지불될 수 없습니다. "나는 기도도 많이 하고, 회개의 눈물도 많이 흘렸는데요?" 이런 것들은 결코 공로가 될 수 없습니다. 만일 여러분이 그리스도인이 되고자 한다면, 여러분은 빈 손으로 그리스도께 나와야 합니다. 신병모집관(新兵募集官)이 어떻게 하는지 보십시오. 그는 신병으로 가입하고자 하는 사람들에게 그 값으로서 얼마를 지불할 것을 요구하지 않습니다. 도리어 여왕의 군대로서 매월 얼마씩 급여(給與)를 받게 될 것을 약속합니다. 그리스도를 영접하십시오! 이것이 가입비용의 전부입니다. 그러면 여러분은 그리스도의 군대에 가입됩니다. 아무것도 가져오지 마십시오. 다만 값없이 생수를 받으십시오. 만일 여러분이 주 예수를 믿고 그를 여러분의 구주로 영접한다면, 여러분은 그리스도의 병사로 가입됩니다. 부디 여러분 모두에게 그렇게 되는 은혜가 베풀어지길 기원합니다!

그러나 모든 병사들이 싸워야만 한다는 사실을 기억하십시오. 만일 여러분이 그리스도인이 된다면, 여러분이 해야만 하는 첫 번째 일들 가운데 하나는 십자가를 지는 것입니다. 아, 그러나 여러분은 그렇게 하는 것을 좋아하지 않습니다. 그렇지만 그의 멍에는 쉽고 그의 짐은 가볍습니다. 그의 멍에를 메십시오. 그러나 육신적인 병사들에게 십자가는 매우 성가신 것입니다. 오직 하나님의 은혜만이 그것을 가볍게 만들 수 있습니다. 여러분은 자신의 죄들을 버리게 될 것입니다. 여러분은 자신의 헛된 즐거움들을 버리게 될 것입니다. 여러분은 이제부터 패역하고 어그러진 세대 앞에서 그리스도의 증인이 될 것입니다. 그리스도의 병사가 되었으면서도 그의 제복(制服)을 입지 않게 되기를 기대하지 마십시오. 결코 그럴 수 없습니다. 여러분은 그의 제복을 입어야만 합니다. 여러분은 그의 투구를 써야만 합니다. 그의 투구는 십자가입니다. 여러분은 그의 방패, 즉 믿음의 방패를 들어야만 합니다. 여러분은 그의 검, 즉 성령의 검인 하나님의 말씀을 들어야만 합니다. 오직 그 위에 안식하십시오. 그리고 오직 그의 공로만을 의지하십시오. 그러면 여러분은 반드시 승리를 얻을 것입니다.

　　나의 형제들이여, 만일 여러분과 내가 승리의 땅에 도달한다면, 그것은 얼마나 복된 일이겠습니까! 여러분은 존 번연의 「천로역정」을 기억할 것입니다. 그는 멋진 궁전을 보았습니다. 그리고 눈을 들어 그것을 바라볼 때, 그는 복된 영들이 그 위에서 노래하는 것을 들을 수 있었습니다. 그들은 하얀 왕복을 입고 걸어다니고 있었습니다. 그들이 노래하는 것을 들으면서, 번연은 자신도 그들과 함께 있기를 간절히 바랐습니다. 성문에 다다르자, 그는 무장한 자들이 그 문을 막고 있는 것을 보았습니다. 그들은 칼과 창과 단창을 들고 그곳으로 들어가기를 바라는 모든 사람들을 밀치고 있었습니다. 곧이어 번연은 갑옷을 입은 한 병사를 보았습니다. 그는 책과 붓을 들고 탁자에 앉아 있는 사람에게 다가가서 "나의 이름을 적으소서"라고 말했습니다. 탁자에 앉은 사람이 그의 이름을 적자마자, 그는 자신의 칼을 뽑아 자신을 둘러싸고 있는 적들을 향해 이리저리 휘둘렀습니다. 땀과 피로 얼룩지고 많은 부상을 입은 후, 마침내 그는 성문을 통과할 수 있었습니다. 번연은 이렇게 말합니다. "나는 복된 영들이 그 멋진 궁전 위에서 아름답게 노래하는 것을 들었다. '들어오라! 들어오라! 너는 영원한 영광을 얻을 것이라.'"

　　오늘 아침 내가 바로 '책과 붓을 들고 탁자에 앉아 있는 사람'입니다. 여기 있는 사람들 가운데 "내 이름을 적으소서"라고 말할 사람이 있습니까? 나는 많은 사람들이 그렇게 할 것이라고 믿습니다. 나는 성령께서 예수를 위해 여러분의 마음을 얻을 것을 믿습니다. 여러분은 오직 예수 안에서 안식해야만 합니다. 그러나 여러분의 이름이 적히는 순간, 싸움이 시작되는 것을 기억하십시오. 여러분의 칼을 뽑으십시오. 여러분은 자신을 둘러싸고 있는 죄들과 더불어 싸우기 시작해야 합니다. 여러분은 여러분의 옛 방식들과 단절하고, 그것들과 더불어 싸워야만 합니다. 여러분은 심지어 자기 자신을 베어야만 합니다. 여러분은 여러분 자신의 손과 발과 눈을 버려야만 합니다. 여러분 자신의 죄들이 죽임을 당해야만 합니다. 그러나 승리는 그 모든 것을 회복시킬 것입니다. 면류관을 얻기 위해 씨름하는 사람들을 생각해 보십시오. 씨름은 얼마나 위험한 운동입니까! 그러나 의심의 여지 없이 승리를 얻은 자들에게, 승리는 너무도 큰 보상입니다. 승리하고 돌아오는 옛 로마의 군사들을 생각해 보십시오. 그들은 말을 타고 로마의 대로(大路)를 행군합니다. 모든 백성들이 지붕 위에 올라가 말을 타고 돌아오는 그들을 바라보며 열렬히 환호할 때, 그것은 그들의 모든 수고에 대한 충분한 보상이었습니다. 그러나 하늘의 환호와 천사들의 함성과 구속받은 자들의 노래와 할렐루야 찬송과 영원한 행복과 한없는 영광을 생각해 보십시오. 이 모든 것이 겸손하게 어린 양을 따랐던 자들에 대한 풍성한 보상이 될 것입니다. 나의 형제들이여, 용기를 내십시오! 여러분의 구원의 대장을 따르십시오! 승리를 위해 그리고 면류관을 위해 싸우십시오! 부디 하나님이 예수님을 위하여 여러분을 축복하시기를 기원합니다. 아멘!

제
11
장

—

왕을 부르는 소리

—

**"여호와 그들의 하나님이 그들과 함께 계시니 왕을 부르는
소리가 그 중에 있도다."— 민 23:21**

　　모압의 왕과 고관(高官)들이 동방의 이상한 선지자 발람을 데리고 험준한
바위 꼭대기로 올라가는 광경을 상상해 보십시오. 그들은 악의(惡意)에 찬 마음
으로 이스라엘을 내려다볼 수 있는 장소를 찾고 있었습니다. 아래 쪽 평지에 있
는 이스라엘의 장막들을 저주하기 위해서 말입니다. 그들은 바위 꼭대기로부터
아래 있는 이스라엘 진영을 내려다봅니다. 마치 하늘에 떠 있는 독수리가 밑에
있는 먹이를 노려보는 것처럼 말입니다. 그들은 날카롭고 무자비한 눈으로 응시
합니다. 그들의 얼굴은 교활함과 악의로 가득 차 있습니다. 발락은 자기가 두려
워하는 이스라엘을 짓뭉개 버리기를 간절히 열망합니다. 그들은 주문과 마법의
힘을 빌려 여호와가 택하시고 인도하시는 백성들을 은밀히 저주하고자 꾀합니
다. 그들은 비스가 꼭대기에 일곱 제단을 쌓고, 각 제단마다 한 마리씩 수송아지
와 숫양을 드렸습니다(14절). 발람은 영적 충동이 임하여 예언할 수 있게 될 때
까지 잠시 물러나 기다립니다. 그 때 아래쪽에 있었던 모세와 이스라엘 백성들
은 이런 흉악한 음모에 대해 아무것도 모르고 있었습니다. 설령 알았다 하더라
도 그에 대해 어떻게 대처하는지 알지 못했을 것입니다. 이런 상황에서 졸지도
아니하시고 주무시지도 아니하시는 자가 그들을 지키는 것은 그들에게 있어 얼
마나 큰 은혜입니까! "나 여호와는 포도원지기가 됨이여 때때로 물을 주며 밤낮

으로 간수하여 아무든지 이를 해치지 못하게 하리로다"(사 27:3)라는 말씀은 정말로 사실입니다. 하나님의 눈은 십볼의 아들 발락과 그에게 고용된 발람 위에 고정되어 있습니다. 그들은 무익하게 점을 치며 마법을 사용합니다. 그들은 완전하게 좌절되고 수치를 당하게 될 것입니다. 그들의 악한 계획과 음모는 완전한 실패로 돌아갔습니다. 그것은 오직 한 가지 이유 때문이었습니다. "여호와삼마" ― 즉 여호와께서 거기 계셨기 때문입니다. 여호와가 그의 백성들 가운데 계신 것은 그들을 둘러싸고 있는 불 성벽과 같았습니다. 그리고 그것은 그들 가운데 계신 하나님의 영광이었습니다. 하나님은 그들의 빛이며, 그들의 구원입니다. 그런데 그들이 누구를 두려워할 것입니까?

오늘날에도 하나님은 자기 백성을 가지고 계십니다. 그들은 은혜의 택하심을 따라 부름받은 남은 자들입니다. 그들은 여전히 이리 가운데 양처럼 보호하심을 받습니다. 하나님의 교회의 일부로서 우리가 주위를 둘러볼 때, 우리는 우리를 두렵게 만드는 것들이 많이 있음을 봅니다. 왜냐하면 사탄이 잠시도 가만히 있지를 않기 때문입니다. 울부짖는 사자처럼, 사탄은 두루 다니며 삼킬 자를 찾고 있습니다. 그는 은밀히 흉악한 궤계를 꾸밉니다. 할 수만 있으면 택하신 자들까지도 미혹하려고 말입니다. 어둠의 왕에게는 부지런히 수종드는 많은 종들이 있습니다. 그들은 땅과 바다로 두루 다니며 사람들을 자신들에게로 이끌고자 모든 궤계와 책략을 총동원합니다. 어떤 방법으로든 하나님의 나라를 허물어뜨리고 하나님의 진리를 가로막기 위해서 말입니다. 발람처럼 하나님의 진리를 어느 정도라도 아는 사람이 참된 이스라엘을 대적하는 원수들의 궤계에 동참하는 것은 얼마나 슬픈 일입니까! 그들은 힘을 합쳐 하나님의 은혜의 복음과 교회를 완전히 허물어뜨리기 위해 가능한 모든 방법을 다 사용합니다. 그들에게 있어 최고로 기쁘고 즐거운 일은 하나님의 교회를 삼키며 허물어뜨리는 일입니다. 이 시대의 표적을 바라볼 때, 우리는 무거운 마음을 가지지 않을 수 없습니다. 왜냐하면 죄가 계속해서 관영하여져가고 있고, 많은 사람의 사랑이 식으며, 수많은 거짓 영들이 사방에서 날뛰고 있으며, 마땅히 하나님의 편에 서야 할 어떤 사람들이 도리어 원수의 편에 서기 때문입니다. 그러면 무엇입니까? 우리가 낙망할 것입니까? 결코 그럴 수 없습니다. 왜냐하면 광야에서 이스라엘 백성들 가운데 계셨던 동일한 하나님이 이 마지막 때에 교회 가운데 계시기 때문입니다. 교회의 원수들은 또다시 좌절되고 실패할 것입니다. 주님은 여전히 자기 교회를 지키실 것입니다. 왜냐하면 그가 교회를 반석 위에 세우셨기 때문입니다. 그러므로 음부의 권세가 교회를 이기지 못할 것입니다. 교회가 안전한 이유는 이것입니다.

> "하나님이 교회 가운데 거하시니
> 아무것도 교회를 옮기지 못할 것이라.
> 그가 교회의 돕는 자가 되실 것이라.
> 일찍이 그러하셨던 것처럼."

오늘 본문은 하나님의 교회가 영원히 안전할 것을 선언합니다. 교회는 세상과 음부의 모든 위험으로부터 안전하게 지켜질 것입니다. "여호와 그들의 하나님이 그들과 함께 계시니 왕을 부르는 소리가 그 중에 있도다."

오늘 나는 성령의 도우심을 힘입어, 첫째로, 자기 백성들 가운데 거하시는 하나님의 임재에 대해, 둘째로, 그러한 임재의 결과에 대해, 그리고 셋째로, 어떻게 그러한 임재가 하나님의 은혜로 말미암아 계속해서 우리 가운데 유지될 수 있는지에 대해 이야기하고자 합니다.

1 첫째로, 자기 백성들 가운데 거하시는 하나님의 임재에 대해 살펴보도록 합시다.

그것은 특별한 임재입니다. 왜냐하면 하나님의 일반적이며 통상적인 임재는 모든 곳을 망라하기 때문입니다. 우리가 하나님의 임재로부터 어디로 피할 것입니까? 그는 가장 높은 하늘에도 계시고, 가장 낮은 음부에도 계십니다. 가장 높은 산 위에도 하나님의 손이 있으며, 가장 깊은 바닷속에도 하나님의 능력이 있습니다. 우리에게 있어 이러한 사실을 아는 것은 얼마나 고상하며 놀라운 지식입니까! 하나님은 모든 곳에 계십니다. 우리는 그 안에 살고, 그 안에서 움직이며, 그 안에서 우리의 존재를 갖습니다. 반면 하나님의 특별한 임재가 있습니다. 왜냐하면 하나님은 광야에서 자기 백성들 가운데 계셨던 반면 모압 족속이나 에돔 족속 같이 그의 백성들의 원수들 가운데는 계시지 않으셨기 때문입니다. 이와 같이 하나님은 세상 가운데 계시지 아니하시고 자기 교회 가운데 계십니다. 하나님이 자기 백성들과 함께 계시며 그들 가운데 행하실 것이라는 것은 언약의 특별한 약속입니다. 하나님은 우리에게 성령을 주심으로써 오늘날에도 우리와 함께 계시며 우리 안에 계십니다. 하나님은 자기 교회에 대하여 이렇게 말씀하십니다. "이는 내가 영원히 쉴 곳이라 내가 여기 거주할 것은 이를 원하였음이로다"(시 132:14). 이것은 우리에 대하여서도 마찬가지입니다. 하나님은 우리에 대하여 호의를 베푸시며, 우리를 생각하시며, 우리와 함께 일하십니다. 하나님은 우리를 축복하시기 위해 능동적으로 가까이 하십니다.

나아가 하나님은 그의 본질 전체로 자기 백성들과 함께 계십니다. 아버지가 우리와 함께 계십니다. 왜냐하면 아버지 자신이 우리를 사랑하시기 때문입니다. 아버지가 아들을 긍휼히 여기는 것처럼, 하나님은 자신을 경외하는 자들을 긍휼히 여기십니다. 그는 우리와 가까이 계시며, 우리의 필요를 채우시며, 우리의 발걸음을 인도하시며, 때를 따라 돕는 은혜로 우리를 도우시며, 영원한 진리로 우리를 가르치십니다. 하나님은 자기 자녀들이 있는 곳에 계십니다. 하나님은 슬픔 가운데 부르짖는 그들의 탄식을 들으시며, 고통 가운데 흘리는 그들의 눈물을 보십니다. 아버지는 자기 가족 가운데 계시며 자신의 일을 행하십니다. "주여 주는 대대에 우리의 거처가 되셨나이다"(시 90:1). 그는 아들의 영을 받고 "아빠, 아버지!"라고 부르짖는 자들로부터 결코 멀리 계시지 않습니다. 그러므로 하나님의 자녀들이여, 여러분의 천부께서 여러분에게 오셔서 여러분과 함께 거하신다는 사실로 인해 기뻐하고 즐거워하십시오! 또한 하나님의 아들이 우리와 함께 계십니다. 그가 그의 사도들에게 "보라 내가 세상 끝날까지 너희와 항상 함께 있으리라"라고 말씀하지 않았습니까? 우리가 그의 이름으로 모일 때마다 그가 "너희에게 평강이 있을지어다!"라고 말씀하시면서 자신을 우리에게 나타내시는 것이 우리의 기쁨이 아닙니까? 여러분 가운데 많은 사람들은 하나님과 사귀는 것이 무엇인지 압니다. "우리의 사귐은 아버지와 그의 아들 예수 그리스도와 더불어 누림이라"(요일 1:3). 만일 우리가 그의 보혈로 말미암아 가까이 나아올 수 있게 되지 못했다면, 이러한 사귐은 우리의 것이 되지 못했을 것입니다. 그리스도의 마음은 우리에게 매우 가까이 계십니다. 그는 우리와 함께 거하십니다. 그렇습니다. 그는 우리와 더불어 하나입니다. 나아가 이러한 임재는 성령과 특별하게 관련됩니다. 그는 하늘로 올라가신 주 예수를 나타내십니다. 우리는 그리스도의 영의 갑절의 분깃을 갖습니다. 왜냐하면 우리가 그를 보기 때문입니다. 마치 엘리사가 엘리야의 영의 갑절의 분깃을 가졌던 것처럼 말입니다. 엘리야가 엘리사에게 "네가 어려운 일을 구하는도다 그러나 나를 네게서 데려가시는 것을 네가 보면 그 일이 네게 이루어지리라"(왕하 2:10)라고 말한 것을 기억합니까? 엘리사는 그것을 보았고, 그리하여 엘리야의 영의 갑절의 분깃을 받았습니다. 이와 같이 우리 주님이 하늘로 가는 것은 마땅한 일이었습니다. 왜냐하면 그렇게 함으로써 비로소 성령이 주어질 수 있었기 때문입니다. 오순절에 부어진 성령은 결코 거두어지지 않습니다. 그는 여전히 우리 가운데 계십니다. 그는 우리 안에서 그리고 우리를 위해 일하시며, 인도하시며, 새 힘을 주시며, 위로하시며, 보혜사의 모든 복된 직분을 행하십니다. 또 그는 하나님의 대언자로서 우리와 하나님의 진리를 위해 탄원하십니다. 사랑하는 친구들이여, 그렇습니다! 아버지와 아들과 성령이 참된 하나님의 교회 안에 계십니다. 교회가 올바르고 건강한 상태에 있을 때 말입니다. 만일 삼위일체 하나님이 교회로부터 떠나시면, 교회의 깃발은 땅에 떨어지고 교회의 전사(戰士)들은 그 힘을 잃을 것입니다. 주 예수 그리스도의 은혜와 하나님 아버지의 사랑과 성령의 교통하심이 영원히 함께하는 것이 교회의 영광입니다. 아버지와 아들과 성령이 교회 가운데 그 신성(神性)을 나타내는 것은 얼마나 영광스러운 일입니까! 또 그것은 우리 각자에게 얼마나 복된 일입니까!

하나님이 우리 가운데 거하시는 것은 또한 스스로를 온전히 낮추는 임재입니다. 하나님이 정말로 사람들 가운데 거하실 것이란 말입니까? 하늘의 하늘도 하나님을 감당할 수 없거든, 하물며 하나님이 자기 백성들 가운데 거하실 것이란 말입니까? 그러나 하나님은 기꺼이 그렇게 하십니다. 그의 이름에 영광을 돌립시다! "너희 몸은 너희가 하나님께로부터 받은 바 너희 가운데 계신 성령의 전인 줄을 알지 못하느냐"(고전 6:19). 하나님이 우리 안에 거하십니다! 이 얼마나 놀라운 말씀입니까! 누가 이러한 은혜의 깊이를 잴 수 있습니까? 하나님의 임재의 비밀은 성육신의 비밀과 비견될 수 있습니다. 성령 하나님이 우리 몸 안에 거하시는 것은 성자 하나님이 동정녀 마리아를 통해 태어나신 것과 마찬가지로 기이한 일입니다. 창조주가 그의 피조물 안에 거하는 것은 얼마나 이상한 일입니까! 무한한 존재가 유한한 존재 안에 장막을 치는 것은 얼마나 기이한 일입니까! 그러나 하나님을 실제로 그렇게 하셨습니다. "내가 반드시 너희와 함께 있을 것이라."

이러한 사실 앞에 모든 참된 하나님의 백성들은 놀라지 않을 수 없습니다. 여러분은 어떤 모임 가운데 갔다가 돌아와서 이렇게 말할 수 있습니다. "정말로 멋진 예배였어! 교회 장식도 너무나 멋있었고, 음악도 좋았으며, 건축양식도 멋있었고, 설교도 참 좋았어!" 그러나 그런 것들이 주의 임재보다 앞선다면, 그것은 전혀 예배가 아닙니다. 잠시 침묵해 보십시오! 이곳은 신발을 벗고 엎드려야 할 장소입니다. 지금 우리는 거룩한 땅에 서 있습니다. 하나님이 그의 무한하신 사랑의 엄위하심 가운데 사람들의 마음을 만지기 위해 내려오실 때, 솔로몬 성전에서 제사장들이 그곳의 충만한 영광으로 인해 서서 섬길 수 없었던 것처럼 우리도 그러합니다. 하나님이 거기 거하실 때, 사람들은 물러납니다. 이런 상황에서는 가장 말을 잘하는 사람도 입을 다뭅니다. 왜냐하면 이럴 때는 절대적인 침묵이 모든 것을 가장 잘 표현하기 때문입니다. "두렵도다 이곳이여 이것은 다름 아닌 하나님의 집이요 이는 하늘의 문이로다"(창 28:17). 어째서 그렇습니까? 그것은 "여호와께서 과연 여기 계셨기" 때문입니다(16절). 가장 무식한 사람들이 모인 가장 초라한 모임이라 하더라도 만일 거기에 하나님이 계신다면, 그것은 가장 장엄한 예배가 됩니다. 가장 부유하고 높은 신분의 사람들이 모인 가장 으리으리한 모임이라 하더라도 만일 거기에 하나님이 계시지 않는다면, 그것은 아무것도 아닙니다.

교회에 있어 절대적으로 필요한 한 가지가 바로 이것입니다. 주 하나님이 그곳에 계셔야 합니다. 그렇지 않으면 교회는 아무것도 아닙니다. 만일 하나님이 그곳에 계시면, 교회에는 평강과 형통이 있을 것입니다. 그러나 만일 하나님이 그곳에 계시지 않으면, 주의 이름으로 말하는 자들에게 화가 있을 것입니다. 왜냐하면 그들은 비통한 마음으로 "누가 우리의 전하는 것을 믿었느뇨?"라고 부르짖게 될 것이기 때문입니다. 또 그곳에 모인 자들에게도 화가 있을 것입니다. 왜냐하면 그들은 빈 손으로 되돌아가게 될 것이기 때문입니다. 또 버려진 시온의 죄인들에게도 화가 있을 것입니다. 왜냐하면 어떤 구원도 그들에게 임하지 않을 것이기 때문입니다. 하나님의 임재가 교회를 즐겁고, 행복하며, 장엄한 장소로 만듭니다. 하나님의 임재가 그의 이름을 영화롭게 하며, 그의 백성들에게 평안을 가져다줍니다. 그러나 그것이 없을 때, 모든 얼굴은 슬픔 가운데 파리해지며 모든 마음은 낙망 가운데 무거워집니다.

형제들이여, 은혜를 받은 백성들은 이러한 하나님의 임재를 분명하게 **분별합**니다. 비록 다른 사람들은 그것을 알지 못할 수 있다 하더라도 말입니다. 그렇지만 나는 은혜가 없는 사람이라 하더라도 어느 정도는 그것을 인식한다고 생각합니다. 회중 가운데 들어올 때, 그들은 은밀한 어떤 것을 느낍니다. 설령 그것이 무엇인지 알지 못한다 하더라도 말입니다. 설령 그들이 그곳에 임재하신 하나님을 예배하는 일에 즉각적으로 동참하지는 못한다 하더라도, 그들의 마음 위에 외적인 것을 초월하는 어떤 깊은 인상이 새겨집니다. 그들은 일종의 깊은 경외심 같은 것을 느낍니다. 분명 마귀는 하나님이 어디에 임재하고 계시는지 압니다. 그보다 더 잘 아는 자가 누구겠습니까? 그는 여호와가 함께하는 백성들의 진영(陣營)을 미워합니다. 그는 갑절로 적의(敵意)를 품으며, 자신의 모든 능력을 다해 궤계를 꾸밉니다. 그는 자신을 위해 여호와의 진영을 공격할 용맹한 전사(戰士)들을 찾습니다. 예전에 발람과 발락을 그와 같은 용도로 사용했던 것처럼 말입니다.

잠시 발람에 대해 생각해 보도록 합시다. 부디 우리가 돈을 위해 발람의 길로 가지 않기를 바랍니다. 우리는 절대로 그를 본받아서는 안 됩니다. 다만 그를 우리의 경고로 삼읍시다. 이 사람은 황금을 위해 자신을 팔았습니다. 그는 하나님을 알고 영감(靈感) 아래 말하기는 했지만, 그러나 마음으로는 하나님을 알지 못했습니다. 도리어 그는 돈을 위해 하나님의 백성들을 저주하려고 했습니다. 그러나 그의 계획은 좌절되었습니다. 왜냐하면 하나님이 거기에 계셨기 때문입니다. 우리는 발람의 생각에 여호와가 어떤 존재인지 살펴볼 필요가 있습니다. 그는 19절에서 우리 하나님에 대해 이렇게 묘사합니다. "하나님은 사람이 아니시니 거짓말을 하지 않으시고 인생이 아니시니 후회가 없으시도다 어찌 그 말씀하신 바를 행하지 않으시며 하신 말씀을 실행하지 않으시랴." 발람은 이스라엘 가운데 계셨던 하나님이 변할 수 있는 신이 아니며, 거짓 신이 아니며, 약속하고 잊어버리는 신이 아니며, 약속한 것을 행할 수 없는 혹은 행하지 않을 신이 아니라는 사실을 인식했습니다. 이스라엘의 하나님은 신실하시며, 참되시며, 변치 않는 자입니다. 그의 모든 약속들은 이루어질 것입니다. 그의 말씀 가운데 단 하나의 말씀도 땅에 떨어지지 않을 것입니다. "나 여호와가 말하였은즉 그 일이 이루어질지라 내가 돌이키지도 아니하고 아끼지도 아니하며 뉘우치지도 아니하고 행하리니"(겔 24:14). 우리 가운데 이런 하나님이 계신 것은 얼마나 큰 기쁨입니까! 우리 하나님은 자신이 약속한 것을 반드시 지키는 하나님입니다. 그는 자기 백성들을 위해 일하시는 하나님입니다. 우리 하나님은 자기 백성들을 위로하며 새 힘을 주는 하나님입니다. 이 하나님이 영원히 우리의 하나님입니다. 그는 죽을 때까지 우리의 인도자가 되실 것입니다.

나의 사랑하는 친구들이여, 우리는 때로 사람들이 교회의 실패에 대해 말하는 것을 듣습니다. 우리는 어떤 교회들이 실제로 실패하는 것을 두려워합니다. 그러나 실패의 근본적인 이유는 만군의 여호와의 부재(不在) 때문입니다. 왜냐하면 그는 실패할 수 없기 때문입니다. 나는 어떤 사람이 그가 살고 있는 지역에 대해 이야기하면서 이렇게 말하는 것을 들은 적이 있습니다. "우리 지역에 사는 사람들은 대부분 신앙적인 사람들입니다. 거의 대부분의 사람들이 예배에 정기적으로 참례합니다. 그렇지만 우리는 거기에서 영적 생명의 흔적을 거의 찾을 수 없습니다. 한 교회는 기도모임을 포기했습니다. 다른 교회는 홍겨운 교제모임이 예배보다 더 중요하다고 생각하며, 또 다른 교회는 세속주의에 깊이 물들어 있습니다." 이러한 증언은 오늘날 얼마나 흔합니까! 또 그것은 얼마나 두려운 증언입니까! 어떤 기독교 공동체에 대해 말하여질 수 있는 가장 나쁜 말은 이것입니다. "네가 살았다 하는 이름은 가졌으나 실상은 죽은 자로다"(계 3:1). "네가 차지도 아니하고 뜨겁지도 아니하도다"(계 3:15). 우리 주 예수는 이렇게 말씀하십니다. "네가 이같이 미지근하여 뜨겁지도 아니하고 차지도 아니하니 내 입에서 너를 토하여 버리리라"(16절). 생명과 열정이 없는 교회는 그리스도를 병들게 만듭니다. 그리스도는 그것을 참을 수 없습니다. 그는 차라리 노골적인 불신앙은 참을지언정, 신앙을 고백하면서 생명과 능력을 잃어버리는 것은 참지 못합니다. 왜냐하면 그것은 미지근해진 것이기 때문입니다. 그러므로 우리는 하나님이 자기 백성들 가운데 임재하시는 것을 위해 계속해서 기도해야 합니다.

> "그룹 사이에 거하시는
> 이스라엘의 큰 목자시여!
> 광야와 깊음을 지나 안전하게
> 당신의 택하신 양들을 인도하소서.
>
> 당신의 교회는 지금 광야에 있나이다!
> 위로부터 빛을 비추사 우리를 인도하소서.
> 우리를 당신께로 돌이키소서.

우리가 구원받고 더 이상 탄식하지 않을 것이나이다.”

2. 둘째로, 이러한 신적 임재의 결과를 주목하십시오.

신적 임재의 첫 번째 결과는 인도하심입니다. “하나님이 그들을 애굽에서 인도하여 내셨으니”(22절). 어떤 학자들은 22절을 이렇게 읽습니다. “하나님이 그들을 애굽에서 인도하고 계시니.” 하나님이 자기 백성들 가운데 계실 때, 그는 그들을 인도하고 계십니다. 그러므로 그들은 “주께서 나를 인도하시네 주께서 나를 인도하시네”라고 즐겁게 노래할 수 있습니다. 또 그들은 다윗처럼 “그가 나를 쉴 만한 물가로 인도하시는도다”라고 말할 수 있습니다. 하나님이 우리 가운데 거하실 때, 우리에게 다른 인도자는 필요하지 않습니다. 왜냐하면 그의 팔과 그의 눈이 그의 백성들을 인도할 것이기 때문입니다. 나는 항상 교회가 인간의 규칙이나 관례들에 의해 움직여지는 것을 두려워합니다. 또 나는 어떤 특별한 사람들에게 권능이 돌려지는 것을 두려워합니다. 권능은 하나님 자신 안에 있어야만 합니다. 교회 안에 거하시는 하나님이 교회를 다스립니다. 그럴 때 교회는 다른 인도자 없이도 올바른 길로 나아갑니다. 그런 교회는 하나가 되어 승리의 길로 나아갑니다. 군이 요란한 소리를 내지 않더라도 말입니다. 하나님에 의해 인도될 때, 교회는 올바른 길로 나아갑니다. 만일 하나님이 부재(不在)하다면, 인간이 생각해 낼 수 있는 최고의 방법이라 하더라도 결단코 교회를 올바른 방향으로 이끌 수 없습니다. 교회를 조직화하는 것은 매우 좋은 일입니다. 그러나 때로 나는 “거룩한 삼위일체의 이름으로 모든 조직을 해체하라”고 말한 츠빙글리(Zwingli)의 말에 공감을 느낍니다. 왜냐하면 모두가 자유롭다 하더라도 하나님이 임재하신다면, 모두는 올바른 일을 행하게 될 수밖에 없기 때문입니다. 각 사람이 자기 안에 있는 신적 충동에 따라 움직일 때, 규칙 같은 것은 거의 필요 없게 될 것입니다. 하나님이 다스릴 때, 모든 것은 질서와 조화를 이루게 될 것입니다. 물질을 구성하고 있는 원자(原子)들을 보십시오. 하나님의 힘에 온전히 순복하지 않습니까? 이와 같이 각 신자들도 하나의 거대한 힘에 순복합니다. 이처럼 만일 하나님이 교회 가운데 임재하시며 인도하신다면, 교회는 올바르게 인도될 것입니다. 나의 형제들이여, 이런저런 조직이나 체계나 프로그램 따위를 너무 좋아하지 마십시오. 중요한 것은 하나님의 인도하심을 받는 것입니다. 하나님은 결코 자기 백성들을 그릇된 길로 인도하지 않습니다. 구름 기둥과 불 기둥을 따르십시오. 설령 구름 기둥과 불 기둥이 여러분을 바다로 인도한다 하더라도, 여러분은 마른 땅을 밟고 그 바다를 지나가게 될 것입니다. 설령 그것이 여러분을 광야로 인도한다 하더라도, 여러분은 그곳에서 먹을 것을 공급받게 될 것입니다. 설령 그것이 여러분을 메마른 땅으로 인도한다 하더라도, 여러분은 그곳에서 반석으로부터 터져 나오는 생수를 마시게 될 것입니다. 우리에게 가장 필요한 것은 하나님이 우리와 함께 계시는 것입니다. 그러면 그가 우리를 약속된 안식으로 인도할 것입니다.

신적 임재의 두 번째 결과는 힘입니다. "하나님이 그들을 애굽에서 인도하여 내셨으니 그의 힘이 들소(unicorn) 같도다"(22절). 여기에 언급된 "들소" 즉 "유니콘"은 전설상의 외뿔동물로서, 종종 오늘날의 버팔로와 비슷한 모습으로 묘사됩니다. 그러므로 우리는 22절을 이렇게 읽을 수 있습니다. "하나님이 그들을 애굽에서 인도하여 내셨으니 그의 힘이 버팔로와 같도다." 하나님이 어떤 교회에 계실 때, 필연적으로 거기에 강력한 힘과 저항할 수 없는 에너지가 있게 됩니다. 야생의 버팔로를 상상해 보십시오. 그것은 얼마나 길들일 수 없는 살아 꿈틀거리는 힘입니까! 여러분은 이러한 버팔로에게 모든 사람이 마음대로 쟁기질을 할 수 있도록 멍에를 씌울 수 없습니다. 그것은 그 자신의 자유로운 삶의 방식을 가지고 있습니다. 그것은 그 자신의 스타일대로 행동합니다. 하나님이 어떤 교회와 함께 하실 때, 그 교회의 힘은 교인들의 숫자에 있지 않습니다. 설령 그 교회의 숫자가 빠른 속도로 늘어난다 하더라도 말입니다. 또 그 교회의 힘은 물질에 있지도 않습니다. 설령 하나님이 필요한 곳에 물질을 채워 주신다 하더라도 말입니다. 그 교회의 힘은 하나님 안에 있습니다. 그 힘은 저항할 수 없으며, 길들일 수 없으며, 억제할 수 없는 힘입니다. 힘과 에너지는 하나님과 함께 합니다. 안타깝게도 이런 힘을 결여한 교회가 얼마나 많습니까! 저쪽에 있는 그리스도의 몸을 시험해 보십시오. 비록 크기는 하지만 그러나 근육이 없습니다. 겉으로 보기에는 그럴듯한 조직체이지만 그러나 영혼과 힘줄과 등뼈가 없습니다. 하나님이 계신 곳에 필연적으로 생명의 힘이 있습니다. 하나님의 영이 초창기 성도들에게 강림했을 때, 그들은 놀라운 힘으로 말하기 시작했습니다. 그들은 박해를 당하면서도 굴복하지 않았습니다. 그들은 모든 곳에서 하나님의 말씀을 전파했으며, 그 어떤 것도 그들의 입을 막을 수 없었습니다. 우리는 참 이스라엘에 대해 이렇게 말할 수 있습니다. "그 힘이 마치 버팔로의 힘과 같도다. 도무지 그 힘을 꺾을 수도 없고 억누를 수도 없도다.”

　　세 번째 결과는 안전입니다. “야곱을 해할 점술이 없고 이스라엘을 해할 복술이 없도다”(23절). 하나님의 임재는 악한 자의 모든 시도를 조용히 좌절시킵니다. 사랑하는 형제들이여, 오늘날 요동하는 세상 가운데 우리 지체들이 전반적으로 믿음에 굳게 서 있는 것은 무슨 연유 때문이겠습니까? 우리 가운데 하나님의 임재가 풍성하기 때문이 아니겠습니까? 많은 사람들이 나에게 “오늘날의 현대 사상들이 당신의 교회를 혼란하게 하지 않습니까?”라고 묻곤 합니다. 그러나 여러분이 아는 것처럼 우리 교회는 조금도 흔들리지 않습니다. 왜 그럴까요? 그것은 하나님이 여기에 계시며, 영적 생명력이 활발하게 역사(役事)하고 있기 때문입니다. 하나님의 은혜로 가득 찬 분위기 속에서는 결코 현대 사상이 나쁜 영향을 끼치지 못합니다. 불신앙과 소치니주의(Socinianism)와 현대 사상은 성령께서 역사하고 계시는 곳에서는 결코 힘을 얻을 수 없습니다. 점술이 야곱을 해할 수 없으며, 복술이 이스라엘을 해할 수 없습니다. 만일 어떤 교회가 하나님의 진리를 지키며 진리를 따라 행한다면, 그 교회는 어린 양이 아무 해도 입지 않고 이리들 가운데 거하는 것처럼 살 수 있습니다. 만일 하나님이 여러분과 함께 계신다면, 여러분은 교리적인 오류뿐만 아니라 모든 종류의 오류로부터 안전하게 보호될 것입니다. 그러나 그리스도께서 제자들 가운데 계셨을 때도 그 가운데 유다가 있었음을 기억하십시오. 심지어 사도들의 시대에도 그들로부터 떠난 자들이 있었습니다. 그것은 그들이 사도들에게 속하지 않았기 때문이었습니다. 왜냐하면 만일 그들이 사도들에게 속했다면, 틀림없이 그들은 사도들과 함께 했을 것이기 때문입니다. 그러므로 우리는 우리 가운데 거짓 형제들이 없기를 기대해서는 안 됩니다. 그렇지만 교회의 참된 안전은 교리나, 혹은 위반자들을 출교시키기 위한 규칙 따위에 있지 않습니다. 오직 하나님의 임재만이 원수들의 모든 교묘한 공격으로부터 그의 백성들을 보호할 수 있습니다.

　　“야곱을 해할 점술이 없고 이스라엘을 해할 복술이 없도다”라는 말씀을 다시 한 번 주목해 보십시오. 우리는 여기에다가 몇 가지를 더 추가할 수 있습니다. 아직도 세상에는 마술이나 주문 따위를 믿는 사람들이 적지 않게 있습니다. 그러나 사랑하는 자들이여, 만일 여러분이 주를 사랑한다면, 그런 터무니없는 것들은 속히 바람에 날려 버리십시오. 여러분은 사람들이 재수가 좋았느니 혹은 나빴느니 말하는 것을 듣지 못했습니까? 이런 것은 모두 이교적이며 비기독교적인 개념입니다. 그런 터무니없는 것들을 입에 올리지 마십시오. 그러나 설령 세상에 점술이나 복술 같은 것들이 많이 있다 하더라도, 또 이곳이 마귀들과 보이지 않는 악한 영들로 가득 차 있다 하더라도 만일 우리가 하나님의 백성이라면, 분명 우리를 해할 점술이 없으며 하나님의 자녀들을 해할 복술이 없습니다. 악한 자는 결박됩니다! 그러므로 용기를 내십시오. 만일 하나님이 우리를 위하시면, 누가 우리를 대적할 수 있겠습니까?

신적 임재의 네 번째 결과는 하나님이 그의 백성들 가운데 일하시는 것입니다. 그럴 때, 그의 백성들은 놀라게 되며 외인(外人)들은 "하나님이 행하신 일이 무엇이냐?"라고 묻게 될 것입니다(23절, 한글개역개정판에는 "하나님께서 행하신 일이 어찌 그리 크냐"라고 되어 있음). 이것은 정말로 이상한 일이 아닙니까? 여기에 발람이 있습니다. 그는 일곱 제단을 세우고, 일곱 마리의 수송아지와 일곱 마리의 숫양을 제물로 드립니다. 또 여기에 발락이 있습니다. 그들은 함께 이스라엘에 대해 흉악한 궤계를 꾸미고 있습니다. 발람은 신비주의적인 재주를 많이 가진 사람입니다. 그러나 하나님이 어떻게 말씀하십니까? 하나님은 사실상 이렇게 말씀하고 계십니다. "네가 이스라엘을 저주하려고 꾀하는 이 시간부터 내가 이제까지보다 그들을 더 축복할 것이라. 그럼으로써 내가 그들과 그들의 원수들로 하여금 '하나님이 행하신 일이 무엇이냐?'라고 말하게 할 것이라." 형제들이여, 우리는 "이스라엘이 행한 일이 무엇이냐?"라는 또 하나의 질문을 상정해 볼 수 있습니다. 그러나 나는 "이스라엘이 행한 일"이 오늘의 주제가 아님을 기뻐합니다. 왜냐하면 그런 주제로 설교한다면, 오늘 설교는 아주 형편없는 설교가 되었을 것이기 때문입니다. "하나님이 행하신 일이 무엇이냐?"라는 질문 속에 훨씬 더 아름다운 음악이 들어 있습니다. 나는 "내가 행한 일"에 대해 말하고 싶지 않습니다. 나는 오직 "하나님이 행하신 일"에 대해서만 말하고 싶습니다. 나는 "인간의 본질이 무엇이냐?"에 대해 말하고 싶지 않습니다. 나는 오직 "하나님의 본질이 무엇이냐?"에 대해서만 말하고 싶습니다. 나는 오직 "하나님의 은혜가 그의 백성들 가운데 행하신 일이 무엇이냐?"에 대해서만 말하고 싶습니다. 만일 하나님이 우리 가운데 계신다면, 우리를 둘러싼 사람들이 우리를 보고 "하나님이 행하고 계시는 이 일이 무엇이냐?"라고 물을 것입니다. 그렇습니다. 가련한 야곱이여, 씨름하며 환도뼈를 다쳐 저는 당신을 보면서 사람들이 놀라며 "하나님이 행하신 일이 무엇이냐?"라고 물을 것입니다. 나의 형제 이스라엘이여, 당신은 승리와 축복을 얻은 백성이며 하나님과 함께 왕 노릇하는 백성이 되었습니다. 그런 당신을 보면서, 사람들은 "하나님이 행하신 일이 무엇이냐?"라고 물을 것입니다.

신적 임재의 다섯 번째 결과는 하나님이 그의 백성들에게 파괴적인 힘을 주시는 것입니다. 놀라지 말고 24절을 보십시오. "이 백성이 암사자 같이 일어나고 수사자 같이 일어나서 움킨 것을 먹으며 죽인 피를 마시기 전에는 눕지 아니하리로다." 하나님이 그의 교회 가운데 계실 때, 그는 그곳에다가 영적인 악에 대항하는 가장 놀랍고도 파괴적인 힘을 두십니다. 건강한 교회는 거짓을 물어죽이며, 악을 갈기갈기 찢어 버립니다. 얼마 전까지 우리나라는 식민지에서의 노예제도를 묵인했습니다. 많은 박애주의자들이 노예제도를 허물어뜨리고자 노력했지만, 그러나 그것이 완전히 허물어진 것은 언제였습니까? 그것은 윌버포스(Wilberforce)가 하나님의 교회를 깨웠을 때가 아니었습니까? 노예제도와 싸우기 시작한 하나님의 교회는 마침내 그와 같은 악한 제도를 갈기갈기 찢어 버리고 말았습니다. 노예폐지법령이 통과된 다음 날 윌버포스가 말한 것을 기억합니까? 그 일이 이루어졌을 때, 윌버포스는 한 친구에게 이렇게 말했습니다. "우리가 허물어뜨릴 수 있는 것이 또 없을까?" 이것은 농담조로 한 말이었지만, 그러나 그것은 하나님의 교회의 정신을 잘 보여줍니다. 교회는 투쟁 속에서 살며 승리를 거둡니다. 교회의 사명은 세상에 있는 모든 악을 파괴하는 것입니다. 흉포한 무절제의 마귀가 사람들을 어떻게 삼키는지 보십시오! 성실한 사람들은 무절제에 대항하여 싸우며 선한 열매를 맺습니다. 그러는 가운데 무절제의 마귀가 옥에서 풀려나와 날뛰기 시작합니다. 그러면 어떻게 됩니까? 그것의 날뜀은 하나님의 전체 교회가 그것에 대항하여 깨어 일어날 때까지 계속될 것입니다. 강한 사자가 일어날 때, 술 취함의 거인은 그 앞에 쓰러질 것입니다. "이 백성이 암사자 같이 일어나고 수사자 같이 일어나서 움킨 것을 먹으며 죽인 피를 마시기 전에는 눕지 아니하리로다." 하나님의 교회가 온전히 각성할 때, 세상은 최선의 상태가 됩니다. 만일 하나님이 교회 가운데 계시면, 교회가 이길 수 없는 악은 결코 없습니다. 우리의 혼잡한 런던 시는 때로 나를 오싹하게 만듭니다. 우범지역을 덮고 있는 각종 악들, 점점 더 횡행하는 무신론, 참된 신앙에 대한 사람들의 일반적인 무관심 ― 이런 것들이 나를 두렵게 만듭니다. 그러나 하나님의 백성들은 낙망할 필요가 없습니다. 만일 하나님이 우리 가운데 계시면, 우리는 우리 조상들이 그랬던 것처럼 그러한 악들을 허물어뜨리게 될 것입니다. 우리는 강한 힘으로 일어날 것이며, 그러한 악들이 파괴되기 전에는 눕지 않을 것입니다. 하나님의 백성들이 파괴하는 것은 사람들이 아닙니다. 그들이 파괴하고 갈기갈기 찢는 것은 죄와 죄의 체계들입니다. 하나님은 자기 교회로 하여금 그렇게 하도록 도우실 것입니다. 그가 그들 가운데 계실 때 말입니다.

신적 임재의 여섯 번째 결과는 하나님의 백성들의 마음에 거룩한 두려움이 임하는 것입니다. 그들의 마음에는 어린아이 같은 믿음과 충만한 소망과 그로 말미암은 용기와 기쁨이 있습니다. 하나님이 그의 백성들 가운데 계실 때, 회중 가운데 행해지는 규례들은 너무도 달콤하며 아름다운 것이 됩니다. 세례와 성찬은 거룩하게 채색된 아름다운 그림이 됩니다. 우리가 그리스도 안에서 장사되고 그를 통해 다시 살아나는 것을 보여주는 아름다운 그림 말입니다. 말씀을 전파하는 것은 마치 이슬방울이 떨어지는 것처럼 그리고 빗방울이 떨어지는 것처럼 그렇게 아름답게 떨어집니다. 기도모임은 뜨겁고 생기로 넘칩니다. 우리는 시간 가는 줄도 모른 채 그 가운데 머물러 있기를 열망합니다. 그 시간은 우리에게 너무나 행복한 시간으로 느껴집니다. 또 우리가 만나는 장소는 우리에게 점점 더 아름다운 곳이 됩니다. 우리는 우리 주님이 우리와 만나 주시는 장소를 사랑하게 됩니다. 나아가 그리스도를 위해 일하는 것은 너무나 쉬운 일이 됩니다. 아니, 너무나 즐거운 일이 됩니다. 하나님의 백성들에게는 재촉할 필요가 없습니다. 하나님이 그들 가운데 계실 때, 그들은 그를 위해 일하고 싶어 몸살이 납니다. 그럴 때, 그리스도를 위해 고난을 당하는 것 역시 즐거운 일이 됩니다. 그렇습니다. 어떤 형태의 고난도 그들은 쉽게 감당합니다.

> "만일 나의 주님이 함께 계신다면,
> 나는 무슨 일이든 감당할 수 있나이다.
> 그의 오른손이 나를 붙잡을 때,
> 심지어 고통까지도 즐거움으로 변하나이다."

또 그럴 때, 온 교회에 기도소리가 울려퍼질 것입니다. 개별적으로 기도하는 소리도 그렇고, 합심하여 기도하는 소리도 그렇습니다. 또 그럴 때, 우리의 삶은 생동감이 넘치게 될 것입니다. 가장 미약한 자는 다윗처럼 될 것이며, 다윗 같은 자는 여호와의 사자처럼 될 것입니다. 우리의 사랑은 뜨겁게 될 것이며, 결코 깨어지지 않는 하나됨이 있게 될 것입니다. 모든 하나님의 백성들은 하나님의 진리를 존중하게 될 것이며, 모든 삶 속에서 진리를 추구하게 될 것입니다. 교회의 모든 노력은 성공적인 결과를 맺을 것이며, 교회는 자신의 장막을 넓힐 것입니다. 이방인들까지도 그 유업을 상속받을 것이며, 황폐한 땅이 사람들로 가득 찰 것입니다. 또 하나님이 교회에게 열방을 이기는 거룩한 에너지를 주실 것입니다. 하나님이 교회와 함께 하실 때, 교회는 섶 가운데 붙은 불 같을 것이며 주위의 대적들을 사를 것입니다. "아침 빛 같이 뚜렷하고 달 같이 아름답고 해 같이 맑고 깃발을 세운 군대 같이 당당한 여자가 누구인가?"(아 6:10). 그 여자는 하나님이 그 가운데 계신 교회입니다.

신적 임재의 마지막 결과는 하나님의 백성들 가운데 왕을 부르는 소리가 있는 것입니다. 다시 한 번 본문을 보십시오. "여호와 그들의 하나님이 그들과 함께 계시니 왕을 부르는 소리가 그 중에 있도다." 왕을 부르는 소리가 무엇입니까? 위대한 왕이 진영(陣營) 안으로 들어올 때, 그것은 충성스러운 병사들 가운데 얼마나 큰 기쁨의 전율을 불러일으킵니까! 병사들의 사기가 저하되었을 때, 그러한 소식은 그들의 힘을 새롭게 북돋아줄 것입니다.

> "왕이 전신갑주로 무장하고
> 우리를 지휘하기 위해 오셨도다."

그 순간부터 모든 병사들의 사기가 하늘을 찌를 듯이 솟아오를 것입니다. 말을 타고 진영 안으로 들어오는 왕을 바라볼 때, 모든 병사들은 거대한 함성을 외칩니다. 그것이 무엇을 의미합니까? 그것은 왕에 대한 사랑의 함성입니다. 그들은 기뻐하며 왕을 환영합니다. 우리가 하나님에 대해

> "왕이 우리 가운데 임하셨도다"

라고 노래할 때도 그와 마찬가지입니다. 우리는 기뻐하며 또 기뻐합니다. 우리는 기뻐할 수 있는 최대한도까지 기뻐합니다. 그 중에는 왕을 보기 위해 밖으로 나올 수 없는 사람들도 있을 것입니다. 예컨대 병상에 누워 있는 환자들 같은 경우 말입니다. 그들조차도 비록 병상에 누워서나마 손뼉을 치며 환호합니다. 심

지어 어린아이들도 어머니의 품 안에서 함께 기뻐합니다. 그들은 "우리 왕이 오셨도다"라고 외칩니다. 왕의 임재는 그들의 열정에 불을 붙이며, 그들의 함성은 산을 울립니다. 크롬웰이 나타날 때 그의 철기병들이 어떤 마음을 느꼈는지 여러분은 잘 알 것입니다. 그가 앞에서 이끌 때, 모든 병사들은 영웅이 되었습니다. 그들은 어떤 위험도 기꺼이 감당할 준비가 되었습니다. 아무리 힘들고 어려운 일도 문제될 것이 없었습니다. 그들의 지도자가 그들과 함께 있기만 한다면 말입니다. 이것은 알렉산더의 경우에도 마찬가지였고, 나폴레옹의 경우에도 마찬가지였습니다. 그러한 위대한 지도자들로 말미암은 열정은 주 예수 그리스도가 그 가운데 계실 때 교회가 느끼는 뜨거운 열정을 보여주는 작은 그림입니다.

그리고 다음에는 어떻게 됩니까? 병사들의 뜨거운 함성이 그치면, 왕은 이렇게 외칩니다. "자, 이제 싸우러 나가자!" 그러면 전의(戰意)에 불타는 병사들은 또다시 함성을 지릅니다. 스코틀랜드 북부의 하이랜더 족이 지도자의 인도 아래 싸우러 나왔을 때, 지도자는 단지 그들에게 적을 보여주기만 하면 되었습니다. 그러면 그들은 마치 포효하는 사자들처럼 거대한 함성을 질렀으며, 그것으로 싸움의 결과는 결정되었습니다. 이것은 하나님의 백성들에게도 마찬가지입니다. 하나님이 우리와 함께 계실 때, 우리는 강하며 단호하며 결연합니다. 하나님의 종들의 결연한 함성은 마치 허약한 울타리를 향해 돌진하는 허리케인과도 같습니다. 하나님 안에서 우리는 승리를 확신합니다. 하나님이 함께 계실 때, 우리의 사기는 하늘을 찌르며 패배에 대한 두려움은 어느 누구의 마음에도 자리를 잡지 못합니다. 병사들은 서로를 향해 "깨어 믿음에 굳게 서서 남자답게 강건하라"라고 격려합니다(고전 16:13). 왜냐하면 우리 왕의 눈이 우리를 강하게 만들며, 그의 장엄한 임재가 우리의 승리를 확실하게 만들기 때문입니다. 나의 형제들이여, 하나님께 함성을 지릅시다. 그분께 우리 가운데 계시기를 탄원합시다. 주일학교에서 아이들을 가르치거나 거리에서 말씀을 전하거나 사람들에게 전도지를 나누어줄 때 여러분에게 필요한 것이 바로 이것입니다. 내가 이 큰 예배당에서 설교를 할 때도 마찬가지입니다. 그 때 나에게 필요한 것 역시 바로 이것입니다. 만일 내 뒤에서 행하시는 주님의 발걸음 소리를 들을 수 있다면, 나는 비교할 수 없는 담대함으로 더욱 강력하게 하나님의 말씀을 전파할 수 있을 것입니다. 그러나 만일 하나님이 떠나시면, 나는 모든 힘을 빼앗길 것입니다. 성령 없는 말씀이 도대체 무슨 힘이 있단 말입니까? 하나님 없이 전파되는 말씀이 공허한 바람

소리보다 나은 것이 무엇이란 말입니까? 오, 하나님이여! 만일 당신이 우리 가운데 계신다면, 왕을 부르는 소리가 우리 가운데 있을 것이나이다! 그러나 당신이 계시지 않을 때, 우리는 모든 힘을 잃을 것이나이다!

3. 셋째로, 그러면 어떻게 우리는 하나님의 임재가 교회 가운데 계속해서 유지되도록 할 수 있을까요?

이러한 주제를 충분히 다루기 위해서는 최소한 몇 회의 설교가 필요할 것입니다. 그렇지만 여기서는 간략하게만 살펴보고자 합니다. 먼저 우리는 교회가 세워지는 것과 관련된 문제를 살펴볼 필요가 있습니다. 하나님은 오래 참으십니다. 그는 자기 종들의 많은 오류들을 참으시고 그들을 축복하십니다. 그렇지만 만일 교회가 처음부터 성령의 원리들과 하나님 자신의 방식 위에 세워지지 않는다면, 조만간 교회가 세워지는데 있어서의 모든 오류들은 약함의 원천으로 변할 것입니다. 그리스도는 사람들의 생각이 아니라 그 자신의 계획에 따라 세워진 집에 거하기를 좋아하십니다. 교회는 산 자든 죽은 자든 사람의 교훈의 기초 위에 세워져서는 안 됩니다. 교회의 통치자는 그리스도입니다! 성경이 아닌 다른 것에 기초하여 세워진 모임은 오래 가지 못합니다. 나는 그리스도인들이 이것을 믿기를 바랍니다. 칠링워스(Chillingworth)는 "오직 성경만이 신교도(新敎徒)들의 유일한 기초다"라고 말했습니다. 그러나 그것은 사실이 아니었습니다. 어떤 신교도들은 성경에다가 다른 것들을 덧붙였습니다. 그리고 그들은 그러한 자신들의 어리석음의 결과를 스스로 감수하지 않을 수 없었습니다. 왜냐하면 자신들의 교회가 다시 교황주의로 되돌아가는 것을 막을 수 없었기 때문입니다. 그들이 그렇게 할 수 없었던 것은 당연한 귀결이었습니다. 그들은 교황주의의 작은 누룩을 허용했으며, 그 누룩이 반죽 전체를 부풀게 만들었습니다. 웅덩이 일부가 오염되었다면, 조만간 그 웅덩이 전체가 오염될 것입니다. 오직 그리스도의 기초 위에 세우도록 착념합시다. 그리고 그 위에 어떻게 쌓을 것인지 주의를 기울입시다. 왜냐하면 설령 기초가 좋다 하더라도 만일 풀이나 짚으로 쌓는다면, 불에 의해 각자의 공력이 나타날 때 필경 심한 해를 입을 것이기 때문입니다(고전 3:12).

다음으로 하나님은 오직 <u>생명</u>으로 가득 찬 교회에 거하실 것입니다. 살아 계신 하나님은 죽은 교회에 거하지 않으실 것입니다. 그러므로 교회의 지체들은 실제로 거듭난 사람들이어야만 합니다. 우리가 이것을 완전하게 살필 수는 없습니다. 왜냐하면 알곡 가운데 항상 가라지가 자랄 것이기 때문입니다. 그러나 만일 거듭나지 않은 사람들을 받아들이는 것이 통상적인 일이 되고 거기에 아무런 제한도 없다면, 하나님은 탄식 가운데 우리를 떠나실 것입니다. 하나님은 손으로 만든 성전에 거하지 않습니다. 그는 벽돌과 회반죽과는 아무 상관 없습니다. 그는 살아 있는 영혼들 가운데 거하십니다. "하나님은 죽은 자의 하나님이 아니라 산 자의 하나님이니라"는 말씀을 기억하십시오. 그러므로 하나님은 회심하지 않은 자들로 구성된 교회의 하나님이 아닙니다. 아! 우리 모두가 하나님에 대하여 산 자라면 얼마나 좋겠습니까!

또 하나님의 임재가 계속해서 유지되기 위해서는 우리가 **믿음으로 충만해야** 합니다. 불신앙은 예수께서 계속해서 머물러 계실 수 없도록 유독가스를 발산합니다. 또 불신앙이 있는 곳에서는 그는 아무 능력도 행하실 수 없습니다. "그들이 믿지 않음으로 말미암아 거기서 많은 능력을 행하지 아니하시니라"(마 13:58). 믿음은 성령이 역사할 수 있는 환경을 창조합니다. 동시에 성령 자신이 그러한 믿음을 창조합니다. 그러므로 처음부터 끝까지 모든 것이 성령 자신의 역사입니다. 형제들이여, 여러분은 여러분의 하나님을 믿습니까? 여러분은 온전히 믿습니까? 안타깝게도 너무나 많은 사람들이 단지 조금 믿을 뿐입니다. 그렇지만 여러분은 그의 모든 말씀을 믿습니까? 여러분은 그의 위대한 약속들을 믿습니까? 그는 여러분에게 매일같이 여러분의 삶 속에서 자신의 말씀들을 사실로 만드는 실제적인 하나님입니까? 만일 우리가 하나님을 믿는다면, 하나님은 성전 안에 계시는 것처럼 우리 가운데 계십니다. 믿음은 우리로 하여금 우리 왕이 그 보좌에 앉으시는 장막을 세우도록 이끕니다.

그와 함께 기도가 따라야만 합니다. 기도는 믿음의 호흡입니다. 하나님은 기도하지 않는 교회에 오랫동안 머물지 않을 것입니다. 개인 기도든 합심 기도든 가정 기도든 모든 종류의 기도가 줄어들 때, 하나님은 자기 백성들의 약함을 깨닫게 하기 위해 그들을 떠날 것입니다. 기도가 부족할 때, 교회는 힘 있게 일할 수 있는 능력을 잃어버립니다. 기도가 사라지면, 교회는 연약해지고 무력해지며 절름발이가 됩니다. 허파에 문제가 생기면, 우리는 폐병을 의심하며 두려워합니다. 기도모임은 교회의 허파입니다. 그러므로 기도모임이 사라지면, 그것은 곧 교회에 폐병이 생긴 것을 의미합니다. 그러면 교회는 점차로 쇠약해지고 무기력해질 것입니다. 나의 형제들이여, 하나님이 우리와 함께 계시기를 원한다면, 우리는 "우리 함께 기도합시다!"라는 표어를 높이 세워야 합니다. 끈질기게 졸라대며 구했던 과부의 본을 따라 기도합시다. "항상 기도하고 낙심하지 말 것이라"(눅 18:1)는 말씀을 기억하십시오. 뜨거운 기도가 있는 곳에 하나님이 계십니다.

믿음과 기도와 함께 또한 우리에게는 거룩한 삶이 필요합니다. 이스라엘 백성들을 저주할 수 없음을 깨달았을 때, 발람은 어떻게 했습니까? 그는 모압 왕 발락에게 마귀적인 조언(助言)을 했습니다. 그는 모압 왕에게 아리따운 모압 여자들로 하여금 이스라엘 남자들을 유혹하게 하라고 말했습니다. 이것은 아리따운 여인들로 그들을 매혹시키고, 마침내 그들로 하여금 자신들의 우상 숭배 의식(儀式) 즉 그들의 난잡한 욕정의 제전(祭典)에 동참하도록 만들기 위한 것이었습니다. 발람이 노린 것이 무엇이겠습니까? 그들의 음행으로 인해 그들의 하나님을 탄식하게 하고 마침내 하나님으로 하여금 그들을 떠나도록 만들기 위한 것이 아닙니까? 그러면 모압은 그들을 쉽게 삼킬 수 있을 것이었습니다. 슬프게도 발람은 성공했습니다. 만일 거룩한 분노로 음행 가운데 빠져 있었던 자들을 창으로 찌른 비느하스가 없었다면, 이스라엘은 완전히 멸망을 당하고 말았을 것입니다. 이것은 교회에서도 마찬가지입니다. 마귀는 한 사람은 음행으로, 또 한 사람은 술 취함으로, 또 한 사람은 불의함으로, 또 한 사람은 속됨으로 이끌기 위해 부지런히 일할 것입니다. 아간의 장막에 바벨론의 아름다운 옷과 황금이 묻혀 있는 한, 이스라엘은 계속해서 대적들에 의해 쫓김을 당할 것입니다. 하나님은 부정한 교회 안에 거할 수 없습니다. 거룩하신 하나님은 육신에 의해 더럽혀진 옷을 미워하십니다. 그리스도께서 거룩하신 것처럼 여러분도 거룩하십시오! 자기 의에 속지 말고 참된 거룩을 추구하십시오. 만일 여러분이 참된 거룩을 발견한다면, 여러분은 결코 그것을 자랑하지 않을 것입니다. 여러분의 삶이 스스로 말할 것입니다. 그러나 여러분의 입술은 결코 "내가 얼마나 거룩한지 좀 봐!"라고 말하지 않을 것입니다. 참된 거룩은 겸손과 함께 거합니다. 거룩하며, 정직하며, 공의로우며, 솔직하며, 참되며, 정결하며, 순결하며, 경건하십시오. 하나님이여, 부디 우리를 이와 같은 길로 인도하소서! 그럴 때, 하나님은 우리가 살아 있는 동안 계속해서 우리 가운데 계실 것입니다.

마지막으로, 우리에게는 실제적인 **성별(聖別)**이 필요합니다. 하나님은 자신에게 속하지 않은 집에는 거하지 않으실 것입니다. 우리에게 있어 첫 번째로 중요한 것은 "당신은 스스로를 그리스도께 드렸습니까?"라는 질문에 솔직하게 대답하는 것입니다. 당신의 몸과 혼과 영은 그리스도를 위해 살고, 그리스도를 위해 죽습니까? 당신은 그분께 당신이 가진 모든 달란트와 재능과 물질과 시간과 생명을 드릴 것입니까? 성별된 백성들로 구성된 교회가 있는 곳에, 그곳에 하나님이 계실 것이며, 그곳을 그는 천국으로 만들 것입니다. 그리고 그곳에서 왕을 부르는 소리가 들릴 것이며, 그곳에서 그의 힘이 나타날 것입니다. 그리고 그의 영광이 하늘에서 나타난 것처럼 그곳에서 나타날 것입니다. 하나님이 예수 그리스도를 위하여 우리를 그렇게 인도하시기를 기원합니다. 아멘! 아멘!

제
12
장

—

야곱에게서 나온 별

—

"한 별이 야곱에게서 나오며." — 민 24:17

이 예언이 부분적으로 다윗과 관련될 수 있지만, 그러나 성령의 진정한 의도는 우리 주 예수 그리스도를 미리 예고하며 보여주는 것입니다. 모든 자연은 우리 주님을 나타내는데 기여합니다. 들에 핀 모든 꽃들과 들짐승들 그리고 하늘의 별들까지도 우리에게 예수 그리스도의 영광을 나타내는 은유와 상징으로 사용됩니다. 이와 같이 하나님이 힘써 가르치는 것을 우리는 힘써 배워야 합니다. 하나님이 하늘의 별까지도 사용하여 가르치는 것을 우리는 뜨거운 마음으로 배워야 합니다. 그리스도를 배우는데 게으른 자들이여, 부디 그러한 게으름을 떨쳐 버리기를 바랍니다! 그리고 여러분의 어두운 영혼이 마치 별이 아름답게 비취는 것처럼 그렇게 비취기를 바랍니다! 그래서 여러분이 더 풍성하게 그리스도를 알고 그 안에서 발견되기를 바랍니다.

분문은 우리 주님을 하나의 별로서 제시합니다. 오늘 우리는 우리 주 예수 그리스도를 별로 비유하는 것과 관련하여, 별이 무엇을 상징하며 나타내는지 일곱 가지로 살펴보고자 합니다.

1. 통치권의 상징

우리는 여기에서 별이 곧바로 규(珪)와 정복자로 연결되는 것을 발견합니다 (17 하반절). 야곱은 용맹한 지도자로서 승리의 통치자가 되는 축복을 받았습니다. 동방 문학에서 큰 인물이나 특별히 위대한 구원자가 별로 지칭되는 것은 매우 흔한 일이었습니다. 별은 흔히 왕과 연결되었습니다. 심지어 오늘날 영국에서도 여전히 별은 높은 계급을 상징합니다. 여기에서 우리 주 예수 그리스도가 야곱의 별로 제시되는 것을 보십시오! 그는 자기 백성들의 대장이며, 여호와의 군대의 지도자이며, 여수룬의 왕이며, 영원히 영광스러우며 복되신 하나님입니다.

무엇보다도 예수 그리스도의 권세는 합법적으로 부여받은 권세입니다. 그는 만물을 창조하셨으며, 만물이 그로 말미암아 지음을 받았습니다. 그가 만물을 통치하는 권세를 갖는 것은 지극히 정당하며 합법적입니다. 하늘 아래 그의 허락 없이는 어느 누구도 그 입술을 움직일 수 없습니다. 그러므로 모든 입술이 그를 주라 고백하며 하나님 아버지께 영광을 돌리는 것은 지극히 합당한 일입니다. 아, 모든 사람이 하나님의 아들을 바라보기만 한다면! 아, 그들의 패역한 영혼이 정직한 영혼으로 바뀔 수만 있다면! 그렇다면 그들은 더 이상 "우리가 그의 맨 것을 끊고 그의 결박을 벗어 버리자"(시 2:3)라고 말하지 않게 될 것입니다. 회심하지 못한 여러분들이여, 예수 그리스도께 굴복해야만 한다는 사실을 기억하십시오. 그는 여러분에 대한 합법적인 권리를 가지고 계십니다. 죄로 죽었음에도 불구하고 아직까지 여러분에게 생명이 남아 있는 것은 그의 중보(仲保) 때문입니다. 여러분이 이 시간 여기에 있는 것은 그의 신적 선하심 때문입니다. 여러분이 하나님께 기도와 탄원을 올릴 수 있는 것은 그의 중보적 통치권 때문입니다. 그러므로 그에게 합당한 것을 그에게 드리십시오. 그에게 합당한 것을 그로부터 탈취하지 마십시오. 여러분의 영(靈)을 여러분을 멸망으로 이끌고자 하는 흉악한 폭군에게 넘겨주지 마십시오. 지금 당장 무릎을 꿇고 아들에게 입 맞추십시오. 그렇지 아니하면 진노하심으로 길에서 망할 것입니다(시 2:12). 그를 여러분의 주로 시인하십시오.

또 우리 주님의 권세는 그가 용맹하게 싸워 얻은 권세입니다. 예수 그리스도는 격렬한 싸움을 통해 왕이 되셨습니다. 겟세마네 동산에서의 그의 격렬한 싸움을 생각해 보십시오. 그는 홀로 모든 짐을 자기 어깨에 짊어지셨습니다. "내가 홀로 포도즙틀을 밟았노라"(사 63:3). 골고다에서 자신의 피로 온 몸을 붉게 물들였을 때, 그 때 그리고 거기에서 그는 실제로 보스라와 에돔의 군대를 물리치신 것입니다. 그렇게 힘을 다해 싸워 승리를 얻은 그는 여전히 강한 힘으로 사람들을 구원합니다. 자신이 왕 노릇 하는 모든 마음속에서, 그는 신적 은혜의 힘으로 말미암아 거기에 이미 뿌리를 내리고 있었던 옛 폭군을 쫓아냄을 통해 통치합니다. 자기 백성들의 마음 속에서 그러한 통치권이 계속해서 유지되는 것은 그의 사랑과 은혜의 강력한 왕권의 결과입니다. 우리의 왕 예수는 더 많은 사람들의 마음 안에 자신의 보좌를 세울 것입니다. 신자들이여, 여러분은 그의 영광을 보기를 열망하지 않습니까? 만일 여러분이 그를 사랑한다면, 틀림없이 여러분은 그럴 것입니다. 여러분은 그리스도께서 승리의 백마를 타고 예루살렘 거리를 행진하며 그의 모든 백성들이 그 앞에 절하며 환호하는 것을 위해 살며, 또 그것을 위해 죽을 것입니다. 오, 죄인들이여! 여러분은 그분께 순복하지 않을 것입니까? 부디 그가 허리에 칼을 차고 은혜의 권능으로 말미암아 여러분으로 하여금 뻣뻣한 목을 숙이고 그의 금 규(珪) 앞에 절하도록 이끄시기를 기원합니다! 형제들이여, 아직까지도 그리스도의 왕권이 세상의 일부에서만 행사되는 것은 얼마나 슬픈 일입니까! 아직까지도 이방의 신들이 곳곳에 굳건하게 서 있는 것을 보십시오. 로마의 옛 음녀는 아직까지도 자주색 옷을 입고 위세를 떨치고 있습니다. 마호메트의 초승달은 기울고 있지만 그러나 아직까지도 그것의 음울한 빛은 많은 나라들을 비추고 있습니다. 그가 지체하는 이유는 무엇입니까? 나는 그가 머지않아 오실 것이라고 믿습니다. 주여, 속히 오시옵소서! 우리가 간절한 마음으로 주의 오심을 탄원하나이다! 그렇지만 그 때까지 여러분과 나는 싸워야 합니다. 각각의 병사들은 자신의 위치에서 그리고 자신이 서 있는 자리에서 싸워야 합니다. 우리는 주님이 명령하신 것처럼 마음과 목숨과 힘을 다하여 의와 진리를 위해 싸워야 합니다. 또 우리는 믿음을 위해, 거룩을 위해, 십자가를 위해, 그리고 십자가가 사람의 아들들 가운데 가리키는 모든 것을 위해 싸워야 합니다. 복되신 야곱의 별이여! 당신은 당신 자신의 찬란한 빛으로 비추나이다! 당신은 아무로부터도 받지 않은 당신 자신의 신비로운 권능으로 비추나이다! 당신의 빛은 당신 자신으로부터 말미암은 빛이나이다!

　　첫 번째 주제를 마무리하기에 앞서, 나는 그리스도의 왕권이 행사되는 곳에 가장 풍성한 축복이 이루어진다는 사실을 지적하고 싶습니다. 예수의 통치권의 별이 비출 때, 그 빛은 갖가지 축복들을 가져다줍니다. 예수는 폭군이 아닙니다. 그는 압제로서 다스리지 않습니다. 그가 사용하는 힘은 사랑의 힘입니다. 그리스도의 나라의 백성들 가운데 그에 대해 불평하는 백성은 한 사람도 없습니다. 그를 섬기면 섬길수록 더 많이 섬기기를 열망하게 됩니다. 로마의 카타콤의 순교자들을 생각해 보십시오. 굶어 죽어가면서도 또는 사자의 먹이가 되기 위해 원형경기장으로 끌려가면서도, 그들은 결코 자신들의 왕에게 악한 말을 하지 않았습니다. 고난을 받으면 받을수록 그들은 더 크게 기뻐했습니다. 불타는 나무 위에서 죽어가거나, 사지(四肢)가 묶여 말에 끌려다니거나, 톱으로 켬을 당할 때, 그들의 죽어가는 입술로부터 흘러나온 노래보다 더 아름답고 감미로운 노래는 결코 없었습니다. 육체의 고통에 비례하여 영적 기쁨은 더 커졌습니다. 겉사람이 후패할 때, 속사람은 하나님의 보좌 앞에서 장자(長子)의 기쁨을 바라보며 새로운 생명으로 뜁니다. 그는 좋은 주인입니다. 젊은이들이여, 그를 섬기십시오. 그의 일에 수종드는 군사가 되십시오. 나의 마음을 그분께 드린 후 많은 세월이 지났습니다. 벌써 20년이 지났습니다. 그렇지만 나는 그분을 훼방하는 말은 단 한 마디도 할 수 없습니다. 결코 그럴 수 없습니다. 도리어 나는 항상 그를 섬기기를 바랍니다. 또 더 많이 섬기기를 바랍니다. 그가 나를 최대의 분량으로 사용하시기를 바랍니다. 설령 그가 나를 그의 전(展)의 신발털이개로 사용한다 하더라도, 나는 기뻐하고 또 기뻐할 것입니다. 설령 그가 나의 이름이 욕되게 일컬어지도록 만든다든지 혹은 나의 몸을 개에게 내준다 하더라도, 나는 개의치 않습니다. 그렇게 하여 그의 진리가 굳게 세워지고 그의 이름이 영화롭게 되기만 한다면 말입니다. 그러나 슬프게도 내 안에 쇠 힘줄 같이 질긴 자아(self)가 있습니다. 교만을 비롯하여 그 외에도 수많은 것들이 있습니다. 그러므로 우리는 그의 대포(大砲)로 우리의 본성적 부패의 성(城)들을 부숴 달라고 간구해야 합니다. 우리를 또다시 정복하시고 우리 안에서 은혜의 힘으로 통치해 달라고 말입니다. 우리 영혼의 모든 부분에 그리스도의 사랑과 내주하시는 그의 은혜의 영 외에는 아무것도 남지 않을 때까지 말입니다. 이와 같이 별은 통치권을 상징합니다.

2. 밝음의 이미지

밝음에 대해 이야기하고 싶을 때, 사람들은 별을 이야기합니다. 의인은 별과 같습니다. 또 많은 사람을 올바른 길로 돌아오게 한 자들은 별과 같이 영원토록 비출 것입니다. 우리 주 예수 그리스도는 밝음 그 자체입니다. 별은 그의 형언할 수 없는 광채를 나타내는 초라한 상징에 불과합니다. 그는 아버지의 영광의 광채시며, 신성(神性)의 형언할 수 없는 밝음입니다. 그의 인성(人性) 안에는 무한한 밝음이 있습니다. 왜냐하면 그 안에는 어떤 흠이나 점이나 주름 잡힌 것도 없기 때문입니다. 그는 중보자로서 자신이 수고한 모든 것의 상급으로 하늘로 높이 승귀(昇貴)되셨습니다. 그는 정말로 밝음 그 자체입니다. 또 우리 주님이 거룩함에 있어서도 밝은 별임을 주목하십시오. 그 안에는 죄가 없었습니다. 그의 별과 같은 성품을 보고 또 보십시오. 심지어 불신자들의 살쾡이와 같은 눈으로도 그 안에서 어떤 잘못된 것도 발견할 수 없습니다. 비판적인 눈으로 그를 본 자들도 있었습니다. 그러나 그런 자들조차도 그의 흠 없는 성품을 바라볼 때 그의 완전함에 탄복하지 않을 수 없었습니다.

　별로서, 그는 또한 지식의 빛으로 비춥니다. 모세는 이를테면 안개에 불과했지만, 그러나 그리스도는 빛의 선지자입니다. "율법은 모세로 말미암아 주어진" 것이었습니다. 다시 말해서 율법은 모형과 그림자였습니다. 그러나 "은혜와 진리는 예수 그리스도로 말미암아" 왔습니다(요 1:17). 만일 어떤 사람이 하나님에게 속한 것들을 찾고자 한다면, 그는 베들레헴의 별로부터 인도함을 받아야만 합니다. 여러분은 원한다면 대학교를 찾아갈 수도 있고, 뛰어난 학자가 저술한 책을 찾을 수도 있고, 훌륭한 철학자를 찾아갈 수도 있습니다. 그러나 여러분은 영적인 것들에 대해서는 아무런 빛도 얻을 수 없을 것입니다. 예수를 바라볼 때까지는 말입니다. 이와 같이 여러분은 그의 빛 안에서 빛을 봅니다. 왜냐하면 그 안에 영원한 밝음이 있기 때문입니다. 그는 하나님의 능력인 것처럼 또한 하나님의 지혜입니다. 그는 길이요 진리요 생명입니다. 하늘의 빛의 중심은 예수 그리스도입니다.

　그의 빛은 또한 위로의 빛입니다. 얼마나 많은 사람들이 여기의 야곱의 별인 주 예수 그리스도를 바라봄으로 말미암아 영혼의 어둠으로부터 벗어나 평강을 발견했습니까! 그러므로 우리는 이렇게 노래합니다.

> "그는 내 영혼의 새벽별이요
> 　나의 떠오르는 태양이로다."

　그리스도를 한 번 바라보기만 해도 여러분의 불신앙의 어두운 밤은 끝납니다. 그의 다섯 곳의 상처를 보십시오. 그러면 여러분의 죄는 덮이고, 여러분의 허물은 사라질 것입니다. 우리가 십자가에 달린 구주를 처음 바라보고 영원한 구원을 위해 그를 의뢰하며 스스로를 그에게 드린 날은 얼마나 복된 날입니까! 아름다운 별이여, 비추소서! 이 시간 죄로 어두워진 마음에 빛을 비추소서! 거룩을 주소서! 빛을 주소서! 하나님을 아는 지식을 주소서! 보혈을 믿는 가운데 기쁨과 평강을 주소서!

통치권의 상징으로서 별을 이야기할 때, 나는 여러분에게 그 앞에 굴복하라고 말했습니다. 이제 밝음의 이미지로서 별을 이야기하면서, 나는 여러분에게 그를 바라보라고 말합니다. "땅의 모든 끝이여 나를 바라보고 구원을 받으라" — 이것이 복음의 교훈입니다(사 45:22. 한글개역개정판에는 "땅의 모든 끝이여 내게로 돌이켜 구원을 받으라"라고 되어 있음). 그러므로 우리는 이렇게 노래할 수 있습니다.

"십자가에 달린 자를 바라보는 곳에 생명이 있도다."

가련한 죄인이여, 더 이상 머뭇거리지 마십시오! 당신은 무엇을 행할 필요도 없고, 무엇이 될 필요도 없고, 무엇을 느낄 필요도 없습니다. 단순히 자신으로부터 눈을 돌려 그리스도께서 행하신 일을 바라보십시오. 그러면 당신은 생명을 얻을 것입니다.

"겟세마네 동산에 엎드린 그를 바라보라.
그곳에 당신을 지은 자가 엎드렸도다.
피로 얼룩진 나무에 달린 그를 바라보라.
그가 죽어가면서 외친 말씀을 들어보라.
'다 이루었다!'
죄인이여, 그것으로 충분하지 아니한가?"

그를 바라보십시오. 그러면 생명을 얻을 것입니다.

3. 불변성의 상징

세상이 시작된 이래 수많은 변화가 있었지만 그러나 별들은 변하지 않았습니다. 별들은 그냥 그 자리에 남아 있습니다. 과거에는 별들이 움직인다고 생각했습니다. 모든 별들이 지구를 중심으로 돌고 있다고 생각했습니다. 그러나 이제 우리는 그렇지 않다는 사실을 압니다. 별들은 낮이나 밤이나 항상 그 자리에 그대로 있습니다. 항상 동일하게 말입니다. 우리는 세상이 시작된 이래 별들이 변하지 않았다고 말할 수 있습니다. 또 우리는 마치 낡은 옷을 새 옷으로 갈아입는 것처럼 세상이 새로워질 때까지 별들은 변하지 않을 것이라고 말할 수 있습니다. 아브라함이 보았던 똑같은 별들을 어젯밤 내가 보았다는 사실은 얼마나 흥미진진한 일입니까! 어쩌면 같은 생각을 하면서 말입니다. 시간이 지나면 우리도 떠나고, 다른 세대들이 우리 뒤를 따를 것입니다. 그렇지만 그들 역시도 우리가 보았던 똑같은 별들을 바라보게 될 것입니다. 우리 주 예수 그리스도도 그와 마찬가지입니다. 그는 어제나 오늘이나 영원토록 동일하십니다. 선지자들과 사도들이 그 안에서 보았던 것을 우리도 똑같이 그 안에서 봅니다. 그가 그들에게 어떠했던 것처럼 우리에게도 그러하고, 또한 아직 태어나지 않은 세대들에게도 그러할 것입니다. 수많은 사람들이 같은 시간에 같은 별들을 바라볼 수 있습니다. 어떤 사람은 오스트레일리아에, 어떤 사람은 캐나다에, 어떤 사람은 미국에 있을 수 있습니다. 그러나 그들은 각각의 장소에서 같은 별들을 봅니다. 만일 우리가 남반구에 있다면, 우리는 그곳에서 다른 별들을 볼 것입니다. 그렇지만 어쨌든 별들 자체는 항상 동일하며, 우리는 어디에 있든 같은 별을 봅니다. 이와 같이 우리는 어디에 있든 동일한 그리스도를 바라봅니다. 이곳에 있는 어떤 유식한 형제가 그리스도를 바라볼 때, 그는 저곳에 있는 무식한 여자가 바라보는 그리스도와 동일한 그리스도를 바라봅니다. 세상에서 가장 가난한 사람이 믿는 그리스도는 세상에서 가장 부유한 사람이 믿는 그리스도와 동일한 그리스도입니다. 여러분 가운데 스스로 세상에서 가장 미미한 존재라고 생각하는 사람이 있을 것입니다. 그래서 하나님 외에는 아무도 자신을 알지 못한다고 생각합니다. 그렇지만 그가 바라보는 별은 세상에서 가장 뛰어난 사람이 바라보는 별과 동일한 별입니다. 예수 그리스도는 여전히 동일하며, 자신의 모든 백성들에게 동일하며, 모든 장소에서 동일합니다. 그는 영원무궁토록 동일합니다. 그러므로 그는 밝은 별로 상징될 수 있습니다. 그 별은 조금도 변하지 않고 예전과 똑같이 지금도 비춥니다.

4. 영향력의 샘

옛 점성술사들은 사람들의 마음에 대한 별들의 영향력을 매우 강하게 믿었습니다. 우리는 성경에서 그와 같은 개념들을 종종 발견할 수 있습니다. 예컨대 다음과 같은 말씀을 주목해 보십시오. "네가 묘성을 매어 묶을 수 있으며 삼성의 띠를 풀 수 있겠느냐"(욥 38:31). 묘성(昴星) 즉 플레이아데스 성단은 만물이 소생하며 꽃이 피는 5월의 따뜻한 봄을 알리는 별자리입니다. 반면 삼성(參星) 즉 오리온 자리는 서리가 자연의 모든 힘을 묶어 버리는 겨울을 알리는 표적입니다. 옛 사람들은 이러한 별들이 자연에 어떤 특별한 힘을 미친다고 생각했습니다. 정말로 그런 힘이 있든 없든, 어쨌든 그리스도 예수 안에는 거대한 영향력이 있습니다. 그는 사람의 아들들 가운데 모든 거룩한 영향력의 샘입니다. 이 별이 죄로 죽은 사람들의 무덤을 비출 때, 그들은 살아나기 시작합니다. 이 별의 빛이 옥에 갇힌 영들 위에 비출 때, 그들의 사슬은 풀어지고 그들은 기뻐 뜁니다. 이 별이 무거운 짐을 지고 수고하는 그리스도인들 위에 빛날 때, 그들은 새 생명으로 소생하고 마침내 보배로운 열매를 맺습니다. 이 별이 연약함 가운데 그릇된 길로 내려가는 사람 위에 비출 때, 그는 자신의 길을 돌이키고 마치 동방박사들처럼 그 빛을 따라갑니다. 그의 구주를 다시금 발견할 때까지 말입니다. 이 별은 우리의 탄생에 영향력을 끼칩니다. 우리가 거듭나는 것은 그 별의 온화한 빛으로 말미암습니다. 또 그 별은 우리의 운명 가운데 우리의 죽음에 영향을 끼칩니다. 왜냐하면 우리가 잠드는 것은 그 별의 빛 안에서이기 때문입니다. 우리가 주 예수의 형상으로 깨어날 것을 믿으면서 말입니다. 아, 사랑스러운 별이여! 항상 내 위에 비추소서! 나로 하여금 당신의 빛을 놓치지 않게 하소서! 나로 하여금 의의 태양의 충만한 광채에 이를 때까지 항상 당신의 빛 가운데 행하게 하소서!

5. 인도하심의 근원

어떤 별들은 바다를 항해하는 사람들에게 매우 유용합니다. 예컨대 북극성이 없다면, 도대체 어떻게 그 넓은 바다에서 방향을 찾을 수 있겠습니까? 예수 그리스도는 우리에게 북극성입니다. 노예제도가 아직 폐지되지 않았을 때, 가련한 흑인들은 북극성으로 인해 하나님을 송축했습니다. 어린아이라도 밤하늘의 무수한 별들 가운데 북극성을 찾는 법을 쉽게 배울 것입니다. 흑인들이 자유의 땅을 비추는 북극성을 찾는 법을 배웠을 때, 그들은 고난과 슬픔의 한가운데서도 그 별을 따라갔습니다. 그들은 북극성을 바라보며 항상 즐겁게 개울을 건너고 산을 넘었습니다. 예수 그리스도 역시도 그를 찾는 자들에게 그와 같습니다.

그는 자유로 인도합니다. 그는 평화로 인도합니다. 수만 가지 방법으로 평화를 찾고자 하지만 결코 발견하지 못하는 자들이여, 그를 따르십시오. 나는 예수 그리스도께서 죄인을 구원하시려고 세상에 임하셨다는 단순한 진리를 전하고자 노력합니다. 나는 여러분에게 여러분을 구원할 수 있는 것은 여러분의 기도나 눈물이나 행위나 의지가 아니라는 사실을 분명하게 제시하고자 노력합니다. 그렇게 할 수 있는 자는 오직 예수 그리스도 한 분뿐이며, 여러분은 오직 그분만을 바라보아야만 합니다. 그러나 죄인들이여, 여러분은 여전히 자신을 바라보고 있습니다. 여러분은 여전히 지극히 값진 진주를 찾기 위해 여러분의 본성(本性)의 쓰레기더미를 뒤집니다. 그러나 그것은 거기에 있지 않습니다. 여러분은 위로의 불꽃을 발견하기 위해 여러분의 부패한 본성의 얼음 밑을 바라봅니다. 그러나 그것은 거기에 있지 않습니다. 신뢰의 근거로서 여러분 자신의 공로나 행위를 바라보느니 차라리 천국을 찾기 위해 지옥을 뒤지는 것이 더 나을 것입니다. 그런 것들을 모두 내려놓으십시오. 그 모든 것을 내려놓으십시오. 여러분 자신으로부터 말미암은 것들을 모두 내려놓으십시오.

> "소망 없는 죄인들에게 선을 행할 수 있는 자는
> 오직 예수, 오직 예수 외에 아무도 없도다."

키를 반대쪽으로 돌리십시오. 방향을 바꾸십시오. 당신의 배를 파선시키기 위해 암초로 유인하는 악한 자의 인도를 따르지 마십시오. 오직 그 별의 인도를 따르십시오. 그리고 성령의 감미로운 미풍을 간구하십시오. 여러분을 평화의 항구로 안전하게 인도해 달라고 기도하십시오. 우리 주님은 정말로 별과 비교될 만합니다.

6. 놀람의 대상

우리가 어렸을 때 배웠던 "작은 별"이라는 동요의 첫 구절은 이렇습니다.

> "반짝 반짝 작은 별
> 너는 얼마나 놀라운지!"

(우리 말 가사에서는 "반짝 반짝 작은 별 아름답게 비치네"로 되어 있음 – 역주). 반짝 반짝 빛나는 별을 바라볼 때, 우리는 놀라지 않을 수 없습니다. 그리고 그것은 인류 역사상 가장 위대한 천문학자였던 갈릴레오도 마찬가지였습니다. 때로 여러분은 망원경을 통해 별들을 바라보면서 놀람 가운데 탄성을 질렀을 것입니다. 심지어 밤낮으로 관찰하며 연구하는 사람들에게조차 별들을 바라본 결과는 놀람 그 자체입니다. 우리 모두는 별들을 바라볼 때마다,

"너는 얼마나 놀라운지!"

라며 탄성을 지릅니다. 이와 같이 그리스도 예수 안에 있는 우리에게, 그는 무엇과도 비교할 수 없는 별입니다! 그러므로 형제들이여, 우리는 그로 인해 놀랍니다. 어렸을 때 우리는 별들이, 하늘의 빛이 그것을 통해 나오는 작은 구멍이거나 혹은 하나님이 흩뿌린 작은 황금 조각들인 것처럼 생각하곤 했습니다. 그러나 지금은 그렇게 생각하지 않습니다. 우리는 별들이 우리 눈에 보이는 것보다 훨씬 더 크다는 사실을 압니다. 이와 같이 육신 가운데 주 예수를 알지 못했을 때, 우리는 종종 그를 다른 사람들과 비교하며 그들과 유사한 수준의 존재 정도로 생각하곤 했습니다. 그러나 그를 알게 되면서, 우리는 그가 우리가 생각했던 것보다 훨씬 더, 아니 무한히 더 큰 존재라는 사실을 발견합니다. 은혜 가운데 자라감에 따라, 우리는 그가 훨씬 더 영광스러운 존재라는 사실을 발견합니다. 처음에 그는 우리에게 작은 별처럼 보였습니다. 그러나 지금 그는 우리 영혼을 새롭게 만드는 의의 광선을 쏟아내는 작열하는 태양입니다. 그러나 우리가 그에게 더 가까이 갈 때, 그는 어떤 모습일 것입니까? 천사의 날개 위에 올라타고 어떤 별로 여행을 떠난다고 상상해 보십시오. 상상할 수 없는 속도로 여행하는 도중 여러분은 갑자기 눈을 뜨고 이렇게 외칩니다. "와! 놀라워라! 별이 지금 한낮의 태양만큼 크게 보이네!" 천사가 말합니다. "이 정도를 가지고 뭘 그래! 너는 이것보다 훨씬 더 큰 것을 보게 될 거야!" 계속해서 다가가자, 그 별은 태양의 백 배만큼 커집니다. 여러분은 말합니다. "뭐야? 별은 아직도 멀리 있는 거야?" 천사가 대답합니다. "그럼, 별은 아직도 멀리 떨어져 있어." 마침내 그곳에 도달할 때, 여러분은 그곳이 무엇으로도 그 크기를 잴 수 없는 놀라운 세상이라는 사실을 발견하게 됩니다. 어떤 상상력의 줄로도 그 전체를 두를 수 없습니다. 예수 그리스

도가 그와 같습니다! 그에게 가까이 다가갈수록, 그는 점점 더 커집니다. 그렇다면 수건이 벗겨지고 그를 얼굴과 얼굴로 보게 될 때, 그는 얼마나 놀라운 모습이겠습니까? 때로 우리는 모든 성도들과 더불어 지식에 넘치는 그리스도의 사랑의 깊이와 높이를 온전히 알게 되기를 열망합니다. 그러나 그러는 동안 우리는 가만히 앉아 이렇게 노래합니다.

　　"오직 하나님만이 하나님의 사랑을 알도다.
　　그 사랑이 지금 온 세상에 뿌려지도다.
　　이 가련한 돌짝밭 같은 마음 위에도."

　　그러므로 우리는 이렇게 고백할 수밖에 없습니다.

　　"빛의 장자(長子)들이
　　헛되이 그것의 깊이를 보기를 바라도다.
　　그것의 길이와 넓이와 높이의 신비에
　　그들은 결코 도달할 수 없도다."

7. 영광의 선구자

　광명한 새벽별은 태양이 그 빛으로 땅을 기쁘게 하기 위해 오고 있음을 예고합니다. 예수 그리스도는 선(善)을 예고하는 위대한 선지자로서 옵니다. 그로 하여금 마음 안으로 들어오게 하십시오. 그가 임하는 곳에 영원한 생명과 기쁨도 함께 임합니다. 예수 그리스도로 하여금 가정 안으로 들어오게 하십시오. 그러면 그는 그곳에 놀라운 변화를 일으킵니다. 어떤 마을이나 도시에 그를 전파하십시오. 그러면 그곳에 선(善)이 이루어질 것입니다. 그리스도는 온 세상에 좋은 소식을 선포했습니다. 그의 임하심은 사람의 아들들에게 축복을 가져다줍니다. 그렇습니다. 그리스도께서 육체 가운데 임하시는 것은 훗날 모든 나라가 그 앞에 엎드리며 평화의 황금시대가 도래하는 영광이 나타날 것에 대한 위대한 예언입니다. 그것은 교육과 문화가 발전됨으로 말미암지 않고 오직 그리스도의 오심으로 말미암습니다. 그것은 아침이 동터옴을 알리는 전조(前兆)입니다.

　또 그리스도가 임할 때, 그를 믿는 자들에게 천국이 이루어질 것입니다. 수고의 아들들이여, 그리스도께서 오셨기 때문에 여러분에게 안식이 있을 것입니다. 슬픔의 딸들이여, 그리스도께서 오셨기 때문에 여러분에게 치유와 회복이 있을 것입니다. 궁핍 가운데 있는 자들이여, 여러분에게 거룩한 부요함이 임할 것입니다. 왜냐하면 그의 별이 비추었기 때문입니다. 항상 소망 가운데 즐거워하십시오! 자, 예수께서 오셨습니다! 이제 절망할 이유는 없습니다!

　　여러분에게 간절한 마음으로 다시 한 번 권면합니다. 만일 여러분이 아직까지 그리스도를 바라보지 않았다면, 지금 그를 믿으십시오. 만일 여러분이 아직까지 예수께 순복하지 않았다면, 지금 그에게 순복하십시오. 만일 여러분이 아직까지 그를 믿지 않았다면, 지금 그를 믿으십시오. 그것은 매우 간단한 일입니다. 부디 성령 하나님이 여러분을 가르치시고 인도하셔서 여러분으로 하여금 스스로를 부인하고 그를 인정하게 하시기를 기원합니다. 여러분의 생각을 내려놓으십시오. 그리고 그의 말씀을 믿으십시오. 그리스도께서 여러분을 위해 모든 일을 이루셨습니다. 여러분은 그의 것이며, 그는 여러분의 것입니다. 그가 계신 곳에 여러분의 분깃이 있을 것입니다. 또 여러분은 그와 같이 될 것입니다. 왜냐하면 그의 계신 그대로 그를 볼 것이기 때문입니다. 만일 지금 스스로를 그에게 드린다면, 여러분은 그날을 바라보게 될 것입니다. 나는 나 자신을 그에게 드린 날을 결코 잊지 못합니다. 그날, 나는 더 이상 다른 것을 바라볼 수 없었습니다. 오직 그를 바라볼 수밖에 없었습니다. 그에게 나오십시오. 여러분에게 무슨 말을 해야 할지 또 어떻게 설득해야 할지, 나는 알지 못합니다. 여러분 자신을 위해 그리고 지금 행복하기 위해, 그에게 나오십시오. 영원을 위해 그리고 장차 영원한 행복을 위해, 그에게 나오십시오. 두려움으로 인해 그리고 지옥으로부터 피하기 위해, 그에게 나오십시오. 긍휼로 인해 그리고 천국에 들어가기 위해, 그에게 나오십시오. 예수를 바라보십시오. 오늘의 권면을 제발 흘려듣지 마십시오. 지금 영으로 고요하게 기도하십시오. "하나님이여, 죄인에게 긍휼을 베푸소서!" 영혼으로 격렬하게 씨름하십시오. 그리고 여러분의 입술로 다음과 같은 굳은 결심을 표현하십시오.

> "나는 은혜의 왕께 나아갈 것이라.
> 그가 내게 왕의 홀(笏)을 내밀고
> 나로 하여금 만지게 할 것이라.

그러므로 내가 살고 죽지 아니할 것이라.

나는 그에게 나아가기로 결심했도다,
설령 그로 인해 죽는다 하더라도.
왜냐하면 만일 그대로 머물러 있는다면,
필경 영원히 죽을 것을 알기 때문이라.

설령 긍휼을 구하다 죽는다 하더라도,
나는 기꺼이 왕에게 나아갈 것이라.
이 얼마나 기쁜 일인가!
마땅히 죽을 자가 죽지 않았도다!"

제
13
장

아무 일도 행하지 않는 죄

"너희가 만일 그같이 아니하면 여호와께 범죄함이니 너희
죄가 반드시 너희를 찾아낼 줄 알라." — 민 32:23

우리 가운데 직장에 다니는 형제들이 많이 있습니다. 그들 가운데 자신에게
맡겨진 불가피한 일로 인해 예배 중간에나 겨우 올 수 있는 형제들이 있습니다.
그리하여 그들은 항상 성경봉독과 설교의 첫 부분을 놓칩니다. 이것은 그들에게
큰 손실입니다. 그렇지만 그것은 그들의 잘못이 아닙니다. 그러므로 우리는 그
들로 하여금 그 모든 것을 감당하도록 내버려 두어서는 안 됩니다. 우리는 할 수
있는 대로 그렇게 할 수밖에 없는 환경을 개선해야 합니다. 오늘 우리는 이와 같
은 관점으로 본문의 교훈을 살펴보고자 합니다. 지금 이스라엘 백성들은 바산
왕 옥과 아모리 왕 시혼이 소유하고 있던 땅을 정복했습니다. 한편 르우벤 지파
와 갓 지파는 많은 수의 가축을 소유하고 있었는데, 그들은 이 땅이 목축하기에
매우 적합한 땅이라고 생각했습니다. 그것은 잘못된 판단이 아니었습니다. 왜냐
하면 그 땅에는 특별히 가축을 먹일 만한 충분한 풀이 있었기 때문입니다. 그리
하여 그들은 모세에게 이 땅을 자신들의 소유로 달라고 간청했습니다. 그러나
모세는 한 마디로 거절했습니다. 그들이 자신들은 가만히 앉아 그 땅을 향유하
고 다른 지파들은 자기들끼리 요단을 건너 그들의 소유를 위해 싸우도록 내버려
두려고 한 것이었을까요? 어쨌든 모세는 그들을 향해 자신들의 안일만 추구하는
이기적인 자들이며 하나님의 백성들을 낙망시켰노라고 책망합니다. 그리고 계

속해서 모세는 그들에게 만일 그들이 그 땅을 자신들의 소유로 삼고자 한다면 마땅히 형제들과 함께 요단을 건너 모든 지파가 각자 자신들의 기업을 소유할 수 있게 될 때까지 함께 싸워야만 한다고 제안합니다. 모세는 그 일, 즉 그들이 나머지 땅을 정복하는 일에 동참해야만 하는 것을 그들이 당연히 감당해야 할 지극히 마땅한 일로서 제시합니다. 만일 그들이 자신들의 기업을 향유하면서 형제들이 기업을 얻는 일에는 협력하지 않는다면, 그것은 매우 불공정한 일이 될 것이었습니다. 하나님이 그들 모두에게 약속의 땅에 들어가 저주받은 가나안 족속들을 쫓아내라고 명령하지 않았습니까? 만일 르우벤 지파와 갓 지파가 자신들의 의무를 회피한다면, 그것은 큰 죄가 될 것이었습니다. 하나님은 그들 모두에게 싸우도록 명하셨습니다. 그리고 그런 조건 위에서 르우벤과 갓은 바산의 목초지를 소유할 수 있게 될 것이었습니다. 그러나 형제들과 함께 싸우지 않는다면, 그들은 그곳을 소유하지 못할 것이었습니다. 이것은 얼마나 공정하며 공평한 일입니까? 그리하여 그들은 즉시로 그러한 제안에 동의했습니다. 오늘 본문은 모세가 그러한 동의를 확실하게 하기 위해 말한 것입니다. "너희가 만일 그같이 아니하면 여호와께 범죄함이니 너희 죄가 반드시 너희를 찾아낼 줄 알라." 만일 그들이 언약을 지키지 않고 형제들에게 합당한 도움을 주지 않는다면, 그것은 그들이 하나님께 범죄하는 것이 될 것이었습니다. 그리고 그들의 죄가 반드시 그들을 찾아낼 것이었습니다.

본장 전체를 통해 우리는 모세가 매우 지혜롭고 강력하며 공정하게 처리했음을 발견합니다. 그리고 백성들은 그러한 모세의 처분을 기꺼이 따랐습니다. 그들은 모세의 말을 온전히 받아들였으며, 그렇게 하여 자칫 나라가 분열될 수 있는 위기가 잘 해결되었습니다. 지혜로운 지도자를 갖는 것은 좋은 일입니다. 또 지도자에게 있어 합리적인 백성을 인도하는 것 역시 좋은 일입니다. 이 시간 내가 여러분에게 시의적절한 말을 하고 여러분이 기꺼이 그 말을 받아들인다면, 그것은 얼마나 좋은 일이겠습니까! 부디 하나님이 은혜를 베푸셔서, 당시 모세가 백성들에게 이야기할 때 일어났던 일이 이 시간 내가 여러분에게 이야기할 때 동일하게 일어나게 하시기를 기원합니다. 부디 성령께서 그렇게 인도하시기를 기원합니다.

오늘 우리는 첫째로, 이 죄가 무슨 죄였는지에 대해 이야기하고자 합니다. 그리고 둘째로, 그 죄의 주된 죄성(罪性)이 무엇인지에 대해 이야기할 것입니다. "너희가 만일 그같이 아니하면 여호와께 범죄함이니." 그 죄의 흉악성은 그것이 하나님 자신에게 대한 것이라는 사실에 놓여 있습니다. 그리고 셋째로, 우리는 그러한 죄의 결과가 무엇인지에 대해 살펴볼 것입니다. "너희 죄가 반드시 너희를 찾아낼 줄 알라." 그들은 범죄자로서 반드시 형벌을 받게 될 것이었습니다.

1. 첫째로, 이 죄가 무슨 죄였는지 주목하십시오.

성령께서는 모세를 통해 "너희 죄가 반드시 너희를 찾아낼 줄 알라"고 말씀하셨는데, 그러면 그 죄는 도대체 무슨 죄입니까? 여기의 본문으로부터 어떤 설교자는 살인죄와 관련한 설교를 끌어냈고, 또 어떤 설교자는 도둑질의 죄와 관련한 설교를 끌어냈으며, 또 어떤 설교자는 거짓말의 죄와 관련한 설교를 끌어냈습니다. 그것들은 모두 훌륭한 설교들이기는 하지만 그러나 사실 여기의 본문과는 별로 관련되지 않습니다. 모세의 의도대로 읽는다면 말입니다. 본문을 있는 그대로 취할 때, 우리는 여기에 살인이나 도둑질이나 거짓말과 관련된 것은 아무것도 없다는 사실을 인정하지 않을 수 없게 됩니다. 실제로 본문은 사람이 "무엇인가를 행하는 것"과 관련되지 않습니다. 도리어 "무엇인가를 행하지 않는 것"과 관련됩니다. 안타깝게도 아무 일도 행하지 않는 죄 즉 무위(無爲)의 죄는 실제로 우리 가운데 너무 적게 언급되며 또 너무 적게 강조됩니다. 오늘 본문이 분명하게 제시하는 것은 바로 이런 종류의 죄입니다. "너희가 만일 그같이 아니하면 여호와께 범죄함이니 너희 죄가 반드시 너희를 찾아낼 줄 알라."

그러면 이 죄는 무슨 죄였습니까? 그것이 하나님 자신의 백성들의 죄라는 사실을 기억하십시오. 그것은 애굽 백성들이나 블레셋 백성들의 죄가 아닙니다. 그것은 하나님이 택하신 나라의 죄입니다. 그러므로 본문은 이스라엘에 속한 여러분을 위한 것입니다. 그것은 하나님이 자기의 사랑하는 자들 가운데 일부가 되게 하신 여러분을 위한 것입니다. "너희 죄가 반드시 너희를 찾아낼 줄 알라"는 말씀은 공적으로 신앙을 고백하는 그리스도인들과 교회 지체들에게 대한 것입니다. 그러면 그것은 무슨 죄입니까? 슬프게도 그것은 공적으로 신앙을 고백하는 그리스도인들 사이에 너무나 흔한 죄입니다. 그것은 신자로 하여금 하나님과 그의 교회를 위해 수행해야 하는 거룩한 싸움 안에 있는 자신의 몫을 잊도록 이끄는 죄입니다. 이러한 죄 안에 너무나 많은 악(惡)들이 뒤엉켜 있습니다. 그러므로 오늘 우리는 이러한 죄를 다루어야만 합니다.

첫째로, 그것은 게으름과 방종의 죄였습니다. "우리에게는 많은 가축이 있으며, 이곳은 목축하기에 좋은 땅이로다. 우리와 우리의 짐승들을 위해 이 땅을 소유하자. 우리가 양들을 위해 돌을 쌓아 우리를 지을 것이라. 우리가 아모리 사람들의 성읍들을 보수하고 그 가운데 거할 것이라. 이곳은 우리가 거하기에 적합하도다. 이곳에 우리의 어린아이들이 편안히 거할 것이라. 우리는 싸우는 일에 대해서는 개의치 않을 것이라. 우리는 이미 시혼과 옥과 더불어 충분히 싸웠도다. 르우벤은 양들의 우리 곁에 거할 것이라. 갓은 싸우러 가기보다 양 떼와 함께 거하는 것을 더 기뻐하노라." 아, 르우벤 지파는 죽지 않았으며, 갓 지파는 사라지지 않았습니다! 믿음의 집에 속한 많은 사람들이 여전히 힘든 일을 꺼리며 안일(安逸)을 좋아합니다. 그들이 말하는 것을 들어 보십시오. "우리가 안전한 것으로 인해 하나님께 감사하나이다! 우리는 사망으로부터 생명으로 옮겨졌나이다. 우리는 그리스도의 이름을 불렀나이다. 우리는 그의 보혈로 씻음을 받았으며 그러므로 안전하나이다." 그러면서 이상하게도 그들은 육체의 안일(安逸)을 열망하는 악을 허용하면서 이렇게 말합니다. "영혼아 여러 해 쓸 물건을 많이 쌓아 두었으니 평안히 쉬고 먹고 마시고 즐거워하자"(눅 12:19). 영적 방종(放縱)은 큰 악이지만, 그러나 안타깝게도 우리는 모든 곳에서 그러한 악을 봅니다. 주일에 이러한 방종자들은 풍성한 양식을 공급받습니다. 그들은 자신들의 영혼을 풍성하게 채워줄 설교를 찾습니다. 그러나 그들의 머릿속에 그 외에 행해져야만 하는 또 다른 어떤 것이 있다는 생각은 결코 떠오르지 않습니다. 영혼을 구원하는 것은 뒷방으로 밀려납니다. 그들의 문 앞에서 수많은 사람들이 멸망을 당하고 있으며, 무수한 사람들이 행하는 죄로 공기가 오염되고 있습니다. 이 세대는 점점 더 악해져갑니다. 사람들은 점점 더 마귀로 변해갑니다. 그럼에도 불구하고 그들은 자신들의 영혼을 즐겁게 하는 설교만을 원합니다. 그들은 기름진 고기를 먹으며 달콤한 포도주를 마십니다. 그들은 기름진 골수와 최고급 포도주의 향연(饗宴)으로 몰려듭니다. 영적 잔치가 그들의 즐거움입니다. 그들은 성경을 읽으며, 설교를 들으며, 각종 세미나에 참석합니다. 그러나 일상 속에서의 주의 일은 소홀히 합니다. 그런 일에는 손가락 하나도 까딱하지 않습니다. 그들은 어떤 갑옷도 입지 않습니다. 그들은 어떤 칼도 차지 않습니다. 그들은 어떤 창도 던지지 않습니다. 그들은 어떤 돌도 던지지 않습니다. 그들은 자신들의 분깃을 가졌습니다. 그러면서도 육신적인 안일 가운데 가만히 앉아 있으면서 아무 일도

하지 않는 것으로 만족합니다. 그들은 생명을 위해서도 일하지 않습니다. 그들은 완전한 무위도식자(無爲徒食者)들입니다. 그들은 편안하게 즐길 수 있는 장소 외에는 어느 곳도 가지 않습니다. 그들은 자신들의 침상을 사랑합니다. 그러나 하나님의 밭에서는 아무 일도 하지 않습니다. 씨도 뿌리지 않고 추수도 하지 않습니다. 바로 이것이 본문이 지적하는 죄입니다. "너희가 만일 여호와의 싸움에 나가지 아니하며 여호와 하나님과 그의 백성을 위해 싸우지 아니하면, 너희는 여호와께 범죄함이니 너희 죄가 반드시 너희를 찾아낼 줄 알라." 아무 일도 하지 않는 죄에 대하여, 우리는 그것을 모든 죄 가운데 가장 큰 죄라고까지 말할 수 있습니다. 왜냐하면 그것은 대부분의 다른 죄들을 포함하기 때문입니다. 형제들이 싸우고 있는 동안 가만히 앉아 있는 죄는 율법의 돌판 두 개를 모두 깨뜨립니다. 다시 말해서 그것은 하나님께 대한 죄가 되면서 동시에 형제들에 대한 죄가 됩니다. 또 그 안에는 자신(self)에 대한 거대한 우상 숭배의 죄가 포함되어 있습니다. 그러한 죄는 하나님에 대한 사랑도 허용하지 않고 이웃에 대한 사랑도 허용하지 않습니다. 오로지 자기 자신만을 사랑하게 만들 뿐입니다. 아, 게으름은 얼마나 두려운 죄입니까! 하나님이여, 부디 우리를 그러한 죄로부터 구원하여 주소서!

둘째로, 그것은 이기적이며 형제사랑에 배치되는 죄였습니다. 갓과 르우벤은 요단 이쪽 편에서 자신들의 기업을 얻으며 바산에서 안일하게 거하기를 구했습니다. 그러면 유다와 레위와 시므온과 베냐민과 다른 형제들은 어떻게 하란 말입니까? 그들은 어떻게 그들의 기업을 얻어야 합니까? 그에 대해 갓과 르우벤은 개의치 않습니다. 다만 바산이 그들의 가축을 위한 좋은 목초지라는 사실만 중요할 뿐입니다. 그들 가운데 어떤 사람이 이렇게 말합니다. "각자 자신의 일은 자신이 알아서 해야 하는 법이지. '모두는 자신을 위하고 하나님은 모두를 위한다'(Every man for himself and God for us all)라는 속담도 있지 않은가?" 그들 가운데 이렇게 웅얼거리는 소리가 지금 내 귀에 들리는 듯합니다. "내가 내 형제를 지키는 자니이까?"(창 4:9). 아! 나는 그 사람을 압니다. 나는 오래 전에 그의 목소리를 들은 적이 있습니다. 그의 이름은 가인입니다. 그는 실제로 자기 형제를 지키는 자가 아닙니다. 그는 자기 형제를 죽인 자입니다. 모든 사람은 자기 형제를 지키는 자든지 아니면 자기 형제를 멸망시키는 자든지 둘 중 하나입니다. 우리는 아무 일도 하지 않으면서 영혼을 죽일 수 있습니다. 그 일은 게으름 혹은 무위

(無爲)를 통해 이루어질 수 있으며, 실제로 계속해서 그렇게 이루어집니다. 저기 멸망 아래 있는 이교도들을 보십시오. 하나님이 "누가 그들을 죽였느냐?"라고 물으시지 않습니까? 우리가 살고 있는 런던을 생각해 보십시오. 그 가운데 불신자들이 얼마나 많습니까? 그들의 피에 대해 누구에게 책임이 있습니까? 게으른 그리스도인들이 생명의 떡을 건네 주기를 거절함으로 인해 수많은 사람들이 굶어 죽어가고 있지 않습니까? 이것은 두려운 죄가 아닙니까?

어떤 사람이 말합니다. "잠깐만이요, 그들 스스로 그 땅을 정복할 수 있지 않습니까? 하나님이 그들과 함께 하시지 않습니까? 하나님이 자신의 일을 행하실 것이 아닙니까? 그럴진대 무엇 때문에 내가 다른 사람들의 일로 번거로움을 겪어야 한단 말입니까?" 아, 이것은 얼마나 이기적인 태도입니까! 이기주의가 신앙의 옷을 입고 있을 때, 나는 그것보다 더 나쁜 것을 결코 알지 못합니다. 학교에서 자기 혼자 고급스러운 옷을 입고 좋은 것을 먹으면서 친구들에게는 아무것도 주지 않는 어떤 소년을 상상해 보십시오. 그는 모두로부터 비웃음과 조롱을 당하지 않겠습니까? 그는 모두가 경멸하는 탐욕스러운 소년입니다. 기근의 때에 곳간에 잔뜩 쌓아놓고 있으면서 자기 혼자 배부르게 먹으며 궁핍한 자들을 전혀 생각하지 않는 자는 사람들 가운데 경멸을 당할 것입니다. 그러면 영혼을 구원받는 일과 관련하여 그리고 천국과 지옥과 그리스도와 관련하여 이기적인 사람들에 대하여는 어떻습니까? 자기 혼자 구원받은 것으로 만족하면서 다른 사람들에 대하여는 전혀 개의치 않는 사람에 대해 우리는 어떻게 말할 것입니까? 나는 그가 정말로 그리스도의 형제인지 두려운 마음을 갖지 않을 수 없습니다. 그는 얼마나 비인간적입니까? 나는 정말로 그 안에 그리스도의 생명이 있는지 의심하지 않을 수 없습니다. 그리스도와 같지 않은 사람이 어떻게 그리스도인일 수 있습니까? "좋아, 나에게는 아무 문제 없어. 나는 나 자신만 보살피면 충분해! 각자의 일은 각자가 알아서 하는 거야. 틀림없이 하나님이 그들 모두를 보살피실 거야. 내가 신경 쓸 일은 아무것도 없어!" — 이렇게 말하는 사람이 어떻게 그리스도의 형제일 수 있습니까? 만일 우리가 그 두려운 이기주의를 떨쳐 버리지 않는다면, 만일 우리가 기독교의 본질이 사랑이라는 사실을 느끼지 못한다면, 만일 우리가 복음의 첫 열매 가운데 하나가 다른 사람들의 구원을 열망하게 되는 것임을 느끼지 못한다면, 만일 우리가 이기주의를 떨쳐 버리고 하나님의 싸움을 싸우기 위해 나가지 않는다면, "너희가 만일 그같이 아니하면 여호와께 범죄함이니 너희 죄가 반드시 너희를 찾아낼 줄 알라"는 경고의 말씀은 다름 아닌 바로 우리들에게 해당되는 말씀이 될 것입니다. 사랑하는 형제들이여, 본문 말씀을 깊이 새기십시오. 그리고 그로 말미암아 여러분 안에 주변 사람들의 구원을 위한 뜨거운 열망이 계속해서 솟아오르게 하십시오.

셋째로, 또 거기에는 감사할 줄 모르는 죄가 뒤엉켜 있었습니다. 여기의 갓과 르우벤 자손들은 열두 지파 전체가 수고하여 얻은 땅을 혼자 전유(專有)하려고 했습니다. 하나님은 그들 모두를 싸우도록 이끄셨고, 그들 모두가 합심하여 시혼과 옥을 정복했습니다. 그런데 갓과 르우벤은 모두가 함께 싸워 얻은 것을 혼자 전유하려고 했습니다. 이것은 얼마나 감사할 줄 모르는 악한 태도입니까? 안타깝게도 이런 태도는 오늘날 우리 가운데 얼마나 흔합니까? 우리는 어떻게 그리스도인이 되었습니까? 그것은 거룩한 선교사들이 우리 조상들을 드루이드와 오딘과 토르를 섬기는 우상 숭배로부터 건져냄을 통해서가 아니었습니까?(Druid 와 Woden과 Thor는 고대 앵글로색슨족의 신들의 이름임 - 역주). 우리 역시도 이 땅에서 하나님의 진리를 지키기 위해 자신의 생명을 소중하게 여기지 아니하고 자신의 모든 것을 기꺼이 바친 위대한 하나님의 사람들의 뒤를 따라야 합니다. 여러분 가운데 어떤 사람들은 거리에서 복음을 전파한 사람들의 수고를 통해 그리스도인이 되었을 것입니다. 그런가 하면 불철주야 구주 앞에 기도했던 어머니의 눈물의 기도로 말미암아 그리스도인이 된 사람도 있을 것이며, 어떤 목회자로부터 설교를 듣고 그리스도인이 된 사람도 있을 것이며, 충성된 주일학교 교사의 가르침으로 말미암아 그리스도인이 된 사람도 있을 것입니다. 우리는 하나님 아래서 과거 세대들에 대해 그리고 오늘날의 어떤 사람들에 대해 헤아릴 수 없는 빚을 지고 있습니다. 우리 가운데 하나님의 교회에 무한한 빚을 지지 않은 사람은 아무도 없습니다. 하나님이 우리의 아버지시지만, 그러나 교회는 어머니입니다. 교회의 다양한 기관과 지체들을 통해 우리는 하나님의 자녀로 태어났습니다. 여러분은 이 모든 빚을 인정하면서도 그 빚을 갚지 않을 것입니까? 여러분은 모든 것을 받았으면서 아무것도 돌려주지 않을 것입니까? 여러분은 말 아래 있는 등불 같을 것입니까? 여러분은 많이 받고 적게 돌려줌으로써 자신의 인생을 낭비할 것입니까? 결코 그럴 수 없습니다. 그것은 사는 것이 아니라 죽는 것입니다. 나는 이 문제로 어떤 사람을 개인적으로 비난하지 않습니다. 그렇지만 우리 모두는 이에 대해 귀를 기울여야 합니다. 만일 어떤 사람이 하나님의 교회에 대한 자신의 책임을 인정하면서도 그것을 갚고 있지 않다면, 그는 스스로 부끄럽게 여기며 얼굴을 가려야 합니다. 여러분은 자신이 받은 빚을 다른 사람들에게 전달하지 않을 것입니까? 그러면 진실로 여러분은 어둠 가운데 멸망을 당하기에 합당한 자입니다. 여러분은 풍족한 양식으로 배부르면서 자신의 떡을 떼어 굶주린 자에게 나누어주며 목마른 자에게 냉수 한 그릇을 주지 않을 것입니까? 그것은 너무도 감사할 줄 모르는 악한 태도가 아닙니까? 여러분은 고인 웅덩이가 될 것입니까? 은혜의 물줄기가 들어오기는 하지만 나가지는 못하는 웅덩이 말입니다. 그 웅덩이는 마침내 이기심으로 말미암아 썩지 않겠습니까? 사해(死海)를 기억하십시오. 여러분 역시도 사해처럼 되지 않도록 조심하십시오. 주위에 있는 모든 것을 썩게 만드는 저주받은 웅덩이가 되지 마십시오. 하나님이여, 공적으로 신앙을 고백하는 당신의 많은 백성들에게 긍휼을 베푸소서! 시간이든 물질이든 달란트든 기도든 무엇이든, 우리가 받은 것을 당신을 위해 그리고 당신의 일을 위해 기꺼이 나눌 수 있는 자가 되게 하소서! "너희가 만일 그같이 아니하면 여호와께 범죄함이니 너희 죄가 반드시 너희를 찾아낼 줄 알라."

　넷째로, 이것은 또한 진실되지 못함과 관련한 죄였습니다. 갓과 르우벤은 다른 지파들과 함께 갈 것이며, 정복전쟁이 끝날 때까지 자신들의 집에 돌아오지 않겠노라고 약속했습니다. 그러므로 만일 그들이 함께 싸우러 가지 않거나 혹은 정복전쟁이 끝날 때까지 함께 싸우지 않는다면, 그들은 뻔뻔스럽게 거짓말을 한 셈이 될 것이었습니다. 사람에게 있어 약속을 깨뜨리는 것은 얼마나 파렴치한 일입니까! 사람에게 있어 사람에게든 하나님에게든 거짓말을 하는 것은 마땅히 형벌 받을 일입니다. 내 말을 무심코 듣지 마십시오. 만일 어떤 사람이 그릇된 길로부터 회심했다면, 바로 그러한 회심으로 말미암아 그는 하나님을 섬길 의무를 갖게 됩니다. 만일 그가 신자로서 세례를 받았다면, 바로 그 세례로 말미암아 그는 자신이 세상에 대하여 죽어 장사되고 새 생명으로 다시 살았음을 선포한 것입니다. 그런데 만일 그가 오로지 돈을 벌고 쌓기 위해 살며 하나님의 교회와 가련한 죄인들을 위해서는 아무 일도 하지 않는다면, 그의 세례는 거짓이 아닙니까? 세례를 받았음에도 불구하고 그는 죽지 않았습니다. 그렇다면 이것은 세례를 아무것도 아닌 것으로 만드는 것이 아닙니까? 그는 스스로를 하나님의 교회에 드렸습니다. 그는 교회의 한 지체가 되었습니다. 그렇다면 그는 바로 그러한 행동으로 말미암아 교회의 성장과 형통을 위해 자신이 할 수 있는 모든 일을 할 것을 약속한 것입니다. 그런데 만일 그가 아무 일도 하지 않는다면, 그는 거짓말을 한 셈입니다. 그가 교회의 한 지체가 된 것이 무엇을 의미하는 것이겠습니까? 그가 하나님의 일의 한 부분을 담당하는 것을 의미하는 것이 아니겠습니까? 입으로는 신앙을 고백하지만 그러나 아무 일도 하지 않는 사람은 단지 이름뿐인 지체에 불과합니다. 그리고 그런 지체는 실제로 훼방꾼이 되고 맙니다. 그는 헌금도 내지 않으며, 기도도 하지 않으며, 봉사도 하지 않으며, 영혼을 위해 탄식하지도 않으며, 그리스도의 일에 참여하지도 않습니다. 그러면서 교회의 모든 특권에는 기꺼이 참여합니다. 이것이 공정한 일입니까? 그런 사람이 도대체 무슨 쓸모가 있습니까? 그는 앉아서 설교를 듣습니다. 그리고 때때로 좁니다. 그것이 전부입니다. 그가 교회의 한 지체가 된 것은 사실상 거짓이 아닙니까? 이러한 질문에 어떻게 아니라고 대답할 수 있겠습니까? 내가 이스라엘 백성 가운데 한 사람이라고 가정해 봅시다. 하나님이 이스라엘 백성들에게 약속의 땅을 정복하라고 명하셨습니다. 그런데 나는 그들과 더불어 싸우러 나가지 않습니다. 나는 약속의 땅을 정복하는 전쟁에 동참하지 않습니다. 그러면 나는 누구입니까? 나는 참 이스라엘 백성이 아닙니다. 나는 이스라엘의 일원(一員)이 될 자격이 없습니다. 나는 이스라엘의 깃발에 충성하지 않았으며, 동료 병사들을 배신했습니다. 그렇지 않습니까? 나는 그렇게 생각합니다. 여러분은 그렇게 생각하지 않습니까? 만일 내가 기독교 사역자가 되었으면서도 주를 위해 아무 일도 하지 않는다면, 나는 기독교 사역자라는 고귀한 이름을 수치스럽게 만드는 셈이 될 것입니다. 만일 내가 기독교를 즐기면서 그것을 전파하는 일에 아무 노력도 하지 않는다면, 나는 실제적으로 죄를 범하는 셈이 될 것입니다. 만일 교회 안에 달란트를 받았으면서도 그것을 하나님을 위해 사용하지 않거나, 혹은 많은 돈을 가지고 있으면서도 그것을 그리스도를 위해 드리지 않거나, 혹은 많은 시간을 가지고 있으면서도 그것을 거룩한 목적을 위해 사용하지 않는 사람들이 있다면, 그들은 죄를 범하고 있는 것입니다. 그리고 그들의 죄가 반드시 그들을 찾아낼 것입니다. 여러분이 땅에 묻은 달란트는 결국 녹슬지 않겠습니까? 그리고 그러한 녹은 여러분의 영혼 안에서 가장 두려운 병을 일으키지 않겠습니까? 필연적으로 그렇게 되지 않겠습니까? 하나님의 종으로 부름받았음에도 불구하고 그분을 위해 아무 일도 하지 않는다면, 그것은 그분 앞에 실제적으로 죄를 범하는 것이 아닙니까? 여러분은 종종 이렇게 노래합니다.

"다 이루어졌도다! 위대한 거래가 이루어졌도다!
　나는 그의 것이요, 그는 나의 것이로다.
　그가 나를 이끄셨고 나는 그를 따랐도다,
　그의 거룩한 음성에 매혹되어.

　하늘이 엄숙한 맹세를 들었도다.
　새로워진 맹세가 매일같이 들릴 것이라.
　나는 생애 마지막 순간까지 경배하며,
　죽어서도 영원히 송축하리라."

이러한 찬송이 사실입니까? 여러분은 진심으로 그렇게 노래합니까? 그렇지 않다면, 여러분은 하나님을 조롱하고 있는 것입니다. 여러분은 "복된 날! 복된 날!"로 시작하는 찬송가를 수도 없이 불렀습니다. 그렇지만 여러분의 찬송은 사실입니까 아니면 거짓입니까? 만일 여러분 가운데 어떤 사람이 그렇게 노래를 부르고 난 후 또다시 자기 자신 속으로 함몰되어 주를 위해 아무 일도 하지 않는다면, 그 안에 도대체 무슨 진실이 있단 말입니까? 하나님이여, 부디 우리의 입술로 당신의 거룩한 이름을 조롱하는 것으로부터 우리를 구원하여 주소서! 이렇게 입에 발린 찬송을 부르면서 이기주의에 함몰되어 아무 일도 하지 않는 것은 사실상 우상 숭배와 거의 다를 바가 없습니다. 사람이 이와 같이 자기 하나님을 모욕할 것입니까? 사랑하는 자들이여, 부디 여러분의 입술로부터 나오는 언어가 참되기를 기원합니다! 만일 참되지 않다면, 당장 그치십시오. 그렇지 않으면, 그것이 여러분의 영혼을 멸망시킬 것입니다.

다섯째로, 또 그것은 다른 사람들에게 큰 손해를 끼치는 죄였습니다. 이와 관련하여 6절을 주목해 보십시오. "모세가 갓 자손과 르우벤 자손에게 이르되 너희 형제들은 싸우러 가거늘 너희는 여기 앉아 있고자 하느냐?" 이 말씀을 깊이 묵상해 보십시오. 만일 어떤 한 그리스도인이 기독교회에 가입하지 않는 것이 옳다면, 모든 그리스도인들이 그렇게 하지 않는 것 역시 옳을 것입니다. 그렇다면 보이는 교회는 결코 존재하지 않을 것입니다. 공적으로 신앙을 고백하지 않는 신자(信者)들이여, 여러분은 자신의 모범이 모든 교회의 생명에 파괴적인 효과를 갖는다는 사실을 알지 못합니까? 지금 여러분이 하고 있는 일이 무엇입니까? 만일 어떤 한 그리스도인이 말씀을 전파하는 달란트를 가지고 있음에도 불구하고 말씀을 전파하지 않는 것이 옳은 일이라면, 다른 그리스도인들 역시 마찬가지일 것입니다. 그렇다면 기독교 사역자는 어디에도 없을 것입니다. 게으른 자는 자기에게 주어진 달란트를 낭비하며, 다른 사람들도 게으르게 만듭니다. 그의 모범은 그 주위의 모든 사람들을 자기처럼 게으르게 만듭니다. 교회에서도 보면, 소수의 열정적인 사람들이 앞에서 이끌면 다른 사람들이 그 뒤를 즐겁게 따라갑니다. 기독교 공동체에서 열정적인 소수는 얼마나 보배로운 존재입니까! 다윗은 자기를 따르는 무리 가운데 첫 세 용사의 가치를 잘 알고 있었습니다. 그러나 만일 앞에서 이끄는 영(靈)이 죽거나 식거나 무관심해지면, 무슨 일이 일어납니까? 안타깝게도 무기력함이 전체를 덮습니다. 나는 어떤 목회자가 이렇게 한탄하는 것을 들은 적이 있습니다. "나는 모든 힘을 다해 수고하지만 그러나 아무개가 여기 있는 동안에는 되는 일이 하나도 없을 거야!" 여기에서 아무개는 종종 은혜가 메마른 어떤 집사이거나 혹은 자신의 재력(財力)을 자랑하는 어떤 지체입니다. 특별히 큰 얼음덩어리처럼 자신도 차가우면서 동시에 다른 사람들을 차갑게 만드는 사람들이 있습니다. 우리 가운데 다른 사람들을 차갑게 만드는 사람들이 있는 것은 얼마나 안타까운 일입니까! 하나님이여, 우리를 그런 것으로부터 구원하여 주소서! 어떤 사람이 말합니다. "아무도 나를 알지 못해요. 그렇기 때문에 나는 다른 사람들에게 선한 쪽으로든 악한 쪽으로든 많은 영향을 끼칠 수 없어요." 당신의 자녀에게도 그렇습니까? 당신의 아들과 당신의 딸에게도 그렇습니까? 결코 그렇지 않을 것입니다. 당신이 한두 명의 아이들에게 갖는 영향력은 당신이 생각하는 것보다 훨씬 크고 강력합니다. 우리는 도덕적 영향력의 정도를 계산할 수 없습니다. 그것은 측량할 수 없는 것입니다. 물질을 구성하는 원자(原子)들을 생각해 보십시오. 나는 어느 정도라도 전체 우주에 영향을 끼치지 않는 원자(原子)는 단 하나도 없다고 생각합니다. 한 원자가 다른 원자와 충돌하고, 그것이 또 다른 원자와 충돌합니다. 그리하여 마침내 가장 먼 별에 도달합니다. 우리가 무엇인가를 행하든 혹은 행하지 않든 또는 이것을 행하든 혹은 저것을 행하든, 우리는 우리 주위의 모든 사람들에게 영향을 끼칩니다. 아마도 영원까지 그럴 것입니다. 아마도 지금 내가 말하고 있는 말은 태양이 완전히 타서 꺼지고 달이 시커멓게 될 때까지 계속해서 진동할 것입니다. 또 침대 위에서 한 우리의 생각들은 오랜 세대를 통해 진동하며 지속적으로 어떤 결과를 야기할 것입니다. "우리 중에 누구든지 자기를 위하여 사는 자가 없고 자기를 위하여 죽는 자도 없도다"(롬 14:7). 선한 쪽으로든 악한 쪽으로든 우리는 우주와 연결되어 있으며, 그러한 연결은 결코 끊어질 수 없습니다. 게으름의 모범은 악한 쪽으로 많은 영향을 끼칩니다. 만일 우리가 게으름의 결과들에 대해 깊이 생각한다면, 우리는 결코 그러한 모범을 나타내지 않을 것입니다. 선을 행하기에 게을리하는 모든 사람들에게 나는 그것의 결과에 대해 깊이 생각해 보라고 초청합니다. 열매를 맺지 못하는 나무여, 자신이 마치 유파스 나무(upas tree : 맹독성의 독을 가진 나무)처럼 독(毒)을 뚝뚝 떨어뜨리지 않는 것으로 만족하지 말지어다! 네가 땅을 괴롭게 하는 것만으로도 충분히 죄로다!

　　마지막으로, 그것은 또한 나머지 모든 사람들을 낙심시키는 죄였습니다. 7절에서 모세는 이렇게 말합니다. "너희가 어찌하여 이스라엘 자손에게 낙심하게 하여서 여호와께서 그들에게 주신 땅으로 건너갈 수 없게 하려 하느냐?" 다른 사람들의 거룩한 열정을 낙심시키는 것은 결코 작은 죄가 아닙니다. 우리는 비록 어린아이라 하더라도 그들의 거룩한 열망에 찬 물을 끼얹는 행동을 해서는 안 됩니다. 아버지는 얼마나 자주 자기 아들의 불타는 열망을 꺼버리고 맙니까? 그것이 지나치게 무모하며 충동적이라고 꾸짖으면서 말입니다. 얼마나 자주 우리의 거룩한 열망의 샘은 친구와의 대화를 통해 메말라 버리고 맙니까? 우리는 결코 그래서는 안 됩니다. 그렇지만 굳이 싸늘한 말을 하지 않고서도, 우리는 냉랭한 무관심을 통해 다른 사람들의 거룩한 열망에 찬 물을 끼얹을 수 있습니다. 나는 몇 개의 상점들이 늘어서 있는 어떤 장소를 압니다. 그 중에 한두 개의 상점이 문을 닫자, 다른 상점들도 함께 죽고 말았습니다. 굳게 닫힌 문들이 그 구역 전체를 음울하게 보이도록 만들었으며, 결국 그곳을 찾아오는 고객들을 쫓아 버리고 만 셈이 되었습니다. 몇 명의 일꾼들이 함께 일하는 곳에서도 이와 비슷한 일이 벌어지지 않습니까? 한두 사람의 게으름과 무관심이 다른 사람들에게 부정적인 영향을 끼치는 것은 결코 드문 일이 아닙니다. 한 사람의 무기력한 형제가 나머지 형제들을 무기력하게 만들지 않습니까? 자신의 정원을 게으르게 관리하는 어떤 사람을 상상해 보십시오. 그는 자기도 알지 못하는 사이에 이웃들에게 큰 피해를 끼치고 있는 것입니다. 여러분은 뒤뜰을 전혀 관리하지 않는 집 옆에 살아본 적이 있습니까? 그러면 그 집으로부터 온갖 종류의 잡초 씨앗들이 날아올 것입니다. 아무리 여러분이 잡초들을 뽑아낸다 하더라도, 결국 잡초가 여러분을 이기게 될 것입니다. 왜냐하면 바로 옆에 무궁무진한 씨앗들을 공급해 주는 잡초의 온상이 있기 때문입니다. 여러분은 모든 생산과정이 순차적인 공정(工程)으로 진행되는 공장에 가본 적이 있습니까? 한 사람의 기능공이 지각하면, 나머지 모든 사람들은 그가 올 때까지 기다려야만 합니다. 하나의 철로에 문제가 생길 때, 자칫 철도 시스템 전체가 멈추게 될 수 있습니다. 어쨌든 만일 우리가 주의 일을 행하지 않는다면, 우리는 다른 형제들을 낙심시키는 죄를 범하는 셈이 됩니다. 사람들은 다른 사람들로부터 긍정적인 쪽보다는 부정적인 쪽으로 더 많은 영향을 받는 경향이 있습니다. 어째서 우리가 다른 사람들의 열심과 열정을 방해해야만 한단 말입니까? 어째서 우리가 우리 자신의 게으름으로 인해 다른 사람들이 하나님을 위해 일하는 것을 훼방해야만 한단 말입니까? 오 하나님이여, 부디 우리를 이런 죄로부터 구원하여 주소서!

만일 내가 본문을 가지고 살인이나 도둑질에 대해 설교한다면, 여러분 가운데 대부분의 사람들은 본문의 교훈과 직접적으로 관련되지 않을 것입니다. 그러나 본문 자체가 의미하는 바 그리고 하나님이 본래 의도하신 바를 정직하게 살필 때, 우리 모두는 본문의 회초리 앞에 부끄러움으로 얼굴을 붉힐 수밖에 없습니다.

2. 둘째로, 이러한 죄의 주된 죄성(罪性)이 무엇인지 살펴보도록 합시다.

만일 르우벤 자손들이 형제들과 함께 요단을 건너 함께 싸우겠다는 엄숙한 약속을 지키지 않는다면, 당연히 그것은 그들이 형제들에 대해 죄를 범하는 것이 됩니다. 그러나 모세의 마음에 제일 먼저 떠오른 생각은 그러한 죄가 아니었습니다. 모세는 더 작은 죄는 간과합니다. 왜냐하면 그것이 더 큰 죄 안에 포함된다는 사실을 알기 때문입니다. 그러면서 그는 이렇게 말합니다. "너희가 만일 그같이 아니하면 여호와께 범죄함이니." 여기에서 그는 다음과 같은 다윗의 고백을 예기(豫期)합니다. "내가 주께만 범죄하여 주의 목전에 악을 행하였사오니"(시 51:4). 르우벤 자손들에게 있어 형제들을 돕기를 거절하는 것은 하나님께 대한 불순종이 될 것이었습니다. 하나님이 모든 이스라엘에게 가나안 백성들을 쫓아내라고 명령하지 않았습니까? 마찬가지로 거룩한 일을 게을리하는 것은 하나님께 대한 분명한 죄입니다. 만일 우리가 하나님의 진리를 전파할 수 있음에도 불구하고 그렇게 하지 않는다면, 그것은 우리 주님께 대한 불순종입니다. 우리 주님께서 "너희는 온 천하에 다니며 만민에게 복음을 전파하라"(막 16:15)라고 말씀하지 않았습니까? 이러한 명령은 열두 제자들에게만 한정되지 않았습니다. 그것은 그의 모든 백성들을 위해 의도된 것이었습니다. 그들에게 기회와 능력이 있는 한 말입니다. 복음을 듣는 우리는 또한 그것을 전파하라고 명령 받습니다. 성경이 "듣는 자도 오라 할 것이요"(계 22:17)라고 말씀하지 않습니까? 복음을 듣는 자는 그것을 다른 사람들에게 전달해야 할 의무를 갖습니다. 만일 우리가 주님을 안다면, 우리는 다른 사람들에게 주님이 우리에게 말씀하신 것을 말하도록 부름받습니다. 그러나 만일 그렇게 하지 않는다면, 우리는 복음의 위대한 명령에 불순종하는 죄를 범하는 것이 됩니다.

　　사랑하는 친구들이여, 앞에서 이야기한 것처럼 만일 우리가 다른 사람들에게 큰 빚을 졌음에도 불구하고 또 다른 사람들에게 축복을 나누어주기를 구하지 않는다면, 분명 우리는 감사하지 않는 죄를 범하는 것입니다. 그러나 근본적으로 우리는 하나님의 은혜에 모든 것을 빚지고 있습니다. 만일 하나님이 우리에게 은혜를 베푸시고 독생자의 보혈로 우리를 구원하셨다면, 도대체 어떻게 우리가 가만히 앉아 다른 사람들이 멸망을 당하도록 그냥 내버려 둘 수 있단 말입니까? 만일 우리가 구원을 귀하게 여긴다면, 우리는 그것을 알려야 할 책무를 져야만 합니다. 우리는 하나님의 나라 안에 들어온 것을 기뻐합니다. 그런 우리가 하나님의 나라가 자라는 것을 위해 아무 일도 하지 않는단 말입니까? 하나님의 나라를 자라게 하는 일에 힘을 보태지 않는 자는 그 나라의 왕에게 반역을 행하는 것입니다.

　　나아가 그들에게 있어 가나안 정복에 동참하지 않는 것은 하나님의 이스라엘을 나누는 행동이 되며, 따라서 그것은 하나님에 대해 범죄하는 것입니다. 하나님의 기업이 둘로 나누어질 것입니까? 하나님은 그들 모두가 함께하기를 뜻하셨습니다. 그들 모두 함께 애굽으로부터 나왔습니다. 그들 모두 함께 광야를 여행했습니다. 지금 하나님은 그들 모두 함께 그의 싸움을 싸울 것을 뜻하십니다. 그런데 갓과 르우벤은 자신들의 기업을 얻고 양 떼의 우리 가운데 거하면서 다른 열 지파를 그들끼리 요단을 건너 스스로 싸우도록 내버려 둔단 말입니까? 이것은 하나님의 가족을 나누는 것이 될 것입니다. 우리가 하나님의 교회를 나눌 것입니까? 우리가 하나님의 교회를 수벌과 일벌로 나눌 것입니까? 이것은 심각한 분열이 될 것이었습니다. 그러나 나는 그 일이 이미 진행되고 있음을 두려워합니다. 분별의 안목을 가진 자에게 그것은 명백합니다. 그리고 이스라엘의 하나님을 위한 열심을 가진 자들은 그로 인해 애통해합니다. 교회 분열의 절반은 게으른 자들(수벌)과 일하는 자들(일벌) 사이에 존재하는 실제적인 분열로부터 시작됩니다. 이것을 명심하십시오. 일은 전혀 하지 않으면서 여기저기 참견하기만 좋아하는 사람은 불가불 분열의 씨를 뿌리고 있는 것입니다. 그렇게 되지 않도록 조심하십시오.

만일 여러분이 주의 일을 행하지 않는다면, 여러분은 거룩한 삼위일체에 대하여 죄를 범하고 있는 것입니다. 먼저 여러분은 여러분으로 하여금 선을 행하게 하시고 사랑하는 자녀로서 자신을 본받는 자가 되게 하신 우리 아버지에 대해 죄를 범하고 있습니다. 또 여러분은 여러분으로 하여금 그의 영광을 위해 열심을 내도록 여러분을 값으로 사신 하나님의 아들에 대해 죄를 범하고 있습니다. 또 여러분은 여러분으로 하여금 게으름 가운데 잠자는 것이 아니라 거룩한 생명력으로 이끄시는 성령에 대해 죄를 범하고 있습니다. 부디 우리가 주의 일을 행하기를 거절함으로써 더 이상 그에 대해 범죄하게 되지 않기를 기원합니다!

3. 마지막으로, 그러한 죄의 결과를 주목하십시오.

아무것도 행하지 않는 죄의 결과는 무엇입니까? "너희 죄가 반드시 너희를 찾아낼 줄 알라." 여기에서 그들의 죄가 반드시 그들을 찾아낼 것이란 말씀을 좀 더 상세히 살펴보도록 합시다. 갓 자손과 르우벤 자손의 죄는 그들로부터 수치와 슬픔을 찾아낼 것입니다. 만일 그들이 약속대로 모든 힘을 다해 형제들을 돕지 않는다면 말입니다.

먼저 그들은 양심의 가책을 느끼게 될 것이었습니다. 어느 날 그들의 죄가 그들의 양심 위에 뛰어들 것이었습니다. 마치 사자가 먹이를 향해 뛰어들듯이 말입니다. 그들은 벌떡 일어나 이렇게 말할 것이었습니다. "우리가 잘못했어. 우리는 마땅히 형제들과 함께 요단을 건너 약속의 땅을 정복하는 싸움에 동참했어야 했어." 그들 가운데 선한 양심을 가진 사람들은 마음에 큰 괴로움을 겪게 될 것이었습니다. 왜냐하면 정말로 필요할 때에 자신들의 의무를 이행하지 않았기 때문입니다. 그들은 양심의 평안을 느끼지 못할 것이었습니다. 굳이 다른 사람들이 그들의 잘못을 지적해 줄 필요조차 없었습니다. 왜냐하면 그들 자신의 양심이 그들의 잘못을 지적해 줄 것이기 때문입니다. 그들은 스스로 이렇게 말하게 될 것이었습니다. "아! 나는 너무나 큰 잘못을 저질렀어. 나는 그 사실을 도무지 부인할 수 없어. 나는 여호수아와 함께 가나안 족속들을 쫓아내는 일에 동참했어야 했어. 나는 나의 기업을 얻었으므로 마땅히 다른 형제들이 그들의 기업을 얻는 일을 도왔어야만 했어."

　　이와 같이 양심이 각성되었을 때, 그들은 또한 자신들이 너무나 비열하며 야비했음을 느끼게 될 것이었습니다. 가나안의 왕들이 정복을 당하고 온 가나안에 승리의 함성이 울려 퍼질 때, 그들은 스스로를 인간이라기보다 차라리 쥐라고 생각하게 될 것이었습니다. 그토록 영광스러운 싸움을 기피했으니 말입니다. 그들은 그러한 싸움에 동참하지 않은 것으로 인해 수치를 느낄 것이며, 다른 지파 형제들은 그들을 사내답지 못한 자들이라고 생각할 것이었습니다. 실제로 그들은 탐욕스럽고 이기적인 인간들로서 모든 사람들에게 속담거리가 될 것이었습니다. 스스로 하나님의 사람이라고 고백하는 자들에게 그것은 얼마나 참을 수 없는 수치이겠습니까? 마찬가지로 스스로 그리스도인이라고 고백하는 자가 수많은 사람들의 영혼이 멸망을 당하는 것을 보면서도 그들의 영혼을 위해 아무 일도 하지 않는 것은 얼마나 수치스러운 일이겠습니까?

　　나아가 정복전쟁에 동참하지 않은 지파들은 바로 그러한 행동으로 말미암아 쇠약해질 것이었습니다. 하나님은 자기 백성들이 싸우는 법을 배우기를 원하셨습니다. 그러나 만일 갓과 르우벤이 싸우러 가지 않는다면, 그들은 전사(戰士)다운 기백을 갖지 못할 것이었습니다. 그리고 그들의 땅이 침략을 당할 때, 그들은 스스로를 지킬 수 없게 될 것이었습니다. 하나님의 일을 회피함으로써 우리는 얼마나 자주 거룩한 가르침을 받을 기회를 놓치곤 합니까! 스스로 구원을 맛보고 그것을 주위에 전달하는 사람들보다 구원에 대해 더 잘 이해하는 사람은 결코 없다고 나는 믿습니다. 만일 여러분이 인간의 마음이 얼마나 악한지 알기를 원한다면, 회심하지 못한 사람들에게 선을 행하며 불신자들을 예수께 인도하고자 노력해 보십시오. 나의 자매여, 열두 명의 소녀들을 데려다가 그들을 그리스도께 인도하려고 시도해 보십시오. 그리고 그들의 마음이 어떻게 움직이는지 보십시오. 그러면 당신은 인간의 마음이 어떤지 훨씬 더 잘 알게 될 것입니다. 사랑하는 형제여, 여러 명의 형제들을 데려다가 그들을 회심시키려고 시도해 보십시오. 그러면서 그들이 어떻게 느끼며 행동하는지 눈여겨보십시오. 그러면 즉시로 당신은 인간의 본성이 얼마나 타락했는지 알게 될 것입니다. 만일 당신이 그들의 영혼을 구원하며 회심시키고자 애쓴다면, 당신은 그들에게 얼마나 성령이 필요한지 즉시로 깨닫게 될 것입니다. 나아가 당신 자신에게도 성령이 얼마나 필요한지 알게 될 것입니다. 왜냐하면 당신의 인내심이 시험당할 것이기 때문입니다. 당신은 그리스도의 일을 감당함으로써 하나님에게 속한 것들의 단 것과 쓴 것을 동시에 배우게 될 것입니다. 예수 그리스도는 "내 멍에를 메고 내게 배우라"고 말씀하십니다. 그리스도의 일을 하는 것은 그를 배우기 위해 우리가 감당해야만 하는 멍에입니다. 수영하는 법을 배우는 유일한 길은 물속으로 들어가는 것입니다. 병사가 되었으면서도 화약 냄새를 알지 못하는 것은 불가능한 일입니다. 그런 병사들은 전쟁의 날 거의 쓸모가 없습니다. 만일 우리가 아무 일도 하지 않는다면, 우리의 죄가 반드시 "스스로를 비열한 자로서 수치스럽게 느끼며 양심의 가책 가운데 쇠약해진" 우리를 찾아낼 것입니다. 이러한 죄가 우리를 찾아내기에 앞서 우리가 먼저 그것을 찾아냅시다. 그리고 그것을 우리로부터 떨어 버립시다.

또한 그들의 죄는 그들을 나머지 이스라엘로부터 나눌 것이었습니다. 만일 갓 자손과 르우벤 자손이 형제들과 함께 싸우기 위해 요단을 건너지 않았다면, 열 지파는 항상 이렇게 말할 것이었습니다. "그들이 우리와 무슨 상관이 있는가? 요단이 그들과 우리를 나누었으니, 그냥 그렇게 나누게 하라. 우리는 그토록 비열하게 행동한 그들과 아무런 관계도 맺고 싶지 않노라." 그들은 결국 하나님의 이스라엘과 실제적으로 분리될 것이었습니다. 그러면 그들은 신실한 백성들과의 교제를 통해 얻을 수 있는 모든 유익을 상실할 것이었습니다. 일하지 않는 자들은 하늘의 경주를 경주하는 자들과 보조를 함께 하지 않음으로 말미암아 많은 것을 잃습니다. 일하는 자는 복됩니다. 부지런히 일하는 손은 사람을 부요하게 만듭니다. 그리고 그것은 영적인 의미에서도 마찬가지입니다. 반면 베풀지 않는 자는 도리어 가난해집니다. 나는 영적인 의미로도 그러함을 확신합니다.

또한 그들의 죄는 그들로 하여금 하나님의 교회의 기쁨에 동참하지 못하도록 만들 것입니다. 만일 우리가 아무 일도 행하지 않는다면, 하나님의 풍성한 은혜 가운데 온 교회가 기뻐할 때 우리는 그 기쁨에 동참하지 못할 것입니다. 많은 사람들이 교회에 더하여질 것이며 하나님이 교회를 번성하게 하실 것이며 우리가 그것을 볼 것이지만, 그러나 우리는 그 안에서 아무런 기쁨도 느끼지 못하게 될 것입니다. 우리는 그 일에 동참하지 않았습니다. 그러므로 우리는 그 결과 속에서 아무런 위로도 발견하지 못하게 될 것입니다. 우리는 새벽기도 모임에도 나가지 않았으며, 여타의 기도모임에 나가지 않았습니다. 우리는 축복을 위해 기도하지 않았습니다. 우리는 하나님의 말씀을 전파하지 않았으며, 전도지 한 장도 나누어 주지 않았습니다. 그러므로 우리는 우리 눈으로 축복을 볼 것이지만 그러나 그 축복을 즐기지는 못할 것입니다. 하나님의 백성들이 기쁨의 할렐루야를 소리 높여 외칠 때, 우리는 단지 애곡할 뿐일 것입니다. "나의 어리석음이여! 나의 어리석음이여! 나에게 화가 있도다!" 우리가 함께 경작하기를 거부한 밭으로부터 추수하는 것을 보는 것은 결코 기쁨이 아닙니다.

또 여러분은 공적 예배의 모든 달콤한 것들을 잃어버리기 시작할 것입니다. 아무 일도 행하지 않음으로 말미암아, 여러분은 자신의 식욕을 잃습니다. 식욕이 없는 사람들에게는 다음과 같이 조언해 주는 지혜로운 의사가 필요합니다. "당신이 식욕이 없는 것은 당연합니다. 일을 하지 않으니까요. 열심히 땀 흘려 일하고 또 운동해 보십시오. 그러면 금방 식욕이 돌아올 것입니다." 수고하여 아침식사거리를 얻는 자는 아침식사를 즐깁니다. 또 그리스도를 위해 수고하는 자는 공중예배를 통해 그것의 달콤함을 발견합니다. 우리 가운데 주일 설교를 들을 수 없는 몇몇 형제들이 있습니다. 왜냐하면 주일에는 하루 종일 주님을 위해 해야 할 일이 있기 때문입니다. 그리하여 그들은 목요일 저녁설교를 듣습니다. 이렇게 하여 그들은 주중에 하늘의 양식을 얻으며, 그것은 그들에게 말할 수 없이 달콤한 양식입니다. 주일에 그들은 오직 한 번의 예배만 참석할 수 있습니다. 그러나 그것은 그들에게 갑절로 새 힘을 줍니다. 주일에 그들은 빈민(貧民)들을 위한 학교에서 봉사하거나 혹은 거리에서 하나님의 말씀을 전파합니다. 그러나 하나님은 그들이 잃어버린 기회를 갑절로 보충해 주십니다. 내 말을 믿으십시오. 양식이 임할 때, 그들은 활짝 열린 마음으로 그것을 받습니다. 왜냐하면 그들은 주님의 일을 하면서 얻은 강렬한 식욕을 가지고 그 자리에 앉아 있기 때문입니다. 만일 여러분이 일하지 않는다면, 반드시 여러분의 죄가 은혜의 수단들이 주어질 때 그것을 향유하지 못하는 여러분을 찾아낼 것입니다.

나는 이 죄가 사람들을 그들의 가정 안에서 찾아내는 것을 종종 보곤 합니다. 한 그리스도인이 있습니다. 우리는 그를 존경하며 사랑합니다. 그러나 그에게는 술주정뱅이 아들이 있습니다. 그러면 그의 선한 아버지는 일생 동안 술을 멀리

했을까요? 그렇지 않았습니다. 그는 블루리본을 좋아하지 않았습니다 (blueribbon:禁酒會員에게 주어지는 청색 리본 旗章). 나는 이 시간 절대적인 금주와 관련한 논쟁을 벌이고자 하지 않습니다. 그러나 나는 자신의 경건한 아버지가 일상적으로 조금씩 술을 마시는 것을 보고 자란 아이가 커서 술주정뱅이가 되는 것에 대해 조금도 놀라지 않습니다. 모든 사람은 자신의 모범과 훈계를 통해 자녀들에게 방종에 빠지지 말도록 가르쳐야 합니다. 그렇게 하지 않는 사람은 필경 자신의 죄가 자신을 찾아내는 것을 발견하게 될 것입니다.

여기에 또 한 사람이 있습니다. 그의 자녀들은 모두 경솔하며, 부주의하며, 분별없는 아이들로 자랐습니다. 그는 자녀들을 데리고 예배당으로 갔습니다. 이제 그는 묻습니다. "어째서 나의 자녀들은 회심하지 않는 것일까요?" 그가 그들을 한 사람씩 붙잡고 함께 기도한 적이 있었습니까? 그가 자녀들의 회심을 위해 애쓰며 자녀들과 함께 진지하게 대화해 본 적이 있었습니까? 이런 경우 대부분 그들은 아무 일도 행하지 않았습니다. 이런 부류의 사람들은 대부분의 경우 자녀들을 어린 나이에 회심시키려고 하는 것을 바람직하지 않은 일로 생각합니다. 마침내 그들의 죄가 그들을 찾아냅니다. 그들이 자신의 자녀들이 불신자로 자라는 것을 볼 때 말입니다.

나아가 만일 우리가 하나님의 자녀들을 보살피지 않는다면, 아마도 하나님 역시도 우리 자녀들을 보살피지 않을 것입니다. 하나님이 말씀하십니다. "거리에 있는 다른 사람들의 자녀들에 대해 너희는 아무런 관심도 기울이지 않았도다. 어째서 너희 자녀들만 특별하겠느냐? 너희는 빈민을 위한 학교를 세우지 않았도다. 그런데 어째서 내가 너희를 축복해야 한단 말이냐? 너희에게는 너희를 위해 일하는 고용인들이 있도다. 그들이 너희를 위해 수고하며 일함에도 불구하고 너희는 그들의 영혼을 위해 아무 일도 하지 않았도다. 그들이 구원받든 구원받지 못하든 너희는 아무 관심도 없었도다. 너희가 내 자녀들을 보살피지 않으므로, 나도 너희 자녀들을 보살피지 않을 것이라. 그러므로 너희 죄가 반드시 너희를 찾아낼 줄 알라."

여기에 주를 위해 아무 일도 행하지 않는 사람들이 있습니까? 나는 그런 사람들에게 오늘 말씀을 빌려 경고하고 싶습니다. 그렇지만 나의 경고가 그들을 찾아내는 것이 훨씬 더 낫습니다. 그들의 죄가 그들을 찾아내는 것보다는 말입니다. 사랑하는 형제들이여, 주를 위해 아무 일도 행하지 않을 때, 그것이 곧 여러분을 찾아낼 것이란 사실을 명심하십시오. 여러분이 병들어 아플 때, 그리스도를 믿는 믿음이 여러분에게 큰 위로를 줄 것입니다. 그러나 만일 여러분이 "아, 젊었을 때는 하나님을 섬겼었지요!"라고 말할 수밖에 없을 때, 여러분은 아무런 위로도 받지 못하고 도리어 슬픔으로 가득할 것입니다. 얼마 전에 한 친구가 내게 이렇게 말했습니다. "자네는 종종 몸져눕곤 하지? 그것은 지나친 과로 때문일세. 자네는 일 년 내내 한 주에 열 번씩이나 설교를 하네. 그렇게 하고서야 쓰러지지 않을 사람이 누가 있겠나?" 그 말에 나는 이렇게 대답했습니다. "아마도 그렇겠지. 그렇지만 나는 그것을 조금도 후회하지 않네. 나는 전국을 돌아다니며 힘을 다해 설교할 수 있는 것이 얼마나 감사한지 모르네. 조금이라도 힘이 남아 있는 한, 나는 계속해서 그렇게 할 것일세." 젊음이 있는 동안 열심히 일하는 것은 얼마나 감사한 일입니까? 그럴 때 우리는 다음과 같은 슬픈 말을 하지 않게 될 것입니다. "나는 모든 기회들을 잃어버리고 말았어. 나는 황금 같은 날들을 안일 가운데 허비해 버렸어." 나는 나 자신에게 이렇게 말합니다. "만일 내가 많은 일을 행했다면, 그것은 내가 게으른 종이 아니었다는 증거가 아니겠는가? 나는 그것으로 감사하고 또 감사할 것이라." 만일 열심히 일한 사람이 어느 정도 스스로를 채찍질해야만 한다면, 하물며 아무 일도 행하지 않으면서 다른 사람들을 낙심시킨 사람이야 얼마나 더 그래야 하겠습니까? 만일 여러분이 게으름 가운데 아무 일도 행하지 않는다면, 여러분의 죄가 반드시 여러분을 찾아낼 것입니다.

본문을 다시 한 번 읽어 보십시오. "너희가 만일 그같이 아니하면 여호와께 범죄함이니 너희 죄가 반드시 너희를 찾아낼 줄 알라." 이것은 모세가 갓과 르우벤 자손들에게 경고한 내용입니다. 여러분은 이러한 경고가 그들에게 지나치게 가혹하다고 생각합니까? 그렇다면 하나님을 전혀 사랑하지 않는 여러분에게 내가 무슨 말을 할 것입니까? 만일 그리스도의 손에 들린 키가 이같이 가혹한 방식으로 그의 타작마당을 깨끗하게 한다면, 그 키가 쭉정이와 같은 여러분에게는 어떻게 할 것입니까? 만일 그가 여기에 앉아 레위의 아들들을 정결하게 하며, 심지어 금까지도 불 속에 집어넣는다면, 하물며 찌끼인 여러분은 어떻게 되겠습니까? "또 의인이 겨우 구원을 받으면 경건하지 아니한 자와 죄인은 어디에 서리요"(벧전 4:18). 하나님은 심지어 자신의 사랑하는 자들에게도 엄격하게 말씀하십니다. "무릇 내가 사랑하는 자를 책망하여 징계하노니 그러므로 네가 열심을 내라 회개하라"(계 3:19). 그렇다면 하물며 자신에 대해 노골적으로 반항하는 외인(外人)들에게야 얼마나 더 그렇겠습니까? 그러므로 하나님을 잊어버린 자들이여, 두려워하며 떠십시오! 그의 말씀을 들어보십시오. "하나님을 잊어버린 너희여 이제 이를 생각하라 그렇지 아니하면 내가 너희를 찢으리니 건질 자 없으리라"(시 50:22). 부디 하나님이 여러분을 도우시기를 기원합니다. 그래서 여러분을 아무것도 행하지 않는 죄로부터 피하게 하시기를 기원합니다. 부디 주 예수 그리스도께서 여러분으로 하여금 하나님을 위해 열심히 일하도록 이끄시기를 기원합니다. 아멘.

제
14
장

—

도피성

—

"너희를 위하여 성읍을 도피성으로 정하여 부지중에 살인한 자가 그리로 피하게 하라."— 민 35:11

여러분이 잘 알고 있는 것처럼 피의 복수의 원리는 동방 사람들의 마음속에 깊이 뿌리를 내리고 있었습니다. 오래 전부터 그것은 동방 사람들의 관습이었습니다. 어떤 사람이 죽임을 당했을 때, 그의 상속자나 혹은 그의 가장 가까운 친척이나 혹은 그와 관련된 어떤 사람이 고의적이든 고의적이지 않든 그를 죽인 사람에 대해 복수를 해야 했습니다. 이러한 복수 개념은 동방 사람들의 생각 속에 매우 특별한 것이었습니다. 피의 복수자는 자신이 복수하고자 하는 상대방이 살아 있는 한 그를 끝까지 뒤쫓았습니다. 그를 죽이기 위해 말입니다. 재판관 앞에서 재판을 받는 따위의 일은 필요하지 않았습니다. 심지어 어떤 부족들 가운데서는 만일 복수하고자 하는 상대방이 죽었다면 그를 대신하여 그의 아버지나 혹은 그의 친족 가운데 어떤 사람을 죽이는 것조차 정당한 것으로 여겨지기도 했습니다. 고의적이든 아니든 죽임을 당한 사람을 위한 복수로서 그의 친족 가운데 어떤 사람이 죽임을 당할 때까지, 두 친족은 서로 오직 피에 의해서만 소멸될 수 있는 불구대천의 원한가운데 있게 되었습니다.

우리는 도피성과 관련한 율법 속에 이와 같은 그들의 뿌리 깊은 피의 복수 개념이 내포되어 있다는 사실을 주목할 필요가 있습니다. 이 일에 있어 하나님은 매우 지혜롭게 행하셨습니다. 다른 모든 일에 있어서도 그러하셨듯이 말입니다. 우리는 성경 속에서 하나님이 인정하시지는 않지만 그러나 백성들 가운데 깊이 뿌리를 내리고 있음으로 해서 하나님이 그냥 사용하신 문제를 두 가지 발견합니다. 한 가지는 일부다처제였습니다. 여러 아내를 취하는 일은 이스라엘 백성들 가운데 깊이 뿌리를 내리고 있었습니다. 그러나 하나님은 그것을 미워하셨음에도 불구하고 허락하셨습니다. 왜냐하면 만일 하나님이 오직 한 아내만을 취할 것을 명하는 계명을 만든다면, 그들은 필연적으로 그러한 계명을 깨뜨릴 것이었기 때문입니다. 이러한 원리는 피의 복수의 문제에 있어서도 마찬가지였습니다. 그것은 이스라엘 백성들의 생각 속에 확고하게 뿌리를 내리고 있었습니다. 그래서 하나님은 복수하는 것을 당연한 권리로 여기는 그들의 생각을 부인하는 대신 고의적인 살인자가 아닌 한 다른 사람에 의해 죽임을 당하는 것을 거의 불가능하게 만드는 율법을 만드셨습니다. 바로 그것이 도피성의 율법입니다. 하나님은 편리한 장소에 여섯 곳의 도피성을 지정하심으로써 고의성이 없이 우연히 사람을 죽인 자로 하여금 즉시 그곳으로 피신하도록 하셨습니다. 그가 그곳에 평생 동안 머물러 있음에도 불구하고 피의 복수자는 그를 건드릴 수 없었습니다. 그가 고의성이 없이 사람을 죽였다면 말입니다. 설령 공정한 재판을 통해 고의성이 없었음이 입증된다 하더라도, 그는 피의 복수자가 절대로 들어올 수 없는 도피성 안에 머물러야만 합니다. 만일 도피성 밖으로 나간다면, 피의 복수자는 그를 죽일 수 있었습니다. 그러므로 그는 '영구적인 격리(隔離)'를 감수해야만 했습니다. 우연히 사람을 죽였음에도 불구하고 말입니다. 우리는 여기에서 하나님이 피를 얼마나 귀하게 여기시는지, 그리고 어떤 방식으로든 사람을 죽이는 것이 얼마나 두려운 일인지를 잘 알 수 있습니다. 이와 같이 도피성의 규례는 고의적인 살인의 죄책이 없는 사람이 피의 복수로서 죽임을 당하는 것을 금지합니다. 왜냐하면 고의성이 없이 사람을 죽인 사람은 즉시 도피성으로 피신할 수 있었기 때문입니다. 만일 그가 그곳에 먼저 도착한다면, 그는 그곳에서 안전하게 거할 수 있었습니다.

나는 이러한 도피성의 규례를 '우리 주 예수 그리스도로 말미암은 구원의 원리'를 나타내는 하나의 상징으로 사용하고자 합니다. 여기에서 나는 첫째로 그에 대해 설명하고, 둘째로 그와 관련하여 훈계를 제시하고자 합니다.

1. 도피성에 대한 설명

먼저 어떤 사람들을 위해 도피성이 준비되었는지 주목하십시오. 그것은 고의적인 살인자를 위한 피난처가 아니었습니다. 설령 그곳으로 피신했다 하더라도 나중에 공정한 재판을 통해 고의적인 살인이었음이 드러나면, 그는 그곳으로부터 끌어내어져 피의 복수자에게 넘겨졌습니다. 그러면 복수자는 그를 죽임으로써 피는 피로, 생명은 생명으로 갚았습니다. 그러나 고의적인 악의가 없이 우연히 죽였을 경우, 도피성으로 피신한 사람은 완전히 안전했습니다.

그렇지만 이러한 상징은 우리 주 예수 그리스도의 사역을 적절하게 나타내지 않습니다. 그는 결백한 사람들을 위한 도피성이 아니라, 죄인들을 위한 도피성입니다. 그는 우연히 범죄한 사람들을 위한 도피성이 아니라, 고의적으로 다른 길로 간 사람들을 위한 도피성입니다. 우리 구주는 실수나 우연히 죄를 범한 사람들을 위해서가 아니라, 하나님의 계명들을 알면서도 부패한 옛 사람의 본성에 따라 고의적으로 하나님을 대적하며 불순종한 사람들을 구원하기 위해 세상에 오셨습니다.

다음으로 피의 복수자를 주목해 보십시오. 피의 복수자의 상징을 설명함에 있어, 우리는 그와 관련한 모든 부분을 살펴보아야만 합니다. 피의 복수자는 통상적으로 죽임을 당한 자와 가장 가까운 친족이었습니다. 그렇지만 나는 다른 친족들도 피의 복수자의 역할을 맡을 수 있었다고 믿습니다. 예컨대 나의 동생이 죽임을 당했다고 상상해 봅시다. 그렇다면 그의 피에 대해 복수하는 것은 가족의 장자로서 나의 의무가 될 것입니다. 그러나 만일 내가 그렇게 할 수 없다면, 동생을 죽인 사람을 뒤쫓아 복수하는 것은 나의 아버지나 혹은 나의 가정의 모든 남자들의 일이 될 것입니다. 물론 내가 지금 이것이 오늘날 우리의 의무라고 말하는 것은 아닙니다. 다만 구약시대에 그랬다는 것을 이야기하는 것일 뿐입니다. 모세 율법 아래서 죽임당한 자의 친척들은 그의 피를 위해 복수하는 것이 허용되었습니다.

이러한 피의 복수자의 상징과 대응되는 것이 무엇일까요? 그것은 다름 아닌 하나님의 율법입니다. 죄인이여, 당신의 뒤를 쫓는 피의 복수자가 있으니 그것은 하나님의 율법입니다. 당신은 고의적으로 죄를 범했습니다. 이를테면 당신은 하나님의 계명을 죽였습니다. 당신은 하나님의 계명을 당신의 발 아래 짓밟았습니다. 그렇게 하여 하나님의 율법이 당신을 쫓는 피의 복수자가 되었습니다. 그것이 당신의 뒤를 뒤쫓고 있습니다. 그리고 머지않아 당신을 붙잡을 것입니다.

정죄가 당신의 머리 위에 매달려 있습니다. 그리고 그것이 필경 당신을 덮칠 것입니다. 설령 이 세상에서 실행되지 않는다 하더라도, 피의 복수자인 여호와의 율법은 다음 세상에서 당신에게 복수를 실행할 것이며 당신은 완전히 멸망을 당할 것입니다.

그러나 율법 아래 도피성이 준비되었습니다. 이스라엘 각지에 있는 모든 사람들이 쉽게 도달할 수 있도록 편리한 장소에 여섯 곳의 도피성이 있었습니다. 물론 우리에게 여섯 명의 그리스도가 있지 않습니다. 오직 한 분의 그리스도가 있을 뿐입니다. 그러나 모든 곳에 그리스도가 있습니다. "그러면 무엇을 말하느냐 말씀이 네게 가까워 네 입에 있으며 네 마음에 있다 하였으니 곧 우리가 전파하는 믿음의 말씀이라 네가 만일 네 입으로 예수를 주로 시인하며 또 하나님께서 그를 죽은 자 가운데서 살리신 것을 네 마음에 믿으면 구원을 받으리라 사람이 마음으로 믿어 의에 이르고 입으로 시인하여 구원에 이르느니라"(롬 10:8-10).

이러한 도피성은 레위인의 성읍이었습니다. 그것은 사람을 죽인 자의 생명을 보호해 주었습니다. 그는 당시 대제사장이 죽을 때까지 결코 그곳을 나가서는 안 되었습니다. 만일 대제사장이 죽는다면, 그는 피의 복수자에게 위해(危害)를 당할 것을 염려할 필요 없이 자유롭게 그곳을 나갈 수 있었습니다. 그러나 도피성에 거류하는 동안 그는 집과 먹을 것과 필요한 모든 것을 공급받았습니다. 그리고 그는 완전히 안전하게 지켜졌습니다. 그가 도피성에서 안전했던 것은 그곳의 성벽이나 혹은 성문 빗장 때문이 아니었습니다. 그것은 단지 그곳이 하나님이 지정하신 피난처였기 때문이었습니다. 지금 여러분의 눈에 그곳으로 달려가고 있는 사람이 보입니까? 피의 복수자가 그들 뒤쫓아가고 있습니다. 그는 격분한가운데 빠른 속도로 뒤쫓아갑니다. 그러나 살인자가 막 도피성 입구에 도달하는 순간, 피의 복수자는 멈춥니다. 그는 더 이상 살인자를 쫓아가는 것이 아무 소용 없다는 사실을 잘 압니다. 그것은 그 성의 성벽이 높기 때문도 아니며, 성문의 빗장이 걸려 있기 때문도 아니며, 병사들이 그곳을 지키고 있기 때문도 아닙니다. 그것은 오직 하나님이 살인한 자가 그 성에 들어오는 순간 안전할 것이라고 말씀하셨기 때문입니다. 도피성을 안전한 장소로 만든 것은 오직 하나님이 그렇게 정하셨기 때문입니다. 사랑하는 자들이여, 우리 주 예수 그리스도는 하나님이 정하신 구원의 길입니다. 누구든지 자신의 죄를 깨닫고 그리스도에게로 도망치는 자마다 절대적이며 영원한 안전을 발견할 것입니다. 율법의 저주가 우리를 건드리지 못할 것입니다. 사탄이 우리를 해하지 못할 것입니다. 피의 복수가 우리에게 임하지 못할 것입니다. 왜냐하면 철문(鐵門)보다 더 강한 "하나님의 정하심"이 복음 안에서 "앞에 있는 소망을 얻으려고 피난처를 찾아" 달려가는 우리를 지켜줄 것이기 때문입니다(히 6:18).

여기에서 나는 여러분에게 도피성은 상당한 범위의 지역을 포함하고 있었다는 사실을 일깨워 주어야만 합니다. 제사장들의 가축을 위해 이천 규빗의 목초지가 할당되었으며, 각종 경작지와 포도원을 위해 일천 규빗의 들이 할당되었습니다. 사람을 죽인 자는 성벽 안으로 들어올 필요조차 없었습니다. 단지 도피성의 경계 안으로 들어오면 충분했습니다. 목초지든 들이든, 도피성의 경계 안으로 들어오면 그는 완전히 안전했습니다. 여러분은 그리스도의 옷깃만 만져도 온전함을 얻을 것입니다. 만일 여러분이 "겨자씨와 같은 믿음" 즉 매우 작지만 그러나 살아 있는 믿음으로 그를 만진다면, 여러분은 안전합니다.

> "비록 작지만 그러나 참된 믿음은
> 우리의 모든 죄를 죽이기에 충분하도다."

어느 쪽이든 어떤 곳이든 도피성의 경계 안으로 들어가십시오. 그러면 여러분은 즉시 그리고 영원히 피의 복수자로부터 안전합니다.

당시 이스라엘 백성들이 살던 장소와 이러한 도피성들 사이의 거리는 어느 정도 되었을까요? 사람을 죽인 자가 어디에 있든, 그는 반나절 안에 도피성에 도달할 수 있었습니다. 사랑하는 자들이여, 이러한 사실은 우리에게 얼마나 큰 위로를 줍니까! 사랑하는 자들이여, 진실로 범죄한 죄인과 그리스도의 피난처 사이의 거리는 결코 먼 거리가 아닙니다. 단지 우리 자신의 능력을 포기하고 그리스도를 붙잡기만 하면 됩니다. 그를 우리의 모든 것(All-in-All)으로 붙잡기만 하면 됩니다. 우리에게 있어 도피성 안으로 들어가기 위해 요구되는 것은 이것이 전부입니다. 뿐만 아니라 도피성으로 가는 모든 길은 항상 엄격하게 유지되고 보존되었다고 합니다. 모든 강에는 다리가 놓였습니다. 할 수 있는 한 길은 평평하게 만들어졌으며, 모든 장애물은 제거되었습니다. 고의성이 없이 사람을 죽인 자가 도피성으로 쉽게 달려갈 수 있도록 하기 위해서 말입니다. 또 매년마다 그 성의 장로들은 그 길이 적절한 상태로 유지되고 있는지 살폈다고 합니다. 혹시 보수해야 할 곳은 없는지, 다리는 끊어지지 않았는지, 길에 어떤 장애물이 생기지는 않았는지 등을 점검하기 위해서 말입니다. 그래서 사람을 죽이고 도피성으로 피신하는 자가 가능한 피의 복수자에게 쉽게 따라잡히지 않도록 배려했습니다. 그리고 길이 갈라지는 곳에는 항상 "도피성"이라고 쓴 표지판을 세워 놓았습니다. 그곳으로 피신하는 사람이 쉽게 읽을 수 있도록 잘 보이는 곳에 말입니다. 뿐만 아니라 항상 두 사람이 그 길을 지키고 있었습니다. 그래서 피의 복수자가 따라잡게 되는 경우, 그들은 얼른 둘 사이에 끼어들어 피의 복수자를 지체시켰습니다. 가능한 고의성이 없이 살인한 자가 그에게 붙잡히지 않고 도피성에 무사히 도착할 수 있도록 하기 위해서 말입니다. 그래서 무죄한 피가 공정한 재판 없이 흘려지지 않고 또 피의 복수자 자신도 또 다른 살인의 죄책을 갖게 되지 않도록 하고자 했습니다. 만일 피의 복수자가 우연한 사고로 사람을 죽인 자를 죽인다면, 그의 머리 위에 또 다른 살인의 죄책이 떨어질 것입니다.

사랑하는 자들이여, 나는 이것이 예수 그리스도께로 가는 길의 그림이라고 생각합니다. 그것은 율법의 돌아가는 길이 아닙니다. 그것은 곧은 길입니다. "믿고 생명을 얻으라." 그것은 자기 의(自己義)에 사로잡힌 사람은 결코 밟을 수 없는 길입니다. 그러나 그것은 스스로 죄인임을 인식하는 모든 사람이 발견할 수 있는 쉬운 길입니다. 더욱이 하나님은 그 길을 걸어가는 사람이 길을 잃지 않도록 하기 위해 나와 같은 사역자들을 세우셨습니다. 마치 그 길 위에 서 있는 표지판처럼 말입니다. 그 표지판은 가련한 죄인들에게 예수께로 가는 길을 가리킵니다. 우리는 항상 사람들에게 "이 길로 걸어가라!"라고 외칩니다. 죄인들이여, 이것이 그 길입니다. 그 길로 걸어가십시오. 그러면 구원을 받을 것입니다.

지금까지 나는 여러분에게 도피성이 상징하는 것에 대해 설명했습니다. 예수 그리스도가 참된 도피성입니다. 그는 긍휼을 위해 자신에게로 피신하는 모든 사람을 지켜 주십니다. 그가 그렇게 하는 것은 그가 하나님이 정하신 구주이기 때문입니다. 그는 자기를 힘입어 하나님께 나아오는 모든 사람들을 온전히 구원할 수 있습니다.

2. 도피성과 관련한 훈계

지금 여러분 앞에 어떤 사람이 있다고 상상해 보십시오. 그는 지금 밭에서 일을 하고 있습니다. 그의 손에는 소 모는 막대기가 들려 있습니다. 그는 지금 그 막대기를 사용하여 밭일을 하고 있습니다. 그런데 불행하게도 그가 휘두른 막대기에 옆에 있는 사람이 맞아 죽고 말았습니다. 그의 얼굴은 두려움으로 새파랗게 질려 있습니다. 그에게는 고의성이 전혀 없었습니다. 그러므로 그에게는 살인죄의 죄책이 없습니다. 그러나 그는 자기 발 앞에 누워 있는 시신을 내려다보면서 큰 괴로움을 느끼고 있습니다. 그의 가슴이 찢어질듯이 아픕니다. 그는 지금 여러분과 내가 한 번도 경험해 보지 못한 극심한 두려움과 공포와 괴로움을 느끼고 있습니다. 그렇습니다. 우리는 때로 영적으로 이와 비슷한 것을 느끼곤 합니다. 자신의 친구가 옆에서 생명 없이 쓰러져 있는 것을 바라보는 사람의 괴로움을 도대체 어떻게 적절하게 표현할 수 있겠습니까? 말로써는 그것을 제대로 표현할 수 없습니다. 어쨌든 그는 쓰러져 있는 동료를 바라봅니다. 그는 동료를 일으키려고 애씁니다. 아무리 보아도 동료는 정말로 죽은 것이 확실합니다. 그러면 그는 어떻게 합니까? 여러분은 그를 보지 못합니까? 그는 일하고 있던 밭으로부터 있는 힘을 다해 달립니다. 그는 여섯 시간을 달려 성문 안으로 들어갑니다. 그리고 죽은 동료의 형을 찾아 그에게 모든 사정을 알립니다. 형은 즉시 밭으로 달려갔고, 거기에서 쓰러져 죽어 있는 자신의 동생을 발견합니다. 여러분은 동료를 죽인 자의 심장이 두려움으로 고동치는 소리를 들을 수 있습니까? 순간적으로 그는 도망칩니다. 그는 피의 복수자가 분노로 시뻘개진 얼굴을 하고 소를 모는 막대기를 들고 자신을 뒤쫓아 달려오는 것을 봅니다. 길은 죽은 자의 아버지가 사는 마을로 뻗어 있습니다. 가련한 도망자가 죽을 힘을 다해 도망치는 것을 보십시오. 그는 아내에게 작별인사를 하기 위해 멈추지 않습니다. 자녀들에게 입 맞출 시간조차 없습니다. 오직 그는 모든 힘을 다해 달릴 뿐입니다. 죽은 자의 형은 자신의 아버지와 다른 친구들을 부릅니다. 이제 그들 모두가 함께 그를 뒤쫓아 달립니다. 지금 한 무리의 사람들이 달리고 있습니다. 동료를 죽인 자가 제일 앞에서 달려갑니다. 그는 단 한순간도 쉴 수 없습니다. 그를 뒤쫓는 무리 가운데 어떤 사람들은 잠시 쉴 수도 있고 그냥 되돌아갈 수도 있지만 그러나 그는 그렇게 할 수 없습니다. 오로지 앞을 향해 계속해서 달려야만 합니다. 마을에 말이 한 마리 있습니다. 그들은 그 말을 타고 그를 추격합니다. 만일 또 다른 말이 있다면, 그들은 그 말까지도 취하여 그를 뒤쫓을 것입니다. 여러분은 동료를 죽인 자가 이렇게 부르짖는 것을 상상할 수 있습니까? "나, 나에게 날개가 있다면! 그러면 도피성까지 날아갈 수 있을 텐데!" 그가 얼마나 죽을 힘을 다해 달리는지 보십시오. 그에게 양쪽에 있는 밭이 무엇이란 말입니까? 그에게 그의 앞을 가로막는 개울이 무엇이란 말입니까? 그에게 신발이 젖는 것이 무엇이란 말입니까? 그는 멈출 수 없습니다. 해가 그에게 뜨겁게 내리쬡니다. 그러나 그는 계속, 계속, 계속 달려갑니다. 그는 하나씩 옷을 벗어 던집니다. 그러면서 계속 달립니다. 뒤쫓는 자들이 그의 뒤에 가까이 있습니다. 그의 모습은 마치 사냥개들에게 쫓기는 사슴과 같습니다. 그는 자신을 쫓아오는 자들이 자신의 피에 목말라 있다는 사실을 압니다. 만일 그들에게 붙잡힌다면, 그는 죽은 목숨입니다. 그가 얼마나 빨리 달리고 있는지 보십시오. 여러분은 지금 그를 보고 있습니까? 마침내 그의 눈 앞에 한 성읍이 나타납니다. 도피성입니다. 그의 눈에 그곳의 망루들이 보입니다. 그렇지만 그는 거의 발을 뗄 수도 없을 만큼 너무나 지쳐 있습니다. 그의 이마 위에 핏줄이 곤두서 있습니다. 그의 코에서 피가 흘러나옵니다. 그러나 그는 마지막 힘까지 다 사용하여 달립니다. 마지막 남은 한 터럭의 힘까지 다 사용하여 말입니다. 뒤쫓는 자들이 그의 뒤에 있습니다. 바로 뒤까지 말입니다. 손을 뻗으면 거의 닿을 정도까지 가까이 쫓아왔습니다. 그러나 보십시오! 그리고 기뻐하십시오! 그는 마침내 도피성의 경계에 도달했습니다. 거기에 경계표가 있습니다. 그는 마침내 경계표를 통과합니다. 그리고 그 순간 정신이 아득해지면서 땅에 쓰러집니다. 그러나 그의 마음에는 기쁨이 있습니다. 쫓아오던 자들도 그곳에 도달했습니다. 그리고 땅에 쓰러진 그를 바라봅니다. 그러나 그들은 감히 그를 죽이지 못합니다. 그들의 손에 칼이 들려 있습니다. 그들의 손에 돌도 들려 있습니다. 그러나 그들은 감히 그를 죽일 수 없습니다. 그는 안전합니다. 이제 아무 걱정 없습니다. 그는 달음질을 잘 했습니다. 그는 생명의 나라로 뛰어들어 왔습니다. 그리고 두렵고 무시무시한 사망을 피했습니다.

죄인이여, 지금까지 내가 제시한 그림은 바로 당신 자신의 그림입니다. 다만 그와 당신 사이에 차이가 있다면, 그는 죄책이 없는 반면 당신에게는 죄책이 있다는 점뿐입니다. 아, 피의 복수자가 당신을 뒤쫓고 있다는 사실을 당신이 알기만 한다면! 부디 하나님이 당신에게 은혜를 베푸셔서 당신이 지금 위험 가운데 있다는 사실을 깨닫게 하시기를 기원합니다! 당신은 심지어 교회당에 와서 앉아 있을 때조차도 "나로 피하게 하소서! 나로 피하게 하소서! 내가 어디에서 긍휼을 발견할 것이나이까?"라고 부르짖었습니다. 그리스도 안에서, 죄책을 가진 당신의 영을 위한 피난처를 발견할 때까지 당신은 조금도 쉬지 못했습니다. 그런 당신에게 나는 지금 예수께 피신하라고 훈계합니다.

나로 하여금 여러분 가운데 한 사람을 표본으로 선택하도록 허락해 주기 바랍니다. 여기에 죄책을 가진 한 젊은이가 있습니다. 그는 자신이 큰 범죄자임을 압니다. 그는 하나님의 율법을 깨뜨렸습니다. 아, 젊은이여! 피의 복수자가 죄책을 가진 당신을 뒤쫓고 있습니다. 그 복수자는 하나님의 불 같은 율법입니다. 당신은 그것을 본적이 있습니까? 그것은 불꽃 같은 말씀을 발합니다. 그것은 등불과 같은 눈을 가지고 있습니다. 만일 당신이 하나님의 율법을 보고 그 무시무시한 칼날의 예리함을 느낄 수 있다면, 당신은 임박한 재앙을 생각하며 부들부들 떨다가 거의 죽은 자처럼 될 것입니다. 죄인이여, 만일 이러한 복수자가 당신을 붙잡는다면, 그 결과는 단순한 일시적 죽음이 아니라 영원한 죽음이 될 것입니다. 죄인이여, 만일 하나님의 율법이 당신을 붙잡고 그리스도가 당신을 건져내지 않는다면, 당신은 저주를 받을 것입니다. 당신은 저주가 무엇을 의미하는지 압니까? 당신은 영원한 진노의 파도가 무엇인지 말할 수 있습니까? 당신은 죽지 않는 벌레가 무엇인지 말할 수 있습니까? 당신은 불못이 무엇인지 압니까? 당신은 무저갱이 무엇인지 압니까? 당신은 이러한 것들이 얼마나 두려운 것인지 결코 알 수 없습니다. 죄인이여, 할 수만 있으면 영원한 생명을 위해 피하십시오. 당신은 존 번연의「천로역정」에 나오는 "손가락으로 귀를 막고 달렸던 사람"과 같아야 합니다. 그의 이웃들이 그를 뒤쫓았을 때, 그는 "영원한 생명! 영원한 생명!"이라고 부르짖었습니다. 아, 무딘 자들이여! 아, 어리석고 무지한 자들이여! 자신의 죄 가운데 눌러앉아 만족스러운 표정으로 가만히 있는 것보다 더 나쁜 것이 무엇이겠습니까! 술주정뱅이는 여전히 자신의 술잔을 들이킵니다. 그는 그 찌끼 안에 진노가 있음을 알지 못합니다. 하나님의 이름으로 함부로 맹세하는 자는 여전히 참람한 말을 지껄입니다. 그는 어느 날 자신의 맹세가 그 자신의 머리 위로 돌아올 것이란 사실을 알지 못합니다. 여러분은 여러분의 길을 가며, 기름진 것을 먹고, 단 포도주를 마시며, 희희낙락하며 살 것입니다. 그러나 가련한 영혼들이여, 만일 여러분이 피의 복수자가 여러분의 뒤를 뒤쫓고 있다는 사실을 안다면, 여러분은 그토록 어리석게 행동하지 않을 것입니다. 앞에서 이야기한 부지중에 동료를 죽인 사람을 생각해 보십시오. 피의 복수자가 뒤쫓아 오는 것을 아는 그가 가만히 앉아 죽기를 기다리겠습니까? 도피성이 준비되어 있음에도 불구하고 말입니다. 결코 그럴 수 없습니다. 그러면 자신의 죄 가운데 가만히 앉아 있는 여러분은 얼마나 어리석은 자입니까! 그렇게 하는 것은 인간의 어리석음의 최고봉이며, 자유의지의 면류관에 박힌 가장 반짝거리는 보석이며, 자유의지가 입는 사망의 옷입니다. 여러분은 예수 그리스도께 피신하지 않을 것입니다. 여러분은 지금 있는 장소에 그냥 머물러 있을 것입니다. 여러분은 가만히 앉아 있는 것으로 만족할 것입니다. 그러다가 어느 날 하나님의 율법이 여러분을 붙잡을 것입니다. 그 때 영원한 진노가 당신 위에 임할 것입니다. 피의 복수자가 뒤쫓아 오고 있는데도 가만히 앉아 빈둥거리며 시간을 허비하는 사람은 얼마나 어리석은 사람입니까? 도피성이 준비되어 있음에도 불구하고 말입니다.

자, 또 한 가지 경우를 상상해 보도록 합시다. 여기에 한 젊은이가 있습니다. 그는 이렇게 말합니다. "그런데 목사님, 나에게 있어 구원받고자 애쓰는 것은 아무 소용 없는 일입니다. 나는 기도니 믿음이니 하는 따위를 생각하지 않을 것입니다. 왜냐하면 나를 위한 도피성은 어디에도 없기 때문입니다." 실수로 동료를 죽인 그 가련한 사람이 이와 같이 말했다고 상상해 보십시오. 그가 풀이 죽은 모습으로 앉아 "나를 위한 도피성은 어디에도 없어요"라고 말했다고 상상해 보십시오. 이런 어리석은 일이 도대체 어디에 있겠습니까? 결코 그렇지 않습니다. 만일 당신이 당신을 위한 도피성은 어디에도 없다고 생각한다면, 당신은 탄식하며 신음하며 울부짖을 것입니다. 사람들이 빠지는 절망 가운데는 가짜 절망도 있습니다. 나는 많은 사람들이 "나는 내가 구원받을 수 있다고는 결코 생각하지 않습니다"라고 말하는 것을 종종 듣곤 했습니다. 그들은 자신들이 구원받든 구원받지 못하든 전혀 개의치 않는 것처럼 보입니다. 자신을 위한 도피성은 어디에도 없다고 생각하면서 가만히 앉아 피의 복수자가 자기를 죽이도록 그냥 내버려 두는 사람은 얼마나 어리석은 사람입니까? 그렇지만 만일 당신이 가만히 앉아 "하나님은 결코 내게 긍휼을 베풀지 않을 거예요"라고 말한다면, 당신은 더 어리석은 사람이 될 것입니다. 버젓이 약이 있음에도 불구하고 아무 효과 없을 것이라고 생각하면서 그 약을 먹기를 거부하는 것은 거의 자살하는 것이나 마찬가지입니다. 스스로 칼을 들어 자기 가슴을 찌르는 것과 무엇이 다르겠습니까? 어리석은 자여, 당신에게는 당신의 절망이 하나님의 약속을 덮어 버리도록 내버려 둘 수 있는 권리가 없습니다. 하나님의 약속이 무엇입니까? "누구든지 주의 이름을 부르는 자는 구원을 얻으리라"는 약속이 아닙니까? 만일 하나님이 당신에게 당신의 죄를 보이셨다면, 거기에는 당신을 위한 도피성도 있는 것입니다. 그곳으로 달려가십시오. 그곳으로 달려가십시오. 부디 하나님이 당신을 도우셔서 당신으로 하여금 지금 그곳으로 달려가게 하시기를 기원합니다! 아, 만일 사람들이 장차 임할 진노가 얼마나 두려운 것인지 그리고 심판 날이 얼마나 두려운 날이 될 것인지 알기만 한다면, 그들은 즉시 일어나 있는 힘을 다해 예수께로 달려갈 것입니다. 아, 만일 사람들이 그리스도 밖에 있는 것이 얼마나 두려운 일인지 알기만 한다면, 그 안으로 달려 들어가기를 머뭇거리며 계속해서 우물쭈물하는 사람은 단 한 사람도 없을 것입니다. 성령 하나님이 우리의 죄를 깨닫게 하실 때, 우리는 결코 멈출 수 없습니다. 우리는 단 한순간도 쉴 수 없습니다. 죽지 않기 위해 우리는 계속, 계속, 계속 달릴 것입니다. 지금 여기에 앉아 나의 설교를 듣고 있는 여러분 모두에게 간절히 탄원합니다. 하나님에 대해 범죄한 여러분에게 또 그 사실을 아는 여러분에게 또 장차 임할 진노로부터 구원받기를 바라는 여러분에게 간절히 탄원합니다. 한때 죽으셨지만 그러나 영원히 살아 계신 주 예수 그리스도께로 피하십시오.

　오직 예수 그리스도께로 피해야만 한다는 사실을 유념하십시오. 왜냐하면 만일 실수로 동료를 죽인 사람이 다른 성읍으로 피신했다면, 그는 필경 목숨을 보전할 수 없었을 것이기 때문입니다. 만일 그가 하나님이 지정한 도피성이 아닌 다른 곳으로 피신했다면, 필경 그는 죽을 힘을 다해 그곳으로 달려갔다 하더라도 그곳에서 죽임을 당했을 것입니다. 자기 의에 사로잡힌 자들이여, 여러분은 여러분 자신의 선행으로 피신할는지 모릅니다. 여러분은 여러분의 세례와 견진(堅振)과 교회 출석으로 피신할는지 모릅니다. 그 모든 것이 선하고 좋은 것일는지 모르지만 그러나 여러분은 잘못된 성읍으로 피신하는 것입니다. 그리고 결국 피의 복수자가 여러분을 찾아낼 것입니다. 가련한 영혼이여, 주 예수 그리스도가 죄인을 위한 유일한 피난처라는 사실을 기억하십시오. 그의 피와 그의 상처와 그의 고통과 그의 고난과 그의 죽음이 구원의 성(城)의 성벽이며 성문입니다. 그러나 만일 여러분이 이러한 것들을 믿지 않는다면, 여러분의 소망은 필경 부러진 갈대와 같이 될 것이며 여러분은 결국 멸망을 당할 것입니다.

　아마도 여기에 최근에 영적으로 각성되어 자신의 죄를 보게 된 어떤 사람이 있을 것입니다. 그에게 그 죄는 마치 그의 발 아래 쓰러져 있는 죽은 시체처럼 보입니다. 하나님은 이 시간 특별히 그 사람을 위해 나를 보내셨습니다. 가련한 자여, 하나님이 당신에게 당신의 죄를 보여주셨습니다. 그리고 하나님은 당신을 위해 도피성이 준비되어 있음을 알려주도록 나를 보내셨습니다. 설령 당신은 죄인이라 하더라도, 그러나 하나님은 은혜로우십니다. 설령 당신이 하나님께 반역을 행했다 하더라도, 그러나 하나님은 회개하고 그의 아들의 공로를 믿는 모든 사람에게 긍휼을 베푸실 것입니다. 하나님은 당신에게 "피신하라! 피신하라! 피신하라!"라고 말하라고 나에게 명하셨습니다. 그러므로 나는 하나님의 이름으로 당신에게 "그리스도께 피신하라"라고 말합니다. 하나님은 당신에게 지체하지 말라고 경고하라고 나에게 명하셨습니다. 하나님은 당신에게 예기치 않게 죽음이 덮칠 것을 일깨워 주라고 나에게 명하셨습니다. 하나님은 당신에게 피의 복수자가 추호도 긍휼을 베풀지 않고 보응의 칼을 뽑을 것이라고 경고하라고 나에게 명하셨습니다. 또한 하나님은 당신에게 하나님의 두려움으로 말미암아, 심판 날로 말미암아, 장차 임할 진노로 말미암아, 생명의 불확실성으로 말미암아, 죽음이 멀리 있지 않다는 사실로 말미암아, 바로 지금 그리스도께로 피신하라고 훈계하라고 나에게 명하셨습니다.

> "서둘러라, 여행자여! 밤이 가까왔도다.
> 편안한 쉼은 아직 멀리 있도다.
> 서둘러라, 여행자여, 서둘러라!"

하물며 "서둘러라, 죄인이여, 서둘러라!"라고 말할 때는 우리가 얼마나 더 진지하며 간절해야 하겠습니까! 밤이 가까운 것이 전부가 아닙니다. 뒤를 보십시오. 피의 복수자가 가까이 쫓아오고 있습니다. 그는 이미 수많은 사람들을 쫓아가 죽였습니다. 저주받은 영혼들의 부르짖는 비명소리가 들리지 않습니까? 피의 복수자는 이미 진노의 일을 행하고 있습니다. 게헨나(Gehenna:힌놈 골짜기)의 황량한 바람소리가 들리지 않습니까? 지옥의 울부짖는 소리가 들리지 않습니까? 무엇이라고요? 여기에서 멈추겠다고요? 무엇이라고요? 젊은이여, 당신은 오늘 밤 멈출 것이라고요? 하나님이 당신에게 당신의 죄를 일깨워 주셨습니다. 그런데 당신은 죄 사함을 위한 기도를 하지 않고 또다시 쉬러 가겠다고요? 당신은 그리스도를 바라봄이 없이 또 하루를 살 것입니까? 결코 그럴 수 없습니다. 나는 하나님의 영이 당신 안에서 역사(役事)하고 계시는 것을 볼 수 있습니다. 나는 그가 당신으로 하여금 이렇게 말하도록 만드는 것을 느낄 수 있습니다. "하나님이여, 나를 도우소서. 내가 지금 스스로를 그리스도께 드리나이다. 만일 그가 지금 나의 마음속에 그의 사랑을 뿌리지 않는다면, 나는 결코 가만히 앉아 있을 수 없나이다. 그리스도께서 나를 바라보시고 그의 거룩한 영으로 죄 사함을 인칠 때까지, 나는 어디에서도 쉼을 발견하지 못할 것이나이다."

그러나 젊은이여, 만일 당신이 그대로 앉아 있는다면 ─ 만일 당신이 당신 자신의 자유의지대로 한다면 당신은 필경 그렇게 할 것입니다 ─ 나는 당신을 위해 은밀히 우는 것 외에는 더 이상 아무 일도 할 수 없습니다. 아, 당신은 얼마나 안타까운 자입니까! 아, 당신이 그대로 앉아 있는 것은 얼마나 어리석은 일입니까! 차라리 도살장에 끌려가는 소가 당신보다 더 지혜로울 것입니다. 죽음으로 달려가는 양이 차라리 당신보다 덜 어리석을 것입니다. 지금 당신의 맥박은 마치 지옥을 향한 행진곡처럼 뛰고 있습니다. 아, 저기 있는 괘종시계 소리는 마치 당신의 장례식 행진곡처럼 들립니다. 지금 피의 복수자의 칼이 당신의 가슴 바로 앞에 와 있는데, 당신은 마치 아무 일도 없다는 듯 팔짱을 끼고 앉아 있습니다. 아, 얼마나 안타깝고 또 안타까운 일입니까! 지금 교수대의 동아줄이 당신의 목 위에 걸려 있는데, 당신은 마치 아무 일도 없다는 듯 노래를 부르며 즐거워합니다. 아, 얼마나 안타깝고 또 안타까운 일입니까! 당신은 잃어진 자임에도 불구하고 아무 생각 없이 자신의 길로 행하며 즐겁게 삽니다. 등불 위를 날아다니고 있는 어리석은 하루살이들을 생각해 보십시오. 그것들은 등불 위를 즐겁게 춤추며 날아다닙니다. 그러나 그 결과가 무엇이겠습니까? 조만간 불에 타죽지 않겠습니까? 당신이 바로 그와 같습니다! 젊은 여자여, 당신은 나비 같은 옷을 입고 불 위에서 춤추고 있습니다. 그러나 그 불은 조만간 당신을 태워 버릴 것입니다. 젊은 남자여, 당신은 천박한 말이나 떠들면서 지옥을 향해 춤추고 있습니다. 당신은 저주와 멸망을 향한 길로 노래하며 달려가고 있습니다. 아, 당신을 감고 있는 수의(壽衣)가 보이지 않습니까? 당신은 매일같이 당신의 죄로 말미암아 당신의 목을 매달 교수대를 세우고 있습니다. 당신은 매일같이 당신 자신의 무덤을 파고 있으며, 당신을 영원히 태울 나무를 쌓고 있습니다. 아, 당신이 지혜로운 사람이라면! 아, 당신이 이것을 깨닫기만 한다면! 아, 당신이 당신의 마지막 종말을 생각하기만 한다면! 아, 당신이 장차 임할 진노로부터 도망칠 수만 있다면! 사랑하는 자들이여, 장차 임할 진노를 생각하십시오. 장차 임할 진노를 생각하십시오. 그러한 진노는 얼마나 두려운 것입니까! 나의 입으로는 도저히 그것을 표현할 수 없습니다. 그것을 생각할 때, 나의 마음은 두려움과 고통으로 가득 찹니다. 사랑하는 자들이여, 여러분 가운데 장차 임할 진노가 실제로 자신의 것이 될 것이라고 느끼는 사람들이 있지 않습니까? 이 자리에 앉아 있는 사람들 가운데 만일 지금 죽는다면 필경 영원한 정죄 아래 떨어질 것이 분명한 사람들이 있지 않습니까? 아, 여러분은 그것을 압니다! 여러분은 그것을 압니다. 여러분은 감히 그것을 부인하지 못합니다. 여러분이 그것을 안다는 것을 나는 압니다. 여러분이 고개를 숙일 때, 여러분은 마치 이렇게 말하는 것처럼 보입니다. "그것은 사실이야. 나는 그리스도를 믿지 않았어. 내가 입을 의(義)의 옷은 어디에도 없어. 나는 천국을 바랄 수 없어." 슬픔 가운데 고개를 숙인 자여, 머리를 드십시오. 이 시간 당신에게 아버지가 아들에게 탄원하는 것처럼 그와 같은 간절한 마음으로 탄원합니다. 지금 당신의 얼굴 앞에서 지옥이 불타고 있는데, 어째서 당신은 가만히 앉아 있는 것입니까? "이스라엘 족속아 너희가 어찌 죽고자 하느냐"(겔 33:11). 오, 하나님이여! 이들에 대한 나의 간절한 탄원이 헛될 것이나이까? 내가 이들에게 전파한 말씀이 "생명에 이르는 생명의 냄새"가 아니라 "사망에 이르는 사망의 냄새"가 될 것이나이까? 내가 이들을 더 큰 지옥의 자식으로 만들 것이나이까? 정말로 그렇게 될 것이나이까? 지금 나의 설교를 듣고 있는 자들의 운명이 주님 시대의 고라신과 벳새다 사람들처럼 소돔과 고모라 백성들보다 못할 것이나이까? 계속해서 자신의 자유의지를 따라 행하며 지옥의 길로 달려가는 자들이여, 도대체 언제까지 내가 여러분을 위해 쓰라린 눈물을 흘려야 한단 말입니까? 어째서 여러분은 스스로를 위해 눈물을 흘리지 않는단 말입니까?

여러분이 여러분 자신의 영혼을 위해 염려하는 것보다 내가 여러분의 영혼을 위해 염려하는 것이 훨씬 더 큰 것은 얼마나 이상한 일입니까! 내가 여러분의 영혼의 구원을 위해 얼마나 염려하는지 하나님이 아십니다. 그러나 그것을 위해 사람의 힘으로 할 수 있는 것은 아무것도 없습니다. 나는 다만 여러분을 지옥으로부터 건져내는 일에 도구가 되기만을 간절히 바랄 뿐입니다. 그러나 여러분은 그 일에 아무 관심도 없는 것처럼 행동합니다. 여러분이 가장 큰 관심을 기울여야 하는 일임에도 불구하고 말입니다. 사랑하는 자들이여, 만일 여러분이 잃어졌다면, 장차 잃어질 자들은 바로 여러분 자신들입니다. 그리고 만일 여러분이 멸망을 당한다면, 내가 여러분의 피에 아무런 책임도 없다는 사실을 부디 증언해 주십시오. 만일 여러분이 장차 임할 진노로부터 피신하지 않는다면, 내가 이미 여러분에게 그에 대해 여러 차례 경고했었다는 사실을 잊지 마십시오. 나는 여러분의 피에 대해 무죄합니다. 왜냐하면 이미 여러 차례 여러분에게 경고했기 때문입니다. 하나님의 복음을 전파하는 사람들 가운데 죄인들에게 전혀 경고하지 않는 사람들이 있는데, 그런 사람들을 생각할 때 나는 두려워 떨지 않을 수 없습니다.

우리 교회에 출석하는 교우 한 사람이 얼마 전에 나에게 이렇게 말했습니다. "나는 이러저러한 사람이 말씀을 전파하는 것을 들었습니다. 그는 건전한 교리를 신봉하는 사람입니다. 나는 9년 동안 그의 설교를 들으면서 또 한편으로는 계속해서 유흥업소에 드나들었습니다. 그런데도 지난 9년 동안 나는 그로부터 단 한 번도 경고의 말씀을 듣지 못했습니다." 아, 나는 나의 설교를 듣는 자들이 나의 설교와 관련하여 이와 같은 말을 하지 않게 되기를 바랍니다! 세상이 나에게 야유를 보내도 나는 상관 없습니다. 나에게 반짝이 옷을 입히고 어릿광대의 모자를 씌워도 나는 상관 없습니다. 세상이 나를 정죄하고 바보라고 놀려도 나는 상관 없습니다. 오직 나는 나의 설교를 듣는 자들의 피에 대해 무죄하기만을 간절히 바랄 뿐입니다. 이 세상에서 내가 추구하는 유일한 것은 나의 설교를 듣는 자들의 영혼에 대해 신실한 것입니다. 만일 여러분이 저주를 받는다면, 그것은 내가 신실하게 설교하지 않았기 때문이 아닐 것입니다. 또 진지하게 경고하지 않았기 때문도 아닐 것입니다.

젊은이들이여, 머리가 희끗희끗한 노인들이여, 상인들이여, 점원들이여, 종들이여, 아버지들이여, 어머니들이여, 자녀들이여 ― 오늘 밤 나는 여러분이 지옥의 위험 가운데 있다고 경고했습니다. 그리고 여러분은 머지않아 그곳에 있게 될 것입니다. 만일 여러분이 장차 임할 진노로부터 피하지 않는다면 말입니다. 오직 예수만이 여러분을 구원할 수 있다는 사실을 기억하십시오. 만일 하나님이 여러분으로 하여금 자신의 위험을 보고 그리스도께 피하도록 은혜를 베푸신다면, 피의 복수자는 결코 여러분을 찾아내지 못할 것입니다. 심지어 심판 날 하나님의 손으로부터 진노의 불이 떨어질 때조차도, 여러분은 안전할 것입니다. 그의 도피성은 영원히 여러분을 안전하게 감추어줄 것입니다. 그리고 하늘에서 여러분은 여러분을 안전하게 지켜주는 그리스도의 피와 의를 노래할 것입니다. 하나님이 여러분 모두를 축복하시고 구원하시기를 기원합니다! 아멘.

● 독자 여러분들께 알립니다!

'CH북스'는 기존 '크리스천다이제스트'의 영문명 앞 2글자와
도서를 의미하는 '북스'를 결합한 출판사의 새로운 이름입니다.

스펄전 설교전집 02

출애굽기·레위기·민수기

초판 발행 2012년 8월 30일
중쇄 발행 2022년 9월 2일

발행인 박명곤 CEO 박지성 CFO 김영은
기획편집 채대광, 김준원, 박일귀, 이승미, 이은빈, 이지은
디자인 구경표, 한승주
마케팅 임우열, 유진선, 이호, 최고은
펴낸곳 CH북스
출판등록 제406-1999-000038호
전화 070-4917-2074 팩스 0303-3444-2136
주소 서울시 강서구 마곡중앙6로 40, 장흥빌딩 10층
홈페이지 www.hdjisung.com 이메일 main@hdjisung.com
제작처 영신사

© CH북스 2012

※ 이 책은 저작권법에 따라 보호받는 저작물이므로 무단 전재와 복제를 금합니다.

※ 잘못 만들어진 책은 구입하신 서점에서 교환해드립니다.

※ CH북스는 (주)현대지성의 기독교 출판 브랜드입니다.

'그리스도와 그의 나라를 위하여'
CH북스는 여러분의 의견 하나하나를 소중히 받고 있습니다.
원고 투고, 오탈자 제보, 제휴 제안은 main@hdjisung.com으로 보내 주세요.